# 새로운 출제 기준 안내

01

## 출제기조

2025년부터 9급 공무원 시험 출제의 기본 방향이 지식 암기 중심에서 현장 직무 중심으로 대폭 전환될 예정이다. 새로운 출제 기조에 부합하기 위해 학계 및 현직 공무원의 의견이 폭넓게 수렴되면서 개편 방향이 정비되었고, 다양한 시험의 출제 경험이 있는 전문가들과의 연구용역을 거쳐 예시 문제가 개발되었다. 또한, 최근 공무원 시험 합격자를 대상으로 모의평가를 여러 차례 거치며 문제의 완성도가 제고되었다.

지식 암기 위주형 문제 → 현장 직무 중심형 문제

02

## 출제방향

| 국어 출제방향 |

- 기본적인 국어 능력의 이해, 추론 및 비판적 사고력 검증
- 배경지식이 없더라도 지문 속 정보를 활용해 문제를 풀 수 있도록 출제

| 영어 출제방향 |

- 실제 업무수행에 필요한 실용 영어능력 검증
- 전자메일, 웹문서, 모바일 안내문 등 업무현장에서 접할 수 있는 소재와 형식을 활용한 문제 출제

03

## 출제대비

| 국어 출제대비 |

- 보다 다양한 영역의 지문을 통독하는 훈련이 필요하다.
- 논리 추론형 문제 등에 대비하여 언어 추리력을 높여야 한다.
- 주어진 독해 지문에 대한 구문 이해력을 높이는 것이 필요하다.

| 영어 출제대비 |

- 단어 추론 연습과 구문 분석을 통한 정확한 단어 유추 능력을 길러야 한다.
- 글의 목적과 주제 및 요지 등을 파악하는 영어 독해 능력을 길러야 한다.
- 전자메일, 웹문서, 모바일 안내문 등 다양한 생활형 문서를 탐독해야 한다.

04

## 예시문제

### | 국어 예시문제 |

**01** 〈공공언어 바로 쓰기 원칙〉에 따라 〈공문서〉의 ㉠~㉣을 수정한 것으로 적절하지 않은 것은?

〈공공언어 바로 쓰기 원칙〉

- 중복되는 표현을 삼갈 것.
- 대등한 것끼리 접속할 때는 구조가 같은 표현을 사용할 것.
- 주어와 서술어를 호응시킬 것.
- 필요한 문장 성분이 생략되지 않도록 할 것.

〈공문서〉

한국의약품정보원

**수신** 국립국어원

(경유)

**제목** 의약품 용어 표준화를 위한 자문회의 참석 ㉠ 안내 알림

---

1. ㉡ 표준적인 언어생활의 확립과 일상적인 국어 생활을 향상하기 위해 일하시는 귀원의 노고에 감사드립니다.
2. 본원은 국내 유일의 의약품 관련 비영리 재단 법인으로서 의약품에 관한 ㉢ 표준 정보가 제공되고 있습니다.
3. 의약품의 표준 용어 체계를 구축하고 ㉣ 일반 국민도 알기 쉬운 표현으로 개선하여 안전한 의약품 사용 환경을 마련하기 위해 자문회의를 개최하니 귀원의 연구원이 참석해 주시기를 바랍니다.

① ㉠: 안내
② ㉡: 표준적인 언어생활을 확립하고 일상적인 국어 생활의 향상을 위해
③ ㉢: 표준 정보를 제공하고 있습니다.
④ ㉣: 의약품 용어를 일반 국민도 알기 쉬운 표

▲ 〈공문서〉를 활용한 〈공공언어 바로 쓰기 원칙〉 익히기

### | 영어 예시문제 |

[08~09] 다음 글을 읽고 물음에 답하시오.

Send Preview Save

To: Clifton District Office
From: Rachael Beasley
Date: June 7
Subject: Excessive Noise in the Neighborhood

My PC Browse

To whom it may concern,

I hope this email finds you well. I am writing to express my concern and frustration regarding the excessive noise levels in our neighborhood, specifically coming from the new sports field.

As a resident of Clifton district, I have always appreciated the peace of our community. However, the ongoing noise disturbances have significantly impacted my family's well-being and our overall quality of life. The sources of the noise include crowds cheering, players shouting, whistles, and ball impacts.

I kindly request that you look into this matter and take appropriate <u>steps</u> to address the noise disturbances. Thank you for your attention to this matter, and I appreciate your prompt response to help restore the tranquility in our neighborhood.

Sincerely,
Rachael Beasley

**08** 윗글의 목적으로 가장 적절한 것은?

① 체육대회 소음에 대해 주민들의 양해를 구하려고
② 새로 이사 온 이웃 주민의 소음에 대해 항의하려고
③ 인근 스포츠 시설의 소음에 대한 조치를 요청하려고
④ 밤시간 악기 연주와 같은 소음의 차단을 부탁하려고

▲ 전자메일을 통한 생활형 문서 이해하기

## 9급 공무원 응시자격

※ 경찰 공무원, 소방 공무원, 교사 등 특정직 공무원의 채용은 별도 법령에 의거하고 있어 응시자격 등이 다를 수 있으니 해당법령과 공고문을 참고하시기 바랍니다.

※ 매년 채용시험 관련 법령 개정으로 응시자격이 변경될 수 있으므로 필요한 경우 확인절차를 거치시기 바랍니다.

**01 최종시험 예정일이 속한 연도를 기준으로 공무원 응시가능 연령(9급 : 18세이상)에 해당한다. (단, 9급 교정·보호직의 경우 20세 이상)**

**02 아래의 공무원 응시 결격사유 중 어느 하나에도 해당되지 않는다.**

1. 피성년후견인
2. 파산선고를 받고 복권되지 아니한 자
3. 금고 이상의 실형을 선고받고 그 집행이 종료되거나 집행을 받지 아니하기로 확정된 후 5년이 지나지 아니한 자
4. 금고 이상의 형을 선고받고 그 집행유예 기간이 끝난 날부터 2년이 지나지 아니한 자
5. 금고 이상의 형의 선고유예를 받은 경우에 그 선고유예 기간 중에 있는 자
6. 법원의 판결 또는 다른 법률에 따라 자격이 상실되거나 정지된 자
7. 징계로 파면처분을 받은 때부터 5년이 지나지 아니한 자
8. 징계로 해임처분을 받은 때부터 3년이 지나지 아니한 자

단, 검찰직 지원자는 금고 이상의 형을 선고받은 경우 응시할 수 없습니다.

**03 공무원으로서의 직무수행에 지장을 주지 않는 건강상태를 유지하고 있어, 공무원 채용 신체검사에서 불합격 판정기준에 해당되지 않는다.**

**04 9급 지역별 구분모집 지원자의 경우, 시험시행년도 1월 1일을 포함하여 1월 1일 전 또는 후로 연속하여 3개월 이상 해당 지역에 주민등록이 되어 있다.**

**05 지방직 공무원, 경찰 등 다른 공무원시험을 포함하여 공무원 임용시험에서 부정한 행위를 한 적이 없다.**

**06 국어, 영어, 한국사와 선택하고자 하는 직류의 시험과목 기출문제를 풀어보았으며, 합격을 위한 최소한의 점수는 과목별로 40점 이상임을 알고 있다.**

- 위의 요건들은 7급, 9급 공무원 시험에 응시하기 위한 기본 조건입니다.
- 장애인 구분모집, 저소득층 구분모집 지원자는 해당 요건을 추가로 확인하시기 바랍니다.

"나두 공무원 할 수 있다"
나두공
9급 공무원 국어
문제집

2026

**나두공 9급 공무원 국어 문제집**

**인쇄일** 2025년 10월 1일 5판 1쇄 인쇄
**발행일** 2025년 10월 5일 5판 1쇄 발행
**등 록** 제17-269호
**판 권** 시스컴2025

**ISBN** 979-11-6941-703-7 13350
**정 가** 18,000원

**발행처** 시스컴 출판사
**발행인** 송인식
**지은이** 나두공 수험연구소

**주소** 서울시 금천구 가산디지털1로 225, 514호(가산포휴) | **시스컴** www.siscom.co.kr / **나두공** www.nadoogong.com
**E-mail** siscombooks@naver.com | **전화** 02)866-9311 | **Fax** 02)866-9312


발간 이후 발견된 정오 사항은 나두공 홈페이지 도서정오표에서 알려드립니다(나두공 홈페이지 → 교재 → 도서정오표).

# INTRODUCTION

최근 20, 30대 청년은 취업에 대한 좌절로 N포세대가 되는 경우가 많으며 그나마 국가의 지원으로 버티고 있는 실정이다. 취업의 안정성마저 불안해진 현재, 정규직 평가에서 떨어진 계약직 노동자들은 다른 일자리를 구해야 하는 실정이다.

이러한 사회 현상으로 인해 오래전부터 9급 공무원의 안정성은 청년들로 하여금 취업 안정성에 있어 좋은 평가를 받고 있으며 경쟁도 치열하다. 때문에 고등학생일 때부터 공무원시험을 준비하여 성인이 되자마자 9급 공무원이 되는 학생이 부쩍 늘어났으며, 직장인들 또한 공무원 시험을 고민하고 있다. 이에 발맞춰 지역인재를 채용하는 공고를 신설하기에 이르러 공개경쟁채용시험의 다양화로 시험 출제 방식도 체계화되었다.

이 책은 현재 출제되는 문제 위주로 고득점을 획득할 수 있도록 하였다. 대표유형문제를 통해 최신 출제 유형을 파악할 수 있으며, 문제는 다양하고 풍부하게 구성하여 어려운 유형을 맞닥뜨리더라도 쉽게 풀어나갈 수 있게 해설 및 핵심정리를 덧붙여 점수 획득에 있어 도움이 될 수 있도록 하였다.

이 책을 통해 공무원 시험을 시작하려는 수험생과 기존에 시험을 봐왔던 수험생의 건승을 기원한다.

# 9급 공무원 시험 안내

## 시험 과목

| 직렬 | 직류 | 시험 과목 |
|---|---|---|
| 행정직 | 일반행정 | 국어, 영어, 한국사, 행정법총론, 행정학개론 |
| | 고용노동 | 국어, 영어, 한국사, 행정법총론, 노동법개론 |
| | 선거행정 | 국어, 영어, 한국사, 행정법총론, 공직선거법 |
| 직업상담직 | 직업상담 | 국어, 영어, 한국사, 노동법개론, 직업상담 · 심리학개론 |
| 세무직(국가직) | 세무 | 국어, 영어, 한국사, 세법개론, 회계학 |
| 세무직(지방직) | | 국어, 영어, 한국사, 지방세법, 회계학 |
| 사회복지직 | 사회복지 | 국어, 영어, 한국사, 사회복지학개론, 행정법총론 |
| 교육행정직 | 교육행정 | 국어, 영어, 한국사, 교육학개론, 행정법총론 |
| 관세직 | 관세 | 국어, 영어, 한국사, 관세법개론, 회계원리 |
| 통계직 | 통계 | 국어, 영어, 한국사, 통계학개론, 경제학개론 |
| 교정직 | 교정 | 국어, 영어, 한국사, 교정학개론, 형사소송법개론 |
| 보호직 | 보호 | 국어, 영어, 한국사, 형사정책개론, 사회복지학개론 |
| 검찰직 | 검찰 | 국어, 영어, 한국사, 형법, 형사소송법 |
| 마약수사직 | 마약수사 | 국어, 영어, 한국사, 형법, 형사소송법 |
| 출입국관리직 | 출입국관리 | 국어, 영어, 한국사, 국제법개론, 행정법총론 |
| 철도경찰직 | 철도경찰 | 국어, 영어, 한국사, 형사소송법개론, 형법총론 |
| 공업직 | 일반기계 | 국어, 영어, 한국사, 기계일반, 기계설계 |
| | 전기 | 국어, 영어, 한국사, 전기이론, 전기기기 |
| | 화공 | 국어, 영어, 한국사, 화학공학일반, 공업화학 |
| 농업직 | 일반농업 | 국어, 영어, 한국사, 재배학개론, 식용작물 |
| 임업직 | 산림자원 | 국어, 영어, 한국사, 조림, 임업경영 |
| 시설직 | 일반토목 | 국어, 영어, 한국사, 응용역학개론, 토목설계 |
| | 건축 | 국어, 영어, 한국사, 건축계획, 건축구조 |
| | 시설조경 | 국어, 영어, 한국사, 조경학, 조경계획 및 설계 |

| 방재안전직 | 방재안전 | 국어, 영어, 한국사, 재난관리론, 안전관리론 |
|---|---|---|
| 전산직 | 전산개발 | 국어, 영어, 한국사, 컴퓨터일반, 정보보호론 |
| | 정보보호 | 국어, 영어, 한국사, 네트워크 보안, 정보시스템 보안 |
| 방송통신직 | 전송기술 | 국어, 영어, 한국사, 전자공학개론, 무선공학개론 |
| 법원사무직 (법원직) | 법원사무 | 국어, 영어, 한국사, 헌법, 민법, 민사소송법, 형법, 형사소송법 |
| 등기사무직 (법원직) | 등기사무 | 국어, 영어, 한국사, 헌법, 민법, 민사소송법, 상법, 부동산등기법 |
| 사서직 (국회직) | 사서 | 국어, 영어, 한국사, 헌법, 정보학개론 |
| 속기직 (국회직) | 속기 | 국어, 영어, 한국사, 헌법, 행정학개론 |
| 방호직 (국회직) | 방호 | 국어, 영어, 한국사, 헌법, 사회 |
| 경위직 (국회직) | 경위 | 국어, 영어, 한국사, 헌법, 행정법총론 |
| 방송직 (국회직) | 방송제작 | 국어, 영어, 한국사, 방송학, 영상제작론 |
| | 취재보도 | 국어, 영어, 한국사, 방송학, 취재보도론 |
| | 촬영 | 국어, 영어, 한국사, 방송학, 미디어론 |

- 교정학개론에 형사정책 및 행형학, 국제법개론에 국제경제법, 행정학개론에 지방행정이 포함되며, 공직선거법에 '제16장 벌칙'은 제외됩니다.
- 노동법개론은 근로기준법 · 최저임금법 · 노동조합 및 노동관계조정법에서 하위법령을 포함하여 출제됩니다.
- 시설조경 직류의 조경학은 조경일반(미학, 조경사 등), 조경시공구조, 조경재료(식물재료 포함), 조경생태(생태복원 포함), 조경관리(식물, 시설물 등)에서, 조경계획 및 설계는 조경식재 및 시설물 계획, 조경계획과 설계과정, 공원 · 녹지계획과 설계, 휴양 · 단지계획과 설계, 전통조경계획과 설계에서 출제됩니다.

※ 추후 변경 가능성이 있으므로 반드시 응시 기간 내 시험과목 및 범위를 확인하시기 바랍니다.

# 9급 공무원 시험 안내

## 응시자격

1. 인터넷 접수만 가능
2. 접수방법 : 사이버국가고시센터(www.gosi.kr)에 접속하여 접수할 수 있습니다.
3. 접수시간 : 기간 중 24시간 접수
4. 비용 : 응시수수료(7급 7,000원, 9급 5,000원) 외에 소정의 처리비용(휴대폰 · 카드 결제, 계좌이체비용)이 소요됩니다.

※ 저소득층 해당자(국민기초생활 보장법에 따른 수급자 또는 한부모가족지원법에 따른 지원대상자)는 응시수수료가 면제됩니다.

※ 응시원서 접수 시 등록용 사진파일(JPG, PNG)이 필요하며 접수 완료 후 변경 불가합니다.

## 학력 및 경력

제한 없음

## 시험방법

1. 제1·2차시험(병합실시) : 선택형 필기
2. 제3차시험 : 면접

※ 교정직(교정) 및 철도경찰직(철도경찰)의 6급 이하 채용시험의 경우, 9급 제1 · 2차 시험(병합실시) 합격자를 대상으로 실기시험(체력검사)을 실시하고, 실기시험 합격자에 한하여 면접시험을 실시합니다.

## 원서접수 유의사항

1. 접수기간에는 기재사항(응시직렬, 응시지역, 선택과목 등)을 수정할 수 있으나, 접수기간이 종료된 후에는 수정할 수 없습니다.
2. 응시자는 응시원서에 표기한 응시지역(시 도)에서만 필기시험에 응시할 수 있습니다.

※ 다만, 지역별 구분모집[9급 행정직(일반), 9급 행정직(우정사업본부)] 응시자의 필기시험 응시지역은 해당 지역모집 시 · 도가 됩니다.(복수의 시 · 도가 하나의 모집단위일 경우, 해당 시 · 도 중 응시희망 지역을 선택할 수 있습니다.)

3. 인사혁신처에서 동일 날짜에 시행하는 임용시험에는 복수로 원서를 제출할 수 없습니다.

## 양성평등채용목표제

1. **대상시험** : 선발예정인원이 5명 이상인 모집단위(교정 · 보호직렬은 적용 제외)
2. **채용목표** : 30%

※ 시험실시단계별로 합격예정인원에 대한 채용목표 비율이며 인원수 계산 시, 선발예정인원이 10명 이상인 경우에는 소수점 이하를 반올림하며, 5명 이상 10명 미만일 경우에는 소수점 이하는 버립니다.

## 응시 결격 사유

해당 시험의 최종시험 시행예정일(면접시험 최종예정일) 현재를 기준으로 국가공무원법 제33조(외무공무원은 외무공무원법 제9조, 검찰직 · 마약수사직 공무원은 검찰청법 제50조)의 결격사유에 해당하거나, 국가공무원법 제74조(정년) · 외무공무원법 제27조(정년)에 해당하는 자 또는 공무원임용시험령 등 관계법령에 의하여 응시자격이 정지된 자는 응시할 수 없습니다.

## 가산점 적용

| 구분 | 가산비율 | 비고 |
|---|---|---|
| 취업지원대상자 | 과목별 만점의 10% 또는 5% | • 취업지원대상자 가점과 의사상자 등 가점은 1개만 적용<br>• 취업지원대상자/의사상자 등 가점과 자격증 가산점은 각각 적용 |
| 의사상자 등 | 과목별 만점의 5% 또는 3% | |
| 직렬별 가산대상 자격증 소지자 | 과목별 만점의 3~5%<br>(1개의 자격증만 인정) | |

## 기타 유의사항

1. 필기시험에서 과락(만점의 40% 미만) 과목이 있을 경우에는 불합격 처리됩니다. 필기시험의 합격선은 공무원임용시험령 제4조에 따라 구성된 시험관리위원회의 심의를 통해 결정되며, 구체적인 합격자 결정 방법 등은 공무원임용시험령 등 관계법령을 참고하시기 바랍니다.
2. 9급 공채시험에서 가산점을 받고자 하는 자는 필기시험 시행 전일까지 해당요건을 갖추어야 하며, 반드시 필기시험 시행일을 포함한 3일 이내에 사이버국가고시센터(www.gosi.kr)에 접속하여 자격증의 종류 및 가산비율을 입력해야 합니다.

※ 자격증 종류 및 가산비율을 잘못 기재하는 경우에는 응시자 본인에게 불이익이 있을 수 있습니다.

※ 반드시 응시 기간 내 공고문을 확인하시기 바랍니다.

# 구성 및 특징

## 대표유형문제

각 장에 기출문제 또는 예상문제를 실어 대표적인 유형을 빠르게 파악할 수 있도록 하였습니다. 정답해설 및 오답해설을 통하여 문제 풀이의 핵심을 익히고, 핵심정리를 통하여 유사 주제의 문제에도 대비할 수 있도록 하였습니다.

## 단원별 구성

편과 장을 나두공 개념서 시리즈에 맞는 문제들로 구성하여 이론 학습과 문제 풀이를 간단하게 연계될 수 있도록 하였고, 최근 출제되는 유형들로 구성하여 효율적으로 시험에 대비할 수 있도록 하였습니다.

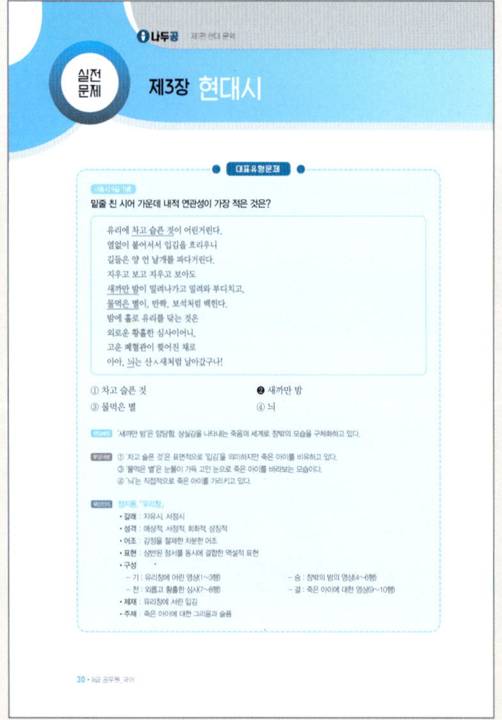

실전문제

제3장 현대시

대표유형문제

밑줄 친 시어 가운데 내적 연관성이 가장 적은 것은?

유리에 차고 슬픈 것이 어린거린다.
열없이 붙어서서 입김을 흐리우니
길들은 양 언 날개를 파다거린다.
지우고 보고 지우고 보아도
새까만 밤이 밀려나가고 밀려와 부디치고,
물먹은 별이, 반짝, 보석처럼 백힌다.
밤에 홀로 유리를 닦는 것은
외로운 황홀한 심사이어니,
고운 폐혈관이 찢어진 채로
아아, 늬는 산ㅅ새처럼 날아갔구나!

① 차고 슬픈 것 ❷ 새까만 밤
③ 물먹은 별 ④ 늬

'새까만 밤'은 암담함, 상실감을 나타내는 죽음의 세계로 창밖의 모습을 구체화하고 있다.

① '차고 슬픈 것'은 표면적으로 '입김'을 의미하지만 죽은 아이를 비유하고 있다.
③ '물먹은 별'은 눈물이 가득 고인 눈으로 죽은 아이를 바라보는 모습이다.
④ '늬'는 직접적으로 죽은 아이를 가리키고 있다.

정지용, 「유리창」
- **갈래** : 자유시, 서정시
- **성격** : 애상적, 서정적, 회화적, 상징적
- **어조** : 감정을 절제한 차분한 어조
- **표현** : 상반된 정서를 동시에 결합한 역설적 표현
- **구성**
  - 기 : 유리창에 어린 영상(1~3행)
  - 승 : 창밖의 밤의 영상(4~6행)
  - 전 : 외롭고 황홀한 심사(7~8행)
  - 결 : 죽은 아이에 대한 영상(9~10행)
- **제재** : 유리창에 서린 입김
- **주제** : 죽은 아이에 대한 그리움과 슬픔

30 • 9급 공무원_국어

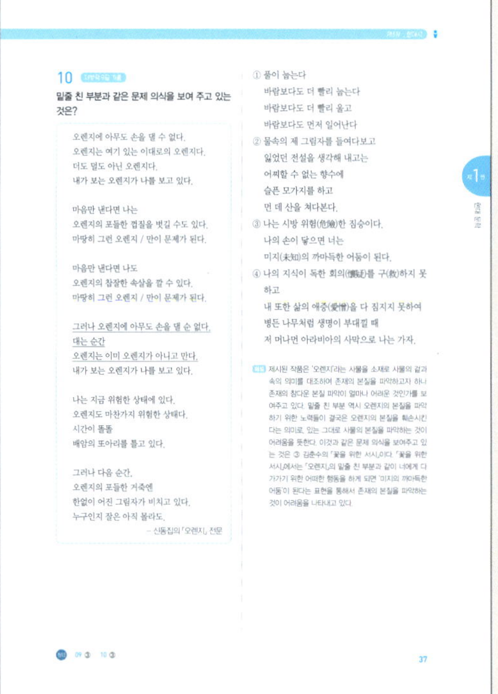

10

밑줄 친 부분과 같은 문제 의식을 보여 주고 있는 것은?

오렌지에 아무도 손을 댈 수 없다.
오렌지는 여기 있는 이대로의 오렌지다.
더도 덜도 아닌 오렌지다.
내가 보는 오렌지가 나를 보고 있다.

마음만 냔다면 나는
오렌지의 포들한 껍질을 벗길 수도 있다.
마땅히 그런 오렌지 / 만이 문제가 된다.

마음만 냔다면 나도
오렌지의 찹잘한 속살을 깔 수 있다.
마땅히 그런 오렌지 / 만이 문제가 된다.

그러나 오렌지에 아무도 손을 댈 순 없다.
대는 순간
오렌지는 이미 오렌지가 아니고 만다.
내가 보는 오렌지가 나를 보고 있다.

나는 지금 위험한 상태에 있다.
오렌지도 마찬가지 위험한 상태다.
시간이 똘똘
배암의 또아리를 틀고 있다.

그러나 다음 순간,
오렌지의 포들한 거죽엔
한없이 어진 그림자가 비치고 있다.
누구인지 잘은 아직 몰라도.

– 신동집의 「오렌지」 전문

① 풀이 눕는다
바람보다도 더 빨리 눕는다
바람보다도 더 빨리 울고
바람보다도 먼저 일어난다
② 물속의 제 그림자를 들여다보고
잃었던 전설을 생각해 내고는
어찌할 수 없는 향수에
슬픈 모가지를 하고
먼 데 산을 쳐다본다.
③ 나는 시방 위험(危險)한 짐승이다.
나의 손이 닿으면 너는
미지(未知)의 까마득한 어둠이 된다.
④ 나의 지식이 독한 회의(懷疑)를 구(救)하지 못하고
내 또한 삶의 애증(愛憎)을 다 짐지지 못하여
병든 나무처럼 생명이 부대낄 때
저 머나먼 아라비아의 사막으로 나는 가자.

제시된 작품은 '오렌지'라는 사물을 소재로 사물의 겉과 속의 의미를 대조하여 존재의 본질을 파악하고자 하나 존재의 참다운 본질 파악이 얼마나 어려운 것인가를 보여주고 있다. 밑줄 친 부분 역시 오렌지의 본질을 파악하기 위한 노력들이 결국은 오렌지의 본질을 훼손시킨다는 의미로, 있는 그대로 사물의 본질을 파악하는 것이 어려움을 뜻한다. 이것과 같은 문제 의식을 보여주고 있는 것은 ③ 김춘수의 「꽃을 위한 서시」이다. 「꽃을 위한 서시」에서는 「오렌지」의 밑줄 친 부분과 같이 너에게 다가가기 위한 어떠한 행동을 하게 되면 '미지의 까마득한 어둠'이 된다는 표현을 통해서 존재의 본질을 파악하는 것이 어려움을 나타내고 있다.

제1편

37

## 해 설

문제아래 해설을 통해 문제풀이 도중에 막히는 부분을 쉽게 알 수 있게 설명하여 주도적으로 정답을 찾을 수 있게 하였습니다. 또한 유사 문제를 풀 시에 오답을 방지할 수 있도록 보충 설명을 기재하였습니다.

## 핵심정리

문제에서 다룬 개념과 이론 등을 실어 주요 내용을 빠르게 파악할 수 있게 구성하였습니다. 요약한 이론을 통해 관련된 문제를 푸는데 있어 막힘이 없게 핵심만을 추려냈습니다.

※ 다음 글을 읽고 물음에 답하시오. (06~07)

(가) 님이여, 당신은 백 번(百番)이나 단련한 금(金)결입니다.
뽕나무 뿌리가 산호(珊瑚)가 되도록 천국(天國)의 사랑을 받읍소서.
님이여, 사랑이여, 아침 볕의 첫걸음이여.
님이여, 당신은 의(義)가 무거웁고, 황금(黃金)이 가벼운 것을 잘 아십니다.
거지의 거친 밭에 복(福)의 씨를 뿌리옵소서.
님이여, 사랑이여, 옛 오동(梧桐)의 숨은 소리여.
님이여, 당신은 봄과 광명(光明)과 평화(平和)를 좋아하십니다.
약자(弱子)의 가슴에 눈물을 뿌리는 자비(慈悲)의 보살(菩薩)이 되옵소서.
님이여, 사랑이여, 얼음 바다에 봄바람이여.

– 한용운 「찬송」

(나) 더러는
옥토(沃土)에 떨어지는 작은 생명이고저……
흠도 티도
금가지 않은
나의 전체(全體)는 오직 이뿐!
더욱 값진 것으로
드리라 하올 제,
나의 가장 나아종 지닌 것도 오직 이뿐
아름다운 나무의 꽃이 시듦을 보시고
열매를 맺게 하신 당신은
나의 웃음을 만드신 후에
새로이 나의 눈물을 지어 주시다.

– 김현승 「눈물」

06

(가), (나)의 공통점으로 적절하지 않은 것은?

① 비유적인 표현을 사용하고 있다.
② 시의 대상은 일상적이고 상대적인 존재이다.
③ 어구의 반복을 통해 시의 의미를 강조하고 있다.
④ 간절하고 경건한 분위기를 조성하고 있다.

해설 (가)는 한용운의 「찬송」이며, (나)는 김현승의 「눈물」이다. (가)의 대상은 절대적인 존재이며 고귀함과 구원성 등의 속성을 가지고 있으며, (나)는 '눈물'을 대상으로 하고 있는데 이 역시 고귀하고 값지며 절대적인 것이다. 그러므로 두 시의 대상은 일상적이고 상대적인 존재가 아니다.
① (가)는 '임'을 '백 번이나 단련한 금결', '아침 볕의 첫걸음', '옛 오동의 숨은 소리', '얼음 바다에 봄바람'에 비유하였다. 또한 (나)는 '눈물'을 '옥토에 떨어지는 작은 생명', '나의 전체, 나의 가장 나아종 지닌 것' 등으로 비유하였다.
③ (가)는 '~ㅂ니다, ~ㅂ소서, ~여'와 같은 반복을 (나)에서는 '나의 ~ 오직 이뿐만'의 반복을 통해서 시의 의미를 강조하고 있다.
④ (가)와 (나) 둘 다 모두 고귀하고 성스러운 존재에 대한 찬양의 어조로 간절하고 경건한 분위기를 조성하고 있다.

07

(가), (나)의 '눈물'에 대한 설명으로 적절하지 않은 것은?

① (가)의 '눈물'은 님이 지닌 사랑의 마음과 관련된다.
② (가)의 '눈물'은 님이 지닌 인간적인 면을 암시한다.
③ (나)의 '눈물'은 또 다른 생명을 낳을 수 있는 것이다.
④ (나)의 '눈물'은 웃음을 지닌 인간만이 가질 수 있는 것이다.

34 • 9급 공무원_국어

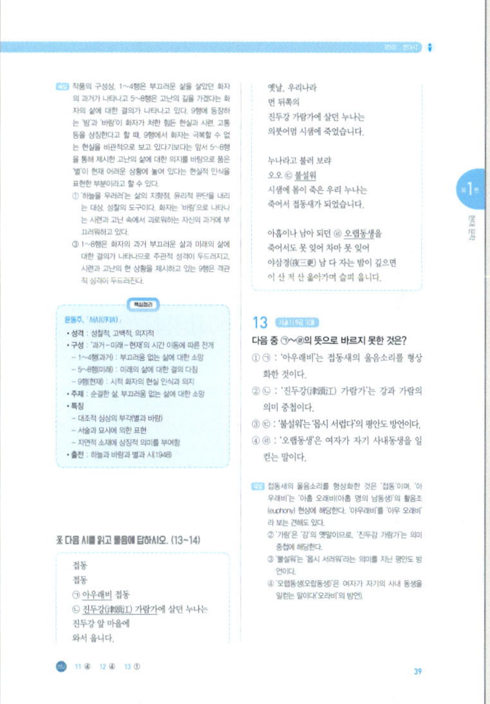

해설 작품의 구성상, 1~4행은 부끄러운 삶을 살았던 화자의 과거가 나타나고 5~8행은 고난의 길을 가겠다는 화자의 삶에 대한 결의가 나타나고 있다. 9행에 등장하는 '밤'과 '바람'이 화자가 처한 힘든 현실과 시련, 고통 등을 상징한다고 할 때, 9행에서 화자는 극복할 수 없는 현실을 비관적으로 보고 있다기보다는 앞서 5~8행을 통해 제시한 고난의 삶에 대한 의지를 바탕으로 품은 '별'이 현재 어려운 상황에 놓여 있다는 현실적 인식을 표현한 부분이라고 할 수 있다.
① '하늘을 우러러'는 삶의 지향점, 윤리적 판단을 내리는 대상, 성찰의 도구이다. 화자는 '바람'으로 나타나는 시련과 고난 속에서 괴로워하는 자신의 과거에 부끄러워하고 있다.
③ 1~8행은 화자의 과거 부끄러운 삶과 미래의 삶에 대한 결의가 나타나므로 주관적 성격이 두드러지고, 시련과 고난의 현 상황을 제시하고 있는 9행은 객관적 성격이 두드러진다.

핵심정리

윤동주, 「서시(序詩)」

- 성격 : 성찰적, 고백적, 의지적
- 구성 : '과거 – 미래 – 현재'의 시간 이동에 따른 전개
  - 1~4행(과거) : 부끄러움 없는 삶에 대한 소망
  - 5~8행(미래) : 미래의 삶에 대한 결의 다짐
  - 9행(현재) : 시적 화자의 현실 인식과 의지
- 주제 : 순결한 삶, 부끄러움 없는 삶에 대한 소망
- 특징
  - 대조적 심상의 부각(별과 바람)
  - 서술과 묘사에 의한 표현
  - 자연적 소재에 상징적 의미를 부여함
- 출전 : 하늘과 바람과 별과 시(1948)

※ 다음 시를 읽고 물음에 답하시오. (13~14)

접동
접동
㉠ 아우래비 접동
㉡ 진두강(津頭江) 가람가에 살던 누나는
진두강 앞 마을에
와서 웁니다.

옛날, 우리나라
먼 뒤쪽의
진두강 가람가에 살던 누나는
의붓어미 시샘에 죽었습니다.

누나라고 불러 보랴
오오 ㉢ 불설워
시샘에 몸이 죽은 우리 누나는
죽어서 접동새가 되었습니다.

아홉이나 남아 되던 ㉣ 오랩동생을
죽어서도 못 잊어 차마 못 잊어
야삼경(夜三更) 남 다 자는 밤이 깊으면
이 산 저 산 옮아가며 슬피 웁니다.

13

다음 중 ㉠~㉣의 뜻으로 바르지 못한 것은?

① ㉠ : '아우래비'는 접동새의 울음소리를 형상화한 것이다.
② ㉡ : '진두강(津頭江) 가람가'는 강과 가람의 의미 중첩이다.
③ ㉢ : '불설워'는 '몹시 서럽다'의 평안도 방언이다.
④ ㉣ : '오랩동생'은 여자가 자기 사내동생을 일컫는 말이다.

해설 접동새의 울음소리를 형상화한 것은 '접동'이며, '아우래비'는 '아홉 오래비(아홉 명의 남동생)'의 활음조(euphony) 현상에 해당한다. '아우래비'를 '아우 오래비'라 보는 견해도 있다.
② '가람'은 '강'의 옛말이므로, '진두강 가람가'는 의미 중첩에 해당한다.
③ '불설워'는 '몹시 서러워'라는 의미를 지닌 평안도 방언이다.
④ '오랩동생(오랍동생)'은 여자가 자기의 사내 동생을 일컫는 말이다('오라비'의 방언).

정답 11 ④ 12 ④ 13 ①

39

나두공
"나두 공무원 할 수 있다"

# 목 차

# 20일 완성 Study Plan

| 분류 | | | 날짜 | 학습 시간 |
|---|---|---|---|---|
| 제1편 현대 문학 | Day 1 | 제1장 문학 일반론 | | |
| | Day 2 | 제2장 문학의 장르 | | |
| | Day 3 | 제3장 현대시 | | |
| | Day 4 | 제4장 현대 소설 | | |
| | Day 5 | 제5장 현대 수필 · 희곡 | | |
| 제2편 고전 문학 | Day 6 | 제1장 고전 문법 | | |
| | Day 7 | 제2장 고대 · 중세 · 근대 국어 | | |
| | Day 8 | 제3장 고전 시가 | | |
| | Day 9 | 제4장 고전 산문 | | |
| 제3편 국문학사 | Day 10 | 제1장 고전 문학의 흐름 | | |
| | Day 11 | 제2장 현대 문학의 흐름 | | |
| 제4편 현대 문법 | Day 12 | 제1장 언어와 국어 | | |
| | Day 13 | 제2장 문법의 체계 | | |
| | Day 14 | 제3장 국어 생활과 규범 | | |
| 제5편 논리적인 말과 글 | Day 15 | 제1장 쓰기 · 읽기 · 말하기 · 듣기 | | |
| | Day 16 | 제2장 글의 진술 방식과 논리의 전개 | | |
| | Day 17 | 제3장 여러 가지 글의 독해 | | |
| 제6편 어휘력 | Day 18 | 제1장 한자의 이해 | | |
| | Day 19~20 | 제2장 한자 성어 · 속담 · 관용어 | | |

9급공무원

# 국어

나두공

나두공

# 2025 출제기조 전환대비 현장직무형 예시문제

# 제1차 국 어

정답 및 해설 37p

**01** 〈공공언어 바로 쓰기 원칙〉에 따라 〈공문서〉의 ㉠~㉣을 수정한 것으로 적절하지 않은 것은?

〈공공언어 바로 쓰기 원칙〉

- 중복되는 표현을 삼갈 것.
- 대등한 것끼리 접속할 때는 구조가 같은 표현을 사용할 것.
- 주어와 서술어를 호응시킬 것.
- 필요한 문장 성분이 생략되지 않도록 할 것.

〈공문서〉

**한국의약품정보원**

**수신** 국립국어원

(경유)

**제목** 의약품 용어 표준화를 위한 자문회의 참석 ㉠ 안내 알림

1. ㉡ 표준적인 언어생활의 확립과 일상적인 국어 생활을 향상하기 위해 일하시는 귀원의 노고에 감사드립니다.
2. 본원은 국내 유일의 의약품 관련 비영리 재단법인으로서 의약품에 관한 ㉢ 표준 정보가 제공되고 있습니다.
3. 의약품의 표준 용어 체계를 구축하고 ㉣ 일반 국민도 알기 쉬운 표현으로 개선하여 안전한 의약품 사용 환경을 마련하기 위해 자문회의를 개최하니 귀원의 연구원이 참석해 주시기를 바랍니다.

① ㉠: 안내

② ㉡: 표준적인 언어생활을 확립하고 일상적인 국어 생활의 향상을 위해

③ ㉢: 표준 정보를 제공하고 있습니다.

④ ㉣: 의약품 용어를 일반 국민도 알기 쉬운 표현으로 개선하여

**02** 다음 글에서 추론한 내용으로 적절하지 않은 것은?

'밤하늘'은 '밤'과 '하늘'이 결합하여 한 단어를 이루고 있는데, 이처럼 어휘 의미를 띤 요소끼리 결합한 단어를 합성어라고 한다. 합성어는 분류 기준에 따라 여러 방식으로 나눌 수 있다. 합성어의 품사에 따라 합성명사, 합성형용사, 합성부사 등으로 나누기도 하고, 합성의 절차가 국어의 정상적인 단어 배열법을 따르는지의 여부에 따라 통사적 합성어와 비통사적 합성어로 나누기도 하고, 구성 요소 간의 의미 관계에 따라 대등합성어와 종속합성어로 나누기도 한다.

합성명사의 예를 보자. '강산'은 명사(강) + 명사(산)로, '젊은이'는 용언의 관형사형(젊은)+명사(이)로, '덮밥'은 용언 어간(덮)+명사(밥)로 구성되어 있다. 명사끼리의 결합, 용언의 관형사형과 명사의 결합은 국어 문장 구성에서 흔히 나타나는 단어 배열법으로, 이들을 통사적 합성어라고 한다. 반면 용언 어간과 명사의 결합은 국어 문장 구성에 없는 단어 배열법인데 이런 유형은 비통사적 합성어에 속한다. '강산'은 두 성분 관계가 대

등한 관계를 이루는 대등합성어인데, '젊은이'나 '덮밥'은 앞 성분이 뒤 성분을 수식하는 종속합성어이다.

① 아버지의 형을 이르는 '큰아버지'는 종속합성어이다.
② '흰머리'는 용언 어간과 명사가 결합한 합성명사이다.
③ '늙은이'는 어휘 의미를 지닌 두 요소가 결합해 이루어진 단어이다.
④ 동사 '먹다'의 어간인 '먹'과 명사 '거리'가 결합한 '먹거리'는 비통사적 합성어이다.

**03** 다음 글의 ㉠의 사례가 포함되어 있지 않은 것은?

존경 표현에는 주어 명사구를 직접 존경하는 '직접존경'이 있고, 존경의 대상과 긴밀한 관련을 가지는 인물이나 사물 등을 높이는 ㉠ '간접존경'도 있다. 전자의 예로 "할머니는 직접 용돈을 마련하신다."를 들 수 있고, 후자의 예로는 "할머니는 용돈이 없으시다."를 들 수 있다. 전자에서 용돈을 마련하는 행위를 하는 주어는 할머니이므로 '마련한다'가 아닌 '마련하신다'로 존경 표현을 한 것이다. 후자에서는 용돈이 주어이지만 할머니와 긴밀한 관련을 가진 사물이라서 '없다'가 아니라 '없으시다'로 존경 표현을 한 것이다.

① 고모는 자식이 다섯이나 있으시다.
② 할머니는 다리가 아프셔서 병원에 다니신다.
③ 언니는 아버지가 너무 건강을 염려하신다고 말했다.
④ 할아버지는 젊었을 때부터 수염이 많으셨다고 들었다.

**04** 다음 글의 ㉠~㉢에 들어갈 말을 적절하게 나열한 것은?

소설과 현실의 관계를 온당하게 살피기 위해서는 세계의 현실성, 문제의 현실성, 해결의 현실성을 구별해야 한다. 우리가 살고 있는 이 입체적인 시공간에서 특히 의미 있는 한 부분을 도려내어 서사의 무대로 삼을 경우 세계의 현실성이 확보된다. 그 세계 안의 인간이 자신을 둘러싼 세계와 고투하면서 당대의 공론장에서 기꺼이 논의해볼 만한 의제를 산출해낼 때 문제의 현실성이 확보된다. 한 사회가 완강하게 구조화하고 있는 '가능한 것'과 '불가능한 것'의 좌표를 흔들면서 특정한 선택지를 제출할 때 해결의 현실성이 확보된다.

최인훈의 「광장」은 밀실과 광장 사이에서 고뇌하는 주인공의 모습을 통해 '남(南)이냐 북(北)이냐'라는 민감한 주제를 격화된 이념 대립의 공론장에 던짐으로써 [ ㉠ ]을 확보하였다. 작품의 시공간으로 당시 남한과 북한을 소설적 세계로 선택함으로써 동서 냉전 시대의 보편성과 한반도 분단 체제의 특수성을 동시에 포괄할 수 있는 [ ㉡ ]도 확보하였다. 「광장」에서 주인공이 남과 북 모두를 거부하고 자살을 선택하는 결말은 남북으로 상징되는 당대의 이원화된 이데올로기를 근저에서 흔들었다. 이로써 [ ㉢ ]을 확보할 수 있었다.

| | ㉠ | ㉡ | ㉢ |
|---|---|---|---|
| ① | 문제의 현실성 | 세계의 현실성 | 해결의 현실성 |
| ② | 문제의 현실성 | 해결의 현실성 | 세계의 현실성 |
| ③ | 세계의 현실성 | 문제의 현실성 | 해결의 현실성 |
| ④ | 세계의 현실성 | 해결의 현실성 | 문제의 현실성 |

## 05 다음 진술이 모두 참일 때 반드시 참인 것은?

- 오 주무관이 회의에 참석하면, 박 주무관도 참석한다.
- 박 주무관이 회의에 참석하면, 홍 주무관도 참석한다.
- 홍 주무관이 회의에 참석하지 않으면, 공 주무관도 참석하지 않는다.

① 공 주무관이 회의에 참석하면, 박 주무관도 참석한다.

② 오 주무관이 회의에 참석하면, 홍 주무관은 참석하지 않는다.

③ 박 주무관이 회의에 참석하지 않으면, 공 주무관은 참석한다.

④ 홍 주무관이 회의에 참석하지 않으면, 오 주무관도 참석하지 않는다.

## 06 다음 글을 이해한 내용으로 가장 적절한 것은?

이육사의 시에는 시인의 길과 투사의 길을 동시에 걸었던 작가의 면모가 고스란히 담겨 있다. 가령, 「절정」은 크게 두 부분으로 나누어지는데, 투사가 처한 냉엄한 현실적 조건이 3개의 연에 걸쳐 먼저 제시된 후, 시인이 품고 있는 인간과 역사에 대한 희망이 마지막 연에 제시된다.

우선, 투사 이육사가 처한 상황은 대단히 위태로워 보인다. 그는 "매운 계절의 채찍에 갈겨 / 마침내 북방으로 휩쓸려" 왔고, "서릿발 칼날진 그 위에 서" 바라본 세상은 "하늘도 그만 지쳐 끝난 고원"이어서 가냘픈 희망을 품는 것조차 불가능해 보인다. 이러한 상황은 "한발 제겨디딜 곳조차 없다"는 데에 이르러 극한에 도달하게 된다. 여기서 그는 더 이상 피할 수 없는 존재의 위기를 깨닫게 되는데, 이때 시인 이육사가 나서면서 시는 반전의 계기를 마련한다.

마지막 4연에서 시인은 3연까지 치달아 온 극한의 위기를 담담히 대면한 채, "이러매 눈감아 생각해" 보면서 현실을 새롭게 규정한다. 여기서 눈을 감는 행위는 외면이나 도피가 아니라 피할 수 없는 현실적 조건을 새롭게 반성함으로써 현실의 진정한 면모와 마주하려는 적극적인 행위로 읽힌다. 이는 다음 행, "겨울은 강철로 된 무지갠가보다"라는 시구로 이어지면서 현실에 대한 새로운 성찰로 마무리된다. 이 마지막 구절은 인간과 역사에 대한 희망을 놓지 않으려는 시인의 안간힘으로 보인다.

① 「절정」에는 투사가 처한 극한의 상황이 뚜렷한 계절의 변화로 드러난다.

② 「절정」에서 시인은 투사가 처한 현실적 조건을 외면하지 않고 새롭게 인식한다.

③ 「절정」은 시의 구성이 두 부분으로 나누어지면서 투사와 시인이 반목과 화해를 거듭한다.

④ 「절정」에는 냉엄한 현실에 절망하는 시인의 면모와 인간과 역사에 대한 희망을 놓지 않으려는 투사의 면모가 동시에 담겨 있다.

**07** (가)~(라)를 맥락에 맞추어 가장 적절하게 나열한 것은?

> (가) 다음으로 시청자의 마음을 사로잡을 수 있는 참신한 인물을 창조해야 한다. 특히 주인공은 장애를 만나 새로운 목표를 만들고, 그것을 이루는 과정에서 최종적으로 영웅이 된다. 시청자는 주인공이 목표를 이루는 데 적합한 인물로 변화를 거듭할 때 그에게 매료된다.
> (나) 스토리텔링 전략에서 제일 먼저 해야 할 일이 로그라인을 만드는 것이다. 로그라인은 '장애, 목표, 변화, 영웅'이라는 네 가지 요소를 담아야 하며, 3분 이내로 압축적이어야 한다. 이를 통해 스토리의 목적과 방향이 마련된다.
> (다) 이 같은 인물 창조의 과정에서 스토리의 주제가 만들어진다. '사랑과 소속감, 안전과 안정, 자유와 자발성, 권력과 책임, 즐거움과 재미, 인식과 이해'는 수천 년 동안 성별, 나이, 문화를 초월하여 두루 통용된 주제이다.
> (라) 시청자가 드라마나 영화에 대해 시청 여부를 결정하는 데 걸리는 시간은 8초에 불과하다. 제작자는 이 짧은 시간 안에 시청자를 사로잡을 수 있는 스토리텔링 전략이 필요하다.

① (나)－(가)－(라)－(다)
② (나)－(다)－(가)－(라)
③ (라)－(나)－(가)－(다)
④ (라)－(나)－(다)－(가)

**08** 〈지침〉에 따라 〈개요〉를 작성할 때 ㉠ ~ ㉣에 들어갈 내용으로 적절하지 않은 것은?

〈지 침〉

> • 서론은 중심 소재의 개념 정의와 문제 제기를 1개의 장으로 작성할 것.
> • 본론은 제목에서 밝힌 내용을 2개의 장으로 구성하되 각 장의 하위 항목끼리 대응되도록 작성할 것.
> • 결론은 기대 효과와 향후 과제를 1개의 장으로 작성할 것.

〈개 요〉

> • 제목: 복지 사각지대의 발생 원인과 해소 방안
> Ⅰ. 서론
> 1. 복지 사각지대의 정의
> 2. [㉠]
> Ⅱ. 복지 사각지대의 발생 원인
> 1. [㉡]
> 2. 사회복지 담당 공무원의 인력 부족
> Ⅲ. 복지 사각지대의 해소 방안
> 1. 사회적 변화를 반영하여 기존 복지 제도의 미비점 보완
> 2. [㉢]
> Ⅳ. 결론
> 1. [㉣]
> 2. 복지 사각지대의 근본적이고 지속가능한 해소 방안 마련

① ㉠: 복지 사각지대의 발생에 따른 사회 문제의 증가
② ㉡: 사회적 변화를 반영하지 못한 기존 복지 제도의 한계
③ ㉢: 사회복지 업무 경감을 통한 공무원 직무 만족도 증대
④ ㉣: 복지 혜택의 범위 확장을 통한 사회 안전망 강화

**09** 다음 글의 빈칸에 들어갈 결론으로 가장 적절한 것은?

> 신경과학자 아이젠버거는 참가자들을 모집하여 실험을 진행하였다. 이 실험에서 그의 연구팀은 실험 참가자의 뇌를 'fMRI' 기계를 이용해 촬영하였다. 뇌의 어떤 부위가 활성화되는가를 촬영하여 실험 참가자가 어떤 심리적 상태인가를 파악하려는 것이었다. 아이젠버거는 각 참가자에게 그가 세 사람으로 구성된 그룹의 일원이 될 것이고, 온라인에 각각 접속하여 서로 공을 주고받는 게임을 하게 될 것이라고 알려주었다. 그런데 이 실험에서 각 그룹의 구성원 중 실제 참가자는 한 명뿐이었고 나머지 둘은 컴퓨터 프로그램이었다. 실험이 시작되면 처음 몇 분 동안 셋이 사이좋게 순서대로 공을 주고받지만, 어느 순간부터 실험 참가자는 공을 받지 못한다. 실험 참가자를 제외한 나머지 둘은 계속 공을 주고받기 때문에, 실험 참가자는 나머지 두 사람이 아무런 설명 없이 자신을 따돌린다고 느끼게 된다. 연구팀은 실험 참가자가 따돌림을 당할 때 그의 뇌에서 전두엽의 전대상피질 부위가 활성화된다는 것을 확인했다. 이는 인간이 물리적 폭력을 당할 때 활성화되는 뇌의 부위이다. 연구팀은 이로부터 [　　　　]는 결론을 내릴 수 있었다.

① 물리적 폭력은 뇌 전두엽의 전대상피질 부위를 활성화한다

② 물리적 폭력은 피해자의 개인적 경험을 사회적 문제로 전환한다

③ 따돌림은 피해자에게 물리적 폭력보다 더 심각한 부정적 영향을 미친다

④ 따돌림을 당할 때와 물리적 폭력을 당할 때의 심리적 상태는 서로 다르지 않다

[10~11] 다음 글을 읽고 물음에 답하시오.

> '크로노토프'는 그리스어로 시간과 공간을 뜻하는 두 단어를 결합한 것으로, 시공간을 통합적으로 이해하기 위한 개념이다. 크로노토프의 관점에서 보면 고소설과 근대소설의 차이를 명확하게 파악할 수 있다.
>
> 고소설에는 돌아가야 할 곳으로서의 원점이 존재한다. 그것은 영웅소설에서라면 중세의 인륜이 원형대로 보존된 세계이고, 가정소설에서라면 가장을 중심으로 가족 구성원들이 평화롭게 공존하는 가정이다. 고소설에서 주인공은 적대자에 의해 원점에서 분리되어 고난을 겪는다. 그들의 목표는 상실한 원점을 회복하는 것, 즉 그곳에서 향유했던 이상적 상태로 ㉠ <u>돌아가는</u> 것이다. 주인공과 적대자 사이의 갈등이 전개되는 시간을 서사적 현재라 한다면, 주인공이 도달해야 할 종결점은 새로운 미래가 아니라 다시 도래할 과거로서의 미래이다. 이러한 시공간의 배열을 '회귀의 크로노토프'라고 한다.
>
> 근대소설 「무정」은 회귀의 크로노토프를 부정한다. 이것은 주인공인 이형식과 박영채의 시간 경험을 통해 확인된다. 형식은 고아지만 이상적인 고향의 기억을 갖고 있다. 그것은 박 진사의 집에서 영채와 함께하던 때의 기억이다. 이는 영채도 마찬가지기에, 그들에게 박 진사의 집으로 표상되는 유년의 과거는 이상적 원점의 구실을 한다. 박 진사의 죽음은 그들에게 고향의 상실을 상징한다. 두 사람의 결합이 이상적 상태의 고향을 회복할 수 있는 유일한 방법이겠지만, 그들은 끝내 결합하지 못한다. 형식은 새 시대의 새 인물이 되어야 한다고 생각하며 과거로의 복귀를 거부한다.

**10** 윗글에서 추론한 내용으로 가장 적절한 것은?

① 「무정」과 고소설은 회귀의 크로노토프를 부정한다는 점에서 공통적이다.

② 영웅소설의 주인공과 「무정」의 이형식은 그들의 이상적 원점을 상실했다는 공통점을 가지고 있다.

③ 「무정」에서 이형식이 박영채와 결합했다면 새로운 미래로서의 종결점에 도달할 수 있었을 것이다.

④ 가정소설은 가족 구성원들이 평화롭게 공존하는 결말을 통해 상실했던 원점으로의 복귀를 거부한다.

**11** 문맥상 ㉠의 의미와 가장 가까운 것은?

① 전쟁은 연합군의 승리로 돌아갔다.

② 사과가 한 사람 앞에 두 개씩 돌아간다.

③ 그는 잃어버린 동심으로 돌아가고 싶었다.

④ 그녀는 자금이 잘 돌아가지 않는다며 걱정했다.

**12** (가)와 (나)를 전제로 할 때 빈칸에 들어갈 결론으로 가장 적절한 것은?

> (가) 노인복지 문제에 관심이 있는 사람 중 일부는 일자리 문제에 관심이 있는 사람이 아니다.
> (나) 공직에 관심이 있는 사람은 모두 일자리 문제에 관심이 있는 사람이다.
> 따라서 [                    ].

① 노인복지 문제에 관심이 있는 사람 중 일부는 공직에 관심이 있는 사람이 아니다

② 공직에 관심이 있는 사람 중 일부는 노인복지 문제에 관심이 있는 사람이 아니다

③ 공직에 관심이 있는 사람은 모두 노인복지 문제에 관심이 있는 사람이 아니다

④ 일자리 문제에 관심이 있지만 노인복지 문제에 관심이 없는 사람은 모두 공직에 관심이 있는 사람이 아니다

**13** 다음 글의 ㉠~㉣ 중 어색한 곳을 찾아 가장 적절하게 수정한 것은?

> 수명을 늘릴 수 있는 여러 방법 중 가장 좋은 방법은 노화 문제를 해결하는 것이다. 이 방법은 인간이 젊고 건강한 상태로 수명을 연장할 수 있다는 점에서 ㉠ 늙고 병든 상태에서 단순히 죽음의 시간을 지연시킨다는 기존 발상과 근본적으로 다르다. ㉡ 노화가 진행된 상태를 진행되기 전의 상태로 되돌린다거나 노화가 시작되기 전에 노화를 막는 장치가 개발된다면, 젊음을 유지한 채 수명을 늘리는 것은 충분히 가능하다.
>
> 그러나 노화 문제와 관련된 현재까지의 연구는 초라하다. 이는 대부분 연구가 신약 개발의 방식으로만 진행되어 왔기 때문이다. 현재 기준에서는 질병 치료를 목적으로 개발한 신약만 승인받을 수 있는데, 식품의약국이 노화를 ㉢ 질병으로 본 탓에 노화를 멈추는 약은 승인받을 수 없었다. 노화를 질병으로 보더라도 해당 약들이 상용화되기까지는 아주 오랜 시간이 필요하다.
>
> 그런데 노화 문제는 발전을 거듭하고 있는 인공지능 덕분에 신약 개발과는 다른 방식으로 극복될 수 있을지 모른다. 일반 사람들에 비해 ㉣ 노화가 더디게 진행되는 사람들

의 유전자 자료를 데이터화하면 그들에게서 노화를 지연시키는 생리적 특징을 추출할 수 있는데, 이를 통해 유전자를 조작하는 방식으로 노화를 막을 수 있다.

① ㉠: 늙고 병든 상태에서 담담히 죽음의 시간을 기다린다
② ㉡: 노화가 진행되기 전의 신체를 노화가 진행된 신체
③ ㉢: 질병으로 보지 않은 탓에 노화를 멈추는 약은 승인받을 수 없었다
④ ㉣: 노화가 더디게 진행되는 사람들의 유전자 자료를 데이터화하면 그들에게서 노화를 촉진

**14 ㉠을 평가한 내용으로 적절한 것만을 〈보기〉에서 모두 고르면?**

흔히 '일곱 빛깔 무지개'라는 말을 한다. 서로 다른 빛깔의 띠 일곱 개가 무지개를 이루고 있다는 뜻이다. 영어나 프랑스어를 비롯해 다른 자연언어들에도 이와 똑같은 표현이 있는데, 이는 해당 자연언어가 무지개의 색상에 대응하는 색채 어휘를 일곱 개씩 지녔기 때문이라고 할 수 있다.

언어학자 사피어와 그의 제자 워프는 여기서 어떤 영감을 얻었다. 그들은 서로 다른 언어를 쓰는 아메리카 원주민들에게 무지개의 띠가 몇 개냐고 물었다. 대답은 제각각 달랐다. 사피어와 워프는 이 설문 결과에 기대어, 사람들은 자신의 언어에 얽매인 채 세계를 경험한다고 판단했다. 이 판단으로부터, "우리는 모국어가 그어놓은 선에 따라 자연세계를 분단한다."라는 유명한 발언이 나왔다. 이에 따르면 특정 현상과 관련한 단어가 많을수록 해당 언어권의 화자들은 그 현상에 대해 심도 있게 경험하는 것이다. 언어가 의식을, 사고와 세계관을 결정한다는 이 견해는 ㉠ 사피어-워프 가설이라 불리며 언어학과 인지과학의 논란거리가 되어왔다.

〈보기〉

ㄱ. 눈[雪]을 가리키는 단어를 4개 지니고 있는 이누이트족이 1개 지니고 있는 영어 화자들보다 눈을 넓고 섬세하게 경험한다는 것은 ㉠을 강화한다.
ㄴ. 수를 세는 단어가 '하나', '둘', '많다' 3개뿐인 피라하족의 사람들이 세 개 이상의 대상을 모두 '많다'고 인식하는 것은 ㉠을 강화한다.
ㄷ. 색채 어휘가 적은 자연언어 화자들이 색채 어휘가 많은 자연언어 화자들에 비해 색채를 구별하는 능력이 뛰어나다는 것은 ㉠을 약화한다.

① ㄱ　　② ㄱ, ㄴ
③ ㄴ, ㄷ　　④ ㄱ, ㄴ, ㄷ

**[15～16] 다음 글을 읽고 물음에 답하시오.**

한국 신화에 보이는 신과 인간의 관계는 다른 나라의 신화와 ㉠ 견주어 볼 때 흥미롭다. 한국 신화에서 신은 인간과의 결합을 통해 결핍을 해소함으로써 완전한 존재가 되고, 인간은 신과의 결합을 통해 혼자 할 수 없었던 존재론적 상승을 이룬다.

한국 건국신화에서 주인공인 신은 지상에 내려와 왕이 되고자 한다. 천상적 존재가 지상적 존재가 되기를 ㉡ 바라는 것인데, 인간들의 왕이 된 신은 인간 여성과의 결합을 통해 자식을 낳음으로써 결핍을 메운다. 무속신화에서는 인간이었던 주인공이 신과의 결합을 통해 신적 존재로 ㉢ 거듭나게 됨으로써 존재론적으로 상승하게 된다. 이처럼 한국 신

화에서 신과 인간은 서로의 존재를 필요로 한다는 점에서 상호의존적이고 호혜적이다.

다른 나라의 신화들은 신과 인간의 관계가 한국 신화와 달리 위계적이고 종속적이다. 히브리 신화에서 피조물인 인간은 자신을 창조한 유일신에 대해 원초적 부채감을 지니고 있으며, 신이 지상의 모든 일을 관장한다는 점에서 언제나 인간의 우위에 있다. 이러한 양상은 북유럽이나 바빌로니아 등에 ㉣ 퍼져 있는 신체 화생 신화에도 유사하게 나타난다. 신체 화생 신화는 신이 죽음을 맞게 된 후 그 신체가 해체되면서 인간 세계가 만들어지게 된다는 것인데, 신의 희생 덕분에 인간 세계가 만들어질 수 있었다는 점에서 인간은 신에게 철저히 종속되어 있다.

**15** 윗글을 이해한 내용으로 적절하지 않은 것은?

① 히브리 신화에서 신과 인간의 관계는 위계적이다.

② 한국 무속신화에서 신은 인간을 위해 지상에 내려와 왕이 된다.

③ 한국 건국신화에서 신은 인간과의 결합을 통해 완전한 존재가 된다.

④ 한국 신화에 보이는 신과 인간의 관계는 신체 화생 신화에 보이는 신과 인간의 관계와 다르다.

**16** ㉠~㉣과 바꿔 쓸 수 있는 유사한 표현으로 적절하지 않은 것은?

① ㉠: 비교해

② ㉡: 희망하는

③ ㉢: 복귀하게

④ ㉣: 분포되어

**17** 다음 대화를 분석한 내용으로 가장 적절한 것은?

갑: 전염병이 창궐했을 때 마스크를 착용하는 것은 당연한 일인데, 그것을 거부하는 사람이 있다니 도대체 이해가 안 돼.
을: 마스크 착용을 거부하는 사람들을 무조건 비난하지 말고 먼저 왜 그러는지 정확하게 이유를 파악하는 것이 필요해.
병: 그 사람들은 개인의 자유가 가장 존중받아야 하는 기본권이라고 생각하기 때문일 거야.
갑: 개인의 자유로운 선택이 타인의 생명을 위협한다면 기본권이라 하더라도 제한하는 것이 보편적 상식 아닐까?
병: 맞아. 개인이 모여 공동체를 이루는데 나의 자유만을 고집하면 결국 사회는 극단적 이기주의에 빠져 붕괴하고 말 거야.
을: 마스크를 쓰지 않는 행위를 윤리적 차원에서만 접근하지 말고, 문화적 차원에서도 고려할 필요가 있어. 어떤 사회에서는 얼굴을 가리는 것이 범죄자의 징표로 인식되기도 해.

① 화제에 대해 남들과 다른 측면에서 탐색하는 사람이 있다.

② 자신의 의견이 반박되자 질문을 던져 화제를 전환하는 사람이 있다.

③ 대화가 진행되면서 논점에 대한 찬반 입장이 바뀌는 사람이 있다.

④ 사례의 공통점을 종합하여 자신의 주장을 강화하는 사람이 있다.

**[18~19] 다음 글을 읽고 물음에 답하시오.**

> 영국의 유명한 원형 석조물인 스톤헨지는 기원전 3,000년경 신석기시대에 세워졌다. 1960년대에 천문학자 호일이 스톤헨지가 일종의 연산장치라는 주장을 하였고, 이후 엔지니어인 톰은 태양과 달을 관찰하기 위한 정교한 기구라고 확신했다. 천문학자 호킨스는 스톤헨지의 모양이 태양과 달의 배열을 나타낸 것이라는 의견을 제시해 관심을 모았다.
>
> 그러나 고고학자 앳킨슨은 ㉠ <u>그들</u>의 생각을 비난했다. 앳킨슨은 스톤헨지를 세운 사람들을 '야만인'으로 묘사하면서, ㉡ <u>이들</u>은 호킨스의 주장과 달리 과학적 사고를 할 줄 모른다고 주장했다. 이에 호킨스를 옹호하는 학자들이 진화적 관점에서 앳킨슨을 비판하였다. ㉢ <u>이들</u>은 신석기시대보다 훨씬 이전인 4만 년 전의 사람들도 신체적으로 우리와 동일했으며 지능 또한 우리보다 열등했다고 볼 근거가 없다고 주장했다.
>
> 하지만 스톤헨지의 건설자들이 포괄적인 의미에서 현대인과 같은 지능을 가졌다고 해도 과학적 사고와 기술적 지식을 가지지는 못했다. ㉣ <u>그들</u>에게는 우리처럼 2,500년에 걸쳐 수학과 천문학의 지식이 보존되고 세대를 거쳐 전승되어 쌓인 방대하고 정교한 문자 기록이 없었다. 선사시대의 생각과 행동이 우리와 똑같은 식으로 전개되지 않았으리라는 점은 매우 중요하다. 지적 능력을 갖췄다고 해서 누구나 우리와 같은 동기와 관심, 개념적 틀을 가졌으리라고 생각하는 것은 잘못이다.

**18** 윗글에 대해 평가한 내용으로 가장 적절한 것은?

① 스톤헨지가 제사를 지내는 장소였다는 후대 기록이 발견되면 호킨스의 주장은 강화될 것이다.

② 스톤헨지 건설 당시의 사람들이 숫자를 사용하였다는 증거가 발견되면 호일의 주장은 약화될 것이다.

③ 스톤헨지의 유적지에서 수학과 과학에 관련된 신석기시대 기록물이 발견되면 글쓴이의 주장은 강화될 것이다.

④ 기원전 3,000년경 인류에게 천문학 지식이 있었다는 증거가 발견되면 앳킨슨의 주장은 약화될 것이다.

**19** 문맥상 ㉠~㉣ 중 지시 대상이 같은 것만으로 묶인 것은?

① ㉠, ㉢

② ㉡, ㉣

③ ㉠, ㉡, ㉢

④ ㉠, ㉡, ㉣

**20** 다음 글의 밑줄 친 결론을 이끌어내기 위해 추가해야 할 것은?

> 문학을 좋아하는 사람은 모두 자연의 아름다움을 좋아하는 사람이다. 자연의 아름다움을 좋아하는 어떤 사람은 예술을 좋아하는 사람이다. 따라서 <u>예술을 좋아하는 어떤 사람은 문학을 좋아하는 사람이다.</u>

① 자연의 아름다움을 좋아하는 사람은 모두 문학을 좋아하는 사람이다.

② 문학을 좋아하는 어떤 사람은 자연의 아름다움을 좋아하는 사람이다.

③ 예술을 좋아하는 어떤 사람은 자연의 아름다움을 좋아하는 사람이다.

④ 예술을 좋아하지만 문학을 좋아하지 않는 사람은 모두 자연의 아름다움을 좋아하는 사람이다.

제2차

# 국 어

정답 및 해설 43p

**01** 〈공공언어 바로 쓰기 원칙〉에 따라 수정한 것으로 적절하지 않은 것은?

〈공공언어 바로 쓰기 원칙〉

- 주어와 서술어의 호응
  - ㉠ 능동과 피동의 관계를 정확하게 사용함.
- 여러 뜻으로 해석되는 표현 삼가기
  - ㉡ 중의적인 문장을 사용하지 않음.
- 명료한 수식어구 사용
  - ㉢ 수식어와 피수식어의 관계를 분명하게 표현함.
- 대등한 구조를 보여 주는 표현 사용
  - ㉣ '-고', '와/과' 등으로 접속될 때에는 대등한 관계를 사용함.

① "이번 총선에서 국회의원 OOO명을 선출되었다."를 ㉠에 따라 "이번 총선에서 국회의원 OOO명이 선출되었다."로 수정한다.

② "시장은 시민의 안전에 관하여 건설업계 관계자들과 논의하였다."를 ㉡에 따라 "시장은 건설업계 관계자들과 시민의 안전에 관하여 논의하였다."로 수정한다.

③ "5킬로그램 정도의 금 보관함"을 ㉢에 따라 "금 5킬로그램 정도를 담은 보관함"으로 수정한다.

④ "음식물의 신선도 유지와 부패를 방지해야 한다."를 ㉣에 따라 "음식물의 신선도를 유지하고, 부패를 방지해야 한다."로 수정한다.

**02** 다음 글을 이해한 내용으로 적절하지 않은 것은?

조선시대 기록을 보면 오늘날 급성전염병에 속하는 병들의 다양한 명칭을 확인할 수 있는데, 전염성, 고통의 정도, 질병의 원인, 몸에 나타난 증상 등 작명의 과정에서 주목한 바는 각기 달랐다.

예를 들어, '역병(疫病)'은 사람이 고된 일을 치르듯[役] 병에 걸려 매우 고통스러운 상태를 말한다. '여역(癘疫)'이란 말은 힘들다[疫]는 뜻에다가 사납다[癘]는 의미가 더해져 있다. 현재의 성홍열로 추정되는 '당독역(唐毒疫)'은 오랑캐처럼 사납고[唐], 독을 먹은 듯 고통스럽다[毒]는 의미가 들어가 있다. '염병(染病)'은 전염성에 주목한 이름이고, 마찬가지로 '윤행괴질(輪行怪疾)' 역시 수레가 여기저기 옮겨 다니듯 한다는 뜻으로 질병의 전염성을 크게 강조한 이름이다.

'시기병(時氣病)'이란 특정 시기의 좋지 못한 기운으로 인해 생기는 전염병을 말하는데, 질병의 원인으로 나쁜 대기를 들고 있는 것이다. '온역(溫疫)'에 들어 있는 '온(溫)'은 이 병을 일으키는 계절적 원인을 가리킨다. 이밖에 '두창(痘瘡)'이나 '마진(痲疹)' 따위의 병명은 피부에 발진이 생기고 그 모양이 콩 또는 삼씨 모양인 것을 강조한 말이다.

① '온역'은 질병의 원인에 주목하여 붙여진 이름이다.

② '역병'은 질병의 전염성에 주목하여 붙여진 이름이다.

③ '당독역'은 질병의 고통스러운 정도에 주목하여 붙여진 이름이다.

④ '마진'은 질병으로 인해 몸에 나타난 증상에 주목하여 붙여진 이름이다.

**03** 다음 글의 중심 내용으로 가장 적절한 것은?

플라톤의 『국가』에는 사람들이 살아가면서 가장 중요하게 생각하는 두 가지 요소에 대한 언급이 있다. 우리가 만약 이것들을 제대로 통제하고 조절할 수 있다면 좋은 삶을 살 수 있다고 플라톤은 말하고 있다. 하나는 대다수가 갖고 싶어하는 재물이며, 다른 하나는 대다수가 위험하게 생각하는 성적 욕망이다. 소크라테스는 당시 성공적인 삶을 살고 있다고 사람들에게 잘 알려진 케팔로스에게, 사람들이 좋아하는 재물이 많아서 좋은 점과 사람들이 싫어하는 나이가 많아서 좋은 점은 무엇인지를 물었다. 플라톤은 이 대화를 통해 우리가 어떻게 좋은 삶을 살 수 있는지를 보여준다.

케팔로스는 재물이 많으면 남을 속이거나 거짓말하지 않을 수 있어서 좋고, 나이가 많으면 성적 욕망을 쉽게 통제할 수 있어서 좋다고 말한다. 물론 재물이 적다고 남을 속이거나 거짓말을 하는 것은 아니며, 나이가 적다고 해서 성적 욕망을 쉽게 통제할 수 없는 것은 아니다. 그렇지만 누구나 살아가면서 이것들로 인해 힘들어하고 괴로워하는 경우가 많다는 것은 분명하다. 삶을 살아가면서 돈에 대한 욕망이나 성적 욕망만이라도 잘 다스릴 수 있다면 낭패를 당하거나 망신을 당할 일이 거의 없을 것이다. 인간에 대한 플라톤의 통찰력과 삶에 대한 지혜는 현재에도 여전히 유효하다.

① 재물욕과 성욕은 과거나 지금이나 가장 강한 욕망이다.
② 재물이 많으면서 나이가 많은 자가 좋은 삶을 살 수 있다.
③ 성공적인 삶을 살려면 재물욕과 성욕을 잘 다스려야 한다.
④ 잘 살기 위해서는 살면서 가장 중요한 것이 무엇인지 알아야 한다.

**04** 다음 글의 ㉠~㉣ 중 어색한 곳을 찾아 가장 적절하게 수정한 것은?

언어는 랑그와 파롤로 구분할 수 있다. 랑그는 머릿속에 내재되어 있는 추상적인 언어의 모습으로, 특정한 언어공동체가 공유하고 있는 기호체계를 가리킨다. 반면에 파롤은 구체적인 언어의 모습으로, 의사소통을 위해 랑그를 사용하는 개인적인 행위를 의미한다.

언어학자들은 흔히 ㉠ 랑그를 악보에 비유하고, 파롤을 실제 연주에 비유하곤 하는데, 악보는 고정되어 있지만 실제 연주는 그 고정된 악보를 연주하는 사람에 따라 달라지기 마련이다. 그러니까 ㉡ 랑그는 여러 상황에도 불구하고 변하지 않고 기본을 이루는 언어의 본질적인 모습에 해당한다. 한편 '책상'이라는 단어를 발음할 때 사람마다 발음되는 소리는 다르기 때문에 '책상'에 대한 발음은 제각각일 수밖에 없다. 여기서 ㉢ 실제로 발음되는 제각각의 소리값이 파롤이다.

랑그와 파롤 개념과 비슷한 것으로 언어능력과 언어수행이 있다. 자기 모국어에 대해 사람들이 내재적으로 가지고 있는 지식이 언어능력이고, 사람들이 실제로 발화하는 행위가 언어수행이다. ㉣ 파롤이 언어능력에 대응한다면, 랑그는 언어수행에 대응한다.

① ㉠: 랑그를 실제 연주에 비유하고, 파롤을 악보에 비유하곤
② ㉡: 랑그는 여러 상황에 맞춰 변화하는 언어의 본질적인 모습
③ ㉢: 실제로 발음되는 제각각의 소리값이 랑그
④ ㉣: 랑그가 언어능력에 대응한다면, 파롤은 언어수행에 대응

## 05 다음 글의 핵심 논지로 가장 적절한 것은?

판타지와 SF의 차별성은 '낯섦'과 '이미 알고 있는 것'이라는 기준을 통해 드러난다. 이 둘은 일반적으로 상반된 의미를 갖는다. 이미 알고 있는 것은 낯설지 않고, 낯선 것은 새로운 것을 의미하기 때문이다.

판타지와 SF에는 모두 새롭고 낯선 것이 등장하는데, 비근한 예가 현실에 존재하지 않는 괴물의 출현이다. 판타지에서 낯선 괴물이 나오면 사람들은 '저게 뭐지?'하면서도 그 낯섦을 그대로 받아들인다. 그렇기에 등장인물과 독자 모두 그 괴물을 원래부터 존재했던 것으로 받아들이고, 괴물은 등장하자마자 세계의 일부가 된다. 결국 판타지에서는 이미 알고 있는 것보다 새로운 것이 더 중요한 의미를 갖는다. 이와 달리 SF에서는 '그런 괴물이 어떻게 존재할 수 있지?'라고 의심하고 물어야 한다. SF에서는 인물과 독자들이 작가의 경험적 환경을 공유하기 때문에 괴물은 절대로 자연스럽지 않다. 괴물의 낯섦에 대한 질문은 괴물이 존재하는 세계에 대한 지식, 세계관, 나아가 정체성의 문제로 확장된다. 이처럼 SF에서는 어떤 새로운 것이 등장했을 때 그 낯섦을 인정하면서도 동시에 그것을 자신이 이미 알고 있던 인식의 틀로 끌어들여 재조정하는 과정이 요구된다.

① 판타지와 SF는 모두 새로운 것에 의해 알고 있는 것이 바뀌는 장르이다.
② 판타지와 SF는 모두 알고 있는 것과 새로운 것을 그대로 인정하고 둘 사이의 재조정이 필요한 장르이다.
③ 판타지는 새로운 것보다 알고 있는 것이 더 중요하고, SF는 알고 있는 것보다 새로운 것이 더 중요한 장르이다.
④ 판타지는 알고 있는 것보다 새로운 것이 더 중요하고, SF는 알고 있는 것과 새로운 것 사이의 재조정이 필요한 장르이다.

## 06 다음 빈칸에 들어갈 말로 가장 적절한 것은?

로빈후드는 14세기 후반인 1377년경에 인기를 끈 작품 〈농부 피어즈〉에 최초로 등장한다. 로빈후드 이야기는 주로 숲을 배경으로 전개된다. 숲에 사는 로빈후드 무리는 사슴고기를 중요시하는데 당시 숲은 왕의 영지였고 사슴 밀렵은 범죄였다. 왕의 영지에 있는 사슴에 대한 밀렵을 금지하는 법은 11세기 후반 잉글랜드를 정복한 윌리엄 왕이 제정한 것이므로 아마도 로빈후드 이야기가 그 이전 시기로까지 거슬러 올라가지는 않을 것이다. 또한 이야기에서 셔우드 숲을 한 바퀴 돌고 로빈후드를 만났다고 하는 국왕 에드워드는 1307년에 즉위하여 20년간 재위한 2세일 가능성이 있다. 1세에서 3세까지의 에드워드 국왕 가운데 이 지역의 순행 기록이 있는 사람은 에드워드 2세뿐이다. 이러한 근거를 토대로 추론할 때, 로빈후드 이야기의 시대 배경은 아마도 [    ]일 가능성이 가장 크다.

① 11세기 후반 ② 14세기 이전
③ 14세기 전반 ④ 14세기 후반

## 07 (가)~(다)를 맥락에 맞게 순서대로 나열한 것은?

북방에 사는 매는 덩치가 크고 사냥도 잘한다. 그래서 아시아에서는 몽골 고원과 연해주 지역에 사는 매들이 인기가 있었다.

(가) 조선과 일본의 단절된 관계는 1609년 기유조약이 체결되면서 회복되었다. 하지만 이때는 조선과 일본이 서로를 직접 상대했던 것이 아니라 두 나라 사이에 끼어있는 대마도를 매개로 했다. 대마도는 막부로부터 조선의 외교 · 무역권을 위임받았고, 조선은 그

러한 대마도에게 시혜를 베풀어줌으로써 일본과의 교린 체계를 유지해 나가려고 했다.

(나) 일본에서 이 북방의 매에 접근할 수 있는 길은 한반도를 통하는 것 외에는 없었다. 그래서 한반도와 일본 간의 교류에 매가 중요한 물품으로 자리 잡았던 것이다. 하지만 임진왜란으로 인하여 교류는 단절되었다.

(다) 이러한 외교관계에 매 교역이 자리하고 있었다. 대마도는 조선과의 공식적, 비공식적 무역을 통해서도 상당한 이익을 취했다. 따라서 조선후기에 이루어진 매 교역은 경제적인 측면과 정치 · 외교적인 성격이 강했다.

① (가) –(다)–(나) ② (나)–(가)–(다)
③ (나) –(다)–(가) ④ (다)–(나)–(가)

**08 다음 글에서 추론한 내용으로 가장 적절한 것은?**

『성경』에 따르면 예수는 죽은 지 사흘 만에 부활했다. 사흘이라고 하면 시간상 72시간을 의미하는데, 예수는 금요일 오후에 죽어서 일요일 새벽에 부활했으니 구체적인 시간을 따진다면 48시간이 채 되지 않는다. 그렇다면 『성경』에서 3일이라고 한 것은 예수의 신성성을 부각하기 위한 것일까?

여기에는 수를 세는 방식의 차이가 개입되어 있다. 구체적으로 말하면 우리가 사용하는 현대의 수에는 '0' 개념이 깔려 있지만, 『성경』이 기록될 당시에는 해당 개념이 없었다. '0' 개념은 13세기가 되어서야 유럽으로 들어왔으니, '0' 개념이 들어오기 전 시간의 길이는 '1'부터 셈했다. 다시 말해 시간의 시작점 역시 '1'로 셈했다는 것인데, 금요일부터 다음 금요일까지는 7일이 되지만, 시작하는 금요일까지 날로 셈해서 다음 금요일은 8일이 되는 식이다.

이와 같은 셈법의 흔적을 현대 언어에서도 찾을 수 있다. 오늘날 그리스 사람들은 올림픽이 열리는 주기에 해당하는 4년을 'pentaeteris'라고 부르는데, 이 말의 어원은 '5년'을 뜻한다. '2주'를 의미하는 용도로 사용되는 현대 프랑스어 'quinze jours'는 어원을 따지자면 '15일'을 가리키는데, 시간적으로는 동일한 기간이지만 시간을 셈하는 방식에 따라 마지막 날과 해가 달라진 것이다.

① '0' 개념은 13세기에 유럽에서 발명되었다.
② 『성경』에서는 예수의 신성성을 부각하기 위해 그의 부활 시점을 활용하였다.
③ 프랑스어 'quinze jours'에는 '0' 개념이 들어오기 전 셈법의 흔적이 남아 있다.
④ 'pentaeteris'라는 말이 생겨났을 때에 비해 오늘날의 올림픽이 열리는 주기는 짧아졌다.

**[09~10] 다음 글을 읽고 물음에 답하시오.**

생물은 자신의 종에 속하는 개체들과 의사소통을 한다. 꿀벌은 춤을 통해 식량의 위치를 같은 무리의 동료들에게 알려주며, 녹색원숭이는 포식자의 접근을 알리기 위해 소리를 지른다. 침팬지는 고통, 괴로움, 기쁨 등의 감정을 표현할 때 각각 다른 ㉠ <u>소리</u>를 낸다.

말한다는 것을 단어에 대해 ㉡ <u>소리</u> 낸다는 의미로 보게 되면, 침팬지가 사람처럼 말하도록 하는 것은 불가능하다. 침팬지는 인간과 게놈의 98 %를 공유하고 있지만, 발성 기관에 차이가 있다.

인간의 발성 기관은 아주 정교하게 작용하여 여러 ㉢ <u>소리</u>를 낼 수 있는데, 초당 십여 개의 (가) <u>소리</u>를 쉽게 만들어 낸다. 이는 성대, 후두, 혀, 입술, 입천장을 아주 정확하게 통제할 수 있기 때문에 가

능한 것이다. 침팬지는 이만큼 정확하게 통제를 하지 못한다. 게다가 인간의 발성 기관은 유인원의 그것과 현저하게 다르다. 주요한 차이는 인두의 길이에 있다. 인두는 혀 뒷부분부터 식도에 이르는 통로로 음식물과 공기가 드나드는 길이다. 인간의 인두는 여섯 번째 목뼈에까지 이른다. 반면에 대부분의 포유류에서는 인두의 길이가 세 번째 목뼈를 넘지 않으며 개의 경우는 두 번째 목뼈를 넘지 않는다. 다른 동물의 인두에 비해 과도하게 긴 인간의 인두는 공명 상자 기능을 하여 세밀하게 통제되는 ㉣ <u>소리</u>를 만들어 낸다.

**09** 윗글에서 추론한 내용으로 가장 적절한 것은?

① 개의 인두 길이는 인간의 인두 길이보다 짧다.

② 침팬지의 인두는 인간의 인두와 98 % 유사하다.

③ 녹색원숭이는 침팬지와 의사소통을 할 수 있다.

④ 침팬지는 초당 십여 개의 소리를 만들어 낼 수 있다.

**10** ㉠~㉣ 중 문맥상 (가)에 해당하는 의미로 사용되지 <u>않은</u> 것은?

① ㉠　　② ㉡

③ ㉢　　④ ㉣

**[11~12] 다음 글을 읽고 물음에 답하시오.**

방각본 출판은 책을 목판에 새겨 대량으로 찍어 내는 방식이다. 이 경우 소수의 작품으로 많은 판매 부수를 올리는 것이 유리하다. 즉, 하나의 책으로 500부를 파는 것이 세 권의 책으로 합계 500부를 파는 것보다 이윤이 높다. 따라서 방각본 출판업자는 작품의 종류를 늘리기보다는 시장성이 좋은 작품을 집중적으로 출판하였다. 또한 작품의 규모가 커서 분량이 많은 경우에는 생산 비용이 ㉠ <u>올라가</u> 책값이 비싸지기 때문에 자연스럽게 분량이 적은 작품을 선호하였다. 이에 따라 방각본 출판에서는 규모가 큰 작품을 기피하였으며, 일단 선택된 작품에도 종종 축약적 윤색이 가해지고는 하였다.

일종의 도서대여업인 세책업은 가능한 여러 종류의 작품을 가지고 있는 편이 유리하고, 한 작품의 규모가 큰 것도 환영할 만한 일이었다. 소설을 빌려 보는 독자들은 하나를 읽고 나서 대개 새 작품을 찾았으니, 보유한 작품의 종류가 많을수록 좋았다. 또한 한 작품의 분량이 많아서 여러 책으로 나뉘어 있으면 그만큼 세책료를 더 받을 수 있으니, 세책업자들은 스토리를 재미나게 부연하여 책의 권수를 늘리기도 했다. 따라서 세책업자들은 많은 종류의 작품을 모으는 데에 주력했고, 이 과정에서 원본의 확장 및 개작이 적잖이 이루어졌다.

**11** 윗글에서 추론한 내용으로 가장 적절한 것은?

① 분량이 많은 작품은 책값이 비쌌기 때문에 세책가에서 취급하지 않았다.

② 세책업자는 구비할 책을 선정할 때 시장성이 좋은 작품보다 분량이 적은 작품을 우선하였다.

③ 방각본 출판업자들은 책의 판매 부수를 올리기 위해 원본의 내용을 부연하여 개작하기도 하였다.

④ 한 편의 작품이 여러 권의 책으로 나뉘어 있는 대규모 작품들은 방각본 출판업자들보다 세책업자들이 선호하였다.

**12** **밑줄 친 표현이 문맥상 ㉠의 의미와 가장 가까운 것은?**

① 습도가 올라가는 장마철에는 건강에 유의해야 한다.

② 내가 키우던 반려견이 하늘나라로 올라갔다.

③ 그녀는 승진해서 본사로 올라가게 되었다.

④ 그는 시험을 보러 서울로 올라갔다.

**13** **갑~병의 주장을 분석한 내용으로 적절한 것만을 〈보기〉에서 모두 고르면?**

갑: 오늘날 사회는 계급 체계가 인간의 생활을 전적으로 규정하지 않는다. 실제로 많은 사람이 사회 이동을 경험하며, 전문직 자격증에 대한 접근성 또한 증가하였다. 인터넷은 상향 이동을 위한 새로운 통로를 제공하고 있다. 이에 따라서 전통적인 계급은 사라지고, 이제는 계급이 없는 보다 유동적인 사회 질서가 새로 정착되었다.

을: 지난 30년 동안 양극화는 더 확대되었다. 부가 사회 최상위 계층에 집중되는 것에 대한 우려가 커지고 있다. 과거 계급 불평등은 경제 전반의 발전을 위해 치를 수밖에 없는 일시적 비용이었다고 한다. 하지만 경제 수준이 향상된 지금도 이 불평등은 해소되지 않고 있다. 오늘날 세계화와 시장 규제 완화로 인해 빈부 격차가 심화되고 계급 불평등이 더 고착되었다.

병: 오랫동안 지속되었던 계급의 전통적 영향력은 확실히 약해지고 있다. 하지만 현대사회에서 계급 체계는 여전히 경제적 불평등의 핵심으로 남아 있다. 사회 계급은 아직도 일생에 걸쳐 개인의 삶에 큰 영향을 미친다. 특정 계급의 구성원이라는 사실은 수명, 신체적 건강, 교육, 임금 등 다양한 불평등과 관련된다. 이는 계급의 종말이 사실상 실현될 수 없는 현실적이지 않은 주장이라는 점을 보여 준다.

〈보기〉

ㄱ. 갑의 주장과 을의 주장은 대립하지 않는다.
ㄴ. 을의 주장과 병의 주장은 대립하지 않는다.
ㄷ. 병의 주장과 갑의 주장은 대립하지 않는다.

① ㄱ　　② ㄴ
③ ㄱ, ㄷ　　④ ㄴ, ㄷ

**14** **(가)와 (나)를 전제로 결론을 이끌어 낼 때, 빈칸에 들어갈 말로 가장 적절한 것은?**

(가) 축구를 잘하는 사람은 모두 머리가 좋다.
(나) 축구를 잘하는 어떤 사람은 키가 작다.
따라서 [　　　　　　　　].

① 키가 작은 어떤 사람은 머리가 좋다.

② 키가 작은 사람은 모두 머리가 좋다.

③ 머리가 좋은 사람은 모두 축구를 잘한다.

④ 머리가 좋은 어떤 사람은 키가 작지 않다.

**15** **다음 글의 ㉠과 ㉡에 대한 평가로 올바른 것은?**

기업의 마케팅 프로젝트를 평가할 때는 유행지각, 깊은 사고, 협업을 살펴본다. 유행지각은 유행과 같은 새로운 정보를 반영했느냐, 깊은 사고는 마케팅 데이터의 상관관계를 분석해서 최적의 해결책을 찾아내었느냐, 협업은 일하는 사람들이 해결책을 공유하며 성과를 창출했느냐를 따진다. ㉠ 이 세 요소 모두에서 목표를 달성하는 것은 마케팅 프로젝트가 성공적이기 위해 필수적이다. 하지만 ㉡ 이 세 요소 모두에서 목표를 달성했다고 해서 마케팅 프로젝트가 성공한 것은 아니다.

① 지금까지 성공한 프로젝트가 유행지각, 깊은 사고 그리고 협업 모두에서 목표를 달성했다면, ㉠은 강화된다.
② 성공하지 못한 프로젝트 중 유행지각, 깊은 사고 그리고 협업 중 하나 이상에서 목표를 달성하는 데 실패한 사례가 있다면, ㉠은 약화된다.
③ 유행지각, 깊은 사고 그리고 협업 중 하나 이상에서 목표를 달성하는 데 실패했지만 성공한 프로젝트가 있다면, ㉡은 강화된다.
④ 유행지각, 깊은 사고 그리고 협업 모두에서 목표를 달성했지만 성공하지 못한 프로젝트가 있다면, ㉡은 약화된다.

## 16 다음 글의 ㉠을 강화하는 것만을 〈보기〉에서 모두 고르면?

신석기시대에 들어 인류는 제대로 된 주거 공간을 만들게 되었다. 인류의 초기 주거 유형은 특히 바닥을 어떻게 만드느냐에 따라 구분된다. 이는 지면을 다지거나 조금 파고 내려가 바닥을 만드는 '움집형'과 지면에서 떨어뜨려 바닥을 설치하는 '고상(高床)식'으로 나뉜다.

중국의 고대 문헌에 등장하는 '혈거'와 '소거'가 각각 움집형과 고상식 건축이다. 움집이 지붕으로 상부를 막고 아랫부분은 지면을 그대로 활용하는 지붕 중심 건축이라면, 고상식 건축은 지면에서 오는 각종 침해에 대비해 바닥을 높이 들어 올린 바닥 중심 건축이라 할 수 있다. 인류의 주거 양식은 혈거에서 소거로 진전되었다는 가설이 오랫동안 지배했다. 바닥을 지면보다 높게 만드는 것이 번거롭고 어렵다고 여겼기 때문이다. 그런데 1970년대에 중국의 허무두에서 고상식 건축의 유적이 발굴되면서 새로운 ㉠ 주장이 제기되었다. 그것은 혈거와 소거가 기후에 따라 다른 자연환경에 적응해 발생했다는 것이다.

〈보기〉

ㄱ. 우기에 비가 넘치는 산간 지역에서는 고상식 주거 건축물 유적만 발견되었다.
ㄴ. 움집형 집과 고상식 집이 공존해 있는 주거 양식을 보여 주는 집단의 유적지가 발견되었다.
ㄷ. 여름에는 고상식 건축물에서, 겨울에는 움집형 건축물에서 생활한 집단의 유적이 발견되었다.

① ㄱ, ㄴ　② ㄱ, ㄷ
③ ㄴ, ㄷ　④ ㄱ, ㄴ, ㄷ

## [17~18] 다음 글을 읽고 물음에 답하시오.

일반적으로 한 나라의 문학, 즉 '국문학'은 "그 나라의 말과 글로 된 문학"을 지칭한다. 그래서 우리나라에서 국문학에 대한 근대적 논의가 처음 시작될 무렵에는 (가) 국문학에서 한문으로 쓰인 문학을 배제하자는 주장이 있었다. 국문학 연구가 점차 전문화되면서, 한문문학 배제론자와 달리 한문문학을 배제하는 데 있어 신축성을 두는 절충론자의 입장이 힘을 얻었다. 절충론자들은 국문학의 범위를 획정하는 데 있어 (나) 종래의 국문학의 정의를 기본 전제로 하되, 일부 한문문학을 국문학으로 인정하자고 주장했다. 즉 한문으로 쓰여진 문학을 국문학에서 완전히 배제하지 않고, ㉠ 전자 중 일부를 ㉡ 후자의 주변부에 위치시키는 것으로 국문학의 영역을 구성한 것이다. 이에 따라 국문학을 지칭할 때에는 '순(純)국문학'과 '준(準)국문학'으로 구별하게 되었다. 작품에 사용된 문자의 범주에 따라서 ㉢ 전자는 '좁은 의미의 국문학', ㉣ 후자는 '넓은 의미의 국문학'이라고도 칭할 수 있다.

하지만 이런 절충안을 취하더라도 순국문학과 준국문학을 구분하는 데에는 논자마다 차이가 있다. 어떤 이는 국문으로 된 것은 ㉤ 전자에, 한문으로 된 것은 ㉥ 후자에 귀속시켰다. 다른 이는 훈민정음 창제 이전과 이후로 나누어 국문학의 영역을 구분하였다. 훈민정음 창제 이전의 문학은 차자표기건 한문표기건 모두 국문학으로 인정하고, 창제 이후의 문학은 국문문학만을 순국문학으로 규정하고 한문문학 중 '국문학적 가치'가 있는 것을 준국문학에 귀속시켰다.

**17** **윗글의 (가)와 (나)의 주장에 대해 평가한 내용으로 가장 적절한 것은?**

① 국문으로 쓴 작품보다 한문으로 쓴 작품이 해외에서 문학적 가치를 더 인정받는다면 (가)의 주장은 강화된다.

② 국문학의 정의를 '그 나라 사람들의 사상과 정서를 그 나라 말과 글로 표현한 문학'으로 수정하면 (가)의 주장은 약화된다.

③ 표기문자와 상관없이 그 나라의 문화를 잘 표현한 문학을 자국 문학으로 인정하는 것이 보편적인 관례라면 (나)의 주장은 강화된다.

④ 훈민정음 창제 이후에도 차자표기로 된 문학작품이 다수 발견된다면 (나)의 주장은 약화된다.

**18** **윗글의 ㉠~㉥ 중 지시하는 바가 같은 것끼리 짝 지은 것은?**

① ㉠, ㉢ ② ㉡, ㉣

③ ㉡, ㉥ ④ ㉢, ㉤

**19** **다음 빈칸에 들어갈 말로 가장 적절한 것은?**

갑, 을, 병, 정 네 학생의 수강 신청과 관련하여 다음과 같은 사실들이 알려졌다.

- 갑과 을 중 적어도 한 명은 〈글쓰기〉를 신청한다.
- 을이 〈글쓰기〉를 신청하면 병은 〈말하기〉와 〈듣기〉를 신청한다.
- 병이 〈말하기〉와 〈듣기〉를 신청하면 정은 〈읽기〉를 신청한다.
- 정은 〈읽기〉를 신청하지 않는다.

이를 통해 갑이 [　　　]를 신청한다는 것을 알 수 있게 되었다.

① 〈말하기〉 ② 〈듣기〉

③ 〈읽기〉 ④ 〈글쓰기〉

**20** **다음 글을 이해한 내용으로 가장 적절한 것은?**

언어의 형식적 요소에는 '음운', '형태', '통사'가 있으며, 언어의 내용적 요소에는 '의미'가 있다. 음운, 형태, 통사 그리고 의미 요소를 중심으로 그 성격, 조직, 기능을 탐구하는 학문 분야를 각각 '음운론', '문법론'(형태론 및 통사론 포괄), 그리고 '의미론'이라고 한다. 그 가운데서 음운론과 문법론은 언어의 형식을 중심으로 그 체계와 기능을 탐구하는 반면, 의미론은 언어의 내용을 중심으로 체계와 작용 방식을 탐구한다.

이처럼 언어학은 크게 말소리 탐구, 문법 탐구, 의미 탐구로 나눌 수 있는데, 이때 각각에 해당하는 음운론, 문법론, 의미론은 서로 관련된다. 이를 발화의 전달 과정에서 살펴보자. 화자의 측면에서 언어를 발신하는 경우에는 의미론에서 문법론을 거쳐 음운론의 방향으로, 청자의 측면에서 언어를 수신하는 경우에는 반대의 방향으로 작용한다. 의사소통의 과정상 발신자의 측면에서는 의미론에, 수신자의 측면에서는 음운론에 초점이 놓인다. 의사소통은 화자의 생각, 느낌, 주장 등을 청자와 주고받는 행위이므로, 언어 표현의 내용에 해당하는 의미는 이 과정에서 중심적 요소가 된다.

① 언어는 형식적 요소가 내용적 요소보다 다양하다.
② 언어의 형태 탐구는 의미 탐구와 관련되지 않는다.
③ 의사소통의 첫 단계는 언어의 형식을 소리로 전환하는 것이다.
④ 언어를 발신하고 수신하는 과정에서 통사론은 활용되지 않는다.

# 제1차 정답 및 해설

## 정답

| | | | | |
|---|---|---|---|---|
| 01 ② | 02 ② | 03 ③ | 04 ① | 05 ④ |
| 06 ② | 07 ③ | 08 ③ | 09 ④ | 10 ② |
| 11 ③ | 12 ① | 13 ③ | 14 ④ | 15 ② |
| 16 ③ | 17 ① | 18 ④ | 19 ② | 20 ① |

## 해설

01 ②

[정답해설]

대등한 것끼리 접속할 때는 구조가 같은 표현을 사용해야 한다는 〈공공언어 바로 쓰기 원칙〉에 따라 ㉡은 '관형사 + 명사'의 구조인 '표준적인 언어생활의 확립과 일상적인 국어 생활의 향상을 위해' 또는 '주어 + 술어'의 구조인 '표준적인 언어생활을 확립하고 일상적인 국어 생활을 향상하기 위해'라고 수정하는 것이 적절하다.

[오답해설]

① ㉠에서 '안내'는 '어떤 내용을 소개하여 알려줌'의 의미이고 '알림'은 '알리는 일'로 그 의미가 중복된다. 따라서 중복되는 표현을 삼가야 한다는 〈공공언어 바로 쓰기 원칙〉에 따라 '알림'을 삭제한 것은 적절하다.

③ ㉢이 포함된 문장에서 주어는 '본원은'이므로 서술어는 '제공되다'라는 수동형이 아닌 '제공하다'라는 능동형이 되어야 한다. 따라서 주어와 서술어를 호응시켜야 한다는 〈공공언어 바로 쓰기 원칙〉에 따라 '표준 정보를 제공하고 있습니다.'라고 수정한 것은 적절하다.

④ ㉣에서 '개선'의 대상이 생략되어 불분명하므로 '의약품 용어를'이라는 목적어가 추가되어야 한다. 따라서 필요한 문장 성분이 생략되지 않도록 해야 한다는 〈공공언어 바로 쓰기 원칙〉에 따라 '의약품 용어를 일반 국민도 알기 쉬운 표현으로 개선하여'라고 수정한 것은 적절하다.

02 ②

[정답해설]

'흰머리'는 용언 어간과 명사가 결합한 합성명사가 아니라, 용언의 관형사형(흰) + 명사(머리)로 구성된 합성명사로, 앞 성분(흰)이 뒤 성분(명사)을 수식하는 종속합성어이다.

[오답해설]

① '큰아버지'는 용언의 관형사형(큰) + 명사(아버지)로 구성되어 있고 앞 성분(큰)이 뒤 성분(아버지)을 수식하는 종속 합성어이다.

③ '늙은이'는 용언의 관형사형(늙은) + 명사(이)가 결합하여 한 단어를 이룬 합성어로, 어휘 의미를 지닌 두 요소가 결합해 이루어진 단어이다.

④ 동사 '먹다'의 어간인 '먹'과 명사 '거리'가 결합한 '먹거리'는 국어 문장 구성에 없는 단어 배열이므로 비통사적 합성어이다.

03 ③

[정답해설]

건강을 염려하는 행위를 하는 주어는 '아버지'이므로 '염려하다'가 아닌 '염려하신다'로 존경 표현을 한 것은 '직접존경'에 해당한다.

[오답해설]

① 주어인 '고모'를 높이기 위해 긴밀한 관련이 있는 인물인 '자식'을 '있으시다'라고 높인 것은 '간접존경'에 해당한다.

② 주어인 '할머니'를 높이기 위해 신체의 일부인 '다리'를 '아프셔서'라고 높인 것은 '간접존경'에 해당한다.

④ 주어인 '할아버지'를 높이기 위해 신체의 일부인 '수염'을 '많으셨다'라고 높인 것은 '간접존경'에 해당한다.

04 ①

[정답해설]

㉠ **문제의 현실성**: 1문단에서 '그 세계 안의 인간이 자신을 둘러싼 세계와 고투하면서 당대의 공론장에서 기꺼이 논의해볼 만한 의제를 산출해낼 때 문제의 현실성이 확보된다.'고 하였으므로, 밀실과 광장 사이에서 고뇌하는 주인공의 모습을 통해 '남(南)이냐 북(北)이냐'라는 민감한 주제를 격화된 이념 대립의 공론장에 던진 최인훈의 「광장」은 '문제의 현실성'을 확보했다고 할 수 있다.

㉡ **세계의 현실성**: 1문단에서 '우리가 살고 있는 이 입체적인 시공간에서 특히 의미 있는 한 부분을 도려내어 서사의 무대로 삼을 경우 세계의 현실성이 확보된다.'고 하였으므로, 작품의 시공간으로 당시 남한과 북한을 소설적 세계로 선택함으로써 동서 냉전 시대의 보편성과 한반도 분단 체

제의 특수성을 동시에 포괄한 최인훈의 「광장」은 '세계의 현실성'을 확보했다고 할 수 있다.

ⓒ **해결의 현실성**: 1문단에서 '한 사회가 완강하게 구조화하고 있는 '가능한 것'과 '불가능한 것'의 좌표를 흔들면서 특정한 선택지를 제출할 때 해결의 현실성이 확보된다.'고 하였으므로, 주인공이 남과 북 모두를 거부하고 자살을 선택하는 결말은 남북으로 상징되는 당대의 이원화된 이데올로기를 근저에서 흔든 최인훈의 「광장」은 '해결의 현실성'을 확보했다고 할 수 있다.

05 ④

[정답해설]

'오 주무관이 회의에 참석하면, 박 주무관도 참석한다.'는 명제가 참이고, '박 주무관이 회의에 참석하면, 홍 주무관도 참석한다.'는 명제가 참일 때, '오 주무관이 회의에 참석하면, 홍 주무관도 회의에 참석한다.'라는 명제도 참이라는 결론을 도출할 수 있다. 이때 어떤 명제가 참일 경우 그 대우도 반드시 참이므로, '오 주무관이 회의에 참석하면, 홍 주무관도 회의에 참석한다.'라는 명제의 대우인 '홍 주무관이 회의에 참석하지 않으면, 오 주무관도 참석하지 않는다.'는 반드시 참이 된다.

| 명제 : P → Q (참) ⇔ 대우 : ~Q → ~P (참) |
|---|

06 ②

[정답해설]

3문단에 "이러매 눈감아 생각해"에서 눈을 감는 행위는 외면이나 도피가 아니라 피할 수 없는 현실적 조건을 새롭게 반성함으로써 현실의 진정한 면모와 마주하려는 적극적인 행위로 읽힌다고 서술되어 있다. 그러므로 「절정」에서 시인은 투사가 처한 현실적 조건을 외면하지 않고 새롭게 인식함을 알 수 있다.

[오답해설]

① 2문단에서 투사 이육사가 처한 상황은 "매운 계절의 채찍에 갈겨 / 마침내 북방으로 휩쓸려"온 것처럼 대단히 위태로워 보인다고 하였으나, 그런 극한의 상황이 봄, 여름, 가을, 겨울의 뚜렷한 계절의 변화로 드러나 있지는 않다.

③ 1문단에서 「절정」은 투사가 처한 냉엄한 현실적 조건을 제시한 3개의 연과 시인이 품고 있는 인간과 역사에 대한 희망이 제시된 마지막 연의 두 부분으로 크게 나누어지는 것을 확인할 수 있으나, 투사와 시인의 반목과 화해가 나타나 있지는 않다.

④ 1문단에서 「절정」은 크게 두 부분으로 나누어지는데, 투사가 처한 냉엄한 현실적 조건이 3개의 연에 걸쳐 먼저 제시된 후, 시인이 품고 있는 인간과 역사에 대한 희망이 마지막 연에 제시된다고 서술되어 있다. 그러므로 「절정」에는 냉엄한 현실에 절망하는 시인(→ 투사)의 면모와 인간과 역사에 대한 희망을 놓지 않으려는 투사(→ 시인)의 면모가 동시에 담겨 있음을 알 수 있다.

07 ③

[정답해설]

(라)에서 시청자를 짧은 시간 안에 사로잡기 위해서는 스토리텔링 전략이 필요하다고 하였고, (나)에서 그러한 스토리텔링 전략에서 제일 먼저 해야 할 일은 로그라인을 만드는 것이라고 하였다. 그러므로 (라) 다음에 (나)가 와야 한다. 또한 (가)에서 다음으로 시청자의 마음을 사로잡을 수 있는 참신한 인물을 창조해야 한다고 하였고, (다)에서 이 같은 인물 창조의 과정에서 스토리의 주제가 만들어진다고 하였다. 그러므로 (가) 다음에 (다)가 와야 한다. 이를 종합해 볼 때, (라)-(나)-(가)-(다)순으로 나열하는 것이 글의 맥락상 가장 적절하다.

08 ③

[정답해설]

〈지침〉에 따르면 본론은 제목에서 밝힌 내용을 2개의 장으로 구성하되 각 장의 하위 항목끼리 대응되도록 작성하라고 지시되어 있다. 즉, 제목인 '복지 사각지대의 발생 원인과 해소 방안'에 따라 Ⅲ-2.의 ⓔ에는 Ⅱ-2.에 제시된 '사회복지 담당 공무원의 인력 부족'에 대한 해소 방안이 들어가야 한다. 그러나 '사회복지 업무 경감을 통한 공무원 직무 만족도 증대'는 Ⅱ-2.에 제시된 '사회복지 담당 공무원의 인력 부족'에 대한 해소 방안과 관련이 없으므로 ⓔ에 들어갈 내용으로 적절하지 않다.

[오답해설]

① 〈지침〉에 따르면 서론은 중심 소재의 개념 정의와 문제 제기를 1개의 장으로 작성하라고 지시되어 있다. Ⅰ-1.의 '복지 사각지대의 정의'는 중심 소재의 개념 정의에 해당하므로, Ⅰ-2.의 ㉠에는 문제 제기에 해당하는 '복지 사각지대의 발생에 따른 사회 문제의 증가'가 들어가는 것이 적절하다.

② 〈지침〉에 따르면 본론은 제목에서 밝힌 내용을 2개의 장으로 구성하되 각 장의 하위 항목끼리 대응되도록 작성하라고 지시되어 있다. 즉, Ⅱ.가 '복지 사각지대의 발생 원인'이므로 Ⅱ-1.의 ⓒ에는 Ⅲ-1.의 '사회적 변화를 반영하여 기존 복지 제도의 미비점 보완'이라는 해소 방안의 대응 원인인 '사회적 변화를 반영하지 못한 기존 복지 제도의 한계'가 들어가는 것이 적절하다.

④ 〈지침〉에 따르면 결론은 기대 효과와 향후 과제를 1개의 장으로 작성하라고 지시되어 있다. Ⅳ-2.의 '복지 사각지대의 근본적이고 지속가능한 해소 방안 마련'은 향후 과제

에 해당하므로, Ⅳ-1.의 ㉣에는 기대 효과에 해당하는 '복지 혜택의 범위 확장을 통한 사회 안전망 강화'가 들어가는 것이 적절하다.

09 ④

[정답해설]

신경과학자 아이젠버거는 뇌의 어떤 부위가 활성화되는가를 촬영하여 실험 참가자가 어떤 심리적 상태인가를 파악하려는 실험을 진행하였다. 연구팀은 실험 참가자가 따돌림을 당할 때 그의 뇌에서 전두엽의 전대상피질 부위가 활성화된다는 것을 확인하였고, 이는 인간이 물리적 폭력을 당할 때 활성화되는 뇌의 부위와 동일하다는 것을 확인하였다. 그러므로 제시문의 빈칸에 들어갈 결론은 ④의 '따돌림을 당할 때와 물리적 폭력을 당할 때의 심리적 상태는 서로 다르지 않다'가 가장 적절하다.

[오답해설]

① 인간이 물리적 폭력을 당할 때 활성화되는 뇌의 부위도 따돌림을 당할 때의 뇌의 부와와 마찬가지로 전두엽의 전대상피질 부위임을 앞에서 이미 언급하고 있다. 그러므로 물리적 폭력은 뇌 전두엽의 전대상피질 부위를 활성화한다는 내용은 앞의 내용과 중복되므로 적절하지 않다.

② 따돌림을 당할 때 활성화되는 뇌의 부위와 물리적 폭력을 당할 때 활성화되는 뇌의 부위가 전두엽의 전대상피질 부위로 동일하다고 밝히고 있으나, 물리적 폭력이 피해자의 개인적 경험을 사회적 문제로 전환하는지는 제시문의 내용을 통해 확인할 수 없다.

③ 따돌림을 당할 때 활성화되는 뇌의 부위와 물리적 폭력을 당할 때 활성화되는 뇌의 부위가 전두엽의 전대상피질 부위로 동일하다고 밝히고 있으나, 따돌림이 피해자에게 물리적 폭력보다 더 심각한 부정적 영향을 미치는지는 제시문의 내용을 통해 확인할 수 없다.

10 ②

[정답해설]

2문단에서 고소설의 주인공은 적대자에 의해 원점에서 분리되어 고난을 겪는다고 하였고, 3문단에서 박 진사의 집으로 표상되는 유년의 과거는 이상적 원점의 구실을 하며 박 진사의 죽음은 그들에게 고향의 상실을 상징한다고 하였다. 그러므로 영웅소설의 주인공과 「무정」의 이형식은 그들의 이상적 원점을 상실했다는 공통점을 가지고 있음을 알 수 있다.

[오답해설]

① 2문단에서 고소설의 주인공이 도달해야 할 종결점은 새로운 미래가 아니라 다시 도래할 과거로서의 미래인 '회귀의 크로노토프'라고 하였다. 반면에 3문단에서 근대소설 「무정」은 이러한 회귀의 크로노토프를 부정한다고 하였다. 그러므로 고소설은 회귀의 크로노토프를 긍정하고 「무정」은 부정한다는 점에서 서로 다르다.

③ 3문단의 '두 사람의 결합이 이상적 상태의 고향을 회복할 수 있는 유일한 방법이겠지만, 그들은 끝내 결합하지 못한다.'에서 이형식과 박영채의 결합은 이상적 상태의 고향을 회복하는 것을 의미한다. 즉, 「무정」에서 이형식이 박영채와 결합했다면 새로운 미래로서의 종결점에 도달하는 것이 아니라 과거로서의 미래에 도달할 수 있었을 것이다.

④ 2문단에서 '그들의 목표는 상실한 원점을 회복하는 것, 즉 그곳에서 향유했던 이상적 상태로 돌아가는 것'이라고 하였으므로, 가정소설은 가족 구성원들이 평화롭게 공존하는 결말을 통해 상실했던 원점으로의 복귀를 거부하는 것이 아니라 회복하는 것임을 알 수 있다.

11 ③

[정답해설]

㉠의 '돌아가는'은 '원래의 있던 곳으로 다시 가거나 다시 그 상태가 되다.'라는 의미이다. 마찬가지로 ③의 '그는 잃어버린 동심으로 돌아가고 싶었다.'에서 '돌아가고'도 '원래의 상태가 되다'라는 의미이므로 ㉠과 그 의미가 유사하다.

[오답해설]

①·② '전쟁은 연합군의 승리로 돌아갔다.'와 '사과가 한 사람 앞에 두 개씩 돌아간다.'에서 '돌아가다'는 모두 '차례나 몫, 승리, 비난 따위가 개인이나 단체, 기구, 조직 따위의 차지가 되다.'라는 의미로 사용되었다.

④ '그녀는 자금이 잘 돌아가지 않는다며 걱정했다.'에서 '돌아가다'는 '돈이나 물건 따위의 유통이 원활하다.'는 의미로 사용되었다.

TIP 돌아가다 〈동사〉

Ⅰ.

1. 물체가 일정한 축을 중심으로 원을 그리면서 움직여 가다.
   예 바퀴가 돌아가다.
2. 일이나 형편이 어떤 상태로 진행되어 가다.
   예 일이 너무 바쁘게 돌아가서 정신을 차릴 수가 없다.
3. 어떤 것이 차례로 전달되다.
   예 술자리가 무르익자 술잔이 돌아가기 시작했다.
4. 차례대로 순번을 옮겨 가다.
   예 우리는 돌아가면서 점심을 산다.
5. 기능이 제대로 작동하다.
   예 기계가 잘 돌아간다.
6. 돈이나 물건 따위의 유통이 원활하다.
   예 요즘은 자금이 잘 돌아간다.

7. 정신을 차릴 수 없게 아찔하다.
   예 머리가 핑핑 돌아간다.
8. (주로 '-시-'와 결합한 꼴로 쓰여) '죽다'의 높임말.
   예 할아버지께서 돌아가셨다.

Ⅱ. 「…에/에게, …으로」
1. 원래의 있던 곳으로 다시 가거나 다시 그 상태가 되다.
   예 아버지는 고향에 돌아가시는 게 꿈이다.
2. 차례나 몫, 승리, 비난 따위가 개인이나 단체, 기구, 조직 따위의 차지가 되다.
   예 사과가 한 사람 앞에 두 개씩 돌아간다.

Ⅲ. 「…으로」
1. 일이나 형편이 어떤 상태로 끝을 맺다.
   예 지금까지의 노력이 수포로 돌아갔다.
2. 원래의 방향에서 다른 곳을 향한 상태가 되다.
   예 입이 왼쪽으로 돌아가다.
3. 먼 쪽으로 둘러서 가다.
   예 그는 검문을 피해 일부러 옆길로 돌아갔다.

Ⅳ. 「…을」
1. 어떤 장소를 끼고 원을 그리듯이 방향을 바꿔 움직여 가다.
   예 모퉁이를 돌아가면 우리 집이 보인다.
2. 일정한 구역 안을 이리저리 왔다 갔다 하다.
   예 고삐를 뗀 소가 마당을 돌아가며 길길이 날뛰고 있다.

12 ①

**[정답해설]**

제시문의 내용을 논리 기호로 단순화하면 다음과 같다.

(가) 노인복지 문제 일부 ∧ ~일자리 문제
(나) 공직 → 일자리 문제 ≡ ~일자리 문제 → ~공직
(결론) 노인복지 문제 일부 ∧ ~공직

그러므로 (가)와 (나)를 전제로 할 때 빈칸에 들어갈 결론은 ①의 '노인복지 문제에 관심이 있는 사람 중 일부는 공직에 관심이 있는 사람이 아니다'가 가장 적절하다.

**TIP 정언 삼단 논법**

| | |
|---|---|
| (대전제) 모든 사람은 죽는다. | P → Q |
| ⇓ | |
| (소전제) 소크라테스는 사람이다. | R → P |
| ⇓ | |
| (결론) 그러므로 소크라테스는 죽는다. | R → Q |

13 ③

**[정답해설]**

2문단에 따르면 현재 기준에서는 질병 치료를 목적으로 개발한 신약만 승인받을 수 있다고 하였으므로, 노화를 멈추는 약을 승인받을 수 없는 이유가 식품의약국이 노화를 질병으로 보지 않기 때문이라고 추론할 수 있다. 그러므로 ⓒ을 '질병으로 보지 않은 탓에 노화를 멈추는 약은 승인받을 수 없었다'로 수정한 것은 적절하다.

**[오답해설]**

① 노화 문제를 해결하는 것은 '인간이 젊고 건강한 상태로 수명을 연장할 수 있다는 점'에서 기존 발상과 다르다고 하였으므로, ㉠을 '늙고 병든 상태에서 담담히 죽음의 시간을 기다린다'로 수정한 것은 적절하지 못하다.
② ㉡이 포함된 문장에서 '젊음을 유지한 채 수명을 늘리는 것은 충분히 가능하다'고 서술되어 있으므로, ㉡에는 '젊음을 유지한 채 수명을 늘리는 것'과 관련된 조건이 들어가야 한다. 그러므로 ㉡을 '노화가 진행되기 전의 신체를 노화가 진행된 신체'로 수정한 것은 적절하지 못하다.
④ ㉣이 포함된 문장에서 '이를 통해 유전자를 조작하는 방식으로 노화를 막을 수 있다'고 서술되어 있으므로, ㉣에는 '유전자를 조작하는 방식으로 노화를 막는 것'과 관련된 내용이 들어가야 한다. 그러므로 ㉣을 '노화가 더디게 진행되는 사람들의 유전자 자료를 데이터화하면 그들에게서 노화를 촉진'으로 수정한 것은 적절하지 못하다.

14 ④

**[정답해설]**

ㄱ. 눈[雪]을 가리키는 단어를 4개 지니고 있는 이누이트족이 1개 지니고 있는 영어 화자들보다 눈을 넓고 섬세하게 경험한다는 것은 특정 현상과 관련한 단어가 많을수록 해당 언어권의 화자들이 그 현상에 대해 심도 있게 경험한다는 것을 의미하므로, ㉠의 '사피어-워프 가설'을 강화한다고 평가한 것은 적절하다.
ㄴ. 수를 세는 단어가 '하나', '둘', '많다' 3개뿐인 피라하족의 사람들이 세 개 이상의 대상을 모두 '많다'고 인식하는 것은 언어가 의식과 사고를 결정한 것이므로, ㉠의 '사피어-워프 가설'을 강화한다고 평가한 것은 적절하다.
ㄷ. 특정 현상과 관련한 단어가 많을수록 해당 언어권의 화자들이 그 현상에 대해 심도 있게 경험한다고 하였으므로, 색채 어휘가 많은 자연언어 화자들이 색채 어휘가 적은 자연언어 화자들에 비해 색채를 구별하는 능력이 뛰어나야 한다. 그런데 색채 어휘가 적은 자연언어 화자들이 색채 어휘가 많은 자연언어 화자들에 비해 색채를 구별하는 능력이 뛰어나다는 것은 이와 반대되므로, ㉠의 '사피어-워프 가설'을 약화한다고 평가한 것은 적절하다.

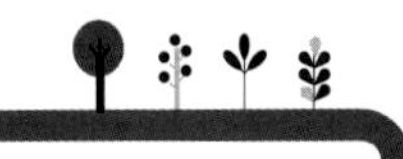



15 ②

[정답해설]

2문단에 따르면 한국 건국신화에서 신이 지상에 내려와 왕이 되고자 한 것은 천상적 존재가 지상적 존재가 되기를 바라는 것이라고 하였으나, 신이 인간을 위해 지상에 내려와 왕이 되었는지는 알 수 없다. 그러므로 '한국 무속신화에서 신은 인간을 위해 지상에 내려와 왕이 된다.'는 ②의 설명은 윗글을 이해한 내용으로 적절하지 못하다.

[오답해설]

① 3문단에서 다른 나라의 신화들은 신과 인간의 관계가 한국 신화와 달리 위계적이고 종속적이라고 전제한 뒤, 히브리 신화에서 신은 언제나 인간의 우위에 있다고 서술되어 있다. 그러므로 히브리 신화에서 신과 인간의 관계는 위계적이라고 할 수 있다.

③ 1문단에 따르면 한국 신화에서 신은 인간과의 결합을 통해 결핍을 해소함으로써 완전한 존재가 된다고 하였고, 2문단에서도 인간들의 왕이 된 신은 인간 여성과의 결합을 통해 자식을 낳음으로써 결핍을 메운다고 서술하고 있다. 그러므로 한국 건국신화에서 신은 인간과의 결합을 통해 완전한 존재가 된다고 할 수 있다.

④ 2문단에 한국 신화에서 신과 인간은 서로의 존재를 필요로 한다는 점에서 상호의존적이고 호혜적이라고 밝힌 반면에, 3문단에서 신체 화생 신화는 신의 희생 덕분에 인간 세계가 만들어질 수 있었다는 점에서 인간은 신에게 철저히 종속되어 있다고 서술되어 있다. 그러므로 한국 신화에 보이는 신과 인간의 관계는 신체 화생 신화에 보이는 신과 인간의 관계와 다르다는 것을 확인할 수 있다.

16 ③

[정답해설]

ⓒ의 '거듭나다'는 '지금까지의 방식이나 태도를 버리고 새롭게 시작하다'라는 의미이고, '복귀하다'는 '본디의 자리나 상태로 되돌아가다'를 뜻하므로 서로 바꿔 쓸 수 없다.

[오답해설]

① ㉠의 '견주다'는 '둘 이상의 사물을 질이나 양 따위에서 어떤 차이가 있는지 알기 위하여 서로 대어 보다'라는 의미이므로, '둘 이상의 사물을 견주어 서로 간의 유사점, 차이점, 일반 법칙 따위를 고찰하다'는 의미인 '비교하다'와 바꿔 쓸 수 있다.

② ㉡의 '바라다'는 '생각이나 바람대로 어떤 일이나 상태가 이루어지거나 그렇게 되었으면 하고 생각하다'라는 의미이므로, '어떤 일을 이루거나 하기를 바라다'는 의미인 '희망하다'와 바꿔 쓸 수 있다.

④ ㉣의 '퍼지다'는 '어떤 물질이나 현상 따위가 넓은 범위에 미치다'라는 의미이므로, '일정한 범위에 흩어져 퍼져 있다'라는 의미인 '분포되다'와 바꿔 쓸 수 있다.

17 ①

[정답해설]

갑과 병은 마스크 착용에 대해 '윤리적 차원'에서 접근하고 있지만, 을은 두 번째 발언에서 마스크를 쓰지 않는 행위를 윤리적 차원에서만 접근하지 말고, '문화적 차원'에서도 고려할 필요가 있다며 남들과 다른 측면에서 탐색하고 있다.

[오답해설]

② 갑이 두 번째 발언에서 '개인의 자유로운 선택이 타인의 생명을 위협한다면 기본권이라 하더라도 제한하는 것이 보편적 상식 아닐까?'라고 말한 것은 앞서 말한 병의 의견을 재반박한 것이지 자신의 의견이 반박되자 질문을 던져 화제를 전환한 것은 아니다.

③ 갑은 전염병이 창궐했을 때 마스크를 착용하는 것은 당연하다며 마스크 착용을 찬성하고 있고, 을은 마스크 착용에 대한 찬성 혹은 반대 입장을 밝히지 않고 있다. 병은 개인의 자유만을 고집하면 결국 사회가 극단적 이기주의에 빠져 붕괴한다며 마스크 착용을 찬성하고 있다. 그러므로 대화가 진행되면서 논점에 대한 찬반 입장이 바뀌는 사람은 없다.

④ 을은 두 번째 발언에서 어떤 사회에서는 얼굴을 가리는 것이 범죄자의 징표로 인식되기도 한다고 사례를 제시하며, 마스크를 쓰지 않는 행위를 문화적 차원에서도 고려할 필요가 있다고 하였다. 이는 사례의 공통점을 종합한 것이 아니라 다른 사례를 제시한 것이다.

18 ④

[정답해설]

2문단에 따르면 앳킨슨은 스톤헨지를 세운 사람들을 '야만인'으로 묘사하면서 이들은 과학적 사고를 할 줄 모른다고 주장하였다. 그러므로 기원전 3,000년경 인류에게 천문학 지식이 있었다는 증거가 발견되면 앳킨슨의 이러한 주장은 약화될 것이다.

[오답해설]

① 1문단에서 천문학자 호킨스는 스톤헨지의 모양이 태양과 달의 배열을 나타낸 것이라는 의견을 제시했지만, 스톤헨지가 제사를 지내는 장소였다고 언급한 적은 없다. 그러므로 스톤헨지가 제사를 지내는 장소였다는 후대 기록이 발견되면 호킨스의 주장이 강화될 것이라는 평가는 적절하지 않다.

② 1문단에서 천문학자 호일이 스톤헨지가 일종의 연산장치라는 주장을 하였는데, 연산장치는 숫자 사용과 밀접한 관련이 있다. 그러므로 스톤헨지 건설 당시의 사람들이 숫자를 사용하였다는 증거가 발견되면 호일의 주장은 약화(→ 강화)될 것이다.

③ 3문단에서 글쓴이는 스톤헨지의 건설자들이 현대인과 같은 지능을 가졌다고 해도 수학과 천문학의 지식이 보존되고 전승될 문자 기록이 없었으므로 우리와 똑같은 과학적 사고와 기술적 지식을 가지지는 못했다고 주장하고 있다. 그러므로 스톤헨지의 유적지에서 수학과 과학에 관련된 신석기시대 기록물이 발견되면 글쓴이의 주장은 강화(→ 약화)될 것이다.

19 ②

**[정답해설]**

㉡의 '이들'은 '스톤헨지를 세운 사람들'을 가리키고, ㉣의 '그들'은 '스톤헨지의 건설자들'을 가리킨다. 그러므로 문맥상 ㉡과 ㉣의 지시 대상은 동일하다.

**[오답해설]**

㉠의 '그들'은 1문단에서 언급한 '천문학자 호일', '엔지니어인 톰', 그리고 '천문학자인 호킨스'를 가리킨다.

㉢의 '이들'은 앞서 언급한 '호킨스를 옹호하는 학자들'을 가리킨다.

20 ①

**[정답해설]**

제시문의 내용을 논리 기호로 단순화하면 다음과 같다.

| |
|---|
| • 문학 → 자연의 아름다움<br>• 어떤 자연의 아름다움 ∧ 예술 |
| (결론) 어떤 예술 ∧ 문학 |

삼단 논법을 통해 '예술을 좋아하는 어떤 사람은 문학을 좋아하는 사람이다.'라는 결론을 이끌어내기 위해서는 '자연의 아름다움'과 '문학'의 관련성을 언급하는 문장이 들어가야 한다. 그러므로 ①의 '자연의 아름다움을 좋아하는 사람은 모두 문학을 좋아하는 사람이다.'가 빈칸에 들어갈 말로 가장 적절하다.

# 제2차 정답 및 해설

## 정답

| | | | | |
|---|---|---|---|---|
| 01 ② | 02 ② | 03 ③ | 04 ④ | 05 ④ |
| 06 ③ | 07 ② | 08 ③ | 09 ① | 10 ① |
| 11 ④ | 12 ① | 13 ② | 14 ① | 15 ① |
| 16 ② | 17 ③ | 18 ④ | 19 ④ | 20 ① |

## 해설

**01** ②

**[정답해설]**

"시장은 시민의 안전에 관하여 건설업계 관계자들과 논의하였다."라는 문장은 여러 뜻으로 해석될 수 있는 중의적 문장이 아니므로, 중의적 표현을 삼가기 위해 별도로 수정할 필요는 없다.

**[오답해설]**

① '국회의원'과 '선출되었다'는 피동의 관계에 있는 주어와 서술어가 되어야 하므로, 목적어인 'ㅇㅇㅇ명을'을 주어인 'ㅇㅇㅇ명이'로 수정한 것은 적절하다.

③ '5킬로그램 정도'가 '금'을 수식하는 지, '보관함'을 수식하는 지 분명하지 않으므로, '금 5킬로그램 정도'라고 수식어와 피수식어의 관계를 분명하게 밝혀 수정한 것은 적절하다.

④ "음식물의 신선도 유지와 부패를 방지해야 한다."는 '음식물의 신선도 유지를 방지해야 한다.'는 잘못된 의미가 포함될 수 있으므로, 대등한 관계를 사용하여 "음식물의 신선도를 유지하고, 부패를 방지해야 한다."로 수정한 것은 적절하다.

**02** ②

**[정답해설]**

질병의 전염성에 주목하여 붙여진 이름은 '염병(染病)'과 '윤행괴질(輪行怪疾)'이며, '역병(疫病)'은 사람이 고된 일을 치르듯[役] 병에 걸려 매우 고통스러운 상태를 말한다.

**[오답해설]**

① '온역(溫疫)'에 들어 있는 '온(溫)'은 이 병을 일으키는 계절적 원인을 가리킨다고 하였으므로, '온역'은 질병의 원인에 주목하여 붙여진 이름이라고 할 수 있다.

③ '당독역(唐毒疫)'은 오랑캐처럼 사납고[唐], 독을 먹은 듯 고통스럽다[毒]는 의미가 들어가 있다고 하였으므로, 질병의 고통스러운 정도에 주목하여 붙여진 이름이라고 할 수 있다.

④ '마진(痲疹)'은 피부에 발진이 생기고 그 모양이 삼씨 모양인 것을 강조한 말이므로, 질병으로 인해 몸에 나타난 증상에 주목하여 붙여진 이름이라고 할 수 있다.

**03** ③

**[정답해설]**

제시문에 따르면 플라톤의 『국가』에서 사람들이 살아가면서 가장 중요하게 생각하는 두 가지 요소는 '재물'과 '성적 욕망'이며, 삶을 살아가면서 돈에 대한 욕망이나 성적 욕망만이라도 잘 다스릴 수 있다면 낭패를 당하거나 망신을 당할 일이 거의 없을 것이라고 서술하고 있다. 그러므로 '성공적인 삶을 살려면 재물욕과 성욕을 잘 다스려야 한다.'는 ③의 설명이 제시문의 중심 내용으로 가장 적절하다.

**04** ④

**[정답해설]**

랑그는 특정한 언어공동체가 공유하고 있는 기호체계를 가리키므로, 자기 모국어에 대해 사람들이 내재적으로 가지고 있는 지식인 언어능력과 비슷한 개념이다. 반면, 파롤은 의사소통을 위한 개인적인 행위를 의미하므로, 사람들이 실제로 발화하는 행위인 언어수행과 비슷한 개념이다. 그러므로 ㉣은 '랑그가 언어능력에 대응한다면, 파롤은 언어수행에 대응'이라고 수정해야 옳다.

**[오답해설]**

① 랑그는 특정한 언어공동체가 공유하고 있는 기호체계를 가리키므로 고정되어 있는 악보에 비유할 수 있고, 파롤은 의사소통을 위한 개인적인 행위를 의미하므로 악보를 연주하는 사람에 따라 달라지는 실제 연주에 비유할 수 있다. 그러므로 ㉠은 어색한 곳이 없다.

② 랑그가 고정된 악보와 같기 때문에 여러 상황에도 불구하고 변하지 않고 기본을 이루는 언어의 본질적 모습에 해당한다. 그러므로 ㉡은 어색한 곳이 없다.

③ '책상'이라는 단어를 발음할 때 사람마다 발음되는 소리가

다르기 때문에 '책상'에 대한 발음이 제각각일 수밖에 없다면 실제로 발음되는 제각각의 소리값은 파롤에 해당한다. 그러므로 ⓒ은 어색한 곳이 없다.

05 ④

[정답해설]

제시문에 따르면 판타지에서는 이미 알고 있는 것보다 새로운 것이 더 중요한 의미를 가지며, SF에서는 어떤 새로운 것이 등장했을 때 그 낯섦을 인정하면서도 동시에 그것을 자신이 이미 알고 있던 인식의 틀로 끌어들여 재조정하는 과정이 요구된다고 하였다. 그러므로 '판타지는 알고 있는 것보다 새로운 것이 더 중요하고, SF는 알고 있는 것과 새로운 것 사이의 재조정이 필요한 장르이다'라는 ④의 설명이 핵심 논지로 가장 적절하다.

06 ③

[정답해설]

제시문에 따르면 로빈후드 이야기에서 셔우드 숲을 한 바퀴 돌고 로빈후드를 만났다고 하는 국왕 에드워드는 1세에서 3세까지의 에드워드 국왕 중 이 지역의 순행 기록이 있는 사람이 에드워드 2세뿐이므로 1307년에 즉위하여 20년간 재위한 2세일 가능성이 있다고 하였다. 그러므로 로빈후드 이야기의 시대 배경은 에드워드 2세의 재위 기간인 1307~1327년에 해당하는 14세기 전반으로 추정할 수 있다.

[오답해설]

① '왕의 영지에 있는 사슴에 대한 밀렵을 금지하는 법은 11세기 후반 잉글랜드를 정복한 윌리엄 왕이 제정한 것이므로 아마도 로빈후드 이야기가 그 이전 시기로까지 거슬러 올라가지는 않을 것이다.'라는 제시문의 내용을 고려할 때, 로빈후드 이야기의 시대 배경이 11세기 후반은 아니다.

② 제시문에서 로빈후드는 14세기 후반인 1377년경에 인기를 끈 작품 〈농부 피어즈〉에 최초로 등장하며, 로빈후드를 만났다고 하는 국왕 에드워드는 1307년에 즉위하여 20년간 재위한 2세일 가능성이 있다고 하였다. 여기서 1307년은 14세기이므로, 로빈후드 이야기의 시대 배경이 14세기 이전은 아니다.

④ 제시문에서 로빈후드를 만났다고 하는 국왕 에드워드는 1307년에 즉위하여 20년간 재위한 2세일 가능성이 있다고 하였다. 따라서 에드워드 2세의 마지막 재위 연도가 14세기 전반인 1327년으로 추정되므로 로빈후드 이야기의 시대 배경이 14세기 후반은 아니다.

07 ②

[정답해설]

(나)의 마지막 문장에서 임진왜란으로 인하여 교류가 단절되었다고 하였고, (가)에서 조선과 일본의 단절된 관계는 1609년 기유조약이 체결되면서 회복되었다고 하였으므로 (나) 다음에 (가)가 온다. 또한 (가)의 마지막 문장에서 조선은 대마도에 시혜를 베풀어줌으로써 일본과의 교린 체계를 유지해 나가려고 했고, (다)에서 이러한 외교관계에 매 교역이 자리하고 있었다고 서술되어 있으므로 (가) 다음에 (다)가 온다. 그러므로 이를 종합해 볼 때, 맥락에 맞는 글의 순서는 (나)-(가)-(다)이다.

08 ③

[정답해설]

제시문에서 '0' 개념이 들어오기 전 시간의 길이는 '1'부터 셈했고, 시간의 시작점 역시 '1'로 셈했으며 이와 같은 셈법의 흔적을 현대 언어에서도 찾을 수 있다고 하였다. 그러면서 '2주'를 의미하는 용도로 사용되는 현대 프랑스어 'quinze jours'가 그 어원이 '15일'을 가리키는 이유를 예로 들어 설명하고 있다. 그러므로 '프랑스어 'quinze jours'에는 '0' 개념이 들어오기 전 셈법의 흔적이 남아 있다.'는 ③의 설명은 적절하다.

[오답해설]

① 제시문에 '0' 개념은 13세기가 되어서야 유럽으로 들어왔고, '0' 개념이 들어오기 전 시간의 길이는 '1'부터 셈했다고 서술되어 있다. 그러므로 '0' 개념이 13세기에 유럽에서 발명된 것은 아니다.

② 『성경』에서 예수의 부활 시점을 3일이라고 한 것은 그의 신성성을 부각하기 위한 것이 아니라, 『성경』이 기록될 당시에 '0' 개념이 없었기 때문에 그 시작점을 '1'로 셈했던 것이다. 그러므로 『성경』에서 예수의 신성성을 부각하기 위해 그의 부활 시점을 활용한 것은 아니다.

④ 제시문에 오늘날 그리스 사람들이 올림픽이 열리는 주기에 해당하는 4년을 '5년'이라는 어원을 지닌 'pentaeteris'라고 부르는 까닭은 시간적으로는 동일한 기간이지만 시간을 셈하는 방식에 따라 마지막 해가 달라졌기 때문이라고 서술하고 있다. 즉, '0' 개념이 없었기 때문에 올림픽이 개최된 해를 '1년'부터 시작하면 다음 올림픽이 개최되는 해는 4년 후인 '5년'이 된다. 그러므로 'pentaeteris'라는 말이 생겨났을 때에 비해 오늘날의 올림픽이 열리는 주기가 짧아진 것은 아니다.

09 ①

**[정답해설]**

제시문에 인간의 인두는 여섯 번째 목뼈에까지 이르는 반면에, 대부분의 포유류에서는 인두의 길이가 세 번째 목뼈를 넘지 않으며, 개의 경우는 두 번째 목뼈를 넘지 않는다고 서술되어 있다. 그러므로 '개의 인두 길이는 인간의 인두 길이보다 짧다.'는 ①의 설명은 제시문의 내용과 일치한다.

**[오답해설]**

② 제시문에 침팬지는 인간과 게놈의 98%를 공유하고 있지만, 발성 기관에 차이가 있으며, 인간의 인두는 여섯 번째 목뼈에까지 이르는 반면에, 대부분의 포유류는 인두의 길이가 세 번째 목뼈를 넘지 않는다고 서술되어 있다. 그러므로 침팬지의 인두가 인간의 인두와 98% 유사한 것은 아니다.

③ 제시문에서 녹색원숭이는 포식자의 접근을 알리기 위해 소리를 지르며, 침팬지는 고통, 괴로움, 기쁨 등의 감정을 표현할 때 각각 다른 소리를 낸다고 서술되어 있다. 이는 자신의 종에 속하는 개체들과 의사소통을 하는 사례를 든 것이므로, 서로 다른 종인 녹색원숭이와 침팬지가 의사소통을 할 수 있는지의 여부는 알 수 없다.

④ 제시문에 따르면 초당 십여 개의 소리를 만들어 낼 수 있는 것은 침팬지가 아니라 인간이다.

10 ①

**[정답해설]**

(가)의 '소리'는 인간의 발성 기관을 통해 낼 수 있는 소리이며, ㉠의 '소리'는 고통, 괴로움, 기쁨 등의 감정을 표현할 때 내는 침팬지의 소리이므로 그 의미가 다르다.

**[오답해설]**

㉡ · ㉢ · ㉣은 (가)의 '소리'와 마찬가지로 인간의 발성 기관을 통해 낼 수 있는 소리를 의미한다.

11 ④

**[정답해설]**

본문에 따르면 방각본 출판업자들은 작품의 규모가 커서 분량이 많은 경우에는 생산 비용이 올라가 책값이 비싸지기 때문에 자연스럽게 분량이 적은 작품을 선호하였고, 세책업자들은 한 작품의 분량이 많아서 여러 책으로 나뉘어 있으면 그만큼 세책료를 더 받을 수 있기 때문에 스토리를 재미나게 부연하여 책의 권수를 늘렸다고 설명하고 있다. 그러므로 '한 편의 작품이 여러 권의 책으로 나뉘어 있는 대규모 작품들은 방각본 출판업자들보다 세책업자들이 선호하였다.'는 ④의 설명은 적절하다.

**[오답해설]**

① 제시문에 세책업자들은 한 작품의 분량이 많아서 여러 책으로 나뉘어 있으면 그만큼 세책료를 더 받을 수 있다고 서술되어 있다. 그러므로 분량이 많은 작품이 책값이 비쌌기 때문에 세책가에서 취급하지 않은 것은 아니다.

② 제시문에 방각본 출판업자들은 작품의 규모가 커서 분량이 많은 경우에는 생산 비용이 올라가 책값이 비싸지기 때문에 자연스럽게 분량이 적은 작품을 선호하였다고 서술되어 있다. 그러므로 구비할 책을 선정할 때 분량이 적은 작품을 우선시 한 것은 세책업자가 아니라 방각본 출판업자들이다.

③ 제시문의 마지막 문장에 세책업자들은 많은 종류의 작품을 모으는 데에 주력했고, 이 과정에서 원본의 확장 및 개작이 적잖이 이루어졌다고 서술되어 있다. 그러므로 원본의 내용을 부연하여 개작한 것은 방각본 출판업자들이 아니라 세책업자들이다.

12 ①

**[정답해설]**

㉠의 '올라가'는 값이나 통계 수치, 온도, 물가가 높아지거나 커지다의 의미로 사용되었다. 마찬가지로 ①의 '올라가는'도 습도가 상승하다는 의미로 사용되었으므로 ㉠과 같은 의미이다.

**[오답해설]**

② '내가 키우던 반려견이 하늘나라로 올라갔다.'에서 '올라갔다'는 ('하늘', '하늘나라' 따위와 함께 쓰여) '죽다'를 비유적으로 이르는 말이다.

③ '그녀는 승진해서 본사로 올라가게 되었다.'에서 '올라가게'는 지방 부서에서 중앙 부서로, 또는 하급 기관에서 상급 기관으로 자리를 옮기다의 의미이다.

④ '그는 시험을 보러 서울로 올라갔다.'에서 '올라갔다'는 지방에서 중앙으로 가다, 즉 '상경하다'의 의미이다.

TIP **올라가다(동사)**

I. 「…에, …으로」

1. 낮은 곳에서 높은 곳으로 또는 아래에서 위로 가다.
   예 나무에 올라가다.
2. 지방에서 중앙으로 가다.
   예 서울에 올라가는 대로 편지를 올리겠습니다.
3. 지방 부서에서 중앙 부서로, 또는 하급 기관에서 상급 기관으로 자리를 옮기다.
   예 이번에 발령받아 대검찰청에 올라가면 나 좀 잘 봐주세요.
4. 남쪽에서 북쪽으로 가다.
   예 우리나라에 있던 태풍이 북상하여 만주에 올라가 있다.
5. 물에서 뭍으로 옮겨 가다.
   예 물고기들이 파도에 밀려 뭍에 올라가 있었다.

6. ('하늘', '하늘나라' 따위와 함께 쓰여) '죽다'를 비유적으로 이르는 말.
   예 가여운 성냥팔이 소녀는 하늘나라에 올라가서 어머니를 만났겠지.
7. 하급 기관의 서류 따위가 상급 기관에 제출되다.
   예 나라에 상소가 올라가다.

Ⅱ. 「…으로」
1. 기준이 되는 장소에서 다소 높아 보이는 방향으로 계속 멀어져 가다.
   예 큰길로 조금만 올라가면 우체국이 있다.
2. 어떤 부류나 계통 따위의 흐름을 거슬러 근원지로 향하여 가다.
   예 윗대 조상으로 올라가면 그 집안도 꽤 전통이 있는 집안이다.
3. 등급이나 직급 따위의 단계가 높아지다.
   예 바둑 급수가 7급에서 6급으로 올라갔다.
4. 자질이나 수준 따위가 높아지다.
   예 수준이 올라가다.
5. 값이나 통계 수치, 온도, 물가가 높아지거나 커지다.
   예 집값이 자꾸 올라가서 큰 걱정이다.
6. 물의 흐름을 거슬러 위쪽으로 향하여 가다.
   예 그들은 강을 따라 올라가기 시작하였다.
7. 기세나 기운, 열정 따위가 점차 고조되다.
   예 장군의 늠름한 모습에 병사들의 사기가 하늘을 찌를 듯이 올라갔다.
8. 밑천이나 재산이 모두 없어지다.

Ⅲ. 「…을」
높은 곳을 향하여 가다.
예 산을 올라가다.

13 ②

[정답해설]

ㄴ. 을의 주장과 병의 주장은 대립하지 않는다. → (○)

을은 오늘날 사회는 계급 불평등이 더욱 고착화되었다고 주장하고, 병도 또한 현대사회에서 계급 체계는 여전히 경제적 불평등의 핵심으로 남아 있다고 주장한다. 그러므로 을의 주장과 병의 주장은 일치하며 대립하지 않는다.

[오답해설]

ㄱ. 갑의 주장과 을의 주장은 대립하지 않는다. → (×)

갑은 오늘날의 사회에서 전통적인 계급은 사라졌다고 주장하는 반면, 을은 오늘날의 사회가 계급 불평등이 더욱 고착화되었다고 주장한다. 그러므로 갑과 을의 주장은 서로 대립한다.

ㄷ. 병의 주장과 갑의 주장은 대립하지 않는다. → (×)

갑은 오늘날의 사회에서 전통적인 계급은 사라졌다고 주장하는 반면, 병은 현대사회에서 계급 체계는 여전히 경제적 불평등의 핵심으로 남아 있다고 주장한다. 그러므로 갑과 병의 주장은 서로 대립한다.

14 ①

[정답해설]

(가) 축구를 잘하는 사람은 모두 머리가 좋다. → 전칭 명제
(나) 축구를 잘하는 어떤 사람은 키가 작다. → 특칭 명제

| (가) 축구 → 머리 |
|---|
| (나) 축구 ∧ 키 작음 |

(결론) 머리 ∧ 키 작음 ≡ 키 작음 ∧ 머리

위의 논리 조건을 종합해 보면 축구를 잘하는 사람은 모두 머리가 좋고, 축구를 잘하는 어떤 사람은 키가 작으므로, 머리가 좋은 어떤 사람은 키가 작다. 따라서 키가 작은 어떤 사람은 머리가 좋다.

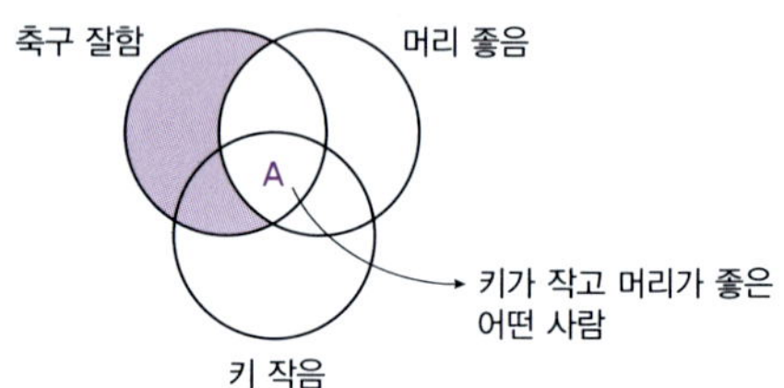


15 ①

[정답해설]

㉠ 마케팅 프로젝트 성공 → (유행지각 ∧ 깊은 사고 ∧ 협업)

㉡ (유행지각 ∧ 깊은 사고 ∧ 협업) → 마케팅 프로젝트 성공

①의 내용을 논리 기호로 나타내면, '마케팅 프로젝트 성공 → (유행지각 ∧ 깊은 사고 ∧ 협업)'이므로 ㉠의 논리 기호와 같다. 그러므로 '지금까지 성공한 프로젝트가 유행지각, 깊은 사고 그리고 협업 모두에서 목표를 달성했다면, ㉠은 강화된다'는 ①의 설명은 적절하다.

[오답해설]

② 논리 기호로 나타내면, '(~유행지각 ∨ ~깊은 사고 ∨ ~협업) → ~마케팅 프로젝트 성공'이므로 ㉠의 대우와 같다. 그러므로 성공하지 못한 프로젝트 중 유행지각, 깊은 사고 그리고 협업 중 하나 이상에서 목표를 달성하는 데 실패한 사례가 있다면, ㉠은 약화(→ 강화)된다.

③ 논리 기호로 나타내면, '(~유행지각 ∨ ~깊은 사고 ∨ ~협업) → 마케팅 프로젝트 성공'이므로 ㉡의 이에 해당한다. 그런데 어떤 명제가 참이라고 해서 그 명제의 이가 항상 참인 것은 아니므로 유행지각, 깊은 사고 그리고 협업 중 하나 이상에서 목표를 달성하는 데 실패했지만 성공한 프로젝트가 있다면, ㉡이 강화되는 것은 아니다.

④ 논리 기호로 나타내면, '(유행지각 ∧ 깊은 사고 ∧ 협업) → ~마케팅 프로젝트 성공'이므로 유행지각, 깊은 사고 그리고 협업 모두에서 목표를 달성했지만 성공하지 못한 프로젝트가 있다면, ⓒ은 약화(→ 강화)된다.

16 ②

[정답해설]

ㄱ. 우기에 비가 넘치는 산간 지역에서 고상식 주거 건축물 유적만 발견된 것은 지면에서 오는 각종 침해에 대비해 바닥을 높이 들어 올린 고상식 건축의 특징이므로, 기후에 따라 다른 자연환경에 적응해 발생했다는 ㉠의 주장을 강화한다.

ㄷ. 여름에는 고상식 건축물에서, 겨울에는 움집형 건축물에서 생활한 집단의 유적이 발견된 것은 계절에 따라 건축물의 양식을 달리한 것이므로, 기후에 따라 다른 자연환경에 적응해 발생했다는 ㉠의 주장을 강화한다.

[오답해설]

ㄴ. 움집형 집과 고상식 집이 공존해 있는 주거 양식을 보여주는 집단의 유적지가 발견된 것은 기후에 따라 다른 자연환경에 적응해 발생한 주거 양식이 아니므로, ㉠의 주장을 약화시킨다.

17 ③

[정답해설]

제시문의 마지막 문장에서 한문문학 중 '국문학적 가치'가 있는 것을 준국문학에 귀속시켰다고 하였고, 준국문학은 '넓은 의미의 국문학'에 해당하므로 '종래의 국문학의 정의를 기본 전제로 하되, 일부 한문문학을 국문학으로 인정'하자는 (나)의 주장은 강화된다.

[오답해설]

① 국문학의 범위를 획정하는 데 있어 해외에서의 문학적 가치의 인정은 중요 요인이 아니므로, 국문학에서 한문으로 쓰인 문학을 배제하자는 (가)의 주장에 영향을 미치지 않는다.

② 글의 서두에서 한 나라의 문학, 즉 '국문학'은 "그 나라의 말과 글로 된 문학"을 지칭한다고 하였으므로, 국문학의 정의를 '그 나라 사람들의 사상과 정서를 그 나라 말과 글로 표현한 문학'으로 수정하면 (가)의 주장은 약화(→ 강화)된다.

④ 글의 말미에서 훈민정음 창제 이후에도 한문문학 중 '국문학적 가치'가 있는 것을 준국문학에 귀속시켰다고 하였으므로, 훈민정음 창제 이후에도 차자표기(한자의 음과 훈을 빌려 우리말을 기록하던 표기법)로 된 문학작품이 다수 발견된다면 (나)의 주장은 약화(→ 강화)된다.

18 ④

[정답해설]

ⓒ의 '전자'는 '순(純)국문학'을 가리키고, ⓜ의 '전자'도 '순(純)국문학'을 가리키므로 지시하는 바가 동일하다.

[오답해설]

① ㉠의 '전자'는 '한문으로 쓰여진 문학', 즉 한문학을 가리키고, ⓒ의 '전자'는 '순(純)국문학', 즉 국문학을 가리키므로 지시하는 바가 다르다.

② ⓒ의 '후자'는 국문학을 가리키고, ⓔ의 '후자'는 '준(準)국문학', 즉 한문학을 가리키므로 지시하는 바가 다르다.

③ ⓒ의 '후자'는 국문학을 가리키고, ⓗ의 '후자'는 '준(準)국문학', 즉 한문학을 가리키므로 지시하는 바가 다르다.

19 ④

[정답해설]

• 갑과 을 중 적어도 한 명은 〈글쓰기〉를 신청한다.

갑 · 글쓰기 ∨ 을 · 글쓰기

• 을이 〈글쓰기〉를 신청하면 병은 〈말하기〉와 〈듣기〉를 신청한다.

을 · 글쓰기 → (병 · 말하기 ∧ 병 · 듣기)

대우: ~(병 · 말하기 ∧ 병 · 듣기) → ~을 · 글쓰기

• 병이 〈말하기〉와 〈듣기〉를 신청하면 정은 〈읽기〉를 신청한다.

(병 · 말하기 ∧ 병 · 듣기) → 정 · 읽기

대우: ~정 · 읽기 → ~(병 · 말하기 ∧ 병 · 듣기)

• 정은 〈읽기〉를 신청하지 않는다.

~정 · 읽기

위의 논리 조건을 밑에서 위로 따라가 보면, 정이 〈읽기〉를 신청하지 않으면 병은 〈말하기〉와 〈듣기〉를 신청하지 않고, 병이 〈말하기〉와 〈듣기〉를 신청하지 않으면 을이 〈글쓰기〉를 신청하지 않는다. 따라서 을이 〈글쓰기〉를 신청하지 않는 것이 판명되었고, 처음 조건에서 갑과 을 중 적어도 한 명은 〈글쓰기〉를 신청한다고 하였으므로, 갑이 〈글쓰기〉를 신청한다는 사실을 알 수 있다.

20 ①

[정답해설]

글의 서두에 언어의 형식적 요소에는 '음운', '형태', '통사'가 있으며, 언어의 내용적 요소에는 '의미'가 있다고 하였다. 그러므로 '언어는 형식적 요소가 내용적 요소보다 다양하다.'는

①의 설명은 적절하다.

**[오답해설]**

② 2문단에서 언어학은 크게 말소리 탐구, 문법 탐구, 의미 탐구로 나눌 수 있는데, 이때 각각에 해당하는 음운론, 문법론, 의미론은 서로 관련된다고 하였다. 그러므로 언어의 형태 탐구는 의미 탐구와 관련되지 않는다는 설명은 적절하지 못하다.

③ 2문단에서 의사소통의 과정상 발신자의 측면에서는 의미론에, 수신자의 측면에서는 음운론에 초점이 놓인다고 하였으나, 의사소통의 첫 단계가 언어의 형식을 소리로 전환하는 것인지는 제시문을 통해 확인할 수 없다.

④ 2문단에서 화자의 측면에서 언어를 발신하는 경우에는 의미론에서 문법론을 거쳐 음운론의 방향으로, 청자의 측면에서 언어를 수신하는 경우에는 반대의 방향으로 작용한다고 하였다. 여기서 문법론은 형태론 및 통사론을 포괄하므로, 언어를 발신하고 수신하는 과정에서 통사론이 활용되지 않는 것은 아니다.

나두공

제 1 편

# 현대 문학

실전 문제

# 제1장 문학 일반론

대표유형문제

국가직 9급 기출

**'시'에 대한 견해 중에서 밑줄 친 칸트의 입장과 부합하는 것은?**

> 미적인 것이란 내재적이고 선험적인 예술 작품의 특성을 밝히는 데서 더 나아가 삶의 풍부하고 생동적인 양상과 가치, 목표를 예술 형식으로 변환한 것이다. 미(美)는 어떤 맥락으로부터도 자율적이기도 하지만 타율적이다. 미에 대한 자율적 견해를 지닌 칸트도 일견 타당하지만, 미를 도덕이나 목적론과 연관시킨 톨스토이나 마르크스도 타당하다. 우리가 길을 지나다 이름 모를 곡을 듣고서 아름답다고 느끼는 것처럼 순수미의 영역이 없는 것은 아니다. 하지만 그 곡이 독재자를 열렬히 지지하기 위한 선전곡이었음을 안 다음부터 그 곡을 혐오하듯 미(美) 또한 사회 경제적, 문화적 맥락의 영향을 받기도 한다.

❶ 시는 정제된 시어와 운율을 통하여 감상해야 한다.
② 시는 사회의 모순을 고발할 수 있고, 개혁의 전망도 제시할 수 있다.
③ 시를 읽으면 시인과의 대화를 통해 정서적 성장을 도모할 수 있다.
④ 시를 감상하기 위해서는 당시의 사회 상황을 알아야 한다.

정답해설 칸트는 미에 대한 자율적 견해를 지녔다고 하였다. 이는 미를 도덕이나 목적론과 달리, 그 자체로서의 순수한 내재적 가치를 중시하는 것이다. 이러한 칸트의 관점과 부합하는 것은 '시는 정제된 시어와 운율을 통하여 감상해야 한다.'이다. 이는 시어나 비유, 상징, 구조 등 내적 요소에 주목하는 '내재적 접근방법'으로 볼 수 있다.

오답해설 ② 시에는 시대적 배경이 함축될 수 있다고 보는 관점으로, 외재적 관점에 해당한다.
③ 시인과의 대화를 통해 시의 창작 동기, 시인의 체험, 감정 등을 파악하여 정서적 성장을 도모할 수 있다고 보는 것은 외재적 관점에 해당한다.
④ 시는 사회적 맥락의 영향을 받는다고 보는 관점으로, 외재적 관점에 해당한다.

핵심정리 **작품 해석의 관점**

㉠ **내재적 관점(절대론)** : 작품 그 자체에 주목하는 것으로 작품 내의 운율, 심상, 표현 방법, 형식 등 작품의 내적 요소에만 집중하는 것이다.

㉡ **외재적 관점**

- **반영론** : 문학 작품을 현실의 반영으로 보는 관점으로, 작품이 창작된 시대 현실에 주목한다.
- **표현론** : 문학 작품을 작가의 체험, 사상, 감정 등을 표현한 것으로 보는 관점으로, 작가의 삶에 주목한다.
- **효용론** : 독자를 중심으로 감상하는 것으로, 작품을 읽고 나서 독자가 얻은 교훈이나 감동, 생각에 주목한다.

## 01 지방직 9급 기출

**(가)의 관점에서 (나)를 감상할 때 가장 적절한 것은?**

(가) 반영론은 문학 작품이 사회를 반영하여 현실의 문제를 비판적으로 성찰할 수 있게 하는 매개체라는 관점을 취한 비평적 입장이다.

(나) 강나루 건너서
밀밭 길을
구름에 달 가듯이
가는 나그네
길은 외줄기
남도 삼백리
술 익는 마을마다
타는 저녁 놀
구름에 달 가듯이
가는 나그네

– 박목월, 「나그네」

① 전통적 민요의 율격을 바탕으로 한 정형적 형식을 통해 정제된 시상이 효과적으로 드러났군.
② 삶의 고통스러운 단면을 외면한 채 유유자적한 삶만을 그린 것은 아닌지 비판할 여지가 있군.
③ 낭만적 감성을 불러일으키는 시적 분위기가 시조에서 보이는 선경후정과 비슷한 양상을 띠는군.
④ 해질 무렵 강가를 거닐며 조망한 풍경의 이미지가 한 폭의 그림을 보는 듯한 감각을 자아내는군.

해설 반영론적 관점은 문학 작품을 시대 현실의 반영으로 간주하는 작품 해석의 관점이고 (나)의 시는 일제강점기에 쓰여진 시로, 자연과 인간이 조화를 이룬 달관의 경지를 나타낸 작품이다. 따라서 이 시는 민중들의 비참한 삶의 모습이 아닌 유유자적한 삶만을 표현하고 있으므로 반영론적 관점에서 현실 외면이라는 비판의 여지가 있다.

## 02

**다음 작품에 쓰인 수사법으로 적절한 것은?**

내 그대를 생각함은 항상 그대가 앉아 있는 배경에서 해가 지고 바람이 부는 일처럼 사소한 일일 것이나 언젠가 그대가 한없이 괴로움 속을 헤매일 때에 오랫동안 전해 오던 그 사소함으로 그대를 불러 보리라.

– 황동규, 「즐거운 편지」

① 활유법 ② 반어법
③ 설의법 ④ 돈강법

해설 '내 그대를 생각함은'에서 '사소한 일일 것이나'까지를 보면 단어 그대로 사소한 일이 아닌 소중한 행위임을 강조하기 위한 반어적인 표현이다. 따라서 작품에서 쓰인 수사법은 반어법이 적절하다.

## 03 지방직 7급 기출

**다음 글에서 비유법이 사용되지 않은 문장은?**

㉠ 말은 생각을 담는 그릇으로 생각이 맑고 고요하면 말도 맑고 고요하게 나온다. ㉡ 청산유수처럼 거침없이 쏟아놓는 말에는 선뜻 믿음이 가지 않는다. ㉢ 우리는 말을 안 해서 후회하는 일보다 말을 쏟아 버렸기 때문에 후회하는 일이 더 많다. ㉣ 때론 말이 사람을 죽일 수도 있다는 것을 생각하면 말은 두려워해야 할 존재임이 틀림없다.

① ㉠ ② ㉡
③ ㉢ ④ ㉣

해설 '말을 쏟아 버렸기 때문에'에서 '쏟다'는 마음에 품은 생각이나 말을 밖으로 드러내는 의미를 가지고 있다. 그러므로 '말을 쏟다'는 비유적인 표현이 될 수 없다.
① '그릇'과 '말'을 비유한 은유법이 쓰였다.
② '청산유수'와 '말'을 비교한 직유법이 쓰였다.
④ '말'을 통한 의인법이 쓰였다.

**핵심정리**

**수사법**

- **비유법** : 표현하려는 대상(원관념)을 그와 공통점을 가지고 있는 다른 대상(보조관념)에 빗대어 표현함으로써 내용을 쉽게 이해시키기 위한 표현 방법이다.
- **은유법** : 'A는 B이다.'와 같이 비유하는 말과 비유되는 말을 동일한 것으로 단언하듯 표현하는 방법이다.
- **직유법** : 비슷한 점을 지닌 두 대상을 직접적으로 비교하여 표현하는 방법으로, 보조관념에 '같이, ~처럼, ~인 양, ~듯이'등의 연결어가 쓰인다.
- **의인법** : 사람 아닌 사물을 사람처럼 나타내는 표현법이다.

## 04

**문학의 기능에 대한 설명으로 옳지 않은 것은?**

① 쾌락적 기능은 비극에 맞닥뜨린 인물을 통해 독자에게 미적인 즐거움을 선사한다.
② 구조적 기능은 독자에게 작품의 언어를 중시하게 하며 문체, 운율 등을 분석하게 한다.
③ 종합적 기능은 쾌락적 기능과 교훈적 기능을 절충한 것으로 독자에게 인생의 진리를 가르쳐준다.
④ 교시적 기능은 독자에게 삶에 필요한 지식과 교훈을 통해 개인의 가치와 도덕을 함양하게 하여 삶의 의미를 깨닫게 한다.

해설 구조론적 관점에 해당하는 설명이다. 작품을 이해하는 데 필요한 자료는 작품밖에 없으며 작품에 쓰인 언어를 중시하며, 작품을 구조를 분석해 작가나 시대환경으로부터 독립시켜 이해하는 관점이다.

## 05

**다음 한국의 문예사조에 대한 특징으로 적절한 것은?**

① 김동인의 「감자」는 환경에 의한 도덕성의 타락을 적나라하게 묘사했다.
② 김기림의 「기상도」는 대상을 실험적인 관점에서 묘사했다.
③ 정지용의 「고향」은 실존에 기인한 인간의 선택 의지를 강조했다.
④ 염상섭의 「표본실의 청개구리」는 억눌린 비이성을 잠재의식으로 형상화했다.

해설 김동인의 「감자」는 자연주의 사조에 속하는 작품으로서 감자를 매개로 인물의 도덕적 타락상을 제시했다.
②, ③ 모더니즘을 기반으로 한 작품으로 개인의 감정보다 현대 문명에 초점을 맞추었으며, 서구적인 기법을 사용하였다.

④ 자연주의를 기반으로 한 작품으로 인간의 추악한 본능과 사회의 어두운 면에 대해 초점을 맞추었다.

## 06 국가직 9급 기출

**괄호 안에 들어갈 단어를 순서대로 바르게 나열한 것은?**

한국 문학의 미적 범주에서 눈에 띄는 전통으로 풍자와 해학이 있다. 풍자와 해학은 주어진 상황에 순종하기보다 그것을 극복하고자 하는 건강한 삶의 의지에서 나온 ( ㉠ )을(를) 통해 드러난다. ( ㉠ )은(는) '있어야 할 것'으로 행세해 온 관념을 부정하고, 현실적인 삶인 '있는 것'을 그대로 긍정한다. 이때 있어야 할 것을 깨뜨리는 것에 관심을 집중한 것이 ( ㉡ )이고, 있는 것이 지닌 긍정에 관심을 집중하는 것이 ( ㉢ )이다.

| | ㉠ | ㉡ | ㉢ |
|---|---|---|---|
| ① | 골계(滑稽) | 해학(諧謔) | 풍자(諷刺) |
| ② | 해학(諧謔) | 풍자(諷刺) | 골계(滑稽) |
| ③ | 풍자(諷刺) | 해학(諧謔) | 골계(滑稽) |
| ④ | 골계(滑稽) | 풍자(諷刺) | 해학(諧謔) |

해설 ㉠에는 '풍자', '해학'과 동등한 지위를 가지지 않는 '골계'가 들어가야 한다. ㉡에는 '있어야 할 것을 깨뜨리는 것에 집중하는 것'을 가리키는 '풍자'가 들어가야 한다. ㉢에는 '있는 것이 지닌 긍정에 관심을 집중하는 것'을 가리키는 해학이 들어가야 한다.

- 골계(滑稽) : 익살을 부리며 어떤 교훈을 주는 것
- 해학(諧謔) : 익살스럽고도 품위가 있는 말 또는 행동
- 풍자(諷刺) : 남의 결점을 다른 것에 빗대어 비웃으면서 폭로함

## 07 법원직 9급 기출

**(가)와 (나)의 공통점으로 가장 적절한 것은?**

(가) 어제를 동여맨 편지를 받았다
늘 그대 뒤를 따르던
길 문득 사라지고
길 아닌 것들도 사라지고
여기저기서 어린 날
우리와 놀아 주던 돌들이
얼굴을 가리고 박혀 있다.
사랑한다 사랑한다, 추위 가득한 저녁 하늘에
찬찬히 깨어진 금들이 보인다
성긴 눈 날린다
땅 어디에 내려앉지 못하고
눈 뜨고 떨며 한없이 떠 다니는
몇 송이의 눈.

– 황동규, 「조그마한 사랑의 노래」

(나) 낙엽은 폴란드 망명 정부의 지폐
포화(砲火)에 이지러진
도룬 시(市)의 가을 하늘을 생각하게 한다.
길은 한 줄기 구겨진 넥타이처럼 풀어져
일광(日光)의 폭포 속으로 사라지고
조그만 담배 연기를 내뿜으며
새로 두 시의 급행 열차가 들을 달린다.
포플라나무의 근골(筋骨) 사이로
공장의 지붕은 흰 이빨을 드러내인 채
한 가닥 구부러진 철책(鐵柵)이 바람에 나부끼고
그 위에 셀로판지(紙)로 만든 구름이 하나.
자욱한 풀벌레 소리 발길로 차며
호올로 황량(荒凉)한 생각 버릴 곳 없어
허공에 띄우는 돌팔매 하나.
기울어진 풍경의 장막(帳幕) 저쪽에
고독한 반원(半圓)을 긋고 잠기어 간다.

– 김광균, 「추일서정」

제1편 현대 문학

정답 03 ③ 04 ② 05 ① 06 ④

① 현재형 어미의 사용으로 시적 긴장감을 조성한다.
② 감각이 전이된 표현으로 역설적 상황을 강조한다.
③ 주변 상황의 묘사로 시적 화자의 정서를 드러낸다.
④ 비슷한 통사 구조의 문장의 반복으로 운율감을 살린다.

해설 (가)의 시에서 저녁, 눈을 통해 사랑의 상실 속에서 암울한 시대상을 표현하고 있다. (나)의 시는 가을 풍경의 황량함을 통해 도시적 삶의 고독과 비애를 표현하고 있다. 따라서 주변 상황을 묘사하는 공통점을 찾을 수 있다.

## 08

**다음 시조에서 볼 수 있는 것으로 적절하지 않은 것은?**

> 홍진(紅塵)을 다 떨치고 죽장망혜(竹杖芒鞋)를 신고
> 요금(瑤琴)을 비스듬히 안아 서호(西湖)로 들어가니
> 노화(蘆花)에 떼 지은 갈매기는 내 벗인가 하노라

① '죽장망혜를 신고'를 통해 화자의 경건함과 엄숙함이 돋보인다.
② 시조의 주제는 자연을 벗하는 은사(隱士)의 한가로운 삶이다.
③ 죽장망혜, 요금, 갈매기는 속된 세상을 떠난 화자의 진정한 벗이다.
④ '홍진(紅塵)을 다 떨치고'는 번거롭고 속된 세상을 떨쳐 버리겠다는 의미이다.

해설 김성기의 시조로 죽장망혜, 요금, 갈매기 등의 소재를 사용하여 화자가 자연 속에서 유유자적한 삶을 추구하는 인생관이 엿보인다. 우아미를 통해 자연의 아름다움을 고전적인 기품을 통해 승화시키고 있으므로 경건함과 엄숙함과는 거리가 멀다.

## 09

**다음 글에서 나타나는 관점으로 적절한 것은?**

> 이육사의 광야(曠野)를 떠올리면 가슴이 끓어오른다. '하늘이 처음 열리고'에서 역사가 열리는 것을 시작으로 '백마 타고 오는 초인(超人)이 있어'에서 조국의 광복을 가져다 줄 절대자의 존재를 떠올리면, 어두운 시대에 시를 접했다면 내일이라도 해방을 맞이할 것만 같은 감동에 잠을 이루지 못했을 것이다. 또한 '이 광야에서 목놓아 부르게 하리라.'에서 곧 있으면 올 광복에 대한 의지에 여운을 느낄 때마다 가슴을 설레게 한다.

① 반영론적 관점
② 표현론적 관점
③ 구조론적 관점
④ 효용론적 관점

해설 '그 시대에 시를 접했다면 내일이라도 해방을 맞이할 것 만 같은 감동에 잠을 이루지 못했을 것이다.'라는 문구에서 알 수 있듯이 서술자는 독자가 받은 감동과 작품의 어떤 면에서 유발되었는지 보는 효용론적 관점에서 글을 서술하고 있다.

## 10

**다음 중 낭만주의 작가로만 묶인 것은?**

① 플로베르, 모파상, 스탕달
② 김동인, 현진건, 채만식
③ 괴테, 호든, 위고
④ 보들레르, 랭보, 말라르메

해설 낭만주의는 고전주의에 반발하여 일어난 문예사조로 꿈이나 이상, 신비감, 이국적이며 초자연적인 정서를 추구했다. 대표적으로 호손의 「주홍글씨」, 워즈워스의 「수선화」 등이 있다.
①, ② 사실주의 작가
④ 상징주의 작가

## 11 국가직 9급 기출

**다음 글의 주된 설명 방식이 적용된 것으로 가장 적절한 것은?**

> 문학이 구축하는 세계는 실제 생활과 다르다. 즉 실제생활은 허구의 세계를 구축하는 데 필요한 재료가 되지만 이 재료들이 일단 한 구조의 구성 분자가 되면 그 본래의 재료로서의 성질과 모습은 확연히 달라진다. 건축가가 집을 짓는 것을 떠올려 보자. 건축가는 어떤 완성된 구조를 생각하고 거기에 필요한 재료를 모아서 적절하게 집을 짓게 되는데, 이때 건물이라고 하는 하나의 구조를 완성하게 되면 이 완성된 구조의 구성 분자가 된 재료들은 본래의 재료와 전혀 다른 것이 된다.

① 르네상스 시대의 화가들은 원근법을 사용하여 세상을 향한 창과 같은 사실적인 그림을 그렸다. 현대 회화를 출발시켰다고 평가되는 인상주의자들이 의식적으로 추구한 것도 이러한 사실성이었다.
② 소설을 구성하는 요소는 물론 많지만 그중에서도 인물, 배경, 사건을 들 수 있다. 인물은 사건의 주체, 배경은 인물이 행동을 벌이는 시간과 공간, 분위기 등이고, 사건은 인물이 배경 속에서 벌이는 행동의 세계이다.
③ 목적을 지닌 인생은 의미 있다. 목적 없이 살아가는 사람은 험난한 인생의 노정을 완주하지 못한다. 목적을 갖고 뛰어야 마라톤에서 완주가 가능한 것처럼 우리의 인생에서도 목표를 가지고 꾸준히 노력하는 사람이 성공한다.
④ 신라의 육두품 출신 가운데 학문적으로 출중한 자들이 많았다. 가령, 강수, 설총, 녹진, 최치원 같은 사람들은 육두품 출신이었다. 이들은 신분적 한계 때문에 정계보다는 예술과 학문 분야에 일찌감치 몰두하게 되었다.

해설 제시문에서 문학이 구축하는 세계를 건축가가 재료를 이용해 건물을 짓는 것에 '유추'하여 설명하고 있다. '유추'란 같은 종류의 것 또는 비슷한 것에 기초하여 다른 사물을 미루어 추측하는 방식으로, ③의 경우도 목적을 지닌 인생을 마라톤 완주에 '유추'하여 설명하고 있다.
① 르네상스 시대의 화가들과 인상주의자들이 공통적으로 추구하는 '사실성'에 대해 '비교'의 방식을 사용하여 설명하고 있다. '비교'란 대상들 간의 비슷한 점이나 공통점을 들어 서술하는 방식이다.
② 소설을 구성하는 요소인 '인물, 배경, 사건'을 '분석'의 방식을 사용하여 설명하고 있다. '분석'이란 어떤 대상이나 사실의 속성 또는 성분 등을 구성요소로 나누어 전개하는 방식이다.
④ 신라의 육두품 출신 가운데 학문적으로 출중한 자들로 '강수, 설총, 녹진, 최치원' 등을 '예시'로 설명하고 있다. '예시'란 구체적인 사례를 제시하여 일반적인 원리나 법칙 등을 구체화하는 방식이다.



정답 07 ③ 08 ① 09 ④ 10 ③ 11 ③

# 실전문제 제2장 문학의 장르

대표유형문제

**다음 글의 서술상의 특징으로 적절한 것은?**

> 덕기는 부친이 왔나 보다 하고 가만히 유리 구멍으로 내다보았다. 수달피 깃을 댄 검정외투를 입은 홀쭉한 뒷모양이 뜰을 격하여 툇마루 앞에 보이고 조부는 창을 열고 내다보고 앉았다. 덕기는 일어서려다가 조부가 문을 닫은 뒤에 나가리라 하고 주저앉았다.

❶ 서술자가 등장인물의 시선을 빌려 이야기를 전개하고 있다.
② 시대적 배경과 밀접한 어휘를 사용하여 주제 의식을 강화하고 있다.
③ 편집자적 논평을 통해 인물들에 대한 서술자의 태도를 드러내고 있다.
④ 공간적 배경에 따라 서술자를 달리하여 상황을 입체적으로 그리고 있다.

정답해설 염상섭의 「삼대」는 3인칭 전지적 작가 시점의 소설로, 서술자가 등장인물인 '덕기'의 내면 심리를 바탕으로 '덕기'의 시선을 빌려 이야기를 전개하고 있다.

오답해설 ② 묘사적 표현은 있으나 시대적 배경과 밀접한 어휘를 사용하고 있지는 않다.
③ 편집자적 논평이 아니라 등장인물의 내면 심리를 통해 이야기를 전개하고 있다. 편집자적 논평은 흔히 고대 소설에서 서술자가 인물과 사건에 개입하는 서술 방식이다.
④ 이야기를 전개하는 서술자가 달라지거나 공간적 배경이 바뀌지 않았다. 서술자를 달리하는 소설은 하나의 이야기 속에 하나 또는 그 이상의 이야기가 포함된 액자형 구성에서 가능하다.

핵심정리 소설의 시점

㉠ **1인칭 주인공(서술자) 시점** : 주인공 자신이 자신의 이야기를 하는 시점이다. 인물과 독자의 심리적 거리가 가까우며 서간체 소설, 심리 소설 등에 주로 쓰인다.
예 최학송의 「탈출기」, 알퐁스 도데의 「별」

㉡ **1인칭 관찰자 시점** : 작품 속에 등장하는 부수적 인물이 주인공의 이야기를 서술한다. 인물의 초점은 주인공이며 객관적인 관찰자의 눈에 비친 인간의 내면 세계를 그리는 데 효과적이다.
예 김동인의 「붉은 산」, 현진건의 「빈처」

㉢ **전지적 작가 시점** : 작가가 전지전능한 위치에서 각 인물의 심리 상태나 행동의 동기 등을 서술한다. 작가는 작품 속에 직접 개입하여 사건을 진행시키고 인물을 논평한다.
예 이효석의 「메밀꽃 필 무렵」

㉣ **작가 관찰자 시점** : 작가가 외부 관찰자의 위치에서 객관적 태도로 서술하는 방법이며, 외부 관찰에 의거해서 해설이나 평가를 하지 않고 그대로 제시한다.
예 황순원의 「소나기」, 염상섭의 「두 파산」

## 01

**다음 중 공감각적인 표현으로 적절한 것은?**

① 매운 계절의 채찍에 갈겨
② 방 안에서는 새 옷의 내음새가 나고
③ 조그만 담배 연기를 내뿜으며
④ 젊은 아버지의 서느런 옷자락에

해설 '매운 계절의 채찍에 갈겨'는 미각이 촉각으로 전이되는 공감각적인 표현이다.

## 02

**다음 중 심상 형성 방식이 다른 하나는?**

① 여윈 귀뚜리 점점 소리도 얼고
② 목이 긴 메아리가 자맥질을 하는 곳
③ 길은 한 줄기 구겨진 넥타이
④ 피라미 은빛 비린내 문득 번진 둑방길

해설 길의 모습을 '구겨진 넥타이'로 시각화하고 있다.
①, ②, ④ 공감각적 심상

## 03 서울시 9급 기출

**다음 중 수사법이 다른 하나는?**

① 이것은 소리 없는 아우성
② 황홀한 비애
③ 찬란한 슬픔의 봄
④ 해설피 금빛 게으른 울음을 우는 곳

해설 '금빛 게으른 울음'은 울음(청각적 심상)을 금빛(시각적 심상)으로 표현한 공감각적 표현(청각의 시각화)에 해당하며, 나머지는 모두 역설법에 해당한다. 공감각적(共感覺的) 표현은 한 종류의 감각을 다른 감각으로 전이(轉移)시켜 나타나는 표현(두 가지 감각이 동시에 지각되는 표현)을 말한다.
①, ②, ③ 역설법에 해당한다. 역설법은 어떤 주장이나 이론이 겉보기에는 모순되는 것 같으나 그 속에 중요한 진리가 함축되어 표면적인 진술 너머에서 진실을 드러내고 있는 수사법, 즉 모순형용이나 모순어법을 통해 진실을 말하는 표현을 말한다.

핵심정리

**심상의 표현**

- **시각적 심상**
  예 잠 이루지 못하는 밤 고향집 마늘밭에 눈은 쌓이리.
  잠 이루지 못하는 밤 고향집 추녀밑 달빛은 쌓이리.
  – 박용래, 「겨울밤」
- **청각적 심상**
  예 두 점을 치는 소리
  방범대원의 호각 소리 메밀묵 사려 소리에
  눈을 뜨면 멀리 육중한 기계 굴러가는 소리
  – 신경림, 「가난한 사랑 노래」
- **미각적 심상**
  예 산벚꽃 진 등성이에
  뼈를 묻을까
  소태같이 쓴 입술에
  풀잎 씹힌다.
  – 민영, 「용인 지나는 길에」
- **후각적 심상**
  예 매화 향기 홀로 아득하니
  – 이육사, 「광야」
- **촉각적 심상**
  예 나는 한 마리 어린 짐승.
  젊은 아버지의 서느런 옷자락에
  열(熱)로 상기한 볼을 말없이 부비는 것이었다.
  – 김종길, 「성탄제」
- **공감각적 심상(어떤 감각이 다른 감각으로 전이되어 동시에 두 감각을 느끼는 것)**
  – 청각의 시각화
  예 퇴색한 성교당의 지붕 위에선
  분수처럼 흩어지는 푸른 종소리
  – 김광균, 「외인촌」
  – 시각의 촉각화
  예 삼월(三月)달 바다가 꽃이 피지 않아서 서글픈
  나비 허리에 새파란 초생달이 시리다
  – 김기림, 「바다와 나비」

정답 01 ① 02 ③ 03 ④

## 04 서울시 9급 기출

**다음 글에 나타난 서술자에 대한 설명으로 가장 옳은 것은?**

> 내 이상과 계획은 이렇거든요.
>
> 우리 집 다이쇼*가 나를 자별히 귀애하고 신용을 하니까 인제 한 십 년만 더 있으면 한밑천 들여서 따로 장사를 시켜 줄 그런 눈치거든요.
>
> 그러거들랑 그것을 언덕삼아 가지고 나는 삼십 년 동안 예순 살 환갑까지만 장사를 해서 꼭 십만 원을 모을 작정이지요. 십만 원이면 죄선* 부자로 쳐도 천석꾼이니, 뭐 떵떵거리고 살 게 아니라구요?
>
> 그리고 우리 다이쇼도 한 말이 있고 하니까, 나는 내지인* 규수한테로 장가를 들래요. 다이쇼가 다 알아서 얌전한 자리를 골라 중매까지 서준다고 그랬어요. 내지 여자가 참 좋지요.
>
> 나는 죄선 여자는 거저 주어도 싫어요.
>
> 구식 여자는 얌전은 해도 무식해서 내지인하고 교제하는 데 안됐고, 신식 여자는 식자나 들었다는 게 건방져서 못쓰고, 도무지 그래서 죄선 여자는 신식이고 구식이고 다 제바리여요.
>
> 내지 여자가 참 좋지 뭐. 인물이 개개 일자로 이쁘겠다, 얌전하겠다, 상냥하겠다, 지식이 있어도 건방지지 않겠다, 좀이나 좋아!
>
> 그리고 내지 여자한테 장가만 드는 게 아니라 성명도 내지인 성명으로 갈고 집도 내지인 집에서 살고 옷도 내지 옷을 입고 밥도 내지식으로 먹고 아이들도 내지인 이름을 지어서 내지인 학교에 보내고…….
>
> 내지인 학교라야지 죄선 학교는 너절해서 아이들 버려 놓기나 꼭 알맞지요. 그리고 나도 죄선말은 싹 걷어치우고 국어만 쓰고요.
>
> 이렇게 다 생활법식부터도 내지인처럼 해야만 돈도 내지인처럼 잘 모으게 되거든요.
>
> *다이쇼 : 주인 *죄선 : 조선 *내지인 : 일본인

① 서술자가 내지인을 비판함으로써 자기 주장을 강화하고 있다.

② 서술자가 전지적 존재로서 인물과 사건을 모두 조망할 수 있다.

③ 서술자가 작품 속에 등장하는 다른 인물의 내면을 추리하고 있다.

④ 서술자가 신뢰할 수 없는 존재로서, 독자로 하여금 서술자를 비판적으로 바라보게 한다.

**해설** 서술자인 '나'는 조선인으로서의 정체성을 부정하고 일제 식민 통치에 순응하는 인물임을 알 수 있다. 이를 통해 독자는 서술자를 신뢰할 수 없는 존재로 인식하고, 비판적으로 바라볼 수 있다.

① 서술자는 내지인을 맹목적으로 선호하고 있으므로 내지인을 비판한다는 설명은 적절하지 않다.

② 서술자는 전지적 존재가 아니라, 작품 속에 등장하여 1인칭 시점에서 자신의 이야기를 전한다.

③ 서술자는 작품 속에서 자신의 이야기를 하고 있을 뿐, 다른 인물의 내면을 추리하고 있지 않다.

**핵심정리**

**채만식, 「치숙」**

- **갈래** : 단편 소설, 풍자 소설
- **성격** : 비판적, 풍자적, 사실적
- **배경** : 일제 강점기, 서울
- **시점** : 1인칭 주인공 시점
- **주제** : 일제 강점기에 순응하는 태도에 대한 비판과 풍자, 사회주의 지식인의 현실 무능력 비판
- **특징** : 심층적인 풍자를 통해 식민지 사회의 병리적 현상들을 역설적으로 드러냄

## 05 국가직 9급 기출

**다음 글의 서술자에 대한 설명으로 가장 적절한 것은?**

> 그들은 여전히 이야기를 계속하고 있다.
>
> "그래 촌에 들어가면 위험하진 않은가요?"
>
> 조선에 처음 간다는 시골자가 또다시 입을 벌렸다.

"뭘요. 어델 가든지 조금도 염려 없쉐다. 생번이라 하여도 요보는 온순한 데다가, 가는 곳마다 순사요 헌병인데 손 하나 꼼짝할 수 있나요. 그걸 보면 데라우치 상이 참 손아귀 힘도 세지만 인물은 인물이야!"

매우 감격한 모양이다.

"그래 촌에 들어가서 할 게 뭐예요?"

"할 것이야 많지요. 어델 가기로 굶어 죽을 염려는 없지만, 요새 돈 몰 것이 똑 하나 있지요. 자본 없이 힘 안 들고 ……. 하하하."

표독한 위인이 충동이는 수작이다.

… (중략) …

나는 여기까지 듣고 깜짝 놀랐다. 그 불쌍한 조선 노동자 들이 속아서 지상의 지옥 같은 일본 각지의 공장과 광산으로 몸이 팔리어 가는 것이 모두 이런 도적놈 같은 협잡 부랑배의 술중(術中)에 빠져서 속아 넘어가는구나 하는 생각을 하며 나는 다시 한 번 그자의 상판대기를 치어다보지 않을 수 없었다.

– 염상섭, 「만세전」중에서

① 작품 밖의 전지적 서술자가 일어난 사건의 전말을 전달하고 있다.

② 작품 속에 등장하는 인물이 다른 인물을 관찰하며 평가하고 있다.

③ 작품 밖에 있는 서술자가 관찰자가 되어 등장인물의 행동을 묘사하고 있다.

④ 작품 속의 서술자가 작품 밖의 서술자와 교차하며 사건을 입체적으로 서술하고 있다.

**해설** 글은 나(주인공)가 사람들을 관찰하고 평가하는 1인칭 주인공 시점이다. 나가 등장하고 사람들을 그들이라고 표현하며 그들의 행동을 '매우 감격한 모양이다' 등으로 평가하는 등의 부분에서 알 수 있다.
① 전지적 작가 시점에 대한 설명이다.
③ 작가 관찰자 시점에 대한 설명이다.
④ 1인칭과 3인칭 시점을 교차적으로 하는 방법에 대한 설명이다.

## 06 서울시 9급 기출

**〈보기〉에 대한 설명으로 가장 옳은 것은?**

보기

감독관 : 원고! 원고!
교수 : (일어나며) 네, 곧 됩니다. 또 독촉이군.
감독관 : (책상 쪽을 가리키며) 원고! 원고!

교수, 소파 한구석에 있던 가방을 집어 갖고서 황급히 책상에 가 앉는다. 가방에서 원고를 끄집어내고 책을 펼친다.

감독관 : 원고! 원고!

이윽고 교수는 번역을 시작한다. 감독관이 창문을 닫고 사라진다. 처가 들어온다. 큰 자루를 손에 들고 있다.

처 : 어머나! 그렇게 벌거벗고 계시면 어떡해요.

막대기에 감긴 철쇄를 줄줄 끌어다 교수의 허리에 감아 준다.

① 전통적인 사실주의 극문학이다.

② 반공주의적인 목적극의 대본이다.

③ 근대극이 뿌리를 내린 시기에 창작되었다.

④ 사회 현실을 풍자한 부조리극이다.

**해설** 극중에서 일어나는 사건과 인물의 대사 및 행동이 풍자적이며 과장되어 있다. 따라서 사회 현실을 풍자한 부조리극으로 볼 수 있다.
① 인물의 과장된 행동과 대사를 통해 사실주의와 거리가 먼 것을 알 수 있다.
② 〈보기〉의 내용만으로 반공주의적인 소재를 찾기 어렵다.
③ 근대극이 지난 뒤에 창작된 대본이다.



정답 04 ④ 05 ② 06 ④

# 실전문제 제3장 현대시

대표유형문제

서울시 9급 기출

**밑줄 친 시어 가운데 내적 연관성이 가장 적은 것은?**

유리에 <u>차고 슬픈 것</u>이 어린거린다.
열없이 붙어서서 입김을 흐리우니
길들은 양 언 날개를 파다거린다.
지우고 보고 지우고 보아도
<u>새까만 밤</u>이 밀려나가고 밀려와 부디치고,
<u>물먹은 별</u>이, 반짝, 보석처럼 백힌다.
밤에 홀로 유리를 닦는 것은
외로운 황홀한 심사이어니,
고운 폐혈관이 찢어진 채로
아아, <u>늬</u>는 산ㅅ새처럼 날아갔구나!

① 차고 슬픈 것 ❷ 새까만 밤
③ 물먹은 별 ④ 늬

정답해설 '새까만 밤'은 암담함, 상실감을 나타내는 죽음의 세계로 창밖의 모습을 구체화하고 있다.

오답해설 ① '차고 슬픈 것'은 표면적으로 '입김'을 의미하지만 죽은 아이를 비유하고 있다.
③ '물먹은 별'은 눈물이 가득 고인 눈으로 죽은 아이를 바라보는 모습이다.
④ '늬'는 직접적으로 죽은 아이를 가리키고 있다.

핵심정리 정지용, 「유리창」
- **갈래** : 자유시, 서정시
- **성격** : 애상적, 서정적, 회화적, 상징적
- **어조** : 감정을 절제한 차분한 어조
- **표현** : 상반된 정서를 동시에 결합한 역설적 표현
- **구성**
  - 기 : 유리창에 어린 영상(1~3행)
  - 승 : 창밖의 밤의 영상(4~6행)
  - 전 : 외롭고 황홀한 심사(7~8행)
  - 결 : 죽은 아이에 대한 영상(9~10행)
- **제재** : 유리창에 서린 입김
- **주제** : 죽은 아이에 대한 그리움과 슬픔

## 01 지방직 9급 기출

**다음 시에 대한 설명으로 적절하지 않은 것은?**

머언 산 청운사
낡은 기와집

산은 자하산
봄눈 녹으면

느릅나무
속잎 피어나는 열두 구비를

청노루
맑은 눈에

도는
구름

– 박목월, 「청노루」

① 묘사된 자연이 상상적, 허구적이다.
② 이상적 세계에 대한 그리움을 노래하고 있다.
③ 시적 공간이 원경에서 근경으로 옮아오고 있다.
④ 사건 발생의 시간적 순서에 따라 제재가 배열되고 있다.

**해설** 박목월의 「청노루」는 청운사, 자하산, 청노루 등의 제재가 시간적 순서에 따라 배열되는 것이 아니라, '머언 산 청운사'에서 '청노루 맑은 눈'에 이르기까지 원경에서 근경으로 시선의 이동에 따라 전개하고 있다.

**핵심정리**

**박목월, 「청노루」**
- **갈래** : 자유시, 서정시
- **성격** : 서정적, 낭만적
- **제재** : 청노루
- **주제** : 봄날의 정취와 이상적 세계의 추구
- **출전** : 청록집

## 02 지방직 9급 기출

**다음 시에 대한 감상으로 부적절한 것은?**

혼자서는 건널 수 없는 것
오랜 날이 지나서야 알았네.
갈대가 눕고 다시 일어나는 세월
가을빛에 떠밀려 헤매기만 했네.
한철 깃든 새들이 떠나고 나면
지는 해에도 쓸쓸해지기만 하고
얕은 물에도 휩싸이고 말아
혼자서는 건널 수 없는 것

– 구광본, 「강」

① '새'는 화자의 정서적 등가물로 보인다.
② 화자는 삶을 성찰하고 있어 보인다.
③ 화자의 삶은 순탄하지만은 않아 보인다.
④ '물'은 화자의 삶에 영향을 주는 요소로 보인다.

**해설** 화자가 느끼는 감정이 그대로 들어가 있는 대상을 '정서적 등가물'이라고 한다. 시 속에서 '새'는 '한철 깃든 새들이 떠나고 나면 쓸쓸해지기만 하고'에서 볼 수 있듯이 곁에 머물렀다 떠나는 대상 정도로 볼 수 있다.

**핵심정리**

**구광본, 「강」**
- **갈래** : 자유시, 서정시
- **운율** : 내재율
- **성격** : 상징적, 서정적
- **표현** : 비연시, 수미상관, 3음보와 그 변조, 각운
- **제재** : 강
- **주제** : 민족 화합의 염원, 영원의 세계에 대한 동경과 인간의 숙명적 한계
- **출전** : 강(1987)

정답 01 ④ 02 ①

## 03 국가직 9급 기출

**다음 글의 밑줄 친 부분에 나타난 정서와 가장 유사한 것은?**

육첩방은 남의 나라
창 밖에 밤비가 속살거리는데

등불을 밝혀 어둠을 조금 내몰고
시대처럼 올 아침을 기다리는 최후의 나

나는 나에게 작은 손을 내밀어
눈물과 위안으로 잡는 최초의 악수

① 진종일 / 나룻가에 서성거리다 / 행인의 손을 쥐면 따뜻하리라.
② 나의 사랑, 나의 결별 / 샘터에 물 고이듯 성숙하는 / 내 영혼의 슬픈 눈
③ 내가 그의 이름을 불러주었을 때 / 그는 나에게로 와서 꽃이 되었다.
④ 그리운 그의 모습 다시 찾을 수 없어도 / 울고 간 그의 영혼 / 들에 언덕에 피어날지어이

**해설** 윤동주의 「쉽게 씌어진 시」로 밑줄의 '눈물'과 '위안'이 이전 삶에 대한 반성과 위로를 뜻한다면 '최초의 악수'는 분열되어 있던 자아의 화해이자, 내면적 갈등의 해소를 의미한다. 따라서 밑줄은 성찰적, 반성적 정서를 나타내고 있다. ②의 시, 이형기의 「낙화」가 밑줄과 유사한 정서를 가지고 있다.
① 오장환의 「고향 앞에서」로 화자의 고향에 대한 그리움과 외로움을 감각적으로 표현하였다.
③ 김춘수의 「꽃」으로 무의미한 존재에게 이름을 불러주는 행위를 통해 의미를 갖는 과정을 표현하였다.
④ 신동엽의 「산에 언덕에」로 4 · 19 혁명으로 희생된 민중에 대해 추모하며 소망하는 장면을 표현하고 있다.

## 04 국가직 9급 기출

**화자의 처지나 행위에 대한 분석으로 옳지 않은 것은?**

흐르는 것이 물뿐이랴
우리가 저와 같아서
강변에 나가 삽을 씻으며
거기 슬픔도 퍼다 버린다
일이 끝나 저물어
스스로 깊어 가는 강을 보며
쭈그려 앉아 담배나 피우고
나는 돌아갈 뿐이다.
삽자루에 맡긴 한 생애가
이렇게 저물고, 저물어서
샛강 바닥 썩은 물에
달이 뜨는구나
우리가 저와 같아서
흐르는 물에 삽을 씻고
먹을 것 없는 사람들의 마을로
다시 어두워 돌아가야 한다.

– 정희성, 「저문 강에 삽을 씻고」

① 화자는 일을 마치고, 해 지는 강변에 나와 삽을 씻는다.
② 화자는 강물에 슬픔을 퍼다 버리고, '먹을 것 없는 사람들의 마을'로 돌아가야 한다.
③ 화자는 '삽자루에 맡긴 한 생애'라는 표현을 통해 자신의 삶을 압축적으로 드러낸다.
④ 화자는 주관적인 감정을 배제하고, 해 지는 강가의 풍경을 객관적으로 전달하려 한다.

**해설** '저문 강에 삽을 씻고'는 소외된 민중의 아픔을 차분하고 정제된 어조로 그려낸 작품으로, 화자는 하루의 일을 마치고 흐르는 강물에 삽을 씻으며 힘겹게 살아가는 노동자의 비애와 삶의 애환을 형상화하였다. 따라서 주관적인 감정을 배제하고 해 지는 강가의 풍경을 객관적으로 전달하였다고 볼 수 없다.

## 05

**시에 나타난 작가의 죽음에 대한 세계관은?**

내 세상 뜨면 풍장시켜다오.
섭섭하지 않게
옷은 입은 채로 전자시계는 가는 채로
손목에 달아놓고
아주 춥지는 않게
가죽 가방에 넣어 전세 택시에 싣고
군산(群山)에 가서
검색이 심하면
곰소쯤에 가서
통통배에 옮겨 실어다오.

가방 속에서 다리 오그리고
그러나 편안히 누워 있다가
선유도 지나 무인도 지나 통통 소리 지나
배가 육지에 허리 대는 기척에
잠시 정신을 잃고
가방 벗기우고 옷 벗기우고
무인도의 늦가을 차가운 햇빛 속에
구두와 양말도 벗기우고
손목시계 부서질 때
남 몰래 시간을 떨어뜨리고
바람 속에 익은 붉은 열매에서 툭툭 튕기는
씨들을
무연히 안 보이듯 바라보며
살을 말리게 해 다오.
어금니에 박혀 녹스는 백금(白金) 조각도

바람 속에 빛나게 해 다오.
바람 이불처럼 덮고
화장(化粧)도 해탈(解脫)도 없이
이불 여미듯 바람을 여미고
마지막으로 몸의 피가 다 마를 때까지
바람과 놀게 해 다오.

– 황동규, 「풍장(風葬) 1」

① 인간의 죽음은 숭고한 것이다.
② 인간이 번뇌를 떨친 죽음 후에 도달할 최고의 정신적 경지는 열반이다.
③ 인간은 죽음을 자연의 일부로서 자연스럽게 받아들여야 한다.
④ 죽음은 새로운 세계로의 탐험이다.

**해설** '풍장'이란 장례 형식의 하나로 시체를 매장하지 않고, 나뭇가지나 풀 속에 넣어두거나 또는 공기 중에 놓아두는 장례 방법이다. 즉 자연에서 왔으니 자연으로 다시 돌아간다는 세계관이 반영된 것으로, 인간은 자연의 일부로서 죽음을 자연스럽게 받아들여야 한다는 것이다. 마지막에 '바람과 놀게 해 다오'에서 화자가 원하는 죽음은 바람 속에서 자연스럽게 맞이하는 죽음임을 알 수 있다.

**핵심정리**

**황동규, 「풍장(風葬) 1」**
- **갈래** : 자유시, 서정시, 주지시
- **성격** : 서정적, 주지적, 관조적
- **표현** : 반복법, 점층법
- **어조** : 담담하고 객관적인 어조
- **제재** : 풍장(風葬)
- **주제** : 존재의 소멸을 통한 자연과의 합일(合一)



정답 03 ② 04 ④ 05 ③

**※ 다음 글을 읽고 물음에 답하시오. (06~07)**

(가) 님이여, 당신은 백 번(百番)이나 단련한 금(金)결입니다.
뽕나무 뿌리가 산호(珊瑚)가 되도록 천국(天國)의 사랑을 받읍소서.
님이여, 사랑이여, 아침 볕의 첫걸음이여.
님이여, 당신은 의(義)가 무거웁고, 황금(黃金)이 가벼운 것을 잘 아십니다.
거지의 거친 밭에 복(福)의 씨를 뿌리옵소서.
님이여, 사랑이여, 옛 오동(梧桐)의 숨은 소리여.
님이여, 당신은 봄과 광명(光明)과 평화(平和)를 좋아하십니다.
약자(弱子)의 가슴에 눈물을 뿌리는 자비(慈悲)의 보살(菩薩)이 되옵소서.
님이여, 사랑이여, 얼음 바다에 봄바람이여.

– 한용운, 「찬송」

(나) 더러는
옥토(沃土)에 떨어지는 작은 생명이고저……
흠도 티도
금가지 않은
나의 전체(全體)는 오직 이뿐!
더욱 값진 것으로
드리라 하올 제,
나의 가장 나아종 지닌 것도 오직 이뿐
아름다운 나무의 꽃이 시듦을 보시고
열매를 맺게 하신 당신은
나의 웃음을 만드신 후에
새로이 나의 눈물을 지어 주시다.

– 김현승, 「눈물」

## 06 법원직 9급 기출

**(가), (나)의 공통점으로 적절하지 않은 것은?**

① 비유적인 표현을 사용하고 있다.
② 시의 대상은 일상적이고 상대적인 존재이다.
③ 어구의 반복을 통해 시의 의미를 강조하고 있다.
④ 간절하고 경건한 분위기를 조성하고 있다.

해설 (가)는 한용운의 「찬송」이며, (나)는 김현승의 「눈물」이다. (가)의 대상은 절대적인 존재이며 고귀함과 구원성 등의 속성을 가지고 있으며, (나)는 '눈물'을 대상으로 하고 있는데 이 역시 고귀하고 값지며 절대적인 것이다. 그러므로 두 시의 대상은 일상적이고 상대적인 존재가 아니다.

① (가)는 '임'을 '백 번이나 단련한 금결', '아침 볕의 첫걸음', '옛 오동의 숨은 소리', '얼음 바다에 봄바람'에 비유하였다. 또한 (나)는 '눈물'을 '옥토에 떨어지는 작은 생명', '나의 전체, 나의 가장 나아종 지닌 것' 등으로 비유하였다.
③ (가)는 '~ㅂ니다, ~ㅂ소서, ~여'와 같은 반복을 (나)에서는 '나의 ~ 오직 이뿐만'의 반복을 통해서 시의 의미를 강조하고 있다.
④ (가)와 (나) 둘 다 모두 고귀하고 성스러운 존재에 대한 찬양의 어조로 간절하고 경건한 분위기를 조성하고 있다.

## 07 법원직 9급 기출

**(가), (나)의 '눈물'에 대한 설명으로 적절하지 않은 것은?**

① (가)의 '눈물'은 님이 지닌 사랑의 마음과 관련된다.
② (가)의 '눈물'은 님이 지닌 인간적인 면을 암시한다.
③ (나)의 '눈물'은 또 다른 생명을 낳을 수 있는 것이다.
④ (나)의 '눈물'은 웃음을 지닌 인간만이 가질 수 있는 것이다.

해설 (나)의 '눈물'은 웃음을 지닌 인간만이 가질 수 있는 것이 아니라 슬픔의 눈물이며, 또한 삶에 대한 진정한 깨달음을 뜻한다.

①, ② (가)의 '눈물'은 봄과 광명과 평화를 좋아하는 임이 '자비의 보살'이 되어 약자의 가슴에 뿌리는 것이다. 그러므로 '눈물'은 '님'이 지닌 '사랑의 마음'과 '인간적인 면'을 보여주고 있다.

③ (나)에서 1연의 '옥토(沃土)에 떨어지는 작은 생명이고저……'는 새로운 생명의 씨앗이 되고 싶다는 뜻으로 '눈물'은 또 다른 생명을 낳을 수 있다.

## 08 기상직 9급 기출

**다음 글에 대한 설명으로 적절하지 않은 것은?**

우리집도 아니고
일가집도 아닌 집
고향은 더욱 아닌 곳에서
아버지의 침상(寢床) 없는 최후(最後)의 밤은
풀벌레 소리 가득 차 있었다.

노령(露領)을 다니면서까지
애써 자래운 아들과 딸에게
한 마디 남겨 두는 말도 없었고
아무을만(灣)의 파선도
설룽한 니코리스크의 밤도 완전히 잊으셨다.
목침을 반듯이 벤 채

다시 뜨시잖는 두 눈에
피지 못한 꿈의 꽃봉오리가 갈앉고
얼음장에 누우신 듯 손발은 식어갈 뿐
입술은 심장의 영원한 정지(停止)를 가르쳤다.
때늦은 의원(醫員)이 아모 말 없이 돌아간 뒤
이웃 늙은이 손으로
눈빛 미명은 고요히
낯을 덮었다.

우리는 머리맡에 엎디어
있는 대로의 울음을 다아 울었고
아버지의 침상 없는 최후의 밤은
풀벌레 소리 가득 차 있었다.

– 이용악, 「풀벌레 소리 가득 차 있었다」

① 어조를 절제하면서 화자의 정서를 드러내고 있다.

② 수미 상관의 구조를 활용하여 주제를 강조하고 있다.

③ 다양한 감각적 심상을 사용하여 시적 대상을 형상화하고 있다.

④ 대조적인 의미의 시어를 반복하여 시대 상황을 나타내고 있다.

해설 「풀벌레 소리 가득 차 있었다」는 일제 강점기에 이국에서 유랑해야 했던 민족의 비극을 아버지의 죽음을 통해 형상화하고 있지만, 시에 대조적인 의미의 시어를 반복하여 시대 상황을 나타내고 있지 않다.

① '아버지의 침상(寢床) 없는 최후(最後)의 밤은'과 일제 강점기 시절, 이국을 떠돌아다녀야 하는 민족을 나타내고 있으며 '풀벌레 소리'로 화자의 감정적 슬픔을 절제하고 있다.

② 1연과 4연은 수미상관 구조로 아버지의 죽음에 대한 슬픔을 강조하고 있다.

③ 시각적 심상을 비롯하여 촉각적 심상, 청각적 심상 등이 쓰였다.

정답 06 ② 07 ④ 08 ④

## 09

**다음 시에 대한 설명으로 옳지 않은 것은?**

> 가문 섬진강을 따라가며 보라
> 퍼가도 퍼가도 전라도 실핏줄 같은
> 개울물들이 끊기지 않고 모여 흐르며
> 해 저물면 저무는 강변에
> 쌀밥 같은 토끼풀꽃,
> 숯불 같은 자운영꽃 머리에 이어주며
> 지도에도 없는 동네 강변
> 식물도감에도 없는 풀에
> 어둠을 끌어다 죽이며
> 그을린 이마 훤하게
> 꽃등도 달아준다
> 흐르다 흐르다 목메이면
> 영산강으로 가는 물줄기를 불러
> 뼈 으스러지게 그리워 얼싸안고
> 지리산 뭉툭한 허리를 감고 돌아가는
> 섬진강을 따라가며 보라
> 섬진강물이 어디 몇 놈이 달려들어
> 퍼낸다고 마를 강물이더냐고,
> 지리산이 저문 강물에 얼굴을 씻고
> 일어서서 껄껄 웃으며
> 무등산을 보며 그렇지 않느냐고 물어보면
> 노을 띤 무등산이 그렇다고 훤한 이마 끄덕
> 이는
> 고갯짓을 바라보며
> 저무는 섬진강을 따라가며 보라
> 어디 몇몇 애비 없는 후레자식들이
> 퍼간다고 마를 강물인가를
>
> – 김용택, 「섬진강 1」

① 시각적 표현을 활용하여 섬진강변의 소박한 모습을 나타냈다.

② 자연물을 민중에 빗대어 의인화함으로서 건강한 삶과 역동성을 표현했다.

③ 산과 강 등의 강인한 이미지를 통해 민중의 저항정신을 나타내고 있다.

④ 같은 시구를 반복하여 운율을 형성하고 의미를 강조하고 있다.

**해설** 시에서 산과 강의 이미지를 사용하여 삶에 대한 긍정적인 모습과 역동성, 소박함을 표현하고 있지만 민중의 저항정신을 표현하고 있지 않으므로 적절하지 않은 해석이다.

① '전라도 실핏줄', '해 저물면 저무는 강변에', '쌀밥 같은 토끼풀꽃', '그을린 이마 훤하게' 등 시 곳곳에 있는 시어들을 통해 시각적 표현이 드러나며 섬진강변의 소박한 모습을 나타냈다.

② '영산강으로 가는 물줄기를 불러/ 뼈 으스러지게 그리워 얼싸안고', '지리산 뭉툭한 허리를 감고 돌아가는 (…) 퍼낸다고 마를 강물이더냐고', '무등산이 그렇다고 훤한 이마 끄덕이는' 등의 시어를 통해 자연물을 민중에 빗대었음을 알 수 있다.

④ 섬진강의 흐름을 비슷한 시구로 나타내 의미를 강조하고 있다.

**핵심정리**

**김용택, 「섬진강 1」**

- **갈래** : 서정시, 자유시
- **성격** : 예찬적, 묘사적, 비판적
- **표현**
  - 산문체 형식의 긴 호흡으로 이루어짐
  - 강과 산, 자연을 의인화하여 강한 생명력과 강의 덕성을 표현함
  - 구절의 반복과 설의법을 통한 민중의 강인한 생명력 강조
- **어조** : 부정한 세력에 대한 비판적 태도를 드러내는 자신감에 찬 어조
- **제재** : 섬진강
- **주제** : 민중의 강한 생명력

## 10 지방직 9급 기출

**밑줄 친 부분과 같은 문제 의식을 보여 주고 있는 것은?**

> 오렌지에 아무도 손을 댈 수 없다.
> 오렌지는 여기 있는 이대로의 오렌지다.
> 더도 덜도 아닌 오렌지다.
> 내가 보는 오렌지가 나를 보고 있다.
>
> 마음만 낸다면 나는
> 오렌지의 포들한 껍질을 벗길 수도 있다.
> 마땅히 그런 오렌지 / 만이 문제가 된다.
>
> 마음만 낸다면 나도
> 오렌지의 찹잘한 속살을 깔 수 있다.
> 마땅히 그런 오렌지 / 만이 문제가 된다.
>
> <u>그러나 오렌지에 아무도 손을 댈 순 없다.</u>
> <u>대는 순간</u>
> <u>오렌지는 이미 오렌지가 아니고 만다.</u>
> 내가 보는 오렌지가 나를 보고 있다.
>
> 나는 지금 위험한 상태에 있다.
> 오렌지도 마찬가지 위험한 상태다.
> 시간이 뚤뚤
> 배암의 또아리를 틀고 있다.
>
> 그러나 다음 순간,
> 오렌지의 포들한 거죽엔
> 한없이 어진 그림자가 비치고 있다.
> 누구인지 잘은 아직 몰라도.
>
> – 신동집의 「오렌지」 전문

① 풀이 눕는다
바람보다도 더 빨리 눕는다
바람보다도 더 빨리 울고
바람보다도 먼저 일어난다

② 물속의 제 그림자를 들여다보고
잃었던 전설을 생각해 내고는
어찌할 수 없는 향수에
슬픈 모가지를 하고
먼 데 산을 쳐다본다.

③ 나는 시방 위험(危險)한 짐승이다.
나의 손이 닿으면 너는
미지(未知)의 까마득한 어둠이 된다.

④ 나의 지식이 독한 회의(懷疑)를 구(救)하지 못하고
내 또한 삶의 애증(愛憎)을 다 짐지지 못하여
병든 나무처럼 생명이 부대낄 때
저 머나먼 아라비아의 사막으로 나는 가자.

**해설** 제시된 작품은 '오렌지'라는 사물을 소재로 사물의 겉과 속의 의미를 대조하여 존재의 본질을 파악하고자 하나 존재의 참다운 본질 파악이 얼마나 어려운 것인가를 보여주고 있다. 밑줄 친 부분 역시 오렌지의 본질을 파악하기 위한 노력들이 결국은 오렌지의 본질을 훼손시킨다는 의미로, 있는 그대로 사물의 본질을 파악하는 것이 어려움을 뜻한다. 이것과 같은 문제 의식을 보여주고 있는 것은 ③ 김춘수의 「꽃을 위한 서시」이다. 「꽃을 위한 서시」에서는 「오렌지」의 밑줄 친 부분과 같이 너에게 다가가기 위한 어떠한 행동을 하게 되면 '미지의 까마득한 어둠'이 된다는 표현을 통해서 존재의 본질을 파악하는 것이 어려움을 나타내고 있다.



정답 09 ③ 10 ③

## 11 국회직 8급 기출

**다음 시들의 시상 전개 방식을 옳게 나타낸 것은?**

(가) 늦은 저녁 때 오는 눈발은 말집 호롱불 밑에 붐비다
늦은 저녁 때 오는 눈발은 조랑말 말굽 밑에 붐비다
늦은 저녁 때 오는 눈발은 여물 써는 소리에 붐비다
늦은 저녁 때 오는 눈발은 변두리 빈터만 다니며 붐비다

(나) 여름 한낮
비름잎에
꽂힌 땡볕이
이웃 마을
돌담 위
연시로 익다.
한쪽 볼
서리에 묻고
깊은 잠 자다
눈 오는 어느 날
깨어나
제상(祭床) 아래
심지 머금은
종발로 빛나다.

(가) (나)
① 의지의 강화 – 시선의 이동
② 의미의 점층 – 공간의 확장
③ 시간의 흐름 – 의지의 강화
④ 시선의 이동 – 시간의 경과

**해설** (가) : 박용래 시인의 「저녁눈」으로 눈 내리는 저녁 주막집의 정경에서 변두리 빈터의 풍경까지 시선이 이동하고 있다.
(나) : 박용래 시인의 「연시」로 여름(여름 한낮), 가을(연시로 익다), 겨울(눈 오는 어느 날)까지 계절(시간)의 변화에 따라 시상을 전개하고 있다.

**핵심정리**

**시상의 전개**
- **시간의 흐름에 따른 전개** : 시간, 계절, 시대에 따라 시상을 전개함으로써 통일감과 조화성을 준다.
- **시선의 이동에 따른 전개** : 공간, 장면, 표현 대상을 이동시켜 표현함으로써 시각적 효과를 준다.
- **선경후정(先景後情)** : 처음에는 풍경을 그리다가 나중에는 화자의 정서를 표현하는 방식이다.

## 12 서울시 9급 기출

**다음 시에 대한 해석으로 적절하지 않은 것은?**

죽는 날까지 하늘을 우러러
한 점 부끄럼이 없기를,
잎새에 이는 바람에도
나는 괴로워했다.
별을 노래하는 마음으로
모든 죽어가는 것들을 사랑해야지
그리고 나한테 주어진 길을
걸어가야겠다.

오늘 밤에도 별이 바람에 스치운다.

① 1~4행은 지금까지 살아온 생활의 고백이다.
② 5~8행은 미래의 삶에 대한 신념의 표명이다.
③ 1~8행과 9행 사이에는 '주관 : 객관'의 대립이 드러난다.
④ 9행은 어두운 시대 상황과 극복할 수 없는 시련을 비관적으로 표현하고 있다.

해설 작품의 구성상, 1~4행은 부끄러운 삶을 살았던 화자의 과거가 나타나고 5~8행은 고난의 길을 가겠다는 화자의 삶에 대한 결의가 나타나고 있다. 9행에 등장하는 '밤'과 '바람'이 화자가 처한 힘든 현실과 시련, 고통 등을 상징한다고 할 때, 9행에서 화자는 극복할 수 없는 현실을 비관적으로 보고 있다기보다는 앞서 5~8행을 통해 제시한 고난의 삶에 대한 의지를 바탕으로 품은 '별'이 현재 어려운 상황에 놓여 있다는 현실적 인식을 표현한 부분이라고 할 수 있다.

① '하늘을 우러러'는 삶의 지향점, 윤리적 판단을 내리는 대상, 성찰의 도구이다. 화자는 '바람'으로 나타나는 시련과 고난 속에서 괴로워하는 자신의 과거에 부끄러워하고 있다.

③ 1~8행은 화자의 과거 부끄러운 삶과 미래의 삶에 대한 결의가 나타나므로 주관적 성격이 두드러지고, 시련과 고난의 현 상황을 제시하고 있는 9행은 객관적 성격이 두드러진다.

**핵심정리**

**윤동주, 「서시(序詩)」**

- **성격** : 성찰적, 고백적, 의지적
- **구성** : '과거-미래-현재'의 시간 이동에 따른 전개
  - 1~4행(과거) : 부끄러움 없는 삶에 대한 소망
  - 5~8행(미래) : 미래의 삶에 대한 결의 다짐
  - 9행(현재) : 시적 화자의 현실 인식과 의지
- **주제** : 순결한 삶, 부끄러움 없는 삶에 대한 소망
- **특징**
  - 대조적 심상의 부각(별과 바람)
  - 서술과 묘사에 의한 표현
  - 자연적 소재에 상징적 의미를 부여함
- **출전** : 하늘과 바람과 별과 시(1948)

### ※ 다음 시를 읽고 물음에 답하시오. (13~14)

접동
접동
㉠ <u>아우래비</u> 접동
㉡ <u>진두강(津頭江) 가람가</u>에 살던 누나는
진두강 앞 마을에
와서 웁니다.

옛날, 우리나라
먼 뒤쪽의
진두강 가람가에 살던 누나는
의붓어미 시샘에 죽었습니다.

누나라고 불러 보랴
오오 ㉢ <u>불설워</u>
시샘에 몸이 죽은 우리 누나는
죽어서 접동새가 되었습니다.

아홉이나 남아 되던 ㉣ <u>오랩동생</u>을
죽어서도 못 잊어 차마 못 잊어
야삼경(夜三更) 남 다 자는 밤이 깊으면
이 산 저 산 옮아가며 슬피 웁니다.

## 13 서울시 9급 기출

**다음 중 ㉠~㉣의 뜻으로 바르지 못한 것은?**

① ㉠ : '아우래비'는 접동새의 울음소리를 형상화한 것이다.
② ㉡ : '진두강(津頭江) 가람가'는 강과 가람의 의미 중첩이다.
③ ㉢ : '불설워'는 '몹시 서럽다'의 평안도 방언이다.
④ ㉣ : '오랩동생'은 여자가 자기 사내동생을 일컫는 말이다.

해설 접동새의 울음소리를 형상화한 것은 '접동'이며, '아우래비'는 '아홉 오래비(아홉 명의 남동생)'의 활음조(euphony) 현상에 해당한다. '아우래비'를 '아우 오래비'라 보는 견해도 있다.

② '가람'은 '강'의 옛말이므로, '진두강 가람가'는 의미 중첩에 해당한다.

③ '불설워'는 '몹시 서러워'라는 의미를 지닌 평안도 방언이다.

④ '오랩동생(오랍동생)'은 여자가 자기의 사내 동생을 일컫는 말이다('오라비'의 방언).

정답 11 ④ 12 ④ 13 ①

## 14 서울시 9급 기출

**위 작품에 대한 설명으로 옳은 것은?**

① 시의 저자는 윤동주이다.
② 창작연대는 1930년대이다.
③ 사별한 임을 그리는 노래이다.
④ 이 시의 제재는 서북지방 접동새 설화이다.

해설 이 시(접동새)의 제재인 접동새는 평안도 백천 지역에서 전해오는 '접동새 설화'를 배경으로 하고 있다.
①, ② 「접동새」는 김소월이 지은 시로, 1923년에 『배제』 2호에 수록 · 발표되었다.
③ 현실의 비극적 삶을 초극하려는 애절한 혈육의 정을 그리고 있다.

**※ 다음 글을 읽고 물음에 답하시오. (15~16)**

> 나는 시방 위험(危險)한 짐승이다.
> 나의 손이 닿으면 너는
> 미지(未知)의 까마득한 어둠이 된다.
>
> 존재의 흔들리는 가지 끝에서
> 너는 이름도 없이 피었다 진다.
>
> 눈시울에 젖어드는 이 무명(無名)의 어둠에
> 추억(追憶)의 한 접시 불을 밝히고
> 나는 한밤내 운다.
>
> 나의 울음은 차츰 아닌밤 돌개바람이 되어
> 탑(塔)을 흔들다가
> 돌에까지 스미면 금(金)이 될 것이다.
>
> ……얼굴을 가리운 나의 신부(新婦)여.
>
> – 김춘수, 「꽃을 위한 서시」

## 15

**밑줄 친 문장이 나타내는 의미는?**

① 존재 가치가 없음
② 존재의 본질 인식 실패
③ 잠시만 존재의 본질을 보여줌
④ 존재의 본질에 대한 부끄러움

해설 '얼굴을 가리운 나의 신부여'는 여전히 시적 화자가 '짐승'이라는 본능적 자아로 남아 있으며 동시에 갈망의 대상인 '꽃' 또한 모습을 드러내지 않고 있음을 암시한다.

## 16

**다음 시어 중 성격이 이질적인 것은?**

① 금 ② 나의 울음
③ 돌개바람 ④ 불을 밝히고

해설 가치 있는 존재, 소중한 존재를 의미하며, 노력 끝에 마침내 본질에 이르게 된 것을 표현했다.
②, ③, ④ 사물의 존재의 의미를 깨닫기 위한 시적 자아의 필사적인 노력을 의미한다.

## 17

**다음 시의 밑줄 친 부분과 같은 표현 기법이 사용된 것은?**

> 아무도 그에게 수심(水深)을 일러 준 일이 없기에
> 흰나비는 도무지 바다가 무섭지 않다.
>
> 청(靑) 무우밭인가 해서 내려갔다가는
> 어린 날개가 물결에 절어서
> 공주(公主)처럼 지쳐서 돌아온다.
>
> 삼월달 바다가 꽃이 피지 않아서 서글픈
> 나비 허리에 새파란 초생달이 시리다.
>
> – 김기림, 「바다와 나비」

① 자욱한 풀벌레 소리 발길로 차며 / 호올로 황량한 생각 버릴 곳 없어 / 허공에 띄우는 돌팔매 하나.
② 차라리 얼음 같이 얼어 버리련다. / 하늘보다 나무 모양 우뚝 서 버리련다. 아니 / 낙엽처럼 쉽게 날아가 버리련다.
③ 단풍잎 떨어져 나온 가지마다 봄을 마련해 놓고 / 나뭇가지 위에 하늘이 펼쳐 있다. 가만히 하늘을 들여다보려면 / 눈썹에 파란 물감이 든다.
④ 그러나 그의 모습으로 당신이 내게 오셨을 때 / 나는 미친 회오리바람이 되었습니다. / 쏟아져 내리는 벼랑의 폭포, 쏟아져 내리는 소나기 비가 되었습니다.

해설 밑줄 친 부분은 공감각적(시각의 촉각화) 심상이다.

핵심정리

김기림, 「바다와 나비」
- 갈래 : 자유시, 서정시
- 운율 : 내재율
- 성격 : 주지적, 감각적, 상징적
- 주제 : 새로운 세계에 대한 동경과 좌절감

## 18

**다음 시의 화자가 상황에 대해 취하고 있는 태도로 알맞은 것은?**

관(棺)이 내렸다.
깊은 가슴 안에 밧줄로 달아 내리듯.
주여
용납하옵소서.
머리맡에 성경을 얹어주고
나는 옷자락에 흙을 받아
좌르르 하직(下直)했다.

– 박목월, 「하관」

① 감상에 사로잡혀 자신을 책망하고 있다.
② 감정을 토로하면서 슬픔을 극복하고 있다.
③ 담담한 어조로 상황을 수용하고 있다.
④ 절망적 심정으로 대상을 원망하고 있다.

해설 이 시는 박목월의 「하관」이다. 아우를 땅 속에 묻는 장례의 모습이 슬픔을 직접적으로 표현하는 한마디 말도 없이 담담한 어조로 표현되고 있어 오히려 억제된 슬픔의 깊이를 느끼게 한다.

## 19

**다음 시에 대한 설명으로 옳지 않은 것은?**

넓은 벌 동쪽 끝으로
옛이야기 지줄대는 실개천이 휘돌아 나가고,
얼룩빼기 황소가
해설피 금빛 게으른 울음을 우는 곳,
– 그 곳이 차마 꿈엔들 잊힐리야.

질화로에 재가 식어지면
비인 밭에 밤바람 소리 말을 달리고,
엷은 졸음에 겨운 늙으신 아버지가
짚베개를 돋아 고이시는 곳,
– 그 곳이 차마 꿈엔들 잊힐리야.

흙에서 자란 내 마음
파아란 하늘 빛이 그리워
함부로 쏜 화살을 찾으러
풀섶 이슬에 함추름 휘적시던 곳,
– 그 곳이 차마 꿈엔들 잊힐리야.

전설(傳說) 바다에 춤추는 밤 물결 같은
검은 귀밑머리 날리는 어린 누이와
아무렇지도 않고 예쁠 것도 없는
사철 발 벗은 아내가
따가운 햇살을 등에 지고 이삭 줍던 곳,
– 그 곳이 참아 꿈엔들 잊힐리야.



정답 14 ④ 15 ② 16 ① 17 ① 18 ③

하늘에는 성근 별
알 수도 없는 모래성으로 발을 옮기고,
서리 까마귀 우지짖고 지나가는 초라한 지붕,
흐릿한 불빛에 돌아 앉아 도란도란거리는 곳,
– 그 곳이 차마 꿈엔들 잊힐리야.

– 정지용, 「향수」

① 감각적인 단어를 사용하여 어린 시절의 회상을 격정적으로 읊고 있다.
② 후렴구의 반복으로 나열된 정경들을 유기적으로 결합시키고 있다.
③ 토속적인 심상에 의해 고향의 모습들을 병렬로 전개하고 있다.
④ 소박하면서도 고단한 고향 사람들의 삶을 엿볼 수 있다.

해설 모더니즘의 대표적인 시인 정지용이 1927년 〈조선지광〉에 발표한 시이다. 능란한 시어 구사를 통해 감각적인 이미지를 구체화했다는 평가를 받는다.
- 감각적, 회화적, 향토적 언어 구사
- 향수를 한가로운 고향의 정경을 통해 한 폭의 풍경화처럼 묘사
- 토속적인 소재들이 독특한 비유를 통해 감각적으로 제시되면서 고향의 모습을 정겹고 아늑하게 재구성

**※ 다음 글을 읽고 물음에 답하시오. (20~22)**

나는 아직 잊을 수가 없다.
㉠그 날 강물은 숲에서 나와 흐르리.

비로소 채색되는 유유(悠悠)한 침묵
꽃으로 수장(水葬)하는 ㉡내일에의 날개짓,

아, 홍건하게 강물은 꽃에 젖어 흐르리
무지개 피에 젖은 아침 숲 짐승 울음.

㉢일체의 죽은 것은 떠내려 가리
얼룽대는 배암 비늘 피발톱 독수리의,

이리 떼 비둘기 떼 깃쭉지와 울대뼈의
피로 물든 일체는 ㉣바다로 가리.

비로소 햇살 아래 옷을 벗는 너의 전신(全身)
강이여. 강이여. 내일에의 피 몸짓.

네가 하는 손짓을 잊을 수가 없어
강 흐름 핏무늬길 바다로 간다.

– 박두진, 「강(江)」

## 20

**이 시의 특징으로 적절한 것은?**

① 강은 양쪽을 갈라놓는 단절과 이별의 상징으로 쓰여 애상적이고 쓸쓸한 분위기를 준다.
② 유년의 추억과 그리움을 점층적으로 제시하여 과거를 지향하고 시적 정서가 고조된다.
③ 현실적 상황과 그 극복 문제를 다루고 있다.
④ 자연과 인간의 회귀 본능에 대한 예찬이 아름답게 그려졌다.

해설 이 시는 현실적인 상황과 그 극복의 문제를 다루고 있어 주제 의식이 강한 작품이라고 볼 수 있다.
① '강'은 역사가 지난 과정으로 빛으로 나아간다는 의미를 함축하고 있다.
② 시에서는 억압되고 정체된 상태인 숲을 벗어나 강이 흐르듯 해방되는 것을 지향하고 있다.
④ 비장한 어조를 사용하여 밝은 미래로 나아가자는 의지를 그리고 있다.

## 21

**이 작품의 주제와 관련하여 서정적 자아의 태도로 가장 적절한 것은?**

① 초월적 ② 계몽적
③ 비관적 ④ 계시적

해설 미래에 이루어질 새로운 시대를 단순히 소망하는 데서 그치지 않고 그 필연성에 대한 강한 믿음을 동시에 표출한다는 점에서 '예언자적, 계시적'이라고 할 수 있다.

## 22

**㉠~㉣ 중 다음 예문의 밑줄 친 부분과 상징하는 의미가 서로 통하는 것은?**

> 목숨이 가다 오다 농울쳐 휘어드는
> 오후의 때가 오거든
> 내외(內外)들이여 그대들도
> 더러는 앉고
> 더러는 차라리 그 곁에 누워라.

① ㉠ ② ㉡
③ ㉢ ④ ㉣

해설 이 시는 서정주의 「무등을 보며」 전 5연 중 3연에 해당한다. '오후의 때'는 '생활에 지쳐서 의욕이 꺾이는 고통스러운 때'를 뜻한다. '일체의 죽은 것'은 '살육과 죽음과 고통'을 의미한다.

## 23

**다음 시의 정서와 통하는 한자 성어는?**

> 미치고 싶었다.
> 사월이 오면
> 산천은 껍질을 찢고
> 속잎은 돋아나는데,
> 4월이 오면
> 내 가슴에도 속잎은 돋아나고 있는데,
> 우리네 조국에도
> 어느 머언 심저, 분명
> 새로운 속잎은 돋아오고 있는데,
> 미치고 싶었다.
> 4월이 오면
> 곰나루서 피 터진 동학의 함성.
> 광화문서 목 터진 4월의 승리여.
> 강산을 덮어, 화창한
> 진달래는 피어나는데,
> 출렁이는 네 가슴만 남겨놓고, 갈아엎었으면
> 이 균스러운 부패와 향락의 불야성 갈아엎었
> 으면
> 갈아엎은 한강연안에다
> 보리를 뿌리면
> 비단처럼 물결칠, 아 푸른 보리밭.
> 강산을 덮어 화창한 진달래는 피어나는데
> 그날이 오기까지는, 4월은 갈아엎는 달.
> 그날이 오기까지는, 4월은 일어서는 달.
>
> – 신동엽, 「4월은 갈아엎는 달」

① 무위자연(無爲自然)
② 춘래불사춘(春來不似春)
③ 맥수지탄(麥秀之歎)
④ 수구초심(首丘初心)

해설 화자는 진정한 자유의 세계가 열리기를 간절히 소망하지만 현실은 그렇지 못함을 표현하고 있다. 따라서 봄(자연의 봄)은 왔으나 봄(역사의 봄)이 온 것 같지 않다는 뜻의 '춘래불사춘'과 이 시의 정서가 통한다고 볼 수 있다.

정답 19 ① 20 ③ 21 ④ 22 ③ 23 ②

# 실전문제 제4장 현대 소설

대표유형문제

**다음 글의 공간에 대한 설명으로 적절하지 않은 것은?**

> 우리는 밀껌으로 푸우푸우 풍선을 만들거나 침목(枕木) 사이에 깔린 잔돌로 비사치기를 하거나 전날 자석을 만들기 위해 선로 위에 얹어 놓았던 못을 뒤지면서 화차가 닿기를 기다렸다.
>
> 드디어 화차가 오고 몇 번의 덜컹거림으로 완전히 숨을 놓으면 우리들은 재빨리 바퀴사이로 기어 들어가 석탄 가루를 훑고 이가 벌어진 문짝 틈에 갈퀴처럼 팔을 들이밀어 조개탄을 후벼내었다. 철도 건너 저탄장에서 밀차를 밀며 나오는 인부들이 시커멓게 모습을 나타낼 즈음이면 우리는 대개 신발주머니에, 보다 크고 몸놀림이 잽싼 아이들은 시멘트 부대에 가득 든 석탄을 팔에 안고 낮은 철조망을 깨금발로 뛰어넘었다.
>
> 선창의 간이음식점 문을 밀고 들어가 구석 자리의 테이블을 와글와글 점거하고 앉으면 그날의 노획량에 따라 가락국수, 만두, 찐빵 등이 날라져 왔다.
>
> 석탄은 때로 군고구마, 딱지, 사탕 따위가 되기도 했다. 어쨌든 석탄이 선창 주변에서는 무엇과도 바꿀 수 있는 현금과 마찬가지라는 것을 우리는 알고 있었고, 때문에 우리 동네 아이들은 사철 검정 강아지였다.

① 아이들은 철길에서 화차를 기다리고 있다.
② 철도 건너에는 저탄장이 있다.
❸ 선로 주변에 아이들이 넘을 수 없는 철조망이 있다.
④ 석탄을 먹을거리와 바꿀 수 있는 간이음식점이 있다.

정답해설 두 번째 문단에서 보다 크고 몸놀림이 잽싼 아이들은 낮은 철조망을 깨금발로 뛰어넘었다고 하였으므로 아이들이 넘을 수 없는 철조망이 있다는 설명은 옳지 않다.

오답해설 ① '선로 위에 얹어 놓았던 못' 등을 통해 아이들이 철길에 있음을 알 수 있다.
② 두 번째 문단에서 '철도 건너 저탄장에서 밀차를 밀며 나오는 인부'라는 문장을 통해 알 수 있다.
④ 세 번째 문단에서 선창에 간이음식점에서 석탄을 현금처럼 사용하는 것을 알 수 있다.

핵심정리 오정희, 「중국인 거리」
- **갈래** : 단편 소설, 성장 소설, 전후 소설
- **주제** : 유년 시절의 체험과 정신적 · 육체적 성장

## 01

**다음 글에 형상화된 '나'에 대한 비판적 평가로 가장 적절한 것은?**

"장인님! 인젠 저……."

내가 이렇게 뒤통수를 긁고, 나이가 찼으니 성례를 시켜 줘야 하지 않겠느냐고 하면, 그 대답이 늘

"이 자식아! 성례구 뭐구 미처 자라야지!"하고 만다.

이 자라야 한다는 것은 내가 아니라 내 안해가 될 점순이의 키 말이다.

내가 여기에 와서 돈 한 푼 안 받고 일하기를 삼년 하고 꼬박이 일곱 달 동안을 했다. 그런데도 미처 못 자랐다니까 이 키는 언제야 자라는 겐지 짜증 영문 모른다. 일을 좀 더 잘 해야 한다든지, 혹은 밥을(많이 먹는다고 노상 걱정이니까) 좀 덜 먹어야 한다든지 하면 나도 얼마든지 할 말이 많다. 허지만, 점순이가 안죽 어리니까 더 자라야 한다는 여기에는 어째 볼 수 없이 고만 벙벙하고 만다. (중략) 난 사람의 키가 무럭무럭 자라는 줄만 알았지 붙배기 키에 모로만 벌어지는 몸도 있는 것을 누가 알았으랴. 때가 되면 장인님이 어련하랴 싶어서 군소리 없이 꾸벅꾸벅 일만 해 왔다.

– 김유정, 「봄봄」 중에서

① 불한당 같은 사람이다.
② 각다귀 같은 사람이다.
③ 팔불출 같은 사람이다.
④ 능구리 같은 사람이다.

**해설** '나'는 순진하고 우직한 성격인 데다 조금 어리석은 면도 있어 교활한 장인에게 이용만 당하고 있는 상황이다. 주어진 부분에서는 애초에 잘못된 방식으로 맺어진 혼인 계약에 대해 이야기하고 있다. 따라서 그와 같은 계약을 맺은 '나'의 부족하고 못난 성격을 드러내는 단어를 찾아야 하는데, '몹시 어리석은 사람을 이르는 말'의 뜻을 지닌 '팔불출(八不出)'(≒팔불용, 팔불취)이 적당하다.

① 불한당(不汗黨) : 떼를 지어 돌아다니며 재물을 마구 빼앗는 사람들의 무리, 남 괴롭히는 것을 일삼는 파렴치한 사람들의 무리
② 각다귀 : 남의 것을 뜯어먹고 사는 사람을 비유적으로 이르는 말
④ 능구리 : 음흉한 짓 또는 속이 음흉한 사람을 비유적으로 이르는 말

**핵심정리**

**특징에 따른 사람을 이르는 말**

- **막바우** : 막된 사람을 비유적으로 이르는 말
- **시래기뭉치** : 못생긴 사람을 비유적으로 이르는 말
- **인버러지** : 은혜를 모르는 사람을 비유적으로 이르는 말
- **담덩어리** : 겁이 없고 용감한 사람을 비유적으로 이르는 말
- **당시승상(當時丞相)** : 권세가 한창 높은 사람을 비유적으로 이르는 말
- **파주미륵(坡州彌勒)** : 몸이 아주 뚱뚱한 사람을 비유적으로 이르는 말
- **물렁팥죽** : 마음이 무르고 약한 사람을 비유적으로 이르는 말
- **옥산(玉山)** : 외모와 풍채가 뛰어난 사람을 비유적으로 이르는 말
- **서울까투리** : 수줍음이 없고 숫기가 많은 사람을 비유적으로 이르는 말
- **굴치** : 은근히 탐하는 성질을 가진 사람을 비유적으로 이르는 말
- **눈귀** : 몰래 사정을 살피고 조사하는 사람을 비유적으로 이르는 말
- **목후이관(沐猴而冠)** : 의관(衣冠)은 갖추었으나 사람답지 못한 사람을 비유적으로 이르는 말.
- **선비** : 품성이 얌전하기만 하고 현실에 어두운 사람을 비유적으로 이르는 말.
- **무녀리** : 말이나 행동이 좀 모자란 듯이 보이는 사람을 비유적으로 이르는 말.
- **팔방미인(八方美人)** : 여러 방면에 능통한 사람을 비유적으로 이르는 말.
- **걸물(傑物)** : 뛰어난 사람이나 잘난 사람을 비유적으로 이르는 말.



정답 01 ③

**※ 다음 글을 읽고 물음에 답하시오. (02~03)**

(가)

"장 선 꼭 이런 날 밤이었네. 객줏집 토방이란 무더워서 잠이 들어야지. 밤중은 돼서 혼자 일어나 개울가에 목욕하러 나갔지. 봉평은 지금이나 그제나 마찬가지지. 보이는 곳마다 메밀밭이어서 개울가가 어디 없이 하얀 꽃이야. 돌밭에 벗어도 좋을 것을 달이 너무도 밝은 까닭에 옷을 벗으러 물방앗간으로 들어가지 않았나. 이상한 일도 많지. 거기서 난데없는 성 서방네 처녀와 마주쳤단 말이네. 봉평서야 제일가는 일색이었지."

"팔자에 있었나 부지."

"아무렴."

하고 응답하면서 말머리를 아끼는 듯이 한참이나 담배를 빨 뿐이었다. 구수한 자줏빛 연기가 밤 기운 속에 흘러서는 녹았다.

(나)

밤중을 지난 무렵인지 죽은 듯이 고요한 속에서, 짐승 같은 달의 숨소리가 손에 잡힐 듯이 들리며, 콩포기와 옥수수 잎새가 한층 달에 푸르게 젖었다. 산허리는 온통 메밀밭이어서 피기 시작한 꽃이 소금을 뿌린 듯이 흐뭇한 달빛에 숨이 막힐 지경이다. 붉은 대궁이 향기같이 애잔하고 나귀의 걸음도 시원하다. 길이 좁은 까닭에 세 사람은 나귀를 타고 외줄로 들어섰다. 방울 소리가 시원스럽게 딸랑딸랑 메밀밭께로 흘러간다.

앞장선 허 생원의 이야기 소리는 꽁무니에 선 동이에게는 확적히는 안 들렸으나, 그는 그대로 개운한 제멋에 적적하지는 않았다.

## 02

**밑줄 친 부분에 내재된 인물의 심리 상태로 가장 적절한 것은?**

① 과거의 일을 추억하며 그리워하고 있다.

② 옛일이 잘 생각나지 않아 안타까워하고 있다.

③ 장사가 잘 안 되어 초조해 하고 있다.

④ 성 서방네 처녀에 대해 죄책감을 느끼고 있다.

**해설** 밑줄 친 부분은 허생원이 회고담을 단 한 번에 이야기하지 않고 자꾸 뜸을 들이는 장면인데, 허생원은 조선달과의 대화에서 성 서방네 처녀와의 관계를 떠올리며 아름다운 과거의 추억에 젖어 들고 있다.

## 03

**글 (나)의 진술 방식은?**

① 설명　　② 묘사

③ 논증　　④ 서사

**해설** 묘사는 작자가 보고 들은 것을 되도록 주관을 섞지 않고 객관적이며 구체적인 문장으로 재현시키는 방법이다. 묘사는 주제나 줄거리를 전달하는 것이 아니고 현상이나 체험의 성질, 인상을 사생(寫生)하는 것으로, 전체와 부분, 부분과 부분의 조화와 관련을 유지하며 작자의 반응을 통일성 있게 그리는 것이다.

**핵심정리**

**설명, 논증, 서사**

- **설명** : 청자가 모르는 사실, 현상, 사건 등을 알기 쉽게 풀어서 말하는 것으로 어떤 대상이나 용어의 의미, 법칙 등을 명백히 밝혀 진술
- **논증** : 아직 밝혀지지 않은 사실이나 문제에 대해 자신의 의견을 주장하고 진실 여부를 증명하는 것으로 주로 논설문에 사용
- **서사** : 행동 및 상태가 진행된 행위 및 사건의 전개 양상을 시간 경과에 따라 진술하는 방식으로 사건에 대한 기본적인 이해가 필요

## 04

**다음은 황순원의 소설 「학」의 결말 부분이다. 이 글을 통해서 알 수 없는 것은?**

> "어이, 왜 멍추같이 게 섰는 게야? 어서 학이나 몰아 오너라."
> 그제서야 덕재도 무엇을 깨달은 듯 잡풀 새를 기기 시작했다.
> 때마침 단정학 두세 마리가 높푸른 가을 하늘에 큰 날개를 펴고 유유히 날고 있었다.

① '보여주기'의 기술 방법으로 표현되었다.
② 인물의 유형이 입체적 인물임을 알 수 있다.
③ 인물의 성격이 간접적 제시 방법에 따라 나타난다.
④ 시대의 배경을 알 수 있다.

해설 마지막 장면에서 '학'의 비상은 전쟁으로 인해 황폐화된 인간성을 되찾는 것을 의미한다. 더불어 '학'은 갈등을 겪던 두 친구가 과거의 모습을 회복하였음을 보여주는 존재이기도 하다. 인물의 대화를 통해 성격을 드러내는 간접적 성격 제시 방법(보여주기, showing)이 사용되었으며, 결말 부분만으로는 6·25 전쟁이라는 시대적 배경을 파악하기는 어렵다.

## 05 서울시 9급 기출

**다음은 어떤 소설의 마지막 부분이다. 이 소설에 대한 설명으로 바른 것은?**

> 그러나 나는 이 발길이 아내에게로 돌아가야 옳은가 이것만은 분간하기가 좀 어려웠다. 가야 하나? 그럼 어디로 가나? 이때 뚜우 하고 정오 사이렌이 울었다. 사람들은 모두 네 활개를 펴고 닭처럼 푸드덕거리는 것 같고 온갖 유리와 강철과 대리석과 지폐와 잉크가 부글부글 끓고 수선을 떨고 하는 것 같은 찰나! 그야말로 현란을 극한 정오다.
> 나는 불현듯 겨드랑이가 가렵다. 아하, 그것은 내 인공의 날개가 돋았던 자국이다. 오늘은 없는 이 날개. 머릿속에서는 희망과 야심이 말소된 페이지가 딕셔너리 넘어가듯 번뜩였다. 나는 걷던 걸음을 멈추고 그리고 일어나 한 번 이렇게 외쳐 보고 싶었다.
> 날개야 다시 돋아라. / 날자. 날자. 한 번만 더 날자꾸나. / 한 번만 더 날아 보자꾸나.

① 작가는 '봉별기', '종생기', '지주회시'를 썼다.
② 1인칭 관찰자 시점을 활용하고 있다.
③ 1930년대 발표된 풍자 소설이다.
④ 개인의 일상적인 문제에 관심이 맞추어져 있다.

해설 주어진 소설은 이상의 「날개」이다. ①에 제시된 작품 또한 모두 이상이 쓴 소설이다.
② 1인칭 주인공 시점으로 표현하고 있다.
③ 1930년대에 발표되었지만 풍자 소설이 아닌 심리 소설이자 모더니즘 소설로, 의식의 흐름 기법, 상징적 장치의 사용 등의 특징을 찾아볼 수 있다.
④ 개인의 일상을 다루고 있는 것처럼 보이지만 그러한 개인은 1930년대에 자아 분열의 모습을 보이는 지식인이라고 할 수 있으며, 일상보다는 주인공과 아내의 비정상적인 관계를 바탕으로 전개된다.

**※ 다음 글을 읽고 물음에 답하시오. (06~07)**

> (가)
> 이래서 애최 계약이 잘못된 걸 알았다. 이태면 이태, 삼 년이면 삼 년, 기한을 딱 작정하고 일을 해야 원, 할 것이다. 덮어놓고 딸이 자라는 대로 성례를 시켜 주마 했으니, 누가 늘 지키고 섰는 것도 아니고, 그 키가 언제 자라는지 알 수 있는가.



정답 02 ① 03 ② 04 ④ 05 ①

(나)

장인님은 이 말을 듣고 껄껄 웃드니(그러나 암만 해두 돌 씹은 상이다.) 코를 푸는 척하고 날 은근히 골리려구 팔꿈치로 옆 갈비께를 퍽 치는 것이다. 더럽다. 나두 종아리의 파리를 쫓는 척하고 허리를 굽으리며 어깨로 그 궁둥이를 콱 떼밀었다. 장인님은 앞으로 우찔근하고 싸리문께로 씨러질듯하다 몸을 바루 고치드니 눈총을 몹시 쏘았다. 이런 쌍년의 자식, 하곤 싶으나 남의 앞이라서 참아 못 하고 섰는 그 꼴이 보기에 퍽 쟁그러웠다.

(다)

내가 머리가 터지도록 매를 얻어맞은 것이 이 때문이다. 그러나 여기가 또한 우리 장인님이 유달리 착한 곳이다. 여느 사람이면 사경을 주어서라도 당장 내쫓았지, 터진 머리를 불솜으로 손수 지져주고, 호주머니에 히연 한 봉을 넣어 주고 그리고,

"올 갈엔 꼭 성례를 시켜 주마. 암말 말구 가서 뒷골의 콩밭이나 얼른 갈아라."하고 등을 뚜덕여 줄 사람이 누구냐. 나는 장인님이 너무나 고마워서 어느덧 눈물까지 났다.

점순이를 남기고 인젠 내쫓기려니 하다 뜻밖의 말을 듣고,

"빙장님! 인제 다시는 안 그러겠어유 ……."

이렇게 맹세를 하며 불랴살야 지게를 지고 일터로 갔다. 그러나 이 때는 그걸 모르고 장인님을 원수로만 여겨서 잔뜩 잡아다렸다.

## 06

**위 글의 갈등 양상을 가장 바르게 나타낸 것은?**

① 나와 장인의 갈등은 엄숙하고 진지하다.

② 마름과 소작인의 계층 간 갈등이 심각하다.

③ 어수룩한 나와 교활한 장인의 갈등이 첨예화되어 있다.

④ 성례를 둘러싸고 나와 장인의 희극적인 갈등이 전개된다.

해설 「봄봄」의 주된 갈등은 점순이와의 결혼을 바라는 '나'와 어떻게 해서든 이를 지연시키려는 '장인'의 대립에 의해 발생한다. 이 과정에서 어수룩한 '나'의 모습과 장인의 채신머리없는 행동이 희극적 상황을 연출한다.

**핵심정리**

**김유정, 「봄봄」**

- **갈래** : 단편소설, 농촌소설
- **배경** : 1930년대 봄, 강원도 산골
- **시점** : 1인칭 주인공 시점
- **성격** : 해학적, 토속적
- **구성** : 역순행적 구성
- **주제** : '나'와 '장인'이 성례를 둘러싸고 벌이는 해학적인 갈등과 대립
- **출전** : 조광(朝光)

## 07

**위 글을 영화로 상영하기 위해 시나리오로 각색할 때, 유의할 점으로 가장 알맞은 것은?**

① 사투리와 비속어는 적당한 표준말로 고친다.

② 주요 인물의 성격을 무시하고 주관에 따라 인물의 성격을 바꾼다.

③ 몸짓, 표정 등의 비언어적 표현을 살려 해학적 분위기를 조성한다.

④ 나와 장인의 관계를 암시하기 위하여 무거운 배경 음악을 사용한다.

해설 비언어적 표현이란 몸짓, 손짓, 표정, 몸동작 등으로 이를 잘 활용하면 생동감을 주며 보다 효과적으로 메시지를 전달할 수 있다.

① 과하지 않은 사투리와 비속어의 사용은 작품의 배경과 환경을 잘 나타낼 수 있는 요소이다.

② 주요 인물의 성격을 주관에 따라 바꾸는 것은 작품성을 크게 훼손할 수 있기 때문에 지양해야 한다.

④ 작품에서 '나'와 '장인'의 갈등은 해학적인 면이 부각되고 있으므로 경쾌하고 가벼운 음악을 사용한다.

**※ 다음 글을 읽고 물음에 답하시오. (08~10)**

(가) "아, 오늘 김 주사가 한턱 내더라. 우리 목공소 주인 김 주사가 말이지, 징용 나가서 고생 많이 했다고 한 턱 내더라니까. 고생 많이 했다고……. 팔뚝을 하나 나라에 바쳤다고……. 으흐흐흐흐……."
그러고는 또,
"이놈! 너 오늘 와 핵교 안 갔노? 응? 돈이 없어서 안 갔나? 응? 응? 이 못난 자식아! 뭐, 핵교를 안 댕기겠다고?"
하고 마구 퍼부어댄다.

(나) "이놈아, 오늘 내가 핵교에 갔다. 핵교에 갔어. 너거 선생 만나서 다 얘기했다. 이봐라, 이놈아! 내 팔이 하나 안 없어졌나. 이것을 내보이면서 다 얘기하니까 너거 선생 오히려 미안해서 죽을라 카더라. 죽을라 캐. 봐라, 이렇게 책보도 안 받아 왔는강."

(다) "내가 비록 이렇게 팔이 하나 없어지긴 했지만, 이 놈아, 니 사친회비 하나를 못 댈 줄 아나? 지금까지 밀린 것 모두 며칠 안으로 장만해 준다. 방학할 때까지 어떠한 일이 있어도 준단 말이다. 오늘 너거 선생님한테도 그렇게 약속했다. 문제 없단 말이다. 애비의 이 맘을 알고 니가 더 열심히 핵교에 댕기야지, 나 핵교 때리챠 버릴랍니더가 다 뭐꼬? 이놈으 자식! 그게 말이라고 하는기가?"

(라) "그래, 와. 나는 극장에 취직하면 안 될 사람인가? 그것도 다 김 주사 덕택이란 말이여. 팔뚝을 한 개 나라에 바친 그 덕택이란 말이여, 으흐흐흐흐……, 내일 나갈 적에 종이로 쉬염을 만들어 갖고 가야 돼. 바로 이 종이가 쉬염 만들 종이앙이가."

(마) 그러고는 벌떡 일어서서 흘러오는 노랫소리에 맞추어 우쭐우쭐 춤을 추기 시작했다. 하나밖에 없는 팔을 대고 내저으며 제법 궁둥이까지 흔들어댄다. 꼴불견이다. 동길이는 낄낄낄 웃었다. 그러나 어머니는 이맛살을 찌푸리며,
"아이구, 무슨 놈의 술을 저렇게도 마셨노, 쯧쯧쯧……."
하고 혀를 찼다.

– 하근찬, 「흰 종이 수염」

## 08

**위 글에 대해 이해한 것으로 적절하지 않은 것은?**

① 동길이네의 집안 형편은 어렵다.
② 이 글은 광복된 지 얼마 안 된 때의 이야기다.
③ 아버지는 팔이 하나 없어진 것에 대해 몹시 괴로워하고 있다.
④ 팔이 하나 없어진 후, 아버지는 집안 일에 전혀 무관심해졌다.

해설 한쪽 팔을 잃고도 아들에게 사친회비를 마련해 주고 생활을 꾸려나가기 위해 안간힘을 쓰는 아버지의 삶의 의지와 아들에 대한 속 깊은 애정을 느낄 수 있다.

## 09

**(가)~(라) 중, 훈계에 해당하는 것은?**

① (가) ② (나)
③ (다) ④ (라)

해설 (다)는 사친회비 때문에 학교에 안 가겠다고 하는 아들 동길이를 꾸중하는 아버지의 모습이다.

정답 06 ④ 07 ③ 08 ④ 09 ③

## 10

**(가)~(마)에서 아버지의 심적인 고통을 단적으로 드러낸 부분은?**

① (가) ② (나)
③ (라) ④ (마)

해설 (마)에서 춤을 추는 장면은 아버지가 처한 비극적인 상황을 해학적으로 처리하여 글의 감동을 높여 주고 있다.

## 11 서울시 9급 기출

**다음 밑줄 친 구절의 상징적 의미로 가장 적당한 것은?**

> 우리 부부는 숙명적으로 발이 맞지 않는 절름발이인 것이다. 내나 아내나 제 거동에 로직을 붙일 필요는 없다. 변해할 필요도 없다. 사실은 사실대로 오해는 오해대로 그저 끝없이 발을 절뚝거리면서 세상을 걸어가면 되는 것이다. 그렇지 않을까?
>
> 그러나 나는 이 발길이 아내에게 돌아가야 옳은가 이것만은 분간하기가 좀 어려웠다. 가야 하나? 그럼 어디로 가나?
>
> 이때 뚜우 하고 정오 사이렌이 울었다. 사람들은 모두 네 활개를 펴고 닭처럼 푸드덕거리는 것 같고 온갖 유리와 강철과 대리석과 지폐와 잉크가 부글부글 끓고 수선을 떨고 하는 것 같은 찰나! 그야말로 현란을 극한 정오다.
>
> 나는 불현듯 겨드랑이가 가렵다. 아하, 그것은 내 인공의 날개가 돋았던 자국이다. 오늘은 없는 이 날개. 머릿속에서는 희망과 야심이 말소된 페이지가 딕셔너리 넘어가듯 번뜩였다.
>
> 나는 걷던 걸음을 멈추고 그리고 일어나 한 번 이렇게 외쳐 보고 싶었다.
>
> 날개야 다시 돋아라.
>
> 날자. 날자. 한 번만 더 날자꾸나.
>
> 한 번만 더 날아 보자꾸나.

① 생의 의지 ② 본능적 욕구
③ 미래의 몽상 ④ 과거의 기억

해설 이상의 단편 소설 「날개」의 결말 부분이다. 제시문을 통해서, 주인공은 아내와 갈등을 겪고 있으며 그같은 갈등을 그대로 유지하겠다는 결론을 내렸음을 알 수 있다. 그러던 주인공은 자신이 서 있는 거리에 정오의 사이렌이 울리면서, 활기차게 움직이는 사람들과 그 풍경을 보게 된다.

그리고 '내 인공의 날개가 돋았던 자국'인 겨드랑이가 가렵다고 한다. 이 날개는 오늘은 없으며, 날개가 없었던 날은 '희망과 야심이 말소된' 날들과 같았음을 드러내고 있다.

주인공은 '날개야 다시 돋아라', '한 번만 더 날자꾸나'라고 외치는 모습에서 '말소'되어 버렸던 '희망과 야심'을 되찾으려는 의지를 엿볼 수 있으며, '희망과 야심'이라는 것은, 곧 '생의 의지'인 것을 알 수 있다.

**핵심정리**

**이상, 「날개」**
- **갈래** : 단편 소설, 심리주의 소설, 신변 소설
- **배경** : 일제 강점기의 서울
- **시점** : 1인칭 주인공 시점
- **성격** : 자기 고백적, 상징적
- **주제** : 전도된 삶과 자아 분열의 의식 속에서 본래적 자아를 지향하는 인간의 내면 의지

**작품의 상징**
- **날개** : 피폐해진 상태에서 벗어나고자 하는 욕망, 자의식의 성장과 회복 의지를 의미
- **외출** : 외부와 단절되어있던 '나'에게 다른 세상과의 만남, 비정상적인 일상의 파괴
- **한 번만 더 날아 보자꾸나** : 어두웠던 현실에서 벗어나 피폐했었던 자아가 회복되는 계기

## 12 지방직 9급 기출

**다음 글에 관한 설명 중 옳지 않은 것은?**

'박제(剝製)가 되어 버린 천재'를 아시오? 나는 유쾌하오. 이런 때 연애까지가 유쾌하오.

육신이 흐느적흐느적하도록 피로했을 때만 정신이 은화(銀貨)처럼 맑소. 니코틴이 내 횟배 앓는 뱃속으로 스미면 머릿속에 으레 백지가 준비되는 법이오. 그 위에다 나는 위트와 패러독스를 바둑 포석처럼 늘어놓소. 가공할 상식의 병이오.

나는 또 여인과 생활을 설계하오. 연애 기법에마저 서먹서먹해진, 지성의 극치를 흘깃 좀 들여다본 일이 있는, 말하자면 일종의 정신 분일자(精神奔逸者) 말이오. 이런 여인의 반(半) — 그것은 온갖 것의 반이오. — 만을 영수(領受)하는 생활을 설계한다는 말이오. 그런 생활 속에 한 발만 들여놓고 흡사 두 개의 태양처럼 마주 쳐다보면서 낄낄거리는 것이오. 나는 아마 어지간히 인생의 제행(諸行)이 싱거워서 견딜 수가 없게끔 되고 그만둔 모양이오. 굿바이.

굿바이. 그대는 이따금 그대가 제일 싫어하는 음식을 탐식(貪食)하는 아이러니를 실천해 보는 것도 좋을 것 같소. 위트와 패러독스와…….

그대 자신을 위조하는 것도 할 만한 일이오. 그대의 작품은 한 번도 본 일이 없는 기성품에 의하여 차라리 경편(輕便)하고 고매(高邁)하리다.

19세기는 될 수 있거든 봉쇄하여 버리오. 도스토예프스키 정신이란 자칫하면 낭비인 것 같소. 위고를 불란서의 빵 한 조각이라고는 누가 그랬는지 지언(至言)인 듯싶소. 그러나 인생 혹은 그 모형에 있어서 '디테일' 때문에 속는다거나 해서야 되겠소? 화(禍)를 보지 마오. 부디 그대께 고하는 것이니…….

(테이프가 끊어지면 피가 나오. 생채기도 머지않아 완치될 줄 믿소. 굿바이.)

감정은 어떤 '포즈'. [그 포즈의 소(素)만을 지적하는 것이 아닌지 나도 모르겠소.] 그 포즈가 부동자세에까지 고도화할 때 감정은 딱 공급을 정지합네다.

나는 내 비범한 발육을 회고하여 세상을 보는 안목을 규정하였소.

여왕봉(女王蜂)과 미망인(未亡人) — 세상의 하고많은 여인이 본질적으로 이미 미망인이 아닌 이가 있으리까? 아니! 여인의 전부가 그 일상에 있어서 개개 '미망인'이라는 내 논리가 뜻밖에도 여성에 대한 모험이 되오? 굿바이.

– 이상, 「날개」 중에서

① 화자는 자신을 '정신 분일자'라고 조롱하면서 이야기를 시작하고 있다.

② 일상어의 익숙한 표현을 사용하여 앞으로 전개될 내용을 비논리적으로 소개하고 있다.

③ 자신을 '박제가 되어 버린 천재'라고 하면서 이야기 속 '나'의 입장을 토로하고 있다.

④ 독자를 상정하는 등 엄격한 전략을 사용하여 프롤로그를 서술하고 있다.

해설 '도스토예프스키, 위고' 등과 같이 독자들에게 익숙하지 않은 외국 작가들의 이름을 언급하였고, 일상어의 익숙한 표현 대신 외래어와 한자어를 많이 사용하였다. 서사적 사건을 통해서 전개해 나가는 일반 소설과 다르게, 이 작품은 주인공의 내면 의식을 중심으로 서술하고 있기 때문에 플롯의 구성이 명확하지 않아 독자에게 생소한 느낌을 준다.

① 아내에게 '기생'하는 '나'의 모습을 '정신분일자'에 빗대 자조하고 있다.

③ 정신적으로 피폐해진 내가 처한 입장을 추상적으로 표현하고 있다.

정답 10 ④ 11 ① 12 ②

## 13

**다음 글에 대한 설명으로 옳지 않은 것은?**

점점 뒤로 움직여 쫓기는 짐승의 어느 한 부분에 불이 켜졌다. 저게 산개의 눈이다. 동네 사람들은 몽둥이 잡은 손에 힘을 주었다. 이 속에서 간난이 할아버지도 몽둥이 잡은 손에 힘을 주었다. 한 걸음 더 죄어들었다. 눈앞의 새파란 불이 빠져나갈 틈을 엿보듯이 휙 한 바퀴 돌았다. 별나게 새파란 불이었다. 문득 간난이 할아버지는 이런 새파란 불이란 눈앞에 있는 신둥이개 한 마리의 몸에서 나오는 것이 아니고 여럿의 몸에서 나오는 것이 합쳐진 것이라는 생각이 들었다. 말하자면 지금 이 신둥이개의 뱃속에 든 새끼의 몫까지 합쳐진 것이라는. 그러자 간난이 할아버지의 가슴속을 흘러 지나가는 게 있었다. 짐승이라도 새끼 밴것을 차마?

이때에 누구의 입에선가, 때레라! 하는 고함소리가 나왔다. 다음 순간 간난이 할아버지의 양옆 사람들이 욱 개를 향해 달려들며 몽둥이를 내리쳤다. 그와 동시에 간난이 할아버지는 푸른 불꽃이 자기 다리 곁을 빠져나가는 것을 느꼈다.

뒤이어 누구의 입에선가, 누가 빈틈을 냈어? 하는 흥분에 찬 목소리가 들렸다. 그리고 저마다, 거 누구야? 거 누구야? 하고 못마땅해 하는 말소리 속에 간난이 할아버지 턱밑으로 디미는 얼굴이 있어,

"아즈반이웨다레"

하는 것은 동장네 절가였다.

– 황순원, 「목넘이 마을의 개」에서

① 토속적이면서도 억센 삶의 현장을 그리고 있다.
② 신둥이의 새파란 불은 생의 욕구를 암시한다.
③ 간난이 할아버지에게서 생명에 대한 외경을 느낄 수 있다.
④ 동장네 절가는 간난이 할아버지의 행동에 동조하고 있다.

**해설** 간난이 할아버지가 빈틈을 낸 것에 대해 동장네 절가가 "아즈반이웨다레(아저씨로구려)"라고 하며 빈틈을 낸 사람이 간난이 할아버지라는 사실을 마을 사람들에게 말하고 있으므로 간난이 할아버지의 행동에 동조하고 있지 않다.

## 14 서울시 9급 기출

**다음 작품에서 볼 수 있는 주된 갈등은?**

인텔리 …… 인텔리 중에도 아무런 손끝의 기술이 없이 대학이나 전문학교의 졸업증서 한 장을 또는 조그마한 보통 상식을 가진 직업 없는 인텔리 …… 해마다 천여 명씩 늘어가는 인텔리 …… 뱀을 본 것은 이들 인텔리다.

부르주아지의 모든 기관이 포화상태가 되어 더 수효가 아니 느니 그들은 결국 꼬임을 받아 나무에 올라갔다가 흔들리는 셈이다. 개밥의 도토리다.

인텔리가 아니었으면 차라리 …… 노동자가 되었을 것인데 인텔리인지라 그 속에는 들어갔다가도 도로 달아나오는 것이 99퍼센트다. 그 나머지는 모두 어깨가 축 처진 무직 인텔리요, 무기력한 문화 예비군 속에서 푸른 한숨만 쉬는 초상집의 주인 없는 개들이다. 레디메이드 인생이다.

– 채만식, 「레디메이드 인생」

① 한 개인의 내면적 갈등
② 인간과 인간 사이의 갈등
③ 개인과 사회의 갈등
④ 개인과 자연의 갈등

**해설** 식민지 사회에서 소외된 무기력한 지식계층(인텔리)에 대해 이야기하고 있으므로, 개인과 사회 간의 갈등이 가장 주된 갈등에 해당한다. 채만식의 「레디메이드 인생」은 식민지 사회의 구조적 병폐와 무기력한 지식인 계층에 대한 비판과 풍자를 표현한 작품이다.

※ 다음 글을 읽고 물음에 답하시오. (15~16)

"우린 뒤차를 탈 텐데……잘 가슈."

영달이가 내민 것들을 받아 쥔 백화의 눈이 붉게 충혈되었다.

그 여자는 더듬거리며 물었다.

"아무도……안 가나요."

"우린 삼포루 갑니다. 거긴 내 고향이오."

영달이 대신 정 씨가 말했다. 사람들이 개찰구로 나가고 있었다. 백화가 보퉁이를 들고 일어섰다.

"정말, 잊어버리지……않을게요."

백화는 개찰구로 가다가 다시 돌아왔다. 돌아온 백화는 눈이 젖은 채 웃고 있었다.

"내 이름은 백화가 아니에요. 본명은요……이점례예요."

여자는 개찰구로 뛰어나갔다. 잠시 후에 기차가 떠났다.

그들은 나무 의자에 기대어 한 시간쯤 잤다. 깨어 보니 대합실 바깥에 다시 눈발이 흩날리고 있었다. 기차는 연착이었다. 밤차를 타려는 시골 사람들이 의자마다 가득 차 있었다. 두 사람은 말없이 담배를 나눠 피웠다. 먼 길을 걷고 나서 잠깐 눈을 붙였더니 더욱 피로해졌던 것이다. 영달이가 혼잣말로

"쳇, 며칠이나 견디나……"

"뭐라구?"

"아뇨, 백화란 여자 말요. 저런 애들……한 사날두 시골 생활 못 배겨나요."

"사람 나름이지만 하긴 그럴 거요. 요즘 세상에 일이 년 안으루 인정이 획 변해 가는 판인데……"

정 씨 옆에 앉았던 노인이 두 사람의 행색과 무릎 위의 배낭을 눈여겨 살피더니 말을 걸어왔다.

"어디 일들 가슈?"

"아뇨, 고향에 갑니다."

"고향이 어딘데……"

"삼포라고 아십니까?"

"어 알지, 우리 아들놈이 거기서 도자를 끄는데……"

"삼포에서요? 거 어디 공사 벌릴 데나 됩니까. 고작해야 고기잡이나 하구 감자나 매는데요."

"어허! 몇 년 만에 가는 거요?"

"십 년."

노인은 그렇겠다며 고개를 끄덕였다.

"말두 말우 거긴 지금 육지야. 바다에 방둑을 쌓아 놓구, 추럭이 수십 대씩 돌을 실어 나른다구."

"뭣땜에요?"

"낸들 아나, 뭐 관광호텔을 여러 채 짓는담서 복잡하기가 말할 수 없데."

"동네는 그대루 있을까요?"

"그대로가 뭐요. 맨 천지에 공사판 사람들에 다 장까지 들어섰는걸."

"그럼 나룻배두 없어졌겠네요."

"바다 위로 신작로가 났는데, 나룻배는 뭐에 쓰오. ㉠ <u>허허 사람이 많아지니 변고지, 사람이 많아지면 하늘을 잊는 법이거든.</u>"

작정하고 벼르다가 찾아가는 고향이었으나, 정 씨에게는 풍문마저 낯설었다. 옆에서 잠자코 듣고 있던 영달이가 말했다.

"잘됐군. 우리 거기서 공사판 일이나 잡읍시다."

그때에 기차가 도착했다. 정 씨는 발걸음이 내키질 않았다. 그는 마음의 정처를 잃어버렸던 때문이었다. 어느 결에 정씨는 영달이와 똑같은 입장이 되어 버렸다.

기차는 눈발이 날리는 어두운 들판을 향해서 달려갔다.

– 황석영, 「삼포 가는 길」



정답 13 ④ 14 ③

## 15

**위 글에서 보이는 서술상의 특징과 효과로 적절하지 않은 것은?**

① 객관성을 갖춘 외부 서술자를 통해 전체적인 사건을 서술하고 있다.

② 상징적 사물을 배치해 인물이 처한 상황과 심리를 표현하고 있다.

③ 객관적인 행동 묘사를 중심으로 인물 간의 갈등을 자세하게 표현하고 있다.

④ 대화를 통해 실마리를 제공하고, 서술자가 인물의 내적 심리를 보충하고 있다.

**해설** 황석영의 「삼포 가는 길」 결말 부분이다. 백화가 개찰구를 나가면서 자신의 진짜 이름을 밝히는 것으로 보아 서로 마음을 열고, 인물 간의 갈등이 해소된 것을 알 수 있다.

① 3인칭 서술자가 전지적 관점에서 전체적인 사건을 서술하고 있다.

② '관광 호텔, 신작로' 등은 산업화의 과정을, '기차'는 고향을 상실한 고달픈 심리를 나타내는 등 상징적인 사물을 통해서 인물이 처한 상황과 심리를 잘 표현하고 있다.

④ 대화를 통해서 극적 효과를 이루고 있으며, 끝 부분에 '정 씨는 발걸음이 내키질 않았다'에서 서술자가 마음이 무거운 인물의 내적 심리를 보충해 주고 있다.

**핵심정리**

**문체의 요소**

- **서술** : 작가가 인물, 사건, 배경 등을 직접 해설하는 방식으로, 해설적 · 추상적 · 요약적으로 표현
- **묘사** : 작가가 인물, 사건, 배경 등을 장면화하여 대상을 구체적 · 사실적으로 재현
- **대화** : 등장인물이 하는 말에 의한 표현으로, 사건을 전개시키고 인물의 성격을 제시하는 역할

## 16

**밑줄 친 ㉠에 나타난 '노인'의 말에서 나타난 정서가 가장 잘 드러난 것은?**

① 비료값도 안 나오는 농사 따위야
아예 여편네에게나 맡겨 두고
쇠전을 거쳐 도수장 앞에 와 돌 때
우리는 점점 신명이 난다.

② 발바닥이 다 닳아 새 살이 돋도록 우리는
우리의 땅을 밟을 수밖에 없는 일이다.
숨결이 다 타올라 새 숨결이 열리도록 우리는
우리의 하늘 밑을 서성일 수밖에 없는 일이다.

③ 성북동 산에 번지가 새로 생기면서
본래 살던 성북동 비둘기만이 번지가 없어졌다.
새벽부터 돌 깨는 산울림에 떨다가
가슴에 금이 갔다.

④ 저무는 섬진강을 따라가며 보라
어디 몇몇 애비 없는 후레자식들이
퍼간다고 마를 강물인가를.

**해설** ㉠의 노인은 근대화로 인해 변해가는 세상과 점점 황폐해져가는 사람들을 비판하고 있다. 이 같은 상황에서 드러나는 정서는 '상실감'으로, ③의 시 「성북동 비둘기」에서도 유사한 정서를 찾아볼 수 있다. 산업화로 인해 보금자리를 잃고 떠돌이가 된 비둘기의 이야기를 담고 있는 이 시는, 근대화의 폐해를 통해 삶의 터전에 대한 상실감을 드러낸다.

① 신경림의 「농무」의 일부분으로 70년대 농민시의 대표적인 작품이다. 피폐한 농촌 현실에 대한 울분과 농민들의 슬픔이 드러난 시이다.

② 조태일의 「국토 서시」의 일부분이다. 70년대의 폭압적인 정치 현실에서 민중들이 주체가 되어 국토와 민족에 애정을 가지고 현실에 대결해 나가야 한다는 의미를 담고 있다.

④ 김용택의 「섬진강」의 일부분으로 '애비 없는 후레자식들'같은 부정적인 세력이 위협하더라도 쉽게 삶을 포기하지 않을 민중들의 '생명력'을 강조하고 있다.

핵심정리

**황석영, 「삼포 가는 길」**

- **갈래** : 단편소설
- **성격** : 사실주의
- **배경** : 70년대 초반 감천역을 향하는 시골길, 감천역
- **시점** : 3인칭 전지적 작가 시점
- **표현** : 간결한 문장과 대화, 생략법, 극적 제시방법
- **주제** : 급속한 산업화의 과정으로 정신적 고향을 상실한 현대인들의 애환
- **'삼포'의 의미** : 개발로 인해 더 이상 이전의 포근함을 느낄 수 없고, 삭막한 곳으로 변하게 될 두려움의 고향

**※ 다음 글을 읽고 물음에 답하시오. (17~18)**

몸이 밖으로 나가는 순간 눈 속에 그대로 머리를 박고 쓰러졌다. 찬 눈이 얼굴 위에 스치자 정신이 돌아왔다. 일어서야만 한다. 그리고 정확히 걸음을 옮겨야 한다. 모든 것은 인제 끝나는 것이다. 끝나는 순간까지 정확히 나를 끝맺어야 한다. 그는 눈을 다섯 손가락으로 꽉 움켜 짚고 떨리는 다리를 바로 잡아가며 일어섰다. 그리고 한 걸음 한 걸음 정확히 걸음을 옮겼다. 눈은 의지적인 신념을 차가이 빛나고 있었다. 본부에서 몇 마디 주고받은 다음, 준비 완료 보고와 집행 명령이 뒤이어 떨어졌다.

눈이 함빡 쌓인 흰 둑길이다. 오! 이 둑길…… 몇 사람이나 이 둑길을 걸었을 거냐 …… 훤칠히 트인 벌판 너머로 마주선 언덕, ㉠흰 눈이다. 가슴이 탁 트이는 것 같다. 똑바로 걸어가시오. 남쪽으로 내닫는 길이오. 그처럼 가고 싶어하던 길이니 유감은 없을 거요. 걸음마다 흰 눈 위에 발자국이 따른다. 한 걸음, 두 걸음 정확히 걸어야 한다. 사수(射手) 준비! 총탄 재는 소리가 바람처럼 차갑다. 눈앞엔 흰 눈뿐, 아무것도 없다. 인제 모든 것은 끝난다. 끝나는 그 순간까지 정확히 끝을 맺어야 한다. 끝나는 일초 일각까지 나를, 자기를 잊어서는 안 된다.

– 오상원, 「유예」

## 17

**위 소설에 대한 설명으로 맞지 않는 것은?**

① 일인칭 독백 형태를 취하고 있다.
② 작가의 직접적인 설명을 통해 인물의 성격을 제시하고 있다.
③ 극한 상황에 처한 인물의 내면 의식이 대지에 깔린 백설과 일치하고 있다.
④ 피살자의 처지이면서도 일말의 공포나 불안 없이 죽음 자체를 당연한 운명으로 받아들이고 있다.

해설 제시된 작품은 포로로 잡힌 국군 소대장을 주인공으로 설정하여 그에게 주어진 한 시간이라는 삶의 유예 기간 동안 그가 느끼는 여러 상념들을 의식의 흐름 수법으로 처리하여 생생한 효과를 얻고 있다. 1인칭과 3인칭 시점을 교차시켜 가면서 주인공의 의식의 세계와 독백을 중심으로 사건을 진행시켜 나가고 있다.
③ 글에서 묘사된 자연환경은 주인공이 처한 비극을 증폭시키고 있다.
④ 주변 환경에 대한 묘사를 서술자의 주관적 의식 속에서 이루어져 주인공의 시선이 더욱 부각되고 있다.

## 18

**밑줄 친 ㉠의 자연적 배경을 통해 작가가 궁극적으로 말하고자 하는 바로 적절한 것은?**

① 인간의 순수함
② 동족 상잔의 비극성
③ 인간 존재의 허망함
④ 고난과 역경의 장애물

해설 제시된 글에서 '흰 눈'은 존재의 무의미성을 상징한다고 볼 수 있다.

정답 15 ③ 16 ③ 17 ② 18 ③

## 19

**다음 소설의 서술 방식에 대한 설명으로 옳지 않은 것은?**

요새 와서 어머니의 하는 일이란 참으로 알 수가 없는 노릇입니다. 어떤 때는 어머니도 퍽 유쾌하셨습니다. 밤에 때로는 풍금도 타고 또 때로는 찬송가도 부르고 그러실 때에는 나는 너무도 좋아서 가만히 어머니 옆에 앉아서 듣습니다. 그러나 가끔가끔 그 독창은 소리 없는 울음으로 끝을 맺는 때가 많은데 그런 때면 나도 따라서 울었습니다. 그러면 어머니는 나를 안고 내 얼굴에 돌아가면서 무수히 입을 맞추어 주면서,

"엄마는 옥희 하나뿐이야, 응, 그렇지…"

하시면서 언제까지나 언제까지나 우시는 것이었습니다.

– 주요섭, 「사랑손님과 어머니」

① 분명히 드러내는 기법을 사용해 감정표현이 도드라진다.

② 작품 속 부인물인 '나'가 주인공의 이야기를 서술하고 있다.

③ 서술자가 주로 특정 인물의 입장에서 서술하고 있다.

④ 주인공의 심리나 생각이 직접 드러나지 않음으로써 긴장감을 줄 수 있다.

해설 이 글은 주요섭의 「사랑손님과 어머니」로 1인칭 관찰자 시점이다. ③은 독자의 능동적인 참여가 제한적인 전지적 작가 시점의 특징이다.

## 20 지방직 9급 기출

**밑줄 친 부분의 함축적 의미로 적절한 것은?**

그는 피아노를 향하여 앉아서 머리를 기울였습니다. 몇 번 손으로 키를 두드려 보다가는 다시 머리를 기울이고 생각하고 하였습니다. 그러나 다섯 번 여섯 번을 다시 하여 보았으나 아무 효과도 없었습니다. 피아노에서 울려 나오는 음향은 규칙 없고 되지 않은 한낱 소음에 지나지 못하였습니다. 야성? 힘? 귀기? 그런 것은 없었습니다. <u>감정의 재뿐</u>이 있었습니다.

"선생님, 잘 안 됩니다."

그는 부끄러운 듯이 연하여 고개를 기울이며 이렇게 말하였습니다.

"두 시간도 못 되어서 벌써 잊어버린담?"

나는 그를 밀어 놓고 내가 대신하여 피아노 앞에 앉아서 아까 베낀 그 음보를 펴 놓았습니다. 그리고 내가 베낀 곳부터 다시 시작하였습니다.

화염! 화염! 빈곤, 주림, 야성적 힘, 기괴한 감금당한 감정! 음보를 보면서 타던 나는 스스로 흥분이 되었습니다.

– 김동인, 「광염소나타」 중에서

① 화려한 기교가 없는 연주

② 악보와 일치하지 않는 연주

③ 도저히 이해할 수 없는 연주

④ 기괴한 감정이 느껴지지 않는 연주

해설 글에서 감정의 재밖에 없었다고 표현하면서 연주하였을 때, 선율에 몸을 타던 나는 스스로 흥분이 되었다고 하고 있기 때문에 기괴한 감정이 느껴지지 않는 연주가 가장 적절하다.



정답 19 ③ 20 ④

# 제5장 현대 수필 · 희곡

실전 문제



대표유형문제

지방직 9급 기출

**밑줄 친 ㉠과 어울리는 한자 성어는?**

나는 그믐달을 몹시 사랑한다. 그믐달은 요염하여 감히 손을 댈 수도 없고, 말을 붙일 수도 없이 깜찍하게 예쁜 계집 같은 달인 동시에 가슴이 저리고 쓰리도록 가련한 달이다. 서산 위에 잠깐 나타났다, 숨어 버리는 초생 달은 세상을 후려 삼키려는 독부(毒婦)가 아니면 철모르는 처녀 같은 달이지마는, 그믐달은 세상의 갖은 풍상을 다 겪고, 나중에는 그 무슨 원한을 품고서 애처롭게 쓰러지는 원부와 같이 애절하고 애절한 맛이 있다. 보름에 둥근 달은 모든 영화와 끝없는 숭배를 받는 여왕(女王)과 같은 달이지마는, 그믐달은 애인을 잃고 쫓겨남을 당한 공주와 같은 달이다.

초생달이나 보름달은 보는 이가 많지마는, 그믐달은 보는 이가 적어 그만큼 외로운 달이다. 객창한등에 ㉠ <u>정든 임 그리워 잠 못 들어 하는 이</u>나, 못 견디게 쓰린 가슴을 움켜잡은 무슨 한 있는 사람이 아니면 그 달을 보아 주는 이가 별로 없을 것이다. 그는 고요한 꿈나라에서 평화롭게 잠들은 세상을 저주하며, 홀로이 머리를 풀어 뜨리고 우는 청상(靑孀)과 같은 달이다. 내 눈에는 초생 달 빛은 따뜻한 황금빛에 날카로운 쇳소리가 나는 듯하고, 보름달은 치어다보면 하얀 얼굴이 언제든지 웃는 듯하지마는, 그믐달은 공중에서 번듯하는 날카로운 비수와 같이 푸른빛이 있어 보인다.

① 동병상련(同病相憐)
② 불립문자(不立文字)
③ 각골난망(刻骨難忘)
❹ 오매불망(寤寐不忘)

정답해설 오매불망(寤寐不忘)은 '자나 깨나 잊지 못함'을 의미하며 밑줄의 '정든 임 그리워 잠 못 들어하는 이'와 어울리는 성어이다.

오답해설 ① 동병상련(同病相憐)은 같은 병을 앓는 사람끼리 서로 가엾게 여긴다는 뜻
② 불립문자(不立文字)는 불도의 깨달음은 마음에서 마음으로 전하는 것을 의미
③ 각골난망(刻骨難忘)은 남에게 입은 은혜가 뼈에 새길 만큼 커서 잊지 못함

핵심정리 나도향, 「그믐달」
- **갈래** : 경수필
- **주제** : 외롭고 한스러워 보이는 그믐달을 사랑하는 마음

**※ 다음 글을 읽고 물음에 답하시오. (01~02)**

(가) 겨울 섬진강은 적막하다. 돌길에 지나는 자전거의 덜커덕거리는 소리에 졸던 물새들이 놀라서 날아오른다. 겨울의 강은 흐름이 아니라 이음이었다. 강물은 속으로만 깊게 흘렀다.

(나) 가파른 산굽이를 여울져 흐르는 여름강의 휘모리 장단이나, 이윽고 하구(河口)에 이르러 아득한 산야를 느리게 휘돌아 나가는 늙은 강의 진양조 장단도 들리지 않는다. 산하는 본래가 인간이 연주할 수 없는 거대한 악기와도 같은 것인데, 겨울의 섬진강과 노령 산맥은 수런거리던 모든 리듬을 땅 속 깊이 감추고 있었다.

(다) 천담 마을 앞에서 섬진강은 커다랗게 굽이치면서 방향을 틀어 구담, 싸리재, 장구목, 북대미 같은 작고 오래된 마을 옆을 흐른다. 이 구간에서 강물의 수심은 무릎 정도이다. 마주 보는 마을 사이에 다리가 없어서 신발을 벗고 자전거를 끌면서 물 속을 걸어서 강을 건넜다.

(라) 겨울 강물이 낮아지자 물 속의 바위들이 물 위로 드러나 장관을 이루었다. 바위들의 흐름은 구담에서 싸리재에 이르도록 계속된다. 수만 년을 물의 흐름에 씻기운 바위들은 모든 연약한 부분들이 모조리 물에 깎인 채 온화한 자태를 간직하고 있었다. 그것은 수만 년을 깎인 과거의 바위이자 변화와 생성을 거듭해 나갈 미래의 바위이며, 박혀진 자리에서 흐르고 출렁거리는 현재의 바위이다.

## 01

**(가)~(라)의 글이 지닌 특성으로 알맞지 않은 것은?**

① 작가의 사상이 드러나는 글이다.

② 작가가 상상하여 지어낸 글이다.

③ 섬진강의 운치가 드러난 글이다.

④ 특별한 형식을 지니지 않는 글이다.

**해설** 수필은 글쓴이의 체험을 바탕으로 쓴 글이다.

## 02

**(라)를 통해 알 수 있는 글쓴이의 자연관으로 가장 적절한 것은?**

① 자연은 매우 강한 면모만을 지니고 있다.

② 자연은 인간이 지켜야 할 유산이다.

③ 자연은 오랜 세월 동안 변화와 생성을 거듭해 왔다.

④ 휘모리 장단을 비롯한 여러 장단들은 섬진강의 흐름에서 비롯됐다.

**해설** (라)는 바위에 대한 사색을 표현한 부분으로 마지막 문장을 통해 글쓴이의 자연관을 엿볼 수 있다.

**핵심정리**

**김훈, 「자전거 여행」**

- **갈래** : 경수필, 현대수필
- **성격** : 사색적, 예찬적
- **주제** : 자전거 여행을 통해 인간의 삶에 대한 통찰과 깨달음
- **특징** : 자전거 타기를 통해 넓은 자연 풍경을 묘사하면서 자연 안에 있는 인간의 삶에 대한 고뇌와 통찰

**※ 다음 글을 읽고 물음에 답하시오. (03~04)**

내가 상해에서 본 일이다. 늙은 거지 하나가 전장(錢莊)에 가서 떨리는 손으로 일 원짜리 은전 한 닢을 내놓으면서,

"황송하지만 이 돈이 못쓰는 것이나 아닌지 좀 보아 주십시오."

하고 그는 마치 선고를 기다리는 죄인과 같이 전장 사람의 입을 쳐다본다. 전장 주인은 거지를 물끄러미 내려다보다가 돈을 두들겨 보고,

"좋소." / 하고 내어 준다.

그는 '좋소'라는 말에 기쁜 얼굴로 돈을 받아서 가슴 깊이 집어 넣고 절을 몇 번이나 하며 간다. 그는 뒤를 자꾸 돌아다보며 얼마를 가더니, 또다른 전장을 찾아 들어갔다. 품 속에 손을 넣고 한참 꾸물거리다가 그 은전을 내어 놓으며,

"이것이 정말 은으로 만든 돈이오니까?"

하고 묻는다. 전장 주인도 호기심 있는 눈으로 바라보더니,

"이 돈을 어디서 훔쳤어?"

거지는 떨리는 목소리로

"아닙니다, 아니에요."

"그러면 길바닥에서 주웠다는 말이냐?"

"누가 그렇게 큰돈을 빠뜨립니까? 떨어지면 소리는 안 나나요? 어서 도로 주십시오."

거지는 손을 내밀었다. 전장 사람은 웃으면서 / "좋소." / 하고 던져 주었다.

그는 얼른 집어서 가슴에 품고 황망히 달아난다. 뒤를 흘끔흘끔 돌아다보며 얼마를 허덕이며 달아나더니 별안간 우뚝 선다. 서서 그 은전이 빠지지나 않았나 만져 보는 것이다. 거친 손바닥이 누더기 위로 그 돈을 쥘 때 그는 다시 웃는다. 그리고 또 얼마를 걸어가다가 어떤 골목 으슥한 곳으로 찾아 들어가더니, 벽돌담 밑에 쪼그리고 앉아서 돈을 손바닥에 놓고 들여다보고 있었다. 그는 얼마나 열중해 있었는지 내가 가까이 선 줄도 모르는 모양이었다.

"누가 그렇게 많이 도와 줍디까?"

하고 나는 물었다. 그는 내 말소리에 움칠하면서 손을 가슴에 숨겼다. 그리고는 떨리는 다리로 일어서서 달아나려고 했다.

"염려 마십시오. 뺏아 가지 않소."

하고 나는 그를 안심시키려고 하였다.

한참 머뭇거리다가 그는 나를 쳐다보고 이야기를 하였다.

"이것은 훔친 것이 아닙니다. 길에서 얻은 것도 아닙니다. 누가 저 같은 놈에게 일 원짜리를 줍니까? 각전(角錢) 한 닢을 받아 본 적이 없습니다. 동전 한 닢 주시는 분도 백에 한 분이 쉽지 않습니다. 나는 한 푼 한 푼 얻은 돈에서 몇 닢씩 모았습니다. 이렇게 모은 돈 마흔여덟 닢을 각전 닢과 바꾸었습니다. 이러기를 여섯 번을 하여 겨우 이 귀한 대양(大洋) 한 푼을 가지게 되었습니다. 이 돈을 얻느라고 여섯 달이 더 걸렸습니다."

그의 뺨에는 눈물이 흘렀다. 나는

"왜 그렇게까지 애를 써서 그 돈을 만들었단 말이오? 그 돈으로 무얼 하려오?"

하고 물었다. 그는 다시 머뭇거리다가 대답했다.

"이 돈, 한 개가 갖고 싶었습니다."

## 03 법원직 9급 기출

**위 글의 표현상의 특징으로 적절하지 않은 것은?**

① 인물 간의 대화를 통해 현장감과 생동감을 느끼게 한다.

② 과거의 체험을 현재화하여 사건을 사실적으로 표현한다.

③ 결말을 간결하게 제시하면서 독자에게 여운을 남기고 있다.

④ 인물에 대한 직접적 설명과 주관적인 논평을 통해 교훈을 준다.

정답 01 ② 02 ③ 03 ④

해설 이 글은 피천득의 수필 「은전 한 닢」으로 설명이나 감상 없이 대화나 행동으로 내용을 전달하고 있다. 교훈을 주는 면이 있으나 인물에 대한 직접적 설명이나 주관적인 논평 없이 독자 스스로 의미를 생각하게 한다.

## 04 법원직 9급 기출

**위 글의 거지의 성격을 바르게 이해한 것은?**

① 자신이 지닌 소유욕의 허망함을 깨닫는다.
② 자기의 소망을 이루기 위해 인내심을 갖고 노력한다.
③ 성실한 삶의 자세를 지니고 남의 도움 없이 살아 나간다.
④ 다른 사람을 돕기 위해 자기의 삶을 절제하며 돈을 모은다.

해설 이 작품 속에서 '거지'는 다른 사람들에게 어리석게 보일 정도로 '은전 한 닢'에 대한 집착과 소유욕을 가지고 있다. 거지는 여섯 달 이상이나 걸려 한 푼 두 푼 얻은 돈에서 몇 닢씩 모으고, 이렇게 마흔여덟 닢을 각전 닢과 바꾸기를 여섯 번 하여 '은전 한 닢'을 얻게 되었다. 즉 거지는 자신의 욕망인 '은전 한 닢'을 얻기 위해 인내심을 갖고 노력하는 성격임을 알 수 있다.

## 05 지방직 9급 기출

**다음 글의 이해로 적절하지 않은 것은?**

> 나무는 덕(德)을 지녔다. 나무는 주어진 분수에 만족할 줄을 안다. 나무로 태어난 것을 탓하지 아니하고, 왜 여기 놓이고 저기 놓이지 않았는가를 말하지 아니한다. 등성이에 서면 햇살이 따사로울까, 골짜기에 내려서면 물이 좋을까 하여, 새로운 자리를 엿보는 일도 없다. 물과 흙과 태양의 아들로, 물과 흙과 태양이 주는 대로 받고, 후박(厚薄)과 불만족(不滿足)을 말하지 아니한다.
>
> – 이양하, 「나무」 중에서

① 대상에 인격을 부여하고 있다.
② 대상에서 인생의 교훈을 발견하고 있다.
③ 대상의 변화를 감각적으로 묘사하고 있다.
④ 대상을 예찬하는 태도를 취하고 있다.

해설 나무의 변화하는 모습을 감각적으로 묘사하는 것이 아니라 나무를 의인화하여 나무의 속성을 비유적으로 제시하며 나무의 덕을 예찬하고 있다.
① '덕을 지님', '주어진 분수에 만족함', '태어난 탓을 하지 않음' 등 나무를 사람과 같이 표현하고 있다.
②, ④ 나무의 여러 가지 덕을 예찬하면서 주어진 분수에 만족할 줄 알아야 한다는 인생의 교훈을 발견하고 있다.

**핵심정리**

**이양하, 「나무」**
- **갈래** : 경수필
- **성격** : 사색적, 예찬적, 경세적
- **제재** : 나무
- **주제** : 나무가 지닌 덕(德)
- **특징** : 나무의 생태와 모습을 인간의 삶의 자세와 연결시켜 교훈을 이끌어냄

※ 다음 글을 읽고 물음에 답하시오. (06~07)

(가) 현대인은 너무 약다. 전체를 위하여 약은 것이 아니라, 자기 중심, 자기 본위로만 약다. 백년대계를 위하여 영리한 것이 아니라, 당장 눈앞의 일, 코앞의 일에만 아름아름하는 (                    )에 현명하다. 염결(廉潔)에 밝은 것이 아니라, 극단의 이기주의에 밝다. 이것은 실상은 현명한 것이 아니요, 우매(愚昧)하기에 짝이 없는 일이다. 제 꾀에 제가 빠져서 속아 넘어갈 현명이라고 할까. 우리 현대인도 '딸깍발이'의 정신을 좀 배우자.
첫째, 그 의기를 배울 것이요, 둘째, 그 강직을 배우자. 그 지나치게 청렴한 미덕은 오히려 분간을 하여 가며 배워야 할 것이다.

(나) 겨울이 오니 땔 나무가 있을 리 만무하다. 동지설상(冬至雪上) 삼척 냉돌에 변변치도 못한 이부자리를 깔고 누웠으니, 사뭇 뼈가 저려 올라오고, 다리, 팔 마디에서 오도독 소리가 나도록 온몸이 곱아오는 판에, 사지를 웅크릴 대로 웅크리고 안간힘을 꽁꽁 쓰면서 이를 악물다 못해 이를 박박 갈면서 하는 말이
"요놈, 요 괘씸한 추위란 놈 같으니, 네가 지금은 이렇게 기승을 부리지마는, 어디 내년 오뉴월에 두고 보자."

## 06

**글의 빈칸 안에 들어갈 한자 성어로 적절한 것은?**

① 감언이설(甘言利說)
② 고식지계(姑息之計)
③ 사면초가(四面楚歌)
④ 자승자박(自繩自縛)

해설 고식지계(姑息之計)는 당장 편한 것만 택하는 꾀나 방법을 의미하는 한자 성어이다.

## 07

**위 글의 주인공의 성격이 될 수 없는 것은?**

① 꼬장꼬장한 고지식
② 유유자적하는 생활 태도
③ 양반은 죽어도 겻불을 안 쬔다는 지조
④ 사실로 졌지마는 마음으로 안 졌다는 앙큼한 자존심

해설 수필의 주인공 남산골 샌님은 집안 살림에는 아랑곳하지 않고 궁핍한 생활 속에서도 언제나 의관을 가지런히 하고 유교 서적을 읽으며 오직 청렴과 지조를 생활신조로 삼고 살아가는 선비이다. 이들은 언제나 나막신을 신고 다녀 날씨가 맑은 날에는 '딸깍딸깍' 하는 소리를 유난스럽게 내기 때문에 '딸깍발이'라는 별명이 붙었다. 실생활에는 도무지 재주가 없는 이들은 때가 흐르는 도포나 중치막을 입은 궁색한 차림에 바싹 야윈 얼굴을 하고 있을 망정 심중에는 '앙큼한 자존심'과 '꼬장꼬장한 고지식'이 똘똘 들어차 있다.

## 08

**다음 글의 관점에서 볼 때, 가장 긍정적으로 볼 수 있는 대상은?**

근대 산업 문명은 사람들의 정신을 병들게 하고, 끊임없이 이기심을 자극하며, 금전과 물건의 노예로 타락시킬 뿐만 아니라 내면적인 평화와 명상의 생활을 불가능하게 만든다.
그로 인하여 유럽의 노동 계급과 빈민에게 사회는 지옥이 되고, 비서구 지역의 수많은 민중은 제국주의의 침탈 밑에서 허덕이게 되었다. 여기에서 간디는 모든 인도 사람들이 매일 한두 시간만이라도 물레질을 할 것을 권유하였다. 물레질의 가치는 경제적 필요 이상의 것이라고 생각한 것이다.

정답 04 ② 05 ③ 06 ② 07 ②

① 내면의 여유를 잃지 않으면서, 자신의 일에서 보람을 찾는 사람
② 일에 쫓겨 살아가고 있지만, 생계에 불편함을 겪지 않는 사람
③ 단순하고 반복적인 일을 하므로 정신적인 노동을 하지 않아도 되는 사람
④ 사회의 발전을 위하여, 자신의 몸을 아끼지 않고 혼신의 노력을 다하는 사람

해설 제시된 글은 김종철의 「간디의 물레」 일부로 서양 산업 문명의 폭력성을 구체화하여 제시하는 한편, 물레의 상징적 의미를 시사하고 있다.

## 09

**4명의 학생이 다음 글을 읽고 의견을 나누었다. 적절하지 않은 의견을 제시한 사람은?**

나는 그것이 꽃 피는 봄부터 비바람이 부는 여름 장마철 속에서도, 또한 샛말간 가을 하늘에 추석 달이 기울 때까지도, 얼마나 오랜 나날을 그리운 정으로 보고 싶고 갖고 싶은 꿈을 꾸었었나.

"할머님, 추석도 지나고 했으니, 이젠 그 석류 하나 따 주세요."

나는 석류나무집 할머니에게 이렇게 애걸했으나, 할머니는 또 더 기다려야 한다고 했다.

"아니 약에 쓴다면서 벌써 따아? 찬 서리를 맞고 터져서 금이 나야 약이 되는 거지! 가래도 잘 삭고, 오랜 해수병엔 특효지. 몇 날만 더 참아요."

이렇게 한 해의 철이 다 기울어져서야, 끝내 구해 온 귀한 석류 한 개가 내 책상 위에, 내 눈앞에 고요히 놓여 있다.

– 한흑구, 「석류」

① 지은 : 계절적 배경이 주제의 형성에 기여하고 있네.
② 호철 : 대상에 비추어 필자 자신의 삶을 반성하고 있네.
③ 유민 : 자연물을 핵심 소재로 하고 있군.
④ 혜정 : 필자의 경험을 바탕으로 하고 있어.

해설 이 글에서는 대상의 의미를 부여하는 측면만 강할 뿐 필자 자신의 반성은 명확하게 드러나지 않는다.

**※ 다음 글을 읽고 물음에 답하시오. (10~11)**

청춘! 이는 듣기만 하여도 가슴이 설레는 말이다. 청춘! 너의 두 손을 가슴에 대고, 물방아 같은 심장의 고동을 들어 보라. 청춘의 피는 끓는다. 끓는 피에 뛰노는 심장은 거선의 기관과 같이 힘 있다. 이것이다. 인류의 역사를 꾸며 내려온 동력은 바로 이것이다. 이성은 투명하되 얼음과 같으며, 지혜는 날카로우나 갑 속에 든 칼이다. 청춘의 끓는 피가 아니더면, 인간이 얼마나 쓸쓸하랴? 얼음에 싸인 만물은 얼음이 있을 뿐이다.

그들에게 생명을 불어넣는 것은 따뜻한 봄바람이다. 풀밭에 속잎 나고, 가지에 싹이 트고, 꽃 피고 새 우는 봄날의 천지는 얼마나 기쁘며, 얼마나 아름다우냐? 이것을 얼음 속에서 불러내는 것이 따뜻한 봄바람이다. 인생에 따뜻한 봄바람을 불어 보내는 것은 청춘의 끓는 피다. 청춘의 피가 뜨거운지라, 인간의 동산에는 사랑의 풀이 돋고, 이상의 꽃이 피고, 희망의 놀이 뜨고, 열락의 새가 운다.

(중략)

이상! 우리의 청춘이 가장 많이 품고 있는 이상! 이것이야말로 무한한 가치를 가진 것이다. 사람은 크고 작고 간에 이상이 있음으로써 용감하고 굳세게 살 수 있는 것이다. 석가는 무엇

을 위하여 설산에서 고행을 하였으며, 예수는 무엇을 위하여 광야에서 방황하였으며, 공자는 무엇을 위하여 천하를 철환(轍環)하였는가? 밥을 위하여서, 옷을 위하여서, 미인을 구하기 위하여서 그리하였는가? 아니다. 그들은 커다란 이상, 곧 만천하의 대중을 품에 안고, 그들에게 밝은 길을 찾아 주며, 그들을 행복스럽고 평화스러운 곳으로 인도하겠다는 커다란 이상을 품었기 때문이다. 그러므로 그들을 길지 아니한 목숨을 사는가시피 살았으며, 그들의 그림자는 천고에 사라지지 않는 것이다. 이것은 현저하게 일월과 같은 예가 되려니와, 그와 같지 못하다 할지라도 창공에 반짝이는 뭇 별과 같이, 산야에 피어나는 군영과 같이, 이상은 실로 인간의 부패를 방지하는 소금이라 할지니, 인생에 가치를 주는 원질이 되는 것이다.

## 10

**다음 글에 대한 설명으로 적절하지 않은 것은?**

① 영탄법을 이용한 정열적인 어조가 돋보인다.
② 단정한 표현을 통해 엄숙한 분위기를 나타낸다.
③ 정열, 이상, 육체와 관련된 주제로 청춘에 대해 찬미하고 있다.
④ 다채로운 비유와 수식 등을 사용하는 문체인 화려체를 사용하였다.

**해설** 작가는 청춘의 정열, 인생의 가치, 고귀한 이상, 생의 찬미를 서술하고 있다. 화려한 문체와 감탄사를 적극적으로 사용하는 수사법인 영탄법을 사용하여 정열적인 분위기를 드러내고 있으므로, 단정한 표현으로 엄숙한 분위기를 나타낸 것은 적절하지 않다.

## 11

**글의 주제와 유사한 표현으로 적절하지 않은 것은?**

① 그믐달처럼 사위어지는 목숨
② 무가 순 돋아 파릇하고
③ 삶에서 환희를 얻고자 하는 열망이 있는 법이다.
④ 난 연두가 좋아 초록이 아닌 연두

**해설** 글에서는 청춘의 젊은 육체와 이상, 앞으로 있을 희망을 강조하며 힘차게 약동할 것을 당부하고 있다. 따라서 주제는 성숙의 전단계인 성장단계로 볼 수 있는데, '그믐달처럼 사위어지는 목숨'은 성숙의 단계를 지나 죽음을 받아들이는 단계로서 글의 주제와 유사한 표현으로 적절하지 않다.

**핵심정리**

**민태원, 「청춘예찬」**

- **종류** : 중수필
- **성격** : 예찬적, 웅변적
- **문체** : 강건체, 화려체
- **표현**
  - 적절한 비유와 함축적 어휘를 사용하였다.
  - 대구와 영탄법을 이용한 정열적 어조로 표현하였다.
  - 서정적이면서 화려한 문체를 사용하여 작품 전체에 힘이 들어가 있다.
- **제재** : 청춘
- **주제** : 청춘에 대한 찬미, 청춘의 정열과 이상에 대한 예찬
- **출전** : 한국명수필선(1930)

제1편 현대 문학

정답 08 ① 09 ② 10 ② 11 ①

## 12

**다음 글의 (　) 안에 맞는 말은?**

곰치 : 으디를 쏴댕겨?
구포 댁 : (여전히 갓난애의 얼굴에 눈길을 박은 채) 모실 갔다 왔소!
곰치 : 모실? 아니 믄 청승에 모실이여?
구포 댁 : (하늘을 쳐다보며) 그냥 구경하고 댕겼제머…….
곰치 : 슬슬이 년은 으디 갔어?
구포 댁 : (고개를 살래살래 내젓는다.)
곰치 : (마루 위에 벌렁 드러누워 버리며) 이고, 도삼아아?
구포 댁 : (무표정한 얼굴)
곰치 : (드러누운 채) 아무 말도 아니여! (　　　) 그래 뱃놈은 물 속에서 죽어사 쓰는 법이여……. 그것이 팔짜니라아? (열을 올려) 나는 안 죽어! 그여코 배를 부리고 말 것이여! 돛 달 때마다 만선으로 배가 터지는 때가 반다시 있고 말고!

– 천승세, 「만선」

① 낭랑하게　　② 상쾌하게
③ 아름답게　　④ 처절하게

**해설** 제시된 글은 천승제의 「만선」으로, 뱃놈은 '물 속에서 죽어사 쓰는 법', '나는 안 죽어!', '만선으로 배가 터지는 때가 반다시 있고 말고!' 등의 대사로 유추해 보아 감정표현을 처절하게 해야 함을 알 수 있다.

## 13

**밑줄 친 곳을 영화 기법으로 나타낼 때 적절한 시나리오 용어는?**

그의 시각은 활자 속을 헤치고 머릿속에는 아들의 환상이 뒤엉켜 들이차 왔다. 아들을 모스크바로 유학시킨 것은 자기의 억지에서였던 것만 같았다.

– 전광용, 「꺼삐딴 리」 中

① O.L　　② C.U
③ F.I　　④ D.E

**해설** 과거 회상으로 바뀌는 대목이다.
① 화면이 겹치면서 장면이 바뀌는 수법
② 어떤 한 부분의 집중적인 확대
③ 장면이 점점 밝아짐
④ 이중노출

**핵심정리**

**시나리오 주요 용어**

- scene number : 장면 번호. 'S#'으로 표시
- narration : 등장인물이 아닌 사람에게서 들려오는 설명체의 대사
- montage : 서로 다른 장면을 결합하여 전혀 새로운 또 하나의 장면을 만드는 편집 방법
- F.I(fade in) : 장면이 점점 밝아짐. '용명(溶明)'
- F.O(fade out) : 장면이 점점 어두워짐. '용암(溶暗)'
- O.L(over lap) : 화면이 겹치면서 장면이 바뀌는 수법. 주로 시간 경과에 씀
- C.U(close up) : 어떤 한 부분의 집중적 확대
- E.(effect) : 효과
- Ins(insert) : 장면과 장면 사이에 사진 등이 끼어드는 것. 삽입 화면
- C.I(cut in) : 하나의 장면에 다른 화면을 삽입하는 것
- I.O(iris out) : 화면을 점점 작게 줄여 가는 기법

## 14

**작가가 다음 글의 장면을 통해서 보여주고자 한 현대 사회의 특성으로 적절하지 않은 것은?**

> (교수가 소파 앞에 굴러 있는 신문지를 집어 본다.)
> 교수 : (신문을 혼자 읽는다.) 참 비가 많이 왔군. 강원도 쪽의 눈이 굉장한 모양인데, 또 살인이야. 이번엔 두 살 난 애가 자기 애비를 죽였대. 참, 지프차가 동대문을 들이받아 동대문이 완전히 무너졌군. 지프차는 도망가 버리구. 이것 봐. 내 '개성을 잃은 노동자'라는 번역책이 착취사(搾取社)에서 다시 나왔어. 이 씨가 또 당선됐군. 신경통에 듣는 한약이 새로 나왔는데. 끔찍해라, 남편이 자기 아내한테 또 매맞았군.
> (처가 신문지를 한 장 다시 접는다. 날짜를 보더니)
> 처 : 당신두 참, 그건 옛날 신문이에요. 오늘 것은 여기 있는데.
> 교수 : (보던 신문 날짜를 읽고) 오라, 삼 년 전 신문을 읽고 있었군. 오늘 신문 이리 주시오. (오늘 신문을 받아 가지고 다시 읽는다.) 참, 비가 많이 왔군. 강원도 쪽에 눈이 굉장한 모양인데, 또 살인이야, 이번엔 두 살 난 애가 자기 애비를 죽였대. 참, 지프차가 동대문을 들이받아 동대문이 완전히 무너졌군. 지프차는 도망가 버리구. 이것 봐. 내 '개성을 잃은 노동자'라는 번역책이 악마사(惡魔社)에서 다시 나왔어. 이 씨가 또 당선됐군. 신경통에 듣는 한약이 새로 나왔는데. 끔찍해라, 남편이 자기 아내한테 또 매맞았군.
> 처 : 참, 세상도 무척 변했군요. 삼 년 전만 해도 그런 일이 없었는데. 당신 피곤하시죠?
>
> – 이근삼, 「원고지」

① 인간성의 상실
② 비정상적인 사회
③ 의사소통의 장애
④ 대량 생산과 대량 소비

**해설** 제시된 희곡은 이근삼의 「원고지」로, 작자는 이 작품을 통해 현대인의 무의미한 일상과 인간 상호 간의 소외를 희화적으로 보여주고 있다.

## 15

**다음 글을 읽고 밑줄에 대한 설명으로 옳지 않은 것은?**

> ㉠ S# 1. 어느 서재 안(낮)
> ㉡ F.I 중년 신사가 서재의 한쪽으로 걸어가 책장에서 책 한 권을 꺼내 펼치며 기대선다. 그는 다시 정면을 향하여 말한다. ㉢ NAR.
> 해설자 : 오 헨리는 1862년 9월 11일, 미국 북캐롤라이나에서 탄생하였는데, 본명은 윌리엄 시드니 포터라고 한다.
> (중략)
> ㉣ O.L 되면서 해설이 화면을 뒤덮는다.

① ㉠ S# : 장면 번호로, scene number의 약자이다.
② ㉡ F.I : 장면이 점점 밝아지는 것으로 fade in의 약자이다.
③ ㉢ NAR. : 등장인물이 아닌 사람이 설명하는 대사로, narration의 약자이다.
④ ㉣ O.L : 어떤 한 부분을 집중적으로 확대하는 것으로, over lap의 약자이다.

**해설** O.L(Over Lap)은 화면이 겹치면서 장면을 바꾸는 수법으로써, 시간 경과에 주로 사용한다. 어떤 한 부분을 집중적으로 확대하는 수법은 C.U(Close Up) 효과이다.

정답 12 ④ 13 ① 14 ④ 15 ④

나두공

# 제 2 편

# 고전 문학

# 실전문제 제1장 고전 문법

대표유형문제

지방직 9급 기출

**국어의 역사적인 변화에 대한 설명으로 옳은 것은?**

❶ 15세기 국어의 모음 'ㅐ, ㅔ, ㅚ, ㅟ' 등은 현대 국어로 오면서 소릿값(음가)이 바뀌었다.
② 15세기 국어의 주격 조사에는 '가'와 '이'가 있었지만, 점차 '이'가 더 많이 쓰이게 되었다.
③ '어리다'라는 단어의 뜻은 '나이가 적다'에서 현대 국어로 오면서 '현명하지 못하다'로 바뀌었다.
④ 15세기 국어는 방점으로 소리의 장단을 표시하였으나, 그 장단은 점차 소리의 높낮이로 바뀌었다.

정답해설 'ㅐ, ㅔ, ㅚ, ㅟ'는 과거에는 이중모음으로 발음되었으나 현대 국어에서는 단모음으로 변화되었다.

오답해설 ② 15세기 주격 조사는 '이'만 쓰였으며, 주격조사 '가'는 근대에 이르러 일반적으로 쓰이게 되었다.
③ '어리다'는 옛날에 '현명하지 못하다'의 뜻으로 쓰였으나 현대로 오면서 '나이가 적다'로 그 의미가 바뀌었다.
④ 방점은 옛날에는 높낮이 표기였으나 그 이후에는 장단의 표시로 바뀌었다.

핵심정리 성조와 방점
중세 국어에는 음절 안에서 나타나는 소리의 높낮이인 성조가 있었으며, 이는 '평성(平聲) · 거성(去聲) · 상성(上聲)'으로 구분되었다. 이러한 성조를 표시하기 위해 각 음절에 방점을 찍었는데 평성(平聲)은 점이 없고, 거성(去聲)은 한 점, 상성(上聲)은 두 점을 글자의 왼편에 찍었다. 성조는 17세기에 이르러 소멸되었으며, 현대에는 경상도 방언과 함경도 방언에서 볼 수 있다.

## 01 서울시 9급 기출

**다음은 「훈민정음언해」의 한 부분이다. 이에 대한 설명으로 가장 옳은 것은?**

> 나랏 말ᄊᆞ미 中國에 달아 文字와로 서르 ᄉᆞᄆᆞᆺ디 아니ᄒᆞᆯᄊᆡ 이런 젼ᄎᆞ로 어린 百姓이 니르고져 ᄒᆞᇙ 배 이셔도 ᄆᆞᄎᆞᆷ내 제 ᄠᅳ들 시러 펴디 몯ᄒᆞᇙ 노미 하니라 내 이ᄅᆞᆯ 爲ᄒᆞ야 어엿비 너겨 새로 스믈여듧字ᄅᆞᆯ ᄆᆡᇰᄀᆞ노니 사ᄅᆞᆷ마다 ᄒᆡᅇᅧ 수ᄫᅵ 니겨 날로 ᄡᅮ메 便安킈 ᄒᆞ고져 ᄒᆞᇙ ᄯᆞᄅᆞ미니라

① 한 문장으로 이루어져 있다.
② 밑줄 친 '시러'는 한자 '載'에 해당한다.
③ 밑줄 친 '내'는 세종대왕이 자신을 가리키는 표현이다.
④ 'ㅏ'와 'ㆍ'는 발음이 같지만 단어들을 구별하기 위해 사용했다.

해설 밑줄 친 '내' 다음 문장인 이를 위하여 가엾게 여겨 스물여덟 자를 만들었다고 나와 있으므로 '내'의 주체는 세종대왕이 된다.

## 02

**다음 순경음 글자 중 15세기 국어 표기에 실제 사용된 것은?**

① ᄝ　② ᅗ
③ ᄫ　④ ᄬ

해설 ③ ᄫ은 순수 국어에 ① ᄝ, ② ᅗ, ④ ᄬ는 동국정운식 한자음에만 쓰였다.

## 03

**훈민정음 중성의 기본자가 순서대로 배열된 것은?**

① ㅡ, ㅣ, ㆍ　② ㆍ, ㅗ, ㅜ
③ ㆍ, ㅡ, ㅣ　④ ㅏ, ㅓ, ㅣ

해설

| 이름 | 상형 |
|---|---|
| ㆍ(양성모음) | 하늘[天]을 본뜸 |
| ㅡ(음성모음) | 땅[地]을 본뜸 |
| ㅣ(중성모음) | 사람[人]을 본뜸 |

## 04 지방직 9급 기출

**훈민정음 제자해에서 '象舌附上齶之形'에 해당하는 자모는?**

① ㄱ　② ㄴ
③ ㅅ　④ ㅇ

해설 '象舌附上齶之形(상설부상악지형)'은 '혀끝이 윗잇몸에 닿는 모양을 본뜸'이라는 뜻으로 초성의 기본자 중 'ㄴ'의 제자원리에 대한 설명이다.

**핵심정리**

**훈민정음 초성 체계**

| 구분 | 예사소리(全淸) | 거센소리(次淸) | 된소리(全濁) | 울음소리(不淸不濁) |
|---|---|---|---|---|
| 어금닛소리 | ㅋ | ㆁ | ㄱ | ㄲ |
| 혓소리 | ㅌ | ㄴ | ㄷ | ㄸ |
| 입술소리 | ㅂ | ㅍ | ㅃ | ㅁ |
| 잇소리 | ㅈ, ㅅ | ㅊ | ㅆ, ㅉ | |
| 목구성소리 | ㆆ | ㅎ | ㆅ | ㅇ |
| 반혓소리 | | | | ㄹ |
| 반잇소리 | | | | ㅿ |

정답 01 ③ 02 ③ 03 ③ 04 ②

## 05

**다음 중 가장 먼저 없어진 글자는?**

① ㆍ　　② ㆁ

③ ㅿ　　④ ㆆ

**해설** 소실 순서 및 시기

| ㆆ, ㅸ, ㆅ, ㆀ : 세조 이후에 소실 |
|---|

↓

| ㅿ → ㆁ : 임진왜란 직전 · 후에 소실 |
|---|

↓

| ㆍ : 1933년 한글 맞춤법 통일안에 의해 완전 소실 |
|---|

## 06

**훈민정음 28자음 체계에 들어 있지만 국어의 음운 단위로 볼 수 없는 글자는?**

① ㆁ, ㆆ　　② ㅸ, ㆆ

③ ㆁ, ㅿ　　④ ㆆ, ㅿ

**해설** ①은 국어의 음운 단위로는 형식적인 자음이고 실질적으로는 한자음을 표기하기 위한 글자였다. 그러나 'ㆁ'은 '달아'(소리값이 없다면 '다라'로 표기)와 같이 유성 후두 마찰음으로 사용되기도 했다.

**핵심정리**

**동국정운식 한자음**

- 중국 원음에 가까운 개신(改新) 한자음
- 실제 현실음과 거리가 먼 이상음
- 세조 이후 소멸

## 07

**다음 중 한글에 대한 설명으로 옳지 않은 것은?**

① 제자 원리에 있어서 자음은 발음 기관을 상형했고, 모음은 삼재(三才)의 원리를 모방하였다.

② 현재의 한글은 현대 사회를 반영하면서 창제 당시에 비해 음운과 어법이 매우 복잡해졌다.

③ 세종 대왕에 의해 1446년에 '훈민정음'이라는 이름으로 일반인들에게 반포되어 사용되기 시작했다.

④ 한글 자모의 명칭과 순서를 처음으로 규정한 것은 1527년에 간행된 최세진의 『훈몽자회』이다.

**해설** 현재의 한글은 실용성에 의해 일부 자음과 모음, 방점 등이 소실되고, 엄격하게 지켜지던 모음조화 현상이 일부 파괴되면서 음운과 어법이 간단해졌다.

## 08

**다음 중 시제가 다른 것은?**

① ᄂᆞᆫ홨도다.

② 내 롱담ᄒᆞ다라.

③ 네 아비 ᄒᆞ마 주그니라

④ 고ᄌᆞᆯ 몯드리라

**해설** '꽃을 못 얻을 것이다'라는 의미로서 용언어간 '몯(못)'과 선어말어미 '드'에 미래시제 '-리-'가 결합한 형태이다.
① 나누었도다.
② 내가 농담하였다.
③ 이미 죽었다.

## 09

**다음 글에서 설명한 내용의 예(例)로 옳지 않은 것은?**

> 우리말은 여러 가지 변천을 겪어 왔다. 그 변천 유형에는 음운 변화와 유추, 차용이 있다. 먼저 음운 변화 중 대표적인 것으로는 동화(同化)를 들 수 있다. 동화란 어떤 음의 영향으로 다른 음이 그와 닮아지는 음운의 변화를 말한다. 동화에는 앞의 음의 영향으로 뒤의 음이 변하는 순행(順行) 동화와 그 반대인 역행(逆行) 동화가 있다. 자연적 음운 과정의 대부분은 동화이지만 축약이나 생략, 첨가, 이화(異化) 등도 자주 일어난다. 이 중에서 이화는 동화와 반대로 한 음운을 다른 소리로 바꾸어 표현하는 음운의 변화이다. 이화에는 자음이 바뀌는 자음 이화와 모음이 바뀌는 모음 이화가 있다.

① 근대 국어의 '잡히다〉잽히다'에서 '잡'의 'ㅏ'가 'ㅐ'로 바뀐 것은 '히'의 'ㅣ' 때문이므로 '역행 동화'이다.

② 옛날에는 '거붑(龜)'으로 사용되던 것이 오늘날 '거북'으로 변화된 것은 자음 이화의 대표적인 경우이다.

③ '어미〉에미(母)'는 '어'와 '미'의 모음이 비슷하여 '어'의 모음을 바꾼 것으로 모음 이화에 속한다.

④ '믈〉물(水)'에서 모음 'ㅡ'가 'ㅜ'로 바뀐 것은 '입술소리'인 'ㅁ' 아래에서 일어난 것이므로 순행 동화이다.

**해설** 이화 현상이란 한 단어 안에서 같거나 비슷한 두 음이 이웃하여 있을 때, 그 가운데 한 음을 다른 음으로 바꾸거나 탈락시켜 발음의 단조로움을 피하는 음운 현상이다.

예 나모 → 나무, 거붑 → 거북, 서르 → 서로, 븑 → 북

※ 에미 – '어미'의 잘못

## 10

**다음 밑줄 친 것과 같은 기능을 가진 조사는 무엇인가?**

> 보리밥 풋나물이 고기두곤 맛이 이셰

① 나랏말ᄊᆞ미 中듕國귁에 달아

② 狄人(적인)ㅅ 서리예 가샤

③ 아당ᄒᆞ기 잘 ᄒᆞᄂᆞᆫ 이를 벋ᄒᆞ며

④ 멀위랑 ᄃᆞ래랑 먹고 靑山에 살어리랏다

**해설** 밑줄 친 조사는 비교격으로 쓰였다.

② 사이에(부사격)

③ 이를(목적격)

④ 머루랑(접속격)

**핵심정리**

**중세국어의 조사**

- **목적격 조사** : '올(을), 롤(를)'로 원형태는 'ㄹ', '올/을'은 자음 충돌을 피하기 위한 매개모음 'ᄋᆞ/으'가 삽입된 형태
- **접속격 조사** : '–와, –(이)며, –(이)랑, –이(여), –(이)야' 등을 사용, '–와'는 현대 국어와 다르게 맨 뒤에 놓인 체언에도 연결된다.
- **부사격 조사** : '–애'는 양성 모음 뒤에, '–에'는 음성 모음 뒤에, '–예'는 'ㅣ' 모음 뒤에 붙음

제2편 고전 문학

정답 05 ④ 06 ① 07 ② 08 ④ 09 ③ 10 ①

# 실전문제 제2장 고대 · 중세 · 근대 국어

## 대표유형문제

국가직 9급 기출

**훈민정음에 대한 설명으로 옳지 않은 것은?**

① 초성자는 훈민정음 해례본의 설명에 따르면 발음 기관의 모양을 본떠 만들었다.
② 중성자는 훈민정음 해례본의 설명에 따르면 천지인(天地人) 삼재(三才)를 기본으로 만들었다.
❸ 현대 한글맞춤법에 제시된 한글 자모의 순서는 '훈몽자회(訓蒙字會)'의 자모 순서와 같다.
④ 훈민정음이 처음 만들어졌을 때는 'ㄱ'을 '기역'이라 부르지 않았던 것으로 보인다.

**정답해설** 현대 한글맞춤법에 제시된 한글 자모의 순서는 『훈몽자회(訓蒙字會)』를 바탕으로 하고 있으나 그 순서는 약간 차이가 있다.

- 『훈몽자회』의 자음은 '초성종성통용 8자'인 'ㄱ(基役), ㄴ(尼隱), ㄷ[池(末)], ㄹ(梨乙), ㅁ(眉音), ㅂ(非邑), ㅅ[時(衣)], ㆁ(異凝)'과 '초성독용 8자'인 'ㅋ(箕), ㅌ(治), ㅍ(皮), ㅈ(之), ㅊ(齒), ㅿ(而), ㅇ(伊), ㅎ(屎)'의 순서이며, 현대 한글맞춤법에 제시된 한글 자모에서는 'ㅿ'이 없어지고 'ㅇ'이 'ㅈ, ㅊ' 앞에 놓이게 되었다.
- 『훈몽자회』의 모음은 'ㅏ(阿), ㅑ(也), ㅓ(於), ㅕ(余), ㅗ(五), ㅛ(要), ㅜ(牛), ㅠ(由), ㅡ(應不用終聲), ㅣ(伊只用中聲), ㆍ(思不用初聲)'의 순서로 이것은 중성 모음 'ㅡ'와 'ㅣ'를 뒤로 빼고 양성 모음과 음성 모음, 기본자와 가획자의 순서로 배열한 것이다.

**오답해설** ① 훈민정음 초성의 제자 원리는 발음 기관의 상형과 가획이다. 기본자의 아음 'ㄱ'은 혀뿌리가 목구멍을 막는 모양을, 설음 'ㄴ'은 혀끝이 윗잇몸에 닿는 모양을, 순음 'ㅁ'은 입술 모양을, 치음 'ㅅ'은 이의 모양을 후음 'ㅇ'은 목구멍의 모양을 본떠 만들었다.
② 훈민정음의 중성자는 천지인(天地人)의 삼재(三才)를 기본으로 만들어졌다. 양성 모음 'ㆍ'는 하늘의 둥근 모양을, 음성 모음 'ㅡ'는 땅의 평평한 모양을, 중성 모음 'ㅣ'는 사람이 서 있는 모양을 기본으로 한다.
④ 오늘날 'ㄱ'을 '기역'이라고 부르게 된 것은 『훈몽자회』에 의거한 것이다. 하지만 『훈몽자회』의 범례를 살펴보면 자음의 명칭은 모두 '기, 니, 디, 리, 미, 비, 시, 이'에다 '으'에 해당 자음을 받침으로 해서 그 명칭을 규정한 것으로 보인다. 이를 통해 훈민정음이 처음 만들어졌을 때 'ㄱ'의 발음이 지금과 달랐음을 짐작해 볼 수 있다.

**핵심정리** 『훈몽자회(訓蒙字會)』

1527년(중종 22) 최세진이 지은 한자 학습서이다. 상 · 중 · 하 3권에 나누어 한자 3,360자를 4자 유취로 33항목으로 갈라 한글로 음과 뜻을 달았다. 이 책의 상권 첫머리에 훈몽자회인(訓蒙字會引)과 범례가 실려 있는데 범례의 끝에 언문자모(諺文字母)라 하여 그 당시의 한글 체계와 용법에 대하여 간략히 설명하고 있다. 한자 3,360자마다 새김, 소리, 주석을 붙여 놓았는데 이는 우리말의 역사와 한국의 한자음 연구에 소중한 자료가 되고 있다.

## 01

**천지인 자판의 입력 방식 중, 훈민정음 창제에 나타난 '가획(加劃)의 원리'에 해당하는 것은?**

① 'ㄱ'을 두 번 누르면 'ㄷ'이 되고, 'ㄷ'을 두 번 누르면 'ㅌ'이 된다.

② 'ㄱ' 다음에 'ㄱ'을 누르면 'ㅋ'이 되고, 'ㄷ' 다음에 'ㄷ'을 누르면 'ㅌ'이 된다.

③ 'ㅣ' 다음에 'ㆍ'를 누르면 'ㅓ'가 되고, 'ㆍ' 다음에 'ㅡ'를 누르면 'ㅜ'가 된다.

④ 'ㆍ' 다음에 'ㅡ'를 누르면 'ㅛ'가 되고, 다음에 'ㅣ'를 누르면 'ㅚ'가 된다.

해설 가획은 문자에 획수를 더해 다른 새로운 글자를 만드는 것을 말한다. 초성자의 기본자는 발음기관의 모양을 본떠 만들었고(상형설), 그 밖의 글자들은 이 기본자에 획을 더하여 만들어졌다. ㄱ에 획을 더하여 ㅋ을, ㄴ에서 ㄷ · ㅌ을, ㅁ에서 ㅂ · ㅍ을, ㅅ에서 ㅈ · ㅊ을, ㅇ에서 ㆆ · ㅎ 을 만든 것이다.

① 둘 이상의 자음이나 모음을 아울러 쓰는 병서에 대한 설명이다. 'ㄲ, ㄸ, ㅃ, ㅉ, ㅆ'처럼 같은 문자들을 아울러 쓰는 것을 각자병서(各自竝書)라 하고, 'ㅺ, ㅼ, ㅽ/ㅳ, ㅄ, ㅶ/ㅴ, ㅵ(초성 합용병서)', 'ㅘ, ㅝ, ㅙ, ㅞ(중성 합용병서)', 'ㄳ, ㄺ, ㄻ, ㄼ, ㅀ(종성 합용병서)'처럼 서로 다른 문자들을 아울러 쓰는 것을 합용병서(合用竝書)라 하였다.

③ 'ㅣ' 다음에 'ㆍ'를 누르면 'ㅏ'가 되고, 'ㆍ' 다음에 'ㅡ'를 누르면 'ㅗ'가 된다. 이것은 중성 초출자에 대한 설명으로 'ㅗ, ㅏ, ㅜ, ㅓ'의 넉자를 초출자(初出字)라고 한다. 이 중성자들은 'ㆍ'와 'ㅡ, ㅣ'가 결합해서 만들어진 것이다.

④ 'ㅏ' 다음에 'ㅣ'를 누르면 'ㅐ'가 되고, 'ㅗ' 다음에 'ㅏ'를 누르면 'ㅘ'가 된다. 이것은 합용(合用)의 방식으로, 모음의 경우, 'ㆍ, ㅡ, ㅗ, ㅏ, ㅜ, ㅓ'에 'ㅣ'를 병서하여, 'ㆎ, ㅢ, ㅚ, ㅐ, ㅟ, ㅔ'를 만들고 'ㅗ'와 'ㅏ', 'ㅜ'와 'ㅓ'를 합용하여 'ㅘ, ㅝ'를 만드는 것이다.

**핵심정리**

**훈민정음 '제자해' 중에서(중성)**

ㆍ는 혀가 오그라지고 소리가 깊으니, 하늘이 자에서 열림이다. 꼴이 둥긂은 하늘을 본뜬 것이다. ㅡ는 혀가 조금 오그라지고 소리가 깊지도 않고 얕지도 않으니, 땅이 축에서 열림이다. 꼴이 평평함은 땅을 본뜬 것이다. ㅣ는 혀가 오그라지지 않고 소리가 얕으니, 사람이 인에 남이다. 꼴이 섬[立]은 사람을 본뜬 것이다. 이 다음 여덟 소리는 하나가 닫히고 하나가 열리니, ㅗ는 ㆍ로 더불어 같되 입을 오므리는 것이고, 그 꼴은 ㆍ와 ㅡ를 합하여 된 것이니, 하늘과 땅이 처음 사귀는 뜻이다. ㅏ는 ㆍ로 더불어 같되 입을 벌리는 것이고, 그 꼴은 ㅣ와 ㆍ를 합하여 된 것이니, 하늘과 땅의 작용이 사물에 나타내되 사람을 기다려서 이루어지는 뜻을 취함이다. ㅜ는 ㅡ로 더불어 같되 입을 오므리는 것이고, 그 꼴은 ㅡ와 ㆍ를 합하여 된 것이니, 역시 하늘과 땅이 처음 사귀는 뜻을 취함이다. ㅓ는 ㅡ로 더불어 같되 입을 벌리는 것이고, 그 꼴은 ㆍ와 ㅣ를 합하여 된 것이니, 역시 하늘과 땅의 작용이 사물에 나타나되 사람을 기다려서 이루어지는 뜻을 취함이다. ㅛ는 ㅗ로 더불어 같되 ㅣ에서 일어나고, ㅑ는 ㅏ로 더불어 같되 ㅣ에서 일어나고, ㅠ는 ㅜ로 더불어 같되 ㅣ에서 일어나고, ㅕ는 ㅓ로 더불어 같되 ㅣ에서 일어나는 것이다.

## 02

**고려 시대의 국어를 연구하는 문헌 자료로 볼 수 없는 것은?**

① 계림유사(鷄林類事)

② 조선관역어(朝鮮館譯語)

③ 동국정운(東國正韻)

④ 향약구급방(鄕藥救急方)

해설 『동국정운』은 세종 29년에 완성된 것으로, 당시 한자음의 표기와 발음에 관한 책이다. 이는 조선 전기의 국어 자료에 해당한다.

제2편 고전 문학

정답 01 ② 02 ③

## 03

**다음 예문에서 보듯이 한자의 뜻을 빌어 지명을 표기한 예로 제시하기에 적절하지 못한 것은?**

영동군(永同郡)은 본래 길동군(吉同郡)인데 경덕왕이 이름을 고쳤으며, 지금 이를 그대로 쓰고 있다.
永同郡 本吉同郡 景德王改名 今因之

① 밤실 → 율곡(栗谷)
② 벌말 → 평촌(平村)
③ 화성 → 수원(水原)
④ 삼베 → 마포(麻布)

해설 화성(華城)은 수원성을 가리키는 한자어이다.
① 밤실 → 栗(밤 율), 谷(골 곡)
② 벌말 → 平(평평할 평), 村(마을 촌)
④ 삼베 → 麻(삼 마), 布(베 포)

## 04

**다음 특징이 가장 잘 나타난 국어의 시기는?**

- 모음조화 현상을 엄격하게 지킴
- 성조가 있어서 방점으로 표기됨
- 연철(이어적기) 표기 방식이 보편적임

① 원시 국어 ② 고대 국어
③ 중세 국어 ④ 근대 국어

해설 임진왜란 전후인 후기 중세 국어(15, 16세기)의 특징에 해당한다.

- 모음조화 현상 : 중세 국어에서는 모음조화를 철저하게 지켰다. 한 단어 안에서도 지켜지고, 명사와 조사와의 결합, 동사나 형용사의 어간과 어미의 결합에서도 지켜졌다. 그러나 모음조화 규칙은 임진왜란 후 문란해지기 시작하여 현대에는 의성어, 의태어, 연결 어미(어/아), 명령형 어미(아라/어라), 과거 시제 선어말 어미(었/았) 등에서만 지켜지고 있다.
- 성조 : 중세 국어에서는 성조(聲調)가 존재하여 방점이 쓰였다. 이는 임진왜란 때까지 사용되었고 그 이후 소멸되었다.
- 연철(이어적기) 표기 방식 : 띄어쓰기를 하지 않고 어절을 모두 붙여 썼으며 표음 위주로 음절의 끝소리가 뒤 음절에 이어져 발음될 때, 뒤 음절의 첫소리로 이어 적었다.

## 05

**훈민정음 종성해의 8종성법에 규정된 받침보다 더 많은 받침을 쓰고 있는 문헌이 올바르게 짝지어진 것은?**

① 용비어천가, 월인천강지곡
② 두시언해, 용비어천가
③ 월인천강지곡, 석보상절
④ 두시언해, 월인천강지곡

해설 용비어천가와 월인천강지곡은 세종의 시험적 표기였다. 그렇다고 해서 종성부용초성의 예가 되는 것은 아니다. 종성부용초성은 제자(製字) 원리이다.

**※ 다음 글을 읽고 물음에 답하시오. (06~10)**

> 海東(해동) 六龍(육룡)이 ᄂᆞᄅᆞ샤 일마다 天福(천복)이시니
> 古聖(고성)이 同符(동부)ᄒᆞ시니
> 불휘 기픈 남ᄀᆞᆫ ㉠ ᄇᆞᄅᆞ매 아니 뮐ᄊᆡ, 곶 됴코 ㉡ 여름 하ᄂᆞ니
> ᄉᆡ미 기픈 므른 ㉢ ᄀᆞᄆᆞ래 아니 그츨ᄊᆡ, 내히 이러 ㉣ 바ᄅᆞ래 가ᄂᆞ니
> 千世(천세) 우희 미리 定(정)ᄒᆞ샨 漢水(한수) 北(북)에 ⓐ 累仁開國(누인개국)ᄒᆞ샤
> 卜年(복년)이 ᄀᆞᆺ 업스시니
> 聖神(성신)이 니ᅀᆞ샤도 ⓑ 敬天勤民(경천근민)ᄒᆞ샤ᅀᅡ, 더욱 구드시리이다
> ⓒ 님금하 ⓓ 아ᄅᆞ쇼셔 洛水(낙수)예 山行(산행) 가이셔 하나빌 미드니잇가

## 06

**위 글의 내용을 통해 알 수 있는 것으로 옳지 않은 것은?**

① '불휘 기픈 남ᄀᆞᆫ'은 현대 국어로 '뿌리 깊은 나무'로 읽을 수 있다.

② '六龍(육룡)'은 조선 건국 시조인 육조를 비유적으로 표현한 것이다.

③ '님금하'의 '-하'는 호격조사로 님금을 높여 부르고 있다.

④ 'ᄀᆞᄆᆞ래'를 통해 중세 국어는 분철표기가 보편적으로 쓰였다.

해설 분철 표기는 표의적 표기로, 어원대로 적는 것을 원칙으로 하는 것이다. 위의 글이 등장한 15세기에는 소리 나는 대로 적는, 표음적 표기인 연철표기가 주로 사용되었다.

## 07

**위 글을 통해 유추할 수 있는 내용으로 적절한 것은?**

① 이전에 한문으로 쓰인 것을 '언해(諺解)'한 것이다.

② 내용상 극적인 내용을 시적 언어로 표현한 '서사시'의 형태를 갖추고 있다.

③ 영웅서사적인 구조를 갖추고 있으며, 궁중 음악으로서 연주되었을 것이다.

④ 고려를 건국할 때부터 활약했던 시조들을 찬양하는 '송축가'의 기능을 하고 있다.

해설 위의 글은 조선 건국의 명분을 합리화하기 위해 조상의 공덕을 찬양하는 내용이 주를 이루고 있다. 그렇기에 궁중 음악으로서 연주되었을 것이며, 영웅서사적인 구조를 갖추고 있다.

## 08

**㉠~㉣에 대한 풀이로 옳지 않은 것은?**

① ㉠ : 바람에

② ㉡ : 여름

③ ㉢ : 가뭄에

④ ㉣ : 바다까지

해설 열매(實)의 옛 말은 '여름'으로 열매가 맺는 것을 어간 '열-'에 명사 접미사 '-음'이 결합한 것익다. 여름(夏)은 옛말로 '녀름'이라 불렀다.

정답 03 ① 04 ③ 05 ① 06 ④ 07 ③ 08 ②

## 09 국가직 7급 기출

**ⓐ~ⓓ에 대한 설명으로 적절하지 않은 것은?**

① ⓐ에서 '-샤'는 주체 높임 선어말어미에 연결어미 '-아'가 결합된 형태로, 현대국어의 '-시어'에 대응된다.

② ⓑ에서 '-ᅀᅡ'는 선행하는 활용형과 결합하여 그 뜻을 강조하는 조사로, 현대국어의 '-서'에 대응된다.

③ ⓒ에서 '-하'는 높임을 받는 대상에 쓰는 호격조사로, 현대국어의 '-이시여'에 대응된다.

④ ⓓ에서 '-쇼셔'는 청자를 높여 주며 명령을 나타내는 종결어미로, 현대국어의 '-십시오'에 대응된다.

해설 '敬天勤民(경천근민)ᄒᆞ샤ᅀᅡ'는 敬天勤民(경천근민)에 동사 'ᄒᆞ', 주체 높임 표현 '샤'에 강세 보조사인 'ᅀᅡ'가 결합된 형태이고, '-야'로 읽어야 자연스러우므로 '경천근민하셔야'로 풀이된다. 따라서 '-서'는 적절하지 않다.

**핵심정리**

**『용비어천가(龍飛御天歌)』 현대역**

해동(우리나라)의 여섯 용(임금)이 날으시어서, 그 하시는 일마다 모두 하늘이 내린 복이시니,
(이것은) 중국 고대의 여러 성군이 하신 일과 부절을 맞춘 것처럼 일치하십니다.
뿌리가 깊은 나무는 바람이 불어도 흔들리지 아니하므로, 꽃이 좋고 열매가 많습니다.
원천이 깊은 물은 가뭄에도 끊이지 아니하므로, 내를 이루어 바다까지 흘러갑니다.
천세 전부터 미리 정하신 한강 북(한양)에 어진 덕을 쌓아 나라를 여시어, 나라의 운수가 끝이 없으시니 훌륭한 후대왕이 (왕위를) 이으셔도 하늘을 공경하고 백성을 부지런히 다스리셔야 (왕권이) 더욱 굳으실 것입니다.
(후대의) 임금이시여, 아소서. (하나라 태강왕이) 낙수에 사냥 가서 (백일이 되어도 돌아오지 않아, 드디어 폐위를 당했으니) 할아버지(우왕, 조상의 공덕)만 믿으시겠습니까?

## 10

**위 글이 등장한 시기의 언어특징으로 적절하지 않은 것은?**

① 모음조화를 엄격하게 지켰다.

② 'ㅸ, ㆆ, ㆅ, ㅿ, ㆁ' 등이 빈번하게 나타난다.

③ 종성부용초성을 적용해 앞글자의 받침을 어미의 초성으로 이어 적었다.

④ 연철표기가 주가 되었으며, 사성점을 사용해 성조를 표기하였다.

해설 '종성부용초성'은 체언과 용언의 기본 형태를 밝혀 적는 원칙으로, 앞글자의 받침을 어미의 초성으로 이어 적는 것은 연철(이어적기)에 해당된다.

## 11

**임진왜란 후 17세기 초부터 19세기 말까지의 국어를 근대 국어라 한다. 이 시기 국어의 특징을 설명한 것으로 바른 것은?**

① 한글 사용의 폭이 좁아졌다.

② 방점 체계가 철저히 지켜졌다.

③ 모음조화 현상이 전대보다 엄격히 지켜졌다.

④ 문자 'ㆁ, ㆆ, ㅿ'이 사라져 문자 체계에 변화가 생겼다.

해설 근대국어에 들어서면 방점과 성조가 사라지고 쓰임에 혼동이 있었던 여린히읗, 반치음, 꼭지이응 등의 문자가 완전히 사라져 더 이상 쓰이지 않게 되었다.
① 한글 사용의 폭이 확대되었다.
② 방점이 완전히 소실되었다.
③ 모음조화 현상이 붕괴되었다.

## 12 법원직 9급 기출

**다음 글은 1896년 '독립 신문' 창간호 사설의 일부이다. 다음 중 설명이 가장 올바르지 못한 것은?**

> 우리신문이 한문은 아니쓰고 다만 국문으로만 쓰는거슨 샹하귀쳔이 다보게 홈이라 또 국문을 이러케 귀졀을 떼여 쓴즉 아모라도 이신문 보기가 쉽고 신문속에 잇는말을 자세이 알어 보게 홈이라.

① 독립 신문 창간의 취지를 밝힌 글이다.
② 현대 국어에서보다 어절 단위의 띄어쓰기가 잘 이루어지지 않고 있다.
③ 한문의 어순을 그대로 직역한 문투를 반영하고 있다.
④ 음가가 소실된 글자가 쓰여 보수적인 모습을 보인다.

해설 '독립 신문 창간의 취지'가 아닌, '국문으로 쓴 이유'와 '띄어쓰기를 한 까닭'에 대해 설명하고 있다.
② '우리신문, 아니쓰고, 쓰는거슨, 다보게, 신문속에' 등 띄어쓰기를 시도했으나, 어절 단위의 띄어쓰기는 현대 국어에 비해 잘 이루어지지 않았음을 확인할 수 있다.
③ '아니쓰고'에서 한문의 어순을 그대로 직역한 문투를 찾아볼 수 있다.
④ 음가가 없는 'ㆍ'가 여전히 쓰이고 있으며, '홈이라'와 같이 이미 소멸된 어미 '오'가 쓰여 보수적인 모습을 보인다.

**핵심정리**

**독립 신문 창간의 취지 부분**

> 우리신문은 빈부 귀쳔을 다름업시 이신문을 보고 외국 물정과 ᄂᆡ지 ᄉᆞ졍을 알게 ᄒᆞ랴는 뜻시니 남녀 노소 상하귀쳔 간에 우리신문을 ᄒᆞ로 걸너 몃 ᄃᆞᆯ간 보면 새지각과 새학문이 싱길걸 미리 아노라.

해설 : 우리 신문은 빈부귀천을 차별하지 않고 이 신문을 보고 외국의 사정과 우리나라의 사정을 알게 하려는 뜻이니 남녀노소 상하귀천 간에 우리 신문을 하루걸러 몇 달간만 보면 새로운 지각(知覺)과 새로운 학문이 생길 것이라는 것을 미리 알겠노라.

## 13

**표기 체계가 한문에서 한글로 바뀐 문화사상의 이론만 열거된 것은?**

① 자주정신 – 사대주의 – 이상주의 – 실용주의
② 자주정신 – 독립정신 – 민족주의 – 실용주의
③ 자주정신 – 창조정신 – 평등정신 – 실용주의
④ 자주정신 – 배타정신 – 사대주의 – 실용주의

해설 훈민정음 창제의 목적은 자주, 애민, 실용 정신의 구현이다. 또한 우리나라 한자음의 정리와 표기의 통일이다.



정답 09 ② 10 ③ 11 ④ 12 ① 13 ②

## 14

**한글 창제가 국문학사에서 갖는 의의로 옳지 않은 것은?**

① 기록 문학의 시작

② 국가 체제의 정비

③ 국문 문학의 시작

④ 평민들의 글자 생활

해설 한글 창제 이후 글자를 몰랐던 백성들이 읽고 쓸 수 있는 기회가 생겼다. 한글 창제는 순 우리 국문으로만 기록할 수 있는 획기적인 발명이었다. 한글은 유네스코 세계기록유산으로 지정되어 있다.

## 15

**다음 중 실용적인 외국어 학습서는?**

① 소학언해(小學諺解)

② 유서필지(儒胥必知)

③ 노걸대언해(老乞大諺解)

④ 조선관역어(朝鮮館譯語)

해설

| | |
|---|---|
| 소학언해 | 주자(朱子)의 「소학(小學)」을 한글로 번역한 책 |
| 유서필지 | 이두문(吏讀文)을 읽는 법, 쓰는 법 및 주석 작례(作例) 등을 수록한 조선 후기의 서식용례집(書式用例集) |
| 조선관역어 | 중국 명나라 때 편찬한 중국어와 국어 대역(對譯) 어휘집. 한국 한자음 연구의 중요 자료 |
| 노걸대언해 | 조선 정조 때 간행된 「노걸대(老乞大)」를 한글로 번역한 책. 중국어 회화책으로 중국어와 한국어의 옛 모습을 연구하는 데 중요한 자료 |

**※ 다음 글을 읽고 물음에 답하시오. (16~17)**

㉠ ㅇ·ㄹ 입시·울쏘·리 아·래 니·ㅅ·쓰·면 입시·울가·비야·ㅸ소·리 ᄃᆞ외ᄂᆞ·니·라.

㉡ ·첫소·리·를 ·어·울·워 ·ᄡᅳ·디·면 ᄀᆞᆯ·바·쓰·라. 乃:냉終즁ㄱ 소·리·도 ᄒᆞᆫ가·지·라.

㉢ ·와 ㅡ·와 ㅗ와 ㅜ·와 ㅛ·와 ㅠ·와·란 ·첫소·리 아·래 브·텨 쓰·고, 이·와 ㅏ·와 ㅓ·와 ㅑ·와 ㅕ·와·란 ·올ᄒᆞᆫ녀·긔 브·텨 ·쓰·라.

㉣ 믈읫 字·쭝ㅣ 모 ·로·매 어·우러·사 소·리 :이ᄂᆞ·니.

## 16

**위 글에서 설명하고 있는 것은?**

① 의미론 ② 음운론

③ 통사론 ④ 형태론

해설 훈민정음 언해본에 실린 음운론상의 규정이다.

핵심정리

**중세국어의 음운론**

- **초성** : 발음기관을 본따 만든 기본자(ㄱ, ㄴ, ㅁ, ㅅ, ㅇ), 가획자(ㅋ, ㄷ, ㅌ, ㅂ, ㅍ, ㅈ, ㅊ, ㆆ, ㅎ), 이체자(ㄹ, ㅿ, ㆁ)으로 구성
- **중성** : 성리학적인 관점인 천지인(天地人)에 따른 기본자(·, ㅡ, ㅣ), 조출자(ㅗ, ㅏ, ㅜ, ㅓ), 재출자(ㅛ, ㅑ, ㅠ, ㅕ)로 구성
- **종성** : 초성을 다시 씀

## 17

**위 글에 제시된 ㉠~㉣의 규정을 바르게 지적하지 못한 것은?**

① ㉠ 연서 규정
② ㉡ 횡서 규정
③ ㉢ 부서 규정
④ ㉣ 음절(성음) 규정

해설 병서(竝書) 규정은 자음을 나란히 붙여 쓰는 것으로 ㉡의 '초성을 합하여 쓸 것이 아니면 나란히 쓴다'에서 알 수 있다. 횡서(橫書) 규정이라는 용어는 '가로쓰기'에 해당되는 것으로 거리가 멀다.
① 연서 규정 : 세로 쓰기에서 자음을 위아래로 이어 쓰는 것
③ 부서 규정 : 자음에 모음을 붙여 쓰는 것
④ 음절(성음) 규정 : 낱글자를 합하여 음절을 만드는 것

## 18

**조선 후기 국어를 연구하는 문헌 자료로 볼 수 있는 것은?**

① 동국신속삼강행실도
② 계림유사
③ 동국정운
④ 대명률직해

해설 동국신속삼강행실도는 삼강행실도, 속삼강행실도의 속편으로서 충효의 사례를 계급, 성별에 관계없이 모은 책이다. 17세기에 편찬되었으며, 이 시기의 국어는 ㅿ, ㆁ, 성조 등이 소멸했고 구개음화, 원순모음화, 전설모음화 현상 등이 출현했다.

## 19

**16세기 국어의 특징이 아닌 것은?**

① 명사형의 '-오/-우'가 탈락되기도 하였다.
② 모음조화 현상이 현저하게 문란해졌다.
③ 끊어 적기와 혼철이 자주 나타났다.
④ 성조 체계는 잘 지켜졌다.

해설 16세기 국어는 15세기 국어의 규칙성, 규범성 등이 혼란해졌다. 방점이 찍히기는 했으나 성조 체계 자체는 규칙성을 상실하였다.

## 20

**우리말 어순으로 풀어 쓴 한문 문장인 서기체 형태에 문법 형태소를 보충하는 차자 표기로서, 조선 초 대명률직해(大明律直解)에 이르러 그 체계가 완성되었으며, 19세기 말까지 공문서, 상용문서 등에 사용된 표기 체계는?**

① 향찰 ② 구결
③ 이두 ④ 한자

해설 이두는 한자의 음과 훈을 빌려 우리말을 적은 표기법이다.

핵심정리

**고유명사의 표기**
- **향찰** : 한자의 음과 훈을 빌려 국어를 표기하던 방식
- **이두** : 한자의 어순을 국어의 어순으로 바꾸고, 조사 등을 붙인 것
- **구결** : 한자 어순을 바꾸지 않고, 중간에 조사로 삽입하여 한문을 읽는데 용이하게 함



정답 14 ② 15 ③ 16 ② 17 ② 18 ① 19 ④ 20 ③

## 21

**다음 ㉠~㉣에 대한 뜻풀이로 적절하지 않은 것은?**

> :유·익ᄒᆞᆫ ·이 :세 가·짓 :벋·이오, :해·로온 ·이 :세가·짓 :벋·이니, 直·딕ᄒᆞᆫ·이ᄅᆞᆯ :벋ᄒᆞ며, ㉠ :신·실ᄒᆞᆫ ·이ᄅᆞᆯ :벋ᄒᆞ·며, ㉡ 들:온·것한·이·ᄅᆞᆯ :벋ᄒᆞ·면 :유·익ᄒᆞ·고, :거·동·만니·근이·ᄅᆞᆯ :벋ᄒᆞ·며, ㉢ 아:당ᄒᆞ·기잘 ·ᄒᆞ·ᄂᆞᆫ·이·ᄅᆞᆯ :벋ᄒᆞ·며, ㉣ :말ᄉᆞᆷ·만니·근 ·이ᄅᆞᆯ :벋ᄒᆞ·면해·로·온이·라.

① ㉠ : 믿음직한 사람

② ㉡ : 남의 말을 잘 듣는 사람

③ ㉢ : 아첨을 잘하는 사람

④ ㉣ : 말만 그럴 듯하게 하는 사람

**해설** 들:온·것한·이는 들은 것(견문, 학식)이 많은 사람을 의미하며 남의 말을 잘 듣는 사람과 거리가 멀다.

## 22

**다음 중 사성법에 대한 설명 중 틀린 것은?**

① 평성은 처음과 끝이 다 낮은 소리로 방점을 찍지 않고, 후대에 단음으로 변한다.

② 상성은 처음은 낮으나 끝이 높은 소리로 2점을 찍고, 후대에 장음으로 변한다.

③ 거성은 처음과 끝이 다 높은 소리로 1점을 찍고, 후대에 단음으로 변한다.

④ 사성점은 글자의 오른쪽에 점을 찍는 방법으로 소리와 높낮이를 나타내었다.

**해설** 글자의 왼쪽에 점을 찍는 방법으로 음의 높낮이를 나타낸 것으로 중세국어까지 엄격하게 지키다가 17세기에 들어 사라졌다.

## 23

**다음 (　　) 안에 들어갈 알맞은 것은?**

> ㅂ·ᄂᆞᆫ(　　　　)·니 ᄇᆑᇙ쫑字·처·ᅀᅥᆷ ᄂᆞᆫ ·펴·아·나ᄀᆞ 소·리 ·ᄐᆞ·ᄅᆞ·니·라.
> 바·쫑·쓰·면 步뽕ᅙ字·처·ᅀᅥᆷᄂᆞᆫ·펴·아·나ᄀᆞ 소·리 ·ᄐᆞ·ᄂᆞᆫ·니·라.
> ㅍ·ᄂᆞᆫ(　　　　)·니 漂쫑ᄫ字·처·ᅀᅥᆷ ·펴·아·나ᄂᆞᆫ 소·리 ·ᄀᆞ·ᄐᆞ·니·라.
> ㅁ·ᄂᆞᆫ(　　　　)·니 彌밍ᅙ字·쫑·처ᅀᅥᆷ ·펴·아·나ᄂᆞᆫ 소·리 ·ᄀᆞ·ᄐᆞ·니·라.

① 엄쏘리　　② 혀쏘리

③ 입시울쏘리　　④ 니쏘리

**해설** 이 글은 「훈민정음」 언해본으로, 초성의 제자 원리와 음가를 설명하고 있다. 제시문은 순음(입시울쏘리)에 관한 내용이다.

**핵심정리**

**훈민정음언해본**

훈민정음에는 한문으로 된 해례본이 있으며, 이를 언문으로 풀어 쓴 언해본이 있다. 책의 구성은 한문을 짧은 구절로 나누어 토(吐)를 달고, 한자마다 뜻풀이를 하고, 구절 전체를 번역했다.

## 24

**밑줄 친 구문에 나타나 있는 문법 범주는?**

> 四海를 년글 주리여 ᄀᆞᄅᆞ매 비 업거늘
> 얼우시고 또 노기시니
> 三韓을 ᄂᆞᄆᆞᆯ 주리여 바ᄅᆞ래 빅 업거늘
> 녀토시고 또 기피시니

① 강조법　② 피동법
③ 사동법　④ 의문법

해설 용언 어간에 사동접사(이, 히, 기, 오/우, 호/후, ᄋᆞ/으)를 붙여서 만든 파생적 사동문이다.
- 얼우시고 또 노기시니 : 얼게 하시고 또 녹게 하시니
- 녀토시고 또 기피시니 : 열게 하시고 또 깊게 하시니

## 25

**다음 중 밑줄 친 부분에 쓰인 조사의 격(格)이 다른 하나는?**

① 홁 노미 하니라
② 내 이를 爲(윙)ᄒᆞ야
③ 제 ᄠᅳ들 시러 펴디
④ 어린 빅셩이 니르고져

해설 '저'에서 관형격 조사 '-의'가 쓰여 '제'가 되었음을 알 수 있다.
① '놈'에서 주격조사 'ㅣ'가 들어가고 연철표기로 인해 '노미'로 나타난다.
② '나'에서 주격조사 'ㅣ'가 들어가 '내'로 나타난다.
④ '빅셩'에서 주격조사 '이'가 들어가 '빅셩이'로 나타난다.

**핵심정리**

**주격 조사와 관형격 조사**
- **주격 조사** : 15세기에는 '이/ㅣ'를 사용했고, 17세기 이후 '가' 또한 사용하기 시작했음
- **관형격 조사** : 15세기에는 'ㅅ, ᄋᆡ/의'를 사용하였는데 'ㅅ'은 무정명사 및 유정명사의 존칭에, 'ᄋᆡ/의'는 유정명사의 비존칭에만 사용

## 26

**다음 근대 국어의 특징이 아닌 것은?**

① 실학 사상의 영향으로 음운, 문법, 표기 방식 등이 간편하고 실용적으로 변하였다.
② 방점이 완전히 소멸되고 소리의 길이로 바뀌었다.
③ 간이화 현상이 일어나고, 된소리되기, 거센소리되기 등이 약화되는 현상이 일어났다.
④ 낱말의 형태는 유지하되 뜻이 바뀌는 현상이 나타난다.

해설 근대 국어에 이르러 중세 국어의 강력한 음운 규칙이었던 모음조화가 무너지고 된소리되기, 거센소리되기 등의 강화 현상이 일어났다.



정답 21 ② 22 ④ 23 ③ 24 ③ 25 ③ 26 ③

실전 문제

# 제3장 고전 시가

대표유형문제

지방직 9급 기출

**다음 시조에 대한 설명으로 적절하지 않은 것은?**

재 너머 셩권농(成勸農) 집의 술 닉닷 말 어제 듯고
누은 쇼 발로 박차 언치 노하 지즐ᄐᆞ고
아희야 네 권농 겨시냐 뎡좌슈(鄭座首) 왓다 ᄒᆞ여라

① 화자는 소박한 풍류를 즐기며 살고 있다.
② '박차'라는 표현에서 역동성과 생동감을 느낄 수 있다.
❸ '언치 노하'는 엄격한 격식을 갖추려는 태도를 드러낸다.
④ '아희'는 화자의 의사를 간접적으로 전달하는 존재이면서도, 대화체로 이끄는 영탄적 어구이다.

정답해설 '언치'는 말이나 소의 안장이나 길마 밑에 깔아 그 등을 덮어 주는 방석이나 담요이다. 화자는 가마를 타지 않고 소의 안장에 언치를 놓았으므로 엄격한 격식을 갖추려 했다는 설명은 적절하지 않다. 오히려 이를 통해 화자의 소박한 면모를 발견할 수 있다.

오답해설 ① 이 작품은 향촌 생활의 흥취를 나타낸 것으로, 화자는 소박한 풍류를 즐기며 살고 있다.
② 재너머 성권농(成勸農) 집의 술이 익었다는 말을 듣고 누워 있는 소를 발로 차서 성급히 달려가는 모습을 통해 역동성과 생동감을 느낄 수 있다.
④ '아히야'는 '아이야'라는 대화체의 영탄적 어구로 화자의 의사를 간접적으로 전달하는 역할을 한다.

핵심정리 정철의 시조
- 갈래 : 평시조
- 성격 : 풍류적, 전원적, 목가적, 한정가
- 율격 : 3(4) 4조, 4음보
- 제재 : 술과 벗
- 주제 : 전원생활의 멋과 풍류

## 01

### 다음 노래에서 나타나는 주된 정서는?

翩翩黃鳥 펄펄 나는 꾀꼬리는
雌雄相依 암수 서로 정다운데
念我之獨 외로운 이 내 몸은
誰其與歸 뉘와 함께 돌아갈꼬.

① 즐거움 ② 초조함
③ 불안감 ④ 외로움

해설 이 노래는 유리왕의 「황조가(黃鳥歌)」로 자신의 외로운 처지를 한탄하며 임에 대한 그리움을 표현한 작품이다. '念我之獨'이라는 부분을 통해서 이 작품의 주된 정서가 '외로움'임을 명확하게 알 수 있다.

**핵심정리**

**유리왕, 「황조가(黃鳥歌)」**
- **갈래** : 고대가요, 4구체, 한역시가
- **성격** : 개인적 서정시
- **주제** : 짝을 잃은 슬픔(외로움)
- **의의** : 현전하는 최고(最古)의 서정시
- **출전** : 삼국사기(三國史記)

**고대가요의 특징**
- 원시종합예술의 형태에서 시가로 발전함
- 배경설화 속에 삽입되어 전함
- 구전되다가 한역되어 전함
- **형태는 4구체**
  - 주술가 : 환기 – 명령 – 가정 – 위협의 구조
  - 서정가요 : 4구 2행, 의문형으로 종결

**※ 다음 글을 읽고 물음에 답하시오. (02~04)**

(가) 龜何龜何 거북아, 거북아
首其現也 ㉠ 머리를 내어라.
若不現也 내놓지 않으면,
燔灼而喫也 구워서 먹으리.

(나) 公無渡河 임은 강은 건너지 마오.
公竟渡河 임은 그예 강을 건너시다가
墮河而死 ㉡ 물에 빠져 돌아가시니,
當奈公何 임을 어찌할거나.

(다) 생사(生死)의 길은
예 있음에 머뭇거리고,
㉢ 나는 간다는 말도
못다 이르고 어찌 갑니까.
어느 가을 이른 바람에
이에 저에 떨어진 잎처럼,
㉣ 한 가지에 나고
가는 곳 모르온저,
아아, 미타찰(彌陀刹)에서 만날 나
도(道) 닦아 기다리겠노라.

## 02 법원직 9급 기출

### (가)~(다)의 대비로 적절하지 않은 것은?

① (가) · (나) 노동요, (다) 의식요
② (가) 소망과 기원, (나) 슬픔, (다) 추모
③ (가) 집단적인 노래, (나) · (다) 개인적인 노래
④ (가) 명령과 위협, (나) 독백과 한탄, (다) 다짐과 기원

해설 (가)는 「구지가」로 주술성을 띠는 노동요이며, (나)의 「공무도하가」는 죽은 남편을 애도하는 서정시이다.
② (가)는 소원 성취를 위한 소망과 기원, (나)는 물에 빠져 죽은 남편에 대한 슬픔, (다)는 죽은 누이를 추모하는 마음이 각각 담겨 있다.
③ (가)는 현존하는 최고의 집단 가요이며, (나)와 (다)는 각각 이별과 추모의 서정시로, 둘 다 개인적인 노래이다.



정답 01 ④ 02 ①

④ (가)의 1 · 2연에서는 명령, 3 · 4연에서는 위협하고 있는 모습을 찾을 수 있다. (나)는 죽은 남편을 애도하는 마음의 독백과 한탄으로 이루어졌으며, (다)는 이별의 슬픔을 불교적 신앙심으로 극복하려는 다짐과 기원이 스며 있다.

**핵심정리**

**백수광부(白首狂夫)의 처, 「공무도하가」**

- **형식** : 4언 4구의 한역시가
- **연대** : 고조선 대
- **성격** : 개인적 서정 가요
- **주제** : 임을 여읜 슬픔
- **정서** : 슬픔, 탄식
- **표현** : 직설적
- **의의**
  - 우리나라 최고(最古)의 서정 가요
  - 원시 집단 가요에서 개인적 서정 가요로 넘어가는 시기의 작품
  - 전통적 정서인 한(恨)의 정서를 바탕으로 함
- **출전** : 해동역사(海東繹史)
- **시어 연구**
  - 公(공) : 2인칭 대명사. 상대를 높여 부르는 말. 여기서는 남편을 말한다.
  - 無(무) : 금지의 뜻을 나타내는 금지사. ~하지 말라.
  - 竟(경) : 마침내, 결국
  - 墮(타) : 떨어지다. 빠지다.
  - 當(당) : 장차

* 물의 의미 : 삶/죽음, 이승/저승, 차안/피안, 공존/분리

## 03 법원직 9급 기출

**다음 중 발상과 표현이 (가)와 유사한 것은?**

① 오늘따라 먼저 간 네가 그립다.

② 얘야! 그 쪽으로 가면 안돼.

③ 비나이다, 비나이다, 일월성신께 비나이다.

④ 납품일이 오늘인데 뭐합니까? 다음부터 계약 끊을 겁니다?

**해설** 거북이에게 머리를 내놓지 않으면 구워서 먹겠다고 위협하면서 자기가 원하는 것을 요구하고 있다. ④ 또한(화자가 원하는 것을) 납품 하지 않으면 계약을 끊겠다고 위협하고 있음을 확인할 수 있다.

**핵심정리**

**「구지가」**

- **형식** : 4언 4구체 한역시가
- **연대** : 신라 유리왕
- **구성** : 1, 2행(요구), 3, 4행(위협)
- **성격** : 주술요, 집단요, 의식요, 삽입 가요
- **주제** : 새로운 생명(신령스런 임금)의 강림을 기원
- **표현** : 주술적, 명령형, 직설적
- **의의** : 주술성을 지닌 현전 최고의 노동요
- **별칭** : 영군가(迎君歌), 영신군가(迎神君歌), 구지봉 영신가, 가락국가
- **관련** : 구지가의 아류작에 「해가(海歌)」가 있음
- **시어 연구**
  - 龜何(구하) : '거북'에는 여러 설이 있으나 대체로 용과 함께 신령스런 존재로 주술의 대상으로 보는 것이 일반적이다.
  - 首(수) : 머리, 목의 뜻으로 보아 생명의 심상으로 파악하려는 견해와 '군주, 왕, 수령' 등의 수로 보려는 견해가 있다.
  - 燔灼而喫也(번작이끽야) : 주술적 위협으로 갈구(渴求)의 의미를 강조한다.

## 04 법원직 9급 기출

**㉠~㉣의 풀이로 바르지 못한 것은?**

① ㉠ : '우두머리'로 해석할 수 있다.

② ㉡ : '죽음'의 이미지가 들어 있다.

③ ㉢ : 화자 자신을 가리킨다.

④ ㉣ : '같은 부모'를 뜻한다.

**해설** '나는 간다는 말도'에서 '나'는 지은이 자신이 아닌 '죽은 누이'를 나타내는 것이다.

① '머리'는 생명의 근원, 우두머리를 나타낸다.

② 남편이 물에 빠져 죽게 되므로 '물'이 '죽음'의 이미지로 확대된다.

④ '한 가지'란 '한 부모'를 의미한다.

**※ 다음 글을 읽고 물음에 답하시오. (05~06)**

> ㉠ 생사(生死) 길은
> 예 있으매 머뭇거리고,
> 나는 간다는 말도
> 못 다 이르고 어찌 갑니까.
> 어느 가을 이른 바람에
> 이에 저에 떨어질 잎처럼
> 한 가지에 나고
> 가는 곳 모르온저
> 아아, 미타찰(彌陀刹)에서 만날 나
> ㉡ 도(道) 닦아 기다리겠노라.

## 05

**위 노래에 대한 설명으로 거리가 먼 것은?**

① 자연물을 이용하여 비유적으로 표현하였다.
② 인간적 고통을 종교적으로 승화하고 있다.
③ 서사시로서 주술적 성격이 드러난다.
④ 누이의 죽음을 제재로 다루고 있다.

해설 「제망매가」는 월명사가 죽은 누이의 명복을 빌기 위하여 재를 올릴 때 부른 추도(追悼)의 노래이다.

## 06

**위의 ㉠과 ㉡을 관련지어 시의 의미를 이해한 것으로 옳은 것은?**

① 누이의 죽음을 겪어 보니 죽음이 두려워(㉠) 도(道)를 닦아야겠다.(㉡)
② 누이의 죽음은 의미 없지만(㉠) 미타찰에 가기 위해서는 도(道)를 닦아야 한다.(㉡)
③ 누이의 죽음은 슬프지만(㉠) 현재는 도(道)를 닦음으로써 슬픔을 극복하고자 한다.(㉡)
④ 이승에서는 삶과 죽음이 있지만(㉠) 삶과 죽음이 없는 저승에서는 도(道)를 닦을 수 있다.(㉡)

해설 누이의 죽음은 이 노래의 모티프인 동시에 시적 화자에게 더 할 수 없는 슬픔을 안겨 주었다. 그러나 화자는 이 슬픔을 극복하기 위해 지금은 도를 닦겠다는 의미이다. 따라서 화자는 죽음을 두려워하거나, 단순히 미타찰에 가기 위해 도를 닦는 것은 아니다.

**핵심정리**

**월명사, 「제망매가」**

- **연대** : 신라 경덕왕
- **형식** : 10구체
- **성격** : 추도가(追悼歌)
- **표현** : 비유법, 상징법
- **어조** : 슬픔과 극복 의지의 독백조
- **사상** : 극락왕생을 바라는 불교의 아미타 사상
- **주제** : 죽은 누이의 명복을 바라는 마음
- **짜임**
  - 제1구 ~ 제4구 : 누이의 죽음 (죽음에의 공포, 비애)
  - 제5구 ~ 제8구 : 혈육 간의 이별 (삶의 고뇌)
  - 제9구 ~ 제10구 : 종교적 승화, 초극
- **의의**
  - 향가 중 「찬기파랑가」와 함께 표현 기교 및 서정성이 뛰어난 작품이다.
  - 불교의 윤회사상이 기저를 이루고 있다.
  - 정제된 10구체 향가로 비유성이 뛰어나 문학성이 높다.



정답 03 ④ 04 ③ 05 ③ 06 ③

**※ 다음 글을 읽고 물음에 답하시오. (07~08)**

(가)
정월(正月)ㅅ 나릿므른 아으 어져 녹져 ᄒᆞ논ᄃᆡ
누릿 가온ᄃᆡ 나곤 몸하 ᄒᆞ올로 녈셔
아으 동동(動動) 다리

이월(二月)ㅅ보로매 아으 노피 현 등(燈)ㅅ블
다호라
만인(萬人) 비취실 즈ᅀᅵ샷다.
아으 동동(動動) 다리

삼월(三月) 나며 개(開)한 아으 만춘 ᄃᆞ욋고지
여
ᄂᆞᄆᆡ 브롤 즈 디녀 나샷다
아으 동동(動動) 다리

사월(四月) 아니 니저 오실셔 곳고리새여
므슴다 녹사(錄事)니ᄆᆞᆫ 녯 나ᄅᆞᆯ 닛고신뎌
아으 동동(動動) 다리

오월(五月) 오일(五日)애 아으 수릿날 아ᄎᆞᆷ 약
은
즈믄 힐 장존(長存)ᄒᆞ샬 약이라 받ᄌᆞᆸ노이다
아으 동동(動動) 다리

유월(六月)ㅅ 보로매 아으 별해 ᄇᆞ룐 빗 다호라
도라보실 니믈 적곰 좃니노이다
아으 동동(動動) 다리

– 작자 미상, 「동동(動動)」

(나)
처음에 못 생각하여 시서(詩書)를 일삼도다
중간에 망녕되어 명리(名利)를 바라도다
물외(物外)에 풍월강산(風月江山)이 내 분인가
하노라
경륜(經綸)을 내 알더냐 구세(救世)할 이 없을
러냐

태평시세(太平時世)는 얼마나 멀었는가
필부의 위국(爲國) 충심(忠心)을 내어 뵐 데 없
어라

– 이중경, 「어부별곡(漁夫別曲)」

## 07 법원직 9급 기출

**(가)에 대한 감상으로 적절하지 않은 것은?**

① 임에 대한 영원한 기다림의 의지를 다지고 있어.
② 시적 화자의 태도나 감정에 일관된 흐름을 찾기가 어려워.
③ 달을 중심으로 한 풍속에 맞추어 여인의 연정을 노래하고 있어.
④ 자연물과의 대조를 통해 화자의 고독한 처지를 나타내고 있어.

**해설** (가)는 『악학궤범』에 실린 고려 속요 「동동」이다. 13연으로 구성된 월령체 노래인 동동은 임과 이별한 여인의 정서가 전개되는데, 송축과 원망, 그리움과 슬픔 등의 감정이 드러나 있다. 여기서 화자는 임과 맺어질 수 없는 비극적인 상황을 받아들이고 있기 때문에 기다림의 의지를 다지고 있다고 볼 수는 없다.

② 13연으로 이루어진 이 노래는 고독, 예찬, 그리움, 기원, 소망 등 각 연마다 다른 감정을 드러내고 있다. 따라서 시적 화자의 태도나 감정에서 일관된 흐름을 찾기는 힘들다.
③ 세시 풍속(2월 – 연등제, 5월 – 단오, 6월 – 유두 등)에 맞추어 화자의 정감을 표현하고 있다.
④ 정월령에서는 해빙(解氷)되는 자연 현상을 통해 외로움을, 사월령에서는 철새(꾀꼬리)와 오지 않는 임을 통해 그리움을 드러냈다.

## 08 법원직 9급 기출

**(나)의 시어 중, 〈보기〉의 밑줄 친 내용이 드러난 것으로 보기 어려운 것은?**

보기

고전 시가 유형의 하나로서 '어부가'는 처사들이 어부를 은일지사의 표상으로 여겨, 스스로를 어부로 자처하며 자신의 심리적 대리인으로 조형되는 가짜 어부, 즉 가어옹(假漁翁)의 생애를 노래한 시로 규정할 수 있다. 그러므로 '어부가'는 전형적인 사대부의 노래이다. 사대부의 문학 전통에 있어서 가어옹을 통한 어부의 형상은 사대부의 유교적 세계 인식과 심미의식을 탐색할 수 있는 주요 요소이다. 즉 현실 속에 유교적 이념을 실현하고자하는 욕망과 한적한 강호 생활의 동경이라는 양면성이 함께 드러난다.

① 명리 ② 물외
③ 경륜 ④ 구세

해설 '물외(物外)'는 '구체적인 현실 세계의 바깥세상'으로, 속세를 벗어난 세계를 뜻한다. 따라서 '유교적 이념을 실현하는 현실'과는 반대의 의미를 지닌다고 할 수 있다.
① 명리(名利) : 명예와 이익을 아울러 이르는 말
③ 경륜(經綸) : 천하를 다스림
④ 구세(救世) : 세상 사람들을 불행과 고통에서 구함

## 09

**밑줄 친 '도람 드르샤 괴오쇼서'에서 가리키는 내용은?**

내 님믈 그리ᅀᆞ와 우니다니
山 졉동새 난 이슷하요이다
아니시며 거츠르신 달 아으
殘月曉星이 아ᄅᆞ시리이다
넉시라도 님은 한대 녀져라 아으
벼기더시니 뉘러시니잇가
過도 허믈도 千萬 업소이다
말힛 마리신뎌
살읏븐뎌 아으
니미 나랄 ᄒᆞ마 니자시니잇가
아소 님하 도람 드르샤 괴오쇼서

① 내 님믈 그리ᅀᆞ와 우니다니
② 넉시라도 님은 한대 녀져라
③ 過도 허믈도 千萬 업소이다
④ 니미 나랄 ᄒᆞ마 니자시니잇가

해설 이 노래는 「정과정곡」으로 한글로 전하는 고려 속요이다. 고려 속요 중 작자가 분명한 유일한 작품이며 형식과 내용 면에서 향가의 맥을 잇고 있다. 임금을 생각하며 지은 신하의 노래이며 대표적인 忠臣戀君之詞(충신연군지사)이자 유배 문학의 원류이다. 이 작품은 정서(작가)가 역모에 가담했다는 죄명으로 귀양가게 되자 '過도 허믈도 千萬 업소이다'라며 자신의 결백을 주장한 노래이다.

**핵심정리**

**현대어 풀이**

내가 임을 그리며 울고 지내니
산 접동새와 난 처지가 비슷하구나
나에 대한 말은 진실이 아니며 거짓이라는 것을 아!
지는 달 새벽 별만이 아실 것이리
넋이라도 임과 함께 가고 싶습니다. 아아
내 죄 있다 우기던 사람이 그 누구입니까?
나는 과도 허물도 전혀 없습니다.
나에 대한 뭇 사람들의 거짓말이여
슬픈 일이로다 아아
임이 나를 아마 잊으셨는가
아아, 님이여, 내 말씀 다시 들으시고 사랑해 주십시오.

**※ 다음 글을 읽고 물음에 답하시오. (10~12)**

(가) ㉠ ᄃᆞᆯ하 노피곰 도ᄃᆞ샤
어긔야 머리곰 비취오시라.
어긔야 어강됴리
아으 다롱디리
져재 녀러신고요.
어긔야 ㉡ 즌 ᄃᆡ를 드ᄃᆡ욜셰라.
어긔야 어강됴리
어느이다 노코시라.
어긔야 내 가논 ᄃᆡ 졈그ᄅᆯ셰라.
어긔야 어강됴리
아으 다롱디리

－「정읍사(井邑詞)」

(나) 늣겨곰 ᄇᆞ라매
이슬 ᄇᆞᆯ갼 ᄃᆞ라리
ᄒᆡᆫ 구룸 조초 ᄠᅥ 간 언저레
몰이 가ᄅᆞᆫ 믈서리여ᄒᆡ
기랑(耆郞)ᄋᆡ 즈ᅀᅵ올시 수프리야.
일오(逸烏)나릿 ᄌᆡ벼긔
랑(郞)이여 디니더시온
ᄆᆞᅀᆞᄆᆡ ᄀᆞᅀᆞᆯ 좃ᄂᆞ라져.
아야 ㉢ 자싯가지 노포
누니 모ᄃᆞᆯ 두폴 곳가리여

– 충담사, 「찬기파랑가(讚耆婆郞歌)」

(다) ㉣ 어져 내 일이야 그릴 줄을 모로ᄃᆞ냐.
이시랴 ᄒᆞ더면 가랴마ᄂᆞᆫ 제 구ᄐᆞ여
㉤ 보내고 그리ᄂᆞᆫ 정(情)은 나도 몰라 ᄒᆞ노라.

– 황진이

**핵심정리**

**「정읍사」 현대어 풀이**

달이여 높이높이 돋으시어 / 아! 멀리멀리 비치옵소서
어긔야 어강됴리 / 아으 다롱디리
시장에 가 계신가요 / 아 진 곳을 디딜까 두려워라
어긔야 어강됴리 / 어느 곳에든 놓고 오십시오.
아! 내 님 가는 그 길 저물까 두려워라
어긔야 어강됴리 / 아으 다롱디리

**「찬기파랑가」 현대어 풀이**

흐느끼며 바라보매 / 이슬 밝힌 달이
흰 구름 따라 떠간 언저리에 / 모래 가른 물가에
기랑(耆郞)의 모습이올시 수풀이여
일오(逸烏)내 자갈 벌에서
랑(郞)이 지니시던 / 마음의 갓을 쫓고 있노라
아아, 잣 나무 가지가 높아
눈이라도 덮지 못할 고깔이여

**「어져 내 일이야」 현대어 풀이**

아! 내가 한 일이여! 이토록이나 그리울 줄을 몰랐더란 말이냐?
가지 말고 있어라 했더라면 떠났으랴만, 제 구태여
괜시리 보내놓고 이제 와서 그리워 하는 속내를 나 자신도 모르겠구나.

## 10 법원직 9급 기출

**(가)~(다)의 공통점으로 적절한 것은?**

① 유년 시절에 대한 기억을 반추하고 있다.
② 상황이 개선되리라는 기대가 나타나 있다.
③ 대상에 대한 연모의 정서가 내재되어 있다.
④ 자신이 한 일에 대한 회한이 잘 드러나 있다.

해설 (가)는 「정읍사」로 행상 나간 남편을 그리워하며 남편의 안전을 달에게 기원하는 노래이다. 또한 (나)는 「찬기파랑가」로 후대의 화랑이 죽은 기파랑의 인품을 예찬하고 추모하는 내용의 노래이다. 그리고 (다)는 황진이의 시조로, 화자가 떠나간 임을 그리워하는 마음을 노래한 작품이다. (가), (나), (다) 모두 시적 대상에 대한 연모, 그리움의 정서가 내재되어 있다.

## 11 법원직 9급 기출

**㉠~㉣에 대한 감상으로 적절하지 않은 것은?**

① ㉠ : 'ᄃᆞᆯ'에 의탁하여 자신의 소망과 기원을 담아내고 있다.
② ㉡ : 대상에 대한 화자의 원망이 잘 드러나 있다.
③ ㉢ : 시적 화자의 추모의 마음이 집약되어 있다.
④ ㉣ : 자신이 한 행동에 대해 후회하고 있음을 알 수 있다.

해설 '즌 ᄃᆡ롤 드ᄃᆡ욜세라'에서 '즌 ᄃᆡ'는 '진 곳', '위험한 곳'을 나타내며 '위험한 곳을 디딜까 두렵습니다'라는 뜻으로 임을 걱정하는 마음이 드러나 있다.

**핵심정리**

**작자 미상, 「정읍사」**

- **갈래** : 고대가요, 서정시
- **성격** : 서정적, 비유적
- **표현** : 의인법, 돈호법 영탄법
- **형식** : 3장 6구(후렴구 제외), 3음보
- **주제** : 행상 떠난 남편의 무사귀가를 기원함

**충담사, 「찬기파랑가」**

- **갈래** : 10구체 향가
- **성격** : 예찬적, 추모적
- **표현** : 고도의 상징과 비유 사용, 묘사를 통한 시각적 이미지 창조
- **형식** : 3단 구성(문사 – 답사 – 결사)
- **제재** : 기파랑의 인품
- **주제** : 기파랑의 고매한 인품을 추모함

## 12 법원직 9급 기출

**ⓜ에 내재된 시적 화자의 정서와 가장 유사한 것은?**

① 산촌(山村)에 눈이 오니 돌길이 무쳐셰라.
시비(柴扉)를 여지 마라 날 ᄎᆞ즈리 뉘 이시리.
밤즁만 일편명월(一片明月)이 긔 벗인가 ᄒᆞ노라.

② 이화우(梨花雨) ᄒᆞᆺᄲᅮ릴 제 울며 잡고 이별(離別)ᄒᆞᆫ 님
추풍낙엽(秋風落葉)에 저도 날 ᄉᆡᆼ각ᄂᆞᆫ가
천리(千里)에 외로운 ᄭᅮᆷ만 오락가락 ᄒᆞ노매.

③ 노래 삼긴 사ᄅᆞᆷ 시름도 하도할샤.
닐러 다 못닐러 불러나 푸돗든가
진실(眞實)로 풀릴거시면은 나도 불러 보리라.

④ ᄊᆞᆷ은 듣ᄂᆞᆫ 대로 듯고 볏슨 ᄶᅬᆯ대로 ᄶᅬᆫ다.
청풍의 옷깃 열고 긴 파람 흘리 불제,
어ᄃᆡ셔 길가ᄂᆞᆫ 소님ᄂᆡ 아ᄂᆞᆫ ᄃᆞ시 머무ᄂᆞᆫ고.

**해설** '보내고 그리ᄂᆞᆫ 정(情)은 나도 몰라 ᄒᆞ노라'는 임을 떠나보내고 그리워하는 마음을 나타낸 부분으로 이 부분의 심정은 '떠나보낸 자신에 대한 원망과 임에 대한 그리움'이다. ②는 계랑의 시조로 봄에 헤어진 님을 가을에도 그리워하는 마음이 잘 드러나 있다.

### ※ 다음 글을 읽고 물음에 답하시오. (13~14)

(가) 살어리 살어리랏다. 청산(靑山)애 살어리랏다.
멀위랑 ᄃᆞ래랑 먹고 청산(靑山)애 살어리랏다.
얄리얄리 얄랑셩 얄라리 얄라.
우러라 우러라 새여, 자고 니러 우러라 새여.
널라와 시름 한 나도 자고 니러 우니로라.
얄리얄리 얄랑셩 얄라리 얄라.
가던 새 가던 새 본다. 믈 아래 가던 새 본다.
잉 무든 장글란 가지고, 믈 아래 가던 새 본다.
얄리얄리 얄랑셩 얄라리 얄라.
이링공 뎌링공 ᄒᆞ야 나즈란 디내와손뎌,
오리도 가리도 업슨 바므란 ᄯᅩ 엇디 호리라.
얄리얄리 얄랑셩 얄라리 얄라

– 작자 미상, 「청산별곡(靑山別曲)」

(나) 말업슨 청산이요, 태(態) 업슨 유수(流水)ㅣ로다.
갑 업슨 청풍(淸風)이요, 님ᄌᆞ 업슨 명월(明月)이라.
㉠ <u>이 중에 병 업슨 이 몸이 분별(分別) 업시 늙으리라.</u>

– 성혼



정답 10 ③ 11 ② 12 ②

(다) 강호(江湖)에 ᄀᆞ올이 드니 고기마다 ᄉᆞᆯ져 잇다.
소정(小艇)에 그믈 시러 흘리 ᄯᅴ여 더뎌 두고,
㉡ 이 몸이 소일(消日)ᄒᆡ옴도 역군은(亦君恩)이샷다.
강호(江湖)에 겨월이 드니 눈 기픠 자히 남다.
삿갓 빗기 쓰고 누역으로 오슬 삼아,
이 몸이 칩지 아니ᄒᆡ옴도 역군은(亦君恩)이샷다.

– 맹사성, 「강호사시가(江湖四時歌)」

(라) 이런ᄃᆞᆯ 엇더ᄒᆞ며 뎌런ᄃᆞᆯ 엇다ᄒᆞ료.
초야우생(草野愚生)이 이러타 엇더ᄒᆞ료.
㉢ ᄒᆞ물며 천석고황(泉石膏肓)을 고텨 므슴ᄒᆞ료.
고인(古人)도 날 몯 보고 나도 고인(古人) 몯 뵈.
고인(古人)을 몯 뵈도 녀던 길 알ᄑᆡ 잇ᄂᆡ.
㉣ 녀던 길 알ᄑᆡ 잇거든 아니 녀고 엇뎔고.

– 이황, 「도산십이곡(陶山十二曲)」

## 13 법원직 9급 기출

**(가)~(라)에서 운율을 형성하는 요소 중 공통적인 것은?**

① 4음보의 반복
② 여음구의 반복
③ 음성 상징어의 사용
④ 유사한 어구와 문장 구조의 반복

해설 (가)는 '살어리랏다, 우러라 새여, 가던 새 본다', (나)는 '~업슨 ~이요', (다)는 '강호에 ~이 드니, ~역군은 이샷다', (라)는 '엇더ᄒᆞ료, 고인'의 부분에서 각각 유사한 어구와 반복되는 문장 구조를 확인할 수 있다.

핵심정리

**청산별곡의 구성**

| 연 | 소재 | 내용 | 의미 |
|---|---|---|---|
| 1 | 청산 | 현실 도피 | 속세를 떠나 자연에서 살기로 결심함 |
| 2 | 새 | 삶의 비애 | 새와 함께 비탄하는 고독 |
| 3 | 새 | 세속에 대한 미련 | 속세에의 미련에 번민함 |
| 4 | 밤 | 절대 고독 | 절망적 고독에 괴로워함 |
| 5 | 돌 | 운명적 비애 | 고독과 번뇌를 운명으로 여김 |
| 6 | 바다 | 현실 도피 | 새로운 세계를 찾아감 |
| 7 | 사슴 | 절박감, 염원 | 기적 없이는 살 수 없는 절박감 |
| 8 | 강술 | 체념, 고뇌 해소 | 술에서 구원의 길을 찾음 |

## 14 법원직 9급 기출

**㉠~㉣에서 알 수 있는 내용으로 적절하지 않은 것은?**

① ㉠ : 세속적인 근심 걱정을 잊고 살겠다는 달관의 경지를 느낄 수 있다.
② ㉡ : 자연에서도 임금을 잊지 않는 유교적 가치관이 나타나 있다.
③ ㉢ : 자연 속에서 살고 싶은 절실한 마음을 표현하고 있다.
④ ㉣ : 옛 사람을 따라 임금에게 충성을 다하겠다는 의지를 느낄 수 있다.

해설 '녀던 길 알ᄑᆡ 잇거든 아니 녀고 엇뎔고'의 현대역은 '이렇듯 올바른 길이 우리 앞에 있는데 따르지 않고 어찌하겠는가?'로, 옛 성현을 본받아 학문 수양에 정진하겠다는 의지를 표현한 부분이다. 따라서 임금에게 충성하겠다는 의지와는 관련이 없다.
① 자연 속에서 병 없는 이 몸은 걱정, 근심 없이 늙으리라.
② 이 몸이 이렇듯 소일하며 지내는 것도 임금님의 은혜이시다.

③ 하물며 자연을 사랑하는 것이 고질병처럼 굳어졌으매 고쳐 무엇하리오.

핵심정리

이황, 「도산십이곡」

- 갈래 : 시조, 평시조, 연시조(총 12수)
- 주제
  - 전6곡(言志) : 자연의 관조, 자연에 동화된 삶
  - 후6곡(言學) : 학문 수양 및 학문애, 학문에의 길

## 15 국가직 9급 기출

**밑줄 친 ㉠~㉣의 현대어 풀이로 옳지 않은 것은?**

말 업슨 靑山(청산)이오 態(태) 업슨 流水(유수) ㅣ로다.
갑 업슨 靑風(청풍)이오 님ᄌ업슨 明月(명월)이라.
이 中(중)에 病(병) 업슨 이 몸이 ㉠ 分別(분별) 업시 늘그리라.

– 성혼

재너머 성권롱(成勸農) 집의 술 ㉡ 닉닷 말 어제 듯고
누은 쇼 발로 박차 언치 노하 지즐타고
아희야, 네 권롱(勸農) 겨시냐 뎡(鄭) 좌슈(座首) 왓다 하여라.

– 정철

ᄆᆞ음이 ㉢ 어린 後(후) ㅣ니 ᄒᆞᄂᆞᆫ 일이 다 어리다.
萬重雲山(만중 운산)에 어닋 님 오리마ᄂᆞᆫ
지ᄂᆞᆫ 닙 부ᄂᆞᆫ ᄇᆞ람에 幸(행)혀 긘가 ᄒᆞ노라.

– 서경덕

동기로 세 몸 되어 한 몸같이 지내다가
두 아운 어디 가서 돌아올 줄 모르는고
날마다 석양 문외에 한숨 ㉣ 겨워 하노라.

– 박인로

① ㉠ : 걱정　　② ㉡ : 있다는
③ ㉢ : 어리석은　　④ ㉣ : 못 이기어

해설 '닉닷(닉다)'은 '익다'의 옛말이다.

## 16 서울시 9급 기출

**다음과 같은 종류의 시조에 대한 설명으로 옳지 않은 것은?**

ᄇᆞᆰ가버슨 兒孩(아해) ㅣ 들리 거믜쥴 테를 들고 ᄀᆡ川(천)으로 往來(왕래)ᄒᆞ며,
ᄇᆞᆰ가숭아 ᄇᆞᆰ가숭아, 져리 가면 죽ᄂᆞ니라. 이리 오면 ᄉᆞᄂᆞ니라. 부로나니 ᄇᆞᆰ가숭이로다.
아마도 世上(세상) 일이 다 이러ᄒᆞᆫ가 ᄒᆞ노라.

① 구체적이고 서민적인 소재가 많이 쓰였다.
② 강렬한 애정과 육욕적인 표현이 많다.
③ 비판과 풍자적인 내용이 주를 이룬다.
④ 서정적이고 영탄적인 속성이 강하다.

해설 서정적이고 영탄적 속성이 강한 것은 조선 전기 귀족 중심의 평시조가 갖는 특성이다. 이 시의 갈래는 '사설시조'이며, 평민들이 주요 향유 계층이었다.

핵심정리

이정신, 「ᄇᆞᆰ가버슨 兒孩(아해)들리」

- 갈래 : 사설시조, 풍자가
- 성격 : 해학적, 풍자적
- 표현 : 돈호법, 대화법, 의인법
- 구성 : 초장 – 중장 – 종장
- 제재 : 아이와 잠자리
- 주제 : 인간 세상의 약육강식의 험난한 세태



정답 13 ④　14 ④　15 ②　16 ④

## 17 지방직 9급 기출

**다음 시조들 중 창작 의도가 나머지 셋과 다른 하나는?**

(가) 청산은 어이하여 만고에 푸르르며
유수는 어찌하여 주야에 긋지 아니는고
우리도 그치지 말고 만고상청 하리라
(나) 어버이 사라신 제 셤길일란 다 하여라.
디나간 후면 애닯다 엇디 하리
평생에 곳텨 못할 일이 잇뿐인가 하노라.
(다) 노래 삼긴 사람 시름도 하도 할샤
일러 다 못 일러 불러나 푸돗던가
진실로 풀릴 것이면은 나도 불러 보리라.
(라) 내해 죠타 하고 남 슳흔 일 하지 말며
남이 한다 하고 義 아니면 좃지 말니
우리는 天性을 직희여 삼긴 대로 하리라.

① (가) ② (나)
③ (다) ④ (라)

**해설** (다)는 신흠이 지은 평시조로 노래를 통해 시름을 지우고 싶은 심정을 표현한 것으로 개인 서정을 표현한 작품이다.
① (가)는 이황이 지은 연시조로 「도산십이곡」의 하나로 자연에서 느끼는 심정과 그침 없는 유수를 본받아 학문에 정진하자는 교훈적 의도의 작품이다.
② (나)는 정철이 지은 「훈민가」 중 하나로 부모에게 효도할 것을 권유하는 교훈적 의도의 작품이다.
④ (라)는 변계량이 지은 평시조로 천성을 지키며 살아가자는 교훈적 의도의 작품이다.

## 18

**다음 시조에서 주제를 나타내기에 가장 적합한 한자 성어는?**

흥망(興亡)이 유수(有數)하니 만월대(滿月臺)도 추초(秋草)로다.
오백 년(五百年) 왕업이 목적(牧笛)에 부쳐시니
석양(夕陽)에 지나는 객(客)이 눈물계워 하노라

① 망양지탄(亡羊之嘆)
② 맥수지탄(麥秀之嘆)
③ 만시지탄(晩時之歎)
④ 풍수지탄(風樹之嘆)

**해설** 원천석의 시조로 망국에 대한 슬픔을 표현하고 있다.
• 맥수지탄(麥秀之嘆) : 잘 자라는 보리를 보고 하는 고국의 멸망에 대한 탄식으로 '망국의 한과 회고의 심정'을 이르는 한자 성어이다.

**핵심정리**

**원천석, 「흥망이 유수하니」**
• 갈래 : 평시조
• 성격 : 회고적, 감상적
• 구성
  – 초장 : '추초'라는 표현으로 시각적인 표현을 사용하였다.
  – 중장 : 고려의 멸망을 청각적으로 표현하였다.
  – 종장 : 작자 자신의 한이 드러나 있다.
• 주제 : 망국의 한과 회고의 정

## 19

**다음 시조가 주는 표현상의 느낌은?**

이 몸이 죽고 죽어 골백번 고쳐 죽어
백골이 진토되어 넋이라도 잇고 업고
임 향한 일편단심이야 가실 줄이 이시랴.

① 학문의 중요성과 관계된다.
② 현실 도피적 정서를 드러내고 있다.
③ 이별의 정한을 표현하고 있다.
④ 임금에게 충성을 다짐한다.

해설 「단심가」로 알려진 이 시조는 고려 왕조에 대한 강한 충성심을 드러내고 있는 작품이다.

## 20

**다음 시조의 (    ) 안에 들어갈 알맞은 말은?**

> 두류산(頭流山) 양단수(兩單手)를 녜 듯고 이제 보니,
> (      ) 뜬 말근 물에 산영(山影)조차 잠겨셰라.
> 아희야 무릉(武陵)이 어디매오 나는 옌가 ᄒᆞ노라.

① 梨花　　② 梅花
③ 桃花　　④ 李花

해설 도화(桃花) : 복숭아꽃

**핵심정리**

**현대어 풀이**

지리산의 명승인 양단수를 지난날 얘기로만 듣고서 이제와 처음 보니, 복숭아꽃이 떠내려가는 맑은 냇물에는 산 그림자마저 어리어 있구나.
얘야, 무릉도원이 어디냐? (내 생각으로는) 바로 여기가 무릉도원같이 여겨지노라.

## 21 기상직 9급 기출

**다음 시조에 대한 설명으로 적절하지 않은 것은?**

> 반중(盤中) 조홍(早紅)감이 고와도 보이나다.
> 유자(柚子)가 아니라도 품음직도 하다마는
> 품어 가 반길 이 없을 새 글로 설워하나이다.
> – 박인로, 「조홍시가(早紅柿歌)」

① '조홍감'이 창작의 계기가 된다.
② 독자에게 생전에 효도를 다하자는 교훈을 준다.
③ '유자' 관련 고사는 주제를 효과적으로 부각시킨다.
④ 주제와 관련된 한자 성어는 맥수지탄(麥秀之嘆)이다.

해설 제시문은 박인로가 이덕형으로부터 대접받은 조홍감(홍시)을 보고 돌아가신 어머니를 생각하며 지은 작품으로 효(孝)를 주제로 하고 있다. 그러나 '맥수지탄'은 조국이 망한 것을 한탄함을 이르는 한자 성어이다. 이 작품의 주제와 관련된 한자 성어는 '부모에게 효도를 다하려고 생각할 때 이미 돌아가셔서 그 뜻을 이룰 수 없음'을 이르는 '풍수지탄(風樹之嘆)'이다.
③ 중장의 '유자(柚子)가 아니라도 품음직도 하다마는'은 육적회귤(陸績懷橘)이라고 불리는 고사를 인용한 표현이다. 육적이 귤(유자)을 품어 갔듯이 자신도 감을 품어 가고 싶은 생각이 든다는 것이다.

**핵심정리**

**「조홍시가(早紅柿歌)」 현대어 풀이**

소반에 놓인 붉은 감이 곱게도 보이는구나.
비록 유자가 아니라도 품어 갈 마음이 있지마는
품어 가도 반가워해 주실 부모님이 안 계시니 그를 서러워합니다.

**육적회귤(陸績懷橘)**

중국 삼국 시대 오(吳)나라에 육적(陸績)이라는 자가 있었다. 여섯 살 때, 원술(袁術)이라는 사람을 찾아갔다가 그가 내놓은 귤 중에서 세 개를 몰래 품속에 넣었다가 하직 인사를 할 때 그 귤이 굴러 나와 발각이 되었다. 그때 원술이 사연을 물으니, 육적은 집에 가지고 가서 어머님께 드리려 하였다고 답했다. 이에 모두 그의 효심에 감격하였다고 한다.

정답 17 ③　18 ②　19 ④　20 ③　21 ④

## 22

**다음 시조에 나타난 미의식은?**

> 개를 여남은이나 기르되 요같이 얄미우랴미운 임 오면은 꼬리를 홰홰 치며 치뛰락 나리뛰락 반겨서 내닫고
> 고운 임 오면은 뒷발을 바동바동 무르락 나오락 캉캉 짖는 요 도리암캐,
> 쉰밥이 그릇그릇 날진들 너 먹일 줄이 있으랴.

① 골계미 ② 비장미
③ 우아미 ④ 숭고미

해설 조선 후기 사설시조로 임이 돌아오기를 바라는 간절함이 지나쳐, 오지 않는 임에 대한 미움을 개에게 전가시키고 있다. 개 때문에 임이 못 올 리 없음에도 불구하고 아무 것도 모르고 짖는 개를 원망하고 있는 것이다. 이런 착상을 통해 소박한 여심(女心)이 사실적이면서도 익살스럽게 표현되었다.
※골계 – 익살을 부리는 가운데 어떤 교훈을 주는 일

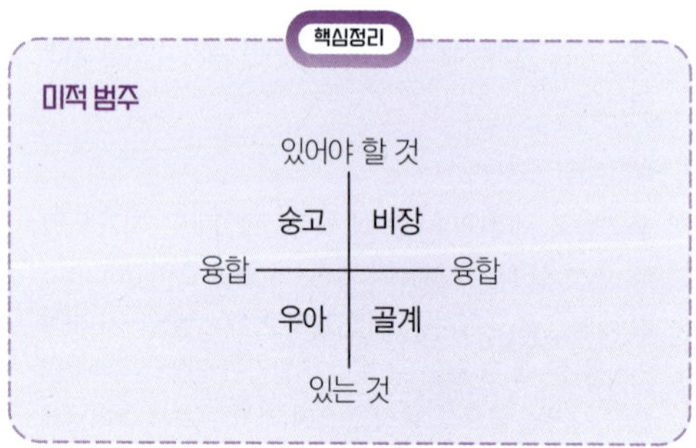


## 23

**다음 시조의 (　　)안에 들어갈 말은?**

> 고즌 므스 일로 퓌며서 쉬이 디고
> 플은 어이ᄒᆞ야 프르는 듯누르ᄂᆞ니
> 아마도 변티 아닐손 (　　)뿐인가 ᄒᆞ노라

① 바회 ② 솔
③ 달 ④ 믈

해설 이 시조는 윤선도의 「오우가」이다. 전 6수 중 3연에 해당한다. 3연은 바위의 불변성을 예찬하고 있다.

## 24

**다음 시조를 통하여 볼 때 지은이가 추구하는 것은?**

> 나모도 아닌 거시 플도 아닌 거시
> 곳기는 뉘 시기며 속은 어이 뷔연ᄂᆞ다
> 뎌러코 사시에 프르니 그를 됴하ᄒᆞ노라

① 효성 ② 청빈
③ 절개 ④ 성실

해설 이 시조는 조선 시대의 시인 고산(孤山) 윤선도(尹善道 : 1587~1671)가 지은 연시조 「오우가」이다. 작자가 56세 때 해남 금쇄동(金鎖洞)에 은거할 무렵에 지은 「산중신곡(山中新曲)」 속에 들어 있는 6수의 시조로, 수(水) · 석(石) · 송(松) · 죽(竹) · 월(月)을 다섯 벗으로 삼아 서시(序詩) 다음에 각각 그 자연물들의 특징을 들어 자신의 자연애(自然愛)와 관조를 표현하였다. 고산 문학의 대표작으로서, 우리말의 아름다움을 잘 나타낸 백미이다.
이 시는 전 6수 중 5연에 해당한다. 5연에서는 대나무의 절개를 노래하고 있다. 특히 '뎌러코 사시에 프르니' 부분은 대나무의 사시사철 늘 푸름을 절개에 비유하여 표현한 것이다.

## 25 국회직 8급 기출

**밑줄 친 ㉠~㉣ 구절에 대한 풀이로 옳지 않은 것은?**

㉠ 紅塵(홍진)에 뭇친 분네 이내 生涯(생애) 엇더혼고.
녯 사름 風流(풍류)를 미출가 미출가.
天地間(천지간) 男子(남자) 몸이 날만흔 이하 건마는
山林(산림)에 뭇쳐 이셔 至樂(지락)을 ᄆᆞ를 것가.
數間茅屋(수간모옥)을 碧溪水(벽계수) 앏픠 두고,
松竹(송죽) 鬱鬱裏(울울리)예 ㉡ 風月主人(풍월주인) 되여셔라.
엇그제 겨을 지나 새봄이 도라오니,
桃花杏花(도화행화)는 夕陽裏(석양리)예 퓌여 잇고,
綠楊芳草(녹양방초)는 細雨中(세우중)에 프르도다.
㉢ 칼로 ᄆᆞᆯ아 낸가, 붓으로 그려 낸가.
造化神功(조화신공)이 ㉣ 物物(물물)마다 헌ᄉᆞ롭다.
수풀에 우는 새는 春氣(춘기)를 못내 계워 소리마다 嬌態(교태)로다.
物我 一 體(물아일체)어니, 興(흥)이ᄋᆡ 다를소냐.
柴扉(시비)예 거러 보고, 亭子(정자)애 안자 보니,
逍遙吟詠(소요음영)하야, 山日(산일)이 寂寂(적적)흔듸,
閑中眞味(한중진미)를 알 니 업시 호재로다.

① ㉠ : 속세에 묻혀 사는 사람들이여
② ㉡ : 자연의 주인이 되었구나
③ ㉢ : 칼로 재단해 놓았는가
④ ㉣ : 사물마다 한가하구나

**해설** 제시문은 정극인의 「상춘곡」이다. '헌ᄉᆞ롭다'는 '야단스럽다'는 뜻으로 ㉣은 '사물마다 야단스럽다'는 뜻이다.

**핵심정리**

**현대어 풀이**

속세에 묻혀 사는 사람들아, 나의 생활하는 모습은 어떠한가? 옛 사람의 운치 있는 생활을 내가 따를까 못 따를까? 천지간 남자로 태어난 몸으로서 나와 같은 사람이 많건마는, (어찌하여 그들은 나처럼) 산림에 묻혀 사는 자연의 지극한 즐거움을 모른단 말인가? 초가삼간을 맑은 시냇가 앞에 지어놓고, 송죽이 울창한 속에 풍월주인이 되어 있도다. 엊그제 겨울 지나 새 봄이 돌아오니, 복사꽃 살구꽃이 석양 속에 피어 있고, 푸른 버들과 향기로운 풀은 가랑비 속에 푸르도다. 조물주가 칼로 재단해 내었는가? 붓으로 그려 내었는가? 조물주의 신기한 재주가 사물마다 야단스럽다. 숲 속에 우는 새는 봄 기운을 끝내 이기지 못하여 소리마다 아양을 떠는 모습이로다. 자연과 내가 한 몸이니 흥이야 다르겠는가? 사립문 주변을 걸어 보기도 하고, 정자에도 앉아 보며, 이리저리 거닐며 나직이 시를 읊조려 산 속의 하루가 고요한데, 한가로움 속의 참다운 즐거움을 아는 이 없이 나 혼자로구나.

## 26

**다음 글의 중심 내용을 바르게 나타낸 것은?**

(가) 江강湖호애 病병이 깁펴 竹듁林님의 누엇더니,
關관東동 八팔百빅里니에 方방面면을 맛디시니,
어와 聖셩恩은이야 가디록 罔망極극ᄒᆞ다.
(나) 昭쇼陽양江강 ᄂᆞ린 믈이 어드러로 든단 말고.
孤고臣신去거國국에 白백髮발도 하도 할샤.
東동州쥐밤 계오 새와 北븍寬관 亭뎡의 올나ᄒᆞ니,
三삼角각山산 第뎨一일峰봉이 ᄒᆞ마면 뵈리로다.

(다) 千쳔年년 老노龍룡이 구뵈구뵈 서려 이셔,
晝쥬夜야의 흘녀 내여 滄창海히예 니어시니,
風풍雲운을 언제 어더 三삼日일雨우ᄅᆞᆯ 디련ᄂᆞ다.
陰음崖애예 이온 플을 다 살와 내여ᄉᆞ라.

① 은둔자의 즐거움
② 관동 지방의 절경
③ 연군과 애민의 심정
④ 후손들에 대한 경계

해설 (가) 고치지 못할 정도의 병처럼 자연을 너무 사랑하여 창평에 은거하여 한가로이 지내는데 800리나 되는 강원도 관찰사의 직분을 맡기시니, 아, 임금의 은혜 야말로 끝이 없구나.
→ 군은(君恩)에 대한 감격
(나) 소양강에 흐르는 물은 어디로 흘러가는가? 임금과 이별하고 한양을 떠난 외로운 신하는 나라 걱정에 흰 머리만 늘어가는구나. 철원에서 밤을 겨우 지새고 북관정에 오르니, 임금이 계신 한양의 삼각산 제일 높은 봉우리가 보일 것만 같구나.
→ 연군 사상
(다) 마치 천 년 묵은 늙은 용이 굽이굽이 서려 있는 것 같이 밤낮으로 물을 흘려 내어 넓은 바다에 이었으니, 저 용은 바람과 구름을 언제 얻어 흡족한 비를 내리려느냐? 그늘진 낭떠러지에 시든 풀을 다 살려 내려무나.
→ 선정에의 포부

## 27

**다음 설명 중 옳지 않은 것은?**

銀은 ᄀᆞᄐᆞᆫ 무지게, 玉옥 ᄀᆞᄐᆞᆫ 龍룡의 초리, 섯돌며 ᄲᅮᆷᄂᆞᆫ 소릐 十십里리의 ᄌᆞ자시니, 들을 제ᄂᆞᆫ 우레러니 보니ᄂᆞᆫ 눈이로다.

– 정철, 「관동별곡」 중에서

① 시각적 심상과 청각적 심상을 함께 사용한 복합 감각적 심상이다.
② 자연물을 의인화하여 애끓는 연군지정을 효과적으로 표현했다.
③ 비유법과 대구법을 적절하게 사용하여 자연의 위세를 화려하게 표현했다.
④ 기발한 조어(造語)와 형상적 문체로 금강산 폭포수를 생동감 넘치게 묘사했다.

해설 제시문을 현대어로 풀이하면 '은과 같이 하얀 무지개, 옥과 같이 고운 용의 꼬리, 이런 폭포가 섞여 돌며 뿜는 소리가 십 리 밖에까지 퍼졌으니, 먼 데서 들을 때는 우레 소리와 같더니, 가까이 가 보니 눈같이 흰 물이로다.'이다. 따라서 이 부분은 만폭동 폭포의 장관을 묘사하고 있으며, 연군지정과는 연관이 없음을 알 수 있다.

## 28

**밑줄 친 부분이 의미하는 것은?**

磨마訶하衍연 妙묘吉길祥샹 雁안門문재 너머 디여, 외나모 ᄡᅥ근 ᄃᆞ리 佛블頂뎡臺ᄃᆡ 올라ᄒᆞ니, 千쳔尋심絕절壁벽을 半반空공애 셰여 두고, <u>銀은河하水슈</u> 한 구비ᄅᆞᆯ 촌촌이 버혀 내여, 실ᄀᆞ티 플텨이셔 뵈ᄀᆞ티 거러시니, 圖도經경 열 두 구비, 내 보매ᄂᆞᆫ 여러히라. 李니謫뎍仙션이제 이셔 고텨 의논ᄒᆞ게 되면, 廬녀山산이 여긔도곤 낫단 말 못 ᄒᆞ려니.

– 정철, 「관동별곡」 중에서

① 나무 ② 폭포
③ 시냇물 ④ 하늘

해설 제시된 부분은 금강산 '십이폭포'의 장관을 묘사하고 있다. 비유적인 표현을 통해서 묘사한 것으로 밑줄 친 '은하수'는 '폭포'를 의미한다.

핵심정리

**정철, 「관동별곡」**

- **갈래** : 양반가사, 기행가사, 정격가사
- **문체** : 가사체, 운문체, 화려체
- **운율** : 3 · 4조 또는 4 · 4조, 4음보 295구
- **표현**
  - 대구, 감탄사, 생략의 적절한 사용
  - 여정, 산수, 풍경, 고사, 풍속 등을 다양하게 표현
  - 작가의 정서적 추이와 갈등을 함축적으로 표현
- **구성** : 추보식 구성
- **주제** : 관동 지방의 절경 유람 및 풍류, 연군(戀君), 애민(愛民)의 정
- **출전** : 송강가사

**현대어 풀이**

마하연, 묘길상, 안문재를 넘어 내려가 썩은 외나무다리를 건너 불정대에 오르니 천길이나 되는 절벽이 공중으로 솟아 있고, 거기에 십이 폭이 걸렸는데 마치 은하수의 많은 굽이를 마디마디 베어 내어 실처럼 풀어서 베를 걸어 놓은 것 같으니, 산수도경에는 열두 굽이라 하였으나 내가 보기에는 열둘이 더 되어 보인다. 만일, 이태백이 지금 있어서 다시 의논하게 되면 여산 폭포가 여기보다 낫다는 말은 못할 것이다.

## 29 서울시 9급 기출

**다음 밑줄 친 부분의 현대어 풀이로 옳지 않은 것은?**

> ㉠ 이 몸 삼기실 제 님을 조차 삼기시니,
> ᄒᆞᆫ ᄉᆡᆼ緣연分분이며 하ᄂᆞᆯ 모ᄅᆞᆯ 일이런가.
> ㉡ 나 ᄒᆞ나 졈어 잇고 님 ᄒᆞ나 날 괴시니,
> 이 ᄆᆞ음 이 ᄉᆞ랑 견졸 ᄃᆡ 노여 업다.
> ㉢ 平평生ᄉᆡᆼ애 願원ᄒᆞ요ᄃᆡ ᄒᆞᆫᄃᆡ 녜쟈 ᄒᆞ얏더니,
> ㉣ 늙거야 므ᄉᆞ 일로 외오 두고 글이ᄂᆞᆫ고.
> 엇그제 님을 뫼셔 廣광寒한殿뎐의 올낫더니,
> 그 더ᄃᆡ 엇디ᄒᆞ야 下하界계예 ᄂᆞ려오니,
> 올적의 비슨 머리 얼湈연디 三삼年년이라.

① ㉠ : 이 몸이 태어날 때 임을 따라 태어나니

② ㉡ : 나 혼자만 젊어 있고 임은 홀로 나를 괴로이 여기시니

③ ㉢ : 평생에 원하되 임과 함께 살아가려 했더니

④ ㉣ : 늙어서야 무슨 일로 외따로 그리워하는고?

해설 이 글은 정철의 「사미인곡」 일부이다. ㉡의 '괴시니'의 '괴다'는 '사랑하다'의 의미를 지닌다. 따라서 '임은 나를 사랑하시니'로 풀이하는 것이 적절하다.

핵심정리

**사미인곡**

- **작가** : 정철(1536~1593)
- **갈래** : 서정가사, 양반가사, 정격가사
- **연대** : 조선 선조
- **운율** : 4음보 연속체, 3(4) · 4조
- **구성** : 서사, 본사, 결사의 3단 구성, 본사는 춘하추동(春夏秋冬)으로 구성되었다.
- **주제** : 연군의 정, 충신연주지사
- **의의** : 「속미인곡」과 더불어 가사 문학의 극치를 이루는 작품이며 고려 속요 「정과정」의 맥을 잇는 연군지사이다.
- **출전** : 송강가사(성주본)

**※ 다음 글을 읽고 물음에 답하시오. (30~31)**

> 뎨 가ᄂᆞᆫ 뎌 각시 본 듯도 ᄒᆞ뎌이고. 天텬上샹 白ᄇᆡᆨ玉옥京경을 엇디ᄒᆞ야 離니別별ᄒᆞ고, ᄒᆡ 다 뎌 져믄 날의 눌을 보라 가시ᄂᆞᆫ고 어와 네여이고. 내 ᄉᆞ셜 드러보오. 내 얼굴 이 거동이 님 괴얌즉 ᄒᆞᆫ가마ᄂᆞᆫ 엇딘디 날보시고 네로다 녀기실ᄉᆡ 나도 님을 미더 군 ᄠᅳ디 전혀 업서 이ᄅᆡ야 교ᄐᆡ야 어ᄌᆞ러이 구돗썬디 반기시ᄂᆞᆫ ᄂᆞᆺ비치 녜와 엇디 다ᄅᆞ신고. 누어 ᄉᆡᆼ각ᄒᆞ고 니러 안자 혜여ᄒᆞ니 내 몸의 지은 죄 뫼ᄀᆞ티 빠혀시니 하ᄂᆞᆯ히라 원망ᄒᆞ며 사ᄅᆞᆷ이라 허믈ᄒᆞ랴. 셜워 플텨 혜니 造조物믈의 타시로다.

글란 ᄉᆡᆼ각마오. ᄆᆡ친 일이 이셔이다. 님을 뫼셔 이셔 님의 일을 내 알거니 믈ᄀᆞᄐᆞᆫ 얼굴이 편ᄒᆞ실 적 몃 날일고. 春츈寒한 苦고熱열은 엇디ᄒᆞ야 디내시며 秋츄日일冬동天텬은 뉘라셔 뫼셧ᄂᆞᆫ고. 粥쥭早조飯반 朝죠夕셕뫼 녜와 ᄀᆞᆺ티 셰시ᄂᆞᆫ가. 기나긴 밤의ᄌᆞᆷ은 엇디 자시ᄂᆞᆫ고. 님 다히 消쇼息식을 아므려나 아쟈 ᄒᆞ니 오ᄂᆞᆯ도 거의로다. ᄂᆡ일이나 사ᄅᆞᆷ 올가. 내ᄆᆞ음 둘ᄃᆞ 업다. 어드러로 가쟛말고. 잡거니 밀거니 놉픈 뫼ᄒᆡ 올라가니 ⓐ <u>구롬</u>은 ᄏᆞ니와 ⓑ <u>안개</u>ᄂᆞᆫ 므ᄉᆞ 일고. 山산川쳔이 어둡거니 ⓒ <u>일日월月</u>을 엇디 보며 咫지尺쳑을 모ᄅᆞ거든 千쳔里리ᄅᆞᆯ ᄇᆞ라보랴. 출하리 믈ᄀᆞ의 가ᄇᆡ 길히나 보쟈 ᄒᆞ니 ⓓ <u>ᄇᆞ람</u>이야 믈결이야 어둥졍 된뎌이고. 샤공은 어ᄃᆡ 가고 븬 ᄇᆡ만 걸렷ᄂᆞ니 江강天텬의 혼쟈 셔셔디ᄂᆞᆫ ᄒᆡᄅᆞᆯ 구버보니 님다히 消쇼息식이 더옥 아득ᄒᆞᆫ뎌이고. 茅모쳠 ᄎᆞᆫ 자리의 밤듕만 도라오니 反반壁벽 靑청燈등은 눌 위ᄒᆞ야 블갓ᄂᆞᆫ고. 오ᄅᆞ며 ᄂᆞ리며 헤ᄯᅳ며 바니니 져근덧 力녁盡진ᄒᆞ야 픗잠을 잠간 드니 精졍誠셩이 지극ᄒᆞ야 ᄭᅮᆷ의 님을 보니 玉옥 ᄀᆞ튼 얼굴이 半반이나마 늘거셰라. ᄆᆞ음의 머근 말ᄉᆞᆷ 슬ᄏᆞ장 ᄉᆞᆲ쟈 ᄒᆞ니 눈믈이 바라 나니 말인들 어이ᄒᆞ며 情졍을 못다ᄒᆞ야 목이조차 몌여ᄒᆞ니 오뎐된 鷄계聲셩의 ᄌᆞᆷ은 엇디 ᄭᆡ돗던고.

어와, 虛허事ᄉᆞ로다. 이 님이 어ᄃᆡ간고. 결의 니러 안자 窓창을 열고 ᄇᆞ라보니 어엿븐 그림재 날 조ᄎᆞᆯ ᄲᅮᆫ이로다. 출하리 싀여디여 落낙月월이나 되야이셔 님 겨신 窓창 안ᄒᆡ 번드시 비최리라. ㉠ <u>각시님 ᄃᆞᆯ이야ᄏᆞ니와 구ᄌᆞᆫ비나 되쇼셔.</u>

## 30

**밑줄 친 ⓐ~ⓓ에 대한 설명으로 적절하지 않은 것은?**

① ⓐ : 화자의 앞길을 가로막는 장애물 역할을 하고 있다.

② ⓑ : 당시 정치적으로 대립하던 동인을 비유한 것이다.

③ ⓒ : 장애물 및 정적을 이겨낼 수 있는 의지를 나타낸다.

④ ⓓ : 정적에게 모함을 당한 작가의 심정이 드러난다.

해설 '일日월月'은 절대자이자 화자가 처한 곤경에서 구해줄 임인 임금(선조)을 형상화한 단어이다. ⓐ의 '구름', ⓑ의 '안개', ⓓ의 'ᄇᆞ람'은 모두 화자에게 있어 장애물이며 자신을 모함해 곤경에 처하게 한 정적이 된다.

## 31 법원직 9급 기출

**표현 방식이 ㉠과 가장 가까운 것은?**

① 오늘날의 학생들은 학문 연구는 고사하고 실용적인 공부나 하려 한다.

② 다른 동식물과 마찬가지로 사람도 주위 환경과 조화를 이루며 살아나간다.

③ 지도층이 생활의 본을 보이면, 아랫사람은 자연스럽게 그것을 따라가게 된다.

④ 인생의 성공 여부를 결정하는 것은 그 사람의 소유가 아니라 그 사람의 인격이다.

해설 '각시님 ᄃᆞᆯ이야ᄏᆞ니와 구ᄌᆞᆫ 비나 되쇼셔'는 '달은커녕 궂은비나 되십시오'로 해석할 수 있다. 달도 좋지만 궂은비나 되라는 것으로 '~은 그만두고 ~나 되라'는 대조적인 의미 구조이다. 이와 유사한 표현 방식은 '~학문 연구는 고사하고 실용적인 공부나 하려 한다'이다.

**핵심정리**

**가사**

- 경기체가의 붕괴에서 발생한 것으로 추정된다.
- 현실적으로 설득적인 유교 이념을 표현하는 데 가장 알맞은 형태로 급속히 발전하였다.
- 4음보의 연속체로 행수에 제한이 없다.

## 32

**다음 글에 대한 설명으로 옳지 않은 것은?**

화란 춘성(花爛春城)하고 만화 방창(萬化方暢)이라. 때 좋다. 벗님네야, 산천경개(山川景槪)를 구경을 가세.

죽장 망혜(竹杖芒鞋) 단표자(單瓢子)로 천리 강산을 들어를 가니, 만산 홍록(滿山紅綠)들은 일년 일도(一年一度) 다시 피어 춘색(春色)을 자랑하노라 색색이 붉었는데, 창송 취죽(蒼松翠竹)은 창창 울울(蒼蒼鬱鬱)한데, 기화 요초(琪花瑤草) 난만중(爛漫中)에 꽃 속에 잠든 나비 자취 없이 날아난다.

— 작자 미상, 「유산가」

① 의성어, 의태어 등을 활용했다.
② 봄날의 아름다운 경치를 노래하였다.
③ 서도 12잡가 중 대표적인 노래이다.
④ 민중의 낙천적이며 유흥적인 태도가 엿보인다.

**해설** 주어진 노래는 「유산가」로 경기 12잡가 중 하나이다.

## 33 서울시 9급 기출

**다음 시의 설명과 거리가 먼 것은?**

어제 영명사를 지나다가
잠시 부벽루에 올랐네.
성은 텅 빈 채로 달 한 조각 떠 있고
오래된 조천석 위에 천 년의 구름 흐르네.
기린마는 떠나간 뒤 돌아오지 않는데
천손은 지금 어느 곳에 노니는가?
돌다리에 기대어 휘파람 부노라니
산은 오늘도 푸르고 강은 절로 흐르네.

— 이색, 「부벽루」

① 시상을 전개해 나가는 시각이 웅대하다.
② 선정후경의 시상 전개 방식을 사용했다.
③ 대자연의 무한함과 인간의 유한성을 대비하여 표현했다.
④ 소재의 특성 면에서 민족 문학적 성격이 드러난다.

**해설** 1행부터 4행까지는 부벽루에 올라서 바라본 경치를 묘사하고 있으며, 5행부터 8행까지는 역사 속에 사라져 버린 옛 왕조에 대한 그리움과 주변 풍경에 대해 느끼는 작가의 심정을 노래하고 있다. 따라서 이 작품은 선경후정의 시상 전개 방식을 사용하고 있다.

**핵심정리**

**이색, 「부벽루」**
- **형식** : 오언율시
- **주제** : 지난 역사의 회고와 고려 국운 회복의 소망
- **출전** : 牧隱集(목은집)

## 34 서울시 9급 기출

**다음 시에서 서정적 자아의 정서 변화를 가장 잘 나타낸 것은?**

새로 걸러낸 막걸리 젖빛처럼 뿌옇고
큰 사발에 보리밥의 높기가 한 자로세.
밥을 먹자 도리깨 잡고 마당에 나서니
검게 탄 두 어깨 햇빛 받아 번쩍이네.
응헤야, 소리 내며 발 맞추어 두드리니
삽시간에 보리 낟알 온 마당에 가득하네.
주고받는 노랫가락 점점 높아지는데
보이느니 지붕 위에 보리 티끌뿐이로다.
그 기색을 살펴보니 즐겁기 짝이 없어
마음이 몸의 노예가 되지 않았네.
낙원이 먼 곳에 있는 것이 아닌데
무엇하려고 벼슬길에 헤매고 있으리요.

— 정약용, 「보리타작」



정답 30 ③ 31 ① 32 ③ 33 ②

① 장소를 옮겨가며 장면을 묘사하고 있다.
② 낮에서 밤으로 시간이 바뀌고 있다.
③ 먼 곳에서 가까운 곳으로 시선의 이동이 보인다.
④ 외적 상황을 먼저 제시한 후 내면 세계를 드러내고 있다.

**해설** 정약용의 한시 「타맥행」을 번역한 것으로, 자연 또는 사물을 묘사하고 그것을 보고 느낀 시인의 감정이나 생각을 표출하는 '先景後情(선경후정)'의 방식을 따르고 있다. 먼저 1행부터 8행을 보면 마당에서 보리타작을 하는 사람들의 모습, 즉 외적 상황을 먼저 제시하고 있음을 알 수 있다. 9행에서 12행까지는 일하는 사람들의 분위기를 서술하며, 또 그 모습을 보고 낙원이 먼 곳에 있지 않다는 것을 깨달은 작가 자신의 삶에 대한 반성이 담겨 있다.
① 보리타작을 하는 장소는 마당이며, 다른 곳으로 옮겨지지 않는다.
② '검게 탄 두 어깨 햇빛 받아'의 부분에서 낮 시간을 배경으로 하고 있다는 것을 알 수 있지만, 밤으로 바뀌는 내용은 찾아볼 수 없다.
③ '새로 걸러낸 막걸리 → 큰 사발에 보리밥 → 지붕 위에 보리 티끌'의 연결로 보아 오히려 시선이 가까운 곳에서 먼 곳으로 이동하고 있다고 할 수 있다.

**핵심정리**

**정약용, 「타맥행(보리타작)」**
- **연대** : 조선 영조
- **갈래** : 서정시, 한시
- **성격** : 사실적, 반성적
- **배경 사상** : 실학사상
- **전개** : '선경후정'의 방식을 통한 시상 전개
- **표현** : '막걸리, 보리밥, 도리깨, 보리 낟알' 등 평민적 시어를 통해 농촌의 모습을 사실적으로 표현
- **제재** : 보리타작
- **주제** : 보리타작에서 나타나는 농민의 건강한 삶과 깨달음
- **출전** : 여유당전서
- **구성**
  - 기(1~4행) : 노동하는 농민의 건강한 모습
  - 승(5~8행) : 보리타작하는 마당의 정경
  - 전(9~10행) : 정신과 육체가 합일된 노동의 기쁨
  - 결(11~12행) : 관직에 몸담은 자신의 삶에 대한 반성

## 35

**다음 시의 설명으로 옳지 않은 것은?**

> ᄀᆞᄅᆞ미 ᄑᆞᄅᆞ니 새 더욱 ᄒᆡ오,
> 뫼히 퍼러ᄒᆞ니 곳 비치 블 븟ᄂᆞ도다.
> 옰보미 본ᄃᆡᆫ ᄯᅩ 디나가ᄂᆞ니,
> 어느 ᄂᆞ리 이 도라갈 ᄒᆡ오.

① 시각적 대비를 사용해 봄의 풍경을 선명하게 표현하고 있다.
② 봄이 지나가는 것과 향수(鄕愁)가 겹쳐 시의 분위기에 아쉬움을 더하고 있다.
③ 강물은 화자의 고향에 대한 그리움을 담은 매개체로 우울한 심리상태를 나타낸다.
④ 화자는 자연에 대한 아름다움을 예찬하며 봄의 풍경에 취해있는 상태이다.

**해설** 두보의 시 「절구」로, 봄이 왔어도 고향에 돌아갈 수 없는 '망향의 마음'을 나타낸 것이다. 앞부분에서 아름다운 봄 경치를 묘사하고 있는데, 그것은 고향으로 돌아가지 못하는 화자의 마음을 더욱 안타깝게 느끼도록 하고 있다.
① 푸른 강물과 파란 산 등의 시어와 흰 새와 붉은 꽃이 분명하게 대비되어 신선한 봄의 풍경을 선명하게 표현하고 있다.
② 봄의 정경과 달리 아직도 객지를 떠도는 자신의 처지를 느끼며 고향에 대한 그리움을 애상적으로 읊었다.
③ 봄 경치를 제재로 삼아서 고향에 대한 그리움을 나타내었다.

핵심정리

**두보, 「절구」**

- 갈래 : 서정시, 정형시
- 형식 : 5언 절구
- 성격 : 애상적
- 주제 : 고향에 돌아가고 싶은 마음
- 특징
  - 선경후정의 방식을 사용하였다.
  - 기구와 승구에서 '산'과 '강'으로 대구법을 사용하였다.
  - 청백, 청홍의 선명한 색채 대비로 인하여 대조가 사용되었다.

**현대어 풀이**

강물의 푸르니 새는 더욱 희고
산이 푸르니 꽃은 불타는 듯하다.
금년 봄도 보는 가운데 또 지나가니
어느 날이 이 고향에 돌아갈 해인가

## 36

**다음 시의 주제로 바른 것은?**

黃雀何方來去飛
一年農事不曾知
鰥翁獨自耕耘了
耗盡田中禾黍爲

① 권력자들의 농민 수탈에 대한 비판
② 농촌 생활의 풍요로움과 흥겨움을 노래
③ 지난 역사의 회고와 고려 국운 회복의 희망
④ 한가로운 자연 속에 누리는 삶에 대한 만족

해설 이 한시는 이제현의 「사리화(沙里花)」로 백성들을 수탈하는 탐관오리에 대한 풍자가 돋보이는 작품이다.

핵심정리

**현대어 풀이**

黃雀何方來去飛(황작하방래거비)
참새야 어디서 오가며 나느냐,
一年農事不曾知(일년농사부증지)
일 년 농사는 아랑곳하지 않고,
鰥翁獨自耕耘了(환옹독자경운료)
늙은 홀아비 홀로 갈고 맸는데,
耗盡田中禾黍爲(모진전중화서위)
밭의 벼며 기장을 다 없애다니.

## 37

**다음 한시의 밑줄 친 부분의 해설로 옳지 않은 것은?**

雨歇長堤草色多
送君南浦動悲歌
大洞江水何時盡
別淚年年添綠波

① 雨歇 : 비가 내리다
② 送君 : 님을 떠나 보내다
③ 何時盡 : 물이 마르지 않을 것이다
④ 添綠波 : 푸른 물결에 보태다

해설 고려 시대의 대표적 한시인 정지상의 「送人」이다.
- 우헐(雨歇) : 비가 그치다

핵심정리

**현대어 풀이**

雨歇長堤草色多(우헐장제초색다)
비는 그쳐 긴 둑에 풀빛은 새로운데
送君南浦動悲歌(송군남포동비가)
남포에서 님 보내며 슬픈 노래 울먹이네.
大洞江水何時盡(대동강수하시진)
대동강 물 어느 때나 마를 날 있을까
別淚年年添綠波(별루년년첨록파)
해마다 이별의 눈물을 푸른 강물에 더하누나.



정답 34 ④ 35 ④ 36 ① 37 ①

## 38

**다음 글에 대한 설명으로 옳지 않은 것은?**

> 불휘 기픈 남ᄀᆞᆫ ᄇᆞᄅᆞ매 아니 뮐ᄊᆡ 곶 됴코 여름 하ᄂᆞ니
> ᄉᆡ미 기픈 므른 ᄀᆞᄆᆞ래 아니 그츨ᄊᆡ 내히 이러 바ᄅᆞ래 가ᄂᆞ니

① 비유가 돋보여 125장 중 가장 문학성이 뛰어나다.
② 고유어로만 쓰였다.
③ 전체의 서사(序詞)로 사적찬(事跡讚)이다.
④ 치화평(致和平)의 가사로 노래했다.

**해설** 제시된 지문은 「용비어천가」의 2장이다. 이 장은 고유어로만 쓰였고, 중국 고사가 전혀 없으며, 비유가 돋보여 「용비어천가」 125장 중에서 가장 문학성이 뛰어나다는 평가를 받고 있다.

**핵심정리**

**정인지 등, 「용비어천가」**
- **연대** : 조선 세종
- **갈래** : 악장, 서사시, 송축가
- **창작 동기** : 조선 건국의 합리화와 정당성 획득, 후대 왕을 위한 권계 및 귀감
- **특징**
  - 'ㅸ, ㆆ, ㆅ, ㅿ, ㆁ, ㆍ' 등이 쓰이고
  - 성조를 나타내는 방점이 찍힘
  - 8종성 외에 'ㅈ, ㅊ, ㅍ'이 종성으로 쓰임
  - 사잇소리 표기를 엄격하게 지킴
  - 동국정운식 한자음을 전제로 조사와 어미를 붙여 씀
- **문체** : 악장체, 운문체
- **출전** : 만력본

## 39 서울시 9급 기출

**조선 시대 대표적 문사(文士) 송강 정철이 창작한 가사가 아닌 것은?**

① 「속미인곡」 ② 「면앙정가」
③ 「관동별곡」 ④ 「사미인곡」

**해설** 면앙정가는 중종 때의 문신 '송순'이 벼슬에서 물러나 고향인 전남 담양에 머물며 지은 가사로, 사계절에 따라 변하는 면앙정 주변의 절경 속에서 풍류를 즐기는 강호가도가 드러난 작품이다.
① 속미인곡은 정철이 50세 때 벼슬에서 물러나 창평에서 머물며 불우한 생활을 하고 있을 때 지은 가사로, 임금을 그리워하는 심정을 두 여인의 대화 형식으로 읊은 가사이다. 사미인곡의 속편이라고 볼 수 있다.
③ 관동별곡은 정철이 45세 때 강원도 관찰사로 있으면서 금강산과 관동팔경을 답사한 후 그 절경을 노래한 가사로, 3 · 4조와 4음보 연속체로 구성된 대표적 기행 가사체 작품이다. 영탄법, 대구법, 생략법 등을 활용하고 우리말의 아름다움을 잘 살려 가사 문학의 백미로 일컬어진다.
④ 사미인곡은 속미인곡과 마찬가지로 정철이 조정에서 물러나 창평에 머물면서 지은 가사로, 임금을 그리워하는 자신의 심정을 이별한 임을 그리워하는 여인에 빗대어 노래한 작품이다.

## 40 서울시 9급 기출

**〈보기〉의 밑줄 친 부분과 가장 가까운 내용을 담은 시조는?**

보기

> 성현의 경전을 읽고 자기를 돌이켜 보아서 환히 이해되지 않는 것이 있거든 모름지기 성현이 준 가르침이란 반드시 사람이 알 수 있고 행할 수도 있는 것에 대하여 말한 것임을 생각하라. 성현의 말과 나의 소견이 다르다면 이것은 내가 힘쓴 노력이 철저하지 못한 까닭이다. 성현이 어찌 알기 어렵고 행하기 어려운 것으

로 나를 속이겠는가? 성현의 말을 더욱 믿어서 딴 생각이 없이 간절히 찾으면 장차 얻는 바가 있을 것이다.

① 십년 ᄀ온 칼이 갑리(匣裏)에 우노ᄆᆡ라.
관산(關山)을 ᄇᆞ라보며 ᄣᅢᄣᅢ로 ᄆᆞ져 보니
장부(丈夫)의 위국공훈(爲國功勳)을 어ᄂᆡ ᄣᅢ에 드리올고.

② 구곡(九曲)은 어드ᄆᆡ고 문산(文山)에 세모(歲暮)커다.
기암괴석(奇巖怪石)이 눈속에 뭇쳐셰라.
유인(遊人)은 오지 안이ᄒᆞ고 볼썻업다 ᄒᆞ드라.

③ 강호(江湖)에 겨월이 드니 눈 기픠 자히 남다.
삿갓 빗기 쓰고 누역으로 오슬 삼아,

④ 고인(古人)도 날 몯 보고 나도 고인 몯 뵈.
고인을 몯 봐도 녀던 길 알픠 잇ᄂᆡ.
녀던 길 알픠 잇거든 아니 녀고 엇졀고.

해설 이황의 시조 〈도산십이곡〉 중 제9곡으로, 고인(古人)의 가르침이 남아 있으니 이를 공부하여 따르겠다는 의미를 나타낸다. 따라서 성현의 말씀을 공부하면 얻는 바가 있을 것이라는 의미의 밑줄 친 부분과 내용이 가장 가깝다.
① 이순신의 시조로 나라가 위태로움에 처하면 목숨을 던져 나라를 구하겠다는 무인으로서의 굳은 결의와 충성심이 드러나 있다. 따라서 밑줄 친 내용과는 관련이 없다.
② 이이의 시조로 고산(高山)의 아름다운 경치를 예찬하는 내용이다. 따라서 밑줄 친 내용과는 관련이 없다.
③ 맹사성의 시조로 강호에서 자연을 즐기며 임금의 은혜에 감사함을 표하는 내용이다. 따라서 밑줄 친 내용과는 관련이 없다.

## 41 국가직 9급 기출

**다음 글에 대한 이해로 가장 적절한 것은?**

(가) 내 마음 베어 내어 저 달을 만들고져
구만 리 장천(長天)의 번듯이 걸려 있어
고운 님 계신 곳에 가 비추어나 보리라

(나) 열다섯 아리따운 아가씨가
남부끄러워 이별의 말 못 하고
돌아와 겹겹이 문을 닫고는
배꽃 비친 달 보며 흐느낀다

① (가)와 (나)에서 '달'은 사랑하는 마음을 임에게 전달하는 매개체이다.
② (가)의 '고운 님'과, (나)의 '아리따운 아가씨'는 화자가 사랑하는 대상이다.
③ (가)의 '나'는 적극적인 태도로, (나)의 '아가씨'는 소극적인 태도로 정서를 드러낸다.
④ (가)의 '장천(長天)'은 사랑하는 임이 머무르는 공간이고, (나)의 '문'은 사랑하는 임에 대한 마음을 숨기는 공간이다.

해설 (가)의 '나'는 자신의 마음을 '달로' 만들어 임금이 계신 궁궐에 비추어 전하고 싶다는 적극적인 태도를 보이는 반면, (나)의 '아가씨'는 임과의 이별에 겹겹이 문을 닫고 홀로 슬퍼하고 있는 소극적인 태도로 임에 대한 사랑과 이별의 정서를 각각 드러내고 있다.
① (가)의 '달'은 자신의 마음을 베어 '달'로 만든 것이므로 사랑하는 마음을 임에게 전달하는 매개체이지만, (나)의 '달'은 임과의 이별 후 '아가씨'의 슬픈 마음을 심화시키는 대상으로 이별의 안타까움을 더해 준다.
② (가)의 '고운 님'은 화자가 사랑의 매개체인 '달'을 통해 자신의 마음을 전하려는 대상이지만, (나)의 '아리따운 아가씨'는 화자가 바라보며 관찰하는 대상일 뿐이다.
④ (가)의 '장천(長天)'은 화자의 마음으로 만든 '달'이 걸려 있는 공간이며 화자가 사랑하는 임이 머무르는 공간은 '고운 님 계신 곳', 즉 궁궐이다. (나)의 '문'은 사랑하는 임에 대한 마음을 숨기는 공간이다.



정답 38 ③ 39 ② 40 ④ 41 ③

실전 문제

# 제4장 고전 산문

대표유형문제

국가직 9급 기출

**다음 글의 중심 내용으로 가장 적절한 것은?**

행랑채가 퇴락하여 지탱할 수 없게끔 된 것이 세 칸이었다. 나는 마지못하여 이를 모두 수리하였다. 그런데 그중의 두 칸은 앞서 장마에 비가 샌 지가 오래되었으나, 나는 그것을 알면서도 이럴까 저럴까 망설이다가 손을 대지 못했던 것이고, 나머지 한 칸은 비를 한 번 맞고 샜던 것이라 서둘러 기와를 갈았던 것이다. 이번에 수리하려고 본즉 비가 샌 지 오래된 것은 그 서까래, 추녀, 기둥, 들보가 모두 썩어서 못 쓰게 되었던 까닭으로 수리비가 엄청나게 들었고, 한 번밖에 비를 맞지 않았던 한 칸의 재목들은 완전하여 다시 쓸 수 있었던 까닭으로 그 비용이 많이 들지 않았다.

나는 이에 느낀 것이 있었다. 사람의 몸에 있어서도 마찬가지라는 사실을. 잘못을 알고서도 바로 고치지 않으면 곧 그 자신이 나쁘게 되는 것이 마치 나무가 썩어서 못쓰게 되는 것과 같으며, 잘못을 알고 고치기를 꺼리지 않으면 해(害)를 받지 않고 다시 착한 사람이 될 수 있으니, 저 집의 재목처럼 말끔하게 다시 쓸 수 있는 것이다. 뿐만 아니라 나라의 정치도 이와 같다. 백성을 좀먹는 무리들을 내버려두었다가는 백성들이 도탄에 빠지고 나라가 위태롭게 된다. 그런 연후에 급히 바로잡으려 하면 이미 썩어 버린 재목처럼 때는 늦은 것이다. 어찌 삼가지 않겠는가.

– 이규보, 「이옥설(理屋說)」

① 모든 일에 기초를 튼튼히 해야 한다.
② 청렴한 인재 선발을 통해 정치를 개혁해야 한다.
❸ 잘못을 알게 되면 바로 고쳐 나가는 자세가 중요하다.
④ 훌륭한 위정자가 되기 위해서는 매사 삼가는 태도를 지녀야 한다.

정답해설 제시문의 글쓴이는 행랑채 수리를 제때 하지 않아 수리 비용이 많이 들었던 경험을 바탕으로, 잘못이 있을 때는 미루지 않고 바로 고쳐나가는 것이 중요하다는 것을 깨닫고 있다. 두 번째 문단에 글쓴이가 느낀 바가 잘 드러나 있다. 따라서 이 글의 중심 내용으로 적절한 것은 ③이다.

핵심정리 이규보, 「이옥설(理屋說)」

- **갈래** : 한문 수필
- **성격** : 교훈적, 경험적, 예시적
- **주제** : 문제를 미리 알고 그것을 고쳐 나가는 자세의 중요성
- **특징** : 행랑채를 수리하는 평범한 일상의 경험을 통해 느낀 바를 인간의 몸과 나라 정치로 확대하여 삶의 이치를 밝히고 있다.

## 01

### 다음 글의 장르에 대한 설명으로 적절하지 않은 것은?

주몽의 신이한 잉태는 신이한 출생으로 이어진다. 금와는 태백산 남쪽 우발수(優渤水)에서 한 여자를 만나 물으니, 대답하여, "나는 본시 하백(河伯)의 딸로 이름은 유화(柳花)인데 여러 아우들과 나와 놀고 있을 때에 한 남자가 나타나 자기는 천제의 아들 해모수(解慕漱)라 하고 나를 웅신산(熊神山) 밑 압록강가의 집 속으로 유인하여 남몰래 정을 통하고 가버린 뒤 돌아오지 않으므로 부모는 내가 중매 없이 혼인한 것을 꾸짖어서 이곳으로 귀양보낸 것"이라 했다. 금와는 이상하게 여겨 그녀를 방 속에 가두어 두었더니 햇빛이 방 속을 비쳤다. 그녀가 몸을 피하자 햇빛은 다시 쫓아와 비쳤다. 이로 인해서 태기가 있어 알 하나를 낳으니 그 크기가 닷되들이 말(斗)만 했다.

왕은 그것을 버려 개와 돼지에게 주니 모두 먹지 않고 또 길에 버리니 소와 말이 그것을 피해 가고, 들에 내다 버리니 새와 짐승이 덮어 주었다.

① 설화 문학 중, 난생설화에 속한다.
② 상징물이 나타나는 특징이 있다.
③ 새로운 질서의 시작을 푸는 이야기이다.
④ 증거물 없이 흥미성을 드러내는 이야기이다.

**해설** 제시문은 '동명왕 신화'이다. 신화는 우주, 국가 등의 포괄적 증거물이 있으며, 신성성을 드러내는 것이 특징이다. 신화와 같이 설화의 하위 갈래인 '민담'은 신화와 다르게 특정한 증거물이 없다.

**핵심정리**

**설화**

- **신화** : 한 민족 안에 전승되는 신의 신성한 존재와 그 활동을 중심으로 한 이야기 (예 단군신화)
- **전설** : 신적인 요소 없이 인간과 그 행위를 주체로 하여 지난날의 사실, 사건이라고 여겨지는 구체적 배경을 가진 이야기 (예 조신설화)
- **민담** : 신화와 같은 신성함이나 전설과 같은 구체적 증거물 없이 흥미 위주로 전해 오는 이야기 (예 구토지설)

## 02

### 다음 설화의 특징으로 적절한 것은?

네 이놈 자라야, 네 죄목(罪目)을 의논하면 살지무석(殺之無惜) 괘씸하다. 용왕의 의사(意思) 있기 날같이 총명하고, 나의 구변(口辯) 없기 용왕같이 미련터면, 아까운 이내 목숨 수중원혼(水中寃魂) 되겠구나. 동래박의(東萊博議) 책을 보니 짐승의 미련하기 어이수이(魚耳獸耳) 같다 하되 인족(鱗族)의 미련하기 모족(毛族)보다 더하더라. 오장(五臟)에 붙은 간을 어찌 출납하겠느냐. 네 소위 헤아리면 산중(山中)으로 잡아다가 우리 동무 다 모아서 잔치를 배설하고, 네 놈을 푹 삶아서 백소주(白燒酒) 안주감 초장 찍어 먹을 테나, 본사(本事)를 생각하면 척견(跖犬)이 폐요(吠堯)하고 계포(季布)가 하죄(何罪)리, 각위기주(各爲其主)하였기로 십분 짐작하였으며 하물며 만경창해 네 등으로 왕래하니, 사지동고(死地同苦)하였기에 목숨 살려 보내주니, 그리 알고 돌아가되 좋은 약 보내기로 네 왕에게 허락하니, 점잖은 내 도리에 어찌 식언을 하겠느냐. 나의 똥이 장히 조하 청열(淸熱)을 한다 하고 사람들이 주워다가 역아



정답 01 ④

(疫兒)들을 먹이나니, 네 왕이 두 눈망울 열기가 과(過)하더라. 갖다가 먹였으면 병이 곧 나으리라.

① 화자가 책 이름과 한자어 및 한자 성어 등을 자주 거론해 현학적인 면모를 보이고 있다.
② '각위기주(各爲其主)'는 '각자 마땅히 주인 됨으로 해야 할 것'으로 풀이할 수 있다.
③ 한자 성어 '사지동고(死地同苦)'의 유사한 의미의 한자 성어는 '사생결단(死生決斷)'이다.
④ 본문의 근원 설화로는 '구토설화(龜兎說話)'로 판소리 사설인 「연의 각」으로 파생되었다.

해설 송나라 때 편찬한 사서인 동래박의부터 수중원혼, 각위기주, 사지동고 등의 한자어를 자주 거론함으로서 화자의 현학적인 면을 부각시키고 있다.
② 각위기주(各爲其主)는 '각자 자신의 주인을 위해 온 힘을 다 함'의 뜻인 한자 성어이다.
③ 사지동고(死地同苦)와 유사한 한자성어로는 '동고동락(同苦同樂)', '사생계활(死生契闊) 등이 있다.
④ 구토설화는 판소리계 소설 '별주부전'과 '판소리 사설 '수궁가'로 창작되었다.

핵심정리

**판소리계 소설**

| 근원 설화 | 판소리계 소설 | 신소설 |
|---|---|---|
| 구토지설 | 별주부전 | 토의간 |
| 관탈민녀형 설화, 암행어사 설화, 신원 설화 | 춘향전 | 옥중화 |
| 인신공희 설화, 맹인개안 설화, 효행 설화, 용궁 설화, 환생 설화, 효녀지은 설화, 거타지 설화 | 심청전 | 강상련 |
| 방이 설화, 박타는 여인 | 흥부전 | 연의각 |

## 03

**서술자가 ㉠을 통해서 궁극적으로 말하고자 하는 것은?**

소위 사대부란 것들이 무엇이란 말이냐? 오랑캐 땅에서 태어나 자칭 사대부라 뽐내다니, 이런 어리석을 데가 있느냐? 의복은 흰옷을 입으니 그것이야말로 상인(商人)이나 입는 것이고, 머리털을 한데 묶어 송곳같이 만드는 것은 남쪽 오랑캐의 습속에 지나지 못한데, 대체 무엇을 가지고 예법이라 한단 말인가? ㉠ <u>번오기는 원수를 갚기 위해서 자신의 머리를 아끼지 않았고, 무령왕은 나라를 강성하게 만들기 위해서 되놈의 옷을 부끄럽게 여기지 않았다.</u> 이제 대명(大明)을 위해 원수를 갚겠다 하면서, 그까짓 머리털 하나를 아끼고, 또 장차 말을 달리고 칼을 쓰고 창을 던지며, 활을 당기고 돌을 던져야 할 판국에 넓은 옷을 고쳐 입지 않고 딴에 예법이라고 한단 말이냐?

– 박지원, 「허생전」

① 탈유교적인 자세
② 부국강병의 필요성
③ 명분과 사대의 관계
④ 실용적 태도

해설 이 글은 박지원의 한문 소설 「허생전」이다. 이완 대장의 태도는 곧 당시 사대부들의 태도로 볼 수 있는데, 사대부들이 지나치게 예법에만 얽매이는 것을 번오기와 무령왕의 역사적 사실을 들어 비판하고, 궁극적으로는 실용적 태도를 가질 것을 촉구하는 것이다. 이어지는 문장에서 다시 확인해 볼 수 있다.

## 04 서울시 9급 기출

**다음 필자의 생각과 일치하지 않은 것은?**

시골에 살면서 과수원(果樹園)이나 남새밭을 가꾸지 않는다면 세상에서 버림받는 일이 될 것이다. 나는 지난번 국상(國喪)이 나 바쁜 가운데서도 만송(蔓松) 열 그루와 전나무 한두 그루를 심어 둔 적이 있다. 내가 지금까지 집에 있었다면 뽕나무는 수백 그루, 접붙인 배 몇 그루, 옮겨 심은 능금나무 몇 그루 정도는 됐을 것이고, 닥나무는 지금쯤 이미 밭을 이루었을 것이다. 옻나무도 다른 밭 언덕으로 뻗어 나갔을 것이고, 석류도 여러 나무, 포도도 군데군데 줄을 타고 넝쿨이 뻗어 있을 것이다. 파초도 네댓 개는 족히 가꾸었을 것이다. 불모지에는 버드나무도 대여섯 그루 심었을 거고, 유산(酉山)의 소나무도 이미 여러 자쯤 자랐을 거다. 너희는 이런 일을 하나라도 했는지 모르겠구나. 너희들이 국화를 심었다고 들었는데 국화 한 이랑은 가난한 선비의 몇 달 동안의 식량이 될 수도 있는 것이니 한낱 꽃구경에만 그치는 것이 아니다. 생지황, 끼무릇, 천궁(川芎)과 같은 것이나 쪽나무나 꼭두서니 등에도 모두 마음을 기울여 잘 가꾸어 보도록 하여라. 남새밭 가꾸는 데는 땅을 반반하게 고르고 이랑을 바르게 하는 일이 중요하며, 흙은 가늘게 부수고 깊게 갈아 분가루처럼 부드러워야 한다. 씨는 항상 고르게 뿌려야 하며, 모종은 아주 성기게 해야 한다. 아욱 한 이랑, 배추 한 이랑, 무 한 이랑씩 심어 두고 가지나 고추 등속도 마땅히 따로따로 구별하여 심어 놓고 마늘이나 파 심는 일에도 힘쓸 것이다. 미나리도 심을 만한 채소다. 또, 한여름 농사로는 참외만 한 것도 없느니라. 절약하고 본농사에 힘쓰면서 부업으로 아름다운 결실을 얻을 수 있는 것이 이 남새밭 가꾸는 일이다.

– 정약용, 「유배지에서 보낸 편지」

① 국화는 단순한 관상용이 아니라 식량이 될 수도 있는 식물이다.

② 선비도 글 읽기뿐만 아니라 농사일에도 힘써야 한다.

③ 논농사보다는 과일, 채소, 약재를 재배하는 것이 효과적이다.

④ 여름철에는 참외 농사가 풍성한 수확을 얻기에 좋다.

**해설** 마지막 문장의 '절약하고 본농사에 힘쓰면서 부업으로 아름다운 결실을 얻을 수 있는 것이 이 남새밭 가꾸는 일이다'를 통해 '본농사'가 '논농사'를 뜻하는 것으로 논농사가 주업임을 나타낸다. 따라서 논농사보다 과일, 채소, 약재를 재배하는 것이 효과적이라는 것은 필자의 생각과 일치하지 않는다.

**핵심정리**

**정약용, 「유배지에서 보낸 편지」**

- **갈래** : 서간문
- **성격** : 논증적, 체험적
- **주제** : 과일과 야채를 재배함으로써 절약정신과 결실 성취를 권유
- **특징**
  - 정약용이 아들들에게 생활의 가르침을 주는 방식으로 서술하고 있다.
  - 일상 속에서 쉽게 접할 수 있는 일들에 대해 해답을 주고 있다.
  - 본인의 경험을 자세하게 해설하듯 서술해 현장감을 느끼게 하고 있다.
- **출전** : 여유당전서

제 2 편 고전 문학

정답 02 ① 03 ④ 04 ③

## 05 국회직 8급 기출

**다음 글의 표현상 특징으로 적절하지 않은 것은?**

홍ᄉᆡᆨ이 거록ᄒᆞ야 븕은 긔운이 하늘을 뛰노더니 이랑이 소ᄅᆡ를 놉히 ᄒᆞ야 나를 블러 져긔 믈밋ᄎᆞᆯ 보라 웨거ᄂᆞᆯ 급히 눈을 드러 물밋 홍운을 헤앗고 큰 실오리 ᄀᆞᆺᄒᆞᆫ 것이 줄이 븕기 더옥 긔이ᄒᆞ며 긔운이 진홍 ᄀᆞᆺᄒᆞᆫ 것이 ᄎᆞᄎᆞ 나 손바닥 너ᄇᆡ ᄀᆞᆺᄒᆞᆫ 것이 그믐밤의 보ᄂᆞᆫ 숫불빗 ᄀᆞᆺ더라. ᄎᆞᄎᆞ 나오더니 그 우흐로 젹은 회오리밤 ᄀᆞᆺᄒᆞᆫ것이 븕기 호박 구ᄉᆞᆯ ᄀᆞᆺ고 ᄆᆞᆰ고 통낭ᄒᆞ기ᄂᆞᆫ 호박도곤 더 곱더라.

그 븕은 우흐로 흘흘 움ᄌᆞᆨ여 도ᄂᆞᆫᄃᆡ 처엄 낫던 븕은 긔운이 ᄇᆡᆨ지 반 쟝 너ᄇᆡ만치 반ᄃᆞ시 비최며 밤 ᄀᆞᆺ던 긔운이 ᄒᆡ되야 ᄎᆞᄎᆞ 커 가며 ᄌᆡᆼ반만 ᄒᆞ여 븕웃븕웃 번듯번듯 뛰놀며 젹ᄉᆡᆨ이 왼 바다희 씨치며 몬져 븕은 기운이 ᄎᆞᄎᆞ 가ᄉᆡ며 ᄒᆡ 흔들며 뛰놀기 더욱 ᄌᆞ로 ᄒᆞ며 항 ᄀᆞᆺ고 독ᄀᆞᆺᄒᆞᆫ 것이 좌우로 뛰놀며 황홀히 번득여 냥목이 어즐ᄒᆞ며 ᄒᆞ은 긔운이 명낭ᄒᆞ야 첫 오ᄉᆡᆨ을 헤앗고 텬듕의 ᄌᆡᆼ반 ᄀᆞᆺᄒᆞᆫ 것이 수레박희 ᄀᆞᆺᄒᆞ야 믈 속으로셔 치미러 밧치ᄃᆞ시 올나 븟흐며 항독 ᄀᆞᆺᄒᆞᆫ 긔운이 스러디고 처엄 븕어 겻ᄎᆞᆯ 빗 최던 거ᄉᆞᆫ 모혀 소혀텨로 드리워 믈 속의 풍덩 싸디ᄂᆞᆫ 듯 시브더라. 일ᄉᆡᆨ이 됴요ᄒᆞ며 믈결이 븕은 긔운이 ᄎᆞᄎᆞ 가ᄉᆡ며 일광이 청낭ᄒᆞ니 만고 텬하의 그런 장관은 ᄃᆡ두ᄒᆞᆯ ᄃᆡ 업슬 ᄃᆞᆺᄒᆞ더라.

① 시간의 흐름에 따라 내용이 전개되고 있다.

② 여성의 섬세한 문체를 잘 보여주고 있다.

③ 해돋이 광경을 비유적으로 잘 묘사하고 있다.

④ 관찰 대상을 객관적으로 표현하여 현장감을 주고 있다.

**해설** 「동명일기」의 한 부분으로 귀경대에서의 일출 광경을 비유를 통해 묘사하였다. 일출 광경을 주관적이고 생동감 있게 드러내고 있으므로 관찰 대상을 객관적으로 표현했다는 설명은 적절하지 않다.

**핵심정리**

**의유당 남씨, 「동명일기」**

- **갈래** : 고전 수필, 기행문
- **성격** : 묘사적, 사실적, 주관적
- **주제** : 귀경대에서 본 일출의 장관
- **출전** : 의유당 관북유람 일기

## 06 국가직 9급 기출

**밑줄 친 ㉠~㉣에 대한 설명으로 옳지 않은 것은?**

모든 수령 도망할 제 거동 보소. 인궤(印櫃) 잃고 과줄 들고, 병부(兵符) 잃고 송편 들고, 탕건(宕巾) 잃고 용수 쓰고, 갓 잃고 소반(小盤) 쓰고, 칼집 쥐고 오줌 누기. 부서지니 거문고요, 깨지느니 북, 장구라. 본관이 똥을 싸고 멍석 구멍 새앙쥐 눈 뜨듯 하고 내아(內衙)로 들어가서

㉠ <u>“어 추워라, 문 들어온다, 바람 닫아라. 물 마른다, 목 들여라.”</u>

관청색은 상을 잃고 문짝 이고 내달으니, 서리, 역졸 달려들어 후닥딱

“애고, 나 죽네!”

이때 수의 사또 분부하되,

“이 골은 대감이 좌정하시던 골이라, ㉡ <u>훤화(喧譁)를 금하고 객사로 사처(徙處)하라.”</u>

좌정(座定) 후에

“본관은 봉고파직(封庫罷職)하라.”

분부하니

“본관은 봉고파직이오!”

사대문에 방 붙이고 옥 형리 불러 분부하되,

"네 골 옥수(獄囚)를 다 올리라."
호령하니 죄인을 올리거늘, 다 각각 문죄(問罪) 후에 ㉢ 무죄자 방송(放送)할새,
㉣ "저 계집은 무엇인다?"
– 완판본(完板本) 『열녀춘향수절가(烈女春香守節歌)』 중에서

① ㉠ : 인물의 다급한 심리를 해학적으로 표현했다.
② ㉡ : 담배를 금하고 객사로 장소를 옮기라는 뜻이다.
③ ㉢ : 죄 없는 자를 감옥에서 나가도록 풀어준다는 뜻이다.
④ ㉣ : 의문형 문장 종결 방식이 현대 국어와 다름을 보여 준다.

해설 '훤화(喧譁)'는 '시끄럽게 지껄이며 떠듦'을 뜻하는 말이다. 따라서 '훤화를 금하다'는 '담배를 금하다'가 아닌 '시끄럽게 떠드는 것을 금하다'라는 의미임을 알 수 있다.

핵심정리

언어유희의 예

- 동음이의어 활용
  예 갈비를 직신(몸을 슬슬 건드리며 치근치근 조르는 모양), 갈비 한 대 먹고 지고.(춘향전)
- 비슷한 음운 활용
  예 노새원님을 내가 타묘.(봉산탈춤), 서방인지 남방인지.(춘향전)
- 말의 배치를 바꿔서 활용
  예 문 들어온다. 바람 닫아라.(춘향전)

## 07

**다음 글에 대한 설명으로 적절한 것은?**

춘향이 이 말을 듣더니 고대 발연변색이 되며 요두전목에 붉으락 푸르락 눈을 간잔지런하게 뜨고 눈썹이 꼿꼿하여지면서 코가 발심발심하며 이를 뽀드득 뽀드득 갈며 온몸을 쑤신 입틀 듯하며 매 꿩 차는 듯 하고 앉더니
"허허 이게 웬 말이오."
왈칵 뛰어 달려들며 치맛자락도 와드득 좌르륵 찢어 버리며 머리도 와드득 쥐어뜯어 싹싹 비벼 도련님 앞에다 던지면서
"무엇이 어쩌고 어째요. 이것도 쓸데 없다."
명경(明鏡) 체경 산호죽절을 두루 쳐 방문 밖에 탕탕 부딪치며 발도 동동 굴러 손뼉치고 돌아앉아 자탄가(自嘆歌)로 우는 말이
"서방 없는 춘향이가 세간살이 무엇하며 단장하여 뉘 눈에 괴일꼬. 몹쓸 년의 팔자로다. 이팔청춘 젊은 것이 이별될 줄 어찌 알랴. 부질없는 이내 몸을 허망하신 말씀으로 전정(前程) 신세 버렸구나. 애고 애고 내 신세야."

① 인물의 행동 묘사를 통해 성격이 드러나고 있다.
② 인물의 차림새를 묘사하여 상황을 말하고 있다.
③ 인물의 생활 방식을 들어서 그의 성격을 드러내고 있다.
④ 인물의 생김새를 묘사하여 그의 성격을 짐작할 수 있다.

해설 이야기를 듣고 난 후 춘향이의 얼굴을 중심으로 하여 눈과 눈썹, 코, 이, 온몸의 움직임에 대해 묘사하고 있다. 또한 이어서 치마를 찢거나 머리를 뜯는 등의 행동을 묘사하며 분노에 차 있는 춘향이의 성격 및 마음 상태를 드러내고 있다.



정답 05 ④ 06 ② 07 ①

**핵심정리**

**춘향전**

- **갈래** : 국문 소설, 염정 소설, 판소리계 소설
- **문체** : 구어체, 운문체와 산문체의 혼합
- **주제** : 신분을 초월한 남녀 간의 사랑, 탐관오리에 대한 비판
- **배경** : 조선 후기, 전라도 남원
- **시점** : 전지적 작가 시점
- **사상** : 평등 사상, 자유 연애 사상, 사회 개조 사상
- **관련 설화** : 열녀 설화, 암행어사 설화, 신원 설화, 관탈민녀 설화

## 08

**다음 글에 관한 설명으로 가장 적절한 것은?**

> 말뚝이 : (벙거지를 쓰고 채찍을 들었다. 굿거리장단에 맞추어 양반 삼 형제를 인도하여 등장)
> 양반 삼 형제 : (샌님과 서방님은 언청이이며 부채와 장죽을 가지고 있고, 도련님은 입이 비뚤어졌고 부채만 가졌다.)
> 말뚝이 : 쉬이. (음악과 춤 멈춘다.) 양반 나오신다아! 양반이라고 하니까 노론, 소론, 호조, 병조, 옥당을 다 지내고 삼정승, 육판서를 다 지낸 퇴로 재상으로 계신 양반인 줄 아지 마시오. 개잘량이라는 '양'자에 개다리 소반이라는 '반'자 쓰는 양반이 나오신단 말이오.
> 양반들 : 야아, 이놈, 뭐야아!
> 말뚝이 : 아, 이 양반들, 어찌 듣는지 모르갔소. 노론, 소론, 호조, 병조, 옥당을 다 지내고 삼정승, 육판서 다 지내고 퇴로 재상으로 계신 이 생원네 삼 형제분이 나오신다고 그리 하였소.
> 양반들 : (합창) 이 생원이라네. (굿거리장단으로 모두 춤을 춘다.)
> 말뚝이 : 쉬이. (반주 그친다.) 여보, 구경하시는 양반들, 말씀 좀 들어 보시오.

① 하회탈춤 중 제6과장 양반춤에 해당한다.
② 양반의 질책에 다급해진 말뚝이는 비굴한 모습을 보인다.
③ 재담과 재담 사이에 춤이 삽입되어 긴장을 완화시키는 구실을 한다.
④ 말뚝이는 조선 후기 신흥 상공인층을 대표하는 근대 지향적 인물이다.

**해설** 「봉산탈춤」에서 '춤'은 재담을 마무리하여 장면을 전환하는 기능, 관객의 흥을 돋우며 분위기를 고조시키는 기능, 갈등을 일시적으로 해소하는 기능을 한다.
① 제시문은 하회탈춤이 아닌 봉산탈춤이다.
② 말뚝이는 겉으로는 비굴한 듯 행동하나 실제로는 양반을 조롱하고 있다.
④ 말뚝이는 서민층을 대표하는 인물이다.

**핵심정리**

**봉산탈춤**

- **갈래** : 가면극, 전통극, 민속극, 탈춤 대본
- **성격** : 서민적, 풍자적, 해학적
- **특징** : 언어유희, 과장, 열거, 대구 등을 사용하여 해학과 풍자가 드러남
- **주제** : 양반에 대한 조롱과 풍자

## 09

**다음은 「규중칠우쟁론기」의 일부이다. 아래 설명에 해당하는 대상은?**

> "그대들은 다투지 말라. 나도 잠깐 공을 말하리라. 미누비 세누비 누구로 하여 젓가락같이 고우며, 혼솔(홈질한 옷의 솔기)이 나 아니면 어찌 풀로 붙인 듯이 고우리요. 바느질 솜씨가 그다지 좋지 못하여 들락날락 바르지 못한 것도 나의 손바닥을 한번 씻으면 잘못한 흔적이 감추어져 세요의 공이 나로 하여금 광채 나니라."

① 감토할미
② 인화낭자
③ 세요각시
④ 교두각시

**해설** 규중 부인들의 손에서 떨어지지 않는 침선 7가지를 의인화(擬人化)하여 인간 사회를 풍자한 것이다. 칠우(七友)는 세요각시(細腰閣氏 : 바늘), 척부인(尺夫人 : 자), 교두각시(交頭閣氏 : 가위), 울낭자(熨娘子 : 다리미), 청홍흑백각시(靑紅黑白閣氏 : 실), 인화낭자(引火娘子 : 인두), 감토할미(골무) 등이다.

**핵심정리**

**작자 미상, 「규중칠우쟁론기」**

- **갈래** : 고전수필
- **성격** : 우화적, 풍자적, 교훈적
- **주제** : 공치사만 말하는 이기적인 세상을 풍자, 각자의 역할에 맞는 인식 추구
- **특징**
  - 사물의 의인화로 현 세상을 풍자
  - 3인칭 관찰자 시점으로 서술하여 객관성 유지
  - 가부장적인 문화 속에서 여성들의 삶을 다룸
- **출전** : 망로각수기

## 10 지방직 9급 기출

**다음 글에 대한 설명으로 적절하지 않은 것은?**

> "심청은 시각이 급하니 어서 바삐 물에 들라."
> 심청이 거동 보소. 두 손을 합장하고 일어나서 하느님 전에 비는 말이,
> "비나이다, 비나이다. 하느님 전에 비나이다. 심청이 죽는 일은 추호라도 섧지 아니하되, 병든 아비 깊은 한을 생전에 풀려 하고 이 죽음을 당하오니 명천(明天)은 감동하사 어두운 아비 눈을 밝게 띄워 주옵소서."
> 눈물지며 하는 말이,
> "여러 선인네 평안히 가옵시고, 억십만금 이문 남겨 이 물가를 지나거든 나의 혼백 불러내어 물밥이나 주시오."
> 하며 안색을 변치 않고 뱃전에 나서 보니 티없이 푸른 물은 월러렁 콸넝 뒤둥구리 굽이쳐서 물거품 북적찌데한데, 심청이 기가 막혀 뒤로 벌떡 주저앉아 뱃전을 다시 잡고 기절하여 엎딘 양은 차마 보지 못할 지경이었다.
>
> - 「심청가」 중에서

① 사건에 대한 서술자의 주관적 서술이 나타나 있다.
② 등장인물들의 발화를 통해 사건의 상황을 보여준다.
③ 죽음을 초월한 심청의 면모와 효심이 드러나 있다.
④ 대상을 나열하여 장면을 다양하게 제시하고 있다.

**해설** 서술자인 심청이 죽음을 초월하여 인당수에 뛰어드는 장면 하나만을 제시하고 있지, 특정 대상을 나열하여 장면을 다양하게 제시하고 있지 않다.

제2편 고전 문학

정답 08 ③ 09 ② 10 ④

나두공

# 제 3 편

# 국문학사

실전 문제

# 제1장 고전 문학의 흐름

대표유형문제

기상직 9급 기출

**향가의 특징으로 적절하지 않은 것은?**

① 6세기 경 신라에서 발생하여 고려 초까지 향유되었던 서정문학의 장르이다.

② 현전하는 4구체 향가에는 도솔가, 서동요, 헌화가, 풍요가 있다.

❸ 작자는 화랑, 승려 등 주로 당대의 지배층이며 특히 화랑의 작품이 14수에 이를 정도로 가장 많았다.

④ 한자의 음과 훈을 빌려 문장 전체를 적은 신라 시대의 우리말 표기법인 향찰로 표기하였다.

정답해설 향가의 작가로 이름이 전해지고 있는 인물은 그 신분이 당대 상류층에 속했던 승려나 화랑에서부터 서민층에게까지 확산되어 있다. 「안민가」, 「찬기파랑가」를 지은 충담사, 「도솔가」, 「제망매가」를 지은 월명사, 「보현십원가」의 균여는 모두 승려의 신분이고, 「원가」의 신충과 「모죽지랑가」의 득오는 화랑이다. 「원왕생가」를 지은 것으로 알려진 광덕이나 「우적가」를 지은 영재는 불도(佛徒)의 신분임을 알 수 있다. 이러한 분포를 근거로 하여 향가의 작가층은 그 주류가 당대 지배층이었다고 보는 것이 타당하다. 그러나 화랑의 작품이 14수로 가장 많은 것은 아니다.

핵심정리 향가

㉠ **발생** : 6세기 경 신라에서 발생한 서정 문학 장르로, 넓은 뜻으로는 중국 노래에 대한 우리나라의 노래를 말한다.

㉡ 형식

- **4구체** : 향가 초기의 형식으로 「도솔가」를 제외하고는 구전되어 오던 민요나 동요가 정착된 형식이다.
- **8구체** : 4구체가 10구체로 발전하는 과정에서 생긴 과도기적 형식이다.
- 10구체(사뇌가)
  - 완성된 형식으로 대개 서정적인 내용이다.
  - 형식 : 전사구(前四句)+후사구(後四句)+낙구(落句)

㉢ 주요 작품

- **「서동요(薯童謠)」** : 현전 최초의 향가로 서동이 지었다. 서동이 진평왕의 딸인 선화공주를 얻기 위하여 아이들에게 부르게 했다는 동요이다.
- **「혜성가(彗星歌)」** : 융천사가 지었으며 최초의 10구체 향가이자 주술적인 노래이다. 혜성이 심대성(心大星)을 범했을 때 이 노래를 지어서 물리쳤다는 축사(逐邪)의 노래이다.
- **「풍요(風謠)」** : 향가 중 유일한 노동요이다. 양지가 영묘사의 장육 존상을 만들 때 부역을 왔던 남녀들이 부른 불교적인 노동요이다.
- **「찬기파랑가(讚耆婆郎歌)」** : 충담사가 지은 것으로 기파랑의 높은 인품을 추모하여 부른 노래로 「제망매가」와 더불어 문장성이 가장 높은 작품으로 평가받고 있다.
- **「처용가(處容歌)」** : 처용이 지은 것으로 자기 아내를 범한 역신을 굴복시키기 위한 주술적인 노래이다.
- **「헌화가(獻花歌)」** : 소를 몰고 가던 노인이 수로 부인에게 꽃을 꺾어 바치며 불렀다는 노래이다.
- **「제망매가(祭亡妹歌)」** : 죽은 누이를 추모하고 제를 올리며 부른 노래이다. 뛰어난 문학적 비유를 통해 인간의 죽음의 고통을 종교적으로 승화시키는 작품이다.

## 01

**다음 향가 중 추모의 내용이 담긴 것은?**

① 도천수관음가 – 우적가
② 제망매가 – 모죽지랑가
③ 찬기파랑가 – 혜성가
④ 처용가 – 안민가

해설

| | |
|---|---|
| 제망매가 | • 주제 : 누이의 죽음에 대한 슬픔과 극복<br>• 내용 : 죽은 누이의 명복을 비는 추모의 노래로, 불교적 내용의 대표적 서정시가<br>• 의의 : 향가 중 찬기파랑가와 함께 표현 기교 및 서정성이 뛰어나다. 불교의 윤회 사상이 기저를 이루고 있다. 정제된 10구체 향가로 비유성이 뛰어나 문학성이 높다.<br>• 주제 : 화랑 죽지랑에 대한 추모의 정 |
| 모죽지랑가 | • 내용 : 낭도인 득오가 화랑 죽지랑에 대한 사모의 정을 노래한 것<br>• 의의 : 주술성이나 종교적 색채가 전혀 없는 개인의 정회가 깃든 서정 가요이다. 낭도의 세계를 보여준 작품이다. |

## 02

**다음 중 10구체 향가가 아닌 것은?**

① 彗星歌
② 安民歌
③ 慕竹旨郎歌
④ 讚耆婆郎歌

해설 혜성가(彗星歌), 안민가(安民歌), 찬기파랑가(讚耆婆郎歌)는 10구체 향가이지만, 모죽지랑가(慕竹旨郎歌)는 8구체 향가이다.

## 03

**10구체 향가의 낙구(落句)는 후대의 문학 양식에 많은 영향을 끼쳤다. 낙구의 영향을 받은 것으로 적절하지 않은 것은?**

① 고려 속요 – 후렴구
② 가사 – 종구
③ 악장 – 후절
④ 시조 – 종장

해설 악장은 조선 초기의 특이한 양식으로 신흥사대부들 사이에서 성행했던 교술 장르이다. 궁중음악의 가사로 사용되었고 다양한 형식이 시도되어 전대 장르에서 영향을 받았다고 보기 힘들다.



## 04

**'가전(假傳)'에 대한 설명으로 옳지 않은 것은?**

① 고려 중기 이후 문인 계층에서 성행함
② 지은이가 불분명한 작품이 많음
③ 의인화된 서사 양식임
④ 계세징인(戒世懲人)을 목적으로 함

해설 가전체 문학은 설화의 급속한 수집, 정리, 창작으로 출현하였고, 지은이가 분명한 창작물로 설화와 소설의 교량적 구실을 하였다.

핵심정리

**가전 문학**

물건을 의인화하여 사람들에게 교훈을 일깨울 목적으로 지은 이야기이다. 고려 중기에 발생하였는데, 가전 문학이 발현된 이유로는 외세의 잦은 침입과 무신 시대의 잦은 권력 교체로 인한 정치적 혼란으로 인해 발생하였다고 본다.

정답 01 ② 02 ③ 03 ③ 04 ②

## 05

**다음 중 '국순전, 국선생전, 공방전'에 대한 설명으로 바르지 않은 것은?**

① 사물을 의인화한 가전체 작품이다.

② 사물의 부정적인 측면만을 강조하였다.

③ 사람의 일대기 형식으로 쓰되, 마지막에는 작가의 평을 덧붙였다.

④ 열전(列傳)의 형식으로 가상 인물의 일대기를 그렸다.

**해설** 고려 시대 가전체는 사기류(史記類)의 열전(列傳) 형식을 흉내낸 것으로 계세징인(戒世懲人)을 목적으로 한다.

**핵심정리**

**임춘, 「국순전」**

술을 의인화하여 술이 사람에게 미치는 영향을 썼다. 술은 흥을 돋우어 주는 것이지만, 너무 마시면 나라를 망칠 수도 있다는 생각이 드러나 있으며 술의 단점을 경계하고 있다.

**이규보, 「국선생전」**

술을 의인화하여 군자의 처신을 경계하고 있다. 술은 사람의 마음을 관대하게 하고 근심을 없애 주는 것이라 하여 이상적인 마음가짐을 나타내며 술의 장점을 피력하고 있다.

**이규보, 「청강사자현부전」**

거북이를 의인화하여 자신을 너무 과신하는 행동과 언행을 경계하고 있다. 행위 또는 언행으로 실수할 수 있음을 이야기하며 스스로 성찰하고 있다.

**이곡, 「죽부인전」**

대나무를 의인화하여 타락한 남녀관계의 윤리관을 경계하고 있다. 바른 몸가짐과 갖은 유혹 속에서도 절개를 지키는 이상적인 여인상을 나타내고 있다.

**임춘, 「공방전」**

엽전을 의인화하여 탐재(貪財)를 경계한다. 돈이 벼슬하는 사람에게 집중되는 세태를 비판하고, 벼슬해서 나라를 망치는 무리에 대한 불만을 나타내고 있다.

## 06

**다음 중 가전체 작품과 의인화의 대상이 바르게 연결되지 않은 것은?**

① 죽부인전 – 대나무

② 저생전 – 종이

③ 청강사자현부전 – 학

④ 정시자전 – 지팡이

**해설** 「청강사자현부전」은 거북을 의인화한 작품이다.

| 작품 | 지은이 | 의인화 대상 | 주제 |
|---|---|---|---|
| 국순전 | 임춘 | 술(누룩) | 간사한 벼슬아치 풍자, 가전체 문화의 효시 |
| 공방전 | 임춘 | 돈(엽전) | 탐욕과 월권에 대한 비판, 경세에 대한 비판 |
| 국선생전 | 이규보 | 술 | 위국충절의 교훈, 권선적 · 교회적 |
| 청강사자현부전 | 이규보 | 거북 | 어진 사람의 행실을 써서 세상 사람들을 경계하고자 함 |
| 죽부인전 | 이곡 | 대나무 | 죽부인의 절개 |
| 저생전 | 이첨 | 종이 | 위정자들에게 올바른 정치를 권유하는 교훈이 담긴 작품 |
| 정시자전 | 석식영암 | 지팡이 | 사람은 자신을 깨닫고 도를 행해야 한다는 내용 |

## 07 국가직 9급 기출

**다음 글에 대한 이해로 가장 적절한 것은?**

용왕의 아들 이목(璃目)은 항상 절 옆의 작은 연못에 있으면서 남몰래 보양(寶壤) 스님의 법화(法化)를 도왔다. 문득 어느 해에 가뭄이 들어 밭의 곡식이 타들어 가자 보양 스님이 이목을 시켜 비를 내리게 하니 고을 사람들이 모두 흡족히 여겼다. 하늘의 옥황상제가 장차 하늘의 뜻을 모르고 비를 내렸다 하여 이목을 죽이려 하였다. 이목이 보양 스님에게 위급함을 아뢰자 보양 스님이 이목을 침상 밑에 숨겨 주었다. 잠시 후에 옥황상제가 보낸 천사(天使)가 뜰에 이르러 이목을 내놓으라고 하였다. 보양 스님이 뜰 앞의 배나무[梨木]를 가리키자 천사가 배나무에 벼락을 내리고 하늘로 올라갔다. 그 바람에 배나무가 꺾어졌는데 용이 쓰다듬자 곧 소생하였다(일설에는 보양 스님이 주문을 외워 살아났다고 한다). 그 나무가 근래에 땅에 쓰러지자 어떤 이가 빗장 막대기로 만들어 선법당(善法堂)과 식당에 두었다. 그 막대기에는 글귀가 새겨져 있다.

– 일연, 「삼국유사」

① 천사의 벼락을 맞은 배나무는 저절로 소생했다.
② 천사는 이목을 죽이려다 실수로 배나무에 벼락을 내렸다.
③ 벼락 맞은 배나무로 만든 막대기가 글쓴이의 당대까지 전해졌다.
④ 제멋대로 비를 내린 보양 스님을 벌하려고 옥황상제가 천사를 보냈다.

**해설** 글의 마지막 부분에서 '그 나무가 근래에 땅에 쓰러지자 어떤 이가 빗장 막대기로 만들어 … 그 막대기에는 글귀가 새겨져 있다.'라고 하였다. 즉 천사로부터 벼락을 맞은 배나무는 이목에 의해 소생하였다가, 근래에 다시 쓰러지자 막대기로 만들어져 글귀가 새겨진 채 당대까지 전해졌음을 알 수 있다.

① 천사의 벼락을 맞은 배나무는 저절로 소생한 것이 아니라 용이 쓰다듬어 소생한 것 또는 보양 스님이 주문을 외워 소생한 것이다.
② 천사는 실수로 배나무에 벼락을 내린 것이 아니라 옥황상제로부터 이목을 죽이라는 명을 받고 내려와 배나무를 이목이라 생각하여 벌을 내린 것이다. 이는 용왕의 아들 이목(璃目)과 배나무를 뜻하는 이목(梨木)의 발음이 같은 데서 기인한 것이라고 볼 수 있다.
④ 옥황상제는 하늘의 뜻을 모르고 비를 내렸다 하여 이목을 죽이려 하였다고 했으므로 옥황상제가 보양 스님을 벌하려 천사를 보낸 것이 아니라 이목을 벌하려고 천사를 보낸 것이다.

## 08

**패관 문학에 대한 설명과 거리가 먼 것은?**

① 패관(稗官)이란 옛날 중국에서 거리의 소문을 모아 기록하던 벼슬로, 이 뜻이 발전하여 이야기를 짓는 사람도 패관이라 일컫게 되었다.
② 패관들의 상상력과 윤색으로 하나의 산문 문학으로 발전된 설화 문학이다.
③ 대표작은 「임진록」, 「어우야담」, 「옹고집전」 등이다.
④ 고려 중 · 후기에 성행하였다.

**해설** 패관 문학의 대표작은 이인로의 「파한집」, 이규보의 「백운소설」, 최자의 「보한집」, 이제현의 「역옹패설」 등이다.



정답 05 ② 06 ③ 07 ③ 08 ③

## 09 국회직 9급 기출

**다음 글의 내용을 이해한 것으로 적절하지 않은 것은?**

이생도 처연해져 한탄하기를 마지않으며 말했다.

"차라리 낭자와 함께 구천에 갈지언정 어찌 하릴없이 홀로 남은 생을 보전하겠소? 지난번에 난을 겪은 뒤 친척과 종들이 각각 어지럽게 흩어지고 돌아가신 부모님의 해골은 어지러이 들판에 굴러다닐 때, 낭자가 아니었다면 누가 제사 지내고 묻어주었겠는가? 옛사람이 말하기를 '살아서는 예로써 섬기고 죽어서는 예로써 장사지낸다.'라고 했는데 낭자는 이를 모두 다 실천하였으니 천성이 효성스럽고 인정이 두터운 사람이오. 감격스러움은 한량없고 자괴감을 이길 수 없소. 인간 세상에 더 머물렀다 백 년 뒤에 함께 묻힙시다."

여자가 말했다.

"낭군님의 수명은 아직 남아 있지만 저는 이미 귀신 명부에 올라 있으니 더 오래 보지 못합니다. 만약 인간 세상에 연연해하면 명을 어기는 것이니 나에게 죄를 줄 뿐 아니라 그대에게도 누가 미칠 것입니다. 저의 유골이 아무 곳에 흩어져 있으니 은혜를 베풀어주시려거든 바람과 햇빛에 드러나지 않게 해주십시오."

서로 바라보며 눈물을 흘리다가 여자가 말했다.

"낭군님, 잘 계십시오."

말을 마치자 점점 사라지더니 자취가 없어졌다.

이생이 유골을 수습하여 부모님 묘 옆에 묻어주었다. 장례를 마치고 나서 이생 또한 그리움 때문에 병이 들어 몇 달 뒤에 죽었다. 이 말을 들은 사람들은 마음 아파하고 탄식하며 그 의리를 사모하지 않음이 없었다.

– 김시습, 「이생규장전」

① 두 사람의 비극적 사랑과 비애가 드러나 있다.
② 유교 사상에서 강조하는 덕목이 제시되어 있다.
③ 인물의 행적과 품성을 압축적으로 서술하고 있다.
④ 일련의 사건을 통해 주인공의 고독이 해소되고 있다.

**해설** 이생은 죽은 아내와 좀 더 같이 있고 싶어 하지만, 아내는 명부에 자신의 이름이 있기 때문에 같이 갈 수 없어 먼저 저승으로 떠나는 장면으로 주인공의 고독이 해소되지 못한 상태임을 알 수 있다.

① 이생과 아내의 대화를 통해 두 사람의 비극적인 사랑이 극명하게 드러나고 있다.
② 이생이 예법을 말하는 것을 통해 유교의 덕목인 예(禮)를 강조하고 있음을 알 수 있다.
③ 이생이 꺼낸 대화를 토대로 아내의 행적과 품성을 짐작할 수 있다.

**핵심정리**

**김시습, 「금오신화」**

- **갈래** : 한문소설
- **성격** : 전기적
- **특징**
  - 최초의 한문소설
  - 「만복사저포기」, 「이생규장전」, 「취유부벽정기」, 「남염부주지」, 「용궁부연록」으로 구성
  - 애민의식을 바탕으로 이상적인 왕도 정치를 추구
  - 조선을 배경으로 이야기를 전개하여 주체적인 의식을 드러냄
  - 유교뿐만이 아닌 불교, 도교의 철학 모두를 담아낸 작가의 폭넓은 관점이 돋보임
- **주제** : 작가의 처지를 비극적인 결말로 투영

## 10

**다음 글은 운문과 산문의 중간적, 과도기적인 특징을 지닌 작품의 일부이다. 다음 작품에 대한 설명으로 옳지 않은 것은?**

> 엇그제 겨을 지나 새봄이 도라오니, 桃花杏花(도화행화)는 夕陽裏(석양리)예 퓌여 잇고, 錄楊芳草(녹양방초)는 細雨中(세우중)에 프르도다. 칼로 몰아 낸가, 붓으로 그려낸가, 造化神功(조화신공)이 物物(물물)마다 헌ᄉᆞ롭다. 수풀에 우는 새는 春氣(춘기)를 못내 계워 소ᄅᆡ마다 嬌態(교태)로다. 物我一體(물아일체)어니, 興(흥)이ᄋᆡ 다룰소냐. 柴扉(시비)예 거러보고, 亭子(정자)애 안자보니, 逍遙吟詠(소요음영)ᄒᆞ야, 山日(산일)이 寂寂(적적)ᄒᆞᆫᄃᆡ, 閒中眞味(한중진미)를 알 니 업시 호재로다. 이바 니웃드라, 山水(산수) 구경 가쟈스라. 踏靑(답청)으란 오ᄂᆞᆯ ᄒᆞ고, 浴沂(욕기)란 來日(내일)ᄒᆞ새. 아ᄎᆞᆷ에 採山(채산)ᄒᆞ고, 나조ᄒᆡ 釣水(조수)ᄒᆞ새. ᄀᆞᆺ 괴여 닉은 술을 葛巾(갈건)으로 밧타 노코, 곳나모 가지 것거, 수노코 먹으리라. 和風(화풍)이 건ᄃᆞᆺ 부러 綠水(녹수)를 건너오니, 淸香(청향)은 잔에 지고, 落紅(낙홍)은 옷새 진다. 樽中(준중)이 뷔엿거든 날ᄃᆞ려 알외여라. 小童(소동) 아ᄒᆡᄃᆞ려 酒家(주가)에 술을 믈어, 얼운은 막대 집고, 아ᄒᆡ는 술을 메고, 微吟緩步(미음완보)ᄒᆞ야 시냇ᄀᆞ의 호자안자, 明沙(명사)조ᄒᆞᆫ 믈에 잔 시어 부어 들고, 淸流(청류)를 굽어보니, 떠오ᄂᆞ니 桃花(도화)ㅣ로다.
>
> – 정극인, 「상춘곡」

① 「상춘곡」은 강호가도의 시풍을 형성했는데 이러한 시풍의 작품으로 「강호사시가」, 「어부사시사」가 있다.

② 가사 문학의 효시에 갈래는 '서정 가사', '정격 가사', '양반 가사'로 유교적인 내용이 담긴 작품도 있다.

③ 화자가 봄을 맞이해 경치를 즐기고 안빈낙도의 삶에 대해 예찬하는 것이 주제이다.

④ 풍유법의 사용으로 비슷한 어조를 나란히 배치하여 자연에 대한 흥취를 부각하고 있다.

**해설** 풍유법은 원관념을 숨기고, 보조관념만으로 비유하여 원관념을 간접적으로 드러내는 표현방법이다. 「상춘곡」에서는 풍유법을 사용하지 않았으며 비슷한 어조를 나란히 배치하여 흥취를 높이는 수사법은 대구법이다.

① 「상춘곡」은 조선시대에 선비가 현실을 도피하여 자연을 예찬하며 짓던 시가 창작의 한 경향이다. 대표적인 강호가도 작품으로 맹사성의 「강호사시가」 및 윤선도의 「어부사시사」 등이 있다.

② 조선시대의 사대부계층에 의해 문학 양식으로 자리잡은 가사의 효시로 '서정 가사', '정격 가사', '양반 가사' 등으로 불리며 유교적인 내용이 담긴 작품으로는 이황의 「상저가」, 이원익의 「고공답주인가」, 유영무의 「오륜가」가 있다.

③ 자연과 관련된 한자어들을 통해 은거하며 봄의 경치와 안빈낙도의 삶을 예찬하는 것이 주제임을 알 수 있다.

**핵심정리**

**정극인, 「상춘곡」**

- **갈래** : 정격가사, 양반가사, 서정가사
- **특징**
  - 공간의 이동(공간 확장)을 통한 시상 전개
  - 여러 표현 기교를 사용(설의법, 의인법, 대구법, 직유법 등)
  - 창작 당시인 15세기의 표기법이 아니라 수록된 「불우헌집」이 간행된 18세기 음운과 어법이 반영됨
- **주제** : 상춘과 안빈낙도의 삶에 대한 예찬(만족)
- **의의** : 우리나라 가사 문학의 효시로 강호가도의 시풍을 형성



정답 09 ④ 10 ④

## 11 국회직 9급 기출

**다음 글을 감상한 내용으로 옳은 것은?**

> 이때 우치는 이가를 구하여 보내고 얼마쯤 가다가 홀연히 보니, 저자 거리에서 사람들이 돼지의 머리 다섯을 가지고 다투고 있었다. 우치가 구름에서 내려와 다투는 까닭을 물으니 한 사람이 말했다.
>
> "돼지 머리를 쓸 데가 있어서 사 가는데, 이 관리놈이 빼앗아가려 하기로 다투고 있소."
>
> 우치가 관리를 속이려고 주문을 외니, 그 돼지가 입을 벌리고 달려들어 관리의 등을 물려고 하자 관리와 구경하던 사람들이 한꺼번에 헤어져 달아났다.
>
> -「전우치전」 중에서

① 관리가 가렴주구(苛斂誅求)를 일삼고 있군.

② 우치와 관리를 보니 유유상종(類類相從)이군.

③ 우치의 행동은 연목구어(緣木求魚)하는 것이군.

④ 우치는 전전긍긍(戰戰兢兢)하여 주문을 외는군.

**해설** 가렴주구(苛斂誅求)는 가혹하게 세금을 거두거나 백성의 재물을 억지로 빼앗는 것을 이르는 한자 성어로, 관리가 사람들이 가지고 있던 돼지머리를 빼앗으려 하는 장면을 통해 알 수 있다.

② 유유상종(類類相從)은 비슷한 부류의 인간 모임을 뜻하는 한자 성어이다.

③ 연목구어(緣木求魚)는 목적이나 수단이 일치하지 않아 성공하지 못함을 뜻하는 한자 성어이다.

④ 전전긍긍(戰戰兢兢)은 어떤 일에 겁을 먹고 덜덜 떠는 것을 뜻하는 한자 성어이다.

## 12 서울시 9급 기출

**다음 작품들을 시대 순서대로 바르게 나열한 것은?**

① 서동요 – 청산별곡 – 사미인곡 – 어부사시사 – 일동장유가

② 서동요 – 사미인곡 – 청산별곡 – 어부사시사 – 일동장유가

③ 서동요 – 어부사시사 – 청산별곡 – 사미인곡 – 일동장유가

④ 청산별곡 – 서동요 – 사미인곡 – 어부사시사 – 일동장유가

**해설**
- 서동요(향가) : 신라 진평왕 때의 향가
- 청산별곡(고려속요) : 고려 시대의 속요
- 사미인곡(조선 전기 가사) : 조선 선조(1585), 송강 정철이 지은 가사
- 어부사시사(연시조) : 조선 효종(1651), 고산 윤선도가 지은 연시조
- 일동장유가(조선 후기 가사) : 조선 영조(1763), 김인겸이 지은 장편 기행가사

## 13 국가직 7급 기출

**필자의 견해와 일치하는 것은?**

"이빨을 준 자가 누구인가?" 하고 묻는다면 사람들은 "하늘이 주었지요."라 말하리라. 다시 "하늘이 이빨을 준 이유는 장차 무엇을 하게 하려 함인가?"라고 물으면 사람들은 "하늘이 먹이를 씹어 먹으라고 한 것이지요."라 답하리라. 다시 "이빨로 먹이를 씹어 먹게 함은 무슨 까닭인가?"라고 물으면 사람들은 "이는 하늘의 이치입니다. 새나 짐승은 손이 없으므로 반드시 부리나 주둥이를 굽혀 땅에 닿도록 해서 먹이를 구하게 하는 것이지요. 그래서 학의 다리가 이미 높으니 어쩔 수 없이 목을 길게 만들지 않을 수 없었고, 그래도 혹 땅에 닿지 않을까 염려하여 부리를 길게 만든 것입니다. 만약 닭의 다리를 학의 다리처럼 만들었더라면 뜨락에서 굶어 죽었겠지요."라 답하리라. 내가 크게 웃으며 "그대가 말한 하늘의 이치는 곧 소, 말, 닭, 개에게나 해당한다. 하늘이 이빨을 준 이유가 반드시 구부려서 먹이를 씹게 하려 한 것일진대 이제 저 코끼리가 쓸데없는 어금니를 가지고 장차 땅에 구부리려 한다면 어금니가 먼저 닿을 터이니 이른바 먹이를 씹는 데 도로 방해가 되지 않겠느냐?"라 말하면 어떤 사람은 "코에 의지하면 되지요."라 말하리라. 내가 "어금니가 길어서 코에 의지하는 것보다는 차라리 어금니를 버리고 코를 짧게 하는 편이 나으리라."라 하니 이에 떠들던 자가 처음 주장을 굳게 지키지 못하고 자기가 알고 있던 바를 조금씩 굽혔다. 이는 생각의 범위가 미치는 것이 겨우 말, 소, 닭, 개 정도에 머물 뿐이요, 용, 봉황, 거북, 기린 같은 것에는 미치지 못해서이다. 코끼리가 범을 만나면 코로 쳐서 죽이니 그 코로 말한다면 천하에 적수가 없다 할 것이나, 코끼리가 쥐를 만나면 코를 둘 자리가 없어서 멍하니 하늘을 쳐다보고 섰을 뿐이다. 그렇다고 쥐가 범보다 무섭다고 말한다면 앞서 이른 하늘의 이치는 아닐 것이다.

– 박지원, 「상기(象記)」

① 코끼리는 쥐에게나 범에게나 천하무적의 대상이다.

② 사람들은 익숙한 대상을 통해 하늘의 이치를 헤아리려 한다.

③ 코끼리는 쓸데없는 어금니를 지탱하기 위하여 코가 길어졌다.

④ 닭의 다리를 학의 다리와 같게 만드는 것이 하늘의 이치이다.

**해설** 사람들에게 하늘의 이치에 대해 묻는다면 보통 주변에 존재하는 대상을 통해 찾으려고 하지만, 저자는 그러한 이치가 통하지 않는 대상도 있음을 충고한다. 만물에게 적용할 수 있는 진리가 있다는 사고방식이 오히려 세상의 이치를 깨닫지 못하는 계기가 될 수 있기 때문에 한 가지 진리로써 대상을 바라볼 게 아니라 다양한 관점으로 세상의 이치를 탐구하는 자세를 역설하고 있다.

**핵심정리**

**박지원, 「상기」**

- **갈래** : 고전수필
- **특징**
  - 기존에 고수하던 관점이 획일적 사고일 수 있음을 경계
  - 문답법을 사용하여 작가의 주장을 체계적이며 논리적으로 전개
  - 대상에 대한 비유법 및 묘사법을 사용하여 이야기에 개성을 더함
- **제재** : 코끼리를 구경한 경험을 바탕으로 작가의 사상을 전개
- **주제** : 획일적 사고로 인한 고정관념을 비판



정답 11 ① 12 ① 13 ②

## 14

**다음 (　　)에 공통적으로 들어갈 말은?**

> (　　　)가(이) 북학 사상의 보고이자 걸작 소설 「호질」의 원전임을 아는 이들은 많아도, 정작 그것이 돈키호테보다도 더 '배꼽 잡는' 에피소드와 동방 견문록보다도 더 풍부한 이국적 풍물로 그득하다는 것을 아는 이들은 흔치 않다.
> (　　　)는(은) 낯선 공간과의 마주침이 만들어낸 흥미진진한 편력기이다. 장장 6개월에 걸친 이 여정은 우발적인 사건들과 하룻밤에 아홉 번이나 급류를 건너야 하는 '어드벤처'의 연속이었다.

① 북학의　　② 연행기
③ 삼국유사　　④ 열하일기

**해설** 『열하일기(熱河日記)』는 조선 정조 때의 실학자 연암 박지원이 쓴 중국 기행문집이며, 「호질」은 『열하일기(熱河日記)』의 권4 「관내정사(關內程史)」에 실려 있는 작품이다. 또한 권24 「산장잡기(山莊雜記)」에 실려 있는 「일야구도하기(日夜九渡河記)」는 하룻밤에 무려 아홉 번이나 강을 건너면서 두려움에 떨었던 내용을 담고 있다.

## 15

**우리나라 최초의 국문 소설과 관련 있는 내용이 아닌 것은?**

① 정치적 부패, 적서 차별이 심했던 봉건 사회 제도를 비판
② 전지적 작가 시점
③ 해외 진출을 통한 이상 국가 건설
④ 작가 자신의 개인적 경험을 토대로 씀

**해설** 「홍길동전」은 조선조 광해군 때 허균이 지은 우리나라 최초의 국문 소설이다. 소설은 허구이지 실제 체험이 아니라, 개연성을 지닌 가상의 세계이다.

## 16 서울시 9급 기출

**다음 시와 다른 주제의 작품은?**

> 금준미주(金樽美酒) 천인혈(千人血)
> 옥반가효(玉盤佳肴) 만성고(萬姓膏)
> 촉루낙시(燭淚落時) 민루낙(民淚落)
> 가성고처(歌聲高處) 원성고(怨聲高)

① 허균의 「홍길동전」
② 정극인의 「상춘곡」
③ 홍명희의 「임꺽정」
④ 이인직의 「은세계」

**해설** 「춘향전」에 삽입된 한시로 변학도의 생일 잔칫날 이몽룡이 지은 시이다. '좋은 술독 안의 맛있는 술은 천 사람의 피요, 좋은 쟁반의 맛있는 안주는 만백성의 기름이로다. 잔칫상에 밝힌 촛불의 촛농이 떨어질 때 백성들의 눈물이 떨어지고 노랫소리가 드높은 곳에서는 백성들의 원망의 소리가 높구나'라는 내용으로 백성들을 수탈하는 관리들의 행동을 비판하고 백성들의 힘든 현실을 나타낸 것이다. 정극인의 「상춘곡」은 조선 시대 최초의 가사로 봄을 맞아서 자연에서 안빈낙도를 즐기는 양반 사대부의 삶을 표현한 작품이다.
①, ③ 허균의 「홍길동전」과 홍명희의 「임꺽정」은 사회 제도의 모순에 반대하고 백성들의 편에서 도와주는 의적 '홍길동'과 '임꺽정'을 주인공으로 한 소설이다.
④ 이인직의 「은세계」는 부패한 정치와 이에 항거하는 민중들의 의식을 나타낸 작품이다.

## 17 지방직 9급 기출

**다음 글에 대한 이해로 가장 적절한 것은?**

> 유 소사가 말하기를, "신부(新婦)가 이제 내 집에 들어왔으니 어떻게 남편을 도울꼬?"
> 사씨 대답하여 말하기를, "첩(妾)이 일찍 아비를 여의고 자모(慈母)의 사랑을 입사와 본래 배운 것이 없으니 물으시는 말씀에 대답치 못하옵거니와 어미 첩을 보낼 제 중문(中門)에 임(臨)하여 경계하여 말씀하시기를 '반드시 공경(恭敬)하며 반드시 경계(警戒)하여 남편을 어기오지 말라.' 하시니 이 말씀이 경경(耿耿)하여 귓가에 있나이다."
> 유 소사가 말하기를, "남편의 뜻을 어기오지 말면 장부(丈夫) 비록 그른 일이 있을지라도 순종(順從)하랴?"
> 사씨 대 왈, "그런 말이 아니오라 부부(夫婦)의 도(道) 오륜(五倫)을 겸(兼)하였으니 아비에게 간(諫)하는 자식이 있고 나라에 간하는 신하 있고 형제(兄弟) 서로 권하고 붕우(朋友) 서로 책(責)하나니 어찌 부부라고 간쟁(諫諍)치 않으리이까? 그러하나 자고로 장부(丈夫) 부인(婦人)의 말을 편청(偏聽)하면 해로움이 있삽고 유익(有益)함이 없으니 어찌 경계아니 하리이까?"
> 유 소사가 모든 손님을 돌아보며 말하기를, "나의 며느리는 가히 조대가(한서(漢書)를 지은 반고(班固)의 누이동생인 반소(班昭). 학식이 뛰어나고 덕망이 높아 왕실 여성의 스승으로 칭송이 자자했다.)에 비할 것이니 어찌 시속(時俗) 여자가 미칠 바리오."라고 하였다.
>
> – 김만중, 「사씨남정기」에서

① 사씨의 어머니는 딸이 남편에게 맞섰던 일을 비판하고 있다.

② 사씨는 홀어머니를 모시느라 제대로 배우지 못한 것을 안타까워하고 있다.

③ 사씨는 부부의 예에 따라, 남편이 잘못하면 이를 지적해야 한다고 생각한다.

④ 유 소사는 며느리와의 대화를 통해, 효성이 지극한 사씨의 모습에 흡족해 하고 있다.

**해설** 남편의 잘못이 있더라도 그 뜻을 따르겠냐는 유 소사의 물음에 사씨는 "부부(夫婦)의 도(道) 오륜(五倫)을 겸(兼)하였으니 아비에게 간(諫)하는 자식이 있고 나라에 간하는 신하 있고 형제(兄弟) 서로 권하고 붕우(朋友) 서로 책(責)하나니 어찌 부부라고 간쟁(諫諍)치 않으리이까?"라고 답하고 있는 부분을 통해 남편이 잘못하면 이를 지적해야 한다고 생각하고 있음을 알 수 있다.

① 사씨의 어머니가 사씨를 보낼 때 "반드시 공경(恭敬)하며 반드시 경계(警戒)하여 남편을 어기오지 말라"라고 했다는 부분에서 남편을 따르라고 했음을 알 수 있다. 딸이 남편에게 맞섰던 일을 비판하고 있지는 않다.

② 사씨가 "첩(妾)이 일찍 아비를 여의고 자모(慈母)의 사랑을 입사와 본래 배운 것이 없으니"라고 말한 것은 배우지 못한 안타까움이 아닌 겸손의 표현이다.

④ 유 소사는 며느리를 조대가에 비유하여 사씨의 뛰어난 학식과 높은 덕망에 흡족해 하고 있다. 그러나 사씨의 효성에 흡족한 것은 아니다.

**핵심정리**

**김만중, 「사씨남정기」**

- **갈래** : 가정 소설, 국문 소설
- **특징**
  - 처첩간의 갈등을 소설화한 작품
  - 현실의 인물(숙종, 장희빈, 인현왕후)을 빗댄 인물들을 등장시켜 현실을 풍자
  - 당대의 소극적 여성상에서 탈피, 적극적인 여성상을 지닌 인물을 등장시킴
- **제재** : 처첩 갈등을 중심으로 현실 풍자
- **주제** : 유교적 윤리관을 바탕으로 권선징악과 사씨의 정절

정답 14 ④ 15 ④ 16 ② 17 ③

※ 다음 글을 읽고 물음에 답하시오. (18~19)

잔을 씻어 다시 술을 부으려 하는데 ㉠ 갑자기 석양에 막대기 던지는 소리가 나거늘 괴이하게 여겨 생각하되, '어떤 사람이 올라오는고.' 하였다. 이윽고 한 중이 오는데 눈썹이 길고 눈이 맑고 얼굴이 특이하더라. 엄숙하게 자리에 이르러 승상을 보고 예하여 왈,

"산야(山野) 사람이 대승상께 인사를 드리나이다."

승상이 이인(異人)인 줄 알고 황망히 답례하여 왈,

"사부는 어디에서 오신고?"

중이 웃으며 왈,

"평생의 낯익은 사람을 몰라보시니 귀인이 잘 잊는다는 말이 옳도소이다."

승상이 자세히 보니 과연 낯이 익은 듯하거늘 문득 깨달아 능파 낭자를 돌아보며 왈,

"소유가 전에 토번을 정벌할 때 꿈에 동정 용궁에 가서 잔치하고 돌아오는 길에 남악에 가서 놀았는데 한 화상이 법좌에 앉아서 불경을 강론하더니 노부께서 바로 그 노화상이냐?"

중이 박장대소하고 말하되,

"옳다. 옳다. 비록 옳지만 ㉡ 꿈속에서 잠깐 만나본 일은 생각하고 ㉢ 십 년을 같이 살던 일은 알지 못하니 누가 양 장원을 총명하다 하더뇨?"

승상이 어리둥절하여 말하되,

"소유가 ㉣ 열대여섯 살 전에는 부모 슬하를 떠나지 않았고, 열여섯에 급제하여 줄곧 벼슬을 하였으니 동으로 연국에 사신을 갔고 서로 토번을 정벌한 것 외에는 일찍이 서울을 떠나지 않았으니 언제 사부와 십 년을 함께 살았으리오?"

중이 웃으며 왈,

"상공이 아직 춘몽에서 깨어나지 못하였도소이다."

승상이 왈,

"사부는 어떻게 하면 소유를 춘몽에게 깨게 하리오?"

중이 왈,

"어렵지 않으니이다."

하고 손 가운데 돌 지팡이를 들어 난간을 두어 번 치니 갑자기 사방 산골짜기에서 구름이 일어나 누대 위에 쌓여 지척을 분변하지 못했다. 승상이 정신이 아득하여 마치 꿈에 취한 듯하더니 한참 만에 소리 질러 말하되,

"사부는 어찌 소유를 정도로 인도하지 않고 환술(幻術)로 희롱하나뇨?"

대답을 듣기도 전에 구름이 날아가니 중은 간 곳이 없고 좌우를 돌아보니 여덟 낭자 또한 간 곳이 없는지라.

– 김만중, 「구운몽」

## 18 국가직 9급 기출

**㉠~㉣을 사건의 시간 순서에 따라 가장 적절하게 배열한 것은?**

① ㉠ → ㉢ → ㉣ → ㉡

② ㉠ → ㉣ → ㉢ → ㉡

③ ㉢ → ㉣ → ㉡ → ㉠

④ ㉣ → ㉢ → ㉡ → ㉠

해설 김만중의 「구운몽」은 현실 세계(천상)의 '성진'이 꿈의 세계(지상)의 '소유'로 환생하여 '승상'의 자리에 까지 오르는 등 입신양명하나 꿈에서 깨어나 다시 현실 세계(천상)로 돌아와 인생의 덧없음을 깨닫게 되는 이중적 환몽 구조를 보인다.

## 19 국가직 9급 기출

**윗글에 대한 이해로 가장 적절한 것은?**

① '승상'은 꿈에 남악에서 '중'을 보았던 기억을 떠올리며 낯이 익은 듯하다고 여기기 시작한다.

② '승상'은 본디 남악에서 '중'의 문하생으로 불도를 닦던 승려였음을 인정한 뒤 꿈에서 깨게 된다.

③ '승상'은 '중'이 여덟 낭자를 사라지게 한 환술을 부렸음을 확인하고서 그의 진의를 의심한다.

④ '승상'은 능파 낭자와 어울려 놀던 죄를 징벌한 이가 '중'임을 깨닫고서 '중'과의 관계를 부정하게 된다.

해설 '승상'은 처음에는 '중'을 잘 알아보지 못하여 '중'으로부터 평생의 낯익은 사람을 몰라본다는 말을 들었으나, "소유가 전에 토번을 정벌할 때~노부께서 바로 그 노화상이냐?"라고 말하며 '중'을 알아보기 시작한다.

② '중'이 돌 지팡이로 난간을 쳐 '승상'을 꿈에서 깨게 하나, '승상'은 "사부는 어찌 소유를 정도로 인도하지 않고 환술(幻術)로 희롱하나뇨?"라고 말한 것으로 보아 자신이 '중'의 문하생으로 있던 승려라는 것을 인정하지 못하고 있음을 알 수 있다.

③ 여덟 낭자가 사라진 것은 맞지만, '승상'이 '중'의 진의를 의심하는 내용은 본문에 서술되어 있지 않다.

④ '승상'은 '중'과 십 년을 함께 살았다는 사실을 인정하지 않고 있는데, 이는 '승상'이 능파 낭자와 어울려 놀던 죄를 '중'이 징벌했기 때문이 아니라 '승상'이 아직 꿈의 세계에 있어 이전의 일을 알지 못하기 때문이다.

## 20

**조선 후기 문학의 특징으로 틀린 것은?**

① 국문 소설 「홍길동전」이 출현하였다.

② 판소리가 성립되어 국민 문학으로 자리를 잡았다.

③ 운문 중심에서 벗어나 산문 중심의 문학으로 발전하였다.

④ 사회의 변동에 따라 사대부의 권위가 강화되고 유교 문학이 발전되었다.

해설 조선 후기에는 실학사상을 바탕으로 평민 중심의 문학이 발달하였다.

## 21

**조선 전 · 후기 문학의 특징 비교가 잘못된 것은?**

| | 〈전기〉 | 〈후기〉 |
|---|---|---|
| ① | 유교 사상 바탕 | 실학 사상 바탕 |
| ② | 양반 중심 문학 | 평민 중심 문학 |
| ③ | 사설시조, 고대 소설, 판소리, 수필 유행 | 악장, 경기체가, 평시조 유행 |
| ④ | 정격 가사 | 변격 가사 |

해설 조선 전기에는 악장, 경기체가, 평시조가 성행하다 조선 후기에는 소설, 사설시조, 판소리, 수필 등이 성행하게 된다.



정답 18 ③ 19 ① 20 ④ 21 ③

실전문제

# 제2장 현대 문학의 흐름

대표유형문제

서울시 9급 기출

**〈보기〉의 소설에 대한 설명으로 가장 적절하지 않은 것은?**

보기

"혼자 있기가 싫습니다."라고 아저씨가 중얼거렸다.

"혼자 주무시는 게 편하실 거예요." 안이 말했다.

우리는 복도에서 헤어져서 사환이 지적해 준, 나란히 붙은 방 세 개에 각각 한 사람씩 들어갔다.

"화투라도 사다가 놉시다." 헤어지기 전에 내가 말했지만,

"난 아주 피곤합니다. 하시고 싶으면 두 분이나 하세요."라고 안은 말하고 나서 자기의 방으로 들어가 버렸다.

"나도 피곤해 죽겠습니다. 안녕히 주무세요."라고 나는 아저씨에게 말하고 나서 내 방으로 들어갔다. 숙박계엔 거짓 이름, 거짓 주소, 거짓 나이, 거짓 직업을 쓰고 나서 사환이 가져다 놓은 자리끼를 마시고 나는 이불을 뒤집어썼다. 나는 꿈도 안 꾸고 잘 잤다.

다음날 아침 일찍이 안이 나를 깨웠다.

① 물화된 도시의 삶이 만든 비정함, 절망감, 권태 등이 바탕에 깔려 있다.
② 주인공들은 자기 지위나 이름을 버린 익명적 존재로 기호화되어 있다.
❸ 잠은 현실을 초월한 삶에 대한 강렬한 동경을 환기하는 매개체다.
④ 화투는 절망과 권태를 견디는 의미 없는 놀이의 상징으로 볼 수 있다.

정답해설 〈보기〉의 소설은 「서울, 1964년 겨울」로, 제시된 부분에서 잠은 '나'와 '안', '사내'가 각자의 방에 들어가게 하는 요소로, 현대인들의 단절성을 나타내기 위한 문학적 장치이다. 따라서 잠이 현실을 초월한 삶에 대한 강렬한 동경을 환기하는 매개체라는 설명은 적절하지 않다.

오답해설 ① 혼자 있기가 싫다는 '아저씨'의 제안을 거절하고 각자의 방에 들어가는 '나'와 '안'을 통해 비정함, 절망감, 권태 등이 바탕에 깔려 있음을 알 수 있다.
② 〈보기〉의 주인공들이 특정한 이름이 없이 '나'와 '안', '아저씨'로 설정되어 있는 것을 통해 익명적 존재로 기호화되어 있음을 알 수 있다.
④ 〈보기〉의 '화투'는 함께 있자는 '아저씨'의 제안을 거절하지 못한 '나'가 제안한 놀이로 절망과 권태를 견디는 의미없는 놀이의 상징으로 볼 수 있다.

## 01

**개화기 문인들 중에서 그 작품 경향이 나머지 세 사람과 다른 한 사람은?**

① 최찬식 ② 신채호
③ 이인직 ④ 이해조

해설 신채호, 박은식, 장지연 등은 민족주의적인 성향의 문학 작품을 썼으며 이인직, 이해조, 최찬식 등은 개화사상에 입각한 작품을 주로 썼다.

## 02

**다음 개화기의 서사 문학 중에서 전대 소설의 존재 양상이 남아 있어 그 영향 관계를 통하여 문학사 연속선상의 전통 단절론을 극복할 수 있는 작품으로 볼 수 없는 것은?**

① 추월색 ② 은세계
③ 금수회의록 ④ 애국부인전

해설 주어진 문제의 의도는 소재 선택이나 정서, 의식 구조 등이 전대의 문학과 연속선상에 있지 않은 작품이 무엇이냐는 것이다. 「애국부인전」은 1907년 장지연의 순수 창작인지 외국 작품의 번안인지 명확하지는 않지만, 16세 소녀 잔 다르크가 오를레앙 전투를 승리로 이끄는 등 전공을 세우지만 영국군에게 잡혀 이단으로 화형당하는 내용이다. 잔 다르크의 애국사상과 희생정신을 강조하여 외세의 침략으로부터 국권수호 의지를 고취시키기 위해 씌어진 작품이다. 문어체 문장과 일대기적 구성 등 고전 소설의 유형에서 크게 벗어나지 못하였다.

① 최찬식의 「추월색」은 작중 인물이 개화사상을 선전하고, 인습을 타파하고, 풍속을 개량하며, 신교육을 받아야 한다고 역설한 것과는 다르게 주인공의 성격이나 사건 전개에서 실제로 구현된 의식은 보수적이고 주체성이 결핍되고 운명론에 사로잡혀 있다.

② 이인직의 「은세계」는 당시의 광대들이 지어 부른 '최병도타령'과 관계를 맺어서 그 근원이 판소리와 이어짐을 보여 주어서 한국 문학의 연속성을 뒷받침하는 작품이다.

③ 「금수회의록」은 우리의 우화 소설이 지닌 전통과 풍자 소설의 맥을 잇고 있다.

## 03

**국문학사상 고대 문학과 현대 문학을 나누는 기준이 되는 역사적 사건은?**

① 아관파천 ② 을미사변
③ 갑오개혁 ④ 동학운동

해설 갑오개혁(1894년)을 통해 사회적 변혁기가 시작되면서, 구시대의 봉건적 제도를 비판하고 근대적 서구 문명을 수용하려는 계몽적 태도를 지향하게 되었다. 문학사적으로는 문어체에서 구어체로 바뀌었고, 언문일치를 지향하고, 신문 발간으로 국문학을 대중에게 보급하는 계기를 마련하였다. 또한 신소설이 창작되었으며, 개화가사는 신체시로 발전하고 창가와 번안 문학이 활발히 이루어졌다.

## 04

**다음은 신문학 작품들이다. 작자와 작품의 연결로 옳지 않은 것은?**

① 안국선 – 금수회의록
② 이해조 – 자유종
③ 조중환 – 장한몽
④ 신채호 – 해에게서 소년에게

해설 「해에게서 소년에게」는 최남선이 1908년 발표한 우리나라 최초의 신체시이다. 신체시는 1908~1919년 사이에 지어진 새로운 형식의 시로, 창가 가사와 근대적 자유시의 사이에서 과도기적 역할을 했던 시 형태이다.



정답 01 ② 02 ④ 03 ③ 04 ④

## 05

**신문학 최초의 시가 형태인 창가 가사의 작품은?**

① 해에게서 소년에게
② 한양가
③ 추월색
④ 연의각

해설 개화기[갑오경장(1894)~3 · 1운동(1919)] 문학은 대체로 계몽적 내용으로 창가 가사와 신체시의 형식으로 발달하였다. 창가에는 최남선의 「한양가」, 「경부철도가(7 · 5조의 효시)」 「세계일주가」 등이 있고, 신체시는 최남선의 「해에게서 소년에게」, 이광수의 「우리 영웅」 등이 있다. 「추월색」은 최찬식의 신소설이며, 「연의각」은 「흥부전」을 개작한 신소설이다.

## 06

**다음 중 「금수회의록」에 나오는 소제목과 동물이 잘못 연결된 것은?**

① 가정맹어호 – 호랑이
② 무장공자 – 게
③ 호가호위 – 박쥐
④ 반포지효 – 까마귀

해설 「금수회의록」은 1908년 안국선이 쓴 신소설로, 주인공 '나'가 꿈속에서 8마리 동물들의 회의를 참관한 내용으로 동물들의 입을 빌려 인간 세계를 풍자한 우화 소설이자 액자 소설이다. 현실 비판의 주제 의식이 뚜렷하고, 회의 중심으로 이끌어가는 토론체이며, 계몽 성향이 강하다.

핵심정리

**안국선, 「금수회의록」**

- 제1석 : 부모에 대한 효도 강조 – 반포지효(까마귀)
- 제2석 : 인간의 간교함을 꼬집음 – 호가호위(여우)
- 제3석 : 견문이 좁고 세상 형편에 어두운 인간을 풍자 – 정와어해(개구리)
- 제4석 : 인간의 양면성 비판, 정직함 강조 – 구밀복검(벌)
- 제5석 : 지조와 절개 강조 – 무장공자(게)
- 제6석 : 목적을 위해 수단과 방법을 가리지 않는 소인배들을 비판 – 영영지극(파리)
- 제7석 : 가혹한 정치, 권력 남용이 호랑이보다 더 무서움을 강조 – 가정맹어호(호랑이)
- 제8석 : 화목한 부부애를 강조 – 쌍거쌍래(원앙)

## 07

**1920년대 문예 사조에 대한 설명으로 옳은 것은?**

① 낭만주의와 신경향파 문학으로 일관되었다.
② 계몽주의적인 사조를 이어 받았다.
③ 여러 사조가 혼입(混入)되는 양상을 보였다.
④ 현대적 분위기의 기교적인 문학이 추구되었다.

해설 1920년대에는 서구 문예사조의 영향으로 전 시대의 계몽성이 극복되고, 본격적인 현대 문학이 전개되었다. 이때, 현 사조에 대한 반동으로 다른 사조가 등장한 것이 아니라, 여러 사조가 혼입(混入)되는 양상을 보였다.

핵심정리

**목적주의**

1920년대 식민지 상황에 대한 저항 의식을 바탕으로 힘의 예술을 주장한 신경향파에 의해 시작되었다. 조직적 · 전투적인 계급의식으로 무장한 KAPF 문학으로 전개된 사조이다.

## 08

**1920년대 우리나라 문학에 대한 설명으로 거리가 먼 것은?**

① 사실주의 소설이 주류를 이루었다.
② 이광수나 최남선의 주도하에 계몽문학이 활발하게 이루어졌다.
③ 동인지를 중심으로 한 활동이 활발히 이루어졌다.
④ 카프의 결성 등 신경향파 문학이 대두되었다.

해설 우리나라 문학의 시기별 전개 과정에 대하여 묻는 문제이다. 계몽문학이 활발하게 이루어진 시기는 1910년대로 최남선과 이광수에 의해서 주도되었다.

**핵심정리**

**1920년대 우리 문학**

㉠ **시대 배경** : 3·1 운동의 실패로 좌절감과 패배 의식이 증가하였고, 일제의 수탈 등으로 큰 위기를 맞았지만 국내외의 독립 운동이 활성화되는 한편, 각종 신문과 동인지가 등장하였다.

㉡ **소설**
- **특징** : 근대적 소설 문체의 발전, 사실주의적 소설 인식, 소설 기법의 발전, 시회 비판 의식의 소설화
- **경향**
  - 자아의 각성을 통한 사회와 현실의 재인식
  - 식민지 궁핍 체험의 소설화
  - 살인과 방화 등 극단적인 결말 처리
  - 계급 대립의 구도와 노동 소설의 등장

㉢ **대표 작가 및 특징**

| 작가 | 특징 | 대표작 |
|---|---|---|
| 김동인 | 현대 단편 소설 확립, 순수문학 주장 | 「감자」, 「배따라기」, 「광화사」, 「운현궁의봄」 |
| 염상섭 | 식민지적 암울한 현실에서의 지식인의 고뇌, 도시 중산층의 일상적인 삶을 다룸 | 「표본실의 청개구리」, 「만세전」, 「두 파산」, 「삼대」 |
| 현진건 | 치밀한 구성과 객관적 묘사로 사실주의적 단편소설을 씀 | 「빈처」, 「운수좋은 날」, 「불」 |

## 09

**1920년대 민요시를 통해 민족 문학의 현대적 계승을 시도한 시인과 가장 거리가 먼 인물은?**

① 김소월
② 김억
③ 이상화
④ 김광균

해설 김광균은 1930년대 서구적 주지시파이다. 모더니즘 시인 김기림의 영향을 받아 회화적 시론을 실천하였으며, 도시적 소재와 공감각적 이미지를 즐겨 사용하여 이미지의 공간적인 조형(造形)을 시도한 점에서 주목받았다.

## 10

**1920년대 우리나라 소설 문학의 특징이라고 볼 수 없는 것은?**

① 문학의 창작과 소통이 활발해져 각종 문예 동인지들이 생겨났다.
② 장편 소설이 많이 창작되어 대중들의 호응을 받았다.
③ 초반에는 감상적이고 퇴폐적인 낭만주의 소설이 유행했다.
④ 후반에는 카프가 결성되어 계급주의 문학이 주류를 이루었다.

해설 장편 소설이 활발해진 시기는 1930년대 소설 문학의 특징이다. 1920년대에는 김동인, 염상섭 등의 문인들에 의해서 단편 소설이 확립되었다.



정답 05 ② 06 ③ 07 ③ 08 ② 09 ④ 10 ②

## 11 국가직 9급 기출

**〈보기〉를 참고할 때, ㉠~㉣에 대한 분석으로 적절하지 않은 것은?**

보기

어떤 특정한 시기의 풍속이나 세태의 한 단면을 그리는 소설 양식을 세태 소설이라 한다. 세태 소설은 당대 사회의 모순이나 부조리 등을 있는 그대로 묘사하여 그 사회에 대한 비판 의식을 드러낸다. 그 대표적인 소설로 박태원의 '소설가 구보 씨의 일일'이 있다.

㉠ 개찰구 앞에 두 명의 사내가 서 있었다. 낡은 파나마에 모시 두루마기 노랑 구두를 신고, 그리고 손에 조그만 보따리 하나도 들지 않은 그들을, 구보는, 확신을 가져 무직자라고 단정한다. 그리고 이 시대의 무직자들은, 거의 다 ㉡ 금광 브로커에 틀림없었다. 구보는 새삼스러이 대합실 안팎을 둘러본다. 그러한 인물들은, 이곳에도 저곳에도 눈에 띄었다.

㉢ 황금광 시대(黃金狂時代).

저도 모를 사이에 구보의 입술에서는 무거운 한숨이 새어 나왔다. 황금을 찾아, 황금을 찾아, 그것도 역시 숨김없는 인생의, 분명히, 일면이다. 그것은 적어도, 한 손에 단장과 또 한 손에 공책을 들고, 목적 없이 거리로 나온 자기보다는 좀 더 진실한 인생이었을지도 모른다. 시내에 산재한 무수한 광무소(鑛務所). 인지대 백 원. 열람비 오 원. 수수료 십 원. 지도대 십팔 전……. 출원 등록된 광구, 조선 전토(全土)의 칠 할. 시시각각으로 사람들은 졸부가 되고, 또 몰락해 갔다. 황금광 시대. 그들 중에는 평론가와 시인, 이러한 문인들 조차 끼어 있었다. 구보는 일찍이 창작을 위해 그의 벗의 광산에 가 보고 싶다 생각하였다. 사람들의 사행심, 황금의 매력, 그러한 것들을 구보는 보고, 느끼고, 하고 싶었다. 그러나 고도의 금광열은, 오히려, ㉣ 총독부 청사, 동측 최고층, 광무과 열람실에서 볼 수 있었다…….

– 박태원, 「소설가 구보 씨의 일일」 중에서

① ㉠ : 세태의 단면이 드러나는 공간적 배경이다.
② ㉡ : 적극성을 지닌 존재들로 서술자의 예찬 대상이다.
③ ㉢ : '무거운 한숨'을 유발하는 부조리한 현실로 서술자의 비판 대상이다.
④ ㉣ : 서술자가 '금광열'이 고조되어 있는 것으로 설정한 대상이나 공간이다.

해설 윗글에서 구보는 이 시대의 무직자들은 거의 다 '금광 브로커'라고 하면서 '황금에 미쳐 있는 세태'를 비판적으로 바라보았다. 따라서 ㉡을 예찬의 대상으로 보았다는 설명은 적절하지 않다.

① 구보는 '개찰구' 앞에 서 있는 '두 명의 사내'를 무직자, 즉 금광 브로커라고 보았다. 금광 브로커는 황금광 시대의 단면을 보여주는 비판의 대상으로, 그러한 인물들이 이곳저곳에서 눈에 띄었다는 것으로 보아 ㉠은 세태의 단면을 드러내는 공간임을 알 수 있다.
③ '황금광 시대'는 황금에 미쳐 황금을 찾아다니는 세태를 드러내는 표현으로, 평론가와 시인, 문인들조차 이러한 시대에 끼어있다고 하였다. 즉 '황금광 시대'는 무거운 한숨을 유발하는 부조리한 현실이자 비판의 대상이다.
④ 고도의 금광열은 총독부 청사, 동측 최고층, 광무과 열람실에서 볼 수 있었다고 하였는데, 이는 '금광열'이 고조된 공간으로 설정된 것임을 나타낸다.

**핵심정리**

**박태원, 「소설가 구보씨의 일일」**

- **갈래** : 중편 소설, 심리 소설, 세태 소설
- **성격** : 관찰적, 심리적, 묘사적
- **배경** : 1930년대의 어느 하루, 경성(서울)
- **시점** : 전지적 작가 시점
- **제재** : 어느 하루 경성 거리의 일상사
- **주제** : 구보의 눈에 비친 1930년대 서울의 풍경과 그의 내면

## 12

**동인지 성격을 탈피한 최초의 문예지로, 프로 문학을 비판하고 민족주의 경향 문학을 대변했던 것은?**

① 해외문학　　② 조선문단
③ 영대　　④ 폐허

해설 1920년대 주요 동인지 및 잡지

| 제목 | 연대 | 내용 | 주요 인물 |
|---|---|---|---|
| 창조 | 1919 | 최초의 문예 동인지<br>창조 1919 소설 – 사실주의, 자연주의의 경향<br>시 – 상징주의, 낭만주의 경향 | 김동인, 주요한, 전영택, 김환 |
| 폐허 | 1920 | 시 중심의 동인지<br>낭만주의, 허무주의, 상징주의 경향 | 김억, 염상섭, 오상순, 황석우 |
| 개벽 | 1920 | 천도교 발행 월간 종합 잡지<br>개벽 1920 경향파의 거점이 됨(1923년부터) | 김억, 김소월 – 주요 필진<br>김기진, 박영희 – 주로 편집 |
| 장미촌 | 1921 | 최초의시전문동인지<br>장미촌 1921 〈폐허〉와 〈백조〉의 교량적 역할<br>감상적 낭만주의 주조 | 황석우, 변영로, 박종화, 노자영 |
| 백조 | 1922 | 염세적 현실 도피적 경향<br>감상적 낭만주의 주조 | 홍사용, 나도향, 이상화, 현진건 |
| 금성 | 1923 | 시 전문 동인지<br>금성 1923 창작시, 해외 작품 번역 소개<br>낭만주의적 경향 | 양주동, 백기만, 이장희 |
| 영대 | 1924 | 〈창조〉 후신<br>평양에서 창간된 순 문예 동인지<br>일정한 경향을 표방하지 않음 | 이광수, 김소월, 김동인, 주요한 |
| 조선문단 | 1924 | 동인지 성격 탈피한 최초 문예지<br>경향파와 대립, 민족주의적 경향<br>신인 추천제 | 방인근, 이광수, 염상섭, 주요한 |
| 해외문학 | 1927 | 동경유학생중심학회<br>외국 문학에 대한 번역 소개지 | 김진섭, 이하윤, 손우성, 김광섭 |

## 13

**다음 설명 중 사실과 맞지 않은 것은?**

① 김소월은 동인지 『영대』에 참여하여 활동하였다.
② 최초의 신소설은 이인직이 쓴 「혈의 누」이다.
③ 이효석은 한때 동반자 작가로 일컬어진 적이 있다.
④ 정지용은 해외문학파에 속하는 시인이다.

해설 정지용은 '구인회'에 속하는 시인이다. '해외문학파'는 정인섭, 김광섭, 김진섭 등 동경 유학생들을 중심으로 이루어진 조직으로, 신문학 초창기의 한국 문학에 올바른 외국 문학을 번역·소개함으로써 한국 문학의 발전을 기하고자 하였다.

## 14

**다음에서 설명하는 1920년대 소설은?**

- 주인공이 동경에서 서울로 왔다가 동경으로 되돌아가는 여로형 소설의 구조이다.
- 당대의 상황을 무덤으로 인식하고 일제치하에서 신음하던 우리 민족의 암담한 현실을 냉철히 비판한 작품이다.

① 고향　　② 만세전
③ 화수분　　④ 탈출기

해설 「만세전」은 기행적 구조를 배경으로 한 소설로, 식민지 상황의 시대정신을 투영해 리얼리티가 부각되었다.
① 「고향」(현진건) : 일제에게 토지를 빼앗기고 고향을 떠나 방황하던 한국 농민의 비참상을 고발하고 당시 민족 현실을 풍자한 액자 소설이다(1922년).
③ 「화수분」(전영택) : 화수분 일가의 가난과 고통, 그로 인한 비극을 '나'가 화자가 되어 보여 주는 액자 소설로 자연주의적·사실주의적 성격이 짙다(1925년).

제3편 국문학사

정답 11 ② 12 ② 13 ④ 14 ②

④ 「탈출기」(최서해) : 가난과 싸우다 지쳐 집을 나와 사회 운동에 투신한 내(박 군)가 친구 김 군에게 전후 사정을 알리는 편지 형식의 자전적 · 고백적 소설이다(1925년).

## 15 지방직 9급 기출

**밑줄 친 말의 뜻이 옳지 않은 것은?**

> 때는 한창 바쁠 추수 때이다. 농군치고 송이 ㉠ 파적 나올 놈은 생겨나도 않았으리라. 하나 그는 꼭 해야만 할 일이 없었다. 싶으면 하고 말면 말고 그저 그뿐. 그러함에는 먹을 것이 더러 있느냐면 있기는커녕 부쳐 먹을 농토조차 없는, 계집도 없고 자식도 없고. 방은 있대야 남의 곁방이요 잠은 ㉡ 새우잠이요. 하지만 오늘 아침만 해도 한 친구가 찾아와서 벼를 털 텐데 일 좀 와 해달라는 걸 마다하였다. 몇 푼 바람에 그까짓 걸 누가 하느냐보다는 송이가 좋았다. 왜냐면 이 땅 삼천리강산에 늘여 놓인 곡식이 말짱 뉘 것이람. 먼저 먹는 놈이 임자 아니냐. 먹다 걸릴 만치 그토록 양식을 쌓아 두고 일이 다 무슨 ㉢ 난장 맞을 일이람. 걸리지 않도록 먹을 궁리나 할 게지. 하기는 그도 한 세 번이나 걸려서 구메밥으로 ㉣ 사관을 틀었다마는 결국 제 밥상 위에 올라앉은 제 몸도 자칫하면 먹다 걸리긴 매일반…….
>
> – 김유정, 「만무방」

① ㉠ : 심심풀이
② ㉡ : 안잠
③ ㉢ : 몰매
④ ㉣ : 양쪽 팔꿈치와 무릎 관절

해설 '새우잠'은 '새우처럼 등을 구부리고 자는 잠. 주로 모로 누워 불편하게 자는 잠'을 뜻한다. '안잠'은 '여자가 남의 집에서 먹고 자며 그 집의 일을 도와주는 일. 또는 그런 여자'를 뜻한다.

① 파적(破寂) : 심심함을 잊고 시간을 보내기 위하여 어떤 일을 함
따먹는 행위를 말함
③ 난장(亂杖) : 고려 · 조선 시대에, 신체의 부위를 가리지 아니하고 마구 매로 치던 고문
④ 사관(四關) : ㉠ 양팔의 어깨 관절과 팔꿈치 관절, 양다리의 대퇴 관절과 무릎 관절을 이르는 말. ㉡ 양쪽의 팔꿈치와 무릎 관절을 통틀어 이르는 말

## 16

**1930년대의 문학사적 사실이 아닌 것은?**

① 다양한 문학 형태의 시도가 이루어졌다.
② 계몽주의적 문학 운동이 문학사의 주류를 이루었다.
③ 모더니즘 계열의 작품이 등장했다.
④ 역사 소설이 많이 창작되었다.

해설 계몽적인 주제의 문학은 1910년대 문학의 특징이다.

**핵심정리**

**1930년대 문학**

사회적으로 일제의 사상통제가 심화되었으며 프로 문학과 민족주의 문학이 대립에 반발하여 순수 문학이 대두되었다. 시 문학에서는 순수시, 모더니즘 시 등이 출현하였고, 소설 문학에서는 농촌을 배경으로 하는 작품과 문명 세태를 비판하는 작품이 등장했다.

## 17

**다음 〈보기〉의 설명과 관계가 깊은 것은?**

보기
- 감정을 억제하고 이미지와 지성을 중시
- 주로 도시 문명을 다룸
- 낭만주의에 반발하여 대두되고, 회화적 · 감각적인 면을 강조
- 최재서, 김기림, 김광균 등이 대표 작가

① 시문학파　② 청록파
③ 생명파　④ 주지시파

해설 주지시는 낭만주의와 같은 전근대적인 요소를 배제하고 현대적인 시를 추구하고자 하였다. 다른 말로 모더니즘 시라고도 한다.
① 시문학파 : 예술지상주의 · 유미주의, 순수 문학 옹호
② 청록파 : 자연 친화적 태도, 향토적 정서와 회귀 정신 강조
③ 생명파 : 본원적 생명력의 양양, 인생과 삶의 문제, 인간성 옹호 등 주장

## 18

**시적 경향이 유사한 시인끼리 짝지은 것 중 가장 관련이 적은 것은?**

① 이육사 – 심훈
② 김기림 – 김광균
③ 서정주 – 유치환
④ 김영랑 – 이용악

해설 '이육사 – 심훈'은 저항시, '김기림 – 김광균'은 모더니즘 시, '서정주 – 유치환'은 생명파 시인이다.
김영랑은 시문학파로, 이용악은 전통적 현실주의로 활동한 작가이다.

## 19

**1933년 순수 문학을 표방하고 발족한 '구인회'의 회원이 아닌 문인은?**

① 김기림　② 이효석
③ 유치환　④ 정지용

해설 '구인회'는 김기림, 이효석, 이종명, 김유영, 유치진, 조용만, 이태준, 정지용, 이무영 등 아홉 사람이 모여 결성한 것으로 경향 문학에 반발하여 순수 문학을 지향하였으나 큰 활약을 하지는 못하였다.

## 20

**다음 중 작가와 작품의 연결로 옳지 않은 것은?**

① 윤동주 – 참회록　② 정지용 – 향수
③ 김춘수 – 생명의 서　④ 박두진 – 청산도

해설 『생명의 서』는 유치환의 시집이다.

## 21

**다음의 특징들과 가장 관계가 깊은 작가는?**

- 심리주의적 내면 묘사 기법인 의식의 흐름을 추구
- 주지주의와 초현실주의적 언어 실험
- 지적인 실험의식의 소설과 시
- '구인회'에 참여

① 정지용　② 김기림
③ 유치진　④ 이상

해설 이상(본명 김해경, 1910~1937)은 1931년 처녀작으로 시 「이상한 가역반응(可逆反應)」, 「파편의 경치」를 〈조선과 건축〉지에 발표하고, 1932년 동지에 시 「건축무한 육



정답 15 ② 16 ② 17 ④ 18 ④ 19 ③ 20 ③ 21 ④

면각체(建築無限六面角體)」를 처음으로 '이상(李箱)'이라는 이름으로 발표했다. 1930년대 후반에는 소설에 주력하여 「날개」, 「지주회시」, 「봉별기」, 「종생기」 등 문제작을 썼다. 그의 작품에서 한자를 마음대로 쓰고 띄어쓰기와 구두점을 무시하며, 기존 의식을 부정하는 등의 경향을 보인다. 현대 지식인이 겪는 황폐하고 불안한 내면 의식을 주로 다루었다.

## 22

**다음 중 1930년대의 농촌 계몽 소설이 아닌 것은?**

① 이광수의 「흙」
② 이무영의 「제1과 제 1장」
③ 박화성의 「한귀」
④ 이효석의 「메밀꽃 필 무렵」

해설 러시아 브나로드 운동의 영향으로 1930년대는 농촌계몽 소설이 많이 나온 시기이다. 이 외에도 박영준의 「모범경작생」, 심훈의 「상록수」, 이무영의 「농민」, 「흙의 노예」 등이 있다.

## 23

**다음 〈보기〉의 특징과 관계 깊은 작가의 작품이 아닌 것은?**

보기

- 농촌 배경, 우직한 주인공들
- 해학과 풍자 기법 사용
- 개성적인 문체, 토속어 사용

① 봄봄 ② 상록수
③ 소낙비 ④ 동백꽃

해설 김유정은 1935년 「소낙비」로 당선되어 등단한 이후 주옥 같은 단편 소설들을 발표했다. 토속적 어휘와 요설체 문장, 유머와 아이러니를 회화적이고 골계적으로 구사하였다. 당대 농촌 현실의 어려움을 역설적으로 그려냈으며 해학성 아래 비애가 깔려 있다. 「상록수」는 김훈의 작품이다.

## 24 서울시 9급 기출

**다음 중 현대 문학에 대한 설명으로 옳지 않은 것은?**

① 개화기 ~ 1910년 : 신소설 – 이해조 –「자유종」
② 1920년대 : 경향시 – 임화 –「네 거리의 순이」
③ 1930년대 ~ 광복 직전 : 모더니즘 – 김광균 –「와사등」
④ 광복 직후 : 생명시 – 서정주 –「자화상」

해설 '생명시'는 1930년대 모더니즘의 성행과 기교 위주의 창작에 반발하여 나타났으며 대표적인 작가로는 서정주, 유치환 등이 있다.

**핵심정리**

**생명파 시**

㉠ **배경** : 모더니즘 시의 서구 지향적 태도와 기교 위주의 시 창작에 대한 반발로 생겼다.
㉡ **특징**
- 삶의 깊은 고뇌와 본원적 생명력의 탐구 정신이 강조되었다.
- 토속적인 소재와 전통적인 가치를 추구한다.
- 철학적 사색으로 시의 내부 공간이 확대되었다.

㉢ **대표 시인 및 작품 경향**
- **서정주** : 원시적 생명 의식과 전통적 정서에 의거한 인생의 성찰에 대한 시가 대부분이다.
- **유치환** : 삶의 허무와 본원적 생명에 대한 형이상학적, 사변적 탐구에 대한 시가 대부분이다.

## 25 국가직 9급 기출

**다음 글의 서술자에 대한 설명으로 가장 적절한 것은?**

> 그들은 여전히 이야기를 계속하고 있다.
> "그래 촌에 들어가면 위험하진 않은가요?"
> 조선에 처음 간다는 시골자가 또다시 입을 벌렸다.
> "뭘요, 어델 가든지 조금도 염려 없쉐다. 생번이라 하여도 요보는 온순한 데다가, 가는 곳마다 순사요 헌병인데 손 하나 꼼짝할 수 있나요. 그걸 보면 데라우치 상이 참 손아귀 힘도 세지만 인물은 인물이야!"
> 매우 감격한 모양이다.
> "그래 촌에 들어가서 할 게 뭐예요?"
> "할 것이야 많지요. 어델 가기로 굶어 죽을 염려는 없지만, 요새 돈 몰 것이 똑 하나 있지요. 자본 없이 힘 안 들고 ……. 하하하."
> 표독한 위인이 충동이는 수작이다.
> … (중략) …
> 나는 여기까지 듣고 깜짝 놀랐다. 그 불쌍한 조선 노동자들이 속아서 지상의 지옥 같은 일본 각지의 공장과 광산으로 몸이 팔리어 가는 것이 모두 이런 도적놈 같은 협잡 부랑배의 술중(術中)에 빠져서 속아 넘어가는구나 하는 생각을 하며 나는 다시 한 번 그자의 상판대기를 치어다보지 않을 수 없었다.
>
> – 염상섭, 「만세전」 중에서

① 작품 밖의 전지적 서술자가 일어난 사건의 전말을 전달하고 있다.

② 작품 속에 등장하는 인물이 다른 인물을 관찰하며 평가하고 있다.

③ 작품 밖에 있는 서술자가 관찰자가 되어 등장인물의 행동을 묘사하고 있다.

④ 작품 속의 서술자가 작품 밖의 서술자와 교차하며 사건을 입체적으로 서술하고 있다.

**해설** 글은 나(주인공)가 사람들을 관찰하고 평가하는 1인칭 주인공 시점이다. 나가 등장하고 사람들을 그들이라고 표현하며 그들의 행동을 '매우 감격한 모양이다' 등으로 평가하는 등의 부분에서 알 수 있다.

**핵심정리**

**염상섭, 「만세전」**
- **갈래** : 중편 소설, 사실중의 소설
- **성격** : 사실적, 비판적, 현실 반영적
- **배경** : 1919년 3 · 1운동 직전, 일본에서 경성으로 오는 길
- **제재** : 일제 강점 초기의 현실
- **주제** : 일제 강점기의 억압받는 조선의 현실에 대한 인식
- **특징** : 일본어투의 문체가 사라지고 상황을 사실적으로 그려내는 근대 소설의 면모



정답 22 ④ 23 ② 24 ④ 25 ②

## 26 지방직 9급 기출

**두 사람의 대화에 대한 설명으로 적절한 것은?**

"저어기, 개천에서 올라오는 저 사람이 인제 어딜 가는지 알아내시겠에요?"
"어디, 누구?"
"저거, 땅꾼 아니냐?"
"땅꾼요?"
"거지 대장 말야."
"저건 둘째 대장예요. 근데 지금 어딜 가는지 아시겠에요?"
"인석, 그걸 내가 으떻게 아니?"
그러면 소년은 가장 자랑스러이,
"인제 보세요. 저어 다리께 가게루 갈 테니."
"어디 ……. 참, 딴은 가게로 들어가는구나. 저눔이 담밸 사러 갔을까?"
"아무것두 안 사구 그냥 나올 테니 보세요. 자아, 다시 돌쳐서서 이쪽으로 오죠?"
"그래 인젠 저눔이 어딜 가누."
"인제, 개천가 선술집으루 들어갈 테니 보세요."
"어디 ……. 참, 딴은 술집으루 들어가는구나. 그래두 저눔이 가게서 뭐든지 샀겠지, 그냥 거긴 갔다 올 까닭이 있나?"
"왜 들어가는지 아르켜 드릴까요? 저 사람이, 곧잘, 다리 밑으루 들어가서, 게서, 거지들한테 돈을 십 전이구 이십 전이구, 얻어 갖거든요. 그래 그걸루 술두 사 먹구, 밥두 사먹구 허는데, 그게 거지들이 동냥해 들인 거니, 이십 전이구, 삼십 전이구 간에, 모두 동전한 푼짜릴 거 아녜요? 근데 저 사람이 동전 가지군 절대 술집엘 안 들어가거든요. 그래 은제든지 꼭 가게루 가서 그걸 모두 십 전짜리루 바꿔 달래서 ……."

– 박태원, 「천변풍경」 중에서

① 두 사람의 관심사가 달라서 대화가 지속되지 못하고 있다.
② 한 사람이 대화를 주도하면서 상대방의 관심을 끌어들이고 있다.
③ 상대방의 질문에 답하는 가운데 현실의 문제점을 확인하고 있다.
④ 서로 간의 의견 차이를 조정하면서 절충점을 찾아내고 있다.

**해설** 글에서 소년이 청계천에서 올라오는 사람에 대해 '아시겠어요?' 등의 질문을 던지고 설명하고 있다. 이를 통해 소년은 상대방의 관심을 끌어들이며 대화를 주도하고 있음을 알 수 있다.

**핵심정리**

**박태원, 「천변풍경」**

- **갈래** : 장편소설, 세태 소설
- **배경** : 시간(1930년대 어느 해 2월부터 이듬해 1월까지), 공간(청계천변을 중심으로 한 서울)
- **성격** : 모더니즘 계열, 사실주의적
- **주제** : 1930년대 서울 중산층과 하층민들과의 삶과 애환
- **제재** : 청계천변을 중심으로 한 서민들의 일상
- **특징**
  - 서민의 생활 모습을 50개의 절로 나누어 서술
  - 카메라 아이 기법을 통해 상이한 장소에서 동시에 일어나는 사건들을 보여줌

## 27 서울시 9급 기출

**다음 중 ㉠~㉣에 대한 감상으로 가장 적절하지 않은 것은?**

> 나는 그날 그에게 돈 삼 원을 주었다. 그의 말대로 삼산 학교 앞에 가서 뻐젓이 참외 장
>
> 사라도 해 보라고. 그리고 돈은 남지 못하면 돌려 오지 않아도 좋다 하였다. ㉠ 그는 삼 원 돈에 덩실덩실 춤을 추다시피 뛰어나갔다. 그리고 그 이튿날, 선생님 잡수시라굽쇼. 하고 나 없는 때 참외 세 개를 갖다 두고 갔다. 그러고는 온 여름 동안 그는 우리 집에 얼른하지 않았다.
>
> 들으니 ㉡ 참외 장사를 해 보긴 했는데 이내 장마가 들어 밑천만 까먹었고, 또 그까짓 것보다 한 가지 놀라운 소식은 그의 아내가 달아났단 것이다. 저희끼리 금슬은 괜찮았건만 동서가 못 견디게 굴어 달아난 것이라 한다. 남편만 남 같으면 따로 살림나는 날이나 기다리고 살 것이나 평생 동서 밑에 살아야 할 신세를 생각하고 달아난 것이라 한다.
>
> 그런데 요 며칠 전이었다. 밤인데 달포 만에 수건이가 우리 집을 찾아왔다. ㉢ 웬 포도를 큰 것으로 대여섯 송이를 종이에 싸지도 않고 맨 손에 들고 들어왔다. 그는 벙긋거리며 첫마디로, 선생님 잡수라고 사 왔습죠. 하는 때였다. 웬 사람 하나가 날쌔게 그의 뒤를 따라 들어오더니 다짜고짜로 수건이의 멱살을 움켜쥐고 끌고 나갔다. 수건이는 그 우둔한 얼굴이 새하얗게 질리며 꼼짝 못하고 끌려 나갔다.
>
> 나는 수건이가 포도원에서 포도를 훔쳐 온 것을 직각하였다. 쫓아 나가 매를 말리고 포도값을 물어주었다. 포도값을 물어 주고 보니 수건이는 어느 틈에 사라지고 보이지 않았다. 나는 그 다섯 송이의 포도를 탁자 위에 얹어 놓고 오래 바라보며 아껴 먹었다. ㉣ 그의 은근한 순정의 열매를 먹듯 한 알을 가지고도 오래 입안에 굴려 보며 먹었다.
>
> – 이태준, 「달밤」

① ㉠ : 황수건의 행위를 통해 참외 장사가 안 될 것을 예측할 수 있다.

② ㉡ : 황수건에 대한 정보가 '나'에 의해 요약적으로 제시 되고 있다.

③ ㉢ : '포도'는 장사 밑천을 대준 '나'에 대한 황수건의 고마움의 표시이다.

④ ㉣ : 인물을 바라보는 '나'의 호의적인 태도를 읽을 수 있다.

**해설** '그는 삼 원 돈에 덩실덩실 춤을 추다시피 뛰어나갔다.'의 행동은 참외 장사를 할 밑천을 얻은 것에 대한 기쁨의 행동이다. 이를 통해 참외 장사가 안 될 것을 예측할 수 없다.

② ㉡을 통해 참외 장사가 망했고, 그의 아내가 달아난 것 등 황수건에 대한 정보가 '나'에 의해 요약적으로 제시 되고 있다.

③ 포도를 가져온 것은 참외 장사의 밑천을 대준 '나'에 대한 황수건의 고마움의 표시이다.

④ 포도를 그의 은근한 순정의 열매라고 표현하고, 한 알을 오래 먹는 행동에서 인물(황수건)을 바라보는 '나'의 호의적인 태도를 읽을 수 있다.

**핵심정리**

**이태준, 「달밤」**

- **갈래** : 단편소설
- **성격** : 애상적
- **배경** : 일제강점기(1930년대), 서울 성북동(변두리 시골)
- **시점** : 1인칭 관찰자 시점
- **제재** : 세상사에 적응 못하는 못난이의 삶
- **주제** : 각박한 현실에 부딪혀 아픔을 겪는 삶의 모습



정답 26 ② 27 ①

## 28

**저항시인 윤동주에 대한 설명으로 거리가 먼 것은?**

① 유고시집으로『하늘과 바람과 별과 시』가 있다.

② 사상범으로 체포되어 1945년 후쿠오카 형무소에서 옥사하였다.

③ 자전적이고 내성적인 시, 기독교적 경향의 시, 민족의식을 나타낸 시를 썼다.

④ 구인회 동인으로 활동하였다.

해설 구인회는 이상, 김유정, 이태준, 정지용, 김기림, 이효석 등이 활동하던 동인으로서 『시와 소설』 기관지 발행을 통해 순수 문학을 추구했으며 예술성 및 문장의 형식미를 중시하였다. 따라서 윤동주에 대한 설명과 거리가 멀다.

## 29

**청록파에 대한 설명으로 적절하지 않은 것은?**

① 일제 시대 말 〈문장〉지의 추천을 통해 등단했다.

② 자연과 더불어 시대의 걱정과 아픔을 노래했다.

③ 1946년 공동 시집『청록집』을 냈다.

④ 대표 시인은 서정주, 유치환, 정지용, 김영랑 등이다.

해설 1946년 박목월, 박두진, 조지훈은 『청록집』이라는 이름으로 시집을 간행하였다.

- 생명파 : 1930년대, 유치환, 서정주
- 시문학파 : 1930년대, 정지용, 김영랑

## 30 서울시 9급 기출

**다음 중 작품 창작 연대가 빠른 것부터 순서대로 바르게 나열한 것은?**

① 날개 – 광장 – 상록수 – 꺼삐딴 리

② 만세전 – 소설가 구보씨의 일일 – 학 – 시장과 전장

③ 날개 – 시장과 전장 – 학 – 상록수

④ 꺼삐딴 리 – 오발탄 – 소설가 구보씨의 일일 – 만세전

해설 '만세전(1924) – 소설가 구보씨의 일일(1934) – 학(1953) – 시장과 전장(1964)'의 순서로 창작되었다.

① 날개(1936) – 광장(1960) – 상록수(1935) – 꺼삐딴 리(1962)

③ 날개(1936) – 시장과 전장(1964) – 학(1953) – 상록수(1935)

④ 꺼삐딴 리(1962) – 오발탄(1959) – 소설가 구보씨의 일일(1934) – 만세전(1924)

**핵심정리**

**한국 현대 소설**

- **「만세전」(1924)** : 염상섭의 소설로 일제 강점기의 암울한 현실과 지식인의 방황을 그린 작품이다.
- **「소설가 구보씨의 일일」(1934)** : 박태원의 작품으로 소설가 '구보'가 하루 동안 서울 거리를 배회하며 느끼는 내면 의식의 변화를 보여 준다.
- **「상록수」(1935)** : 심훈의 작품으로 우리나라 농촌 계몽소설의 대표작이다.
- **「날개」(1936)** : 이상의 작품으로 한국 최초의 심리주의 소설이다.
- **「학」(1953)** : 황순원의 작품으로 이념의 대립과 갈등을 뛰어넘는 인간애 회복 과정을 그린 소설이다.
- **「오발탄」(1959)** : 이범선의 작품으로 전후(戰後)의 빈곤하고 가치관이 상실된 세태를 비판한 작품이다.
- **「광장」(1960)** : 최인훈의 작품으로 남북한의 이데올로기를 동시에 비판한 최초의 소설이다.
- **「꺼삐딴 리」(1962)** : 전광용의 작품으로 일제강점기 말에서 6 · 25 전쟁에 이르는 현대 한국사에서 사회지도층의 위선을 폭로한 풍자소설이다.
- **「시장과 전장」(1964)** : 박경리의 작품으로 이념적으로 중립적인 입장에서 한국전쟁을 그린 것으로 평가받는다.

## 31 서울시 9급 기출

**작가들에 대한 설명 중 적절하지 않은 것은?**

① 이효석 : 「돈」, 「산」, 「메밀꽃 필 무렵」 등을 통해 자연과 인간 본능의 순수성을 그려냈다.
② 김유정 : 「금 따는 콩밭」, 「땡볕」, 「봄봄」을 통해 식민지 지식인의 우울한 내면을 비판적으로 나타냈다.
③ 김동리 : 「무녀도」, 「바위」, 「황토기」 등을 통해 사라져 가는 것들의 세계를 주로 형상화했다.
④ 김정한 : 「사하촌」, 「모래톱 이야기」, 「수라도」 등을 통해 농민의 저항을 주로 형상화했다.

해설 김유정은 토속적인 어휘를 사용하여 농촌의 모습을 해학적으로 묘사하였으며, 현실 문제를 다루면서도 인간의 모습을 희화하였다.

## 32

**다음에서 설명하는 시인은?**

- 1950년대 대표적인 모더니스트
- '후반기' 동인이며, 4 · 19 이후 대표적인 참여 시인
- 대표작 : 「풀」, 「폭포」, 「거대한 뿌리」

① 박인환 ② 신동엽
③ 김수영 ④ 김춘수

해설 한국의 대표적 참여 시인으로 평가받는 김수영은 초기에는 현대 문명과 도시 생활을 비판하는 시를 주로 쓰다가, 4 · 19 혁명을 기점으로 정권의 탄압과 압제에 맞서 적극적으로 부정과 타협하지 않는 정신을 강조하는 시를 썼다.

## 33 서울시 9급 기출

**서정주의 시적 경향을 설명한 다음 글에서 ( ) 안에 들어갈 적절한 단어는?**

> 1960년대 서정주는 그 자신의 시 세계에 가장 깊은 심연이라고 말할 수 있는 ( )(이)라는 설화적 세계에 빠져들고 있다. 그의 ( )에 대한 관심이 반역사적 지향을 드러내고 있는 것으로 지적되는 경우도 없지 않지만 그것은 서정주만이 발견해 낸 상상력의 고향과도 같다는 점에서 중요한 의미를 가진다.

① 고려 ② 발해
③ 신라 ④ 백제

해설 서정주는 1961년 시집 『신라초』에서 불교사상에 기초한 신라의 설화를 제재로 하여 영원회귀의 이념과 선의 정서를 부활시켰다. 6 · 25 전쟁 이후 과도기적 혼란 속에서 시의 길이 막힌 서정주가 찾아낸 것이 『삼국유사』를 통한 신라 정신의 발견이었고 이를 자신의 시적 도약의 계기로 만들었던 것이다.

예 ~하지만 사랑이거든/그것이 참말로 사랑이거든/서라벌 천년의 지혜가 가꾼/국법(國法)보다도 국법의 불보다도/늘 항상 더 타고 있어라~

– 서정주, 「선덕여왕의 말씀」

제 3 편 국문학사

정답 28 ④ 29 ④ 30 ② 31 ② 32 ③ 33 ③

핵심정리

**서정주의 주요 시집과 시 세계**

- **『화사집』**(1938) : 악마적이며 원색적인 시풍, 토속적 분위기를 바탕으로 인간의 원죄(原罪)를 노래하였다. 스스로를 죄인으로 여기고 그 운명적 업고(業苦)를 「문둥이」, 「뱀」을 통해 울부짖었다.
- **『귀촉도』**(1946), **『서정주 시선』**(1955) : 원숙한 자기 성찰과 달관을 통한 화해, 동양적 사상으로 접근한 재생(再生)을 노래하며 민족적 정조와 그 선율(旋律)을 읊었다.
- **『신라초』**(1961) : 불교 사상에 관심을 보여 주로 불교국(佛敎國) 신라에서 시의 소재를 얻었다. 선적(禪的)인 정서를 바탕으로 인간 구원을 시도하고 새로운 질서를 확립하려 하였다.
- **『동천』**(1968) : 『신라초』 시기보다 더욱 불교에 관심을 두고, 신비주의에 빠져드는 시기이다.
- **『질마재 신화』**(1975), **『떠돌이의 시』**(1976) : 토속적이며 주술적인 원시적 샤머니즘이 노래되며, 시의 형태도 산문시, 정형시로 바뀌게 되었다.

## 34

**다음 중 1970년대 문학의 특징으로 옳지 않은 것은?**

① 소외된 사람들에 대한 관심이 증가했다.
② 산업화에 따른 농민의 궁핍한 삶을 형상화했다.
③ 민족사를 재인식하였다.
④ 식민지적 한계를 극복하였다.

**해설** 해방 이후의 문학에 대한 설명으로, 산업화 및 근대화로 인한 인간소외, 빈부격차가 심화된 1970년대와 거리가 멀다.

## 35

**다음 글에서 설명하고 있는 작품으로 알맞은 것은?**

1977년 〈창작과 비평〉에 발표한 윤흥길의 중편 소설로 도시 비민의 소요 사건 주인공으로 지목되어 옥살이를 하고 나와, 지식인으로서의 자부심 하나에만 매달린 채 무능력자의 길을 걸어가는 한 소시민 '나'의 삶을 그린 작품이다.

20평 짜리 방에 세들어 사는 동안 가난한 이웃들이 이른바 '선생 댁'인 자신에게 보여 준 지나친 선망과 관심이 부담스러워서 '나'는 안주처를 찾아 그들을 떠난 바 있다. 그러나 전세로 입주한 권 씨와 같이 소외되고 가난한 인간에 대하여 연민 어린 관심 이외에는 보여 줄 게 없었던 '나'의 처지는, 작가가 시대의 비극적 현실을 절실하게 느끼면서 그것을 극복하려는 방안을 탐색하고 있음을 암시하는 것이다.

① 닳아지는 살들
② 뫼비우스의 띠
③ 난장이가 쏘아올린 작은 공
④ 아홉 켤레의 구두로 남은 사내

**해설** 제시문에 해당하는 작품은 윤흥길의 소설 「아홉 켤레의 구두로 남은 사내」이다. 이 작품은 산업 사회에서 소외된 변두리 인생을 그린 것으로, 소외된 도시 빈민층의 어려운 삶을 그려 시대적인 현실을 나타내고 있다.
① 실향민의 아픔을 그린 이호철의 작품이다.
②, ③ 조세희의 연작 소설로, 「뫼비우스의 띠」는 연작 12편 중 첫 번째 작품이고, 「난장이가 쏘아올린 작은 공」은 네 번째 작품이다. 이들 작품은 도시 빈민층의 소외된 삶과 어려움을 고발하고 있다.

## 36

**다음의 글은 누구의 어느 작품인가?**

> 전통적인 가치관에 의해 살아가는 구세대들과 부의 축적으로 인한 신분 상승에의 의지들이 적나라하게 파헤쳐지는 한편, 신식 문물에의 경도와 의식 없는 생활의 비참한 패배, 그리고 새 시대의 주인공으로서 자각을 앞세우면서도 현실적인 장벽 앞에 휘청거릴 수밖에 없는 인물들의 행동이 계층 간의 갈등과 더불어 적절히 형상화되고 있음을 볼 수 있다.

① 이광수 「무정」
② 염상섭 「삼대」
③ 김유정 「동백꽃」
④ 유치진 「토막」

**해설** 이 글은 염상섭(廉想涉)의 장편 소설 「삼대」에 대한 설명이다. 1931년에 〈조선일보〉에 연재되었고, 1947년에 단행본으로 간행되었다. 1930년대 서울의 보수적인 중인 계층 출신인 조씨가(趙氏家)의 몰락을 그린 이 작품은 객관적인 관찰안을 통하여 구체적인 현실 의식을 바탕으로 사실주의 문학을 확고히 수립한 사회 소설이다. 구세대의 보수성과 개화기 세대의 정신적 파탄, 식민지 세대의 진보성으로 대표되는 조(祖) · 부(父) · 손(孫)의 삼대라는 가족 계보 안에서 세대 간의 단절과 대치를 통해 시대사를 재구성하고 있다.

**핵심정리**

**염상섭, 「삼대」**

- **갈래** : 장편소설, 현대소설
- **성격** : 사실적, 풍자적
- **시점** : 전지적 작가 시점
- **주제** : 식민지 지배 아래 세대 차이로 인한 갈등, 가족 내의 갈등
- **특징**
  - 인물에 대한 성격을 간접적으로 제시
  - 주로 등장하는 인물을 시점의 주체로 지정
  - 당시의 생활양식과 세대 차이로 인한 갈등을 묘사

## 37 서울시 9급 기출

**다음 작품 중 서울이 배경이 아닌 것은?**

① 박태원 : 소설가 구보 씨의 일일
② 윤흥길 : 아홉 켤레의 구두로 남은 사내
③ 이상 : 날개
④ 이범선 : 오발탄

**해설** 윤흥길의 「아홉 켤레의 구두로 남은 사내」는 급속한 산업화와 도시화가 진행되고 있던 1970년대 성남 지역을 배경으로 하는 작품이다.

① 박태원, 「소설가 구보 씨의 일일」 : 경성 중심가의 풍물과 지나치는 사람들의 모습을 그리면서 시시각각 변화하는 내면 의식을 서술하는 심리소설의 대표작이다.

③ 이상, 「날개」 : 식민지 시대 경성(서울) 33번지 유곽에 기거하는 사내의 이야기로 무기력한 지식인의 자아 분열을 그린 한국 최초의 심리주의 소설이다.

④ 이범선, 「오발탄」 : 서울 해방촌 일대를 배경으로 철호네 가족을 통해 6 · 25 전쟁 직후의 암담한 현실을 사실적으로 그린 소설이다.

## 38

**다음 글의 내용에 대한 설명으로 적절한 것은?**

> 민중의 현실 참여적인 정서가 형상화되던 시기로, 급격한 발전으로 인해 소외된 서민들을 주제로 한 작품이 등장하였다.

① 전쟁 이후의 상황을 다루었다.
② 농촌을 주제로 한 작품이 등장하였다.
③ 이 시기의 대표적인 작품으로는 신경림의 「농무」가 있다.
④ 사회 현실에 대한 도피적 심리로 초현실적 작품이 등장하였다.

**해설** 1970년대의 문학에 대한 설명으로 서민의 삶과 정서를 담은 민중시가 등장하였다.

정답 34 ④ 35 ④ 36 ② 37 ② 38 ③

나두공

# 제 4 편

# 현대 문법

# 실전문제 제1장 언어와 국어

대표유형문제

지방직 9급 기출

**밑줄 친 부분의 예로 가장 적절한 것은?**

> 생각은 큰 그릇이고 말은 생각 속에 들어가는 작은 그릇이어서 생각에는 말 외에도 다른 것이 더 있다. 그러나 아무리 생각이 말보다 범위가 넓고 큰 것이라고 하여도 그것을 말로 바꾸어 놓지 않으면 그 생각의 위대함이나 오묘함이 다른 사람에게 전달되지 않는다. 그 때문에 생각이 형님이요, 말이 동생이라고 할지라도 생각은 동생의 신세를 지지 않을 수가 없게 되어 있다.

① '사과'는 언제부터 '사과'라고 부르기 시작했는지 알 수 없어.

② 동일한 사물을 두고 영국에서는 [tri:], 한국에서는 [namu]라 표현해.

❸ 이 소설은 정말 감동적이야. 내가 받은 감동은 말로는 설명이 안 돼.

④ 시간의 흐름을 초, 분, 시간 단위로 나눠 사용해 온 것은 인간의 사회적 약속이야.

정답해설 지문은 말이 모든 생각을 담을 수 없다는 관점으로 즉, 사고가 언어보다 우선 된다는 '사고 우위론'에 대한 내용이다. '이 소설은 정말 감동적이야. 내가 받은 감동은 말로는 설명이 안돼'는 사고 우위론에 대한 예로 적절하다.

오답해설 ①, ② 언어는 형식으로서의 음성과 내용으로서의 의미 결합에 의해 형성되는 구조물로, 이들 음성과 의미 사이에 필연성이 존재하지 않는다는 뜻의 '언어의 자의성'과 관련되어있다.

④ '언어의 사회성(언어는 사회적 약속으로서 한 개인의 힘으로 마음대로 바꿀 수 없고, 이러한 언중들 사이의 약속)'과 관련되어있다.

## 01

**다음 글의 제목으로 가장 적절한 것은?**

'언어는 사고를 규정한다'고 주장하는 연구자들은 인간이 언어를 통해 사물을 인지한다고 말한다. 예를 들어, 우리나라 사람은 '벼'와 '쌀'과 '밥'을 서로 다른 것으로 범주화하여 인식하는 반면, 이누이트인은 하늘에서 내리는 눈, 땅에 쌓인 눈, 얼음처럼 굳어서 이글루를 지을 수 있는 눈을 서로 다른 것으로 범주화하여 파악한다. 이처럼 언어는 사물을 자의적으로 범주화한다. 그래서 인간이 언어를 통해 사물을 파악하는 방식도 다양할 수밖에 없다.

① 언어와 인지　　② 언어의 계층화
③ 언어의 범주　　④ 한국어와 이누이트 어

해설 '인간은 언어를 통해서 사물을 인지한다'는 중심 내용을 예시를 통해 뒷받침하고 있다. 따라서 글의 제목으로 적절한 것은 '언어와 인지'임을 알 수 있다.

**핵심정리**

**언어와 사고**

㉠ 언어 우위론적 관점(언어에 의해 사고방식이 달라진다.)
- 이누이트어가 눈[雪]이나 물개의 종류와 특성에 따라 그에 대한 많은 단어를 가지고 있는 점
- 우리나라에서 일곱 가지 색으로 구별하는 무지개의 색을 리베리아의 바사인들은 두 가지로, 로데시아의 쇼나인들은 세 가지 색으로 구분하는 사실

㉡ 사고 우위론적 관점(사고가 언어를 지배한다.)
- 어린 아이들의 언어 발달 과정을 관찰한 결과 언어 발달은 지각(知覺)이나 사고의 발달보다 늦게 이루어진다는 점
- 언어적 사고가 어려울 것으로 생각되는 청각 장애인의 경우에도 주변 환경에 대해 이성적으로 대처해 가는 능력, 즉 사고 능력을 가지고 있는 점
- 예술 분야 중에는 언어 없이 생각을 표현할 수 있는 영역이 있는 점, 새로운 이름이 있기 전에 새로운 개념이나 물건이 생겨나는 점

## 02

**다음 글에서 설명하는 언어의 특성과 가장 밀접한 관련이 있는 것은?**

우리가 언어를 효과적인 도구로 사용할 수 있는 것은 그 운용의 원리가 경제적이기 때문이다. 언어는 매우 작은 수의 기본 요소들을 결합하여 궁극에는 무한한 생각을 표현, 전달한다. 대부분의 언어는 10개 미만의 모음과 20개 남짓한 자음을 결합시켜 몇 천 개의 음절을 만든다. 이것을 다시 결합시켜 수만 개의 단어를 만든다. 이들이 만들어내는 문장, 또는 텍스트의 수효는 무한하다. 새로운 표현이 필요할 때마다 신어를 만들어 낼 수 있으며, 상상이나 거짓말까지도 언어로 표현할 수 있다. 이러한 언어의 무한한 창조성으로 말미암아 인간은 그동안 방대한 양의 학술 문장을 비롯하여, 함축성이 풍부한 문장, 예술적인 문장들을 만들어내었다.

① 자의성　　② 기호의 체계
③ 개방적 체계　　④ 개념

해설 제시문에서 설명하고 있는 언어의 특성은 언어의 창조성 또는 열린 생산성이다. 이러한 언어의 작동 원리에 따라 우리는 언어를 이용하여 무한한 표현을 할 수 있다.

## 03 지방직 9급 기출

### 다음 글의 내용과 가장 부합하는 것은?

독일에서 'Fräulein'은 원래 미혼 여성을 뜻하는 말이었는데 제2차 세계대전 이후 미군과 결혼한 여성을 가리키는 말이 되면서 부정적인 색채를 띠게 되었다. 그러자 미혼 여성들은 자신들을 'Frau'(영어의 'Mrs.'와 같다)로 불러달라고 공식적으로 요청하기 시작했다. 이런 요구를 하는 여성들이 갑자기 늘어나자 언론은 '부인으로 불러 달라는 여자들이라니'라는 제목 아래 여자들이 별 희한한 요구를 다 한다는 식으로 보도했다. 'Fräulein'과 'Frau'는 한동안 함께 사용되다가 점차 'Frau'의 사용이 늘자 1984년에는 공문서상 미혼 여성도 'Frau'로 표기한다고 법으로 규정했다. 이유는 'Fräulein'이라는 말이 여성들의 의식이 달라진 이 시대에 뒤떨어졌다는 것이었다. 프랑스에서 'Mademoiselle'도 같은 운명을 겪고 있다.

① 언어는 자족적 체계이다.
② 언어는 사회적 가치를 반영한다.
③ 언어는 특정 언어공동체의 의사소통의 도구이다.
④ 언어는 의미와 형식의 결합으로 이루어진 기호의 일종이다.

**해설** 제시문에서는'Fräulein'이라는 어휘가 부정적인 의미를 지니게 되자 언중들의 요구에 의해 'Frau'라는 다른 어휘로 대체된 독일의 사례를 들고 있다. 이는 그 언어를 사용하는 언중의 지지를 받아야만 언어가 생명을 유지할 수 있으며 언어에 언중들의 사회적 가치가 반영된다는 것을 의미한다.
① 언어는 자족적 체계라는 의미는 언어가 발언자의 주관적인 의사에 의해 결정되지 않는다는 것이다. 즉 담화에 의미를 직접 부여하는 것은 담화자가 아니라 그 담화를 만들어낸 언어 체계 전체라는 의미로 제시문과는 부합하지 않는다.
③ 언어는 의사소통의 도구이기 때문에 아무나 약속된 체계를 바꿀 수 없다.
④ 언어의 의미가 겉으로 드러나기 위해서는 음성과 문자라는 기호가 필요하다는 언어의 기호성은 제시문의 사례와는 부합하지 않는다.

## 04

### 다음 글에 나타난 언어의 특성은?

- 무지개의 색깔이 단지 '빨강, 주황, 노랑, 초록, 파랑, 남색, 보라' 일곱 가지 색으로 이루어져 있는 것만은 아니다.
- 머리 · 몸통 · 꼬리 사이에도 정확한 경계선이 정해져 있는 것은 아니다.

① 자의성　　② 분절성
③ 역사성　　④ 사회성

**해설** 이 글은 연속적으로 이루어진 외부 세계를 불연속적인 것으로 끊어서 표현하는 언어의 분절성에 관한 설명이다.

**핵심정리**

**언어의 특성**

- **기호성** : 언어는 하나의 기호로서 그 형식은 문자이고 내용은 의미이다. 즉 언어는 일정한 의미를 일정한 형식으로 기호화한 것이다.
- **자의성** : 언어의 형식인 음성과 내용인 의미의 관계는 필연적이지 않고 자의적으로 맺어져 있다.
- **사회성(불역성)** : 언어는 한 언어 사회의 구성원들 간에 맺은 사회적 약속이므로 개인이 마음대로 만들어 내거나 이미 존재하는 말을 임의로 바꿀 수 없다.
- **역사성** : 언어는 항상 고정되어 불변하는 것이 아니라 시간의 경과에 따라 끊임없이 변화한다.
- **창조성** : 언어는 실재하는 것만이 아니라 상상의 산물이나 관념적이고 추상적인 개념까지도 무한하게 표현할 수 있는 개방적 체계이다.
- **체계성** : 언어 기호가 모여서 일정한 의미를 전달할 때 언어 기호들은 하나의 체계를 이루고 일정한 규칙에 따라 배열되어 일정한 질서 아래 실현된다.

- **분절성** : 언어는 연속적으로 이루어져 있는 현실 세계를 불연속적인 것으로 끊어서(분절) 표현한다.
- **추상성** : 언어의 의미는 많은 구체적인 대상으로부터 공통의 속성만을 추출하는 추상화 과정을 통하여 형성된다.

## 05

**다음 글에서 설명하는 언어의 성질은?**

소리와 의미 사이에 어떤 필연적인 관계가 없다. 다시 말하면 코를 '코'라 하고 가슴을 '가슴'이라 하는 것은 우연적인 결합이다. 코를 '가슴'이라 해서는 안 될 이유가 없고, 가슴을 '코'나 '엉덩이'라고 해서 안 될 이유가 없다.

① 창조성　② 역사성
③ 사회성　④ 자의성

**해설** '소리와 의미 사이에 어떤 필연적인 관계가 없다.'라는 부분을 통해서 언어의 자의성(恣意性)에 대한 설명임을 알 수 있다.
① 인간은 무한 수의 문장을 만들고 이해할 수 있으며, 언어를 통해서 상상의 산물이나 관념적이고 추상적인 개념까지도 무한하게 창조적으로 표현할 수 있다.
② 언어는 계속해서 신생 · 성장 · 사멸한다.
③ 언어는 한 언어 사회의 구성원들 간에 맺어진 사회적 약속이므로 어느 한 개인이 마음대로 바꿀 수 없다.

**핵심정리**

**언어의 자의성이 성립하는 근거**

㉠ 지역마다 다르다.(표준어와 방언, 한국어와 외국어)
예 하늘(한국어) → [skái](영어), [sora](일본어)
㉡ **동음이의어** : 하나의 소리(형식)에 여러 의미가 부여된다.
예 눈(目)/눈(雪), 말(言)/말(馬), 배(船)/배(腹)
㉢ **이음동의어** : 지시 대상은 동일하나 소리(형식)가 다르다.
예 죽다, 숨지다, 사망하다
㉣ 언어의 역사성(신생어 · 사멸어 · 성장어)
- **형태상의 변화** : ᄀᆞ숧〉ᄀᆞ옳〉ᄀᆞ을〉가을
- **내용(의미)상의 변화** : 어엿브다(불쌍하다 → 예쁘다)

## 06

**다음 중 밑줄 친 부분에 해당하는 것은?**

우리는 이미 말을 배울 때부터 이러한 추상화 과정에 너무나 익숙해 있기 때문에, 스스로도 잘 인식하지 못하고 있는 것이 보통이다. 그러나 실제로 고유 명사 같은 특별한 말들을 제외하고는 우리가 사용하는 단어들의 대부분은 이같이 고도로 <u>추상화</u>된 개념을 실어 나르고 있다.

① 소나무, 잣나무, 은행나무, 밤나무는 나무이다.
② 무지개는 빨강, 주황, 노랑, 초록, 파랑, 남색, 보라색으로 이루어진다.
③ 용, 봉황, 유토피아, 희망, 사랑은 관념이다.
④ 병원의 녹색 십자가는 자의적 기호이다.

**해설** 언어의 특성 중 추상성으로, 공통적 속성인 '나무'를 추상화하는 과정에 대한 설명이다.
② 언어의 분절성에 해당된다.
③ 언어의 창조성(개방성)에 해당된다.
④ 언어의 기호성에 해당된다.



정답 03 ② 04 ② 05 ④ 06 ①

## 07

**쓰기의 관점에서 언어란?**

① 언어는 창조적인 표현 도구이다.
② 언어는 자연스런 기호 체계이다.
③ 언어는 의사소통의 매체이다.
④ 언어는 사회적 소산물이다.

해설 언어 요소를 이용하여 제약 없이 무한한 문장을 만들 수 있는 성질을 지닌다. 이는 개인의 사고에 들어있는 수많은 언어를 활용하여 외부로 표출해낼 수 있는 것이다.
② 말하기의 관점에 대한 설명이다.
③ 듣기와 말하기의 관점에 대한 설명이다.
④ 읽기의 관점에 대한 설명이다.

## 08

**다음 중 감화적 기능에 속하는 것은?**

① 오늘은 날씨가 참 좋군요.(햇빛 비치는 창밖을 보며)
② 이 책은 정말 지루해요.
③ 이것은 1000원 입니다.(점원이 손님에게)
④ 서울 시민은 깨끗합니다.(공익 광고)

해설 감화적(지령적) 기능은 듣는 이에게 감화 작용을 하여 실제 행동에 옮기도록 하는 기능으로 명령이나 청유문이 이에 속하고 주로 표어, 광고문, 선거 연설 등에 쓰인다.
① 친교적 기능의 예시이다.
②, ③ 표현적 기능의 예시이다.

## 09

**국어의 특성이 아닌 것은?**

① 의성어, 의태어가 발달하였다.
② 문장을 구성하고 있는 요소들의 자리바꿈이 가능하다.
③ 굴절어로 문법적 관계를 나타내는 말, 조사와 어미가 발달하였다.
④ 파열음 계열의 자음이 예사소리, 된소리, 거센소리의 세 가지 대립을 보인다.

해설 문법적인 관계를 나타내는 말인 조사와 어미가 발달한 것은 맞는 설명이지만 국어는 굴절어가 아니라 교착어이다.

## 10 국가직 9급 기출

**한국어의 특성으로 맞지 않는 것은?**

① 한국어는 첨가어이므로 접사나 어미가 발달되어 있다.
② 한국어에서는 주어가 잇달아 나타나는 문장 구성이 가능하다.
③ 한국어에서 관형어는 항상 체언 앞에 온다.
④ 한국어의 관형사는 형용사처럼 활용한다.

해설 한국어의 관형사는 한마디로 불변어이다. 체언 앞에 놓여서 체언을 꾸며주는 기능을 하며 한 가지 형태로 고정되어 쓰이는 것으로, 형용사처럼 활용하지 않는다.
① 한국어는 첨가어 또는 교착어라고 하며 문법적 관계를 나타내는 조사나 어미가 다양하게 발달되어 있다.
② 한국어는 주어가 두 개 이상인 문장 구성이 가능하다.
③ 관형어가 항상 체언 앞에 온다는 것은 국어의 문법적 특질 중의 하나로 수식어는 피수식어 앞에 오며, 종종 주어가 생략되는 경우도 있다.

핵심정리

**국어의 특징**

㉠ 음운적 특징
- 국어의 자음 체계는 예사소리, 된소리, 거센소리가 서로 대립한다.
- 첫소리에 둘 이상의 자음이나 'ㄴ, ㄹ'이 오지 못한다.
- 모음조화 현상이 있다.

㉡ 어휘적 특징
- 고유어, 한자어, 외래어의 삼중체계를 이루고 있다.
- 친족 관계를 나타내는 어휘가 발달했다.
- 색채어 및 감각어가 발달했다.
- 의성어, 의태어, 상징어가 발달했다.

㉢ 문법적 특징
- 주어(S)+목적어(O)+서술어(V) 순으로 진술된다.
- 조사와 어미가 다양하게 발달했다.
- 수식어는 피수식어 앞에 위치한다.
- 성의 구별이 없고, 관사, 관계대명사, 전치사가 없다.
- 높임말과 높임 표현이 발달했다.
- 단수와 복수의 개념이 불분명하다.

## 11 서울시 9급 기출

**<보기 1>의 사례와 <보기 2>의 언어 특성이 가장 잘못 짝지어진 것은?**

보기 1

(가) '방송(放送)'은 '석방'에서 '보도'로 의미가 변하였다.

(나) '밥'이라는 의미의 말소리 [밥]을 내 마음대로 [법]으로 바꾸면 다른 사람들은 '밥'이라는 의미로 이해할 수 없다.

(다) '종이가 찢어졌어'라는 말을 배운 아이는 '책이 찢어졌어'라는 새로운 문장을 만들어 낸다.

(라) '오늘'이라는 의미를 가진 말을 한국어에서는 '오늘[오늘]', 영어에서는 'today(투데이)'라고 한다.

보기 2

㉠ 규칙성　　㉡ 역사성
㉢ 창조성　　㉣ 사회성

① (가) – ㉡　　② (나) – ㉣
③ (다) – ㉢　　④ (라) – ㉠

해설 '오늘'이라는 의미의 단어가 한국어와 영어에서 서로 다르게 표현되는 것은 언어의 형식과 의미가 가지는 관계가 필연적이지 않다는 '언어의 자의성'과 관련이 있다.

① '방송'의 의미가 '석방'에서 '보도'로 변한 것은 언어가 시간의 흐름에 따라 생성, 변화, 소멸한다는 '언어의 역사성'과 관련이 있다.

② '밥'이라는 단어를 마음대로 '법'으로 바꾸면 다른 사람들이 '밥'이라는 의미로 이해할 수 없다는 것은 언어의 소리와 의미가 사회적으로 약속된 후에는 개인이 마음대로 바꿀수 없다는 '언어의 사회성'과 관련이 있다.

③ '종이가 찢어졌어'라는 말을 기반으로 다른 문장을 만들 수 있는 것은 인간이 한정된 음운이나 어휘를 가지고 무한한 문장을 만들어서 사용할 수 있다는 '언어의 창조성'과 관련이 있다.



정답 07 ① 08 ④ 09 ③ 10 ④ 11 ④

# 실전문제 제2장 문법의 체계

**대표유형문제**

서울시 9급 기출

**밑줄 친 단어의 품사로 가장 옳지 않은 것은?**

① 나도 참을 만큼 참았다. 〈의존명사〉
  나도 그 사람만큼 할 수 있다. 〈조사〉
② 오늘은 바람이 아니 분다. 〈부사〉
  아니, 이럴 수가 있단 말인가? 〈감탄사〉
❸ 그 아이는 열을 배우면 백을 안다. 〈명사〉
  열 사람이 백 말을 한다. 〈관형사〉
④ 그는 이지적이다. 〈명사〉
  그는 이지적 인간이다. 〈관형사〉

정답해설
- 그 아이는 열을 배우면 백을 안다. → '백'은 뒤에 조사가 사용되었으므로 '수사'이다.
- 열 사람이 백 말을 한다. → '백'은 뒤의 체언을 수식하는 수량 '관형사'이다.

오답해설
① • 나도 참을 만큼 참았다. → '만큼'은 앞에 용언이 왔으므로 '의존 명사'이고 앞말과 띄어 써야 한다.
  • 나도 그 사람만큼 할 수 있다. → '만큼' 앞에 체언이 왔으므로 '조사'이고 앞말과 붙여 써야 한다.
② • 오늘은 바람이 아니 분다. → '아니'는 용언 앞에 쓰여 부정이나 반대의 뜻을 나타내는 '부사'이다.
  • 아니, 이럴 수가 있단 말인가? → '아니'는 놀람이나 감탄 또는 의아스러움을 나타내는 '감탄사'로 사용되었다.
④ • 그는 이지적이다. → '-적(的)' 뒤에 조사가 붙으면 '명사'이다.
  • 그는 이지적 인간이다. → '-적(的)'이 직접 체언을 수식하면 '관형사'이다.

핵심정리 '적(的)'의 쓰임
㉠ **관형사** : '-적(的)+체언'의 형태로 체언 앞에 단독으로 와서 직접 체언을 꾸민다.
  예 역사적 선거
㉡ **명사** : '-적(的)+조사'의 형태로 조사 앞에 위치한다.
  예 역사적인 책임
㉢ **부사** : '-적(的)+용언'의 형태로 용언을 수식한다.
  예 비교적 느리다/가급적 참아 주자.

## 01 서울시 9급 기출

**밑줄 친 단어의 품사가 다른 하나는?**

① 그곳에서 갖은 고생을 다 겪었다.
② 우리가 찾던 것이 바로 이것이구나.
③ 인천으로 갔다. 그리고 배를 탔다.
④ 아기가 방글방글 웃는다.

해설 '갖은'은 '골고루 다 갖춘 또는 여러 가지의'를 의미하는 관형사로, 뒤의 명사를 수식하며 동사처럼 활용하지 못한다.
② '바로'는 해당 문장에서 '다름이 아니라 곧'의 의미로 사용된 부사이다.
③ '그리고'는 단어, 구, 절, 문장 따위를 병렬적으로 연결할 때 쓰는 접속 부사이다.
④ '방글방글'은 입을 조금 벌리고 소리 없이 자꾸 귀엽고 보드랍게 웃는 모양으로 부사이다.

**핵심정리**

**'바로'의 품사 정리**

1) 부사
1. 비뚤어지거나 굽은 데가 없이 곧게
2. 거짓이나 꾸밈없이 있는 그대로
3. 사리나 원리, 원칙 등에 어긋나지 아니하게
4. 도리, 법식, 규정, 규격 따위에 어긋나지 않게
5. 시간적인 간격을 두지 아니하고 곧
6. 다른 것이나 다른 데에 있는 것이 아니라는 뜻으로 특정의 대상을 집어서 가리키는 말
7. 다름이 아니라 곧

2) 감탄사 · 명사
제식 훈련에서, 본디의 자세로 돌아가라는 구령 또는 그 구령에 따라 행하는 동작

3) 의존 명사
(주로 지시 관형사 뒤에 쓰여) 일정한 방향이나 곳, 또는 부근을 이르는 말

## 02 지방직 9급 기출

**밑줄 친 말의 품사가 같은 것으로만 묶은 것은?**

개나리꽃이 ㉠ 흐드러지게 핀 교정에서 친구들과 ㉡ 찍은 사진은, 그때 느꼈던 ㉢ 설레는 행복감은 물론, 대기 중에 ㉣ 충만한 봄의 기운, 친구들과의 악의 ㉤ 없는 농지거리, 벌들의 잉잉거림까지 현장에 있는 것과 다름없이 느끼게 해 준다.

① ㉠, ㉢, ㉣
② ㉠, ㉣, ㉤
③ ㉡, ㉢, ㉤
④ ㉢, ㉣, ㉤

해설 ㉠ 흐드러지다 : '매우 참스럽거나 한창 성하다'는 뜻의 형용사
㉡ 찍다 : '어떤 대상을 촬영기로 비추어 그 모양을 옮기다'는 뜻의 동사
㉢ 설레다 : '마음이 가라앉지 아니하고 들떠서 두근거리다'는 뜻의 동사
㉣ 충만하다 : '한껏 차서 가득하다'는 뜻의 형용사
㉤ 없다 : '사람, 동물, 물체 따위가 실제로 존재하지 않는 상태'라는 뜻의 형용사

**핵심정리**

**동사와 형용사의 구분**

- **현재형의 형태** : 기본형에 현재 시제 선어말 어미 '-는-/-ㄴ-'이 결합할 수 있으면 동사이고, 결합할 수 없으면 형용사이다.
- **현재 진행형 어미 '-는-'의 결합 여부** : 기본형에 관형사형 어미 '-는'이 결합할 수 있으면 동사이고, 결합할 수 없으면 형용사이다.
- '의도'를 뜻하는 '-려'나 '목적'을 뜻하는 어미 '-러'와 함께 쓰일 수 있으면 동사, 그렇지 못하면 형용사이다.



정답 01 ① 02 ②

## 03 서울시 9급 기출

**다음 중 음운변동의 성격이 나머지 셋과 가장 다른 것은?**

① '옳다'는 [올타]로, '옳지'는 [올치]로 발음된다.
② '주다'와 어미 '-어라'가 만나 '줘라'가 되었다.
③ '막혀'는 [마켜]로, '맞힌'은 [마친]으로 발음된다.
④ '가다'와 어미 '-아서'가 만나 '가서'가 되었다.

해설 음운의 탈락 중 모음탈락의 동음탈락에 해당한다.

## 04

**다음 글이 설명하는 국어의 특질 중 음운상 맞는 법칙은?**

> 자음이 음절 끝에 올 때에 터지지 아니하고 닫힌 상태로 발음되는 현상을 이른다. 따라서, 이들 끝소리는 단독으로 발음되거나 자음과 연결될 때, 또는 모음으로 시작되더라도 실질 형태소가 뒤따를 때에는 제 음가(音價)대로 발음되지 아니하고 대표음으로 나게 된다. 이러한 현상은 'ㄳ, ㅄ, ㄺ' 등과 같은 두 개의 자음이 음절 끝에 오는 경우에도 마찬가지로 나타난다. '넋, 값과, 흙 위'가 '넉, 갑과, 흑 위(→ [흐귀])'로 발음되는 것이 그것이다.

① 두음법칙　　② 자음동화
③ 모음조화　　④ 음절 끝소리 규칙

해설 이 글은 국어의 특질 중 음절의 끝소리 규칙에 관한 설명으로, 파열음이 음절 끝에 올 때에 터지지 아니하고 닫힌 상태로 발음되는 현상으로, 'ㄱ, ㄴ, ㄷ, ㄹ, ㅁ, ㅂ, ㅇ'의 일곱 소리 중 하나로 귀착

① 두음법칙 : 국어에서 어두의 첫소리로 쓰이는 자음이 제약을 받는 현상
② 자음동화 : 음절의 끝 자음이 그 뒤에 오는 자음과 만날 때, 어느 한쪽이 다른 쪽 자음을 닮아서 그와 비슷한 성질을 가진 자음이나 같은 소리로 바뀌기도 하고, 양쪽이 서로 닮아서 두 소리가 다 바뀌기도 하는 현상
③ 모음조화 : 양성 모음은 양성 모음끼리, 음성 모음은 음성 모음끼리 어울리는 현상

## 05

**다음 중 문법에 맞게 단어가 사용된 것은?**

① 그 학자는 인간은 자연을 지배하기도 하고 복종하기도 한다라고 말했다.
② 기상대는 눈이 그치는 주말부터는 평년 기온을 되찾을 것으로 내다봤다.
③ 이번 헌법의 개정은 국민의 선거를 통해서 확정된다.
④ 최근 시험에서는 객관식의 비중이 얕아지고 있다.

해설 '부터'는 어떤 일이나 상태에 관련된 시작을 나타내는 조사이다. 문장에서 눈이 그치고 평년 기온을 되찾는다고 했으므로 문법에 맞다.

① '라고'는 직접 인용에 사용하는 조사이다. 간접 인용에는 '고'를 사용한다. 또한 이 문장은 뒤에 오는 절에 '자연에'라는 부사어가 빠져 있어서 어법에 맞지 않는다.
③ '국민의 선거'로 헌법 개정을 하는 것이 아니고, '국민투표'로 확정된다고 바꿔야 한다.
④ 비중이 얕아지고 있다 → 비중이 작아지고 있다(낮아지고 있다).

## 06 국가직 9급 기출

**의존 형태소이면서 실질 형태소인 것만으로 묶인 것은?**

> 영희는 책을 집에 놓고 학교에 갔다.

① 놓-, 가-　　② -고, -ㅆ-
③ 영희, 책, 집　　④ -는, -을, -에

**해설** 의존 형태소이면서 실질 형태소인 것은 용언의 어간이다. 제시된 문장에서 이에 해당하는 것은 '놓-'와 '가-'이다.

② 어미에 해당한다. 어미는 의존 형태소이면서 형식 형태소이다.

③ 명사에 해당한다. 명사는 자립 형태소이면서 실질 형태소이다.

④ 조사에 해당한다. 조사는 의존 형태소이면서 형식 형태소이다.

**핵심정리**

**형태소(形態素)**

㉠ **정의** : 형태소란 일정한 음성에 일정한 뜻이 결합되어 있는 말의 가장 작은 단위이며 최소의 유의적(有意的) 단위를 말한다.

㉡ **형태소의 갈래**

- **자립성의 유무에 따른 분류**
  - 자립 형태소 : 다른 형태소와 결합되지 않고 홀로 자립하여 쓰일 수 있는 형태소로 체언, 수식언, 감탄사 등이 해당한다.
  - 의존 형태소 : 자립적으로 쓰일 수 없으며, 다른 형태소에 의존하여 쓰이는 형태소로 조사, 접사, 어간, 어미 등이 해당한다.
- **의미나 기능에 따른 분류**
  - 실질 형태소 : 한 어절 안의 중심이 되는 형태소로 구체적인 대상이나 동작을 표시한다. 체언, 수식언, 감탄사, 용언의 어간 등이 이에 속한다.
  - 형식 형태소 : 실질 형태소와 결합되어 말과 말 사이의 관계를 형식적으로 표시한다. 조사, 접사, 어미 등이 이에 속한다.

**단어(單語)**

㉠ **정의** : 뜻을 가지고 자립하여 쓰일 수 있는 말의 최소 단위를 말한다.

㉡ **단어의 갈래**

- **단일어** : 하나의 형태소로 된 단어이다.
- **복합어** : 둘 이상의 형태소로 된 단어이다.
  - 파생어 : '어근+접사'로 이루어진 단어
  - 합성어 : '어근+어근'으로 이루어진 단어

## 07 지방직 9급 기출

**밑줄 친 단어의 의미와 가장 유사한 것은?**

다시 봄이 오니 온 산과 들에 파릇파릇 새 생명이 넘쳐난다.

① 다시 건강이 좋아져야지.
② 다른 방법으로 다시 한번 해 봐.
③ 다시 보아도 틀린 곳을 못 찾겠어.
④ 웬만큼 쉬었으면 다시 일을 시작합시다.

**해설** 제시문의 '다시'는 '이전 상태로 또'의 뜻으로 쓰였다. 이와 유사하게 쓰인 것은 '다시 건강이 좋아져야지.'이다.

## 08 국가직 9급 기출

**밑줄 친 ㉠의 '으로'와 쓰임이 가장 가까운 것은?**

건축 행위라는 것은 자연환경을 인간의 ㉠ 생활 환경으로 고쳐 가는 행위라고 할 수도 있다. 물질문명의 발달은 계속 더 적극적인 건축 행위를 필요로 하는 것도 사실이다. 더 많은 공간을 차지하는, 더 크고 화려한 건축물을 요구해 오는 사람들에게 건축은 아무 거리낌 없이 건축 행위를 해왔다. 그러나 이제는 그러한 팽창 위주의 건축 행위가 무제한 계속될 수 없다는 사실에 부딪히게 되었다.

– 김수근, 「건축과 동양 정신」 중에서

① 콩으로 메주를 쑤다.
② 지각으로 벌을 받다.
③ 나는 광화문으로 발길을 돌렸다.
④ 자식을 훌륭한 사람으로 키우다.

**해설** ㉠의 문장에서 쓰인 '으로'는 '변화의 방향'(생활 환경)을 나타내는 부사격 조사 역할을 한다. '자식을 훌륭한 사람으로 키우다'의 문장에서 쓰인 '으로' 또한 자식을 키우는 과정에서 '훌륭한 사람'이 되는 방향으로 변화시키겠다는 의미로, ㉠의 '으로'와 쓰임이 같다고 할 수 있다.

정답 03 ④ 04 ④ 05 ② 06 ① 07 ① 08 ④

## 09 지방직 9급 기출

**다음 중 통사적 합성어인 것은?**

① 큰집 ② 덮밥

③ 늦더위 ④ 검붉다

**해설** 통사적 합성어는 우리말의 일반적 단어 배열법에 의해 구성된 합성어를 뜻한다. 어미가 생략되는 경우는 비통사적 합성어로 본다. '크-+-ㄴ+집'은 관형사형 어미가 들어갔기 때문에 통사적 합성어로 볼 수 있다.

**핵심정리**

**둘 이상의 형태소로 이루어진 복합어**

㉠ **파생어** : 실질 형태소(어근)+형식 형태소(접사)
- **어근** : 형태소가 결합하여 단어를 형성할 때, 실질적인 의미를 나타내는 부분
- **접사** : 어근에 붙어 그 뜻을 제한하는 부분
  - 접두사 : 어근 앞에 붙어 그 어근에 뜻을 더해 주는 접사이다.
    예 덧-(접두사)+버선(어근), 풋-(접두사)+고추(어근)
  - 접미사 : 어근 뒤에 붙는 접사로 그 어근에 뜻을 더하기도 하고 때로는 품사를 바꾸기도 하는 접사이다.
    예 사냥(어근)+-꾼(접미사), 일(어근)+-하-(접미사)+-다

㉡ **합성어** : 실질 형태소(어근)+실질 형태소(어근)
- **통사적 합성법** : 우리말의 일반적인 단어 배열법과 일치하는 합성법으로, 대부분의 합성어가 이에 해당된다.
  예 지난밤(관형사형+명사)
- **비통사적 합성법** : 우리말의 일반적인 단어 배열법에서 벗어나는 합성법
  예 절름발('용언의 어간+명사'로 이러한 문장 구성은 없음)

## 10 법원직 9급 기출

**밑줄 친 부분이 〈보기〉의 성격을 모두 갖는 것은?**

보기
- 앞말에 특별한 뜻을 더하여 주는 조사는 보조사이다.
- 상대 높임을 나타낸다.
- 어절이나 문장의 끝에 결합한다.

① 조용히 해 주십시오.

② 인생은 짧고 예술은 길다.

③ 죽은 소와 돼지가 불쌍하지요.

④ 이것은 닭이요 저것은 돼지입니다.

**해설** '요'는 주로 해할 자리에 쓰이는 종결어미나 일부 하게할 자리에 쓰이는 종결어미 뒤에 붙어 청자에게 존대의 뜻을 나타내는 보조사이다. 격식을 갖추어야 하는 상대에게는 잘 쓰지 않는다.

## 11 국가직 9급 기출

**밑줄 친 것 중 보조사인 것은?**

① 이 물건은 시장에서 사 왔다.

② 개는 늑대와 비슷하게 생겼다.

③ 그것은 교사로서 할 일이 아니다.

④ 나는 거칠 것 없는 바다의 사나이다.

**해설** '는'은 체언 뒤에서 선행하는 체언에 의미를 부여하는 보조사이다. 여기서는 체언이 주체임을 나타낸다.

① '에서'는 체언 뒤에서 선행하는 체언에 부사의 자격을 부여하는 부사격 조사이며, 구체적으로는 '처소'를 나타내는 처소격 조사에 해당한다.

② '와'는 체언 뒤에 붙어 다른 것과의 비교를 나타내는 격조사(부사격 조사)이다.

③ '로서'는 체언의 자격이나 지위, 신분을 나타내는 격조사(부사격 조사)이다.

## 12

**다음 예문의 밑줄 친 단어 가운데 품사가 다른 하나는?**

> 봄 · 여름 · 가을 · 겨울, 두루 사시(四時)를 두고 자연이 우리에게 내리는 혜택에는 제한이 없다. 그러나 그중에도 그 혜택을 가장 풍성히 아낌없이 내리는 시절은 봄과 여름이요, 그중에도 그 혜택이 가장 아름답게 나타나는 것은 봄, 봄 가운데도 만산(萬山)에 녹엽(綠葉)이 우거진 이때일 것이다.
>
> – 이양하, 「신록예찬」 중에서

① 두루 ② 가장
③ 풍성히 ④ 아름답게

해설 '아름답게'는 형용사 '아름답다'에 부사형 전성 어미 '–게'가 결합한 부사어이고, 나머지는 모두 부사이다.
① 두루 : 빠짐없이 골고루
② 가장 : 여럿 가운데 어느 것보다 정도가 높거나 세게
③ 풍성히 : 넉넉하고 많이

## 13 서울시 9급 기출

**'본용언+보조 용언' 구성이 아닌 것은?**

① 영수는 쓰레기를 주워서 버렸다.
② 모르는 사람이 나를 아는 척한다.
③ 요리 맛이 어떤지 일단 먹어는 본다.
④ 우리는 공부를 할수록 더 많은 것을 알아 간다.

해설 '주워서 버렸다'에서 '주워서'의 기본형은 '줍다'로 본용언이고, '버렸다'의 기본형은 '버리다'로 역시 본용언이다. 해당 문장을 독립된 두 문장으로 만들었을 때 의미상 완전한 문장이면 본용언이고, 본래의 의미가 달라지거나 성립되지 않으면 보조용언이다.
② '아는 척한다'에서 '알다'는 본용언이고, '척하다'는 앞말이 뜻하는 행동이나 상태를 거짓으로 그럴듯하게 꾸밈을 나타내는 보조동사이므로 보조 용언이다.
③ '먹어는 본다'에서 '먹다'는 본용언이고, '보다'는 어떤 행동을 시험 삼아 함을 나타내는 보조동사이므로 보조 용언이다.
④ '알아 간다'에서 '알다'는 본용언이고 '가다'는 말하는 이가 정하는 어떤 기준점에서 멀어지면서 앞말이 뜻하는 행동이나 상태가 계속 진행됨을 나타내는 보조동사이므로 보조 용언이다.

**핵심정리**

**용언의 불규칙 활용**

㉠ 어간이 바뀌는 경우
- **'ㅅ' 불규칙** : 어간 말음인 'ㅅ'이 모음 어미 앞에서 탈락된다.
  예 잇다, 짓다, 긋다, 낫다, 젓다
- **'ㄷ' 불규칙** : 어간 말음인 'ㄷ'이 모음 어미 앞에서 'ㄹ'로 변한다.
  예 듣다, 걷다(步), 일컫다, 묻다(問), 긷다
- **'ㅂ' 불규칙** : 어간 말음인 'ㅂ'이 모음 어미 앞에서 '오/우'로 변한다.
  예 눕다, 줍다, 돕다, 덥다, 춥다, 깁다, 접미사 '–답다, –롭다, –업다'가 붙는 말
- **'르' 불규칙** : 어간 어말 '르'가 모음 어미 앞에서 '으'가 탈락되면서 어간에 'ㄹ'이 하나 더 생긴다.
  예 가르다, 나르다, 흐르다, 고르다

㉡ 어미가 바뀌는 경우
- **'여' 불규칙** : '–아/–어'로 시작되는 어미가 '–여'로 바뀐다.
  예 하+아 → 하+여, 일하+아 → 일하+여
- **'러' 불규칙** : '–아/어'로 시작되는 어미가 '–러'로 바뀐다.
  예 이르다(至), 푸르다, 누르다(黃)
- **'거라' 불규칙** : 명령형 어미 '–아라/–어라'가 '–거라'로 바뀐다.
  예 가+아라 → 가+거라
- **'너라' 불규칙** : 명령형 어미 '–아라/–어라'가 '–너라'로 바뀐다.
  예 오+아라 → 오+너라

㉢ 어간, 어미가 바뀌는 경우
- **'ㅎ' 불규칙** : 어간 말음이 'ㅎ'인 용언이 어미 '–아/–어'와 결합할 때, 'ㅎ'이 탈락하고 그 어미도 변한다.
  예 파랗+아 → 파래, 빨갛+아 → 빨개



정답 09 ① 10 ③ 11 ④ 12 ④ 13 ①

## 14

**밑줄 친 단어의 쓰임이 옳은 것은?**

① 하노라고 했는데 마음에 드실지 모르겠습니다.
② 요리 잡지 구독은 연말에 자동으로 결재된다.
③ 기획서 내용을 걷잡아서 쓰지 말고 잘 써 보세요.
④ 행복이 충만하기를 바라는 것으로 치사를 가늠합니다.

해설 '하노라고'는 동사 '하다'의 어간 '하-'에 자기 나름대로 꽤 노력했음을 나타내는 연결 어미 '-노라고'가 결합된 형태이다. 나름대로 노력한 결과에 대해 조심스럽게 묻는 ①에 적절하게 쓰였다.

## 15

**국어의 동사와 형용사에 대한 설명으로 옳지 않은 것은?**

① 동사로는 명령형과 청유형을 만드나 형용사로는 그럴 수 없다.
② 형용사는 현재형 관형사형 어미로 '-은'이나 '-ㄴ'을 취한다.
③ 동사는 현재형 종결 어미로 '-는다'나 '-ㄴ다'를 취한다.
④ 형용사는 현재형 종결 어미로 '-ㄴ다'만을 취한다.

해설 형용사는 그 활용에 있어서 진행형인 '-ㄴ다', 관형사형 어미 '-는', 그리고 명령법 · 청유법 어미가 붙을 수 없는 점이 동사와 다르다.

## 16

**다음 〈보기〉에 대한 설명 중에서 적절하지 않은 것은?**

보기

㉠ (1) 나는 고기와 과일을 좋아한다.
(2) 현재의 컴퓨터는 계산기와 완전히 다른 기계이다.
㉡ (1) 그렇게 천천히 걷다가는 지각하겠다.
(2) 그는 종일 하늘에 떠가는 구름만 보고 있다.

① ㉠ (1)의 문장은 두 개로 나눌 수 있다.
② ㉠ (2)의 '와'는 비교의 기능을 하는 조사이다.
③ ㉡ (1)의 '는'은 관형사형 어미이다.
④ ㉡ (2)의 '는'을 통해 '떠가다'라는 어휘를 '구름'을 꾸밀 수 있게 되었다.

해설 ㉡에서 (1)의 '는'은 강조의 뜻을 나타내는 보조사이다.

## 17

**다음 중 그 형성(形成) 방법이 동일한 단어들끼리 묶인 것은?**

① 덧신, 꽃신, 무덤
② 높푸르다, 새빨갛다, 드높다
③ 멥쌀, 날고기, 밤낮
④ 먹이다, 깨뜨리다, 잡히다

해설 '먹이다, 깨뜨리다, 잡히다'는 모두 접미사에 의한 파생어이다.

## 18 지방직 9급 기출

**다음에 해당하는 사례로 적절하지 않은 것은?**

> '역전앞'과 마찬가지로 '피해(被害)를 당하다'에도 의미의 중복이 나타난다. '피해'의 '피(被)'에 이미 '당하다'라는 의미가 포함되어 있기 때문이다.

① 형부터 먼저 해라.
② 채훈이는 오로지 빵만 좋아한다.
③ 발언자마다 각각 다른 주장을 편다.
④ 그는 예의가 바를 뿐더러 무척 부지런하다.

**해설** '무척'은 '다른 것과 견줄 수 없이'라는 뜻을 가진 부사로, 뒤에 나오는 '부지런하다'를 강조하고 있다. '-ㄹ뿐더러'는 어떤 일이 그것만으로 그치지 않고 나아가 다른 일이 더 있음을 나타내는 연결 어미로, 그가 예의가 바르면서 부지런하기까지 하다는 의미를 담고 있다.
④의 '뿐더러'와 '무척'은 각각의 역할이 다르기 때문에 어느 하나를 생략했을 때 문장의 의미가 달라지게 된다. 그러므로 같은 뜻이 두 번 쓰이는 경우에 해당하는 사례로 적절하지 않다. (참고로, '바를 뿐더러'는 '바를뿐더러'로 붙여 써야 옳다.)
① '부터'는 어떤 일이나 상태 따위에 관련된 범위의 시작을 나타내는 보조사로, 시간적으로나 순서상으로 앞선다는 뜻을 가진 '먼저'와 의미가 중복된다.
② '오로지'는 '오직 한 곬으로'라는 뜻으로, 다른 것으로부터 제한하여 어느 것을 한정함을 나타내는 보조사 '만'과 의미가 중복된다.
③ '각각'은 '사람이나 물건의 하나하나'라는 뜻을, '마다'는 '낱낱이 모두'라는 뜻을 가지므로 의미가 중복된다.

## 19

**다음 중 밑줄 친 말을 앞말에 붙여야 하는 문장만으로 짝지은 것은?**

> ㉠ 아는 것이　　　㉡ 믿을 건 너 뿐이다.
> ㉢ 약속 대로　　　㉣ 여기에서 부터가
> ㉤ 그가 떠난 지 사흘

① ㉠, ㉡, ㉣　　② ㉡, ㉢, ㉤
③ ㉡, ㉢, ㉣　　④ ㉠, ㉢, ㉤

**해설** ㉠ '것'은 의존 명사이므로 앞말과 띄어 쓴다.
㉡ '뿐'은 체언이나 부사어 뒤에 올 경우 보조사로 쓰여 앞말과 붙여 쓴다.
㉢ '대로'는 앞의 말이 체언인 경우에 조사이므로 붙여 쓴다.
㉣ 조사는 모두 붙여 쓴다.
㉤ '지'는 시간의 경과를 의미할 때는 의존 명사로 앞의 말과 띄어 쓴다. 그러나 '-ㄹ지'와 같이 추측의 뜻이 있는 어미일 때는 어간에 붙여 쓴다.

**핵심정리**

**자립 명사와 의존 명사**
㉠ **자립 명사** : 다른 말의 도움을 받지 않고 단독으로 쓰일 수 있는 명사
㉡ **의존 명사** : 명사의 성격을 띠고 있으면서도 그 의미가 형식적이어서 다른 말 아래에 도움을 받아 쓰이는 말이다. 즉 자립성이 없으며 관형어의 꾸밈을 받는다.
- 주어성 의존 명사 : 지, 수, 리, 나위
- 서술성 의존 명사 : 터, 때문, 뿐, 따름
- 보편성 의존 명사 : 데, 바, 이, 것, 분
- 단위성 의존 명사 : 원, 켤레, 섬, 그루, 자, 분, 마리
- 부사성 의존 명사 : 척, 만큼, 뻔, 대로, 양, 듯



정답 14 ① 15 ④ 16 ③ 17 ④ 18 ④ 19 ③

## 20

**다음 중에서 문장의 종류가 다른 하나는?**

① 학생들이 앞문과 뒷문으로 밀려왔다.
② 사과와 복숭아를 좋아한다.
③ 선화와 은주가 만났다.
④ 철수는 불어와 영어와 독어를 할 줄 안다.

해설 '만나다'라는 서술어는 반드시 주어와 부사어를 필요로 하기 때문에 이 문장에서 '와'는 부사격 조사이다. 즉 '선화와'는 부사어이며 이 문장은 홑문장이고, 나머지는 접속 조사로 결합된 겹문장이다.

## 21 국가직 9급 기출

**밑줄 친 문장 성분 중 목적어가 아닌 것은?**

① 이런 모습 상상해 보셨나요?
② 이 책은 아직까지 내가 읽은 적이 없다.
③ 정부는 이번 조치에서 세제 혜택만 강조하였다.
④ 시장과 군수는 관계 서류를 일반에게 공람시켜야 한다.

해설 목적어는 동사가 나타내는 행위의 대상이 되는 존재를 가리키는 언어 요소로 흔히 '–을/를'로 표시되며, 자연스러운 어순에서는 동사 바로 앞에 위치한다.
주어진 보기에 목적격 조사가 없고 보조사만 있기 때문에 보조사를 목적격 조사(–을/를)로 대신해 보면 어렵지 않게 확인할 수 있다.
보기 중 '시장과 군수는 관계 서류를 일반에게 공람시켜야 한다'의 문장에서 목적어는 '서류를'이며, 밑줄 친 '일반에게'는 부사어이다.

## 22 지방직 9급 기출

**겹문장인 것은?**

① 없어.
② 누가 그런 일을 한다고 그래?
③ 그런 사람이 어찌 그런 일을 해?
④ 나는 나만의 삶을 나만의 방식으로 산다.

해설 '누가 그런 일을 한다고 그래?'에서 간접 인용격 조사 '고'가 쓰인 것을 통해 인용절을 안고 있는 겹문장이라는 것을 알 수 있다.

**핵심정리**

**문장의 짜임**

㉠ **홑문장** : 주어와 서술어의 관계가 한 번만 맺어지는 문장을 말한다.
㉡ **겹문장** : 주어와 서술어의 관계가 두 번 이상 맺어지는 문장으로, 안은문장과 이어진 문장이 있다.
- **안은문장** : 독립된 문장이 다른 문장의 성분으로 안기어 이루어진 겹문장을 말한다.
  - 명사절로 안김 : 한 문장이 다른 문장으로 들어가 명사 구실을 한다.
  - 서술절로 안김 : 한 문장이 다른 문장으로 들어가 서술어 기능을 한다.
  - 관형절로 안김 : 한 문장이 다른 문장으로 들어가 관형어 구실을 한다.
  - 부사절로 안김 : 파생 부사 '없이, 달리, 같이' 등이 서술어 기능을 하여 부사절을 이룬다.
  - 인용절로 안김 : 인용문이 다른 문장으로 들어가 안긴다.
- **이어진 문장** : 둘 이상의 독립된 문장이 연결 어미에 의해 이어져 이루어진 겹문장을 말한다.
  - 대등하게 이어진 문장 : 대등적 연결 어미 '–고, –(으)며, –(으)나, –지만, –든지, –거나' 등에 의해 이어진다.
  - 종속적으로 이어진 문장 : 종속적 연결 어미인 '–어(서), –으니까, –(으)면, –거든, –(으)ㄹ수록'에 의해 이어진다.
  - 대등하게 이어진 문장과 종속적으로 이어진 문장의 구별 : 연결 어미에 이끌리는 앞의 절이 뒤의 절 속으로 자리를 옮길 수 있으면 종속적인 연결로 본다.

## 23 서울시 9급 기출

**다음 예문 중 문장 구조가 다른 하나는?**

① 철수는 그 예쁜 소녀가 자꾸 생각났다.
② 농부들은 비가 오기를 고대했다.
③ 봄이 되니까 온 강산에 꽃이 가득 피었다.
④ 돌이는 지금이 중요한 때임을 직감했다.

해설 두 문장이 종속적으로 이어진 문장이다.

## 24 서울시 9급 기출

**문장쓰기 어법이 가장 옳은 것은?**

① 한국 정부는 독도 영유권 문제에 대하여 일본에 강력히 항의하였다.
② 경쟁력 강화와 생산성의 향상을 위해 경영 혁신이 요구되어지고 있다.
③ 이것은 아직도 한국 사회가 무사안일주의를 벗어나지 못했다는 생각이 든다.
④ 냉정하게 전력을 평가해 봐도 한국이 자력으로 16강 티켓 가능성은 높은 편이다.

해설 주어인 '한국 정부'와 서술어인 '항의하였다'가 잘 호응하고 있으며, '일본에'서 '일본'은 무정명사이므로 '–에게'가 아니라 '–에'를 사용한 것은 올바르다.
② '되어지다(–되+어지다)'는 이중피동이므로 '요구되어지고 있다'를 '요구 된다'로 고쳐 써야 옳다. 또한 '경쟁력 강화'와 문장 구조가 같도록 '생산성의 향상'에서 조사 '의'를 빼고 '생산성 향상'이라고 쓰면 더 깔끔한 문장이 된다.
③ 주어인 '이것'과 서술어인 '생각이 든다'가 호응하지 않으므로 '생각이 든다'를 '사실을 보여준다'로 고친다. 또한 '벗어나다'는 출처를 나타내는 조사인 '에서'와 더불어 '~에서 벗어나다'의 형태로 써야 하므로 '무사안일주의를'을 '무사안일주의에서'로 고쳐 써야 옳다.
④ 목적어인 '티켓'에 호응하는 서술어가 없으므로 '티켓 가능성'을 '티켓을 획득할 가능성'으로 고쳐 써야 옳다.

**핵심정리**

**능동과 피동**

- **능동사** : 주어가 제 힘으로 행하는 동작을 나타내는 동사
  예 철수가 친구를 업다. / 영희가 밥을 먹다. / 사냥꾼이 토끼를 잡다.
- **피동사** : 남의 행동을 입어서 행하여지는 동작을 나타내는 동사
  예 뱀에게 물리다(물림을 당하다). / 사자에게 토끼가 먹히다(먹음을 당하다).
- **이중 피동 표현(잘못된 표현임)**
  – '이, 히, 리, 기' 다음에 '–어지다'의 표현을 붙이는 것
  예 열려져 있는 대문 → 열려 있는 대문.
  – '–되어지다', '–지게 되다'
  예 합격이 예상되어집니다. → 합격이 예상됩니다.

## 25

**다음 글에서 서술어의 자릿수는?**

민수는 어제 지호에게 선물을 주었다.

① 한 자리 ② 두 자리
③ 세 자리 ④ 네 자리

해설 제시문의 '주다'는 서술어가 주어, 목적어, 부사어 세 가지를 필요로 하므로 세 자리 서술어이다.



정답 20 ③ 21 ④ 22 ② 23 ③ 24 ① 25 ③

## 26

**다음 중 세 자리 서술어인 것은?**

① 너희들의 마음씨가 매우 곱구나.
② 영희는 어제 저녁에 재미있는 연극을 보았다.
③ 나는 아버지께 편지를 썼다.
④ 그가 서울 지리에 밝다.

**해설** 나는(주어) 아버지께(부사어) 편지를(목적어) 썼다. (세 자리 서술어)

① (너희들의) 마음씨가(주어) (매우) 곱구나. (한 자리 서술어)

② 영희는(주어) (어제 저녁에) (재미있는) 연극을(목적어) 보았다. (두 자리 서술어)

④ 그가(주어) 서울 지리에(부사어) 밝다. (두 자리 서술어)

**핵심정리**

**서술어의 자릿수**

㉠ 한 자리 서술어(주어)
예 꽃이 핀다. (한 자리 서술어인 동사)
책이 두껍다. (한 자리 서술어인 형용사)
* 문장 성분이 한 자리만 필요한 서술어는 대개 자동사와 형용사이다.

㉡ 두 자리 서술어(주어+목적어/보어/부사어)
예 나는 책을 샀다. (주어와 목적어를 필요로 하는 타동사)
갑돌이는 대학생이 아니다. (주어와 보어를 필요로 하는 형용사)
우정은 보석과 같다. (주어와 부사어를 필요로 하는 형용사)

㉢ 세 자리 서술어(주어+부사어+목적어)
예 할머니께서 동생에게 과자를 주셨다.
나는 그에게 사랑을 받았다.
* '주다, 받다, 팔다, 여기다, 삼다' 등은 목적어 외에도 특수한 형태의 부사어가 필요하다.

## 27

**밑줄 친 어휘 중 다음 글의 예가 될 수 있는 것은?**

> 현대 국어에서는 극히 제한된 몇몇 동사에서만 객체 높임법이 나타날 뿐이다.

① 학생들이 선생님께 조그만 선물을 드린다.
② 임금님이시여, 부디 만수무강하소서.
③ 아버지께서 안방에 들어가신다.
④ 안내문을 읽으십시오.

**해설** 객체 높임법은 한 문장의 주어의 행위가 미치는 대상을 대접하여 표현하는 높임법으로, 현대 국어에서는 '보다', '주다', '말하다'에 대하여 '뵙다', '드리다', '여쭈다'를 써서 표현한다.

## 28

**어휘의 의미 관계가 ㉠ : ㉡과 다른 것은?**

> 아침에 볕에 시달려서 마당이 부스럭거리면 그 소리에 잠을 깨입니다. 하루라는 '짐'이 마당에 가득한 가운데 새빨간 잠자리가 병균처럼 활동합니다. 끄지 않고 잔 석유 등잔에 불이 그저 켜진 채 소실된 밤의 흔적이 낡은 조끼 단추처럼 남아 있습니다. ㉠ 작야(昨夜)를 방문할 수 있는 '요비링'입니다. ㉡ 지난밤의 체온을 방안에 내어던진 채 마당에 나서면 마당 한 모퉁이에는 화단이 있습니다.
>
> – 이상, 『산촌여정』 중에서

① 항상 : 만날　　② 미소 : 웃음
③ 간혹 : 이따금　　④ 백부 : 큰아버지

**해설** '昨夜(작야)'는 '어젯밤'을 뜻하는 말로 ㉠과 ㉡은 동의관계를 이루고 있다. ②에서 '미소'는 '웃음'의 종류에 속한다. 두 단어는 서로 상의어(웃음)와 하의어(미소)로 놓여 상하관계를 이루고 있다.

## 29 국가직 9급 기출

**반의 관계 어휘에 대한 설명으로 옳지 않은 것은?**

① '크다/작다'의 경우, 두 단어를 동시에 긍정하거나 부정하면 모순이 발생한다.

② '출발/도착'의 경우, 한 단어의 부정이 다른 쪽 단어의 부정과 모순되지 않는다.

③ '참/거짓'의 경우, 한 단어의 부정은 다른 쪽 단어의 긍정을 함의한다.

④ '넓다/좁다'의 경우, 한 단어의 의미가 다른 쪽 단어의 부정을 함의한다.

해설 두 단어를 동시에 긍정하거나 부정하면 모순이 발생하는 반의어 관계는 '상보 반의어'인데, '크다/작다'는 두 단어를 동시에 부정할 수 있으며 그 사이에 중간 상태가 있어 등급을 나눌 수 있는 '정도(등급) 반의어' 관계에 해당된다.

② '출발/도착'의 경우 '출발하지 않았다'는 '도착하지 않았다'는 것을 의미하므로, 한 단어의 부정이 다른 쪽 단어의 부정과 모순되지 않는 '방향(대칭) 반의어' 관계이다.

③ '참/거짓'의 경우 한 단어의 부정은 다른 쪽 단어의 긍정을 함의하는 '상보 반의어' 관계로, 반의어의 쌍이 상호 배타적으로 양분되어 한쪽 항이 성립되면 다른 항은 반드시 부정된다.

④ '넓다/좁다'의 경우 한 단어의 의미가 다른 쪽 단어의 부정을 함의하는 '정도(등급) 반의어' 관계로, 반의어의 쌍은 양 극단적 의미이며 중간 상태가 있어 등급을 나눌 수 있다.

## 30 국가직 9급 기출

**밑줄 친 어휘의 뜻풀이가 옳지 않은 것은?**

① 해미 때문에 한 치 앞도 보이지 않았다.
– 해미 : 바다 위에 낀 짙은 안개

② 이제는 안갚음할 때가 되었다.
– 안갚음 : 남에게 해를 받은 만큼 저도 그에게 해를 다시 줌

③ 그 울타리는 오랫동안 살피지 않아 영 볼썽이 아니었다.
– 볼썽 : 남에게 보이는 체면이나 태도

④ 상고대가 있는 풍경을 만났다.
– 상고대 : 나무나 풀에 내려 눈처럼 된 서리

해설 '남에게 해를 받은 만큼 저도 그에게 해를 다시 줌'은 앙갚음의 뜻이다. 안갚음은 '까마귀 새끼가 자라서 늙은 어미에게 먹이를 물어다 줌' 즉, 자식이 자라서 부모를 봉양함을 뜻한다.

① 해미 : 바다 위에 낀 아주 짙은 안개, 해산물로 만든 맛이 좋은 반찬

③ 볼썽 : 주로 '없다', '아니다'와 함께 부정적인 뜻으로 쓰여, 남에게 보이는 체면이나 모양을 이르는 말

④ 상고대 : 나무나 풀에 내려 눈같이 된 서리, 역사의 시대 구분에서 가장 오랜 옛날의 시기



정답 26 ③ 27 ① 28 ② 29 ① 30 ②

# 실전문제 제3장 국어 생활과 규범

대표유형문제

지방직 9급 기출

**어법에 어긋난 문장을 수정하고 설명한 예로 적절하지 않은 것은?**

❶ 유사한 내용의 제안이 접수되었을 때에는 먼저 접수된 것이 우선한다.
→ '접수되었을 때에는'은 사건이나 행위가 완료된 상황을 나타내므로 '접수될 때에는'으로 바꾼다.

② 안내서 및 과업 지시서 교부는 참가 신청자에게만 교부한다.
→ '과업 지시서 교부'와 서술어 '교부하다'는 의미상 중복되며 호응하지 않으므로 앞의 '교부'를 삭제한다.

③ 해안선에서 200미터 이내의 수역을 제외된 상태에서 논의를 진행하겠습니다.
→ 목적어 '수역을'과 서술어 '제외되다'는 호응하지 않으므로 '제외된'은 '제외한'으로 바꾼다.

④ 관련 도서는 해당 부서에 비치하고 관계자에게 열람한다.
→ 서술어 '열람하다'는 부사어 '관계자에게'와 호응하지 않으므로 '열람하게 한다.'와 같이 바꾼다.

정답해설 유사한 내용의 제안이 접수된 사건이 제안 처리 순서를 결정하는 사건보다 선행되므로, 선어말 어미 '-었-'을 사용하여 완료의 의미를 나타내야 한다. 따라서 '접수될 때에는'으로 고치는 것은 적절하지 않다.

오답해설 ② 문장의 주어 '교부'와 서술어 '교부하다'가 의미상 중복되므로 '안내서 및 과업 지시서는 참가 신청자에게만 교부한다.'로 수정하는 것은 적절하다.
③ 문장의 목적어 '수역을'과 서술어 '제외되다'가 호응하지 않으므로 '해안선에서 200미터 이내의 수역을 제외한 상태에서 논의를 진행하겠습니다.'로 수정하는 것은 적절하다.
④ 문장의 서술어 '열람한다'와 부사어 '관계자에게'가 호응하지 않으므로 '관련 도서는 해당 부서에 비치하고 관계자에게 열람하게 한다.'로 수정하는 것은 적절하다.

핵심정리 부사어와 서술어의 호응
- **가정적 표현과 호응하는 부사어** : 가령, 만약, 만일, 혹시
- **당위적 표현과 호응하는 부사어** : 마땅히, 모름지기, 응당
- **부정어와 호응하는 부사어** : 결코, 그다지, 별로, 여간, 일절, 조금도

## 01 국가직 9급 기출

**밑줄 친 말 중 표준어인 것은?**

① 담쟁이덩쿨은 가을에 아름답다.
② 벌러지를 함부로 죽이면 안 돼.
③ 쇠고기는 푸줏관에서 팔고 있다.
④ 아이가 고까옷을 입고 뽐내고 있다.

해설 〈표준어 규정〉 제26항 원칙에 의해 '까까옷/때때옷/고까옷' 모두 표준어로 인정된다.

## 02 지방직 9급 기출

**밑줄 친 말 중 표준어인 것은?**

① 온몸에 부시럼이 나다.
② 낄낄대며 농지거리들을 주고받다.
③ 우리는 뗄레야 뗄 수 없는 사이야.
④ 그런 켸켸묵은 이야기는 꺼내지 마.

해설 점잖지 아니하게 함부로 하는 장난이나 농담을 낮잡아 이르는 말을 '농지거리'라고 한다.

핵심정리

〈표준어 규정〉 제10항

다음 단어는 모음이 단순화한 형태를 표준어로 삼는다.

| 표준어 | 버린 말 |
|---|---|
| 괴팍-하다 | 괴퍅-하다/괴팩-하다 |
| -구먼 | -구면 |
| 미루-나무 | 미류-나무 |
| 으레 | 으례 |
| 케케-묵다 | 켸켸-묵다 |
| 허우대 | 허위대 |
| 허우적-허우적 | 허위적-허위적 |

## 03

**밑줄 친 말이 표준어인 것은?**

① 냉면이 별로였는지 자꾸 깨적거렸다.
② 가게 주인은 주방에서 갖가지 양념을 뒤어내고 있었다.
③ 닭튀김이 바삭거리지 않았던 원인을 이제야 깨단하게 되었다.
④ 그 사람은 허구헌 날 젊었을 적 이야기만 한다.

해설 '깨단하다'는 '오랫동안 생각해 내지 못하던 일 따위를 어떠한 실마리로 말미암아 깨닫거나 분명히 알다'라는 뜻의 표준어이다.
① '조금 달갑지 않은 음식을 자꾸 억지로 굼뜨게 먹다'의 뜻을 지닌 동사는 '깨작거리다'이다. '깨적거렸다'는 옳지 못한 표현이다.
② '샅샅이 뒤져서 들춰내거나 찾아내다'의 동사는 '뒤져내다'이다. '뒤어내다'는 옳지 못한 표현이다.
④ '날, 세월 따위가 매우 오래다'의 형용사는 '허구하다'이므로, '허구한'이 올바른 표현이다. '허구헌'은 옳지 못한 표현이다.

## 04 서울시 9급 기출

**다음 중 밑줄 친 단어가 표준어인 것은?**

① 여름의 별미는 무엇보다 상치쌈이지.
② 시간이 없을 땐 미숫가루라도 타 먹어.
③ 지리한 장마 끝에 모처럼 날이 개었다.
④ 멸치볶음이 남았으면 더 주구료.

해설 〈표준어 규정〉의 제2장 제11항에서는 모음의 발음 변화를 인정하여, 발음이 바뀌어 굳어진 형태를 표준어로 삼는다고 규정하고 있다. '미수'나 '미숫가루'는 종래에는 '미시' 또는 '미싯가루'를 표준어로 삼았던 말인데, 이미 많은 사람들이 '미수', '미숫가루'로 발음하기 때문에 발음이 바뀌어 굳어진 '미수'와 '미숫가루'를 표준어로 삼게 되었다.



정답 01 ④ 02 ② 03 ③ 04 ②

## 05 국가직 9급 기출

**그 단어의 표기와 발음이 어문 규정상 옳지 않은 것은?**

① 웃옷[우돋] ② 윗잇몸[위딘몸]
③ 윗변(-邊)[윋뼌] ④ 웃돈[욷똔]

해설 '윗잇몸'의 바른 발음은 [윈닌몸]이다.
- ㄴ첨가 : 합성어 및 파생어에서, 앞 단어나 접두사의 끝이 자음이고 뒤에 오는 단어나 접미사의 첫음절이 '이, 야, 여, 요, 유'인 경우에는 'ㄴ'음을 첨가하여 [니, 냐, 녀, 뇨, 뉴]로 발음한다. → [닌몸]
- 자음동화(비음화) : '윋'의 'ㄷ' 받침이 '닌'의 'ㄴ'을 만나 '윈'으로 발음된다. → [윈닌몸]

## 06 국가직 9급 기출

**밑줄 친 단어 중 우리말의 어문 규정에 따라 맞게 쓴 것은?**

① 윗층에 가 보니 전망이 정말 좋다.
② 뒷편에 정말 오래된 감나무가 서 있다.
③ 그 일에 익숙지 못하면 그만 두자.
④ 생각컨대 그 대답은 옳지 않을 듯하다.

해설 본래 '익숙하지 못하다'로 쓰이나, 어간의 끝음절 '하'가 아주 줄 적에는 준 대로 적는 것을 원칙으로 한다.
예 거북하지(거북지), 생각하건대(생각건대), 깨끗하지 않다(깨끗지 않다), 넉넉하지 않다(넉넉지 않다), 못하지 않다(못지 않다)

**핵심정리**

**한글 맞춤법 제 40항**

어간 끝 음절 '하'의 'ㅏ'가 줄고, 'ㅎ'이 다음 음절의 첫소리와 어울려 거센소리로 될 적에는 거센소리로 적는다.
예 간편하게 → 간편케, 흔하다 → 흔타

## 07 지방직 9급 기출

**밑줄 친 부분이 어법에 맞게 표기된 것은?**

① 박 사장은 자기 돈이 어떻게 쓰여지는 지도 몰랐다.
② 그녀는 조금만 추어올리면 기고만장해진다.
③ 나룻터는 이미 사람들로 가득 차 있었다.
④ 우리들은 서슴치 않고 차에 올랐다.

해설 • 추어올리다는 '실제보다 높여 칭찬하다'라는 의미로 같은 뜻의 단어로는 '추어주다, 치켜세우다, 추켜세우다, 추켜올리다'가 있다.

## 08 법원직 9급 기출

**다음 밑줄 친 단어 중 표준어인 것을 고르면?**

① 지난 여름에도 가물이 심하더니 올해도 비가 오지 않아 걱정이다.
② 갓 태어난 숫평아리 한 마리가 모이를 먹겠다고 애쓰는 모습이 너무 귀여웠다.
③ 100년은 족히 되어 보이는 빨간 벽돌담에는 담쟁이 덩쿨이 무성하게 퍼져있었다.
④ 사람은 윗어른을 어떻게 모시는지를 보면 그 사람의 됨됨이를 알 수 있다.

해설 표준어 규정에서 '가물다'에서 파생된 명사인 '가물'과 접사인 '-ㅁ'에 의해 파생된 명사 '가뭄'이 의미의 차이 없이 쓰이고 있으므로 '가물'과 '가뭄' 모두 표준어로 삼는다고 명시되어 있다.

핵심정리

**표준어**

㉠ **수컷을 이르는 접두사** : '수-'로 통일한다.
- 수꿩('장끼'도 표준어)
- 수나사
- 수놈
- 수사돈
- 수소('황소'도 표준어)
- 수은행나무

㉡ **접두사 다음에서 나는 거센소리를 인정** : 접두사 '암-'이 결합되는 경우에도 이에 준한다.
예 수캉아지, 수캐, 수컷, 수키와, 수탉, 수탕나귀, 수톨쩌귀, 수퇘지, 수평아리

㉢ **접두사를 '숫-'으로 하는 단어**
예 숫양, 숫염소, 숫쥐

㉣ **'웃-' 및 '윗-'** : 명사 '위'에 맞추어 '윗-'으로 통일한다.
- 된소리나 거센소리 앞에서는 '위-'로 한다.
예 위짝, 위쪽, 위채, 위층, 위치마, 위턱, 위팔
- '아래, 위'의 대립이 없는 단어는 '웃-'으로 발음되는 형태를 표준어로 삼는다.
예 웃국, 웃기, 웃돈, 웃비, 웃어른, 웃옷

## 09 지방직 9급 기출

**맞춤법에 맞는 것은?**

① 희생을 치뤄야 대가를 얻을 수 있다.
② 내로라하는 선수들이 뒤쳐진 이유가 있겠지.
③ 방과 후 삼촌 댁에 들른 후 저녁에 갈 거여요.
④ 가스 밸브를 안 잠궈 화를 입으리라고는 전혀 생각지 못했다.

해설 '거' 등의 받침이 없는 체언 뒤의 '이어요', '이에요'는 '여요', '예요'로 쓴다. 따라서 '거여요', '거예요'는 모두 맞는 표준어이다.
① '치러야'가 표준어이다.
② '뒤처지다'가 문맥의 의미상 적절하다.
④ 기본형은 잠그다로 'ㅡ'모음으로 끝나는 어간에 어미 '-어, 아'가 오면 'ㅡ'가 탈락한다. 잠가가 맞는 표기이다.

## 10

**밑줄 친 부분이 어법에 맞는 것은?**

① 눈 내린 아래마을의 풍경은 눈부셨다.
② 집 근처 순대국은 진한 국물이 일품이다.
③ 오랜만에 만난 친구가 인사말을 건넸다.
④ 하교길 분식점은 늘 아이들로 북적인다.

해설 '인사말'은 '인사'와 '말'이 결합하여 [인사말]로 발음되므로 사이시옷을 받쳐 적지 않고 '인사말'로 적어야 한다.
① '아랫마을'의 표준 발음은 [아랜마을]로, '아래'와 '마을'이 결합하는 과정에서 뒷말의 첫소리 'ㄴ, ㅁ'에 'ㄴ' 소리가 덧나므로 사이시옷을 받쳐 적어 '아랫마을'로 표기해야 한다.
② '순대'와 '국'이 결합하여 만들어진 '순댓국'의 표준 발음은 [순대꾹/순댇꾹]으로, 뒤 말의 예사소리가 된소리로 변하는 경우 사이시옷을 받쳐 적어 '순댓국'으로 표기해야 한다.
④ 한자어 '하교(下校)'와 순우리말 '길'이 결합하여 만들어진 '하굣길'의 표준 발음은 [하:교낄/하:굗낄]로, 사이시옷을 받쳐 적어 '하굣길'로 표기해야 한다.

핵심정리

**사이시옷 표기 조건**

- 두 단어가 합성되어 하나의 단어가 될 때
- 합성된 두 단어 중 하나는 고유어일 때
- 뒷말의 첫소리가 된소리로 나거나 'ㄴ'소리가 덧날 때
예 깨+잎 → 깻잎, 등교+길 → 등굣길, 배+길 → 뱃길, 수도+물 → 수돗물
- **한자어와 한자어의 다음 합성어(예외)** : 숫자, 셋방, 횟수, 찻간, 곳간, 툇간



정답 05 ② 06 ③ 07 ② 08 ① 09 ③ 10 ③

## 11 서울시 9급 기출

**밑줄 친 서술어의 자릿수가 다른 하나는?**

① 그림이 실물과 <u>같다</u>.
② 나는 학생이 <u>아니다</u>.
③ 지호가 종을 <u>울렸다</u>.
④ 길이 매우 <u>넓다</u>.

**해설** '넓다'는 주어만을 필수로 요구하는 한 자리 서술어이다. 여기에서 '매우'는 서술어를 수식하는 부사로, 필수적 성분이 아니기 때문에 서술어의 자릿수를 세는 데 포함되지 않는다.
① '그림이'가 주어, '실물과'가 필수적 부사어로 쓰인 두 자리 서술어이다.
② '나는'이 주어, '학생이'가 보어로 쓰인 두 자리 서술어이다.
③ '지호가'가 주어, '종을'이 목적어로 쓰인 두 자리 서술어이다.

## 12

**낱말 '받치다'를 어법에 맞게 사용한 것은?**

① 아가씨들이 양산을 <u>받쳐</u> 들고 걸어간다.
② 고추 백 근을 시장 상인에게 <u>받쳐도</u> 옷 한 벌 사기가 힘들다.
③ 이장이 소에게 <u>받쳐서</u> 꼼짝하지 못한다.
④ 한 여학생이 길을 건너다 승용차에 <u>받쳐</u> 다쳤다.

**해설** '받치다'는 '받다'에 접미사 '치'가 결합한 형태로 '어떤 물건의 밑이나 안에 다른 물체를 대다. 우산이나 양산 등을 펴 들다'라는 뜻이다.

**핵심정리**

**바치다/받치다/받히다/밭치다**

- **바치다** : '어디에(누구에게) 무언가를 내어 놓다'라는 의미의 타동사이다.
  예 절에다 공양미 삼백 석을 <u>바쳤다</u>.
- **받치다** : '무엇의 밑에다가 어떠한 영향을 미치거나 동작을 하다' 또는 '위에서 내려오는 것을 아래에서 잡아 들다'라는 뜻을 나타내는 타동사이다.
  예 연습장 밑에다가 책받침을 <u>받치고</u> 쓰려무나.
- **받히다** : '받다'의 피동의 뜻을 나타낸다.
  예 길을 가다가 자전거에 <u>받혀서</u> 다리를 다쳤다.
- **밭치다** : '체 따위로 액체를 받아내다'라는 뜻을 가진 단어이다.
  예 술을 체에 <u>밭친다</u>.

## 13

**밑줄 친 단어의 품사를 같은 것끼리 묶은 것은?**

- 같은 소리의 단어라도 뜻이 ㉠ <u>다른</u> 법이다.
- 물을 많이 주면 식물이 잘 ㉡ <u>크지</u> 못한다.
- 어제 지진이 ㉢ <u>나서</u> 유학 간 동생 걱정을 하셨다.
- 장 중사는 장난기가 많지만 ㉣ <u>허튼</u> 행동은 하지 않는다.
- 서로를 존중하는 것이 사랑을 오래하는 비결이 ㉤ <u>아닐까</u>?

① ㉠, ㉡　　② ㉡, ㉢
③ ㉢, ㉣　　④ ㉣, ㉤

**해설** ㉠의 '다른'은 서술성이 있는 형용사의 관형사형으로, 용언 '다르다'의 활용형이다. 따라서 품사는 형용사이다.
㉡의 '크다'는 '식물이 잘 못 큰다'로 바꿨을 때 용언의 어간 뒤에 현재형 어미 '-ㄴ다'가 결합할 수 있으므로 동사이다.
㉢의 '나다'는 '자연재해가 일어나다'의 뜻을 가진 동사이다.

㉣의 '허튼'은 '쓸데없이 헤프거나 막된'의 뜻을 가진 관형사이다.
㉤의 '아니다'는 '어떤 사실을 부정하다'란 뜻인 형용사이다.

## 14

**다음 중 표준어가 아닌 것으로만 짝지어진 것은?**

① 돌잔치, 덧니, 툇마루
② 강남콩, 사흘날, 꺽꽂이
③ 끄나풀, 여닫이, 아무튼
④ 털어먹다, 홑몸, 햇볕

해설 강남콩, 사흘날, 꺽꽂이는 비표준어로 하고, 각각 '강낭콩', '사흗날', '꺾꽂이'를 표준어로 삼는다.

핵심정리

**발음 변화에 따른 표준어 규정**

• 어원에서 멀어진 형태로 굳어져서 널리 쓰이는 것은, 그것을 표준어로 삼는다.

| 강낭콩(○) | 강남콩(×) |
|---|---|
| 고삿(○) | 고샅(×) |
| 사글세(○) | 삭월세(×) |
| 울력성당(○) | 위력성당(×) |

• 어원적으로 원형에 더 가까운 형태가 아직 쓰이고 있는 경우에는, 그것을 표준어로 삼는다.

| 갈비(○) | 가리(×) |
|---|---|
| 갓모(○) | 갈모(×) |
| 굴젓(○) | 구젓(×) |
| 말곁(○) | 말겻(×) |
| 물수란(○) | 물수랄(×) |
| 밀뜨리다(○) | 미뜨리다(×) |
| 적이(○) | 저으기(×) |
| 휴지(○) | 수지(×) |

## 15 국가직 9급 기출

**다음 중 표준어가 아닌 것은?**

① 윗목　　② 윗돈
③ 위층　　④ 웃옷

해설 '본래의 값에 덧붙이는 돈', '물건을 서로 바꿀 때에 값이 적은 쪽에서 물건 외에 더 보태어 주는 돈'이라는 의미의 단어는 '윗돈'이 아니라 '웃돈'이다. 표준어 규정에 따르면 아래, 위의 대립이 없는 단어는 '웃-'으로 발음되는 형태를 표준어로 삼는다.
① 표준어 규정에 따르면 위아래의 대립이 있을 때는 '위-'를 쓰며 'ㄴ'이 덧나 [윈목]으로 소리 나므로 사이시옷을 받치어 '윗목'으로 적는다.
③ 위아래의 대립이 있으므로 '위-'를 쓰며, 뒤에 오는 말이 거센소리이므로 사이시옷을 받치지 않고 '위층'으로 적는다.
④ 위아래의 대립이 없으므로 '웃-'을 쓴다. '웃옷'은 '맨 겉에 입는 옷'을 뜻하며, '윗옷'은 '아래옷'에 대응되는 말로 '상의(上衣)'를 의미한다.

## 16

**다음 중 표준어의 사용이 올바른 것은?**

① 어머니의 말씀을 곰곰히 생각해 보거라.
② 비록 글로 쓰인 것은 아니지만,
③ 아무도 방법을 가르켜 주지는 않는다.
④ 해질녁 노을을 바라보고 있었다.

해설 'ㅏ, ㅓ, ㅗ, ㅜ, ㅡ'로 끝난 어간에 '-이'를 더해 'ㅐ, ㅔ, ㅚ, ㅟ, ㅢ'로 줄 적에 원칙에 따라 '쓰이다'는 '씌다'로도 적지만 '씌우다'는 쓰지 않는다.
① 곰곰이가 올바른 표기법이다.
③ 가르쳐로 표기한다.
④ 해 질 녘로 표기한다.



정답 11 ④ 12 ① 13 ② 14 ② 15 ② 16 ②

## 17

**다음 낱말 중 표준어가 아닌 것은?**

① 윗도리 ② 위층
③ 윗쪽 ④ 웃어른

해설 된소리 앞에서는 사이시옷을 쓰지 않는다. '윗쪽'을 '위쪽'으로 고쳐야 한다.

핵심정리

**윗'및'위'와'웃'의 쓰임**

| '윗-'으로 통일하는 경우 | | '위-'로 통일하는 경우 (된소리, 거센소리 앞) | '웃-'으로통일하는경우 (아래, 위의대립이없음) |
|---|---|---|---|
| 윗넓이 | 윗동아리 | 위쪽 | 웃국 |
| 윗눈썹 | 윗막이 | 위채 | 웃기 |
| 윗니 | 윗머리 | 위층 | 웃돈 |
| 윗당줄 | 윗목 | 위치마 | 웃비 |
| 윗덧줄 | 윗몸 | 위턱 | 웃어른 |
| 윗도리 | 윗바람 | 위팔 | 웃옷 |

## 18

**다음에서 복수 표준어에 해당하지 않는 것은?**

① 딴전 – 딴청
② 고까 – 꼬까 – 때때
③ 광주리 – 광우리
④ 삽살개 – 삽사리

해설 '등나무나 싸리 등으로 엮어서 만든 그릇'을 가리키는 말은 '광주리'이다. '광우리'는 '광주리'의 잘못된 표기로 충청도 사투리이다.

핵심정리

**복수표준어, 단수표준어**

| 복수표준어 | | 단수표준어 | |
|---|---|---|---|
| | | 표준어 | 버린 말 |
| 나귀 | 당나귀 | 고구마 | 참감자 |
| 닭의장 | 닭장 | 길잡이 | 길앞잡이 |
| 돼지감자 | 뚱딴지 | 까다롭다 | 까탈스럽다 |
| 먹새 | 먹음새 | 담배꽁초 | 담배꽁추 |
| 모쪼록 | 아무쪼록 | 부스러기 | 부스럭지 |
| 뾰두라지 | 뾰루지 | 부지깽이 | 부지팽이 |
| 씁쓰레하다 | 씁쓰름하다 | 붉으락푸르락 | 푸르락붉으락 |
| 알은척 | 알은체 | 식은땀 | 찬땀 |
| 여왕벌 | 장수벌 | 쌍동밤 | 쪽밤 |
| 일찌감치 | 일찌거니 | 안절부절못하다 | 안절부절하다 |
| 천연덕스럽다 | 천연스럽다 | 전봇대 | 전선대 |
| 넝쿨 | 덩굴 | 쥐락펴락 | 펴락쥐락 |
| 딴전 | 딴청 | 청대콩 | 푸른콩 |
| 벌레 | 버러지 | 뒤통수치다 | 뒤꼭지치다 |
| 수수깡 | 수숫대 | 살풀이 | 살막이 |
| 어이없다 | 어처구니없다 | 샛별 | 새벽별 |
| 오사리잡놈 | 오색잡놈 | 쏜살같이 | 쏜살로 |
| 가락엿 | 가래엿 | 앞지르다 | 따라먹다 |
| 거위배 | 횟배 | 애벌레 | 어린벌레 |
| 다박나룻 | 다박수염 | 언제나 | 노다지 |

## 19 지방직 9급 기출

**다음 낱말을 국어사전의 올림말(표제어) 순서에 따라 차례대로 배열하면?**

| | |
|---|---|
| ㄱ. 웬일 | ㄴ. 왜곡 |
| ㄷ. 와전 | ㄹ. 외가 |

① ㄷ → ㄱ → ㄴ → ㄹ

② ㄷ → ㄴ → ㄱ → ㄹ

③ ㄷ → ㄴ → ㄹ → ㄱ

④ ㄷ → ㄹ → ㄴ → ㄱ

**해설** 기본 모음 10개의 순서 'ㅏ, ㅑ, ㅓ, ㅕ, ㅗ, ㅛ, ㅜ, ㅠ, ㅡ, ㅣ'를 중심으로 사이사이에 추가적으로 들어갈 수 있는 모음을 끼워 넣는 방식으로 나열해 보면 표제어 순서를 찾을 수 있다.
제시되어 있는 낱말의 모음 순서는 'ㅘ → ㅙ → ㅚ → ㅞ'이므로 답은 'ㄷ. 와전 – ㄴ. 왜곡 – ㄹ. 외가 – ㄱ. 웬일'임을 알 수 있다.

**핵심정리**

**사전에 올릴 때의 한글 자모의 순서(한글맞춤법 제4항)**

- 자음 : ㄱ ㄲ ㄴ ㄷ ㄸ ㄹ ㅁ ㅂ ㅃ ㅅ ㅆ ㅇ ㅈ ㅉ ㅊ ㅋ ㅌ ㅍ ㅎ
- 모음 : ㅏ ㅐ ㅑ ㅒ ㅓ ㅔ ㅕ ㅖ ㅗ ㅘ ㅙ ㅚ ㅛ ㅜ ㅝ ㅞ ㅟ ㅠ ㅡ ㅢ ㅣ
- 받침글자 : ㄱ ㄲ ㄳ ㄴ ㄵ ㄶ ㄷ ㄹ ㄺ ㄻ ㄼ ㄽ ㄾ ㄿ ㅀ ㅁ ㅂ ㅄ ㅅ ㅆ ㅇ ㅈ ㅊ ㅋ ㅌ ㅍ ㅎ

## 20 서울시 9급 기출

**다음 어문규정에 대한 설명 중 옳지 않은 것은?**

① 'ㅎ 종성체언'은 뒷말의 첫소리를 거센소리로 적는다.

② 한자어와 한자어 형태소 사이에 사잇소리가 나더라도 원칙적으로 적지 않는다.

③ '退間, 回數'는 사이시옷을 표기하지 않는다.

④ '입때'는 '이+때–이ㅂ때'로 분석된다.

**해설** 한자어에는 사이시옷을 붙이지 않는 것을 원칙으로 하지만 '곳간(庫間), 셋방(貰房), 숫자(數字), 찻간(車間), 툇간(退間), 횟수(回數)'의 6개 단어의 경우에는 예외로 두어 사이시옷을 붙인다.

**핵심정리**

**<한글 맞춤법> 제31항**

두 말이 어울릴 적에 'ㅂ' 소리나 'ㅎ' 소리가 덧나는 것은 소리대로 적는다.

- 'ㅂ' 소리가 덧나는 것
  댑싸리(대ㅂ싸리) 멥쌀(메ㅂ쌀) 볍씨(벼ㅂ씨)
  입때(이ㅂ때) 접때(저ㅂ때) 햅쌀(해ㅂ쌀)
- 'ㅎ' 소리가 덧나는 것
  머리카락(머리ㅎ가락) 살코기(살ㅎ고기)
  수캐(수ㅎ개) 수컷(수ㅎ것) 수탉(수ㅎ닭)
  안팎(안ㅎ밖) 암캐(암ㅎ개) 암컷(암ㅎ것)
  암탉(암ㅎ닭)

## 21

**다음 단어 중 사이시옷의 용법이 바르지 않은 것은?**

① 횟수(回收) ② 셋방(貰房)

③ 찻간(車間) ④ 숫자(數字)

**해설** '回收'는 '회수'로 '回數'는 두음법칙에 따라 '횟수'로 적는다.

## 22

**밑줄 친 단어의 '사이시옷'의 쓰임이 옳지 않은 것은?**

① 어머니께서 <u>베갯잇</u>을 깨끗이 빨아 주셨다.
② 아이들은 <u>등굣길</u>이 마냥 즐거웠다.
③ <u>빨랫줄</u>에 옷을 널었다.
④ <u>마굿간</u>에는 말 두 마리가 있다.

**해설** 마굿간 → 마구간 : 한자어와 한자어 사이에서는 사이시옷을 적지 않는 것이 원칙이기 때문에 '마구간(馬廏間)'으로 표기해야 한다.

**핵심정리**

**사이시옷의 쓰임**

㉠ 순우리말로 된 합성어로서 앞말이 모음으로 끝난 경우
- 뒷말의 첫소리가 된소리로 나는 것
  예 고랫재 나룻배 댓가지 맷돌 바닷가 선짓국 아랫집 잿더미 찻집 킷값 핏대
- 뒷말의 첫소리 'ㄴ, ㅁ' 앞에서 'ㄴ' 소리가 덧나는 것
  예 멧나물 아랫니 텃마당 아랫마을 잇몸 깻묵 냇물 빗물 뒷머리
- 뒷말의 첫소리 모음 앞에서 'ㄴㄴ' 소리가 덧나는 것
  예 도리깻열 뒷윷 두렛일 뒷일 뒷입맛 베갯잇 욧잇 깻잎 나뭇잎 댓잎

㉡ 순우리말과 한자어로 된 합성어로서 앞말이 모음으로 끝난 경우
- 뒷말의 첫소리가 된소리로 나는 것
  예 귓병 머릿방 뱃병 봇둑 사잣밥 샛강 아랫방 자릿세 전셋집 찻잔 햇수 횟배
- 뒷말의 첫소리 'ㄴ, ㅁ' 앞에서 'ㄴ' 소리가 덧나는 것
  예 곗날 제삿날 훗날 툇마루 양칫물
- 뒷말의 첫소리 모음 앞에서 'ㄴㄴ' 소리가 덧나는 것
  예 가욋일 사삿일 예삿일 훗일

㉢ 두 음절로 된 다음 한자어
  예 곳간(庫間) 셋방(貰房) 숫자(數字) 찻간(車間) 툇간(退間) 횟수(回數)

## 23 국가직 9급 기출

**㉠~㉣을 사전에 올릴 때 '한글 맞춤법 규정'에 따른 순서로 적절한 것은?**

| | |
|---|---|
| ㉠ 곬 | ㉡ 규탄 |
| ㉢ 곳간 | ㉣ 광명 |

① ㉠ → ㉢ → ㉡ → ㉣
② ㉠ → ㉢ → ㉣ → ㉡
③ ㉢ → ㉠ → ㉡ → ㉣
④ ㉢ → ㉠ → ㉣ → ㉡

**해설** ㉠~㉣ 모두 자음이 'ㄱ'으로 시작하므로 모음의 순서를 봐야 한다. 제시된 단어들의 모음 순서는 'ㅗ → ㅘ → ㅠ'이므로 ㉠, ㉢ → ㉣ → ㉡이다. ㉠과 ㉢은 받침의 순서를 비교해 보면, 'ㄳ'이 'ㅅ'보다 앞서므로 사전에 올리는 순서는 ㉠ → ㉢ → ㉣ → ㉡이다.

**핵심정리**

**한글 자모의 사전 등재 순서**

- 자음
  ㄱ ㄲ ㄴ ㄷ ㄸ ㄹ ㅁ ㅂ ㅃ ㅅ ㅆ ㅇ ㅈ ㅉ ㅊ ㅋ ㅌ ㅍ ㅎ
- 모음
  ㅏ ㅐ ㅑ ㅒ ㅓ ㅔ ㅕ ㅖ ㅗ ㅘ ㅙ ㅚ ㅛ ㅜ ㅝ ㅞ ㅟ ㅠ ㅡ ㅢ ㅣ
- 받침
  ㄱ ㄲ ㄳ ㄴ ㄵ ㄶ ㄷ ㄹ ㄺ ㄻ ㄼ ㄽ ㄾ ㄿ ㅀ ㅁ ㅂ ㅄ ㅅ ㅆ ㅇ ㅈ ㅊ ㅋ ㅌ ㅍ ㅎ

## 24

**다음 중 한글 맞춤법 규정에 맞는 것은?**

① '디디다'는 그 준말로 '딛다'가 있으므로 '디뎠다'는 '딛었다'로 쓸 수 있다.
② 의존 명사로 쓰이는 '등(等)'은 "책상, 걸상 등이 있다."에서처럼 항상 띄어 쓴다.
③ '국제 연합'을 줄여 쓸 때에는 각 단어의 첫 글자를 따서 '국연'이라고 한다.
④ 나이를 표시할 때에는 "제 나이는 스물 일곱이에요."에서처럼 십 단위로 띄어 쓴다.

해설 '~등, ~등등, ~따위'처럼 앞의 말을 열거하는 의존 명사의 경우 모두 앞말과 띄어 써야 한다.

## 25

**다음 중 띄어쓰기가 옳지 않은 것은?**

① 불이 꺼져 간다.
② 그 사람은 잘 아는 척한다.
③ 강물에 떠내려 가 버렸다.
④ 그가 올 듯도 하다.

해설 동사 '떠내려가다' 뒤에 보조 용언 '버리다'가 이어져 있고, '떠내려가다'가 합성 용언이므로, 한글 맞춤법 제47항의 '앞말이 합성 용언인 경우에는 그 뒤에 오는 보조 용언은 띄어쓴다'라는 원칙에 따라 '떠내려가 버리다'로 표기한다.

## 26

**밑줄 친 곳의 띄어쓰기가 바르게 된 것은?**

① 소득을 정직하게 <u>신고하였는지</u>의 여부를 점검해 보아야 한다.
② 협정 체결을 위해 <u>정부간</u> 협상에 들어간다는 뜻을 밝힐 예정이다.
③ 지방자치단체를 당사자로 하는 계약에 관한 법률 <u>제 11조</u>
④ 배운 것은 <u>없을 망정</u> 열심히 일하겠다.

해설 ② 정부간 → 정부 간
③ 제 11조 → 제11조
④ 없을 망정 → 없을망정

## 27 국가직 9급 기출

**다음 중 띄어쓰기가 옳은 것은?**

① 쓰레기를∨길에∨버리면∨안된다.
② 이∨일을∨하는∨데에∨사흘이∨걸렸다.
③ 부모∨자식간에는∨정이∨있어야∨한다.
④ 그가∨집을∨떠난지∨일∨년이∨지났다.

해설 '데'가 '곳'이나 '장소'의 뜻을 나타내는 말, '일'이나 '것'의 뜻을 나타내는 말, '경우'의 뜻을 나타내는 말로 쓰일 때는 의존 명사이므로 띄어 써야 한다. '이∨일을∨하는∨데에∨사흘이∨걸렸다.'에서의 '데'는 '것'의 의미를 지니고 있기 때문에 의존 명사임을 알 수 있다.
① 쓰레기를∨길에∨버리면∨안∨된다.
③ 부모∨자식∨간에는∨정이∨있어야∨한다.
④ 그가∨집을∨떠난∨지∨일∨년이∨지났다.



정답 22 ④ 23 ② 24 ② 25 ③ 26 ① 27 ②

핵심정리

**경우에 따라 다르게 쓰이는 띄어쓰기의 예**

- **들** : 하나의 단어에 결합하여 복수를 나타내는 경우는 접미사로 다루어 붙여 쓰지만, 두 개 이상의 사물을 열거하는 구조에서 '그런 따위'란 뜻을 나타내는 경우는 의존 명사이므로 띄어 쓴다.
  예 접미사 : 남자들, 학생들
  의존 명사 : 쌀, 보리, 콩, 조, 기장 들을 오곡(五穀)이라 한다.
- **뿐** : 체언 뒤에 붙어서 한정의 뜻을 나타내는 경우는 보조사로 다루어 붙여 쓰지만, 용언의 관형사형 '-을' 뒤에서 '따름'이란 뜻을 나타내는 경우는 의존명사이므로 띄어 쓴다.
  예 보조사 : 남자뿐이다. 셋뿐이다.
  의존 명사 : 웃을 뿐이다.
- **대로** : 체언 뒤에 붙어서 '그와 같이'란 뜻을 나타내는 경우는 조사이므로 붙여 쓰지만, 용언의 관형사형 뒤에서, '그와 같이'란 뜻을 나타내는 경우는 의존 명사이므로 띄어 쓴다.
  예 조사 : 법대로, 약속대로 이행한다.
  의존 명사 : 아는 대로, 약속한 대로 이행한다.
- **만큼** : 체언 뒤에 붙어서 '그런 정도로'라는 뜻을 나타내는 경우는 조사이므로 붙여 쓰지만, 용언의 관형사형 뒤에서 '그런 정도로' 또는 '실컷'이란 뜻을 나타내는 경우는 의존 명사이므로 띄어 쓴다.
  예 조사 : 여자도 남자만큼 일한다. 키가 전봇대만큼 크다.
  의존 명사 : 볼 만큼 보았다. 애쓴 만큼 얻는다.

## 28 법원직 9급 기출

**다음 중 띄어쓰기가 바르게 된 문장은?**

① 욕심이 지나쳐 좀더 큰것을 찾다가 이렇게 되어 버렸어.

② 이순신씨, 나는 당신의 학문에 대한 열정에 깊은 감명을 받았습니다.

③ 현재 우리나라에서 아이를 낳고 기르는데는 적지 않은 경제적 부담이 요구된다.

④ 김 과장은 너무 아는 체하는 것이 탈이야. 그러니 친구들이 모두 그를 떠나가버렸지.

해설 단음절로 된 단어가 연이어 나타날 적에는 붙여 쓸 수 있다는 규정에 따라 '좀더 큰것'은 바르게 쓰였음을 알 수 있다.
② 이순신씨 → 이순신 씨
③ 기르는데는 → 기르는 데는
④ 떠나가버렸지 → 떠나가 버렸지

## 29 국가직 9급 기출

**밑줄 친 부분의 띄어쓰기가 옳지 않은 것은?**

① 이처럼 좋은 걸 어떡해?

② 제 3장의 내용을 요약해 주세요.

③ 공사를 진행한 지 꽤 오래되었다.

④ 결혼 10년 차에 내 집을 장만했다.

해설 '제(第)'는 '그 숫자에 해당되는 차례'의 뜻을 더하는 접두사이므로 뒤의 말과 붙여 써야 한다. 또한 '장'은 단위를 나타내는 명사로 띄어 쓰는 것을 원칙으로 한다.

핵심정리

**띄어쓰기 기본 원칙**

㉠ 의존 명사는 띄어 쓴다.
- 아는 것이 힘이다.
- 나도 할 수 있다.
- 먹을 만큼 먹어라.
- 네가 뜻한 바를 알겠다.

㉡ 단위를 나타내는 의존 명사는 띄어 쓴다.
- 한 개
- 차 한 대
- 소 한 마리
- 옷 한 벌
- 신 두 켤레
- 북어 한 쾌

㉢ 보조 용언은 띄어 씀을 원칙으로 하되, 경우에 따라 붙여 씀도 허용한다.

| 원칙 | 허용 |
|---|---|
| 불이 꺼져 간다. | 불이 꺼져간다. |
| 어머니를 도와 드린다. | 어머니를 도와드린다. |
| 비가 올 듯하다. | 비가 올듯하다. |
| 잘 아는 척한다. | 잘 아는척한다. |

**주의해야 할 띄어쓰기**

㉠ '간'의 띄어쓰기
- 접미사 '간' : 시간의 경과를 나타낼 때는 접미사이므로 앞말에 붙여 쓴다.
  예 한 달간, 십 년간
- 의존 명사 '간' : '거리'를 뜻할 때는 의존명사이므로 앞말에 띄어 쓴다.
  예 서울 부산 간, 부모 자식 간

㉡ '만'의 띄어쓰기
- 조사 '만' : 주로 한정이나 비교의 뜻을 나타내며 앞말에 붙여 쓴다.
  예 너만 오너라, 키가 언니만 하다.
- 의존 명사 '만' : 시간의 경과를 나타낼 때는 의존명사이므로 앞말에 띄어 쓴다.
  예 이십 년 만에 만난 혈육

## 30 서울시 9급 기출

**띄어쓰기가 가장 옳은 것은?**

① 창조적 독해가 현실적인 문제 해결 방안으로 활용될 수 밖에 없다.
② 사소한 오해로 철수가 나하고 사이가 멀어졌다.
③ 아는 체하는 걸 보니 공부 깨나 했나 보다.
④ 동해로 가는김에 평창에도 들렀다 가자.

해설 '나하고'에서 '하고'는 상대로 하는 대상임을 나타내는 조사이므로 앞말과 붙여 쓴다. 또한 '멀어졌다'의 기본형인 '멀어지다'는 동사로써 한 단어이므로 붙여 쓴다.
① '밖에'는 보조사로 앞말과 붙여 써야 하며 '없다'처럼 반드시 뒤에 부정을 나타내는 말이 따른다.
③ '깨나'는 어느 정도 이상의 뜻을 나타내는 보조사로 앞말과 붙여 써야 하므로 '공부깨나'로 쓴다.
④ 해당 문장에서 '김'은 의존 명사이므로 앞말과 띄어 써야 하며, 뒤의 '에'는 조사로 '김에'처럼 붙여 쓴다.

## 31 국가직 9급 기출

**밑줄 친 부분의 띄어쓰기가 옳은 것은?**

① 요즘 경기가 안 좋아서 장사가 잘 안 된다.
② 친구가 도착한 지 두 시간만에 떠났다.
③ 그는 일도 잘할 뿐더러 성격도 좋다.
④ 한밤중에 전화가 왔다.

해설 '한밤중'은 본디 붙여 적는 것이 옳지만, '의존명사'로 사용될 경우 '회의 중', '통화 중'과 같이 띄어 적는 것이 옳다.

## 32 국가직 9급 기출

**밑줄 친 부분의 띄어쓰기가 바르지 않은 것은?**

① 부모님을 한 달에 두 번꼴로 찾아뵈려고 노력한다.
② 서류를 정리할 때 이름을 가나다순으로 정리하면 편리하다.
③ 이미 그 일에 대해서는 온 국민이 다 알고 있다.
④ 어느 말을 믿어야 옳은 지 모르겠다.

해설 어느 말을 믿어야 옳은지 모르겠다.
- 의존 명사 '지' : 과거에 있었던 일부터 지금까지의 경과한 시간을 의미하는 것으로 쓰인 앞말과 띄어 쓰는 것을 원칙으로 한다.
- 어미 '-ㄴ(ㄹ)지' : 막연한 의문이 있는 채로 그것을 뒤 절의 사실이나 판단과 관련시키는 데 쓰는 연결어미로 붙여 쓴다.

① 접사 '-꼴' : 수량을 나타내는 명사구 뒤에 붙어 '그 수량만큼 해당함'의 뜻을 더함
  예 한 명꼴, 100원꼴, 열 개꼴
② 가나다순 : 한글의 '가, 나, 다…'의 차례로 매기는 순서
  - 접사 '-순(順)' : 일부 명사 뒤에 붙어 '차례'의 뜻을 더함 예 나이순, 선착순
③ 온 : '전부의' 또는 '모두의'라는 의미의 관형사
  예 온 국민, 온 집안



정답 28 ① 29 ② 30 ② 31 ④ 32 ④

## 33

**다음 중 띄어쓰기가 옳게 된 문장은?**

① 연극, 마당극, 인형극따위의 공연 시간은 한 시간내지 두 시간이 걸린다.

② 시험이 얼마 남지 않아서 공부할 수 밖에 없었다.

③ 그가 떠난 지는 한참 되었다. 언제 도착할 지 궁금하다.

④ 20여 년 전 그들이 만났던 곳은 문예회관입니다.

해설 '-여'는 수량을 나타내는 말 뒤에 붙으며 '그 수를 넘음'의 뜻을 가지고 있는 접미사이다. 접미사이므로 앞말과 붙여 쓰며, 관형사와 '년'이라는 명사는 띄어 써야 한다. 따라서 '20여 년 전 그들이 만났던 곳은 문예회관입니다.'는 띄어쓰기가 바르게 된 문장이다.

① 인형극따위 → 인형극 따위

② 수 밖에 → 수밖에

③ 도착할 지 → 도착할지

핵심정리

**띄어쓰기 원칙**

- 첩어와 의성어, 의태어 등은 붙여 쓴다.
  예 가끔가끔, 곤드레만드레, 들락날락, 요리조리
- 전문 용어는 단어별로 띄어 씀을 원칙으로 하되, 붙여 쓸 수 있다.
  예 손해 배상 청구/손해배상청구, 해양성 기후/해양성 기후, 모음 조화/모음조화
- 우리말과 외국어가 어울렸을 때는 띄어 쓴다.
  예 그리스 신화, 라틴 문화, 시베리아 벌판
- 색상을 나타내는 순색의 빛깔 이름은 합성 명사로 보고 붙여 쓰며, 순색이 아닌 것은 독립된 명사로 보고 띄어 쓴다.
  예 검은색, 흰색, 빨간색/푸르죽죽한 빛, 검붉은 색
- '속, 안, 때, 앞, 전, 후' 등의 위치를 나타내는 명사는 다른 명사와 띄어 쓴다.
  예 집 안, 식사 때, 산 속, 시청 앞
- 단음절로 된 단어가 연이어 나타날 때에는 붙여 쓸 수 있다.
  예 그때 그곳, 좀더 큰것, 이말 저말
- 단위를 나타내는 명사는 띄어 쓴다.
  예 한 개, 차 두 대, 옷 한 벌, 신 두 켤레
- 순서를 나타내거나 숫자와 어울리는 경우에는 단위를 붙여 쓸 수 있다.
  예 제삼장, 두시 삼십분 오초
- 수효를 나타내는 '개년, 개월, 일(간), 시간' 등은 붙여 쓰지 않는다.
  예 팔 개월, 이십 일간
- 접두사가 붙은 파생어는 원칙적으로 붙여 쓴다.
  예 강추위, 객식구, 늦가을
- 접미사가 붙은 파생어는 원칙적으로 붙여 쓴다.
  예 전문가, 주간지, 수준급, 히피족, 서울행

## 34 지방직 9급 기출

**문장 부호를 옳게 사용한 것은?**

① 예로부터 "민심은 천심이다"라고 하였다.

② 너는 언제 왔니, 어디서 왔니, 무엇하러?

③ 문장 부호 – 마침표 · 쉼표 · 따옴표 · 묶음표 등

④ 나는, 솔직히 말하면, 그 말이 별로 탐탁하지 않소.

해설 쉼표( , )는 문장 중간에 끼어든 어구의 앞뒤에 위치하도록 쓴다.

① 예로부터 "민심은 천심이다."라고 하였다. : 글 가운데서 직접 대화를 표시하거나 남의 말을 인용하는 과정에서 큰따옴표를 사용할 경우에는 문장의 끝에는 마침표를 적는 것이 원칙이나, 2015년 문장 부호 개정에 따라 마침표를 쓰지 않는 것도 허용되었다.

② 너는 언제 왔니? 어디서 왔니? 무엇하러? : 물음표는 한 문장에서 몇 개의 선택적인 물음이 겹쳤을 때에는 맨 끝의 물음에만 쓰지만, 각각 독립된 물음인 경우에는 물음마다 쓴다.

③ 문장 부호–마침표, 쉼표, 따옴표, 묶음표 등 : 내포되는 종류를 들 적에는 쌍점을 찍어야 하며, 같은 자격의 어구가 열거될 때에는 쉼표를 써야 한다.

핵심정리

**쌍점(:)의 사용**

㉠ 표제 다음에 해당 항목을 들거나 설명을 붙일 때 쓴다.
예 문방사우 : 종이, 붓, 먹, 벼루
일시 : 2014년 10월 9일 10시
흔하지 않지만 두 자로 된 성씨도 있다.(예 남궁, 선우, 황보)
올림표(#) : 음의 높이를 반음 올릴 것을 지시한다.

㉡ 희곡 등에서 대화 내용을 제시할 때 말하는 이와 말한 내용 사이에 쓴다.
예 김 과장 : 난 못 참겠다.
아들 : 아버지, 제발 제 말씀 좀 들어 보세요.

㉢ 시와 분, 장과 절 등을 구별할 때 쓴다.
예 오전 10:20(오전 10시 20분)
두시언해 6:15(두시언해 제6권 제15장)

㉣ 의존명사 '대'가 쓰일 자리에 쓴다.
예 65:60(65 대 60), 청군:백군(청군 대 백군)
[붙임] 쌍점의 앞은 붙여 쓰고 뒤는 띄어 쓴다. 다만, ㉢과 ㉣에서는 쌍점의 앞뒤를 붙여 쓴다.

## 35

**문장 부호가 바르게 사용된 것은?**

① 4.19 혁명, 7.4 남북 공동 성명
② 먹다남은 사과(표제어)
③ 너는 한국인이냐? 중국인이냐?
④ 성공하기 위해서는 "계획"보다 "실천"하는 것이 중요하다.

해설 표제어나 표어의 경우 마침표를 쓰지 않음을 원칙으로 한다.
예 손님은 왕이다(표제어)
꺼진 불도 다시 보자(표어)

① 2015년 문장 부호 개정에 따라 특정한 의미가 있는 날을 나타내는 숫자에는 마침표를 쓰는 것이 원칙이며 마침표 대신 가운뎃점을 쓰는 것도 허용된다.
예 3.1 운동(3 · 1 운동), 8.15 광복(8 · 15 광복), 6.25 전쟁(6 · 25 전쟁)

③ 물음표는 한 문장에서 몇 개의 선택적인 물음이 겹쳤을 때에는 맨 끝의 물음에만 쓰지만, 각각 독립된 물음인 경우에는 물음마다 쓴다.
예 너는 중학생이니, 고등학생이니?
너는 언제 왔니? 어디서 왔니? 무엇하러?

④ 2015년 문장 부호 개정에 따라 문장 내용 중에서 주의가 미쳐야 할 곳이나 중요한 부분을 특별히 드러내 보일 때에는 드러냄표나 밑줄 ( _ )을 쓰며, 대신 작은 따옴표를 쓸 수 있다.

핵심정리

**마침표의 사용**

- 서술, 명령, 청유 등을 나타내는 문장의 끝에 쓴다.
예 젊은이는 나라의 기둥입니다.
집으로 돌아갑시다.
제 손을 꼭 잡으세요.
[붙임 1] 직접 인용한 문장의 끝에는 쓰는 것을 원칙으로 하되, 쓰지 않는 것을 허용한다.(ㄱ을 원칙으로 하고, ㄴ을 허용함.)
예 ㄱ. 그는 "지금 바로 떠나자."라고 말하며 서둘러 짐을 챙겼다.
ㄴ. 그는 "지금 바로 떠나자"라고 말하며 서둘러 짐을 챙겼다.
[붙임 2] 용언의 명사형이나 명사로 끝나는 문장에는 쓰는 것을 원칙으로 하되, 쓰지 않는 것을 허용한다.(ㄱ을 원칙으로 하고, ㄴ을 허용함.)
예 ㄱ. 내일 오전까지 보고서를 제출할 것
ㄴ. 내일 오전까지 보고서를 제출할 것
다만, 제목이나 표어에는 쓰지 않음을 원칙으로 한다.
예 ㄱ. 그는
예 압록강은 흐른다　　꺼진 불도 다시 보자
- 아라비아 숫자만으로 연월일을 표시할 때 쓴다.
예 1919. 3. 1.
- 특정한 의미가 있는 날을 표시할 때 월과 일을 나타내는 아라비아 숫자 사이에 쓴다. 이때는 마침표 대신 가운뎃점을 쓸 수 있다.
예 3.1 운동(3 · 1 운동), 8.15 광복(8 · 15 광복)
- 장, 절, 항 등을 표시하는 문자나 숫자 다음에 쓴다.
예 가. 인명
ㄱ. 머리말
Ⅰ. 서론
- '마침표' 대신 '온점'이라는 용어를 쓸 수 있다.

## 36 서울시 9급 기출

**다음 중 단어의 발음이 옳은 것끼리 묶인 것은?**

① 디귿이[디그시], 홑이불[혼니불]
② 뚫는[뚤는], 밝히다[발키다]
③ 핥다[할따], 넓죽하다[넙쭈카다]
④ 흙만[흑만], 동원령[동:원녕]

해설 • 디귿이[디그시] : 한글 자모의 이름은 그 받침소리를 연음하되, 'ㄷ, ㅈ, ㅊ, ㅋ, ㅌ, ㅍ, ㅎ'의 경우에는 특별한 발음이 되는 경우에 속한다(표준발음법 제16항)
• 홑이불[혼니불] : 합성어 및 파생어에서, 앞 단어나 접두사의 끝이 자음이고 뒤 단어나 접미사의 첫음절 이'이, 야, 여, 요, 유'인 경우에는, 'ㄴ'음을 첨가하여 [니, 냐, 녀, 뇨, 뉴]로 발음한다.(표준발음법 29항)

## 37

**다음 중 (  )안에 들어갈 단어로 적절한 것은?**

> 제1항 표준 발음법은 표준어의 실제 발음을 따르되, 국어의 (   )과 합리성을 고려하여 정함을 원칙으로 한다.

① 유기성 ② 적합성
③ 전통성 ④ 체계성

해설 표준 발음법은 표준어의 실제 발음을 따르되, 국어의 전통성과 합리성을 고려하여 정함을 원칙으로 한다(〈표준 발음법〉 제1장 제1항).

핵심정리

**표준 발음법의 원칙**

㉠ 표준 발음법은 교양 있는 사람들이 두루 쓰는 현대 서울말의 발음을 표준어의 실제 발음으로 여기고서 일단 이를 따르도록 원칙을 정한 것이다. 예컨대 서울말에서 '값[價]'에 대하여 '값, 값만, 값이, 값을, 값에' 등은 [갑, 감만, 갑씨, 갑쓸, 갑쎄]와 같이 발음되는데 바로 이러한 실제 발음에 따라 표준 발음을 정한다.

㉡ 아래 제시된 것과 같이 모음으로 시작되는 어미와 결합되는 경우에는 본음대로 'ㄺ'을 모두 발음하고, 'ㄱ'으로 시작된 어미와 결합하는 경우에는 'ㄹ'만을 발음하며, 'ㅅ, ㄷ, ㅈ'으로 시작된 어미와 결합되는 경우에는 'ㄱ'만을 발음하는 것이 현대 서울말의 실제 발음이다. 이 실제 발음을 그대로 표준 발음으로 정하는 것이다.

• 늙은[늘근], 늙으면[늘그면], 늙어[늘거]
• 늙고[늘꼬], 늙거나[늘꺼나], 늙게[늘께]
• 늙소[늑쏘], 늙더니[늑떠니], 늙지[늑찌]

㉢ 표준어의 실제 발음을 따르되 합리성을 고려하여 표준 발음법을 정함에는 어려움이 있을 경우도 있다. 예컨대 '맛있다'는 실제 발음에서는 [마싣따]가 자주 쓰이나 두 단어 사이에서 받침 'ㅅ'을 [ㄷ]으로 발음하는 [마딛따]가 오히려 합리성을 지닌 발음이다. 이러한 경우에는 전통성과 합리성을 고려하여 [마딛따]를 원칙적으로 표준 발음으로 정하되, [마싣따]도 표준 발음으로 허용하기로 한 것이다.

## 38 국가직 9급 기출

**다음을 '표준 발음법'에 따라 발음하지 않은 것은?**

> 민주주의의 의의

① [민주주의에 으:이] ② [민주주의의 의:의]
③ [민주주이에 의:의] ④ [민주주이에 의:이]

해설 '의'가 첫 음절에 올 때에는 [의]로 발음해야 한다. 나머지 경우에는 [의]와 [이]로 발음할 수 있고, 조사로 쓰일 때는 [의]와 [에]로 발음한다. 따라서 첫 음절임에도 [의]를 [으]로 발음한 ① [민주주의에 으:이]의 경우가 표준 발음법에 맞지 않는다.

## 39 지방직 9급 기출

**제시된 말의 표준 발음이 옳지 않은 것은?**

① 이원론[이:원논] ② 동원령[동:원녕]
③ 임진란[임:진난] ④ 상견례[상:견녜]

**해설** 제시된 단어의 한자어 첫 글자에 대한 장단음 여부를 확인해야 한다. '상견례(相見禮)'의 '相(서로 상)'은 짧게 발음되는 한자이다. 따라서 [상견녜]로 발음하는 것이 옳다.

## 40 국가직 9급 기출

**밑줄 친 말의 쓰임이 바르지 않은 것은?**

① 그와 나는 전부터 알음이 있는 사이이다.
② 된장찌개가 입맛을 돋운다.
③ 약속 날짜를 너무 바투 잡았다.
④ 그는 설레이는 가슴을 가라앉히지 못하였다.

**해설** '마음이 가라앉지 아니하고 들떠서 두근거리다'라는 의미의 단어는 '설레다'로, '설레는'과 같이 활용하는 것이 옳다. '설레다'와 '설레이다' 중 '설레다'를 표준어로 정한 것은, 발음이 비슷한 형태 여럿이 아무런 의미 차이 없이 함께 쓰일 때에는 그중 널리 쓰이는 한 가지 형태만을 표준어로 삼도록 한 표준어 규정에 따른 것이다.

## 41 국가직 9급 기출

**밑줄 친 부분이 표준 발음법에 맞는 것은?**

① 이 책을 좀 읽게[익께].
② 이 밭을[바츨] 다 갈아야 돼.
③ 협의[혀비]할 사항이 아직도 남아 있습니까?
④ 하늘은 맑지만[말찌만] 내 마음은 안 그래요.

**해설** '의'가 첫음절에 올 때에는 [의]로 발음해야 한다. 그러나 자음을 첫소리로 가지고 있는 음절의 'ㅢ'는 [ㅣ]로 발음할 수 있고, 단어의 첫음절 이외의 '의'는 [ㅣ]로, 조사 '의'는 [ㅔ]로 발음하는 것도 허용한다. 따라서 '협의'는 [혀븨/혀비]로 발음한다.

① 읽게[익께(×) → 일께(○)]
② 밭을[바츨(×) → 바틀(○)]
④ 맑지만[말찌만(×) → 막찌만(○)]

**핵심정리**

**받침의 발음**

- 받침소리로는 'ㄱ, ㄴ, ㄷ, ㄹ, ㅁ, ㅂ, ㅇ'의 7개 자음만 발음한다.
- 받침 'ㄲ, ㅋ', 'ㅅ, ㅆ, ㅈ, ㅊ, ㅌ', 'ㅍ'은 어말 또는 자음 앞에서 각각 대표음 [ㄱ, ㄷ, ㅂ]으로 발음한다.
  예 닦다[닥따] 키읔[키윽] 옷[옫] 있다[읻따]
  빚다[빋따] 꽃[꼳] 뱉다[밷:따] 덮다[덥따]
- 겹받침 'ㄳ', 'ㄵ', 'ㄼ, ㄽ, ㄾ', 'ㅄ'은 어말 또는 자음 앞에서 각각 [ㄱ, ㄴ, ㄹ, ㅂ]으로 발음한다.
  예 넋과[넉꽈] 앉다[안따] 여덟[여덜]
  외곬[외골] 핥다[할따] 없다[업:따]
  - '밟-'은 자음 앞에서 [밥]으로 발음한다.
    예 밟다[밥:따] 밟소[밥:쏘] 밟지[밥:찌]
    밟는[밥:는 → 밤:는] 밟게[밥:께]
    밟고[밥:꼬]
  - '넓-'은 '넓죽하다[넙쭈카다]', '넓둥글다[넙뚱글다]'에서 [넙]으로 발음한다.
- 겹받침 'ㄺ, ㄻ, ㄿ'은 어말 또는 자음 앞에서 각각 [ㄱ, ㅁ, ㅂ]으로 발음한다.
  예 흙과[흑꽈] 젊다[점:따] 읊고[읍꼬]
  - 용언의 어간 말음 'ㄺ'은 'ㄱ' 앞에서 [ㄹ]로 발음한다.
    예 맑게[말께] 묽고[물꼬] 얽거나[얼꺼나]

정답 36 ① 37 ③ 38 ① 39 ④ 40 ④ 41 ③

## 42 서울시 9급 기출

**맞춤법 사용이 올바르지 않은 것으로만 묶인 것은?**

① 웃어른, 사흗날, 베갯잇

② 닐리리, 남존녀비, 혜택

③ 적잖은, 생각건대, 하마터면

④ 홑몸, 밋밋하다, 선율

해설 '늴리리'는 한글 맞춤법 제9항 "'의'나 자음을 첫소리로 가지고 있는 음절의 'ㅢ'는 'ㅣ'소리로 나는 경우가 있더라도 'ㅢ'로 적는다."라는 원칙에 따라 '늴리리'로 적는다. '남존녀비'는 한글 맞춤법 두음법칙 제10항 "접두사처럼 쓰이는 한자가 붙어서 된 말이나 합성어에서, 뒷말의 첫소리가 'ㄴ'소리로 나더라도 두음 법칙에 따라 적는다."라는 원칙에 따라 두음법칙을 적용하여 '남존여비'로 적는다.
'혜택'은 한글 맞춤법 제 8항 "'계, 례, 몌, 폐, 혜'의 'ㅖ'는 'ㅔ'로 소리나는 경우가 있더라도 'ㅖ'로 적는다."라는 원칙에 따라 '혜택'으로 적는다.

① '웃어른'은 표준어규정 제12항 "'아래, 위'의 대립이 없는 단어는 '웃-'으로 발음되는 형태를 표준어로 삼는다."라는 원칙에 따라 '웃어른'으로 적는다.
'사흗날'은 한글 맞춤법 제29항 "끝소리가 'ㄹ'인 말과 딴 말이 어울릴 적에 'ㄹ' 소리가 'ㄷ' 소리로 나는 것은 'ㄷ'으로 적는다."라는 원칙에 따라 '사흗날'로 적는다.
'베갯잇'은 한글 맞춤법 제30항 "사이시옷은 순우리말로 된 합성어로서 앞말이 모음으로 끝난 경우에 받치어 적는다."라는 원칙에 따라 '베갯잇'으로 적는다.

③ '적잖은'은 한글 맞춤법 제39항 "어미 '-지' 뒤에 '않-'이 어울려 '잖'이 될 적과 '-하지' 뒤에 '않'이 어울려 '찮'이 될 적에는 준 대로 적는다."라는 원칙에 따라 '적잖은'으로 적는다.
'생각건대'는 한글 맞춤법 제40항 "어간의 끝음절 '하'가 아주 줄 적에는 준대로 적는다."라는 원칙에 따라 '생각건대'로 적는다.
'하마터면'은 한글 맞춤법 제40항 "어간의 끝음절 '하'의 'ㅏ'가 줄고 'ㅎ'이 다음 음절의 첫소리와 어울려 거센소리로 될 적에는 거센소리로 적는다.

④ '홑몸'은 '아이를 배지 아니한 몸'을 의미하고, '홀몸'은 '배우자나 형제가 없는 사람'을 의미하는 파생어이다.
'밋밋하다'는 한글 맞춤법 제13항 "한 단어 안에서 같은 음절이나 비슷한 음절이 겹쳐 나는 부분은 같은 글자로 적는다."라는 원칙에 따라 '밋밋하다'로 적는다.
'선율'은 한글 맞춤법 제11항 "한자음 '랴, 려, 례, 료, 류, 리'가 단어의 첫머리에 올 적에는 두음법칙에 따라 '야, 여, 예, 요, 유, 이'로 적는다."라는 원칙에 따라 '선율'로 적는다.

## 43 지방직 9급 기출

**밑줄 친 말이 어법에 맞는 것은?**

① 바닷물이 퍼레서 무서운 느낌이 든다.

② 또아리 튼 뱀은 쳐다보지 마라.

③ 머릿말에 쓸 내용을 생각해 둬라.

④ 문을 잘 잠궈야 한다.

해설 '퍼레서'의 기본형은 '퍼렇다'인데, 어간 '퍼렇-'에 어미 '-어서'가 붙으면 'ㅎ불규칙'에 의해 '퍼레서'가 된다.

② 본말이 잘 쓰이지 않는 경우에는 준말만을 표준어로 삼는다는 표준어 규정 제 14항에 따라 '똬리'로 적는 것이 옳다.

③ 표기 그대로 발음되므로 사이시옷을 받치어 적지 않는다.

④ '여닫는 물건을 열지 못하도록 자물쇠를 채우거나 빗장을 걸거나 하다'는 의미의 '잠그다'가 옳다.

## 44

**밑줄 친 표현의 발음이 표준 발음법이 아닌 것은?**

① 늰큼[닝큼] 일어나지 못하겠느냐?

② 불법을[불버블] 조장한다는 의견도 있었다.

③ 열 살 때까지 글을 읽지도[익찌도] 못했다고 해요.

④ 이 대학은 최근[췌:근] 외국인 학생이 부쩍 늘어났어요.

해설 자음을 첫소리로 가지고 있는 음절의 'ㅢ'는 [ㅣ]로 발음하도록 규정되어 있다. 따라서 '늰큼'은 [닝큼]으로 발음해야 한다.

핵심정리

**모음의 발음**

- 'ㅏ, ㅐ, ㅓ, ㅔ, ㅗ, ㅚ, ㅜ, ㅟ, ㅡ, ㅣ'는 단모음으로 발음한다.
- 'ㅑ, ㅒ, ㅕ, ㅖ, ㅘ, ㅙ, ㅛ, ㅝ, ㅞ, ㅠ, ㅢ'는 이중 모음으로 발음한다.
  - 용언의 활용형에 나타나는 '져, 쪄, 쳐'는 [저, 쩌, 처]로 발음한다.
    예 가지어 → 가져[가저] 찌어 → 쪄[쩌]
    다치어 → 다쳐[다처]
  - '예, 례' 이외의 'ㅖ'는 [ㅔ]로도 발음한다.
    예 계집[계:집/게:집] 연계[연계/연게](連繫)
    혜택[혜:택/헤:택](惠澤)
  - 자음을 첫소리로 가지고 있는 음절의 'ㅢ'는 [ㅣ]로 발음한다.
    예 늴리리, 닁큼, 무늬, 띄어쓰기, 씌어, 틔어, 희어
  - 단어의 첫음절 이외의 '의'는 [ㅣ]로, 조사 '의'는 [ㅔ]로 발음함도 허용한다.
    예 주의[주의/주이] 협의[혀븨/혀비]
    우리의[우리의/우리에]

## 45

**다음 중 표준발음법에 따른 발음으로 옳지 않은 것은?**

① 잔디를 밟지[발찌] 마시오.
② 그 종이는 그렇게 얇지[얄찌] 않아.
③ 부모님의 사랑은 넓고도[널꼬도] 높다.
④ 얼굴이 넓둥글게[넙뚱글게] 생겼어.

해설 '밟-' 다음에 자음이 오면 [밥:]으로 발음된다. 따라서 '밟지'는 '밟지[밥:찌]'로 발음해야 한다.

## 46

**표준 발음법에 따라 발음을 바르게 고친 것은?**

① 햇볕을[핻뼈슬] → [핻뼈틀]
② 숯을[수츨] → [수슬]
③ 밟고[밟:꼬] → [밥:꼬]
④ 읽고[일꼬] → [익꼬]

해설 '밟-'은 자음 앞에서 [밥]으로 발음한다. 따라서 '밟고'는 [밥:꼬]로 발음하는 것이 옳다.

## 47 서울시 9급 기출

**다음 밑줄 친 부분이 긴소리로 발음되는 것은?**

① 말을 바꾸어 탄다.
② 함박눈이 펑펑 내린다.
③ 그날 밤 비가 지독히 내렸다.
④ 멀리 떨어져 있어 말이 제대로 들리지 않았다.

해설 '말'은 '언어(言語)'의 의미로 사용되는 경우는 긴소리로, '동물[馬]'의 의미로 사용되는 경우는 짧은소리로 발음된다.
① '말'이 '동물[馬]'을 의미하므로, 짧은소리로 발음된다.
② '눈[雪]', '밤[栗]', '말[言語]' 등의 경우 단어의 첫 음절만 긴소리가 나타나는 것을 원칙으로 하므로, 둘째 음절 이하에서는 짧은소리로 발음된다.
③ '밤'이 '해가 져서 어두워진 때부터 다음 날 해가 떠서 밝아지기 전까지의 동안[夜]'의 의미인 경우는 짧은소리로 발음되나, '밤나무의 열매[栗]'를 뜻하는 경우는 긴소리로 발음된다. 따라서 ③의 '밤[夜]'은 짧은소리로 발음된다.

정답 42 ② 43 ① 44 ① 45 ① 46 ③ 47 ④

## 48

**다음 외래어 표기 중 맞는 표기는?**

① 바베큐 ② 앙콜

③ 글라스 ④ 비스켓

해설 '글라스(glass)'는 외래어 표기법상, 어말 또는 자음 앞에 s, z, d, f, v 등은 '으'를 붙여 쓴다.
① '바베큐'는 '바비큐'로 적는다.
② '앙콜'은 '앙코르'로 적는다.
④ '비스켓'은 '비스킷'으로 적는다.

## 49

**다음 중 외래어 표기가 잘못된 것은?**

① 벤취(bench) ② 코치(coach)

③ 인치(inch) ④ 플래시(flash)

해설 파찰음인 '–ch(tʃ)'는 '치' 또는 '지'로 적는 법칙에 따라 '벤취'가 아닌, '벤치'로 표기하여야 한다.

## 50

**다음 중 외래어 표기가 옳은 것은?**

① 나는 집에 가는 길에 슈퍼마켙에 들러 한 달 동안 쓸 휴지를 샀다.

② L 호텔의 커피숖에서 한나절을 앉아 있었다.

③ 연구소에서 기밀이 담긴 디스켙을 빼내었다.

④ 아이들 손에 들려 있는 케이크가 맛나게 보였다.

해설 '케이크'로 표기함이 바른 외래어 표기법이다. '케잌'은 바르지 않은 외래어 표기이다.
① 슈퍼마켙 → 슈퍼마켓
② 커피숖 → 커피숍
③ 디스켙 → 디스켓

## 51 기상직 9급 기출

**다음 중 외래어 표기가 모두 옳은 것은?**

① 화이팅, 딸러, 드라이크리닝

② 탤런트, 레크리에이션, 코미디

③ 로얄티, 리모콘, 메카니즘

④ 메세지, 레스비언, 네비게이션

해설 외래어 표기법에 따라 탤런트, 레크리에이션, 코미디로 적는다. '탈렌트, 레크레이션, 코메디'는 잘못된 표기법이다.
① 파이팅, 달러, 드라이클리닝
③ 로열티, 리모컨, 메커니즘
④ 메시지, 레즈비언, 내비게이션

## 52 국회직 9급 기출

**다음 중 외래어 표기가 옳지 않은 것은?**

① license – 라이선스

② carpet – 카펫

③ barricade – 바리케이드

④ carburetor – 카뷰레이터

해설 외래어 표기법에 따라 가뷰레터(carburetor)로 적는다.
① '라이선스'로 적는다. '라이센스'는 외래어 표기법에 어긋난다.
② '카펫'으로 적는다. '카펱트, 카펱' 등은 외래어 표기법에 어긋난다.
③ '바리케이드'로 적는다. '바리게이트, 바리케이트' 등은 외래어 표기법에 어긋난다.

## 53

### 다음 중 외래어 표기가 모두 바르게 된 것은?

① 뷔페 – 초콜렛 – 컬러

② 컨셉 – 서비스 – 윈도우

③ 파이팅 – 악세사리 – 리더십

④ 옐로카드 – 알코올 – 캐럴

해설 'yellow card, alcohol, carol'의 바른 외래어 표기는 '옐로카드, 알코올, 캐럴'이다.

핵심정리

**외래어 표기의 기본 원칙**

- 외래어는 국어의 현용 24자모만으로 적는다.
  - 자음 : ㄱ, ㄴ, ㄷ, ㄹ, ㅁ, ㅂ, ㅅ, ㅇ, ㅈ, ㅊ, ㅋ, ㅌ, ㅍ, ㅎ
  - 모음 : ㅏ, ㅑ, ㅓ, ㅕ, ㅗ, ㅛ, ㅜ, ㅠ, ㅡ, ㅣ
- 외래어의 1음운은 원칙적으로 1기호로 적는다.
  예 fine : 화인(×), 파인(○)
- 받침에는 'ㄱ, ㄴ, ㄹ, ㅁ, ㅂ, ㅅ, ㅇ'만을 쓴다.
  예 coffee shop : 커피숖(×), 커피숍(○)
- 파열음 표기에는 된소리를 쓰지 않는 것을 원칙으로 한다.
  예 bus : 뻐스(×), 버스(○)
- 이미 굳어진 외래어는 관용을 존중하되, 그 범위와 용례는 바로 정한다.

## 54

### 다음 중 외래어 표기법이 맞는 것은?

① 엘레베이터(elevator)

② 다이나믹(dynamic)

③ 리포트(report)

④ 로보트(robot)

해설 'report'는 [ripɔːrt]로 발음됨에 따라 '리포트'로 표기하는 것이 맞다.

핵심정리

**무성 파열음/유성 파열음/마찰음**

㉠ 무성 파열음 [p], [t], [k]

- 짧은 모음 다음의 어말에서는 받침으로 적는다.
  - picket[píkit] 피켓 – book[buk] 북
  - carpet[káːrpit] 카펫
  - doughnut[dounət–nʌt] 도넛
- 짧은 모음과 유음 · 비음 [l], [r], [m], [n] 이외의 자음 사이에 오는 무성 파열음은 받침으로 적는다.
  - setback[sétbæ] 셋백 – lipstick[lípstik] 립스틱
- 위 경우 이외의 어말과 자음 앞의 [p], [t], [k]는 '으'를 붙여 적는다.
  - desk[desk] 데스크
  - mattress[mǽtris] 매트리스

㉡ 유성 파열음 [b], [d], [g]

- 어말과 모든 자음 앞에 오는 유성 파열음은 '으'를 붙여 적는다.
  - land[lænd] 랜드 – zigzag[zígzæg] 지그재그

㉢ 마찰음 [s], [z], [f], [v], [θ], [ð], [ʃ], [ʒ]

- 어말 또는 자음 앞의 [s], [z], [f], [ð]는 '으'를 붙여 적는다.
  - mask[mʒsk] 마스크 – jazz[dʒæz] 재즈
- 어말의 [ʃ]는 '시'로 적고, 자음 앞의 [ʃ]는 '슈'로, 모음 앞의 [ʃ]는 뒤따르는 모음에 따라 '샤', '섀', '셔', '셰', '쇼', '시'로 적는다.
  - flash[flæʃ] 플래시 – shark[범 ; ʃaːrk] 샤크
  - fashion[fǽʃən] 패션
  - shopping[ʃápiŋ/ʃɔp–] 쇼핑
  - shoe[ʃuː] 슈 – shim[ʃim] 심
- 어말 또는 자음 앞의 [ʒ]는 '지'로 적고, 모음 앞의 [ʒ]는 'ㅈ'으로 적는다.
  - mirage[mirάːʒ] 미라지 – vision[víʒən] 비전

## 55 지방직 9급 기출

### 외래어 표기법으로 옳지 않은 것은?

① 파이팅 ② 슈퍼마켓

③ 꼬냑 ④ 팸플릿

해설 꼬냑 → 코냑 : 외래어 표기법상 파열음 표기에서 된소리를 쓰지 않는 것이 원칙이다.

정답 48 ③ 49 ① 50 ④ 51 ② 52 ④ 53 ④ 54 ③ 55 ③

제4편 현대 문법

## 56 지방직 9급 기출

**국어의 로마자 표기법으로 옳은 것은?**

① 묵호 Muko

② 극락전 Geuknakjeon

③ 경포대 Gyeongphodae

④ 평창 Pyeongchang

해설 ① 일반적으로 표준 발음법에 따라 표기하지만, 체언의 'ㄱ', 'ㄷ', 'ㅂ' 다음에 'ㅎ'이 따를 경우에는 'ㅎ'을 밝혀 적어야 한다(축약을 반영하지 않음). 따라서 '묵호'의 로마자 표기는 'Mukho'이다.

② '극락전'은 [긍낙쩐]으로 발음되는데, 된소리되기는 반영하지 않으므로 [긍낙전]으로 표기해야 한다. 따라서 'Geungnakjeon'이 옳다.

③ '경포대[경포대]'는 표준 발음법에 따라 표기하면 'Gyeongpodae'가 된다. 즉, 'h'를 빼야 한다.

핵심정리

**행정 구역의 로마자 표기**

| 시·도 | 바른 표기 | 틀린 표기 |
|---|---|---|
| 서울특별시 | Seoul | · |
| 부산광역시 | Busan | Pusan |
| 대구광역시 | Daegu | Taegu |
| 광주광역시 | Gwangju | Kwangju |
| 인천광역시 | Incheon | Inch'ŏn |
| 대전광역시 | Daejeon | Taejŏn |
| 울산광역시 | Ulsan | · |
| 경기도 | Gyeonggi-do | Kyŏnggi-do |
| 강원도 | Gangwon-do | Kang-won-do |
| 충청북도 | Chungcheongbuk-do | Ch'ungch'ŏngbuk-do |
| 충청남도 | Chungcheongnam-do | Ch'ungch'ŏngnam-do |
| 전라북도 | Jeollabuk-do | Chŏllabuk-do |
| 전라남도 | Jeollanam-do | Chŏllanam-do |
| 경상북도 | Gyeongsangbuk-do | Kyŏngsangbuk-do |
| 경상남도 | Gyeongsangnam-do | Kyŏngsangnam-do |
| 제주도 | Jeju-do | Cheju-do |

## 57 서울시 9급 기출

**다음 중 제시된 단어의 표준 발음과 로마자 표기가 모두 옳은 것은?**

① 선릉[선능] – Seonneung

② 학여울[항녀울] – Hangnyeoul

③ 낙동강[낙똥강] – Nakddonggang

④ 집현전[지편전] – Jipyeonjeon

해설 '학여울'은 '학'과 '여울'이 결합하여 만들어진 합성어로서, 합성어 및 파생어에서, 앞 단어나 접두사의 끝이 자음이고 뒤 단어나 접미사의 첫음절이 '이, 야, 여, 요, 유'인 경우에는, 'ㄴ' 음을 첨가하여 [니, 냐, 녀, 뇨, 뉴]로 발음한다는 표준 발음법 제29항에 따라 [학녀울]이 되고, 비음화 현상에 따라 최종적으로 [항녀울]이 된다. 로마자 표기법은 'Hangnyeoul'이다.

## 58 서울시 9급 기출

**로마자 표기의 예로 옳지 않은 것은?**

① 종로[종노] → Jongro

② 알약[알략] → allyak

③ 같이[가치] → gachi

④ 좋고[조코] → joko

해설 로마자 표기는 통용하는 발음을 기준으로 규정하였다. 따라서 '종로'의 로마자 표기는 '종노(Jongno)'가 된다.

핵심정리

**국어의 로마자 표기법**

- **'ㄱ, ㄷ, ㅂ'의 표기**
  - 모음 앞에서는 'g, d, b'로 표기한다.
  - 자음 앞이나 어말에서는 'k, t, p'로 표기한다.
- **'ㄹ'의 표기**
  - 모음 앞에서는 'r'로 표기한다.
  - 자음이나 어말에서는 'l'로 표기한다. 단, 'ㄹㄹ'은 'l l'로 표기한다.

- 고유명사는 첫 글자를 대문자로 표기한다.
- **인명표기**
  - 성과 이름의 순서로 띄어 쓴다.
  - 음절 사이에 붙임표를 쓰는 것을 허용한다.
  - 이름에서 일어난 음운 변화는 표기에 반영하지 않는다.
- 자음동화가 일어난 소리를 적는다.
- 구개음화가 일어난 소리를 적는다.
- 행정구역 단위와 길 이름 앞에는 붙임표를 넣는다.
- 시, 군, 읍의 행정 구역 단위는 생략할 수 있다.
- 인명, 회사명, 단체명 등은 그동안 써 온 표기를 쓸 수 있다. 그러나 지명이 포함되어 있는 회사명이나 단체명은 모두 지명에 맞추어 로마자 표기를 해야 한다.

## 59 서울시 9급 기출

**다음 중 로마자 표기가 잘못된 것은?**

① 월곶(Weolgot)

② 샛별(saetbyeol)

③ 집현전(Jiphyeonjeon)

④ 촉석루(Chokseongnu)

해설 모음 'ㅝ'는 'wo'로 표기하며, 'ㄱ, ㄷ, ㅂ'은 모음 앞에서는 'g, d, b'로, 자음 앞이나 어말에서는 'k, t, p'로 적는다. 따라서 월곶[월곧]은 'Weolgot'이 아니라 'Wolgot'이다.

## 60 서울시 9급 기출

**다음 중 어법상 자연스러운 문장인 것은?**

① 그 일은 하루 이틀의 수고로 이루어지는 것이 아니다.

② 중요한 것은 오랜만에 만나는 그 친구가 너무도 많이 변해 있었다.

③ 형은 무엇보다 야구를 좋아했고 나의 취미는 축구였다.

④ 열차가 서서히 도착하고 있었다.

해설 '그 일을 이루기 위해서는 많은 노력이 필요하다.'라는 의미의 긍정문을 부정 표현으로 바꾸어 그 일을 이루기 위해서는 보다 많은 노력이 필요함을 강조하고 있다.

② 중요한 것은 오랜만에 만나는 그 친구가 너무도 많이 변해 있었다는 것이다.

③ 형은 무엇보다 야구를 좋아했고 나는 무엇보다 축구를 좋아했다.

④ 열차가 서서히 들어오고 있었다.

## 61 서울시 9급 기출

**〈보기〉의 ㉠~㉣을 현행 로마자 표기법에 따라 표기한 것으로 가장 적절한 것은?**

보기

| | |
|---|---|
| ㉠ 다락골 | ㉡ 국망봉 |
| ㉢ 낭림산 | ㉣ 한라산 |

① ㉠ – Dalakgol

② ㉡ – Gukmangbong

③ ㉢ – Nangrimsan

④ ㉣ – Hallasan

해설 '한라산'의 발음은 [할:라산]이며, 이를 로마자로 옮기면 'Hallasan'이다. 따라서 바르게 표기된 것은 ㉣이다.

① ㉠의 발음은 [다락꼴]이다. 이 때 된소리되기는 표기에 반영하지 않고, 'ㄹ'은 모음 앞에서는 r로, 자음 앞이나 어말에서는 l로 적어야 하므로 'Darakgol'이 된다.

② ㉡의 발음은 [궁망봉]이다. 이 때 음운의 변동은 표기에 반영하므로, 'Gungmangbong'이 된다.

③ ㉢의 발음은 [낭:님산]이다. 이 때 음운의 변동은 표기에 반영하므로, 'Nangnimsan'이 된다.

정답 56 ④ 57 ② 58 ① 59 ① 60 ① 61 ④

## 62 법원직 9급 기출

**다음 중 문장 구성상 호응이 자연스러운 문장은?**

① 길을 다니거나 놀 때에는 차를 조심해야 합니다.

② 수철이의 어릴 때 소박한 꿈은 선생님이 되고 싶었다.

③ 주민들은 보상 거부와 토지 재평가를 요구하고 있습니다.

④ 이 열차는 잠시 후 김천역에 도착하여 1분 동안 정차하겠습니다.

해설 ① 길을 다니거나 놀 때에는 → 길을 다니거나 길에서 놀 때에는

② 꿈은 선생님이 되고 싶었다. → 꿈은 선생님이 되는 것이었다.

③ 보상 거부와 토지 재평가를 요구하고 있습니다. → 보상을 거부하고 토지 재평가를 요구하고 있습니다.

핵심정리

**문장의 호응 확인**

- **잘못된 단어의 선택**
  예 수원에서 서울까지 터미널 값이 얼마냐? → 수원에서 서울까지 터미널 삯이 얼마냐?
- **잘못된 시제의 사용**
  예 영화에 많은 관심 부탁드리겠습니다. → 영화에 많은 관심 부탁드립니다.
- **잘못된 높임의 사용**
  예 우리 아버지께서는 귀가 참 밝아요. → 우리 아버지께서는 귀가 참 밝으세요.
- **필수 성분의 생략**
  예 인생은 어느 시기에는 웃기도 하고, 때로는 울기도 하면서 살아간다.
  ※ '울다'에 호응하는 부사어가 빠져있다.
- **불필요한 성분**
  예 돌이켜 회고해 보건대 나는 다사다난한 인생을 살았다.
  ※ '돌이켜'와 '회고해'의 의미가 중복되었다.
- **의미가 모호한 문장**
  예 자원봉사자는 배와 사과 두 개를 주었다.
  ※ 배 한 개와 사과 두 개인지, 배와 사과가 전부해서 둘인지가 불분명하다.
- 논리적인 오류가 있는지 확인
- 문장이 논리적으로 전개되었는지, 각 문장이 호응하는지 확인

## 63 서울시 9급 기출

**문장의 호응이 어색한 것은?**

① 절대로 이것은 사실이 아닙니다.

② 아직 학교에 도착하지 않았습니다.

③ 모름지기 교통법규를 지키는 일은 중요합니다.

④ 그다지 돈은 중요하지 않습니다.

해설 '모름지기'는 '사리를 따져 보건대 마땅히 또는 반드시'라는 의미의 부사로, '~해야 한다'와 같이 '당위'를 나타내는 서술어와 호응한다. 따라서 '모름지기 교통법규를 지켜야 한다.' 등으로 고치는 것이 적절하다.

①, ④ '절대로'와 '그다지'는 부정의 서술어와 호응하는 부사이다.

② '아직'은 어떤 일이나 상태 또는 어떻게 되기까지 시간이 더 지나야 함을 나타내거나, 어떤 일이나 상태가 끝나지 아니하고 지속되고 있음을 나타내는 말로, 과거 시제와 호응하는 부사이다.

## 64 지방직 9급 기출

**다음 중 고친 문장이 적절하지 않은 것은?**

① 그는 창작 활동과 전시회를 열었다.
→ 그는 창작 활동을 하고 전시회를 열었다.

② 그는 천재로 불려졌다.
→ 그는 천재로 불렸다.

③ 그는 마음씨 좋은 할머니의 손자이다.
→ 그는 마음씨가 좋은 할머니의 손자이다.

④ 나는 오늘 아침 나무에게 물을 주었다.
→ 나는 오늘 아침 나무에 물을 주었다.

해설 '그는 마음씨 좋은 할머니의 손자이다.'는 '마음씨 좋은'이 수식하는 대상이 '할머니'인지 '할머니의 손자'인지 불분명한 중의적 문장으로, '그는 마음씨가 좋은 할머니의 손자이다.'와 같이 고쳐도 중의성이 해소되지 않는다. 중의성을 없애기 위해서는 전달하고자 하는 의미에 따라 '그는 할머니의 마음씨 좋은 손자이다.' 또는 '그의 할머니는 마음씨가 좋으시다.'로 고쳐야 한다.

① '창작 활동'에 호응하는 서술어 '하다'를 추가하였으므로 적절하게 고친 문장이다.
② '불려졌다(불리어졌다)'는 이중 피동에 해당하므로 '불렸다(불리었다)'로 고쳐야 한다.
④ '나무'는 무정 명사이므로 조사 '에게' 대신 '에'를 쓰는 것이 적절하다.

## 65 지방직 9급 기출

**다음 글을 고쳐 쓰기 위한 생각으로 적절하지 않은 것은?**

> 창의적 사고는 기존의 사고방식을 ㉠ 돌파하는 데서 출발한다. 기본적으로 기존의 이론과 법칙을 비판적으로 살펴보고 자신만의 독창적 아이디어를 만들어 내는 일이 중요하다. ㉡ 그러나 이러한 창의적 사고가 단순히 개인의 독특함에서만 비롯되는 것은 아니다. 더욱 중요한 것은 창의적 사고가 사회적 · 문화적 환경과 적절한 교육을 통해 ㉢ 길러진다. 따라서 ㉣ 자신의 창의성을 계발하기 위해 주변의 사물을 비판적이고 새로운 시각으로 보는 노력을 게을리 해서는 안 된다.

① ㉠ : 단어의 쓰임이 어색하므로 '탈피하는'으로 고친다.

② ㉡ : 앞뒤 문장을 자연스럽게 잇지 못하므로 '또한'으로 고친다.

③ ㉢ : 주술 호응이 되지 않으므로 '길러진다는 점이다'로 고친다.

④ ㉣ : 주장을 포괄하지 못하므로 '환경과 교육의 중요성'을 강조하는 내용으로 고친다.

해설 앞 뒤 문장이 상반되는 내용이기 때문에 대등 관계를 뜻하는 '또한'은 적절하지 않고 '하지만'이 적절하다.

① 문맥상 '탈피하는'이 뜻에 적합하다.
③ '길러진다'의 주어가 '중요한 것은'이므로 '길러진다는 점이다'가 주술 호응이 자연스럽다.
④ 글에서 '창의적 사고가 사회적 · 문화적 환경과 적절한 교육을 통해 길러진다.'가 강조하는 내용이고, '따라서'로 이어지기 때문에 주장을 포괄하며 '환경과 교육의 중요성'을 강조하는 내용으로 고치는 것이 적절하다.

제4편 현대 문법

정답 62 ④ 63 ③ 64 ③ 65 ②

## 66 지방직 9급 기출

**다음 중 올바른 우리말 표현은?**

① (초청장 문안에서) 귀하를 이번 행사에 꼭 모시고자 하오니 많이 참석해 주시기 바랍니다.
② (전화 통화에서) 과장님은 지금 자리에 안 계십니다. 뭐라고 전해 드릴까요?
③ (직원이 고객에게) 주문하신 상품은 현재 품절이십니다.
④ (방송에 출연해서) 저희나라가 이번에 우승한 것은 국민 여러분의 뜨거운 성원 덕택입니다.

해설 '과장님은 지금 자리에 안 계십니다.'는 높임법이 적절히 사용된 표현이다. 이때 '과장님께서는'이라고 객체를 과도하게 높이지 않도록 주의해야 한다.

## 67 지방직 9급 기출

**밑줄 친 부분을 바르게 고쳐 쓴 것으로 가장 적절한 것은?**

> 결국 해결책은 새로운 일자리를 만들어 내는 데 달려 있다. 정부는 적극적인 청년 일자리 정책 추진에 신경 써야 한다.

① 해결책은 새로운 일자리를 만들어 내는 것이다.
② 해결책은 새로운 일자리를 만들어 내는지 여부이다.
③ 해결책은 새로운 일자리를 만들어 내느냐이다.
④ 해결책은 새로운 일자리를 만들어 내느냐에 달려 있다.

해설 주어 '해결책은'에 호응하는 서술어를 찾아야 한다. 일반적으로 '명사+은/는' 형태의 주어에는 '명사+이다'라는 서술어가 오는 것이 자연스럽다. 따라서 '해결책은 새로운 일자리를 만들어 내는 것이다.'로 고쳐 쓰는 것이 가장 적절하다.

## 68

**우리말 어법에 맞게 표현된 것은?**

① 하늘이 개어 마음이 설렌다.
② 저는 채소를 별로 싫어해요.
③ 우승을 하여 제가 매우 기쁜 것 같습니다.
④ 이번 설에도 고향 가는 일이 쉽지 않을 것으로 여겨지고 있습니다.

해설 '마음이 가라앉지 아니하고 들떠서 두근거리다'라는 의미를 가진 단어는 '설레이다'가 아닌 '설레다'이므로 '하늘이 개어 마음이 설렌다'는 바르게 쓰인 문장이다.

핵심정리

**영어 번역투 문장 고치기**

- 이 책은 미국으로부터 만들어졌다.
  → 이 책은 미국에서 만들었다.
- 우리 학교는 서울에 위치하고 있습니다.
  → 우리 회사는 서울에 있습니다.
- 모든 국민은 신체의 자유를 가진다.
  → 모든 국민에게는 신체의 자유가 있다.
- 지금 열차가 도착하고 있습니다.
  → 지금 열차가 도착합니다.

## 69

**의미가 가장 정확하게 드러난 문장은?**

① 남편은 나보다 아들을 더 좋아한다.
② 할머니께서 사과와 배 두 개를 주셨다.
③ 그의 용감한 아버지는 적군을 향해 돌진했다.
④ 길을 가다가 우연치 않게 재원이를 만났다.

해설 '용감한'은 '아버지'를 꾸며주는 관형어이고, '돌진했다'는 서술어가 되므로 의미가 정확하게 드러난 문장이 된다.

## 70

**문장 성분 간의 호응이 적절하지 않은 것은?**

① 방송통신위원회에서 적발한 과장 광고의 사례는 매년 100건 넘게 증가하고 있다.
② 유리 건물은 은폐 공간을 최소화하여 각종 사고 예방과 업무의 생산성도 높이고 있다.
③ 어제의 일과와 오늘의 일과가 다르듯이 어제의 적이 오늘의 아군이 된다.
④ 한국인에게 대장암은 간암이나 폐암 등과 같이 발병률이 높은 암이다.

해설 유리 건물은 ~ 각종 사고 예방과 ~ 생산성도 높이고 있다. → 유리 건물은 ~ 각종 사고를 예방하고 ~ 생산성도 높이고 있다.
공동격 조사 '와/과'로 연결된 명사구가 하나의 서술어를 취하고 있는 유형이다. 즉 두 개의 목적어가 '높이고 있다'를 공유하고 있는 형식이다. 그 때문에 목적어와 서술어의 호응이 어색하므로 자연스럽게 바꾸어 써야 한다.

## 71

**다음 중 가장 자연스러운 문장은?**

① 정보의 빠른 속도로 변화하는 것을 모두 습득한다는 것은 불가능하다.
② 지금 인류는 방사능의 오염 이외에도 환경파괴와 같이 더 현실적인 문제가 많이 있다.
③ 여성 훈육서(내훈)의 대상은 궁중의 옥엽과 내빈 그리고 민간의 부녀자를 위한 것이었다.
④ 인류의 유전자를 변형하여 자신만의 독창적인 형상을 만들어 내려고 한 그의 연구논문은 대중과 언론의 혹평을 받기도 하였다.

해설 문장에서 관형절(인류의 ~ 내려고 한)을 제외한 '그의 연구논문은 대중과 언론의 혹평을 받기도 하였다'의 문장 구조를 살펴보면 자연스러운 문장이다.
① 빠른 속도로 변화하는 정보를 모두 습득한다는 것은 불가능하다.
② 지금 인류(에게)는 방사능의 오염 이외에도 환경파괴와 같은 더 현실적인 문제가 많이 있다.
③ 여성 훈육서(내훈)의 대상은 궁중의 옥엽과 내빈 그리고 민간의 부녀자였다.

## 72 서울시 9급 기출

**다음 〈보기〉의 중의성과 같은 오류를 범하고 있는 것은?**

보기

대한민국은 베트남과 캄보디아와 자유무역협정(FTA)을 협상하였다.

① 시장님은 오전에 시민 단체와 구청 직원을 만났습니다.
② 여름이 되면 수해 방지 대책 마련에 철저를 기해야 한다.
③ 지금 서울역전 앞에는 고향으로 내려가려는 귀성객들이 붐빈다.
④ 철수는 나와 함께 이번 여름에 휴가를 가기로 했다.

해설 보기는 접속조사 '와/과'로 인해 중의성이 생긴 문장으로 구조적 중의성 가운데 '공동격 구문의 사용에 따른 중의성'에 해당한다. 이 문장은 두 가지의 의미를 가지고 있다. 하나는 '대한민국이 베트남과 캄보디아와 각각 자유무역협정을 체결하였다'는 뜻이고 또 다른 하나는 '대한민국과 베트남이 캄보디아와 자유무역협정을 체결하였다'는 의미이다. ① 역시 '시장님은 오전에 시민 단체와 구청 직원을 각각 만났다'는 뜻과 '시장님이 오전에 시민 단체와 함께 구청 직원을 만났다'와 같이 두 가지로 해석할 수 있다.

정답 66 ② 67 ① 68 ① 69 ③ 70 ② 71 ④ 72 ①

**핵심정리**

**중의적 표현**

㉠ **구조적 중의성** : 문장의 내용이 명확하지 않고 한 문장이 둘 이상의 의미로 해석되는 경우를 말한다.
㉡ **비유적 중의성** : 은유로 인하여 둘 이상의 의미로 해석되는 경우를 말한다.
㉢ **어휘적 중의성** : 한 단어의 의미가 두 가지 이상의 의미를 지닌 경우를 말한다(동음 이의어, 다의어).
㉣ **구조적 중의성의 제거 방법**
- 쉼표를 사용한다.
- 어순을 조절한다.
- 필요한 언어를 첨가한다.

## 73

**밑줄 친 부분이 바르게 쓰이지 않은 것은?**

① 피곤해서 골아떨어졌겠지?
② 그 신입, 아는 게 많던데 책깨나 읽었겠어.
③ 상사의 곤욕과 모멸과 박대로 마음이 피폐해졌다.
④ 김 부장은 그러고 나서 견본을 다시 만들라고 했다.

**해설** '몹시 곤하거나 술에 취하여 정신을 잃고 자다'라는 뜻을 가진 표현의 바른 표기는 '곯아떨어지다'이다. 그러므로 '지금쯤 골아떨어졌겠지?' → '지금쯤 곯아떨어졌겠지?'로 고쳐야 옳다.
② '깨나'는 어느 정도 이상의 뜻을 나타내는 보조사이다. '보통보다 더한 정도로'의 뜻을 가진 부사 '꽤나'와 쓰임이 다르므로 문장 안에서 보조사로 쓰였는지, 부사로 쓰였는지를 잘 파악해야 한다.
③ '곤욕'은 심한 모욕 또는 참기 힘든 일을 뜻하고, '곤혹'은 곤란한 처지가 돼 어찌할 바를 모른다는 뜻이다.
④ '그러고 나서'는 동사 '그러다'에 '-고 나서'가 연결된 말로, 어떤 동작의 완료를 나타낸다.

## 74 지방직 9급 기출

**밑줄 친 단어의 사용이 어법에 맞지 않는 것은?**

① 큰일을 치루었더니 몸살이 났다.
② 라면이 불으면 맛이 없다.
③ 솥에 쌀을 안치러 부엌으로 갔다.
④ 네가 여기에는 웬일이니?

**해설** '무슨 일을 겪어내다'라는 의미의 단어는 '치루다'가 아니라 '치르다'이다. '치르다'는 활용 시, 'ㅡ'가 탈락한 형태로 나타난다. 따라서 '치루었더니'가 아니라 '치렀더니'가 어법에 맞는 표현이다.
② 불으면(붇-+-으면 → 불으면) : '붇다'는 활용 시 어간 '붇-'에 모음으로 시작하는 어미가 결합하면 끝소리 ㄷ이 ㄹ로 바뀐다.
③ 안치다 : 밥, 떡, 구이, 찌개 따위를 만들기 위하여 그 재료를 솥이나 냄비 따위에 넣고 불 위에 올리다.
앉히다 : 1. '앉다'의 사동사, 2. 문서에 어떤 줄거리를 따로 적어 놓다, 3. 버릇을 가르치다.
④ 웬일 : 어찌 된 일, 의외의 뜻을 나타낸다.
예 웬일로 여기까지 다 왔어?
왠지 : '왜인지'의 줄임말로 '왜 그런지 모르게' 또는 '뚜렷한 이유도 없이'의 뜻을 나타낸다.
예 나는 왠지 불길한 예감이 들었다.

## 75 기상직 9급 기출

**다음 문장 중 가장 자연스러운 것은?**

① 운동장에 새로 입학한 신입생이 가득 찼다.
② 새롭게 구워진 빵이 나에 의해서 골라졌다.
③ 철수네 집에서는 아직도 소를 먹이고 있다.
④ 여러분이 이 문제에 관심을 갖고 토론의 계기가 되었으면 합니다.

**해설** 제시된 문장에서 '먹이다'는 '가축 따위를 기르다'라는 의미이다.
① '신입생'이라는 단어에 '새로 입학한'이라는 의미가 포함되어 있으므로 '새로 입학한 신입생'은 중복된 표현이다.

② '구워진', '골라졌다' 등 피동 표현이 과도하게 나타나는 문장이다. '나는 새롭게 구운 빵을 골랐다'로 다듬어야 한다.
④ 주어 '여러분이'와 서술어 '되다'의 호응이 어색하다. '토론의 계기가'라는 보어 앞에 새로운 주어를 보충하거나 문장 전체를 수정하는 것이 좋다.

## 76 기상직 9급 기출

**밑줄 친 단어 중 어법에 맞지 않게 사용된 것은?**

① 배경 음악이 영화 장면을 잘 받쳐 주었다.
② 곡식을 깡그리 들어내어 윗마을로 옮겼다.
③ 사회자가 비슷한 말들을 엿가락처럼 늘리고 있다.
④ 김씨는 몸이 아픈 동생을 위해 약을 달이는 중이다.

해설 '늘다'의 사동사 '늘리다' 대신에 '본디보다 더 길게 하다.'의 의미를 지닌 '늘이다'로 바꿔 써야 한다.
① 받치다 : 어떤 일을 잘할 수 있도록 뒷받침해 주다.
② 들어내다 : 물건을 들어서 밖으로 옮기다.
④ 달이다 : 약재 따위에 물을 부어 우러나도록 끓이다.

## 77 국가직 9급 기출

**어법에 맞는 것은?**

① 말과 글은 우리 후손에 물려 줄 귀중한 문화유산이다.
② 오늘날 로봇이 산업체의 생산 현장에서 널리 활용되고 있다는 것은 사실이다.
③ 민영화로 인해 요금 인상 등 서민 부담이 늘어나는 결과를 빚어서는 안 된다.
④ 무엇보다 중요한 것은 한번 오염된 환경이 다시 깨끗해지려면 많은 비용과 노력, 그리고 시간이 든다.

해설 ②는 주어와 서술어의 호응 관계가 적절하다.

## 78 국가직 9급 기출

**어법에 맞게 쓰인 것은?**

① 내일 야유회 간데요?
② 그이가 말을 아주 잘하대.
③ 연예인을 보니 그렇게 좋던?
④ 제가 직접 봤는데 너무 크대요.

해설 '-던'은 해라할 자리에 쓰여, 과거에 직접 경험하여 새로이 알게 된 사실에 대한 물음을 나타내는 종결 어미로 '-더냐'보다 더 친근하게 쓰는 말이다.
① 남이 말한 내용을 간접적으로 전달할 때에는 '-다고 해'가 줄어든 '-대'를 써야 한다.
② 화자가 직접 경험한 사실을 나중에 보고하듯이 말할 때에는 '-데'를 써야 한다.
④ 화자가 직접 경험한 사실을 말하는 것이므로 어미 '-데'를 써야 한다.

## 79 국가직 9급 기출

**어법에 맞게 고친 것으로 적절하지 않은 것은?**

① 점유자는 소유의 의사로 선의, 평온 및 공연하게 점유한 것으로 추정한다. → 점유자는 소유의 의사를 가지고 선의로, 평온하게 그리고 공공연하게 물건을 점유한 것으로 추정한다.
② 식목, 채염 또는 선조, 석회조, 연와조 및 이와 유사한 건축을 목적으로 한 토지의 임대차 기간은 10년 → 식목, 채염 또는 건축(돌, 석회, 벽돌 등으로 된 구조의 건축)을 목적으로 한 토지의 임대차 기간은 10년
③ 사고 원인 파악 및 재발 방지 대책을 조속히 마련하라. → 사고 원인 파악과 재발 방지 대책의 조속한 마련을 하라.
④ 정의감의 발로나 부당한 폭행에 대항하는 과정에서 발생한 폭력 사범 → 정의감에서 발생한 폭력 사범이나 부당한 폭행에 대항하는 과정에서 발생한 폭력 사범



정답 73 ① 74 ① 75 ③ 76 ③ 77 ② 78 ③ 79 ③

해설 '사고 원인 파악과 재발 방지 대책의 조속한 마련을 하라'의 문장은 목적어와 서술어의 호응이 적절하지 않다. '사고 원인을 파악하고 재발 방지 대책을 조속히 마련하라'로 고쳐 쓰는 것이 적절하다.

## 80 국회직 9급 기출

**다음은 국어 순화의 입장에서 고쳐 쓴 것이다. 바르게 고쳤다고 볼 수 없는 것은?**

① 김 과장은 은행 구좌를 개설하려고 수순을 밟았다.
→ 김 과장은 은행 계좌를 개설하려고 절차를 밟았다.

② 영희는 포스트잇에 담긴 내용을 이모티콘으로 다시 정리했다.
→ 영희는 붙임쪽지에 담긴 내용을 그림말로 다시 정리했다.

③ 김 프로듀서는 생방송을 마치자 가건물을 통해 나가버렸다.
→ 김 프로듀서는 직접 방송을 마치자 임시 건물을 통해 나가버렸다.

④ 검찰에서는 악덕 상인들의 매점 행위를 집중 단속하고, 미제 사건을 수사하기로 했다.
→ 검찰에서는 악덕 상인들의 사재기 행위를 집중 단속하고, 해결 안 된 사건을 수사하기로 했다.

해설 직접 방송 → 현장 방송 : '생방송'은 미리 녹음하거나 녹화한 것을 재생하지 않고 프로그램의 제작과 방송이 동시에 이루어지는 방송을 뜻하는 일본식 용어이다. 따라서 '생방송'을 '현장 방송'으로 순화해야 한다.

핵심정리

**일본말 순화**

| | |
|---|---|
| • 곤로 → 화로, 풍로 | • 나시 → 민소매 |
| • 다대기 → 다진 양념 | • 뗑깡 → 투정, 생떼 |
| • 마호병 → 보온병 | • 소라색 → 하늘색 |
| • 앙꼬 → 팥소 | • 유도리 → 융통 |
| • 찌라시 → 전단 | • 가봉 → 시침질 |
| • 매점 → 가게 | • 내역 → 명세 |
| • 백묵 → 분필 | • 부지 → 터 |
| • 쇼부 → 승부 | • 잔고 → 잔액 |
| • 체념 → 단념 | • 출산 → 해산 |
| • 절취선 → 자르는 선 | • 엑기스 → 진액, 농축액 |
| • 미싱 → 재봉틀 | • 다스 → 묶음, 단 |

## 81

**국어 순화 사례를 잘못 제시한 것은?**

① 오늘 아침 잇따른 접촉 사고로 차가 많이 밀렸다. → 잇딴

② 그는 화가 난 상대를 센스 있게 다루는 능력이 있다. → 눈치

③ 한강 고수부지(高水敷地)에 체육공원을 만들었다. → 둔치

④ 그는 우리 회사의 지분(持分)을 38%나 가지고 있다. → 몫

해설 '잇따르다'는 어떤 물체가 다른 물체의 뒤를 따르는 것으로 '잇달다'와 같은 뜻이다. '잇따르다'는 자동사로만 쓰이는 동사로, 용언의 관형형이 붙을 때 '잇따르-+-ㄴ → 잇따른'이 되기 때문에 '잇딴'은 잘못된 표현이다. '잇달다'를 '잇달-+-ㄴ' → '잇단'으로 고치는 것은 바른 표기이다.

## 82 국가직 9급 기출

**밑줄 친 어휘의 뜻풀이로 바르지 않은 것은?**

① 그는 속이 매우 슬겁다.
 – 슬겁다 : 마음씨가 너그럽고 미덥다.

② 그는 해거름에 가겠다고 말했다.
 – 해거름 : 해가 서쪽으로 넘어갈 때.

③ 그는 길섶에 핀 코스모스를 보았다.
 – 길섶 : 시골 마을의 좁은 골목길.

④ 그는 책장을 데면데면 넘긴다.
 – 데면데면 : 성질이 꼼꼼하지 않아 행동이 신중하거나 조심스럽지 않은 모양.

해설 '길섶'은 길의 가장자리를 뜻하는 말로, 보통 풀이 나 있는 곳을 가리킨다.

**핵심정리**

- **가늠** : 목표에 맞고 안 맞음을 헤아리는 표준. 일이 되어가는 모양이나 형편을 살피어 얻은 짐작
- **깜냥** : 지니고 있는 힘의 정도
- **나우** : 조금 많이, 정도가 약간 낫게
- **드레** : 사람 됨됨이로서의 점잖음과 무게
- **바투** : 두 물체의 사이가 썩 가깝게, 시간이 매우 짧게
- **보짱** : 꿋꿋하게 가지는 생각
- **어름** : 두 물건의 끝이 닿은 자리, 물건과 물건 사이의 한가운데
- **짜장** : 과연, 정말로
- **치레** : 잘 매만져서 모양을 내는 일

## 83

**제시된 낱말을 활용하여 만든 문장 중 틀린 것은?**

① 늘리다 : 양손으로 고무줄을 잡아 늘리고 있다.
 늘이다 : 올해는 작년보다 수출량을 더 늘여야 한다.

② 거치다 : 이 기차는 대구와 대전을 거쳐 왔다.
 걷히다 : 오늘따라 외상값이 잘 걷힌다.

③ 마치다 : 벌써 수학 숙제를 다 마쳤다.
 맞히다 : 퀴즈대회에 나가 여러 문제를 맞혔다.

④ 조리다 : 냄비에 무를 깔고 생선을 조리면 맛있다.
 졸이다 : 작은 일에 너무 마음을 졸이면 건강에 해롭다.

해설 '늘리다'는 '늘다'의 사동사로 '넓이, 부피 따위를 본디보다 커지게 하거나, 수나 분량, 시간 따위를 본디보다 많아지게 하는 것'을 뜻하고, '늘이다'는 '본디보다 더 길게 하거나 아래로 길게 처지게 하는 것'을 뜻한다. 따라서 '양손으로 고무줄을 잡아 늘이고 있다, 올해는 작년보다 수출량을 더 늘려야 한다'로 고쳐야 한다.

② 거치다 : 오가는 도중에 어디를 지나거나 들르다. 혹은 어떤 과정이나 단계를 겪거나 밟다.
 걷히다 : '곡식이나 열매 따위를 수확하다' 혹은 '흩어져 있는 물건 따위를 한데 모으다'의 뜻을 지닌 '거두다'의 준말 '걷다'에 대한 피동 표현

③ 마치다 : 어떤 일이나 과정, 절차 따위가 끝나다. 또는 그렇게 하다.
 맞히다 : 문제에 대한 답이 틀리지 않게 하다.

④ 조리다 : 고기나 생선, 채소 따위를 양념하여 국물이 거의 없게 바짝 끓이다.
 졸이다 : 속을 태우다시피 초조해하다.

## 84 지방직 9급 기출

**밑줄 친 어휘 중 잘못 사용된 것은?**

① 체로 술을 받친다.

② 요즘 영수는 수영에 흥미를 붙이고 있다.

③ 이것으로 축사를 갈음합니다.

④ 고무줄을 더 늘이면 끊어질 것이다.

해설 받친다 → 밭친다 : '밭치다'는 '건더기와 액체가 섞인 것을 체나 거르기 장치에 따라서 액체만을 따로 받아 내다'라는 의미이며, '받치다'는 '어떤 물건의 밑에 다른 물체를 올리거나 대다' 또는 '화 따위의 심리적 작용이 강하게 일어나다'라는 의미이다.

정답 80 ③ 81 ① 82 ③ 83 ① 84 ①

② 밑줄 친 '붙이다'는 '어떤 감정이나 감각이 생겨나다'라는 의미이다.
③ '갈음하다'는 '다른 것으로 바꾸어 대신하다'라는 의미이므로 문맥상 적절한 쓰임이다. 한편, '가름하다'는 '승부나 등수 따위를 정하다', '쪼개거나 나누어 따로따로 되게 하다'라는 의미이다.
④ '늘이다'는 '본디보다 더 길게 하다', '(영역 등을) 넓게 벌여 놓다', '위에서 아래로 길게 처지게 하다'라는 의미가 있다. 제시된 문장에서는 '(길이를) 더 길게 하다'라는 의미로 사용되었다. 한편, '늘리다'는 '이전보다 많아지게(나아지게) 하다'라는 의미로, 주로 수나 무게, 분량 등이 본디보다 많아질 때 사용된다.

## 85

**밑줄 친 단어 중 어법에 어긋난 것은?**

① 그가 박 선생님을 사사한 지 십년이 지났다.
② 저 아가씨는 옷매무새가 아주 단정하다.
③ 그 사람은 그 사건이 빌미가 되어 출세가도를 달리게 되었다.
④ 우리나라의 정치문화가 지양해야 할 것 중의 하나는 지나친 지역주의이다.

해설 '빌미'란 '재앙이나 탈 따위가 생기는 원인'이란 뜻으로 부정적 상황에 주로 쓰인다. ③의 경우 긍정적인 상황이므로 '어떤 일이 일어나거나 결정되는 근거나 기회'를 뜻하는 긍정적 의미의 '계기'를 쓰는 것이 적절하다.

## 86 법원직 9급 기출

**말하는 이와 듣는 이의 지위에 따른 단어의 쓰임이 바른 문장은?**

① 할아버지, 어머니께서 밥 드시래요.
② 참 오랜만이네. 자네 선친께서는 편안하신가?
③ 선생님께서 누추한 우리 집을 몸소 찾아 주셨다.
④ 선생님, 저를 가르치시느라 대단히 수고하셨습니다.

해설 '선생님께서 누추한 우리 집을 몸소 찾아 주셨다.'는 주체 높임이 올바르게 실현되었고 어휘 사용도 적절하다.
① 어머니께서 밥 드시래요 → 어머니가 진지 잡수시래요 : 압존법과 높임말 사용의 오류가 나타난 문장이다.
② 선친 → 부친 : '선친(先親)'은 돌아가신 자기 아버지를 남에게 이르는 말이다.
④ 수고하셨습니다 → 노고가 많으셨습니다 : '수고하셨습니다', '수고하십시오'와 같은 표현은 윗사람에게 부적절하다.

## 87

**다음 중 압존법(壓尊法)의 사용이 바른 것은?**

① 할머니는 소설책을 읽으신다.
② 할아버지, 어머니가 아직 안 왔습니다.
③ 선생님, 여기 앉으세요.
④ 나는 아버지를 모시고 학교로 갔다.

해설 '할아버지, 어머니가 아직 안 왔습니다.'를 분석해 보면 청자는 '할아버지', 주체는 '어머니'이다. 화자는 '어머니'보다 손윗사람인 '할아버지'를 고려하여 '어머니'를 높이지 않았다. 청자와 주체가 모두 나타나야 압존법이 쓰인 것을 알 수 있다.

핵심정리

**압존법**

압존법은 문장의 주체가 화자보다는 높지만 청자보다는 낮아, 그 주체를 높이지 못하는 어법을 말한다. '(손자가 할아버지께) 할아버지, 아버지가 아직 안 왔습니다.'와 같은 경우이다.
1992년 국립국어원에서 제정한 〈표준화법해설〉은, 가정에서는 압존법을 지키는 것이 전통적인 예절이고(현재는 가정에서의 압존법도 사라져가는 추세라고 한다), 회사에서는 압존법을 지키지 않는 것이 전통적인 언어 예절임을 밝히고 있다. 자기보다 높은 사람에 대해서는 구분 없이 고루 존대하는 것이 옳다.

## 88

**언어 예절에 맞게 표현된 것은?**

① 제가 드리는 말씀에 무슨 잘못이 있습니까?
② 고객님, 죄송하지만 전화번호가 몇 번이세요?
③ 우리 친정 어머님께서는 음식 솜씨가 매우 뛰어나십니다.
④ 교수님께서 회의를 진행하시고 계셔서 전화를 받으실 수 없으셨습니다.

해설 '말씀'은 '윗사람의 말'을 높이어 이르는 말이지만, 상대방을 높이어 그에게 하는 자신의 말을 겸손하게 이르는 뜻도 있다.

핵심정리

**잘못 사용된 높임법의 예**

㉠ 주체 높임법이 잘못 쓰인 예
- 철수야 아버지께서 오시란다. → 철수야 아버지께서 오라고 하신다.
- 심사위원의 간략한 심사평이 계시겠습니다. → 심사위원의 간략한 심사평이 있겠습니다.

㉡ 객체 높임법이 잘못 쓰인 예
- 아버지가 할아버지께 신문을 주셨다. → 아버지가 할아버지께 신문을 드렸다.
- 선생님께 물어 볼게요. → 선생님께 여쭤 볼게요.

## 89 국가직 9급 기출

**㉠~㉣의 고쳐 쓰기 방안으로 적절하지 않은 것은?**

> ㉠ 공사하는 기간 동안 안전사고가 일어나지 않도록 유의해 주십시오.
> ㉡ 오늘 오후에 팀 전체가 모여 회의를 갖겠습니다.
> ㉢ 비상문이 열려져 있어 신속하게 대피할 수 있었다.
> ㉣ 지난밤 검찰은 그를 뇌물 수수 혐의로 구속했다.

① ㉠ : '기간'과 '동안'은 의미가 중복되므로 '공사하는 기간 동안'은 '공사하는 동안'으로 고쳐 쓴다.
② ㉡ : '회의를 갖겠습니다'는 번역 투이므로 '회의하겠습니다'로 고쳐 쓴다.
③ ㉢ : '열려져'는 '-리-'와 '-어지다'가 결합한 이중 피동표현이므로 '열려'로 고쳐쓴다.
④ ㉣ : 동작의 대상에게 행위의 효력이 미친다는 의미를 제시해야 하므로 '구속했다'는 '구속시켰다'로 고쳐 쓴다.

해설 '구속하다'라는 표현 자체가 '법원이나 판사가 피의자나 피고인을 강제로 일정한 장소에 잡아 가두다'라는 뜻을 가지는데 '검찰'이 구속하는 행위의 주체이므로 굳이 '-시키다'라는 사동 표현을 붙일 필요가 없다.
① '기간'은 어느 일정한 시기부터 다른 어느 일정한 시기까지의 사이라는 뜻이고, '동안'은 어느 한때에서 다른 한때까지 시간의 길이라는 뜻이므로 서로 중복되는 의미를 가지고 있다. 그러므로 '공사하는 동안'과 같이 고쳐 쓰는 것이 적절하다.
② '~을 갖다'라는 표현은 영어 'have'의 번역 투 표현이므로 '회의하겠습니다'로 고쳐 쓰는 것이 적절하다.
③ '열려져'는 '열다'에 피동 접사 '-리-'를 붙인 후 통사적 피동표현인 '-어지다'를 붙여서 만든 이중피동 표현이므로 적절하지 않다. '-리-'만 붙여 '열려'로 쓰거나, '-어지다'만 붙여 '열어져'로 고쳐 쓰는 것이 적절하다.



정답 85 ③ 86 ③ 87 ② 88 ① 89 ④

## 90 국가직 9급 기출

**다음 대화에서 A가 범한 어법 사용의 오류와 가장 유사한 것은?**

> A : 여보세요.
> B : 여보세요. 김 선생님 계신가요?
> A : 지금 안 계시는데요.
> B : 어디 멀리 가셨나요?
> A : 예, 지금 수업 중이십니다.
> B : 수업은 언제 끝나나요?
> A : 글쎄요, 수업 끝나고 학생들과 면담이 계시다고 하셨어요.
> B : 아유, 그럼 통화하기가 어렵겠군요.

① 내일 서울역전 앞에서 만나자.
② 손님, 주문하신 햄버거 나오셨습니다.
③ 국장님, 과장님이 외부에 나갔습니다.
④ 선생님은 학교에 볼일이 있으셔서 일찍 학교에 가셨습니다.

**해설** A는 마지막 발화에서 '면담이 계시다'라고 말함으로써 '면담'을 지나치게 높이는 오류를 범하였다. 이처럼 주체 자체가 아니라 주체의 소유물이나 주체와 관련된 것을 높여야 하는 경우에는 직접 높임이 아니라 간접 높임을 쓰는 것이 적절하다.

따라서 '계시다' 대신 '있으시다'를 사용하여 간접적으로 높여야 한다. '햄버거 나오셨습니다'도 지나친 높임 표현을 사용한 문장으로, 주체 높임의 선어말 어미 '-시-'를 빼고 '햄버거 나왔습니다'와 같이 표현하는 것이 적절하다.

① '역전(驛前)'과 '앞'에서 의미의 중복이 나타난 문장으로, '서울역 앞에서 만나자'와 같이 표현해야 한다.

③ 국립국어원의 「표준언어예절」에서는 직장에서 압존법을 쓰는 것을 언어 예절에 맞지 않는 것으로 보므로 '국장님, 과장님이 외부에 나가셨습니다.'와 같이 표현해야 한다.

## 91 서울시 9급 기출

**밑줄 친 단위성 의존 명사의 수량이 적은 것부터 순서대로 바르게 나열한 것은?**

① 고등어 한 손<양말 한 타<바늘 한 쌈<북어 한 쾌
② 고등어 한 손<양말 한 타<북어 한 쾌<바늘 한 쌈
③ 고등어 한 손<북어 한 쾌<양말 한 타<바늘 한 쌈
④ 고등어 한 손<바늘 한 쌈<양말 한 타<북어 한 쾌

**해설** '한 손'은 2마리, '한 타'는 12개, '한 쾌'는 20마리, '한 쌈'은 24개이다.

**핵심정리**

**단위 명사의 종류**

- **매** : 젓가락 한 쌍을 세는 단위를 말한다.
- **톨**: 밤이나 곡식의 낱알을 세는 단위.
- **연** : 종이 전지 500장을 세는 단위를 말한다.
- **갓** : 말린 식료품의 열 모숨을 한 줄로 엮은 단위를 말한다.
- **꾸러미** : 달걀 10개, 꾸리어 싼 물건을 세는 단위를 말한다.
- **우리** : 기와 2,000장을 세는 단위를 말한다.
- **죽** : 버선이나 그릇 등의 열 벌을 묶어 이르는 것을 말한다.
- **첩** : 약봉지에 싼 약의 뭉치를 세는 단위를 말한다.
- **톳** : 김을 묶어 세는 단위로 한 톳은 김 100장을 말한다.
- **제** : 한약의 분량을 나타내는 단위로 한 제는 탕약 20첩을 말한다.
- **마투리** : 한 가마니나 한 섬에 차지 못하고 남은 양을 이르는 말한다.
- **접** : 채소나 과일 따위를 묶어 세는 단위. 한 접은 채소나 과일 100개를 말한다.
- **뭇** : 생선 10마리, 미역 10장, 장작이나 잎나무를 작게 한 덩이씩 만든 묶음을 세는 단위를 말한다.

## 92

**밑줄 친 표현이 다음의 높임법에 해당하지 않는 것은?**

> 주체 높임법은 서술어가 나타내는 행위의 주체를 높이는 표현법으로, 높임 선어말 어미 '-(으)시-', 조사, 동사, 명사 등에 의해 실현된다.

① 할머니께서 진지를 드신다.
② 나는 어머니께 과일을 드렸다.
③ 할아버지께서 병원에 다녀오셨다.
④ 선생님께서 부모님께 가정 통신문을 발송하셨다.

해설 주체 높임법은 서술어가 나타내는 행위의 주체를 높이는 것으로 주어를 높이는 표현법을 말한다. '나는 어머니께 과일을 드렸다.'는 '어머니께'라는 객체를 높인 것으로 객체 높임법이 사용되었음을 알 수 있다.

**핵심정리**

**주체 높임법**

㉠ **개념** : 말하는 이가 서술의 주체, 즉 문장의 주어를 높이는 문법적 행위
㉡ **높임의 대상이 되는 주체** : 청자나 제3자일 것 또한 화자보다 존귀한 인물
㉢ **주체 높임의 방법**
- 선어말 어미 '-(으)시-'에 의해
  예 할아버지께서 오셨습니다(오시었습니다).
- 주격조사 '께서'에 의해
  예 아버지께서 그렇게 하신 것이다.
- 동사에 의해(잡수시다, 계시다, 주무시다 등)
  예 아버지께서는 집에 계신다(있다).

## 93

**다음 중 밑줄 친 명사가 나타내는 개수가 가장 많은 것은?**

① 북어 한 쾌　② 마늘 한 접
③ 바늘 한 쌈　④ 굴비 한 두름

해설 과일이나 채소 등을 묶어 세는 단위인 '접'은 과일이나 채소 100개를 의미한다.

**핵심정리**

**단위 명사의 종류2**

- **장** : 무덤을 세는 단위를 말한다.
- **그루** : 식물, 특히 나무를 세는 단위를 말한다.
- **쾌** : 북어를 묶어 세는 단위로 북어 20마리를 말한다.
- **축** : 오징어를 묶어 세는 단위로 20마리를 말한다.
- **님** : 바느질에 쓰는 토막 친 실을 세는 단위를 말한다.
- **쌈** : 바늘을 묶어 세는 단위로 바늘 24개를 말한다.
- **손** : 한 손에 잡을 만한 분량을 세는 단위로, 조기, 고등어, 배추 따위 한 손은 큰 것 하나와 작은 것 하나를 합한 것을 이르므로, 고등어 한 손은 두 마리이다. 미나리나 파 등의 한 손은 한 줌 분량을 말한다.
- **모숨** : 한 줌 안에 들어올 만한 길고 가느다란 물건의 분량을 말한다.
- **두름** : 조기 따위의 물고기를 짚으로 한 줄에 열 마리씩 두 줄로 엮은 것 또는 고사리 따위의 산나물을 열 모숨 정도로 엮은 것을 말한다.
- **거리** : 오이나 가지 등을 묶어서 세는 단위로 한 거리에 50개를 이른다.
- **자밤** : 나물이나 양념 따위를 손가락 끝으로 집을 만한 분량을 세는 단위를 말한다.
- **강다리** : 쪼갠 장작을 묶어 세는 단위로 한 강다리는 쪼갠 장작 백 개비를 말한다.



정답 90 ② 91 ② 92 ② 93 ②

나두공

# 제 5 편 논리적인 말과 글

# 실전문제 제1장 쓰기 · 읽기 · 말하기 · 듣기

대표유형문제

지방직 9급 기출

**다음 글의 주장으로 가장 적절한 것은?**

예술 작품의 복제 기술이 좋아지고 있음에도 불구하고 원본을 보러 가는 이유는 무엇인가? 예술 작품의 특성상 원본 고유의 예술적 속성을 복제본에서는 느낄 수 없다고 생각하는 경향이 강하기 때문이다. 사진은 원본인지 복제본인지 중요하지 않지만, 회화는 붓자국 하나하나가 중요하기 때문에 복제본이 원본을 대체할 수 없다고 생각하는 사람들이 많다.

그러나 이러한 생각은 잘못이다. 회화와 달리 사진의 경우, 보통은 '그 작품'이라고 지칭되는 사례들이 여러 개 있을 수 있다. 20세기 위대한 사진작가 빌 브란트가 마음만 먹었다면, 런던에 전시한 인화본의 조도를 더 낮추는 방식으로 다른 곳에 전시한 것과 다른 예술적 속성을 갖게 할 수 있었을 것이다. 이것은 사진의 경우, 작가가 재현적 특질을 선택하고 변형할 수 있는 방법이 다양함을 의미한다.

① 복제본의 예술적 가치는 원본을 뛰어넘을 수 없다.
② 복제 기술 덕분에 예술의 매체적 특성이 비슷해졌다.
③ 복제본의 재현적 특질을 변형하는 방법은 제한적이다.
❹ 복제본도 원본과는 다른 별개의 예술적 특성을 담보할 수 있다.

정답해설 제시된 글에서 사람들은 흔히 사진은 원본인지 복제본인지 중요하지 않게 생각한다고 하였다. 그러나 사진은 작가가 재현적 특질을 선택하여 얼마든지 복제본을 변형할 수 있고 이는 원본과는 또 다른 예술적 속성을 갖게 되므로, 제시된 글의 주장으로 가장 적절한 것은 ④이다.

오답해설 ① 사진의 경우 복제본은 변형을 통해 원본과는 또 다른 예술적 속성을 갖게 된다고 하였으므로 복제본이 원본을 뛰어넘을 수 없다는 설명은 적절하지 않다.
② 제시된 글에서 예술의 매체적 특성에 대한 내용은 알 수 없다.
③ 마지막 문장에서 재현적 특질을 선택하고 변형할 수 있는 방법이 다양하다고 하였다.

핵심정리 개요작성의 단계

- **서론1(주의 환기)** : 글의 도입부로 관심사나 현실 세태, 주제의 개념 도입 등으로 화제를 제시한다.
- **서론2(과제 제기)** : 서론1에서 제기한 화제와 연결시켜 글의 과제나 문제점을 제시한다.
- **본론1(과제 해명)** : 본격적인 논의가 시작되는 부분이다.
- **본론2(해명의 구체화)** : 보편타당성 있는 논거를 풍부하고 다양하게 제시하여 자기의 주장이 옳음을 증명하는 부분이다.
- **결론** : 글을 마감하는 부분이다.

## 01 법원직 9급 기출

**〈보기 1〉은 인터넷 정책 토론방에 쓴 글이다. 〈보기 2〉의 조건에 맞게 쓴 댓글로 적절한 것은?**

보기 1

[논제] : 입학사정관제 어떻게 생각하십니까?
[의견 1] : 입학사정관제는 공교육을 정상화하겠다는 취지에서 만들어진 제도이다. 이전의 입시 제도는 교과 성적을 중심으로 '한 줄 세우기'를 하는 제도였고, 이에 따라 고등학교는 입시 교과목만을 가르치는 입시 학원으로 전락하고 말았다. 학생들의 다양한 특기 · 적성과 인성을 입학 전형 자료로 삼는 '여러 줄 세우기' 방식의 입학사정관제는 고등학교 교육을 정상화할 수 있는 계기를 제공했다는 데 의의가 있다. 그러므로 입학사정관제에 찬성한다.
[댓글] : ______________________

보기 2

- [의견 1]의 생각 일부를 인정한다.
- [의견 1]의 다른 문제점을 제기한다.
- [의견 1]의 주장에 반대하는 입장을 밝힌다.

① 공교육을 정상화하겠다는 입학사정관제의 취지가 제대로 실현될 수 있을지 의문이다. 고등학교 교육 환경이 개선되지 않고 학벌 중심의 사회 구조가 변하지 않는다면, 오히려 입학사정관제는 사교육 문제를 더욱 심화시킬 것이다. 그러므로 입학사정관제를 시행해서는 안 된다.

② 입시 위주로 흐르고 있는 공교육을 정상화하기 위한 입학사정관제의 취지에 공감한다. 하지만 입학사정관제에 적합하도록 고등학교 교육 환경이 개선되지 않았고, 대학이 내신 성적 우수자 중심으로 학생을 선발하는 등 여러 부작용이 발생하고 있다. 그러므로 입학사정관제를 시행해서는 안 된다.

③ 입학사정관제는 공교육의 변화를 유인하기 위한 제도이지만, 학벌과 결과 지상주의 같은 구조적 문제의 해결 없이 입시 제도의 변화만으로 공교육을 정상화하기는 어려울 뿐 아니라 다른 부작용이 생겨날 수 있다. 그러므로 입학사정관제를 시행하면서 사회 구조를 개선하기 위한 노력도 함께해야 한다.

④ 대학 입학 제도의 잦은 변화는 학생들의 혼란만 가중시킬 뿐 입시 교육의 근본 문제를 해결하지 못했다. 한 번 도입된 제도는 약간의 부작용이 있더라도 시행 과정의 문제점을 개선하며 지속적으로 추진해야 한다. 입학사정관제 역시 공교육의 정상화라는 취지를 살리기 위해 흔들림 없이 시행되어야 한다.

해설
- 입시 위주로 흐르고 있는 공교육을 정상화하기 위한 입학사정관제의 취지에 공감한다. ⇒ [의견 1]의 생각 일부를 인정한다.
- 하지만 입학사정관제에 적합하도록 고등학교 교육 환경이 개선되지 않았고, 대학이 내신 성적 우수자 중심으로 학생을 선발하는 등 여러 부작용이 발생하고 있다. ⇒ [의견 1]의 다른 문제점을 제기한다.
- 그러므로 입학사정관제를 시행해서는 안 된다. ⇒ [의견 1]의 주장에 반대하는 입장을 밝힌다.

① [의견 1]의 생각에 대해 인정하지 않고 있다.
③, ④ [의견 1]의 주장에 반대하는 입장이 아니다.

핵심정리

**토론**

어떤 현안이나 의견 등에 대해 찬성과 반대의 입장에서 의견 대립을 가지고 상대방을 설득하는 것이다. 토론은 명백하게 찬성과 반대 입장에 서야하며 주장하고자 하는 내용이 분명해야하며 의론은 한 가지여야 한다. 토론의 목적은 자기주장을 관철하며 집단의 의견을 일치시켜 문제를 해결하는데 그 의의가 있다.



정답 01 ②

## 02 국가직 9급 기출

**다음 글의 글쓰기 전략으로 볼 수 없는 것은?**

고전파 음악은 어떤 음악인가? 서양 음악의 뿌리는 종교 음악에서 비롯되었다. 바로크 시대까지는 음악이 종교에 예속되어 있었으며, 음악가들 또한 종교에 예속되어 있었다. 고전파는 이렇게 종교에 예속되었던 음악을, 음악을 위한 음악으로 정립하려는 예술 운동에서 출발하였다. 따라서 종래의 신을 위한 음악에서 탈피해 형식과 내용의 일체화를 꾀하고 균형 잡힌 절대 음악을 추구하였다. 즉 '신'보다는 '사람'을 위한 음악, '음악'을 위한 음악을 이루어 나가겠다는 굳은 결의를 보여 준 것이다.

또한 고전파 음악은 음악적 형식과 내용의 완숙을 이룬 음악이기도 하다. 이 시기에는 하이든, 모차르트, 베토벤 등 음악의 역사에서 가장 위대한 작곡가들이 배출되기도 하였다. 이때에는 성악이 아닌 기악만으로도 음악이 가능하게 되었으며, 교향곡의 기본을 이루는 소나타 형식이 완성되었다. 특히 옛 그리스나 로마 때처럼 보다 정돈된 형식을 가진 음악을 해 보자고 주장하였기에 '옛것에서 배우자는 의미의 고전'과 '청정하고 우아하며 흐림 없음, 최고의 예술적 경지에 다다름으로서의 고전'을 모두 지향하게 되었다.

이렇듯 역사적으로 고전파 음악은 종교의 영역에서 음악 자체의 영역을 확보하였으며 최고 수준의 음악적 내용과 형식을 수립하였다. 고전파 음악이 서양 전통 음악 전체를 대표하게 된 것은 고전파 음악이 이룩한 역사적인 성과에서 비롯된 것일지도 모른다. 따라서 고전 음악의 개념을 이해하기 위해서는 고전파 음악의 성격과 특질에 대한 이해가 선행되어야 할 것이다.

① 고전파 음악이 지닌 음악사적 의의를 밝힌다.
② 고전파 음악의 음악가를 예시하여 이해를 돕는다.
③ 고전파 음악의 특징이 형식과 내용의 분리에 있음을 강조한다.
④ 질문을 통해 화제를 제시함으로써 호기심을 유발한다.

**해설** 1문단에서 고전파가 '형식과 내용의 일체화를 꾀하고 균형 잡힌 절대 음악을 추구하였다'라고 하였으므로 고전파 음악의 특징이 형식과 내용의 분리에 있음을 강조하는 것은 옳지 않다.

① 3문단의 '고전파 음악은 종교의 영역에서 음악 자체의 영역을 확보하였으며 최고 수준의 음악적 내용과 형식을 수립하였다'에서 고전파 음악의 음악사적 의의를 제시하고 있다.
② 2문단에서 고전파 음악의 작곡가 '하이든, 모차르트, 베토벤'을 예로 들어 고전파 음악이 음악적 형식과 내용의 완숙을 이룬 음악이라는 것의 이해를 돕고 있다.
④ 1문단의 '고전파 음악은 어떤 음악인가?'에서 질문을 통해 화제를 제시하고 있음을 알 수 있다.

**핵심정리**

**좋은 글의 요건**

- **내용의 충실성** : 쓸 내용이 분명히 담겨 있고, 그 내용이 쓸 만한 가치가 있어야 함
- **독창성** : 글의 주제와 표현 등은 글쓴이의 독창성과 창의력이 반영된 것이어야 함
- **정성 및 진실성** : 글에 담긴 정성과 진실성은 독자를 이해시키고 설득하며, 감동을 전달하는 원동력이 됨
- **명료성** : 글은 쉽고 정확하며, 적절한 어휘를 구사하여 써야 함
- **간결성 · 경제성** : 가급적 필요한 표현만 함으로써 간결하고 경제적이어야 함

## 03

**'양극화 해소'라는 화제로 글을 쓰고자 할 때, 계획하기 단계에서 고려하지 않아도 되는 것은?**

① 상황과 독자를 고려하여 주제와 관련되는 자료의 종류와 수집 방법을 정한다.

② 생생한 아이디어들을 글의 조직 원리에 맞게 배열한다.

③ 구체적인 표현에 맞는 적절한 어휘와 수사법을 정한다.

④ 어떤 방향으로 써야 할지 주제와 목적을 정한다.

해설 구체적인 어휘와 수사법은 집필 과정에서 고려되어야 할 사항이다.

## 04

**주제문과 뒷받침 문장이 가장 긴밀하게 연결된 것은?**

① 남녀 사이에는 우정이 성립하지 않는다고 한다. 남자나 여자나 다 같은 사람인데 친구가 될 수 없다고 하는 것은 이해할 수 없다. 이것은 남성이 우월하다는 것을 보이려는 속셈이라 할 수 있다.

② 말은 듣는 이에게 심리적 반응을 일으킨다. 말하는 이가 잘못 쓴 말은 듣는 이에게 불쾌감, 소외감, 갈등, 미움 등 정서 파괴의 요인을 만들어 주므로 말을 할 때에는 듣는 사람의 감정을 고려해서 말해야 한다.

③ 농구 선수들은 청소년들에게 우상이 되고 있다. 코트를 질주하며, 상대방을 제치고 덩크슛을 날리는 장면을 보면 청소년들은 열광하기 마련이다. 청소년들의 건전한 여가 선용을 위해 농구를 적극 장려해야 한다.

④ 로봇은 인간의 편의와 복지를 위해 만들어졌다. 인간이 하기에는 너무 위험한 일을 도맡아 하는 로봇이 있는가 하면, 고도의 정밀한 작업을 한 치의 착오 없이 해내는 로봇도 있다. 또 어떤 로봇은 환자를 돌보아 주기도 한다.

해설 앞에 제시된 주제문에 대한 부연 설명을 뒷문장이 상세한 예로 잘 설명하고 있다.

## 05 국가직 9급 기출

**다음은'청소년의 디지털 중독의 폐해와 해결 방안'이라는 주제로 글을 쓰기 위한 개요이다. 수정 · 보완하기 위한 방안으로 적절하지 않은 것은?**

Ⅰ. 서론 : 청소년 디지털 중독의 심각성
Ⅱ. 본론 :
1. 청소년 디지털 중독의 폐해 ··········· ㉠
가. 타인과의 관계를 원활하게 하지 못하는 사회 부적응 야기
나. 다양한 기능과 탁월한 이동성을 가진 디지털 기기의 등장 ··········· ㉡
2. 청소년 디지털 중독에 영향을 미치는 요인
가. 디지털 중독의 심각성에 대한 개인적, 사회적 인식 부족
나. 뇌의 기억 능력을 심각하게 퇴화시키는 디지털 치매의 심화 ··········· ㉢
다. 신체 활동을 동반한 건전한 놀이를 위한 시간 및 프로그램의 부족
라. 자극적이고 중독적인 디지털 콘텐츠의 무분별한 유통
3. 청소년 디지털 중독을 해결하기 위한 방안
가. 디지털 중독의 심각성에 대한 교육과 홍보를 위한 전문기관 확대
나. 학교, 지역 사회 차원에서 신체 활동을 위한 시간 및 프로그램의 확대

제5편 논리적인 말과 글

다. (                ) ········································ ㉣

Ⅲ. 결론 : 청소년 디지털 중독을 줄이기 위한 개인적, 사회적 노력의 촉구

① ㉠의 하위 항목으로 '우울증이나 정서 불안 등의 심리적 질환 초래'를 추가한다.

② ㉡은 'Ⅱ-1'과 관련된 내용이 아니므로 삭제한다.

③ ㉢은 'Ⅱ-2'의 내용과 어울리지 않으므로, 'Ⅱ-1'의 하위 항목으로 옮긴다.

④ ㉣에는 'Ⅱ-2'와의 관련성을 고려하여 '청소년을 대상으로 디지털 기기의 사용 시간제한'이라는 내용을 넣는다.

해설 'Ⅱ-2'의 '라'에서 '자극적이고 중독적인 디지털 콘텐츠의 무분별한 유통'을 문제 삼고 있으므로 ㉣에서 이를 해결할 수 있는 방안을 제시하는 것이 적절하다.

① ㉠은 청소년 디지털 중독의 폐해에 대한 내용이므로 '우울증이나 정서 불안 등의 심리적질환 초래'는 ㉠의 하위 항목으로 추가하기에 적절하다.

② ㉡은 디지털 기기의 장점에 대한 것이므로 디지털 중독의 폐해와 관련이 없다. 따라서 삭제하는 것이 적절하다.

③ ㉢은 디지털 중독의 폐해에 관한 내용이므로 'Ⅱ-1'의 하위 항목으로 옮기는 것이 적절하다.

## 06

**다음 글에서 가장 문제가 되는 것은?**

그네뛰기는 단순한 놀이가 아니다. 그네를 탈 때, 그넷줄을 놓치지 않으려면 팔에 계속 힘을 주어야 한다. 그리고 좀더 높이 차오르기 위해서는 온몸의 탄력을 이용하여 빠르고 힘차게 발을 굴러야 한다. 그네뛰기는 예로부터 주로 여성들이 즐겨 온 대표적인 민속놀이 중 하나이다. 이처럼 그네뛰기는 근육을 강화하고 민첩성을 기르는 데 적합한 운동이라 할 수 있다.

① 주제와 동떨어진 내용이 있다.

② 동일한 의미를 지닌 구절이 중복되었다.

③ 문장의 호흡이 너무 길어 산만하다.

④ 필요한 문장 성분을 빠트렸다.

해설 이 글의 중심 문장은 "그네뛰기는 단순한 놀이가 아니다."이다. 따라서 "예로부터 주로 여성들이 즐겨 온 대표적인 민속놀이 중 하나이다."라는 문장은 글의 중심 내용과는 거리가 먼 내용이므로 삭제해야 한다.

## 07 지방직 9급 기출

**다음의 개요를 기초로 하여 글을 쓸 때, 주제문으로 가장 적절한 것은?**

서론 : 최근의 수출 실적 부진 현상
본론 : 수출 경쟁력의 실태 분석
1. 가격 경쟁력 요인
ㄱ. 제조 원가 상승
ㄴ. 고금리
ㄷ. 환율 불안정
2. 비가격 경쟁력 요인
ㄱ. 기업의 연구 개발 소홀
ㄴ. 품질 개선 부족
ㄷ. 판매 후 서비스 부족
ㄹ. 납기의 지연
결론 : 분석 결과의 요약 및 수출 경쟁력 향상 방안 제시

① 정부가 수출 분야 산업을 적극 지원해야 한다.

② 내수 시장의 기반을 강화하는 데 역량을 모아야 한다.

③ 기업이 연구 개발비 투자를 늘리고 품질 향상에 많은 노력을 기울여야 한다.

④ 수출 경쟁력을 좌우하는 요인을 분석한 후 그에 맞는 방안을 마련해야 한다.

해설 본론에서 '수출 경쟁력이 낮아진 요인'을 가격 경쟁력 요인과 비가격 경쟁력 요인으로 나누어 항목별로 제시하였고, 결론에서는 본론에 제시된 분석 결과를 요약하고 수출 경쟁력 향상 방안을 제시하고자 하였다. 따라서 주제문은 본론의 실태 분석 결과를 요약한 내용과 수출 경쟁력 향상 방안을 모두 포함해야 한다. 따라서 '수출 경쟁력을 좌우하는 요인을 분석한 후 그에 맞는 방안을 마련해야 한다.'가 주제문으로 적합하다.

## 08

**〈보기〉의 개요를 〈검토 의견〉에 따라 고칠 때 적절성이 가장 떨어지는 것은?**

보기

제목 : 전문직의 바람직한 직업윤리
Ⅰ. 서론 : 전문직 종사자들의 직업윤리가 약화되고 있는 현실
Ⅱ. 본론
　1. 전문직의 특성
　　가. 장기간에 걸친 전문적 교육의 필요
　　나. 지식 사용의 자율적인 통제
　　다. 사회 전반에 걸친 막대한 영향력
　2. 전문직의 바람직한 직업윤리
　　가. 사회적 약자를 위한 지식의 사용
　　나. 자신이 받은 혜택을 사회에 환원한다는 자세
　　다. 전문성을 제고하기 위한 방안 모색
Ⅲ. 결론 : 전문직의 사회적 중요성

검토 의견

- 깊이 있는 논의가 되도록 구체적 내용을 보강한다.
- 내용 전개가 논리적이며 통일성 있는 글이 되도록 한다.

① 본론 1에 '전문적인 지식과 기술을 사용하는 직업'이라는 내용을 추가한다.
② 본론 1에 '지식과 기술의 독점적 사용'이라는 내용을 추가한다.
③ 본론 1의 '나. 지식 사용의 자율적인 통제'를 본론 2로 옮긴다.
④ 본론 2의 '다. 전문성을 제고하기 위한 방안 모색'이라는 항목을 삭제한다.

해설 '전문가의 개념' 등과 같은 내용은 서론에서 제시하는 것이 적절하다. 또한 본론 1에서는 '전문직의 특성'에 대한 내용을 다루고 있기 때문에 '전문적인 지식과 기술을 사용하는 직업'의 내용을 추가하는 것은 옳지 않다.
② '지식과 기술의 독점적 사용'이라는 내용은 전문직의 특성과 관련이 있다.
③ '지식 사용의 자율적인 통제'는 '전문직의 바람직한 직업윤리'에 포함되는 내용이다.
④ '전문성을 제고하기 위한 방안 모색'은 '전문직의 바람직한 직업윤리'라 보기 어렵다.

핵심정리

**글의 통일성**

- **논지의 통일성** : 전체의 논지가 하나의 흐름으로 전개되어야 한다.
- **관점의 통일성** : 글쓴이의 입장이나 시각이 바뀌어서는 안 된다.
- **목적의 통일성** : 글 쓰는 목적이 처음부터 끝까지 일관성 있게 유지되어야 한다.



정답 05 ④ 06 ① 07 ④ 08 ①

## 09

**다음 중 주제문과 뒷받침 문장이 가장 긴밀하게 연결된 것은?**

① 무속신앙은 우리 민족의 무의식과 결합되어 현실적으로 가장 막대한 영향력을 행사하고 있다. 오늘날 교회와 사찰이 도심 곳곳에 들어서는 가운데도 산속에 남아 있는 성황당이 이 점을 잘 말해 준다.

② 산업 사회에서는 인간 조정의 가능성이 인간 운명을 위협할 수도 있다. 발달된 과학과 기술이 인간을 조정하는 데 이용될 수도 있기 때문이다.

③ 사람들은 시각에 의해 색깔을 보고, 청각에 의해 소리를 듣는다. 그에 반해 후각은 냄새를 맡게 해 주고 미각은 음식을 맛보게 해 준다.

④ 인간이 동물과 구별되는 것은 이성을 가졌기 때문이다. 즉 이성은 인간을 동물로부터 구별시켜 주는 능력인 것이다.

**해설** 산업사회 아래에서는 인간 조정의 가능성과 인간 운명에 끼치는 위협에 대해 말하고 있다. 다음 문장에서는 발달된 과학과 기술이 산업 사회와 서로 연결되는 관계이므로 긴밀하게 연결된 문장으로 적절하다.

① 앞 문장이 주제문으로 뒷받침 문장은 '막대한 영향력'을 행사하고 있는 무속신앙의 예가 나와야 하는데, '성황당'은 적절한 예가 되지 못한다.

③ 두 문장의 관계는 대립이 아니라 대등하므로 '그에 반해' 대신 '그리고'가 적당하다(병렬적 연결).

④ 두 문장이 같은 내용이다.

## 10 법원직 9급 기출

**〈보기〉와 같이 글쓰기 계획을 세워 보았다. 세부 내용으로 적절하지 않은 것은?**

보기

㉠ 주제 : 출산율 증가를 위하여 정부와 관련 단체는 적극적인 노력을 기울여야 한다.

가. 문제 인식 : 출산율이 해가 갈수록 급감하고 있다.

㉡ 나. 예상 독자 설정 : 출산을 앞둔 산모와 직장 여성

다. 논지 전개 방향 : 실례와 통계 자료를 바탕으로 문제 제기 → 이러한 문제가 가정과 사회에 미치는 영향을 분석하여 개선 노력 촉구

라. 원인 분석

– 취업 여성의 경우 직장 생활과 육아를 병행하기 어렵다.

– 육아 지원 서비스를 위한 사회기반 시설이 취약하다.

마. 자료 조사

㉢ – 최근 30여 년간의 유 · 초 · 중등학교의 취학 학생 수의 변화를 조사한다.

– 직장 여성들을 인터뷰해서 실상을 듣는다.

바. 해결 방안 제시

– 육아는 사회의 공동 책임이라는 인식을 고취한다.

㉣ – 직장 내 보육 시설 설치를 법제화하여 직장 여성들이 충분한 육아 지원 서비스를 받을 수 있도록 한다.

① ㉠　　② ㉡

③ ㉢　　④ ㉣

**해설** 주제가 "출산율 증가를 위하여 정부와 관련 단체는 적극적인 노력을 기울여야 한다."는 것으로 해결 방안이 "사회의 공동 책임이라는 인식을 고취한다."라는 점 역시

고려하여야 한다. 또한 출산을 앞둔 산모와 직장 여성은 이러한 문제를 해결할 수 없다는 점도 생각해야 한다. 따라서 이 글의 예상 독자는 '출산을 앞둔 산모와 직장 여성'이라기보다는 '정부와 관련 단체'여야 한다.

**핵심정리**

**단락 구성 원리**

- **통일성의 원리** : 한 단락에 하나의 소주제문이 있어야 하며, 글 전체의 주제와 서로 통일성을 이루어야 한다. 그러므로 한 단락 안에 서로 상반되는 내용이나 무관한 내용이 있으면 안 된다.
- **완결성의 원리** : 한 단락이 완결성을 가지기 위해서는 주제문과 뒷받침하는 문장들이 모여야 한다. 따라서 어느 문장이 완전해지기 위해서는 같은 이야기가 반복되지 않아야 하며 주장에 대한 근거가 제시되어야 한다.
- **일관성의 원리** : 한 단락의 여러 문장들이 긴밀한 결합력을 가지고 있는 것을 말한다. 서로 자연스럽게 문장의 연결에 무리가 없어야 하며 접속어나 지시어를 적절히 사용해야 한다.

## 11

**원고지 사용법에 대한 설명으로 바르지 않은 것은?**

① 본문이 시작될 때, 문단이 바뀔 때, 대화를 직접 나타내거나 인용문을 쓸 때는 첫 칸을 비운다.

② 물음표나 느낌표 등의 부호는 한 칸에 쓰되 그 다음 칸은 비우지 않는다.

③ 인용문과 본문을 구분 지을 경우 아래와 위로 1행 정도 비워도 된다.

④ 숫자나 알파벳은 한 칸에 두 자씩 써도 된다.

**해설** 물음표와 느낌표 뒤에는 한 칸 비우고 쓴다. 그러나 작은따옴표, 큰따옴표, 괄호, 쉼표, 마침표 등의 부호는 한 칸에 쓰되 그 다음 칸을 비우지 않는 게 보통이다.

## 12 서울시 9급 기출

**다음 글에 이어질 내용으로 부적합한 것은?**

> 인간은 흔히 자기 뇌의 10%도 쓰지 못하고 죽는다고 한다. 또 사람들은 천재 과학자인 아인슈타인조차 자기 뇌의 15% 이상을 쓰지 못했다는 말을 덧붙임으로써 이 말에 신빙성을 더한다. 이 주장을 처음 제기한 사람은 19세기 심리학자인 윌리암 제임스로 추정된다.
>
> 그는 "보통 사람은 뇌의 10%를 사용하는데 천재는 15~20%를 사용한다."라고 말한 바 있다. 인류학자 마가렛 미드는 한발 더 나아가 그 비율이 10%가 아니라 6%라고 수정했다. 그러던 것이 1990년대에 와서는 인간이 두뇌를 단지 1% 이하로 활용하고 있다고 했다. 최근에는 인간의 두뇌 활용도가 단지 0.1%에 불과해서 자신의 재능을 사장시키고 있다는 연구 결과도 제기됐다.

① 인간의 두뇌가 가진 능력을 제대로 발휘하지 못하도록 하는 요소가 무엇인지 연구해야 한다.

② 어른들도 계속적인 연구와 노력을 통하여 자신의 능력을 충분히 발휘할 수 있도록 해야 한다.

③ 학교는 자라나는 학생이 재능을 발휘할 수 있도록 여건을 조성해 주어야 한다.

④ 어린 시절부터 개성적인 인간으로 성장할 수 있도록 조기 교육을 실시해야 한다.

**해설** 제시문은 인간이 자기 뇌의 10%도 못 쓰고 죽는다는 문장으로 시작하며, 이에 관한 연구가 진행될수록 그 비율이 6%, 1%, 0.1%로 점차 낮아지고 있음을 밝히고 있다. 따라서 이 글에는 두뇌의 능력 발휘에 관한 내용이 이어지는 것이 적절하다. 개성적인 인간으로 성장하기 위한 조기교육은 이와 관련이 없으므로 적합하지 않다.

정답 09 ② 10 ② 11 ② 12 ④

## 13 지방직 9급 기출

**다음 글의 논증 구조를 옳게 파악한 것은?**

㉠ 동물들의 행동을 잘 살펴보면 동물들도 우리가 사용하는 말 못지않은 의사소통 수단을 가지고 있는 듯이 보인다. ㉡ 즉, 동물들도 여러 가지 소리를 내거나 몸짓을 함으로써 자신들의 감정과 기분을 나타낼 뿐 아니라 경우에 따라서는 인간과 다를 바 없이 의사를 교환하고 있는 듯하다. ㉢ 그러나 그것은 단지 겉모습의 유사성에 지나지 않을 뿐이고 사람의 말과 동물의 소리에는 아주 근본적인 차이가 존재한다는 점을 잊어서는 안 된다.

㉣ 동물들이 사용하는 소리는 단지 배고픔이나 고통 같은 생물학적인 조건에 대한 반응이거나, 두려움이나 분노 같은 본능적인 감정들을 표현하기 위한 것에 지나지 않는다. ㉤ 따라서, 동물들이 내는 소리가 때때로 의사소통의 수단으로 이용된다고 해서 그것을 대화나 토론이나 회의와 같은 언어활동이라고 할 수는 없다.

① ㉠은 논증의 결론으로 주제문이다.
② ㉡은 ㉠의 논리적 결함을 지적한 것이다.
③ ㉢은 ㉠, ㉡을 부정하고 새로운 논점을 제시한 것이다.
④ ㉤은 ㉢, ㉣에 대한 근거이다.

**해설** '그러나'는 앞의 내용과 뒤의 내용이 상반될 때 사용하는 역접의 접속사이다. ㉠과 ㉡의 내용을 살펴보면 동물들도 의사소통 수단을 가지고 있는 듯 보이고, 인간과 다를 바 없이 의사를 교환하고 있다고 설명한다. 따라서 ㉢에서 역접의 접속사 '그러나'를 사용하여 '사람의 말과 동물의 소리에는 아주 근본적인 차이가 존재한다.'고 하면서 앞의 내용을 부정하고 새로운 논점을 제시하였다는 설명은 적절하다.

**핵심정리**

**이야기 상황의 구성 요소**

㉠ 이야기의 목적
- 정보 전달하기(설명)
- 설득하기(주장과 근거 제시)
- 친교나 정서 표현
- **사적인 말하기** : 대화, 상담, 축화, 위로 등
- **공적인 말하기** : 토의, 회의, 설명, 연설, 보고 등

㉡ 듣는 대상
- 청중의 지식 수준
- 청중의 나이, 성별, 교육 정도
- 청중의 흥미, 관심사

㉢ 이야기 상황
- 이야기를 나누는 장소
- 이야기를 나누는 시간

## 14 지방직 9급 기출

**'샛강을 어떻게 살릴 수 있을까?'라는 주제에 대해 토의하고자 한다. 이에 대한 설명으로 적절하지 않은 것은?**

토의는 어떤 공통된 문제에 대해 최선의 해결안을 얻기 위하여 여러 사람이 의논하는 말하기 양식이다. 패널 토의, 심포지엄 등이 그 대표적 예이다. ㉠ 패널 토의는 3~6인의 전문가들이 사회자의 진행에 따라, 일반 청중 앞에서 토의 문제에 대한 정보나 지식, 의견이나 견해 등을 자유롭게 주고받는 유형이다. 토의가 끝난 뒤에는 청중의 질문을 받고 그에 대해 토의자들이 답변하는 시간을 갖는다. 이 질의 · 응답 시간을 통해 청중들은 관련 문제를 보다 잘 이해하게 되고 점진적으로 해결 방안을 모색하게 된다. ㉡ 심포지엄은 전문가가 참여한다는 점, 청중과 질의 · 응답 시간을 갖는다는

점에서는 패널 토의와 그 형식이 비슷하다. 다만 전문가가 토의 문제의 하위 주제에 대해 서로 다른 관점에서 연설이나 강연의 형식으로 10분 정도 발표한다는 점에서는 차이가 있다.

① ㉠과 ㉡은 모두 '샛강 살리기'와 관련하여 전문가의 의견을 들은 이후, 질의 · 응답 시간을 갖는다.
② ㉠과 ㉡은 모두 '샛강을 어떻게 살릴 수 있을까?'라는 문제에 대해 최선의 해결책을 얻기 위함이 목적이다.
③ ㉡은 토의자가 샛강의 생태적 특성, 샛강 살리기의 경제적 효과 등의 하위 주제를 발표한다.
④ ㉠은 '샛강 살리기'에 대해 찬반 입장을 나누어 이야기한 후 절차에 따라 청중이 참여한다.

해설 '토의'는 어떤 문제에 대하여 검토하고 협의하는 것으로 패널 토의, 심포지엄은 토의이다. 찬반 입장을 나누어 이야기 하는 것은 토론(어떤 문제에 대하여 여러 사람이 각각 의견을 말하며 논의함)에 해당된다.
① 패널 토의와 심포지엄은 전문가의 의견을 듣고, 질의 · 응답 시간을 갖는 공통점이 있다.
② 패널 토의와 심포지엄은 문제에 대해 최선을 해결책을 얻는 것이 목적이다.
③ 심포지엄은 패널 토의와 다르게 전문가가 토의 문제의 하위 주제에 대해 서로 다른 관점에서 연설이나 강연의 형식으로 10분 정도 발표한다.

## 15

**다음 중 토론에 대한 설명으로 옳지 않은 것은?**

① 최선의 문제 해결 방안을 모색한다.
② 상대방의 논거의 모순을 지적할 수 있다.
③ 찬성과 반대의 대립되는 두 견해가 있다.
④ 자기 주장의 정당성과 합리성이 인정되도록 한다.

해설 집단적인 사고로 문제를 해결하는 토의의 특징이다.

## 16

**토론과 토의를 구분하는 성격은?**

① 집단성 ② 통합성
③ 대립성 ④ 보편성

해설 토론과 토의의 차이는 상대방을 설득하는 것인지, 아니면 함께 해답을 찾는가에 그 목적이 있다.
- 토론 : 어떤 의견에 대해 찬 · 반의 의견 대립을 가지는 사람들이 논리적으로 상대방을 설득하는 논의 형태
- 토의 : 어떤 공통된 문제를 해결하기 위해 집단 사고 과정을 거쳐 최선의 해답을 찾는 말하기 형식



정답 13 ③ 14 ④ 15 ① 16 ③

## 17 지방직 9급 기출

**토론에서 사회자가 하는 역할에 대한 설명으로 가장 적절한 것은?**

① 토론을 시작하면서 논제가 타당한지 토론자들의 의견을 묻는다.

② 토론자들에게 토론의 전반적인 방향과 유의점에 대해 안내한다.

③ 청중의 의견을 수렴하여 대안을 제시함으로써 쟁점을 약화시킨다.

④ 토론자의 주장과 논거를 비판하는 견해를 개진하여 논쟁의 확산을 꾀한다.

해설 토론은 어떤 논제에 대해 찬성자와 반대자가 논거를 들어 상대방을 설득하는 논의이다. 토론의 사회자의 역할은 객관적인 입장에서 토론 진행, 발화 순서 지정, 질문과 요약, 토론의 방향과 유의점에 대한 안내 등이 있다.

① 토론 논제를 소개하는 것은 사회자의 역할이지만 논제의 타당성을 토론자에게 묻는 것은 토론 사회자의 역할로 적절하지 않다.

③ 청중의 의견을 수렴하는 것은 토의 사회자의 역할이며, 쟁점을 약화시키는 것은 토론 사회자의 역할로 적절하지 않다.

④ 토론 사회자는 객관적인 입장에서 토론을 진행해야 하므로 토론자의 주장과 논거를 비판하는 견해를 개진하는 것은 토론 사회자의 역할로 적절하지 않다.

## 18

**다음은 두 토론자 사이의 대화이다. 토론의 필수 요소 가운데 두 번째 토론자 '을'이 빠뜨리고 있는 가장 핵심적인 것은?**

> 갑 : 현재 초등학교 교사가 부족한 것은 여러 원인이 있겠지만 무엇보다 중요한 원인은 교사 정년을 단축한 것입니다. 그러므로 초등학교 교사 부족 문제를 해결하기 위해서는 무엇보다 교사 정년을 늘려야 한다고 생각합니다. 다른 어떤 대안보다 이 정책을 우선 시행해야 한다고 생각합니다.
>
> 을 : 저는 교사 정년을 늘리는 것에 반대합니다. 부족 교사를 충당하기 위해서는 중등학교 자격증 소지자 가운데 일정 교육을 받은 사람에 한하여 초등교과 전담교사를 배치하는 것이 더 좋다고 생각합니다. 사범대학과 교육대학이 동일한 과목의 교직과목을 이수하고 있기 때문에 일정 교육을 통해 이 사람들이 초등에 필요한 몇 가지 이론적 실천소양을 갖추게 되면 초등교사로 배치되는데 크게 문제가 없다고 생각합니다.

① 주장의 논리성

② 주장의 근거 제시

③ 주장의 분명한 표현

④ 상대의 주장에 대한 논박

해설 토론은 논제에 대해 찬 · 반으로 대립되는 사람들이 논리적으로 상대방을 설득하는 화법의 형식이다. 따라서 자기 주장을 제시하면서 상대방 의견의 문제점도 지적할 수 있어야 한다. 상대방 주장의 모순, 취약점 등을 지적하는 비판적 태도는 자기 주장의 정당성을 입증함과 동시에 상대의 행동 변화도 유도할 수 있다.

## 19

**다음 대담에서 밑줄 친 곳에 들어갈 가장 적절한 것은?**

A : 당신은 또 텔레비전이 상상력의 가장 큰 적이라고 말한 것으로 알고 있습니다. 정확히 텔레비전이 우리 아이들에게 어떤 영향을 미치고 있습니까?

B : 텔레비전은 문자 그대로 아이들의 정상적인 두뇌발달을 방해합니다.
어린 아이들이 텔레비전을 지나치게 많이 볼 때, 환경에서 직접적으로 감각 체계에 주어지지 않은 어떤 사물이나 사건에 대해 내면적인 이미지를 창조해낼 수 있는 아이들의 두뇌 능력이 억압받게 됩니다. 그동안 학자들은 아이들에게 부정적인 영향을 끼치는 것은 텔레비전 프로그램의 내용이라고 생각해 왔습니다만, 이제 우리는 텔레비전이라는 기술 그 자체가 매우 유해하다는 것을 보여주는 풍부한 근거를 가지고 있습니다. 다시 말해서 텔레비전을 본다는 행위 그 자체가 인간의 생리에 깊이 부정적인 영향을 끼친다는 것이지요.

A : ______________________________

① 그동안 논의된 학자들의 견해를 자세히 말씀해주십시오.
② 글쎄요, 제 생각에는 전혀 근거가 없다고 보는데요.
③ 아, 그렇군요. 그럼 컴퓨터는 어떻습니까?
④ 그건 미처 생각 못한 측면입니다. 어떻게 그렇다는 것인가요?

**해설** A는 '텔레비전이 상상력의 큰 적'이라는 B의 말을 인용하여 질문하고 있으며, 그 내용이 아이들에게 미치는 영향이 무엇인지를 궁금해 하고 있다. 그런데 B는 프로그램의 내용이 유해하다기보다는 텔레비전을 보는 행위 자체가 아이들에게 더 유해하다고 말하고 있다.

## 20

**다음 중 토의의 주제로 적당한 것은?**

① 자연환경 개발이 지역 환경에 미치는 영향
② 출산률 감소에 대한 해결 방안
③ 환경 오염으로 인한 피해 사례
④ 문해력 감소에 따른 국한문혼용체 사용에 관한 토의

**해설** 토의는 사안에 대한 여러 가지 의견을 내놓고 논의를 거쳐 최선의 방법을 찾는 것이 목적이다. 가능한 한 참가자 모두의 안을 검토하여 가장 좋은 해결책을 찾는 노력이 필요하다.

## 21

**어떤 특정한 주제에 대하여 3~6명의 전문가가 미리 원고를 준비하여 강연식으로 발표하고 이를 바탕으로 토의자와 청중이 질의 응답하는 토의 형식은?**

① 패널 ② 포럼
③ 심포지엄 ④ 원탁토의

**해설** 포럼은 공공의 장소에서 공개적으로 공공의 문제에 대해 공개적으로 하는 토의 형식이다.
① 패널 : 제각기 다른 의견을 가진 대표인 패널 몇 사람이 선발되어 공개 석상에서 하는 토의 형식
④ 원탁토의 : 10명 내외의 소규모 집단이 원탁을 에워싸고 평등한 입장에서 하는 토의 형식



정답 17 ② 18 ④ 19 ④ 20 ② 21 ②

# 실전문제 제2장 글의 진술 방식과 논리의 전개

**대표유형문제**

서울시 9급 기출

**뜻이 통하도록 가장 잘 배열한 것은?**

가. 과거에는 종종 언어의 표현 기능 면에서 은유가 연구되었지만, 사실 은유는 말의 본질적 상태 중 하나이다.
나. '토대'와 '상부 구조'는 마르크스주의에서 기본 개념들이다. 데리다가 보여 주었듯이, 심지어 철학에도 은유가 스며들어 있는데 단지 인식하지 못할 뿐이다.
다. 어떤 이들은 기술과학 언어에는 은유가 없어야 한다고 역설하지만, 은유적 표현들은 언어 그 자체에 깊이 뿌리박고 있다.
라. 언어는 한 종류의 현실에서 또 다른 현실로 이동함으로써 그 효력을 발휘하며, 따라서 본질적으로 은유적이다.
마. 예컨대 우리는 조직에 대해 생각할 때 습관적으로 위니 아래니 하며 공간적으로 생각하게 된다. 우리는 이론이 마치 건물인 양 생각하는 경향이 있어서 기반이나 기본 구조 등을 말한다.

① 가 – 나 – 마 – 라 – 다
② 가 – 다 – 나 – 마 – 라
③ 라 – 마 – 다 – 가 – 나
❹ 가 – 라 – 다 – 마 – 나
⑤ 라 – 가 – 다 – 나 – 마

정답해설 가. '은유는 말의 본질적 상태 중 하나이다'라는 화제를 제시하는 문장이다.
라. 언어가 하나의 현실에서 다른 현실로 이동함으로써 효력을 발휘하므로 언어는 본질적으로 은유적이다.
다. 화제에 대한 반론을 소개하고, '은유적 표현들은 언어 그 자체에 깊이 뿌리박고 있다'라고 화제를 부연하고 있다.
마. 언어가 본질적으로 은유라는 것을 '기본 구조'라는 예시를 들어 설명하고 있다.
나. '구조'와 관련한 철학적 개념을 들어 철학에도 은유가 들어 있다고 부연하고 있다.

핵심정리 논리적 순서에 따른 문장의 배열
- **구체화의 순서** : 가장 먼저 일반 사항을 앞세우고 그 뒤에 세부적인 분석 내용을 배열하는 방식이다.
- **일반화의 순서** : 가장 마지막 부분에서 일반 사항을 제시하고, 그 앞에 세부적인 사항을 나열하는 방식이다.
- **찬 · 반의 순서** : 서로 엇갈리는 자료를 절충하면서 배열하는 방식이다.

## 01 국가직 9급 기출

### 다음 글의 설명 방식과 가장 가까운 것은?

> 여름 방학을 맞이하는 학생들이 잊지 말아야 할 유의 사항이 있다. 상한 음식이나 비위생적인 음식 먹지 않기, 물놀이를 할 때 먼저 준비 운동을 하고 깊은 곳에 들어가지 않기, 외출할 때에는 부모님께 행선지와 동행인 말씀드리기, 외출한 후에는 손발을 씻고 몸을 청결하게 하기 등이다.

① 이등변 삼각형이란 두 변의 길이가 같은 삼각형이다.

② 그 친구는 평소에는 순한 양인데 한번 고집을 피우면 황소 같아.

③ 나는 산 · 강 · 바다 · 호수 · 들판 등 우리 국토의 모든 것을 사랑한다.

④ 잣나무는 소나무처럼 상록수이며 추운 지방에서 자라는 침엽수이다.

**해설** 글에서는 학생들이 기억해야 할 유의 사항들을 예를 들어 설명하는 예시의 방법을 사용하였다.

① 어떤 '말'이 가지고 있는 '뜻'을 설명하는 정의의 방법을 사용하였다.

② 표현하려는 대상을 공통점을 지닌 다른 대상에 빗대어 표현하는 비유의 방법을 사용하였다.

④ 둘 이상의 사물이나 현상 등의 공통점이나 유사점을 설명하는 비교의 방법을 사용하였다.

**핵심정리**

**설명의 방법**

- **정의** : 'A는 B이다'의 형식으로 사물의 의미를 밝힌다는 점에서 지정과 차이가 있다.
  - 예 상쇠란 농악대에서 꽹과리를 치면서 전체를 지휘하는 사람을 말한다.
- **지정** : '대상이나 상황에 대한 언어적 확인 또는 지적'으로 '그것은 무엇인가?' 혹은 '그는 누구인가?'와 같은 질문에 대답하는 방식이다.
  - 예 오른쪽에서 두 번째가 내 코트이다.
- **예시** : 세부적인 예를 제시하여 일반적인 원리나 법칙 등을 구체화하는 진술 방식이다.
  - 예 예로부터 나이를 지칭하는 단어들이 많았다. 약관, 불혹, 지천명, 이립 등이 그 예이다.
- **비유** : 낯선 것을 낯익은 것에 견주어 설명하는 방식이다.
  - 예 내 마음은 호수요.
- **대조** : 서로 성격이 다른 대상을 견주어 설명하는 방식이다.
  - 예 미술은 공간 예술인 반면 음악은 시간 예술이다.
- **비교** : 서로 성격이 유사한 것들을 견주어 설명하는 방식이다.
  - 예 연극은 영화와 마찬가지로 종합 예술이다.
- **구분** : 어떤 사물의 특성을 명확히 하기 위해 일정한 기준을 정하여 큰 항목을 작은 항목으로 나누는 것을 뜻한다.
  - 예 문학의 형태는 시, 소설, 희곡 등으로 나누어진다.
- **분류** : 어떤 사물의 특성을 명확히 하기 위해 일정한 기준을 정하여 작은 항목들을 특성에 따라 큰 항목으로 묶는 것을 뜻한다.
  - 예 한국어, 만주어, 몽고어 등은 알타이 어족에 속한다.



정답 01 ③

## 02

**다음 글의 전개 방법으로 알맞은 것은?**

> 전통은 물론 과거로부터 이어 온 것을 말한다. 이 전통은 대체로 그 사회 및 그 사회의 구성원인 개인의 몸에 배어 있는 것이다. 그러므로 스스로 깨닫지 못하는 사이에 전통은 우리의 현실에 작용하는 경우가 있다. 그러나 과거에서 이어 온 것을 무턱대고 모두 전통이라고 한다면, 인습(因襲)이라는 것과의 구별이 서지 않을 것이다. 우리는 인습을 버려야 할 것이라고는 생각하지만, 계승해야 할 것이라고는 생각하지 않는다. 여기서 우리는, 과거에서 이어 온 것을 객관화하고, 이를 비판하는 입장에 서야 할 필요를 느끼게 된다. 그 비판을 통해서 현재의 문화 창조에 이바지할 수 있다고 생각되는 것만을 우리는 전통이라고 불러야 할 것이다. 이같이 전통은 인습과 구별될뿐더러, 또 단순한 유물과도 구별되어야 한다. 현재의 문화를 창조하는 일과 관계가 없는 것을 우리는 문화적 전통이라고 부를 수가 없기 때문이다.

① 유추　　② 묘사
③ 분류　　④ 비교와 대조

**해설** 전통과 인습이라는 개념을 '과거로부터 이어 온 것'이라는 특징과 '창조성'의 유무를 가지고 비교 · 대조하고 있다.

① 유추는 생소하고 복잡한 개념 또는 현상을 단순한 것에 비유하여 설명하는 것이다.
② 묘사는 대상을 그림처럼 생생하게 묘사하는 것이다.
③ 분류는 유사한 특성을 나타내는 대상을 일정한 기준으로 나누거나 묶어 설명하는 것이다.

## 03 국가직 9급 기출

**다음에서 제시한 글의 전개 방식의 예로 가장 적절한 것은?**

> '인과'는 원인과 결과를 서술하는 전개 방식이다. 어떤 현상이나 결과가 나타나게 된 원인이나 힘을 제시하고 그로 말미암아 초래된 결과를 나타내는 서술 방식이다

① 온실 효과로 지구의 기온이 상승할 때 가장 심각한 영향은 해수면의 상승이다. 이러한 현상은 바다와 육지의 비율을 변화시켜 엄청난 기후 변화를 유발하며, 게다가 섬나라나 저지대는 온통 물에 잠기게 된다.

② 이 사회의 경제는 모두가 제로섬 요소로 구성되어 있다. 제로섬(zero-sum)이란 어떤 수를 합해서 제로가 된다는 뜻이다. 어떤 운동 경기를 한다고 할 때 이기는 사람이 있으면 반드시 지는 사람이 있게 마련이다.

③ 다음날도 찬호는 학교 담을 따라 돌았다. 그리고 고무신을 벗어 한 손에 한 짝씩 쥐고는 고양이 걸음으로 보초의 뒤를 빠져 팽이처럼 교문 안으로 뛰어들었다.

④ 벼랑 아래는 빽빽한 소나무 숲에 가려 보이지 않았다. 새털구름이 흩어진 하늘 아래 저 멀리 논과 밭, 강을 선물 세트처럼 끼고 들어앉은 소읍의 전경은 적막해 보였다.

**해설** 온실 효과로 인해 지구의 기온이 상승하고, 그로 인해 바다와 육지의 비율이 변화돼 기후 변화가 유발되고, 심지어 섬나라나 저지대는 물에 잠기게 되는 결과가 나타나게 된다고 하였다. 따라서 '결과'가 분명하게 서술되어 있으므로 '인과'의 전개 방식이 쓰였다고 볼 수 있다.

② 제로섬(zero-sum)의 뜻을 설명하고 있으므로 '정의'가 사용되었고, 운동 경기를 예로 들어 부가 설명을 하고 있으므로 '예시'도 사용되었다.

③ 찬호가 학교 담에서부터 교문 안으로 들어가기까지의 과정을 시간의 흐름에 따라 서술하고 있으므로 '서사'가 사용되었다.
④ 벼랑 아래의 모습과 소읍의 전경을 눈으로 보는 것처럼 세세하게 설명하고 있으므로 '묘사'가 사용되었다.

**핵심정리**

**글의 진술 방식**

㉠ **묘사**
- **개념** : 대상을 그림 그리듯이 글로써 생생하게 표현해 내는 진술 방식을 말한다. 즉 어떤 대상을 구체적이고 감각적인 인상에 의존하여 언어로 표현하는 것이다.
- **유형**
  - 객관적(설명적) 묘사 : 대상의 세부적 사실을 가능한 한 객관적으로 표현하는 진술 방식으로 글쓴이의 감정이나 인상에 영향을 받지 않고 대상을 관찰하여 정확하고 사실적인 정보 전달이 목적이다.
  - 주관적(인상적, 문학적) 묘사 : 대상에 대한 글쓴이의 주관적인 인상을 진술하는 방식으로 상징적인 언어를 사용하며 주로 문학 작품에 많이 쓰인다.

㉡ **서사** : 행동이나 상태가 진행되어 가는 움직임을 시간의 경과에 따라 표현하는 진술 방식. '무엇이 발생하였는가'에 관한 질문에 답하는 것이다.

㉢ **논증**
- **개념** : 아직 밝혀지지 않은 사실이나 문제에 대하여 자신의 의견을 밝히고 그 진실 여부를 증명하며, 독자로 하여금 그 증명한 바를 믿게 하고 나아가 그에 따라 행동하도록 하게 하는 진술 방식이다.
- **명제** : 사고 내용 및 판단을 단적으로 진술한 주제문, 완결된 평서형 문장 형식으로 표현한다.

| | |
|---|---|
| 사실 명제 | 진실성과 신빙성에 근거하여 존재의 진위를 판별할 수 있는 명제 |
| 정책 명제 | 타당성에 근거하여 어떤 대상에 대한 의견을 내세운 명제 |
| 가치 명제 | 공정성에 근거하여 주관적 가치 판단을 내린 명제 |

## 04 국가직 9급 기출

**다음 글과 같은 방식으로 논리를 전개한 것은?**

> 진리가 사상의 체계에 있어 제일의 덕이듯이 정의는 사회적 제도에 있어 제일의 덕이다. 하나의 이론은 그것이 아무리 멋지고 간명한 것이라 하더라도 만약 참되지 않다면 거부되거나 수정되어야 한다. 이와 마찬가지로 법과 제도는 그것이 아무리 효율적으로 잘 정비되어 있다고 하더라도 만약 정의롭지 않다면 개혁되거나 폐기되어야 한다.

① 의지의 자유가 없는 사람에게는 책임을 물을 수 없다. 그런데 인간에게는 책임을 물을 수 있다. 그러므로 인간의 의지는 자유롭다고 보아야 한다.
② 여자는 생각하는 것이 남자와 다른 데가 있다. 남자는 미래를 생각하지만 여자는 현재의 상태를 더 소중하게 여긴다. 남자가 모험, 사업, 성 문제를 중심으로 생각한다면 여자는 가정, 사랑, 안정성에 비중을 두어 생각한다.
③ 우리 강아지는 배를 문질러 주면 등을 바닥에 대고 누워 버려. 그리고 정말 기분 좋은 듯한 표정을 짓지. 그런데 내 친구 강아지도 그렇더라고. 아마 모든 강아지가 그런 속성을 가지고 있는 것 같아.
④ 인생은 여행과 같다. 간혹 험난한 길을 만나기도 하고, 예상치 않은 일을 당하기도 한다. 우연히 누군가를 만나고 그들과 관계를 맺기도 한다. 여행을 끝내고 집으로 돌아왔을 때 편안함을 느끼는 것처럼 생을 끝내고 죽음을 맞이할 때 우리는 더없이 편안해질 것이다.

**해설** 제시된 글에서는 이론이 참되지 않다면 거부되거나 수정되어야 하는 것과 마찬가지로 법과 제도가 정의롭지 않다면 개혁되거나 폐기되어야 한다는 주장을 유추의

제5편 논리적인 말과 글

정답 02 ④ 03 ① 04 ④

방식을 사용하여 전개하였다. 유추란 같은 종류의 것 또는 비슷한 것에 기초하여 다른 사물을 미루어 추측하는 것이다.

① 연역 추론의 한 종류인 삼단 논법의 방식이 사용되었다. : 의지의 자유가 없는 사람에게는 책임을 물을 수 없다(대전제). 그런데 인간에게는 책임을 물을 수 있다(소전제). 그러므로 인간의 의지는 자유롭다고 보아야 한다(결론).

② 여자와 남자의 차이점과 그 사례를, 대조와 예시의 방식으로 설명하였다.

③ '우리 강아지'와 '친구 강아지'의 사례를 통해 강아지의 일반적인 속성에 대하여 결론을 내리는 귀납 추론의 방식이 사용되었다.

**핵심정리**

**논리 전개 방식**

- **변증법** : 새로운 주장을 제시하는 방법으로 정과 반을 대립시켜 정과 반의 합을 이루는 방법이다.
- **귀납 추론** : 구체적이고 특수한 근거로부터 일반적인 결론으로 나아가는 방식이다.
- **연역 추론** : 일반적인 주장으로부터 구체적이고 특수한 주장으로 나아가는 추리 방식이다.

## 05 지방직 9급 기출

**밑줄 친 부분의 연결이 가장 자연스러운 것은?**

① 인구가 급격히 줄고 있음에도 불구하고 정작 인구 늘리기에 앞장서야 하는 시청 직원들은 관외에 거주하는 경우가 많아 시의회로부터 질타를 많이 받고 있다.

② 구조조정을 할 때 회사가 가장 중요하게 여기는 덕목은 실무 능력뿐만 아니라 주인 의식, 곧 회사 일과 개인적인 일을 조화롭게 해 나갈 수 있는 능력이다.

③ 연구진은 쥐를 대상으로 한 연구에서, 비만인 쥐는 ER(형질내세망)의 스트레스가 증가한 상태라는 것을 발견하였다. 다시 말해서, 이런 사태는 비만이 발생한 상황에서 ER이 위축되어 제대로 그 기능을 발휘하지 못하기 때문이다.

④ 한 증권사의 담당자는 내년 초 주가지표에 대해 2,000포인트 돌파를 외치기도 하고, 다른 증권사의 담당자는 연내 초강세장의 도래를 주장하기도 한다. 그래서 그동안 보수적인 입장을 취해오던 증권사도 아직은 관망을 해야 할 때라는 입장을 보였다.

해설 접속어의 사용을 바르게 하고 있는지 알아보는 문제이다. '정작'은 '요긴하거나 진짜인 것 또는 그런 점이나 부분'이란 뜻을 가지고 있다. ①의 '인구가 급격히 줄고 있음에도'와 '인구 늘리기에 앞장서야 하는 시청 직원들은 관외에 거주하는 경우가 많아'라는 모순된 내용을 서로 잘 연결해주고 있다.

핵심정리

**접속어의 종류**

- **순접관계** : 앞뒤의 내용이 상반되지 않고 앞의 내용을 이어받아 연결되는 것을 말한다.
  예 그리고, 이리하여, 그리하여 등
- **역접관계** : 앞의 내용과 다르거나 부정하는 내용이 연결되는 것을 말한다.
  예 그래도, 반면에, 하지만, 다만 등
- **인과관계** : 앞문장이 뒤에 오는 문장과 원인과 결과로 연결되는 것을 말하다.
  예 그러니까, 왜냐하면, 따라서 등
- **대등관계** : 앞뒤의 내용이 같은 자격으로 나열되어 연결되는 것을 말한다.
  예 혹은, 및, 그리고 등
- **전환** : 앞의 내용과 다른 생각이나 사실을 말하여 화제를 바꾸는 것을 말한다.
  예 그런데, 그러면, 아무튼 등

## 06 국가직 9급 기출

**다음을 논리적 순서로 배열한 것은?**

ㄱ. 그 덕분에 인류의 문명은 발달될 수 있었다.
ㄴ. 그 대신 사람들은 잠을 빼앗겼고 생물들은 생체 리듬을 잃었다.
ㄷ. 인간은 오랜 세월 태양의 움직임에 따라 신체 조건을 맞추어 왔다.
ㄹ. 그러나 밤에도 빛을 이용해 보겠다는 욕구가 관솔불, 등잔불, 전등을 만들어 냈고, 이에 따라 밤에 이루어지는 인간의 활동이 점점 많아졌다.

① ㄱ－ㄴ－ㄷ－ㄹ
② ㄴ－ㄱ－ㄹ－ㄷ
③ ㄷ－ㄹ－ㄱ－ㄴ
④ ㄹ－ㄷ－ㄴ－ㄱ

해설 글의 논리적 순서를 파악하기 위해서는 접속어와 지시어에 유의하여야 한다.
ㄷ. 화제를 제시하고 있다.
ㄹ. '그러나'라는 역접의 접속어가 사용되고 밤에도 빛을 이용하게 되었다는 내용이 제시되었으므로 ㄷ 뒤에 위치하는 것이 적절하다.
ㄱ. '그'가 가리키는 것은 ㄹ에서 언급한 밤에 인간의 활동이 많아졌다는 내용이므로 ㄹ에 이어지는 것이 적절하다.
ㄴ. '그'가 가리키는 것은 ㄱ에서 언급한 '인류의 문명 발달'이므로 ㄱ에 이어지는 것이 적절하다.

핵심정리

**문장 간의 관계 파악하기**

- 접속어의 기능과 의미에 유의하여 파악
  – 중심 내용의 앞에 위치하는 접속사 : 그러나, 그런데, 따라서, 요컨대, 결국, 그러므로, 그렇다면, 이제
  – 중심 내용이 뒤에 위치하는 접속사 : 즉, 왜냐하면, 다시 말해, 가령, 예를 들어, 예컨대
- **각 문장의 중심 속성을 비교하여 파악** : 각 문장에 제시된 정보 및 그 관계를 파악하고 중심 문장과 뒷받침 문장을 구분하면, 각 문장 간의 관계를 일목요연하게 나타낼 수 있다.
- 앞 문장의 내용을 받는 지시어의 의미에 유의하여 파악

제 5 편 논리적인 말과 글

정답 05 ① 06 ③

## 07 국가직 9급 기출

**다음 글의 논지 전개 방식으로 가장 적절한 것은?**

언젠가부터 우리 바다 속에 해파리나 불가사리와 같이 특정한 종들만이 크게 번창하고 있다는 우려의 말이 들린다. 한마디로 다양성이 크게 줄었다는 이야기다. 척박한 환경에서는 몇몇 특별한 종들만이 득세한다는 점에서 자연 생태계와 우리 사회는 닮은 것 같다. 어떤 특정 집단이나 개인들에게 앞으로 어려워질 경제 상황은 새로운 기회가 될지도 모른다. 하지만 이는 사회 전체로 볼 때 그다지 바람직한 현상이 아니다. 왜냐하면 자원과 에너지 측면에서 보더라도 이들 몇몇 집단들만 존재하는 세계에서는 이들이 쓰다 남은 물자와 이용하지 못한 에너지는 고스란히 버려질 수밖에 없고 따라서 효율성이 극히 낮기 때문이다.

다양성 확보는 사회 집단의 생존과도 무관하지 않다. 조류 독감이 발생할 때마다 해당 양계장은 물론 그 주변 양계장의 닭까지 모조리 폐사시켜야 하는 참혹한 현실을 본다. 단 한 마리 닭이 걸려도 그렇게 많은 닭들을 죽여야 하는 이유는 인공적인 교배로 인해 이들 모두가 똑같은 유전자를 가졌기 때문이다. 따라서 다양한 유전 형질을 확보하는 길만이 재앙의 확산을 막고 피해를 줄이는 길이다.

이처럼 다양성의 확보는 자원의 효율적 사용과 사회 안정에 중요하지만 많은 비용이 들기도 한다. 예를 들어 출산 휴가를 주고, 노약자를 배려하고, 장애인에게 보조 공학 기기와 접근성을 제공하는 것을 비롯해 다문화 가정, 외국인 노동자를 위한 행정 제도 개선 등은 결코 공짜가 아니다. 그럼에도 불구하고 다양성 확보가 중요한 이유는 우리가 미처 깨닫고 있지 못하는 넓은 이해와 사랑에 대한 기회를 사회 구성원 모두에게 제공하기 때문이다.

① 다양성 확보의 중요성에 대해 관점이 다른 두 주장을 대비하고 있다.
② 다양성 확보의 중요성에 대해 유추를 통해 설명하고 있다.
③ 다양성이 사라진 사회를 여러 기준에 따라 분류하고 있다.
④ 다양성이 사라진 사회의 사례들을 나열하고 있다.

**해설** 바다 속 생물의 다양성이 줄어드는 자연 생태계 현상과의 유사점을 사회 집단에서 찾아, 사회 집단의 생존을 위해 다양성 확보가 필요함을 언급하고 있다. 즉, 유추의 방법을 사용하여 논지를 전개하고 있다.

## 08

**다음과 같은 주제에 알맞은 글의 진술 방식이 아닌 것은?**

① 컴퓨터의 구성 – 분석
② 주왕산의 가을 풍경 – 묘사
③ 축구와 야구 – 유추
④ 호랑이와 고양이의 생태 – 비교, 대조

**해설** 축구와 야구는 두 가지 이상의 사물의 유사점과 차이점에 대하여 설명하는 비교와 대조가 적절하다.
유추란 두 개의 사물이 몇몇 성질이나 관계를 공통으로 가지며, 또 한쪽의 사물이 어떤 성질, 또는 관계를 가질 경우, 다른 사물도 그와 같은 성질 또는 관계를 가질 것이라고 추리하는 일이다.

## 09

**다음 중 표현의 방식이 다른 하나는?**

① 때마침 단정학 두세 마리가 높푸른 가을 하늘에 큰 날개를 펴고 유유히 날고 있었다.

② 군데군데 찢어진 경성드뭇한 눈썹이 올올히 일어서며 아래로 축 처지는 서슬에 양미간에는 여러 가닥 주름이 잡히고, 광대뼈 위로 살이 실룩실룩 보이자 두 볼은 쪽 빨아든다.

③ 젊은 시절에는 알뜰하게 벌어 돈푼이나 모아 본 적도 있기는 있었으나, 읍내에 백중이 열린 해 호탕스럽게 놀고 투전을 하고 하여 사흘 동안에 다 털어 버렸다. 나귀까지 팔게 된 판이었으나 애끊는 정분에 그것만은 이를 물고 단념하였다. 결국 도로아미타불로 장돌림을 다시 시작할 수밖에는 없었다.

④ 길은 지금 긴 산허리에 걸려 있다. 밤중을 지난 무렵인지 죽은 듯이 고요한 속에서, 짐승 같은 달의 숨소리가 손에 잡힐 듯이 들리며, 콩포기와 옥수수 잎새가 한층 달에 푸르게 젖었다.

**해설** 젊은 시절부터 현재에 이르기까지 투전에 모았던 돈을 날리는 행동과 나귀까지 팔게 된 상태가 된 양상을 시간의 흐름에 따라 서사의 방식으로 서술하고 있다.
①, ②, ④ 대상이 하는 행동 및 상태를 그림 그리듯 표현하는 묘사의 방식으로 서술하고 있다.

## 10 국가직 9급 기출

**다음 글에서 논리 전개상 불필요한 문장은?**

> 민담은 등장인물의 성격 발전에 대해서는 거의 중점을 두지 않는다. ㉠ 민담에서 과거 사건에 대한 정보는 대화나 추리를 통해서 드러난다. ㉡ 동물이든 인간이든 등장인물은 대체로 그들의 외적 행위를 통해서 그 성격이 뚜렷하게 드러난다. ㉢ 민담에서는 등장인물의 내적인 동기에 대해서는 전혀 관심을 기울이지 않는다. ㉣ 늑대는 크고 게걸스럽고 교활한 반면 아기 염소들은 작고 순진하며 잘 속는다. 말하자면 이들의 속성은 이미 정해져 있어서 민담의 등장인물은 현명함과 어리석음, 강함과 약함, 부와 가난 등 극단적으로 대조적인 양상을 보여 준다.

① ㉠　　② ㉡
③ ㉢　　④ ㉣

**해설** 주어진 글은 민담의 등장인물에 대한 내용으로, 등장인물의 성격은 이미 정해져 있으며, 그것은 외적 행위를 통해 드러난다고 설명하고 있다. 그런데 ㉠에서는 '사건'에 대해 언급하고 있다. ㉡, ㉢, ㉣과 다른 주제를 다루고 있기 때문에 논리 전개상 불필요하다는 것을 알 수 있다.

**핵심정리**

**글의 통일성, 완결성, 일관성**
- **통일성** : 다루어지는 화제 또는 중심 생각이 한 가지로 수렴되는 것
- **완결성** : 중심 문장의 내용이 뒷받침하는 문장에 구체적으로 제시되는 것
- **일관성** : 중심 문장을 뒷받침하는 문장들이 논리적이며, 자연스럽고 긴밀하게 연결된 것



정답 07 ② 08 ③ 09 ③ 10 ①

## 11 지방직 9급 기출

**'청소년 인터넷 중독의 현황과 문제 해결'에 대한 글을 작성하고자 한다. 글의 내용으로 포함하기에 적절하지 않은 것은?**

① 국내 최대 게임 업체의 고객 개인 정보가 유출되어 청소년들에게 성인 광고 문자가 대량 발송된 사건을 예로 제시한다.

② 인터넷에 중독되는 청소년의 비율이 해마다 증가한다는 통계를 활용하여 해당 사안이 시급히 해결되어야 할 문제임을 강조한다.

③ 사회성 결여, 의사소통 장애, 집중력 저하 등 인터넷 중독이 야기할 수 있는 부정적 현상들을 열거하여 문제의 심각성을 환기한다.

④ 청소년 대상 인터넷 중독 상담 프로그램의 개발 및 운영을 위해 할당된 예산이 부족하다는 전문가의 의견을 인용하여 해당 문제에 대한 대처가 미온적임을 지적한다.

**해설** 청소년 인터넷 중독에 대한 내용이 아니라 개인 정보 유출에 대한 내용이므로 '청소년 인터넷 중독의 현황과 문제 해결'에 대한 글에 포함되기에 적절하지 않다.

② 인터넷에 중독되는 청소년의 비율에 대한 통계를 활용하여 청소년 인터넷 중독의 현황을 제시하고 있으므로 적절하다.

③ 인터넷 중독이 야기할 수 있는 문제들을 열거하여 청소년 인터넷 중독의 문제를 환기하였으므로 적절하다.

④ 청소년 대상 인터넷 중독 상담 프로그램을 위한 예산이 부족함을 지적하며 문제 해결에 보다 적극적이어야 함을 시사하고 있으므로 적절하다.

## 12

**다음 글의 짜임으로 가장 적절한 것은?**

> 거대한 기계의 일부분은 그 부분만 분리되면 아무 쓸모없는 고철이 될 수도 있다. 기계의 일부분은 전체의 체계 속에서만 진정한 기능(機能)을 발휘하게 되는 것이다.
>
> 우리가 독서를 할 때에는, 이와 같이 어느 한 부분의 내용도 한 편의 글이라는 전체의 구조 속에서 파악하여야만 그 바른 의미를 이해할 수 있게 된다.

① 사실 – 의견 ② 비유 – 주지

③ 보충 – 주지 ④ 비유 – 사실

**해설** '글의 구조 파악의 필요성'을 다룬 글의 일부분이다. 글의 구조를 기계에 비유한 문단으로 '비유 – 주지'의 단락 관계에 있다.

**핵심정리**

**단락 짜임새의 유형**

- **두괄식 단락(소주제문+뒷받침 문장들)** : 두괄식 단락은 소주제문을 맨 앞에 놓고 뒷받침 문장들을 그 뒤에 놓는 짜임새이다. 첫머리 부분에 단락의 핵심이 놓이고 그 뒤에 그것을 풀이하거나 합리화하는 뒷받침 요소들이 이어지는 형태이다.
- **양괄식 단락(소주제문+뒷받침 문장들+소주제문)** : 양괄식의 단락은 소주제문을 첫머리에 내걸고 그것을 뒷받침한 다음 마지막에 가서 소주제문을 다시 한 번 되풀이하는 짜임새이다.
- **미괄식 단락(뒷받침 문장들+소주제문)** : 미괄식 단락은 뒷받침 문장들이 앞에 놓이고 소주제문은 맨 끝에 제시된다. 앞부분에서는 소주제문 대신에 그것을 이끌어 내기 위한 구체적인 서술이 이루어진다.

핵심정리

**문장과 문장의 관계**

- **주지 – 상술 관계** : 앞에서 글쓴이의 주장 또는 핵심적인 정보를 제시하고 뒤에서는 주지 문단의 내용을 더 구체적으로 서술하는 관계이다.
- **주지 – 논거 관계** : 설득적인 견해를 내세우고 그 주장의 타당성을 증명하는 정보를 제시하는 관계이다.
- **주지 – 예시 관계** : 중요한 내용을 제시하고, 그 내용을 예를 들어 설명하는 관계이다.

## 13

**다음 〈보기〉의 내용을 서론, 본론, 결론으로 알맞게 나눈 것은?**

보기

ⓐ 안전수칙의 중요성 교육
ⓑ 전동 킥보드 2인 이상 탑승 실태
ⓒ 전동 킥보드 운전 시 안전장구 미착용
ⓓ 전동 킥보드에 대한 안전 교육 미흡
ⓔ 제도적 지원보다 안전 교육 실시를 우선시
ⓕ 탑승 전 선행 안전교육 부족
ⓖ 전동 킥보드 안전교육에 대한 관심 촉구
ⓗ 안전 장구 미착용 및 교육 없이는 탑승을 금지해야 함

| | 〈서론〉 | 〈본론 1〉 | 〈본론 2〉 | 〈결론〉 |
|---|---|---|---|---|
| ① | ⓖ | ⓑⓒ | ⓐⓓ | ⓔⓗ |
| ② | ⓑⓒ | ⓐⓔ | ⓕⓗ | ⓓⓖ |
| ③ | ⓑⓓ | ⓒⓕ | ⓔⓗ | ⓐⓖ |
| ④ | ⓑⓓ | ⓒⓗ | ⓔⓕ | ⓐⓖ |

**해설** 일반적으로 서론에는 주제 및 문제를 제시하고 본론에는 제기한 문제에 대하여 근거를 들어서 자신의 주장과 견해를 서술한다. 즉 본론에서는 구체적 설명을 통해 지식과 정보를 전달하는 것이다. 결론에는 주제를 요약하고, 본문을 정리하며 서론에서 제시한 문제에 대해서 답을 제시한다. 글의 주제는 '전동 킥보드에 대한 안전교육 미흡'임을 알 수 있다. 〈서론〉의 내용을 찾는다면 2인 이상 탑승하는 실태를 밝힌 'ⓑⓓ'가 적당하다. 〈본론〉에서는 원인과 해결책을 제시하는 것이 적당하므로, 원인에 해당하는 'ⓒⓕ', 〈본론 2〉에는 해결책에 해당하는 'ⓔⓗ'가 들어가야 한다. 마지막으로 〈결론〉에는 강조와 촉구의 내용인 'ⓐⓖ'가 들어가는 것이 적당하다.

핵심정리

**논설문의 특징**

- 간결, 명료한 문장으로 구성되어 있다.
- 주장이나 의견이 확연히 드러난다.
- 주장을 뒷받침하는 근거가 제시된다.
- 독창적인 내용, 일관적인 논지, 통일된 구성을 통해 짜여진다.
- 논증문은 주로 건조체를 사용하며, 설득문은 주로 강건체를 사용한다.

## 14 지방직 9급 기출

**(가)~(라)를 논리적 순서로 배열할 때 가장 적절한 것은?**

'국어 순화'를 달리 이르는 말로 이제는 '우리말 다듬기'라는 말이 쓰이고 있다. '국어 순화'라는 말부터 순화해야 한다는 지적이 있었던 상황에서 '우리말 다듬기'라는 말은, 그 의미를 대강 짐작할 수 있는 쉬운 우리말이라는 점에서, 국어 순화의 기본 정신에 걸맞은 말이라 할 수 있다.

(가) 우리말 다듬기는 국어 속에 있는 잡스러운 것을 없애고 순수성을 회복하는 것과 복잡한 것을 단순하게 하는 것으로 이해된다.
(나) 또한, 그것은 복잡한 것으로 알려진 어려운 말을 쉬운 말로 고치는 일도 포함한다.

제5편 논리적인 말과 글

(다) 이렇게 볼 때, 우리말 다듬기란 한마디로 고운 말, 바른말, 쉬운 말을 가려 쓰는 것을 말한다.

(라) 따라서 우리말 다듬기는 잡스러운 것으로 알려진 들어온 말 및 외국어를 가능한 한 고유어로 재정리하는 것과 비속한 말이나 틀린 말을 고운 말, 표준말로 바르게 하는 것이다.

즉, 우리말 다듬기는 '순우리말(토박이말)'이 아니거나 '쉬운 우리말'이 아닌 말을 순우리말이나 쉬운 우리말로 바꾸어 쓰는 '순우리말 쓰기'나 '쉬운 우리말 쓰기'를 두루 아우르는 말이다. 그러나 우리말 다듬기의 범위를 넓게 잡으면 '순우리말 쓰기'와 '쉬운 우리말 쓰기'뿐만 아니라 '바른 우리말 쓰기', '고운 우리말 쓰기'까지도 포함할 수 있다. '바른 우리말 쓰기'는 규범이나 어법에 맞지 않는 말이나 표현을 바르게 고치는 일을 가리키고, '고운 우리말 쓰기'는 비속한 말이나 표현을 우아하고 아름다운 말로 고치는 일을 가리킨다.

– 김형배, '우리말 다듬기' 중에서

① (가) → (나) → (다) → (라)
② (가) → (다) → (라) → (나)
③ (가) → (라) → (나) → (다)
④ (가) → (라) → (다) → (나)

**해설** (가) : 우리말 다듬기는 국어의 순수성을 회복하는 것과 복잡한 것을 단순하게 하는 것

(나) : 또한, 그것은 어려운 말을 쉬운 말로 고치는 일도 포함

(다) : 이렇게 볼 때, 우리말 다듬기는 고운 말, 바른말, 쉬운 말을 가려 쓰는 것

(라) : 따라서 우리말 다듬기는 고유어 정리 및 고운 말, 표준말로 바르게 하는 것을 뜻함

(라)가 (가)에 대한 내용을 상세하게 설명하고 있으므로 (가)의 뒤에 위치해야 하며, 그러한 연결에 첨가되는 내용을 지닌 (나)가 바로 뒤에 이어져야 한다. (다)는 (가), (라), (나)를 포괄한 결론이기 때문에 맨 끝에 온다는 것을 알 수 있다. 따라서 (가), (라), (나), (다)의 순서로 배열해야 한다.

## 15 지방직 9급 기출

**다음 글의 연결 순서로 가장 자연스러운 것은?**

(가) "인력이 필요해서 노동력을 불렀더니 사람이 왔더라."라는 말이 있다. 인간을 경제적 요소로만 단순하게 생각했으나, 이에 따른 인권문제, 복지문제, 내국인과 이민자와의 갈등 등이 수반된다는 말이다. 프랑스처럼 우선 급하다고 이민자를 선별하지 않고 받으면 인종 갈등과 이민자의 빈곤화 등 많은 사회비용이 발생한다.

(나) 이제 다문화 정책의 패러다임을 전환해야 한다. 한국에 들어온 다문화 가족을 적극적으로 지원해야 한다. 다문화 가족과 더불어 살면서 다양성과 개방성을 바탕으로 상생의 발전을 도모해야 한다. 그리고 결혼 이민자만 다문화 가족으로 볼 것이 아니라 외국인 근로자와 유학생, 북한 이탈 주민까지 큰 틀에서 함께 보는 것도 필요하다.

(다) 다문화 정책의 핵심은 두 가지이다. 첫째, 새로운 사회에 적응하려는 의지가 강해서 언어 배우기, 일자리, 문화 이해에 매우 적극적인 태도를 지닌 좋은 인력을 선별해서 입국하도록 하는 것이다. 둘째, 이민자가 새로운 사회에 잘 정착할 수 있도록 사회 통합에 주력해야 하는 것이다. 해외 인구 유입 초기부터 사회비용을 절약할 수 있는 사람들을 들어오게 하는 것이 중요하기 때문이다.

(라) 이미 들어온 이민자에게는 적극적인 지원을 해야 한다. 언어와 문화, 환경이 모두 낯선 이민자에게는 이민 초기에 세심한 배려가 필요하다. 특히 중요한 것은 다문화 가족이 그들이 가지고 있는 강점을 활용하여 취약 계층이 아닌 주류층으로 설 수 있도록 지원해야 한다. 뿐만 아니라 이민자에 대한 지원 시기를 놓치거나 차별과 편견으로 내국인에게 증오감을 갖게 해서는 안 된다.

① (라) – (나) – (다) – (가)
② (다) – (나) – (라) – (가)
③ (라) – (다) – (나) – (가)
④ (다) – (가) – (라) – (나)

해설 (다) : 다문화 정책이 글 전체의 화제이므로, 이에 대해 언급한 (다)가 일반적 진술로서 글 전체의 도입부가 된다. 여기서는 다문화 정책의 핵심 내용으로 좋은 인력의 선별 수용과 이민자의 정착을 위한 사회통합을 제시하였다.

(가) : (다)에서 다문화 정책은 사회비용을 절약하기 위해 중요하다고 하였는데, (가)는 이러한 사회비용을 구체적으로 제시하고, 이민자를 선별 수용하지 않아 많은 사회비용이 발생한 프랑스의 예를 들었다. 따라서 (다) 다음에 (가)가 이어지는 것이 자연스럽다.

(라) : 이미 들어온 이민자에 대한 지원의 필요성에 관한 내용인데, 이는 (다)에서 언급한 다문화 정책의 두 번째 내용인 이민자의 정착과 관련된다. 따라서 (다)와 (가) 다음에 이어지는 것이 자연스럽다.

(나) : 다문화 정책의 패러다임 전환과 관련하여 다문화 가족에 대한 적극적 지원과 다문화 가족과의 상생 발전을 도모할 것을 제시하였다. 이는 글의 결론에 해당한다고 볼 수 있다.

**핵심정리**

**문단의 유형**

㉠ **중심 문단** : 저자가 말하고자 하는 일반적인 진술이 담긴 문단

㉡ **보조 문단**

- **도입 문단** : 글의 동기 또는 방향과 새로운 논제 제시
- **전제 문단** : 주장이나 결론을 이끌어내는 근거나 이유 제시
- **예시 문단** : 중심 문단의 내용을 예를 통해 뒷받침
- **상술 문단** : 중심 문단에서 다룬 내용을 상세하게 설명하는 문단
- **보충 문단** : 중심 문단에서 빠뜨린 내용을 덧붙여 설명하는 문단
- **전환 문단** : 다음에 나올 논의의 방향을 전환하는 문단
- **발전 문단** : 제기된 문제를 구체적으로 논의하는 문단

## 16

**다음 글의 논리적 구조를 바르게 분석한 것은?**

㉠ 역사는 어느 시대, 어떤 상황에 있어서도 삶과 동떨어진 가치란 존재하기 어렵다는 사실을 우리에게 일깨워 주고 있다. ㉡ 문학은 그 시대적 상황을 수렴한다. ㉢ 따라서 작가는 현실에 대한 바른 안목으로 그 안에 용해되어 있는 삶의 모습들을 예술적으로 형상화하는 데 부단한 노력을 경주하여야 한다. ㉣ 현실적 상황이 제시하고 만들어 내는 여러 요소들을 깊이 있게 통찰하고, 이를 진지한 안목에서 분석하여 의미를 부여할 때, 문학은 그 존재 가치가 더욱 빛나는 것이다. ㉤ 그뿐만 아니라, 문학의 궁극적인 목적이 인간성을 구현하는 데 있는 것이라며, 이를 효과적으로 드러낼 수 있는 현실의 가능성을 찾아내고, 거기에 사람의 옷을 입혀 살아 숨쉬게 하는 작업이 필요하다. ㉥ 그런 면에서 문학은 삶을 새롭게 하고, 의미를 부여하며, 그 삶의 현실을 재창조하는 작업이라 할 수 있다.

① ㉠+㉡ → ㉢+㉣+㉤ → ㉥
② ㉠ → ㉡+㉢ → ㉣+㉤ → ㉥
③ ㉠+㉡ → ㉢+㉣ → ㉤ → ㉥
④ ㉠+㉡+㉢ → ㉣+㉤ → ㉥

해설 ㉠과 ㉡은 ㉢을 위한 전제이고, ㉢은 ㉠과 ㉡에 대한 결론적 진술이다. ㉣과 ㉤은 ㉢에 대한 부연 설명이다. ㉥은 앞 글 전체에 대한 결론이다.

제5편 논리적인 말과 글

정답 14 ③ 15 ④ 16 ①

## 17

**다음을 두 문단으로 나눌 때 둘째 문단이 시작하는 부분은?**

(가) 비만은 과연 많이 먹거나 운동이 부족하기 때문에 생기는 것일까? 우리 주변에는 남들보다 훨씬 많이 먹는 것 같은데도 살이 전혀 안 찌는 사람이 있는가 하면, 별로 먹지 않는데도 뚱뚱한 사람이 있다. 또 팔다리는 가는데 배만 불룩 나온 사람이 있는가 하면, 다리만 유달리 굵은 사람도 있다.
(나) 한방에서는 선천적으로 타고난 체질에 의해 비만해질 가능성이 다른 것으로 보고 있다. 이를테면, 체질 중 태음인과 소음인이 비만에 걸릴 가능성이 가장 높다는 것이다. 반면에 태양인은 비만해질 가능성이 적다고 한다. 때문에 한방에서는 비만 치료를 체질에 따라 달리해야 한다고 본다.
(다) 태음인은 허리가 발달되어 있으며 쉽게 피곤해지기 때문에 많이 움직이지 않는다. 대신 육류를 좋아하고 과식하기 쉬우며 장의 흡수가 좋아, 조금만 먹어도 살이 찌기 쉽다. 특히, 혈액 순환이 잘 안 되기 때문에 고혈압, 당뇨 등의 성인병에 걸릴 가능성이 크다. 그러므로 태음인은 매일 정량의 운동을 통해 혈액 순환이 잘 되게 해야 한다.
(라) 소음인은 위장의 기능이 약하게 태어난데다, 신경이 예민하여 소화 장애에 걸리기 쉽다. 기의 흐름 또한 약해서 복부 중간 중간에 노폐물이 쌓여 비만이 되고, 전체적으로는 말랐어도 아랫배나 허리에 부분 비만이 많이 생긴다. 소음인은 스트레스를 잘 풀고 소화기를 잘 관리해야 한다. 따라서 항상 몸을 따뜻하게 하고, 따뜻한 음식을 위주로 규칙적인 식생활을 해야 한다.

① (가) ② (나)
③ (다) ④ (라)

해설 (가), (나) 주지 문단(중심 문단)
(다), (라) 보조 문단(뒷받침 문단)

## 18

**다음 추론 중 옳은 것은?**

① 나는 음악을 좋아한다.
철수도 음악을 좋아한다.
그러므로 모든 사람은 음악을 좋아한다.
② 뛰어다니는 다리 긴 동물은 기린이다.
뛰어다니는 다리 긴 동물은 타조이다.
그러므로 타조는 기린이다.
③ 식물은 영양을 섭취해야 한다. 동물도 영양을 섭취해야 한다.
생물은 식물과 동물로 나뉜다.
그러므로 모든 생물은 영양을 섭취해야 한다.
④ 귀한 것은 값지다.
거지는 귀하다.
그러므로 거지는 값지다.

해설 귀납적 추론 중 일반화에 해당된다.
① 성급한 일반화에 빠졌다.
② 진실에 어긋난 논법이다.
④ 대전제와 소전제의 의미가 애매모호해서는 안 된다. 대전제의 '귀하다'와 소전제의 '귀하다'의 의미가 같지 않아 잘못된 논법이다.

## 19

**두 문장의 논리적 관계가 〈보기〉와 가장 유사한 것은?**

보기

언어가 인간의 사고를 완전히 지배한다고 생각해서는 안 된다. 왜냐하면 인간의 사고가 언어에 의해 영향을 받지 않는 사례도 종종 발견되기 때문이다.

① 운동이 언제나 건강에 이로운 것은 아니다. 왜냐하면 운동을 할 때 어떤 경우에는 체내에 활성 산소가 축적되어 노화를 촉진할 수도 있기 때문이다.

② 언어가 갖는 현실의 창조와 사람됨의 창조, 이 두 기능은 서로 불가분의 필연적인 보충 관계에 있다. 왜냐하면 우리는 외부 세계와 내부 세계로 이루어지고, 이 두 세계는 서로 대응적인 구조를 갖고 있기 때문이다.

③ 범죄자라고 해서 인권을 함부로 침해해서는 안 된다. 왜냐하면 사람은 기본적인 인권을 가지고 태어나며, 인권은 어떤 사람도 예외가 있어서는 안 되기 때문이다.

④ 몸은 거짓말을 하지 않는다. 왜냐하면 거짓말을 하게 되면 탄로날 것을 우려한 나머지 긴장과 두려움으로 자율신경계에 혼란이 오기 때문이다.

**해설** 〈보기〉는 앞문장이 주장(결론)에 해당하고, 뒷문장이 근거(전제)에 해당한다. 즉, 연역적 추론 관계이다.
①도 뒷문장에 나타난 '운동을 할 때 어떤 경우에는 체내에 활성 산소가 축적되어 노화를 촉진할 수도 있다'는 진술이 경우에 따라 일어날 수 있는 경험적 사례에 해당하고, 그 사례가 앞문장에 제시된 '운동이 언제나 건강에 이로운 것은 아니다'라는 잠정적 주장을 뒷받침하므로 연역적 추론에 해당한다.

## 20

**다음에 나타나는 오류는?**

민영이와 혈액형이 같은 급우들은 모두 헌혈에 동참해야 합니다. 헌혈만이 병마와 싸우고 있는 민영이를 살리는 인간적인 처사입니다. 비인간적인 사람이 아니라면 모두 헌혈에 동참하리라고 저는 믿습니다.

① 흑백 사고의 오류
② 의도 확대의 오류
③ 원천 봉쇄의 오류
④ 성급한 일반화의 오류

**해설** 헌혈에 동참하면 인간적인 처사이고, 동참하지 않으면 비인간적인 처사라고 하여 비인간적인 행위를 하지 않으려면 어쩔 수 없이 헌혈에 동참하도록 유도하고 있으므로 반론의 가능성을 원천적으로 봉쇄한 '원천 봉쇄의 오류'이다.

**핵심정리**

**대표적인 추론의 오류**

- **피장파장의 오류** : 상대에게 같은 잘못을 지적하여 상황을 피하는 오류
- **논점 일탈의 오류** : 논점과 관계없는 것을 제시하여 생기는 오류
- **잘못된 인과 관계의 오류** : 인과 관계를 혼동하여 생기는 오류
- **권위에 호소하는 오류** : 인용을 들어 주장을 정당화하려는 오류
- **인신공격의 오류** : 단점을 잡아 비판하는 오류
- **흑백사고의 오류** : 논의의 대상을 두 가지로만 구분하는 오류
- **의도 확대의 오류** : 의도하지 않은 것에 대해 의도가 성립했다고 보는 오류
- **성급한 일반화의 오류** : 부분으로 전체를 말해서 생기는 오류



정답 17 ③ 18 ③ 19 ① 20 ③

## 21

**다음에 해당하는 오류는?**

> 미친 사람은 정신 병원에 수용되어야 해! 요즘 세상에 뇌물을 물리치다니 그럴 수 있어? 그 친구는 정신 병원에 보내야겠어.

① 우연의 오류
② 군중에 호소의 오류
③ 일반화의 오류
④ 은밀한 재정의의 오류

**해설** 사전적인 의미에 자의적인 의미를 은밀하게 덧붙임으로써 발생하는 은밀한 재정의의 오류에 해당한다.
① 우연의 오류 : 일반적인 법칙이나 규칙을 우연적인 상황, 즉 적용할 수 없는 예외적인 상황에 적용하는 경우에 범하게 되는 오류
② 군중에 호소의 오류 : 군중 심리를 자극해서 어떤 생각을 갖도록 유도하거나, 많은 사람들 또는 나라들이 어떤 신념이나 제도를 가지고 있기 때문에 그것이 옳다는 식으로 주장할 때 범하는 오류
③ 일반화의 오류 : 일부의 제한된 경우들에만 주목하여 그것들로부터 일반화할 때 범하게 되는 오류

## 22

**다음 A와 B의 대화 중 발생하는 오류는?**

> A : 우리는 직장 상사에 대하여 험담해서는 안 된다.
> B : 그래? 그러면 직장 동료에 대한 험담은 상관없겠네?

① 범주의 오류
② 강조의 오류
③ 애매문의 오류
④ 복합 질문의 오류

**해설** 문장의 어느 한 부분을 강조하여 발생하는 강조의 오류이다.
① 범주의 오류 : 서로 다른 범주에 속하는 것을 같은 범주의 것으로 혼동하는 데서 생기는 오류
③ 애매문의 오류 : 어떤 문장의 의미가 두 가지 이상으로 해석되는 오류
④ 복합 질문의 오류 : 수긍할 수 없거나 수긍하고 싶지 않은 것을 전제하고 질문함으로써 수긍하게 만드는 오류

## 23

**논리적 오류가 다른 하나는?**

① 혁재의 의견을 들을 필요도 없어. 그는 기말고사 때 부정행위로 적발된 적이 있잖아.
② 정부 정책에 대한 박 의원의 비판은 들어보나 마나이다. 그는 야당 의원 아닌가?
③ 소크라테스의 철학은 무가치해. 그는 사형 선고를 받고 죽은 인물이니까.
④ 노 의원이 제안한 법안은 부결 처리되어야 합니다. 그는 부동산 투기를 한 사람이 아닙니까?

**해설** '정부 정책에 대한 박 의원의 비판은 들어보나 마나이다. 그는 야당 의원 아닌가?'는 문장에서 박 의원의 비판을 듣지 않고 개인적으로 박 의원을 비난하고 있기 때문에 정황에 호소하는 오류에 해당된다.
① 혁재가 기말고사 때 부정행위를 했다는 사실을 들어 의견을 듣지 않으려는 인신공격의 오류에 속한다.
③ 단지 사형선고를 받고 죽었다는 이유를 들어 인신공격의 오류를 범하고 있다.
④ 노 의원이 부동산 투기를 했다는 이유를 들어 제안한 법안의 내용을 파악하지도 않고 그를 비난하는 인신공격의 오류를 범하고 있다.

## 24

**다음 중 추론 방식이 다른 하나는?**

① 근거 없이는 아무 일도 일어나지 않는다. 4 · 19도 하나의 사건이므로 그것이 일어날 만한 근거가 있었다고 보아야 한다.

② 대부분의 나라에서 금리를 인하한 후에 심각한 인플레이션을 겪었다. 우리나라도 금리를 인하한 후에 인플레이션이 심화되었다. 그러므로 금리를 인하하면 인플레이션이 심화된다고 볼 수 있다.

③ 결혼 적령기에 든 사람은 모두 결혼하고 싶어한다. 혼기에 들어선 우리 형이 요즈음 신부감을 찾기 위해 안달하고 있는 것은 지극히 당연한 일이다.

④ 모든 민족은 저마다의 독특한 민족성을 지닌다. 한국인에게도 은근과 끈기라는 민족적 특성이 있다.

해설 문장에서 대부분의 나라에서 금리를 인하한 후에 인플레이션을 겪었고, 우리나라도 금리를 내렸을 때 인플레이션이 심화되었다는 것을 근거로 금리를 인하하면 인플레이션이 심화된다는 결론에 이르고 있다. 이는 구체적이고 특수한 근거에서 일반적인 결론을 도출해내는 귀납 추론에 해당된다.

① 4 · 19도 하나의 사건이라는 예로 일어날 만한 근거가 있다고 했으므로 일반적인 주장에서 구체적이며 특수한 주장을 하는 연역 추론에 해당된다.

③ 혼기에 들어선 우리 형이 신부감을 찾기 위해 안달하고 있다고 하므로 연역 추론에 해당된다.

④ 모든 민족에게 독특한 민족성을 지닌다는 전제에서 한국인은 은근과 끈기의 민족적 특성이 있다고 주장하고 있으므로 연역 추론에 해당된다.

## 25 서울시 9급 기출

**다음 예문과 같은 유형의 논리적 오류가 나타난 것은?**

> 이 식당은 요즘 SNS에서 굉장히 뜨고 있어. 그러니까 엄청 맛있을 거야.

① 이 식당 음식을 꼭 먹어보도록 해. 만나는 사람들마다 이 집 이야기를 하는 걸 보니 맛이 괜찮은가 봐.

② 누구도 이 식당이 맛없다고 말한 사람은 없어. 그러니까 엄청 맛있는 집이란 소리지.

③ 여기는 유명한 개그맨이 맛있다고 한 식당이니까 당연히 맛있겠지. 그러니까 꼭 여기서 먹어야 해.

④ 이번에는 이 식당에서 밥을 먹자. 내가 얼마나 여기서 먹어 보고 싶었는지 몰라. 꼭 한번 오게 되기를 간절하게 바랐어.

해설 주어진 예문은 여러 사람의 견해에 기대어 자신의 논지를 정당화 하는 '군중에 호소하는 오류'를 범하고 있다. ①의 사례 역시 타당한 근거를 제시하지 않으면서, 다수의 사람들이 이야기하는 식당이라는 점을 내세워 군중 심리를 자극하는 오류를 범하고 있다.

② 무지에 호소하는 오류 : 어떤 논제의 참 혹은 거짓을 증명할 수 없기 때문에 그 논제가 참 혹은 거짓이라고 단정하는 오류

③ 부적합한 권위에 호소하는 오류 : 유명인(또는 전문가)의 전문 영역을 벗어난 문제에 대해, 단지 유명하다는 이유만으로 유명인의 발언을 근거로 사용하여 무언가를 주장하는 오류

④ 자신이 간절하게 바란다는 것을 이유로 드는 것은 논리적 오류가 아니다.



정답 21 ④ 22 ② 23 ② 24 ② 25 ①

# 실전문제 제3장 여러 가지 글의 독해

대표유형문제

지방직 9급 기출

**다음 글의 제목으로 가장 적절한 것은?**

계몽주의 사상가들은 명백히 모순되는 두 개의 견해를 취했다. 그들은 인간의 위치를 자연계 안에서 해명하려고 애썼다. 역사의 법칙이란 것을 자연의 법칙과 동일한 것으로 여겼다. 다른 한편, 그들은 진보를 믿었다. 그렇다면 그들이 자연을 진보하는 것으로, 다시 말해 끊임없이 어떤 목적을 향해서 전진하는 것으로 받아들인 데에는 어떤 근거가 있었던가? 헤겔은 역사는 진보하는 것이고 자연은 진보하지 않는 것이라고 뚜렷이 구분했다. 반면, 다윈은 진화와 진보를 동일한 것으로 주장함으로써 모든 혼란을 정리한 듯했다. 자연도 역사와 마찬가지로 진보하는 것으로 본 것이다. 그러나 이것은 진화의 원천인 생물학적인 유전(biological inheritance)을 역사에서의 진보의 원천인 사회적인 획득(social acquisition)과 혼동함으로써 훨씬 더 심각한 오해에 이를 수 있는 길을 열어 놓았다. 오늘날 그 둘이 분명히 구별된다는 것은 익히 알려진 것이다.

① 자연의 진보에 대한 증거
② 인간 유전의 사회적 의미
③ 역사의 법칙과 자연의 법칙
❹ 진보와 진화에 관한 견해들

정답해설 제시된 글은 계몽주의 사상가의 모순되는 두 가지 견해를 소개하는 글로, 헤겔은 역사는 진보하는 것이고, 자연은 진보하지 않는 것이라고 뚜렷이 구분했고, 다윈은 진화와 진보를 동일한 것으로 주장함으로써 자연과 역사를 모두 진보하는 것으로 보았지만 오늘날에는 진화와 진보가 뚜렷이 구별된다고 하였다. 따라서 이 글의 핵심은 '진보와 진화에 대한 견해들'이다.

오답해설 ① 다윈은 자연도 진보하는 것으로 보았다는 견해를 소개하고 있을 뿐 자연의 진보에 대한 근거는 제시되어 있지 않다.
② 주어진 글에는 생물학적인 유전과 사회적인 획득을 혼동함으로써 심각한 오해에 이를 수 있는 길을 열어 놓았다는 내용이 있지만 인간 유전의 사회적 의미에 대해서는 제시되어 있지 않다.
③ 주어진 글은 헤겔과 다윈의 역사의 법칙과 자연의 법칙에 대한 견해를 제시하고 있지만, 이와 같은 견해가 결국 진화의 원천과 진보의 원천을 혼동함으로써 심각한 오해에 이를 수 있는 길을 열어 놓았다고 하였으므로 진보와 진화가 핵심 내용임을 알 수 있다.

## 01 국가직 9급 기출

**다음 글의 필자 생각에 부합하지 않는 것은?**

> 조금 예민한 문제이지만 외몽고와 내몽고라는 용어도 문제가 있다. 외몽고는 중국을 중심으로 바깥쪽이라는 뜻이고, 내몽고는 중국의 안쪽에 있다는 말이다. 이러한 영토 내지는 귀속 의식을 벗어나서 객관적으로 표현한다면 북몽골, 남몽골로 구분하는 것이 더 낫다. 그러나 이렇게 하면 중국과의 불화는 불을 보듯이 뻔하다. 중국의 신강도 '새 영토'라는 뜻이므로 지나치게 중화주의적이다. 그곳에 살고 있는 사람들의 고유 전통을 완전히 무시한 것이기도 하다. 미국과 캐나다, 그리고 호주의 원주민 보호 구역 역시 '보호'라는 의미를 충족하지 못한다. 수용 지역이라고 하는 것이 더욱 객관적이다. 그러나 그렇게 한다면 외교적인 부담을 피할 길이 없다. 이처럼 예민한 지명 문제는 학계의 목소리로 남겨 두는 것이 좋다.

① 정부는 외몽고를 북몽골로 불러야 한다.
② 지명 문제로 외교 마찰을 빚는 것은 바람직하지 않다.
③ 외몽고, 내몽고, 신강 등과 같은 표현은 객관적인 표현이라 할 수 없다.
④ 외교적 마찰이 예상되는 지명 문제에 대해서는 학계에서 논의하는 것이 좋다.

**해설** 필자는 외몽고 · 내몽고라는 용어에 문제가 있는 것은 사실이지만, 북봉골과 남몽골로 구분한다면 중국과 불화가 일어날 것으로 보고 있으며, 이렇듯 외교적으로 예민한 지명 문제는 학계에서 논의하는 것이 좋다고 마무리하고 있다. 즉 '정부는 외몽고를 북몽골로 불러야 한다.'라는 생각은 외교적 마찰을 부정적인 시각으로 보고 있는 필자의 생각과 어긋남을 알 수 있다.

## 02 국가직 9급 기출

**다음 글의 필자가 궁극적으로 강조하는 내용으로 가장 적절한 것은?**

> 로마는 '마지막으로 보아야 하는 도시'라고 합니다. 장대한 로마 유적을 먼저 보고 나면 다른 관광지의 유적들이 상대적으로 왜소하게 느껴지기 때문일 것입니다. 로마의 자부심이 담긴 말입니다. 그러나 나는 당신에게 제일 먼저 로마를 보라고 권하고 싶습니다. 왜냐하면 로마는 문명이란 무엇인가라는 물음에 대해 가장 진지하게 반성할 수 있는 도시이기 때문입니다. 문명관(文明觀)이란 과거 문명에 대한 관점이 아니라 우리의 가치관과 직결되어 있는 것입니다. 그리고 과거 문명을 바라보는 시각은 그대로 새로운 문명에 대한 전망으로 이어지기 때문입니다.

① 여행할 때는 로마를 가장 먼저 보는 것이 좋다.
② 문명을 반성적으로 볼 수 있는 가치관이 필요하다.
③ 문화 유적에 대한 로마인의 자부심은 본받을 만하다.
④ 과거 문명에서 벗어나 새로운 문명을 창조해야 한다.

**해설** 글에서 로마는 문명이란 무엇인가라는 물음에 대해 가장 진지하게 반성할 수 있는 도시라 하였고, 문명관은 우리의 가치관과 직결되며 과거 문명을 바라보는 시각은 그대로 새로운 문명에 대한 전망으로 이어진다고 주장하였기 때문에 '문명을 반성적으로 볼 수 있는 가치관이 필요하다.'가 필자가 궁극적으로 강조하는 내용으로 가장 적절하다.
① '여행할 때는 로마를 가장 먼저 보는 것이 좋다.'의 이유가 필자의 주장이다.
③ '문화 유적에 대한 로마인의 자부심은 본받을 만하다'고 주장한 내용은 없다.
④ 필자는 과거의 문명을 반성적으로 바라봐야 한다고 주장하기 때문에 과거 문명을 벗어나는 것은 주장과 다른 내용이다.

정답 01 ① 02 ②

## 03 지방직 9급 기출

**밑줄 친 부분과 가장 유사한 속성을 지닌 현대인의 삶의 태도는?**

> 근대 이후 인간들은 불안감과 고독감에서 벗어나기 위해 자신에게 주어진 자유로부터 도피하려는 경향을 보인다. 그중 하나가 복종을 전제로 하는 권위주의적 양태이다. 이는 개인적 자아의 독립을 포기하고 자기 이외의 어떤 존재에 종속되고자 하는 것으로, 사라진 제1차적 속박 대신에 새로운 제2차적 속박을 추구하는 양상을 띤다. 이것은 때로 상대방을 자신에게 복종시킴으로써 심리적 안정과 만족을 얻으려는 형태로 나타나기도 한다. 일견 대립적으로 보이는 이 두 형태는 불안감과 고독감으로부터 벗어나기 위한 권위주의적 양상이라는 점에서는 동일한 것이다.

① 소속된 집단의 이익이나 정의보다는 개인의 이익이나 행복만을 추구하는 태도

② 집안에서 어떤 일을 결정할 때 부모나 어른의 의견보다는 아이들의 요구를 먼저 고려하는 태도

③ 어떤 상황에 대해 자신의 견해를 가지기보다는 언론 매체의 의견을 무비판적으로 수용하는 태도

④ 직업을 통해서 얻는 삶의 만족보다는 취미 활동을 통해서 얻는 삶의 즐거움을 더 중시하는 태도

**해설** '자신에게 주어진 자유로부터 도피하려는 경향'으로 '복종을 전제로 하는 권위주의적 양태'가 있으며, 그중 하나인 개인적 자아의 독립을 포기하고 자기 이외의 어떤 존재에 종속되고자 하는 것과 '어떤 상황에 대해 자신의 견해를 가지기보다는 언론 매체의 의견을 무비판적으로 수용하는 태도'는 유사한 속성을 지닌 현대인의 삶의 태도이다.

## 04 서울시 9급 기출

**다음 글의 ( ) 안에 들어갈 문장으로 알맞은 것은?**

> (                    ) 사람과 사람이 직접 얼굴을 맞대고 하는 접촉이 라디오나 텔레비전 등의 매체를 통한 접촉보다 결정적인 영향력을 미친다는 것이 일반적인 견해로 알려져 있다. 매체는 어떤 마음의 자세를 준비하게 하는 구실을 하여 나중에 직접 어떤 사람에게서 새 어형을 접했을 때 그것이 텔레비전에서 자주 듣던 것이면 더 쉽게 그쪽으로 마음의 문을 열게 하는 면에서 영향력을 행사하기는 하지만, 새 어형이 전파되는 것은 매체를 통해서보다 상면하는 사람과의 직접적인 접촉에 의해서라는 것이 더 일반화된 견해이다. 사람들은 한두 사람의 말만 듣고 언어 변화에 가담하지는 않는다고 한다. 주위의 여러 사람들이 다 같은 새 어형을 쓸 때 비로소 그것을 받아들이게 된다고 한다. 매체를 통해서 보다 자주 접촉하는 사람들을 통해 언어 변화가 진전된다는 사실은 언어 변화의 여러 면을 바로 이해하는 한 핵심적인 내용이라 해도 좋을 것이다.

① 언어 변화는 결국 접촉에 의해 진행되는 현상이다.

② 연령층으로 보면 대개 젊은 층이 언어 변화를 주도한다.

③ 접촉의 형식도 언어 변화에 영향을 미치는 요소로 지적되고 있다.

④ 매체의 발달이 언어 변화에 중요한 영향을 미치는 것으로 알려져 있다.

해설 빈칸 뒤에 제시된 내용에는 새 어형의 전파에 있어 직접 얼굴을 맞대고 하는 접촉이 라디오, 텔레비전의 매체를 통한 접촉보다 결정적 영향을 미친다는 견해가 담겨 있다. 이러한 견해를 통해 접촉의 형식이 언어 변화의 과정과 깊은 관련이 있음을 강조하고 있다.

## 05 국가직 9급 기출

**다음 글에 대한 설명으로 적절하지 않은 것은?**

믿기 어렵겠지만 자장면 문화와 미국의 피자 문화는 닮은 점이 많다. 젊은 청년들이 오토바이를 타고 배달한다는 점에서 참으로 닮은꼴이다. 이사한다고 짐을 내려놓게 되면 주방 기구들이 부족하게 되고 이때 자장면은 참으로 편리한 해결책이다. 미국에서의 피자도 마찬가지다. 갑자기 아이들의 친구들이 많이 몰려왔을 때 피자는 참으로 편리한 음식이다.

남자들이 군에 가 훈련을 받을 때 비라도 추적추적 오게 되면 자장면 생각이 제일 많이 난다고 한다. 비가 오는 바깥을 보며 따뜻한 방에서 입에 자장을 묻히는 장면은 정겨울 수밖에 없다. 프로 농구 원년에 수입된 미국 선수들은 하루도 빠지지 않고 피자를 시켜먹었다고 한다. 음식이 맞지 않는 탓도 있겠지만 향수를 달래고자 함이 아닐까?

싸게 먹을 수 있는 이국 음식이란 점에서 자장면과 피자는 특별한 의미를 갖는다. 외식을 하기엔 부담되고 한번쯤 식단을 바꾸어 보고 싶을 즈음이면 중국식 자장면이나 이탈리아식 피자는 한국이나 미국의 서민에겐 안성맞춤이다. 그런데 한국에서나 미국에서나 변화가 생기기 시작했다. 한국에서는 피자 배달이 보편화되기 시작했다. 피자를 간식이 아닌 주식으로 삼고자 하는 아이들도 생겼다. 졸업식을 마치고 중국집으로 향하던 발걸음들이 이제 피자집으로 돌려졌다. 피자보다 자장면을 좋아하는 아이들을 찾아보기가 힘들어졌다.

① 피자는 쉽게 배달시켜 먹을 수 있는 편리한 음식이다.
② 자장면과 피자는 이국적인 음식이다.
③ 자장면과 피자는 값이 싸면서도 기분 전환이 되는 음식이다.
④ 자장면은 특별한 날에 어린이들에게 여전히 가장 사랑받는 음식이다.

해설 3문단의 '피자보다 자장면을 좋아하는 아이들을 찾아보기가 힘들어졌다'를 통해 자장면이 어린이들에게 여전히 가장 사랑받는 음식이 아니라는 것을 알 수 있다.

## 06 지방직 9급 기출

**다음 글에 대한 이해로 적절하지 않은 것은?**

그동안 나는 〈일 포스티노〉를 세 번쯤 빌려 보았다. 그 이유는 이 아름다운 영화 속에 아스라이 문학이 똬리를 틀고 앉아 있기 때문이다. 특히 시란 무엇인가에 대한 해답을 이처럼 쉽고도 절실하게 설명해 놓은 문학 교과서를 나는 아직까지 보지 못했다. 그래서 학생들에게 시를 가르칠 때 나는 종종 영화 〈일 포스티노〉를 활용한다. 수백 마디의 말보다 〈일 포스티노〉를 함께 보고 토론하는 것이 시의 본질에 훨씬 깊숙이, 훨씬 빨리 가 닿을 수 있다는 것을 경험하기도 했다.

시를 공부하면서 은유에 시달려 본 사람이라면 이 영화를 보고 수차례 무릎을 쳤을 것이다. 마리오 루폴로가 네루다에게 보내기 위해 고향의 여러 가지 소리를 녹음하는 인상적인 장면이 있다. 여기서 해변의 파도 소리를 녹음하는 것이 은유의 출발이라면 어부들이 그물을 걷어 올리는 소리를 담고자 하는 모습은 은유의 확장이라고 할 수 있다. 더 나아가 밤하늘의 별빛을 녹음하는 기막히게 아름다운 장면에 이르면

제5편 논리적인 말과 글

정답 03 ③ 04 ③ 05 ④

은유는 절정에 달한다. 더 이상의 구차한 설명이 필요하지 않다.

① 영화 〈일 포스티노〉는 시를 이해하는 데 도움이 되는 교과서와도 같다.
② 영화 〈일 포스티노〉의 인물들은 문학적 은유의 본질과 의미를 잘 알고 있다.
③ 시의 본질에 대해 질문하고 답을 얻기 위해 영화 〈일 포스티노〉를 참고할 만하다.
④ 문학의 미적 자질과 영화 〈일 포스티노〉의 미적 자질 사이에서 공통점을 찾을 수 있다.

해설 2문단에서 〈일 포스티노〉에 등장하는 인물의 행위들이 은유의 출발과 은유의 확장, 은유의 절정을 모두 담고 있음을 설명하고 있지만, 이는 글쓴이의 해석일 뿐 등장인물들이 문학적 은유의 본질과 의미를 잘 알고 있는지는 알 수 없다.

① 주어진 글의 '시란 무엇인가에 대한 해답을 이처럼 쉽고도 절실하게 설명해 놓은 문학 교과서를 나는 아직까지 보지 못했다.'라는 부분을 통해 알 수 있다.
③ 주어진 글의 '수백 마디의 말보다 〈일 포스티노〉를 함께 보고 토론하는 것이 시의 본질에 훨씬 깊숙이, 훨씬 빨리 가 닿을 수 있다는 것을 경험하기도 했다.'라는 부분을 통해 알 수 있다.
④ 주어진 글의 '이 아름다운 영화 속에 아스라이 문학이 똬리를 틀고 앉아 있기 때문이다.'라는 부분을 통해 알 수 있다.

## 07

**밑줄 친 부분에 들어갈 말로 가장 적절한 것은?**

다분히 진화 생물학적 관점에서, 질병은 인간의 몸 안에서 일어나는 정교하고도 합리적인 자기 조절 과정이다. 질병은 정상적인 기능을 할 수 없는 상태임과 동시에, 진화의 역사 속에서 획득한 자기 치료 과정이 ______________________ 이기도 하다. 가령, 기침을 하고, 열이 나고, 통증을 느끼고, 염증이 생기는 것 따위는 자기 조절과 방어 시스템이 작동하는 과정인 것이다.

– 이충웅, 「과학은 열광이 아니라 성찰을 필요로 한다」 중에서

① 문제를 악화시키는 상태
② 비정상적인 증식 상태
③ 정상적으로 가동하고 있는 상태
④ 바이러스의 개체 변이를 도모하는 상태

해설 '~정상적인 기능을 할 수 없는 상태(A)임과 동시에~(B)이기도 하다'의 형태로 보아 밑줄 친 부분에는 (A)와 상반된 내용이 들어갈 것임을 짐작할 수 있다. 또한 문맥상 뒤에 이어지는 '~자기 조절과 방어 시스템이 작동하는 과정인 것이다'를 통해서 밑줄 친 부분에 들어갈 말은 '정상적으로 가동하고 있는 상태'임을 알 수 있다.

①, ② 앞부분에서 질병을 '정교하고도 합리적인 자기 조절 과정'이라고 했으므로 밑줄 친 부분에 부정적인 내용은 어울리지 않는다.
④ 제시된 내용만으로는 연관성을 찾을 수 없다.

## 08

### 다음 글의 빈칸에 알맞은 것은?

이십 세기 한국의 지성인의 지적 행위는 그들이 비록 한국인이라는 동양의 인종의 피를 받고 있음에도 불구하고 대체적으로 서양이 동양을 해석하는 그러한 틀 속에서 이루어졌다. 그러나 그 역방향 즉 동양이 서양을 해석하는 행위는 실제적으로 부재해 왔다. 이러한 부재 현상의 근본 원인은 매우 단순한 사실에 기초한다. 동양이 서양을 해석한다고 할 때에 그 해석학적 행위의 주체는 동양이어야만 한다. "동양은 동양이다."라는 토톨러지나 "동양은 동양이어야 한다."라는 당위 명제가 성립하기 위해서는 (　　　　　). 우리는 동양을 너무나 몰랐다. 동양이 왜 동양인지, 왜 동양이 되어야만 하는지 아무도 대답을 할 수가 없었다. 동양은 버려야 할 그 무엇으로서만 존재 의미를 지녔다. 즉, 서양의 해석이 부재한 것이 아니라 서양을 해석할 동양이 부재했다.

– 김용옥, 「동양학, 어떻게 할 것인가」

① 동양인인 나는 동양을 알아야 한다.
② 동양이 서양을 분석해야 한다.
③ 서양이 동양을 해석할 때 동양의 포괄적인 관점에서 보아야 한다.
④ 동양인이 서양인에게 동양에 대해 알려야 한다.

**해설** 글의 흐름을 파악하여 생략된 문장이 무엇인지 찾는 문제이다. 이 제시문은 내용상 세 부분으로 크게 나눌 수 있다. 첫째 부분은 '이십 세기~그러나 그 역방향 즉 동양이 서양을 해석하는 행위는 실제적으로 부재해 왔다'까지이다. 둘째 부분은 '이러한 부재 현상의~"동양은 동양이어야 한다."라는 당위 명제가 성립하기 위해서는 ( )'이며, 마지막 부분은 '우리는 동양을 너무도 몰랐다~즉, 서양의 해석이 부재한 것이 아니라 서양을 해석할 동양이 부재했다'까지이다.
글의 흐름을 쫓아가면 '한국 지성인의 지적 행위는 서양이 동양을 해석하는 틀 안에서 이루어짐 → 동양이 서양을 해석하는 행위는 부재 → 동양이 서양을 해석할 때 그 해석학적 행위의 주체는 동양이어야 함 → "동양은 동양이어야 한다."라는 당위 명제가 설립되기 위해서는 ( ). → 우리는 동양을 너무도 몰랐다'의 흐름이다. 이 흐름을 살펴볼 때 빈칸에 들어갈 적절한 문장은 '동양인인 나는 동양을 알아야 한다.'이다.

## 09 지방직 9급 기출

### 다음 글의 글쓰기 방식에 대한 설명으로 적절한 것은?

멕시코의 환경 운동가로 유명한 가브리엘 과드리는 1960년대 이후 중앙아메리카 숲의 25% 이상이 목초지 조성을 위해 벌채되었으며 1970년대 말에는 중앙아메리카 전체 농토의 2/3가 축산 단지로 점유되었다고 주장했다. 실제로 1987년 이후로도 멕시코에만 1,497만 3,900ha의 열대 우림이 파괴되었는데, 이렇게 중앙아메리카의 열대림을 희생하면서까지 생산된 소고기는 주로 유럽과 미국으로 수출되었다. 그렇지만 이 소고기들은 지방분이 적고 미국인의 입맛에 그다지 맞지 않아 대부분 햄버거의 재료로 사용되었다.

① 통계 수치를 활용하여 논거의 타당성을 높이고 있다.
② 이론적 근거를 나열하여 주장의 전문성을 강화하고 있다.
③ 전문 용어의 뜻을 쉽게 풀이하여 독자의 이해를 돕고 있다.
④ 예측할 수 없는 결과를 나열하여 사태의 심각성을 알리고 있다.

**해설** 글에서 숲의 25% 이상이 목초지 조성을 위해 벌채되었고, 전체 농토의 2/3가 축산 단지로 점유되었으며, 1,497만 3,900ha의 열대 우림이 파괴되었다는 정보를 제시함으로써 주장의 신뢰성과 타당성을 높이고 있다.

정답 06 ② 07 ③ 08 ① 09 ①

## 10 국가직 9급 기출

**다음 글의 제목으로 가장 적절한 것은?**

우리는 비극을 즐긴다. 비극적인 희곡과 소설을 즐기고, 비극적인 그림과 영화 그리고 비극적인 음악과 유행가도 즐긴다. 슬픔, 애절, 우수의 심연에 빠질 것을 알면서도 소포클레스의 「안티고네」, 셰익스피어의 「햄릿」을 찾고, 베토벤의 '운명', 차이코프스키의 '비창', 피카소의 '우는 연인'을 즐긴다. 아니면 텔레비전의 멜로드라마를 보고 값싼 눈물이라도 흘린다. 이를 동정과 측은과 충격에 의한 '카타르시스', 즉 마음의 세척으로 설명한 아리스토텔레스의 주장은 유명하다. 그것은 마치 눈물로 스스로의 불안, 고민, 고통을 씻어내는 역할을 한다는 것이다.

니체는 좀 더 심각한 견해를 갖는다. 그는 "비극은 언제나 삶에 아주 긴요한 기능을 가지고 있다. 비극은 사람들에게 그들을 싸고도는 생명 파멸의 비운을 똑바로 인식해야 할 부담을 덜어주고, 동시에 비극 자체의 암울하고 음침한 원류에서 벗어나게 해서 그들의 삶의 흥취를 다시 돋우어 준다."라고 하였다. 그런 비운을 직접 전면적으로 목격하는 일, 또 더구나 스스로 직접 그것을 겪는 일이라는 것은 너무나 끔찍한 일이기에, 그것을 간접경험으로 희석한 비극을 봄으로써 '비운'이란 그런 것이라는 이해와 측은지심을 갖게 되고, 동시에 실제 비극이 아닌 그 가상적인 환영(幻影) 속에서 비극에 대한 어떤 안도감도 맛보게 된다.

① 비극의 현대적 의의
② 비극을 즐기는 이유
③ 비극의 기원과 역사
④ 비극에 반영된 삶

**해설** 첫 번째 단락에서는 '비극의 효용'에 대해서 말하고 있으며 두 번째 단락에서는 니체의 견해를 예로 들어 '비극의 기능'에 대해서 말하고 있다.

## 11 지방직 9급 기출

**다음 글을 읽고 내용을 정리한 것으로 가장 적절하지 않은 것은?**

이주노동자들이 사냥개에게 쫓기는 약한 동물들처럼 내몰리는 모습에서 우리가 떠올릴 수 있는 게 무엇인가? '쟤들은 우리 시민이 아니잖아. 우리가 낸 세금으로 같이 살아갈 수는 없잖아. 피부색도 다르고 먹는 것도 다르고……. 쟤들이 우리 사회를 ㉠ <u>타락</u>시키고 있어.' 한국은 동질적인 사회이고 그래야만 한다는 생각에서는 이들의 인권이 숨 쉴 수 없다. 이런 사회에서는 이주노동자들에게 시민권이 없다. 시민권은 나누고 분리하는 개념이다. 세금을 낸 시민이 정부 주식회사에서 주주의 권리를 행사하는 것이 시민권이라면 그리고 뺄셈을 잘하는 것이 시민권이라면, 인권은 포괄하고 더하는 개념이다. 인권은 사람이라면 누구나 어디에서나 사람으로 ㉡ <u>대우</u>받아야 한다는 것이다. 이주노동자처럼 겉으로는 시민이지만 사실상 시민 대접을 받지 못하는 차별받는 사람들을 중심에 놓고 설계하는 게 인권의 개념이다. 시민권 개념 안에서 인권을 바라보면 창문 안에서 밖을 바라보는 것과 같다. 창문(window)의 어원은 '바람의 눈'이라는 뜻을 갖고 있다 한다. 이 뜻을 따르면 창문은 안에서 바깥을 바라보는 게 아니라 온 세상을 자유롭게 휘젓고 다니는 바람의 눈으로 안을 들여다보는 게 된다. 인권의 눈으로 우리 사회를 들여다보는 것, 그것이 인권을 가진 모든 사람의 의무가 아닐까 한다. 우리는 구성원끼리 서로 ㉢ <u>배척</u>하고 ㉣ <u>갈등</u>을 유발하는 시민권보다 서로의 이해를 통해 통합으로 나아가는 인권을 강조해야 한다.

① 시민 중심 – 인권 중심
② 대우의 원칙 – 차별의 원칙
③ 동질성 조장 – 이질성 조장
④ 시민 중심의 이해 – 인권 중심의 이해

해설 글의 사실적 이해를 알아보는 문제이다. 이 글은 크게 '시민권'과 '인권'에 대한 설명이므로 읽으면서 각각 그 개념을 정리하면서 문제를 푼다.

- 시민권 : 나누고 분리하는 개념, 뺄셈을 잘하는 개념, 창문 안에서 밖을 바라보는 것, 구성원끼리 서로 배척하고 갈등을 유발하는 것, 세금을 낸 시민이 정부 주식회사에서 주주의 권리를 행사하는 것
- 인권 : 포괄하고 더하는 개념, 창문 밖에서 안을 들여다보는 것, 서로의 이해를 통해서 통합으로 나아가는 것

따라서 '동질성 조장'과 '이질성 주장'의 위치가 서로 바뀌었다.

## 12 지방직 9급 기출

**다음 글에서 알 수 없는 것은?**

> 되새김 동물인 무스(moose)의 경우, 위에서 음식물이 잘 소화되게 하려면 움직여서는 안 된다. 무스의 위는 네 개의 방으로 나누어져 있는데, 위에서 나뭇잎, 풀줄기, 잡초 같은 섬유질이 많은 먹이를 소화하려면 꼼짝 않고 한곳에 가만히 있어야 하는 것이다. 한편, 미국 남서부의 사막 지대에 사는 갈퀴발도마뱀은 모래 위로 눈만 빼꼼 내놓고 몇 시간 동안이나 움직이지 않는다. 그렇게 있으면 따뜻한 모래가 도마뱀의 기운을 북돋아 준다. 곤충이 지나가면 도마뱀이 모래에서 나가 잡아먹을 수 있도록 에너지를 충전해 주는것이다. 반대로 갈퀴발도마뱀의 포식자인 뱀이 다가오면, 그 도마뱀은 사냥할 기운을 얻기 위해 움직이지 않았을 때의 경험을 되살려 호흡과 심장 박동을 일시적으로 멈추고 죽은 시늉을 한다. 갈퀴발도마뱀은 모래 속에 몸을 묻고 움직이지 않기 때문에 수분의 손실을 줄이고 사막 짐승들의 끊임없는 위협에서 벗어날 수 있는 것이다.

① 무스가 움직이지 않는 것은 생존을 위한 선택이다.

② 무스는 소화를 잘 시키기 위해 식물을 가려먹는 습성을 가지고 있다.

③ 갈퀴발도마뱀은 움직이지 않는 방식으로 먹이를 구한다.

④ 갈퀴발도마뱀은 모래 속에 몸을 묻을 때 생존 확률을 높일 수 있다.

해설 되새김 동물인 무스(moose)의 경우 위에서 나뭇잎, 풀줄기, 잡초 같은 섬유질이 많은 먹이를 소화하려면 꼼짝 않고 한곳에 가만히 있어야 한다고 설명하고 있다. 그러나 무스가 소화를 잘 시키기 위해 식물을 가려먹는 습성을 가지고 있다는 내용은 제시되어 있지 않다.

① 무스는 섬유질이 많은 먹이를 소화하려면 꼼짝 않고 한곳에 가만히 있어야 하므로, 이는 생존을 위한 선택이다.

③ 갈퀴발도마뱀은 곤충이 지나가면 잡아먹을 수 있도록 모래 속에서 움직이지 않고 에너지를 충전한다.

④ 갈퀴발도마뱀은 모래 속에 몸을 묻고 움직이지 않기 때문에 수분의 손실을 줄이고 사막 짐승들의 위협에서 벗어나 생존 확률을 높일 수 있다.

정답 10 ② 11 ③ 12 ②

## 13 지방직 9급 기출

**다음 기사에 나타난 통계를 통해 추론할 수 없는 것은?**

> 일본에서 나이가 들어서도 부모 곁을 떠나지 않고 붙어사는 '캥거루족'이 증가하고 있는 것으로 나타났다. 일본 국립 사회보장인구문제연구소가 2004년 전국 1만 711가구를 대상으로 조사해 21일 발표한 가구 동태 조사를 보면, 가구당 인구수는 평균 2.8명으로 최저치를 기록했다. 2인 가구는 28.7%로 5년 전 조사 때보다 조금 증가한 반면, 4인 가구는 18.1%로 조금 줄었다.
>
> 부모와 함께 사는 자녀의 비율은 크게 증가했다. 30~34살 남성의 45.4%가 부모와 동거하는 것으로 나타났다. 같은 연령층 여성의 부모 동거 비율은 33.1%였다. 5년 전에 비해 남성은 6.4%, 여성은 10.2% 증가한 수치다. 25~29살 남성의 부모 동거 비율은 64%, 여성은 56.1%로 조사됐다. 부모를 모시고 사는 기혼자들도 있지만, 상당수는 독신으로 부모로부터 주거와 가사 지원을 받는 캥거루족으로 추정된다.

① 25~34살의 남성 중 대략 반 정도가 부모와 동거한다.

② 현대 사회에서 남녀를 막론하고 만혼 현상이 널리 퍼져 있다.

③ 30~34살의 경우 부모 동거 비율은 5년 전에도 여성이 남성보다 높지 않았다.

④ '캥거루족'이 늘어난 것은 젊은이들이 직장을 구하기가 점점 어려워지고 있기 때문이다.

**해설** 수치화된 자료를 보며 내용을 추론할 수 있는지 판단하는 유형이다. 이 글에서는 캥거루족이 늘어나고 있다고는 했지만 그 원인이 젊은이들이 직장을 구하기가 어려워서인지는 나타나 있지 않다.

① '25~29살 남성의 부모 동거 비율은 64%, 여성은 56.1%로 조사됐다'에서 '25~34살의 남성 중 대략 반 정도가 부모와 동거한다'는 사실을 추론할 수 있다.

② '부모를 모시고 사는 기혼자들도 있지만, 상당수는 독신으로 부모로부터 주거와 가사 지원을 받는 캥거루족으로 추정된다'에서 현대 사회에서 남녀를 막론하고 만혼 현상이 널리 퍼져 있음을 추정할 수 있다.

③ 증가율을 빼면 5년 전 남자는 39%, 여성은 22.9%이므로 '30~34살의 경우 부모 동거 비율은 5년 전에도 여성이 남성보다 높지 않았음'을 알 수 있다.

**핵심정리**

**추론의 유형**

㉠ **연역 추론**
- 일반적인 주장으로부터 구체적이고 특수한 주장으로 나아가는 추리 방식을 말한다.
- **특징** : '대전제 – 소전제 – 결론'으로 이어지는 삼단 논법이 대표적인 유형이다.
- **한계** : 완전한 새로운 지식이 성립되지 못한다.

㉡ **변증법**
- 正(정)과 反(반)을 대립시키고 정과 반의 합, 즉 새로운 주장을 제시하는 방식이다.
- **한계** : 회피적 결과나 오류가 생길 수 있다.

㉢ **귀납 추론**
- 구체적이고 특수한 근거로부터 일반적인 결론으로 나아가는 방식이다.
- **특징** : 대상들 사이의 공통점을 결론으로 삼기 때문에 개연적인 관계가 두드러진다.
- **한계** : 모든 표본을 관찰한 결과가 아니므로 반론을 제기할 수 있는 예시가 없을 것이라고 확신할 수 없다.

## 14 지방직 9급 기출

**다음 글의 요지로 가장 적절한 것은?**

> 신문이 진실을 보도해야 한다는 것은 새삼스러운 설명이 필요 없는 당연한 이야기이다. 정확한 보도를 하기 위해서는 문제를 전체적으로 보아야 하고, 역사적으로 새로운 가치의 편에서 봐야 하며, 무엇이 근거이고, 무엇이 조건인가를 명확히 해야 한다. 그런데 이러한 준칙을

강조하는 것은 기자들의 기사 작성 기술이 미숙하기 때문이 아니라, 이해관계에 따라 특정 보도의 내용이 달라지기 때문이다. 자신들에게 유리하도록 기사가 보도되게 하려는 외부 세력이 있으므로 진실 보도는 일반적으로 수난의 길을 걷게 마련이다. 신문은 스스로 자신들의 임무가 '사실 보도'라고 말한다. 그 임무를 다하기 위해 신문은 자신들의 이해관계에 따라 진실을 왜곡하려는 권력과 이익 집단, 그 구속과 억압의 논리로부터 자유로워야 한다.

① 진실 보도를 위하여 구속과 억압의 논리로부터 자유로워야 한다.
② 자신들에게 유리하도록 기사가 보도되게 하는 외부 세력이 있다.
③ 신문의 임무는 '사실 보도'이나, 진실 보도는 수난의 길을 걷는다.
④ 정확한 보도를 하기 위하여 전체적 시각을 가져야 한다.

해설 요지란 '말이나 글 따위에서 핵심이 되는 중요한 내용'을 말한다. 제시문은 크게 세 부분으로 나누어 분석할 수 있다. 첫 번째 부분은 '신문이 진실을 보도해야 한다는 것은~무엇이 조건인가를 명확히 해야 한다'로 이 부분에서는 '신문의 진실 보도'가 핵심이다. 두 번째 부분은 '그런데~진실 보도는 일반적으로 수난의 길을 걷게 마련이다'로 '신문의 진실 보도의 어려움'이 핵심이다. 마지막 부분은 '신문은 스스로 자신들의~그 구속과 억압의 논리로부터 자유로워야 한다'로써 '신문은 임무를 다하기 위해서 구속과 억압의 논리로부터 자유로워야 한다'는 주제가 드러나 있다. 따라서 마지막 부분이 이 글의 요지이자 결론에 해당한다.

핵심정리

**제목, 주제, 요지**

- **제목(題目)** : 작품이나 강연, 보고 따위에서 그것을 대표하거나 내용을 보이기 위하여 붙이는 이름
- **주제(主題)** : 예술 작품에서 지은이가 나타내고자 하는 기본적인 사상
- **요지(要旨)** : 말이나 글 따위에서 핵심이 되는 중요한 내용

## 15 국가직 9급 기출

**다음 글을 읽고 추론한 내용으로 가장 적절한 것은?**

한 연구원이 어떤 실험을 계획하고 참가자들에게 이렇게 설명했다.

"여러분은 지금부터 둘씩 조를 지어 함께 일을 하게 됩니다. 여러분의 파트너는 다른 작업장에서 여러분과 똑같은 일을, 똑같은 노력을 기울여 할 것입니다. 이번 실험에 대한 보수는 각 조당 5만 원입니다."

실험 참가자들이 작업을 마치자 연구원은 참가자들을 세 부류로 나누어 각각 2만 원, 2만 5천 원, 3만 원의 보수를 차등 지급하면서, 그들이 다른 작업장에서 파트너가 받은 액수를 제외한 나머지 보수를 받은 것으로 믿게 하였다.

그 후 연구원은 실험 참가자들에게 몇 가지 설문을 했다. '보수를 받고난 후에 어떤 기분이 들었는지, 나누어 받은 돈이 공정하다고 생각하는지'를 묻는 것이었다. 연구원은 설문을 하기 전에 3만 원을 받은 참가자가 가장 행복할 것이라고 예상했다. 그런데 결과는 예상과 달랐다. 3만 원을 받은 사람은 2만 5천 원을 받은 사람보다 덜 행복해 했다. 자신이 과도하게 보상을 받아 부담을 느꼈기 때문이다. 2만 원을 받은 사람도 덜 행복해 한 것은 마찬가지였다. 받아야 할 만큼 충분히 받지 못했다고 생각했기 때문이다.

① 인간은 공평한 대우를 받을 때 더 행복해 한다.
② 인간은 남보다 능력을 더 인정받을 때 더 행복해 한다.
③ 인간은 타인과 협력할 때 더 행복해 한다.
④ 인간은 상대를 위해 자신의 몫을 양보했을 때 더 행복해 한다.

해설 글에서 중간 금액인 2만 5천원을 받을 때가 가장 행복한 경우이기 때문에 '인간은 공평한 대우를 받을 때 더 행복해 한다.'가 가장 적절하다.

제5편 논리적인 말과 글

정답 13 ④ 14 ① 15 ①

② '인간은 남보다 능력을 더 인정받을 때 더 행복해 한다.'면 3만원 받은 사람이 가장 행복해야 한다.
③ '인간은 타인과 협력할 때 더 행복해 한다.'는 글에서 알 수 없는 내용이다.
④ '인간은 상대를 위해 자신의 몫을 양보했을 때 더 행복해 한다.'면 2만원 받는 사람이 가장 행복해야 한다.

## 16 지방직 9급 기출

**다음 글의 중심 생각으로 가장 적절한 것은?**

> 진(秦) 나라 재상인 상앙(商鞅)에게는 유명한 일화가 있지요. 진나라 재상으로 부임한 상앙은 나라의 기강이 서지 않았음을 걱정했습니다. 그는 대궐 남문 앞에 나무를 세우고 방문(榜文)을 붙였지요. "이 나무를 옮기는 사람에게는 백금(百金)을 하사한다." 옮기는 사람이 아무도 없었습니다. 그래서 다시 상금을 만금(萬金)으로 인상했습니다. 어떤 사람이 상금을 기대하지도 않고 밑질 것도 없으니까 장난삼아 옮겼습니다. 그랬더니 방문에 적힌 대로 만금을 하사하였습니다. 그랬더니 백성들이 나라의 정책을 잘 따르게되고 진나라가 부국강병에 성공하는 것으로 되어 있습니다.

① 신뢰의 중요성
② 부국강병의 가치
③ 우민화 정책의 폐해
④ 명분을 내세운 정치의 효과

**해설** 제시된 글은 진(秦) 나라 재상인 상앙(商鞅)이 방문(榜文)에 적힌 대로 약속을 지킴으로써 백성들이 국가 정책을 잘 따르게 되어 나라가 부국강병에 성공하였다는 내용이다. 이는 결국 약속을 지킴으로써 백성이 국가를 신뢰하게 되어 국가 정책에 잘 순응하게 되었다는 내용이므로, ①이 글의 중심 생각으로 가장 적절하다.

**핵심정리**

**독서의 원리**

㉠ 사실적 이해
- **내용의 사실적 이해** : 주어진 내용의 정보와 그 관계를 정확하게 이해하고 표현하는 능력이다.
- **구조의 사실적 이해** : 글 전체의 구조나 문장 또는 단락 간의 관계를 파악하는 능력이다.

㉡ 추리 상상적 이해
- **내용의 추리 상상적 이해** : 글에 제시된 정보나 사실을 바탕으로 드러나 있지 않은 내용을 논리적 추리나 상상력을 통해 미루어 짐작하는 사고 능력이다.
- **과정의 추리 상상적 이해** : 글의 바탕에 놓여 있는 필자나 작중 인물의 입장·태도 또는 필자의 집필 동기나 의도 등을 추리해 내는 사고 능력을 말한다.
- **구조의 추리 상상적 이해** : 글의 구성상 특징이나 논리적 전개 방식 등을 통해 필자의 의도, 글의 특징적인 표현 효과와 작품의 분위기 등을 추리해 내는 사고 능력이다.

㉢ 비판적 이해
- **내적 준거에 의한 비판** : 글의 표현이나 내용에 대하여 글의 부분들과 전체의 관계를 중심으로 비판하는 것을 말한다.
- **외적 준거에 의한 비판** : 사회·시대적 상황, 독자의 배경 지식과 관련하여 글의 가치를 평가하는 것을 말한다.

## 17 지방직 9급 기출

**다음 글의 중심내용으로 가장 적절한 것은?**

> 분노는 공격과 복수의 행동을 유발한다. 분노 감정의 처리에는 '눈에는 눈, 이에는 이'라는 탈리오 법칙이 적용된다. 분노의 감정을 느끼게 되면 상대방에 대해 공격적인 행동을 하고 싶은 공격 충동이 일어난다. 동물의 경우, 분노를 느끼면 이빨을 드러내게 되고 발톱을 세우는 등 공격을 위한 준비 행동을 나타내게 된다. 사람의 경우에도 분노를 느끼면 자율신경계가 활성화되고 눈매가 사나워지며 이를 꽉 깨물고 주먹을 불끈 쥐는 등 공격 행위와 관련된 행동들이 나타나게 된다. 특히 분노 감정이 강하고 상대방이 약할수록 공격 충동은 행동화되는 경향이 있다.

① 공격을 유발하게 되는 원인
② 분노가 야기하는 행동의 변화
③ 탈리오 법칙의 정의와 실제 사례
④ 동물과 인간의 분노 감정의 차이

해설 첫 문장에서 분노는 공격과 복수의 행동을 유발한다고 하였고, 이어서 분노의 감정을 느끼는 경우 동물과 사람에게 있어 어떠한 행동들이 나타나게 되는가를 차례대로 서술하고 있다. 따라서 제시된 글의 중심내용으로 가장 적합한 것은 ②이다. 첫 문장이 글의 주지문이라 할 수 있다.
① 제시문은 분노가 유발하는 행동의 변화에 대한 내용이 중심이며, 공격의 유발 원인은 중심 내용으로 볼 수 없다. 즉, 분노의 감정이 강할수록 공격 충동이 행동화된다고 하였으나, 이는 분노로 인한 여러 행동 양상의 하나에 해당할 뿐이다.
③ 탈리오 법칙의 실제 사례는 제시되지 않았다.
④ 분노로 인해 동물과 인간에게 어떤 행동이 나타나게 되는가를 설명하고 있으나, 동물과 인간의 분노 감정 자체에 대한 구분은 언급되지 않았다.

## 18 서울시 9급 기출

**다음 글에서 도킨스의 논리에 대한 필자의 문제 제기로 가장 적절한 것은?**

> 도킨스는 인간의 모든 행동이 유전자의 자기 보존 본능에 따라 일어난다고 주장했다. 사실 도킨스는 플라톤에서부터 쇼펜하우어에 이르기까지 통용되던 철학적 생각을 유전자라는 과학적 발견을 이용하여 반복하고 있을 뿐이다. 이에 따르면 인간 개체는 유전자라는 진정한 주체의 매체에 지나지 않게 된다. 그런데 이 같은 도킨스의 논리에 근거하면 우리 인간은 이제 자신의 몸과 관련된 모든 행동들에 대해 면죄부를 받게 된다. 모든 것들이 이미 유전자가 가진 이기적 욕망으로부터 나왔다고 볼 수 있기 때문이다. 그래서 도킨스의 생각에는 살아가고 있는 구체적 생명체를 경시하게 되는 논리가 잠재되어 있다.

① 고대의 철학은 현대의 과학과 양립할 수 있는가?
② 유전자의 자기 보존 본능이 초래하게 되는 결과는 무엇인가?
③ 인간을 포함한 생명체는 진정한 주체인가?
④ 생명 경시 풍조의 근원이 되는 사상은 무엇인가?

해설 제시된 글은 도킨스의 주장에 대한 부정적 입장을 보이고 있다. 필자는 인간 개체가 '유전자'라는 주체의 매체에 지나지 않는다는 도킨스의 입장은 인간의 모든 행동에 대한 면죄부를 주는 것이며, 구체적 생명체를 경시하는 논리가 잠재되고 있다고 비판하고 있다. 따라서 도킨스의 논리에 대하여 필자는 '인간을 포함한 생명체는 진정한 주체인가?'라는 문제를 제기할 수 있다.
② 인간의 모든 행동을 유전자의 자기 보존 본능으로 보는 것이 도킨스의 입장이므로, 유전자의 자기 보존 본능이 초래하는 결과에 대해 묻는 것은 문제 제기라고 볼 수 없다. 또한 제시문에서 필자는 이미 인간 행동에 대한 면죄부를 줄 수 있고, 생명 경시 논리가 잠재되어 있다는 도킨스의 논리에 대해 비판하고 있다.



정답 16 ① 17 ② 18 ③

④ 유전자의 자기 보존 본능에 대해 필자는 생명체를 경시하는 논리가 잠재되어 있다고 언급하고 있다. 그러나 도킨스가 주장하는 유전자의 자기 보존 본능 자체가 생명 경시 풍조의 근원 사상이라고 볼 수 없다.

## 19 국가직 9급 기출

**다음 글을 바탕으로 ㉠을 이해할 때 가장 적절한 것은?**

나는 ㉠ '연극에서의 관객의 공감'에 대해 강연한 일이 있다. 나는 관객이 공감하는 것을 직접 보여 주려고 시도했다. 먼저 나는 자원자가 있으면 나와서 배우처럼 읽어 주기를 청했다. 그리고 청중에게는 연극의 관객이 되어 들어달라고 했다. 한 사람이 앞으로 나왔다. 나는 그에게 아우슈비츠를 소재로 한 드라마의 한 장면이 적힌 종이를 건네주었다. 자원자가 종이를 받아들고 그것을 훑어볼 때 청중들은 어수선했다. 그런데 자원자의 입에서 떨어진 첫 대사는 끔찍한 내용이었다. 아우슈비츠에 관한 적나라한 증언은 너무나 충격적이어서 청중들은 완전히 압도되었다. 자원자는 청중들의 얼어붙은 듯한 침묵 속에서 낭독을 계속했다. 자원자의 낭독은 세련되지도 능숙하지도 않았다. 그러나 관객들의 열렬한 공감을 이끌어 냈다. 과거 역사가 현재의 관객들에게 생생하게 공감되었다.

이것이 끝나고 이번에는 강연장에 함께 갔던 전문 배우에게 셰익스피어의 희곡 「헨리 5세」에서 발췌한 대사를 낭독해 달라고 부탁했다. 그 대본은 400년 전 아쟁쿠르 전투(백년전쟁 당시 벌어졌던 영국과 프랑스의 치열한 전투)에서 처참하게 사망한 자들의 명단과 그 숫자를 나열한 것이었다. 그는 셰익스피어의 위대한 희곡임을 알아보자 품위 있고 고풍스럽게 큰 목소리로 낭독했다. 그는 유려한 어조로 전쟁에서 희생된 이들의 이름을 읽어 내려갔다. 그러나 청중들은 듣는 둥 마는 둥 했다. 갈수록 청중들은 낭독자 따위는 안중에도 없다는 듯이 행동했다. 그들에게 아쟁쿠르 전투는 공감할 수 없는 것으로 분리된 것 같아 보였다. 앞서의 경우와는 전혀 다른 반응이었다.

① 배우의 연기력이 관객의 공감을 좌우한다.
② 비참한 죽음을 다룬 비극적인 소재는 관객의 공감을 일으킨다.
③ 훌륭한 고전이라고 해서 항상 청중의 공감을 불러일으킬 수 있는 것은 아니다.
④ 현재와 가까운 역사적 사실을 극화했다고 해서 관객의 공감 가능성이 커지지는 않는다.

해설 400년 전 아쟁쿠르 전투에서 사망한 자들의 명단과 숫자를 나열한 「헨리 5세」는 셰익스피어의 희곡으로 위대한 작품이다. 그러나 그렇게 위대한 작품을 전문 배우가 그에 걸맞은 목소리와 어조로 연기를 했음에도 청중의 공감을 불러일으키지는 못하였으므로 훌륭한 고전이라고 해서 항상 청중의 공감을 불러일으킬 수 있는 것은 아님을 알 수 있다.

① 자원자는 세련되지도, 능숙하지도 않은 낭독을 하였음에도 불구하고 관객들의 열렬한 공감을 이끌어 냈지만, 전문 배우가 대사에 맞는 연기력과 유려한 어조로 낭독을 했음에도 관객은 그에게 공감하지 않았다는 것을 보아 배우의 연기력이 관객의 공감을 좌우한다는 설명은 적절하지 않다.
② 아우슈비츠를 소재로 한 드라마 대본과 셰익스피어의 희곡 「헨리 5세」 모두 비참한 죽음을 다룬 비극적인 소재이다. 그러나 아우슈비츠는 관객의 공감을 일으켰고 헨리 5세는 그렇지 못했으므로 적절하지 않은 설명이다.
④ 아우슈비츠는 아쟁쿠르 전투보다 현재와 가까운 역사적 사실이다. '과거 역사가 현재의 관객들에게 생생하게 공감되었다', '그들에게 아쟁쿠르 전투는 공감할 수 없는 것으로 분리된 것 같아 보였다'라고 하였으므로 관객들은 현재와 가까운 역사적 사실에 공감할 가능성이 보다 커진다는 것을 알 수 있다.

## 20 국가직 9급 기출

### 다음 글의 중심 내용으로 가장 적절한 것은?

'언문'은 실용 범위에 제약이 있었는데, 이런 현실은 '언간'에도 적용된다. '언간' 사용의 제약은 무엇보다 이것을 주고받은 사람의 성별(性別)에서 뚜렷이 드러난다. 15세기 후반 이래로 숱한 언간이 현전하지만 남성 간에 주고받은 언간은 찾아보기 어렵다. 이는 남성 간에는 한문 간찰이 오간 때문이나 남성이 공적인 영역을 독점했던 당시의 현실을 감안하면 '언문'이 공식성을 인정받지 못했던 사실과 상통한다. 결국 조선시대에는 언간의 발신자나 수신자 어느 한쪽으로 반드시 여성이 관여하는 특징을 보인다고 할 수 있다.

이러한 사용자의 성별 특징으로 인하여 종래 '언간'은 '내간'으로 일컬어지기도 하였다. 그러나 이러한 명칭 때문에 내간이 부녀자만을 상대로 하거나 부녀자끼리만 주고받은 편지로 오해되어서는 안 된다. 16, 17세기의 것만 하더라도 수신자는 왕이나 사대부를 비롯하여 한글 해독 능력이 있는 하층민에 이르기까지 거의 전 계층의 남성이 될 수 있었기 때문이다. 한문 간찰이 사대부 계층 이상 남성만의 전유물이었다면 언간은 특정 계층에 관계없이 남녀 모두의 공유물이었다고 할 수 있다.

① '언문'과 마찬가지로 '언간'의 실용 범위에는 제약이 있었다.
② 사용자의 성별 특징으로 인해 '언간'은 '내간'으로 일컬어졌다.
③ 언간은 특정 계층과 성별에 관계없이 이용된 의사소통 수단이었다.
④ 조선시대에는 언간의 발신자나 수신자 어느 한쪽으로 반드시 여성이 관여하는 특징을 보인다.

**해설** '언간(諺簡)'은 한글로 쓰인 편지를 말하는데, 윗글에서 필자는 한문 간찰이 사대부 남성만의 전유물이었던 것에 비해 '언간'은 특정 계층에 관계없이 남녀 모두의 공유물이었다는 점을 강조하고 있다.

① '언문'과 마찬가지로 '언간'의 실용 범위에 제약이 있었다는 내용은 첫 번째 단락의 내용만을 포함하므로 윗글 전체의 중심 내용으로 부적절하다.
② 사용자의 성별 특징으로 인하여 종래 '언간'은 '내간'으로 일컬어지기도 하였으나, 이러한 명칭 때문에 내간을 부녀자끼리만 주고받은 편지로 오해해서는 안 된다고 설명하고 있으므로 해당 문항은 윗글의 중심 내용으로 보기 어렵다.
④ 언간의 발신자나 수신자 어느 한쪽으로 반드시 여성이 관여하는 특징을 보인다는 내용은 첫 번째 단락의 내용만을 포함하므로 윗글 전체의 중심 내용으로 부적절하다.

## 21 국가직 9급 기출

### 다음 글의 제목으로 가장 적절한 것은?

언제부터인가 이곳 속초 청호동은 본래의 지명보다 '아바이 마을'이라는 정겨운 이름으로 불리고 있다. 함경도식 먹을거리로 유명해진 곳이기도 하지만 그 사람들의 삶과 문화가 제대로 알려지지 않은 동네이기도 하다. 속초의 아바이 마을은 대한민국의 실향민 집단 정착촌을 대표하는 곳이다. 한국 전쟁이 한창이던 1951년 1·4 후퇴 당시, 함경도에서 남쪽으로 피난 왔던 사람들이 휴전과 함께 사람이 거의 살지 않던 이곳 청호동에 정착해 살기 시작했다.

동해는 사시사철 풍부한 어종이 잡히는 고마운 곳이다. 봄 바다를 가르며 달려 도착한 곳에서 고기가 다니는 길목에 설치한 '어울'을 끌어올려 보니, 속초의 봄 바다가 품고 있던 가자미들이 나온다. 다른 고기는 나오다 안 나오다 하지만 이 가자미는 일 년 열두 달 꾸준히 난다. 동해를 대표하는 어종 중에 명태는 12월에서 4월, 도루묵은 10월에서 12월, 오징어는 9월에서 12월까지 주로 잡힌다. 하지만 가자미는 사철 잡히는 생선으로, 어부들 말로는 그 자리를 지키고 있는 '자리고기'라 한다.

청호동에서 가자미식해를 담그는 광경은 이젠 낯선 일이 아니라 할 만큼 유명세를 탔다. 함경도 대표 음식인 가자미식해가 속초에서 유명하다는 것은 입맛이 정확하게 고향을 기억한다는 것과 상통한다. 속초에 새롭게 터전을 잡은 함경도 사람들은 고향 음식이 그리웠다. 가자미식해를 만들어 상에 올렸고, 이 밥상을 마주한 속초 사람들은 배타심이 아닌 호감으로 다가섰고, 또 판매를 권유하게 되면서 속초의 명물로 재탄생하게 된 것이다.

① 속초 자리고기의 유래
② 속초의 아바이 마을과 가자미식해
③ 아바이 마을의 밥상
④ 청호동 주민과 함경도 실향민의 화합

해설 1문단 : 대한민국 실향민 집단 정착촌의 대표인 속초 청호동 '아바이 마을'에 대한 소개
2문단 : 동해에서 사시사철 잡히는 '자리고기'인 가자미
3문단 : 실향민들의 고향 음식인 속초의 명물 '가자미식해'
제시문의 문단별 중심 내용을 정리하면 위와 같다. 제시문의 제목은 이 내용을 모두 포괄할 수 있어야 하므로 ②가 가장 적절하다.

핵심정리

**표제, 부제, 주제, 제목**

- **표제(標題)**
  - 서책의 겉에 쓰는 그 책의 이름
  - 연설이나 담화 따위의 제목
- **부제(副題)** : 서적, 논문, 문예 작품 따위의 제목에 덧붙어 그것을 보충하는 제목
- **주제(主題)** : 예술 작품에서 지은이가 나타내고자 하는 기본적인 사상
- **제목(題目)** : 작품이나 강연, 보고 따위에서 그것을 대표하거나 내용을 보이기 위하여 붙이는 이름

## 22 국가직 9급 기출

**다음 글을 통해 알 수 있는 내용으로 적절하지 않은 것은?**

재판이란 법원이 소송 사건에 대해 원고·피고의 주장을 듣고 그에 대한 법적 판단을 내리는 소송 절차를 말한다. 오늘날과 마찬가지로 조선 시대에도 재판 제도가 있었다. 당시의 재판은 크게 송사(訟事)와 옥사(獄事)로 나뉘었다. 송사는 개인 간의 생활 관계에서 발생하는 분쟁의 해결을 위해 관청에 판결을 호소하는 것을 말하며, 옥사는 강도, 살인, 반역 등의 중대 범죄를 다스리는 일로서 적발, 수색하여 처벌하는 것을 말한다.

송사는 다시 옥송과 사송으로 나뉜다. 옥송은 상해 및 인격적 침해 등을 이유로 하여 원(元 : 원고), 척(隻 : 피고) 간에 형벌을 요구하는 송사를 말한다. 이에 반해 사송은 원, 척 간에 재화의 소유권에 대한 확인, 양도, 변상을 위한 민사 관련 송사를 말한다.

그렇다면 당시에 이러한 송사나 옥사를 맡아 처리하는 기관은 어느 곳이었을까? 조선 시대는 입법, 사법, 행정의 권력 분립이 제도화되어 있지 않았기에 재판관과 행정관의 구별이 없었다. 즉 독립된 사법 기관이 존재하지 않았으므로 재판은 중앙의 몇몇 기관과 지방 수령인 목사, 부사, 군수, 현령, 현감 등과 관찰사가 담당하였다.

① 일반적인 재판의 정의
② 조선 시대 송사의 종류
③ 조선 시대 송사와 옥사의 차이점
④ 조선 시대 재판관과 행정관의 역할

해설 마지막 문단에서는 조선 시대의 입법, 사법, 행정의 권력 분립이 제도화되지 않아서 재판관과 행정관의 구별이 없었다는 내용만 제시되어 있으므로, 재판관과 행정관의 역할에 대해서는 알 수 없다.

① 제시문의 첫 문장인 '재판이란 법원이 ~ 소송 절차를 말한다.'에서 알 수 있다.

②, ③ 조선 시대 재판은 송사(訟事)와 옥사(獄事)로 나뉜다. 옥사는 '강도, 살인, 반역 등의 중대 범죄를 다스리는 일'이며, 송사는 '개인 간의 생활 관계에서 발생하는 분쟁의 해결을 위해 관청에 판결을 호소하는 것'으로 송사는 옥송과 사송으로 나뉜다.

- 옥송 : 상해 및 인격적 침해 등을 이유로 하여 원(元 : 원고), 척(隻 : 피고) 간에 형벌을 요구하는 송사
- 사송 : 원, 척 간에 재화의 소유권에 대한 확인, 양도, 변상을 위한 민사 관련 송사

핵심정리

**사실적 사고 능력**

제시된 글 속에 담겨 있는 내용들을 사실 그대로 이해하거나 사실에 맞게 언어로 표현하는 능력을 말한다. 즉, 주관적 해석이나 비판 없이 있는 그대로 이해하는 능력인 것이다. 이와 같은 사실적 사고는 언어로 표현된 정보를 확인하고, 내용을 요약하며, 글의 전개 방식 파악을 가능하게 한다. 또한 사실을 언어로 표현하는 과정에 있어서 전개 방식이나 구성 또는 연결을 바르고 효과적으로 해낼 수 있게 한다.

## 23 국가직 9급 기출

**다음 글의 내용과 부합하지 않는 것은?**

세잔이, 사라졌다고 느낀 것은 균형과 질서의 감각이다. 인상주의자들은 순간순간의 감각에만 너무 사로잡힌 나머지 자연의 굳건하고 지속적인 형태는 소홀히 했다고 느꼈던 것이다. 반 고흐는 인상주의가 시각적 인상에만 집착하여 빛과 색의 광학적 성질만을 탐구한 나머지 미술의 강렬한 정열을 상실하게 될 위험에 처했다고 느꼈다. 마지막으로 고갱은 그가 본 인생과 예술 전부에 대해 철저하게 불만을 느꼈다. 그는 더 단순하고 더 솔직한 어떤 것을 열망했고 그것을 원시인들 속에서 발견할 수 있으리라고 기대했다. 이 세 사람의 화가가 모색했던 제각각의 해법은 세 가지 현대 미술 운동의 이념적 바탕이 되었다. 세잔의 해결 방법은 프랑스에 기원을 둔 입체주의(cubism)를 일으켰고, 반 고흐의 방법은 독일 중심의 표현주의(expressionism)를 일으켰다. 고갱의 해결 방법은 다양한 형태의 프리미티비즘(primitivism)을 이끌어 냈다.

① 세잔은 인상주의가 균형과 질서의 감각을 잃었다고 생각했다.

② 고흐는 인상주의가 강렬한 정열을 상실할 위험에 처했다고 생각했다.

③ 고갱은 인상주의가 충분히 솔직하고 단순했다고 생각했다.

④ 세잔, 고흐, 고갱은 인상주의의 문제를 극복하고자 각자 새로운 해결 방법을 모색했다.

해설 본문에서 고갱은 그가 본 인생과 예술 전부에 대해 철저하게 불만을 느꼈고, 더 단순하고 더 솔직한 어떤 것을 열망했다고 설명하고 있다. 그러므로 인상주의의 문제를 극복하려고 했던 고갱의 입장에서 충분히 솔직하고 단순하지 못한 인상주의에 대해 불만을 가졌으리라고 추측할 수 있다.

① 세잔은 인상주의가 순간순간의 감각에만 너무 사로잡힌 나머지 자연의 굳건하고 지속적인 형태는 소홀히 함으로써 균형과 질서의 감각을 상실했다고 생각했다.

② 반 고흐는 인상주의가 시각적 인상에만 집착하여 빛과 색의 광학적 성질만을 탐구한 나머지 미술의 강렬한 정열을 상실하게 될 위험에 처했다고 느꼈다.

④ 인상주의의 문제를 극복하고자 세잔은 입체주의(cubism), 고흐는 표현주의(expressionism), 고갱은 프리미티비즘(primitivism)을 통해 각자 새로운 해결 방법을 모색하였다.



정답 21 ② 22 ④ 23 ③

**※ 다음 글을 읽고 물음에 답하시오. (24~25)**

초기 비행기들은 현대 비행기들보다 기능적으로 과적응(suradaptation)하는 것이 덜했다. 기능적인 과적응을 멀리 끌고 가자면 생물학에서 공생과 기생 사이에 단계적으로 진행하는 도식들에 가깝다고 볼 수 있다. ( A ) 매우 빠른 어떤 소형 비행기들은 비행을 가능하게 하는 더 커다란 날개가 있어야만 쉽게 이륙할 수 있고, 다른 어떤 비행기들은 상승 추진력을 증가시키기 위해서 로켓을 사용하기도 한다. 수송 글라이더 자체가 과진화한 기술적 대상의 한 예다. 그것은 화물 수송기나 예선(曳船) 없는 항공 수송선(輸送船)에 지나지 않는다는 점에서 진정한 글라이더와는 매우 다른 것이다. 진정한 글라이더는 가볍게 시동을 건 다음에 공기의 흐름을 활용하면서 자기 고유의 수단들을 통해 이륙할 수 있기 때문이다. 이 자율적인 글라이더는 엔진 없는 비행에 아주 섬세하게 적응했다고 할 수 있다. ( B ) 수송 글라이더는 기술적 총체의 비대칭적인 두 부분들 중 단지 한 쪽만을 맡고 있는 것에 불과한 것이고, 나머지 다른 반쪽을 맡고 있는 예선(曳船) 또한 자기 역량에 상응하는 화물을 그 자신만으로는 실어 나를 수 없다는 점에서 잘 적응하지 못한 것이라 할 수 있다.

따라서 과진화의 두 유형이 있다고 할 수 있다. 하나는 기술적 대상의 분할이나 자율성의 상실 없이 정해진 조건들에 섬세하게 적응하는 것에 속하고, 다른 하나는 원래의 단일한 존재가 예인(曳引)하는 것과 예인되는 것으로 나뉘는 경우처럼, 기술적 대상이 분할되는 것에 해당한다. 전자의 경우에는 대상의 자율성이 보존되지만, 후자의 경우에는 희생된다.

## 24

**빈칸 (A)~(B)에 들어갈 말을 순서대로 적은 것은?**

① 예컨대 – 따라서
② 예컨대 – 반면
③ 반면 – 예컨대
④ 반면 – 따라서

**해설** (A)의 뒷내용은 예시를 들고 있으므로 예컨대, (B)는 역접관계이므로 반면을 쓴다.

## 25

**윗글에 관한 다음 설명 중 가장 적절한 것은?**

① 대상의 기능적인 한계에 대해 비판하고 있다.
② 기능적 문제를 제기하고 이를 해결하는 방안을 나열한다.
③ 대상에 대해 서로 다른 기술을 비교한다.
④ 각기 다른 대상을 묘사해 각각의 특성을 설명한다.

**해설** 어떤 비행기들은 한계를 극복하기 위해 커다란 날개, 로켓 등을 사용한다고 제시되어 있다.

## 26

**다음 글은 공익 광고를 목적으로 만들어진 문구다. 설명이 가장 바르지 못한 것은?**

한 번 닦아 내면 한 마리가 옵니다.
폐식용유를 버릴 때 키친타올로 한 번 닦아 주세요.
우리의 강과 호수에 더 많은 철새가 찾아오게 만듭니다.
동양 최대의 철새 도래지인 주남 저수지.
지난해 그 곳을 찾은 새들의 수는 10년 전의 1/10로……

이제 더 이상 철새들의 낙원이 아닙니다.
오염된 물이 새들을 내몰고 있는 것이죠.
오염원의 절반 이상은 생활 하수.
그중 정화되기까지 약 20만 배의 맑은 물을 필요로 하는 폐식용유가 가장 큰 문제입니다.
이제부터 폐식용유를 버릴 때 잠깐만 생각해 주세요.
키친타올로 닦아 내는 당신의 배려가
우리의 강과 호수에 더 많은 철새들이 찾아오게 한다는 것을……

① 내용 – 폐식용유 폐기를 문제 삼으면서 수질 오염 방지를 위한 광고
② 주제 – 폐식용유를 키친타올로 닦고 버리자.
③ 대상 – 식용유 등을 버릴 수 있는 가정주부, 요식업자 등
④ 목적 – 폐식용유를 무단으로 방류하는 일의 심각성을 알려주기 위한 정보 전달

**해설** 제시된 글은 광고문으로 독자를 설득하겠다는 목적이 두드러진 글이다. '한 번 닦아 내면 한 마리가 옵니다. 폐식용유를 버릴 때 휴지로 한 번 닦아주세요.'의 문장으로 보아 폐식용유를 함부로 버리는 일의 심각성을 알리기보다는 소비자들에게 폐식용유를 버릴 때 키친타올로 한 번 닦고 버리도록 행동할 것을 촉구하는 것이다.
① '오염원의 절반 이상은 생활 하수. 그중 정화되기까지 약 20만 배의 맑은 물을 필요로 하는 폐식용유가 가장 큰 문제입니다.'에서 폐식용유 폐기가 수질 오염의 큰 원인이라는 것을 알 수 있다.
② 오염된 물로 인해 내몰린 철새들의 현실을 알리면서, 그들이 돌아올 수 있도록, 폐식용유를 키친타올로 닦아 내어 생활 하수를 줄이자고 강조하고 있다.
③ 음식을 만들고 폐식용유를 버릴 수 있는 가정주부나 요식업자 등을 대상으로 만든 것이다.

**핵심정리**

**광고문**
㉠ **정의** : 상품, 각종 정보, 사업 내용 등을 여러 가지 매체를 통하여 널리 알리고 동시에 행동적인 실천을 유도하거나 권유하는 글이다. 흡인력 · 설득력 · 호소력을 지니고 있어야 한다.
㉡ **유형**
- **상업 광고** : 기업 정보, 상품 정보 등
- **비상업 광고** : 공익 광고, 공익 표어, 모집 광고, 광고문, 해명서, 성명서 등

㉢ **광고문 작성 시 유의점**
- 간결하면서도 인상적인 내용을 담는다.
- 정확한 의미 전달을 위해 문법이나 맞춤법에 맞게 쓴다.
- 과장이나 거짓 표현, 선정적 · 외설적 표현을 삼간다.
- 권위주의적 · 극단적 표현 또는 배타적인 표현을 하지 말아야 한다.
- 특정 계층 · 인종을 비방하는 광고를 하지 말아야 한다.

**27** 국가직 9급 기출

**괄호 안에 들어갈 문장으로 가장 적절한 것은?**

힐링(Healing)은 사회적 압박과 스트레스 등으로 손상된 몸과 마음을 치유하는 방법을 포괄적으로 일컫는 말이다. 우리보다 먼저 힐링이 정착된 서구에서는 질병 치유의 대체 요법 또는 영적 · 심리적 치료 요법 등을 지칭하고 있다.

국내에서도 최근 힐링과 관련된 갖가지 상품이 유행하고 있다. 간단한 인터넷 검색을 통해 수천 가지의 상품을 확인할 수 있을 정도다. 종교적 명상, 자연 요법, 운동 요법 등 다양한 형태의 힐링 상품이 존재한다. 심지어 고가의 힐링 여행이나 힐링 주택 등의 상품들도 나오고 있다. 그러나 (　　　　) 우선 명상이나 기도 등을 통해 내면에 눈뜨고, 필라테스나 요가를 통해 육체적 건강을 회복하여 자신감을 얻는 것부터 출발할 수 있다.

① 힐링이 먼저 정착된 서구의 힐링 상품들을 참고해야 할 것이다.
② 많은 돈을 들이지 않고서도 쉽게 할 수 있는 일부터 찾는 것이 좋을 것이다.

③ 이러한 상품들의 값이 터무니없이 비싸다고 느껴지지는 않을 것이다.
④ 자신을 진정으로 사랑하는 법을 알아야 할 것이다.

해설 괄호 안에 들어갈 문장을 찾기 위해서는 괄호의 앞뒤 문맥을 살펴야 한다. 제시문의 괄호 앞부분에서는 '힐링(Healing)'에 대해 정의하고, 국내에서 유행하고 있는 다양한 힐링 상품에 대해 소개하며 고가의 힐링 상품들이 나오고 있다고 언급하였다. 그러나 괄호 뒷부분에는 내면에 눈 뜨고 육체적 건강을 회복하는 것이 먼저라는 내용이 있으므로, 괄호 안에는 앞서 언급한 고가의 힐링 상품에 대한 부정적인 내용이 들어가야 할 것이다. 따라서 적절한 문장은 ②이다.

## 28 국가직 9급 기출

**다음 글의 내용에 부합하지 않은 것은?**

오늘날 지구상에는 193종의 원숭이와 유인원이 살고 있다. 그 가운데 192종은 온몸이 털로 덮여 있고, 단 한 가지 별종이 있으니, 이른바 '호모 사피엔스'라고 자처하는 털 없는 원숭이가 그것이다. 지구상에서 대성공을 거둔 이 별종은 보다 고상한 욕구를 충족하느라 많은 시간을 보내고 있으나, 엄연히 존재하는 기본적 욕구를 애써 무시하려고 하는 데에도 똑같이 많은 시간을 소비한다. 그는 모든 영장류들 가운데 가장 큰 두뇌를 가졌다고 자랑하지만, 두뇌뿐 아니라 성기도 가장 크다는 사실은 애써 외면하면서 이 영광을 고릴라에게 떠넘기려고 한다. 그는 무척 말이 많고 탐구적이며 번식력이 왕성한 원숭이다. 나는 동물학자이고 털 없는 원숭이는 동물이다. 따라서 털 없는 원숭이는 내 연구 대상으로서 적격이다. '호모 사피엔스'는 아주 박식해졌지만 그래도 여전히 원숭이이고, 숭고한 본능을 새로 얻었지만 옛날부터 갖고 있던 세속적 본능도 여전히 간직하고 있다. 이러한 오래된 충동은 수백만 년 동안 그와 함께해 왔고, 새로운 충동은 기껏해야 수천 년 전에 획득했을 뿐이다. 수백만 년 동안 진화를 거듭하면서 축적된 유산을 단번에 벗어던질 가망은 전혀 없다. 이 사실을 회피하지 말고 직면한다면, '호모 사피엔스'는 훨씬 느긋해지고 좀더 많은 것을 성취할 수 있을 것이다. 이것이 바로 동물학자가 이바지할 수 있는 영역이다.

① 인간에 대해서도 동물학적 관점에서 탐구할 필요가 있다.
② 인간은 자신이 지닌 동물적 본능을 무시하거나 외면하려는 경향이 있다.
③ 인간의 박식과 숭고한 본능은 수백만 년 전에 획득했다.
④ 인간이 오랜 옛날부터 갖고 있던 동물적 본능은 오늘날에도 남아 있다.

해설 제시문에서 '호모 사피엔스라고 자처하는 털 없는 원숭이'는 '인간'을 지칭한다. 수백만 년 동안 인간과 함께해 온 오래된 충동은 '세속적 본능'이며, 박식과 숭고한 본능은 수천 년 전에 새롭게 얻은 것이다.
① 동물학자인 글쓴이에게 '털 없는 원숭이'는 연구 대상으로 적격이며, 인간 연구는 동물학자가 이바지할 수 있는 영역이라고 밝히고 있다.
② 인간은 엄연히 존재하는 기본적 욕구를 애써 무시하려는 경향이 있다.
④ 인간은 숭고한 본능을 새로 얻었지만 옛날부터 갖고 있던 세속적 본능도 여전히 간직하고 있다.

## 29 지방직 9급 기출

**다음 글의 내용과 부합하지 않는 것은?**

소설 속에는 세 개의 욕망이 들끓고 있다. 하나는 소설가의 욕망이다. 소설가의 욕망은 세계를 변형시키려는 욕망이다. 소설가는 자기 욕망의 소리에 따라 세계를 자기 식으로 변모시키려고 애를 쓴다. 둘째 번의 욕망은 소설 속의 주인공들의 욕망이다. 소설 속의 인물들 역시 소설가의 욕망에 따라 혹은 그 욕망에 반대하여 자신의 욕망을 드러내고, 자신의 욕망에 따라 세계를 변형하려 한다. 주인공, 아니 인물들의 욕망은 서로 부딪쳐 다채로운 모습을 드러낸다. 마지막의 욕망은 소설을 읽는 독자의 욕망이다. 소설을 읽으면서 독자들은 소설 속의 인물들은 무슨 욕망에 시달리고 있는가를 무의식적으로 느끼고, 나아가 소설가의 욕망까지를 느낀다. 독자의 무의식적인 욕망은 그 욕망들과 부딪쳐 때로 소설 속의 인물들을 부인하기도 하고, 나아가 소설까지를 부인하기도 하며, 때로는 소설 속의 인물들에 빠져 그들을 모방하려 하기도 하고, 나아가 소설까지를 모방하려 한다. 그 과정에서 읽는 사람의 무의식 속에 숨어 있던 욕망은 그 욕망을 서서히 드러내, 자기가 세계를 어떻게 변형시키려 하는가를 깨닫게 한다. 소설 속의 인물들은 무엇 때문에 괴로워하는가, 그 괴로움은 나도 느낄 수 있는 것인가, 아니면 소설 속의 인물들은 왜 즐거워하는가, 그 즐거움에 나도 참여할 수 있는가, 그것들을 따지는 것이 독자가 자기의 욕망을 드러내는 양식이다.

– 김현, 「소설은 왜 읽는가」 중에서

① 소설가는 자기의 욕망에 따라 세계를 변형시키고자 한다.

② 소설 속의 인물은 자신의 욕망을 소설가의 욕망에 일치시킨다.

③ 독자는 소설을 읽으면서 소설가의 욕망을 느낀다.

④ 독자는 소설을 통해 자신의 욕망을 깨닫게 된다.

해설 소설 속 인물들은 자신의 욕망을 소설가의 욕망과 무조건 일치시키지 않고, 따르거나 반대하기도 한다.

① 소설가는 자기 욕망의 소리에 따라 세계를 자기 식으로 변모시키려고 애를 쓴다.

③ 소설을 읽으면서 독자들은 소설 속의 인물들은 무슨 욕망에 시달리고 있는가를 무의식적으로 느끼고, 나아가 소설가의 욕망까지를 느낀다.

④ 소설을 읽으면서 독자는 소설 속 인물들의 욕망을 경험한다. 이 과정에서 독자의 무의식에 숨어 있던 욕망을 모습을 드러내고, 자기가 세계를 어떻게 변형시키려 하는가를 깨닫게 한다.

## 30

**다음 글에 대한 설명으로 옳은 것은?**

여러분은 혹시 담배를 피우지 않는 사람입니까? 그렇기 때문에 담배 연기가 얼마나 건강에 안 좋은지 모르시지는 않습니까?

조사 결과에 의하면 담배를 피울 때, 흡연자가 흡입하는 양보다 두 배나 많은 양의 타르와 니코틴이 대기 중으로 방출된다고 합니다. 그 타르와 니코틴이 공중을 떠다니면 어떻게 되겠습니까? 여러분이 그것을 마시게 됩니다.

의학적 연구에 의하면, 만일 여러분이 흡연자와 같은 장소에서 생활할 경우 여러분의 심장과 폐는 하루에 담배를 열한 개피 피우는 사람과 동일한 손상을 입게 됩니다. 별로 심각하게 들리지 않을지도 모르겠습니다. 그러나 여러분이 60세가 되면 대략 7,187갑이나 되는 담배를 무의식적으로 피운 셈이 됩니다. 이것은 큰 문제가 아니겠습니까?

담배 연기는 여러분의 눈을 충혈시키고, 기침이 나오게 하며, 숨을 헐떡거리게 합니다. 뿐만 아니라 여러분을 고혈압이나 심장병 환자로 만들 수도 있으며, 폐암에 걸리게 할 수도 있습니다.

여러분은 알게 모르게 자신의 생명의 일부를 함께 있는 흡연자들에게 저당 잡히고 있는 것입니다.



정답 27 ② 28 ③ 29 ②

① 독자의 정서를 자극하여 감동을 주고 있다.
② 흡연자를 독자로 삼고 있다.
③ 조사 결과를 수치로 제시하여 주장을 뒷받침하고 있다.
④ 정보 전달만을 목적으로 하고 있다.

해설 60세가 되면 대략 7,187갑을 무의식적으로 피우게 된다고 제시하고 있다.
① 독자를 설득하거나 이해시키기 위해 자신의 주장을 논리적으로 쓴 글이다.
② 비흡연자들도 간접 흡연의 위험성에 노출되어 있음을 경각시키고 있다.
④ 정보 전달뿐만 아니라 비흡연자 자신을 보호해야 함을 강조, 설득하고 있다.

## 31

**다음에서 글쓴이가 궁극적으로 주장하는 것은?**

이 지구상에는 약 6,700여 가지 언어가 있다. 현재 인류가 사용하고 있는 문자는 한글을 비롯하여, 영어, 독일어, 프랑스어 등을 적는 로마자, 러시아어와 몽골어를 적는 키릴 문자, 인도의 힌디어를 적는 데바나가리 문자, 아랍어를 적는 아랍 문자, 일본어를 적는 가나 문자, 그리고 그리스 문자, 히브리 문자, 태국 문자 등 크게 30여 가지다. 문자 없이 언어생활을 하는 종족들은 자신들의 역사나 문화를 문자로 기록하지 못하기 때문에 문명 세계로 나오지 못하고 있다.

음양오행설(陰陽五行說)과 인간 발성(發聲)의 원리를 바탕으로 만든 한글은 지금까지 존재한 세계 여러 문자 가운데서도 가장 체계적이고 과학적이며, 음성 자질이 문자 형태에 반영된 오묘하고도 신비스러운 문자다. 옆으로 풀어쓰기도 가능하고, 자음과 모음을 서로 조화롭게 결합시켜 음절 단위로 묶는 모아쓰기도 가능하며, 가로쓰기와 세로쓰기가 모두 가능하다. 한글의 기본 모음과 자음에 가획과 결합 원리를 적용하면 수많은 소리를 적을 수 있는 새로운 문자들을 다시 만들어낼 수 있어 인간 음성의 대부분을 기록할 수 있다. 한글은 참으로 배우기 쉽고 쓰기 간편해서 누구나 편리하게 익혀 읽고 쓸 수 있고, 인간의 어떤 언어라도 거의 다 원음에 가깝게 표기할 수 있다는 장점을 가지고 있다.

21세기 정보통신 시대를 맞이하여 이제 우리는 한글을 전 세계인이 공통으로 사용하는 문자가 되도록 여러 가지 노력을 기울여야 한다. 문자 없는 소수 종족의 언어들을 기록하게 도와주는 것을 비롯하여, 현재 배우기도 어렵고 정보화에도 장애가 많은 문자를 쓰는 중국어나 힌디어, 태국어, 아랍어 등을 포함한 세계의 여러 문자들을 간편한 한글로 표기하도록 세계 문자로서 한글의 위상을 세워가야 한다. 한글 세계화로 이제 우리는 선진문화 강국의 초석을 다지면서 온 세계 인류의 복지와 문명을 발전시키는 데 앞장서야 한다.

① 한국어는 외국의 표기 문자로 쓰일 정도로 훌륭하다.
② 지구상의 많은 언어들은 과학적인 한국어를 모방해야 한다.
③ 우수한 문자로서 한글의 세계화가 이루어져야 한다.
④ 한글은 독창적이고 과학적으로 창제되었다.

해설 첫 번째 단락은 '문자의 중요성'에 대한 내용으로 문자 없이 사는 종족들은 자신들의 역사나 문화를 기록하지 못해 문명 세계로 나오지 못하고 있다고 설명하고 있다. 두 번째 단락은 '한글의 우수성'을 강조한 부분으로 누구나 편리하게 읽고 쓸 수 있으며 인간의 어떤 언어도 다 원음에 가깝게 표기할 수 있다고 하였다. 그리고 마지막 세 번째 단락은 한글의 세계화를 위해 노력해야 한다는 내용이 담겨 있다.
따라서 글쓴이가 주장하는 것은 '한글은 우수한 문자이므로, 여러 언어들을 표기할 수 있는 세계 문자로서의 위상을 세워야 한다.'라는 것을 알 수 있다.

## 32

**다음 글의 중심 내용으로 가장 적절한 것은?**

전통은 물론 과거로부터 이어 온 것을 말한다. 이 전통은 대체로 그 사회 및 그 사회의 구성원(構成員)인 개인의 몸에 배어 있는 것이다. 그러므로 스스로 깨닫지 못하는 사이에 전통은 우리의 현실에 작용하는 경우가 있다. 그러나 과거에서 이어 온 것을 무턱대고 모두 전통이라고 한다면, 인습(因襲)이라는 것과의 구별이 서지 않을 것이다. 우리는 인습을 버려야 할 것이라고는 생각하지만, 계승(繼承)해야 할 것이라고는 생각하지 않는다. 여기서 우리는, 과거에서 이어 온 것을 객관화(客觀化)하고, 이를 비판하는 입장에 서야 할 필요를 느끼게 된다. 그 비판을 통해서 현재의 문화 창조에 이바지할 수 있다고 생각되는 것만을 우리의 전통이라고 불러야 할 것이다. 이와 같이, 전통은 인습과 구별될뿐더러, 또 단순한 유물(遺物)과도 구별되어야 한다. 현재에 있어서의 문화 창조와 관계가 없는 것을 우리는 문화적 전통이라고 부를 수가 없기 때문이다.

그러므로 어느 의미에서는 고정불변(固定不變)의 신비로운 전통이라는 것이 존재한다기보다 오히려 우리 자신이 전통을 찾아내고 창조한다고도 할 수가 있다. 따라서 과거에는 훌륭한 문화적 전통의 소산(所産)으로 생각되던 것이, 후대에는 버림을 받게 되는 예도 허다하다. 한편, 과거에는 돌보아지지 않던 것이 후대에 높이 평가되는 일도 한두 가지가 아니다.

우리가 계승해야 할 민족 문화의 전통으로 여겨지는 것들이 과거의 인습을 타파(打破)하고 새로운 것을 창조하려는 노력의 결정(結晶)이었다는 것은 지극히 중대한 사실이다. 세종대왕의 훈민정음 창제 과정에서 이 점은 뚜렷이 나타나고 있다. 만일, 세종이 고루(固陋)한 보수주의적 유학자들에게 한글 창제의 뜻을 굽혔던들, 우리 민족 문화의 최대 걸작품이 햇빛을 못 보고 말았을 것이 아니겠는가?

① 전통은 인습이나 단순한 유물과는 다른 것이며 계승해야할 문화적 요소다.

② 전통은 사회 구성원들이 과거로부터 인정해 온 것이며 이어나간 관습이다.

③ 전통은 사회 현실에 작용하되 교육없이 스스로 깨닫지 못하는 것이다.

④ 전통은 과거의 유산이면서 현재의 문화 창조에 기여하는 것이다.

해설 첫 번째 단락에서는 '인습, 유물과의 구별을 통해 확인할 수 있는 전통의 본질'에 대해서, 두 번째 단락에서는 '전통의 가변성'에 대해서, 세 번째 단락에서는 '계승해야 할 전통과 훈민정음 창제의 예'를 각각 설명하고 있다. 즉, 전통은 인습, 유물과는 구별되며 과거로부터 이어온 것 중 현재의 문화 창조에 이바지하는 것임을 강조하며 '전통의 본질'에 대해 정리하고 있음을 알 수 있다.



정답 30 ③ 31 ③ 32 ④

나두공

# 제 6 편

# 어휘력

# 실전문제 제1장 한자의 이해

대표유형문제

국가직 9급 기출

**한자 표기가 옳은 것은?**

① 그분은 냉혹한 현실(現室)을 잘 견뎌 냈다.

❷ 첫 손님을 야박(野薄)하게 대해서는 안 된다.

③ 그에게서 타고난 승부 근성(謹性)이 느껴진다.

④ 그는 평소 희망했던 기관에 채용(債用)되었다.

정답해설 야박(野薄)은 '야박하다'의 어근으로서 '야멸치고 인정이 없는 것'을 의미한다. 이때 야(野)는 들 또는 들판을 뜻하는 것이 아닌 어떤 대상을 '등한시(等閑視)'하는 것을 뜻하고, 박(薄)은 '엷다'라는 뜻이 아닌 '야박하다', '깔보다', '업신여기다'의 뜻을 가지고 있다. 따라서 '야박(野薄)'은 문장에 적절한 한자 표기가 된다.

오답해설 ① 현실(現室 → 現實) : 현재 실제로 존재하는 사실이나 상태를 뜻하며 집을 뜻하는 '室'이 아니라 바탕, 본질, 열매를 뜻하는 '實'을 사용한다.

③ 근성(謹性 → 根性) : 뿌리 깊게 박힌 성질을 뜻하며 삼가다를 뜻하는 '謹'이 아니라 뿌리를 뜻하는 '根'을 사용한다.

④ 채용(債用 → 採用) : '債用'은 돈이나 물건을 빌려서 쓰는 것을 뜻하므로 문장의 의미에 적합한 한자 표현은 '採用'이다.

핵심정리 잘못 읽기 쉬운 한자

| 한자 | 바른 독음 | 틀린 독음 | 한자 | 바른 독음 | 틀린 독음 |
|---|---|---|---|---|---|
| 恪別 | 각별 | 격별 | 役割 | 역할 | 역활 |
| 改悛 | 개전 | 개준 | 傲慢 | 오만 | 방만 |
| 揭示 | 게시 | 계시 | 汚辱 | 오욕 | 오진 |
| 壞滅 | 괴멸 | 회멸 | 緩和 | 완화 | 난화 |
| 句讀 | 구두 | 구독 | 遊說 | 유세 | 유설 |
| 詭辯 | 궤변 | 위변 | 一括 | 일괄 | 일활 |
| 拿捕 | 나포 | 합포 | 將帥 | 장수 | 장사 |

## 01 지방직 9급 기출

**㉠, ㉡에 들어갈 한자를 순서대로 바르게 나열한 것은?**

> • 근무 여건이 개선( ㉠ )되자 업무 효율이 크게 올랐다.
> • 금융 당국은 새로운 통화( ㉡ ) 정책을 제안하였다.

| | ㉠ | ㉡ |
|---|---|---|
| ① | 改善 | 通貨 |
| ② | 改選 | 通話 |
| ③ | 改善 | 通話 |
| ④ | 改選 | 通貨 |

해설 글의 문맥상 ㉠에는 '잘못된 것이나 부족한 것, 나쁜 것 따위를 고쳐 더 좋게 만듦'을 뜻하는 '개선(改善)'이 적합하고, ㉡에는 '유통 수단이나 지불 수단으로서 기능하는 화폐'를 뜻하는 '통화(通貨)'가 적합하다.
- 개선(改選) → 의원이나 임원 등이 사퇴하거나 그 임기가 다 되었을 때 새로 선출함
- 통화(通話) → 전화로 말을 주고받음

## 02

**다음의 한자 중 '之'의 쓰임이 다른 하나는?**

① 結者解<u>之</u>　② 君子<u>之</u>交
③ 水魚<u>之</u>交　④ 傾國<u>之</u>色

해설 結者解之(결자해지)는 '맺은 사람이 그것을 푼다'를 뜻하는 한자 성어이다.
② 君子之交(군자지교) : 군자의 사귐
③ 水魚之交(수어지교) : 물과 고기의 사귐
④ 傾國之色(경국지색) : 나라를 기울일 만큼의 미인

## 03

**다음 중 술목 관계의 한자 성어는?**

① 四面楚歌　② 天高馬肥
③ 結草報恩　④ 有備無患

해설 술목 관계는 '서술어+목적어'의 결합으로 구성되는 한자어의 짜임으로 '무엇을 어찌하다'로 해석한다.
① 四面楚歌(사면초가) : 사면에 초의 노래(수식 관계)
② 天高馬肥(천고마비) : 하늘이 높고 말이 살찌다.(주술 관계)
④ 有備無患(유비무환) : 준비가 있으면 환란이 없다.(술보 관계)

## 04 서울시 9급 기출

**다음 중 한자의 구성과 짜임이 다른 것은?**

① 樂山　② 治國
③ 修身　④ 歸家

해설 歸家(돌아갈 귀, 집 가) : '집으로 돌아가다'라는 의미로 서술어(歸)와 보어(家)가 결합된 술보 관계이다.
① 樂山(좋아할 요, 메 산) : '산을 좋아하다'라는 의미로 술목 관계이다.
② 治國(다스릴 치, 나라 국) : '나라를 다스리다'라는 의미로 술목 관계이다.
③ 修身(닦을 수, 몸 신) : '몸을 닦다'라는 의미로 술목 관계이다.



정답 01 ① 02 ① 03 ③ 04 ④

## 05

**두 가지 이상의 음을 가진 한자가 아닌 것은?**

① 見　　② 俗
③ 率　　④ 惡

해설 俗(풍속 속)은 풍습 또는 관습을 뜻하는 한자이다.
① 見 : 볼 견 예 見聞(견문)
나타날 현 예 謁見(알현)
③ 率 : 거느릴 솔 예 食率(식솔)
비율 율 예 比率(비율)
④ 惡 : 악할 악 예 善惡(선악)
미워할 오 예 憎惡(증오)

## 06 국가직 9급 기출

**아래의 〈뜻풀이〉를 참고하여 〈예문〉의 괄호 안에 넣을 가장 알맞은 단어는?**

뜻풀이

경험(經驗)에 의하지 않고 순수(純粹)한 이성(理性)에 의하여 인식(認識)하고 설명하는 것

예문

당신 생각은 (　　)이야. 이성(理性)에 의한 분별(分別)에만 기초하니까. 경험(經驗)도 필요한 거야.

① 사색적(思索的)　　② 사유적(思惟的)
③ 사상적(思想的)　　④ 사변적(思辨的)

해설 주어진 뜻풀이에 해당하는 단어는 '사변적(思辨的)'이다. 비슷한 말로는 '철학적(哲學的)'을 들 수 있다.

핵심정리

**'思(생각 사)'가 들어간 단어**

- **사려(思慮)** : 여러 가지 일에 관한 깊은 생각과 근심. 마음속으로 분별함
- **사료(思料)** : 생각하여 헤아림
- **심사(深思)** : 깊이 생각함
- **재사(才思)** : 재주가 있는 사고력. 재치 있게 계책을 세우는 생각
- **침사(沈思)** : 조용히 정신을 모아서 깊이 생각함
- **사고방식(思考方式)** : 어떠한 문제에 대하여 생각하고 궁리하는 방법이나 태도
- **강박사고(强迫思考)** : 스스로 생각하는 것이 아니고 떨쳐버리려 억눌러도 자꾸 떠오르는 생각

## 07 국가직 9급 기출

**밑줄 친 접두사가 한자에서 온 말이 아닌 것은?**

① <u>강</u>행군　　② <u>강</u>기침
③ <u>강</u>타자　　④ <u>강</u>염기

해설 '강기침'의 '강-'은 몇몇 명사 앞에 붙어 '마른' 또는 '물기가 없는'의 뜻을 더하는 우리말 접두사이다.
① 강행군(强行軍) : 어떤 일을 짧은 시간 안에 끝내려고 무리하게 함
③ 강타자(强打者) : 야구에서 타격이 강한 타자
④ 강염기(强鹽基) : 수용액에서 수산화 이온과 양이온으로 완전히 해리되는 염기. 수산화칼륨, 수산화나트륨 따위가 이에 속함

## 08 국가직 9급 기출

**밑줄 친 부분의 뜻풀이로 가장 적절한 것은?**

> 그는 바늘뼈에 두부살이다.

① 매우 연약(軟弱)한 사람
② 매우 유연(悠然)한 사람
③ 매우 심약(心弱)한 사람
④ 매우 우유부단(優柔不斷)한 사람

해설 속담 '바늘뼈에 두부살'은 바늘처럼 가는 뼈에 두부같이 힘없는 살이란 뜻으로, 몸이 아주 연약한 사람을 비유적으로 이르는 말이다.

## 09

**밑줄 친 단어의 한자를 바르게 고친 것은?**

① 난상 토론(亂床 → 爛商)
② 단란한 가정(團欒 → 緞欄)
③ 이모작 농법(二毛作 → 二耗作)
④ 국제 여자 역전 경주(驛傳 → 驛前)

해설 난상은 충분히 의논하는 것 또는 그러한 의논을 뜻한다.
② 단란(團欒) : i) 한 가족의 생활이 원만하고 즐겁다. ii) 여럿이 함께 즐겁고 화목하다.
③ 이모작(二毛作) : 같은 땅에서 1년에 두 번 곡물을 재배하여 수확하는 토지 이용법
④ • 역전(驛傳) : 몇 사람의 경기자가 장거리를 몇 개 구간으로 나누어 달릴 때, 맡은 구간을 달려 다음 사람에게 배턴을 전하는 일
• 역전(驛前) : 역의 앞쪽. '역 앞'으로 순화

## 10

**다음 문장 중 한자 어휘가 적절하지 않은 것은?**

① 직접 입찰하는 대신 隨意契約으로 일을 일사천리 추진하고자 한다.
② 새로 지은 건물을 賃貸해서 가게를 차렸다.
③ 그녀가 典型的 왕조 시대의 여인이었음을 알려 주는 근거가 몇 가지 있다.
④ 그의 高踏的인 자세에 거부감을 느꼈다.

해설 임대 → 임차
• 임대(賃貸) : 돈을 받고 자기 물건을 상대방에게 빌려주는 것
• 임차(賃借) : 삯(돈)을 내고 물건을 빌리는 것
① 隨意契約(수의계약) : 경쟁이나 입찰에 의하지 않고 상대편을 임의로 선택하여 체결하는 계약
③ 典型的(전형적) : 어떤 부류의 특징을 가장 잘 나타내는
④ 高踏的(고답적) : 속세에 초연하며 현실과 동떨어진 것을 고상하게 여김

## 11

**다음 중 한자의 독음이 옳지 않은 것은?**

① 躊躇 – 주저
② 彈劾 – 탄핵
③ 休暇 – 휴가
④ 明皙 – 명철

해설 '明皙'은 '明(밝을 명)'에 '皙(밝을 석)'이 쓰였으므로 '명석'으로 읽는다. '명철'이라 읽는 한자어는 '明(밝을 명)'에 '哲(밝을 철)'을 쓴 '名哲'이 있다.
① 주저(躊躇) : 躊(머뭇거릴 주)와 躇(머뭇거릴 저)를 합친 한자어이다.
② 탄핵(彈劾) : 彈(탄알 탄)에 劾(캐물을 핵)을 합친 한자어이다.
③ 휴가(休暇) : 休(쉴 휴)에 暇(겨를 가)를 합친 한자어이다.

정답 05 ② 06 ④ 07 ② 08 ① 09 ① 10 ② 11 ④

## 12

**다음 중 한자의 독음이 바르지 않은 것은?**

① 橫暴 – 횡포　② 醵出 – 갹출
③ 瑕疵 – 가차　④ 固陋 – 고루

**해설** 瑕疵(하자) : i) 흠, ii) 법률 또는 당사자가 예기한 상태나 성질이 결여되어 있는 일
② 醵出(갹출) : 같은 목적을 위하여 여러 사람이 돈을 나누어 냄
④ 固陋(고루) : 낡은 관념이나 습관에 젖어 고집이 세고 새로운 것을 잘 받아들이지 아니함

## 13 국가직 9급 기출

**한자어 표현을 제대로 이해하지 못한 것은?**

① 법(法)에 저촉(抵觸)되다.
→ "법에 걸리다."라는 말이다.
② 식별(識別)이 용이(容易)하다.
→ "눈에 선하다."라는 말이다.
③ 촉수(觸手)를 엄금(嚴禁)하시오.
→ "손대지 마시오."라는 말이다.
④ 장물(贓物)을 은닉(隱匿)하다.
→ "범죄 행위로 부당하게 취득한 남의 물건을 숨기다."라는 말이다.

**해설** '식별(識別)이 용이(容易)하다'는 '분별하여 알아보는 것이 매우 쉽다'라는 뜻이다.

**핵심정리**

**어려운 한자어의 순화**
- **가가호호(家家戶戶)** : 집집마다, 집집이
- **개전(改悛)의 정(情)이 현저(顯著)하다** : 행실이나 태도의 잘못을 뉘우치는 빛이 뚜렷하다.
- **노상 적치물 엄단(路上 積置物 嚴斷)** : 길거리에 쓰레기를 쌓아두지 마시오.
- **이면 도로(裏面 道路)** : 뒷길
- **초도 순시(初度 巡視)** : 첫 방문
- **품행(品行)이 방정(方正)하다** : 행실이 바르다.
- **난색(難色)을 표명(表明)하다** : 어려운 빛을 나타내다.

## 14

**혼동하기 쉬운 한자어를 구별하여 사용한 예로 적절하지 못한 것은?**

① 학교 교육이 서구식으로 變換한 것은 근래에 와서의 일이다.
이번 전시회에서는 의복의 變遷을 한눈에 볼 수 있다.
② 우리 선조들은 남녀 간에 識別이 있어야 한다고 생각했다.
달빛이 밝아서 멀리 있는 사람도 흐릿하게나마 分別이 가능했다.
③ 그는 동생에게 소리치고 나서 今方 후회하였다.
요즘에는 方今 전에 읽은 것도 자꾸 잊어버려.
④ 그는 갑작스러운 사태에 唐惶하고 겁이 나 부들부들 떨었다.
소문이 너무 荒唐하여 어이없다.

**해설** 識別(식별) : 분별하여 알아봄
分別(분별) : 서로 다른 일이나 사물을 구별하여 가름
① 變換(변환) : 다르게 하여 바꿈. 또는 달라져서 바뀜
變遷(변천) : 세월이 흐름에 따라 바뀌고 변함
③ 今方(금방) : 이제 곧
方今(방금) : 말하고 있는 시점보다 바로 조금 전
④ 唐惶(당황) : 놀라거나 다급하여 어찌할 바를 모름
荒唐(황당) : 말이나 행동 따위가 참되지 않고 터무니없음

## 15 지방직 9급 기출

**문맥상 괄호 안에 들어갈 말로 가장 부적절한 것은?**

> 우리는 곧잘 '우리'를 앞세우지만, 우리의 '우리'는 그 범위가 너무 좁다. 그것들은 다만 '나'의 확장에 지나지 않는다. 오히려 내가 확장된 '우리'는 그 이기심과 배타성이 더욱 강화되고 독해진다. '나'와 '나와 관계있는 이들'은 하나로 묶고, 그렇지 않은 이들은 철저히 (　　　) 하는 개념이 되어 버리기 때문이다. 우리의 '우리'는 더 넓어지고, 한없이 넓어져야 한다. 우리가 공유하고 있는 우편함이 어디 한두 개인가. 울타리의 안과 밖을 가르는 것이 인간의 어쩔 수 없는 성품이라면, 그 울타리를 한없이 키워 버리는 것은 어떨까? 지구와 우주 역시 우리가 공유하고 있는 우편함이다.

① 배빈(排擯)　　② 배설(排泄)
③ 배제(排除)　　④ 배척(排斥)

해설 제시문에서 '나'가 확장된 '우리'는 이기심과 배타성이 더욱 강화된다고 언급하고 있기 때문에, '나'와 '나와 관계있는 이들'은 하나로 묶고 그렇지 않은 이들은 '제외'한다는 내용이 펼쳐질 것으로 예상할 수 있다. '울타리의 안과 밖을 가르는 것이 인간의 성품'이라는 뒷부분을 통해서도 힌트를 주고 있다.
따라서 '따돌리거나 거부하여 물리치다'의 뜻을 지닌 '배빈(排擯), 배제(排除), 배척(排斥)' 등을 써야 하며, '안에서 밖으로 나가게 하다'의 뜻을 지닌 '배설(排泄)'은 거리가 멀다는 것을 알 수 있다.

## 16

**다음은 '공리'라는 단어를 사전에서 찾은 뜻풀이이다. 적절한 한자어는 어느 것인가?**

> 1. 널리 일반에 통용되는 도리
> 2. 수학이나 논리학 따위에서 증명이 없이 자명한 진리로 인정되며 다른 명제를 증명하는 데 전제가 되는 원리

① 空理　　② 公理
③ 公利　　④ 功利

해설 公理 : i) 일반 사람과 사회에서 두루 통하는 진리나 도리 ii) 수학이나 논리학 등에서 증명 없이 인정되는 자명한 진리
① 空理 : 실제와는 동떨어진 쓸모없는 이론
③ 公利 : 공공의 이익
④ 功利 : 어떤 행위에 의하여 얻어지는 공명과 이익

## 17

**다음 밑줄 친 단어의 한자어로 바른 것은?**

> 그는 영웅의 자질로 천부적 통찰력, 남성다운 기질, 귀족적 <u>성품</u> 등을 들었다.

① 性稟　　② 性品
③ 聖品　　④ 盛凜

해설 성품(性品)은 성질과 됨됨이. 성질과 품격을 의미한다.
① 성품(性稟)은 사람의 타고난 성질. 성정(性情). 천품(天稟)으로 문장에서 귀족적 성품은 후천적인 면이 강하므로 적합하지 않은 한자어이다.
③ 성품(聖品)은 가톨릭에서 칠품(七品) 가운데 상위에 속하는 주교직 · 사제직 · 부제직을 이르는 말로 문장과 거리가 먼 한자어이다.

정답 12 ③　13 ②　14 ②　15 ②　16 ②　17 ②

## 18 국가직 9급 기출

**공통으로 쓰인 한자의 독음이 같은 것으로 묶인 것은?**

① 更新된 계약 문서를 조사하다.
更生의 길로 인도하다.

② 불교에서는 殺生을 금지한다.
계산이 相殺되었다.

③ 그 안건은 否決되었다.
그 노인은 否塞한 말년을 지내고 있다.

④ 개펄이 開拓되어서는 안 된다.
답사의 목적은 비문을 拓本하는 것이다.

해설
• 갱신(다시 갱, 새 신) : 법률관계의 존속 기간이 끝났을 때 그 기간을 연장하는 일
• 갱생(다시 갱, 날 생) : 마음이나 생활 태도를 바로잡아 본디의 옳은 생활로 되돌아가거나 발전된 생활로 나아감

## 19 서울시 9급 기출

**다음 중 밑줄 친 단어의 한자어가 모두 바르게 연결된 것은?**

> 풍자란 사회도덕이 이념과 인간의 행동규범이 와해되어 현실이 불합리한 국면에 빠져들 때에 그에 대한 분노와 항거에서 비롯된다. 풍자가 지향하는 목적은 비리와 모순에 가득 차 있는 현실을 보여줌으로써 그 병폐의 근원을 인식시키고 그 시정을 촉구하는 데에 있다. 그러므로 풍자는 본질적으로 도덕적 명제를 내포한다.

① 閨範 志向 病弊 施政 內包
② 規範 指向 病廢 是正 內包
③ 規範 指向 病弊 是正 內抱
④ 規範 志向 病弊 是正 內包

해설
• 規範(법 규, 법 범) : 인간이 행동하거나 판단할 때에 마땅히 따르고 지켜야 할 가치 판단의 기준
• 志向(뜻 지, 향할 향) : 어떤 목표로 뜻이 쏠리어 향함. 또는 그 방향이나 그쪽으로 쏠리는 의지
• 病弊(병 병, 해질 폐) : 병통과 폐단을 아울러 이르는 말
• 是正(옳을 시, 바를 정) : 잘못된 것을 바로잡음
• 內包(안 내, 쌀 포) : 어떤 성질이나 뜻 따위를 속에 품음

## 20 서울시 9급 기출

**한자어의 독음으로 옳은 것을 〈보기〉에서 모두 고른 것은?**

보기

㉠ 決濟(결재) ㉡ 火葬(화상) ㉢ 模寫(묘사)
㉣ 裁量(재량) ㉤ 冒頭(모두) ㉥ 委託(위탁)

① ㉠, ㉡, ㉥
② ㉠, ㉢, ㉣
③ ㉡, ㉢, ㉤
④ ㉣, ㉤, ㉥

해설
• 裁量(마를 재, 헤아릴 량) : 자기의 생각과 판단에 따라 일을 처리하는 것
• 冒頭(무릅쓸 모, 머리 두) : 말 또는 문장의 첫머리
• 委託(맡길 위, 부탁할 탁) : 타인에게 사물 또는 사람의 책임을 맡기는 것
㉠ 決濟(결재 → 결제) : i) 일을 처리해 끝을 냄 ii) 증권 또는 대금을 주고받아 당사자 간의 거래 관계를 끝맺는 일
㉡ 火葬(화상 → 화장) : 시체를 불에 살라 장사지냄
㉢ 模寫(묘사 → 모사) : i) 사물을 형체 그대로 그림 ii) 원본을 베끼어 씀

## 21 지방직 9급 기출

**밑줄 친 어휘의 한자 표기로 모두 옳은 것은?**

군청에서는 관 위주 행정의 관행을 없애고 군민들이 불편하지 않도록 '감동 행정'을 펼치기 위한 사전 작업이 이뤄지고 있다. 특히 군정에 변화의 새 바람을 일으키기 위해 군민과 공직자를 상대로 군민 행복을 위한 ㉠ 참신한 의견을 ㉡ 수렴하고 '공직자 변화 노력 ㉢ 선포식'을 열기로 하는 등 변화의 바람이 감지되고 있다. 김 군수는 "공무원들의 변화만이 군민들에게 희망을 줄 수 있다."면서, '공무원들의 낡은 사고, 관 위주 행정의 낡은 관행을 우선 변화시켜야 할 대상으로 규정하고 전체 공직자가 자기 계발과 의식 전환을 위해 노력하도록 할 방침'이라고 밝혔다. 다음 달 정례 조회 때 있을 공직자 변화 노력 선포식에서는 전체 공직자가 결의문을 채택해 자기 개혁에 적극 나서도록 분위기를 조성한다는 방침이다. 특히 음주운전자 차량에 동승하여 음주운전을 적극 만류하지 못해 음주운전에 이르게 한 공무원도 사안에 따라 ㉣ 문책할 방침이다.

| | ㉠ | ㉡ | ㉢ | ㉣ |
|---|---|---|---|---|
| ① | 懺新 | 收斂 | 宣布 | 聞責 |
| ② | 斬新 | 收斂 | 宣布 | 問責 |
| ③ | 斬新 | 受斂 | 宣布 | 聞責 |
| ④ | 懺新 | 受斂 | 宣布 | 問責 |

해설 ㉠ 글의 흐름상 '참신'은 '새롭고 참신하다'는 뜻으로 '斬新(참신)'이 맞는 표기이다.
㉡ 글의 흐름상 '수렴'은 의견이나 사상 따위가 여럿으로 나뉘어 있는 것을 하나로 모아 정리한다'의 뜻으로 '收斂(수렴)'이 맞는 표기이다.
㉢ 글의 흐름상 '선포'는 '세상에 널리 알린다'의 뜻으로 '宣布(선포)'가 맞는 표기이다.
㉣ 글의 흐름상 '문책'은 '잘못을 캐묻고 꾸짖음'이라는 뜻으로 '문책(問責)'이 맞는 표기이다.

## 22 지방직 9급 기출

**「기미 독립 선언서」의 공약 3장 중 첫 장이다. 밑줄 친 단어 중 한자가 바르지 않은 것은?**

今日(금일) 吾人(오인)의 此擧(차거)는 正義(정의), ㉠ 人道(인도), 生存(생존), ㉡ 尊榮(존영)을 爲(위)하는 民族的(민족적) 要求(요구) ㅣ니, 오즉 自由的(자유적) 精神(정신)을 ㉢ 發揮(발휘)할 것이오, 決(결)코 排他的(배타적) 感情(감정)으로 ㉣ 一走(일주)하지 말라.

① ㉠　② ㉡
③ ㉢　④ ㉣

해설 一走 → 逸走(숨을 일, 달아날 주) : 도망쳐 달아남
① 人道(인도) : 사람으로서 마땅히 지켜야 할 도리
② 尊榮(존영) : 지위가 높고 영화로움
③ 發揮(발휘) : 지니고 있는 재능이나 역량 등을 떨쳐 드러냄

## 23 지방직 9급 기출

**밑줄 친 ㉠과 ㉡의 한자 표기가 모두 옳은 것은?**

지방자치단체에서 추진하는 사업들은 그 특성상 ㉠ 가시적이거나, 혹은 ㉡ 현시적인 분야에 집중될 가능성이 있다.

| | ㉠ | ㉡ | | ㉠ | ㉡ |
|---|---|---|---|---|---|
| ① | 可示 | 顯示 | ② | 可視 | 顯示 |
| ③ | 可示 | 顯視 | ④ | 可視 | 顯視 |

해설 • 가시[可視(옳을 가, 볼 시)] : 눈으로 볼 수 있음
• 현시[顯示(나타낼 현, 보일 시)] : 나타내 보임



정답 18 ① 19 ④ 20 ④ 21 ② 22 ④ 23 ②

**핵심정리**

**'示(보일 시)'가 들어간 한자어**

- 거시[擧示(들 거)] : 구체적으로 예를 들어 보임
- 게시[揭示(높이 들 게/걸 게)] : 여러 사람에게 알리기 위해 써서 내붙임. 또는 그 글
- 계시[啓示(열 계)] : 나아갈 길을 지적하여 가리켜 줌. 사람으로서는 알 수 없는 진리를 신이 영감으로 알려 줌
- 공시[公示(공평할 공)] : 여러 사람에게 널리 알림. 제3자의 이해관계나 영향이 발생할 사람에 대하여 제3자에게 알리는 일
- 시달[示達(통달할 달)] : 상부에서 하부로 명령, 통지 등을 문서로 알림
- 시범[示範(법 범)] : 모범을 보임
- 시사[示唆(부추길 사)] : 미리 암시하여 일러줌
- 암시[暗示(어두울 암)] : 넌지시 알림. 또는 그 내용
- 제시[提示(끌 제)] : 어떠한 뜻을 글이나 말로 드러내어 보이거나 가리킴
- 표시[表示(겉 표)] : 겉으로 드러내 보임. 남에게 알리느라고 겉으로 드러내어 발표함

## 24 서울시 9급 기출

**한자어에 대한 설명으로 옳지 않은 것은?**

① '연장(延長)', '하산(下山)'은 '서술어+부사어'의 구조이다.

② '인간(人間)', '한국인(韓國人)'의 '인'은 모두 어근이다.

③ '우정(友情)', '대문(大門)'의 구성 성분은 비자립적 어근과 단어이다.

④ '시시각각(時時刻刻)', '명명백백(明明白白)'은 고유어의 반복합성어 구성 방식과 다르다.

해설 인간에서 인(人)은 어근을 이루고 있는 한자어이지만 한국인(韓國人)에서 인(人)은 '사람'이라는 뜻이 있는 한자어이다.

## 25

**밑줄 친 한자어를 읽은 것으로 적절하지 않은 것은?**

① 강연자가 해준 말은 達辯이었다. → 달변

② 尨大한 자료를 뒤진 끝에야 그들의 정체가 무엇인지 알아냈다. → 방대

③ 그의 評論은 너무 난해해 실시간 검색어에 올랐다. → 평론

④ 답변 없는 그의 태도는 論難에 휩싸이기 충분했다. → 논난

해설 본디 '논난'이라 읽는 것이 맞으나 한글 맞춤법에 의거하여 '논란'으로 읽는다.

## 26

**다음 한자어의 발음과 뜻풀이가 옳지 않은 것은?**

① 劣班(열반) : 불교에서 진리를 깨달아 불생불멸의 법을 체득한 경지를 이름

② 重疊(중첩) : 거듭 겹치거나 포개어짐을 뜻하는 말

③ 試錐(시추) : 지층의 구조나 상태를 조사하기 위하여 땅속 깊이 구멍을 파는 일

④ 膨脹(팽창) : 수량이 본디의 상태보다 늘어남

해설 열반(劣班)은 같은 학년 성적이 낮은 학생을 따로 모아 놓은 반 또는 학교 및 학원 등에서 편성한 반 중에서 상대적으로 낮은 등급의 반을 의미한다. 열반(涅槃)은 불교에서 모든 번뇌에서 벗어나고 진리를 깨달아 불생불멸의 법을 체득한 경지를 이른다.

핵심정리

**혼동하기 쉬운 한자 표현**

- **開發(개발)** : 개척하여 발전시킴을 이른다.
  **啓發(계발)** : 슬기와 재능, 사상 따위를 널리 일깨워 줌을 뜻한다.
- **乞食(걸식)** : 빌어서 얻어먹음을 이르는 말이다.
  **缺食(결식)** : 끼니를 거름을 뜻한다.
- **苦難(고난)** : 괴로움과 어려움을 이르는 말이다.
  **困難(곤란)** : 사정이 매우 딱하고 어려움을 뜻한다.
- **烙印(낙인)** : 불에 달구어 찍는 쇠도장을 뜻한다.
  **捺印(날인)** : 도장을 찍음을 이르는 말이다.
- **反復(반복)** : 같은 일을 되풀이함을 이르는 말이다.
  **飜覆(번복)** : 이리저리 뒤쳐서 고침을 이르는 말이다.
- **炸裂(작렬)** : 폭발물이 터져서 산산이 흩어짐을 이르는 말이다.
  **灼熱(작열)** : 열을 받아서 뜨거워짐을 이르는 말이다.

## 27

**문장의 의미로 보아 밑줄 친 한자어의 사용이 잘못된 것은?**

① 그의 이론이 70년대와 80년대를 風靡하였다.

② 고마운 제의였지만 정중하게 辭讓하기로 마음먹었다.

③ 지연에 근거를 둔 연고주의는 지역감정을 助長시킬 수 있다.

④ 전통 사회에서 대중 사회로의 履行은 대중 매체 성장의 사회적 여건을 마련해 준다.

해설 '履行(밟을 이/신 이, 다닐 행)'은 '약속이나 계약 등을 실제로 행하는 것'을 의미하는 말로, 제시된 문장과 어울리지 않는다. '옮기어 감'의 뜻을 가지고 있는 '移行(옮길 이, 다닐 행)'으로 고쳐야 한다.

## 28

**다음 글에서 밑줄 친 단어를 한자로 바르게 쓴 것은?**

> 이번에 ① 제시한 개선 방안이 ② 미흡하여 공무원 ③ 연금 개혁이 ④ 지연되고 있다.

① 題示　　② 未吸

③ 捐金　　④ 遲延

해설 '遲延(더딜 지, 미룰 연)'은 어떤 일이 예정보다 오래 걸려 늦추어짐을 의미한다.

## 29 지방직 7급 기출

**밑줄 친 한자어를 고쳐 쓴 것으로 적절하지 않은 것은?**

① 우리 시에서는 그 안건을 부의(附議)하겠다고 밝혔다.
→ 우리 시에서는 그 안건을 토의에 부치겠다고 밝혔다.

② 당국은 불법 점유 토지를 명도(明渡)하라고 지시했다.
→ 당국은 불법 점유 토지를 명확하게 파악하라고 지시했다.

③ 우리 조합은 주민들에게 동의서 징구(徵求)를 결정했다.
→ 우리 조합은 주민들에게 동의서 제출 요구를 결정했다.

④ 이 기업은 상여금을 임금에 산입(算入)할 것인지를 논의했다.
→ 이 기업은 상여금을 임금에 포함할 것인지를 논의했다.

해설 명도(明渡)는 '건물, 토지, 선박' 등을 타인에게 주거나 맡기는 것을 의미하므로 명확하게 파악한다는 의미로 사용하는 것은 적절하지 않다.



정답 24 ② 25 ④ 26 ① 27 ④ 28 ④ 29 ②

## 30 서울시 9급 기출

**다음 중 ( ) 안에 들어갈 한자가 순서대로 배열된 것은?**

일부 학원이 미국 대학입학자격시험(SAT) 문제를 유출( )한 정황( )이 포착( ) 돼 국내 시험이 연속 취소되는 초유의 사태가 발생하자 서울시교육청이 문제 유출자를 사실상 '퇴출'하는 특단( )의 대책을 마련했다. 문제를 유출하고도 오히려 '족집게'로 소문나면서 인기 학원이 되거나 학원 간판만 바꿔달아 영업하는 고리를 끊어 불법행위자는 학원가에 발붙일 수 없게 할 방침( )이다.

① 有出 – 政況 – 捕捉 – 特段 – 方針
② 流出 – 程況 – 捕着 – 特端 – 方枕
③ 有出 – 政況 – 捕促 – 特但 – 方砧
④ 流出 – 情況 – 捕捉 – 特段 – 方針

해설
- 유출[流出(흐를 유, 날 출)] : 중요한 내용이나 사물이 외부로 새어 나감
- 정황[情況(뜻 정, 하물며 황)] : 어떤 일의 상황이나 상태
- 포착[捕捉(잡을 포, 잡을 착)] : 어떤 기회나 정세를 알아차림
- 특단[特段(특별할 특, 구분 단)] : 보통과 구별되게 다름
- 방침[方針(모 방, 바늘 침)] : 앞으로 일을 처리해 나갈 방향이나 계획

① 정황(政況) : 정치계의 상황
② 방침(方枕) : 네모난 베개

**핵심정리**

모양이 비슷한 한자

| | | | | | |
|---|---|---|---|---|---|
| 가 | 假 | 거짓 가 | 빈 | 貧 | 가난할 빈 |
| | 暇 | 겨를 가 | | 賓 | 손 빈 |
| 검 | 儉 | 검소할 검 | 사 | 史 | 사기 사 |
| | 檢 | 검사할 검 | | 使 | 하여금 사 |
| 건 | 建 | 세울 건 | 여 | 與 | 더불 여 |
| | 健 | 굳셀 건 | | 輿 | 수레 여 |
| 단 | 旦 | 아침 단 | 재 | 哉 | 어조사 재 |
| | 但 | 다만 단 | | 栽 | 심을 재 |
| 람 | 藍 | 쪽 람 | | 裁 | 마를 재 |
| | 濫 | 넘칠 람 | 후 | 侯 | 제후 후 |
| | | | | 候 | 기후 후 |

## 31

**다음 글에서 밑줄 친 단어를 한자로 바꾼 것으로 옳은 것은?**

나는 고서와 고화를 통해 <u>고인</u>과 더불어 대화하면서 생각하기를 좋아한다. 그 손때로 결은 먹 너머에 서린 생각의 보금자리 속에 고이 깃들이고 싶어서다.

사실, 해묵은 서화(書畵)에 담긴 <u>사연</u>을 더듬는다는 그 마련부터가 대단히 즐겁고 값진 일이니, 비록 <u>서화</u>에 손방인 나라 할지라도 적잖은 <u>반기</u>가 끼쳐짐에서다.

① 고인 : 高人　② 사연 : 事緣
③ 서화 : 瑞花　④ 반기 : 半期

해설 사연(事緣)은 일의 앞뒤 사정과 까닭을 뜻하며 글에서 의미하는 뜻과 일치하는 한자어이다. 고인은 '古人'으로 바꾸어야 하며 서화는 '書畵', 반기는 '反旗'로 바꾸어야 한다.

핵심정리

**뜻이 같은 한자어**

| | |
|---|---|
| 구속(拘束) : 속박(束縛) | 쇄도(殺到) : 답지(遝至) |
| 귀감(龜鑑) : 모범(模範) | 수척(瘦瘠) : 초췌(憔悴) |
| 길항(拮抗) : 대립(對立) | 시야(視野) : 안계(眼界) |
| 대가(大家) : 거성(巨星) | 식견(識見) : 견문(見聞) |
| 독점(獨占) : 전유(專有) | 암시(暗示) : 시사(示唆) |
| 모명(冒名) : 사칭(詐稱) | 유치(幼稚) : 미숙(未熟) |
| 백미(白眉) : 출중(出衆) | 정세(情勢) : 상황(狀況) |
| 병존(竝存) : 양립(兩立) | 지탄(指彈) : 비난(非難) |
| 사명(使命) : 임무(任務) | 타계(他界) : 영면(永眠) |
| 소상(昭詳) : 자세(仔細) | 향상(向上) : 진보(進步) |

## 32

**밑줄 친 한자를 같은 음으로 읽는 것은?**

① 顯著 – 著述　② 比率 – 統率

③ 交易 – 容易　④ 見聞 – 謁見

해설 '著'는 '나타날 저, 지을 저, 붙을 착' 등으로 쓰이는 글자이다. '顯著'에서는 '나타날 저'로 쓰여 '현저'로 읽고, '著述'에서는 '지을 저'로 쓰여 '저술'로 읽는다.

② 率(헤아릴 률, 거느릴 솔)로 읽는다. 각각 比率(비율), 統率(통솔)로 읽는다.

③ 易(바꿀 역, 쉬울 이)로 읽는다. 각각 交易(교역), 容易(용이)로 읽는다.

④ 見(볼 견, 뵈올 현)으로 읽는다. 각각 見聞(견문), 謁見(알현)으로 읽는다.

## 33

**다음 밑줄 친 단어들의 한자가 바르게 연결되지 못한 것은?**

학문에 진리 탐구 이외의 다른 목적이 선불리 앞장을 설 때, 그 학문은 자유를 잃고 왜곡(歪曲)될 염려조차 있다. 학문을 악용하기 때문에 오히려 좋지 못한 일을 하는 경우가 얼마나 많은가? 진리 이외의 것을 목적으로 할 때, 그 학문은 한때의 신기루와도 같아, 우선은 찬연함을 자랑할 수 있을지 모르나, 과연 학문이라고 할 수 있을까부터가 문제다.

진리의 탐구가 학문의 유일한 목적일 때, 그리고 그 길로 매진할 때, 그 무엇에도 속박됨이 없는 숭고한 학(學)적인 정신이 만난을 극복하는 기백을 길러 줄 것이요, 또 그것대로 우리의 인격 완성의 길로 통하게도 되는 것이다.

① 매진 : 邁進　② 속박 : 束縛

③ 만난 : 萬亂　④ 기백 : 氣魄

해설 '難(난)'은 '어려움'을, '亂(란)'은 '어지러움'을 뜻한다. 뒤의 '극복하다'라는 서술어와 문맥을 보아 '온갖 어려움'이라는 뜻의 말이므로 '萬難(만난)'이 올바른 표기이다.

## 34

**다음 중 밑줄 친 낱말이 정확하게 쓰인 것은?**

① 누나의 좋은 습관을 타산지석(他山之石)으로 삼아라.

② 그의 말이 맞다는 것은 충분히 반증(反證)되었다.

③ 그동안 여러분의 애환(哀歡)을 치하하고자 한다.

④ 많은 사람이 전란의 와중(渦中)에 목숨을 잃었다.

정답 30 ④ 31 ② 32 ① 33 ③ 34 ④

해설 와중(渦中)은 일 또는 사건이 시끄럽고 복잡하게 벌어지는 가운데를 뜻한다.
① '타산지석(他山之石)'은 '본이 되지 않은 남의 말이나 행동도 자신의 지식과 인격을 수양하는 데에 도움이 될 수 있음을 비유적으로 이르는 말'로 부정적인 대상에 쓰는 말이다. 따라서 이 문장에서는 '거울로 삼아 본받을 만한 모범'을 뜻하는 '귀감(龜鑑)'이 적절하다.
② '반증(反證)'은 '어떤 사실이나 주장이 옳지 아니함을 그에 반대되는 근거를 들어 증명함'을 뜻하는데, 이 문맥에서는 방증(傍證 : 어떤 일의 진상을 밝혀 주는 간접적인 증거)이 적합하다.
③ '애환(哀歡)'은 '슬픔과 기쁨'을 뜻하는데, 이 문맥에서는 '노고(勞苦)'가 적절하다.

## 35

**다음 중 한자어의 뜻풀이가 잘못된 것은?**

① 造詣 : 학문이나 예술, 기술 따위의 분야에 대한 지식이나 경험이 깊은 경지에 이른 정도
② 決然 : 자유를 억누름
③ 親展 : 편지를 받을 사람이 직접 펴 보라고 편지 겉봉에 적는 말
④ 貶下 : 가치를 깎아 내림

해설 결연(決然) : 태도가 매우 굳세고 결정적이다.
① 造(지을 조), 詣(이를 예)
③ 親(친할 친), 展(펼 전)
④ 貶(떨어뜨릴 폄), 下(아래 하)

핵심정리

**자주 쓰이는 한자어**

- **각축(角逐)** : 서로 이기려고 다투며 덤벼듦
- **농성(籠城)** : 어떤 목적을 이루기 위하여 한자리를 떠나지 않고 시위함
- **도야(陶冶)** : 훌륭한 사람이 되도록 몸과 마음을 닦아 기름을 비유적으로 이르는 말
- **문외한(門外漢)** : 어떤 일에 전문적인 지식이 없는 사람
- **박빙(薄氷)** : 근소한 차이를 비유적으로 이르는 말
- **소강(小康)** : 소란이나 분란, 혼란 따위가 그치고 조금 잠잠함

## 36

**다음 밑줄 친 단어의 한자 표기로 바른 것은?**

> 역사학의 연구는 현실 문제에 치중하다 보면 목적론적 사학으로 <u>전도</u>될 우려가 있다.

① 前途 ② 顚倒
③ 傳道 ④ 前渡

해설 顚倒 : 차례, 위치, 이치, 가치관 따위가 뒤바뀌어 원래와 달리 거꾸로 됨
① 前途 : 앞으로 나아갈 길
③ 傳道 : 도리를 세상에 널리 알림
④ 前渡 : 돈이나 물품을 정하여진 날짜 이전에 미리 치르거나 내어 줌

## 37

**다음 글의 (  ) 안에 들어갈 한자어로 적절한 것은?**

> 교조와 우상을 과감히 (  )하는 동시에 현실과 전통을 발견하고 계승하는 부단한 자기 성찰의 자세와 상생의 정서를 요구하는 일이 아닐 수 없는 것입니다.

① 突破 ② 作破
③ 打破 ④ 毁破

해설 打破(타파) : (잘못되거나 낡은 관습 · 제도 따위를) 깨뜨리거나 무너뜨려 없애는 것
① 突破(돌파) : i) 쳐들어가 깨뜨림, ii) (어려움이나 장애를) 단숨에 헤치고 나아가 극복함, iii) (어떤 목표나 수준을) 넘어섬
② 作破(작파) : (하던 일이나 계획을) 그만두어 버리는 것
④ 毁破(훼파) : 헐어 깨뜨리는 것

핵심정리

**'破(깨뜨릴 파)'가 들어간 한자어**

- **파괴[破壞(무너질 괴)]** : 깨뜨리어 헐어 버림. 깨뜨리어 기능을 잃게 함
- **돌파[突破(갑자기 돌)]** : 무찔러 깨뜨림. 뚫어 깨뜨림. 어떤 기준에 도달하여 그것을 넘음
- **파기[破棄(버릴 기)]** : 깨뜨리거나 찢어서 내어버림. 또는, 계약이나 약속한 일 따위를 취소함
- **파산[破産(낳을 산)]** : 한 집안의 재산을 모두 잃어버림
- **폭파[爆破(불 터질 폭)]** : 폭약을 폭발시킴. 폭발시켜 부수어 버림
- **파국[破局(판 국)]** : 판국이 결딴남. 또는 판국. 카타스트로프
- **파탄[破綻(터질 탄)]** : 찢어지고 터짐. 일이 원만히 해결되지 않고 중도에서 그릇됨

## 38 서울시 9급 기출

**다음 중 밑줄 친 부분의 한자의 쓰임으로 옳은 것은?**

① 溫古知新
② 麥秀之嘆
③ 識者憂患
④ 左考右眄

해설 맥수지탄(麥秀之嘆)은 조국이 망한 것을 한탄한다는 고사에서 나온 한자성어로 '秀'로 씀이 옳다.
① 온고지신(溫故知新) : 옛것을 익히고 새것을 앎
③ 식자우환(識字憂患) : 글자를 아는 것이 오히려 근심이 된다. 너무 많이 알기 때문에 쓸데없는 걱정도 그만큼 많다는 말
④ 좌고우면(左顧右眄) : 왼쪽을 바라보고 오른쪽을 돌아보다. 여러 갈래로 생각하고 자세히 살펴보는 것. 결단을 내리지 못하고 망설이는 것을 비유하는 말

## 39 국가직 9급 기출

**㉠~㉣의 한자가 모두 바르게 표기된 것은?**

보기

글의 진술 방식에는 ㉠ 설명, ㉡ 묘사, ㉢ 서사, ㉣ 논증 등 네 가지 방식이 있다.

| | ㉠ | ㉡ | ㉢ | ㉣ |
|---|---|---|---|---|
| ① | 說明 | 猫鯊 | 徐事 | 論證 |
| ② | 說明 | 猫鯊 | 徐事 | 論症 |
| ③ | 說明 | 描寫 | 敍事 | 論症 |
| ④ | 說明 | 描寫 | 敍事 | 論證 |

해설 보기의 ㉠, ㉡, ㉢, ㉣에 해당하는 한자는 각각 '說明, 描寫, 敍事, 論證'이다.
㉠ 설명(說明) : 어떤 일이나 대상의 내용을 상대편이 잘 알 수 있도록 밝혀 말함
㉡ 묘사(描寫) : 어떤 대상이나 사물, 현상 따위를 언어로 서술하거나 그림을 그려서 표현함. '그려 냄'으로 순화
㉢ 서사(敍事) : 사실을 있는 그대로 적음
㉣ 논증(論證) : 옳고 그름을 이유를 들어 밝힘

정답 35 ② 36 ② 37 ③ 38 ② 39 ④

# 실전문제 제2장 한자 성어 · 속담 · 관용어

대표유형문제

기상직 9급 기출

**다음 글의 빈칸에 들어갈 한자성어로 적절한 것은?**

> 심 봉사 할 수 없이, 심청의 손을 놓고, 치궁굴 내리 궁굴, 마른 땅에서 새우 뛰듯, 아주 자반뒤집기를 하는구나. 선인들이 비감하여, 쌀 스무 석, 돈 일백 냥, 정가 외에 내어 주어, 심 봉사 가긍정세(可矜情勢), 의식 밑천하게 하니, 촌중 부로(父老)들과, 여러 아씨 전에, 심청이 비는 말이, "심청 팔자 무상하여 병신 아비 내버리고, 수중고혼 되러 가니, 괘씸히 알지 말고, 저 전곡(錢穀)을 식리(殖利)하여, 가긍한 병신 아비, 의지식지(衣之食之)하게 하면, (　　　) 하오리다."

① 府仰無愧　　② 後悔莫及

③ 同病相憐　　❹ 結草報恩

정답해설 제시된 작품은 「심청전」으로 심청이 공양미 삼백 석에 팔려 인당수에 빠지기 전, 선인들에게 아버지의 옷과 음식을 챙겨달라고 뒤를 부탁하는 부분이다. 따라서 빈칸에는 '죽은 뒤에라도 은혜를 잊지 않고 갚음'을 이르는 '結草報恩(결초보은)'이 들어가는 것이 가장 적절하다.

① 府仰無愧(부앙무괴) : 하늘을 우러러보나 세상을 굽어보나 양심에 거리낄 만한 것이 조금도 없음을 이르는 말

② 後悔莫及(후회막급) : 이미 잘못된 뒤에 아무리 후회하여도 다시 어찌할 수가 없음을 이르는 말

③ 同病相憐(동병상련) : 같은 병을 앓고 있는 사람끼리 서로 가엾게 여긴다는 뜻으로 괴로워하는 사람끼리 서로 고통을 헤아리고 동정하는 마음을 이르는 말

핵심정리 어휘풀이

- **가긍정세(可矜情勢)** : 사정과 형편이 가엾어 보임
- **수중고혼(水中孤魂)** : 물에 빠져 죽은 사람의 외로운 넋
- **전곡(錢穀)** : 돈과 곡식
- **식리(殖利)** : 재물을 불리어 이익을 늘림
- **의지식지(衣之食之)** : 의식을 챙김. 옷을 입고 밥을 먹음

## 01

### 한자 성어의 뜻풀이가 옳지 않은 것은?

① 見蚊拔劍 : 사소한 일에 크게 성내어 덤빔

② 大義滅親 : 도리를 위해 부모나 형제를 돌아보지 않음

③ 見利思義 : 눈앞의 이익을 보면 의리를 먼저 생각함

④ 九折羊腸 : 때에 따라 변하는 책략

해설 九折羊腸(구절양장)은 아홉 번 꼬부라진 양의 창자라는 뜻으로, 꼬불꼬불하며 험한 산길을 이르는 말이다.

## 02

### 다음 중 미인(美人)과 관련된 한자 성어가 아닌 것은?

① 丹脣皓齒　② 如履薄氷

③ 花容月態　④ 傾國之色

해설 如履薄氷(여리박빙) : 살얼음을 밟는 것과 같다는 뜻으로, 아슬아슬하고 위험한 일을 비유적으로 이르는 말

① 丹脣皓齒(단순호치) : 붉은 입술과 하얀 치아라는 뜻으로, 아름다운 여자를 이르는 말

③ 花容月態(화용월태) : '꽃다운 얼굴과 달 같은 자태'라는 뜻으로, 아름다운 여인의 얼굴과 맵시를 이르는 말

④ 傾國之色(경국지색) : 임금이 혹하여 나라가 기울어져도 모를 정도의 미인이라는 뜻으로, 뛰어나게 아름다운 미인을 이르는 말

핵심정리

**'아름다운 여인'을 뜻하는 한자 성어**

- **傾城之色(경성지색)** : 나라가 뒤집혀도 모를 만한 미인
- **傾城之美(경성지미)** : 한 성을 기울어뜨릴 만한 미색
- **明眸皓齒(명모호치)** : '맑은 눈동자와 흰 이'라는 뜻으로, 미인을 형용해 이르는 말
- **萬古絶色(만고절색)** : 고금(古今)에 예가 없이 뛰어난 미색, 미인
- **雪膚花容(설부화용)** : '눈처럼 흰 살결과 꽃처럼 고운 얼굴'이란 뜻으로, '미인의 용모'를 일컫는 말
- **窈窕淑女(요조숙녀)** : 마음씨가 얌전하고 자태가 아름다운 여자
- **一顧傾城(일고경성)** : '한 번 돌아보고도 성을 기울게 한다'는 뜻으로 요염한 여자, 곧 절세의 미인을 비유해 이르는 말
- **氷肌玉骨(빙기옥골)** : 살결이 맑고 깨끗한 미인을 비유적으로 이르는 말
- **氷姿玉質(빙자옥질)** : '얼음같이 투명한 모습과 옥과 같이 뛰어난 바탕'이라는 뜻으로, 용모와 재주가 모두 뛰어남
- **天香國色(천향국색)** : '고상한 향기와 제일가는 색깔'이라는 뜻으로, 절세미인(絶世美人)을 이르는 말
- **絶世佳人(절세가인)** : 세상에 비할 데 없이 아름다운 여자
- **沈魚落雁(침어낙안)** : '미인을 보고 부끄러워서 물고기는 물속으로 들어가고 기러기는 땅으로 떨어진다'라는 뜻으로, 미인을 형용하여 이르는 말
- **解語花(해어화)** : '말을 아는 꽃'이라는 뜻으로, '미녀(美女)'를 일컫는 말
- **纖纖玉手(섬섬옥수)** : 가냘프고 고운 여자의 손을 이르는 말
- **閉月羞花(폐월수화)** : 꽃도 부끄러워하고 달도 숨는다는 뜻으로, 여인의 얼굴과 맵시가 매우 아름다움을 비유적으로 이르는 말
- **仙姿玉質(선자옥질)** : 신선의 자태에 옥의 바탕이라는 뜻으로, 몸과 마음이 매우 아름다운 사람을 이르는 말
- **朱脣皓齒(주순호치)** : 붉은 입술과 하얀 치아라는 뜻으로, 아름다운 여자를 이르는 말

제 6 편 어휘력

정답 01 ④　02 ②

## 03

**사물의 전체를 보지 못하고 일부밖에 파악하지 못함을 비유해서 쓰는 한자 성어는?**

① 無爲而化　② 見物生心
③ 不如一見　④ 群盲撫象

**해설** 群盲撫象(군맹무상) : 장님 여럿이 코끼리를 만진다는 뜻으로, 사물을 좁은 소견과 주관으로 잘못 판단함을 이르는 말
① 無爲而化(무위이화) : i) 힘들이지 않아도 저절로 변하여 잘 이루어짐. ii) 성인의 덕이 크면 클수록 백성들이 스스로 따라와서 잘 감화됨
② 見物生心(견물생심) : 어떠한 실물을 보게 되면 그것을 가지고 싶은 욕심이 생김
③ 不如一見(불여일견) : 제 눈으로 직접 한 번 보는 것만 못함을 이르는 말

## 04

**다음 밑줄 친 부분에 해당하는 한자 성어는?**

> 이지적(理智的)이요, 이론적(理論的)이기는 둘이 더하고 덜할 것이 없지마는, 다만 덕기는 있는 집 자식이요, 해사하게 생긴 그 얼굴 모습과 같이 명쾌한 가운데도 안존하고 순편한 편이요, 병화는 거무튀튀하고 유들유들한 맛이 있으니만큼 남에게 좀처럼 머리를 숙이지 않는 고집이 있어 보인다.

① 百尺竿頭　② 同苦同樂
③ 知音　④ 伯仲之勢

**해설** 伯仲之勢(백중지세) : 서로 우열을 가리기 힘든 형세. 난백난중, 난형난제
① 百尺竿頭(백척간두) : 백 자나 되는 높은 장대 위에 올라섰다는 뜻으로, 몹시 어렵고 위태로운 지경을 이르는 말
② 同苦同樂(동고동락) : 괴로움도 즐거움도 함께 함
③ 知音(지음) : i) 음악의 곡조를 잘 앎. ii) 새나 짐승의 울음을 가려 잘 알아들음. iii) 마음이 서로 통하는 친한 벗을 비유적으로 이르는 말

## 05 지방직 9급 기출

**밑줄 친 단어와 의미가 다른 것은?**

> 길상이는 어쩐지 상현이 도령이 싫었다. 이심전심으로 그쪽에서도 길상이 싫은 모양이었다.
>
> – 박경리, 「토지」 중에서

① 교외별전　② 심심상인
③ 격화파양　④ 염화시중

**해설** '이심전심(以心傳心)'은 마음과 마음으로 서로 뜻이 통함을 의미하는 말이다. '격화파양(隔靴爬痒)'은 신을 신은 채 가려운 발바닥을 긁는 것과 같이, 일의 효과를 내긴 했어도 만족감을 얻기 어렵다는 의미를 지닌다. 따라서 '이심전심'과는 그 의미가 다르다는 것을 알 수 있다.
① 교외별전(敎外別傳) : 선종에서, 부처의 가르침을 말이나 글에 의하지 않고 바로 마음에서 마음으로 전하여 진리를 깨닫게 하는 법
② 심심상인(心心相印) : 말 없이 마음과 마음으로 뜻을 전함
④ 염화시중(拈華示衆) : 말로 통하지 아니하고 마음에서 마음으로 전하는 일

**핵심정리**

**마음과 관련된 한자 성어**
- **간담상조(肝膽相照)** : 서로 속마음을 털어놓고 친하게 사귐
- **겸양지덕(謙讓之德)** : 겸손한 태도로 남에게 양보하거나 사양하는 아름다운 마음씨나 행동
- **심기일전(心機一轉)** : 어떤 동기가 있어 이제까지 가졌던 마음가짐을 버리고 완전히 달라짐
- **인자요산(仁者樂山)** : 어진 사람은 의리에 만족하여 몸가짐이 무겁고 덕이 두터워 그 마음이 산과 비슷하므로 자연히 산을 좋아함
- **지기지우(知己之友)** : 자기의 속마음을 참되게 알아주는 친구

## 06

**다음 예문의 내용에 맞는 한자 성어는?**

> 구름이 해를 비추어 노을이 되고, 물줄기가 바위에 걸려 폭포를 만든다. 위탁하는 바가 다르고 보니 이름 또한 이에 따르게 된다. 이는 벗 사귀는 도리에 있어 유념해 둘 만한 것이다.

① 斷金之交 ② 望雲之情
③ 風樹之嘆 ④ 近墨者黑

**해설** 近墨者黑(근묵자흑) : 먹을 가까이하는 사람은 검어진다는 뜻으로, 나쁜 사람과 가까이 지내면 나쁜 버릇에 물들기 쉬움을 비유적으로 이르는 말

① 斷金之交(단금지교) : 쇠라도 자를 만큼 강한 교분이라는 뜻으로, 매우 두터운 우정을 이르는 말
예 단금지계

② 望雲之情(망운지정) : 자식이 객지에서 고향에 계신 어버이를 생각하는 마음

③ 風樹之嘆(풍수지탄) : 효도를 다하지 못한 채 어버이를 여읜 자식의 슬픔을 이르는 말

**핵심정리**

**벗에 관련된 한자 성어**

- **백아절현(伯牙絕絃)** : 자기를 알아주는 참다운 벗의 죽음을 슬퍼함
- **빈천지교(貧賤之交)** : 가난하고 천할 때 사귄 사이. 또는 그런 벗
- **지란지교(芝蘭之交)** : 지초(芝草)와 난초(蘭草)의 교제라는 뜻으로, 벗 사이의 맑고도 고귀한 사귐을 이르는 말
- **문경지교(刎頸之交)** : 서로를 위해서라면 목이 잘린다 해도 후회하지 않을 정도의 사이라는 뜻으로 생사를 같이 할 수 있는 벗을 이르는 말
- **죽마고우(竹馬故友)** : 대말을 타고 놀던 벗이라는 뜻으로, 어릴 때부터 같이 놀며 자란 벗을 이르는 말
- **관포지교(管鮑之交)** : 관중과 포숙의 사귐이란 뜻으로, 우정이 아주 돈독한 친구 관계를 이르는 말
- **금란지교(金蘭之交)** : 황금과 같이 단단하고 난초 향기와 같이 아름다운 사귐이라는 뜻으로 친구 사이의 매우 두터운 정을 이르는 말

## 07 국가직 9급 기출

**한자 성어를 속담으로 뜻풀이할 때 옳지 않은 것은?**

① 득롱망촉(得隴望蜀) : "말 가는 데 소도 간다."라는 뜻이다.

② 교각살우(矯角殺牛) : "빈대 잡으려다 초가삼간 태운다."라는 뜻이다.

③ 당랑거철(螳螂拒轍) : "하룻강아지 범 무서운 줄 모른다."라는 뜻이다.

④ 망양보뢰(亡羊補牢) : "소 잃고 외양간 고친다."라는 뜻이다.

**해설** 득롱망촉(得隴望蜀) : '농(隴)을 얻고서 촉(蜀)까지 취하고자 한다'는 뜻으로, 만족할 줄 모르고 계속 욕심부리는 경우를 비유적으로 이르는 말이다. 후한(後漢)의 광무제가 농 지방을 평정한 후에 다시 촉 지방까지 원했다는 데에서 유래한다.
따라서 사람의 욕심이란 한이 없다는 뜻의 속담 '말 타면 경마 잡히고 싶다', '말 타면 종 두고 싶다' 등과 같은 상황에서 쓰일 수 있다.

**핵심정리**

**'욕심'과 관련된 한자 성어 및 숙어**

- **견물생심(見物生心)** : 물건을 보면 욕심이 생긴다는 뜻
- **계학지욕(谿壑之慾)** : 시냇물이 흐르는 산골짜기의 욕심이라는 뜻으로, 물릴 줄 모르는 한없는 욕심을 비유적으로 이르는 말
- **거어지탄(車魚之歎)** : 수레와 고기가 없음을 탄식한다는 뜻으로, 사람의 욕심에는 한이 없음을 이름
- **격이행지(激而行之)** : 물을 막아 거꾸로 흘러가게 한다는 뜻으로, 사람의 본성은 착하지만, 욕심이 그것을 가로막으면 악하게 됨을 이르는 말
- **무염지욕(無厭之慾)** : 만족할 줄 모르는 끝없는 욕심
- **탐부순재(貪夫徇財)** : 욕심 많은 사람은 재물이라면 목숨도 아랑곳하지 않고 좇음을 이름



정답 03 ④ 04 ④ 05 ③ 06 ④ 07 ①

## 08 서울시 9급 기출

**다음은 기사문의 일부이다. (    ) 안에 들어갈 한자 성어로 적절한 것은?**

> 글로벌 TV 시장 1위 기업인 삼성전자가 셔터안경식 3D TV 기술 주도권 확보를 위해 소니, 샤프, 파나소닉 등과 손을 잡았다. 지난 28일 중국 베이징에서 중국 로컬 TV 브랜드인 창홍, 하이얼을 포함해 3D TV 연맹 결성식을 가졌다.
>
> 참여 업체 면면을 보면 5년째 글로벌 TV 시장 1위 기업인 삼성전자와 아날로그 TV 시절의 제왕 소니, LCD TV 원천 특허 보유 업체인 샤프, PDP 시장의 제왕 파나소닉 등 TV 산업 역사상 한 획을 그었던 TV 브랜드들이 한데 뭉친 셈이다. 3D TV 시장 주도권을 놓고 각축을 벌여왔던 맞수 기업들이 (          )하는 형국이다.

① 吳越同舟　　② 同病相憐
③ 臥薪嘗膽　　④ 我田引水

해설 제시문은 삼성전자가 3D TV 기술 주도권 확보를 위해 소니, 샤프, 파나소닉 등과 '3D TV연맹'을 결성했다는 내용을 담고 있다. '각축을 벌여왔던 맞수기업'들이 뭉쳤다는 것으로 보아, 빈칸에는 '서로 적의를 품은 사람들이 한자리에 있게 된 경우나 서로 협력하여야 하는 상황'을 비유적으로 이르는 한자 성어인 '오월동주(吳越同舟)'가 오는 것이 가장 자연스럽다.

**핵심정리**

**세상이 크게 변함을 의미하는 한자 성어**

- **상전벽해(桑田碧海)** : 뽕나무밭이 변하여 푸른 바다가 된다는 뜻으로, 세상일의 변천이 심함을 비유적으로 이르는 말
- **천선지전(天旋地轉)** : 세상일이 크게 변함. 하늘과 땅이 핑핑 돈다는 뜻으로, 정신이 헷갈려 어수선함을 이르는 말
- **능곡지변(陵谷之變)** : 언덕과 골짜기가 뒤바뀐다는 뜻으로, 세상일이 극심하게 뒤바뀜을 이르는 말
- **고안심곡(高岸深谷)** : 높은 언덕이 깊은 골짜기가 된다는 뜻으로, 산천이나 세상이 크게 변함을 이르는 말
- **변화무쌍(變化無雙)** : 비할 데 없이 변화가 심함

## 09 서울시 9급 기출

**다음 중 밑줄 친 단어 표기가 옳은 것은?**

① 절대절명의 순간 그를 구한 것은 옛 친구였다.
② 삼수갑산에 가는 한이 있더라도 내 손으로 해결하겠다.
③ 할아버지께서는 30년 전 홀홀단신으로 고향을 떠나셨다.
④ 아버지의 사업 실패로 그 집안은 풍지박산이 되었다.

해설 '우리나라에서 가장 험한 산골이라 이르던 삼수와 갑산'을 뜻하는 말은 '삼수갑산(三水甲山)'이다. '산수갑산'은 틀린 말이다.

① 절대절명 → 절체절명(絕體絕命) : 몸도 목숨도 다 되었다는 뜻으로, 어찌할 수 없는 궁박한 경우
③ 홀홀단신 → 혈혈단신(孑孑單身) : 의지할 곳이 없는 외로운 홀몸
④ 풍지박산 → 풍비박산(風飛雹散) : 사방으로 날아 흩어짐

핵심정리

**자주 틀리는 한자 성어**

- **주구장창 → 주야장천(晝夜長川)** : 밤낮으로 쉬지 아니하고 연달아
- **토사광란 → 토사곽란(吐瀉癨亂)** : 위로는 토하고 아래로는 설사하면서 배가 질리고 아픈 병
- **양수겹장 → 양수겸장(兩手兼將)** : 장기에서 두 개의 말이 한꺼번에 장을 부름 또는 양쪽에서 동시에 하나를 노림을 비유적으로 이르는 말
- **억화심정 → 억하심정(抑何心情)** : 도대체 무슨 심정이냐는 뜻으로, 무슨 생각으로 그러는지 알 수 없거나 마음속 깊이 맺힌 마음을 이르는 말
- **아연질색 → 아연실색(啞然失色)** : 뜻밖의 일에 얼굴빛이 변할 정도로 놀람. '크게 놀람'으로 순화
- **성대묘사 → 성대모사(聲帶模寫)** : 자신의 목소리로 다른 사람의 목소리나 새, 짐승 따위의 소리를 흉내 내는 일
- **포복졸도 → 포복절도(抱腹絶倒)** : 배를 그러안고 넘어질 정도로 몹시 웃음
- **전입가경 → 점입가경(漸入佳境)** : 들어갈수록 점점 재미가 있음 또는 시간이 지날수록 하는 짓이나 몰골이 더욱 꼴불견임을 비유적으로 이르는 말
- **고분분투 → 고군분투(孤軍奮鬪)** : 따로 떨어져 도움을 받지 못하게 된 군사가 많은 수의 적군과 용감하게 잘 싸운다는 뜻으로, 남의 도움을 받지 아니하고 힘에 벅찬 일을 잘해 나가는 것을 비유적으로 이르는 말
- **유도심문 → 유도신문(誘導訊問)** : 신문하는 사람이 증인이 무의식중에 원하는 대답을 하도록 이끌어 내는 일
- **일사분란 → 일사불란(一絲不亂)** : 한 오리의 실도 엉키지 아니함, 질서가 정연하여 조금도 흐트러지지 아니함을 이름
- **절대절명 → 절체절명(絕體絕命)** : 몸도 목숨도 다 되었음, 어찌할 수 없는 절박한 경우
- **홀홀단신 → 혈혈단신(孑孑單身)** : 의지할 곳 없는 외로운 홀몸
- **풍비박살 → 풍비박산(風飛雹散)** : 사방으로 날아 흩어짐
- **호위호식 → 호의호식(好衣好食)** : 좋은 옷을 입고 좋은 음식을 먹음
- **체면불구 → 체면불고(體面不顧)** : 체면을 돌아보지 아니함
- **생사여탈 → 생살여탈(生殺與奪)** : 살리고 죽이는 일과 주고 빼앗는 일

## 10

**한자 성어의 사용이 자연스럽지 못한 것은?**

① 네가 중요하게 생각하는 것과 내가 중요하게 생각하는 것 사이에 천양지차(天壤之差)가 있다고 여긴다.

② 간곡한 말에도 그 놈의 태도는 요지부동(搖之不動)이로군.

③ 백년하청(百年河淸)이라는 말도 있듯이 열심히 노력하면 이루지 못할 게 없어.

④ 그는 지난 날 실정을 침소봉대(針小棒大)하여 말하고 있다.

해설 백년하청(百年河淸) : 중국의 황하 강(黃河江)이 늘 흐려 맑을 때가 없다는 뜻으로, 아무리 오랜 시일이 지나도 어떤 일이 이루어지기 어려움을 이르는 말
① 천양지차(天壤之差) : 하늘과 땅 사이의 엄청난 차이
② 요지부동(搖之不動) : 흔들어도 꼼짝하지 아니함
④ 침소봉대(針小棒大) : 작은 일을 크게 불리어 떠벌림

## 11

**주제가 다른 하나는?**

① 장삼이사(張三李四)

② 초동급부(樵童汲婦)

③ 필부필부(匹夫匹婦)

④ 관포지교(管鮑之交)

해설 관포지교(管鮑之交)는 '관중과 포숙의 사귐'이란 뜻으로, 우정이 아주 돈독한 친구 관계를 의미하는 한자 성어이다.
① 장삼이사(張三李四) : 장씨(張氏)의 셋째 아들과 이씨(李氏)의 넷째 아들이라는 뜻으로, 평범한 사람
② 초동급부(樵童汲婦) : 땔나무를 하는 아이와 물을 긷는 아낙네라는 뜻으로, 평범한 사람을 이르는 말
③ 필부필부(匹夫匹婦) : 평범한 남녀

제 6 편 어휘력

정답 08 ① 09 ② 10 ③ 11 ④

## 12

**다음에서 말하고자 하는 바를 가장 잘 표현하고 있는 것은?**

시어머니는 며느리가 지피는 장작불의 조잡함에서, 며느리가 먹인 시어미 삼베고쟁이의 칼날같이 뺏센 풀에서 며느리의 반항을 통찰할 줄 알아야 한다. 며느리가 업고 있는 아이의 울음의 질과 시간과 때와 경우를 판단하여 며느리가 아이 엉덩이를 꼬집어 울린 건지 아닌지를 통찰로 감식할 줄 알아야 한다.

① 풍수지탄(風樹之嘆)이라고, 후회 없도록 잘해 드려야지.
② 염화시중(拈華示衆)이라고, 마음으로 알아야지.
③ 역지사지(易地思之)라고, 상대방의 입장도 생각해야지.
④ 순망치한(脣亡齒寒)이라고, 서로 떨어질 수 없는 관계인 게지.

**해설** 통찰의 언어를 이해하기 위해서는 시어머니와 며느리가 서로 마음이 통해야 한다. 이에 해당하는 한자 성어는 '이심전심', '염화미소', '염화시중' 등이 있다.
① 풍수지탄 : 효도를 다하지 못한 채 어버이를 여읜 자식의 슬픔
③ 역지사지 : 처지를 바꾸어서 생각하여 봄
④ 순망치한 : 입술이 없으면 이가 시리다는 뜻으로, 서로 이해관계가 밀접한 사이에 어느 한쪽이 망하면 다른 한쪽도 그 영향을 받아 온전하기 어려움

## 13 국가직 9급 기출

**다음 글에 적합한 한자 성어는?**

우리 대표팀은 올림픽 예선에서 놀랄 만한 성과를 거두었다. 예선전이 있기 전 주전 선수들의 부상이 있었고 감독의 교체가 있었으며 그러다 보니 대표팀 내부의 심리적인 갈등도 꽤 있었다. 사실 국민 모두 이번 올림픽 예선은 탈락이라는 수모를 겪지 않으면 그나마 다행이라고 생각하고 있었던 것이다. 그러나 대표팀의 모든 코치진과 선수들은 그들에 대한 국민들의 희망을 저버리지 않고 위기를 기회로 전환한 것이다. 그래서인지 대표팀은 들뜨지 않고 본선에서의 진정한 승리, 즉 금메달을 향해 더욱 가열차게 땀방울을 흘리고 있다고 한다. 코치진도 더 강도 높은 훈련을 통해 경기력 향상을 위해 매진하고 있는 것이다.

① 走馬加鞭　② 走馬看山
③ 切齒腐心　④ 見蚊拔劍

**해설** '금메달을 향해 더욱 가열차게 땀방울을 흘리고 있다'라는 부분을 통해서 제시문과 가장 잘 부합하는 고사성어는 달리는 말에 채찍질한다는 뜻으로, 잘하는 사람을 더욱 장려함을 이르는 말인 '走馬加鞭(주마가편)'임을 알 수 있다.
② 走馬看山(주마간산) : 말을 타고 달리며 산천을 구경한다는 뜻으로, 자세히 살피지 아니하고 대충대충 보고 지나감을 이르는 말
③ 切齒腐心(절치부심) : 몹시 분하여 이를 갈며 속을 썩임
④ 見蚊拔劍(견문발검) : 모기를 보고 칼을 뺀다는 뜻으로, 사소한 일에 크게 성내어 덤빔을 이르는 말

**핵심정리**

**'노력'과 관련된 고사성어**

- **水滴穿石(수적천석)** : 물방울이 바위를 뚫는다는 뜻으로 작은 노력이라도 끈기 있게 계속하면 큰일을 이룰 수 있음을 이르는 말
- **日就月將(일취월장)** : 날마다 달마다 성장하고 발전한다는 뜻으로 학업이 날이 가고 달이 갈수록 진보함을 이르는 말

- **積土成山(적토성산)** : 흙이 쌓여 산이 된다는 말로, 작은 것도 많이 모이면 커진다는 말
- **百折不屈(백절불굴)** : 백 번 꺾여도 굴하지 않는다는 뜻으로 어떤 어려움에도 굽히지 않음을 이르는 말
- **磨斧作針(마부작침)** : 도끼를 갈아 바늘을 만든다는 뜻으로 아무리 어려운 일이라도 끈기 있게 노력하면 이룰 수 있음을 비유하는 말

## 14

**다음 한자 성어에 대한 풀이로 틀린 것은?**

① 多岐亡羊 : 부모를 잃은 후 효도를 하지 못해 후회함

② 指鹿爲馬 : 윗사람을 농락하고 권세를 맘대로 휘두름

③ 塞翁之馬 : 인생의 변화가 심해 길흉화복을 예측할 수 없음

④ 曲學阿世 : 정도가 벗어난 학문으로 세상 사람에게 아첨함

해설 '多岐亡羊(다기망양)'은 달아난 양을 찾으려 할 때 갈림길이 많아 끝내는 양을 잃는다는 뜻으로, 학문의 길이 여러 갈래로 나뉘어 있어서 진리를 얻기 어려움을 이르는 말이다.

## 15 국가직 9급 기출

**㉠~㉣에 들어갈 한자 숙어나 고사성어가 바르게 연결된 것은?**

- ( ㉠ )이라고, 내가 가지지 못한 것을 보니 욕심이 생긴다.
- 그 교수님의 강의 내용은 작년 것과 ( ㉡ )하다.
- 부정부패를 ( ㉢ )하고서야 나라의 기강이 바로 서는 법이다.
- 공무원은 ( ㉣ )의 자세로 업무를 처리해야 한다.

| | ㉠ | ㉡ | ㉢ | ㉣ |
|---|---|---|---|---|
| ① | 見勿生心 | 大同少異 | 發本塞源 | 不偏不黨 |
| ② | 見勿生心 | 大同小異 | 拔本塞源 | 不便不黨 |
| ③ | 見物生心 | 大同小異 | 拔本塞源 | 不偏不黨 |
| ④ | 見物生心 | 大同少異 | 發本塞源 | 不便不黨 |

해설
- 見物生心(볼 견, 물건 물, 날 생, 마음 심) : 어떠한 실물을 보게 되면 그것을 가지고 싶은 욕심이 생김
- 大同小異(클 대, 같을 동, 작을 소, 다를 이) : 큰 차이 없이 거의 같음
- 拔本塞源(뽑을 발, 근본 본, 막힐 색, 근원 원) : 좋지 않은 일의 근본 원인이 되는 요소를 완전히 없애 버려서 다시는 그러한 일이 생길 수 없도록 함
- 不偏不黨(아닐 불, 치우칠 편, 아닐 부, 무리 당) : 아주 공평하여 어느 쪽으로도 치우침이 없음

핵심정리

**우열을 가리기 어려움을 뜻하는 한자 성어**

- **難兄難弟(난형난제)** : 누구를 형이라 하고 누구를 아우라 하기 어렵다는 뜻으로, 두 사물이 비슷하여 낫고 못함을 정하기 어려움
- **莫上莫下(막상막하)** : 더 낫고 더 못함의 차이가 거의 없음
- **伯仲之勢(백중지세)** : 서로 우열을 가리기 힘든 형세
- **春蘭秋菊(춘란추국)** : 봄의 난초와 가을의 국화는 각각 특색이 있어 어느 것이 더 낫다고 할 수 없음
- **龍虎相搏(용호상박)** : 용과 호랑이가 싸운다는 뜻으로 두 강자가 서로 승패를 다툼을 이르는 말
- **五十步百步(오십보백보)** : 오십보 도망한 자가 백보 도망한 자를 비웃는다는 뜻으로 조금 낫고 못한 차이는 있지만 본질적으로 차이가 없음을 이르는 말



정답 12 ② 13 ① 14 ① 15 ③

## 16 지방직 9급 기출

**밑줄 친 부분에 들어갈 한자 성어로 가장 적절한 것은?**

> 자존심을 내세우지 않고 ＿＿＿＿＿하는 것을 주저하지 않는다면 의외로 여러 묘안을 얻을 수 있다.

① 下石上臺　② 後生可畏

③ 不恥下問　④ 厚顔無恥

해설 '자존심을 내세우지 않고'와 '여러 묘안을 얻을 수 있다'를 통해서 빈칸에 들어갈 한자 성어를 유추할 수 있다.

- 不恥下問(불치하문) : 손아랫사람 또는 지위나 학식이 자기만 못한 사람에게 모르는 것을 묻는 일을 부끄러워하지 아니함을 이르는 말이다.

**핵심정리**

**임시방편을 뜻하는 한자 성어**

- **下石上臺(하석상대)** : 아랫돌 빼서 윗돌 괴고, 윗돌 빼서 아랫돌 괸다는 뜻으로, 임시변통으로 이리저리 둘러맞춤을 이르는 말
- **姑息之計(고식지계)** : 우선 당장 편한 것만을 택하는 꾀나 방법. 한때의 안정을 얻기 위하여 임시로 둘러맞추어 처리하거나 이리저리 주선하여 꾸며 내는 계책
- **凍足放尿(동족방뇨)** : 언 발에 오줌 누기라는 뜻으로, 잠시 동안만 효력이 있을 뿐이며, 그 효력이 바로 사라짐을 비유적으로 이르는 말
- **臨時變通(임시변통)** : 갑자기 터진 일을 우선 간단하게 둘러맞추어 처리함 ≒ 임시배포, 임시처변
- **掩耳盜鈴(엄이도령)** : 귀를 막고 방울을 훔친다는 뜻으로 모든 사람이 그 잘못을 다 알고 있는데 얕은꾀를 써서 남을 속이려 함을 이르는 말
- **臨機應變(임기응변)** : 그때그때 처한 사태에 맞추어 즉각 그 자리에서 결정하거나 처리함

## 17

**다음의 사례에 어울리는 속담은?**

> 무분별한 부의 추구가 문화를 완전히 파괴시킨 경우를 아프리카의 유목민인 새흘 족에서 발견할 수 있다. <u>1920년대부터 인구 증가로 고통받던 이 부족은 1960년대 중반 평균 강수량보다 많은 비가 내려 목초가 풍부해지자 경쟁적으로 가축의 수를 크게 늘려 개인적인 이익을 취하기 시작하였다. 그 후 날씨가 건조해지자 그들은 삶의 질을 유지하기 위하여 더 많은 가축을 방목하는 것으로 대응하였다.</u> 그 결과 그들의 삶의 터전인 목초지는 서서히 사막으로 변하여 생존이 불가능하게 되었다. 전통적인 문화적 적응 방식에 담겨 있는 생태 체계와의 조화라는 원리가 개인적인 욕구 추구로 대체됨으로써 나타난 결과라고 하겠다.

① 간에 붙었다 쓸개에 붙었다 한다.

② 사촌이 땅을 사면 배가 아프다.

③ 우선 먹기에는 곶감이 달다.

④ 사공이 많으면 배가 산으로 간다.

해설 미래를 내다보지 않고 당장 눈앞의 이익만을 추구하다가 생존 터전을 잃고 마는 상황과 가장 가까운 속담은 ③이다.

## 18

**다음 속담이 공통적으로 언급하고 있는 것은?**

> - 꼭지가 물렀다.
> - 망건 쓰자 파장(罷場)
> - 메뚜기도 유월이 한 철이다.

① 곳　② 꼴

③ 때　④ 짓

해설 • 꼭지가 무르다 : '기회가 무르익다'는 뜻
• 망건 쓰자 파장(罷場) : '때를 놓쳐 일을 이루지 못함'을 이르는 말
• 메뚜기도 유월이 한철이다 : '무엇이나 한창 때는 짧다'는 뜻

## 19

**다음 빈칸에 알맞은 속담은?**

속담에 (        )라고 했지만 우리는 그런 따위의 말은 애시당초 괘념하질 않았었다. 우리는 만나자마자 거의 무조건적으로 좋아졌고 좋아지니 자연 의기투합하여 자주 어울렸다.

① 쉬 더운 방이 쉬 식는다.
② 절하고 뺨 맞는 일 없다.
③ 숭어가 뛰니 망둥이도 뛴다.
④ 염불에는 마음이 없고 잿밥에만 마음이 있다.

해설 일이 너무 급하게 되면 도리어 오래 지속할 수 없다는 뜻이다.
② 남에게 공손하면 욕이 돌아오지 않는다는 말이다.
③ '제 분수를 모르고 남이 하는 대로 따라함'을 이르는 말이다.
④ 마땅히 해야 할 일은 건성이고 잇속에만 마음을 둔다는 말이다.

## 20

**속담의 구조가 전혀 다른 하나는?**

① 윗물이 맑아야 아랫물이 맑다.
② 가는 말이 고와야 오는 말이 곱다.
③ 개같이 벌어서 정승같이 쓴다.
④ 남의 눈에 눈물나게 하면 자기 눈에는 피눈물 난다.

해설 ①, ②, ④는 모두 '~하면 ~하다'의 인과 관계의 구조이나, ③은 대구를 이루고 있다.

## 21 지방직 9급 기출

**밑줄 친 '姑息的'과 의미가 상통하는 속담은?**

當初에 民族的 要求로서 出치 안이한 兩國併合의 結果가, 畢竟 姑息的 威壓과 差別的 不平과 統計數字上 虛飾의 下에서 利害相反한 兩民族間에 永遠히 和同할 수 없는 怨溝를 去益深造하는 今來實績을 觀하라.

– '己未獨立宣言書' 중에서

① 개밥에 도토리
② 언 발에 오줌 누기
③ 우물에서 숭늉 찾기
④ 소 잃고 외양간 고치기

해설 • 姑息的(고식적) : 근본적인 대책을 세우지 아니하고 임시변통으로 하는 또는 그런 것
• 언 발에 오줌 누기 : 언 발을 녹이려고 오줌을 누어 봤자 효력이 별로 없다는 뜻으로, 임시변통은 될지 모르나 그 효력이 오래가지 못할 뿐만 아니라 결국에는 사태가 더 나빠짐을 비유적으로 이르는 말

핵심정리

「기미독립선언서(己未獨立宣言書)」
• 갈래 : 실용문, 의식문, 논설문, 선언문
• 성격 : 선동적, 의지적, 논리적
• 문체 : 국한문혼용체, 문어체, 강건체, 만연체
• 표현 : 영탄법, 대구법, 열거법, 점층법
• 구성 : 기, 승, 전, 결의 4단 구성
• 주제 : 조선독립의 선언과 민족의 결의 촉구
• 낭독 : 1919년 3월 1일 2시 민족대표 33인의 이름으로 한용운이 낭독

정답 16 ③ 17 ③ 18 ③ 19 ① 20 ③ 21 ②

## 22 지방직 9급 기출

**밑줄 친 부분에 들어갈 속담으로 가장 적절한 것은?**

> "계정회가 세간에 이름이 나서 회원들이 많이 불편해 하는 기색일세. 이러다가는 회 자체가 깨어지는 게 아닌지 모르겠네." "깨어지기야 하겠는가. ________________, 나는 이번 일을 오히려 잘된 일루 생각허네."
>
> – 홍성원, 「먼동」 중에서

① 쫓아가서 벼락 맞는다고
② 곤장 메고 매품 팔러 간다고
③ 식초에 꿀 탄 맛이라고
④ 마디가 있어야 새순이 난다고

해설 대화를 통해서 우려했던 일이 오히려 좋은 계기가 되는 상황임을 미루어 짐작할 수 있다. 속담은 그 의미를 쉽게 축약해 놓은 문장이므로 익숙지 않은 속담이 제시되었다고 해서 당황하지 말고 그 의미를 침착하게 유추하여 해결하도록 한다.

① 쫓아가서 벼락 맞는다 : 피해야 하는 일에 괜히 나서서 화를 자초함
② 곤장 메고 매품 팔러 간다 : 공연한 일을 하여 스스로 화를 당함
③ 식초에 꿀 탄 맛 : 식초와 꿀처럼 궁합이 맞아 잘 어울림을 이르는 말

## 23

**다음 (　　)에 들어갈 관용적 표현으로 알맞은 것은?**

> "(　　　　　　　　　　　　), 무슨 일이 든지 미리 준비해 두면 나중에 고생하지 않는 거야."

① 가물에 돌 친다고
② 가는 날이 장날이라고
③ 같은 값이면 다홍치마라고
④ 뒤웅박 차고 바람 잡는다고

해설 문맥상 '문제에 미리 대비한다'는 의미를 가진 관용적 표현이 빈칸에 들어가는 것이 적절하다.

- 가물에 돌 친다 : '오랫동안 비가 안 와서 가물었을 때 땅을 파내어 미리 도랑을 쳐 두면 장마 때 걱정이 없다'는 말에서 온 표현으로, 무슨 일이든 미리 준비하면 유용함을 뜻하는 속담이다.

**핵심정리**

**'가난'과 관련된 속담**

- **가난이 소 아들이라** : 가난하면 소같이 일만 죽도록 하게 됨을 이르는 말
- **가난이 일찍 철들게 하고 효자 만든다** : 가난에서 벗어나려 이런저런 궁리도 하고 실제 일도 하게 되니 일찍 철들고 효자가 되기 쉬움을 이르는 말
- **가난하기가 씻은 것 같다** : 아무것도 가진 게 없어 꼭 씻어낸 듯 가난하다는 뜻으로 빗대는 말
- **가난한 놈 한 마지기 논 낫질하듯** : 아주 적은 일을 순식간에 해치움을 이르는 말
- **가난 구제는 나라님도 못한다** : 남의 가난한 살림을 도와주기란 끝이 없는 일이어서, 개인은 물론 나라의 힘으로도 구제하지 못한다는 말

## 24

**속담은 의미의 구성상 '상대성'과 '점층성'을 특징으로 한다. 다음 중 점층성이 두드러지는 것은?**

① 달면 삼키고 쓰면 뱉는다.
② 꿩 먹고 알 먹고
③ 무자식이 상팔자
④ 그림의 떡

**해설** 점층성은 동일한 의미 속성의 점층적 가중 현상을 말한다. '꿩 먹고 알 먹고'는 두 가지 이득을 한꺼번에 볼 때 쓰는 말로 그 의미가 더욱 심화되는 점층성을 지닌 속담이다.

**핵심정리**

**'체면'과 관련된 속담**

- **냉수 먹고 이 쑤시기** : 잘 먹은 체하며 이를 쑤신다는 뜻으로, 실속은 없으면서 무엇이 있는 체함을 이르는 말이다.
- **너울 쓴 거지** : 배가 고파서 체면을 차릴 수 없게 된 처지를 비유적으로 이르는 말이다.
- **닷새를 굶어도 풍잠 멋으로 굶는다** : 체면 때문에 곤란을 무릅씀을 비유적으로 이르는 말이다.
- **대문이 가문** : 아무리 가문이 높아도 가난하여 집채나 대문이 작으면 위엄이 없어 보인다는 말이다.
- **모양이 개잘량이라** : 체면과 명예를 완전히 잃었음을 이르는 말이다.
- **미꾸라지 속에도 부레풀은 있다** : 아무리 보잘것없고 가난한 사람이라도 남이 가지고 있는 속도 있고 오기도 있음을 비유적으로 이르는 말이다.
- **미꾸라짓국 먹고 용트림한다** : 시시한 일을 해 놓고 큰일을 한 것처럼 으스대는 것을 비유적으로 이르는 말이다.
- **양반은 물에 빠져도 개헤엄은 안 한다** : 아무리 위급한 때라도 체면을 유지하려고 노력한다는 말이다.

## 25

**다음 중 밑줄 친 부분의 상황을 가리키는 데 사용되는 속담으로 가장 적당한 것은?**

> '서울 담쟁이'라는 말이 있다. 그 말의 뜻인즉, '서울서는 담을 쌓는 인부들이 꼭 둘이 함께 다니며 담 쌓는 일을 하는데, 그 쌓은 담은 일꾼들이 자리를 뜨자마자 곧 무너질 만치 되는 대로'라는 것이다. 그래서 이들은 꼭 두 사람씩 같이 다닌단다. <u>담을 다 쌓고는 한 사람은 담이 무너지지 않도록 등으로 받치고 있고, 한 사람은 집주인한테 가서 돈을 받는단다.</u> 그렇게 돈만 받아 쥐면, 두 일꾼은 그대로 골목 밖으로 달아나고, 그와 동시에 쌓은 담은 와르르 주저앉는다는 것이다.

① 가랑비에 옷 젖는 줄 모른다.
② 믿는 도끼에 발등 찍힌다.
③ 눈 가리고 아웅하기
④ 백지장도 맞들면 낫다.

**해설** 눈 가리고 아웅하기 : '얕은꾀를 써서 속이려고 한다'는 말이다.

## 26 국가직 9급 기출

**다음 문장 중에서 밑줄 친 관용 표현이 문맥에 어울리지 않는 것은?**

① <u>입추의 여지가 없을</u> 정도로 공연장에는 관람객이 많았다.
② <u>쇠털같이 많은 날</u>에 왜 그리 서두릅니까?
③ 그는 경기에 임하자 <u>물 건너온 범</u>처럼 맹활약을 하였다.
④ 이번 시험을 잘 보았으니 합격은 <u>떼어 놓은 당상</u>이다.



정답 22 ④ 23 ① 24 ② 25 ③ 26 ③

해설 '물 건너온 범'은 기세가 한풀 꺾인 사람을 비유하여 하는 말이므로, '물 건너온 범'과 '맹활약을 하였다'는 표현은 어울리지 않는다. 오히려 '그는 경기에 임하자 물 건너온 범처럼 맥을 추지 못했다'가 더 적절한 문장이다.

핵심정리

**자주 사용되는 관용구**

- **가닥을 잡다** : 분위기, 상황, 생각 따위를 이치나 논리에 따라 바로 잡을 때 사용하는 표현이다.
- **나사가 풀어지다** : '정신 상태가 해이해지다'라는 의미로 쓰인다.
- **마른벼락을 맞다** : 갑자기 뜻밖의 재난을 당할 때 사용하는 표현이다.
- **마른침을 삼키다** : 몹시 긴장하거나 초조해할 때 사용하는 표현이다.
- **아귀를 맞추다** : 일정한 기준에 들어맞게 할 때 사용하는 표현이다.
- **칼자루를 휘두르다** : 어떤 일에 실제적인 권한이 있을 때 사용하는 표현이다.
- **하늘 높은 줄 모른다** : 자기의 분수를 모를 때 사용하는 표현이다.

## 27 지방직 7급 기출

**다음은 '상춘곡(賞春曲)'의 일부이다. 글의 흐름을 고려할 때, ( ) 안에 들어갈 한자 성어로 가장 적절한 것은?**

엇그제 겨을 지나 새봄이 도라오니,
桃花杏花(도화 행화)는 夕陽裏(석양리)예 퓌여 잇고,
綠楊芳草(녹양방초)는 細雨中(세우 중)에 프르도다.
칼로 몰아 낸가, 붓으로 그려 낸가.
造化神功(조화신공)이 物物(물물)마다 헌ᄉᆞ롭다.
수풀에 우는 새는 春氣(춘기)를 뭇내 계워
소리마다 嬌態(교태)로다.
(　　　　　　)(이)어니, 興(흥) 이ᄋᆡ 다롤소냐.
柴扉(시비)예 거러 보고, 亭子(정자)애 안자 보니,
逍遙吟詠(소요음영)ᄒᆞ야, 山日(산일)이 寂寂(적적)ᄒᆞᆫᄃᆡ
閑中眞味(한중진미)를 알 니 업시 호재로다.

① 醉生夢死(취생몽사)
② 一場春夢(일장춘몽)
③ 物我一體(물아일체)
④ 主客顚倒(주객전도)

해설 봄의 경관에 한껏 취한 화자가 흥을 가득 담아 노래하는 부분이다. 자연 속 대상물인 '새'와 '내'가 느끼는 흥이 다르지 않다고 말하고 있다.
① 醉生夢死(취생몽사) : 술에 취해 자는 동안에 꿈속에서 살고 죽는다는 뜻으로, 평생을 하는 것 없이 목적 없이 살아감을 비유적으로 이르는 말이다.
② 一場春夢(일장춘몽) : 소동파의 고사에서 유래된 성어로, 한바탕의 봄꿈을 뜻하며 헛된 영화(榮華)나 덧없는 일을 비유적으로 이르는 말이다.
④ 主客顚倒(주객전도) : 주인과 손의 위치가 서로 뒤바뀐다는 뜻으로 사물의 가볍거나 무거움, 앞과 뒤, 느리거나 빠름의 순서가 서로 뒤바뀜을 의미한다.

핵심정리

**날로 발전함을 뜻하는 한자 성어**

- **일진월보(日進月步)** : 나날이 다달이 계속하여 진보 · 발전함을 이르는 말이다.
- **일취월장(日就月將)** : 나날이 다달이 자라거나 발전함을 이르는 말이다.
- **일신우일신(日新又日新)** : '날마다 새롭고 또 날마다 새롭다'는 말로 매일매일 발전된 삶이 될 수 있도록 끊임없이 노력하라는 의미를 가진 말이다.
- **승승장구(乘勝長驅)** : '싸움에 이긴 형세를 타고 계속 몰아침'을 의미하는 말로 나날이 발전함을 뜻하기도 한다.
- **대기만성(大器晩成)** : '큰 그릇을 만드는 데는 시간이 오래 걸린다'는 뜻으로 크게 될 사람은 늦게 이루어짐을 이르는 말이다.

## 28 국가직 9급 기출

**밑줄 친 부분과 맥락이 닿는 한자 성어는?**

석벽에 매달려 백록담을 따라 남쪽으로 내려가다가, 털썩 주저앉아 잠시 동안 휴식을 취하였다. 모두 지쳐서 피곤했지만, 서쪽을 향해 있는 봉우리가 이 산의 정상이었으므로 조심스럽게 조금씩 올라갔다. 그러나 나를 따라오는 사람은 겨우 셋뿐이었다. … (중략) … 멀리 보이는 섬들이 옹기종기, 큰 것은 구름장만 하게 작은 것은 달걀만 하게 보이는 등 풍경이 천태만상이었다. 「맹자」에 "바다를 본 자에게는 바다 이외의 물은 물로 보이지 않으며, 태산에 오르면 천하가 작게 보인다."라고 했는데, 성현의 역량(力量)을 어찌 우리가 상상이나 할 수 있겠는가?

① 浩然之氣　② 勞心焦思
③ 乾坤一擲　④ 焦眉之急

**해설** 면암 최익현의 기행 수필인 「유한라산기」의 한 부분이다. 밑줄 친 부분은 맹자 자신의 포부를 나타낸 글로 이와 관련된 한자 성어는 '넓고 큰 기개'를 뜻하는 '浩然之氣'이다.
② 노심초사(勞心焦思) : 몹시 마음을 쓰며 애를 태우는 것을 뜻한다.
③ 건곤일척(乾坤一擲) : 주사위를 던져 승패를 건다는 뜻으로, 운명을 걸고 단판걸이로 승부를 겨룸을 뜻한다.
④ 초미지급(焦眉之急) : 눈썹이 탈 만큼 위급한 상황을 나타낼 때 쓰는 한자 성어이다.

## 29 서울시 9급 기출

**요즘 아이들에 대한 필자의 궁극적인 생각을 나타내는 한자 성어는?**

요즘 아이들은 배우지 않는 과목이 없다. 모르는 것이 없이 묻기만 하면 척척 대답한다. 중학교나 고등학교의 숙제를 보면 몇 년 전까지만 해도 상상도 할 수 없던 내용들을 다룬다. 어떤 어려운 주제를 내밀어도 아이들은 인터넷을 뒤져서 용하게 찾아낸다. 그런데 그 똑똑한 아이들이 정작 스스로 판단하고 제 힘으로 할 줄 아는 것이 하나도 없다. 시켜야 하고, 해줘야 한다. 판단 능력은 없이 그저 많은 정보가 내장된 컴퓨터와 같다. 그 많은 독서와 정보들은 다만 시험 문제 푸는 데만 유용할 뿐 삶의 문제로 내려오면 전혀 무용지물이 되고 만다.

– 정민, 「다섯 수레 책과 정보의 양」

① 박학다식(博學多識)
② 박람강기(博覽强記)
③ 대기만성(大器晚成)
④ 팔방미인(八方美人)

**해설** 요즘 아이들이 아는 것은 많으나 그 지식을 활용하는 능력이 떨어지는 것을 비판하는 글이다. 이 모습을 적절하게 표현한 것이 '팔방미인(八方美人)'이다. '八方美人'이란 한자 성어는 '여러 면에 능통한 사람'을 비유적으로 이르거나 '한 가지 일에 정통하지 못하고 온갖 일에 조금씩 손대는 사람'을 이른다.



정답 27 ③ 28 ① 29 ④

## 30 지방직 9급 기출

**괄호 안에 들어갈 말로 가장 적절한 것은?**

> 그에게 진짜 불행을 가져다 준 것은 어쩌면 8 · 15 광복이라고나 해야 할는지도 모른다. 조국의 광복은 우선 내 조부를 몰락시켰다. 그의 위엄은 하루아침에 땅에 떨어져서 헌 짚신짝처럼 짓밟혔고, 근동 세 마을을 먹여 살린다던 그 많던 가산들도 온통 거덜이 나 버렸던 것이다. 하지만 그것까지는 그래도 어쩔 수 없는 세상 탓으로 돌릴 수 있었을는지도 모른다. 그러나 전에는 (　　　)이기는 할지언정 그의 앞에선 감히 얼굴조차 바로 쳐들지 못하던 소작인이며 하인배들에게 급기야는 가혹한 조리돌림까지 당해야 했던 그는 마지막 임종의 순간까지도 그날의 수모를 삭히지 못한 채 그들이 자신의 상여 메는 것조차 유언으로 거부했던 터였다.
>
> – 이동하, 「파편」 중에서

① 곡학아세(曲學阿世)
② 면종복배(面從腹背)
③ 부화뇌동(附和雷同)
④ 허장성세(虛張聲勢)

**해설** 해방 전에는 앞에서 감히 얼굴조차 바로 쳐들지 못하던 사람들이 해방 이후 조리돌림까지 했다는 것으로 보아, 빈칸에 들어갈 한자성어는 '면종복배(面從腹背)'가 가장 적절하다. '면종복배(面從腹背)'는 '겉으로는 복종하는 체하면서 속으로 배반함'을 의미한다. 한편, '조리돌림'은 '죄인의 죄를 벌하기 위해 죄인의 죄상을 노골적으로 드러낸 채 끌고 돌아다니면서 망신을 주는 행위'를 말한다.

① 곡학아세(曲學阿世) : '바른 길에서 벗어난 학문으로 세상 사람에게 아첨함'을 의미한다.
③ 부화뇌동(附和雷同) : '줏대 없이 남의 의견에 따라 움직임'을 뜻한다.
④ 허장성세(虛張聲勢) : '실속은 없으면서 큰소리치거나 허세를 부림'을 의미한다.

## 31 국가직 9급 기출

**다음은 신문의 건강칼럼 일부이다. (　　)에 들어갈 적절한 한자 성어는?**

> 필수 지방산인 리놀렌산과 알파 리놀렌산은 인체에서 합성되지 않으므로 꼭 섭취해줘야 한다. 이것이 모자라면 아토피 피부염이나 성장 장애 등의 부작용이 온다. 또 알파 리놀렌산(오메가3 지방산)이 부족하면 두뇌와 망막에 필요한 DHA가 부족해 학습능력과 시각기능이 떨어지게 된다. 'DHA가 머리에 좋다.'는 말은 여기에 근거한다.
>
> 그러나 (　　　)이란 말처럼 전체 지방량이 신체의 25%를 넘으면 문제가 된다. 인체의 혈액이나 조직에 지방 함량이 높아지면 고혈압, 당뇨, 비만, 심장병, 뇌졸중 등 성인병이 생기며, 덩달아 유방암, 대장암, 전립선암의 발병률도 증가하게 된다.

① 다다익선(多多益善)
② 과유불급(過猶不及)
③ 전화위복(轉禍爲福)
④ 새옹지마(塞翁之馬)

**해설** 제시문은 필수 지방산인 리놀렌산과 알파 리놀렌산을 꼭 섭취해야 한다는 내용으로 시작한다. 리놀렌산과 알파 리놀렌산이 부족하면 여러 가지 부작용이 발생하며, 또한 이를 과도하게 섭취할 시에는 다른 질병들을 유발할 수 있다는 내용도 포함하고 있다. 따라서 '정도를 지나침은 미치지 못함과 같다'의 뜻의 '과유불급(過猶不及)'이 적절한 표현임을 알 수 있다.

핵심정리

**'과유불급'과 유사한 의미를 지닌 한자 성어와 속담**

㉠ 한자 성어
- **小貪大失(소탐대실)** : 작은 것을 탐하다가 오히려 큰 것을 잃음
- **矯枉過直(교왕과직)** : 구부러진 것을 바로잡으려다가 너무 곧게 한다는 뜻으로, 잘못을 바로잡으려다 지나쳐 오히려 일을 그르침
- **矯角殺牛(교각살우)** : 쇠뿔을 바로 잡으려다 소를 죽인다는 뜻으로, 결점이나 흠을 고치려다 수단이 지나쳐 도리어 일을 그르침

㉡ 속담
- **차면 넘친다** : 너무 정도에 지나치면 도리어 불완전하게 된다는 말
- **자랑 끝에 불붙는다** : 너무 잘난 체하며 거들먹거리면 일을 그르치게 됨을 이르는 말

## 32

**한자성어의 사용이 옳지 않은 것은?**

① 七顚八起로 노력한 끝에 시험에 합격할 수 있었다.

② 오늘 해야 할 업무를 騎虎之勢로 끝내 일찍 퇴근할 수 있었다.

③ 사람은 무릇 甘呑苦吐한 생각과 태도를 경계해야 타인으로부터 인정받을 수 있다.

④ 공부는 螢雪之功의 자세로 하지 않으면 이룰 수 있는 것도 이루지 못한다.

해설 기호지세(騎虎之勢)는 호랑이를 타고 달리는 형세(形勢)를 이르는 한자 성어로, 이미 시작한 일을 중도에 그만둘 수 없음을 뜻한다. 문장에 어울리는 한자 성어는 '적을 거침없이 물리치고 들어가는 기세'인 '파죽지세(破竹之勢)'가 적절하다.

## 33

**다음 글의 등장인물의 삶의 태도로 가장 적절한 것은?**

박생은 눈을 떠서 주위를 바라보았다. 책은 책상 위에 던져져 있고, 등잔의 불꽃은 가물거리고 있다. 박생은 한참동안 감격하기도 하고 의아해 하기도 하였다. 그러다가 스스로 생각하기를, 이제 곧 죽으려나보다 하였다. 그래서 그는 날마다 집안일을 정리하는 데 몰두하였다. 몇 달 뒤에 박생은 병을 얻었다. 그는 스스로, 필경 다시는 일어나지 못하리라는 것을 알았다. 박생은 의사와 무당을 사절하고 세상을 떠났다. 박생이 세상을 떠나려 하던 날 저녁이었다. 근처 이웃 사람들의 꿈에 신인이 나타나서는 이렇게 알렸다. "너의 이웃집 아무개 씨는 장차 염라왕이 될 것이다."

① 안빈낙도(安貧樂道)

② 방약무인(傍若無人)

③ 살신성인(殺身成仁)

④ 생기사귀(生寄死歸)

해설 생기사귀(生寄死貴)는 사람이 이 세상에 사는 것은 잠시 머무는 것일 뿐이며 죽는 것은 원래 자기가 가지고 있던 본집으로 돌아감을 의미하는 한자 성어로 박생의 태도와 일치한다.

핵심정리

**'어리석음'을 뜻하는 한자 성어**

㉠ 대세의 흐름에 적응하지 못하고 융통성이 없어 무척 고지식함
- **각주구검(刻舟求劍)** : 칼을 강물에 떨어뜨리자 뱃전에 그 자리를 표시했다가 나중에 그 칼을 찾으려 한다는 뜻으로, 판단력이 둔하여 융통성이 없고 세상일에 어둡고 어리석다는 뜻
- **교주고슬(膠柱鼓瑟)** : 아교풀로 비파나 거문고의 기러기발을 붙여 놓으면 음조를 바꿀 수 없다는 뜻으로, 고지식하여 조금도 융통성이 없음을 이르는 말



정답 30 ② 31 ② 32 ② 33 ④

- 수주대토(守株待兎) : 한 가지 일에만 얽매여 발전을 모르는 어리석은 사람을 비유적으로 이르는 말
- 미생지신(尾生之信) : 미생의 믿음이란 뜻으로, 우직하게 약속만을 굳게 지키거나 또는 융통성이 없이 약속만을 굳게 지킴을 비유

ⓛ 견문이 좁아 세상 형편을 모르거나 융통성이 없음

- 정저지와(井底之蛙) : 우물 밑의 개구리처럼 소견이나 견문이 몹시 좁은 것을 이르는 말
- 좌정관천(坐井觀天) : 우물 속에 앉아서 하늘을 본다는 뜻으로, 사람의 견문이 매우 좁음을 이르는 말
- 군맹무상(群盲撫象) : 맹인 여럿이 코끼리를 만진다는 뜻으로, 사물을 좁은 소견과 주관으로 잘못 판단함을 이르는 말
- 관중규표(管中窺豹) : 대롱 구멍으로 표범을 보면 표범의 얼룩점 하나밖에 보이지 않는다는 뜻으로, 견문과 학식이 좁음을 이르는 말

## 34

**속담과 한자가 관계없는 것끼리 짝지어진 것은?**

① 티끌 모아 태산 – 積土成山

② 가난한 집 제사 돌아오듯 – 貧則多事

③ 달면 삼키고 쓰면 뱉는다 – 甘呑苦吐

④ 가난 구제는 나라도 못한다 – 艱難辛苦

해설 '艱難辛苦(간난신고)'는 '몹시 힘들고 어렵고 고생스러움'을 나타내는 한자 성어이다. 반면 '가난 구제는 나라도 못한다'는 남의 가난한 살림을 도와주기란 끝이 없는 일이어서, 개인은 물론 나라의 힘으로도 구제하지 못한다는 뜻을 담고 있으므로 서로 연관성이 없다.

## 35

**다음 한자 성어를 속담으로 표현해 보았다. 의미상 서로 관련이 없는 것은?**

① 此日彼日 : 갖바치 내일 모레

② 盲玩丹靑 : 봉사 단청 구경

③ 走馬看山 : 달리는 말에 채찍질

④ 傍若無人 : 하늘을 쓰고 도리질한다

해설 '走馬看山(주마간산)'은 '말을 타고 달리면서 산을 바라본다'라는 뜻으로, 이것저것을 천천히 살펴볼 틈이 없이 바삐 대강 보고 지나치는 것을 말한다. '기세가 한창 좋을 때 더 힘을 가함(달리는 말에 채찍질)'을 뜻하는 한자 성어는 '走馬加鞭(주마가편)'이다.

## 36

**다음 글의 (   ) 안에 들어갈 수 있는 말로 가장 적절한 것은?**

> 세상에는 너무나 힘든 일이 많다. 도저히 되지 않을 것 같은 일들이 우리 주위에 쌓여 있다. 그렇지만 그것을 하지 않으면 안 되는 것은 우리가 인간이라는 존재이기 때문이다. 인간이 어디 신처럼 전지전능한 존재인가. 그러므로 불가능한 일이라도 열심히 노력하는 것이 인간다운 것이다. 말하자면 (          )의 심정으로 노력하는 데 인간적 매력이 있다는 것이다. 만약 이런 노력이나마 포기하고 만다면 그것은 절망이요, 낙망이요, 좌절이고, 진정 인간이기를 포기하는 것이다.

① 주경야독(晝耕夜讀)

② 후생가외(後生可畏)

③ 우공이산(愚公移山)

④ 와신상담(臥薪嘗膽)

**해설** 주어진 글은 '세상에는 힘든 일이 많지만 불가능한 일이라도 열심히 노력하는 것이 인간다운 것이다'라는 주제를 담고 있다. 따라서 빈칸에는 '아무리 실패해도 좌절하지 않는 인간의 끈질긴 의지'라는 뜻을 지닌 한자 성어가 들어가는 것이 적절하다.
'우공이산(愚公移山)'은 '우공이 산을 옮긴다.'는 말로, 남이 보기엔 어리석은 일처럼 보이지만 한 가지 일을 끝까지 밀고 나가면 언젠가는 목적을 달성할 수 있다는 뜻을 가지고 있다.

## 37

**다음 글에서 ( )에 들어갈 말로 가장 적절한 것은?**

> 하루는 신수 불길한 제비 한 쌍이 놀보 집으로 들어가니 놀보가 제비를 보고 어떻게 반가웠던지, 소반에다 물을 떠서 처마 밑에 차려 놓고 두 손 합장 절을 하며,
> "제비님 오시니까? 어찌 행차가 더디시며 내 간장을 녹이신가?"
> 앞뒤를 금줄 치고 부정을 가리면서 알 낳기를 기다릴 제, 마음 바쁜 놀보놈이 삼시로 어떻게 만졌던지 다섯 개는 염증이 나서 곯아 버리고, 하나 까서 날기 공부 익힐 적에 제비 새끼 날랴 허고 제 집가에 발을 부쳐 날개를 발발떨제, 놀보놈 바라보고,
> "떨어집소서. 떨어집소서."
> 손을 싹싹 부비여도 종시 아니 떨어지니 놀보놈 바라보다 망당하여 절로 절각(折脚) 기다리다가는 놓치기가 쉬울 테니 (          ) 하고, 사방을 둘러보며 아무도 안 볼 때 제비 새끼 집어내어 그 약한 두 다리를 무릎에 대고 자근자근 꺾어 마룻바닥에 선듯 놓고 모르는 체 돌아서서 뒷짐 지고 거닐며 목소리 크게 내여 풍월을 읊으것다.
> – 박녹주 창본 「홍보가」에서 '놀보 제비 후리는 대목'

① 울려 놓고 달래리라
② 가는 말에 채찍질하리라
③ 도랑 치고 가재 잡으리라
④ 쏘아 놓은 살이요, 엎지른 물이라

**해설** 놀부는 새끼 제비가 떨어져서 다리가 부러지기를 바랐지만 뜻대로 일이 진행되지 않자 제비 새끼를 끄집어 내어, 그 약한 다리를 꺾어 놓고 시치미를 떼고 있다. 이런 상황에 어울리는 말은 해를 입혀 놓고 돕는 체 한다는 의미의 '울려 놓고 달래리라'이다.
② 가는 말에 채찍질하리라 : 일을 잘하고 있지만 더욱 잘 하도록 독려하겠다는 말
③ 도랑 치고 가재 잡으리라 : 한 가지 일을 하여 여러 가지 이익을 얻겠다는 말
④ 쏘아 놓은 살이요, 엎지른 물이라 : 한 번 저지른 일은 돌이킬 수 없다는 뜻

**핵심정리**

**'시치미'와 관련된 표현**

㉠ 명사
- **능청이** : 속으로는 엉큼한 마음을 갖고 있으면서 겉으로는 시치미를 떼는 사람
- **모르쇠** : 아는 것이나 모르는 것이나 다 모른다고 잡아떼는 것

㉡ 동사
- **궁따다** : 시치미를 떼고 딴소리를 하다.
- **뭉때리다** : 능청맞게 시치미를 떼거나 묵살해 버리다.

㉢ 부사
- **천연히** : 시치미를 뚝 떼어 겉으로는 아무렇지 아니한 듯이

㉣ 속담
- **아닌 보살 하다** : 시치미를 떼고 모르는 척한다는 말
- **가지 따 먹고 외수(外數) 한다** : 남의 밭에 가 가지를 따 먹고 남을 속인다는 뜻으로, 사람의 눈을 피하여 나쁜 짓을 하고는 시치미를 떼면서 딴전을 부림을 비유적으로 이르는 말



정답 34 ④ 35 ③ 36 ③ 37 ①

## 38

**다음의 한자 성어와 속담이 알맞게 연결된 것은?**

① 권불십년(權不十年) : 달도 차면 기운다.
② 양두구육(羊頭狗肉) : 오동나무 보고 춤춘다.
③ 낭중지추(囊中之錐) : 나중 난 뿔이 우뚝하다.
④ 촌철살인(寸鐵殺人) : 뿔을 바로잡으려다 소를 죽인다.

해설 권불십년은 '권세는 십년을 가지 못한다.'는 뜻이다.
② 양두구육 : 양의 머리를 걸어놓고 개고기를 판다.
③ 낭중지추 : 주머니 속의 송곳
④ 촌철살인 : 한 치의 쇠붙이로도 사람을 죽일 수 있다.

## 39

**다음 중 '격에 어울리지 않는다'는 의미를 속담을 사용하여 적절하게 표현한 사람은?**

① '남의 장단에 춤춘다'고 하더니 도대체 네가 줏대 있게 하는 일이 뭐니?
② 그게 도대체 무엇이길래 '댕기 끝에 진주'처럼 꼭 감추고 있니?
③ 운동복 입고 구두 신은 모습이야말로 '개발에 주석 편자' 격이다.
④ '단 솥에 물 붓기' 식으로 이미 기울어진 일을 아무리 도와준들 무슨 소용이 있으랴.

해설 옷차림이나 지닌 물건 등이 제격에 맞지 않아 어울리지 않음을 뜻하는 속담이다.
① 줏대 없는 행동을 비아냥거리는 말
② 굉장히 귀하게 취급하는 물건이라는 의미
④ 불가능한 일을 도와주는 것은 소용없다는 의미

## 40

**다음 시의 주제와 상통하는 한자 성어는?**

봉황수

– 조지훈

벌레 먹은 두리기둥 빛 낡은 단청(丹靑), 풍경 소리 날아간 추녀 끝에는 산새도 비둘기도 둥주리를 마구 쳤다. 큰 나라 섬기다 거미줄 친 옥좌(玉座) 위엔 여의주(如意珠)를 희롱하는 쌍룡(雙龍) 대신에 두 마리 봉황(鳳凰)새를 틀어 올렸다. 어느 땐들 봉황이 울었으랴만 푸르른 하늘 밑 추석을 밟고 가는 나의 그림자. 패옥(佩玉) 소리도 없었다. 품석(品石)옆에서 정일품(正一品), 종구품(從九品) 어느 줄에도 나의 몸 둘 곳은 바이 없었다. 눈물이 속된 줄을 모를 양이면 봉황새야 구천(九天)에 호곡(號哭)하리라.

① 麥秀之嘆 ② 隱忍自重
③ 輾轉反側 ④ 塞翁之馬

해설 이 시는 주권 상실의 슬픔과 민족의 역사적 연속성이 단절된 서러움을 노래한 것으로, 몰락한 고궁을 소재로 우국충정과 망국의 서러움을 표현하였다. 맥수지탄(麥秀之嘆)이란 옛날에 영화를 자랑하던 도읍에 보리가 무성해 있는 것을 보고 고국의 멸망을 탄식한 데에서 비롯된 말이다.
② 은인자중(隱忍自重) : 괴로움을 감추어 참고 스스로 몸가짐을 신중히 함
③ 전전반측(輾轉反側) : 누워서 이리저리 뒤척거리며 잠을 이루지 못함
④ 새옹지마(塞翁之馬) : 인간만사의 길흉화복은 변화무쌍하여 예측할 수가 없다는 말

## 41

**다음 예문의 내용을 보고 비슷한 의미의 고사성어가 아닌 것은?**

> 구름이 해를 비추어 노을이 되고, 물줄기가 바위에 걸려 폭포를 만든다. 의탁하는 바가 다르고 보니 이름 또한 이에 따르게 된다. 이는 벗 사귀는 도리에 있어도 유념해 둘 만한 것이다.

① 近墨者黑(근묵자흑)
② 摩中之蓬(마중지봉)
③ 堂狗風月(당구풍월)
④ 風樹之嘆(풍수지탄)

**해설** 이 글은 사람은 환경의 영향을 받게 된다는 의미로 효도를 다 하지 못해 부모를 여읜 자식의 슬픔을 나타내는 풍수지탄(風樹之嘆)과 거리가 멀다.

① 近墨者黑(근묵자흑) : 먹을 가까이 하는 사람은 검어진다. 즉 나쁜 사람과 사귀면 그 버릇에 물들기 쉽다는 말
② 摩中之蓬(마중지봉) : 삼 밭에서 자라는 쑥이 붙들어 주지 않아도 곧게 자라듯 사람도 주위 환경에 따라 선악이 다르게 될 수 있음을 뜻하는 말
③ 堂狗風月(당구풍월) : 무식한 사람이라도 유식한 사람과 같이 있으면 다소 유식해짐

**핵심정리**

**성격, 성질과 관련된 한자 성어**

- **귤화위지(橘化爲枳)** : 회남의 귤을 회북에 옮겨 심으면 탱자가 된다는 뜻으로, 환경에 따라 사람이나 사물의 성질이 변함을 이르는 말
- **개과천선(改過遷善)** : 지난날의 잘못이나 허물을 고쳐 올바르고 착하게 됨
- **각주구검(刻舟求劍)** : 융통성 없이 현실에 맞지 않는 낡은 생각을 고집하는 어리석음을 이르는 말
- **관후장자(寬厚長者)** : 너그럽고 후하며 점잖은 사람
- **교언영색(巧言令色)** : 아첨하는 말과 알랑거리는 태도
- **계명구도(鷄鳴狗盜)** : 비굴하게 남을 속이는 하찮은 재주 또는 그런 재주를 가진 사람을 이르는 말

## 42

**다음 제시문에서 설명하는 한자와 그것이 의미하는 소설의 속성은?**

> - 뒤웅박 차고 바람 잡는다.
> - 귀모토각(龜毛兎角), 누진취영
> - 이해조의 「화의 혈」 후기 : 허공에 의지해 그림자를 잡는 허구적인 것

① 憑控捉榮 : 효용성
② 憑空捉影 : 허구성
③ 憑空捉暎 : 모방성
④ 憑控捉暎 : 사실성

**해설** 憑空捉影(빙공착영) : 허망한 언행 또는 이루어질 가망이 없음을 비유한 한자 성어로, 소설의 '허구성'을 가리키는 용어

- 뒤웅박 차고 바람 잡는다. : 허무맹랑한 짓을 하며 떠벌리고 돌아다님을 이르는 말
- 귀모토각(龜毛兎角) : 거북이의 털과 토끼의 뿔
- 누진취영(鏤塵吹影) : 먼지에 글을 새기고 그림자를 입으로 분다는 뜻으로, 도저히 있을 수 없거나 이루어질 수 없는 일, 또는 쓸데없는 노력을 가리킴
- 「화(花)의 혈(血)」 후기에서 이해조는 소설을 '허공에 의지해 그림자를 잡는 허구적인 것'이면서도 '사실에 기초한 거울과도 같은 것'으로 비유함

**핵심정리**

**소설의 특징**

- **허구성** : 작가의 상상력에 의해 새롭게 창조된 개연성 있는 이야기
- **산문성** : 주로 서술, 묘사, 대화 등으로 표현되는 산문 문학
- **진실성** : 인생의 참의미를 깨닫게 하며, 인생의 진실을 추구
- **서사성** : 인물, 사건, 배경을 갖춘 이야기의 문학으로 일정한 시간의 흐름에 따라 전개
- **예술성** : 형식미와 예술미를 지닌 창조적인 언어 예술



정답 38 ① 39 ③ 40 ① 41 ④ 42 ②

## 43 국가직 9급 기출

**다음 글의 내용에 어울리는 고사성어로 가장 적절한 것은?**

최근 여러 기업들이 상위 5% 고객에게만 고급 서비스를 제공하는 마케팅을 벌여 소비자뿐만 아니라 전문가들에게서도 우려의 소리를 듣고 있다. 실제로 모 기업은 지난해 초 'VIP 회원'보다 상위 고객을 노린 'VVIP 회원'을 만들면서 △매년 동남아 · 중국 7개 지역 왕복 무료 항공권 △9개 호텔 무료 숙박 △해외 유명 골프장 그린피 무료 등을 서비스로 내세웠다. 하지만 최근에 이 기업과 제휴를 맺고 있는 회사들이 비용 분담에 압박을 느끼면서 서비스 중단을 차례로 통보했다. 또 자사 분담으로 제공하고 있던 호텔 숙박권 역시 비용 축소를 위해 3월부터 서비스를 없앨 것으로 알려졌다.

한 업계 관계자는 "기존 회원 시장이 포화 상태가 되면서 업계가 저마다 지난해 VIP 마케팅을 내세웠지만 높은 연회비로 인해 판매 실적은 저조한 반면 무료 공연을 위한 티켓 구매, 항공권 구입 등에 소요되는 사업비 부담은 너무 크다 보니 오히려 어려움을 겪고 있는 실정"이라고 말했다.

① 견강부회(牽强附會)
② 비육지탄(髀肉之嘆)
③ 자승자박(自繩自縛)
④ 화이부동(和而不同)

**해설** 제시문은 여러 기업들이 일부 상위 고객들에게만 고급 서비스를 제공하는 마케팅을 벌이고 있는데, 높은 연회비로 인하여 판매 실적이 저조하고 서비스 사업비 부담으로 회사들이 오히려 큰 어려움을 겪고 있다는 내용이다. 따라서 이와 같은 상황에 어울리는 고사성어는 자신의 행동에 자기 자신이 옭혀 곤란하게 됨을 비유적으로 이르는 '자승자박(自繩自縛)'이다.

① 견강부회(牽强附會) : 이치에 맞지 않는 말을 억지로 끌어 붙여 자기에게 유리하게 함을 이르는 말
② 비육지탄(髀肉之嘆) : 재능을 발휘할 때를 얻지 못하여 헛되이 세월만 보내는 것을 한탄함을 이르는 말
④ 화이부동(和而不同) : 남과 사이좋게 지내기는 하나 무턱대고 어울리지는 아니함을 이르는 말

## 44 국가직 9급 기출

**괄호 안에 들어갈 고사성어로 적절한 것은?**

좀 과장하자면, 그 집의 겉과 속은 (　　　) 라는 말이 떠오를 정도로 달랐다.

① 阿鼻叫喚　② 雲泥之差
③ 怒氣登天　④ 百難之中

**해설** 운니지차(雲泥之差) : 구름과 진흙의 차이라는 뜻으로, 서로 간의 차이가 매우 심함을 이르는 말

① 아비규환(阿鼻叫喚) : 여러 사람이 비참한 지경에 빠져 울부짖는 참상을 비유적으로 이르는 말
③ 노기등천(怒氣登天) : 노기가 하늘을 찌를 듯이 화가 머리끝까지 나 있음을 이르는 말
④ 백난지중(百難之中) : 온갖 곤란을 겪는 상황을 이르는 말

**핵심정리**

**'차이'와 관련된 한자성어**

- **금석지감(今昔之感)** : 지금과 옛날을 비교할 때 차이가 매우 심하여 느껴지는 감정
- **천양지차(天壤之差)** : 하늘과 땅 사이와 같이 엄청난 차이
- **천양현격(天壤懸隔)** : 하늘과 땅 사이 같이 아주 현격한 차이
- **봉래약수(蓬萊弱水)** : 봉래(蓬萊)와 약수(弱水)의 차이라는 뜻으로, 아주 큰 차이가 있음을 비유한 말
- **호리지차(毫釐之差)** : 아주 근소한 차이
- **촌목잠루(寸木岑樓)** : 촌목은 사방 한 치의 나무로 지극히 낮으며 식색(食色)을 이르는 말이고, 잠루는 산과 같이 높은 다락으로 예(禮)를 이르는 말로, 차이가 매우 심함을 비유하는 말

## 45 서울시 9급 기출

**유사한 의미로 사용할 수 있는 사자성어가 연결된 것으로 가장 옳은 것은?**

① 경국지색(傾國之色) – 경중미인(鏡中美人)
② 지록위마(指鹿爲馬) – 지란지화(芝蘭之化)
③ 목불식정(目不識丁) – 목불인견(目不忍見)
④ 폐의파관(敝衣破冠) – 폐포파립(敝袍破笠)

해설 폐의파관(敝衣破冠)과 폐포파립(敝袍破笠) 모두 해어진 옷과 부서진 갓이란 뜻으로, 초라한 차림새를 비유적으로 이르는 말이다.

① 경국지색(傾國之色) : 임금이 혹하여 나라가 기울어져도 모를 정도의 미인이라는 뜻으로, 뛰어나게 아름다운 미인을 이르는 말
경중미인(鏡中美人) : 거울에 비친 미인이라는 뜻으로, 실속 없는 일을 비유적으로 이르는 말
② 지록위마(指鹿爲馬) : 윗사람을 농락하여 권세를 마음대로 함을 이르거나 모순된 것을 끝까지 우겨서 남을 속이려는 짓을 비유적으로 이르는 말
지란지화(芝蘭之化) : 지초와 난초의 감화라는 뜻으로, 좋은 친구와 사귀면 자연히 그 아름다운 덕에 감화됨을 이르는 말
③ 목불식정(目不識丁) : 아주 간단한 글자인 '丁' 자를 보고도 그것이 '고무래'인 줄을 알지 못한다는 뜻으로, 아주 까막눈임을 이르는 말
목불인견(目不忍見) : 눈 앞에 벌어진 상황 따위를 눈 뜨고는 차마 볼 수 없음을 이르는 말

## 46 국가직 9급 기출

**글의 통일성을 고려할 때 ㉠에 들어갈 문장으로 가장 적절한 것은?**

> 기술 혁신의 상징으로 화려하게 등장한 이후 글로벌 아이콘이 됐던 소위 스마트폰이 그 진화의 한계에 봉착한 듯하다. 게다가 최근 들어 중국 업체들의 성장세가 만만치 않은 상황이 펼쳐지고 있다. 이런 가운데 오랜 기간 스마트폰 생산량의 수위를 지켜 왔던 기업들의 호시절도 끝난 분위기다. ( ㉠ )
>
> 그렇다면 스마트폰 이후 글로벌 주도 산업은 무엇일까. 첫손가락에 꼽히는 것은 페이스북, 아마존, 넷플릭스, 구글을 뜻하는 '팡(FANG)'이다. 모바일 퍼스트 시대에서 소프트웨어, 플랫폼 사업에 눈뜬 기업들이다. 이들은 지난해 매출과 순이익이 크게 늘었으며 주가도 폭등했다. 하지만 이들이라고 영속 불멸하지는 않을 것이다.

① 온 국민이 절치부심(切齒腐心)하여 반성하지 않으면 안 된다.
② 정보 기술 업계의 권불십년(權不十年)이라 하지 않을 수 없다.
③ 다른 나라의 기업들을 보고 아전인수(我田引水)해야 할 때다.
④ 글로벌 위기의 내우외환(內憂外患)에 국가 간 협력이 절실하다.

해설 제시된 글의 첫 문단은 기술 혁신의 상징으로 등장한 스마트폰의 호황이 끝나가고 있다는 내용이다. 두 번째 문단은 스마트폰 이후 글로벌 주도 산업으로 '팡(FANG)'이 떠오르고 있다는 내용을 언급하며, '하지만 이들이라고 영속 불멸하지는 않을 것이다.'라고 마무리하고 있다. 즉, 큰 성공을 거둔 스마트폰 산업이 영원하지 않은 것처럼, 팡 역시 영원하지는 않을 것이라는 말하고 있으므로 스마트폰의 호시절이 끝나간다는 내용 뒤에 들어갈 말로 적절한 것은 '정보 기술 업계의 권불십년(權不十年)이라 하지 않을 수 없다'이다.

① 절치부심(切齒腐心) : 몹시 분하여 이를 갈며 속을 썩임
③ 아전인수(我田引水) : 자기 논에 물 대기라는 뜻으로, 자기에게만 이롭게 되도록 생각하거나 행동함을 이르는 말
④ 내우외환(內憂外患) : 나라 안팎의 여러 가지 어려움



정답 43 ③ 44 ② 45 ④ 46 ②

## 47 국가직 9급 기출

**다음 글에서 '황거칠'이 처한 상황에 어울리는 한자 성어로 가장 적절한 것은?**

> 황거칠 씨는 더 참을 수가 없었다. 그는 거의 발작적으로 일어섰다.
>
> "이 개 같은 놈들아, 어쩌면 남이 먹는 식수까지 끊으려노?"
>
> 그는 미친 듯이 우르르 달려가서 한 인부의 괭이를 억지로 잡아서 저만큼 내동댕이쳤다. …(중략)…
>
> 경찰은 발포를–다행히 공포였지만–해서 겨우 군중을 해산시키고, 황거칠 씨와 청년 다섯 명을 연행해 갔다. 물론 강제집행도 일시 중단되었었다.
>
> 경찰에 끌려간 사람들은 밤에도 풀려나오지 못했다. 공무집행 방해에다, 산주의 권리행사 방해, 그리고 폭행죄까지 뒤집어쓰게 되었던 것이다. 그래서 그 이튿날도 풀려 나오질 못했다. 쌍말로 썩어 갔다.
>
> 황거칠 씨는 모든 죄를 자기가 안아맡아서 처리하려고 했다. 그러나 그것이 뜻대로 되지 않았다. 면회를 오는 가족들의 걱정스런 얼굴을 보자, 황거칠 씨는 가슴이 아팠다. 그는 만부득이 담당 경사의 타협안에 도장을 찍기로 했다. 석방의 조건으로서, 다시는 강제집행을 방해하지 않겠다는 각서였다.
>
> 이리하여 황거칠 씨는 애써 만든 산수도를 포기하게 되고 '마삿등'은 한때 도로 물 없는 지대가 되고 말았다.
>
> – 김정한, 「산거족」에서

① 同病相憐

② 束手無策

③ 自家撞着

④ 輾轉反側

**해설** 황거칠 씨는 사람들과 같이 산수도를 설치하다가 경찰에 연행된다. 산 주인의 권리 행사 및 폭행죄까지 뒤집어써서 황거칠 씨와 주민들이 풀려 나오지 못하는 가운데 가족들이 면회를 오게 되고, 결국 경찰과 타협하게 된다. 따라서 글과 어울리는 한자 성어는 '속수무책(束手無策)'이다.

① 동병상련(同病相憐) : 어려운 처지에 놓인 사람끼리 서로 가엾게 여김

③ 자가당착(自家撞着) : 같은 사람의 말 또는 행동이 앞뒤가 서로 맞지 아니함

④ 전전반측(輾轉反側) : 누워서 몸을 이리저리 뒤척이며 잠을 이루지 못함



정답 47 ②

나두공
"나두 공무원 할 수 있다"

# 구성 및 특징

## 핵심이론

시험에 출제되는 핵심 내용만을 모아 효율적인 학습이 가능하도록 구성하였습니다. 반드시 알아야 할 내용에 대한 충실한 이해와 체계적 정리가 가능합니다.

## 빈출개념

시험에서 자주 출제되는 개념들을 표시하여 중요한 부분을 한 눈에 들어올 수 있도록 하였습니다. 합격에 필요한 핵심이론을 깔끔하게 학습하시기 바랍니다.

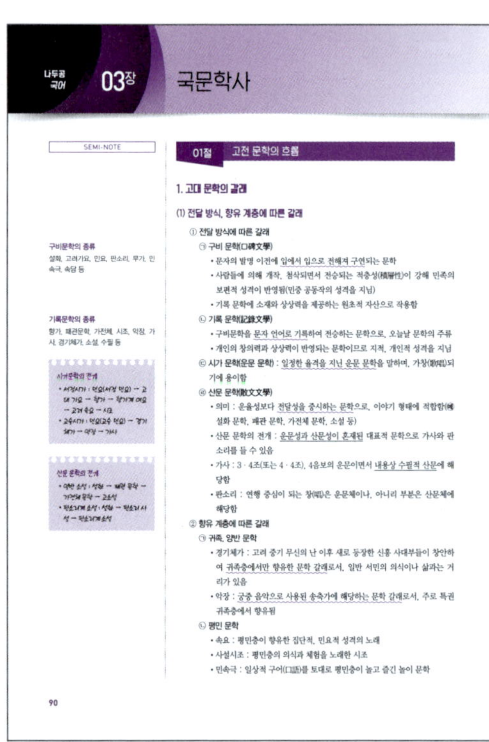

나두공 국어 03장 국문학사

SEMI-NOTE

01절 고전 문학의 흐름

1. 고대 문학의 갈래

(1) 전달 방식, 향유 계층에 따른 갈래

① 전달 방식에 따른 갈래

㉠ 구비 문학(口碑文學)

- 문자의 발명 이전에 입에서 입으로 전해져 구연되는 문학
- 사람들에 의해 개작, 첨삭되면서 전승되는 적층성(積層性)이 강해 민족의 보편적 성격이 반영됨(민중 공동작의 성격을 지님)
- 기록 문학에 소재와 상상력을 제공하는 원초적 자산으로 작용함

㉡ 기록 문학(記錄文學)

- 구비문학을 문자 언어로 기록하여 전승하는 문학으로, 오늘날 문학의 주류
- 개인의 창의력과 상상력이 반영되는 문학이므로 지적, 개인적 성격을 지님

㉢ 시가 문학(운문 문학) : 일정한 율격을 지닌 운문 문학을 말하며, 가창(歌唱)되기에 용이함

㉣ 산문 문학(散文文學)

- 의미 : 운율성보다 전달성을 중시하는 문학으로, 이야기 형태에 적합함(예 설화 문학, 패관 문학, 가전체 문학, 소설 등)
- 산문 문학의 전개 : 운문성과 산문성이 혼재된 대표적 문학으로 가사와 판소리를 들 수 있음
- 가사 : 3 · 4조(또는 4 · 4조), 4음보의 운문이면서 내용상 수필적 산문에 해당함
- 판소리 : 연행 중심이 되는 창(唱)은 운문체이나, 아니리 부분은 산문체에 해당함

② 향유 계층에 따른 갈래

㉠ 귀족, 양반 문학

- 경기체가 : 고려 중기 무신의 난 이후 새로 등장한 신흥 사대부들이 창안하여 귀족층에서만 향유한 문학 갈래로서, 일반 서민의 의식이나 삶과는 거리가 있음
- 악장 : 궁중 음악으로 사용된 송축가에 해당하는 문학 갈래로서, 주로 특권 귀족층에서 향유됨

㉡ 평민 문학

- 속요 : 평민층이 향유한 집단적, 민요적 성격의 노래
- 사설시조 : 평민층의 의식과 체험을 노래한 시조
- 민속극 : 일상적 구어(口語)를 토대로 평민층이 놀고 즐긴 놀이 문학

구비문학의 종류
설화, 고려가요, 민요, 판소리, 무가, 민속극, 속담 등

기록문학의 종류
향가, 패관문학, 가전체, 시조, 악장, 가사, 경기체가, 소설, 수필 등

시가문학의 전개
- 서정시가 : 민요(서정 민요) → 고대 가요 → 향가 → 향가계 여요 → 고려 속요 → 시조
- 교술시가 : 민요(교술 민요) → 경기체가 → 악장 → 가사

산문 문학의 전개
- 영웅 소설 : 설화 → 패관 문학 → 가전체 문학 → 고소설
- 판소리계 소설 : 설화 → 판소리 사설 → 판소리계 소설

90

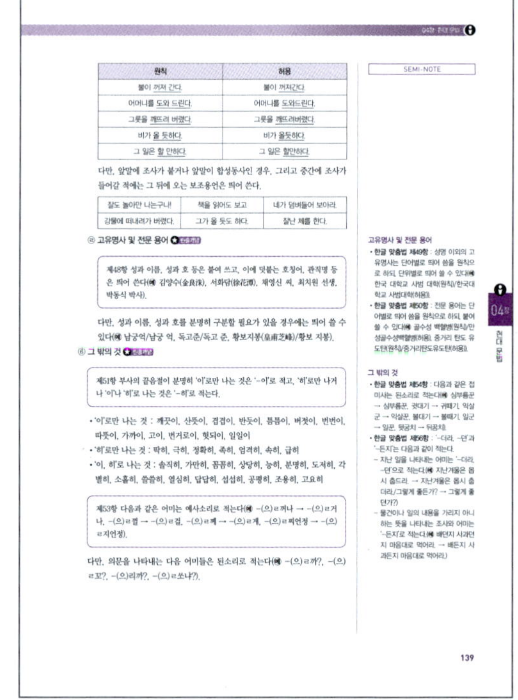

04장 현대 문법

| 원칙 | 허용 |
| --- | --- |
| 불이 꺼져 간다. | 불이 꺼져간다. |
| 어머니를 도와 드린다. | 어머니를 도와드린다. |
| 그릇을 깨뜨려 버렸다. | 그릇을 깨뜨려버렸다. |
| 비가 올 듯하다. | 비가 올듯하다. |
| 그 일은 할 만하다. | 그 일은 할만하다. |

다만, 앞말에 조사가 붙거나 앞말이 합성동사인 경우, 그리고 중간에 조사가 들어갈 적에는 그 뒤에 오는 보조용언은 띄어 쓴다.

| 잘도 놀아만 나는구나! | 책을 읽어도 보고 | 네가 덤벼들어 보아라. |
| --- | --- | --- |
| 강물에 떠내려가 버렸다. | 그가 올 듯도 하다. | 잘난 체를 한다. |

ⓐ 고유명사 및 전문 용어 빈출개념

제48항 성과 이름, 성과 호 등은 붙여 쓰고, 이에 덧붙는 호칭어, 관직명 등은 띄어 쓴다(예 김양수(金良洙), 서화담(徐花潭), 채영신 씨, 최치원 선생, 박동식 박사).

다만, 성과 이름, 성과 호를 분명히 구분할 필요가 있을 경우에는 띄어 쓸 수 있다(예 남궁억/남궁 억, 독고준/독고 준, 황보지봉(皇甫芝峰)/황보 지봉).

⑥ 그 밖의 것 빈출개념

제51항 부사의 끝음절이 분명히 '이'로만 나는 것은 '-이'로 적고, '히'로만 나거나 '이'나 '히'로 나는 것은 '-히'로 적는다.

- '이'로만 나는 것 : 깨끗이, 산뜻이, 겹겹이, 반듯이, 틈틈이, 버젓이, 번번이, 따뜻이, 가까이, 고이, 번거로이, 헛되이, 일일이
- '히'로만 나는 것 : 딱히, 극히, 정확히, 족히, 엄격히, 속히, 급히
- '이, 히'로 나는 것 : 솔직히, 가만히, 꼼꼼히, 상당히, 능히, 분명히, 도저히, 각별히, 소홀히, 쓸쓸히, 열심히, 답답히, 섭섭히, 공평히, 조용히, 고요히

제53항 다음과 같은 어미는 예사소리로 적는다(예 -(으)ㄹ꺼나 → -(으)ㄹ거나, -(으)ㄹ껄 → -(으)ㄹ걸, -(으)ㄹ께 → -(으)ㄹ게, -(으)ㄹ찌언정 → -(으)ㄹ지언정).

다만, 의문을 나타내는 다음 어미들은 된소리로 적는다(예 -(으)ㄹ까?, -(으)ㄹ꼬?, -(으)리까?, -(으)ㄹ쏘냐?).

SEMI-NOTE

고유명사 및 전문 용어
- 한글 맞춤법 제49항 : 성명 이외의 고유명사는 단어별로 띄어 씀을 원칙으로 하되, 단위별로 띄어 쓸 수 있다(예 한국 대학교 사범 대학(원칙)/한국대학교 사범대학(허용)).
- 한글 맞춤법 제50항 : 전문 용어는 단어별로 띄어 씀을 원칙으로 하되, 붙여 쓸 수 있다(예 골수성 백혈병(원칙)/만성골수성백혈병(허용), 중거리 탄도 유도탄(원칙)/중거리탄도유도탄(허용)).

그 밖의 것
- 한글 맞춤법 제54항 : 다음과 같은 접미사는 된소리로 적는다(예 심부름꾼 → 심부름꾼, 귓대기 → 귀때기, 익살군 → 익살꾼, 볼대기 → 볼때기, 일군 → 일꾼, 뒷굼치 → 뒤꿈치).
- 한글 맞춤법 제56항 : '-더라, -던'과 '-든지'는 다음과 같이 적는다.
  - 지난 일을 나타내는 어미는 '-더라, -던'으로 적는다.(예 지난겨울은 몹시 춥드라. → 지난겨울은 몹시 춥더라./그렇게 좋든가? → 그렇게 좋던가?)
  - 물건이나 일의 내용을 가리지 아니하는 뜻을 나타내는 조사와 어미는 '-든지'로 적는다.(예 배던지 사과던지 마음대로 먹어라. → 배든지 사과든지 마음대로 먹어라.)

04장 현대 문법

139

## 한눈에 쏙~

흐름이나 중요 개념들이 한눈에 쏙 들어올 수 있도록 도표로 정리하여 수록하였습니다. 한눈에 키워드와 흐름을 파악하여 수험에 도움이 되도록 하였습니다.

## 실력 up

더 알아두면 좋을 내용을 실력 up에 배치하고, 보조단에는 SEMI – NOTE를 배치하여 본문에 관련된 내용이나 중요한 개념들을 수록하였습니다.

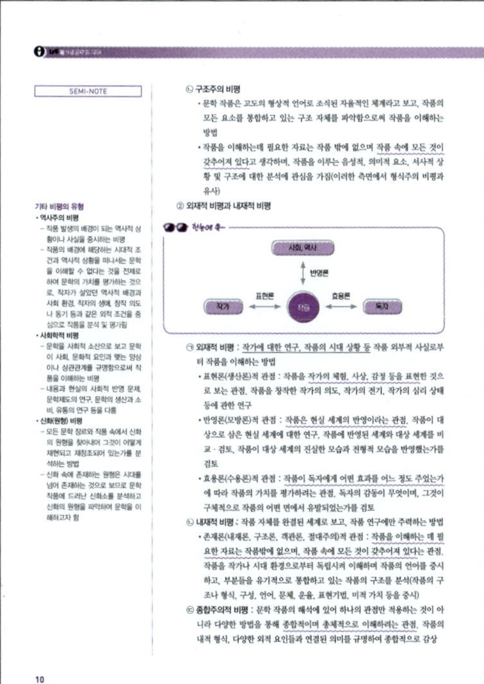

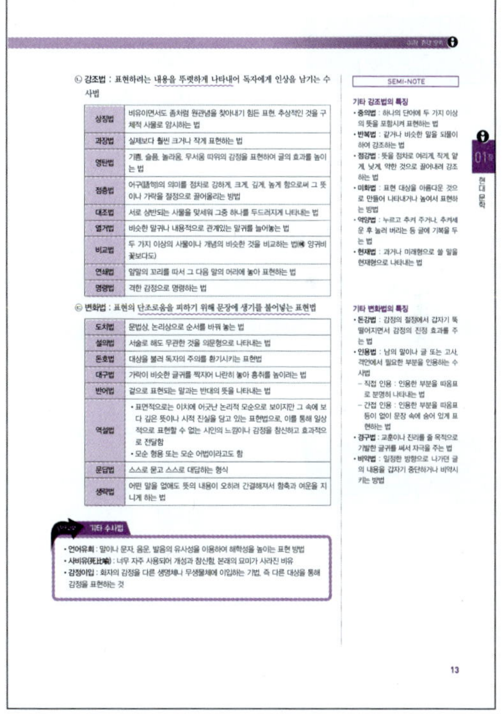

# 목 차

## 예시문제



## 01장



## 02장



## 03장

04장

현대 문법



05장

논리적인 말과 글



06장

어휘력

9급공무원

# 국어

나두공

나두공

# 2025 출제기조 전환대비 현장직무형 예시문제

제1회 예시문제

제2회 예시문제

# 제1차 국어

정답 및 해설 26p

**01** 〈공공언어 바로 쓰기 원칙〉에 따라 〈공문서〉의 ㉠~㉣을 수정한 것으로 적절하지 않은 것은?

〈공공언어 바로 쓰기 원칙〉

- 중복되는 표현을 삼갈 것.
- 대등한 것끼리 접속할 때는 구조가 같은 표현을 사용할 것.
- 주어와 서술어를 호응시킬 것.
- 필요한 문장 성분이 생략되지 않도록 할 것.

〈공문서〉

**한국의약품정보원**

**수신** 국립국어원
(경유)
**제목** 의약품 용어 표준화를 위한 자문회의 참석 ㉠ 안내 알림

1. ㉡ 표준적인 언어생활의 확립과 일상적인 국어 생활을 향상하기 위해 일하시는 귀원의 노고에 감사드립니다.
2. 본원은 국내 유일의 의약품 관련 비영리 재단법인으로서 의약품에 관한 ㉢ 표준 정보가 제공되고 있습니다.
3. 의약품의 표준 용어 체계를 구축하고 ㉣ 일반 국민도 알기 쉬운 표현으로 개선하여 안전한 의약품 사용 환경을 마련하기 위해 자문회의를 개최하니 귀원의 연구원이 참석해 주시기를 바랍니다.

① ㉠: 안내
② ㉡: 표준적인 언어생활을 확립하고 일상적인 국어 생활의 향상을 위해
③ ㉢: 표준 정보를 제공하고 있습니다.
④ ㉣: 의약품 용어를 일반 국민도 알기 쉬운 표현으로 개선하여

**02** 다음 글에서 추론한 내용으로 적절하지 않은 것은?

'밤하늘'은 '밤'과 '하늘'이 결합하여 한 단어를 이루고 있는데, 이처럼 어휘 의미를 띤 요소끼리 결합한 단어를 합성어라고 한다. 합성어는 분류 기준에 따라 여러 방식으로 나눌 수 있다. 합성어의 품사에 따라 합성명사, 합성형용사, 합성부사 등으로 나누기도 하고, 합성의 결치가 국어의 정상적인 단어 배열법을 따르는지의 여부에 따라 통사적 합성어와 비통사적 합성어로 나누기도 하고, 구성 요소 간의 의미 관계에 따라 대등합성어와 종속합성어로 나누기도 한다.

합성명사의 예를 보자. '강산'은 명사(강)+명사(산)로, '젊은이'는 용언의 관형사형(젊은)+명사(이)로, '덮밥'은 용언 어간(덮)+명사(밥)로 구성되어 있다. 명사끼리의 결합, 용언의 관형사형과 명사의 결합은 국어 문장 구성에서 흔히 나타나는 단어 배열법으로, 이들을 통사적 합성어라고 한다. 반면 용언 어간과 명사의 결합은 국어 문장 구성에 없는 단어 배열법인데 이런 유형은 비통사적 합성어에 속한다. '강산'은 두 성분 관계가 대

등한 관계를 이루는 대등합성어인데, '젊은이'나 '덮밥'은 앞 성분이 뒤 성분을 수식하는 종속합성어이다.

① 아버지의 형을 이르는 '큰아버지'는 종속합성어이다.
② '흰머리'는 용언 어간과 명사가 결합한 합성명사이다.
③ '늙은이'는 어휘 의미를 지닌 두 요소가 결합해 이루어진 단어이다.
④ 동사 '먹다'의 어간인 '먹'과 명사 '거리'가 결합한 '먹거리'는 비통사적 합성어이다.

**03** 다음 글의 ㉠의 사례가 포함되어 있지 않은 것은?

존경 표현에는 주어 명사구를 직접 존경하는 '직접존경'이 있고, 존경의 대상과 긴밀한 관련을 가지는 인물이나 사물 등을 높이는 ㉠ '간접존경'도 있다. 전자의 예로 "할머니는 직접 용돈을 마련하신다."를 들 수 있고, 후자의 예로는 "할머니는 용돈이 없으시다."를 들 수 있다. 전자에서 용돈을 마련하는 행위를 하는 주어는 할머니이므로 '마련한다'가 아닌 '마련하신다'로 존경 표현을 한 것이다. 후자에서는 용돈이 주어이지만 할머니와 긴밀한 관련을 가진 사물이라서 '없다'가 아니라 '없으시다'로 존경 표현을 한 것이다.

① 고모는 자식이 다섯이나 있으시다.
② 할머니는 다리가 아프셔서 병원에 다니신다.
③ 언니는 아버지가 너무 건강을 염려하신다고 말했다.
④ 할아버지는 젊었을 때부터 수염이 많으셨다고 들었다.

**04** 다음 글의 ㉠~㉢에 들어갈 말을 적절하게 나열한 것은?

소설과 현실의 관계를 온당하게 살피기 위해서는 세계의 현실성, 문제의 현실성, 해결의 현실성을 구별해야 한다. 우리가 살고 있는 이 입체적인 시공간에서 특히 의미 있는 한 부분을 도려내어 서사의 무대로 삼을 경우 세계의 현실성이 확보된다. 그 세계 안의 인간이 자신을 둘러싼 세계와 고투하면서 당대의 공론장에서 기꺼이 논의해볼 만한 의제를 산출해낼 때 문제의 현실성이 확보된다. 한 사회가 완강하게 구조화하고 있는 '가능한 것'과 '불가능한 것'의 좌표를 흔들면서 특정한 선택지를 제출할 때 해결의 현실성이 확보된다.

최인훈의 「광장」은 밀실과 광장 사이에서 고뇌하는 주인공의 모습을 통해 '남(南)이냐 북(北)이냐'라는 민감한 주제를 격화된 이념 대립의 공론장에 던짐으로써 [ ㉠ ]을 확보하였다. 작품의 시공간으로 당시 남한과 북한을 소설적 세계로 선택함으로써 동서 냉전 시대의 보편성과 한반도 분단 체제의 특수성을 동시에 포괄할 수 있는 [ ㉡ ]도 확보하였다. 「광장」에서 주인공이 남과 북 모두를 거부하고 자살을 선택하는 결말은 남북으로 상징되는 당대의 이원화된 이데올로기를 근저에서 흔들었다. 이로써 [ ㉢ ]을 확보할 수 있었다.

| | ㉠ | ㉡ | ㉢ |
|---|---|---|---|
| ① | 문제의 현실성 | 세계의 현실성 | 해결의 현실성 |
| ② | 문제의 현실성 | 해결의 현실성 | 세계의 현실성 |
| ③ | 세계의 현실성 | 문제의 현실성 | 해결의 현실성 |
| ④ | 세계의 현실성 | 해결의 현실성 | 문제의 현실성 |

**05** 다음 진술이 모두 참일 때 반드시 참인 것은?

- 오 주무관이 회의에 참석하면, 박 주무관도 참석한다.
- 박 주무관이 회의에 참석하면, 홍 주무관도 참석한다.
- 홍 주무관이 회의에 참석하지 않으면, 공 주무관도 참석하지 않는다.

① 공 주무관이 회의에 참석하면, 박 주무관도 참석한다.

② 오 주무관이 회의에 참석하면, 홍 주무관은 참석하지 않는다.

③ 박 주무관이 회의에 참석하지 않으면, 공 주무관은 참석한다.

④ 홍 주무관이 회의에 참석하지 않으면, 오 주무관도 참석하지 않는다.

**06** 다음 글을 이해한 내용으로 가장 적절한 것은?

이육사의 시에는 시인의 길과 투사의 길을 동시에 걸었던 작가의 면모가 고스란히 담겨 있다. 가령, 「절정」은 크게 두 부분으로 나누어지는데, 투사가 처한 냉엄한 현실적 조건이 3개의 연에 걸쳐 먼저 제시된 후, 시인이 품고 있는 인간과 역사에 대한 희망이 마지막 연에 제시된다.

우선, 투사 이육사가 처한 상황은 대단히 위태로워 보인다. 그는 "매운 계절의 채찍에 갈겨 / 마침내 북방으로 휩쓸려" 왔고, "서릿발 칼날진 그 위에 서" 바라본 세상은 "하늘도 그만 지쳐 끝난 고원"이어서 가냘픈 희망을 품는 것조차 불가능해 보인다. 이러한 상황은 "한발 제겨디딜 곳조차 없다"는 데에 이르러 극한에 도달하게 된다. 여기서 그는 더 이상 피할 수 없는 존재의 위기를 깨닫게 되는데, 이때 시인 이육사가 나서면서 시는 반전의 계기를 마련한다.

마지막 4연에서 시인은 3연까지 치달아 온 극한의 위기를 담담히 대면한 채, "이러매 눈 감아 생각해" 보면서 현실을 새롭게 규정한다. 여기서 눈을 감는 행위는 외면이나 도피가 아니라 피할 수 없는 현실적 조건을 새롭게 반성함으로써 현실의 진정한 면모와 마주하려는 적극적인 행위로 읽힌다. 이는 다음 행, "겨울은 강철로 된 무지갠가보다"라는 시구로 이어지면서 현실에 대한 새로운 성찰로 마무리된다. 이 마지막 구절은 인간과 역사에 대한 희망을 놓지 않으려는 시인의 안간힘으로 보인다.

① 「절정」에는 투사가 처한 극한의 상황이 뚜렷한 계절의 변화로 드러난다.

② 「절정」에서 시인은 투사가 처한 현실적 조건을 외면하지 않고 새롭게 인식한다.

③ 「절정」은 시의 구성이 두 부분으로 나누어지면서 투사와 시인이 반목과 화해를 거듭한다.

④ 「절정」에는 냉엄한 현실에 절망하는 시인의 면모와 인간과 역사에 대한 희망을 놓지 않으려는 투사의 면모가 동시에 담겨 있다.

**07** (가)~(라)를 맥락에 맞추어 가장 적절하게 나열한 것은?

(가) 다음으로 시청자의 마음을 사로잡을 수 있는 참신한 인물을 창조해야 한다. 특히 주인공은 장애를 만나 새로운 목표를 만들고, 그것을 이루는 과정에서 최종적으로 영웅이 된다. 시청자는 주인공이 목표를 이루는 데 적합한 인물로 변화를 거듭할 때 그에게 매료된다.
(나) 스토리텔링 전략에서 제일 먼저 해야 할 일이 로그라인을 만드는 것이다. 로그라인은 '장애, 목표, 변화, 영웅'이라는 네 가지 요소를 담아야 하며, 3분 이내로 압축적이어야 한다. 이를 통해 스토리의 목적과 방향이 마련된다.
(다) 이 같은 인물 창조의 과정에서 스토리의 주제가 만들어진다. '사랑과 소속감, 안전과 안정, 자유와 자발성, 권력과 책임, 즐거움과 재미, 인식과 이해'는 수천 년 동안 성별, 나이, 문화를 초월하여 두루 통용된 주제이다.
(라) 시청자가 드라마나 영화에 대해 시청 여부를 결정하는 데 걸리는 시간은 8초에 불과하다. 제작자는 이 짧은 시간 안에 시청자를 사로잡을 수 있는 스토리텔링 전략이 필요하다.

① (나)-(가)-(라)-(다)
② (나)-(다)-(가)-(라)
③ (라)-(나)-(가)-(다)
④ (라)-(나)-(다)-(가)

**08** 〈지침〉에 따라 〈개요〉를 작성할 때 ㉠ ~ ㉣에 들어갈 내용으로 적절하지 않은 것은?

〈지 침〉

- 서론은 중심 소재의 개념 정의와 문제 제기를 1개의 장으로 작성할 것.
- 본론은 제목에서 밝힌 내용을 2개의 장으로 구성하되 각 장의 하위 항목끼리 대응되도록 작성할 것.
- 결론은 기대 효과와 향후 과제를 1개의 장으로 작성할 것.

〈개 요〉

- 제목: 복지 사각지대의 발생 원인과 해소 방안

Ⅰ. 서론
1. 복지 사각지대의 정의
2. [ ㉠ ]

Ⅱ. 복지 사각지대의 발생 원인
1. [ ㉡ ]
2. 사회복지 담당 공무원의 인력 부족

Ⅲ. 복지 사각지대의 해소 방안
1. 사회적 변화를 반영하여 기존 복지 제도의 미비점 보완
2. [ ㉢ ]

Ⅳ. 결론
1. [ ㉣ ]
2. 복지 사각지대의 근본적이고 지속가능한 해소 방안 마련

① ㉠: 복지 사각지대의 발생에 따른 사회 문제의 증가
② ㉡: 사회적 변화를 반영하지 못한 기존 복지 제도의 한계
③ ㉢: 사회복지 업무 경감을 통한 공무원 직무 만족도 증대
④ ㉣: 복지 혜택의 범위 확장을 통한 사회 안전망 강화

**09** 다음 글의 빈칸에 들어갈 결론으로 가장 적절한 것은?

> 신경과학자 아이젠버거는 참가자들을 모집하여 실험을 진행하였다. 이 실험에서 그의 연구팀은 실험 참가자의 뇌를 'fMRI' 기계를 이용해 촬영하였다. 뇌의 어떤 부위가 활성화되는가를 촬영하여 실험 참가자가 어떤 심리적 상태인가를 파악하려는 것이었다. 아이젠버거는 각 참가자에게 그가 세 사람으로 구성된 그룹의 일원이 될 것이고, 온라인에 각각 접속하여 서로 공을 주고받는 게임을 하게 될 것이라고 알려주었다. 그런데 이 실험에서 각 그룹의 구성원 중 실제 참가자는 한 명뿐이었고 나머지 둘은 컴퓨터 프로그램이었다. 실험이 시작되면 처음 몇 분 동안 셋이 사이좋게 순서대로 공을 주고받지만, 어느 순간부터 실험 참가자는 공을 받지 못한다. 실험 참가자를 제외한 나머지 둘은 계속 공을 주고받기 때문에, 실험 참가자는 나머지 두 사람이 아무런 설명 없이 자신을 따돌린다고 느끼게 된다. 연구팀은 실험 참가자가 따돌림을 당할 때 그의 뇌에서 전두엽의 전대상피질 부위가 활성화된다는 것을 확인했다. 이는 인간이 물리적 폭력을 당할 때 활성화되는 뇌의 부위이다. 연구팀은 이로부터 ☐는 결론을 내릴 수 있었다.

① 물리적 폭력은 뇌 전두엽의 전대상피질 부위를 활성화한다

② 물리적 폭력은 피해자의 개인적 경험을 사회적 문제로 전환한다

③ 따돌림은 피해자에게 물리적 폭력보다 더 심각한 부정적 영향을 미친다

④ 따돌림을 당할 때와 물리적 폭력을 당할 때의 심리적 상태는 서로 다르지 않다

**[10～11] 다음 글을 읽고 물음에 답하시오.**

> '크로노토프'는 그리스어로 시간과 공간을 뜻하는 두 단어를 결합한 것으로, 시공간을 통합적으로 이해하기 위한 개념이다. 크로노토프의 관점에서 보면 고소설과 근대소설의 차이를 명확하게 파악할 수 있다.
>
> 고소설에는 돌아가야 할 곳으로서의 원점이 존재한다. 그것은 영웅소설에서라면 중세의 인륜이 원형대로 보존된 세계이고, 가정소설에서라면 가장을 중심으로 가족 구성원들이 평화롭게 공존하는 가정이다. 고소설에서 주인공은 적대자에 의해 원점에서 분리되어 고난을 겪는다. 그들의 목표는 상실한 원점을 회복하는 것, 즉 그곳에서 향유했던 이상적 상태로 ㉠ <u>돌아가는</u> 것이다. 주인공과 적대자 사이의 갈등이 전개되는 시간을 서사적 현재라 한다면, 주인공이 도달해야 할 종결점은 새로운 미래가 아니라 다시 도래할 과거로서의 미래이다. 이러한 시공간의 배열을 '회귀의 크로노토프'라고 한다.
>
> 근대소설 「무정」은 회귀의 크로노토프를 부정한다. 이것은 주인공인 이형식과 박영채의 시간 경험을 통해 확인된다. 형식은 고아지만 이상적인 고향의 기억을 갖고 있다. 그것은 박 진사의 집에서 영채와 함께하던 때의 기억이다. 이는 영채도 마찬가지기에, 그들에게 박 진사의 집으로 표상되는 유년의 과거는 이상적 원점의 구실을 한다. 박 진사의 죽음은 그들에게 고향의 상실을 상징한다. 두 사람의 결합이 이상적 상태의 고향을 회복할 수 있는 유일한 방법이겠지만, 그들은 끝내 결합하지 못한다. 형식은 새 시대의 새 인물이 되어야 한다고 생각하며 과거로의 복귀를 거부한다.

**10** 윗글에서 추론한 내용으로 가장 적절한 것은?

① 「무정」과 고소설은 회귀의 크로노토프를 부정한다는 점에서 공통적이다.
② 영웅소설의 주인공과 「무정」의 이형식은 그들의 이상적 원점을 상실했다는 공통점을 가지고 있다.
③ 「무정」에서 이형식이 박영채와 결합했다면 새로운 미래로서의 종결점에 도달할 수 있었을 것이다.
④ 가정소설은 가족 구성원들이 평화롭게 공존하는 결말을 통해 상실했던 원점으로의 복귀를 거부한다.

**11** 문맥상 ㉠의 의미와 가장 가까운 것은?

① 전쟁은 연합군의 승리로 돌아갔다.
② 사과가 한 사람 앞에 두 개씩 돌아간다.
③ 그는 잃어버린 동심으로 돌아가고 싶었다.
④ 그녀는 자금이 잘 돌아가지 않는다며 걱정했다.

**12** (가)와 (나)를 전제로 할 때 빈칸에 들어갈 결론으로 가장 적절한 것은?

(가) 노인복지 문제에 관심이 있는 사람 중 일부는 일자리 문제에 관심이 있는 사람이 아니다.
(나) 공직에 관심이 있는 사람은 모두 일자리 문제에 관심이 있는 사람이다.
따라서 [　　　　　　　　　　].

① 노인복지 문제에 관심이 있는 사람 중 일부는 공직에 관심이 있는 사람이 아니다
② 공직에 관심이 있는 사람 중 일부는 노인복지 문제에 관심이 있는 사람이 아니다
③ 공직에 관심이 있는 사람은 모두 노인복지 문제에 관심이 있는 사람이 아니다
④ 일자리 문제에 관심이 있지만 노인복지 문제에 관심이 없는 사람은 모두 공직에 관심이 있는 사람이 아니다

**13** 다음 글의 ㉠~㉣ 중 어색한 곳을 찾아 가장 적절하게 수정한 것은?

수명을 늘릴 수 있는 여러 방법 중 가장 좋은 방법은 노화 문제를 해결하는 것이다. 이 방법은 인간이 젊고 건강한 상태로 수명을 연장할 수 있다는 점에서 ㉠ 늙고 병든 상태에서 단순히 죽음의 시간을 지연시킨다는 기존 발상과 근본적으로 다르다. ㉡ 노화가 진행된 상태를 진행되기 전의 상태로 되돌린다거나 노화가 시작되기 전에 노화를 막는 장치가 개발된다면, 젊음을 유지한 채 수명을 늘리는 것은 충분히 가능하다.

그러나 노화 문제와 관련된 현재까지의 연구는 초라하다. 이는 대부분 연구가 신약 개발의 방식으로만 진행되어 왔기 때문이다. 현재 기준에서는 질병 치료를 목적으로 개발한 신약만 승인받을 수 있는데, 식품의약국이 노화를 ㉢ 질병으로 본 탓에 노화를 멈추는 약은 승인받을 수 없었다. 노화를 질병으로 보더라도 해당 약들이 상용화되기까지는 아주 오랜 시간이 필요하다.

그런데 노화 문제는 발전을 거듭하고 있는 인공지능 덕분에 신약 개발과는 다른 방식으로 극복될 수 있을지 모른다. 일반 사람들에 비해 ㉣ 노화가 더디게 진행되는 사람들

의 유전자 자료를 데이터화하면 그들에게서 노화를 지연시키는 생리적 특징을 추출할 수 있는데, 이를 통해 유전자를 조작하는 방식으로 노화를 막을 수 있다.

① ㉠: 늙고 병든 상태에서 담담히 죽음의 시간을 기다린다

② ㉡: 노화가 진행되기 전의 신체를 노화가 진행된 신체

③ ㉢: 질병으로 보지 않은 탓에 노화를 멈추는 약은 승인받을 수 없었다

④ ㉣: 노화가 더디게 진행되는 사람들의 유전자 자료를 데이터화하면 그들에게서 노화를 촉진

**14** **㉠을 평가한 내용으로 적절한 것만을 〈보기〉에서 모두 고르면?**

흔히 '일곱 빛깔 무지개'라는 말을 한다. 서로 다른 빛깔의 띠 일곱 개가 무지개를 이루고 있다는 뜻이다. 영어나 프랑스어를 비롯해 다른 자연언어들에도 이와 똑같은 표현이 있는데, 이는 해당 자연언어가 무지개의 색상에 대응하는 색채 어휘를 일곱 개씩 지녔기 때문이라고 할 수 있다.

언어학자 사피어와 그의 제자 워프는 여기서 어떤 영감을 얻었다. 그들은 서로 다른 언어를 쓰는 아메리카 원주민들에게 무지개의 띠가 몇 개냐고 물었다. 대답은 제각각 달랐다. 사피어와 워프는 이 설문 결과에 기대어, 사람들은 자신의 언어에 얽매인 채 세계를 경험한다고 판단했다. 이 판단으로부터, "우리는 모국어가 그어놓은 선에 따라 자연세계를 분단한다."라는 유명한 발언이 나왔다. 이에 따르면 특정 현상과 관련한 단어가 많을수록 해당 언어권의 화자들은 그 현상에 대해 심도 있게 경험하는 것이다. 언어가 의식을, 사고와 세계관을 결정한다는 이 견해는 ㉠ 사피어–워프 가설이라 불리며 언어학과 인지과학의 논란거리가 되어왔다.

〈보기〉

ㄱ. 눈[雪]을 가리키는 단어를 4개 지니고 있는 이누이트족이 1개 지니고 있는 영어 화자들보다 눈을 넓고 섬세하게 경험한다는 것은 ㉠을 강화한다.

ㄴ. 수를 세는 단어가 '하나', '둘', '많다' 3개뿐인 피라하족의 사람들이 세 개 이상의 대상을 모두 '많다'고 인식하는 것은 ㉠을 강화한다.

ㄷ. 색채 어휘가 적은 자연언어 화자들이 색채 어휘가 많은 자연언어 화자들에 비해 색채를 구별하는 능력이 뛰어나다는 것은 ㉠을 약화한다.

① ㄱ　　② ㄱ, ㄴ

③ ㄴ, ㄷ　　④ ㄱ, ㄴ, ㄷ

**[15～16] 다음 글을 읽고 물음에 답하시오.**

한국 신화에 보이는 신과 인간의 관계는 다른 나라의 신화와 ㉠ 견주어 볼 때 흥미롭다. 한국 신화에서 신은 인간과의 결합을 통해 결핍을 해소함으로써 완전한 존재가 되고, 인간은 신과의 결합을 통해 혼자 할 수 없었던 존재론적 상승을 이룬다.

한국 건국신화에서 주인공인 신은 지상에 내려와 왕이 되고자 한다. 천상적 존재가 지상적 존재가 되기를 ㉡ 바라는 것인데, 인간들의 왕이 된 신은 인간 여성과의 결합을 통해 자식을 낳음으로써 결핍을 메운다. 무속신화에서는 인간이었던 주인공이 신과의 결합을 통해 신적 존재로 ㉢ 거듭나게 됨으로써 존재론적으로 상승하게 된다. 이처럼 한국 신

화에서 신과 인간은 서로의 존재를 필요로 한다는 점에서 상호의존적이고 호혜적이다.

다른 나라의 신화들은 신과 인간의 관계가 한국 신화와 달리 위계적이고 종속적이다. 히브리 신화에서 피조물인 인간은 자신을 창조한 유일신에 대해 원초적 부채감을 지니고 있으며, 신이 지상의 모든 일을 관장한다는 점에서 언제나 인간의 우위에 있다. 이러한 양상은 북유럽이나 바빌로니아 등에 ㉣ 퍼져 있는 신체 화생 신화에도 유사하게 나타난다. 신체 화생 신화는 신이 죽음을 맞게 된 후 그 신체가 해체되면서 인간 세계가 만들어지게 된다는 것인데, 신의 희생 덕분에 인간 세계가 만들어질 수 있었다는 점에서 인간은 신에게 철저히 종속되어 있다.

**15 윗글을 이해한 내용으로 적절하지 않은 것은?**

① 히브리 신화에서 신과 인간의 관계는 위계적이다.

② 한국 무속신화에서 신은 인간을 위해 지상에 내려와 왕이 된다.

③ 한국 건국신화에서 신은 인간과의 결합을 통해 완전한 존재가 된다.

④ 한국 신화에 보이는 신과 인간의 관계는 신체 화생 신화에 보이는 신과 인간의 관계와 다르다.

**16 ㉠~㉣과 바꿔 쓸 수 있는 유사한 표현으로 적절하지 않은 것은?**

① ㉠: 비교해

② ㉡: 희망하는

③ ㉢: 복귀하게

④ ㉣: 분포되어

**17 다음 대화를 분석한 내용으로 가장 적절한 것은?**

갑: 전염병이 창궐했을 때 마스크를 착용하는 것은 당연한 일인데, 그것을 거부하는 사람이 있다니 도대체 이해가 안 돼.

을: 마스크 착용을 거부하는 사람들을 무조건 비난하지 말고 먼저 왜 그러는지 정확하게 이유를 파악하는 것이 필요해.

병: 그 사람들은 개인의 자유가 가장 존중받아야 하는 기본권이라고 생각하기 때문일 거야.

갑: 개인의 자유로운 선택이 타인의 생명을 위협한다면 기본권이라 하더라도 제한하는 것이 보편적 상식 아닐까?

병: 맞아. 개인이 모여 공동체를 이루는데 나의 자유만을 고집하면 결국 사회는 극단적 이기주의에 빠져 붕괴하고 말 거야.

을: 마스크를 쓰지 않는 행위를 윤리적 차원에서만 접근하지 말고, 문화적 차원에서도 고려할 필요가 있어. 어떤 사회에서는 얼굴을 가리는 것이 범죄자의 징표로 인식되기도 해.

① 화제에 대해 남들과 다른 측면에서 탐색하는 사람이 있다.

② 자신의 의견이 반박되자 질문을 던져 화제를 전환하는 사람이 있다.

③ 대화가 진행되면서 논점에 대한 찬반 입장이 바뀌는 사람이 있다.

④ 사례의 공통점을 종합하여 자신의 주장을 강화하는 사람이 있다.

**[18~19] 다음 글을 읽고 물음에 답하시오.**

영국의 유명한 원형 석조물인 스톤헨지는 기원전 3,000년경 신석기시대에 세워졌다. 1960년대에 천문학자 호일이 스톤헨지가 일종의 연산장치라는 주장을 하였고, 이후 엔지니어인 톰은 태양과 달을 관찰하기 위한 정교한 기구라고 확신했다. 천문학자 호킨스는 스톤헨지의 모양이 태양과 달의 배열을 나타낸 것이라는 의견을 제시해 관심을 모았다.

그러나 고고학자 앳킨슨은 ㉠ 그들의 생각을 비난했다. 앳킨슨은 스톤헨지를 세운 사람들을 '야만인'으로 묘사하면서, ㉡ 이들은 호킨스의 주장과 달리 과학적 사고를 할 줄 모른다고 주장했다. 이에 호킨스를 옹호하는 학자들이 진화적 관점에서 앳킨슨을 비판하였다. ㉢ 이들은 신석기시대보다 훨씬 이전인 4만 년 전의 사람들도 신체적으로 우리와 동일했으며 지능 또한 우리보다 열등했다고 볼 근거가 없다고 주장했다.

하지만 스톤헨지의 건설자들이 포괄적인 의미에서 현대인과 같은 지능을 가졌다고 해도 과학적 사고와 기술적 지식을 가지지는 못했다. ㉣ 그들에게는 우리처럼 2,500년에 걸쳐 수학과 천문학의 지식이 보존되고 세대를 거쳐 전승되어 쌓인 방대하고 정교한 문자 기록이 없었다. 선사시대의 생각과 행동이 우리와 똑같은 식으로 전개되지 않았으리라는 점은 매우 중요하다. 지적 능력을 갖췄다고 해서 누구나 우리와 같은 동기와 관심, 개념적 틀을 가졌으리라고 생각하는 것은 잘못이다.

**18** 윗글에 대해 평가한 내용으로 가장 적절한 것은?

① 스톤헨지가 제사를 지내는 장소였다는 후대 기록이 발견되면 호킨스의 주장은 강화될 것이다.

② 스톤헨지 건설 당시의 사람들이 숫자를 사용하였다는 증거가 발견되면 호일의 주장은 약화될 것이다.

③ 스톤헨지의 유적지에서 수학과 과학에 관련된 신석기시대 기록물이 발견되면 글쓴이의 주장은 강화될 것이다.

④ 기원전 3,000년경 인류에게 천문학 지식이 있었다는 증거가 발견되면 앳킨슨의 주장은 약화될 것이다.

**19** 문맥상 ㉠~㉣ 중 지시 대상이 같은 것만으로 묶인 것은?

① ㉠, ㉢

② ㉡, ㉣

③ ㉠, ㉡, ㉢

④ ㉠, ㉡, ㉣

**20** 다음 글의 밑줄 친 결론을 이끌어내기 위해 추가해야 할 것은?

문학을 좋아하는 사람은 모두 자연의 아름다움을 좋아하는 사람이다. 자연의 아름다움을 좋아하는 어떤 사람은 예술을 좋아하는 사람이다. 따라서 <u>예술을 좋아하는 어떤 사람은 문학을 좋아하는 사람이다.</u>

① 자연의 아름다움을 좋아하는 사람은 모두 문학을 좋아하는 사람이다.

② 문학을 좋아하는 어떤 사람은 자연의 아름다움을 좋아하는 사람이다.

③ 예술을 좋아하는 어떤 사람은 자연의 아름다움을 좋아하는 사람이다.

④ 예술을 좋아하지만 문학을 좋아하지 않는 사람은 모두 자연의 아름다움을 좋아하는 사람이다.

제2차

# 국 어

정답 및 해설 32p

**01** 〈공공언어 바로 쓰기 원칙〉에 따라 수정한 것으로 적절하지 않은 것은?

〈공공언어 바로 쓰기 원칙〉

- 주어와 서술어의 호응
  - ㉠ 능동과 피동의 관계를 정확하게 사용함.
- 여러 뜻으로 해석되는 표현 삼가기
  - ㉡ 중의적인 문장을 사용하지 않음.
- 명료한 수식어구 사용
  - ㉢ 수식어와 피수식어의 관계를 분명하게 표현함.
- 대등한 구조를 보여 주는 표현 사용
  - ㉣ '-고', '와/과' 등으로 접속될 때에는 대등한 관계를 사용함.

① "이번 총선에서 국회의원 OOO명을 선출되었다."를 ㉠에 따라 "이번 총선에서 국회의원 OOO명이 선출되었다."로 수정한다.

② "시장은 시민의 안전에 관하여 건설업계 관계자들과 논의하였다."를 ㉡에 따라 "시장은 건설업계 관계자들과 시민의 안전에 관하여 논의하였다."로 수정한다.

③ "5킬로그램 정도의 금 보관함"을 ㉢에 따라 "금 5킬로그램 정도를 담은 보관함"으로 수정한다.

④ "음식물의 신선도 유지와 부패를 방지해야 한다."를 ㉣에 따라 "음식물의 신선도를 유지하고, 부패를 방지해야 한다."로 수정한다.

**02** 다음 글을 이해한 내용으로 적절하지 않은 것은?

조선시대 기록을 보면 오늘날 급성전염병에 속하는 병들의 다양한 명칭을 확인할 수 있는데, 전염성, 고통의 정도, 질병의 원인, 몸에 나타난 증상 등 작명의 과정에서 주목한 바는 각기 달랐다.

예를 들어, '역병(疫病)'은 사람이 고된 일을 치르듯[役] 병에 걸려 매우 고통스러운 상태를 말한다. '여역(厲疫)'이란 말은 힘들다[疫]는 뜻에다가 사납다[厲]는 의미가 더해져 있다. 현재의 성홍열로 추정되는 '당독역(唐毒疫)'은 오랑캐처럼 사납고[唐], 독을 먹은 듯 고통스럽다[毒]는 의미가 들어가 있다. '염병(染病)'은 전염성에 주목한 이름이고, 마찬가지로 '윤행괴질(輪行怪疾)' 역시 수레가 여기저기 옮겨 다니듯 한다는 뜻으로 질병의 전염성을 크게 강조한 이름이다.

'시기병(時氣病)'이란 특정 시기의 좋지 못한 기운으로 인해 생기는 전염병을 말하는데, 질병의 원인으로 나쁜 대기를 들고 있는 것이다. '온역(溫疫)'에 들어 있는 '온(溫)'은 이 병을 일으키는 계절적 원인을 가리킨다. 이밖에 '두창(痘瘡)'이나 '마진(痲疹)' 따위의 병명은 피부에 발진이 생기고 그 모양이 콩 또는 삼씨 모양인 것을 강조한 말이다.

① '온역'은 질병의 원인에 주목하여 붙여진 이름이다.

② '역병'은 질병의 전염성에 주목하여 붙여진 이름이다.

③ '당독역'은 질병의 고통스러운 정도에 주목하여 붙여진 이름이다.

④ '마진'은 질병으로 인해 몸에 나타난 증상에 주목하여 붙여진 이름이다.

**03** 다음 글의 중심 내용으로 가장 적절한 것은?

> 플라톤의 『국가』에는 사람들이 살아가면서 가장 중요하게 생각하는 두 가지 요소에 대한 언급이 있다. 우리가 만약 이것들을 제대로 통제하고 조절할 수 있다면 좋은 삶을 살 수 있다고 플라톤은 말하고 있다. 하나는 대다수가 갖고 싶어하는 재물이며, 다른 하나는 대다수가 위험하게 생각하는 성적 욕망이다. 소크라테스는 당시 성공적인 삶을 살고 있다고 사람들에게 잘 알려진 케팔로스에게, 사람들이 좋아하는 재물이 많아서 좋은 점과 사람들이 싫어하는 나이가 많아서 좋은 점은 무엇인지를 물었다. 플라톤은 이 대화를 통해 우리가 어떻게 좋은 삶을 살 수 있는지를 보여준다.
>
> 케팔로스는 재물이 많으면 남을 속이거나 거짓말하지 않을 수 있어서 좋고, 나이가 많으면 성적 욕망을 쉽게 통제할 수 있어서 좋다고 말한다. 물론 재물이 적다고 남을 속이거나 거짓말을 하는 것은 아니며, 나이가 적다고 해서 성적 욕망을 쉽게 통제할 수 없는 것은 아니다. 그렇지만 누구나 살아가면서 이것들로 인해 힘들어하고 괴로워하는 경우가 많다는 것은 분명하다. 삶을 살아가면서 돈에 대한 욕망이나 성적 욕망만이라도 잘 다스릴 수 있다면 낭패를 당하거나 망신을 당할 일이 거의 없을 것이다. 인간에 대한 플라톤의 통찰력과 삶에 대한 지혜는 현재에도 여전히 유효하다.

① 재물욕과 성욕은 과거나 지금이나 가장 강한 욕망이다.

② 재물이 많으면서 나이가 많은 자가 좋은 삶을 살 수 있다.

③ 성공적인 삶을 살려면 재물욕과 성욕을 잘 다스려야 한다.

④ 잘 살기 위해서는 살면서 가장 중요한 것이 무엇인지 알아야 한다.

**04** 다음 글의 ㉠~㉣ 중 어색한 곳을 찾아 가장 적절하게 수정한 것은?

> 언어는 랑그와 파롤로 구분할 수 있다. 랑그는 머릿속에 내재되어 있는 추상적인 언어의 모습으로, 특정한 언어공동체가 공유하고 있는 기호체계를 가리킨다. 반면에 파롤은 구체적인 언어의 모습으로, 의사소통을 위해 랑그를 사용하는 개인적인 행위를 의미한다.
>
> 언어학자들은 흔히 ㉠ <u>랑그를 악보에 비유하고, 파롤을 실제 연주에 비유하곤</u> 하는데, 악보는 고정되어 있지만 실제 연주는 그 고정된 악보를 연주하는 사람에 따라 달라지기 마련이다. 그러니까 ㉡ <u>랑그는 여러 상황에도 불구하고 변하지 않고 기본을 이루는 언어의 본질적인 모습</u>에 해당한다. 한편 '책상'이라는 단어를 발음할 때 사람마다 발음되는 소리는 다르기 때문에 '책상'에 대한 발음은 제각각일 수밖에 없다. 여기서 ㉢ <u>실제로 발음되는 제각각의 소리값이 파롤</u>이다.
>
> 랑그와 파롤 개념과 비슷한 것으로 언어능력과 언어수행이 있다. 자기 모국어에 대해 사람들이 내재적으로 가지고 있는 지식이 언어능력이고, 사람들이 실제로 발화하는 행위가 언어수행이다. ㉣ <u>파롤이 언어능력에 대응한다면, 랑그는 언어수행에 대응</u>한다.

① ㉠: 랑그를 실제 연주에 비유하고, 파롤을 악보에 비유하곤

② ㉡: 랑그는 여러 상황에 맞춰 변화하는 언어의 본질적인 모습

③ ㉢: 실제로 발음되는 제각각의 소리값이 랑그

④ ㉣: 랑그가 언어능력에 대응한다면, 파롤은 언어수행에 대응

## 05 다음 글의 핵심 논지로 가장 적절한 것은?

판타지와 SF의 차별성은 '낯섦'과 '이미 알고 있는 것'이라는 기준을 통해 드러난다. 이 둘은 일반적으로 상반된 의미를 갖는다. 이미 알고 있는 것은 낯설지 않고, 낯선 것은 새로운 것을 의미하기 때문이다.

판타지와 SF에는 모두 새롭고 낯선 것이 등장하는데, 비근한 예가 현실에 존재하지 않는 괴물의 출현이다. 판타지에서 낯선 괴물이 나오면 사람들은 '저게 뭐지?'하면서도 그 낯섦을 그대로 받아들인다. 그렇기에 등장인물과 독자 모두 그 괴물을 원래부터 존재했던 것으로 받아들이고, 괴물은 등장하자마자 세계의 일부가 된다. 결국 판타지에서는 이미 알고 있는 것보다 새로운 것이 더 중요한 의미를 갖는다. 이와 달리 SF에서는 '그런 괴물이 어떻게 존재할 수 있지?'라고 의심하고 물어야 한다. SF에서는 인물과 독자들이 작가의 경험적 환경을 공유하기 때문에 괴물은 절대로 자연스럽지 않다. 괴물의 낯섦에 대한 질문은 괴물이 존재하는 세계에 대한 지식, 세계관, 나아가 정체성의 문제로 확장된다. 이처럼 SF에서는 어떤 새로운 것이 등장했을 때 그 낯섦을 인정하면서도 동시에 그것을 자신이 이미 알고 있던 인식의 틀로 끌어들여 재조정하는 과정이 요구된다.

① 판타지와 SF는 모두 새로운 것에 의해 알고 있는 것이 바뀌는 장르이다.
② 판타지와 SF는 모두 알고 있는 것과 새로운 것을 그대로 인정하고 둘 사이의 재조정이 필요한 장르이다.
③ 판타지는 새로운 것보다 알고 있는 것이 더 중요하고, SF는 알고 있는 것보다 새로운 것이 더 중요한 장르이다.
④ 판타지는 알고 있는 것보다 새로운 것이 더 중요하고, SF는 알고 있는 것과 새로운 것 사이의 재조정이 필요한 장르이다.

## 06 다음 빈칸에 들어갈 말로 가장 적절한 것은?

로빈후드는 14세기 후반인 1377년경에 인기를 끈 작품 〈농부 피어즈〉에 최초로 등장한다. 로빈후드 이야기는 주로 숲을 배경으로 전개된다. 숲에 사는 로빈후드 무리는 사슴고기를 중요시하는데 당시 숲은 왕의 영지였고 사슴 밀렵은 범죄였다. 왕의 영지에 있는 사슴에 대한 밀렵을 금지하는 법은 11세기 후반 잉글랜드를 정복한 윌리엄 왕이 제정한 것이므로 아마도 로빈후드 이야기가 그 이전 시기로까지 거슬러 올라가지는 않을 것이다. 또한 이야기에서 셔우드 숲을 한 바퀴 돌고 로빈후드를 만났다고 하는 국왕 에드워드는 1307년에 즉위하여 20년간 재위한 2세일 가능성이 있다. 1세에서 3세까지의 에드워드 국왕 가운데 이 지역의 순행 기록이 있는 사람은 에드워드 2세뿐이다. 이러한 근거를 토대로 추론할 때, 로빈후드 이야기의 시대 배경은 아마도 [　　　　　]일 가능성이 가장 크다.

① 11세기 후반　② 14세기 이전
③ 14세기 전반　④ 14세기 후반

## 07 (가)~(다)를 맥락에 맞게 순서대로 나열한 것은?

북방에 사는 매는 덩치가 크고 사냥도 잘한다. 그래서 아시아에서는 몽골 고원과 연해주 지역에 사는 매들이 인기가 있었다.

(가) 조선과 일본의 단절된 관계는 1609년 기유조약이 체결되면서 회복되었다. 하지만 이때는 조선과 일본이 서로를 직접 상대했던 것이 아니라 두 나라 사이에 끼어있는 대마도를 매개로 했다. 대마도는 막부로부터 조선의 외교·무역권을 위임받았고, 조선은 그

러한 대마도에게 시혜를 베풀어줌으로써 일본과의 교린 체계를 유지해 나가려고 했다.

(나) 일본에서 이 북방의 매에 접근할 수 있는 길은 한반도를 통하는 것 외에는 없었다. 그래서 한반도와 일본 간의 교류에 매가 중요한 물품으로 자리 잡았던 것이다. 하지만 임진왜란으로 인하여 교류는 단절되었다.

(다) 이러한 외교관계에 매 교역이 자리하고 있었다. 대마도는 조선과의 공식적, 비공식적 무역을 통해서도 상당한 이익을 취했다. 따라서 조선후기에 이루어진 매 교역은 경제적인 측면과 정치 · 외교적인 성격이 강했다.

① (가) –(다)–(나) ② (나)–(가)–(다)
③ (나) –(다)–(가) ④ (다)–(나)–(가)

**08** 다음 글에서 추론한 내용으로 가장 적절한 것은?

『성경』에 따르면 예수는 죽은 지 사흘 만에 부활했다. 사흘이라고 하면 시간상 72시간을 의미하는데, 예수는 금요일 오후에 죽어서 일요일 새벽에 부활했으니 구체적인 시간을 따진다면 48시간이 채 되지 않는다. 그렇다면 『성경』에서 3일이라고 한 것은 예수의 신성성을 부각하기 위한 것일까?

여기에는 수를 세는 방식의 차이가 개입되어 있다. 구체적으로 말하면 우리가 사용하는 현대의 수에는 '0' 개념이 깔려 있지만, 『성경』이 기록될 당시에는 해당 개념이 없었다. '0' 개념은 13세기가 되어서야 유럽으로 들어왔으니, '0' 개념이 들어오기 전 시간의 길이는 '1'부터 셈했다. 다시 말해 시간의 시작점 역시 '1'로 셈했다는 것인데, 금요일부터 다음 금요일까지는 7일이 되지만, 시작하는 금요일까지 날로 셈해서 다음 금요일은 8일이 되는 식이다.

이와 같은 셈법의 흔적을 현대 언어에서도 찾을 수 있다. 오늘날 그리스 사람들은 올림픽이 열리는 주기에 해당하는 4년을 'pentaeteris'라고 부르는데, 이 말의 어원은 '5년'을 뜻한다. '2주'를 의미하는 용도로 사용되는 현대 프랑스어 'quinze jours'는 어원을 따지자면 '15일'을 가리키는데, 시간적으로는 동일한 기간이지만 시간을 셈하는 방식에 따라 마지막 날과 해가 달라진 것이다.

① '0' 개념은 13세기에 유럽에서 발명되었다.
② 『성경』에서는 예수의 신성성을 부각하기 위해 그의 부활 시점을 활용하였다.
③ 프랑스어 'quinze jours'에는 '0' 개념이 들어오기 전 셈법의 흔적이 남아 있다.
④ 'pentaeteris'라는 말이 생겨났을 때에 비해 오늘날의 올림픽이 열리는 주기는 짧아졌다.

**[09~10] 다음 글을 읽고 물음에 답하시오.**

생물은 자신의 종에 속하는 개체들과 의사소통을 한다. 꿀벌은 춤을 통해 식량의 위치를 같은 무리의 동료들에게 알려주며, 녹색원숭이는 포식자의 접근을 알리기 위해 소리를 지른다. 침팬지는 고통, 괴로움, 기쁨 등의 감정을 표현할 때 각각 다른 ㉠ <u>소리</u>를 낸다.

말한다는 것을 단어에 대해 ㉡ <u>소리</u> 낸다는 의미로 보게 되면, 침팬지가 사람처럼 말하도록 하는 것은 불가능하다. 침팬지는 인간과 게놈의 98 %를 공유하고 있지만, 발성 기관에 차이가 있다.

인간의 발성 기관은 아주 정교하게 작용하여 여러 ㉢ <u>소리</u>를 낼 수 있는데, 초당 십여 개의 (가) <u>소리</u>를 쉽게 만들어 낸다. 이는 성대, 후두, 혀, 입술, 입천장을 아주 정확하게 통제할 수 있기 때문에 가능한 것이다. 침팬지는 이만큼 정확하게 통제를 하지 못한다. 게다가 인간의 발성 기관은 유인원의 그것과 현저하게 다르다. 주요한 차이는 인두의 길이에 있다. 인두는 혀 뒷부분부터 식도에 이르는 통로로 음식물과 공기가 드나드는 길이다. 인간의 인두는 여섯 번째 목뼈에까지 이른다. 반면에 대부분의 포유류에서는 인두의 길이가 세 번째 목뼈를 넘지 않으며 개의 경우는 두 번째 목뼈를 넘지 않는다. 다른 동물의 인두에 비해 과도하게 긴 인간의 인두는 공명 상자 기능을 하여 세밀하게 통제되는 ㉣ 소리를 만들어 낸다.

**09 윗글에서 추론한 내용으로 가장 적절한 것은?**

① 개의 인두 길이는 인간의 인두 길이보다 짧다.
② 침팬지의 인두는 인간의 인두와 98 % 유사하다.
③ 녹색원숭이는 침팬지와 의사소통을 할 수 있다.
④ 침팬지는 초당 십여 개의 소리를 만들어 낼 수 있다.

**10 ㉠~㉣ 중 문맥상 (가)에 해당하는 의미로 사용되지 않은 것은?**

① ㉠　② ㉡
③ ㉢　④ ㉣

**[11~12] 다음 글을 읽고 물음에 답하시오.**

방각본 출판은 책을 목판에 새겨 대량으로 찍어내는 방식이다. 이 경우 소수의 작품으로 많은 판매 부수를 올리는 것이 유리하다. 즉, 하나의 책으로 500부를 파는 것이 세 권의 책으로 합계 500부를 파는 것보다 이윤이 높다. 따라서 방각본 출판업자는 작품의 종류를 늘리기보다는 시장성이 좋은 작품을 집중적으로 출판하였다. 또한 작품의 규모가 커서 분량이 많은 경우에는 생산 비용이 ㉠ 올라가 책값이 비싸지기 때문에 자연스럽게 분량이 적은 작품을 선호하였다. 이에 따라 방각본 출판에서는 규모가 큰 작품을 기피하였으며, 일단 선택된 작품에도 종종 축약적 윤색이 가해지고는 하였다.

일종의 도서대여업인 세책업은 가능한 여러 종류의 작품을 가지고 있는 편이 유리하고, 한 작품의 규모가 큰 것도 환영할 만한 일이었다. 소설을 빌려 보는 독자들은 하나를 읽고 나서 대개 새 작품을 찾았으니, 보유한 작품의 종류가 많을수록 좋았다. 또한 한 작품의 분량이 많아서 여러 책으로 나뉘어 있으면 그만큼 세책료를 더 받을 수 있으니, 세책업자들은 스토리를 재미나게 부연하여 책의 권수를 늘리기도 했다. 따라서 세책업자들은 많은 종류의 작품을 모으는 데에 주력했고, 이 과정에서 원본의 확장 및 개작이 적잖이 이루어졌다.

**11 윗글에서 추론한 내용으로 가장 적절한 것은?**

① 분량이 많은 작품은 책값이 비쌌기 때문에 세책가에서 취급하지 않았다.
② 세책업자는 구비할 책을 선정할 때 시장성이 좋은 작품보다 분량이 적은 작품을 우선하였다.
③ 방각본 출판업자들은 책의 판매 부수를 올리기 위해 원본의 내용을 부연하여 개작하기도 하였다.
④ 한 편의 작품이 여러 권의 책으로 나뉘어 있는 대규모 작품들은 방각본 출판업자들보다 세책업자들이 선호하였다.

**12** 밑줄 친 표현이 문맥상 ㉠의 의미와 가장 가까운 것은?

① 습도가 올라가는 장마철에는 건강에 유의해야 한다.
② 내가 키우던 반려견이 하늘나라로 올라갔다.
③ 그녀는 승진해서 본사로 올라가게 되었다.
④ 그는 시험을 보러 서울로 올라갔다.

**13** 갑~병의 주장을 분석한 내용으로 적절한 것만을 〈보기〉에서 모두 고르면?

> 갑: 오늘날 사회는 계급 체계가 인간의 생활을 전적으로 규정하지 않는다. 실제로 많은 사람이 사회 이동을 경험하며, 전문직 자격증에 대한 접근성 또한 증가하였다. 인터넷은 상향 이동을 위한 새로운 통로를 제공하고 있다. 이에 따라서 전통적인 계급은 사라지고, 이제는 계급이 없는 보다 유동적인 사회 질서가 새로 정착되었다.
> 을: 지난 30년 동안 양극화는 더 확대되었다. 부가 사회 최상위 계층에 집중되는 것에 대한 우려가 커지고 있다. 과거 계급 불평등은 경제 전반의 발전을 위해 치를 수밖에 없는 일시적 비용이었다고 한다. 하지만 경제 수준이 향상된 지금도 이 불평등은 해소되지 않고 있다. 오늘날 세계화와 시장 규제 완화로 인해 빈부 격차가 심화되고 계급 불평등이 더 고착되었다.
> 병: 오랫동안 지속되었던 계급의 전통적 영향력은 확실히 약해지고 있다. 하지만 현대사회에서 계급 체계는 여전히 경제적 불평등의 핵심으로 남아 있다. 사회 계급은 아직도 일생에 걸쳐 개인의 삶에 큰 영향을 미친다. 특정 계급의 구성원이라는 사실은 수명, 신체적 건강, 교육, 임금 등 다양한 불평등과 관련된다. 이는 계급의 종말이 사실상 실현될 수 없는 현실적이지 않은 주장이라는 점을 보여 준다.

〈보기〉

> ㄱ. 갑의 주장과 을의 주장은 대립하지 않는다.
> ㄴ. 을의 주장과 병의 주장은 대립하지 않는다.
> ㄷ. 병의 주장과 갑의 주장은 대립하지 않는다.

① ㄱ　　② ㄴ
③ ㄱ, ㄷ　　④ ㄴ, ㄷ

**14** (가)와 (나)를 전제로 결론을 이끌어 낼 때, 빈칸에 들어갈 말로 가장 적절한 것은?

> (가) 축구를 잘하는 사람은 모두 머리가 좋다.
> (나) 축구를 잘하는 어떤 사람은 키가 작다.
> 따라서 [　　　　　　　　].

① 키가 작은 어떤 사람은 머리가 좋다.
② 키가 작은 사람은 모두 머리가 좋다.
③ 머리가 좋은 사람은 모두 축구를 잘한다.
④ 머리가 좋은 어떤 사람은 키가 작지 않다.

**15** 다음 글의 ㉠과 ㉡에 대한 평가로 올바른 것은?

> 기업의 마케팅 프로젝트를 평가할 때는 유행지각, 깊은 사고, 협업을 살펴본다. 유행지각은 유행과 같은 새로운 정보를 반영했느냐, 깊은 사고는 마케팅 데이터의 상관관계를 분석해서 최적의 해결책을 찾아내었느냐, 협업은 일하는 사람들이 해결책을 공유하며 성과를 창출했느냐를 따진다. ㉠ 이 세 요소 모두에서 목표를 달성하는 것은 마케팅 프로젝트가 성공적이기 위해 필수적이다. 하지만 ㉡ 이 세 요소 모두에서 목표를 달성했다고 해서 마케팅 프로젝트가 성공한 것은 아니다.

① 지금까지 성공한 프로젝트가 유행지각, 깊은 사고 그리고 협업 모두에서 목표를 달성했다면, ㉠은 강화된다.
② 성공하지 못한 프로젝트 중 유행지각, 깊은 사고 그리고 협업 중 하나 이상에서 목표를 달성하는 데 실패한 사례가 있다면, ㉠은 약화된다.
③ 유행지각, 깊은 사고 그리고 협업 중 하나 이상에서 목표를 달성하는 데 실패했지만 성공한 프로젝트가 있다면, ㉡은 강화된다.
④ 유행지각, 깊은 사고 그리고 협업 모두에서 목표를 달성했지만 성공하지 못한 프로젝트가 있다면, ㉡은 약화된다.

**16** **다음 글의 ㉠을 강화하는 것만을 〈보기〉에서 모두 고르면?**

신석기시대에 들어 인류는 제대로 된 주거 공간을 만들게 되었다. 인류의 초기 주거 유형은 특히 바닥을 어떻게 만드느냐에 따라 구분된다. 이는 지면을 다지거나 조금 파고 내려가 바닥을 만드는 '움집형'과 지면에서 떨어뜨려 바닥을 설치하는 '고상(高床)식'으로 나뉜다.

중국의 고대 문헌에 등장하는 '혈거'와 '소거'가 각각 움집형과 고상식 건축이다. 움집이 지붕으로 상부를 막고 아랫부분은 지면을 그대로 활용하는 지붕 중심 건축이라면, 고상식 건축은 지면에서 오는 각종 침해에 대비해 바닥을 높이 들어 올린 바닥 중심 건축이라 할 수 있다. 인류의 주거 양식은 혈거에서 소거로 진전되었다는 가설이 오랫동안 지배했다. 바닥을 지면보다 높게 만드는 것이 번거롭고 어렵다고 여겼기 때문이다. 그런데 1970년대에 중국의 허무두에서 고상식 건축의 유적이 발굴되면서 새로운 ㉠ 주장이 제기되었다. 그것은 혈거와 소거가 기후에 따라 다른 자연환경에 적응해 발생했다는 것이다.

〈보기〉

ㄱ. 우기에 비가 넘치는 산간 지역에서는 고상식 주거 건축물 유적만 발견되었다.
ㄴ. 움집형 집과 고상식 집이 공존해 있는 주거 양식을 보여 주는 집단의 유적지가 발견되었다.
ㄷ. 여름에는 고상식 건축물에서, 겨울에는 움집형 건축물에서 생활한 집단의 유적이 발견되었다.

| | |
|---|---|
| ① ㄱ, ㄴ | ② ㄱ, ㄷ |
| ③ ㄴ, ㄷ | ④ ㄱ, ㄴ, ㄷ |

**[17～18] 다음 글을 읽고 물음에 답하시오.**

일반적으로 한 나라의 문학, 즉 '국문학'은 "그 나라의 말과 글로 된 문학"을 지칭한다. 그래서 우리나라에서 국문학에 대한 근대적 논의가 처음 시작될 무렵에는 (가) 국문학에서 한문으로 쓰인 문학을 배제하자는 주장이 있었다. 국문학 연구가 점차 전문화되면서, 한문문학 배제론자와 달리 한문문학을 배제하는 데 있어 신축성을 두는 절충론자의 입장이 힘을 얻었다. 절충론자들은 국문학의 범위를 획정하는 데 있어 (나) 종래의 국문학의 정의를 기본 전제로 하되, 일부 한문문학을 국문학으로 인정하자고 주장했다. 즉 한문으로 쓰여진 문학을 국문학에서 완전히 배제하지 않고, ㉠ 전자 중 일부를 ㉡ 후자의 주변부에 위치시키는 것으로 국문학의 영역을 구성한 것이다. 이에 따라 국문학을 지칭할 때에는 '순(純)국문학'과 '준(準)국문학'으로 구별하게 되었다. 작품에 사용된 문자의 범주에 따라서 ㉢ 전자는 '좁은 의미의 국문학', ㉣ 후자는 '넓은 의미의 국

문학'이라고도 칭할 수 있다.

하지만 이런 절충안을 취하더라도 순국문학과 준국문학을 구분하는 데에는 논자마다 차이가 있다. 어떤 이는 국문으로 된 것은 ⓜ 전자에, 한문으로 된 것은 ⓑ 후자에 귀속시켰다. 다른 이는 훈민정음 창제 이전과 이후로 나누어 국문학의 영역을 구분하였다. 훈민정음 창제 이전의 문학은 차자표기건 한문표기건 모두 국문학으로 인정하고, 창제 이후의 문학은 국문문학만을 순국문학으로 규정하고 한문문학 중 '국문학적 가치'가 있는 것을 준국문학에 귀속시켰다.

**17 윗글의 (가)와 (나)의 주장에 대해 평가한 내용으로 가장 적절한 것은?**

① 국문으로 쓴 작품보다 한문으로 쓴 작품이 해외에서 문학적 가치를 더 인정받는다면 (가)의 주장은 강화된다.

② 국문학의 정의를 '그 나라 사람들의 사상과 정서를 그 나라 말과 글로 표현한 문학'으로 수정하면 (가)의 주장은 약화된다.

③ 표기문자와 상관없이 그 나라의 문화를 잘 표현한 문학을 자국 문학으로 인정하는 것이 보편적인 관례라면 (나)의 주장은 강화된다.

④ 훈민정음 창제 이후에도 차자표기로 된 문학작품이 다수 발견된다면 (나)의 주장은 약화된다.

**18 윗글의 ㉠~㉥ 중 지시하는 바가 같은 것끼리 짝 지은 것은?**

① ㉠, ㉢ ② ㉡, ㉣
③ ㉡, ㉥ ④ ㉢, ㉤

**19 다음 빈칸에 들어갈 말로 가장 적절한 것은?**

갑, 을, 병, 정 네 학생의 수강 신청과 관련하여 다음과 같은 사실들이 알려졌다.

- 갑과 을 중 적어도 한 명은 〈글쓰기〉를 신청한다.
- 을이 〈글쓰기〉를 신청하면 병은 〈말하기〉와 〈듣기〉를 신청한다.
- 병이 〈말하기〉와 〈듣기〉를 신청하면 정은 〈읽기〉를 신청한다.
- 정은 〈읽기〉를 신청하지 않는다.

이를 통해 갑이 [ ]를 신청한다는 것을 알 수 있게 되었다.

① 〈말하기〉 ② 〈듣기〉
③ 〈읽기〉 ④ 〈글쓰기〉

**20 다음 글을 이해한 내용으로 가장 적절한 것은?**

언어의 형식적 요소에는 '음운', '형태', '통사'가 있으며, 언어의 내용적 요소에는 '의미'가 있다. 음운, 형태, 통사 그리고 의미 요소를 중심으로 그 성격, 조직, 기능을 탐구하는 학문 분야를 각각 '음운론', '문법론'(형태론 및 통사론 포괄), 그리고 '의미론'이라고 한다. 그 가운데서 음운론과 문법론은 언어의 형식을 중심으로 그 체계와 기능을 탐구하는 반면, 의미론은 언어의 내용을 중심으로 체계와 작용 방식을 탐구한다.

이처럼 언어학은 크게 말소리 탐구, 문법 탐구, 의미 탐구로 나눌 수 있는데, 이때 각각에 해당하는 음운론, 문법론, 의미론은 서로 관련된다. 이를 발화의 전달 과정에서 살펴보자. 화자의 측면에서 언어를 발신하는 경우에는 의미론에서 문법론을 거쳐 음운론의 방향으로, 청자의 측면에서 언어를 수신하는 경우에는 반대의 방향으로 작용한다. 의사소통의 과정상 발신자의 측면에서는 의미론에, 수신자의 측면에서는 음운론에 초점이 놓인다. 의사소통은 화자의 생각, 느낌, 주장 등을 청자와 주고받는 행위이므로, 언어 표현의 내용에 해당하는 의미는 이 과정에서 중심적 요소가 된다.

① 언어는 형식적 요소가 내용적 요소보다 다양하다.
② 언어의 형태 탐구는 의미 탐구와 관련되지 않는다.
③ 의사소통의 첫 단계는 언어의 형식을 소리로 전환하는 것이다.
④ 언어를 발신하고 수신하는 과정에서 통사론은 활용되지 않는다.

# 제1차 정답 및 해설

## 정답

| | | | | |
|---|---|---|---|---|
| 01 ② | 02 ② | 03 ③ | 04 ① | 05 ④ |
| 06 ② | 07 ③ | 08 ③ | 09 ④ | 10 ② |
| 11 ③ | 12 ① | 13 ③ | 14 ④ | 15 ② |
| 16 ③ | 17 ① | 18 ④ | 19 ② | 20 ① |

## 해설

**01** ②

[정답해설]

대등한 것끼리 접속할 때는 구조가 같은 표현을 사용해야 한다는 〈공공언어 바로 쓰기 원칙〉에 따라 ㉡은 '관형사 + 명사'의 구조인 '표준적인 언어생활의 확립과 일상적인 국어 생활의 향상을 위해' 또는 '주어 + 술어'의 구조인 '표준적인 언어생활을 확립하고 일상적인 국어 생활을 향상하기 위해'라고 수정하는 것이 적절하다.

[오답해설]

① ㉠에서 '안내'는 '어떤 내용을 소개하여 알려줌'의 의미이고 '알림'은 '알리는 일'로 그 의미가 중복된다. 따라서 중복되는 표현을 삼가야 한다는 〈공공언어 바로 쓰기 원칙〉에 따라 '알림'을 삭제한 것은 적절하다.

③ ㉢이 포함된 문장에서 주어는 '본원은'이므로 서술어는 '제공되다'라는 수동형이 아닌 '제공하다'라는 능동형이 되어야 한다. 따라서 주어와 서술어를 호응시켜야 한다는 〈공공언어 바로 쓰기 원칙〉에 따라 '표준 정보를 제공하고 있습니다.'라고 수정한 것은 적절하다.

④ ㉣에서 '개선'의 대상이 생략되어 불분명하므로 '의약품 용어를'이라는 목적어가 추가되어야 한다. 따라서 필요한 문장 성분이 생략되지 않도록 해야 한다는 〈공공언어 바로 쓰기 원칙〉에 따라 '의약품 용어를 일반 국민도 알기 쉬운 표현으로 개선하여'라고 수정한 것은 적절하다.

**02** ②

[정답해설]

'흰머리'는 용언 어간과 명사가 결합한 합성명사가 아니라, 용언의 관형사형(흰) + 명사(머리)로 구성된 합성명사로, 앞 성분(흰)이 뒤 성분(명사)을 수식하는 종속합성어이다.

[오답해설]

① '큰아버지'는 용언의 관형사형(큰) + 명사(아버지)로 구성되어 있고 앞 성분(큰)이 뒤 성분(아버지)을 수식하는 종속 합성어이다.

③ '늙은이'는 용언의 관형사형(늙은) + 명사(이)가 결합하여 한 단어를 이룬 합성어로, 어휘 의미를 지닌 두 요소가 결합해 이루어진 단어이다.

④ 동사 '먹다'의 어간인 '먹'과 명사 '거리'가 결합한 '먹거리'는 국어 문장 구성에 없는 단어 배열이므로 비통사적 합성어이다.

**03** ③

[정답해설]

건강을 염려하는 행위를 하는 주어는 '아버지'이므로 '염려하다'가 아닌 '염려하신다'로 존경 표현을 한 것은 '직접존경'에 해당한다.

[오답해설]

① 주어인 '고모'를 높이기 위해 긴밀한 관련이 있는 인물인 '자식'을 '있으시다'라고 높인 것은 '간접존경'에 해당한다.

② 주어인 '할머니'를 높이기 위해 신체의 일부인 '다리'를 '아프셔서'라고 높인 것은 '간접존경'에 해당한다.

④ 주어인 '할아버지'를 높이기 위해 신체의 일부인 '수염'을 '많으셨다'라고 높인 것은 '간접존경'에 해당한다.

**04** ①

[정답해설]

㉠ **문제의 현실성**: 1문단에서 '그 세계 안의 인간이 자신을 둘러싼 세계와 고투하면서 당대의 공론장에서 기꺼이 논의해볼 만한 의제를 산출해낼 때 문제의 현실성이 확보된다.'고 하였으므로, 밀실과 광장 사이에서 고뇌하는 주인공의 모습을 통해 '남(南)이냐 북(北)이냐'라는 민감한 주제를 격화된 이념 대립의 공론장에 던진 최인훈의 「광장」은 '문제의 현실성'을 확보했다고 할 수 있다.

㉡ **세계의 현실성**: 1문단에서 '우리가 살고 있는 이 입체적인 시공간에서 특히 의미 있는 한 부분을 도려내어 서사의 무대로 삼을 경우 세계의 현실성이 확보된다.'고 하였으므로, 작품의 시공간으로 당시 남한과 북한을 소설적 세계로 선택함으로써 동서 냉전 시대의 보편성과 한반도 분단 체

제의 특수성을 동시에 포괄한 최인훈의 「광장」은 '세계의 현실성'을 확보했다고 할 수 있다.

ⓒ **해결의 현실성**: 1문단에서 '한 사회가 완강하게 구조화하고 있는 '가능한 것'과 '불가능한 것'의 좌표를 흔들면서 특정한 선택지를 제출할 때 해결의 현실성이 확보된다.'고 하였으므로, 주인공이 남과 북 모두를 거부하고 자살을 선택하는 결말은 남북으로 상징되는 당대의 이원화된 이데올로기를 근저에서 흔든 최인훈의 「광장」은 '해결의 현실성'을 확보했다고 할 수 있다.

**05** ④

**[정답해설]**

'오 주무관이 회의에 참석하면, 박 주무관도 참석한다.'는 명제가 참이고, '박 주무관이 회의에 참석하면, 홍 주무관도 참석한다.'는 명제가 참일 때, '오 주무관이 회의에 참석하면, 홍 주무관도 회의에 참석한다.'라는 명제도 참이라는 결론을 도출할 수 있다. 이때 어떤 명제가 참일 경우 그 대우도 반드시 참이므로, '오 주무관이 회의에 참석하면, 홍 주무관도 회의에 참석한다.'라는 명제의 대우인 '홍 주무관이 회의에 참석하지 않으면, 오 주무관도 참석하지 않는다.'는 반드시 참이 된다.

| 명제 : P → Q (참) ⇔ 대우 : ~Q → ~P (참) |
|---|

**06** ②

**[정답해설]**

3문단에 "이러매 눈감아 생각해"에서 눈을 감는 행위는 외면이나 도피가 아니라 피할 수 없는 현실적 조건을 새롭게 반성함으로써 현실의 진정한 면모와 마주하려는 적극적인 행위로 읽힌다고 서술되어 있다. 그러므로 「절정」에서 시인은 투사가 처한 현실적 조건을 외면하지 않고 새롭게 인식함을 알 수 있다.

**[오답해설]**

① 2문단에서 투사 이육사가 처한 상황은 "매운 계절의 채찍에 갈겨 / 마침내 북방으로 휩쓸려"온 것처럼 대단히 위태로워 보인다고 하였으나, 그런 극한의 상황이 봄, 여름, 가을, 겨울의 뚜렷한 계절의 변화로 드러나 있지는 않다.

③ 1문단에서 「절정」은 투사가 처한 냉엄한 현실적 조건을 제시한 3개의 연과 시인이 품고 있는 인간과 역사에 대한 희망이 제시된 마지막 연의 두 부분으로 크게 나누어지는 것을 확인할 수 있으나, 투사와 시인의 반목과 화해가 나타나 있지는 않다.

④ 1문단에서 「절정」은 크게 두 부분으로 나누어지는데, 투사가 처한 냉엄한 현실적 조건이 3개의 연에 걸쳐 먼저 제시된 후, 시인이 품고 있는 인간과 역사에 대한 희망이 마지막 연에 제시된다고 서술되어 있다. 그러므로 「절정」에는 냉엄한 현실에 절망하는 시인(→ 투사)의 면모와 인간과 역사에 대한 희망을 놓지 않으려는 투사(→ 시인)의 면모가 동시에 담겨 있음을 알 수 있다.

**07** ③

**[정답해설]**

(라)에서 시청자를 짧은 시간 안에 사로잡기 위해서는 스토리텔링 전략이 필요하다고 하였고, (나)에서 그러한 스토리텔링 전략에서 제일 먼저 해야 할 일은 로그라인을 만드는 것이라고 하였다. 그러므로 (라) 다음에 (나)가 와야 한다. 또한 (가)에서 다음으로 시청자의 마음을 사로잡을 수 있는 참신한 인물을 창조해야 한다고 하였고, (다)에서 이 같은 인물 창조의 과정에서 스토리의 주제가 만들어진다고 하였다. 그러므로 (가) 다음에 (다)가 와야 한다. 이를 종합해 볼 때, (라)-(나)-(가)-(다)순으로 나열하는 것이 글의 맥락상 가장 적절하다.

**08** ③

**[정답해설]**

〈지침〉에 따르면 본론은 제목에서 밝힌 내용을 2개의 장으로 구성하되 각 장의 하위 항목끼리 대응되도록 작성하라고 지시되어 있다. 즉, 제목인 '복지 사각지대의 발생 원인과 해소 방안'에 따라 Ⅲ-2.의 ⓒ에는 Ⅱ-2.에 제시된 '사회복지 담당 공무원의 인력 부족'에 대한 해소 방안이 들어가야 한다. 그러나 '사회복지 업무 경감을 통한 공무원 직무 만족도 증대'는 Ⅱ-2.에 제시된 '사회복지 담당 공무원의 인력 부족'에 대한 해소 방안과 관련이 없으므로 ⓒ에 들어갈 내용으로 적절하지 않다.

**[오답해설]**

① 〈지침〉에 따르면 서론은 중심 소재의 개념 정의와 문제 제기를 1개의 장으로 작성하라고 지시되어 있다. Ⅰ-1.의 '복지 사각지대의 정의'는 중심 소재의 개념 정의에 해당하므로, Ⅰ-2.의 ㉠에는 문제 제기에 해당하는 '복지 사각지대의 발생에 따른 사회 문제의 증가'가 들어가는 것이 적절하다.

② 〈지침〉에 따르면 본론은 제목에서 밝힌 내용을 2개의 장으로 구성하되 각 장의 하위 항목끼리 대응되도록 작성하라고 지시되어 있다. 즉, Ⅱ.가 '복지 사각지대의 발생 원인'이므로 Ⅱ-1.의 ㉡에는 Ⅲ-1.의 '사회적 변화를 반영하여 기존 복지 제도의 미비점 보완'이라는 해소 방안의 대응 원인인 '사회적 변화를 반영하지 못한 기존 복지 제도의 한계'가 들어가는 것이 적절하다.

④ 〈지침〉에 따르면 결론은 기대 효과와 향후 과제를 1개의 장으로 작성하라고 지시되어 있다. Ⅳ-2.의 '복지 사각지대의 근본적이고 지속가능한 해소 방안 마련'은 향후 과제

에 해당하므로, Ⅳ-1.의 ㉣에는 기대 효과에 해당하는 '복지 혜택의 범위 확장을 통한 사회 안전망 강화'가 들어가는 것이 적절하다.

09 ④

**[정답해설]**

신경과학자 아이젠버거는 뇌의 어떤 부위가 활성화되는가를 촬영하여 실험 참가자가 어떤 심리적 상태인가를 파악하려는 실험을 진행하였다. 연구팀은 실험 참가자가 따돌림을 당할 때 그의 뇌에서 전두엽의 전대상피질 부위가 활성화된다는 것을 확인하였고, 이는 인간이 물리적 폭력을 당할 때 활성화되는 뇌의 부위와 동일하다는 것을 확인하였다. 그러므로 제시문의 빈칸에 들어갈 결론은 ④의 '따돌림을 당할 때와 물리적 폭력을 당할 때의 심리적 상태는 서로 다르지 않다'가 가장 적절하다.

**[오답해설]**

① 인간이 물리적 폭력을 당할 때 활성화되는 뇌의 부위도 따돌림을 당할 때의 뇌의 부와와 마찬가지로 전두엽의 전대상피질 부위임을 앞에서 이미 언급하고 있다. 그러므로 물리적 폭력은 뇌 전두엽의 전대상피질 부위를 활성화한다는 내용은 앞의 내용과 중복되므로 적절하지 않다.

② 따돌림을 당할 때 활성화되는 뇌의 부위와 물리적 폭력을 당할 때 활성화되는 뇌의 부위가 전두엽의 전대상피질 부위로 동일하다고 밝히고 있으나, 물리적 폭력이 피해자의 개인적 경험을 사회적 문제로 전환하는지는 제시문의 내용을 통해 확인할 수 없다.

③ 따돌림을 당할 때 활성화되는 뇌의 부위와 물리적 폭력을 당할 때 활성화되는 뇌의 부위가 전두엽의 전대상피질 부위로 동일하다고 밝히고 있으나, 따돌림이 피해자에게 물리적 폭력보다 더 심각한 부정적 영향을 미치는지는 제시문의 내용을 통해 확인할 수 없다.

10 ②

**[정답해설]**

2문단에서 고소설의 주인공은 적대자에 의해 원점에서 분리되어 고난을 겪는다고 하였고, 3문단에서 박 진사의 집으로 표상되는 유년의 과거는 이상적 원점의 구실을 하며 박 진사의 죽음은 그들에게 고향의 상실을 상징한다고 하였다. 그러므로 영웅소설의 주인공과 「무정」의 이형식은 그들의 이상적 원점을 상실했다는 공통점을 가지고 있음을 알 수 있다.

**[오답해설]**

① 2문단에서 고소설의 주인공이 도달해야 할 종결점은 새로운 미래가 아니라 다시 도래할 과거로서의 미래인 '회귀의 크로노토프'라고 하였다. 반면에 3문단에서 근대소설 「무정」은 이러한 회귀의 크로노토프를 부정한다고 하였다. 그러므로 고소설은 회귀의 크로노토프를 긍정하고 「무정」은 부정한다는 점에서 서로 다르다.

③ 3문단의 '두 사람의 결합이 이상적 상태의 고향을 회복할 수 있는 유일한 방법이겠지만, 그들은 끝내 결합하지 못한다.'에서 이형식과 박영채의 결합은 이상적 상태의 고향을 회복하는 것을 의미한다. 즉, 「무정」에서 이형식이 박영채와 결합했다면 새로운 미래로서의 종결점에 도달하는 것이 아니라 과거로서의 미래에 도달할 수 있었을 것이다.

④ 2문단에서 '그들의 목표는 상실한 원점을 회복하는 것, 즉 그곳에서 향유했던 이상적 상태로 돌아가는 것'이라고 하였으므로, 가정소설은 가족 구성원들이 평화롭게 공존하는 결말을 통해 상실했던 원점으로의 복귀를 거부하는 것이 아니라 회복하는 것임을 알 수 있다.

11 ③

**[정답해설]**

㉠의 '돌아가는'은 '원래의 있던 곳으로 다시 가거나 다시 그 상태가 되다.'라는 의미이다. 마찬가지로 ③의 '그는 잃어버린 동심으로 돌아가고 싶었다.'에서 '돌아가고'도 '원래의 상태가 되다'라는 의미이므로 ㉠과 그 의미가 유사하다.

**[오답해설]**

①·② '전쟁은 연합군의 승리로 돌아갔다.'와 '사과가 한 사람 앞에 두 개씩 돌아간다.'에서 '돌아가다'는 모두 '차례나 몫, 승리, 비난 따위가 개인이나 단체, 기구, 조직 따위의 차지가 되다.'라는 의미로 사용되었다.

④ '그녀는 자금이 잘 돌아가지 않는다며 걱정했다.'에서 '돌아가다'는 '돈이나 물건 따위의 유통이 원활하다.'는 의미로 사용되었다.

**TIP 돌아가다 〈동사〉**

Ⅰ.

1. 물체가 일정한 축을 중심으로 원을 그리면서 움직여 가다.
   예 바퀴가 돌아가다.
2. 일이나 형편이 어떤 상태로 진행되어 가다.
   예 일이 너무 바쁘게 돌아가서 정신을 차릴 수가 없다.
3. 어떤 것이 차례로 전달되다.
   예 술자리가 무르익자 술잔이 돌아가기 시작했다.
4. 차례대로 순번을 옮겨 가다.
   예 우리는 돌아가면서 점심을 산다.
5. 기능이 제대로 작동하다.
   예 기계가 잘 돌아간다.
6. 돈이나 물건 따위의 유통이 원활하다.
   예 요즘은 자금이 잘 돌아간다.

7. 정신을 차릴 수 없게 아찔하다.
   예 머리가 핑핑 돌아간다.
8. (주로 '-시-'와 결합한 꼴로 쓰여) '죽다'의 높임말.
   예 할아버지께서 돌아가셨다.

Ⅱ. 「…에/에게, …으로」
1. 원래의 있던 곳으로 다시 가거나 다시 그 상태가 되다.
   예 아버지는 고향에 돌아가시는 게 꿈이다.
2. 차례나 몫, 승리, 비난 따위가 개인이나 단체, 기구, 조직 따위의 차지가 되다.
   예 사과가 한 사람 앞에 두 개씩 돌아간다.

Ⅲ. 「…으로」
1. 일이나 형편이 어떤 상태로 끝을 맺다.
   예 지금까지의 노력이 수포로 돌아갔다.
2. 원래의 방향에서 다른 곳을 향한 상태가 되다.
   예 입이 왼쪽으로 돌아가다.
3. 먼 쪽으로 둘러서 가다.
   예 그는 검문을 피해 일부러 옆길로 돌아갔다.

Ⅳ. 「…을」
1. 어떤 장소를 끼고 원을 그리듯이 방향을 바꿔 움직여 가다.
   예 모퉁이를 돌아가면 우리 집이 보인다.
2. 일정한 구역 안을 이리저리 왔다 갔다 하다.
   예 고삐를 뗀 소가 마당을 돌아가며 길길이 날뛰고 있다.

**12** ①

**[정답해설]**

제시문의 내용을 논리 기호로 단순화하면 다음과 같다.

| |
|---|
| (가) 노인복지 문제 일부 ∧ ~일자리 문제 |
| (나) 공직 → 일자리 문제 ≡ ~일자리 문제 → ~공직 |
| (결론) 노인복지 문제 일부 ∧ ~공직 |

그러므로 (가)와 (나)를 전제로 할 때 빈칸에 들어갈 결론은 ①의 '노인복지 문제에 관심이 있는 사람 중 일부는 공직에 관심이 있는 사람이 아니다'가 가장 적절하다.

**TIP 정언 삼단 논법**

(대전제) 모든 사람은 죽는다. P → Q

⇓

(소전제) 소크라테스는 사람이다. R → P

⇓

(결론) 그러므로 소크라테스는 죽는다. R → Q

**13** ③

**[정답해설]**

2문단에 따르면 현재 기준에서는 질병 치료를 목적으로 개발한 신약만 승인받을 수 있다고 하였으므로, 노화를 멈추는 약을 승인받을 수 없는 이유가 식품의약국이 노화를 질병으로 보지 않기 때문이라고 추론할 수 있다. 그러므로 ⓒ을 '질병으로 보지 않은 탓에 노화를 멈추는 약은 승인받을 수 없었다'로 수정한 것은 적절하다.

**[오답해설]**

① 노화 문제를 해결하는 것은 '인간이 젊고 건강한 상태로 수명을 연장할 수 있다는 점'에서 기존 발상과 다르다고 하였으므로, ㉠을 '늙고 병든 상태에서 담담히 죽음의 시간을 기다린다'로 수정한 것은 적절하지 못하다.

② ㉡이 포함된 문장에서 '젊음을 유지한 채 수명을 늘리는 것은 충분히 가능하다'고 서술되어 있으므로, ㉡에는 '젊음을 유지한 채 수명을 늘리는 것'과 관련된 조건이 들어가야 한다. 그러므로 ㉡을 '노화가 진행되기 전의 신체를 노화가 진행된 신체'로 수정한 것은 적절하지 못하다.

④ ㉣이 포함된 문장에서 '이를 통해 유전자를 조작하는 방식으로 노화를 막을 수 있다'고 서술되어 있으므로, ㉣에는 '유전자를 조작하는 방식으로 노화를 막는 것'과 관련된 내용이 들어가야 한다. 그러므로 ㉣을 '노화가 더디게 진행되는 사람들의 유전자 자료를 데이터화하면 그들에게서 노화를 촉진'으로 수정한 것은 적절하지 못하다.

**14** ④

**[정답해설]**

ㄱ. 눈[雪]을 가리키는 단어를 4개 지니고 있는 이누이트족이 1개 지니고 있는 영어 화자들보다 눈을 넓고 섬세하게 경험한다는 것은 특정 현상과 관련한 단어가 많을수록 해당 언어권의 화자들이 그 현상에 대해 심도 있게 경험한다는 것을 의미하므로, ㉠의 '사피어-워프 가설'을 강화한다고 평가한 것은 적절하다.

ㄴ. 수를 세는 단어가 '하나', '둘', '많다' 3개뿐인 피라하족의 사람들이 세 개 이상의 대상을 모두 '많다'고 인식하는 것은 언어가 의식과 사고를 결정한 것이므로, ㉠의 '사피어-워프 가설'을 강화한다고 평가한 것은 적절하다.

ㄷ. 특정 현상과 관련한 단어가 많을수록 해당 언어권의 화자들이 그 현상에 대해 심도 있게 경험한다고 하였으므로, 색채 어휘가 많은 자연언어 화자들이 색채 어휘가 적은 자연언어 화자들에 비해 색채를 구별하는 능력이 뛰어나야 한다. 그런데 색채 어휘가 적은 자연언어 화자들이 색채 어휘가 많은 자연언어 화자들에 비해 색채를 구별하는 능력이 뛰어나다는 것은 이와 반대되므로, ㉠의 '사피어-워프 가설'을 약화한다고 평가한 것은 적절하다.

15 ②

[정답해설]

2문단에 따르면 한국 건국신화에서 신이 지상에 내려와 왕이 되고자 한 것은 천상적 존재가 지상적 존재가 되기를 바라는 것이라고 하였으나, 신이 인간을 위해 지상에 내려와 왕이 되었는지는 알 수 없다. 그러므로 '한국 무속신화에서 신은 인간을 위해 지상에 내려와 왕이 된다.'는 ②의 설명은 윗글을 이해한 내용으로 적절하지 못하다.

[오답해설]

① 3문단에서 다른 나라의 신화들은 신과 인간의 관계가 한국 신화와 달리 위계적이고 종속적이라고 전제한 뒤, 히브리 신화에서 신은 언제나 인간의 우위에 있다고 서술되어 있다. 그러므로 히브리 신화에서 신과 인간의 관계는 위계적이라고 할 수 있다.

③ 1문단에 따르면 한국 신화에서 신은 인간과의 결합을 통해 결핍을 해소함으로써 완전한 존재가 된다고 하였고, 2문단에서도 인간들의 왕이 된 신은 인간 여성과의 결합을 통해 자식을 낳음으로써 결핍을 메운다고 서술하고 있다. 그러므로 한국 건국신화에서 신은 인간과의 결합을 통해 완전한 존재가 된다고 할 수 있다.

④ 2문단에 한국 신화에서 신과 인간은 서로의 존재를 필요로 한다는 점에서 상호의존적이고 호혜적이라고 밝힌 반면에, 3문단에서 신체 화생 신화는 신의 희생 덕분에 인간 세계가 만들어질 수 있었다는 점에서 인간은 신에게 철저히 종속되어 있다고 서술되어 있다. 그러므로 한국 신화에 보이는 신과 인간의 관계는 신체 화생 신화에 보이는 신과 인간의 관계와 다르다는 것을 확인할 수 있다.

16 ③

[정답해설]

ⓒ의 '거듭나다'는 '지금까지의 방식이나 태도를 버리고 새롭게 시작하다'라는 의미이고, '복귀하다'는 '본디의 자리나 상태로 되돌아가다'를 뜻하므로 서로 바꿔 쓸 수 없다.

[오답해설]

① ㉠의 '견주다'는 '둘 이상의 사물을 질이나 양 따위에서 어떤 차이가 있는지 알기 위하여 서로 대어 보다'라는 의미이므로, '둘 이상의 사물을 견주어 서로 간의 유사점, 차이점, 일반 법칙 따위를 고찰하다'는 의미인 '비교하다'와 바꿔 쓸 수 있다.

② ㉡의 '바라다'는 '생각이나 바람대로 어떤 일이나 상태가 이루어지거나 그렇게 되었으면 하고 생각하다'라는 의미이므로, '어떤 일을 이루거나 하기를 바라다'는 의미인 '희망하다'와 바꿔 쓸 수 있다.

④ ㉣의 '퍼지다'는 '어떤 물질이나 현상 따위가 넓은 범위에 미치다'라는 의미이므로, '일정한 범위에 흩어져 퍼져 있다'라는 의미인 '분포되다'와 바꿔 쓸 수 있다.

17 ①

[정답해설]

갑과 병은 마스크 착용에 대해 '윤리적 차원'에서 접근하고 있지만, 을은 두 번째 발언에서 마스크를 쓰지 않는 행위를 윤리적 차원에서만 접근하지 말고, '문화적 차원'에서도 고려할 필요가 있다며 남들과 다른 측면에서 탐색하고 있다.

[오답해설]

② 갑이 두 번째 발언에서 '개인의 자유로운 선택이 타인의 생명을 위협한다면 기본권이라 하더라도 제한하는 것이 보편적 상식 아닐까?'라고 말한 것은 앞서 말한 병의 의견을 재반박한 것이지 자신의 의견이 반박되자 질문을 던져 화제를 전환한 것은 아니다.

③ 갑은 전염병이 창궐했을 때 마스크를 착용하는 것은 당연하다며 마스크 착용을 찬성하고 있고, 을은 마스크 착용에 대한 찬성 혹은 반대 입장을 밝히지 않고 있다. 병은 개인의 자유만을 고집하면 결국 사회가 극단적 이기주의에 빠져 붕괴한다며 마스크 착용을 찬성하고 있다. 그러므로 대화가 진행되면서 논점에 대한 찬반 입장이 바뀌는 사람은 없다.

④ 을은 두 번째 발언에서 어떤 사회에서는 얼굴을 가리는 것이 범죄자의 징표로 인식되기도 한다고 사례를 제시하며, 마스크를 쓰지 않는 행위를 문화적 차원에서도 고려할 필요가 있다고 하였다. 이는 사례의 공통점을 종합한 것이 아니라 다른 사례를 제시한 것이다.

18 ④

[정답해설]

2문단에 따르면 앳킨슨은 스톤헨지를 세운 사람들을 '야만인'으로 묘사하면서 이들은 과학적 사고를 할 줄 모른다고 주장하였다. 그러므로 기원전 3,000년경 인류에게 천문학 지식이 있었다는 증거가 발견되면 앳킨슨의 이러한 주장은 약화될 것이다.

[오답해설]

① 1문단에서 천문학자 호킨스는 스톤헨지의 모양이 태양과 달의 배열을 나타낸 것이라는 의견을 제시했지만, 스톤헨지가 제사를 지내는 장소였다고 언급한 적은 없다. 그러므로 스톤헨지가 제사를 지내는 장소였다는 후대 기록이 발견되면 호킨스의 주장이 강화될 것이라는 평가는 적절하지 않다.

② 1문단에서 천문학자 호일이 스톤헨지가 일종의 연산장치라는 주장을 하였는데, 연산장치는 숫자 사용과 밀접한 관련이 있다. 그러므로 스톤헨지 건설 당시의 사람들이 숫자를 사용하였다는 증거가 발견되면 호일의 주장은 약화(→ 강화)될 것이다.

③ 3문단에서 글쓴이는 스톤헨지의 건설자들이 현대인과 같은 지능을 가졌다고 해도 수학과 천문학의 지식이 보존되고 전승될 문자 기록이 없었으므로 우리와 똑같은 과학적 사고와 기술적 지식을 가지지는 못했다고 주장하고 있다. 그러므로 스톤헨지의 유적지에서 수학과 과학에 관련된 신석기시대 기록물이 발견되면 글쓴이의 주장은 강화(→ 약화)될 것이다.

19 ②

**[정답해설]**

㉡의 '이들'은 '스톤헨지를 세운 사람들'을 가리키고, ㉣의 '그들'은 '스톤헨지의 건설자들'을 가리킨다. 그러므로 문맥상 ㉡과 ㉣의 지시 대상은 동일하다.

**[오답해설]**

㉠의 '그들'은 1문단에서 언급한 '천문학자 호일', '엔지니어인 톰', 그리고 '천문학자인 호킨스'를 가리킨다.

㉢의 '이들'은 앞서 언급한 '호킨스를 옹호하는 학자들'을 가리킨다.

20 ①

**[정답해설]**

제시문의 내용을 논리 기호로 단순화하면 다음과 같다.

| • 문학 → 자연의 아름다움<br>• 어떤 자연의 아름다움 ∧ 예술 |
|---|
| (결론) 어떤 예술 ∧ 문학 |

삼단 논법을 통해 '예술을 좋아하는 어떤 사람은 문학을 좋아하는 사람이다.'라는 결론을 이끌어내기 위해서는 '자연의 아름다움'과 '문학'의 관련성을 언급하는 문장이 들어가야 한다. 그러므로 ①의 '자연의 아름다움을 좋아하는 사람은 모두 문학을 좋아하는 사람이다.'가 빈칸에 들어갈 말로 가장 적절하다.

# 제2차 정답 및 해설

## 정답

| | | | | |
|---|---|---|---|---|
| 01 ② | 02 ② | 03 ③ | 04 ④ | 05 ④ |
| 06 ③ | 07 ② | 08 ③ | 09 ① | 10 ① |
| 11 ④ | 12 ① | 13 ② | 14 ① | 15 ① |
| 16 ② | 17 ③ | 18 ④ | 19 ④ | 20 ① |

## 해설

### 01 ②

**[정답해설]**

"시장은 시민의 안전에 관하여 건설업계 관계자들과 논의하였다."라는 문장은 여러 뜻으로 해석될 수 있는 중의적 문장이 아니므로, 중의적 표현을 삼가기 위해 별도로 수정할 필요는 없다.

**[오답해설]**

① '국회의원'과 '선출되었다'는 피동의 관계에 있는 주어와 서술어가 되어야 하므로, 목적어인 'ㅇㅇㅇ명을'을 주어인 'ㅇㅇㅇ명이'로 수정한 것은 적절하다.

③ '5킬로그램 정도'가 '금'을 수식하는 지, '보관함'을 수식하는 지 분명하지 않으므로, '금 5킬로그램 정도'라고 수식어와 피수식어의 관계를 분명하게 밝혀 수정한 것은 적절하다.

④ "음식물의 신선도 유지와 부패를 방지해야 한다."는 '음식물의 신선도 유지를 방지해야 한다.'는 잘못된 의미가 포함될 수 있으므로, 대등한 관계를 사용하여 "음식물의 신선도를 유지하고, 부패를 방지해야 한다."로 수정한 것은 적절하다.

### 02 ②

**[정답해설]**

질병의 전염성에 주목하여 붙여진 이름은 '염병(染病)'과 '윤행괴질(輪行怪疾)'이며, '역병(疫病)'은 사람이 고된 일을 치르듯[役] 병에 걸려 매우 고통스러운 상태를 말한다.

**[오답해설]**

① '온역(瘟疫)'에 들어 있는 '온(瘟)'은 이 병을 일으키는 계절적 원인을 가리킨다고 하였으므로, '온역'은 질병의 원인에 주목하여 붙여진 이름이라고 할 수 있다.

③ '당독역(唐毒疫)'은 오랑캐처럼 사납고[唐], 독을 먹은 듯 고통스럽다[毒]는 의미가 들어가 있다고 하였으므로, 질병의 고통스러운 정도에 주목하여 붙여진 이름이라고 할 수 있다.

④ '마진(痲疹)'은 피부에 발진이 생기고 그 모양이 삼씨 모양인 것을 강조한 말이므로, 질병으로 인해 몸에 나타난 증상에 주목하여 붙여진 이름이라고 할 수 있다.

### 03 ③

**[정답해설]**

제시문에 따르면 플라톤의 『국가』에서 사람들이 살아가면서 가장 중요하게 생각하는 두 가지 요소는 '재물'과 '성적 욕망'이며, 삶을 살아가면서 돈에 대한 욕망이나 성적 욕망만이라도 잘 다스릴 수 있다면 낭패를 당하거나 망신을 당할 일이 거의 없을 것이라고 서술하고 있다. 그러므로 '성공적인 삶을 살려면 재물욕과 성욕을 잘 다스려야 한다.'는 ③의 설명이 제시문의 중심 내용으로 가장 적절하다.

### 04 ④

**[정답해설]**

랑그는 특정한 언어공동체가 공유하고 있는 기호체계를 가리키므로, 자기 모국어에 대해 사람들이 내재적으로 가지고 있는 지식인 언어능력과 비슷한 개념이다. 반면, 파롤은 의사소통을 위한 개인적인 행위를 의미하므로, 사람들이 실제로 발화하는 행위인 언어수행과 비슷한 개념이다. 그러므로 ㉣은 '랑그가 언어능력에 대응한다면, 파롤은 언어수행에 대응'이라고 수정해야 옳다.

**[오답해설]**

① 랑그는 특정한 언어공동체가 공유하고 있는 기호체계를 가리키므로 고정되어 있는 악보에 비유할 수 있고, 파롤은 의사소통을 위한 개인적인 행위를 의미하므로 악보를 연주하는 사람에 따라 달라지는 실제 연주에 비유할 수 있다. 그러므로 ㉠은 어색한 곳이 없다.

② 랑그가 고정된 악보와 같기 때문에 여러 상황에도 불구하고 변하지 않고 기본을 이루는 언어의 본질적 모습에 해당한다. 그러므로 ㉡은 어색한 곳이 없다.

③ '책상'이라는 단어를 발음할 때 사람마다 발음되는 소리가

다르기 때문에 '책상'에 대한 발음이 제각각일 수밖에 없다면 실제로 발음되는 제각각의 소리값은 파롤에 해당한다. 그러므로 ⓒ은 어색한 곳이 없다.

05 ④

[정답해설]

제시문에 따르면 판타자에서는 이미 알고 있는 것보다 새로운 것이 더 중요한 의미를 가지며, SF에서는 어떤 새로운 것이 등장했을 때 그 낯섦을 인정하면서도 동시에 그것을 자신이 이미 알고 있던 인식의 틀로 끌어들여 재조정하는 과정이 요구된다고 하였다. 그러므로 '판타지는 알고 있는 것보다 새로운 것이 더 중요하고, SF는 알고 있는 것과 새로운 것 사이의 재조정이 필요한 장르이다'라는 ④의 설명이 핵심 논지로 가장 적절하다.

06 ③

[정답해설]

제시문에 따르면 로빈후드 이야기에서 셔우드 숲을 한 바퀴 돌고 로빈후드를 만났다고 하는 국왕 에드워드는 1세에서 3세까지의 에드워드 국왕 중 이 지역의 순행 기록이 있는 사람이 에드워드 2세뿐이므로 1307년에 즉위하여 20년간 재위한 2세일 가능성이 있다고 하였다. 그러므로 로빈후드 이야기의 시대 배경은 에드워드 2세의 재위 기간인 1307~1327년에 해당하는 14세기 전반으로 추정할 수 있다.

[오답해설]

① '왕의 영지에 있는 사슴에 대한 밀렵을 금지하는 법은 11세기 후반 잉글랜드를 정복한 윌리엄 왕이 제정한 것이므로 아마도 로빈후드 이야기가 그 이전 시기로까지 거슬러 올라가지는 않을 것이다.'라는 제시문의 내용을 고려할 때, 로빈후드 이야기의 시대 배경이 11세기 후반은 아니다.

② 제시문에서 로빈후드는 14세기 후반인 1377년경에 인기를 끈 작품 〈농부 피어즈〉에 최초로 등장하며, 로빈후드를 만났다고 하는 국왕 에드워드는 1307년에 즉위하여 20년간 재위한 2세일 가능성이 있다고 하였다. 여기서 1307년은 14세기이므로, 로빈후드 이야기의 시대 배경이 14세기 이전은 아니다.

④ 제시문에서 로빈후드를 만났다고 하는 국왕 에드워드는 1307년에 즉위하여 20년간 재위한 2세일 가능성이 있다고 하였다. 따라서 에드워드 2세의 마지막 재위 연도가 14세기 전반인 1327년으로 추정되므로 로빈후드 이야기의 시대 배경이 14세기 후반은 아니다.

07 ②

[정답해설]

(나)의 마지막 문장에서 임진왜란으로 인하여 교류가 단절되었다고 하였고, (가)에서 조선과 일본의 단절된 관계는 1609년 기유조약이 체결되면서 회복되었다고 하였으므로 (나) 다음에 (가)가 온다. 또한 (가)의 마지막 문장에서 조선은 대마도에 시혜를 베풀어줌으로써 일본과의 교린 체계를 유지해 나가려고 했고, (다)에서 이러한 외교관계에 매 교역이 자리하고 있었다고 서술되어 있으므로 (가) 다음에 (다)가 온다. 그러므로 이를 종합해 볼 때, 맥락에 맞는 글의 순서는 (나)-(가)-(다)이다.

08 ③

[정답해설]

제시문에서 '0' 개념이 들어오기 전 시간의 길이는 '1'부터 셈했고, 시간의 시작점 역시 '1'로 셈했으며 이와 같은 셈법의 흔적을 현대 언어에서도 찾을 수 있다고 하였다. 그러면서 '2주'를 의미하는 용도로 사용되는 현대 프랑스어 'quinze jours'가 그 어원이 '15일'을 가리키는 이유를 예로 들어 설명하고 있다. 그러므로 '프랑스어 'quinze jours'에는 '0' 개념이 들어오기 전 셈법의 흔적이 남아 있다.'는 ③의 설명은 적절하다.

[오답해설]

① 제시문에 '0' 개념은 13세기가 되어서야 유럽으로 들어왔고, '0' 개념이 들어오기 전 시간의 길이는 '1'부터 셈했다고 서술되어 있다. 그러므로 '0' 개념이 13세기에 유럽에서 발명된 것은 아니다.

② 『성경』에서 예수의 부활 시점을 3일이라고 한 것은 그의 신성성을 부각하기 위한 것이 아니라, 『성경』이 기록될 당시에 '0' 개념이 없었기 때문에 그 시작점을 '1'로 셈했던 것이다. 그러므로 『성경』에서 예수의 신성성을 부각하기 위해 그의 부활 시점을 활용한 것은 아니다.

④ 제시문에 오늘날 그리스 사람들이 올림픽이 열리는 주기에 해당하는 4년을 '5년'이라는 어원을 지닌 'pentaeteris'라고 부르는 까닭은 시간적으로는 동일한 기간이지만 시간을 셈하는 방식에 따라 마지막 해가 달라졌기 때문이라고 서술하고 있다. 즉, '0' 개념이 없었기 때문에 올림픽이 개최된 해를 '1년'부터 시작하면 다음 올림픽이 개최되는 해는 4년 후인 '5년'이 된다. 그러므로 'pentaeteris'라는 말이 생겨났을 때에 비해 오늘날의 올림픽이 열리는 주기가 짧아진 것은 아니다.

09 ①

[정답해설]

제시문에 인간의 인두는 여섯 번째 목뼈에까지 이르는 반면에, 대부분의 포유류에서는 인두의 길이가 세 번째 목뼈를 넘지 않으며, 개의 경우는 두 번째 목뼈를 넘지 않는다고 서술되어 있다. 그러므로 '개의 인두 길이는 인간의 인두 길이보다 짧다.'는 ①의 설명은 제시문의 내용과 일치한다.

[오답해설]

② 제시문에 침팬지는 인간과 게놈의 98%를 공유하고 있지만, 발성 기관에 차이가 있으며, 인간의 인두는 여섯 번째 목뼈에까지 이르는 반면에, 대부분의 포유류는 인두의 길이가 세 번째 목뼈를 넘지 않는다고 서술되어 있다. 그러므로 침팬지의 인두가 인간의 인두와 98% 유사한 것은 아니다.

③ 제시문에서 녹색원숭이는 포식자의 접근을 알리기 위해 소리를 지르며, 침팬지는 고통, 괴로움, 기쁨 등의 감정을 표현할 때 각각 다른 소리를 낸다고 서술되어 있다. 이는 자신의 종에 속하는 개체들과 의사소통을 하는 사례를 든 것이므로, 서로 다른 종인 녹색원숭이와 침팬지가 의사소통을 할 수 있는지의 여부는 알 수 없다.

④ 제시문에 따르면 초당 십여 개의 소리를 만들어 낼 수 있는 것은 침팬지가 아니라 인간이다.

10 ①

[정답해설]

(가)의 '소리'는 인간의 발성 기관을 통해 낼 수 있는 소리이며, ㉠의 '소리'는 고통, 괴로움, 기쁨 등의 감정을 표현할 때 내는 침팬지의 소리이므로 그 의미가 다르다.

[오답해설]

㉡ · ㉢ · ㉣은 (가)의 '소리'와 마찬가지로 인간의 발성 기관을 통해 낼 수 있는 소리를 의미한다.

11 ④

[정답해설]

본문에 따르면 방각본 출판업자들은 작품의 규모가 커서 분량이 많은 경우에는 생산 비용이 올라가 책값이 비싸지기 때문에 자연스럽게 분량이 적은 작품을 선호하였고, 세책업자들은 한 작품의 분량이 많아서 여러 책으로 나뉘어 있으면 그만큼 세책료를 더 받을 수 있기 때문에 스토리를 재미나게 부연하여 책의 권수를 늘렸다고 설명하고 있다. 그러므로 '한 편의 작품이 여러 권의 책으로 나뉘어 있는 대규모 작품들은 방각본 출판업자들보다 세책업자들이 선호하였다.'는 ④의 설명은 적절하다.

[오답해설]

① 제시문에 세책업자들은 한 작품의 분량이 많아서 여러 책으로 나뉘어 있으면 그만큼 세책료를 더 받을 수 있다고 서술되어 있다. 그러므로 분량이 많은 작품이 책값이 비쌌기 때문에 세책가에서 취급하지 않은 것은 아니다.

② 제시문에 방각본 출판업자들은 작품의 규모가 커서 분량이 많은 경우에는 생산 비용이 올라가 책값이 비싸지기 때문에 자연스럽게 분량이 적은 작품을 선호하였다고 서술되어 있다. 그러므로 구비할 책을 선정할 때 분량이 적은 작품을 우선시 한 것은 세책업자가 아니라 방각본 출판업자들이다.

③ 제시문의 마지막 문장에 세책업자들은 많은 종류의 작품을 모으는 데에 주력했고, 이 과정에서 원본의 확장 및 개작이 적잖이 이루어졌다고 서술되어 있다. 그러므로 원본의 내용을 부연하여 개작한 것은 방각본 출판업자들이 아니라 세책업자들이다.

12 ①

[정답해설]

㉠의 '올라가'는 값이나 통계 수치, 온도, 물가가 높아지거나 커지다의 의미로 사용되었다. 마찬가지로 ①의 '올라가는'도 습도가 상승하다는 의미로 사용되었으므로 ㉠과 같은 의미이다.

[오답해설]

② '내가 키우던 반려견이 하늘나라로 올라갔다.'에서 '올라갔다'는 ('하늘', '하늘나라' 따위와 함께 쓰여) '죽다'를 비유적으로 이르는 말이다.

③ '그녀는 승진해서 본사로 올라가게 되었다.'에서 '올라가게'는 지방 부서에서 중앙 부서로, 또는 하급 기관에서 상급 기관으로 자리를 옮기다의 의미이다.

④ '그는 시험을 보러 서울로 올라갔다.'에서 '올라갔다'는 지방에서 중앙으로 가다, 즉 '상경하다'의 의미이다.

TIP 올라가다(동사)

I. 「…에, …으로」

1. 낮은 곳에서 높은 곳으로 또는 아래에서 위로 가다.
   예 나무에 올라가다.
2. 지방에서 중앙으로 가다.
   예 서울에 올라가는 대로 편지를 올리겠습니다.
3. 지방 부서에서 중앙 부서로, 또는 하급 기관에서 상급 기관으로 자리를 옮기다.
   예 이번에 발령받아 대검찰청에 올라가면 나 좀 잘 봐주세요.
4. 남쪽에서 북쪽으로 가다.
   예 우리나라에 있던 태풍이 북상하여 만주에 올라가 있다.
5. 물에서 뭍으로 옮겨 가다.
   예 물고기들이 파도에 밀려 뭍에 올라가 있었다.

6. ('하늘', '하늘나라' 따위와 함께 쓰여) '죽다'를 비유적으로 이르는 말.
   예 가여운 성냥팔이 소녀는 하늘나라에 올라가서 어머니를 만났겠지.
7. 하급 기관의 서류 따위가 상급 기관에 제출되다.
   예 나라에 상소가 올라가다.

Ⅱ. 「…으로」
1. 기준이 되는 장소에서 다소 높아 보이는 방향으로 계속 멀어져 가다.
   예 큰길로 조금만 올라가면 우체국이 있다.
2. 어떤 부류나 계통 따위의 흐름을 거슬러 근원지로 향하여 가다.
   예 윗대 조상으로 올라가면 그 집안도 꽤 전통이 있는 집안이다.
3. 등급이나 직급 따위의 단계가 높아지다.
   예 바둑 급수가 7급에서 6급으로 올라갔다.
4. 자질이나 수준 따위가 높아지다.
   예 수준이 올라가다.
5. 값이나 통계 수치, 온도, 물가가 높아지거나 커지다.
   예 집값이 자꾸 올라가서 큰 걱정이다.
6. 물의 흐름을 거슬러 위쪽으로 향하여 가다.
   예 그들은 강을 따라 올라가기 시작하였다.
7. 기세나 기운, 열정 따위가 점차 고조되다.
   예 장군의 늠름한 모습에 병사들의 사기가 하늘을 찌를 듯이 올라갔다.
8. 밑천이나 재산이 모두 없어지다.

Ⅲ. 「…을」
높은 곳을 향하여 가다.
예 산을 올라가다.

13 ②

[정답해설]

ㄴ. 을의 주장과 병의 주장은 대립하지 않는다. → (○)
을은 오늘날 사회는 계급 불평등이 더욱 고착화되었다고 주장하고, 병도 또한 현대사회에서 계급 체계는 여전히 경제적 불평등의 핵심으로 남아 있다고 주장한다. 그러므로 을의 주장과 병의 주장은 일치하며 대립하지 않는다.

[오답해설]

ㄱ. 갑의 주장과 을의 주장은 대립하지 않는다. → (×)
갑은 오늘날의 사회에서 전통적인 계급은 사라졌다고 주장하는 반면, 을은 오늘날의 사회가 계급 불평등이 더욱 고착되었다고 주장한다. 그러므로 갑과 을의 주장은 서로 대립한다.
ㄷ. 병의 주장과 갑의 주장은 대립하지 않는다. → (×)
갑은 오늘날의 사회에서 전통적인 계급은 사라졌다고 주장하는 반면, 병은 현대사회에서 계급 체계는 여전히 경제적 불평등의 핵심으로 남아 있다고 주장한다. 그러므로 갑과 병의 주장은 서로 대립한다.

14 ①

[정답해설]

(가) 축구를 잘하는 사람은 모두 머리가 좋다. → 전칭 명제
(나) 축구를 잘하는 어떤 사람은 키가 작다. → 특칭 명제

| (가) 축구 → 머리 |
|---|

| (나) 축구 ∧ 키 작음 |
|---|

(결론) 머리 ∧ 키 작음 ≡ 키 작음 ∧ 머리

위의 논리 조건을 종합해 보면 축구를 잘하는 사람은 모두 머리가 좋고, 축구를 잘하는 어떤 사람은 키가 작으므로, 머리가 좋은 어떤 사람은 키가 작다. 따라서 키가 작은 어떤 사람은 머리가 좋다.

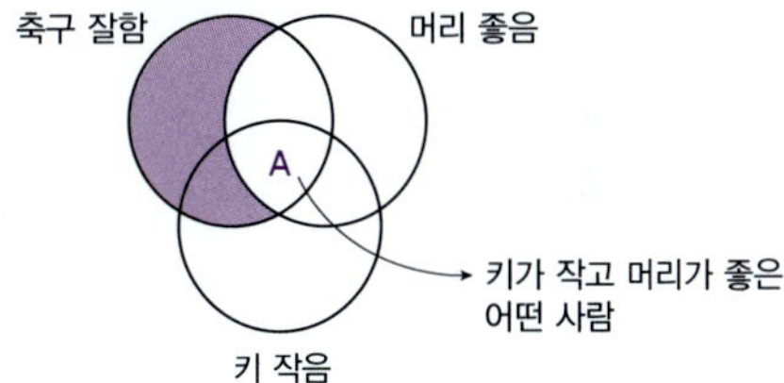


15 ①

[정답해설]

㉠ 마케팅 프로젝트 성공 → (유행지각 ∧ 깊은 사고 ∧ 협업)

㉡ (유행지각 ∧ 깊은 사고 ∧ 협업) → 마케팅 프로젝트 성공

①의 내용을 논리 기호로 나타내면, '마케팅 프로젝트 성공 → (유행지각 ∧ 깊은 사고 ∧ 협업)'이므로 ㉠의 논리 기호와 같다. 그러므로 '지금까지 성공한 프로젝트가 유행지각, 깊은 사고 그리고 협업 모두에서 목표를 달성했다면, ㉠은 강화된다'는 ①의 설명은 적절하다.

[오답해설]

② 논리 기호로 나타내면, '(~유행지각 ∨ ~깊은 사고 ∨ ~협업) → ~마케팅 프로젝트 성공'이므로 ㉠의 대우와 같다. 그러므로 성공하지 못한 프로젝트 중 유행지각, 깊은 사고 그리고 협업 중 하나 이상에서 목표를 달성하는 데 실패한 사례가 있다면, ㉠은 약화(→ 강화)된다.
③ 논리 기호로 나타내면, '(~유행지각 ∨ ~깊은 사고 ∨ ~협업) → 마케팅 프로젝트 성공'이므로 ㉡의 이에 해당한다. 그런데 어떤 명제가 참이라고 해서 그 명제의 이가 항상 참인 것은 아니므로 유행지각, 깊은 사고 그리고 협업 중 하나 이상에서 목표를 달성하는 데 실패했지만 성공한 프로젝트가 있다면, ㉡이 강화되는 것은 아니다.

④ 논리 기호로 나타내면, '(유행지각 ∧ 깊은 사고 ∧ 협업) → ~마케팅 프로젝트 성공'이므로 유행지각, 깊은 사고 그리고 협업 모두에서 목표를 달성했지만 성공하지 못한 프로젝트가 있다면, ㉡은 약화(→ 강화)된다.

16 ②

**[정답해설]**

ㄱ. 우기에 비가 넘치는 산간 지역에서 고상식 주거 건축물 유적만 발견된 것은 지면에서 오는 각종 침해에 대비해 바닥을 높이 들어 올린 고상식 건축의 특징이므로, 기후에 따라 다른 자연환경에 적응해 발생했다는 ㉠의 주장을 강화한다.

ㄷ. 여름에는 고상식 건축물에서, 겨울에는 움집형 건축물에서 생활한 집단의 유적이 발견된 것은 계절에 따라 건축물의 양식을 달리한 것이므로, 기후에 따라 다른 자연환경에 적응해 발생했다는 ㉠의 주장을 강화한다.

**[오답해설]**

ㄴ. 움집형 집과 고상식 집이 공존해 있는 주거 양식을 보여주는 집단의 유적지가 발견된 것은 기후에 따라 다른 자연환경에 적응해 발생한 주거 양식이 아니므로, ㉠의 주장을 약화시킨다.

17 ③

**[정답해설]**

제시문의 마지막 문장에서 한문문학 중 '국문학적 가치'가 있는 것을 준국문학에 귀속시켰다고 하였고, 준국문학은 '넓은 의미의 국문학'에 해당하므로 '종래의 국문학의 정의를 기본 전제로 하되, 일부 한문문학을 국문학으로 인정'하자는 (나)의 주장은 강화된다.

**[오답해설]**

① 국문학의 범위를 획정하는 데 있어 해외에서의 문학적 가치의 인정은 중요 요인이 아니므로, 국문학에서 한문으로 쓰인 문학을 배제하자는 (가)의 주장에 영향을 미치지 않는다.

② 글의 서두에서 한 나라의 문학, 즉 '국문학'은 "그 나라의 말과 글로 된 문학"을 지칭한다고 하였으므로, 국문학의 정의를 '그 나라 사람들의 사상과 정서를 그 나라 말과 글로 표현한 문학'으로 수정하면 (가)의 주장은 약화(→ 강화)된다.

④ 글의 말미에서 훈민정음 창제 이후에도 한문문학 중 '국문학적 가치'가 있는 것을 준국문학에 귀속시켰다고 하였으므로, 훈민정음 창제 이후에도 차자표기(한자의 음과 훈을 빌려 우리말을 기록하던 표기법)로 된 문학작품이 다수 발견된다면 (나)의 주장은 약화(→ 강화)된다.

18 ④

**[정답해설]**

㉢의 '전자'는 '순(純)국문학'을 가리키고, ㉤의 '전자'도 '순(純)국문학'을 가리키므로 지시하는 바가 동일하다.

**[오답해설]**

① ㉠의 '전자'는 '한문으로 쓰여진 문학', 즉 한문학을 가리키고, ㉢의 '전자'는 '순(純)국문학', 즉 국문학을 가리키므로 지시하는 바가 다르다.

② ㉡의 '후자'는 국문학을 가리키고, ㉣의 '후자'는 '준(準)국문학', 즉 한문학을 가리키므로 지시하는 바가 다르다.

③ ㉡의 '후자'는 국문학을 가리키고, ㉥의 '후자'는 '준(準)국문학', 즉 한문학을 가리키므로 지시하는 바가 다르다.

19 ④

**[정답해설]**

• 갑과 을 중 적어도 한 명은 〈글쓰기〉를 신청한다.

갑 · 글쓰기 ∨ 을 · 글쓰기

• 을이 〈글쓰기〉를 신청하면 병은 〈말하기〉와 〈듣기〉를 신청한다.

을 · 글쓰기 → (병 · 말하기 ∧ 병 · 듣기)

대우: ~(병 · 말하기 ∧ 병 · 듣기) → ~을 · 글쓰기

• 병이 〈말하기〉와 〈듣기〉를 신청하면 정은 〈읽기〉를 신청한다.

(병 · 말하기 ∧ 병 · 듣기) → 정 · 읽기

대우: ~정 · 읽기 → ~(병 · 말하기 ∧ 병 · 듣기)

• 정은 〈읽기〉를 신청하지 않는다.

~정 · 읽기

위의 논리 조건을 밑에서 위로 따라가 보면, 정이 〈읽기〉를 신청하지 않으면 병은 〈말하기〉와 〈듣기〉를 신청하지 않고, 병이 〈말하기〉와 〈듣기〉를 신청하지 않으면 을이 〈글쓰기〉를 신청하지 않는다. 따라서 을이 〈글쓰기〉를 신청하지 않는 것이 판명되었고, 처음 조건에서 갑과 을 중 적어도 한 명은 〈글쓰기〉를 신청한다고 하였으므로, 갑이 〈글쓰기〉를 신청한다는 사실을 알 수 있다.

20 ①

**[정답해설]**

글의 서두에 언어의 형식적 요소에는 '음운', '형태', '통사'가 있으며, 언어의 내용적 요소에는 '의미'가 있다고 하였다. 그러므로 '언어는 형식적 요소가 내용적 요소보다 다양하다.'는

①의 설명은 적절하다.

[오답해설]

② 2문단에서 언어학은 크게 말소리 탐구, 문법 탐구, 의미 탐구로 나눌 수 있는데, 이때 각각에 해당하는 음운론, 문법론, 의미론은 서로 관련된다고 하였다. 그러므로 언어의 형태 탐구는 의미 탐구와 관련되지 않는다는 설명은 적절하지 못하다.

③ 2문단에서 의사소통의 과정상 발신자의 측면에서는 의미론에, 수신자의 측면에서는 음운론에 초점이 놓인다고 하였으나, 의사소통의 첫 단계가 언어의 형식을 소리로 전환하는 것인지는 제시문을 통해 확인할 수 없다.

④ 2문단에서 화자의 측면에서 언어를 발신하는 경우에는 의미론에서 문법론을 거쳐 음운론의 방향으로, 청자의 측면에서 언어를 수신하는 경우에는 반대의 방향으로 작용한다고 하였다. 여기서 문법론은 형태론 및 통사론을 포괄하므로, 언어를 발신하고 수신하는 과정에서 통사론이 활용되지 않는 것은 아니다.

9급공무원

# 국어

나두공

나두공

# 01장 현대 문학

# 01장 현대 문학

SEMI-NOTE

## 01절 문학 일반론

### 1. 문학의 특성

#### (1) 문학의 본질과 기원

① 문학의 본질

㉠ 언어 예술 : 언어를 표현 매체로 하는 예술로서, 구비 문학과 기록 문학이 모두 문학에 포함됨

㉡ 개인 체험의 표현 : 개인의 특수한 체험이면서, 인류의 보편적 삶과 합일하는 체험

㉢ 사상과 정서의 표현 : 미적으로 정화되고 정서화된 사상의 표현

㉣ 개연성(蓋然性) 있는 허구의 세계 : 문학에서의 세계는 허구의 세계이나, 이는 실제 생활과 완전히 유리된 것이 아니라 작가의 상상을 통해 실제 생활에서 유추된 세계임

㉤ 통합된 구조 : 문학 속에는 대상에 의한 구체적 미적 표현인 '형상'과 경험을 의식 세계로 섭취하려는 정신 작용인 '인식'이 결합되어 작품을 이룸

② 문학의 기원

㉠ 심리학적 기원설

- 모방 본능설 : 인간의 모방 본능으로 문학이 생겼다는 설(아리스토텔레스, 플라톤)
- 유희 본능설 : 인간의 유희 충동에서 문학이 발생했다는 설(칸트, 스펜서, 실러)
- 흡인 본능설 : 남의 관심을 끌고 싶어 하는 흡인 본능 때문에 문학이 발생했다는 설(다윈 등 진화론자)
- 자기표현 본능설 : 자기의 사상과 감정을 드러내고 싶어 하는 본능에서 문학이 발생했다는 설(허드슨)

㉡ 발생학적 기원설 : 일상생활에서의 필요성 때문에 문학이 발생했다는 설(그로세)

㉢ 발라드 댄스(ballad dance)설 : 원시 종합 예술에서 음악, 무용, 문학이 분화 및 발생하였다는 설(몰톤)

#### (2) 문학의 요소와 미적 범주

① 문학의 요소

㉠ 미적 정서 : 어떤 대상을 접했을 때, 마음속에서 일어나는 본능적인 감정을 절제하고 걸러 냄으로써 생겨나는 정서로, 보편성 또는 항구성을 획득하게 하는 요소 → 희로애락(喜怒哀樂)과 같은 인간의 감정을 말함

**문학의 정의와 조건**

- 문학의 정의 : 문학이란 인간의 가치 있는 체험을 말과 글로 표현한 예술
- 문학의 조건
  - 내용 조건 : 가치 있는 경험(체험)
  - 형식 조건 : 형상화(形象化)된 언어

**문학과 예술의 차이**

문학이 다른 예술과 구분되는 점은 언어를 통해 표현되는 점에 있음

**문학의 구조**

- 유기적 구조 : 문학의 모든 요소들이 긴밀히 연결되어 있음
- 동적 구조 : 시간의 경과를 통해 우리의 의식 속에서 파악되는 동적인 구조

㉡ 상상 : 문학을 창조하는 힘의 원천으로 이미지를 형성하고 문학의 독창성을 가능하게 하는 요소

㉢ 사상 : 작품의 주제가 되는 작가의 인생관이나 세계관의 반영으로 작품 속에 숨겨진 의미

㉣ 형식 : 작품의 구조와 문체로써 문학 내용을 구체적으로 형상화하는 요소

② 문학의 미적 범주

㉠ 숭고미(崇高美) : 경건하고 엄숙한 분위기를 통해 고고한 정신적 경지를 체험할 수 있게 하는 미의식

㉡ 우아미(優雅美) : 아름다운 형상이나 수려한 자태를 통해 고전적인 기품과 멋을 나타내는 미의식

㉢ 비장미(悲壯美) : 슬픔이 극에 달하거나 한(恨)의 정서를 드러냄으로써 형상화되는 미의식

㉣ 골계미(滑稽美) : 풍자나 해학 등의 수법으로 익살스럽게 표현하면서 어떤 교훈을 주는 경우 나타나는 미의식

## 2. 문학의 갈래와 작품 비평

### (1) 문학의 갈래

① 서정 문학 : 인간의 정서 및 감정을 화자의 입을 통해서 독자에게 직접적으로 전달하는 양식으로, 강한 주관성과 서정적인 내용, 운율 있는 언어로 구성

② 서사문학

㉠ 문자 언어로 기록되어 다양한 삶의 양상을 형상화하는 양식

㉡ 이야기를 전달하는 서술자가 존재하며 주로 과거시제로 진행

㉢ 연속적인 사건을 줄거리로 이야기하는 것

③ 극 문학

㉠ 등장인물이 직접 등장하여 말과 행동으로 사건을 보여주는 양식

㉡ 서술자가 개입하지 않으며 갈등을 중심으로 이야기가 전개

④ 교술 문학

㉠ 자아가 세계화되어 정서를 변함없이 전달하는 문학 양식

㉡ 현실속의 경험, 생각 등을 전달하므로 교훈성과 설득성이 강함

### (2) 문학 작품의 비평 유형

① 비평의 유형(방법)

㉠ 심리주의(정신분석학적) 비평

- 프로이트의 정신분석학이나 심리학 등의 이론에 근거하여 문학 작품에 반영된 작가의 창작 심리나 등장인물의 심리, 작자의 개인적 상징, 독자가 느끼는 심리적 영향 등을 분석하여 작품을 비평하는 방법
- 작품의 내용을 인간 심성의 측면에서 고찰하거나 무의식의 흐름을 심리학적으로 분석하는 등의 방법을 사용하기도 함

SEMI-NOTE

문학의 기능

- 쾌락적 기능 : 문학은 독자에게 미적 쾌감과 고차원적인 정신적 즐거움을 줄 수 있음
- 교시적 기능 : 문학은 독자에게 삶에 필요한 지식과 교훈을 주고 인생의 진실과 삶의 의미를 깨닫게 함
- 종합적 기능 : 문학은 독자에게 즐거움을 주는 동시에 인생의 진리를 가르쳐 줌(쾌락적 기능 + 교시적 기능)

문학의 종류

- 운문 문학 : 언어의 운율을 중시하는 문학 → 시
- 산문 문학 : 언어의 전달 기능을 중시하는 문학 → 소설, 희곡, 수필
- 구비 문학 : 입에서 입으로 전해진 문학으로 민족의 보편적 성격 반영
- 기록 문학 : 문자로 기록되어 본격적인 개인의 창의가 반영되는 문학

작품 비평의 정의와 양상

- 비평의 정의 : 문학 작품을 해석하고 분류하며 평가하는 일체의 활동
- 비평의 기본 양상
  - 원론 비평 : 문학의 원론과 장르에 대한 이론 비평
  - 실천(실제) 비평 : 원론 비평의 이론을 적용하여 실제의 작가와 작품을 연구, 분석하는 응용 비평
  - 제작 비평 : 실제 작품의 제작 기술에 관한 논의
  - 비평의 비평 : 원론 비평의 이론을 재검토하고 실천 비평의 타당성을 검토하여 대안을 제시하는 비평 자체에 대한 평가

SEMI-NOTE

ⓛ 구조주의 비평

- 문학 작품은 고도의 형상적 언어로 조직된 자율적인 체계라고 보고, 작품의 모든 요소를 통합하고 있는 구조 자체를 파악함으로써 작품을 이해하는 방법
- 작품을 이해하는데 필요한 자료는 작품 밖에 없으며 작품 속에 모든 것이 갖추어져 있다고 생각하며, 작품을 이루는 음성적, 의미적 요소, 서사적 상황 및 구조에 대한 분석에 관심을 가짐(이러한 측면에서 형식주의 비평과 유사)

② 외재적 비평과 내재적 비평

한눈에 쏙~

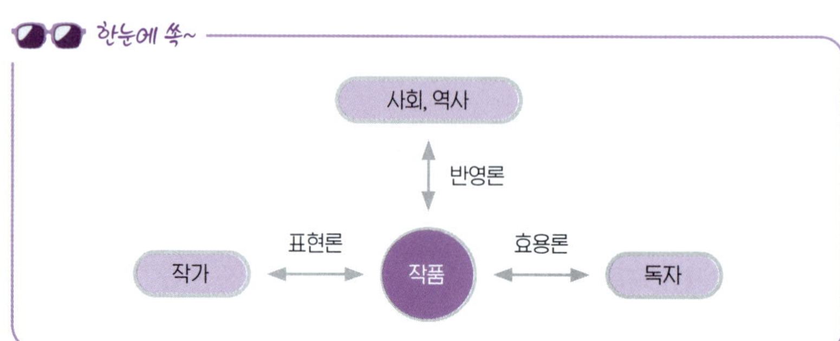


㉠ 외재적 비평 : 작가에 대한 연구, 작품의 시대 상황 등 작품 외부적 사실로부터 작품을 이해하는 방법

- 표현론(생산론)적 관점 : 작품을 작가의 체험, 사상, 감정 등을 표현한 것으로 보는 관점. 작품을 창작한 작가의 의도, 작가의 전기, 작가의 심리 상태 등에 관한 연구
- 반영론(모방론)적 관점 : 작품은 현실 세계의 반영이라는 관점. 작품이 대상으로 삼은 현실 세계에 대한 연구, 작품에 반영된 세계와 대상 세계를 비교 · 검토, 작품이 대상 세계의 진실한 모습과 전형적 모습을 반영했는가를 검토
- 효용론(수용론)적 관점 : 작품이 독자에게 어떤 효과를 어느 정도 주었는가에 따라 작품의 가치를 평가하려는 관점. 독자의 감동이 무엇이며, 그것이 구체적으로 작품의 어떤 면에서 유발되었는가를 검토

ⓛ 내재적 비평 : 작품 자체를 완결된 세계로 보고, 작품 연구에만 주력하는 방법

- 존재론(내재론, 구조론, 객관론, 절대주의)적 관점 : 작품을 이해하는 데 필요한 자료는 작품밖에 없으며, 작품 속에 모든 것이 갖추어져 있다는 관점. 작품을 작가나 시대 환경으로부터 독립시켜 이해하며 작품의 언어를 중시하고, 부분들을 유기적으로 통합하고 있는 작품의 구조를 분석(작품의 구조나 형식, 구성, 언어, 문체, 운율, 표현기법, 미적 가치 등을 중시)

ⓒ 종합주의적 비평 : 문학 작품의 해석에 있어 하나의 관점만 적용하는 것이 아니라 다양한 방법을 통해 종합적이며 총체적으로 이해하려는 관점. 작품의 내적 형식, 다양한 외적 요인들과 연결된 의미를 규명하여 종합적으로 감상

**기타 비평의 유형**

- 역사주의 비평
  - 작품 발생의 배경이 되는 역사적 상황이나 사실을 중시하는 비평
  - 작품의 배경에 해당하는 시대적 조건과 역사적 상황을 떠나서는 문학을 이해할 수 없다는 것을 전제로 하여 문학의 가치를 평가하는 것으로, 작가가 살았던 역사적 배경과 사회 환경, 작가의 생애, 창작 의도나 동기 등과 같은 외적 조건을 중심으로 작품을 분석 및 평가함
- 사회학적 비평
  - 문학을 사회적 소산으로 보고 문학이 사회, 문화적 요인과 맺는 양상이나 상관관계를 규명함으로써 작품을 이해하는 비평
  - 내용과 현실의 사회적 반영 문제, 문학제도의 연구, 문학의 생산과 소비, 유통의 연구 등을 다룸
- 신화(원형) 비평
  - 모든 문학 장르의 작품 속에서 신화의 원형을 찾아내어 그것이 어떻게 재현되고 재창조되어 있는가를 분석하는 방법
  - 신화 속에 존재하는 원형은 시대를 넘어 존재하는 것으로 보므로 문학 작품에 드러난 신화소를 분석하고 신화의 원형을 파악하여 문학을 이해하고자 함

## 3. 문예사조의 형성

### (1) 문예사조의 발생과 특징

① 고전주의

㉠ 17세기 프랑스에서 발생하여 유럽으로 전파된 사조로 고대 그리스, 로마의 고전을 모범으로 삼음

㉡ 세계를 이성으로 파악하며, 합리성과 감각적 경험에 의한 사실의 실증을 중시

㉢ 전통적 감정과 상상은 이성으로 통제, 완전한 형식미, 몰개성적 특성

㉣ 내용과 형식의 조화와 엄격성, 규범 등을 중시

② 낭만주의

㉠ 고전주의의 몰개성적 성격에 반발하여 18세기 말~19세기 초에 독일, 프랑스에서 일어나 영국으로 전파됨, 비현실적 반항정신과 이상주의적 특성

㉡ 꿈이나 이상, 신비감, 이국적이며 초자연적 정서를 중시

㉢ 인간의 감정적 욕구와 감상적 자유, 개성, 독창성을 강조

㉣ 이성보다는 감성, 합리성보다는 비합리성, 감각성보다는 관념성을 강조

③ 사실주의

㉠ 19세기 후반 낭만주의의 비현실적인 성격에 반발하여 있는 그대로를 묘사하려는 경향을 지니며 현대 소설의 주류를 형성

㉡ 사회와 현실을 있는 그대로 직시하고, 과장이나 왜곡을 금함

㉢ 객관적, 과학적 현실의 진지한 재현을 중시

④ 자연주의

㉠ 19세기의 급진적 사실주의로 자연과학적 결정론에 바탕을 둠(환경 결정론적 사조)

㉡ 에밀 졸라가 창시했으며 실험적, 분석적, 해부적 특성에 사회의 추악한 측면을 폭로

⑤ 주지주의(모더니즘)

㉠ 20세기 초, 영국을 중심으로 유럽에서 발생한 사조로, 기성세대의 모든 도덕과 전통, 권위에서 벗어나 근대적 가치와 문명을 문학적 제재로 강조

㉡ 산업사회에 비판적이며, 감각과 정서보다 이성과 지성(知性)을 중시

㉢ 정확한 일상어 사용, 구체적인 심상 제시, 견고하고 투명한 시의 추구 등을 강조

⑥ 실존주의

㉠ 제2차 세계대전 이후 프랑스를 중심으로 발생한 현실 참여적 문학 운동(현실 참여적 성격이 강함)

㉡ 삶의 부조리나 불안, 고독 등 참된 의미의 실존적 자각과 형이상학적 문제들을 다룸

SEMI-NOTE

**근대적, 현대적 문예사조**

- 근대적 문예사조 : 사실주의, 자연주의
- 현대적 문예사조 : 주지주의, 초현실주의, 실존주의

**상징주의, 유미주의**

- 19세기 말 프랑스에서 사실주의나 자연주의에 대한 반동으로 등장한 사조
- 상징적 방법에 의한 표현(상징을 통한 암시적 표현)을 중시
- 음악성, 암시성을 중시, 이상향에의 동경, 감각의 형상적 표현, 영혼세계의 추구 등을 강조

**초현실주의**

- 프로이트의 정신분석학의 영향을 받고 다다이즘을 흡수하여 형성된 사조로, 이성과 논리에 억눌려 있는 비이성과 무의식의 세계를 강조
- 자동기술법을 바탕으로 하여 무의식의 세계를 표출하였고, 잠재의식 세계의 표현에 주목

**포스트 모더니즘**

- 1950년대 후반부터 서구에서 모더니즘의 가치와 관념을 거부하며 등장한 전위적, 실험적인 사조로, 후기 산업사회의 전반적인 문화 논리이자 예술운동으로 평가됨
- 전통과 권위, 예술의 목적성 등을 거부하고 실험과 혁신, 경계의 파괴 등을 강조
- 모든 근대적 경계를 넘어서며, 개성과 자율성, 다양성, 대중성을 중시
- 패러디, 패스티시(pastiche)(혼성 모방) 등의 표현 기법을 강조

SEMI-NOTE

### (2) 국내의 문예사조

① **계몽주의** : 봉건적 인습과 종교적 독단에서 벗어나 민중을 계몽하고자 하는 목적을 지님(예 이광수 「무정」, 최남선 「해에게서 소년에게」 등)

② **유미주의** : 예술지상주의와 상통하는 사조로, 계몽주의를 반대하며 순수문학적 가치를 내걺(예 김동인 「배따라기」, 김영랑「모란이 피기까지는」 등)

③ **낭만주의** : 꿈의 세계에 대한 동경이나 병적인 감상을 특징으로 하며, 상징적인 언어를 유미적으로 나열(예 이상화 「나의 침실로」, 홍사용 「나는 왕이로소이다」 등)

④ **사실주의** : 계몽주의에 반대하고 인간 생활을 사실적이고 객관적으로 묘사(예 김동인 「약한 자의 슬픔」, 나도향 「물레방아」, 현진건 「빈처」 등)

⑤ **자연주의** : 인간의 추악한 본능에 대해 적나라하게 묘사하고 사회의 어두운 면을 과학적인 태도와 냉혹한 수법으로 표현(예 김동인 「감자」, 염상섭 「표본실의 청개구리」 등)

⑥ **모더니즘** : 개인적 감정보다 현대 문명을 이상으로 해야 한다고 선언하면서 서구적인 기법을 도입(예 김광균 「와사등」, 김기림「기상도」, 정지용 「고향」 등)

⑦ **초현실주의** : 의식의 흐름, 자동기술법 등의 기법을 사용하는 실험적인 사조의식의 흐름, 자동기술법 등의 기법을 사용하는 실험적인 사조(예 이상 「날개」 등)

⑧ **실존주의** : 6 · 25 전쟁을 계기로 도입되어, 전후의 참담한 현실에서 인간의 실존 의미를 추구(예 장용학 「요한 시집」 등)

## 4. 다양한 언어표현기법

### (1) 수사법

① **수사법의 개념** : 어떤 생각을 특별한 방식으로 전달하는 기술로 표현이나 설득에 필요한 다양한 언어표현기법

② **수사법의 분류** ★ 빈출개념

㉠ **비유법** : 표현하려는 대상을 다른 대상에 빗대어 표현하는 수사법

| | |
|---|---|
| 직유법 | 비슷한 점을 지닌 두 대상을 직접적으로 비교하여 표현하는 방법으로, 보조관념에 '같이, ~처럼, ~인 양, ~듯이' 등의 연결어가 쓰임 |
| 은유법 | 'A는 B이다.'와 같이 비유하는 말과 비유되는 말을 동일한 것으로 단언하듯 표현하는 법 |
| 의인법 | 사람 아닌 사물을 사람처럼 나타내는 표현법 |
| 활유법 | 생명이 없는 것을 마치 있는 것처럼 비유하는 법 |
| 의태법 | 사물의 모양과 태도를 그대로 시늉하여 표현하는 법 |
| 의성법 | 자연계의 소리, 인간 또는 동물의 소리를 그대로 본떠 감각적으로 표현하는 법 |
| 풍유법 | 원관념을 숨기고, 비유하는 보조관념만으로 원관념을 간접적으로 드러내는 표현 방법. 속담, 격언, 풍자 소설 등에 많이 쓰임 |

**기타 비유법의 특징**

- **의물법** : 의인법과 반대로, 사람을 사물이나 동식물에 비유하여 표현하는 방법
- **대유법** : 하나의 사물이나 관념을 나타내는 말이 경험적으로 밀접하게 연관된 사물, 관념으로 나타내도록 표현하는 수사법
  - 제유법 : 한 부분을 가지고 그 사물 전체를 나타내는 법
  - 환유법 : 사물의 특징으로 표현하려는 대상을 나타내는 법

㉡ **강조법** : 표현하려는 내용을 뚜렷하게 나타내어 독자에게 인상을 남기는 수사법

| | |
|---|---|
| 상징법 | 비유이면서도 좀처럼 원관념을 찾아내기 힘든 표현. 추상적인 것을 구체적 사물로 암시하는 법 |
| 과장법 | 실제보다 훨씬 크거나 작게 표현하는 법 |
| 영탄법 | 기쁨, 슬픔, 놀라움, 무서움 따위의 감정을 표현하여 글의 효과를 높이는 법 |
| 점층법 | 어구(語句)의 의미를 점차로 강하게, 크게, 깊게, 높게 함으로써 그 뜻이나 가락을 절정으로 끌어올리는 방법 |
| 대조법 | 서로 상반되는 사물을 맞세워 그중 하나를 두드러지게 나타내는 법 |
| 열거법 | 비슷한 말귀나 내용적으로 관계있는 말귀를 늘어놓는 법 |
| 비교법 | 두 가지 이상의 사물이나 개념의 비슷한 것을 비교하는 법(예 양귀비 꽃보다도) |
| 연쇄법 | 앞말의 꼬리를 따서 그 다음 말의 머리에 놓아 표현하는 법 |
| 명령법 | 격한 감정으로 명령하는 법 |

㉢ **변화법** : 표현의 단조로움을 피하기 위해 문장에 생기를 불어넣는 표현법

| | |
|---|---|
| 도치법 | 문법상, 논리상으로 순서를 바꿔 놓는 법 |
| 설의법 | 서술로 해도 무관한 것을 의문형으로 나타내는 법 |
| 돈호법 | 대상을 불러 독자의 주의를 환기시키는 표현법 |
| 대구법 | 가락이 비슷한 글귀를 짝지어 나란히 놓아 흥취를 높이려는 법 |
| 반어법 | 겉으로 표현되는 말과는 반대의 뜻을 나타내는 법 |
| 역설법 | • 표면적으로는 이치에 어긋난 논리적 모순으로 보이지만 그 속에 보다 깊은 뜻이나 시적 진실을 담고 있는 표현법으로, 이를 통해 일상적으로 표현할 수 없는 시인의 느낌이나 감정을 참신하고 효과적으로 전달함<br>• 모순 형용 또는 모순 어법이라고도 함 |
| 문답법 | 스스로 묻고 스스로 대답하는 형식 |
| 생략법 | 어떤 말을 없애도 뜻의 내용이 오히려 간결해져서 함축과 여운을 지니게 하는 법 |

**실력 up 기타 수사법**

- **언어유희** : 말이나 문자, 음운, 발음의 유사성을 이용하여 해학성을 높이는 표현 방법
- **사비유(死比喩)** : 너무 자주 사용되어 개성과 참신함, 본래의 묘미가 사라진 비유
- **감정이입** : 화자의 감정을 다른 생명체나 무생물체에 이입하는 기법, 즉 다른 대상을 통해 감정을 표현하는 것

SEMI-NOTE

**기타 강조법의 특징**

- **중의법** : 하나의 단어에 두 가지 이상의 뜻을 포함시켜 표현하는 법
- **반복법** : 같거나 비슷한 말을 되풀이하여 강조하는 법
- **점강법** : 뜻을 점차로 여리게, 작게, 얕게, 낮게, 약한 것으로 끌어내려 강조하는 법
- **미화법** : 표현 대상을 아름다운 것으로 만들어 나타내거나 높여서 표현하는 방법
- **억양법** : 누르고 추켜 주거나, 추켜세운 후 눌러 버리는 등 글에 기복을 두는 법
- **현재법** : 과거나 미래형으로 쓸 말을 현재형으로 나타내는 법

**기타 변화법의 특징**

- **돈강법** : 감정의 절정에서 갑자기 뚝 떨어지면서 감정의 진정 효과를 주는 법
- **인용법** : 남의 말이나 글 또는 고사, 격언에서 필요한 부분을 인용하는 수사법
  - 직접 인용 : 인용한 부분을 따옴표로 분명히 나타내는 법
  - 간접 인용 : 인용한 부분을 따옴표 등이 없이 문장 속에 숨어 있게 표현하는 법
- **경구법** : 교훈이나 진리를 줄 목적으로 기발한 글귀를 써서 자극을 주는 법
- **비약법** : 일정한 방향으로 나가던 글의 내용을 갑자기 중단하거나 비약시키는 방법

SEMI-NOTE

**기타 문체의 특성**

- **개성적 문체** : 개인적이고 독자적인 성격이 드러나는 표현상에서의 특수성. 흔히 문장 양식을 가리키며 특정 작가와 그 작품 속 문장에서 나타남
- **유형적 문체** : 작품 속에서 인정되는 표현상의 공통적 특수성으로, 사회와 밀접한 관련을 맺고 있으며 표기 형식, 어휘, 어법, 수사, 문장 형식 또는 시대나 지역 사회에 따라 달라짐

**시의 정의**

인간의 사상과 감정을 운율 있는 언어로 압축하여 형상화한 문학

시의 3대 요소

- 음악적 요소(운율) : 반복되는 소리의 질서에 의해 창출되는 운율감
- 회화적 요소(심상) : 대상의 묘사나 비유에 의해 떠오르는 구체적인 모습
- 의미적 요소(주제) : 시에 담겨 있는 뜻에 의해 나타나는 요소

**시어의 역할**

- **매개체로서의 역할**
  - 시어는 시에서 추억을 떠올리게 하거나 과거를 회상하게 하는 매개체 역할을 수행함
  - 화자의 심경에 변화를 초래하는 매개체가 되기도 함
- **교훈의 대상으로서의 역할** : 바람직한 삶의 모습이나 자세를 주는 교훈의 대상이 되기도 함
- **장애물의 역할** : 화자의 소망이나 목표를 방해하는 장애물이나 난관

### (2) 문체

① 문체의 의미와 구분

㉠ **문체의 의미** : 언어 표현의 독특한 양상으로 문장의 개인적인 성벽(性癖)이나 범주를 의미함

㉡ **문체의 구분**

| 구분 | | 내용 |
|---|---|---|
| 문장의 호흡에 따라 | 간결체 | 문장의 길이가 짧고 수식어가 적어 글의 호흡이 빠른 문체 |
| | 만연체 | 문장이 길고 수식어가 많아 글의 호흡이 느린 문체 |
| 표현의 강약에 따라 | 강건체 | 글의 기세가 도도하고 거세며 탄력 있는 남성적인 문체 |
| | 우유체 | 글의 흐름이 우아하고 부드러워 여성적인 느낌을 주는 문체 |
| 수식의 정도에 따라 | 화려체 | 비유나 수식이 많아 찬란하고 화려한 느낌을 주는 문체 |
| | 건조체 | 비유나 수식이 거의 없고, 간결하며 선명한 압축, 요약된 문체 |

# 02절 문학의 갈래

## 1. 시

### (1) 시의 특성과 시어

① 시의 특성

㉠ **함축성** : 절제된 언어와 압축된 형태로 사상과 감정을 표현

㉡ **운율성** : 운율로써 음악적 효과를 나타냄

㉢ **정서성** : 독자에게 특정한 정서를 환기시킴

㉣ **사상성** : 의미 있는 내용으로서 시인의 인생관, 세계관이 깔려 있음

㉤ **고백성** : 시는 내면화된 세계의 주관적, 고백적 표현

② 시어(詩語)

㉠ **의미** : 시어(시적 언어)는 '시에서 사용되는 언어', '시적인 방법으로 사용된 일단의 말'을 의미하며, 일상어와는 구별됨

㉡ **시어의 특징**

- 함축적 의미(내포적 의미) : 시어는 통상적인 의미를 넘어 시에서 새롭게 창조되는 의미를 지니며, 여기에는 시어가 지니는 분위기나 다의성, 비유, 상징적 의미 등이 포함됨
- 시적 허용(시적 자유) : 시어는 일상적인 언어 규범과 다른 방식으로 정서나 사상을 표현할 수 있으며, 비문과 사투리, 신조어 등을 사용하여 개성적인 표현이 가능함

- 다의성(모호성) : 시어는 시 속에서 여러 가지 의미를 지니게 되며, 이는 시의 폭과 깊이를 넓힘
- 주관성 : 객관적으로 통용되는 의미를 넘어 주관적 · 개인적으로 해석될 수 있는 의미를 중시함
- 사이비 진술(의사 진술) : 일상적 상식이나 과학적 사실과 다르지만 시적 진실을 통해 감동을 유발함
- 정서의 환기 : 시어는 의미를 전달하는 외에도 시적 상황을 매개로 하여 시적 정서를 환기함

## (2) 시의 갈래와 운율

① 시의 갈래

㉠ 형식상 갈래

- 자유시 : 특정한 형식에 얽매이지 않고 자유롭게 지은 시
- 정형시 : 일정한 형식에 맞추어 쓴 시
- 산문시 : 행의 구분 없이 산문처럼 쓰인 시

㉡ 내용상 갈래

- 서정시 : 개인의 주관적 정서를 짧게 압축한 시
- 서사시 : 신화나 역사, 영웅들의 이야기를 길게 읊은 시

㉢ 목적, 태도, 경향상 갈래

- 순수시 : 개인의 순수한 정서를 형상화한 시
- 주지시 : 인간의 지성에 호소하는 시로, 기지, 풍자, 아이러니, 역설 등으로 표출됨

② 시의 운율(韻律)

| | | | |
|---|---|---|---|
| 외형율 | 음수율 | 시어의 글자 수나 행의 수가 일정한 규칙을 가지는 데에서 오는 운율 → 3 · 4(4 · 4)조, 7 · 5조 | |
| | 음위율 | 시의 일정한 위치에 일정한 음을 규칙적으로 배치하여 만드는 운율 | |
| | | 두운 | 일정한 음이 시행의 앞부분에 있는 것 |
| | | 요운 | 일정한 음이 시행의 가운데 있는 것 |
| | | 각운 | 일정한 음이 시행의 끝부분에 있는 것 |
| | 음성률 | 음의 장단이나 고저 또는 강약 등의 주기적 반복으로 만드는 운율 | |
| | 음보율 | 소리의 반복과 시간의 등장성에 근거한 운율 → 3음보, 4음보 | |
| 내재율 | | 의미와 융화되어 내밀하게 흐르는 정서적 · 개성적 운율 | |

## (3) 시의 표현

① 심상(이미지)의 개념과 종류

㉠ 심상의 개념 : 시를 읽을 때 마음속에 떠오르는 느낌이나 상(象), 즉 체험을 바탕으로 감각기관을 통하여 형상화된 사물의 감각적 영상

SEMI-NOTE

**기타 시의 갈래**

- **극시** : 극적인 내용을 시적 언어로 표현한 희곡 형식의 시
- **주정시** : 인간의 감정에 호소하는 시
- **사회시(참여시)** : 사회의 현실에 참여하여 자신의 의견을 내놓는 시
- **주의시** : 지성과 감성을 동반하되 목적이나 의도를 지닌 의지적인 내용을 주로 표현한 시

**운율의 개념**

- 소리의 일정한 규칙적 질서
- 리듬을 형성하는 운(韻)과 동일한 소리뭉치가 일정하게 반복되는 현상인 율(律)로 구분
- 일정한 규칙성으로 안정감, 미적 쾌감으로 독특한 어조를 형성

**운율을 이루는 요소**

- **동음 반복** : 특정한 음운을 반복하여 사용
- **음수, 음보 반복** : 일정한 음절수나 음보를 반복하여 사용(음수율, 음보율)
- **의성어, 의태어 사용** : 의성어나 의태어 등 음성 상징어를 사용하여 운율을 형성
- **통사 구조의 반복** : 같거나 비슷한 문장의 짜임을 반복적으로 사용하여 운율을 형성

**심상의 기능**

- **함축적 의미 전달** : 시어의 의미와 느낌을 한층 함축성 있게 나타낼 수 있음
- **시적 대상의 구체화** : 단순한 서술에 비해 대상을 구체적이고 생생하게 표현할 수 있음
- **심리 상태의 효과적 표현** : 감각을 직접적으로 뚜렷이 전달할 수 있음

01장 현대 문학

ⓛ 심상의 종류 빈출개념
- 시각적 심상 : 색깔, 모양, 명암, 동작 등 눈의 감각을 이용한 심상
- 청각적 심상 : 음성, 음향 등 소리의 감각을 이용한 심상
- 후각적 심상 : 냄새의 감각을 이용한 심상
- 미각적 심상 : 맛의 감각을 이용한 심상
- 촉각적 심상 : 감촉의 감각을 이용한 심상
- 공감각적 심상 : 두 가지 감각이 동시에 인식되는 심상, 또는 한 감각이 다른 감각으로 전이(轉移)되어 나타나는 표현
- 복합 감각적 심상 : 서로 다른 두 가지 이상의 관련이 없는 감각을 나열한 심상

② 비유 : 말하고자 하는 사물이나 의미를 다른 사물에 빗대어 표현하는 방법으로, 두 사물의 유사점에 근거하여 원관념과 보조관념의 결합으로 이루어짐

③ 상징의 개념과 종류

㉠ 상징의 개념 : 어떤 사물이 그 자체의 뜻을 유지하면서 더 포괄적이고 내포적인 다른 의미까지 나타내는 표현 방법

ⓛ 상징의 특성
- 상징은 그 의미를 작품 전체에 조응할 때 비로소 파악할 수 있음
- 상징은 원관념이 생략된 은유의 형태를 띠지만, 그 뜻을 완벽하게 밝히지는 않음
- 비유에서는 원관념과 보조관념이 일대일로 대응하지만, 상징에서는 일대다수로 대응

## 2. 시상의 전개

### (1) 시싱의 개념과 유형

① 시상의 개념 : 시인의 사상이나 정서를 일정한 질서로 조직하는 것

② 전개 방식

㉠ 기승전결(起承轉結)에 따른 전개 : 기승전결의 구성 방식, 즉 '시상의 제시 → 시상의 반복 및 심화 → 시상의 전환 → 중심 생각 · 정서의 제시'의 전개를 통해 완결성을 추구하는 방식

ⓛ 수미상관(首尾相關)에 따른 전개 : 시작과 끝을 같거나 비슷한 시구로 구성하는 전개 방식으로, 시의 균형감과 안정감을 획득할 수 있는 장점을 지님

ⓒ 선경후정(先景後情)에 따른 전개 : 앞에서는 풍경을 묘사하고, 뒤에서는 시적 화자의 정서를 표출하는 방식

ⓡ 점층적 기법에 따른 전개 : 의미나 단어 형태, 진행 과정 등을 점층적으로 변화시키며 시상을 전개하는 방식

ⓜ 연상 작용에 따른 전개 : 하나의 시어가 주는 이미지를 이와 관련된 다른 관념으로 꼬리에 꼬리를 무는 방식

ⓑ 어조의 전환에 따른 전개 : 화자의 정서가 절망과 희망, 기쁨과 슬픔, 체념과 극복의 의지 등으로 전환되면서 주제의식이 부각되는 전개 방식을 말함

SEMI-NOTE

**비유의 기능**
- 이미지를 형성하는 수단
- 추상적인 대상을 구체적으로 정확하게 전달할 수 있음

**상징의 종류**
- 제도적 상징(관습적, 사회적, 고정적 상징) : 사회적 관습에 의해 되풀이되어 널리 보편화된 상징
- 개인적 상징(창조적, 문학적 상징) : 개인에 의해 만들어져서 문학적 효과를 발휘하는 상징

**시상의 전개방식**
- 과거에서 현재, 미래로의 흐름
  - 이육사「광야」: 과거 → 현재 → 미래
  - 윤동주「서시」: 과거 → 미래 → 현재
- 밤에서 아침으로의 흐름
  - 김광균「외인촌」: 해질 무렵 → 아침
  - 박남수「아침 이미지」: 어둠 → 아침
- 시선의 이동에 따른 전개
  - 원경에서 근경으로의 이동 : 박목월「청노루」, 김상옥「사향」
  - 그 밖의 이동 : 이병기「난초」(잎새 → 줄기(대공) → 꽃 → 이슬)
- 대조적 심상의 제시
  - 김기림「바다와 나비」→ 흰나비와 바다의 대립
  - 김수영「풀」: 풀과 바람의 대립

## (2) 시적 화자의 어조 및 태도

① 시적 화자와 정서적 거리

㉠ 시적화자의 개념

- 시적 화자란 시 속에서 말하는 사람을 말하며, 시인의 정서와 감정 등을 전달해주는 매개체에 해당함
- 시인 자신과 같을 수도 있고 다를 수도 있는데, 시인 자신이 화자인 경우 주로 자기 고백적이고 반성적인 성격을 지니며, 다른 인물이 화자인 경우 작품의 주제나 내용을 드러내는데 가장 적합한 인물이 선정됨

㉡ 정서적 거리의 개념

- 정서적 거리는 시적 화자가 대상에 대하여 느끼는 감정과 정서의 미적 거리
- 감정의 표출 정도와 방식에 따라 가까운 거리, 균제 또는 절제된 거리, 먼 거리 등으로 나뉨

㉢ 정서적 거리의 구분

- 정서적 거리가 가까운 경우 : 시적 대상에 대한 화자의 긍정적 정서가 강할 때 드러나며, 대상에 대해 주관적이고 직접적인 감정으로 표현됨
- 정서적 거리가 절제된 경우 : 시적 화자의 정서가 작품에 드러나기는 하나 직접적이고 적극적으로 표현되지 않고 절제된 어조와 태도를 통해 표현됨
- 정서적 거리가 먼 경우 : 시적 화자의 정서가 작품 속에 드러나지 않고 숨겨져 있으며 시적 대상만이 전면에 드러나는 경우를 말하며, 대상에 대한 주관적이고 감정적 표현은 자제되고 객관적인 모습의 묘사가 부각됨

② 시의 어조

㉠ 개념 : 시적 자아에 의해 표출되는 목소리의 성향으로, 제재 및 독자 등에 대한 시인의 태도를 말함

㉡ 어조의 유형

- 남성적 어조 : 의지적이고 힘찬 기백을 전달
- 여성적 어조 : 간절한 기원이나 한, 애상 등을 전달
- 성찰적, 명상적, 기원적 어조 : 경건하고 겸허한 자세로 삶의 가치를 추구하는 어조

③ 시적 화자의 태도

㉠ 개념 : 시적 자아가 대상을 바라보는 관점으로, 화자가 핵심으로 말하고 싶은 바를 다양한 감정을 가지고 시로써 표현하는 것을 일컬음

㉡ 태도의 유형

- 반성적 태도, 회한적 태도 : 개인이 처한 상황 또는 사회가 직면한 상황 속에서 적극적이지 못한 자신의 자세를 성찰하는 태도
- 자조적 태도 : 자기 자신 또는 사회에 부정적이며 염세적인 관점의 태도
- 미래 지향적 태도 : 미래의 가능성과 전망을 나타내는 시어들로 전달하는 태도

SEMI-NOTE

**시적화자**
시적화자를 다른 말로 시적 자아, 서정적 자아라고도 함

**시적화자의 유형**
- 남성적 화자
  - 이육사 「광야」 → 지사적이고 예언자적인 남성
  - 유치환 「일월」 → 불의에 타협하지 않고 맞서는 남성
- 여성적 화자
  - 한용운 「당신을 보았습니다」 → 권력자에게 능욕당하는 여인(주권을 상실한 백성)
  - 김소월 「진달래꽃」 → 이별의 슬픔을 승화하려는 여인

**기타 어조의 유형**
- 풍자, 해학의 어조 : 사회에 대하여 비판적인 태도를 전달
- 대화체 어조 : 시적 자아가 독자와 대화하듯 친근하고 자연스럽게 말하는 어조

**기타 태도의 유형**
- 찬양적 태도 : 초월적인 존재 및 위대한 존재를 찬양하는 단어들로 시의 분위기를 전달하는 태도
- 희망적 태도 : 긍정적이며 낙관적인 관점 아래에서 대상 및 세상을 바라보는 태도

SEMI-NOTE

**소설의 특징**

- **허구성** : 작가의 상상력에 의해 새롭게 창조된 개연성 있는 이야기(fiction)
- **산문성** : 주로 서술, 묘사, 대화 등으로 표현되는 대표적인 산문 문학
- **진실성** : 인생의 참의미를 깨닫게 하며, 인생의 진실을 추구
- **서사성** : 인물, 사건, 배경을 갖춘 이야기의 문학으로 일정한 시간의 흐름에 따라 전개
- **예술성** : 형식미와 예술미를 지닌 창조적인 언어 예술

**길이에 따른 분류 – 엽편소설**

'콩트', '장편(掌篇)소설'이라고도 하며, 구성이 고도로 압축된 형태(원고지 20~30매)

**시대에 따른 분류 – 고대소설**

갑오경장(1894년) 이전의 소설

**내용에 따른 분류 – 전쟁소설**

전쟁을 제재로 한 소설

소설의 개념

구성이란 주제를 효과적으로 표현하기 위해 사건을 인과관계에 따라 배열한 체계와 질서를 말함

**구성(plot)과 줄거리(story)**

- **구성** : 작가의 의도에 따라 재구성된 사건의 인과적인 미적 질서
- **줄거리** : 시간의 흐름에 따른 사건의 나열

## 3. 소설의 본질

### (1) 소설의 정의와 요소

① **소설의 정의** : 소설은 개연성 있는 허구를 예술적으로 형상화한 산문 문학으로, 현실에서 있을 법한 이야기를 작가가 상상력에 의하여 구성하거나 꾸며내어 산문으로 표현한 서사 양식

② **소설의 3요소**

㉠ **주제(theme)** : 작가가 작품을 통하여 나타내고자 하는 인생관이나 중심 사상

㉡ **구성(plot)** : 이야기 줄거리의 짜임새(인물, 사건, 배경이 구성 요소)

㉢ **문체(style)** : 작품에 구체적으로 나타나는 작가의 개성적인 문장의 특성

### (2) 소설의 갈래

① **길이에 따른 분류**

㉠ **장편(長篇)소설** : 복합적 구성과 다양한 인물의 등장으로 사회의 총체적 모습을 그림(원고지 1,000매 이상)

㉡ **중편(中篇)소설** : 장편과 단편의 특징을 절충한 것으로 구성은 장편소설과 비슷함(원고지 200~500매)

㉢ **단편(短篇)소설** : 단일한 주제 · 구성 · 문체로 통일된 인상을 줌(원고지 50~100매)

② **시대에 따른 분류**

㉠ **신소설** : 갑오경장 직후부터 이광수의 「무정(1917년)」이 발표되기 직전까지의 소설로 언문일치에 가까운 문장과 개화사상을 강조

㉡ **근대소설** : 이광수의 「무정」 이후 지금까지 발표된 소설

③ **내용에 따른 분류**

㉠ **역사소설** : 역사적 사건이나 인물을 제재로 한 소설

㉡ **계몽소설** : 독자가 모르는 것을 깨우쳐 주기 위한 소설

㉢ **사회소설** : 사회 문제, 정치 문제 등을 소재로 하며 그와 관련된 목적성을 지닌 소설

㉣ **심리소설** : 인간의 내부 심리 상태나 의식의 흐름을 묘사한 소설

㉤ **탐정소설** : 범죄와 그에 따른 수사 활동을 제재로 한 소설

④ **예술성에 따른 분류**

㉠ **순수소설** : 예술성이 강한 소설

㉡ **대중소설** : 예술성은 별로 고려하지 않은 흥미 위주의 소설

### (3) 소설의 구성

① **소설의 구성 단계**

㉠ **발단** : 소설의 첫머리로 인물과 배경이 제시되고 사건의 방향을 암시

㉡ **전개** : 사건이 복잡해지고 구체적으로 전개되면서 갈등이 표면화되는 단계

㉢ **위기** : 극적인 발전을 가져오는 계기의 단계로서, 새로운 사태가 발생하기도

하며 위기감이 고조되고 절정을 유발하는 부분

㉣ **절정** : 인물의 성격, 행동, 갈등 등이 최고조에 이르러 잘 부각되고 주제가 선명하게 드러나며 사건 해결의 실마리가 제시되는 단계

㉤ **결말** : 갈등과 위기가 해소되고 주인공의 운명이 분명해지는 해결의 단계

② 구성의 유형

㉠ 이야기 수에 따른 구성

- 단순 구성(단일 구성) : 단일한 사건으로 구성되며, 주로 단편소설에 쓰임
- 복합 구성(산문 구성) : 둘 이상의 사건이나 플롯이 서로 교차하면서 진행되는 구성으로, 주로 중편이나 장편소설에 쓰임

㉡ 사건의 진행 방식에 따른 구성

- 평면적 구성(진행적 구성) : 시간적 흐름에 따라 진행되어 가는 구성
- 입체적 구성(분석적 구성) : 시간의 흐름에 관계없이 진행되어 가는 구성

㉢ 이야기 틀에 따른 구성

- 액자식 구성(격자식 구성) : 하나의 이야기(외화) 안에 또 하나의 이야기(내화)가 있는 구성, 즉 주요 이야기와 부차적 이야기의 이루어진 이중 구성
- 피카레스크식 구성 : 주제와 관련이 있는 내화가 핵심이 되는 이야기가 되며, 이야기의 전환 시 시점의 변화가 수반됨

③ 인물의 유형

㉠ 성격의 변화에 따른 유형

- 평면적 인물 : 작품 속에서 성격이 변화하지 않고 주위의 어떠한 변화에도 영향을 받지 않는 인물로, 정적 인물(Static Character)이라고도 함
- 입체적 인물 : 사건이 진행되면서 성격이 변화되고 발전하는 인물로 원형적 인물 또는 발전적 인물(Developing Character)이라고도 함

㉡ 역할에 따른 유형

- 주동 인물 : 작품의 주인공으로서 사건의 주체인 인물
- 반동 인물 : 작품 속에서 주인공과 대립하는 인물

④ 소설의 시점

㉠ 시점의 개념 : 시점이란 이야기를 하는 사람인 서술자가 사건이나 대상을 바라보는 관점, 시각을 의미

㉡ 시점의 분류 기준

| 구분 | 사건의 내부적 분석 | 사건의 외부적 관찰 |
|---|---|---|
| 서술자=등장인물 | 1인칭 주인공 시점 | 1인칭 관찰자 시점 |
| 서술자≠등장인물 | 전지적 작가 시점 | 작가 관찰자 시점 |

⑤ 시점의 종류

㉠ 1인칭 주인공 시점

- 소설 속의 주인공이 자기 자신의 이야기를 서술
- 인물과 서술의 초점이 일치(인물과 서술자의 거리가 가장 가까움)
- 심리 소설, 서간체 소설, 수기체 소설, 과거 회상식 소설, 사소설(私小說)등에 주로 쓰임

SEMI-NOTE

**기타 구성의 유형**

- **구성 밀도에 따른 구성**
  - 극적 구성 : 사건과 사건이 유기적 연결 속에서 긴장감 있게 전개되는 구성
  - 삽화적 구성 : 사건들이 밀접한 관련 없이 각각 독립적으로 산만하게 연결된 구성
- **사건 전개 분위기에 따른 구성**
  - 상승 구성 : 주인공이 지향하는 것을 성취하는 구성
  - 하강 구성 : 주인공이 지향하는 것을 실패하는 구성

**특성에 따른 인물의 유형**

- **전형적 인물** : 사회의 어떤 집단이나 계층을 대표하는 인물
- **개성적 인물** : 성격의 독자성을 보이는 인물

**역할에 따른 유형 – 부수적 인물**

주요 인물을 돋보이게 하는 부수적, 부차적 인물

**시점이 끼치는 영향**

- 소설의 진행 양상이 어떤 인물의 눈을 통해 보이는가 하는 관찰의 각도와 위치를 가리키는 말
- 서술자의 각도와 위치에 따라 작품의 주제와 인물의 성격, 작품의 특성 등이 영향을 받음

SEMI-NOTE

**각 시점의 제약**

- **1인칭 주인공 시점** : 객관성의 유지와 주인공 이외의 인물 및 사건 서술에 제약이 따름
- **1인칭 관찰자 시점** : 객관적인 관찰자의 눈에 비친 세계만을 다루므로 전체적으로 시야가 제한적이며, 주인공과 세계에 대한 깊이 있는 묘사에 한계가 있음
- **작가(3인칭) 관찰자 시점** : 서술자와 인물의 거리가 가장 멀며, 객관적 사실만 전달하므로 인물들의 심리 묘사와 명확한 해석에 어려움이 따름
- **전지적 작가 시점** : 서술자의 지나친 관여와 해석, 논평으로 인해 독자의 능동적인 참여 기회가 제한되고 객관성을 확보하기가 어려우며, 소설이 도식적이며 논설적 경향으로 흐르기 쉬움

**대표 작품**

- **1인칭 주인공 시점** : 김유정 「봄봄」, 이상 「날개」, 오정희 「중국인 거리」
- **1인칭 관찰자 시점** : 주요섭 「사랑 손님과 어머니」, 채만식 「치숙」
- **작가(3인칭) 관찰자 시점** : 김동인 「감자」, 황순원 「소나기」
- **전지적 작가 시점** : 이효석 「메밀꽃 필 무렵」, 최인훈 「광장」, 염상섭 「삼대」

**주제와 중심내용**

주제는 작품의 모든 요소들의 전체 효과에 의해 형상화된 중심 내용이자 소설의 모든 요소들이 유기적으로 결합되어 형성되는 총체적인 사상

**기타 갈등의 양상**

- **개인과 운명 간의 갈등** : 등장인물의 삶이 운명적으로 결정되거나 무너지면서 겪는 갈등
- **개인과 자연의 갈등** : 등장인물과 이들의 행동을 제약하는 자연현상과의 갈등

- 주인공과 서술자가 일치하므로 주인공의 내면심리 제시에 효과적이며, 독자에게 친근감과 신뢰감을 부여

ⓒ 1인칭 관찰자 시점

- 작품 속에 등장하는 부수적 인물인 '나'가 주인공의 이야기를 서술하는 시점으로, 어떠한 인물을 관찰자로 설정하는가에 따라 소설의 효과가 달라짐
- 주인공의 내면이 드러나지 않아 긴장과 경이감을 조성하며, '나'에 대한 주관적 해석과 관찰의 '대상'에 대한 객관적 묘사를 동시에 추구하여 독자에게 신뢰감을 형성함

ⓒ 작가(3인칭) 관찰자 시점

- 작가가 관찰자의 입장에서 객관적 태도로 이야기를 서술하는 방법
- 외부 관찰에 의거하여 해설이나 평가를 하지 않고 있는 그대로 제시하는 시점으로, 현대 사실주의 소설에서 흔히 쓰임
- 서술자와 인물의 거리는 가장 멀고, 작중 인물과 독자의 거리는 가까움
- 서술자는 해설이나 평가를 내리지 않고 인물의 대화와 행동, 장면 등을 관찰해 객관적으로 전달함으로써 극적 효과와 객관성(리얼리티)을 유지

ⓓ 전지적 작가 시점

- 작품에 등장하지 않는 서술자가 전지전능한 신과 같은 입장에서 소설의 모든 요소를 해설하고 논평할 수 있는 시점
- 서술자가 인물의 심리나 행동, 대화까지 설명하고 해석하며, 작품에 직접 개입하여 사건을 진행하고 평가
- 작가의 사상과 인생관이 직접 드러나며, 대부분의 고대 소설과 현대 소설(장편소설)에 사용됨
- 서술자가 작품의 모든 요소에 대해 설명할 수 있어, 서술의 폭이 넓고 주인공이 모르는 것 까지도 독자에게 제공할 수 있음

### (4) 주제, 사건, 배경, 문체

① 주제의 개념과 제시 방법

㉠ 주제의 개념 : 작가가 작품을 통해 제시하고자 하는 중심적인 사상이나 세계관, 인생관을 말함

㉡ 주제 제시 방법

- 직접적 제시 : 작가나 작중 인물의 직접적 진술로 명확하게 제시하는 방법으로, 편집자적 논평으로 제시하거나 작중 인물들의 대화를 통해 제시됨
- 간접적 제시 : 작중 인물의 행동, 배경, 분위기, 갈등 구조와 그 해소, 플롯의 진행, 비유와 상징, 이미지 등을 통해 암시적으로 제시하는 방법

② 사건의 개념과 갈등의 양상

㉠ 사건의 개념 : 사건이란 소설에서 인물의 행위나 서술에 의해 구체화되는 모든 일로, 개별 사건들은 유기적, 인과적으로 구성되어 전체 구조를 형성

㉡ 갈등의 양상

- 내적 갈등(내면 갈등) : 인물의 마음속에서 일어나는 내적인 갈등

- 개인(인물) 간의 갈등 : 주동 인물과 대립하는 인물(반동 인물) 간에 발생하는 갈등
- 개인과 사회와의 갈등 : 등장인물과 그들이 처한 사회적 환경 사이에서 발생하는 갈등을 말하며 주로 인물과 사회의 관습, 제도 등의 대립에서 발생

③ **소설의 배경** : 배경의 개념과 종류

㉠ **배경의 개념** : 소설에서 사건이 일어나는 시간 및 공간 또는 소설 창작 당시의 시대, 사회적 환경 등 외적인 환경뿐만 아닌, 인물의 심리적 배경도 포함

㉡ **배경의 종류**

- 시간적 배경 : 사건이 일어나는 구체적인 시간이나 시대로, 사건의 구체성을 확보
- 공간적 배경 : 행동과 사건이 일어나는 공간적인 무대로, 인물의 성격과 심리를 부각
- 사회적 배경 : 사건이 전개되는 사회의 구체적인 모습으로, 주제와 밀접한 관련을 가짐
- 심리적 배경 : 작중 인물의 심리 상태의 흐름을 말하는 것으로, 심리주의 소설에서 중시
- 자연적 배경 : 자연현상이나 자연환경 등과 같은 배경으로, 일정한 분위기와 정조를 만듦

④ **소설의 문체**

㉠ **서술** : 작가가 인물, 사건, 배경 등을 직접 해설하는 방식으로, 해설적, 추상적, 요약적으로 표현하여 사건 진행을 빠르게 함

㉡ **묘사** : 작가가 인물, 사건, 배경 등을 장면화하여 대상을 구체적, 사실적으로 재현시킴으로써 독자에게 생생한 이미지를 전달

㉢ **대화** : 등장인물이 하는 말에 의한 표현으로, 사건을 전개시키고 인물의 성격을 제시하는 역할을 하며, 스토리와의 유기적 결합으로 자연스럽고 극적인 상황을 만듦

## 4. 기타 문학의 갈래

### (1) 수필

① **수필의 개념** : 인생이나 자연의 모든 사물에서 보고, 듣고, 느낀 것이나 경험한 것을 형식과 내용상의 제한을 받지 않고 붓 가는 대로 쓴 글

② **수필의 종류**

㉠ **경수필** : 일정한 격식 없이 개인적 체험과 감상을 자유롭게 표현한 수필로 주관적, 정서적, 자기 고백적이며 신변잡기적인 성격이 담김

㉡ **중수필** : 일정한 격식과 목적, 주제 등을 구비하고 어떠한 현상을 표현한 수필로 형식적이고 객관적이며 내용이 무겁고, 논증, 설명 등의 서술 방식을 사용

㉢ **서정적 수필** : 일상생활이나 자연에서 느낀 정서나 감정을 솔직하게 주관적으로 표현한 수필

SEMI-NOTE

**배경의 기능**

- 사건의 전개와 인물의 행동에 사실성을 부여
- 작품의 전반적인 분위기나 정조를 조성
- 주제나 인물의 심리 상태를 부각시키며, 배경 자체가 주제 의식을 효과적으로 드러내는 하나의 상징적인 의미를 지님

**어조의 종류**

- **해학적 어조** : 익살과 해학이 중심을 이루는 어조
- **냉소적 어조** : 차가운 냉소가 주조를 이루는 어조
- **반어적 어조** : 진술의 표리, 상황의 대조에 의한 어조
- **풍자적 어조** : 사물에 대한 풍자가 나타나는 어조

**기타 수필의 종류**

- **서사적 수필** : 어떤 사실에 대한 내용을 작가의 주관 없이 이야기를 전개하는 형식
- **희곡적 수필** : 극적 요소를 지닌 경험이나 사건을 희곡적으로 전개하는 수필로 사건이 유기적이며 통일적으로 전개됨

SEMI-NOTE

㉣ **교훈적 수필** : 인생이나 자연에 대한 지은이의 체험이나 사색을 담은 교훈적 내용의 수필

## (2) 희곡

① 희곡의 정의와 특성

㉠ **희곡의 정의** : 희곡은 공연을 목적으로 하는 연극의 대본, 등장인물들의 행동이나 대화를 기본 수단으로 하여 관객들을 대상으로 표현하는 예술 작품

㉡ **희곡의 특성**

- 무대 상연을 전제로 한 문학 : 공연을 목적으로 창작되었기 때문에 여러 가지 제약(시간, 장소, 등장인물의 수)이 따름
- 대립과 갈등의 문학 : 희곡은 인물의 성격과 의지가 빚어내는 극적 대립과 갈등을 주된 내용으로 함
- 현재형의 문학 : 모든 사건을 무대 위에서 배우의 행동을 통해 지금 눈앞에 일어나는 사건으로 현재화하여 표현함

**희곡의 제약**

- 희곡은 무대 상연을 전제로 하기 때문에 시간적, 공간적 제약을 받음
- 등장인물 수가 한정
- 인물의 직접적 제시가 불가능, 대사와 행동만으로 인물의 삶을 드러냄
- 장면 전환의 제약을 받음
- 서술자의 개입 불가능, 직접적인 묘사나 해설, 인물 제시가 어려움
- 내면 심리의 묘사나 정신적 측면의 전달이 어려움

② 희곡의 구성 요소와 단계

㉠ **희곡의 구성 요소**

- 해설 : 막이 오르기 전에 필요한 무대 장치, 인물, 배경(때, 곳) 등을 설명한 글로, '전치 지시문'이라고도 함
- 대사 : 등장인물이 하는 말로, 인물의 생각, 성격, 사건의 상황을 드러냄
- 지문 : 배경, 효과, 등장인물의 행동(동작이나 표정, 심리) 등을 지시하고 설명하는 글로, '바탕글'이라고도 함
- 인물 : 희곡 속의 인물은 의지적, 개성적, 전형적 성격을 나타내며 주동 인물과 반동 인물의 갈등이 명확히 부각됨

㉡ **희곡의 구성 단계**

- 발단 : 시간적, 공간적 배경과 인물이 제시되고 극적 행동이 시작됨
- 전개 : 주동 인물과 반동 인물 사이의 갈등과 대결이 점차 격렬해지며, 중심 사건과 부수적 사건이 교차되어 흥분과 긴장이 고조
- 절정 : 주동 세력과 반동 세력 간의 대결이 최고조에 이름
- 반전 : 서로 대결하던 두 세력 중 뜻하지 않은 쪽으로 대세가 기울어지는 단계로, 결말을 향하여 급속히 치닫는 부분
- 대단원 : 사건과 갈등의 종결이 이루어져 사건 전체의 해결을 매듭짓는 단계

**희곡의 구성단위**

- **막(幕, act)** : 휘장을 올리고 내리는 데서 유래된 것으로, 극의 길이와 행위를 구분
- **장(場, scene)** : 배경이 바뀌면서, 등장인물이 입장하고 퇴장하는 것으로 구분되는 단위

③ 희곡의 갈래

㉠ **희극(喜劇)** : 명랑하고 경쾌한 분위기 속에 인간성의 결점이나 사회적 병폐를 드러내어 비판하며, 주인공의 행복이나 성공을 주요 내용으로 삼는 것으로, 대개 행복한 결말로 끝남

㉡ **비극(悲劇)** : 주인공이 실패와 좌절을 겪고 불행한 상태로 타락하는 결말을 보여 주는 극

㉢ **희비극(喜悲劇)** : 비극과 희극이 혼합된 형태의 극으로 불행한 사건이 전개되다가 나중에는 상황이 전환되어 행복한 결말을 얻게 되는 구성 방식

㉣ **단막극** : 한 개의 막으로 이루어진 극

**기타 희곡의 갈래**

- **소화(笑話)** : 희극과 비슷한 결말을 갖고 있지만, 인물의 성격, 행동의 동기가 거의 드러나지 않는 극으로, 단지 과장되고 강렬한 방법으로 웃음을 자아내는 희곡
- **레제드라마(lesedrama)** : 무대 상연을 전제하지 않고, 읽기만을 위해 쓴 희곡

## (3) 시나리오(Scenario)

① 시나리오의 정의와 특징

㉠ 시나리오의 정의 : 영화나 드라마 촬영을 위해 쓴 글(대본)을 말하며, 장면의 순서, 배우의 대사와 동작 등을 전문 용어를 사용하여 기록

㉡ 시나리오의 특징

- 등장인물의 행동과 장면의 제약 : 예정된 시간에 상영될 수 있도록 해야 함
- 장면 변화와 다양성 : 장면이 시간이나 공간의 제약 없이 자유자재로 설정
- 영화의 기술에 의한 문학 : 배우의 연기를 촬영해야 하므로, 영화와 관련된 기술 및 지식을 염두에 두고 써야 함

② 시나리오의 주요 용어

| 명칭 | 설명 |
|---|---|
| scene number | 장면 번호. 'S#'으로 표시 |
| narration | 등장인물이 아닌 사람에게서 들려오는 설명체의 대사 |
| narratage | '내레이션(narration)'과 '몽타주(montage)'의 합성어로 화면이나 정경을 이중 화면으로 표현하는 기법 |
| Crank in | 영화의 촬영을 시작하는 것 |
| Crank up | 촬영 완료 |
| sequence | 한 삽화로서 묶여진 부분 |
| Shot | 카메라의 회전을 중단하지 않고 촬영한 일련의 필름. 이것이 모여 신(scene)을 이룸 |
| F.I(fade in) | 장면이 점점 밝아짐. '용명(溶明)'이라고도 함 |
| F.O(fade out) | 장면이 점점 어두워짐. '용암(溶暗)'이라고도 함 |
| O.L(over lap) | 화면이 겹치면서 장면이 바뀌는 수법. 시간 경과에 주로 씀 |
| C.U(close up) | 어떤 한 부분의 집중적인 확대 |
| C.I(cut in) | 하나의 장면에 다른 화면을 삽입하는 것 |
| C.S(close shot) | 조절거리 |
| P.D(pan down) | 카메라를 아래로 향해 선회하여 촬영하는 것. 틸트 다운(tilt down) |

SEMI-NOTE

**시나리오의 요소**

해설, 지문, 대사, 장면 번호

**시나리오의 갈래**

- **창작(original) 시나리오** : 처음부터 영화 촬영을 목적으로 쓴 시나리오
- **각색(脚色) 시나리오** : 소설, 희곡, 수필 등을 시나리오로 바꾸어 쓴 것
- **레제(lese) 시나리오** : 상영이 목적이 아닌 읽기 위한 시나리오

**시나리오와 희곡의 공통점**

- 극적인 사건을 대사와 지문으로 제시
- 종합 예술의 대본, 즉 다른 예술을 전제로 함
- 문학 작품으로 작품의 길이에 어느 정도 제한을 받음
- 직접적인 심리 묘사가 불가능

SEMI-NOTE

**해에게서 소년에게**

- **작자** : 최남선
- **갈래** : 신체시
- **특징** : 정형시와 자유시의 과도기적 형태
- **성격** : 계몽적
- **의의** : 우리 문학사 최초의 신체시
- **제재** : 바다
- **주제** : 새로운 세계에 대한 동경과 기대
- **출전** : 『소년』

**시상전개**

- **1연** : 모든 것을 부수는 바다의 위용
- **2연** : 육지에 존재하는 힘과 권력을 가진 것들도 두려워하지 않는 바다
- **3연** : 진시황, 나팔륜(나폴레옹)조차도 겨룰 수 없는 바다의 위용
- **4연** : 고상한 척, 영리한 척하는 개화에 부정적인 이들에 대한 비웃음
- **5연** : 고결한 바다와 연결되는 푸른 하늘의 모습
- **6연** : 세상 사람들은 부정적이나, 순수하며 담력 있는 소년배들이 새로운 세계를 이끌어 주기를 기대

## 03절 현대시, 현대소설

## 1. 현대시

### (1) 신체시부터 1920년대까지의 시

① 해에게서 소년에게(1908)

처……ㄹ썩, 처……ㄹ썩, 척, 쏴……아.
때린다, 부순다, 무너버린다.
태산 같은 높은 뫼, 집채 같은 바윗돌이나,
요것이 무어야, 요게 무어야.
나의 큰 힘 아느냐 모르느냐, 호통까지 하면서.
때린다, 부순다, 무너버린다.
처……ㄹ썩, 처……ㄹ썩, 척, 튜르릉, 콱.

처……ㄹ썩, 처……ㄹ썩, 척, 쏴……아.
내게는, 아무 것, 두려움 없어,
육상(陸上)에서, 아무런, 힘과 권(權)을 부리던 자라도,
내 앞에 와서는 꼼짝 못하고,
아무리 큰, 물건도 내게는 행세하지 못하네.
내게는 내게는 나의 앞에는.
처……ㄹ썩, 처……ㄹ썩, 척, 튜르릉, 콱.

처……ㄹ썩, 처……ㄹ썩, 척, 쏴……아.
나에게, 절하지, 아니한 자가,
지금까지, 있거든, 통기(通寄)하고 나서 보아라.
진시황, 나파륜, 너희들이냐,
누구누구누구냐, 너희 역시 내게는 굽히도다.
나하고 겨룰 이 있건 오너라.
처……ㄹ썩, 처……ㄹ썩, 척, 튜르릉, 콱.

처……ㄹ썩, 처……ㄹ썩, 척, 쏴……아.
조그만 산모를 의지하거나,
좁쌀 같은 작은 섬, 손뼉만한 땅을 가지고,
고 속에 있어서 영악한 체를,
부리면서, 나 혼자 거룩하다 하는 자,
이리 좀 오너라, 나를 보아라.
처……ㄹ썩, 처……ㄹ썩, 척, 튜르릉, 콱.

처……ㄹ썩, 처……ㄹ썩, 척, 쏴……아.
나의 짝될 이는 하나 있도다,
크고 길고, 넓게 뒤덮은 바 저 푸른 하늘.
저것은 우리와 틀림이 없어,

작은 시비 작은 쌈 온갖 모든 더러운 것 없도다.
조따위 세상에 조 사람처럼.
처……ㄹ썩, 처……ㄹ썩, 척, 튜르릉, 콱.

처……ㄹ썩, 처……ㄹ썩, 척, 쏴……아.
저 세상 저 사람 모두 미우나
그 중에서 똑 하나 사랑하는 일이 있으니,
담 크고 순진한 소년배(少年輩)들이,
재롱처럼, 귀엽게 나의 품에 와서 안김이로다.
오너라 소년배, 입맞춰 주마.
처……ㄹ썩, 처……ㄹ썩, 척, 튜르릉, 콱.

② 진달래꽃(1922)

나 보기가 역겨워
가실 때에는
말없이 고이 보내 드리오리다.

영변의 약산
진달래꽃
아름 따다 가실 길에 뿌리오리다.

가시는 걸음걸음
놓인 그 꽃을
사뿐히 즈려 밟고 가시옵소서.

나보기가 역겨워
가실 때에는
죽어도 아니 눈물 흘리오리다.

실력 UP **진달래꽃에서 사용된 표현과 기법**

- 예스러운 어미와 방언의 사용
- 한시의 기승전결 구조로 구성
- 1연과 4연의 수미상관 구성으로 안정적 구조를 형성함
- 전통적 정서를 7 · 5조 3음보 율격으로 노래함
- 반어법과 역설법을 사용하여 이별의 정한을 부각시킴

SEMI-NOTE

**진달래꽃**

- **작자** : 김소월
- **갈래** : 자유시, 서정시
- **성격** : 전통적, 민요적, 향토적, 애상적, 서정적
- **어조** : 여성적이고 간결한 어조
- **특징** : 우리나라의 보편적 정서인 이별의 정한을 노래(공무도하가, 서경별곡, 송인, 황진이의 시조 등과 연결됨)
- **제재** : 임과의 이별
- **주제** : 이별의 정한과 승화
- **출전** : 「개벽」

**시상전개**

- **1연** : 이별의 정한과 체념
- **2연** : 떠나는 임에 대한 축복
- **3연** : 임을 향한 희생적 사랑
- **4연** : 고통을 무릅쓴 이별의 정한 극복

SEMI-NOTE

**논개(論介)**

- **작자** : 변영로
- **갈래** : 자유시, 서정시
- **성격** : 민족주의적, 상징적, 서정적
- **어조** : 경건하고 도도한 어조
- **제재** : 논개의 의로운 죽음
- **주제** : 청사(靑史)에 길이 빛날 논개의 헌신적 애국심
- **출전** : 『신생활 3호』

**시상전개**

- **1연** : 침략자에 대한 논개의 분노와 정열
- **2연** : 논개의 의로운 죽음을 석류, 강낭콩, 양귀비꽃 등의 은유적 시어로 형상화
- **3연** : 길이 남을 국가를 위해 희생한 논개의 충절

**빼앗긴 들에도 봄은 오는가**

- **작자** : 이상화
- **갈래** : 자유시 서정시, 낭만시
- **성격** : 저항적, 상징적, 격정적
- **제재** : 봄의 들(식민지 치하의 현실)
- **주제** : 국권 회복의 염원
- **출전** : 개벽(1926)

**시상전개**

- **1연** : 강탈당한 조국의 현실
- **2연** : 봄에 이끌리며 감격함
- **3연** : 조국 강토의 침묵에 답답해함
- **4연** : 강토 속에서 자연과 어우러지는 친밀감
- **5연** : 성장과 풍요에 대한 감사
- **6연** : 봄을 맞이한 강토의 활기
- **7연** : 동포와 하나가 되고픈 열망
- **8연** : 강토에 대한 애정
- **9연** : 강탈당한 조국의 현실을 자각
- **10연** : 강탈당한 조국의 현실을 재인식

### ③ 논개(論介, 1923)

거룩한 분노(憤怒)는
종교(宗敎)보다도 깊고,
불붙는 정열(情熱)은
사랑보다도 강하다.
아! 강낭콩꽃보다도 더 푸른
그 물결 위에
양귀비꽃보다도 더 붉은
그 마음 흘러라.

아리땁던 그 아미(蛾眉)
높게 흔들리우며
그 석류(石榴) 속 같은 입술
죽음을 입맞추었네!
아! 강낭콩꽃보다도 더 푸른
그 물결 위에
양귀비꽃보다도 더 붉은
그 마음 흘러라.

흐르는 강물은
길이길이 푸르리니
그대의 꽃다운 혼(魂)
어이 아니 붉으랴
아! 강낭콩꽃보다도 더 푸른
그 물결 위에
양귀비꽃보다도 더 붉은
그 마음 흘러라.

### ④ 빼앗긴 들에도 봄은 오는가(1926)

지금은 남의 땅 – 빼앗긴 들에도 봄은 오는가?

나는 온몸에 햇살을 받고
푸른 하늘 푸른 들이 맞붙은 곳으로
가르마 같은 논길을 따라 꿈속을 가듯 걸어만 간다.

입술을 다문 하늘아 들아
내 맘에는 내 혼자 온 것 같지를 않구나.
네가 끌었느냐 누가 부르더냐 답답어라 말을 해다오.

바람은 내 귀에 속삭이며
한 자국도 섰지 마라 옷자락을 흔들고
종다리는 울타리 너머에 아씨같이 구름 뒤에다 반갑다 웃네.

고맙게 잘 자란 보리밭아
간밤 자정이 넘어 내리던 고운 비로
너는 삼단같은 머리를 감았구나 내 머리조차 가쁜하다.

혼자라도 가쁜하게나 가자.
마른 논을 안고 도는 착한 도랑이
젖먹이 달래는 노래를 하고 제 혼자 어깨춤만 추고 가네.

나비 제비야 깝치지 마라.
맨드라미, 들마꽃에도 인사를 해야지.
아주까리 기름을 바른 이가 지심 매던 그 들이라 다 보고싶다.

내 손에 호미를 쥐어다오.
살진 젖가슴과 같은 부드러운 이 흙을
발목이 시도록 밟아도 보고 좋은 땀조차 흘리고 싶다.

강가에 나온 아이와 같이
짬도 모르고 끝도 없이 닫는 내 혼아
무엇을 찾느냐 어디로 가느냐 웃어웁다 답을 하려무나.

나는 온몸에 풋내를 띠고
푸른 웃음, 푸른 설움이 어우러진 사이로
다리를 절며 하루를 걷는다 아마도 봄 신령이 지폈나 보다.
그러나 지금은 – 들을 빼앗겨 봄조차 빼앗기겠네.

SEMI-NOTE

### ⑤ 나룻배와 행인(1926)

나는 나룻배,
당신은 행인.

당신은 흙발로 나를 짓밟습니다.
나는 당신을 안고 물을 건너갑니다.
나는 당신을 안으면 깊으나 옅으나 급한 여울이나 건너갑니다.

만일 당신이 아니 오시면 나는 바람을 쐬고 눈비를 맞으며 밤에서 낮까지 당신을 기다리고 있습니다.
당신은 물만 건너면 나를 돌아보지도 않고 가십니다 그려.
그러나 당신이 언제든지 오실 줄만은 알아요.
나는 당신을 기다리면서 날마다날마다 낡아갑니다.

나는 나룻배,
당신은 행인.

**나룻배와 행인**

- **작자** : 한용운
- **갈래** : 자유시, 서정시
- **성격** : 상징적, 명상적, 종교적, 여성적
- **운율** : 내재율
- **특징** : 수미상관, 쉬운 우리말 사용, 높임법을 통한 주제의식 강화
- **제재** : 나룻배와 행인
- **주제** : 참된 사랑의 본질인 희생과 믿음의 실천
- **출전** : 『님의 침묵』

**시상전개**

- **1연** : 나와 당신의 관계
- **2연** : 나의 희생하는 자세
- **3연** : 당신과의 만남을 기다리며 희생의 자세를 지킴
- **4연** : 나(나룻배), 행인(당신)의 관계를 재강조

SEMI-NOTE

**찬송(讚頌)**

- **작자** : 한용운
- **갈래** : 자유시, 서정시, 송축시
- **성격** : 기원적, 불교적, 열정적
- **제재** : 당신, 님(초월적 존재)
- **주제** : 님에 대한 송축과 기원
- **출전** : 『님의 침묵』

**시상전개**

- **1연** : 지고한 님에 대한 찬송
- **2연** : 의로운 님의 자비를 갈구
- **3연** : 님에게 자비의 보살이 되길 바라는 염원과 찬미

**유리창 1**

- **작자** : 정지용
- **갈래** : 자유시, 서정시
- **성격** : 애상적, 감각적, 회화적
- **어조** : 자식을 잃은 아버지의 애상적 어조
- **특징** : 시각적 이미지와 대위법을 통한 감정의 절제가 돋보임
- **제재** : 유리창에 서린 입김
- **주제** : 죽은 아이에 대한 그리움과 슬픔
- **출전** : 『조선지광』

**시상전개**

- **기** : 유리창에 서린 아이의 영상
- **승** : 죽은 아이를 그리워하는 화자
- **전** : 유리를 닦으며 아이와 교감하려는 화자
- **결** : 아이의 죽음을 자각하고 난 뒤의 탄식

⑥ 찬송(讚頌, 1926)

님이여, 당신은 백 번(百番)이나 단련한 금(金)결입니다.
뽕나무 뿌리가 산호(珊瑚)가 되도록 천국의 사랑을 받읍소서.
님이여, 사랑이여, 아침 볕의 첫걸음이여.

님이여, 당신은 의(義)가 무겁고 황금(黃金)이 가벼운 것을 잘 아십니다.
거지의 거친 밭에 복(福)의 씨를 뿌리옵소서.
님이여, 사랑이여, 옛 오동(梧桐)의 숨은 소리여.

님이여, 당신은 봄과 광명(光明)과 평화(平和)를 좋아하십니다.
약자(弱者)의 가슴에 눈물을 뿌리는 자비(慈悲)의 보살(菩薩)이 되옵소서.
님이여, 사랑이여, 얼음 바다에 봄바람이여.

## (2) 1930년부터 1940년대까지의 시

① 유리창 1(1930)

유리에 차고 슬픈 것이 어른거린다.
열없이 붙어 서서 입김을 흐리우니
길들은 양 언 날개를 파다거린다.
지우고 보고 지우고 보아도
새까만 밤이 밀려나가고 밀려와 부딪히고,
물먹은 별이, 반짝, 보석처럼 박힌다.
밤에 홀로 유리를 닦는 것은
외로운 황홀한 심사이어니,
고운 폐혈관이 찢어진 채로
아아, 너는 산새처럼 날아갔구나!

**실력up 생명파**

- 정지용, 김영랑, 박용철 등이 중심이 된 시문학파의 기교주의적, 감각주의적인 경향에 반대하여 정신적, 생명적 요소를 중시한 작가군
- 주로 고뇌로 가득한 삶의 문제, 인간의 생명과 우주의 근원적 문제 등을 주제로 삼음
- 『시인부락』의 동인인 서정주, 김동리 등과 유치환에 의해 주로 전개되었으며, 함형수, 오장환, 김광균, 김달진, 여상현, 김상원, 김진세, 이성범 등이 활동

② 거울(1933)

거울속에는소리가없소
저렇게까지조용한세상은참없을것이오

거울속에도내게귀가있소
내말을못알아듣는딱한귀가두개나있소

거울속의나는왼손잡이오
내악수를받을줄모르는-악수를모르는왼손잡이오

거울때문에나는거울속의나를만져보지를못하는구료마는
거울이아니었던들내가어찌거울속의나를만나보기만이라도했겠소

나는지금거울을안가졌소마는거울속에는늘거울속의내가있소
잘은모르지만외로된사업에골몰할께요

거울속의나는참나와는반대요마는
또꽤닮았소

나는거울속의나를근심하고진찰할수없으니퍽섭섭하오.

**실력 UP 이상의 초현실주의**

- 그의 문학에 나타나 있는 비상식적인 세계는 그의 시를 난해한 작품으로 특징짓는 요소가 됨
- 이상 자신의 개인적 기질과 환경, 자전적 체험과 관계되어 있을 뿐 아니라 현실에 대해 비극적이고 지적으로 반응하는 태도에 바탕을 두고 있음
- 이상의 문학적 태도는 한국시의 주지적 변화를 대변하였으며, 초현실주의적 색채는 억압된 의식과 욕구 좌절의 현실에서 새로운 대상 세계로의 탈출을 시도하는 과정
- 논리적 사고과정의 정신을 해방시키고자 무력한 자아가 주요한 주제로 나타남

③ 모란이 피기까지는(1934)

모란이 피기까지는,
나는 아직 나의 봄을 기다리고 있을 테요.
모란이 뚝뚝 떨어져 버린 날,
나는 비로소 봄을 여읜 설움에 잠길 테요.
오월 어느 날, 그 하루 무덥던 날,
떨어져 누운 꽃잎마저 시들어 버리고는
천지에 모란은 자취도 없어지고,
뻗쳐 오르던 내 보람 서운케 무너졌느니,
모란이 지고 말면 그뿐, 내 한 해는 다 가고 말아,
삼백 예순 날 하냥 섭섭해 우옵내다.
모란이 피기까지는,
나는 아즉 기달리고 있을 테요, 찬란한 슬픔의 봄을

SEMI-NOTE

**거울**
- **작자** : 이상
- **갈래** : 초현실주의시, 관념시, 상징시
- **성격** : 자의식적, 주지적, 심리적, 관념적
- **특징** : 자동기술법의 사용과 띄어쓰기 무시를 통한 실험성의 표출
- **제재** : 거울에 비친 '나'(거울과 자아 의식)
- **주제** : 현대인의 자의식 분열에 대한 고뇌와 불안감
- **출전** : 『가톨릭청년』

**시상전개**
- **1연** : 현실적인 자아인 거울 밖의 화자와 반성적 자아인 거울 속의 나의 세계
- **2연** : 화자 간 의사소통의 단절
- **3연** : 화자 간 소외 의식의 표면화
- **4연** : 분열된 자아의 관계
- **5연** : 화자의 자아분열 심화
- **6연** : 분열된 자아의 역설적인 관계의 표면화

**모란이 피기까지는**
- **작자** : 김영랑
- **갈래** : 자유시, 순수시
- **성격** : 낭만적, 유미적, 상징적
- **특징** : 수미상관의 구성으로 주제를 부각시킴
- **제재** : 모란의 개화
- **주제** : 소망이 이루어지기를 기다림
- **출전** : 『문학』

**시상전개**
- **기** : 모란이 피길 기다림
- **승** : 봄을 여읜 설움
- **전** : 모란을 잃은 슬픔
- **결** : 다시 모란이 피길 기다림

SEMI-NOTE

**귀촉도**

- **작자** : 서정주
- **갈래** : 자유시, 서정시
- **성격** : 전통적, 동양적, 상징적
- **어조** : 회한 어린 애틋한 어조
- **특징** : 설화를 현실에 접목시켜 한(恨)을 노래함
- **제재** : 귀촉도의 전설
- **주제** : 여읜 임에 대한 끝없는 사랑(이별의 한과 사랑의 영원함)
- **출전** : 「춘추」

**시상전개**

- **1연** : 임의 죽음으로 인한 영원한 이별
- **2연** : 임에게 다하지 못한 사랑의 탄식
- **3연** : 화자의 한과 그리움이 귀촉도로 형상화

**고향(故鄕)**

- **작자** : 백석
- **갈래** : 자유시, 서정시
- **성격** : 서정적, 서사적
- **특징** : 부드럽고 다정다감한 어조를 통해 고향에 대한 그리움을 드러냄
- **제재** : 고향
- **주제** : 고향과 혈육에 대한 그리움
- **출전** : 「삼천리문학」

**시상전개**

- **기** : 아픈 화자에게 의원이 찾아옴
- **승** : 의원의 모습이 아버지에게서 느꼈던 인상과 비슷함
- **전** : 의원이 고향을 묻고 아무개씨(아버지)의 고향임을 말하는 화자
- **결** : 아버지의 친구임을 알게 된 화자와 의원의 따뜻한 손길

④ 귀촉도(1934)

눈물 아롱아롱
피리 불고 가신 님의 밟으신 길은
진달래 꽃비 오는 서역 삼만리.
흰 옷깃 여며 여며 가옵신 님의
다시 오진 못 하는 파촉(巴蜀) 삼만리.

신이나 삼아줄 걸 슬픈 사연의
올올이 아로새긴 육날 메투리.
은장도(銀粧刀) 푸른 날로 이냥 베혀서
부질없는 이 머리털 엮어 드릴걸.

초롱에 불빛, 지친 밤 하늘
굽이굽이 은하물 목이 젖은 새,
차마 아니 솟는 가락 눈이 감겨서
제 피에 취한 새가 귀촉도 운다.
그대 하늘 끝 호올로 가신 님아.

⑤ 고향(故鄕, 1938)

나는 북관(北關)에 혼자 앓아 누어서
어느 아침 의원(醫員)을 뵈이었다.
의원은 여래(如來) 같은 상을 하고 관공(關公)의 수염을 드리워서
먼 옛적 어느 나라 신선 같은데,
새끼손톱 길게 돋은 손을 내어
묵묵하니 한참 맥을 짚더니
문득 물어 고향이 어데냐 한다.
평안도 정주라는 곳이라 한즉
그러면 아무개씨 고향이란다.
그러면 아무개씨를 아느냐 한즉
의원은 빙긋이 웃음을 띠고
막역지간(莫逆之間)이라며 수염을 쓴는다.
나는 아버지로 섬기는 이라 한즉
의원은 또 다시 넌즈시 웃고
말없이 팔을 잡아 맥을 보는데
손길은 따스하고 부드러워
고향도 아버지도 아버지의 친구도 다 있었다.

⑥ 바다와 나비(1939)

아무도 그에게 수심(水深)을 일러 준 일이 없기에
흰 나비는 도무지 바다가 무섭지 않다.

청(靑)무우 밭인가 해서 내려갔다가는
어린 날개가 물결에 저려서
공주(公主)처럼 지쳐서 돌아온다.

삼월(三月) 달 바다가 꽃이 피지 않아서 서글픈
나비 허리에 새파란 초생달이 시리다.

⑦ 승무(僧舞, 1939)

얇은 사(紗) 하이얀 고깔은
고이 접어서 나빌레라.

파르라니 깎은 머리
박사(薄紗) 고깔에 감추오고,

두 볼에 흐르는 빛이
정작으로 고와서 서러워라.

빈 대(臺)에 황촉불이 말없이 녹는 밤에
오동(梧桐)잎 잎새마다 달이 지는데,

소매는 길어서 하늘은 넓고,
돌아설 듯 날아가며 사뿐히 접어 올린 외씨보선이여.

까만 눈동자 살포시 들어
먼 하늘 한 개 별빛에 모두오고,

복사꽃 고운 뺨에 아롱질 듯 두 방울이야
세사(世事)에 시달려도 번뇌(煩惱)는 별빛이라.

휘어져 감기우고 다시 접어 뻗는 손이
깊은 마음 속 거룩한 합장(合掌)인 양하고,

이 밤사 귀또리도 지새우는 삼경(三更)인데,
얇은 사(紗) 하이얀 고깔은 고이 접어서 나빌레라.

SEMI-NOTE

**바다와 나비**

- **작자** : 김기림
- **갈래** : 자유시, 서정시
- **성격** : 감각적, 상징적 주지주의
- **특징** : 바다, 청무 밭, 초승달의 푸른빛과 흰나비로 대표되는 흰빛의 색채 대비
- **제재** : 바다와 나비
- **주제** : 새로운 세계에 대한 동경과 좌절감
- **출전** : 『여성』

**시상전개**

- **1연** : 바다의 무서움을 모르는 순수한 나비
- **2연** : 바다를 날다가 지쳐 돌아온 나비
- **3연** : 냉혹한 현실에 좌절된 나비의 꿈

**승무(僧舞)**

- **작자** : 조지훈
- **갈래** : 자유시, 서정시
- **성격** : 전통적, 선적(禪的), 불교적, 고전적
- **특징** : 고전적 정서와 불교의 선(禪) 감각
- **제재** : 승무
- **주제** : 삶과 번뇌의 종교적 승화
- **출전** : 『문장』

**시상전개**

- **1연** : 승무를 시작하려는 여승의 모습
- **2연** : 승무를 시작하려 박사 고깔을 쓰는 여승
- **3연** : 승무를 시작하기 전, 여승의 옷차림과 인상
- **4연** : 승무를 출 무대의 묘사
- **5연** : 승무의 춤동작과 화자의 시선
- **6연** : 여승의 눈동자에서 의식이 내면으로 흘러감
- **7연** : 승무로써 번뇌를 승화시키는 모습
- **8연** : 번뇌를 승화시키고 느려지는 춤 동작
- **9연** : 남아있는 승무의 여운

SEMI-NOTE

**실력UP 청록파**

- 조지훈, 박두진, 박목월 세 사람은 자연을 바탕으로 인간의 염원과 가치를 성취하기 위한 공통된 주제로 시를 써옴
- 1946년 시집 『청록집(靑鹿集)』을 함께 펴냄
- 자연미의 재발견과 국어미의 순화 및 생명의 원천에 대해 추구함
- 어두운 현실 아래 빼앗긴 고향과 자연을 노래하였으며 그 속에서 잃어버린 인간 생명의 원천과 역사의 전통을 찾기 위해 노력함

⑧ 절정(絕頂, 1941)

매운 계절(季節)의 채찍에 갈겨
마침내 북방(北方)으로 휩쓸려 오다.

하늘도 그만 지쳐 끝난 고원(高原)
서릿발 칼날진 그 위에 서다.

어데다 무릎을 꿇어야 하나
한 발 재겨 디딜 곳조차 없다.

이러매 눈 감아 생각해 볼밖에
겨울은 강철로 된 무지갠가 보다.

**절정(絕頂)**

- **작자** : 이육사
- **갈래** : 자유시, 서정시
- **성격** : 상징적, 의지적, 남성적, 지사적, 참여적
- **어조** : 의지적, 남성적 어조
- **특징** : 역설적 표현을 통해 주제를 형상화
- **제재** : 쫓기는 자의 극한 상황
- **주제** : 극한 상황에 대한 초극 의지
- **출전** : 『문장』

**시상전개**

- **1연** : 현실의 시련과 고통
- **2연** : 현실 속에서 가해지는 고통의 심화
- **3연** : 극한 상황에 대한 인식
- **4연** : 현실의 고통을 정신적으로 초극하려는 의지

⑨ 참회록(1948)

파란 녹이 낀 구리 거울 속에
내 얼굴이 남아 있는 것은
어느 왕조의 유물이기에
이다지도 욕될까.

나는 나의 참회의 글을 한 줄에 줄이자.
– 만(滿) 이십사 년 일 개월을
무슨 기쁨을 바라 살아 왔던가.

내일이나 모레나 그 어느 즐거운 날에
나는 또 한 줄의 참회록을 써야 한다.
– 그 때 그 젊은 나이에
왜 그런 부끄런 고백을 했던가.

밤이면 밤마다 나의 거울을
손바닥으로 발바닥으로 닦아 보자.

그러면 어느 운석(隕石) 밑으로 홀로 걸어가는
슬픈 사람의 뒷모양이
거울 속에 나타나온다.

**참회록**

- **작자** : 윤동주
- **갈래** : 자유시, 서정시
- **성격** : 반성적, 고백적, 상징적
- **제재** : 녹이 낀 구리 거울, 자아의 생활
- **주제** : 자기 성찰을 통한 순결성추구, 역사 속에서의 자아 성찰과 고난 극복 의지
- **출전** : 『하늘과 바람과 별과 시』

**시상전개**

- **1연** : 과거의 역사에 대한 참회
- **2연** : 지나온 삶에 대한 참회
- **3연** : 현재의 참회에 대해 미래에도 참회할 것임을 암시
- **4연** : 암담한 현실 속에서도 스스로를 성찰하고자 하는 의지
- **5연** : 미래의 삶에 대한 전망

## (3) 1950년대 이후의 시

① 목마와 숙녀(1955)

한 잔의 술을 마시고
우리는 버지니아 울프의 생애(生涯)와
목마(木馬)를 타고 떠난 숙녀(淑女)의 옷자락을 이야기한다.
목마(木馬)는 주인(主人)을 버리고 그저 방울 소리만 울리며
가을 속으로 떠났다. 술병에서 별이 떨어진다.
상심(傷心)한 별은 내 가슴에 가벼웁게 부숴진다.
그러한 잠시 내가 알던 소녀(少女)는
정원(庭園)의 초목(草木) 옆에서 자라고
문학(文學)이 죽고 인생(人生)이 죽고
사랑의 진리마저 애증(愛憎)의 그림자를 버릴 때
목마(木馬)를 탄 사랑의 사람은 보이지 않는다.

세월은 가고 오는 것
한때는 고립(孤立)을 피하여 시들어 가고
이제 우리는 작별하여야 한다.
술병이 바람에 쓰러지는 소리를 들으며
늙은 여류 작가(女流作家) 의 눈을 바라보아야 한다.
…… 등대(燈臺)에……
불이 보이지 않아도
그저 간직한 페시미즘의 미래(未來)를 위하여
우리는 처량한 목마(木馬) 소리를 기억(記憶)하여야 한다.
(후략)

② 추천사(鞦韆詞, 1956)

향단아 그넷줄을 밀어라.
머언 바다로
배를 내어 밀듯이, 향단아.

이 다소곳이 흔들리는 수양버들나무와
베갯모에 놓이듯 한 풀꽃데미로부터,
자잘한 나비 새끼 꾀꼬리들로부터,
아주 내어 밀듯이, 향단아.

산호도 섬도 없는 저 하늘로
나를 밀어 올려 다오.
채색(彩色)한 구름같이 나를 밀어 올려 다오.
이 울렁이는 가슴을 밀어 올려 다오.
서(西)으로 가는 달같이는
나는 아무래도 갈 수가 없다.

SEMI-NOTE

**목마와 숙녀**
- **작자** : 박인환
- **갈래** : 자유시, 서정시
- **성격** : 서정적, 감상적, 허무적
- **특징** : 도시적 감상주의와 보헤미안적 기질
- **제재** : 목마 → 전후의 불안, 절망, 애상의 상징
- **주제** : 사라지고 잊혀져 가는 것들에 대한 그리움과 상실의 슬픔
- **출전** : 『박인환 시집』

**시상전개**
- **1연** : 떠나는 것에 대한 화자의 애상
- **2연** : 절망적인 현실에 대한 화자의 체념과 위로
- **3연** : 화자의 페시미즘적이며 애상적인 인생 통찰

**페시미즘(pessimism)**
세계나 인생을 비관적으로 보며 개혁, 진보는 불가능하다고 보는 경향

**추천사(鞦韆詞)**
- **작자** : 서정주
- **갈래** : 자유시, 서정시
- **성격** : 낭만적, 상징적, 현실 초월적
- **특징** : 고전 소설을 모티브로 한 화자의 간절한 마음의 표출
- **제재** : 그네 타는 춘향
- **주제** : 현실 초월의 갈망
- **출전** : 『서정주 시선』

**시상전개**
- **1연** : 화자의 현실에서 벗어나려는 의지를 표현
- **2연** : 화자의 현실 세계에 대한 인식
- **3연** : 화자의 이상 세계 추구
- **4연** : 인간으로서 운명적인 한계를 인식

SEMI-NOTE

**새들도 세상을 뜨는구나**

- **작자** : 황지우
- **갈래** : 자유시, 참여시
- **성격** : 풍자적, 냉소적
- **어조** : 현실 비판적 어조
- **특징** : 영화 상영 전 애국가 시작과 끝, 화면의 전개에 맞추어 인간 사회를 표현
- **제재** : 새
- **주제** : 암울한 현실을 벗어 나고 싶은 소망과 좌절감
- **출전** : 『새들도 세상을 뜨는구나』

**시상전개**

- **1~2행** : 상영 전 애국가를 경청
- **3~10행** : 이상향을 향한 새들의 비상하는 것을 바라봄
- **11~20행** : 시적 화자의 이상과 현실적 좌절감

**혈의 누**

- **작자** : 이인직
- **갈래** : 신소설
- **성격** : 교훈적, 계몽적
- **배경**
  - 시간 : 청일전쟁(1884)~고종 6년(1902)
  - 공간 : 평양, 일본(오사카), 미국(워싱턴)
- **시점** : 전지적 작가 시점
- **문체** : 국한문 혼용체, 구어체, 묘사체, 산문체
- **특징** : 신소설의 효시이며, 고전 소설에서 현대 소설로 넘어가는 교량 역할
- **주제** : 신교육 사상과 개화의식의 고취
- **출전** : 만세보

**작품의 구성**

- **발단** : 옥련이 청일전쟁으로 인해 부모와 헤어짐
- **전개** : 일본인 군의관의 도움으로 구출되어 성장함
- **위기** : 군의관이 전사하자 옥련은 집에서 나와 자살을 기도함
- **절정** : 유학생 구완서를 만나 그를 따라 미국으로 건너감
- **결말** : 문명개화한 신학문을 배운 후, 나라를 위해 봉사할 것을 다짐함

바람이 파도를 밀어 올리듯이
그렇게 나를 밀어 올려 다오.
향단아.

③ 새들도 세상을 뜨는구나(1987)

영화가 시작하기 전에 우리는
일제히 일어나 애국가를 경청한다.
삼천리 화려 강산의
을숙도에서 일정한 군(群)을 이루며
갈대숲을 이룩하는 흰 새떼들이
자기들끼리 끼룩거리면서
자기들끼리 낄낄대면서
일렬 이열 삼렬 횡대로 자기들의 세상을
이 세상에서 떼어 메고
이 세상 밖 어디론가 날아간다.
우리도 우리들끼리
낄낄대면서
깔쭉대면서
우리의 대열을 이루며
한 세상 떼어 메고
이 세상 밖 어디론가 날아갔으면
하는데 대한 사람 대한으로
길이 보전하세로
각각 자기 자리에 앉는다.
주저 앉는다.

## 2. 현대소설

### (1) 신소설부터 1920년대까지의 소설

① 혈의 누(1903)

"네가 고국에 가기가 그리 바쁠 것이 아니라 우선 네가 고생하던 이야기나 어서 좀 하여라. 네가 어떻게 살아났으며 어찌 여기를 왔느냐?"

옥련이가 얼굴빛을 천연히 하고 고쳐 앉더니, 모란봉에서 총 맞고 야전병원으로 가던 일과, 정상 군의의 집에 가던 일과, 대판서 학교에서 졸업하던 일과, 불행한 사기로 대판을 떠나던 일과, 동경 가는 기차를 타고 구완서를 만나서 절처봉생(絶處逢生)하던 일을 낱낱이 말하고, 그 말을 마치더니 다시 얼굴빛이 변하며 눈물이 도니, 그 눈물은 부모의 정에 관계한 눈물도 아니요, 제 신세 생각하는 눈물도 아니요, 구완서의 은혜를 생각하는 눈물이라.

"아버지, 아버지께서 나 같은 불효의 딸을 만나 보시고 기쁘신 마음이 있거든

구씨를 찾아보시고 치사의 말씀을 하여 주시면 좋겠습니다."

김관일이가 그 말을 듣더니, 그 길로 옥련이를 데리고 구씨의 유하는 처소로 찾아가니, 구씨는 김관일을 만나 보매 옥련의 부친을 본 것 같지 아니하고 제 부친이나 만난 듯이 반가운 마음이 있으니, 그 마음은 옥련의 기뻐하는 마음이 내 마음 기쁜 것이나 다름없는 데서 나오는 마음이요, 김씨는 구씨를 보고 내 딸 옥련을 만나 본 것이나 다름없이 반가우니, 그 두 사람의 마음이 그러할 일이라. 김씨가 구씨를 대하여 하는 말이 간단한 두 마디뿐이라.

② 만세전(1922)

지금 내 주위는 마치 공동묘지 같습니다. 생활력을 잃은 백의(白衣)의 백성과, 백주(白晝)에 횡행하는 이매망량(魑魅魍魎) 같은 존재가 뒤덮은 이 무덤 속에 들어앉은 나로서 어찌 '꽃의 서울'에 호흡(呼吸)하고 춤추기를 바라겠습니까. 눈에 보이는 것, 귀에 들리는 것이 하나나 내 마음을 부드럽게 어루만져 주고 용기와 희망을 돋우어 주는 것은 없으니, 이러다가는 이 약한 나에게 찾아올 것은 질식밖에 없을 것이외다. 그러나 그것은 장미꽃 송이 속에 파묻히어 향기에 도취한 행복한 질식이 아니라, 대기(大氣)에서 절연된 무덤 속에서 화석(化石)되어 가는 구더기의 몸부림치는 질식입니다. 우선 이 질식에서 벗어나야 하겠습니다. …… 소학교 선생님이 '사벨(환도)'을 차고 교단에 오르는 나라가 있는 것을 보셨습니까? 나는 그런 나라의 백성이외다. 고민하고 오뇌하는 사람을 존경하시고 편을 들어 주신다는 그 말씀은 반갑고 고맙기 짝이 없습니다. 그러나 스스로 내성(內省)하는 고민이요 오뇌가 아니라, 발길과 채찍 밑에 부대끼면서도 숨을 죽어 엎디어 있는 거세(去勢)된 존재에게도 존경과 동정을 느끼시나요? 하도 못생겼으면 가엾다가도 화가 나고 미운증이 나는 법입니다. 혹은 연민(憐憫)의 정이 있을지 모르나, 연민은 아무것도 구(救)하는 길은 못 됩니다. …… 이제 구주(歐洲)의 천지는 그 참혹한 살육의 피비린내가 걷히고 휴전 조약이 성립되었다 하지 않습니까. 부질없는 총칼을 거두고 제법 인류의 신생(新生)을 생각하려는 것 같습니다. 그러나 이 땅의 소학교 교원의 허리에서 그 장난감 칼을 떼어 놓을 날은 언제일지? 숨이 막힙니다. …… 우리 문학의 도(徒)는 자유롭고 진실된 생활을 찾아가고, 이것을 세우는 것이 그 본령인가 합니다. 우리의 교유(交遊), 우리의 우정이 이것으로 맺어지지 않는다면 거짓말입니다. 이 나라 백성의, 그리고 당신의 동포의, 진실 된 생활을 찾아나가는 자각(自覺)과 발분(發憤)을 위하여 싸우는 신념(信念) 없이는 우리의 우정도 헛소리입니다……."

③ 감자(1925)

왕서방은 아무 말도 못하였다. 눈만 정처 없이 두룩두룩하였다. 복녀는 다시 한번 왕서방을 흔들었다.

"자, 어서."

"우리, 오늘은 일이 있어 못가."

"일은 밤중에 무슨 일."

"그래두 우리 일이……."

SEMI-NOTE

**만세전**

- **작자** : 염상섭
- **갈래** : 사실주의 소설, 중편소설
- **성격** : 사실적, 비판적
- **배경**
  - 시간 : 1919년 3 · 1운동 직전
  - 공간 : 일본에서 경성으로 오는 여정
- **시점** : 1인칭 주인공 시점
- **문체** : 만연체
- **주제** : 일제 강점기의 억압받는 조선의 현실
- **의의** : 일제 강점기 아래의 현실을 사실적으로 제시
- **출전** : 『신생활』

**작품의 구성**

- **발단** : 김천 형에게 아내가 위독하다는 전보를 받고 귀국 준비를 함
- **전개** : 신호, 하관 등지의 술집을 전전하면서 답답한 심회에 빠짐
- **위기** : 관부 연락선 안에서 조선인을 멸시하는 일본인들의 대화에 분개함
- **절정** : 부산에서 집안으로 오는 과정에서 답답한 마음을 느낌
- **결말** : 아내의 죽음을 목도한후 다시 일본으로 건너감

**감자**

- **작자** : 김동인
- **갈래** : 단편소설
- **경향** : 자연주의적
- **배경** : 1920년대, 평양 칠성문 밖 빈민굴
- **시점** : 3인칭 관찰자 시점(부분적 전지적 작가 시점)
- **특징** : 평안도 사투리와 하층 사회의 비속어 구사
- **주제** : 불우한 환경이 빚어낸 한 여인의 비극적 운명
- **출전** : 『조선문단』

SEMI-NOTE

**작품의 구성**
- **발단** : 칠성문 밖 빈민굴에 살고 있는 복녀의 모습
- **전개** : 복녀에게 닥친 환경의 변화와 점차 타락하기 시작함
- **위기** : 새장가를 드는 왕서방에 대한 강한 질투
- **절정** : 복녀가 왕서방의 신방에 뛰어드나 도리어 자신의 낫에 살해당함
- **결말** : 복녀의 주검을 둘러싸고 오가는 돈거래

**탈출기**
- **작자** : 최서해
- **갈래** : 단편소설
- **성격** : 사실적, 자전적, 저항적
- **경향** : 신경향파 문학, 사실주의
- **배경** : 일제 강점기, 간도 지방
- **시점** : 1인칭 주인공 시점
- **특징** : 서간문 형식으로 사실성과 신뢰성을 높임
- **주제** : 가난한 삶의 원인과 구조적 모순을 해결하기 위한 저항
- **출전** : 『조선문단』

**작품의 구성**
- **발단** : 가족과 함께 간도로 떠나게 되는 '나'
- **전개** : 간도에서 겪게 되는 비참한 생활
- **절정** : 두부장수를 하며 겪는 생활고와 극한 상황
- **결말** : 가난에 대한 분노와 비관을 사회 참여로 전환시킴

**술 권하는 사회**
- **작자** : 현진건
- **갈래** : 단편소설
- **경향** : 사실주의
- **배경** : 일제시대(1920년대)의 도심지
- **시점** : 작가 관찰자 시점
- **주제** : 일제 치하의 부조리한 사회에 적응하지 못하고 가정에서도 이해받지 못하는 지식인의 좌절과 고뇌
- **출전** : 『개벽』

복녀의 입에 여태껏 떠돌던 이상한 웃음은 문득 없어졌다.
"이까짓것!"
그는 발을 들어서 치장한 신부의 머리를 찼다.
"자, 가자우, 가자우."
왕서방은 와들와들 떨었다. 왕서방은 복녀의 손을 뿌리쳤다. 복녀는 쓰러졌다. 그러나 곧 일어섰다. 그가 다시 일어설 때는 그의 손에 얼른얼른하는 낫이 한 자루 들리어 있었다.
"이 되놈 죽어라. 이놈, 나 때렸니! 이놈아, 아이구 사람 죽이누나."
그는 목을 놓고 처울면서 낫을 휘둘렀다. 칠성문 밖 외따른 밭 가운데 홀로 서 있는 왕 서방의 집에서는 일장의 활극이 일어났다. 그러나 그 활극도 곧 잠잠하게 되었다. 복녀의 손에 들리어 있던 낫은 어느덧 왕서방의 손으로 넘어가고 복녀는 목으로 피를 쏟으며 그 자리에 고꾸라져 있었다.

④ 탈출기(1925)

김군! 나는 더 참을 수 없었다. 나는 나부터 살려고 한다. 이때까지는 최면술에 걸린 송장이었다. 제가 죽은 송장으로 남(식구들)을 어찌 살리랴. 그러려면 나는 나에게 최면술을 걸려는 무리를 험악한 이 공기의 원류를 쳐부수어야 하는 것이다.
나는 이것을 인간의 생의 충동이며 확충이라고 본다. 나는 여기서 무상의 법열(法悅)을 느끼려고 한다. 아니 벌써부터 느껴진다. 이 사상이 나로 하여금 집을 탈출케 하였으며, ×× 단에 가입케 하였으며, 비바람 밤낮을 헤아리지 않고 벼랑 끝보다 더 험한 선에 서게 한 것이다.
김군! 거듭 말한다. 나도 사람이다. 양심을 가진 사람이다. 내가 떠나는 날부터 식구들은 더욱 곤경에 들 줄로 나는 안다. 자칫하면 눈속이나 어느 구렁에서 죽는 줄도 모르게 굶어죽을 줄도 나는 잘 안다. 그러므로 나는 이곳에서도 남의 집 행랑어멈이나 아범이며, 노두에 방황하는 거지를 무심히 보지 않는다.
아! 나의 식구도 그럴 것을 생각할 때면 자연히 흐르는 눈물과 뿌직뿌직 찢기는 가슴을 덮쳐 잡는다.
그러나 나는 이를 갈고 주먹을 쥔다. 눈물을 아니 흘리려고 하며 비애에 상하지 않으려고 한다. 울기에는 너무도 때가 늦었으며 비애에 상하는 것은 우리의 박약을 너무도 표시하는 듯싶다. 어떠한 고통이든지 참고 분투하려고 한다.

⑤ 술 권하는 사회(1921)

"홍 또 못 알아 듣는군. 묻는 내가 그르지, 마누라야 그런 말을 알 수 있겠소. 내가 설명해 드리지. 자세히 들어요. 내게 술을 권하는 것은 홧증도 아니고 하이칼라도 아니요, 이 사회란 것이 내게 술을 권한다오. 이 조선 사회란 것이 내게 술을 권한다오. 알았소? 팔자가 좋아서 조선에 태어났지, 딴 나라에 났더면 술이나 얻어 먹을 수 있나……."
사회란 무엇인가? 아내는 또 알 수가 없었다. 어찌하였든 딴 나라에는 없고 조선에만 있는 요리집 이름이어니 한다.
"조선에 있어도 아니 다니면 그만이지요."

남편은 또 아까 웃음을 재우친다. 술이 정말 아니 취한 것같이 또렷또렷한 어조로,

"허허, 기막혀. 그 한 분자(分子)된 이상에야 다니고 아니 다니는 게 무슨 상관이야. 집에 있으면 아니 권하고, 밖에 나가야 권하는 줄 아는가 보아. 그런게 아니야. 무슨 사회란 사람이 있어서 밖에만 나가면 나를 꼭 붙들고 술을 권하는 게 아니야……무어라 할까……저 우리 조선 사람으로 성립된 이 사회란 것이, 내게 술을 아니 못 먹게 한단 말이요. ……어째 그렇소?……또 내가 설명을 해 드리지. 여기 회를 하나 꾸민다 합시다. 거기 모이는 사람놈 치고 처음은 민족을 위하느니, 사회를 위하느니 그러는데, 제 목숨을 바쳐도 아깝지 않으니 아니하는 놈이 하나도 없어. 하다가 단 이틀이 못 되어 단 이틀이 못되어……."

SEMI-NOTE

**작품의 구성**

- **발단** : 바느질을 하며 남편을 기다리는 아내
- **전개** : 과거 회상과 초조한 심정의 아내
- **위기** : 만취되어 돌아온 남편
- **절정** : 술을 마시는 이유에 대한 남편의 변명과 그것을 이해할 수 없는 아내
- **결말** : 집을 나가버리는 남편



## (2) 1930년부터 광복 이후까지의 소설

① 만무방(1935)

한 식경쯤 지났을까, 도적은 다시 나타난다. 논뚝에 머리만 내노코 사면을 두리번 거리 드니 그제서 기여 나온다. 얼골에는 눈만 내노코 수건인지 뭔지 흔겁이 가리엇다. 봇짐을 등에 질머 메고는 허리를 구붓이 빵손을 놋는다. 그러자 응칠이가 날쌔게 달겨들며

"이 자식, 남우 벼를 훔처 가니―――"

하고 대포처럼 고함을 지르니 논둑이로 고대로 데굴데굴 굴러서 떨어진다. 얼결에 호되히 놀란 모양이엇다.

응칠이는 덤벼들어 우선 허리께를 나려조겻다. 어이쿠쿠, 쿠――, 하고 처참한 비명이다. 이 소리에 귀가 뻔쩍 띄이어 그 고개를 들고 팔부터 벗겨보앗다. 그러나 너머나 어이가 업엇음인지 시선을 치거드며 그 자리에 우두망철한다.

그것은 무서운 침묵이엇다. 살뚱마즌 바람만 공중에서 북새를 논다.

한참을 신음하다 도적은 일어나드니

"성님까지 이러케 못살게 굴기유?"

제법 눈을 부라리며 몸을 홱 돌린다. 그리고 늣기며 울음이 복바친다. 봇짐도 내버린 채

"내것 내가 먹는데 누가 뭐래?"

하고 데퉁스러히 내뱃고는 비틀비틀 논 저쪽으로 업서 진다.

형은 너머 꿈속 가태서 멍허니 섯을뿐이다.

그러다 얼마 지나서 한 손으로 그 봇짐을 들어본다. 가쁜 하니 끽 밀 가웃이나 될는지.

**만무방**

- **작자** : 김유정
- **갈래** : 단편소설
- **성격** : 반어적(스스로 가꾼 벼를 도적질할 수밖에 없는 상황)
- **배경** : 1930년대 가을, 강원도 산골 마을
- **시점** : 3인칭 작가 관찰자 시점
- **문체** : 간결체
- **특징** : 농촌 현실을 향토적 언어로 생생하게 묘사
- **주제** : 식민지 농촌 사회에 가해지는 상황의 가혹함과 피해
- **출전** : 『조선일보』

**작품의 구성**

- **발단** : 응칠이는 한가롭게 송이 파적을 하거나 닭을 잡아먹으면서 돌아다님
- **전개** : 동생인 응오네가 벼를 도둑맞았다는 사실을 듣고 응오 집에 들렀다가 살벌해진 현실을 개탄함
- **위기** : 응칠이는 그믐칠야에 산꼭대기 바위굴에서 노름을 하고 도둑을 잡기 위해 잠복함
- **절정** : 잡힌 도둑이 동생 응오임을 알고 어이 없어함
- **결말** : 동생에게 함께 황소를 훔치자고 제안하지만 동생은 거절함. 그런 동생을 몽둥이질 하여 등에 매고 내려옴

② 봄봄(1935)

내가 여기에 와서 돈 한푼 안 받고 일하기를 삼 년하고 꼬박 일곱 달 동안을 했다. 그런데도 미처 못 자랐다니까 이 키는 언제야 자라는 겐지 짜장 영문 모른다. 일을 좀 더 잘해야 한다든지, 혹은 밥을 많이 먹는다고 노상 걱정이니까 좀 덜 먹어야 한다든지 하면 나도 얼마든지 할말이 많다. 허지만 점순이가 아직 어리니까 더 자라야 한다는 여기에는 어째 볼 수 없이 고만 빙빙하고 만다.

SEMI-NOTE

**봄봄**

- **작자** : 김유정
- **갈래** : 단편소설
- **성격** : 해학적, 풍자적
- **배경** : 1930년대 봄, 강원도 산골 마을
- **시점** : 1인칭 주인공 시점
- **문체** : 간결체
- **구성** : 역순행적 구성(주인공 '나'의 회상으로, 과거와 현재가 교차)
- **표현** : 토속어, 비속어, 구어체 문장의 사용
- **주제** : 교활한 장인과 어리숙한 데릴사위 간의 성례를 둘러싼 해학적인 갈등
- **출전** : 『조광』

**작품의 구성**

- **발단** : '나'는 점순이와 성례하기 위해 삼 년 칠 개월 동안 보수 없이 일을 함
- **전개** : 점순이의 충동질로 장인과 함께 구장에게 판단을 받으러 가나 실패하여 뭉태에게 비난을 듣게 됨
- **절정** : 점순이의 두 번째 충동질에 장인과 희극적인 몸싸움을 벌임
- **결말** : '나'와 장인의 일시적인 화해가 이루어지고 '나'는 다시 일하러 감

**날개**

- **작자** : 이상
- **갈래** : 단편소설
- **성격** : 고백적, 상징적
- **경향** : 심리주의, 초현실주의, 모더니즘
- **배경**
  - 시간 : 일제 강점기
  - 공간 : 48가구가 살고 있는 33번지 유곽
- **시점** : 1인칭 주인공 시점
- **특징** : 기성 문법을 거스르는 충격적 문체
- **주제** : 뒤바뀐 삶과 자아 분열의 의식 속에서 본래의 자아를 지향하는 인간의 내면 의지
- **출전** : 『조광』

이래서 나는 애초 계약이 잘못된 걸 알았다. 이태면 이태, 삼년이면 삼년, 기한을 딱 작정하고 일을 해야 원할 것이다. 덮어놓고 딸이 자라는 대로 성례를 시켜 주마, 했으니 누가 늘 지키고 섰는 것도 아니고, 그 키가 언제 자라는지 알 수 있는가. 그리고 난 사람의 키가 무럭무럭 자라는 줄 만 알았지 붙배기 키에 모로만 벌어지는 몸도 있는 것을 누가 알았으랴. 때가 되면 장인님이 어련하랴 싶어서 군소리 없이 꾸벅꾸벅 일만 해 왔다.

그럼 말이다. 장인님이 제가 다 알아채서, "어참, 너 일 많이 했다. 고만 장가들어라." 하고 살림도 내주고 해야 나도 좋을 것이 아니냐.

시치미를 딱 떼고 도리어 그런 소리가 나올까 봐서 지레 펄펄뛰고 이 야단이다. 명색이 좋아 데릴사위지 일하기에 싱겁기도 할 뿐더러 이건 참 아무것도 아니다.

숙맥이 그걸 모르고 점순이의 키 자라기만 까맣게 기다리지 않았나.

언젠가는 하도 갑갑해서 자를 가지고 덤벼들어서 그 키를 한번 재 볼까 했다. 마는 우리는 장인님이 내외를 해야 한다고 해서 마주 서 이야기도 한마디하는 법 없다. 우물길에서 언제나 마주칠 적이면 겨우 눈어림으로 재보고 하는 것인데 그럴 적마다 나는 저만침 가서 '제에미 키두!'하고 논둑에다 침을 퉤, 뱉는다. 아무리 잘 봐야 내 겨드랑(다른 사람보다 좀 크긴 하지만) 밑에서 넘을락 말락 밤낮 요모양이다.

개 돼지는 푹푹 크는데 왜 이리도 사람은 안 크는지, 한동안 머리가 아프도록 궁리도 해보았다.

아하, 물동이를 자꾸 이니까 뼉다귀가 움츠라 드나보다, 하고 내가 넌즈시 그 물을 대신 길어도 주었다. 뿐만 아니라 나무를 하러 가면 서낭당에 돌을 올려놓고 '점순이의 키 좀 크게 해줍소사. 그러면 담엔 떡 갖다 놓고 고사드립죠니까.' 하고 치성도 한두 번 드린 것이 아니다. 어떻게 되먹은 긴지 이래도 막무가내니…….

③ 날개(1936)

우리들은 서로 오해하고 있느니라. 설마 아내가 아스피린 대신에 아달린의 정량을 나에게 먹여 왔을까? 나는 그것을 믿을 수는 없다. 아내가 대체 그럴 까닭이 없을 것이니, 그러면 나는 날밤을 새면서 도둑질을 계집질을 하였나? 정말이지 아니다.

우리 부부는 숙명적으로 발이 맞지 않는 절름발이인 것이다. 내나 아내나 제 거동에 로직을 붙일 필요는 없다. 변해할 필요도 없다. 사실은 사실대로 오해는 오해대로 그저 끝없이 발을 절뚝거리면서 세상을 걸어가면 되는 것이다. 그렇지 않을까?

그러나 나는 이 발길이 아내에게로 돌아가야 옳은가 이것만은 분간하기가 좀 어려웠다. 가야하나? 그럼 어디로 가나?

이때 뚜우 하고 정오 사이렌이 울었다. 사람들은 모두 네 활개를 펴고 닭처럼 푸드덕거리는 것 같고 온갖 유리와 강철과 대리석과 지폐와 잉크가 부글부글 끓고 수선을 떨고 하는 것 같은 찰나! 그야말로 현란을 극한 정오다.

나는 불현듯 겨드랑이가 가렵다. 아하, 그것은 내 인공의 날개가 돋았던 자국이다. 오늘은 없는 이 날개. 머릿속에서는 희망과 야심이 말소된 페이지가 딕셔너리 넘어가듯 번뜩였다.

나는 걷던 걸음을 멈추고 그리고 일어나 한 번 이렇게 외쳐 보고 싶었다.
날개야 다시 돋아라.
날자. 날자. 한 번만 더 날자꾸나.
한 번만 더 날아 보자꾸나.

④ 치숙(1938)

내 이상과 계획은 이렇거든요.

우리집 다이쇼가 나를 자별히 귀여워하고 신용을 하니깐 인제 한 십 년만 더 있으면 한밑천 들여서 따루 장사를 시켜 줄 눈치거든요.

그러거들랑 그것을 언덕삼아 가지고 나는 삼십 년 동안 예순 살 환갑까지만 장사를 해서 꼭 십만 원을 모을 작정이지요. 십만 원이면 죄선 부자로 쳐도 천 석군이니 머, 떵떵거리고 살 게 아니라구요.

신식 여자는 식자가 들었다는 게 건방져서 못쓰고 도무지 그래서 죄선 여자는 신식이고 구식이고 다아 제에발이야요.

내지 여자가 참 좋지 머. 인물이 개개 일짜로 예쁘겠다, 얌전하겠다, 상냥하겠다, 지식이 있어도 건방지지 않겠다, 조음이나 좋아!

그리고 내지 여자한테 장가만 드는 게 아니라 성명도 내지인 성명으로 갈고, 집도 내지인 집에서 살고, 옷도 내지 옷을 입고 밥도 내지 식으로 먹고, 아이들도 내지인 이름을 지어서 내지인 학교에 보내고……

내지인 학교래야지 죄선 학교는 너절해서 아이를 버려 놓기나 꼭 알맞지요.

그리고 나도 죄선말은 싹 걷어치우고 국어만 쓰고요.

이렇게 다아 생활법식부텀도 내지인처럼 해야만 돈도 내지인처럼 잘 모으게 되거든요.

내 이상이며 계획은 이래서 이십만 원짜리 큰 부자가 바루 내다뵈고 그리루 난 길이 환하게 트이고 해서 나는 시방 열심으로 길을 가고 있는데 글쎄 그 미쳐 살기 든 놈들이 세상 망쳐버릴 사회주의를 하려 드니 내가 소름이 끼칠 게 아니라구요? 말만 들어도 끔찍하지!

⑤ 사랑손님과 어머니(1935)

그 날 밤, 저녁밥 먹고 나니까 어머니는 나를 불러 앉히고 머리를 새로 빗겨 주었습니다. 댕기를 새 댕기로 드려 주고, 바지, 저고리, 치마, 모두 새것을 꺼내 입혀 주었습니다.

"엄마, 어디 가?" 하고 물으니까,

"아니." 하고 웃음을 띠면서 대답합니다. 그러더니, 풍금 옆에서 내리어 새로 다린 하얀 손수건을 내리어 내 손에 쥐어 주면서,

"이 손수건, 저 사랑 아저씨 손수건인데, 이것 아저씨 갖다 드리구 와, 응. 오래 있지 말구 손수건만 갖다 드리구 이내 와, 응." 하고 말씀하셨습니다.

손수건을 들고 사랑으로 나가면서 나는 접어진 손수건 속에 무슨 발각발각하는 종이가 들어 있는 것처럼 생각되었습니다마는, 그것을 펴 보지 않고 그냥 갖다가 아저씨에게 주었습니다.

SEMI-NOTE

**작품의 구성**

- **도입부** : '나'의 독백, 지적인 역설로 분열된 자아 제시
- **발단** : 33번지 유곽, 해가 들지 않는 '나'의 방
- **전개** : 손님이 찾아온 아내, 일찍 귀가한 '나'와 아내의 마주침
- **위기** : 감기약 대신 수면제를 먹인 아내의 의도에 마음이 쓰이는 '나'
- **절정, 결말** : 정상적인 삶에 대한 욕구

**치숙**

- **작자** : 채만식
- **갈래** : 단편소설
- **성격** : 풍자적, 세태비판적
- **배경** : 일제 강점기, 군산과 서울
- **시점** : 1인칭 관찰자 시점
- **주제** : 일제시대 지식인에 대한 비판 및 일본 사대주의에 빠진 이들에 대한 풍자
- **출전** : 『동아일보』

**작품의 구성**

- **발단** : 화자가 아저씨와 아주머니를 소개함
- **전개** : 무능력한 아저씨의 모습과 인자한 아주머니가 고생하는 것을 보고 답답해 함
- **위기** : 일본인 처를 얻고 일본에 가서 살고자 하지만, 아저씨 때문에 방해를 받게 됨
- **절정** : 화자는 아저씨의 행태를 비판하지만 아저씨는 오히려 세상을 움직이는 힘에 대해 알지 못하는 화자를 비판함
- **결말** : 화자는 아저씨에게 실망하게 됨

**사랑손님과 어머니**

- **작자** : 주요섭
- **갈래** : 단편소설
- **성격** : 서정적, 심리적
- **배경** : 1930년대, 시골 마을
- **시점** : 1인칭 관찰자 시점
- **주제** : 봉건적 윤리의식과 인간적 감정 사이에서 갈등하는 어머니와 사랑손님의 사랑과 이별
- **출전** : 『조광』

SEMI-NOTE

**작품의 구성**

- **발단** : 옥희네 집에 사랑손님(아저씨)이 하숙을 하게 됨
- **전개** : 아저씨와 친해지는 '나'와 서로 관심을 보이는 어머니와 아저씨
- **위기** : 어머니와 아저씨의 연모의 정과 갈등
- **절정** : '나'가 거짓말로 준 꽃으로 인한 어머니의 갈등과 결심
- **결말** : 아저씨가 떠나고 나서, 어머니는 마른 꽃을 '나'에게 주며 버리라고 시킴

**광장**

- **작자** : 최인훈
- **갈래** : 분단소설, 사회소설, 장편소설
- **성격** : 관념적, 철학적
- **배경** : 광복 직후에서 한국 전쟁 후까지의 남한과 북한
- **시점** : 전지적 작가 시점
- **특징** : 밀실, 광장 등의 상징적 공간과 사변적 주인공을 통해 관념적이고 철학적인 주제를 표현
- **주제** : 분단 현실에 대한 인식과 이상적인 사회의 염원과 좌절, 이념의 갈등 속에서 이상과 사랑을 추구하는 인간의 모습
- **의의** : 남북한 이데올로기를 비판적으로 고찰한 최초의 실존주의 소설
- **출전** : 『새벽』

**작품의 구성**

- **발단** : 명준은 월북한 아버지 때문에 이념 문제로 고초를 겪다가 결국 월북하게 됨
- **전개** : 북한 사회의 부자유와 이념의 허상에 환멸을 느낌
- **위기** : 한국 전쟁이 발발하고, 인민군으로 종군하다가 포로가 됨
- **절정** : 포로교환 현장 속에서 명준은 중립국을 택함
- **결말** : 인도로 가는 타고르 호에서 투신하는 명준

아저씨는 방에 누워 있다가 벌떡 일어나서 손수건을 받는데, 웬일인지 아저씨는 이전처럼 나보고 빙그레 웃지도 않고 얼굴이 몹시 파래졌습니다. 그리고는, 입술을 질근질근 깨물면서 말 한 마디 아니하고 그 손수건을 받더군요.

나는 어째 이상한 기분이 들어서 아저씨 방에 들어가 앉지도 못하고, 그냥 되돌아서 안방으로 도로 왔지요. 어머니는 풍금 앞에 앉아서 무엇을 그리 생각하는지 가만히 있더군요. 나는 풍금 옆으로 가서 가만히 옆에 앉아 있었습니다. 이윽고, 어머니는 조용조용히 풍금을 타십니다. 무슨 곡조인지는 몰라도 어째 구슬프고 고즈넉한 곡조야요. 밤이 늦도록 어머니는 풍금을 타셨습니다. 그 구슬프고 고즈넉한 곡조를 계속하고 또 계속하면서…….

**실력 UP 신빙성 없는 화자**

화자인 옥희는 어린아이의 눈으로 있는 그대로를 설명하지만 아직 어리기 때문에 어머니와 아저씨의 연정을 눈치 채지 못하기에, 화자가 미성숙 또는 교양이 낮거나 어린 탓에 사건을 잘못 파악하여 서술하는 시점을 신빙성 없는 화자(unrealiable narrator)라 일컬음

## (3) 1950년 이후의 소설

① 광장(1960)

펼쳐진 부채가 있다. 부채의 끝 넓은 테두리 쪽을, 철학과 학생 이명준이 걸어간다. 가을이다. 겨드랑이에 낀 대학 신문을 꺼내 들여다본다. 약간 자랑스러운 듯이. 여자를 깔보지는 않아도, 알 수 없는 동물이라고 여기고 있다.

책을 모으고, 미이라를 구경하러 다니다.

정치는 경멸하고 있다. 그 경멸이 실은 강한 관심과 아버지 일 때문에 그런 모양으로 나타난 것인 줄은 알고 있다. 다음에, 부채의 안쪽 좀 더 좁은 너비에, 바다가 보이는 분지가 있다. 거기서 보면 갈매기가 날고 있다. 윤애에게 말하고 있다. 윤애 날 믿어 줘. 알몸으로 날 믿어 줘. 고기 썩는 냄새가 역한 배 안에서 물결에 흔들리다가 깜빡 잠든 사이에, 유토피아의 꿈을 꾸고 있는 그 자신이 있다. 조선인 콜호스 숙소의 창에서 불타는 저녁놀의 힘을 부러운 듯이 바라보고 있는 그도 있다. 구겨진 바바리코드 속에 시래기처럼 바랜 심장을 하고 은혜가 기다리는 하숙으로 돌아가고 있는 9월의 어느 저녁이 있다. 도어에 뒤통수를 부딪히면서 악마도 되지 못한 자기를 언제까지나 웃고 있는 그가 있다. 그의 삶의 터는 부채꼴, 넓은 데서 점점 안으로 오므라들고 있었다. 마지막으로 은혜와 둘이 안고 뒹굴던 동굴이 그 부채꼴 위에 있다. 사람이 안고 뒹구는 목숨의 꿈이 다르지 않느니. 어디선가 그런 소리도 들렸다.

그는 지금, 부채의 사북자리에 서 있다. 삶의 광장은 좁아지다 못해 끝내 그의 두 발바닥이 차지하는 넓이가 되고 말았다. 자 이제는? 모르는 나라, 아무도 자기를 알리 없는 먼 나라로 가서, 전혀 새사람이 되기 위해 이 배를 탔다. 사람은, 모르는 사람들 사이에서는, 자기 성격까지도 마음대로 골라잡을 수도 있다고 믿는다. 성격을 골라잡다니! 모든 일이 잘 될 터이었다. 다만 한 가지만 없었다면. 그는 두 마리 새들을 방금까지 알아보지 못한 것이었다. 무덤 속에서 몸을 푼 한 여자의 용기를, 방금 태어난 아기를 한 팔로 보듬고 다른 팔로 무덤

을 깨뜨리고 하늘 높이 치솟는 여자를, 그리고 마침내 그를 찾아 내고야만 그들의 사랑을.

돌아서서 마스트를 올려다본다. 그들은 보이지 않는다. 바다를 본다. 큰 새와 꼬마 새는 바다를 향하여 미끄러지듯 내려오고 있다. 바다. 그녀들이 마음껏 날아다니는 광장을 명준은 처음 알아본다. 부채꼴 사북까지 뒷걸음질친 그는 지금 핑그르르 뒤로 돌아선다. 제정신이 든 눈에 비친 푸른 광장이 거기 있다.

② 장마(1973)

"자네 오면 줄라고 노친께서 여러 날 들여 장만헌 것일세. 먹지는 못헐 망정 눈요구라도 허고 가소. 다아 자네 노친 정성 아닌가. 내가 자네를 쫓을라고 이러는 건 아니네. 그것만은 자네도 알어야 되네. 냄새가 나드라도 너무 섭섭타 생각 말고, 집안일일랑 아모걱정 말고 머언 걸음 부데 펜안히 가소"

이야기를 다 마치고 외할머니는 불씨가 담긴 그릇을 헤집었다. 그 위에 할머니의 흰머리를 올려놓자 지글지글 끓는 소리를 내면서 타오르기 시작했다. 단백질을 태우는 노린내가 멀리까지 진동했다. 그러자 눈앞에서 벌어지는 그야말로 희한한 광경에 놀라 사람들은 저마다 탄성을 올렸다. 외할머니가 아무리 타일러도 그때까지 움쩍도 하지 않고 그토록 오랜 시간을 버티던 그것이 서서히 움직이기 시작한 것이다. 감나무 가지를 친친 감았던 몸뚱이가 스르르 풀리면서 구렁이는 땅바닥으로 툭 떨어졌다. 떨어진 자리에서 잠시 머뭇거린 다음 구렁이는 꿈틀꿈틀 기어 외할머니 앞으로 다가왔다. 외할머니가 한쪽으로 비켜서면서 길을 터주었다. 이리저리 움직이는 대로 뒤를 따라가며 외할머니는 연신 소리를 질렀다. 새막에서 참새떼를 쫓을 때처럼 "쉬이! 쉬이!" 하고 소리를 지르면서 손뼉까지 쳤다. 누런 비늘 가죽을 번들번들 뒤틀면서 그것은 소리 없이 땅바닥을 기었다. 안방에 있던 식구들도 마루로 몰려나와 마당 한복판을 가로질러 오는 기다란 그것을 모두 질린 표정으로 내려다보고 있었다. 꼬리를 잔뜩 사려 가랑이 사이에 감춘 워리란 놈이 그래도 꼴값을 하느라고 마루 밑에서 다 죽어가는 소리로 짖어대고 있었다. 몸뚱이의 움직임과는 여전히 따로 노는 꼬리 부분을 왼쪽으로 삐딱하게 흔들거리면서 그것은 방향을 바꾸어 헛간과 부엌 사이 공지를 천천히 지나갔다.

"쉬이! 쉬어이!"

외할머니의 쉰 목청을 뒤로 받으며 그것은 우물곁을 거쳐 넓은 뒤란을 어느덧 완전히 통과했다. 다음은 숲이 우거진 대밭이었다.

"고맙네, 이 사람! 집안 일은 죄다 성님한티 맽기고 자네 혼잣 몸띵이나 지발 성혀서먼 걸음 펜안히 가소. 뒷일은 아모 염려 말고 그저 펜안히 가소. 증말 고맙네, 이 사람아"

장마철에 무성히 돋아난 죽순과 대나무 사이로 모습을 완전히 감추기까지 외할머니는 우물곁에 서서 마지막 당부의 말로 구렁이를 배웅하고 있었다.

SEMI-NOTE

**장마**

- **작자** : 윤흥길
- **갈래** : 중편소설
- **성격** : 샤머니즘
- **배경** : 6 · 25 전쟁 중 어느 농촌 마을
- **시점** : 1인칭 관찰자 시점
- **특징** : 전라북도 사투리 사용을 통한 사실적인 표현
- **주제** : 이념 대립의 극한적 분열상과 정서적 일체감에 의한 극복
- **출전** : 『문학과 지성』

**작품의 구성**

- **발단** : 두 할머니의 아들이 각각 국군과 인민군 빨치산으로 나감
- **전개** : 외할머니의 아들이 전사한 뒤부터 두 할머니의 갈등이 시작됨
- **위기** : 빨치산에 대한 외할머니의 저주로 갈등이 고조됨
- **절정** : 아이들에게 쫓겨 집안에 들어온 구렁이를 외할머니가 극진히 대접해 돌려보냄
- **결말** : 두 할머니가 화해함

**전후소설**

전후소설은 6 · 25를 직접 체험한 작가들이 당시의 현실 상황이나 전쟁 직후의 비극과 인간성 상실에 대해 사실적으로 그려낸 작품으로, 갈라진 우리 민족이 나아가야 할 길을 제시해 주며, 고뇌를 통해 새로운 인간의 형상화를 보여줌

SEMI-NOTE

**난장이가 쏘아올린 작은 공**

- **작자** : 조세희
- **갈래** : 중편소설, 연작소설
- **경향** : 사회 고발적
- **배경** : 1970년대, 서울의 재개발 지역
- **시점** : 1인칭 주인공 시점
- **특징** : 우화적인 분위기의 실험적 기법의 도입과 70년대의 어두운 이면을 직접적으로 드러냄
- **주제** : 도시 빈민이 겪는 삶의 고통과 좌절
- **출전** : 『문학과 지성』

**작품의 구성**

- **1부** : (서술자 영수) 집을 철거 한다는 계고장을 받은 난쟁이 가족의 모습과 생활상
- **2부** : (서술자 영호) 입주권을 투기업자에게 파는 난쟁이 가족과 남는 돈이 없어 학교를 그만두는 영호와 영희
- **3부** : (서술자 영희) 영희는 투기업자에게 순결을 빼앗기고, 금고 안에서 되찾은 입주권과 돈으로 입주 절차를 마치나 아버지의 죽음을 확인하고 사회를 향해 절규함

**그믐달**

- **작자** : 나도향
- **갈래** : 경수필
- **성격** : 서정적, 낭만적, 감상적
- **문체** : 우유체, 화려체
- **특징**
  - 대조의 방법으로 대상을 부각시킴
  - 직유법과 은유법을 통해 대상의 특성을 표현
- **제재** : 그믐달
- **주제** : 외롭고 한스러워 보이는 그믐달을 사랑하는 마음
- **출전** : 『조선문단』

③ 난장이가 쏘아올린 작은 공(1976)

> 아주머니가 말했다.
> “네가 집을 나가구 식구들이 얼마나 찾았는지 아니? 이 방 창문에서도 보이지. 어머니가 헐린 집터에 서 계셨었다. 너는 둘째치구 이번엔 아버지가 어딜 가셨는지 모르게 됐었단다. 성남으로 가야하는데 아버지가 안 계셨어. 길게 얘길 해 뭘 하겠니. 아버지는 돌아가셨어. 벽돌 공장 굴뚝을 허는 날 알았단다. 굴뚝 속으로 떨어져 돌아가신 아버지를 철거반 사람들이 발견했어.”
> 그런데― 나는 일어날 수가 없었다. 눈을 감은 채 가만히 누워 있었다. 다친 벌레처럼 모로 누워 있었다. 숨을 쉴 수 없었다. 나는 두 손으로 가슴을 쳤다. 헐린 집 앞에 아버지가 서 있었다. 아버지는 키가 작았다. 어머니가 다친 아버지를 업고 골목을 돌아 들어왔다. 아버지의 몸에서 피가 뚝뚝 흘렀다. 내가 큰 소리로 오빠들을 불렀다. 오빠들이 뛰어나왔다. 우리들은 마당에 서서 하늘을 쳐다보았다. 까만 쇠공이 머리 위 하늘을 일직선으로 가르며 날아갔다.
> 아버지가 벽돌 공장 굴뚝 위에 서서 손을 들어 보였다. 어머니가 조각마루 끝에 밥상을 올려 놓았다. 의사가 대문을 들어서는 소리가 들렸다. 아주머니가 나의 손을 잡았다. 아아아아아아아 하는 울음이 느리게 나의 목을 타고 올라왔다.
> “울지 마, 영희야.” 큰오빠가 말했었다.
> “제발 울지 마. 누가 듣겠어.” 나는 울음을 그칠 수 없었다.
> “큰오빠는 화도 안 나?”
> “그치라니까.”
> “아버지를 난장이라고 부르는 악당은 죽여 버려.”
> “그래. 죽여 버릴게.”
> “꼭 죽여.”
> “그래. 꼭.”
> “꼭.”

## 04절 기타 갈래의 작품

## 1. 현대 수필, 희곡, 시나리오

### (1) 현대 수필

① 그믐달(1925)

> 나는 그믐달을 몹시 사랑한다.
> 그믐달은 요염하여 감히 손을 댈 수도 없고, 말을 붙일 수도 없이 깜찍하게 예쁜 계집 같은 달인 동시에 가슴이 저리고 쓰리도록 가련한 달이다.
> 서산 위에 잠깐 나타났다가 숨어 버리는 초생달은 세상을 후려 삼키려는 독부(毒婦)가 아니면 철모르는 처녀 같은 달이지마는, 그믐달은 세상의 갖은 풍상을 다 겪고, 나중에는 그 무슨 원한을 품고서 애처롭게 쓰러지는 원부와 같이

애절하고 애절한 맛이 있다.

보름에 둥근 달은 모든 영화와 끝없는 숭배를 받는 여왕과 같은 달이지마는, 그믐달은 애인을 잃고 쫓겨남을 당한 공주와 같은 달이다.

초생달이나 보름달은 보는 이가 많지마는, 그믐달은 보는 이가 적어 그만큼 외로운 달이다. 객창한등에 정든 임 그리워 잠 못 들어 하는 분이나, 못 견디게 쓰린 가슴을 움켜잡은 무슨 한 있는 사람이 아니면 그 달을 보아주는 이가 별로 없을 것이다.

그는 고요한 꿈나라에서 평화롭게 잠들은 세상을 저주하며, 홀로이 머리를 풀어 뜨리고 우는 청상(靑孀)과 같은 달이다. 내 눈에는 초생달 빛은 따뜻한 황금빛에 날카로운 쇳소리가 나는 듯하고, 보름달은 치어다 보면 하얀 얼굴이 언제든지 웃는 듯하지마는, 그믐달은 공중에서 번듯하는 날카로운 비수와 같이 푸른빛이 있어 보인다. 내가 한 있는 사람이 되어서 그러한지는 모르지마는, 내가 그 달을 많이 보고 또 보기를 원하지만, 그 달은 한 있는 사람만 보아주는 것이 아니라 늦게 돌아가는 술주정꾼과 노름하다 오줌 누러 나온 사람도 보고, 어떤 때는 도둑놈도 보는 것이다.

어떻든지, 그믐달은 가장 정 있는 사람이 보는 중에, 또는 가장 한 있는 사람이 보아주고, 또 가장 무정한 사람이 보는 동시에 가장 무서운 사람들이 많이 보아준다.

내가 만일 여자로 태어날 수 있다 하면, 그믐달 같은 여자로 태어나고 싶다.

SEMI-NOTE

**작품의 구성**

- **기** : 가슴 저리게 가련한 그믐달을 사랑하는 나의 모습
- **승** : 독부와 같은 그믐달, 애인을 잃고 쫓겨난 그믐달
- **전** : 사연 있는 사람만 보는 달, 보는 이가 적은 그믐달
- **결** : 만일 여자로 태어난다면 그믐달 같은 여자로 태어나고픈 나의 모습

**경수필**

내용과 분위기가 친근하며, 주관적, 정서적, 자기 고백적이며 신변잡기적인 성격을 지님

② 낙엽을 태우면서(1938)

가을이 깊어지면 나는 거의 매일 뜰의 낙엽을 긁어 모으지 않으면 안 된다. 날마다 하는 일이언만, 낙엽은 어느덧 날고 떨어져서 또다시 쌓이는 것이다. 낙엽이란 참으로 이 세상의 사람의 수효보다도 많은가 보다. 30여 평에 차지 못하는 뜰이건만, 날마다의 시중이 조련치 않다.

벚나무, 능금나무 – 제일 귀찮은 것이 담쟁이다. 담쟁이란 여름 한철 벽을 온통 둘러싸고, 지붕과 연돌(煙突)의 붉은 빛만을 남기고 집안을 통째로 초록의 세상으로 변해 줄때가 아름다운 것이지 잎을 다 떨어트리고 앙상하게 드러난 벽에 메마른 줄기를 그물같이 둘러칠 때쯤에는, 벌써 다시 지릅떠볼 값조차 없는 것이다. 귀찮은 것이 그 낙엽이다.

가령 벚나무 잎같이 신선하게 단풍이 드는 것도 아니요, 처음부터 칙칙한 색으로 물들어 재치 없는 그 넓은 잎이 지름길 위에 떨어져 비라도 맞고 나면 지저분하게 흙 속에 묻히는 까닭에 아무래도 날아 떨어지는 쪽쪽 그 뒷시중을 해야 한다. 벚나무 아래에 긁어모은 낙엽의 산더미를 모으고 불을 붙이면 속엣것부터 푸슥푸슥 타기 시작해서 가는 연기가 피어오르고 바람이나 없는 날이면 그 연기가 낮게 드리워서 어느덧 뜰 안에 가득히 담겨진다.

낙엽 타는 냄새같이 좋은 것이 있을까. 갓 볶아낸 커피의 냄새가 난다. 잘 익은 개금냄새가 난다. 갈퀴를 손에 들고는 어느 때까지든지 연기 속에 우뚝 서서 타서 흩어지는 낙엽의 산더미를 바라보며 향기로운 냄새를 맡고 있노라면 별안간 맹렬한 생활의 의욕을 느끼게 된다. 연기는 몸에 배서 어느 결엔지 옷자락과 손등에서도 냄새가 나게 된다. 나는 그 냄새를 한없이 사랑하면서 즐거운 생활감에 잠겨서는 새삼스럽게 생활의 제목을 진귀한 것으로 머릿속에 떠올린다.

**낙엽을 태우면서**

- **작자** : 이효석
- **갈래** : 경수필
- **성격** : 주관적, 감각적, 사색적
- **문체** : 우유체
- **특징**
  - 은유와 직유, 점층법을 구사
  - 예시와 열거를 통한 '나'의 행동과 상념의 전개가 인상적인 흐름에 따라 표현
- **주제** : 낙엽을 태우면서 느끼는 일상 생활의 보람
- **출전** : 『조선 문학 독본』

**작품의 구성**

- **기** : 낙엽 쓸기를 귀찮은 시중들기로 표현
- **승** : 쓸어 모은 낙엽을 태우며 낙엽이 타는 냄새를 맡으며 생활의 의욕을 느낌
- **전** : 불을 쬐며 가을의 생활미를 느끼는 화자의 모습
- **결** : 가을에 하는 일거리에서 찾는 창조적이며 생산적인 의미

SEMI-NOTE

**피딴문답**

- **작자** : 김소운
- **갈래** : 경수필, 희곡적 수필
- **성격** : 교훈적, 감상적
- **문체** : 대화체, 간결체
- **표현**
  - 대화로 이루어져 있어서 희곡을 읽는 듯한 느낌을 줌
  - 피딴이라는 대상에 사물과 인생을 연결시켜 표현함
- **제재** : 피딴
- **주제** : 원숙한 생활미에 대한 예찬
- **출전** : 『김소운 수필전집』

**작품의 구성**

- **1단** : 화자의 창작활동과 대비되는 피딴의 독자적 풍미를 표현
- **2단** : 썩기 직전의 쇠고기가 도리어 독특한 풍미를 내듯 인생의 풍미를 내는 중용의 도를 역설함

**주요 단어 풀이**

- **피딴(피단, 皮蛋)** : 중국요리 중 하나로, 주로 오리알을 석회가 첨가된 진흙과 왕겨에 넣어 노른자는 까맣고, 흰색은 갈색을 띠는 젤리 상태의 요리
- **역두(驛頭)** : 역 앞. 역전(驛前)
- **전별(餞別)** : 잔치를 베풀어 작별함. 보내는 쪽에서 예를 갖춰 작별함을 이르는 말
- **어폐(語弊)** : 적절하지 아니하게 사용하여 일어나는 폐단이나 결점

음영과 윤택과 색채가 빈곤해지고 초록이 전혀 그 자취를 감추어 버린 꿈을 잃은 헌출한 뜰 복판에 서서 꿈의 껍질인 낙엽을 태우면서 오로지 생활의 상념에 잠기는 것이다. (후략)

③ 피딴문답(1978)

"존경이라니…, 존경할 요리란 것도 있나?"

"있고말고. 내 얘기를 들어 보면 자네도 동감일 걸세. 오리알을 껍질째 진흙으로 싸서 겨 속에 묻어 두거든…. 한 반 년쯤 지난 뒤에 흙덩이를 부수고, 껍질을 까서 술안주로 내놓는 건데, 속은 굳어져서 마치 삶은 계란 같지만, 흙덩이 자체의 온기 외에 따로 가열(加熱)을 하는 것은 아니라네."

"오리알에 대한 조예가 매우 소상하신데…."

"아니야, 나도 그 이상은 잘 모르지. 내가 아는 건 거기까지야. 껍질을 깐 알맹이는 멍이 든 것처럼 시퍼런데도, 한 번 맛을 들이면 그 풍미(風味-음식의 멋스런 맛)가 기막히거든. 연소(제비집)나 상어 지느러미처럼 고급 요리 축에는 못 들어가도, 술안주로는 그만이지…."

"그래서 존경을 한다는 건가?"

"아니야, 생각을 해 보라고. 날것째 오리알을 진흙으로 싸서 반 년씩이나 내버려 두면, 썩어 버리거나, 아니면 부화해서 오리 새끼가 나와야 할 이치 아닌가 말야…. 그런데 썩지도 않고, 오리 새끼가 되지도 않고, 독자의 풍미를 지닌 피딴으로 화생(化生-생물의 몸이 다르게 변함)한다는 거, 이거 놀라운 일이 아닐 수 없지. 허다한 값나가는 요리를 제쳐 두고, 내가 피딴 앞에 절을 하고 싶다는 연유가 바로 이것일세."

"그럴싸한 얘기로구먼. 썩지도 않고, 오리 새끼도 되지 않는다…?"

"그저 썩지만 않는다는 게 아니라, 거기서 말 못 할 풍미를 맛볼 수 있다는 거, 그것이 중요한 포인트지……. 남들은 나를 글줄이나 쓰는 사람으로 치부하지만, 붓 한 자루로 살아 왔다면서, 나는 한 번도 피딴만한 글을 써 본 적이 없다네. '망건을 십 년 뜨면 문리(文理-글의 뜻을 깨달아 아는 힘)가 난다.'는 속담도 있는데, 글 하나 쓸 때마다 입시를 치르는 중학생마냥 긴장을 해야 하다니, 망발도 이만저만이지……."

"초심불망(初心不忘-처음에 먹은 마음을 잊지 않는다)이라지 않아……. 늙어 죽도록 중학생일 수만 있다면 오죽 좋아 ……."

"그런 건 좋게 하는 말이고, 잘라 말해서, 피딴만큼도 문리가 나지 않는다는 거야……. 이왕 글이라도 쓰려면, 하다못해 피딴 급수(級數)는 돼야겠는데……."

"썩어야 할 것이 썩어 버리지 않고, 독특한 풍미를 풍긴다는 거, 멋있는 애기로구먼. 그런 얘기 나도 하나 알지. 피딴의 경우와는 좀 다르지만……." (후략)

## (2) 희곡, 시나리오

### ① 토막(1932)

명서 처 : 음, 그 애에게서 물건이 온 게로구먼.
명서 : 뭘까?
명서 처 : 세상에, 귀신은 못 속이는 게지!(아들의 좋은 소식을 굳게 믿고 싶은 심정) 오늘 아침부터 이상한 생각이 들더니, 이것이 올려구 그랬던가 봐. 당신은 우환이니 뭐니 해도 …….
명서 : (소포의 발송인의 이름을 보고) 하아 하! 이건 네 오래비가 아니라 삼조가 …….
명서 처 : 아니, 삼조가 뭣을 보냈을까? 입때 한 마디 소식두 없던 애가 …….(소포를 끌러서 궤짝을 떼어 보고)
금녀 : (깜짝 놀라) 어머나!
명서 처 : (자기의 눈을 의심하듯이) 대체 이게 …… 이게? 에그머니, 맙소사! 이게 웬일이냐?
명서 : (되려 멍청해지며, 궤짝에 쓰인 글자를 읽으며) 최명수의 백골.
금녀 : 오빠의?
명서 처 : 그럼, 신문에 난 게 역시! 아아, 이 일이 웬일이냐? 명수야! 네가 왜 이 모양으로 돌아왔느냐! (백골상자를 꽉 안는다.)
금녀 : 오빠!
명서 : 나는 여태 개돼지같이 살아 오문서, 한 마디 불평두 입 밖에 내지 않구 꾸벅꾸벅 일만 해 준 사람이여. 무엇 때문에, 무엇 때문에 내 자식을 이 지경을 맨들어 보내느냐? 응, 이 육실헐 눔들! (일어서려고 애쓴다.)
금녀 : (눈물을 씻으며) 아버지! (하고 붙든다.)
명서 : 놓아라! 명수는 어디루 갔니? 다 기울어진 이 집을 뉘게 맽겨 두구 이눔은 어딜?
금녀 : 아버지! 아버지!
명서 : (궤짝을 들구 비틀거리며) 이놈들아, 왜 뼉다구만 내게 갖다 맽기느냐? 내 자식을 죽인 눔이 이걸 마저 처치해라! (기진하여 쓰러진다. 궤짝에서 백골이 쏟아진다. 받은기침 한동안)
명서 처 : (흩어진 백골을 주우며) 명수야, 내 자식아! 이 토막에서 자란 너는 백골이나마 우리를 찾아왔다. 인제는 나는 너를 가다려서 애태울 것두 없구 동지섣달 기나긴 밤을 울어 새우지 않아두 좋다! 명수야, 이제 너는 내 품안에 돌아왔다.
명서 : ......아아, 보기 싫다! 도로 가져 가래라.
금녀 : 아버지, 서러 마세요. 서러워 마시구 이대루 꾹참구 살아가세유. 네 아버지! 결코 오빠는 우릴 저바라진 않을 거예유. 죽은 혼이라두 살아 있어, 우릴 꼭 돌봐 줄거예유. 그때까지 우린 꾹 참구 살아 가세유, 예, 아버지!
명서 : ......아아, 보기 싫다! 도로 가져 가래라!
(금녀의 어머니는 백골을 안치하여 놓고 열심히 무어라고 중얼거리며 합장한다. 바람 소리 정막(靜幕) 을 찢는다)

SEMI-NOTE

**토막**

- **작가** : 유치진
- **갈래** : 현대극, 장막극(전 2막), 사실주의 극
- **성격** : 현실 고발적, 비판적, 사실적
- **배경** : 1920년대, 어느 가난한 농촌 마을
- **특징**
  - 사실주의 희곡의 전형(1920년대 농민의 궁핍한 생활상을 사실적으로 묘사)
  - 상징적인 배경의 설정('토막'은 일제 수탈로 인해 피폐해진 우리 조국을 상징, 명서 일가의 비극과 명수의 죽음은 독립에 대한 희망의 좌절을 상징함)
  - 희극적 인물인 경선을 통해 비극의 효과를 극대화
  - 비유, 상징을 통해 당시 사회상을 완곡하게 표현
  - 비극적 상황에서도 희망을 버리지 않는 민족의 끈기를 표현
- **제재** : 일제 강점기 아래의 비참한 생활상
- **주제** : 일제의 가혹한 억압과 수탈의 참상과 현실 고발
- **의의** : 리얼리즘을 표방한 본격적인 근대극이며, 한국 근대극의 출발이 됨
- **출전** : 『문예월간』

**작품의 구성**

- **발단** : 가난한 농부인 명서 가족은 일본으로 떠난 명수가 돈을 많이 벌어 올 것을 고대
- **전개** : 명수가 독립운동을 하다가 경찰에 붙잡혔다는 소식을 듣는 명서 가족
- **절정** : 명서 처는 명수가 종신형을 선고 받을지 모른다는 말에 실성해버림
- **결말** : 명수의 죽음과 백골이 담긴 상자가 도착, 명서 부부의 오열과 금녀의 위로

SEMI-NOTE

**오발탄**

- **작자** : 나소운, 이종기 각색(1959년 이범선의 동명 원작을 각색)
- **갈래** : 각색 시나리오
- **성격** : 비판적, 사회 고발적, 사실적
- **배경** : 한국 전쟁 직후, 서울 해방촌 일대
- **특징**
  - 원작 소설 「오발탄」의 특징과 감동을 잘 살림(전후 암담한 현실을 사실적으로 묘사하여 가치관이 상실된 어두운 사회상을 비판 · 고발)
  - 인물 심리의 효과적 전달과 비극적 인물상의 조명을 위해 여러 가지 고도의 영화 기법을 활용
  - 문제의 명확한 해결이 아닌 절망적 상태를 보여 주는 것으로 끝을 맺어 여운을 남김
  - 주인공(송철호)의 인간성과 내면의 허무 의식 표출에 역점을 두고 표현
- **주제** : 전후(戰後)의 빈곤하고 비참한 삶과 가치관이 상실된 세태에 대한 비판
- **출전** : 『한국 시나리오 선집』

**작품의 구성**

- **발단** : 아내와 동생 영호, 여동생 명숙 사이에서 무기력하게 생활하는 철호
- **전개** : 6 · 25 전쟁으로 정신 이상자가 된 어머니와 철호 일가의 비참한 생활상
- **절정** : 강도 혐의로 붙잡힌 영호와 아내의 죽음으로 충치를 뽑음
- **결말** : 충치를 뽑고 난 뒤 현기증을 느끼며 택시를 타고, 횡설수설하는 철호

② 오발탄(1961)

#103. 철호의 방 안
철호가 아랫방에 들어서자 웃방 구석에서 고리짝을 뒤지고 있던 명숙이가 원망스럽게
명숙 : 오빤 어딜 그렇게 돌아다니슈.
철호는 들은 척도 않고 아랫목에 털썩 주저앉아 버린다.
명숙 : 어서 병원에 가 보세요.
철호 : 병원에라니?
명숙 : 언니가 위독해요.
철호 : …….
명숙 : 점심때부터 진통이 시작되어 죽을 애를 다 쓰고 그만 어린애가 걸렸어요.

#118. 동대문 부인과 산실
아이는 몇 번 앙! 앙! 거리더니 이내 그친다. 그 옆에 허탈한 상태에 빠진 명숙이가 아이를 멍하니 바라보며 앉아 있다.
명숙 : 오빠 돌아오세요 빨리. 오빠는 늘 아이들의 웃는 얼굴이 세상에서 젤 좋으시다고 하셨죠? 이 애도 곧 웃을 거에요. 방긋방긋 웃어야죠. 웃어야 하구 말구요. 또 웃도록 우리가 만들어 줘야죠.

#120. 자동차 안
조수가 뒤를 보며
조수 : 경찰섭니다.
혼수상태의 철호가 눈을 뜨고 경찰서를 물끄러미 내다보다가 뒤로 쓰러지며
철호 : 아니야. 가!
조수 : 손님 종로 경찰선데요.
철호 : 아니야. 가!
조수 : 어디로 갑니까?
철호 : 글쎄 가재두…….
조수 : 참 딱한 아저씨네.
철호 : …….
운전수가 자동차를 몰며 조수에게
운전수 : 취했나?
조수 : 그런가 봐요.
운전수 : 어쩌다 오발탄 같은 손님이 걸렸어. 자기 갈 곳도 모르게.
철호가 그 소리에 눈을 떴다가 스르르 감는다. 밤거리의 풍경이 쉴새없이 뒤로 흘러간다.

나두공

# 02장 고전 문학

# 고전 문학

SEMI-NOTE

**자음의 제자 원리**

- **아음(牙音)** : 아음(어금닛소리) 'ㄱ'은 혀뿌리가 목구멍을 막는 것을 본뜬 형태
- **설음(舌音)** : 설음(혓소리) 'ㄴ'은 혀가 윗잇몸에 닿는 것을 본뜬 형태
- **순음(脣音)** : 순음(입술소리) 'ㅁ'은 입 모양을 본뜬 형태
- **치음(齒音)** : 치음(잇소리) 'ㅅ'은 이(齒)의 모양을 본뜬 형태
- **후음(喉音)** : 후음(목구멍소리) 'ㅇ'은 목구멍 모양을 본뜬 형태

**종성부용초성(終聲復用初聲)**

「종성해」에서는 8자만 사용한다고 규정하였으며, 각각 'ㄱ, ㆁ, ㄷ, ㄴ, ㅂ, ㅁ, ㅅ, ㄹ'임

**음운**

- **전청음(全淸音)** : 현대 언어의 무성음의 파열음, 파찰음, 마찰음을 포함하는 발음 분류
- **차청음(次淸音)** : 현대 언어의 격음(激音)에 해당하는 발음 분류
- **전탁음(全濁音)** : 현대 언어에서 유성 장애음을 가리키는 발음 분류. 『훈민정음』에서는 각자병서로 표기
- **불청불탁음(不淸不濁音)** : 현대 언어에서 비음(鼻音)과 유음(流音), 유성마찰음에 해당하는 발음 분류

## 01절 고전 문법

### 1. 음운

#### (1) 훈민정음의 제자 원리와 문자체계

① 훈민정음의 제자 원리 ★빈출개념

㉠ 초성(자음 17자) : 발음기관 상형(기본자) + 가획의 원리(가획자) + 이체(이체자)

| 구분 | 기본자 | 가획자 | 이체자 |
|---|---|---|---|
| 아음 | ㄱ | ㅋ | ㆁ |
| 설음 | ㄴ | ㄷ, ㅌ | ㄹ |
| 순음 | ㅁ | ㅂ, ㅍ | |
| 치음 | ㅅ | ㅈ, ㅊ | ㅿ |
| 후음 | ㅇ | ㆆ, ㅎ | |

㉡ 중성(모음 11자) : 천지인(天地人)의 상형 및 기본자의 합성

| 구분 | 기본자 | 조출자 | 재출자 |
|---|---|---|---|
| 양성모음 | ㆍ | ㅗ, ㅏ | ㅛ, ㅑ |
| 음성모음 | ㅡ | ㅜ, ㅓ | ㅠ, ㅕ |
| 중성모음 | ㅣ | | |

㉢ 종성 : 종성부용초성(終聲復用初聲)의 원칙에 따라, 따로 만들지 않고 초성을 다시 씀

**실력up 훈민정음 초성 체계**

- 구성

| 구분 | 전청음 | 차청음 | 전탁음 | 불청불탁음 |
|---|---|---|---|---|
| 아음 | ㄱ | ㅋ | ㄲ | ㆁ |
| 설음 | ㄷ | ㅌ | ㄸ | ㄴ |
| 순음 | ㅂ | ㅍ | ㅃ | ㅁ |
| 치음 | ㅈ | ㅊ | ㅉ | |
| 치음 | ㅅ | | ㅆ | |
| 후음 | ㆆ | ㅎ | ㆅ | ㅇ |
| 반설음 | | | | ㄹ |
| 반치음 | | | | ㅿ |

- 특징
  - 전청음을 가획(加劃)하여 차청음을 만들고, 해당 전청음을 한 번 더 사용하여 전탁음을 만듦
  - 23자음 체계는 동국정운식 한자음에서 사용(순수 국어의 자음은 22자음)

② 훈민정음의 문자 체계

㉠ 전탁음은 훈민정음 28자에 속하지 않는다(ㄲ, ㄸ, ㅃ, ㅆ, ㅉ, ㆅ).

㉡ 순경음은 훈민정음 28자에 속하지 않는다(ㅸ, ㆄ, ㅹ, ㅱ).

㉢ 'ㆆ, ㆁ'은 한자음을 표기하기 위한 것이었으므로, 국어의 음운 단위에서는 형식적인 자음이고 실질적 자음은 아님

㉣ 'ㆅ'은 순수 국어에도 사용 하였으나 의미 분화의 기능이 없었으므로 (국어에서는 항상 'ㅕ' 앞에서만 쓰였음) 음운 단위가 될 수 없고, 'ㅎ'의 이형태에 지나지 않음

## (2) 훈민정음의 글자 운용

① 훈민정음의 글자 운용 : 훈민정음 예의부 자모운용편(例義部 字母運用篇)에 있는 규정으로, 자음을 옆으로 나란히 붙여 쓰는 것을 병서(竝書)라 하고, 상하로 잇대어 쓰는 것을 연서(連書)라 함

㉠ 연서법(이어쓰기)

- 순음 'ㅂ, ㅍ, ㅁ, ㅃ' 아래에 'ㅇ'을 이어 쓰면 각각 순경음 'ㅱ, ㅸ, ㅹ, ㆄ'이 되며 'ㆄ, ㅱ, ㅹ'은 한자음 표기에 쓰임
- 우리말에 쓰이던 'ㅸ'이 15세기에 소멸되었으므로 현대 국어에서 연서법은 적용하지 않음

㉡ 병서법(나란히 쓰기) : 초성을 합하여 사용할 때는 나란히 씀, 종성도 같음

- 각자 병서 : ㄲ, ㄸ, ㅃ, ㅉ, ㅆ, ㆅ
- 합용 병서 : ㅺ, ㅼ, ㅽ, ㅾ, ㅳ, ㅄ, ㅶ, ㅷ, ㄳ, ㄵ, ㄼ, ㄺ, ㅀ, ㄽ, ㅴ, ㅵ

② 성음법(음절 이루기) : 모든 글자는 초성, 중성, 종성을 갖추어야 음절을 이룬다는 규정, 이에 따라 받침 없는 한자에 소릿값 없는 'ㅇ'을 붙여 종성을 갖추게 하였고, 현대 음성학의 견지에서 보면 모음 단독으로도 발음이 되며 자음 중 'ㄴ, ㄹ, ㅁ, ㅅ, ㅿ, ㆁ, ㅸ' 등도 단독으로 소리가 난다고 보지만, 훈민정음에서는 초성, 중성, 종성이 합쳐져야만 소리가 이루어진다고 봄(예 世솅宗종御엉製졩 : 세종어제)

## (3) 표기법

① 표음적 표기법

㉠ 8종성법 : 종성에서는 'ㄱ, ㄴ, ㄷ, ㄹ, ㅁ, ㅂ, ㅅ, ㆁ'의 8자만 허용되는 것이 원칙인데, 이는 체언과 용언의 기본 형태를 밝히지 않고 소리 나는 대로 적는 것으로 표음적 표기라 할 수 있음

㉡ 이어적기(연철) : 받침 있는 체언이나 용언의 어간에 모음으로 시작되는 조사나 어미가 붙을 때는 그 받침을 조사나 어미의 초성으로 이어 적음

② 표의적 표기법 : 8종성법의 예외

㉠ 체언과 용언의 기본 형태를 밝혀 적은 일이 있음

㉡ 반치음과 겹받침이 종성으로 적히는 일이 있음

③ 끊어적기(분철) : 「월인천강지곡」에 나타나는 예로서 'ㄴ, ㄹ, ㅁ, ㆁ' 등의 받침소리에 한해 끊어 적는 일이 있음

SEMI-NOTE

**표음적 표기**

음소적 표기(소리 나는 대로 적기)로서 15세기 문헌 대부분이 표음적 표기를 사용

**중철**

연철과 분철의 중간적 표기 형태로, 16세기 초기 문헌에서부터 나타남. 표기에 발음과 기본형을 모두 표기하려는 의도가 반영된 것으로 보이며, 19세기까지 그 명맥을 유지하였음

SEMI-NOTE

④ 사잇소리 : 명사와 명사가 연결되거나 선행 명사가 울림소리로 끝날 때 들어가는 형태소, 현대어의 사잇소리로 쓰이는 'ㅅ'에 해당

㉠ 사잇소리의 기능

- 의미상 : 관형격조사와 같은 구실을 함
- 발음상 : 울림소리 사이에 끼이는 안울림소리(무성음)의 울림소리 되기를 방지하며, 다음 소리를 되게 또는 강하게 소리 나게 함

㉡ 사잇소리의 위치 : 체언 뒤, 울림소리 뒤

- 순수 국어 뒤 : 선행 음절의 종성에 붙음(예 님금ㅿ말씀 → 님긊말씀)
- 한자어 뒤 : 선행 음절과 후행 음절의 중간에 붙음(예 君군ㄷ字쫑)
- 훈민정음에서 보인 예 : 후행 음절의 초성에 붙음(예 엄ㅅ소리 → 엄쏘리)

㉢ 사잇소리의 용례 : 세조 이후 'ㅅ'으로 쓰이기 시작하다가 성종 이후(초간본 「두시언해」부터)는 'ㅅ'만 사용(15세기 문헌이라도 「월인천강지곡에서」는 'ㅅ' 만 사용)

⑤ 동국정운식 한자음

㉠ 우리나라에서 사용되는 현실적인 한자음을 중국 원음에 가깝게 정해 놓기 위한 것으로, 실제로 통용되는 한자음이 아니라 이상적인 한자음

㉡ 대표적으로 「석보상절」, 「훈민정음 언해본」, 「월인석보」 등에 나타나며 세조(1480년 경) 이후 소멸

⑥ 사성법의 의미와 종류

㉠ 사성법의 의미 : 음의 높낮이를 표시하기 위해 글자의 왼쪽에 점을 찍는 표기법

㉡ 사성법의 종류

| 성조 | 방점 | 성질(해례본) | 해설 |
|---|---|---|---|
| 평성(平聲) | 없음 | 안이화(安而和) | 처음과 끝이 모두 낮은 소리 |
| 상성(上聲) | 2점 | 화이거(和而擧) | 처음은 낮으나 끝이 높은 소리 |
| 거성(去聲) | 1점 | 거이장(擧而壯) | 처음과 끝이 모두 높은 소리 |
| 입성(入聲) | 없음, 1~2점 | 촉이색(促而塞) | 촉급하게 끝나는 소리로 ㄱ, ㄷ, ㅂ, ㅅ, 한자음 받침 'ㅭ'과 같은 안울림소리 받침을 가진 것 |

**중세 국어의 사잇소리**

중세 국어에는 사이시옷 외에도 'ㄱ, ㄷ, ㅂ, ㅸ, ㆆ, ㅿ'이 사잇소리로 쓰임

**이영보래(以影補來)**

영모(影母) 'ㆆ'로 래모(來母) 'ㄹ'을 돕는다는 뜻으로 받침에 'ㅭ' 형태로 하여 당시 중국 한자음에 맞게 국어의 한자음을 조정하려는 의도가 담겨 있음

**성조와 방점**

중세 국어에서 음절 안에서 나타나는 소리의 높낮이인 성조를 표시하기 위해 왼쪽에 찍은 점을 방점이라고 함. 방점은 각 음절마다 찍는 것이 규칙

## (4) 음운현상

① 이화(異化) : 한 낱말 안에 같거나 비슷한 음운 둘 이상이 겹쳐 있을 때, 한 음운을 다른 소리로 바꾸어 표현을 명료하게 하고 생신(生新)한 맛을 나타내는 음운 변화로, 이는 동화와 반대되는 변화

㉠ 자음의 이화 : 표현의 명료화를 위해 동일하거나 같은 계열의 자음 중복을 피함(예 븁>북(鼓), 거붑>거붑>거북, 브섭>브업>부엌)

㉡ 모음의 이화 : 일종의 강화 현상으로 동일하거나 같은 계열의 모음 중복을 피함(예 처섬>처엄>처음, 즁싱(衆生)>즘싱>즘승>짐승, 나모>나무, 서르>서로)

② 강화(强化) : 청각 인상을 분명하게 하기 위하여 불분명한 음운을 명료한 음운으로 바꾸는 현상인데, 모음의 강화는 모음조화와는 관계없이 청각 인상을 뚜렷하게

하기 위한 음운의 변화(예 서르>서로, ᄀᆞᄅᆞ>가루, 펴어>펴아, 아ᅀᆞ>아ᄋᆞ>아우)

③ 모음조화

㉠ 실질형태소에 형식형태소가 붙을 때, 또는 한 명사나 용언의 어간 자체에서 양성 음절은 양성 음절, 음성 음절은 음성 음절, 중성 음절은 양음 어느 모음과도 연결될 수 있는 현상

㉡ 음성학적으로 발음 위치가 가까운 것끼리 연결하여 발음하기 위한 것

㉢ 15세기 국어에서는 이 현상이 매우 엄격하였으나, 'ㆍ'음의 소실, 'ㅓ'소리의 변함, 한자어와의 혼용에서 많이 약화됨

④ 원순모음화 : 순음인 'ㅁ, ㅂ, ㅍ' 아래에 'ㅡ'가 같은 고설모음(高舌母音)이면서, 또 조음위치에도 인접해 있으므로 해서 순모음인 'ㅜ'로 동화되는 현상

⑤ 전설모음화

㉠ 치음(ㅅ, ㅈ, ㅊ) 아래에서 중설모음인 'ㅡ'가 전설모음인 'ㅣ'로 변하는 현상(예 즛>짓, 거츨다>거칠다, 슳다>싫다, 어즈러이>어지러이)

㉡ 전설모음화는 뒤에 오는 'ㅣ' 모음 때문에 앞에 오는 모음이 변하는 현상이므로 역행동화에 해당하여 'ㅣ' 모음 역행동화라고도 함

⑥ 구개음화(口蓋音化) : 현대 국어와 같이 치조음(ㄷ, ㅌ)이 구개음(ㅈ, ㅊ)으로 변하는 현상(예 디다[落]>지다, 고티다>고치다, 뎌[笛]>저, 둏다>좋다)

⑦ 모음 충돌 회피 : 두 개의 모음이 연결되는 것을 피하려는 현상

㉠ 두 모음 중 앞의 것을 탈락시키는 경우(예 ᄐᆞ아>타[乘], ᄡᅳ어>ᄡᅧ[用])

㉡ 두 모음을 줄여 한 음절로 축약시키는 경우(예 가히>가이>개, 입시울>입술, 히다>버이다>베다)

⑧ 도치

㉠ 단음도치(單音倒置) = 음운전위(音韻轉位) : 한 단어 안에서 음운이 서로 위치를 바꾸는 현상으로, 두 단음이 서로 자리를 바꾸는 것

㉡ 단절도치(單節倒置) = 음절전위(音節轉位) : 한 단어 안에서 음절과 음절이 서로 위치를 바꾸는 현상으로, 넓은 뜻에서 단음도치와 음절도치를 아울러 음운도치라고도 함

⑨ 활음조 현상 : 듣기나 말하기에 불편하고, 거친 말소리를 어떤 음을 첨가 또는 바꿈으로써 듣기 좋고 말하기 부드러운 소리로 변화시키는 현상(예 한아버지 > 할아버지, ᄆᆡ양 > ᄆᆞ양 > 마냥)

## 2. 체언, 용언, 접사

### (1) 명사, 대명사, 수사

① 명사

㉠ 현대어와 마찬가지로 보통 명사는 중세 국어에서도 보편적으로 나타남

㉡ 의존명사 'ᄃᆞ, ᄉᆞ'는 경우에 따라 사물, 연유, 시간, 처소 및 말의 가락을 부드럽게 하는 접사 구실 등 여러 가지 기능으로 쓰임

㉢ 'ㅣ' 모음으로 끝나는 명사

SEMI-NOTE

**모음조화의 용례**

- 순음과 설음 사이(예 믈 > 물, 블 > 불, 플 > 풀)
- 순음과 치음 사이(예 므지게 > 무지개, 므슨 > 무슨)

**모음조화의 현재**

현대어에서는 의성어와 의태어 및 용언의 활용(보조적 연결어미 '어/아', 과거시제 선어말어미 '었/았')에서 지켜지고 있음



**도치(倒置)의 용례**

- 자음도치(예 빗복 > 빗곱 > 배꼽)
- 모음도치(예 하야로비(鷺) > 해야로비 > 해오라비 > 해오라기)
- 단절도치(예 ᄒᆞ더시니 > 하시더니, 시혹 > 혹시)

**명사의 용례**

- 서술격 조사를 취할 때(예 소리 + Ø라 > 소리라)
- 처소 부사격 조사를 취할 때(예 비 + 에 > 비예)
- 관형격 조사를 취할 때(예 그려기 + 의 > 그려긔)

SEMI-NOTE

**인칭 대명사의 용례**
- 1인칭(예 나는 늘거 ᄒᆞ마 無想天으로 가리니, 우리돌히 필연히 디옥애 떠러디면)
- 2인칭(예 王붓 너를 ᄉᆞ랑티 아니ᄒᆞ시린댄, 너희돌히 또 모로매 念ᄒᆞ야 受持ᄒᆞᅀᆞᄫᆞ라)
- 부정칭(예 將軍氣를 아모 爲ᄒᆞ다 ᄒᆞ시니 님금 말ᄊᆞ미 긔 아니 올ᄒᆞ시니)

**지시대명사의 용례**
- 근칭(예 塗香올 이 經 디닐 싸ᄅᆞ미 이어긔 이셔도 다 能히 골히며)
- 중칭(예 益利 가 보니 그어긔 수제 섯드러 잇고 香ᄂᆡ 섯버므러 잇고)
- 미지칭(예 머리 우흰 므스거시 잇ᄂᆞ니오, 聖人 神力을 어느 다 솔ᄫᆞ리)

**주격조사의 용례**
- 'ㅣ' 형태(예 우리 始祖ㅣ 慶興에 사ᄅᆞ샤 王業을 여르시니)
- '이' 형태(예 사ᄅᆞ미 살며 주그미 이실씨 모로매 늙ᄂᆞ니라)
- '가' 형태(예 두드럭이가 불의예 도라브어 오르니)

**관형격 조사**
- 무정명사 : –ㅅ(예 나못니픈)
- 유정명사
  - 존칭 : –ㅅ(예 岐王ㅅ집 안해)
  - 비칭 : ᄋᆡ/의(예 최구의 집 알픽)

**부사격조사**
- 선행하는 체언으로 하여금 부사어가 되도록 하는 조사
- 형태
  - 애 : 체언 끝 음절의 모음이 양성일 때(예 ᄀᆞᄅᆞ매 드러도 두터비 좀디 아니ᄒᆞᄂᆞ니)
  - 에 : 체언 끝 음절의 모음이 음성일 때(예 굴허에 ᄆᆞᄅᆞᆯ 디내샤 도ᄌᆞ기 다 도라가니)

- 주격 및 보격 조사를 취할 때 : 'Ø'의 조사를 취함
- 서술격 조사를 취할 때 : 'Ø라'로 변함
- 처소 부사격 조사를 취할 때 : '에'가 체언의 'ㅣ' 모음에 동화되어 '예'가 됨
- 관형격 조사를 취할 때 : 체언이 유정명사이면 체언의 'ㅣ' 모음이 탈락

② 대명사

㉠ 인칭대명사

| 구분 | 1인칭 | 2인칭 | 3인칭 | 3인칭 재귀대명사 | 미지칭 | 부정칭 |
|---|---|---|---|---|---|---|
| 단수 | 나 | 너, 그듸(높임말) | 없음 | 저, ᄌᆞ개(높임말) | 누 | 아모 |
| 복수 | 우리(돌) | 너희(돌) | 없음 | 저희(돌) | | |

㉡ 지시대명사

| 구분 | 근칭 | 중칭 | 원칭 | 미지칭 | 부정칭 |
|---|---|---|---|---|---|
| 사물 | 이 | 그 | 뎌 | 므스, 므섯, 므스, 므슴, 어느/어느, 현마, 엇뎨 | 아모것 |
| 장소 | 이어긔 | 그어긔 | 뎌어긔 | 어듸,어드러,어드메 | 아모듸 |

③ 수사

㉠ 양수사는 소멸된 '온[百], 즈믄[千]'을 제외하고는 현대어와 직접 연결

㉡ 양수사 중 1, 2, 3, 4, 10, 20과 부정수가 끝에 'ㅎ'을 간직하는 것이 현대어와 다름

㉢ 서수사는 양수사에 차례를 나타내는 접미사 '자히, 차히, 재(째)'가 양수사에 붙어 이루어짐(예 ᄒᆞ나ㅎ + 차히 〉 ᄒᆞ나차히(첫째))

## (2) 조사

① 주격 조사

㉠ 중세 국어에서는 '이/ㅣ' 등이 주격 조사로 쓰임

㉡ 주격조사의 형태

| 형태 | 사용 조건 | 형태 | 현대어 |
|---|---|---|---|
| ㅣ | 'ㅣ' 모음 이외의 모음으로 끝난 체언 다음에 | 부텨 + ㅣ〉부톄 | 이/가 |
| 이 | 자음(받침)으로 끝난 체언 다음에 | 사ᄅᆞᆷ + 이〉사ᄅᆞ미, 말ᄊᆞ미 | |
| 영형태(Ø) | 'ㅣ' 모음으로 끝난 체언 다음에('ㅣ'+'ㅣ'→'ㅣ') | ᄇᆡ + ㅣ〉ᄇᆡ | |

② 서술격 조사

㉠ 서술격 조사의 본체(어간)는 '이다' 중 '이–'에 해당함

㉡ 서술격 조사는 주격 조사가 사용되는 조건과 같음(예 香風이 時로 와 이운 곳부리 아ᅀᆞ든 다시 새롤 비허)

③ 목적격 조사

㉠ 목적격 조사의 원형태는 'ㄹ'로, 'ᄋᆞᆯ/을'은 자음 충돌을 피하기 위한 매개모음 'ᄋᆞ/으'가 삽입된 형태

㉡ 'ᄅᆞᆯ/를'도 'ㄹ + (ᄋᆞ/으) + ㄹ'의 형태로, 이는 목적격 조사의 중가법(重加法)에 의한 것

㉢ '-ㄹ'는 모음 뒤에 오는 형태로, 비규칙적으로 삽입된 형태(예 하나빌 미드니 잇가)

③ 접속조사 : 현대어의 용례와 다른 점은 '와/과'가 고어에서는 끝 단어에까지 붙으나, 현대어에서는 붙지 않음

④ 보조사

㉠ 강세 보조사

- ㄱ : 보조적 연결어미, 조사 아래에 쓰임(예 사람마닥(마다))
- 곰 : 부사나 보조적 연결어미, 명사 아래에 쓰임(예 달하, 노피곰 도ᄃᆞ샤)
- 곳(옷) : 체언 아래에서 '만'의 뜻으로 쓰임(예 ᄒᆞ다가 戒行곳 업스면, 외로왼 ᄇᆡ옷 잇도다)
- ᅀᅡ : 명사의 처소 부사격 및 용언 아래에 쓰임(예 來日ᅀᅡ 보내요리다, 오ᄂᆞᆯᅀᅡ 이라고야)
- 이ᄯᅳᆫ : 명사 아래에 쓰임(예 山行잇든 가설가, 긴힛든 그츠리잇가)
- 봇(옷) : '곳(옷)'과 같음(예 그윗 請봇 아니어든, ᄆᆞᅀᆞᄆᆡᆺ 벋봇 아니면)

㉡ 기타 보조사

| 종류 | 형태 | 종류 | 형태 |
|---|---|---|---|
| 대조 | -ᄋᆞᆫ/-은, -ᄂᆞᆫ/-는 | 선택 | -이나, -이어나 |
| 동일 | -도 | 어림셈 | -이나 |
| 단독 | -ᄲᅮᆫ | 첨가 | -조차 |
| 각자 | -마다, -족족 | 고사(姑捨) | -이야ᄏᆞ니와 |
| 시작 | -브터, -로셔, -ᄋᆞ(으)로 | 물론 | -은ᄏᆞ니와 |
| 도급(都給) | -ᄭᆞ장, -ᄭᆞ지 | 한정 | -만 |
| 역동 | -(이)ㄴ들, -이라도 | 감탄 | -여, -(이)야, -도, -근여 |

## (3) 용언의 활용

① 어간의 활용

㉠ 'ㅅ' 불규칙 : 어간 'ㅅ' 받침이 모음 앞에서 'ㅿ'으로 변하는 규칙으로, 현대 국어에서는 'ㅅ'이 탈락

㉡ 'ㅂ' 불규칙 : 어간의 'ㅂ' 받침이 모음 앞에서 'ㅸ'으로 변하는 규칙으로, 현대 국어에서는 '오/우'로 바뀜

㉢ 'ㄷ' 불규칙 : 어간의 'ㄷ' 받침이 모음 앞에서 'ㄹ'로 변하며, 현대 국어와 같음

② 어미의 활용

㉠ ㄷ → ㄹ : 모음 'ㅣ' 아래에서 어미 첫소리 'ㄷ'이 'ㄹ'로 바뀜

SEMI-NOTE

**접속조사의 활용**

- -와/-과 : 와 ᅳ와 ㅜ와 ㅛ와 ㅠ와란 첫소리 아래 브텨쓰고
- -이며/-며 : 머릿바기며 눈ᄌᆞᅀᆞ며 骨髓며 가시며
- -이랑/-랑 : 멀위랑 ᄃᆞ래랑 먹고 靑山에 살어리랏다
- -이여/-여 : 一千이여 一萬이여 무수히 얻고져 ᄒᆞ야도
- -이야/-야 : 이리야 교티야 어ᄌᆞ러이 구돗ᄯᅥᆫ디

**주요 단어 풀이**

- 고사(姑捨) : 어떤 일이나 그에 관련된 능력, 경험, 지불 따위를 배제함
- 도급(都給) : 일정 기간 또는 시간 내에 끝내야 할 일의 양을 몰아서 맡거나 맡김

**호격조사**

- -하 : 명사의 지위가 높을 때(예 世尊하 아뫼나 이 經을 디녀 닐거 외오며)
- -아, -야 : 명사의 지위가 낮을 때(예 아히아, 아히야 粥早飯 다오)

**어간의 활용**

- 'ㅅ' 불규칙(예 짓 + 어 → 지ᅀᅥ(지어))
- 'ㅂ' 불규칙(예 덥 + 어 → 더ᄫᅥ(더워))
- 'ㄷ' 불규칙(예 묻 + 어 → 무러(물어))

**어미의 활용**

- ㄷ → ㄹ(예 이 + 더 + 라 → 이러라)
- ㄱ → ㅇ(예 알 + 거 + 늘 → 알어늘)
- -오 → -로(예 이 + 옴 → 이롬)
- '-야' 불규칙(예 그 便을 得ᄒᆞ야)

SEMI-NOTE

**선어말어미 '오'와 '우'**

- 삽입 모음 + 형태소로서의 기능
- 종결형과 연결형에서는 일반적으로 1인칭 주체를 표시
- 관형사형에서는 목적격 활용을 표시

**접두사**

- **치-** : '힘껏'의 뜻(예 넌즈시 치혀시니(넌지시 잡아당겼으니))
- **티-** : '위로'의 뜻(예 누놀 티ᄠᅳ니(눈을 위로 뜨니))
- **즛-(짓-)** : '마구'의 뜻(예 즛두드린 즙을(마구 두드린 즙을))

**접미사**

- **부사 파생 접미사** : -이, -히, -로, -오(우)
- **명사 파생 접미사**
  - ㄱ형(-악, -억, -옥…)
  - ㆁ형(-앙, -엉, -옹…)
  - ᄋᆡ/-의형
  - 형용사 파생 접미사 : -ᄇᆞ/-브
- **부사 파생 접미사**
  - (-오/-우)ㅁ
  - ㆁ
  - 곰(옴)
  - ㄱ

**감탄문**

'-ㄹ셔, -ㄴ뎌', '-어라, -애라' 등 사용(예 내 아ᄃᆞ리 어딜셔)

**명령문**

명령형 어미 '-라'를 사용하거나 '-쇼셔'를 사용(예 이 ᄠᅳ들 닛디 마ᄅᆞ쇼셔)

**청유문**

청유형어미 '-새', '-쟈스라', '-져'나 '-사이다'를 사용(예 나조히 釣水ᄒᆞ새)

ⓛ ㄱ → ㅇ : 모음 'ㅣ', 반모음 'j', 유음 'ㄹ' 아래에서 어미의 첫소리 'ㄱ'이 'ㅇ'으로 바뀜

ⓒ -오 → -로 : '오' 계통의 어미가 서술격조사 아래에서 '로' 계통의 어미로 바뀜

ⓔ **'-야' 불규칙** : 현대국어의 '여' 불규칙의 소급형. '-ᄒᆞ다' 동사의 어간 끝 모음이 탈락하지 않고 '-야' 계통의 어미로 바뀜

### (4) 접사

① 파생법

㉠ **명사 파생** : 동사 어간 + 명사 파생 접사 '-옴/-움', 형용사 어간 + 명사 파생 접사 '-ᄋᆡ/의'

㉡ **부사 파생** : 형용사 어간 + 부사 파생 접사 '-이', 어근 + '-이, -오, -우, -애, -여'

㉢ **용언 파생** : 명사, 부사 + ᄒᆞ다, 명사, 동사 어근 + 'ㅂ'계 접사

② 합성법

㉠ **동사 합성법** : 동사 어간 + 동사 어간(예 듣보다(듣 + 보 + 다), 그치누르다(그치 + 누르 + 다))

㉡ **형용사 합성법** : 형용사 어간 + 형용사 어간(예 됴쿷다(둏 + 궂 + 다 : 좋고 궂다), 횩댝다(횩 + 댝 + 다 : 작고 적다))

## 3. 문장의 종결과 높임법

### (1) 문장의 종결

① 평서문

㉠ '-다, -라, -니라' 등을 사용

㉡ '-다'는 선어말어미 '-더-, -리-, -과-, -니-, -오-' 뒤에서 '-라'로 교체되며 '-니라'는 '-다' 보다 보수성을 띰

② 의문문

㉠ **판정의문문** : 조사나 어미의 모음이 '아/어' 계통인 '-니여', '-녀', '-리여', '-려', '-ㄴ 가', '-ㄹ까', '-가' 등을 사용(예 앗가ᄫᅳᆫ ᄠᅳ디 잇ᄂᆞ니여)

㉡ **설명의문문** : 조사나 어미의 모음이 '오' 계통인 '-니오', '-뇨', '-리오', '-료', '-ㄴ고', '-ㄹ꼬', '-고' 등을 사용(예 네 어드러로 가ᄂᆞ니오)

### (2) 높임법

① 주체높임법(존경법)

㉠ 행위의 주체를 높여 부르는 것으로 '-시-/-샤-'를 사용

㉡ '-샤-'는 '-시-'가 '-아'나 '-오'로 된 어미나 선어말어미 '-오' 등의 모음어미가 교체된 형태

② 객체높임법(겸양법)

㉠ 행위의 대상 높임. '숩'을 기본 형태소로 함

㉡ 어간 끝소리에 따라 '숩, 숩, 줍, 스ᄫ, 亽ᄫ, 즈ᄫ'를 사용

| 종류 | 조건 | 용례 |
|---|---|---|
| 숩 | 어간의 끝소리가 'ㄱ, ㅂ, ㅅ, ㅎ'일 때 | 닉외예 밋븐 사롬이 이만ᄒᆞ니 업숩고 |
| 숩 | 어간의 끝소리가 'ㄷ, ㅈ, ㅊ, ㅌ'일 때 | ᄒᆞᆫ ᄆᆞᅀᆞᄆᆞ로 뎌 부텨를 보숩고 |
| 줍 | 어간의 끝소리가 유성음일 때 | 一聲白螺롤 듣줍고 놀라니 |

## 02절 고대, 중세, 근대 국어

### 1. 고대국어 및 중세 국어

#### (1) 고대국어

① 고대국어의 시기, 자료

㉠ **고대국어의 시기** : 고구려, 백제, 신라의 삼국시대부터 통일 신라 시대까지의 약 1,000년간의 국어로, 경주 중심의 표준어 형성기

㉡ **고대국어의 자료** : 『삼국지』(289년경)의 「위지 동이전(魏志東夷傳)」의 기록, 한자로 차자(借字) 표기된 『삼국사기』의 인명(人名), 지명(地名), 관직명 자료, 『삼국유사』의 향가를 표기한 향찰 자료, 그리고 당시의 비문(碑文)에 나타난 이두(吏讀) 자료 등이 있음

② 고유명사의 표기

㉠ 차자(借字)식 표기

- 한자의 의미를 버리고 음만 빌려 오는 경우(예 '소나'를 표기하기 위해 '素那'로 적고 그 음을 빌려 옴)
- 한자의 음을 버리고 의미만 빌려 오는 경우(예 '소나'를 표기하기 위해 '金川'으로 적고 그 뜻을 빌려 옴)

㉡ 고대국어의 어휘

- 외래 요소가 거의 없는 순수 고유어 중심의 체계
- 중국과의 교섭이 빈번해지면서 한자어가 들어오고, 불교의 영향으로 한자로 된 불교 어휘가 증가

㉢ 고대국어의 문법

- 이두와 향찰 자료 등 한정된 자료에서 문법 현상을 찾아볼 수 있음
- 이두와 향찰의 차이는 한국어 어순으로 이루어진 문장을 향찰(鄕札)이라 하며, 한문에 토(吐)를 달아 읽기 쉽게 기호로 단 것을 이두(吏讀)라고 함

SEMI-NOTE

**시제**

- **현재 시제**
  - 동사어간 + 선어말어미 '-ᄂᆞ-'(예 네 이제 ᄯᅩ 묻ᄂᆞ다.)
  - 형용사, 서술격 조사는 기본형이 현재 시제(예 내 오ᄂᆞᆯ 實로 無情호라.)
- **과거 시제** : 선어말어미 없이 과거가 표시
- **미래 시제** : 용언 어간과 선어말 어미를 합친 '-리-'와 관형사형의 '-ㄹ'이 표시(예 더욱 구드시리이다.)

**국어 역사의 흐름**

원시 부여어와 원시 삼한어 → 삼국의 언어 → 통일 신라어 → 중세국어(고려, 조선중기) → 근대국어(임진왜란 이후) → 현대국어

**고유어와 한자어의 경쟁**

한자어의 세력이 우세한 경우 한자어 형태로 표기됨(예 吉同郡(길동군) → 永同郡(영동군))

SEMI-NOTE

**향찰의 문법형태**

- 격조사
  - 주격 : –이[伊, 是]
  - 속격 : –의[矣, 衣]
  - 처격 : –인/–의[中, 中]
  - 대격 : –올/–을[乙]
- 보조사 : 은/는[隱], 두[置]
- 대명사 : 나[吾], 우리[吾里], 너[汝]
- 동사의 활용
  - 명사형어미 : –ㄹ[尸], –ㄴ[隱]
  - 연결어미 : –라[良], –매[米], –다가[如可], –고[古]
  - 종결어미 : –다[如], –저[齊], –고[古 : 의문문 어미]

**후기중세국어의 자료**

- 조선관역어(朝鮮館譯語) : 15세기 초에 간행한 중국어와 외국어 대역 어휘집
- 세종 시기 간행물 : 훈민정음(1446), 용비어천가(1447), 석보상절(1447), 월인천강지곡(1447), 동국정운(1448) 등
- 세조 시기 간행물 : 월인석보(1459) 등
- 성종 시기 간행물 : 두시언해(1481), 삼강행실도언해(1481) 등
- 중종 시기 간행물 : 번역노걸대(1517), 훈몽자회(1527)
- 선조 시기 간행물 : 소학언해(1587) 등

세종어제훈민정음의 사상적 특징

- 자주(自主) 사상 : 중국과 말이 통하지 않음
- 애민(愛民) 사상 : 어리석은 백성들이 쓰고 싶어도 쓰지 못함
- 실용(實用) 사상 : 쉽게 익혀, 쓰는 데 편하게 함

**주요 단어 풀이**

- 여름 : 열매(實)
- 하ᄂᆞ니 : 많다(多)
- ᄀᆞᆺ업스시니 : 끝이 없으시니

③ 향찰(鄕札)

| 표기 | 東 | 京 | 明 | 期 | 月 | 良 |
|---|---|---|---|---|---|---|
| 훈 | 서라벌(식벌) | | 밝(볼) | 기약하다 | 달(ᄃᆞ) | 어질다 |
| 음 | 동 | 경 | 명 | 기 | 월 | 량(래) |
| 차자법 | 훈 | | 훈 | 음 | 훈 | 음 |
| 해석 | 서라벌(서울) 밝은 달밤에 | | | | | |

㉠ 한자의 음(音)과 훈(訓)을 빌려 표기하려던 신라 시대의 표기법

㉡ 음과 훈으로 문자를 자국어의 문법에 맞추어 사용할 수 있게 되었으며 문법 표기로 발전된 이두 표기도 활용됨

## (2) 중세국어

① 중세국어의 시기

㉠ 10세기 고려 건국부터 16세기 말 임진왜란 전까지의 기간

㉡ 조선 초 훈민정음 창제(1443)를 기준으로 구분하여, 그 이전을 전기 중세 국어라 하고 그 이후의 국어를 후기 중세 국어라 부르기도 함

② 중세국어의 성립

㉠ 중세 국어의 토대가 된 개경 방언은 신라의 한 방언

㉡ 개경은 고구려어를 사용하던 지역이었으므로 개경 방언에는 고구려어가 저층(底層)에 남아 있었을 것으로 추정됨

㉢ 조선의 건국으로 수도가 서울로 이동하면서 국어의 중심지도 서울로 이동하였고, 이 지역의 말이 국어의 중심을 이루게 됨

③ 중세국어의 특징 : 전기중세국어는 된소리의 등장이 특징, 후기중세국어에는 어두자음군이 형성됨(예 白米曰漢菩薩(=흰 ᄡᆞᆯ, 계림유사) → 'ᄡᆞᆯ'(15세기))

## (3) 중세국어의 모습

① 세종어제훈민정음(世宗御製訓民正音)

나·랏 :말ᄊᆞ·미中듕國·귁·에 달·아文문字·ᄍᆞ·와·로 서르 ᄉᆞᄆᆞᆺ·디 아·니ᄒᆞᆯ·ᄊᆡ ·이런 젼ᄎᆞ·로 어·린百·ᄇᆡᆨ姓·셩·이 니르·고·져·홇·배이·셔·도 ᄆᆞᄎᆞᆷ:내제·ᄠᅳ·들시·러펴·디 :몯ᄒᆞᇙ·노·미하·니·라 ·내·이·ᄅᆞᆯ爲·윙·ᄒᆞ·야 :어엿·비너·겨 ·새·로 ·스·믈여·듧字·ᄍᆞ·ᄅᆞᆯ 밍·ᄀᆞ노·니 :사ᄅᆞᆷ:마·다:ᄒᆡ·ᅇᅧ :수·ᄫᅵ니·겨 ·날·로·ᄡᅮ·메便뼌安한·킈ᄒᆞ·고·져 ᄒᆞᇙᄯᆞᄅᆞ·미니·라

현대역

우리나라 말이 중국과는 달라 한자와는 서로 통하지 아니하여서, 이런 까닭으로 어리석은 백성들이 말하고자 하는 바가 있어도 마침내 제 뜻을 능히 펴지 못하는 사람이 많다. 내가 이것을 가엾게 생각하여 새로 스물여덟 자를 만드니, 모든 사람들로 하여금 쉽게 익혀서 날마다 쓰는 데 편하게 하고자 할 따름이다.

㉠ **창작연대** : 세조 5년(1459)

㉡ **출전** : 『월인석보』

㉢ **특징**

- 표음적 표기법 : 이어적기(연철), 8종성법의 사용
- 한자음 표기 : 동국정운식 한자음 표기(예 世솅, 中듕, 字·쭝, 爲·윙)
- 방점의 사용 : 성조를 엄격히 적용
- 다양한 사잇소리를 규칙적으로 사용
- 선어말 어미 '오'의 규칙적 사용, 모음조화의 규칙적 적용

② **용비어천가(龍飛御天歌)**

제1장
海東(해동) 六龍(육룡)이 ᄂᆞᄅᆞ샤 일마다 天福(천복)이시니
古聖(고성)이 同符(동부)ᄒᆞ시니

제2장
불휘 기픈 남ᄀᆞᆫ ᄇᆞᄅᆞ매 아니 뮐ᄊᆡ, 곶 됴코 여름 하ᄂᆞ니
ᄉᆡ미 기픈 므른 ᄀᆞᄆᆞ래 아니 그츨ᄊᆡ, 내히 이러 바ᄅᆞ래 가ᄂᆞ니

제125장
千世(천세) 우희 미리 定(정)ᄒᆞ샨 漢水(한수) 北(북)에 累仁開國(누인개국)ᄒᆞ샤
卜年(복년)이 ᄀᆞᇫ업스시니
聖神(성신)이 니ᅀᆞ샤도 敬天勤民(경천근민)ᄒᆞ샤ᅀᅡ, 더욱 구드시리이다
님금하 아ᄅᆞ쇼셔 洛水(낙수)예 山行(산행) 가이셔 하나빌 미드니잇가

현대역

(제1장) 해동(우리나라)의 여섯 용(임금)이 날으시어서, 그 하시는 일마다 모두 하늘이 내린 복이시니, (이것은) 중국 고대의 여러 성군이 하신 일과 부절을 맞춘 것처럼 일치하십니다.

(제2장) 뿌리가 깊은 나무는 바람이 불어도 흔들리지 아니하므로, 꽃이 좋고 열매가 많습니다. 원천이 깊은 물은 가뭄에도 끊이지 아니하므로, 내를 이루어 바다까지 흘러갑니다.

(제125장) 천세 전부터 미리 정하신 한강 북쪽(한양)에 어진 덕을 쌓아 나라를 여시어, 나라의 운수가 끝이 없으시니 훌륭한 후대왕이 (왕위를) 이으셔도 하늘을 공경하고 백성을 부지런히 다스리셔야 (왕권이) 더욱 굳으실 것입니다.
(후대의) 임금이시여, 아소서. (정사는 뒷전인 하나라 태강왕이) 낙수에 사냥 가서 (백일이 되어도 돌아오지 않아, 드디어 폐위를 당했으니) 할아버지(우왕, 조상의 공덕)만 믿으시겠습니까?

㉠ **창작연대** : 창작(세종 27년(1445), 간행(세종 29년(1447))

㉡ **갈래**

- 형식 : 악장(각 장마다 2절 4구의 대구 형식, 125장의 연장체)

SEMI-NOTE

**세종어제훈민정음 기타 특징**

- 어두자음군 사용
- 'ㅸ'의 소실 과정이 나타남

**용비어천가의 창작동기**

- **내적 동기** : 조선 건국의 합리화 및 정당성, 후대 왕에 대한 권계 및 귀감
- **외적 동기** : 훈민정음의 실용성 여부 시험, 국자(國字)의 권위 부여

**용비어천가의 용도**

- 궁중연락(宮中宴樂)이나 제악(祭樂)에 쓰이는 아악(雅樂)
- 주로 조선 건국의 정당성과 육조의 위업 찬양

**용비어천가의 의의**

- 훈민정음으로 기록된 최초의 작품
- 15세기 국어 연구에 귀중한 자료
- 「월인천강지곡」과 함께 악장 문학의 대표작

**주요 단어 풀이**

- **권계(勸戒)** : 타일러 훈계함
- **이며** : 접속조사 –과(–와)
- **숣혼** : 숣온(숣ㅎ온 : ㅎ종성체언)
- **일훔** : 이름
- **드온 것 한 이** : 식견이 많은 사람

SEMI-NOTE

기타 근대국어 시기의 자료

18, 19세기의 언문소설, 『의유당일기』, 『계축일기』 등의 여류일기, 효종, 인선왕후 등의 간찰(簡札 : 간지에 쓴 편지) 등

어두자음군의 변화

- ㅂ계 어두자음군의 변화
  - 쌀(米) : ᄡᆞᆯ>ᄊᆞᆯ>쌀
  - 따다(摘) : ᄠᆞ다>ᄯᅡ다>따다
- ㅅ계 어두 자음군의 변화
  - 딸 : ᄯᆞᆯ>ᄯᅡᆯ>딸
  - 풍기다 : ᄲᅮᆷ기다>풍기다

아래아의 소실

모음조화의 파괴(예 ᄀᆞ놀>가늘(다))

가는>가는

'ㅐ, ㅔ' 등의 단모음화(예 문릐 > 물레, 볼릐 > 본래)

- 성격 : 예찬적, 송축적, 서사적
- 내용 : 조선 창업의 정당성 확보와 후대왕에 대한 권계(勸戒)

ⓒ 문체 : 악장체, 운문체

ⓓ 출전 : 『용비어천가』

## 2. 근대국어

### (1) 근대국어의 시기와 자료 및 특징

① 시기 : 임진왜란 직후인 17세기 초부터 19세기 말까지의 국어

② 자료

㉠ 『동국신속삼강행실도(東國新續三綱行實圖)』(1617), 『오륜행실도』(1797) 등

㉡ 『노걸대언해』(老乞大諺解)(1670), 『박통사언해』(朴通事諺解)(1677) 등

③ 근대국어의 특징

㉠ 음운

- ㅂ계 어두 자음군(ㅄ, ㅲ, ㅶ, ㅷ)과 ㅅ계 어두 자음군(ㅆ, ㅼ, ㅾ)이 혼란을 일으키면서 중세 국어의 어두 자음군이 된소리로 변함
- 'ㆍ'(아래아)는 중세 국어에서의 일 단계 소실(두 번째 음절에서의 소실)에 이어 18세기에는 첫 음절에서마저 소실되었고, 1933년 한글 맞춤법 통일안에 의해 폐지
- 아래아의 소실은 모음조화의 파괴를 초래하였으며 'ㅐ, ㅔ' 등의 단모음화로 인해 8모음 체계를 이루게 됨

㉡ 문법

- 주격 조사 : '-가'가 쓰이기 시작했으며 명사형 어미 '옴/움'이 '음'으로 변함
- 중세 국어에 없던 과거 시제 선어말어미 '-앗/엇-'이 확립되었다. 이것은 동사 어미 '-아/어'와 '잇-[有]'의 결합
- 국어의 'ᄒᆞᄂᆞ다'와 같은 현재를 나타내는 표현이 'ᄒᆞᆫ다' 또는 '-는다'와 같은 현대적 형태로 변화

㉢ 문자 체계와 표기법

- 방점과 성조가 사라지고 상성(上聲)은 긴소리로 바뀌었으며, 'ㆁ, ㆆ, ㅿ' 등이 완전히 자취를 감춤
- 중세 국어에서와 달리 'ㅼ, ㅄ'이 'ㅲ, ㅆ' 등과 혼동되어 쓰였다가 19세기 들어 모두 'ㅅ'계열 된소리 표기로 통일
- 음절 말의 'ㅅ'과 'ㄷ'이 잘 구별되었으나 이 시기에 들어 혼란을 겪은 후에 'ㅅ'으로 표기가 통일

㉣ 어휘, 의미

- '뫼[山]', 'ᄀᆞᄅᆞᆷ[江]', '괴다[寵]' 등의 고유어가 소멸되고 '산', '강', '총애하다' 등의 한자어로 대체됨
- 한자어 증가 당시 사용하던 한자어 중에는 오늘날과 의미가 다른 것이 많았음(예 인정(人情 : 뇌물), 방송(放送 : 석방), 발명(發明 : 변명))

• 중세국어의 '어엿브다[憐]', '어리다[愚]' 등의 단어가 '어여삐(귀엽다)', '어리다[幼]' 등으로 변함

### (2) 근대국어의 모습

① 노걸대언해(老乞大諺解)

> 너뷔 高麗ㅅ 사ᄅᆞᆷ이어니 ᄯᅩ 엇디 漢語니ᄅᆞᆷ을 잘 ᄒᆞᄂᆞ뇨
> 내 漢ㅅ 사ᄅᆞᆷ의 손ᄃᆡ 글 ᄇᆡ호니 이런 젼ᄎᆞ로 져기 漢ㅅ 말을 아노라.
> 네 뉘손ᄃᆡ 글 ᄇᆡ혼다.
> 내 漢ᄒᆞᆨ당의셔 글 ᄇᆡ호라.
> 네 므슴 글을 ᄇᆡ혼다.
> 論語孟子小學을 닐그롸.
> 네 每日므슴 공부ᄒᆞᄂᆞᆫ다.
> 每日이른 새배 니러 學堂의 가 스승님ᄭᅴ 글 ᄇᆡ호고 學堂의셔 노하든 집의 와 밥먹기 ᄆᆞᆺ고 ᄯᅩ ᄒᆞᆨ당의 가 셔품쓰기 ᄒᆞ고 셔품쓰기 ᄆᆞᆺ고 년구기 ᄒᆞ고 년구ᄒᆞ기 ᄆᆞᆺ고 글읇기 ᄒᆞ고 글읇기 ᄆᆞᆺ고 스승 앏픠셔 글을 강ᄒᆞ노라.
> 므슴 글을 강ᄒᆞᄂᆞ뇨.
> 小學論語孟子을 강ᄒᆞ노라.
>
> 현대역
> 너는 고려 사람인데 또 어떻게 중국말을 잘하는가?/내가 중국 사람에게 글을 배웠으니 이런 까닭으로 조금 중국말을 아노라.
> 너는 누구에게 글을 배우는가?/나는 중국 학당에서 글을 배우노라.
> 너는 무슨 글을 배우는가?/논어, 맹자, 소학을 읽노라.
> 너는 매일 무슨 공부를 하는가?/매일 이른 새벽에 일어나 학당에 가 스승님께 글을 배우고, 방과 후는 집에 와서 밥 먹기를 마치고, 또 학당에 가 글씨쓰기를 하고, 글씨쓰기를 마치고 연구하기 하고, 연구하기 마치고는 글 읊기를 하고, 글 읊기를 마치고는 스승님 앞에서 글을 강하노라.
> 무슨 글을 강하는가?/소학, 논어, 맹자를 강하노라.

㉠ **창작연대** : 현종 11년(1670)

㉡ **갈래** : 중국어 학습서

㉢ **특징**

• 방점과 'ㅿ, ㆁ'등이 소멸
• 분철(끊어 적기)과 혼철(거듭 적기)을 사용
• 표음주의 표기가 사용됨(종성 표기에 있어 7종성법 사용)

SEMI-NOTE

**근대 국어의 배경**

• **한글 사용의 확대** : 한글로 쓴 소설 문학이 대중들에게 인기를 모으고, 한글을 사용하던 계층의 사회참여가 활발해지면서 이러한 현상이 두드러지게 나타남
• **문장의 현대화** : 개화기에 한글 사용이 확대되면서 문장의 구성 방식이 현대의 그것과 거의 비슷하게 바뀜

**노걸대언해의 의의**

• 당시 외국어의 음가(音價)를 한글로 언해하여 당시 음운을 연구하는 데 중요한 역할을 하고 있음
• 다른 시기의 이본(異本)이 있어 언어변화를 파악할 수 있음
• 당시 역관들이 통역할 언어에 대한 학습서이었기에 생활상 파악에 용이함

**주요 단어 풀이**

• **니ᄅᆞᆷ** : 말하기
• **젼ᄎᆞ** : 까닭
• **뉘손ᄃᆡ** : 누구에게
• **의셔** : –에서
• **새배** : 새벽에

**분철 및 혼철과 7종성법의 사용**

• 분철 및 혼철(예 앏픠셔(혼철))
• 7종성법(예 ᄆᆞᆺ다)

**노걸대언해의 기타 특징**

• '–ㄴ다'는 2인칭 문장에서 현재 평서형 어미가 아니라 의문형 어미이며, '–라'가 평서형 어미에 해당
• 두 사람의 대화체 형식으로 되어 있으며, 17세기 당대의 구어(口語)를 알 수 있음



## 03절 고전시가

### 1. 고대부터 고려 후기까지의 시가

SEMI-NOTE

**공무도하가**

- **작자** : 백수 광부의 아내
- **연대** : 고조선
- **주제** : 임의 죽음에 대한 슬픔
- **특징** : 한역시가, 상징적 수법의 사용, 감정의 직접적 표출
- **출전** : 「해동역사」
- **의의** : 문헌상 최고(最古)의 서정 시가이며 민족적 '한(恨)'의 정서와 서정시로서 변화하는 과도기적 작품

**구지가**

- **작자** : 구간 등
- **연대** : 신라 유리왕
- **주제** : 왕의 강림 기원
- **성격** : 주술요, 집단노동요, 의식요
- **출전** : 「삼국유사」
- **의의** : 현전하는 최고(最古)의 집단가요로 영군가, 영산군가, 가락국가로도 불림

**정읍사**

- **작자** : 행상인의 아내
- **연대** : 백제
- **주제** : 행상 나간 남편의 안전을 기원
- **형식** : 전연시, 후렴구를 제외하면 3장 6구
- **출전** : 「악학궤범」
- **의의** : 현전하는 유일한 백제 가요이며 국문으로 표기된 가요 중에서 가장 오래됨

## (1) 고대와 삼국시대 초기의 시가

### ① 공무도하가(公無渡河歌)

| | 현대역 |
|---|---|
| 公無渡河(공무도하) | 임이여, 물을 건너지 마오. |
| 公竟渡河(공경도하) | 임은 그예 물을 건너셨네. |
| 墮河而死(타하이사) | 물에 쓸려 돌아가시니, |
| 當奈公何(당내공하) | 가신 임을 어이할꼬. |

### ② 구지가(龜旨歌)

| | 현대역 |
|---|---|
| 龜何龜何(구하구하) | 거북아 거북아 |
| 首其現也(수기현야) | 머리를 내어라. |
| 若不現也(약불현야) | 내놓지 않으면, |
| 燔灼而喫也(번작이끽야) | 구워서 먹으리. |

### ③ 정읍사(井邑詞)

| | 현대역 |
|---|---|
| ᄃᆞᆯ하 노피곰 도ᄃᆞ샤 | 달님이시여, 높이높이 돋으시어 |
| 어긔야 머리곰 비취오시라 | 멀리멀리 비춰주소서. |
| 어긔야 어강됴리 | 어기야 어강드리 |
| 아으 다롱디리 | 아으 다롱디리 |
| 져재 녀러신고요 | 장터에 가 계십니까. |
| 어긔야 즌 ᄃᆡᄅᆞᆯ 드ᄃᆡ욜세라 | 진 데를 밟을까 두렵습니다. |
| 어긔야 어강됴리 | 어기야 어강드리 |
| 어느이다 노코시라 | 어느 곳에나 놓으십시오. |
| 어긔야 내 가논 ᄃᆡ 졈그ᄅᆞᆯ세라 | 우리 임 가시는 데 저물까 두렵습니다. |
| 어긔야 어강됴리 | 어기야 어강드리 |
| 아으 다롱디리 | 아으 다롱디리 |

**실력 up 고대가요의 특징**

- 구비문학(口碑文學)으로, 입으로 전해 내려온 이야기 등이 한문문학으로 기록
- 대체적으로 인물에 관련된 설화와 함께 구전되는 성격을 지니는데, 인물의 신성화(神聖化)와 권위의 정당성을 부각시키는 효과가 있었음
- 「구지가」 등의 집단 주술의 양식이 「황조가」 등의 개인적인 서정가요로 넘어가는 과정을 엿볼 수 있음

### (2) 향가

① 제망매가(祭亡妹歌) 빈출개념

| | 현대역 |
|---|---|
| 生死(생사) 길흔 | 삶과 죽음의 길은 |
| 이에이샤매 머뭇거리고 | 여기에 있으므로 두렵고 |
| 나ᄂᆞᆫ가ᄂᆞ다 말ㅅ도 | '나는 간다'는 말도 |
| 몯다 니르고 가ᄂᆞ닛고 | 다하지 못하고 갔는가. |
| 어느 ᄀᆞᄉᆞᆯ이른 ᄇᆞᄅᆞ매 | 어느 가을 이른 바람에 |
| 이에 뎌에 ᄠᅳ러딜 닙ᄀᆞᆫ | 여기저기 떨어지는 나뭇잎처럼 |
| ᄒᆞᄃᆞᆫ 가지라 나고 | 한 가지에서 태어나고서도 |
| 가논 곧 모ᄃᆞ론뎌 | 가는 곳을 모르겠구나. |
| 아야 彌陀刹(미타찰)아 맛보올 나 | 아아, 극락에서 만날 나는 |
| 道(도) 닷가 기드리고다. | 불도를 닦으며 기다리겠노라. |

② 안민가(安民歌)

| | 현대역 |
|---|---|
| 君(군)은 어비여 | 임금은 아버지요, |
| 臣(신)은 ᄃᆞᄉᆞ샬 어ᅀᅵ여, | 신하는 사랑하시는 어머니요, |
| 民(민)ᄋᆞᆫ 얼ᄒᆞᆫ 아ᄒᆡ고 ᄒᆞ샬디 | 백성은 어린 아이라고 생각하신다면, |
| 民(민)이 ᄃᆞᄉᆞᆯ 알고다. | 백성이 사랑을 알 것입니다. |
| 구믈ㅅ다히 살손 物生(물생) | 꾸물거리며 사는 백성은 |
| 이흘 머기 다ᄉᆞ라 | 이를 먹임으로써 다스려져 |
| 이 ᄯᅡᄒᆞᆯ ᄇᆞ리곡 어듸 갈뎌 ᄒᆞᆯ디 | '내가 이 땅을 버리고 어디 가랴?'라고 할 때 |
| 나라악 디니디 알고다. | 나라 안이 유지될 줄 알 것입니다. |
| 아으, 君(군)다이 臣(신)다이 民(민)다이 ᄒᆞᄂᆞᆯᄃᆞᆫ | 아, 임금답게, 신하답게, 백성답게 한다면 |
| 나라악 太平(태평)ᄒᆞ니잇다. | 나라 안이 태평할 것입니다. |

③ 모죽지랑가(慕竹旨郞歌)

| | 현대역 |
|---|---|
| 간 봄 그리매 | 간 봄을 그리워함에 |
| 모ᄃᆞᆫ 것ᅀᅡ 우리 시름 | 모든 것이 서러워 시름하는데 |
| 아ᄅᆞᆷ 나토샤온 즈ᅀᅵ | 아름다움 나타내신 얼굴이 |
| 샬쯈 디니져 | 주름살을 지으려고 하옵니다. |
| 눈 돌칠 ᄉᆞ이예 | 눈 돌이킬 사이에 |
| 맛보ᄋᆞᆸ디지소리 | 만나뵙도록 지으리이다. |
| 郞(낭)이여 그릴 ᄆᆞᅀᆞ미녀올 길 | 낭이여, 그리운 마음의 가는 길에, |
| 다봊 ᄆᆞᅀᆞ히 잘 밤 이시리 | 다북쑥 우거진 데서 잘 밤인들 있으리이까. |

SEMI-NOTE

**제망매가(祭亡妹歌)**
- 작자 : 월명사
- 연대 : 신라 경덕왕
- 주제 : 죽은 누이의 명복을 빎
- 특징 : 10구체 향가로 추모적, 불교적 성격(추도가)을 취하고 있으며 비유법(직유)과 상징법을 세련되게 사용
- 출전 : 『삼국유사』
- 의의 : 현존 향가 중 '찬기파랑가'와 함께 표현 기교와 서정성이 가장 뛰어난 작품으로 평가받음

**안민가**
- 작자 : 충담사
- 연대 : 신라 경덕왕
- 주제 : 국태민안의 도와 이상
- 특징 : 직설적이며 논리적인 어법과 비유를 활용하여 유교적인 교훈과 권계(勸誡)적 권하는 10구체 향가
- 출전 : 『삼국유사』
- 의의 : 유일하게 유교적 이념을 노래한 향가로 국가적 이념과 당위를 표현함

**모죽지랑가**
- 작자 : 득오
- 연대 : 신라 효소왕
- 주제 : 죽지랑에 대한 연모의 정
- 출전 : 『삼국유사』
- 의의 : 주술성이나 종교적 색채가 전혀 없는 개인의 정회가 깃든 서정가요

SEMI-NOTE

**상저가**

- **형식** : 4구체, 비연시
- **주제** : 촌부의 소박한 효심
- **특징** : 노동요로서, 농촌의 소박한 풍속과 정서가 드러나며 경쾌한 여음구가 돋보임
- **출전** : 『시용향악보』
- **의의** : 고려속요 중 유일한 노동요

**가시리**

- **형식** : 분절체
- **주제** : 이별의 정한
- **특징** : 민요풍의 서정시이자 이별가로 3, 3, 2조의 3음보, 후렴구를 사용
- **출전** : 『악장가사』, 『악학편고』, 『시용향악보』
- **의의** : 고려속요 중 문학적으로 가장 뛰어난 작품으로 평가 받음

**작품의 구성**

- **서사** : 이별에 대한 슬픔과 강조
- **본사** : 슬픔의 절제와 체념
- **결사** : 이별 후의 소망

**서경별곡**

- **형식** : 3음보, 분연체
- **주제** : 이별의 슬픔
- **특징** : 반복법과 설의법, 비유법의 사용과 '가시리'보다 적극적이고 진솔하게 표현
- **출전** : 『악장가사』, 『시용향악보』
- **의의** : 고려속요 중 청산별곡과 함께 문학성이 뛰어난 작품으로 평가받음

**작품의 구성**

- **서사** : 이별 거부와 연모의 정
- **본사** : 임에 대한 변함없는 사랑을 맹세
- **결사** : 이별한 임에 대한 원망

## (3) 고려속요

### ① 상저가(相杵歌)

| | 현대역 |
|---|---|
| 듥긔동 방해나 디히 히얘 | 덜커덩 방아나 찧어 히얘 |
| 게우즌 바비나 지ᅀᅥ 히얘 | 거친 밥이나 지어 히얘 |
| 아바님 어머님ᄭᅴ 받ᄌᆞᆸ고 히야해 | 아버님 어머님께 바치고 히야해 |
| 남거시든 내 머고리, 히야해 히야해 | 남거든 내가 먹으리, 히야해 히야해 |

### ② 가시리

| | 현대역 |
|---|---|
| 가시리 가시리잇고 나ᄂᆞᆫ | 가시렵니까 가시렵니까 |
| ᄇᆞ리고 가시리잇고 나ᄂᆞᆫ | 버리고 가시렵니까 |
| 위 증즐가 大平盛代(대평셩ᄃᆡ) | 위 증즐가 태평성대 |
| 날러는 엇디 살라 ᄒᆞ고 | 날더러는 어찌 살라하고 |
| ᄇᆞ리고 가시리잇고 나ᄂᆞᆫ | 버리고 가시렵니까 |
| 위 증즐가 大平盛代(대평셩ᄃᆡ) | 위 증즐가 태평성대 |
| 잡ᄉᆞ와 두어리마ᄂᆞᄂᆞᆫ | 붙잡아 두고 싶지만 |
| 선ᄒᆞ면 아니 올셰라 | 서운하면 아니올까 두렵습니다 |
| 위 증즐가 大平盛代(대평셩ᄃᆡ) | 위 증즐가 태평성대 |
| 셜온 님 보내ᄋᆞᆸ노니 나ᄂᆞᆫ | 서러운 임 보내오니 |
| 가시ᄂᆞᆫ ᄃᆞᆺ 도셔 오셔셔 나ᄂᆞᆫ | 가시자마자 돌아서서 오소서 |
| 위 증즐가 大平盛代(대평셩ᄃᆡ) | 위 증즐가 태평성대 |

### ③ 서경별곡(西京別曲)

西京(서경)이 아즐가 西京(서경)이 셔울히 마르는
위 두어렁셩 두어렁셩 다링디리
닷곤ᄃᆡ 아즐가 닷곤ᄃᆡ 쇼셩경 고외마른
위 두어렁셩 두어렁셩 다링디리
여ᄒᆡ므론 아즐가 여ᄒᆡ므론 질삼뵈 ᄇᆞ리시고
위 두어렁셩 두어렁셩 다링디리
괴시란ᄃᆡ 아즐가 괴시란ᄃᆡ 우러곰 좃니노이다.
위 두어렁셩 두어렁셩 다링디리
구스리 아즐가 구스리 바회예 디신ᄃᆞᆯ
위 두어렁셩 두어렁셩 다링디리
긴히ᄯᆞᆫ 아즐가 긴힛ᄯᆞᆫ 그ᄎᆞ리잇가 나ᄂᆞᆫ
위 두어렁셩 두어렁셩 다링디리
즈믄ᄒᆡ를 아즐가 즈믄ᄒᆡ를 외오곰 녀신ᄃᆞᆯ
위 두어렁셩 두어렁셩 다링디리
信(신)잇ᄃᆞᆫ 아즐가 信(신)잇ᄃᆞᆫ 그ᄎᆞ리잇가 나ᄂᆞᆫ

위 두어렁셩 두어렁셩 다링디리
大同江(대동강) 아즐가 大同江(대동강) 너븐디 몰라셔
위 두어렁셩 두어렁셩 다링디리
ᄇᆡ내여 아즐가 ᄇᆡ내여 노ᄒᆞᆫ다 샤공아
위 두어렁셩 두어렁셩 다링디리
네가시 아즐가 네가시 럼난디 몰라셔
위 두어렁셩 두어렁셩 다링디리
녈ᄇᆡ예 아즐가, 녈ᄇᆡ예 연즌다 샤공아,
위 두어렁셩 두어렁셩 다링디리
대동강(大同江) 아즐가, 대동강(大同江) 건너편 고즐여
위 두어렁셩 두어렁셩 다링디리
ᄇᆡ타들면 아즐가, ᄇᆡ타들면 것고리이다 나ᄂᆞᆫ
위 두어렁셩 두어렁셩 다링디리

현대역

서경(평양)이 서울이지마는/중수(重修)한 작은 서울을 사랑합니다마는
임과 이별하기보다는 길쌈하던 베를 버리고서라도/사랑해주신다면 울면서 따르겠습니다.
구슬이 바위에 떨어진들/끈이야 끊어지겠습니까.
천 년을 홀로 살아간들/믿음이야 끊어지겠습니까.
대동강이 넓은지 몰라서/배를 내어 놓았느냐, 사공아.
네 각시 음란한지 몰라서/떠나는 배에 내 임을 태웠느냐, 사공아.
대동강 건너편 꽃을/배를 타면 꺾을 것입니다.

SEMI-NOTE

**주요 단어 풀이**

- **아즐가, 나ᄂᆞᆫ** : 운을 맞추기 위한 여음구
- **닷곤ᄃᆡ** : 새로이 고친 곳
- **고외마른** : 사랑하지마는. '괴요마른'의 잘못된 표기
- **여히므론** : 이별하기 보다는
- **질삼뵈** : 길쌈하던 베
- **우러곰** : 울면서
- **그츠리잇가** : 끊어지겠습니까
- **즈믄ᄒᆡ** : 천년(千年)
- **외오곰** : 외로이, 홀로
- **노ᄒᆞᆫ다** : 놓았느냐
- **네가시** : 네 각시, 네 아내
- **고즐** : 꽃을
- **ᄇᆡ타들면** : 배 타고 들어가면

**고려속요**

고려시대 평민의 감정과 정서가 담긴 민요 시가로 장가(長歌), 여요(麗謠), 가요(歌謠) 등으로 불림
본래 평민의 노래였다가 고려 말에 궁중 가사로 연주된 것

### ④ 동동(動動) ✪ 빈출개념

德(덕)으란 곰ᄇᆡ예 받ᄌᆞᆸ고 福(복)으란 림ᄇᆡ예 받ᄌᆞᆸ고
德이여 福이라 호ᄂᆞᆯ 나ᄋᆞ라 오소이다.
아으 動動(동동)다리.

正月(정월)ㅅ 나릿므른 아으 어져 녹져 ᄒᆞ논ᄃᆡ.
누릿 가온ᄃᆡ 나곤 몸하 ᄒᆞ올로 녈셔.
아으 動動다리.

二月(이월)ㅅ 보로매 아으 노피 현 燈(등)ㅅ블 다호라.
萬人(만인) 비취실 즈ᅀᅵ샷다.
아으 動動다리.

三月(삼월) 나며 開(개)ᄒᆞᆫ 아으 滿春(만춘) ᄃᆞᆯ욋고지여.
ᄂᆞᄆᆡ 브롤 즈ᅀᅳᆯ 디뎌 나샷다.
아으 動動다리.

**동동**

- **작자** : 미상
- **갈래** : 고려 속요
- **형식** : 분절체(13연), 월령체
- **주제** : 외로움과 슬픔, 임에 대한 송도와 애련, 회한 및 한탄(각 연마다 주제가 다름)
- **특징** : 송도가, 월령체(달거리)의 성격을 지닌 가요로, 비유법, 영탄법을 사용함
- **출전** : 『악학궤범』
- **의의** : 우리 문학 최초이자 고려 속요 중 유일한 월령체가요(조선 후기 「농가월령가」에 영향)

02장 고전 문학

SEMI-NOTE

**작품의 구성**

- **전개** : 임에 대한 덕과 복을 빎
- **1월** : 화자의 고독을 한탄함
- **2월** : 임의 고매한 인품을 예찬함
- **3월** : 임의 아름다운 모습을 송축함
- **4월** : 무심한 임에 대한 그리움과 원망
- **5월** : 임의 장수(長壽)를 기원
- **6월** : 임에게 버림받은 것에 대한 슬픔을 한탄
- **7월** : 버림받음에도 임과 함께하고자 하는 소망
- **8월** : 임이 없는 고독한 한가위
- **9~10월** : 임이 없는 쓸쓸함과 슬픔
- **11~12월** : 사랑을 이루지 못하고 한탄할 수밖에 없는 심정

**아박(牙拍)**

『악학궤범』에서는 「동동」을 '아박(牙拍)'이라고도 하는데, 2인 또는 4인이 두 손에 상아로 만든 작은 박(拍)을 들고 장단에 맞추어 치면서 춤춘다는 뜻에서 나온 말

**청산별곡**

- **갈래** : 고려 속요
- **형식** : 분장체(전 8연)
- **주제** : 유랑민의 삶의 고뇌와 비애, 실연의 고통, 고뇌와 방황
- **특징** : 3·3·2조의 3음보 형식을 갖추고 있으며 현실도피적이고 은둔적 분위기를 자아냄
- **출전** : 『악장가사』, 『악학편고』
- **의의** : 「서경별곡」과 함께 꼽히는 고려 가요의 대표적인 작품

**작품의 구성**

- **1연** : 청산에 대한 동경
- **2연** : 삶의 고통과 비애
- **3연** : 속세에 대한 미련
- **4연** : 처절한 고독 토로
- **5연** : 운명에 대한 체념
- **6연** : 다른 도피처에 대한 소망
- **7연** : 기적에 대한 기대
- **8연** : 술로 인생의 비애를 달램

四月(사월) 아니 니저 아으 오실셔 곳고리새여.
므슴다 錄事(녹사)니ᄆᆞᆫ 녯 나ᄅᆞᆯ 닛고신뎌.
아으 動動다리.

六月(유월)ㅅ 보로매 아으 별해 ᄇᆞ룐 빗 다호라.
도라보실 니믈 젹곰 좃니노이다.
아으 動動다리.

**현대역**

덕은 뒷잔에 바치고 복은 앞잔에 바치고 덕이라 복이라 하는 것을 드리러 오십시오.
정월의 냇물이 아아 얼고 녹아 봄이 다가오는데 세상 가운데 태어난 이 몸은 홀로 살아가는구나.
이월 보름에 아아 높이 켠 등불 같구나. 만인을 비추실 모습이도다.
삼월이 지나며 핀 아아 늦봄의 진달래꽃이여 남이 부러워할 모습을 지니고 태어나셨도다.
사월을 아니 잊고 아아 오셨구나, 꾀꼬리 새여 무엇 때문에 녹사님은 옛날을 잊고 계신가.
유월 보름에 아아 벼랑에 버린 빗 같구나. 돌아보실 임을 잠시나마 좇아갑니다.

### ⑤ 청산별곡(靑山別曲)

살어리 살어리랏다. 靑山(청산)애 살어리랏다.
멀위랑 ᄃᆞ래랑 먹고, 靑山(청산)애 살어리랏다.
얄리얄리 얄랑셩, 얄라리 얄라.
우러라 우러라 새여, 자고 니러 우러라 새여.
널라와 시름 한 나도 자고 니러 우니노라.
얄리얄리 얄라셩, 얄라리 얄라.
가던 새 가던 새 본다. 믈 아래 가던 새 본다.
잉무든 장글란 가지고, 믈 아래 가던 새 본다.
얄리얄리 얄라셩, 얄라리 얄라.
이링공 뎌링공 ᄒᆞ야 나즈란 디내와손뎌.
오리도 가리도 업슨 바므란 ᄯᅩ 엇디 호리라.
얄리얄리 얄라셩, 얄라리 얄라.
어듸라 더디던 돌코, 누리라 마치던 돌코.
ᄆᆡ리도 괴리도 업시 마자셔 우니노라.
얄리얄리 얄라셩, 얄라리 얄라.
살어리 살어리랏다. 바ᄅᆞ래 살어리랏다.
ᄂᆞᄆᆞ자기 구조개랑 먹고 바ᄅᆞ래 살어리랏다.
얄리얄리 얄라셩, 얄라리 얄라.
가다가 가다가 드로라, 에졍지 가다가 드로라.
사ᄉᆞ미 짒대예 올아셔 奚琴(ᄒᆡ금)을 혀거를 드로라.
얄리얄리 얄라셩, 얄라리 얄라.
가다니 ᄇᆡ브른 도긔 설진 강수를 비조라.

조롱곳 누로기 ᄆᆡ와 잡ᄉᆞ와니, 내 엇디 ᄒᆞ리잇고.
얄리얄리 얄라셩, 얄라리 얄라.

현대역

살겠노라, 살겠노라. 청산에서 살겠노라/머루와 다래를 먹고 청산에서 살겠노라
우는구나, 우는구나, 새여. 자고 일어나 우는구나, 새여./너보다 시름 많은 나도 자고 일어나 울고 있노라.
가는 새, 가는 새 본다. 물 아래쪽으로 가는 새 본다./이끼 묻은 쟁기를 가지고 물 아래쪽으로 가는 새본다.
이럭저럭하여 낮은 지내왔건만/올 이도 갈 이도 없는 밤은 또 어찌하리오.
어디다 던지는 돌인가. 누구를 맞히려는 돌인가./미워할 이도 사랑할 이도 없이 사랑할 이도 없이 맞아서 울고 있노라.
살겠노라, 살겠노라. 바다에서 살겠노라./나문재, 굴, 조개를 먹고 바다에서 살겠노라.
가다가, 가다가 듣노라. 외딴 부엌을 지나가다가 듣노라./사슴이 장대에 올라가서 해금을 켜는 것을 듣노라.
가더니 불룩한 독에 진한 술을 빚는구나./조롱박꽃 모양의 누룩이 매워 (나를) 붙잡으니 나는 어찌하리오.

### (4) 경기체가

① 한림별곡(翰林別曲)

제1장
元淳文원슌문 仁老詩인노시 公老四六공노ᄉᆞ륙
李正言니졍언 陳翰林딘한림 雙韻走筆솽운주필
冲基對策듕긔ᄃᆡ칙 光鈞經義광균경의 良鏡詩賦량경시부
위 試場시댱ㅅ 景경 긔 엇더ᄒᆞ니잇고
(葉)琴學士玉금ᄒᆞᆨᄉᆞ의 玉笋門生옥슌문ᄉᆡᆼ 琴學士금ᄒᆞᆨᄉᆞ의 玉笋門生옥슌문ᄉᆡᆼ
위 날조차 몃부니잇고

제2장
唐漢書당한셔 莊老子장로ᄌᆞ 韓柳文集한류문집
李杜集니두집 蘭臺集난ᄃᆡ집 白樂天集ᄇᆡᆨ락텬집
毛詩尙書모시샹셔 周易春秋주역츈츄 周戴禮記주ᄃᆡ례기
위 註주조쳐 내 외ᄋᆞᆳ 景경 긔 엇더ᄒᆞ니잇고
(葉)太平光記태평광긔 四百餘卷ᄉᆞᄇᆡᆨ여권 太平光記태평광긔 四百餘卷ᄉᆞᄇᆡᆨ여권
위 歷覽력남ㅅ 景경 긔 엇더ᄒᆞ니잇고

제8장
唐唐唐당당당 唐楸子당츄ᄌᆞ 皂莢조협남긔
紅홍실로 紅홍글위 ᄆᆡ요이다
혀고시라 밀오시라 鄭小年뎡쇼년하
위 내 가논 ᄃᆡ ᄂᆞᆷ 갈셰라

SEMI-NOTE

**주요 단어 풀이**
- **이링공 뎌링공** : 이럭저럭
- **나즈란 디내와손뎌** : 지내왔건만
- **마치던** : 맞히려던
- **ᄆᆡ리도 괴리도** : 미워할 사람도 사랑할 사람도
- **바ᄅᆞ래** : 바다에
- **ᄂᆞᄆᆞ자기** : '나문재(해초)'의 옛말
- **奚琴(ᄒᆡ금)을 혀거를** : 해금을 켜는 것을
- **ᄆᆡ와** : 매워

**한림별곡**
- **작가** : 한림제유(翰林諸儒)
- **연대** : 고려 고종
- **주제** : 귀족들의 향락적 풍류생활, 유생들의 학문적 자부심
- **특징**
  - 최초의 경기체가로, 한자를 우리말 어순과 운율에 맞춰 노래
  - 전8장의 분절체로 3 · 3 · 4조의 3음보 형식
  - 시부, 서적, 명필, 명주(名酒), 화훼, 음악, 누각, 추천(鞦韆)의 8경을 노래
- **출전** : 『악장가사』

**주요 단어 풀이**
- **葉** : 가사가 붙는 후렴구를 구분하기 위한 표시
- **公老四六** : 사륙변려문. 중국 육조, 당나라 시기에 성행하던 한문 문체
- **太平光記(태평광기)** : 중국 송나라 시기에 편찬된 설화집으로 종교, 소설적인 이야기가 주요 내용
- **歷覽(역람)** : 여러 곳을 두루 다니면서 구경함
- **鄭小年(정소년)** : 방탕하게 유흥을 즐기는 젊은이

SEMI-NOTE

**경기체가(景幾體歌)**

- 고려 중기 이후에 발생한 장가(長歌)로 경기하여가(景幾何如歌)라고도 함
- 景幾何如(景경 긔 엇더ᄒᆞ니잇고) 구가 붙는 특징이 있기 때문에 이러한 명칭이 붙음

**독락팔곡**

- **작자** : 권문호
- **연대** : 조선 선조
- **주제** : 강호에 묻혀 여유롭게 살아가는 즐거움
- **특징**
  - 경기체가 소멸기에 쓰인 작품으로 현존하는 경기체가 가운데 가장 마지막 작품
  - 임진왜란 이후로 과시하고 찬양할 외적 여건을 상실하여 경기체가 특유의 주제의식이 붕괴됨
- **출전** : 『송암별집』

(葉)削玉纖纖샤옥셤셤 雙手솽슈ㅅ길헤 削玉纖纖샤옥셤셤 雙手솽슈ㅅ길헤
위 携手同遊휴슈동유 ㅅ 景경 긔 엇더ᄒᆞ니잇고

**현대역**

제1장 시부(詩賦)
유원순의 문장, 이인로의 시, 이공로의 사륙변려문/이규보와 진화의 쌍운을 맞추어 써 내려간 글/유충기의 대책문, 민광균의 경서 해의(解義), 김양경의 시와 부(賦)/아, 과거시험의 광경, 그것이 어떠합니까?
금의가 배출한 죽순처럼 많은 제자들, 금의가 배출한 죽순처럼 많은 제자들/아, 나까지 몇 분입니까?

제2장 서적(書籍)
당서와 한서, 장자와 노자, 한유와 유종원의 문집/이백과 두보의 시집, 난대여사의 시문집, 백낙천의 문집/시경과 서경, 주역과 춘추, 예기/아, 주석마저 줄곧 외우는 모습 그것이 어떠합니까?
태평광기 사백여권, 태평광기 사백여권/아, 두루두루 읽는 모습 그것이 어떠합니까?

제8장 추천(鞦韆)
당당당 당추자(호도나무) 쥐엄나무에/붉은 실로 붉은 그네를 맵니다/당기시라 미시라 정소년이여/아, 내가 가는 곳에 남이 갈까 두렵구나
옥을 깎은 듯 고운 손길에, 옥을 깎은 듯 고운 손길에/아, 손 마주잡고 노니는 정경, 그것이 어떠합니까?

② 독락팔곡(獨樂八曲)

1장
太平聖代(태평성대) 田野逸民(전야일민) 再唱(재창)
耕雲麓(경운록) 釣烟江(조연강)이 이밧긔 일이업다.
窮通(궁통)이 在天(재천)ᄒᆞ니 貧賤(빈천)을 시름ᄒᆞ랴.
玉堂(옥당) 金馬(금마)는 내의 願(원)이 아니로다.
泉石(천석)이 壽域(수역)이오 草屋(초옥)이 春臺(춘대)라.
於斯臥(어사와) 於斯眠(어사면) 俯仰宇宙(부앙우주) 流觀(유관) 品物(품물)ᄒᆞ야,
居居然(거거연) 浩浩然(호호연) 開襟獨酌(개금독작) 岸幘長嘯(안책장소) 景(경) 긔엇다 ᄒᆞ니잇고.

2장
草屋三間(초옥삼간) 容膝裏(용슬리) 昻昻(앙앙) 一閒人(일한인) 再唱(재창)
琴書(금서)를 벗을 삼고 松竹(송죽)으로 울을ᄒᆞ니
翛翛(소소) 生事(생사)와 淡淡(담담) 襟懷(금회)예 塵念(진념)이 어듸나리.
時時(시시)예 落照趁淸(낙조진청) 蘆花(노화) 岸紅(안홍)ᄒᆞ고,
殘烟帶風(잔연대풍) 楊柳(양류) 飛(비)ᄒᆞ거든,
一竿竹(일간죽) 빗기안고 忘機伴鷗(망기반구) 景(경) 긔엇다 ᄒᆞ니잇고.

현대역

(1장) 태평스럽고 성스러운 시대에, 시골에 은거하는 절행이 뛰어난 선비가 (재창)/구름 덮인 산기슭에 밭이랑을 갈고, 내 낀 강에 낚시를 드리우니, 이밖에는 일이 없다./빈궁과 영달이 하늘에 달렸으니, 가난함과 천함을 걱정 하리오, 한나라 때 궁궐 문이나 관아 앞에 동마(銅馬)를 세워 명칭한 금마문과, 한림원의 별칭인 옥당서가 있어, 이들은 임금을 가까이서 뫼시는 높은 벼슬아치로, 이것은 내가 원하는 바가 아니다. 천석으로 이루어진 자연에 묻혀 사는 것도, 인덕이 있고 수명이 긴 수역으로 성세가 되고, 초옥에 묻혀 사는 것도, 봄 전망이 좋은 춘대로 성세로다./어사와! 어사와! 천지를 굽어보고 쳐다보며, 삼라만상이 제각기 갖춘 형체를 멀리서 바라보며, 안정된 가운데 넓고도 큰 흉금을 열어 제쳐 놓고 홀로 술을 마시느니, 두건이 높아 머리 뒤로 비스듬히 넘어가, 이마가 드러나 예법도 없는데다 길게 휘파람 부는 광경, 그것이야말로 어떻습니까.

(2장) 초가삼간이 너무 좁아, 겨우 무릎을 움직일 수 있는 방에, 지행 높고 한가한 사람이, 가야금을 타고 책 읽는 일을 벗 삼아 집 둘레에는 소나무와 대나무로 울을 하였으니, 찢겨진 생계와 산뜻하게 가슴 깊이 품고 있는 회포는, 속세의 명리를 생각하는 마음이 어디서 나리오./저녁 햇빛이 맑게 갠 곳에 다다르고, 흰 갈대꽃이 핀 기슭에 비쳐서 붉게 물들었는데, 남아 있는 내에 섞여 부는 바람결에 버드나무가 날리거든, 하나의 낚싯대를 비스듬히 끼고 세속 일을 잊고서 갈매기와 벗이 되는 광경, 그것이야말로 어떻습니까.

SEMI-NOTE

**주요 단어 풀이**
- **太平聖代(태평성대)** : 어진 임금이 잘 다스려 태평한 세상 또는 시대
- **窮通(궁통)** : 빈궁과 영달
- **泉石(천석)** : 물과 돌로 이루어진 자연의 경치
- **壽域(수역)** : 오래 살 수 있는 경지(境地)의 비유
- **於斯臥(어사와)** : '어여차'를 예스럽게 이르는 의성어. 한자어 표기는 음만 빌린 것
- **開襟(개금)** : 옷섶을 열어 가슴을 헤침
- **岸幘(안책)** : '두건을 비스듬히 치올려 쓰고 이마를 드러냄'의 의미로 친한 사이에 예법을 무시하고 익숙한 모습을 이름
- **襟懷(금회)** : 마음속에 깊이 품고 있는 생각
- **楊柳(양류)** : 버드나무과 식물을 통틀어 이르는 말
- **伴鷗(반구)** : 갈매기와 짝이 됨

## (5) 고려시대의 시조

① 다정가(多情歌)

梨花(이화)에 月白(월백)ᄒᆞ고 銀漢(은한)이 三更(삼경)인제
一枝春心(일지춘심)을 子規(자규)야 알랴마ᄂᆞᆫ
多情(다정)도 病(병)인 냥ᄒᆞ여 ᄌᆞᆷ못 드러 ᄒᆞ노라.

현대역

배꽃에 달이 하얗게 비치고 은하수는 자정 무렵을 알리는 때에
나뭇가지에 깃들어 있는 봄의 정서를 소쩍새야 알 리 있으랴마는
다정한 것도 그것이 병인 양, 잠 못 들어 하노라.

**다정가**
- **작자** : 이조년
- **갈래** : 평시조
- **주제** : 봄밤의 애상
- **특징** : 직유법과 의인법의 사용 및 시각적 심상과 청각적 심상의 조화를 통해 애상적 분위기를 표현
- **출전** : 『청구영언』

② 탄로가(嘆老歌)

春山(춘산)에 눈 녹인 ᄇᆞ람 건듯 불고 간 ᄃᆡ 업다.
져근덧 비러다가 마리 우희 불니고져
귀 밋틔 ᄒᆡ묵은 서리ᄅᆞᆯ 녹여 볼가 ᄒᆞ노라.

**탄로가**
- **작자** : 우탁
- **갈래** : 평시조
- **주제** : 늙음에 대한 안타까움과 인생에 대한 달관
- **특징** : 가장 오래된 시조 중 하나로 비유법을 사용하여 달관의 여유를 표현
- **출전** : 『청구영언』

SEMI-NOTE

현대역
봄 산에 쌓인 눈을 녹인 바람이 잠깐 불고 어디론지 간 데 없다.
잠시 동안 빌려다가 머리위에 불게 하고 싶구나.
귀 밑에 해묵은 서리(백발)를 녹여 볼까 하노라.

**하여가**
- **작자** : 이방원
- **갈래** : 평시조
- **주제** : 정적에 대한 회유(정치적 목적을 지닌 우회적 회유)
- **특징** : 직유법과 대구법을 사용하여 회유하고자 하는 의도 표출
- **출전** : 『청구영언』

③ 하여가(何如歌)

이런들 엇더하며 져런들 엇더하료
만수산(萬壽山) 드렁칡이 얽어진들 긔 어떠하리
우리도 이갓치 얽어져 백 년까지 누리리라

현대역
이런들 어떠하며 저런들 어떠하리
만수산 칡덩굴이 얽혀져 있은들 그것이 어떠하리
우리도 이같이 하여 백년까지 누리리라.

**단심가**
- **작자** : 정몽주
- **갈래** : 평시조
- **주제** : 고려왕조에 대한 변함없는 일편단심
- **특징** : 반복법과 점층법을 사용하여 충절을 심화시킴. 이방원의 하여가(何如歌)와 대비됨
- **출전** : 『청구영언』

④ 단심가(丹心歌)

이 몸이 주거주거 一百(일백) 番(번) 고쳐 주거
白骨(백골)이 塵土(진토)되여 넉시라도 잇고 업고
님 向(향)훈 一片丹心(일편단심)이야 가실줄이 이시랴.

현대역
이 몸이 죽고 죽어 일백 번 고쳐 죽어
백골이 진토되어 넋이라도 있고 없고
임 향한 일편단심이야 가실 줄이 있으랴.

**회고가**
- **작자** : 길재
- **갈래** : 평시조
- **주제** : 망국의 한과 맥수지탄(麥秀之嘆)
- **특징** : 대조법, 영탄법을 통해 망국의 한과 무상함을 표현
- **출전** : 『청구영언』

⑤ 회고가(懷古歌)

오백 년(五百年) 도읍지(都邑地)를 필마(匹馬)로 도라드니
산천(山川)은 의구(依舊)하되 인걸(人傑)은 간 듸 업다.
어즈버 태평연월(太平烟月)이 꿈이런가 하노라.

현대역
오백 년이나 이어 온 고려의 옛 도읍지를 한 필의 말로 돌아 들어오니
산천(山川)은 예와 다름이 없으되 인재(고려의 유신)는 간 데 없구나 .
아아, 태평하고 안락한 세월(고려의 융성기)은 꿈인가 하노라.

## 2. 조선시대 시가의 형성

### (1) 조선 전기의 시가

① 강호사시가(江湖四時歌)

江湖(강호)에 봄이 드니 미친 興(흥)이 절로 난다.
濁醪溪邊(탁료계변)에 錦鱗魚(금린어)ㅣ 안쥐로다.
이 몸이 閑暇(한가)히옴도 亦軍恩(역군은)이샷다.

江湖(강호)에 녀름이 드니 草堂(초당)에 일이 업다.
有信(유신)훈 江波(강파)는 보내ᄂᆞ니 ᄇᆞ람이로다.
이 몸이 서ᄂᆞᆯ히옴도 亦軍恩(역군은)이샷다.

江湖(강호)에 ᄀᆞ올이 드니 고기마다 ᄉᆞᆯ져 잇다.
小艇(소정)에 그믈 시러 흘니 ᄯᅴ여 더져 두고
이 몸이 消日(소일)히옴도 亦軍恩(역군은)이샷다.

江湖(강호)에 겨월이 드니 눈 기픠 자히 남다.
삿갓 빗기 쓰고 누역으로 오슬 삼아
이 몸이 칩지 아니히옴도 亦軍恩(역군은)이샷다.

현대역
강호에 봄이 드니 참을 수 없는 흥이 절로 난다./탁주를 마시며 노는 시냇가에 금린어(쏘가리)가 안주로다./이 몸이 한가롭게 지냄도 역시 임금의 은혜로다.
강호에 여름이 드니 초당에 일이 없다./신의 있는 강 물결은 보내는 것이 시원한 강바람이다./이 몸이 서늘하게 지내는 것도 역시 임금의 은혜로다.
강호에 가을이 드니 물고기마다 살이 올랐다./작은 배에 그물 실어 물결 따라 흐르게 던져 두고/이 몸이 고기잡이로 세월을 보내는 것도 역시 임금의 은혜로다.
강호에 겨울이 드니 눈의 깊이가 한 자가 넘는다./삿갓을 비스듬히 쓰고 도롱이를 둘러 덧옷을 삼아/이 몸이 춥지 않게 지내는 것도 역시 임금의 은혜로다.

② 동짓달 기나긴 밤을 ★ 빈출개념

冬至(동지)ㅅᄃᆞᆯ 기나긴 밤을 한 허리를 버혀 내여
春風(춘풍) 니불 아레 서리서리 너헛다가
어룬님 오신 날 밤이여든 구뷔구뷔 펴리라.

현대역
동짓달 기나긴 밤 한가운데를 베어 내어
봄바람 이불 아래 서리서리 넣었다가
정든 서방님 오신 날 밤이거든 굽이굽이 펴리라.

SEMI-NOTE

**강호사시가**
- **작자** : 맹사성
- **갈래** : 평시조, 연시조(전 4수)
- **주제** : 유유자적한 삶과 임금의 은혜에 대한 감사
- **특징** : 강호가도(江湖歌道)의 선구적인 작품으로 이황의 「도산십이곡」과 이이의 「고산구곡가」에 영향을 끼침
- **출전** : 『청구영언』

**작품의 구성**
- **춘사(春思)** : 냇가에서 쏘가리(금린어)를 안주삼아 탁주를 마시는 강호한정
- **하사(夏詞)** : 초당에서 지내는 한가로운 생활
- **추사(秋詞)** : 강가에서 살찐 고기를 잡는 생활
- **동사(冬詞)** : 쌓인 눈을 두고 삿갓과 도롱이로 추위를 견디며 따뜻하게 지내는 생활

**연시조(연형시조)**
두 개 이상의 평시조가 하나의 제목으로 엮어져 있는 시조, 다양하고 체계적인 서정성을 표현할 수 있었음

**동짓달 기나긴 밤을**
- **작자** : 황진이
- **갈래** : 평시조
- **주제** : 임을 기다리는 절실한 그리움
- **특징** : 추상적인 시간을 구체화, 감각화하며 음성 상징어를 적절하게 사용함
- **출전** : 『청구영언』

SEMI-NOTE

**이화우 흩뿌릴 제**

- **작자** : 계랑
- **갈래** : 평시조
- **주제** : 임을 그리는 마음
- **특징** : 은유법을 사용하여 임과 이별한 애상적인 분위기를 부각시킴
- **출전** : 『청구영언』

**조홍시가**

- **작자** : 박인로
- **갈래** : 평시조
- **주제** : 풍수지탄(風樹之嘆)
- **특징**
  - 사친가(思親歌)로 '조홍시가'라고도 함
  - 부모의 부재(不在)가 전개의 바탕이 됨
- **출전** : 『노계집』

**어부사시사**

- **작자** : 윤선도
- **갈래** : 연시조(전 40수, 사계절 각 10수)
- **주제** : 사계절의 어부 생활과 어촌 풍경을 묘사, 강호한정과 물아일체의 흥취
- **특징**
  - 후렴구가 있으며, 우리말의 아름다움을 잘 살림
  - 시간에 따른 시상 전개, 원근법 등이 나타남
  - 각수의 여음구를 제외하면 초, 중, 종장 형태의 평시조와 동일(동사(冬詞) 제10장은 제외)
- **출전** : 『고산유고』

**작품의 구성**

- **춘사(春詞)** : 어부 일을 하며 자연 속에서 유유자적한 심정
- **하사(夏詞)** : 한가로이 어부 일을 하는 도중에 자연과 물아일체의 경지에 도달
- **추사(秋詞)** : 어지러운 속세를 떠나 자연 속에서 살아가는 즐거움
- **동사(冬詞)** : 속세에 더 이상 물들지 않고 싶은 심정과 어부의 흥취

### ③ 이화우 흩뿌릴 제

梨花雨(이화우) 흣뿌릴 제 울며 잡고 이별(離別)ᄒᆞᆫ 님
秋風落葉(추풍낙엽)에 저도 날 ᄉᆡᆼ각ᄂᆞᆫ가.
千里(천 리)에 외로운 ᄭᅮᆷ만 오락가락 ᄒᆞ노매.

현대역

배꽃이 비처럼 흩뿌릴 때 울며 잡고 이별한 임
가을바람에 떨어지는 나뭇잎에 임도 날 생각하시는가.
천 리에 외로운 꿈만 오락가락하는구나.

### ④ 조홍시가(早紅柿歌) 빈출개념

盤中(반중) 早紅(조홍)감이 고아도 보이ᄂᆞ다.
유자(柚子) ㅣ 아니라도 품엄즉도 ᄒᆞ다마ᄂᆞᆫ
품어 가 반길 이 업슬ᄉᆡ 글로 설워ᄒᆞᄂᆞ이다.

현대역

쟁반에 놓인 일찍 익은 홍시가 곱게도 보이는구나.
유자는 아니더라도 품어 가고 싶다마는
품어 가도 반겨줄 이(부모님) 안 계시니 그것을 서러워합니다.

### ⑤ 어부사시사(漁父四時詞) 빈출개념

春詞 4
우ᄂᆞᆫ거시 벅구기가, 프른 거시 버들숩가,
이어라, 이어라
漁村(어촌) 두어 집이 ᄂᆡᆺ 속의 나락들락.
至匊悤(지국총) 至匊悤(지국총) 於思臥(어사와)
말가ᄒᆞᆫ 기픈 소희 온간 고기 뛰노ᄂᆞ다.

夏詞 2
년닙희 밥싸 두고 반찬으란 쟝만마라.
닫 드러라 닫 드러라
靑蒻笠(청약립)은 써 잇노라 綠蓑衣(녹사의) 가져오냐.
至匊悤(지국총) 至匊悤(지국총) 於思臥(어사와)
無心(무심)ᄒᆞᆫ 白鷗(백구)ᄂᆞᆫ 내 졷ᄂᆞᆫ가, 제 졷ᄂᆞᆫ가.

秋詞 1
物外(물외)예 조ᄒᆞᆫ 일이 漁父生涯(어부생애) 아니러냐.
ᄇᆡ 떠라 ᄇᆡ 떠라
漁翁(어옹)을 욷디마라 그림마다 그렷더라.
至匊悤(지국총) 至匊悤(지국총) 於思臥(어사와)

四時興(사시흥)이 ᄒᆞᆫ가지나 秋江(추강)이 은듬이라.

冬詞4
간밤의 눈 갠 後(후)에 景物(경물)이 달고야.
이어라 이어라
압희ᄂᆞᆫ 萬頃琉璃(만경유리) 뒤희ᄂᆞᆫ 千疊玉山(천첩옥산).
至匊悤(지국총) 至匊悤(지국총) 於思臥(어사와)
仙界(선계)ㄴ가 彿界(불계)ㄴ가 人間(인간)이 아니로다.

현대역

(춘사 4) 우는 것이 뻐꾸기인가, 푸른 것이 버들 숲인가./노 저어라 노 저어라/어촌 두어 집이 안개 속에 들락날락하는구나./찌그덩 찌그덩 어여차/맑고 깊은 못에 온갖 고기 뛰논다.
(하사 2) 연잎에 밥 싸두고 반찬일랑 장만 마라./닻 올려라 닻 올려라/삿갓은 쓰고 있노라. 도롱이는 가져오느냐./찌그덩 찌그덩 어여차/무심한 갈매기는 내가 저를 좇는가, 제가 나를 좇는가.
(추사 1) 세속을 떠난 곳에서의 깨끗한 일이 어부의 생애 아니더냐./배 띄워라 배 띄워라/늙은 어부라고 비웃지 마라. 그림마다 그렸더라./찌그덩 찌그덩 어여차/사계절의 흥취가 다 좋지만 그중에서도 가을 강이 으뜸이라.
(동사 4) 간밤에 눈 갠 뒤에 경치가 달라졌구나./노 저어라 노 저어라/앞에는 유리처럼 반반하고 아름다운 바다, 뒤에는 수없이 겹쳐 있는 아름다운 산./찌그덩 찌그덩 어여차/신선의 세계인가, 부처의 세계인가. 사람의 세계는 아니로다.

SEMI-NOTE

**주요 단어 풀이**

- **ᄂᆡᆺ** : '안개'의 옛말
- **至匊悤(지국총)** : '찌그덩'의 의성어. 한자어는 음만 빌린 것
- **靑蒻笠(청약립)** : 푸른 갈대로 만든 갓
- **綠蓑衣(녹사의)** : 짚, 띠 다위로 엮은 비옷
- **景物(경물)** : 계절에 따라 달라지는 자연의 경치
- **萬頃琉璃(만경유리)** : 푸른 바다를 비유함
- **千疊玉山(천첩옥산)** : 눈 덮인 산을 비유함

## (2) 조선 중후기의 시가

### ① 장진주사(將進酒辭)

한 盞(잔) 먹새 그려, 또 한 잔 먹새 그려
곳 것거 算(산)노코 無盡無盡(무진무진) 먹새 그려
이 몸 주근 後(후)에 지게 우ᄒᆡ 거적 더퍼 주리혀 ᄆᆡ여 가나
流蘇寶帳(유소보장)의 萬人(만인)이 우레 너나
어욱새 속새 덥가나무 白楊(백양)수페 가기곳 가면
누른 ᄒᆡ 흰 ᄃᆞᆯ 가ᄂᆞᆫ 비 굴근 눈 쇼쇼리 ᄇᆞ람 불제 뉘 ᄒᆞᆫ 잔 먹쟈 ᄒᆞᆯ고
ᄒᆞ믈며 무덤 우ᄒᆡ ᄌᆞᆫ나비 ᄑᆞ람 불 제 뉘우ᄎᆞᆫᄃᆞᆯ 엇디리

현대역

한 잔 마시세 그려 또 한 잔 마시세 그려/꽃 꺾어 술잔을 세며 무진무진 마시세 그려/이 몸 죽은 후면 지게 위에 거적 덮어 줄로 묶어 매어가니/유소보장에 수많은 사람이 울며 따라오더라도
어욱새, 속새, 덥가나무, 백양나무 숲으로 들어가기만 하면/누런 해와 흰 달, 가는 비, 굵은 눈, 회오리바람 불 때 누가 한 잔 마시자고 할 것인가?/하물며 무덤 위에 원숭이가 휘파람 불 때, 그제서 뉘우친들 어쩔 것인가?

**장진주사**

- **작자** : 정철
- **갈래** : 사설시조
- **주제** : 술을 권함(술 들기를 청하는 노래)
- **특징** : 최초의 사설시조로 엄격한 시조의 형식에서 벗어나 대조적 분위기를 조성(낭만적 정경과 무덤가의 음산한 분위기가 대조됨)
- **출전** : 『송강가사』

**사설시조**

본래 평시조보다 긴 사설을 엮은 창(唱)의 명칭으로 불리다가 갈래로써 분화한 것으로, 계층에 관계없이 거칠면서도 활기찬 감상으로 불림

02장 고전 문학

SEMI-NOTE

**창을 내고자 창을 내고자**

- **작자** : 미상
- **갈래** : 사설시조, 해학가
- **주제** : 답답한 심정의 하소연
- **특징** : 유사어의 반복과 사물의 열거, 과장법과 비유법의 사용하여 평민의 애환을 반영
- **출전** : 『청구영언』

**귓도리 져 귓도리**

- **작자** : 미상
- **갈래** : 사설시조, 연모가
- **주제** : 독수공방의 외롭고 쓸쓸함
- **특징** : 의인법, 반어법, 반복법의 사용으로 섬세한 감정이입을 나타냄
- **출전** : 『청구영언』

**상춘곡**

- **작자** : 정극인
- **갈래** : 정격가사, 서정가사, 양반가사
- **연대**
  - 조선 성종(15세기) 때 창작
  - 정조(18세기) 때 간행
- **주제** : 상춘과 안빈낙도의 삶에 대한 예찬(만족)
- **특징**
  - 3 · 4(4 · 4)조, 4음보, 전 79구의 연속체(가사체, 운문체)
  - 여러 표현 기교를 사용(설의법, 의인법, 대구법, 직유법 등)
  - 공간의 이동(공간 확장)을 통한 시상 전개
  - 창작자의 시대인 15세기의 표기법이 아니라 수록된 〈불우헌집〉이 간행된 18세기 음운과 어법이 반영됨
- **출전** : 『불우헌집』

② 창을 내고자 창을 내고자

窓(창) 내고쟈 窓(창)을 내고쟈 이 내 가슴에 窓(창) 내고쟈.
고모장지 셰살장지 들장지 열장지 암돌져귀 수돌져귀 빅목걸새 크나큰 쟝도리로 쫑닥 바가 이 내 가슴에 窓(창) 내고쟈.
잇다감 하 답답할 제면 여다져 볼가 ᄒᆞ노라.

현대역

창 내고 싶다. 창을 내고 싶다. 이내 가슴에 창 내고 싶다.
고무래 장지, 세살(가는 살)장지, 들장지, 열장지, 암톨쩌귀, 수톨쩌귀, 배목걸쇠를 크나큰 장도리로 뚝딱 박아 이내 가슴에 창 내고 싶다.
이따금 너무 답답할 때면 여닫아 볼까 하노라.

③ 귓도리 져 귓도리

귓도리 져 귓도리 어엿부다 져 귓도리
어인 귓도리 지는 ᄃᆞᆯ 새는 밤의 긴 소리 쟈른 소리 節節(절절)이 슬픈 소리 제 혼자 우러 녜어 紗窓(사창) 여윈 ᄌᆞᆷ을 ᄉᆞᆯ드리도 ᄭᆡ오ᄂᆞᆫ고야.
두어라 제 비록 微物(미물)이나 無人洞房(무인동방)에 내 ᄠᅳᆮ 알 리ᄂᆞᆫ 저ᄲᅮᆫ인가 ᄒᆞ노라.

현대역

귀뚜라미, 저 귀뚜라미, 불쌍하다 저 귀뚜라미. 어찌된 귀뚜라미인가.
지는 달 새는 밤에 긴소리, 짧은 소리, 마디마디 슬픈 소리로 저 혼자 울면서 사창 안에서 살짝 든 잠을 잘도 깨우는구나.
두어라, 제 비록 미물이나 임이 안 계시는 외로운 방에서 내 뜻을 알 이는 저 귀뚜라미뿐인가 하노라.

## (3) 가사문학

① 상춘곡(賞春曲)

紅塵(홍진)에 뭇친 분네 이내 生涯(생애) 엇더ᄒᆞᆫ고, 녯 사ᄅᆞᆷ 風流(풍류)ᄅᆞᆯ 미ᄎᆞᆯ가 ᄆᆞᆺ미ᄎᆞᆯ가. 天地間(천지간) 男子(남자) 몸이 날 만ᄒᆞᆫ 이 하건마ᄂᆞᆫ, 山林(산림)에 뭇쳐 이셔 至樂(지락)을 ᄆᆞᄅᆞᆯ것가. 數間茅屋(수간모옥)을 碧溪水(벽계수) 앎픠두고, 松竹(송죽) 鬱鬱裏(울울리)예 風月主人(풍월주인) 되어셔라.

엇그제 겨을 지나 새봄이 도라오니, 桃花杏花(도화행화)ᄂᆞᆫ 夕陽裏(석양리)예 퓌여 잇고, 綠楊芳草(녹양방초)ᄂᆞᆫ 細雨中(세우중)에 프르도다. 칼로 ᄆᆞᆯ아 낸가, 붓으로 그려낸가, 造化神功(조화신공)이 物物(물물)마다 헌ᄉᆞᄅᆞᆸ다. 수풀에 우ᄂᆞᆫ 새ᄂᆞᆫ 春氣(춘기)ᄅᆞᆯ ᄆᆞᆺ내 계워 소리마다 嬌態(교태)로다. 物我一體(물아일체)어니, 興(흥)이ᄋᆡ 다ᄅᆞᆯ소냐. 柴扉(시비)예 거러 보고, 亭子(정자)애 안자보니, 逍遙吟詠(소요음영)ᄒᆞ야, 山日(산일)이 寂寂(적적)ᄒᆞᆫᄃᆡ, 閒中眞味(한중진미)ᄅᆞᆯ

알 니 업시 호재로다.

이바 니웃드라, 山水(산수)구경 가쟈스라. 踏靑(답청)으란 오늘 ᄒᆞ고, 浴沂(욕기)란 來日ᄒᆞ새. 아ᄎᆞᆷ에 採山(채산)ᄒᆞ고, 나조ᄒᆡ 釣水(조수)ᄒᆞ새. ᄀᆞᆺ 괴여 닉은 술을 葛巾(갈건)으로 밧타 노코, 곳나모 가지 것거, 수 노코 먹으리라. 和風(화풍)이 건ᄃᆞᆺ 부러 綠水(녹수)ᄅᆞᆯ 건너오니, 淸香(청향)은 잔에 지고, 落紅(낙홍)은 옷새진다.

樽中(준중)이 뷔엿거ᄃᆞᆫ 날ᄃᆞ려 알외여라. 小童(소동) 아ᄒᆡᄃᆞ려 酒家(주가)에 술을 믈어, 얼운은 막대 집고, 아ᄒᆡᄃᆞ 술을 메고, 微吟緩步(미음완보)ᄒᆞ야 시냇ᄀᆞ의 호자 안자, 明沙(명사) 조ᄒᆞᆫ 믈에 잔 시어 부어 들고, 淸流(청류)ᄅᆞᆯ 굽어보니, ᄯᅥ오ᄂᆞ니 桃花(도화)ㅣ로다. 武陵(무릉)이 갓갑도다. 져 ᄆᆡ이 귄 거인고. 松間(송간) 細路(세로)에 杜鵑花(두견화)ᄅᆞᆯ 부치 들고, 峰頭(봉두)에 급피 올나 구름 소긔 안자 보니, 千村萬落(천촌만락)이 곳곳이 버려 잇ᄂᆡ. 煙霞日輝(연하일휘)ᄂᆞᆫ 錦繡(금수)ᄅᆞᆯ 재펏ᄂᆞᆫᄃᆞᆺ. 엇그제 검은 들이 봄빗도 有餘(유여)ᄒᆞᆯ샤.

功名(공명)도 날 ᄭᅴ우고, 富貴(부귀)도 날 ᄭᅴ우니, 淸風明月(청풍명월) 外(외)예 엇던 벗이 잇ᄉᆞ올고, 簞瓢陋巷(단표누항)에 흣튼 혜음 아니 ᄒᆞᄂᆡ. 아모타, 百年行樂(백년행락)이 이만ᄒᆞᆫᄃᆞᆯ 엇지ᄒᆞ리.

현대역

속세에 묻혀 사는 사람들이여. 이내 생활이 어떠한가. 옛 사람들의 풍류에 미칠까 못 미칠까? 이 세상에 남자로 태어난 몸으로서 나만한 사람이 많건마는, 산림에 묻혀 사는 지극한 즐거움을 모르는 것인가. 초가삼간을 맑은 시냇물 앞에 두고, 소나무와 대나무가 울창한 속에 자연을 즐기는 사람이 되었구나.

엊그제 겨울 지나 새봄이 돌아오니, 복숭아꽃과 살구꽃은 석양 속에 피어 있고 푸른 버들과 꽃다운 풀은 가랑비 속에 푸르도다. 칼로 재단해 내었는가, 붓으로 그려 내었는가. 조물주의 신기한 솜씨가 사물마다 야단스럽다. 수풀에 우는 새는 봄기운을 끝내 못 이겨 소리마다 아양을 떠는 모습이로다. 자연과 내가 한 몸이니 흥겨움이야 다르겠는가. 사립문 주위를 걸어 보고 정자에 앉아 보니 천천히 거닐며 나직이 시를 읊조려 산 속의 하루가 적적한데, 한가로움 속의 참된 즐거움을 아는 이 없이 혼자로구나.

여보게, 이웃 사람들이여. 산수 구경을 가자꾸나. 산책은 오늘 하고 냇물에서 목욕하는 것은 내일하세. 아침에 산나물을 캐고 저녁에 낚시질을 하세. 갓 익은 술을 갈건으로 걸러 놓고 꽃나무 가지 꺾어 잔 수를 세면서 먹으리라. 화창한 바람이 잠깐 불어 푸른 물을 건너오니, 맑은 향기는 잔에 지고, 떨어진 꽃은 옷에 진다.

술통 안이 비었거든 나에게 아뢰어라. 심부름하는 아이를 시켜 술집에서 술을 사 가지고 어른은 지팡이 짚고 아이는 술을 메고 나직이 읊조리며 천천히 걸어 시냇가에 혼자 앉아, 깨끗한 물에 잔 씻어 부어 들고, 맑게 흐르는 물을 굽어보니 떠오는 것이 복숭아꽃이로다. 무릉도원이 가깝도다. 저 들이 그곳인가? 소나무 사이 좁은 길에 진달래꽃을 붙들어 잡고, 산봉우리에 급히 올라 구름 속에

SEMI-NOTE

**의의**

- 우리나라 가사 문학의 효시
- 은일 가사의 첫 작품으로, 사림파 문학의 계기를 마련
- 강호가도의 시풍을 형성(상춘곡 → 면앙정가(송순) → 성산별곡(정철))

**작품의 구성**

- **서사** : 은일지사의 자연에 묻혀 사는 즐거움
- **본사** : 봄의 경치와 풍류와 흥취가 있는 삶
- **결사** : 안빈낙도의 삶 추구

**주요 단어 풀이**

- **紅塵(홍진)** : 번거롭고 속된 세상을 비유하는 말
- **날 만ᄒᆞᆫ 이 하건마ᄂᆞᆫ** : 나만한 사람이 많건마는
- **數間茅屋(수간모옥)** : 몇 칸 되지 않는 작은 초가
- **앎픠** : 앞에
- **桃花杏花(도화행화)** : 복숭아꽃과 살구꽃
- **錄楊芳草(녹양방초)** : 푸른 버드나무와 향기로운 풀
- **逍遙吟詠(소요음영)** : 천천히 거닐며 나직이 읊조림
- **葛巾(갈건)** : 술을 거르는 체. 송서(宋書) 은일전(隱逸傳)의 도잠(陶潛)의 일화에서 유래
- **건ᄃᆞᆺ** : 문득, 잠깐
- **부치 들고** : 붙들어 잡고
- **ᄭᅴ우고(忌)** : 꺼리고
- **재펏ᄂᆞᆫᄃᆞᆺ** : 펼쳐 놓고
- **흣튼 혜음** : 허튼 생각

**가사문학**

가사는 운문에서 산문으로 넘어가는 과도기적 형태의 문학으로서 시조와 함께 조선시대를 대표하는 문학 양식이다. 유교적 이념을 비롯하여 자연을 예찬하고, 기행(紀行)과 강호한정에 대한 내용이 많다.

02장 고전 문학

SEMI-NOTE

앉아 보니, 수많은 촌락이 곳곳에 널려 있네. 안개와 노을과 빛나는 햇살은 수를 놓은 비단을 펼쳐 놓은 듯. 엊그제까지 검었던 들이 봄빛이 넘치는구나.

공명도 날 꺼리고, 부귀도 날 꺼리니, 맑은 바람과 밝은 달 외에 어떤 벗이 있을까. 누항에서 먹는 한 그릇의 밥과 한 바가지의 물에 잡스러운 생각 아니 하네. 아무튼 한평생 즐겁게 지내는 것이 이만하면 족하지 않겠는가.

**실력UP 조선후기의 가사문학**

조선후기에 이르러 평민층, 여자에 이르기까지 다양한 계층으로 확대되며 변격가사가 출현하는 계기가 되었고, 여자가 지은 가사문학을 규방가사(閨房歌詞)라고 함

**사미인곡**

- **작자** : 정철
- **갈래** : 정격가사, 서정가사, 양반가사
- **연대** : 조선 선조
- **주제** : 연군지정(戀君之情)
- **특징**
  - 동일 작자의 속미인곡과 더불어 가사문학의 극치를 보여줌
  - 자연의 변화에 따라 정서의 흐름을 표현하고 있음
  - 비유법, 변화법과 점층법을 사용하여 임에 대한 연정을 심화시킴
- **출전** : 『송강가사』

**작품의 구성**

- **서사** : 임과의 인연과 변함없는 그리움
- **본사** : 임의 선정(善政)의 기원과 멀리 떨어진 임에 대한 염려
- **결사** : 죽더라도 임을 따르겠다는 의지

### ② 사미인곡(思美人曲)

이 몸 삼기실 제 님을 조차 삼기시니, ᄒᆞᆫ ᄉᆡᆼ 緣分(연분)이며 하ᄂᆞᆯ 모ᄅᆞᆯ 일이런가. 나 ᄒᆞ나 졈어 잇고 님 ᄒᆞ나 ᄂᆞᆯ 괴시니, 이 ᄆᆞ음 이 ᄉᆞ랑 견졸 ᄃᆡ 노여 업다.

平生(평ᄉᆡᆼ)애 願(원)ᄒᆞ요ᄃᆡ ᄒᆞᆫᄃᆡ 녜쟈 ᄒᆞ얏더니, 늙거야 므ᄉᆞ 일로 외오 두고 글이ᄂᆞᆫ고. 엇그제 님을 뫼셔 廣寒殿(광한뎐)의 올낫더니, 그 더ᄃᆡ 엇디ᄒᆞ야 下界(하계)예 ᄂᆞ려오니, 올 적의 비슨 머리 얼킈연디 三年(삼년)이라. 臙脂粉(연지분) 잇ᄂᆡ마ᄂᆞᆫ 눌 위ᄒᆞ야 고이 ᄒᆞᆯ고. ᄆᆞ음의 ᄆᆡ친 실음 疊疊(텹텹)이 빠혀이셔, 짓ᄂᆞ니 한숨이오 디ᄂᆞ니 눈믈이라. 人生(인ᄉᆡᆼ)은 有限(유ᄒᆞᆫ)ᄒᆞᆫᄃᆡ 시ᄅᆞᆷ도 그지 업다.

(중략)

乾坤(건곤)이 閉塞(폐ᄉᆡᆨ)ᄒᆞ야 白雪(ᄇᆡᆨ셜)이 ᄒᆞᆫ 빗친 제, 사ᄅᆞᆷ은 ᄏᆞ니와 ᄂᆞᆯ새도 긋쳐잇다. 瀟湘南畔(쇼상남반)도 치오미 이러커든 玉樓高處(옥누고쳐)야 더욱 닐너 므ᄉᆞᆷᄒᆞ리.

陽春(양츈)을 부쳐내여 님 겨신 ᄃᆡ 쏘이고져. 茅簷(모쳠) 비쵠 ᄒᆡᄅᆞᆯ 玉樓(옥루)의 올리고져. 紅裳(홍샹)을 니믜ᄎᆞ고 翠袖(취슈)를 半반만 거더 日暮脩竹(일모슈듁)의 혬가림도 하도 할샤. 댜ᄅᆞᆫ ᄒᆡ 수이 디여 긴 밤을 고초 안자, 靑燈(청등) 거른 鈿箜篌(뎐공후) 노하 두고, ᄭᅮᆷ의나 님을 보려 ᄐᆡᆨ밧고 비겨시니, 鴦衾(앙금)도 ᄎᆞ도 찰사 이 밤은 언제 샐고.

ᄒᆞᄅᆞ도 열두 ᄣᅢ, ᄒᆞᆫ ᄃᆞᆯ도 셜흔 날, 져근덧 ᄉᆡᆼ각 마라. 이 시ᄅᆞᆷ 닛쟈 ᄒᆞ니 ᄆᆞ음의 ᄆᆡ쳐 이셔 骨髓(골슈)의 ᄢᅦ텨시니, 扁鵲(편쟉)이 열히 오나 이병을 엇디ᄒᆞ리. 어와 내 병이야 이 님의 타시로다. 출하리 싀어디여 범나븨 되오리라. 곳나모 가지마다 간ᄃᆡ 족족 안니다가, 향 므든 날애로 님의 오ᄉᆡ 올므리라. 님이야 날인줄 모ᄅᆞ샤도 내님 조ᄎᆞ려 ᄒᆞ노라.

**현대역**

이 몸이 태어날 때에 임을 좇아 태어나니, 한평생 함께 살 인연임을 하늘이 모를 일이던가. 나는 오직 젊어 있고 임은 오로지 나만을 사랑하시니 이 마음과

이 사랑을 견줄 데가 다시없다.

평생에 원하되 함께 살아가려고 하였더니, 늙어서야 무슨 일로 홀로 두고 그리워하는가. 엊그제는 임을 모시고 광한전에 올라 있더니, 그동안에 어찌하여 속세에 내려왔는지, 내려올 때 빗은 머리가 헝클어진 지 삼 년이다. 연지와 분이 있지마는 누구를 위하여 곱게 단장할까. 마음에 맺힌 시름 겹겹이 싸여 있어, 짓는 것이 한숨이요, 흐르는 것이 눈물이라. 인생은 유한한데 시름은 끝이 없다.

(중략)

천지가 얼어붙어 생기가 막히어 흰 눈이 일색으로 덮여 있을 때 사람은 말할 것도 없거니와 날짐승도 끊어져 있다. 따뜻한 지방이라 일컬어지는 중국에 있는 소상강 남쪽 둔덕(전남 창평)도 추움이 이렇거늘, 북쪽 임 계신 곳이야 더욱 말해 무엇 하리.

따뜻한 봄기운을 부쳐내어 임 계신 곳에 쏘이게 하고 싶다. 초가집 처마에 비친 해를 옥루에 올리고 싶다. 붉은 치마를 여미어 입고 푸른 소매를 반만 걷어, 해질 무렵 밋밋하게 자란 가늘고 긴 대나무에 기대어서 여러 가지 생각이 많기도 많구나. 짧은 해가 이내 넘어가고 긴 밤을 꼿꼿이 앉아, 청등을 걸어둔 곁에 자개로 장식한 공후(악기)를 놓아두고, 꿈에나 임을 보려 턱 받치고 기대어 있으니, 원앙을 수놓은 이불이 차기도 차구나. 이 밤은 언제나 샐까.

하루도 열두 때 한 달도 서른 날, 잠시라도 (임) 생각 말고 이 시름 잊자 하니, 마음에 맺혀 있어 뼛속까지 사무쳤으니, 편작(중국 전국 시대의 명의)이 열 명이 오더라도 이 병을 어찌 하리. 아아, 내 병이야 임의 탓이로다. 차라리 죽어서 범나비가 되리라. 꽃나무 가지마다 간 데 족족 앉아 있다가, 향 묻은 날개로 임의 옷에 옮으리라.

③ 속미인곡(續美人曲)

뎨 가ᄂᆞᆫ 뎌 각시 본 듯도 ᄒᆞ뎌이고. 天텬上샹 白ᄇᆡᆨ玉옥京경을 엇디ᄒᆞ야 離니別별ᄒᆞ고, ᄒᆡ 다 뎌 져믄 날의 눌을 보라 가시ᄂᆞᆫ고.

어와 네여이고. 내 ᄉᆞ셜 드러보오. 내 얼굴 이 거동이 님 괴얌즉 ᄒᆞᆫ가마ᄂᆞᆫ 엇딘디 날보시고 네로다 녀기실ᄉᆡ 나도 님을 미더 군ᄠᅳ디 전혀 업서 이ᄅᆡ야 교ᄐᆡ야 어ᄌᆞ러이 구돗썬디 반기시ᄂᆞᆫ ᄂᆞᆺ비치 녜와 엇디 다ᄅᆞ신고. 누어 ᄉᆡᆼ각ᄒᆞ고 니러 안자 혜여ᄒᆞ니 내 몸의 지은 죄 뫼ᄀᆞ티 싸혀시니 하ᄂᆞᆯ히라 원망ᄒᆞ며 사ᄅᆞᆷ이라 허믈ᄒᆞ랴. 셜워 플텨 혜니 造조物믈의 타시로다.

글란 ᄉᆡᆼ각마오. ᄆᆡ친 일이 이셔이다. 님을 뫼셔 이셔 님의 일을 내 알거니 믈ᄀᆞᄐᆞᆫ 얼굴이 편ᄒᆞ실 적 몃 날일고. 春츈寒한 苦고熱열은 엇디ᄒᆞ야 디내시며 秋츄日일冬동天텬은 뉘라셔 뫼셧ᄂᆞᆫ고. 粥쥭早조飯반 朝죠夕셕뫼 녜와 ᄀᆞᆺ티 셰시ᄂᆞᆫ가. 기나긴 밤의 ᄌᆞᆷ은 엇디 자시ᄂᆞᆫ고.

님 다히 消쇼息식을 아므려나 아쟈 ᄒᆞ니 오ᄂᆞᆯ도 거의로다. ᄂᆡ일이나 사ᄅᆞᆷ 올가. 내 ᄆᆞᄋᆞᆷ 둘 ᄃᆡ 업다. 어드러로 가쟛말고. 잡거니 밀거니 놉픈 뫼ᄒᆡ 올라가

SEMI-NOTE

**주요 단어 풀이**

- **삼기실(産)** : 태어날, 생길
- **ᄒᆞ나** : 오직
- **노여** : 전혀
- **廣寒殿(광한전)** : 달 속에 있는 전각. 대궐을 비유함
- **디ᄂᆞ니** : 흐르는 것이
- **ᄏᆞ니와** : 물론이거니와
- **ᄂᆞᆯ새** : 날짐승
- **瀟湘南畔(소상남반)** : 중국 소상강 남쪽 언덕. 전남 창평을 빗댐
- **玉樓高處(옥루고처)** : 옥으로 된 누각. 임금이 계신 궁궐을 비유
- **茅簷(모첨)** : 초가집 처마
- **翠袖(취수)** : 푸른 소매
- **日暮脩竹(일모수죽)** : 짧은 해가 이내 넘어가고 긴 밤을 꼿꼿이 앉아
- **ᄐᆡᆨ밧고 비겨시니** : 턱 받치고 기대어 있으니
- **鴦衾(앙금)** : 원앙을 수놓은 이불
- **ᄆᆡ텨시니** : 사무쳤으니
- **ᄉᆞ어디여** : 죽어서
- **안니다가** : 앉아 있다가
- **오ᄉᆡ** : 옷에
- **조ᄎᆞ려** : 따르려

**속미인곡**

- **작자** : 정철
- **연대** : 조선 선조
- **갈래** : 양반가사, 서정가사, 유배가사
- **주제** : 연군의 정
- **특징**
  - 두 여인의 대화 형식으로 구성해 참신함이 돋보임
  - 우리말 구사가 돋보이는 가사 문학의 백미
  - 화자의 정서에 따라 '기다림 → 방황 → 안타까움 → 소망' 순으로 시상이 변함
  - 화자가 자연물에 의탁해 외로움을 표현함
- **출전** : 『송강가사』

SEMI-NOTE

### 작품의 구성

- **서사** : 임과 이별하게 된 연유
- **본사** : 임에 대한 그리움과 사랑으로 인한 방황
- **결사** : 죽어서라도 이루려 하는 임에 대한 간절한 사랑

### 주요 단어 풀이

- **白玉京(백옥경)** : 옥황상제의 거처. 임이 있는 궁궐을 비유함
- **ᄉᆞ셜** : 사설(辭說). 늘어놓는 이야기
- **괴얌즉 ᄒᆞᆫ가마ᄂᆞᆫ** : 사랑함직 한가마는
- **엇딘디** : 어쩐지
- **군ᄠᅳ디** : 딴 생각
- **이ᄅᆡ야** : 아양
- **어ᄌᆞ러이 구돗ᄯᅥᆫ디** : 어지럽게 굴었던지 → 지나치게 굴었던지
- **ᄂᆞᆺ비치** : 낯빛이
- **녜와** : 옛날과
- **혜여ᄒᆞ니** : 헤아려 보니
- **ᄲᅡ혀시니** : 쌓였으니
- **허믈ᄒᆞ랴** : 탓하랴
- **플텨 혜니** : 풀어내어 헤아려 보니
- **다히** : 방향, 쪽(方)
- **아므려나** : 어떻게라도
- **아쟈 ᄒᆞ니** : 알려고 하니
- **거의로다** : 거의 저물었구나
- **둘 ᄃᆡ 업다** : 둘 곳이 없다
- **ᄏᆞ니와** : 물론이거니와
- **디ᄂᆞᆫ ᄒᆡᄅᆞᆯ** : 지는 해를
- **결의** : 잠결의
- **조ᄎᆞᆯ ᄲᅮᆫ이로다** : 따라 있을 뿐이로다
- **ᄃᆞᆯ이야ᄏᆞ니와** : 달은커녕

니 구롬은 ᄏᆞ니와 안개는 므ᄉᆞ 일고. 山산川천이 어둡거니 日일月월을 엇디 보며 咫지尺척을 모ᄅᆞ거든 千쳔里리ᄅᆞᆯ ᄇᆞ라보랴. ᄎᆞᆯ하리 믈ᄀᆞ의 가 ᄇᆡ 길히나 보쟈 ᄒᆞ니 ᄇᆞ람이야 믈결이야 어둥정 된뎌이고. 샤공은 어ᄃᆡ 가고 빈 ᄇᆡ만 걸렷ᄂᆞ니 江강天텬의 혼쟈 셔셔 디ᄂᆞᆫ ᄒᆡᄅᆞᆯ 구버보니 님다히 消쇼息식이 더옥 아득ᄒᆞᆫ뎌이고.

茅모簷쳠 ᄎᆞᆫ 자리의 밤듕만 도라오니 反반壁벽 靑청燈등은 눌 위ᄒᆞ야 ᄇᆞᆯ갓ᄂᆞᆫ고. 오ᄅᆞ며 ᄂᆞ리며 헤ᄯᅳ며 바니니 져근덧 力녁盡진ᄒᆞ야 픗잠을 잠간 드니 精졍誠셩이 지극ᄒᆞ야 ᄭᅮᆷ의 님을 보니 玉옥 ᄀᆞᄐᆞᆫ 얼굴이 半반이나마 늘거셰라. ᄆᆞᄋᆞᆷ의 머근 말ᄉᆞᆷ 슬ᄏᆞ장 ᄉᆞᆲ쟈 ᄒᆞ니 눈믈이 바라 나니 말인들 어이ᄒᆞ며 情졍을 못다ᄒᆞ야 목이조차 몌여ᄒᆞ니 오뎐된 鷄계聲셩의 ᄌᆞᆷ은 엇디 ᄭᆡ돗던고.

어와, 虛허事ᄉᆞ로다. 이 님이 어ᄃᆡ간고. 결의 니러 안자 窓창을 열고 ᄇᆞ라보니 어엿븐 그림재 날 조ᄎᆞᆯ ᄲᅮᆫ이로다. ᄎᆞᆯ하리 싀여디여 落낙月월이나 되야이셔 님 겨신 窓창 안ᄒᆡ 번드시 비최리라. 각시님 ᄃᆞᆯ이야ᄏᆞ니와 구ᄌᆞᆫ비나 되쇼셔.

**현대역**

(갑녀) 저기 가는 저 부인, 본 듯도 하구나. 임금이 계시는 대궐을 어찌하여 이별하고, 해가 다 져서 저문 날에 누구를 만나러 가시는고?

(을녀) 아, 너로구나. 내 사정 이야기를 들어 보오. 내 몸과 이 나의 태도는 임께서 사랑함직 한가마는 어쩐지 나를 보시고 너로구나 하고 특별히 여기시기에 나도 임을 믿어 딴 생각이 전혀 없어, 응석과 아양을 부리며 지나치게 굴었던지 반기시는 낯빛이 옛날과 어찌 다르신고. 누워 생각하고 일어나 앉아 헤아려 보니, 내 몸의 지은 죄가 산같이 쌓였으니, 하늘을 원망하며 사람을 탓하랴. 서러워서 여러 가지 일을 풀어내어 헤아려 보니, 조물주의 탓이로다.

(갑녀) 그렇게 생각하지 마오. (을녀) 마음속에 맺힌 일이 있습니다. 예전에 임을 모시어서 임의 일을 내가 알거니, 물같이 연약한 몸이 편하실 때가 몇 날일까? 이른 봄날의 추위와 여름철의 무더위는 어떻게 지내시며, 가을날 겨울날은 누가 모셨는고? 자릿조반과 아침, 저녁 진지는 예전과 같이 잘 잡수시는가? 기나긴 밤에 잠은 어떻게 주무시는가?

(을녀) 임 계신 곳의 소식을 어떻게라도 알려고 하니, 오늘도 거의 저물었구나. 내일이나 임의 소식전해 줄 사람이 있을까? 내 마음 둘 곳이 없다. 어디로 가자는 말인가? (나무 바위 등을) 잡기도 하고 밀기도 하면서 높은 산에 올라가니, 구름은 물론이거니와 안개는 또 무슨 일로 저렇게 끼어 있는고? 산천이 어두운데 일월을 어떻게 바라보며, 눈앞의 가까운 곳도 모르는데 천 리나 되는 먼곳을 바라볼 수 있으랴? 차라리 물가에 가서 뱃길이나 보려고 하니 바람과 물결로 어수선하게 되었구나. 뱃사공은 어디 가고 빈 배만 걸렸는고? 강가에 혼자 서서 지는 해를 굽어보니 임 계신 곳의 소식이 더욱 아득하구나.

초가집 찬 잠자리에 한밤중에 돌아오니, 벽 가운데 걸려 있는 등불은 누구를 위하여 밝은고? 산을 오르내리며 (강가를) 헤매며 시름없이 오락가락하니, 잠깐 사이에 힘이 지쳐 풋잠을 잠깐 드니, 정성이 지극하여 꿈에 임을 보니, 옥과 같

이 곱던 얼굴이 반 넘어 늙었구나. 마음속에 품은 생각을 실컷 아뢰려고 하였더니, 눈물이 쏟아지니 말인들 어찌 하며, 정회(情懷)도 못 다 풀어 목마저 메니, 방정맞은 닭소리에 잠은 어찌 깨었던고?

아, 허황한 일이로다. 이 임이 어디 갔는고? 즉시 일어나 앉아 창문을 열고 밖을 바라보니, 가엾은 그림자만이 나를 따라 있을 뿐이로다. 차라리 사라져서(죽어서) 지는 달이나 되어서 임이 계신 창문 안에 환하게 비치리라. (갑녀) 각시님, 달은커녕 궂은비나 되십시오.

④ 누항사(陋巷詞)

어리고 우활(迂闊)ᄒᆞᆯ산 이 ᄂᆡ 우희 더니 업다. 길흉화복(吉凶禍福)을 하날긔 부쳐 두고, 누항(陋巷) 깁푼 곳의 초막(草幕)을 지어 두고, 풍조우석(風朝雨夕)에 석은 딥히 셥히 되야, 셔 홉 밥 닷 홉 죽(粥)에 연기(煙氣)도 하도 할샤. 설데인 숙냉(熟冷)애 뷘배 쇡일 ᄲᅮᆫ이로다. 생애 이러ᄒᆞ다 장부(丈夫) ᄠᅳ을 옴길넌가. 안빈일념(安貧一念)을 젹을망정 품고 이셔, 수의(隨宜)로 살려 ᄒᆞ니 날로조차 저어(齟齬)ᄒᆞ다.

ᄀᆞ올히 부족(不足)거든 봄이라 유여(有餘)ᄒᆞ며, 주머니 뷔엿거든 병(甁)의라 담겨시랴. 빈곤(貧困)ᄒᆞᆫ 인생(人生)이 천지간(天地間)의 나ᄲᅮᆫ이라. 기한(飢寒)이 절신(切身) ᄒᆞ다 일단심(一丹心)을 이질ᄂᆞᆫ가. 분의망신(奮義忘身)ᄒᆞ야 죽어야 말녀너겨, 우탁우랑(于橐于囊)의 줌줌이 모아 녀코, 병과(兵戈) 오재(五載)예 감사심(敢死心)을 가져이셔, 이시섭혈(履尸涉血)ᄒᆞ야 몃 백전(百戰)을 지ᄂᆡ연고.

(중략)

헌 먼덕 수기 스고 측 업슨 집신에 설피설피 물너 오니, 풍채(風採) 저근 형용(形容)애 ᄀᆡ 즈칠 ᄲᅮᆫ이로다. 와실(蝸室)에 드러간ᄃᆞᆯ 잠이 와사 누어시랴. 북창(北牕)을 비겨 안자 ᄉᆡ배ᄅᆞᆯ 기다리니, 무정(無情)한 대승(戴勝)은 이ᄂᆡ 한(恨)을 도우ᄂᆞ다. 종조추창(終朝惆悵)ᄒᆞ야 먼 들흘 바라보니, 즐기ᄂᆞᆫ 농가(農歌)도 흥(興) 업서 들리ᄂᆞ다. 세정(世情) 모ᄅᆞᆫ 한숨은 그칠 줄을 모ᄅᆞᄂᆞ다. 아ᄭᅡ온 져 소뷔ᄂᆞᆫ 볏보님도 됴ᄒᆞᆯ세고. 가시 엉긘 묵은 밧도 용이(容易)케 갈련마ᄂᆞᆫ, 허당반벽(虛堂半壁)에 슬ᄃᆡ업시 걸려고야. 춘경(春耕)도 거의거다 후리쳐 더뎌 두쟈.

강호(江湖) ᄒᆞᆫ 쑴을 ᄭᅮ언지도 오ᄅᆡ러니, 구복(口腹)이 위루(爲累)ᄒᆞ야 어지버 이져 써다. 첨피기욱(瞻彼淇燠)혼ᄃᆡ 녹죽(綠竹)도 하도 할샤. 유비군자(有斐君子)들아 낙ᄃᆡ ᄒᆞ나 빌려ᄉᆞ라. 노화(蘆花) 깁픈 곳애 명월청풍(明月淸風) 벗이 되야, 님ᄌᆡ 업ᄉᆞᆫ 풍월강산(風月江山)애 절로절로 늘그리라. 무심(無心)한 백구(白鷗)야 오라 ᄒᆞ며 말라 ᄒᆞ랴. 다토리 업슬ᄉᆞᆫ 다문 인가 너기로라.

무상(無狀)한 이 몸애 무ᄉᆞᆫ 지취(志趣) 이스리마ᄂᆞᆫ, 두세 이렁 밧논를 다 무겨 더뎌두고, 이시면 죽(粥)이오 업시면 굴물망정, 남의 집 남의 거슨 전혀 부러 말렷스라. 빈천(貧賤) 슬히 너겨 손을 헤다 물너가며, 남의 부귀(富貴) 불리 너겨 손을 치다 나아오랴. 인간(人間) 어ᄂᆡ일이 명(命) 밧긔 삼겨시리. 빈이무원(貧而無怨)을 어렵다 ᄒᆞ건마ᄂᆞᆫ ᄂᆡ 생애(生涯) 이러호ᄃᆡ 설온 ᄠᅳᆺ은 업노왜라. 단사

SEMI-NOTE

**누항사**

- **작자** : 박인로
- **연대** : 조선 광해군
- **주제** : 누항에 묻혀 안빈낙도 하며 충효, 우애, 신의를 바라며 살고 싶은 마음
- **특징**
  - 대화의 삽입을 통해 현장감을 살림
  - 일상 체험을 통해 현실과 이상 사이의 갈등을 표현
  - 조선 전기 가사와 후기 가사의 과도기적 성격을 지님
- **출전** : 『노계집』

**작품의 구성**

- **서사** : 길흉화복을 하늘에 맡기고 안빈일념(安貧一念 : 가난한 가운데 편안한 마음으로 한결같이 지냄)의 다짐
- **본사** : 전란 후, 몸소 농사를 지으며 농우(農牛)를 빌리지 못해 봄 경작을 포기함
- **결사** : 자연을 벗 삼아 살기를 희망하여 민이무원의 자세로 충효, 화형제, 신붕우에 힘씀

SEMI-NOTE

**주요 단어 풀이**

- **어리고** : 어리석고
- **우활(迂闊)** : 세상물정에 어두움
- **더니 업다** : 더한 이가 없다
- **부쳐 두고** : 맡겨 두고
- **풍조우석(風朝雨夕)** : 아침저녁의 비바람
- **숙냉(熟冷)** : 숭늉
- **뷘 배 쇡일 뿐이로다** : 빈 배 속일 뿐이로다
- **수의(隨宜)** : 옳은 일을 좇음
- **저어(齟齬)** : 익숙치 아니하여 서름서름하다
- **ᄀ올히** : 가을이
- **기한(飢寒)** : 굶주리고 헐벗어 배고프고 추움
- **분의망신(奮義忘身)** : 의에 분발하여 제 몸을 잊고 죽어야
- **우탁우랑(于橐于囊)** : 전대(허리에 매거나 어깨에 두르기 편하게 만든 자루)와 망태(어깨에 메고 다닐 수 있도록 만든 그릇)
- **이시섭혈(履尸涉血)** : 주검을 밟고 피를 건너는 혈전
- **먼덕** : 멍석
- **수기 스고** : 숙여 쓰고
- **와실(蝸室)** : 작고 초라한 집
- **종조추창(終朝惆悵)** : 아침이 끝날 때까지 슬퍼함
- **허당반벽(虛堂半壁)** : 빈 집 벽 가운데
- **아까온** : 아까운
- **소뷔** : 밭 가는 기구의 하나
- **됴홀세고** : 좋구나
- **후리쳐 더뎌 두쟈** : 팽개쳐 던져두자
- **지취(志趣)** : 의지와 취향
- **불리 너겨** : 부럽게 여겨
- **어닉일** : 어느 일
- **설온** : 서러운
- **뉘 이시리** : 누가 있겠느냐

정격가사(正格歌辭)와 변격가사(變格歌辭)

- 정격가사 : 3·4조의 음수율이 맞고 결사는 시조 종장과 같은 구조로, 조선 전기 대부분의 가사가 이에 속함
- 변격가사 : 낙구가 음수율의 제한을 받지 않는 가사를 말하는 것으로, 조선 후기 가사가 이에 속함

표음(簞食瓢飮)을 이도 족(足)히 너기로라. 평생(平生) ᄒᆞᆫ 뜻이 온포(溫飽)애는 업노왜라. 태평천하(太平天下)애 충효(忠孝)를 일을 삼아 화형제(和兄弟) 신붕우(信朋友) 외다 ᄒᆞ리 뉘 이시리. 그 밧긔 남은 일이야 삼긴 ᄃᆡ로 살렷노라.

**현대역**

어리석고 세상 물정에 어두운 것은 나보다 더한 이가 없다. 길흉화복을 하늘에 맡겨 두고, 누추한 깊은 곳에 초가집을 지어 두고, 아침저녁 비바람에 썩은 짚이 섶이 되어, 세 홉 밥, 닷 홉 죽에 연기가 많기도 많다. 설 데운 숭늉에 빈 배 속일 뿐이로다. 생활이 이러하다고 장부가 품은 뜻을 바꿀 것인가. 가난하지만 편안하여, 근심하지 않는 한결같은 마음을 적을망정 품고 있어, 옳은 일을 좇아 살려 하니 날이 갈수록 뜻대로 되지 않는다.

가을이 부족하거든 봄이라고 넉넉하며, 주머니가 비었거든 술병이라고 술이 담겨 있겠느냐. 가난한 인생이 이 세상에 나뿐인가. 굶주리고 헐벗음이 절실하다고 한 가닥 굳은 마음을 잊을 것인가. 의에 분발하여 제 몸을 잊고 죽어야 그만두리라 생각한다. 전대와 망태에 한 줌 한 줌 모아 넣고, 임진왜란 5년 동안에 죽고 야 말리라는 마음을 가지고 있어, 주검을 밟고 피를 건너는 혈전을 몇 백 전이나 지내었는가.

(중략)

헌 멍석을 숙여 쓰고, 축이 없는 짚신에 맥없이 물러나오니 풍채 작은 모습에 개가 짖을 뿐이로다. 작고 누추한 집에 들어간들 잠이 와서 누워 있으랴? 북쪽 창문에 기대어 앉아 새벽을 기다리니, 무정한 오디새는 이내 원한을 재촉한다. 아침이 마칠 때까지 슬퍼하며 먼 들을 바라보니 즐기는 농부들의 노래도 흥이 없이 들린다. 세상 인정을 모르는 한숨은 그칠 줄을 모른다. 아까운 저 쟁기는 볏의 빔도 좋구나! 가시가 엉긴 묵은 밭도 쉽게 갈련마는, 텅 빈 집 벽 가운데 쓸데없이 걸렸구나! 봄갈이도 거의 지났다. 팽개쳐 던져두자.

자연을 벗 삼아 살겠다는 한 꿈을 꾼 지도 오래더니, 먹고 마시는 것이 거리낌이 되어, 아아! 슬프게도 잊었다. 저 기수의 물가를 보건대 푸른 대나무도 많기도 많구나! 교양 있는 선비들아, 낚싯대 하나 빌려 다오. 갈대꽃 깊은 곳에 밝은 달과 맑은 바람이 벗이 되어, 임자 없는 자연 속 풍월강산에 절로 늙으리라. 무심한 갈매기야 나더러 오라고 하며 말라고 하겠느냐? 다툴 이가 없는 것은 다만 이것뿐인가 여기노라.

보잘 것 없는 이 몸이 무슨 소원이 있으련마는 두세 이랑 되는 밭과 논을 다 묵혀 던져두고, 있으면 죽이요 없으면 굶을망정 남의 집, 남의 것은 전혀 부러워하지 않겠노라. 나의 빈천함을 싫게 여겨 손을 헤친다고 물러가며, 남의 부귀를 부럽게 여겨 손을 친다고 나아오랴? 인간 세상의 어느 일이 운명 밖에 생겼겠느냐? 가난하여도 원망하지 않음을 어렵다고 하건마는 내 생활이 이러하되 서러운 뜻은 없다. 한 주먹밥을 먹고, 한 주박 물을 마시는 어려운 생활도 만족하게 여긴다. 평생의 한 뜻이 따뜻이 입고, 배불리 먹는 데에는 없다. 태평스런 세상에 충성과 효도를 일로 삼아, 형제간 화목하고 벗끼리 신의 있음을 그르다 할 사람이 누가 있겠느냐? 그 밖에 나머지 일이야 태어난 대로 살아가겠노라.

⑤ 농가월령가(農家月令歌) – 정월령(正月令)

천지(天地) 조판(肇判)하매 일월성신 비치거다. 일월은 도수 있고 성신은 전차 있어 일년 삼백 육십일에 제 도수 돌아오매 동지, 하지, 춘, 추분은 일행(日行)을 추측하고, 상현, 하현, 망, 회, 삭은 월륜(月輪)의 영휴(盈虧)로다. 대지상 동서남북, 곳을 따라 틀리기로 북극을 보람하여 원근을 마련하니 이십사절후를 십 이삭에 분별하여 매삭에 두 절후가 일망(一望)이 사이로다. 춘하추동 내왕하여 자연히 성세(成歲)하니 요순 같은 착한 임금 역법을 창제하사 천시(天時)를 밝혀내어 만민을 맡기시니 하우씨 오백 년은 인월(寅月)로 세수(歲首)하고 주나라 팔백 년은 자월(子月)로 신정(新定)이라. 당금에 쓰는 역법 하우씨와 한 법이라. 한서온량(寒暑溫涼) 기후 차례 사시에 맞아 드니 공부자의 취하심이 하령을 행하도다.

정월령(正月令)
정월은 맹춘(孟春)이라 입춘우수(立春雨水) 절기로다. 산중 간학(澗壑)에 빙설은 남았으나 평교 광야에 운물(雲物)이 변하도다. 어와 우리 성상 애민중농(愛民重農) 하오시니 간측하신 권농 윤음 방곡(坊曲)에 반포하니 슬프다, 농부들아 아무리 무지한들 네 몸 이해 고사(姑捨)하고 성의(聖儀)를 어길소냐 산전수답(山田水畓) 상반(相半)하여 힘대로 하오리라. 일년 흉풍은 측량하지 못하여도 인력이 극진하면 천재는 면하리니 제각각 근면하여 게을리 굴지 마라.

일년지계 재춘하니 범사(凡事)를 미리 하라. 봄에 만일 실시하면 종년(終年) 일이 낭패되네. 농기(農器)를 다스리고 농우(農牛)를 살펴 먹여 재거름 재워 놓고 한편으로 실어 내니 보리밭에 오줌치기 작년보다 힘써 하라. 늙은이 근력 없어 힘든 일은 못하여도 낮이면 이엉 엮고 밤이면 새끼 꼬아 때 맞게 집 이으면 큰 근심 덜리로다. 실과 나무 보굿 깎고 가지 사이 돌 끼우기 정조(正朝)날 미명시(未明時)에 시험조로 하여 보자. 며느리 잊지 말고 소국주(小麴酒) 밑하여라. 삼촌 백화시에 화전일취(花前一醉) 하여 보자. 상원(上元)날 달을 보아 수한(水旱)을 안다하니 노농(老農)의 징험(徵驗)이라 대강은 짐작느니.

정초에 세배함은 돈후한 풍속이라. 새 의복 떨쳐입고 친척 인리(隣里) 서로 찾아 남녀노소 아동까지 삼삼오오 다닐 적에 와삭버석 울긋불긋 물색(物色)이 번화(繁華)하다. 사내아이 연날리기 계집아이 널뛰기요. 윷놀아 내기하니 소년들 놀이로다. 사당(祠堂)에 세알(歲謁)하니 병탕에 주과로다. 움파와 미나리를 무엄에 곁들이면 보기에 신선하여 오신채(五辛菜)를 부러 하랴. 보름날 약밥 제도 신라적 풍속이라. 묵은 산채 삶아 내니 육미(肉味)와 바꿀 소냐. 귀 밝히는 약술이며 부스럼 삭는 생밤이라. 먼저 불러 더위팔기 달맞이 횃불 켜기 흘러오는 풍속이요 아이들 놀이로다.

**현대역**
하늘땅이 생겨나며 해와 달, 별이 비쳤다. 해와 달은 뜨고 지고 별들은 길이 있어 일 년 삼백 육십일엔 제길로 돌아온다. 동지, 하지, 춘, 추분은 해로써 추측하고 상현달, 하현달, 보름, 그믐, 초하루는 달님이 둥글고 이즈러져 알 수 있다. 땅위의 동서남북 곳을 따라 다르지만 북극성을 표로 삼고 그것을 밝혀낸다. 이십사절기를 열두 달에 나누어 매달에 두 절기가 보름이 사이로다. 춘하추동

SEMI-NOTE

**농가월령가**
- **작자** : 정학유
- **갈래** : 월령체(달거리) 가사
- **연대** : 조선 헌종
- **주제** : 농가의 일과 풍속
- **특징**
  - 각 월령의 구성이 동일함. 절기의 소개 → 감상 → 농사일 → 세시 풍속 소개
  - 농촌 생활의 부지런한 활동을 사실감 있게 제시
  - 월령체 가운데 규모가 가장 큼
  - 시간에 따른 시상의 전개
- **출전** : 『가사육종』

**작품의 구성**
- **서사** : 일월성신과 역대 월령, 역법에 대한 해설
- **정월령** : 맹춘(孟春) 정월의 절기와 일년 농사의 준비, 세배, 풍속 등을 소개
- **이월령** : 중춘(仲春) 2월의 절기와 춘경(春耕 : 봄갈이), 가축 기르기, 약재 등을 소개
- **삼월령** : 모춘(暮春) 3월의 절기와 논 및 밭의 파종(播種), 접붙이기, 장 담그기 등을 노래
- **사월령** : 맹하(孟夏) 4월의 절기와 이른 모내기, 간작(間作 : 사이짓기), 분봉(分蜂), 천렵 등을 노래
- **오월령** : 중하(中夏) 5월의 절기와 보리타작, 고치따기, 그네뛰기, 민요 등을 소개
- **유월령** : 계하(季夏) 6월의 절기와 북돋우기, 풍속, 장 관리, 길쌈 등을 소개
- **칠월령** : 맹추(孟秋) 7월의 절기와 칠월 칠석, 김매기, 피 고르기, 벌초하기 등을 노래
- **팔월령** : 중추(中秋) 8월의 절기와 수확 등을 노래함
- **구월령** : 계추(季秋) 9월의 절기와 가을 추수의 이모저모, 이웃 간의 온정을 노래
- **시월령** : 맹동(孟冬) 10월의 절기와 무, 배추 수확, 겨울 준비와 화목 등을 권면함
- **십일월령** : 중동(仲冬) 11월의 절기와 메주 쑤기, 동지 풍속과 가축 기르기, 거름 준비 등을 노래
- **십이월령** : 계동(季冬) 12월의 절기와 새해 준비
- **결사** : 농업에 힘쓰기를 권면함

SEMI-NOTE

**주요 단어 풀이**

- **조판(肇判)** : 처음 쪼개어 갈라짐. 또는 그렇게 가름
- **간학(澗壑)** : 물 흐르는 골짜기
- **상반(相半)** : 서로 절반씩 어슷비슷함
- **소국주(小麴酒)** : 막걸리의 하나
- **징험(徵驗)** : 어떤 징조를 경험함
- **인리(隣里)** : 이웃 마을
- **세알(歲謁)** : 섣달그믐 또는 정초에 웃어른께 인사로 하는 절
- **오신채(五辛菜)** : 자극성이 있는 다섯 가지 채소류로, 불가에서는 '마늘, 달래, 무릇, 김장파, 실파'를 가리킴

오고가며 저절로 한 해를 이루나니, 요임금, 순임금과 같이 착한 임금님은 책력을 만들어, 하늘의 때를 밝혀 백성을 맡기시니, 하나라 오백 년 동안은 정월로 해의 머리를 삼고, 주나라 팔백 년 동안은 십이월로 해의 머리를 삼기로 정하니라. 지금 우리들이 쓰고 있는 책력은 하나라 때 것과 한 가지니라. 춥고, 덥고, 따뜻하고, 서늘한 철의 차례가 봄, 여름, 가을, 겨울 네 때에 맞추어 바로 맞으니, 공자의 취하심도 하나라 때의 역법을 행하였도다.

(정월령) 정월은 초봄이라 입춘, 우수 절기일세. 산중 골짜기엔 눈과 얼음이 남아 있어도 저 들판 넓은 벌의 자연경치는 변한다. 어화 나라님 백성들을 사랑하고 농사를 중히 여겨 농사를 잘 지으라는 간절한 타이름을 온 나라에 전하니 어화 농부들아 나라의 뜻 어길소냐 논과 밭에 다함께 힘을 넣어 해보리라. 한 해의 풍년 흉년 헤아리진 못하여도 사람 힘이 극진하면 자연재해 피해가니 모두 다 부지런해 게을리 굴지 마소.

한 해 일은 봄에 달려 모든 일을 미리 하라 봄에 만일 때 놓치면 그해 일을 그르친다. 농기구 쟁기를 다스리고 부림소를 살펴 먹여 재거름 재워놓고 한편으로 실어 내여 보리밭에 오줌주기 세전보다 힘써하소. 노인들은 근력이 없어 힘든 일을 못하지만 낮이면 이영 엮고 밤이면 새끼 꼬아 때맞추어 이영하면 큰 근심 덜 수 있다. 과실나무 보굿 깎고 가지 사이 돌 끼우기 초하룻날 첫 새벽에 시험 삼아 해보세. 며느리는 잊지 말고 약주술을 담가야 한다. 봄날 꽃필 적에 화전놀이 하며 술 마시세. 정월보름 달을 보아 수재한재 안다하니 늙은 농군 경험이라 대강은 짐작하네.

설날에 세배함은 인정 후한 풍속이라. 새 의복 떨쳐입고 친척 이웃 서로 찾아 남녀노소 아동까지 삼삼오오 다닐 적에 스치는 울긋불긋 차림새가 번화하다. 사내아이는 연날리기를, 계집아이는 널뛰기를 하며 윷놀아 내기하는 것은 소년들의 놀이로다. 사당에 설 인사는 떡국에 술과 과일, 그리고 파와 미나리를 무엄에 곁들이면 보기에 신선하여 오신채가 부럽지 않다. 보름날 약밥제도 신라적 풍속이라 묵은 산채 삶아내니 고기 맛을 바꿀쏘냐. 귀 밝히는 약술과 부스럼 삭는 생밤도 있다. 먼저 불러 더위팔기, 달맞이, 횃불 켜기 등은 풍속이며 아이들 놀이로다.

⑥ 시집살이 노래

| | |
|---|---|
| 형님 온다 형님 온다 | 보고 저즌 형님 온다 |
| 형님 마중 누가 갈까 | 형님 동생 내가 가지 |
| 형님 형님 사촌 형님 | 시집살이 어떱데까? |
| | |
| 이애 이애 그 말 마라 | 시집살이 개집살이 |
| 앞밭에는 당추(唐椒) 심고 | 뒷밭에는 고추 심어 |
| 고추 당추 맵다 해도 | 시집살이 더 맵더라 |
| | |
| 둥글둥글 수박 식기(食器) | 밥 담기도 어렵더라 |
| 도리도리 도리소반(小盤) | 수저 놓기 더 어렵더라 |
| 오 리(五里) 물을 길어다가 | 십 리(十里) 방아 찧어다가 |
| 아홉 솥에 불을 때고 | 열두 방에 자리 걷고 |
| 외나무다리 어렵대야 | 시아버니같이 어려우랴? |
| 나뭇잎이 푸르대야 | 시어머니보다 더 푸르랴? |
| | |
| 시아버니 호랑새요 | 시어머니 꾸중새요 |
| 동세 하나 할림새요 | 시누 하나 뾰족새요 |
| 시아지비 뾰중새요 | 남편 하나 미련새요 |
| 자식 하난 우는 새요 | 나 하나만 썩는 샐세 |
| | |
| 귀먹어서 삼 년이요 | 눈 어두워 삼 년이요 |
| 말 못해서 삼 년이요 | 석 삼 년을 살고 나니 |
| 배꽃 같던 요 내 얼굴 | 호박꽃이 다 되었네 |
| 삼단 같던 요 내 머리 | 비사리춤이 다 되었네 |
| 백옥 같던 요 내 손길 | 오리발이 다 되었네 |
| | |
| 열새 무명 반물치마 | 눈물 씻기 다 젖었네 |
| 두 폭 붙이 행주치마 | 콧물 받기 다 젖었네 |
| 울었던가 말았던가 | 베개 머리 소(沼) 이겼네 |
| 그것도 소이라고 | 거위 한 쌍 오리 한 쌍 |
| 쌍쌍이 때 들어오네 | |

SEMI-NOTE

**시집살이 노래**
- **작자** : 미상
- **갈래** : 민요, 부요(婦謠)
- **형식** : 4 · 4조, 4음보의 부요
- **주제** : 고된 시집살이의 한과 체념
- **특징**
  - 대화체, 가사체(4 · 4조, 4음보 연속체)
  - 생활감정의 진솔한 표현
  - 시댁 식구들의 특징을 비유적, 해학적으로 묘사
  - 경북, 경산 지방의 민요

**작품의 구성**
- **서사** : 형님 가족의 친정 방문과 동생의 시집살이 질문
- **본사** : 고되고 힘든 시집살이에 대한 육체적 정신적 고통
- **결사** : 고생 끝에 초라해진 모습을 한탄

**주요 단어 풀이**
- **보고 저즌** : 보고 싶은
- **당추** : 당초(고추)
- **할림새** : 남의 허물을 잘 고해 바치는 새
- **뾰중새** : 무뚝뚝하고 불만이 많은 새
- **삼단 같던** : 숱이 많고 길던
- **비사리춤** : 댑싸리비 모양으로 거칠고 뭉뚝해진 머리털
- **열새 무명** : 고운 무명
- **소(沼) 이겼네** : 연못을 이루었네

## 04절 고전산문

## 1. 고전소설과 가전문학

### (1) 고전소설

① 구운몽(九雲夢)

**구운몽**
- **작자** : 김만중
- **갈래** : 한글소설, 몽자류(夢字類)소설, 전기(傳奇)소설, 염정소설
- **연대** : 조선 숙종
- **주제** : 인생무상의 자각과 불도의 정진
- **배경** : 당나라 남악 형상의 연화봉(현실)과 중국 일대(꿈)
- **특징**
  - 몽자류 소설의 효시
  - '발단 → 전개 → 위기 → 절정 → 결말' 순의 전개
  - 유(입신양명), 불(공(空)사상), 선(신선 사상)의 혼합

SEMI-NOTE

**작품의 구성**

- **현실세계(선계)** : 성진은 팔선녀에게 미혹되어 불도 수련은 뒷전이다가 파계(破戒)됨
- **환몽세계(인간계)** : 양소유로 환생한 성진은 영웅으로서 입신양명과 8부인과 향락적인 생활을 함
- **현실세계(선계)** : 인생무상을 느끼던 성진이 긴 꿈에서 깨어나 죄를 뉘우치고 대각(大覺 : 도를 닦아 크게 깨달음)의 경지에 이름

**주요 단어 풀이**

- **소화상** : 젊은 화상(和尙)
- **위의(威儀)** : 위엄 있는 태도나 차림새
- **도량(道量)** : 불도를 얻으려고 수행하는 곳
- **출장입상(出將入相)** : 문무를 다 갖추어 장상의 벼슬을 모두 지냄
- **공명신퇴(功名身退)** : 공을 세워 이름을 날리고 벼슬에서 물러남

호승이 소왈,

"상공이 오히려 춘몽을 깨지 못하였도소이다."

승상 왈,

"사부, 어찌면 소유로 하여금 춘몽을 깨게 하리오?"

호승 왈,

"이는 어렵지 아니하니이다."

하고, 손 가운데 석장을 들어 석난간을 두어 번 두드리니, 홀연 네 녘 뫼골에서 구름이 일어나 대상에 끼이어 지척을 분변치 못하니, 승상이 정신이 아득하여 마치 취몽 중에 있는 듯하더니 오래게야 소리질러 가로되,

"사부가 어이 정도로 소유를 인도치 아니하고 환술로 서로 희롱하나뇨?"

말을 맞지 못하여 구름이 걷히니 호승 즉 육관대사가 간 곳이 없고, 좌우를 돌아보니 팔 낭자가 또한 간 곳이 없는지라 정히 경황(驚惶)하여 하더니, 그런 높은 대와 많은 집이 일시에 없어지고 제 몸이 한 작은 암자 중의 한 포단 위에 앉았으되, 향로(香爐)에 불이 이미 사라지고, 지는 달이 창에 이미 비치었더라.

스스로 제 몸을 보니 일백여덟 낱 염주(念珠)가 손목에 걸렸고, 머리를 만지니 갓 깎은 머리털이 가칠가칠하였으니 완연히 소화상의 몸이요, 다시 대승상의 위의(威儀) 아니니, 정신이 황홀하여 오랜 후에 비로소 제 몸이 연화 도량(道場) 성진(性眞) 행자인 줄 알고 생각하니, 처음에 스승에게 수책(受責)하여 풍도(酆都)로 가고, 인세(人世)에 환도하여 양가의 아들 되어 장원 급제 한림학사하고, 출장입상(出將入相)하여 공명신퇴(功名身退)하고, 양 공주와 육 낭자로 더불어 즐기던 것이 다 하룻밤 꿈이라. 마음에 이 필연(必然) 사부가 나의 염려(念慮)를 그릇함을 알고, 나로 하여금 이 꿈을 꾸어 인간 부귀(富貴)와 남녀 정욕(情欲)이 다 허사(虛事)인 줄 알게 함이로다.

급히 세수(洗手)하고 의관(衣冠)을 정제하며 방장(方丈)에 나아가니 다른 제자들이 이미 다 모였더라. 대사, 소리하여 묻되,

"성진아, 인간 부귀를 지내니 과연 어떠하더뇨?"

성진이 고두하며 눈물을 흘려 가로되,

"성진이 이미 깨달았나이다. 제자 불초(不肖)하여 염려를 그릇 먹어 죄를 지으니 마땅히 인세에 윤회(輪廻)할 것이어늘, 사부 자비하사 하룻밤 꿈으로 제자의 마음 깨닫게 하시니, 사부의 은혜를 천만 겁(劫)이라도 갚기 어렵도소이다."

**호질**

- **작자** : 박지원
- **갈래** : 한문소설, 풍자소설
- **연대** : 조선 영조
- **주제** : 양반 계급의 허위적이고, 이중적인 도덕관을 통렬하게 풍자적으로 비판
- **특징**
  - 인간의 부정적인 이면을 희화화
  - 우의적인 수법을 사용하여 당시 지배층의 허위를 비판
- **출전** : 『열하일기』

② 호질(虎叱)

범이 사람을 잡아먹은 것이 사람이 서로 잡아먹은 것만큼 많지 않다. 지난해 관중(關中)이 크게 가물자 백성들이 서로 잡아먹은 것이 수만이었고, 전해에는 산동(山東)에 홍수가 나자 백성들이 서로 잡아먹은 것이 수만이었다. 그러나 사람들이 서로 많이 잡아먹기로야 춘추(春秋) 시대 같은 때가 있었을까? 춘추 시대에 공덕을 세우기 위한 싸움이 열에 일곱이었고, 원수를 갚기 위한 싸움이 열에 셋이었는데, 그래서 흘린 피가 천 리에 물들었고, 버려진 시체가 백만이나 되었더니라. 범의 세계는 큰물과 가뭄의 걱정을 모르기 때문에 하늘을 원망하지 않고, 원수도 공덕도 다 잊어버리기 때문에 누구를 미워하지 않으며, 운명을 알아서 따르기 때문에 무(巫)와 의(醫)의 간사에 속지 않고, 타고난 그대로 천성을 다하기 때문에 세속의 이해에 병들지 않으니, 이것이 곧 범이 예성(睿聖)한

것이다. 우리 몸의 얼룩무늬 한 점만 엿보더라도 족히 문채(文彩)를 천하에 자랑할 수 있으며, 한 자 한 치의 칼날도 빌리지 않고 다만 발톱과 이빨의 날카로움을 가지고 무용(武勇)을 천하에 떨치고 있다. 종이(宗彝)와 유준은 효(孝)를 천하에 넓힌 것이며, 하루 한 번 사냥을 해서 까마귀나 솔개, 청머구리, 개미 따위에게까지 대궁을 남겨 주니 그 인(仁)한 것이 이루 말할 수 없고, 굶주린 자를 잡아먹지 않고, 병든 자를 잡아먹지 않고, 상복(喪服) 입은 자를 잡아먹지 않으니 그 의로운 것이 이루 말할 수 없다. 불인(不仁)하기 짝이 없다, 너희들의 먹이를 얻는 것이여! 덫이나 함정을 놓는 것만으로도 오히려 모자라서 새 그물, 노루 망(網), 큰 그물, 고기 그물, 수레 그물, 삼태그물 따위의 온갖 그물을 만들어 냈으니, 처음 그것을 만들어 낸 놈이야말로 세상에 가장 재앙을 끼친 자이다. 그 위에 또 가지각색의 창이며 칼 등속에다 화포(火砲)란 것이 있어서, 이것을 한번 터뜨리면 소리는 산을 무너뜨리고 천지에 불꽃을 쏟아 벼락 치는 것보다 무섭다. 그래도 아직 잔학(殘虐)을 부린 것이 부족하여, 이에 부드러운 털을 쪽 빨아서 아교에 붙여 붓이라는 뾰족한 물건을 만들어 냈으니, 그 모양은 대추씨 같고 길이는 한 치도 못 되는 것이다. 이것을 오징어의 시커먼 물에 적셔서 종횡으로 치고 찔러 대는데, 구불텅한 것은 세모창 같고, 예리한 것은 칼날 같고, 두 갈래 길이 진 것은 가시창 같고, 곧은 것은 화살 같고, 팽팽한 것은 활 같아서, 이 병기(兵器)를 한번 휘두르면 온갖 귀신이 밤에 곡(哭)을 한다. 서로 잔혹하게 잡아먹기를 너희들보다 심히 하는 것이 어디 있겠느냐?

SEMI-NOTE

**작품의 구성**

- **발단** : 선비로서 존경받는 북곽 선생은 과부인 동리자와 밀회를 즐김
- **전개** : 동리자의 다섯 아들이 천년 묵은 여우로 알고 방으로 쳐들어옴
- **위기** : 똥구덩이에 빠지는 북곽 선생과 먹잇감을 찾아 마을로 내려온 범
- **절정** : 범과 마주쳐 목숨을 구걸하는 북곽 선생과 그의 위선에 크게 호통치는 범
- **결말** : 범이 사라지고 연유를 묻는 농부와 자기변명을 하는 북곽 선생

### ③ 양반전

양반이라는 것은 선비계급을 높여 부르는 말이다.

정선(旌善) 고을에 양반이 한 명 살고 있었다. 그는 성품이 어질고 독서를 매우 좋아했으며, 매번 군수(郡守)가 새로 부임하면 반드시 그를 찾아 예의를 표하곤 했다. 그러나 집이 매우 가난해서 해마다 나라 곡식을 꾸어 먹었는데, 해가 거듭되니 꾸어 먹은 것이 천 석(石)에 이르게 되었다.

어느 날 관찰사(觀察使)가 여러 고을을 순행(巡行)하다가 정선에 이르러 관곡을 검열(檢閱)하고는 크게 노했다.

"그 양반이 대체 어떻게 생겨먹은 물건이건대, 이토록 군량(軍糧)을 축내었단 말이냐."

그리고 그 양반을 잡아 가두라는 명령을 내렸다. 군수는 그 양반을 불쌍히 여기지 않는 바 아니었지만, 워낙 가난해서 관곡을 갚을 길이 없으니, 가두지 않을 수도 없고 그렇다고 가둘 수도 없었다.

당사자인 양반은 밤낮으로 울기만 할 뿐 어려움에서 벗어날 계책도 세우지 않고 있었다. 그 처는 기가 막혀서 푸념을 했다.

"당신은 평생 글읽기만 좋아하더니 관곡을 갚는 데는 전혀 소용이 없구려. 허구한 날 양반, 양반 하더니 그 양반이라는 것이 한 푼의 값어치도 없는 것이었구려."

그 마을에는 부자가 살고 있었는데 이 일로 인해 의논이 벌어졌다.

"양반은 비록 가난하지만 늘 존경받는 신분이야. 나는 비록 부자지만 항상 비천(卑賤)해서 감히 말을 탈 수도 없지. 그뿐인가? 양반을 만나면 몸을 구부린 채 종종걸음을 쳐야 하질 않나, 엉금엉금 마당에서 절하기를 코가 땅에 닿도록 해야 하며 무릎으로 기어야하니, 난 항상 이런 더러운 꼴을 당하고 살았단 말이야.

**양반전**

- **작자** : 박지원
- **갈래** : 한문소설, 풍자소설
- **연대** : 조선 후기
- **주제** : 양반들의 무기력하고 위선적인 생활과 특권의식에 대한 비판과 풍자
- **배경**
  - 시간적 배경 : 18세기 말
  - 사상적 배경 : 실학사상
- **특징**
  - 풍자적, 고발적, 비판적 성격(몰락 양반의 위선을 묘사하고 양반의 전횡을 풍자적으로 비판)
  - 평민 부자의 새로운 인간형 제시
- **출전** : 『연암집』

**작품의 구성**

- **발단** : 무능한 양반이 관아에서 빌린 곡식을 제때 갚지 못해 투옥될 상황이 됨
- **전개** : 마을 부자가 양반 신분을 댓가로 빌린 곡식을 대신 갚아줌
- **위기** : 군수가 부자에게 양반으로서 지켜야 할 신분 매매 증서를 작성함
- **절정** : 부자의 요구로 양반이 누릴 수 있는 권리를 추가한 두 번째 신분 매매 증서를 작성함
- **결말** : 부자는 양반을 도둑놈 같은 존재라 생각해 양반이 되기를 포기함

SEMI-NOTE

그런데 지금 가난한 양반이 관가 곡식을 갚지 못해 옥에 갇히게 되었다고 하니, 더 이상 양반 신분을 지탱할 수 없지 않겠어? 이 기회에 우리가 빚을 갚아 주고 양반이 되어야겠어."

말을 마친 후 부자는 양반을 찾아가서 빌린 곡식을 대신 갚아 주겠다고 자청했다. 이 말을 들은 양반은 크게 기뻐하며 단번에 허락했다. 그리고 부자는 약속대로 곡식을 대신 갚아 주었다.

## (2) 가전문학

### ① 국순전(麴醇傳)

국순(麴醇)의 자는 자후(子厚)다. 국순이란 '누룩술'이란 뜻이요, 자후는 글자대로 '흐뭇하다'는 말이다. 그 조상은 농서(隴西) 사람으로 90대 할아버지 모(牟)가 순(舜)임금 시대에 농사에 대한 행정을 맡았던 후직(后稷)이라는 현인을 도와서 만백성을 먹여 살리고 즐겁게 해준 공로가 있었다.

모라는 글자는 보리를 뜻한다. 보리는 사람이 먹는 식량이 되고 있다. 그러니까 보리의 먼 후손이 누룩술이 되었다는 이야기다. 옛적부터 인간을 먹여 살린 공로를 『시경(詩經)』에서는 이렇게 노래했다.

"내게 그 보리를 물려주었도다."

모는 처음에 나아가서 벼슬을 하지 않고 농토 속에 묻혀 숨어 살면서 말했다.

"나는 반드시 농사를 지어야 먹으리라."

이러한 모에게 자손이 있다는 말을 임금이 듣고, 조서를 내려 수레를 보내어 그를 불렀다. 그가 사는 근처의 고을에 명을 내려, 그의 집에 후하게 예물을 보내도록 했다. 그리고 임금은 신하에게 명하여 친히 그의 집에 가서 신분이 귀하고 천한 것을 잊고 교분을 맺어서 세속 사람과 사귀게 했다. 그리하여 점점 상대방을 감화하여 가까워지는 맛이 있게 되었다. 이에 모는 기뻐하며 말했다.

"내 일을 성사시켜 주는 것은 친구라고 하더니 그 말이 과연 옳구나."

이런 후로 차츰 그가 맑고 덕이 있다는 소문이 퍼져 임금의 귀에까지 들리게 되었다.

임금은 그에게 정문(旌門)을 내려 표창했다. 그리고 임금을 좇아 원구(圓丘)에 제사 지내게 하고, 그의 공로로 해서 중산후(中山候)를 봉하고, 식읍(食邑), 공신에게 논공행상(論功行賞)으로 주는 영지(領地) 1만 호에 실지로 수입하는 것은 5천 호가 되게 하고 국씨(麴氏) 성 (姓)을 하사했다.

그의 5대 손은 성왕(成王)을 도와서 사직(社稷)지키는 것을 자기의 책임으로 여겨 태평스러이 술에 취해 사는 좋은 세상을 이루었다. 그러나 강왕(康王)이 왕위에 오르면서부터 점점 대접이 시원찮아지더니 마침내는 금고형(禁錮刑)을 내리고 심지어 국가의 명령으로 꼼짝 못하게 했다. 그래서 후세에 와서는 현저한 자가 없이 모두 민간에 숨어 지낼 뿐이었다.

위(魏)나라 초년이 되었다. 순(醇)의 아비 주(酎)의 이름이 세상에 나기 시작했다. 그는 실상 소주다. 상서랑(尙書郎) 서막(徐邈)과 알게 되었다. 서막은 조정에 나아가서까지 주의 말을 하여 언제나 그의 말이 입에서 떠나지 않았다.

어느 날 임금에게 아뢰는 자가 있었다.

"서막이 국주(麴酎)와 사사로이 친하게 지내오니 이것을 그대로 두었다가는

**국순전**
- **작자** : 임춘
- **갈래** : 가전(假傳) 소설
- **연대** : 고려 중엽
- **주제** : 향락에 빠진 임금과 이를 따르는 간신들에 대한 풍자
- **특징**
  - 일대기 형식의 순차적 구성
  - 인물의 성격과 행적을 주로 묘사
  - 사물(술)을 의인화하는 우화적 기법을 사용
  - 계세징인의 교훈성이 엿보임
  - 현전하는 가전체 문학의 효시로, 이규보의 「국선생전」에 영향
- **출전** : 『서하선생집』, 『동문선』

**작품의 구성**
- **발단** : 국순의 가계 소개
- **전개** : 국순의 성품과 정계 진출
- **절정** : 임금의 총애와 국순의 전횡, 국순의 은퇴와 죽음
- **결말** : 국순의 생애에 대한 평가

**주요 단어 풀이**
- **모(牟)** : 모맥. 보리의 일종으로, 이것으로 술의 원료인 누룩을 만듦
- **후직(后稷)** : 중국 주나라의 시조. 순임금을 섬겨 사람들에게 농사를 가르침
- **정문(旌門)** : 충신, 효자, 열녀 들을 표창하기 위해 그 집 앞에 세우던 붉은 문
- **원구(圓丘)** : 천자(天子)가 동지(冬至)에 하늘에 제사 지내던 곳

장차 조정을 어지럽힐 것이옵니다."

이 말을 듣고 임금은 서막을 불러 그 내용을 물었다. 서막은 머리를 조아리면서 사과했다.

"신(臣)이 국주와 친하게 지내는 것은 그에게 성인(聖人)의 덕이 있사옵기에 때때로 그 덕을 마셨을 뿐이옵니다."

임금은 서막을 책망해 내보내고 말았다.

## 2. 판소리, 민속극과 수필

### (1) 판소리, 민속극

① 흥보가(興甫歌)

[아니리]

흥보, 좋아라고 박씨를 딱 주어들더니마는,

"여보소, 마누라. 아, 제비가 박씨를 물어 왔네요."

흥보 마누라가 보더니,

"여보, 영감. 그것 박씨가 아니고 연실인갑소, 연실."

"어소, 이 사람아. 연실이라는 말이 당치 않네. 강남 미인들이 초야반병 날 밝을 적에 죄다 따 버렸는데 제까짓 놈이 어찌 연실을 물어 와? 뉘 박 심은 데서 놀다가 물고 온 놈이제. 옛날 수란이가 배암 한 마리를 살려, 그 은혜 갚느라고 구실을 물어 왔다더니마는, 그 물고 오는 게 고마운께 우리 이놈 심세."

동편처마 담장 밑에 거름 놓고, 신짝 놓고 박을 따독따독 잘 묻었것다. 수일이 되더니 박순이 올라달아 오는듸 북채만, 또 수일이 되더니 홍두깨만, 지둥만, 박순이 이렇게 크더니마는, 박 잎사귀 삿갓만씩 하야 가지고 흥보 집을 꽉 얽어 놓으매, 구년지수 장마 져야 흥보 집 샐 배 만무허고, 지동해야 흥보 집 쓰러질 수 없것다. 흥보가 그때부터 박 덕을 보던가 보더라. 그때는 어느 땐고? 팔월 대 명일 추석이로구나. 다른 집에서는 떡을 헌다, 밥을 헌다, 자식들을 곱게곱게 입혀서 선산 성묘를 보내고 야단이 났는듸, 흥보 집에는 먹을 것이 없어, 자식들이 모다 졸라싸니까 흥보 마누라가 앉아 울음을 우는 게 가난타령이 되얏던가 보더라.

[진양]

"가난이야, 가난이야, 원수년의 가난이야. 잘 살고 못 살기는 묘 쓰기에 매였는가? 북두칠성님이 집자리으 떨어칠 적에 명과 수복을 점지허는거나? 어떤 사람 팔자 좋아 고대광실 높은 집에 호가사로 잘 사는듸 이년의 신세는 어찌허여 밤낮으로 벌었어도 삼순구식을 헐 수가 없고, 가장은 부황이 나고, 자식들을 아사지경이 되니, 이것이 모두 다 웬일이냐? 차라리 내가 죽을라네."

이렇닷이 울음을 우니 자식들도 모두 따라서 우는구나.

SEMI-NOTE

**흥보가**

- **작자** : 미상
- **갈래** : 판소리 사설
- **주제** : 형제간의 우애와 권선징악
- **특징**
  - 표현상 3 · 4조, 4 · 4조 운문과 산문이 혼합
  - 양반의 한문투와 서민들의 비속어 표현 공존
  - 박타령 → 흥보가 → 흥보전 → 연의 각 등으로 재창작됨
  - 「춘향가」, 「심청가」와 함께 3대 판소리계 소설로 평민문학의 대표작
- **배경설화** : 「방이설화」, 몽골의 「박 타는 처녀」, 동물 보은 설화

**작품의 구성**

- **발단** : 욕심이 많은 놀보는 부모님의 유산을 독차지하고 흥보를 내쫓음
- **전개** : 품팔이를 하지만 가난에서 벗어나지 못하는 흥보네 가족
- **위기** : 제비를 구해주고 받은 박씨를 심고, 금은보화를 얻음
- **절정** : 부자가 된 흥보를 따라하다 벌을 받는 놀보
- **결말** : 자신의 잘못을 깨닫는 놀보, 화목해진 형제

**흥보가의 형성과 계승**

근원설화(방이 설화, 박 타는 처녀, 동물 보은 설화) → 판소리 사설(흥보가) → 판소리계 소설(흥보전) → 신소설(연(燕)의 각(脚))

SEMI-NOTE

**춘향가**

- **작자** : 미상
- **갈래** : 판소리 사설
- **주제** : 신분적 갈등을 초월한 남녀 간의 사랑
- **특징**
  - 율문체, 가사체, 만연체
  - 풍자적, 해학적, 서사적 성격
  - 인물과 사건에 대한 편집자적 논평이 많음
- **배경설화** : 열녀설화, 암행어사설화, 신원설화, 염정설화

**작품의 구성**

- **발단** : 몽룡이 광한루에서 그네를 뛰고 있는 춘향에게 반해 백년가약을 맺음
- **전개** : 서울로 올라간 몽룡은 과거에 급제하여 암행어사가 됨
- **위기** : 춘향은 변 사또가 수청을 들라는 것을 거절하고 옥고를 치름
- **절정** : 변 사또의 생일잔치에 몽룡이 어사출또하여 춘향을 구함
- **결말** : 몽룡이 춘향 모녀를 서울로 데려가 춘향을 부인으로 맞이하고 백년해로함

**봉산 탈춤 – 제6과장 양반춤**

- **작자** : 미상
- **갈래** : 탈춤(가면극)
- **주제** : 양반에 대한 서민들의 저항과 풍자의식
- **특징**
  - 풍자적, 해학적, 비판적, 골계미
  - 옴니버스 구성으로 각 과장 사이의 연관성은 떨어짐
  - 각 재담은 '말뚝이의 조롱 → 양반의 호통 → 말뚝이의 변명 → 일시적 화해'로 구성

② 춘향가(春香歌)

[아니리]

어사또 다시 묻지 않으시고, 금낭(金囊)을 어루만져 옥지환을 내어 행수 기생을 불러주며,

"네, 이걸 갖다 춘향 주고 얼굴을 들어 대상을 살피래라."

춘향이 받어 보니, 서방님과 이별시에 드렸던 지가 찌든 옥지환이라. 춘향이 넋을 잃은 듯이 보드니만,

"네가 어데를 갔다 이제야 나를 찾어왔느냐?" 대상을 바라보고 "아이고, 서방님!"

부르더니, 그 자리에 엎드러져 정신없이 기절헌다. 어사또 기생들을 분부허사 춘향을 부축허여 상방에 누여 놓고, 찬물도 떠먹이며 수족을 주무르니, 춘향이 간신이 정신을 차려 어사또를 바라보니,

[창조]

어제 저녁 옥문 밖에 거지되어 왔던 낭군이 분명쿠나! 춘향이가 어사또를 물그러미 바라보더니,

[중모리]

"마오 마오, 그리 마오. 서울양반 독합디다. 기처불식(其妻不識)이란 말이 사기에난 있지마는 내게조차 이러시오? 어제저녁 모시었을 제, 날 보고만 말씀허였으면 마음놓고 잠을 자지. 지나간 밤 오날까지 간장 탄 걸 헤아리면 살어 있기가 뜻밖이오. 반가워라, 반가워라, 설리춘풍이 반가워라. 외로운 꽃 춘향이가 남원 옥중 추절이 들어 떨어지게 되얏드니, 동헌에 새봄이 들어 이화춘풍이 날 살렸네. 우리 어머니는 어디를 가시고 이런 경사를 모르시나."

③ 봉산 탈춤 – 제6과장 양반춤

말뚝이 : (벙거지를 쓰고 채찍을 들었다. 굿거리장단에 맞추어 양반 삼 형제를 인도하여 등장)

양반 삼 형제 : (말뚝이 뒤를 따라 굿거리장단에 맞추어 점잔을 피우나, 어색하게 춤을추며 등장. 양반 삼 형제 맏이는 샌님[生員], 둘째는 서방님[書房], 끝은 도련님[道令]이다. 샌님과 서방님은 흰 창옷에 관을 썼다. 도련님은 남색 쾌자에 복건을 썼다. 샌님과 서방님은 언청이이며(샌님은 언청이 두줄, 서방님은 한줄이다.) 부채와 장죽을 가지고 있고, 도련님은 입이 삐뚤어졌고, 부채만 가졌다. 도련님은 일절 대사는 없으며, 형들과 동작을 같이 하면서 형들의 면상을 부채로 때리며 방정맞게 군다.

말뚝이 : (가운데쯤에 나와서) 쉬이. (음악과 춤 멈춘다.) 양반 나오신다아! 양반이라고 하니까 노론(老論 ), 소론(少論), 호조(戸曹), 병조(兵曹), 옥당(玉堂)을 다 지내고 삼정승(三政丞), 육판서(六判書)를 다 지낸 퇴로 재상(退老宰相)으로 계신 양반인 줄 아지 마시오. 개잘량이라는 '양'자에 개다리소반이라는 '반'자를 쓰는 양반이 나오신단 말이오.

양반들 : 야아! 이놈, 뭐야아!

말뚝이 : 아, 이 양반들, 어찌 듣는지 모르갔소. 노론, 소론, 호조, 병조, 옥당을

다 지내고 삼정승, 육판서 다 지내고 퇴로 재상으로 계신 이 생원네 삼 형제분이 나오신다고 그리 하였소.
양반들 : (합창) 이 생원이라네. (굿거리장단으로 모두 춤을 춘다. 도령은 때때로 형들의 면상을 치며 논다. 끝까지 그런 행동을 한다.)
말뚝이 : 쉬이. (반주 그친다.) 여보, 구경하시는 양반들, 말씀 좀 들어 보시오. 짤따란 곰방대로 잡숫지 말고 저 연죽전(煙竹廛)으로 가서 돈이 없으면 내게 기별이래도 해서 양칠간죽(洋漆竿竹), 자문죽(自紋竹)을 한 발가웃씩 되는 것을 사다가 육모깍지 희자죽(喜子竹), 오동수복(梧桐壽福) 연변죽을 이리저리 맞추어 가지고 저 재령(載寧) 나무리 거이 낚시 걸 듯 죽 걸어 놓고 잡수시오.
양반들 : 뭐야아!
말뚝이 : 아, 이 양반들. 어찌 듣소. 양반 나오시는데 담배와 훤화(喧譁)를 금하라 그리 하였소.
양반들 : (합창) 훤화(喧譁)를 금하였다네. (굿거리장단으로 모두 춤을 춘다.)

### (2) 수필

① 조침문(弔針文)

아깝다 바늘이여, 어여쁘다 바늘이여, 너는 미묘(微妙)한 품질(品質)과 특별(特別)한 재치(才致)를 가졌으니, 물중(物中)의 명물(名物)이요, 철중(鐵中)의 쟁쟁(錚錚)이라. 민첩(敏捷)하고 날래기는 백대(百代)의 협객(俠客)이요, 굳세고 곧기는 만고(萬古)의 충절(忠節)이라. 추호(秋毫) 같은 부리는 말하는 듯하고, 두렷한 귀는 소리를 듣는 듯한지라. 능라(綾羅)와 비단(緋緞)에 난봉(鸞鳳)과 공작(孔雀)을 수놓을 제, 그 민첩하고 신기(神奇)함은 귀신(鬼神)이 돕는 듯하니, 어찌 인력(人力)의 미칠 바리요. 오호통재(嗚呼痛哉)라, 자식(子息)이 귀(貴)하나 손에서 놓일 때도 있고, 비복(婢僕)이 순(順)하나 명(命)을 거스릴 때 있나니, 너의 미묘(微妙)한 재질(才質)이 나의 전후(前後)에 수응(酬應)함을 생각하면, 자식에게 지나고 비복(婢僕)에게 지나는지라. 천은(天銀)으로 집을 하고, 오색(五色)으로 파란을 놓아 곁고름에 채였으니, 부녀(婦女)의 노리개라. 밥 먹을 적 만져 보고 잠잘 적 만져 보아, 널로 더불어 벗이 되어, 여름 낮에 주렴(珠簾)이며, 겨울밤에 등잔(燈盞)을 상대(相對)하여, 누비며, 호며, 감치며, 박으며, 공그릴 때에, 겹실을 꿰었으니 봉미(鳳尾)를 두르는 듯, 땀땀이 떠 갈 적에, 수미(首尾)가 상응(相應)하고, 솔솔이 붙여 내매 조화(造化)가 무궁(無窮)하다.

이생에 백년동거(百年同居)하렸더니, 오호애재(嗚呼哀哉)라, 바늘이여. 금년 시월초십일 술시(戌時)에, 희미한 등잔 아래서 관대(冠帶) 깃을 달다가, 무심중간(無心中間)에 자끈동 부러지니 깜짝 놀라와라. 아야 아야 바늘이여, 두 동강이 났구나. 정신(精神)이 아득하고 혼백(魂魄)이 산란(散亂)하여, 마음을 빻아 내는 듯, 두골(頭骨)을 깨쳐 내는 듯, 이슥토록 기색혼절(氣塞昏絕)하였다가 겨우 정신을 차려, 만져 보고이어 본들 속절없고 하릴없다. 편작(扁鵲)의 신술(神術)로도 장생불사(長生不死) 못하였네. 동네 장인(匠人)에게 때이련들 어찌 능히 때일손가. 한 팔을 베어 낸 듯, 한다리를 베어 낸 듯, 아깝다 바늘이여, 옷섶을 만져 보니, 꽂혔던 자리 없네.

오호통재(嗚呼痛哉)라, 내 삼가지 못한 탓이로다. 무죄(無罪)한 너를 마치니,

SEMI-NOTE

**작품의 구성**
- **제1과장(사상좌춤)** : 사방신(四方神)에게 배례하며 놀이를 시작하는 의식무
- **제2과장(팔목중춤)** : 팔목중들이 차례로 파계하는 춤놀이
- **제3과장(사당춤)** : 사당과 거사들이 한바탕 놂
- **제4과장(노장춤)** : 노장이 신장수, 취발이와 대립하는 마당
- **제5과장(사자춤)** : 사자가 노중을 파계시킨 먹중을 벌하려다 함께 놀다가는 마당
- **제6과장(양반춤)** : 양반집 머슴인 말뚝이가 양반을 희롱하는 마당
- **제7과장(미얄춤)** : 영감과 미얄 할멈, 첩(妾) 덜머리집의 삼각관계

**조침문**
- **작자** : 유씨 부인
- **갈래** : 수필, 제문(祭文), 추도문
- **연대** : 조선 순조
- **주제** : 부러진 바늘에 대한 애도
- **특징**
  - 사물(바늘)을 의인화하여 표현(고려의 가전체 문학과 연결됨)
  - 여성 작자 특유의 섬세한 감정이 잘 표현됨
  - 「의유당 관북 유람일기」, 「규중칠우쟁론기」와 함께 여성 수필의 백미로 손꼽힘

**작품의 구성**
- **서사** : 바늘과 영원히 결별하게 된 취지
- **본사** : 바늘을 얻게 된 경위와 바늘의 신묘한 재주, 각별한 인연, 끝내 부러진 바늘
- **결사** : 바늘을 애도하는 심정과 후세에 다시 만날 것을 기약

**주요 단어 해설**
- **추호(秋毫)** : 가는 털
- **능라(綾羅)** : 두꺼운 비단과 얇은 비단
- **난봉(鸞鳳)** : 난조(鸞鳥)와 봉황
- **재질(才質)** : 재주와 기질
- **수응(酬應)** : 요구에 응함
- **자식에게 지나고** : 자식보다 낫고
- **천은(天銀)** : 품질이 가장 뛰어난 은
- **무심중간(無心中間)** : 아무 생각이 없는 사이
- **유아이사(由我而死)** : 나로 말미암아 죽음

SEMI-NOTE

백인(伯仁)이 유아이사(由我而死)라, 누를 한(恨)하며 누를 원(怨)하리요. 능란(能爛)한 성품(性品)과 공교(工巧)한 재질을 나의 힘으로 어찌 다시 바라리요. 절묘(絕妙)한 의형(儀形)은 눈 속에 삼삼하고, 특별한 품재(稟才)는 심회(心懷)가 삭막(索莫)하다. 네 비록 물건(物件)이나 무심(無心)치 아니하면, 후세(後世)에 다시 만나 평생 동거지정(平生同居之情)을 다시 이어, 백년 고락(百年苦樂)과 일시생사(一時生死)를 한 가지로 하기를 바라노라. 오호애재(嗚呼哀哉)라, 바늘이여.

② 한중록(閑中錄)

그러할 제 날이 늦고 재촉하여 나가시니, 대조(大朝)께서 휘녕전(徽寧殿)에 좌(坐)하시고 칼을 안으시고 두드리오시며 그 처분(處分)을 하시게 되니, 차마 차마 망극(罔極)하니 이 경상(景狀)을 차마 기록(記錄)하리오. 섧고 섧도다.

나가시며 대조께서 엄노(嚴怒)하오신 성음(聲音)이 들리오니, 휘녕전이 덕성합(德成閤)과 멀지 아니하니 담 밑에 사람을 보내어 보니, 벌써 용포(龍袍)를 벗고 디어 계시더라 하니, 대처분(大處分)이 오신 줄 알고 천지 망극(天地罔極)하여 흉장(胸腸)이 붕열(崩裂)하는지라.

게 있어 부질없어 세손(世孫) 계신 델 와서 서로 붙들고 어찌할 줄 모르더니, 신시전후(申時前後) 즈음에 내관(內官)이 들어와 밧소주방(燒廚房) 쌀 담는 궤를 내라 한다 하니, 어쩐 말인고 황황(遑遑)하여 내지 못하고, 세손궁(世孫宮)이 망극한 거조(擧措) 있는 줄 알고 문정(門庭) 전(前)에 들어가,

"아비를 살려 주옵소서."

하니 대조께서

"나가라."

엄히 하시니, 나와 왕자(王子) 재실(齋室)에 앉아 계시더니, 내 그 때 정경(情景)이야 천지고금간(天地古今間)하고 일월(日月)이 회색(晦塞)하니, 내 어찌 일시나 세상에 머물 마음이 있으리오. 칼을 들어 명(命)을 그츠려 하니 방인(傍人)의 앗음을 인(因)하여 뜻같이 못하고, 다시 죽고자 하되 촌철(寸鐵)이 없으니 못하고, 숭문당(崇文堂)으로 말미암아 휘녕전(徽寧殿) 나가는 건복문(建福門)이라 하는 문 밑으로 가니, 아무것도 뵈지 아니하고 다만 대조께서 칼 두드리시는 소리와 소조(小朝)께서,

"아바님 아바님, 잘못하였으니 이제는 하라 하옵시는 대로 하고, 글도 읽고, 말씀도 다 들을 것이니 이리 마소서."

하시는 소리가 들리니, 간장(肝腸) 이 촌촌(寸寸)이 끊어지고 앞이 막히니 가슴을 두드려 한들 어찌하리오. 당신 용력(勇力)과 장기(壯氣)로 궤에 들라 하신들 아무쪼록 아니 드시지, 어이 필경(畢境) 들어가시던고, 처음엔 뛰어나오려 하옵시다가 이기지 못하여 그 지경(地境)에 미치오시니 하늘이 어찌 이대도록 하신고. 만고(萬古)에 없는 설움뿐이며, 내 문 밑에서 호곡(號哭)하되 응(應)하심이 아니 계신지라.

**한중록**

- **작자** : 혜경궁 홍씨
- **갈래** : 궁정 수필, 한글 수필
- **연대** : 조선 정조
- **주제** : 사도세자의 참변을 중심으로 한 파란만장한 인생 회고
- **특징**
  - 전아한 궁중 용어의 사용
  - 적절하고 간곡한 묘사로 내간체 문학의 백미

**작품의 구성**

- **1편** : 혜경궁 홍씨의 생애 및 입궁 이후의 생활
- **2편** : 동생 홍낙임의 사사(賜死)와 친정의 몰락에 대한 자탄
- **3편** : 정조가 말년에 외가에 대해 뉘우치고 효성이 지극하였다는 점을 서술
- **4편** : 임오화변에 대한 진상. 영조와 사도세자의 갈등 및 궁중비사를 서술

**주요 단어 해설**

- **용포(龍袍)** : 임금이 입는 정복. 곤룡포(袞龍袍)의 준말
- **붕열(崩裂)** : 무너지고 갈라짐
- **소주방(燒廚房)** : 대궐 안의 음식을 만들던 곳
- **황황(遑遑)** : 마음이 몹시 급하여 허둥지둥하는 모양
- **거조(擧措)** : 행동거지
- **촌철(寸鐵)** : 작고 날카로운 쇠붙이나 무기
- **소조(小朝)** : 섭정하는 왕세자
- **촌촌(寸寸)이** : 한 치 한 치마다 또는 갈기갈기
- **용력(勇力)** : 씩씩한 힘, 뛰어난 역량
- **장기(壯氣)** : 건장한 기운, 왕성한 원기
- **안연(晏然)히** : 마음이 편안하고 침착한 모양

나두공

# 03장 국문학사

# 국문학사

SEMI-NOTE

## 01절 고전 문학의 흐름

### 1. 고대 문학의 갈래

#### (1) 전달 방식, 향유 계층에 따른 갈래

① 전달 방식에 따른 갈래

㉠ 구비 문학(口碑文學)

- 문자의 발명 이전에 입에서 입으로 전해져 구연되는 문학
- 사람들에 의해 개작, 첨삭되면서 전승되는 적층성(積層性)이 강해 민족의 보편적 성격이 반영됨(민중 공동작의 성격을 지님)
- 기록 문학에 소재와 상상력을 제공하는 원초적 자산으로 작용함

㉡ 기록 문학(記錄文學)

- 구비문학을 문자 언어로 기록하여 전승하는 문학으로, 오늘날 문학의 주류
- 개인의 창의력과 상상력이 반영되는 문학이므로 지적, 개인적 성격을 지님

㉢ 시가 문학(운문 문학) : 일정한 율격을 지닌 운문 문학을 말하며, 가창(歌唱)되기에 용이함

㉣ 산문 문학(散文文學)

- 의미 : 운율성보다 전달성을 중시하는 문학으로, 이야기 형태에 적합함(예 설화 문학, 패관 문학, 가전체 문학, 소설 등)
- 산문 문학의 전개 : 운문성과 산문성이 혼재된 대표적 문학으로 가사와 판소리를 들 수 있음
- 가사 : 3 · 4조(또는 4 · 4조), 4음보의 운문이면서 내용상 수필적 산문에 해당함
- 판소리 : 연행 중심이 되는 창(唱)은 운문체이나, 아니리 부분은 산문체에 해당함

② 향유 계층에 따른 갈래

㉠ 귀족, 양반 문학

- 경기체가 : 고려 중기 무신의 난 이후 새로 등장한 신흥 사대부들이 창안하여 귀족층에서만 향유한 문학 갈래로서, 일반 서민의 의식이나 삶과는 거리가 있음
- 악장 : 궁중 음악으로 사용된 송축가에 해당하는 문학 갈래로서, 주로 특권 귀족층에서 향유됨

㉡ 평민 문학

- 속요 : 평민층이 향유한 집단적, 민요적 성격의 노래
- 사설시조 : 평민층의 의식과 체험을 노래한 시조
- 민속극 : 일상적 구어(口語)를 토대로 평민층이 놀고 즐긴 놀이 문학

**구비문학의 종류**

설화, 고려가요, 민요, 판소리, 무가, 민속극, 속담 등

**기록문학의 종류**

향가, 패관문학, 가전체, 시조, 악장, 가사, 경기체가, 소설, 수필 등

**시가문학의 전개**

- 서정시가 : 민요(서정 민요) → 고대 가요 → 향가 → 향가계 여요 → 고려 속요 → 시조
- 교술시가 : 민요(교술 민요) → 경기체가 → 악장 → 가사

**산문 문학의 전개**

- 일반 소설 : 설화 → 패관 문학 → 가전체 문학 → 고소설
- 판소리계 소설 : 설화 → 판소리 사설 → 판소리계 소설

- 잡가 : 하층의 소리꾼들이 부른 세속적 성향의 노래로, 주로 평민층이 향유함

ⓒ 양반과 평민이 공유한 대표 문학

- 향가 : 4구체 향가의 작가층은 10구체 향가의 작가층과 달리 하층민까지 포함
- 판소리 : 이전에 평민층의 문학이었으나, 19세기 이후 양반층이 가세하여 향유층이 확대됨

## (2) 고대 문학사

① 고대 문학

㉠ 고대 문학은 제의(祭儀) 형식에서 행하여진 집단 가무가 그 연원이며, 점차 분화되어 독자적 예술 장르로 변천

㉡ 구비 전승되다가 2, 3세기경 한자와 한문이 유입되면서 문학으로 정착

㉢ 집단적 서사 문학에서 점차 개인적 서정 문학으로 발달

㉣ 신라 시대에 형성된 향가는 우리말로 기록된 최초의 정형시

㉤ 설화는 서사 문학의 원류가 되었고, 고대 가요는 서정 문학의 원형이 됨

② 시가 문학

㉠ 고대 시가의 개념 : 집단적, 서사적 문학에서 개인적, 서정적 시가(詩歌)로 분화되면서 형성된 것으로, 고려 이전의 노래 중 향가와 한시를 제외한 시가

㉡ 고대 가요의 특징

- 집단적이고 서사적인 원시 종합 예술에서 개인적이고 서정적인 시가로 분리 발전
- 고대 가요는 설화 속에 삽입되어 전하는데, 이는 서사 문학과 시가가 완전히 분리되지 않은 상태를 보여주는 것
- 고대 가요는 대부분 배경 설화를 가지며, 설화와 함께 구전되다 문헌에 한역되어 기록됨

㉢ 부전가요(不傳歌謠)

- 도솔가(兜率歌) : 신라 유리왕 5년에 창작됨. 최초의 정형시인 신라 향가의 모태가 된 작품으로 평가
- 회소곡(會蘇曲) : 신라 유리왕 때, 한가위에 길쌈에서 패배한 무리에서 음식을 접대하며 부른 노동요
- 치술령곡 : 박제상의 아내가 남편을 기다리다 죽자 후인들이 이를 애도한 노래로 백제 가요 「정읍사」, 「망부석 설화」와 연결
- 목주가(木州歌) : 목주에 사는 어느 효녀에 대한 노래로, 효심(孝心)에 대한 노래라는 점에서 고려가요인 「사모곡」과 연결
- 대악(碓樂) : 가난했던 백결 선생이 떡방아 찧는 소리로 아내를 위로한 노래로, 고려가요인 「상저가」와 연결

③ 향가(鄕歌)

㉠ 개념

- 넓게는 중국 노래에 대한 우리나라의 노래를 의미하며, 좁게는 향찰로 표기된 신라 시대에서 고려 초기까지의 정형화된 노래
- 도솔가, 시내가(詩內歌), 사내악(思內樂) 등 여러 명칭으로 사용됨

SEMI-NOTE

**기타 양반과 평민이 공유한 문학**

- **시조, 가사** : 조선 전기까지는 사대부층의 전유물이었다가 그 이후 평민 가객들이 향유 계층으로 등장
- **소설** : 양반과 평민 계층이 모두 향유한 설화와 마찬가지로 이를 모태로 하는 소설도 국민 문학의 성격을 지님

**고대 문학의 개념**

- 국문학의 태동기부터 고려 시대 이전까지 창작된 모든 문학을 의미함
- 일반적으로 고대 제천의식에서 행해진 원시 종합예술 형태의 집단 가무(歌舞)에서 발생하였다고 봄

**고대 시가의 대표 작품**

- **집단 가요** : 구지가(龜旨歌), 해가(海歌) 등
- **개인 가요** : 공무도하가(公無渡河歌), 황조가(黃鳥歌), 정읍사(井邑詞) 등

**부전가요**

설화와 함께 이름만 전하는 고대 가요

**고대 국가의 부전가요**

- **신라** : 「원사」, 「대악」
- **백제** : 「방등산가」, 「지리산가」, 「무등산가」, 「선운산가」
- **고구려** : 「내원성가」, 「영양가」, 「명주가」

SEMI-NOTE

**현재 전하는 향가의 연대**
- 백제
  - 무왕 : 「서동요」
- 신라
  - 진평왕 : 「혜성가」
  - 선덕여왕 : 「풍요」
  - 문무왕 : 「원왕생가」
  - 효소왕 : 「모죽지랑가」, 「원가」
  - 성덕왕 : 「헌화가」
  - 경덕왕 : 「제망매가」, 「도솔가」, 「찬기파랑가」, 「안민가」, 「천수대비가」
  - 원성왕 : 「우적가」
  - 헌강왕 : 「처용가」

**향가별 특징**
- 민요로 정착된 향가 : 「서동요」, 「풍요」, 「헌화가」, 「처용가」
- 노동요의 일종 : 「풍요」
- 주술성을 지닌 향가 : 「도솔가」, 「처용가」, 「혜성가」, 「원가」
- 유교 이념을 반영한 향가 : 「안민가」
- 추모의 향가 : 「모죽지랑가」, 「제망매가」
- 높은 문학성을 지닌 향가 : 「제망매가」, 「찬기파랑가」

**기타 향가 작품**
- 풍요
  - 작자 : 만성 남녀
  - 형식 : 4구체
  - 내용 : 양지가 영묘사 장육존상을 주조할 때 성 안의 남녀들이 진흙을 나르며 불렀다는 노동요
- 원왕생가
  - 작자 : 광덕
  - 형식 : 10구체
  - 내용 : 극락왕생을 바라는 불교 신앙의 노래, 달을 서방정토의 사자로 비유
- 보현십원가
  - 작자 : 균여대사
  - 형식 : 10구체
  - 내용 : 불교의 교리를 대중에게 펴기 위해 지은 노래

- 4구체와 8구체, 10구체가 있으며, 10구체 향가를 '사뇌가(詞腦歌)'라 함

ⓛ 특징
- 불교적 내용과 사상이 주를 이루었고, 현전하는 향가의 작가로는 승려가 가장 많음
- 신라 때의 작품 14수가 『삼국유사』에 전하고 고려 초의 작품 11수가 『균여전』에 전하여, 현재 모두 25수가 전함
- 진성여왕 때 각간(角干) 위홍(魏弘)과 대구화상(大矩和尙)이 편찬하였다는 『삼대목(三代目)』에 대한 기록이 있으나, 현재 전하지 않음

ⓒ 형식
- 4구체 : 구전되던 민요가 정착되어 형성된 것으로 보이는 초기 향가 형식
- 8구체 : 4구체에서 10구체로 발전하던 과도기에 발생한 형식
- 10구체 : 가장 정제되고 완성된 향가 형식

ⓔ 문학사적 의의
- 우리나라 시가 중 최초의 정형화된 서정시
- 한글이 없던 시기에 민족적 주체성과 국문 의식을 반영
- 10구체 향가는 본격적 기록 문학의 효시가 되며, 이후 시조와 가사의 3단 형식과 종장에 영향

ⓜ 현재 전하는 대표 향가

| 작품명(작자) | 형식 | 내용 |
|---|---|---|
| 서동요(백제 무왕) | 4구체 | 서동(백제 무왕)이 선화 공주를 사모하여 아내로 맞기 위해 아이들에게 부르게 한 동요 |
| 혜성가(융천사) | 10구체 | 최초의 10구체 향가로, 노래를 지어 내침한 왜구와 큰 별을 범한 혜성을 물리쳤다는 축사(逐邪) 성격의 주술적인 노래 |
| 모죽지랑가(득오) | 8구체 | 죽지랑의 고매한 인품을 추모하여 부른 노래 |
| 헌화가(어느 노인) | 4구체 | 소를 몰고 가던 노인이 수로 부인에게 꽃을 꺾어 바치며 불렀다는 노래 |
| 제망매가(월명사) | 10구체 | 죽은 누이를 추모하여 재를 올리며 부른 추도의 노래 |
| 도솔가(월명사) | 4구체 | 두 해가 나타난 괴변을 없애기 위해 부른 산화공덕(散花功德)의 노래 |
| 찬기파랑가(충담사) | 10구체 | 기파랑을 찬양하여 부른 노래. 추모시. 문답식으로 된 최초의 노래 |
| 안민가(충담사) | 10구체 | 군신민(君臣民)이 할 바를 노래한 치국의 노래 |
| 천수대비가(희명) | 10구체 | 눈이 먼 아들을 위해 희명이 천수관음 앞에서 지어 아들에게 부르게 하자 눈을 떴다는 노래 |
| 처용가(처용) | 8구체 | 아내를 침범한 역신에게 관용을 베풀어 역신을 감복시킨 주술적인 노래 |

④ 설화 문학

㉠ 설화 문학의 개념

- 민족 집단이라는 공동체 속에서 공통의 의식을 바탕으로 구비, 전승되는 허구적 이야기
- 평민층에서 창작, 전승되어 강한 민중성을 지니며, 민족 문학으로서 고전 소설과 판소리의 기원이 되기도 함

㉡ 설화의 성격 : 구전성(口傳性), 서사성, 허구성, 산문성, 민중성

㉢ 설화의 종류

| 구분 | 신화 | 전설 | 민담 |
|---|---|---|---|
| 의미 | 신(神) 또는 신이(神異)한 능력을 지닌 주인공을 통해 민족의 기원, 건국 등 신성한 업적을 그리는 이야기 | 신적인 요소 없이 비범한 인간과 그 업적, 특정 지역이나 사물, 사건 등을 다루는 이야기 | 신화, 전설과 달리 일상적 인물을 통해 교훈과 흥미를 주는 허구적 이야기 |
| 성격 | 민족을 중심으로 전승되며, 신성성과 숭고미가 강조됨 | 역사성, 진실성을 중시하며, 비장미가 강조됨 | 민족과 지역을 초월하여 전승되며, 골계미, 해학미가 강조됨 |
| 전승자의 태도 | 신성하다고 믿음 | 진실하다고 믿음 | 흥미롭다고 믿음 |
| 시간과 장소 | 태초, 신성한 장소 | 구체적인 시간과 장소 | 뚜렷한 시간과 장소 없음 |
| 증거물 | 포괄적(우주, 국가 등) | 개별적(바위, 개울 등) | 보편적 |
| 주인공과 그 행위 | 신적 존재, 초능력 발휘 | 비범한 인간, 비극적 결말 | 평범한 인간, 운명 개척 |
| 전승 범위 | 민족적 범위 | 지역적 범위 | 세계적 범위 |

⑤ 한문학

㉠ 개념 : 한자의 전래와 함께 성립하여 한자로 표기된 문학을 말하며, 통일 신라 이후 본격적으로 발달함

㉡ 작자층 : 구비 문학과 달리 귀족, 화랑, 승려 등 상류층이 주로 창작하여 상층의 귀족 문학으로 발달함

㉢ 주요 작품 : 을지문덕 「여수장우중문시」, 최치원 「추야우중」, 최치원 『계원필경』, 「토황소격문」, 진덕여왕 「치당태평송」, 설총 「화왕계」, 혜초 『왕오천축국전』

## 2. 고려시대의 문학

### (1) 고려 문학사 개관

① 고려 문학의 개념 : 통일 신라 멸망 후부터 조선이 건국되기까지의 문학

② 고려 문학의 특징

㉠ 과도기적 문학의 성격을 지님

㉡ 문학의 계층적 분화가 발생하여 귀족 문학과 평민 문학으로 구분

SEMI-NOTE

**설화문학의 전개**

- 고조선
  - 단군 신화 : 우리나라의 건국 신화, 홍익인간의 이념 제시
- 고구려
  - 주몽 신화 : 시조인 동명왕의 출생에서부터 건국까지를 서술
- 신라
  - 박혁거세 신화 : 알에서 태어나 6촌 사람들의 추대로 임금이 된 박씨의 시조 설화
  - 석탈해 신화 : 알에서 나와 버려진 뒤 후일 임금으로 추대된 석씨의 시조 설화
  - 김알지 신화 : 계림의 나무에 걸렸던 금궤에서 태어났다고 전해지는 경주 김씨의 시조 설화
- 가락국
  - 수로왕 신화 : 알에서 태어나 가락국의 왕이 된 김해 김씨의 시조 설화

**신라의 한문학자**

- 강수(强首) : 외교 문서 작성에 뛰어남(한문의 능숙한 구사)
- 설총(薛聰) : 「화왕계(花王戒)」를 지음
- 김대문(金大問) : 「화랑세기」를 지음
- 최치원(崔致遠) : 한문학의 본격적인 발달을 주도한 문인

고려 시대 시가 문학의 전개

- 귀족 문학 : 경기체가
- 평민 문학 : 고려속요
- 귀족 + 평민 문학 : 시조

SEMI-NOTE

ⓒ 패관 문학이 발달하고, 가전(假傳)과 조선 시대에 발생하는 소설의 기반이 됨

ⓔ 고려 후기에 시조가 완성되면서, 조선대에 이르러 꽃을 피워 귀족 문학과 평민 문학이 통합되는 계기를 마련

ⓜ 과거 제도의 시행과 교육 기관의 설립으로 한문학은 크게 융성한 반면, 국문학은 위축되어 정형 시가인 향가가 고려 초에 소멸

### (2) 고려 문학의 갈래

① 고려속요(고려 가요)

㉠ 고려속요의 개념

- 고려 시대 평민들이 부르던 민요적 시가로, 고려 말 궁중의 속악 가사로 사용되다 한글 창제 후 기록 및 정착
- 평민의 소박함과 함축적인 표현, 풍부한 정서를 반영한 고려 문학의 정수

㉡ 특징

- 작자층 : 문자를 알지 못한 평민 계층으로, 대부분 미상
- 형식 : 분절체(분장체, 연장체), 후렴구와 반복구, 감탄사 발달, 3음보 율격
- 내용 : 평민들의 진솔한 생활 감정이 주된 내용(남녀 간의 사랑, 이별의 정한, 자연 예찬 등)
- 성격 : 평민 문학, 구전 문학, 서정 문학

㉢ 대표적인 고려속요

| 작품명 | 형식 | 내용 |
|---|---|---|
| 동동(動動) | 전 13연 분절체 | 월별로 그 달의 자연 경물이나 행사에 따라 남녀 사이의 애정을 읊음 |
| 처용가(處容歌) | 비연시 | 향가인 「처용가」를 부연한 축사(逐邪)의 노래 |
| 청산별곡(靑山別曲) | 전 8연 분절체 | 현실 도피적인 생활상과 실연의 슬픔 |
| 가시리(歸乎曲) | 전 4연 분절체 | 연인과의 이별을 안타까워함 |
| 서경별곡(西京別曲) | 전 3연 분절체 | 대동강을 배경으로 남녀 간의 이별의 정한 |
| 정석가(鄭石歌) | 전 6연 분절체 | 임금의 만수무강을 축원 |
| 쌍화점(雙花店) | 전 4연 | 유녀(遊女)가 남녀 간의 적나라한 애정을 표현 |
| 만전춘(滿殿春) | 전 5연 | 남녀 간의 애정을 대담하고 솔직하게 읊음 |
| 상저가(相杵歌) | 비연시 | 방아를 찧으면서 부르는 노동요 |
| 정과정곡(鄭瓜亭曲) | 비연시 | 귀양살이의 억울함과 연군의 정을 노래 |
| 도이장가(悼二將歌) | 8구체 2연 | 개국 공신 김낙과 신숭겸 두 장군의 공덕을 예종이 찬양 |

② 경기체가

㉠ 경기체가의 개념

- 고려 중기 이후부터 조선 초까지 신흥 사대부 계층에서 유행한 정형시로, 사대부의 득의에 찬 삶과 향락적 여흥을 위해 만들어진 귀족 문학 양식
- 후렴구에 '경기하여(景幾何如)' 또는 '경(景) 긔 엇더ᄒᆞ니잇고'라는 후렴구가 반복되어 '경기체가(경기하여가)'라 불림

**고려속요의 수록**

한글 창제 후 『악학궤범』, 『악장가사』, 『시용향악보』 등에 수록되었으나, 이 과정에서 당대 유학자들에 의해 '남녀상열지사(男女相悅之詞)'로 간주되어 많은 작품이 수록되지 못함

**주요 고려 속요의 의의**

- **동동** : 월령체(달거리) 노래의 효시
- **서경별곡** : 「가시리」와는 달리 이별의 정한을 직설적으로 노래함. 정지상의 「송인」과 연관됨
- **정석가** : 불가능한 상황 설정으로 만수무강을 송축
- **만전춘** : 속요 중 시조와 가장 유사
- **상저가** : 백결 선생의 「대악」의 후신

**경기체가와 고려 속요의 비교**

- **공통점** : 분연체, 분절체, 4음보 율격
- **차이점**
  - 경기체가 : 귀족 문학으로 문자(한문)로 기록하였고, 조선 시대에 새로운 이념을 담은 악장으로 발전
  - 고려 속요 : 평민문학으로 구전(口傳)되다가 한글로 기록되었으며 남녀상열지사로 비판 받음

㉡ 경기체가의 특징

- 형식 : 3음보의 분절체, 보통 3·3·2조의 율조(律調)를 갖춤, 각 절 끝마다 한자 어구의 나열과 이두식 후렴구 사용
- 내용 : 문인 귀족층의 향락적 생활과 자부심, 호기를 반영
- 의의 및 영향 : 가사 문학의 기원, 조선 전기에는 건국과 도덕적 이념을 노래

㉢ 대표적인 경기체가

| 작품명(작자) | 내용 |
|---|---|
| 한림별곡(한림제유) | • 현전하는 최초의 경기체가<br>• 시부, 서적, 명필, 명주, 음악, 누각, 추천, 화훼 등 8경을 노래하여 삶의 자부심을 표현 |
| 관동별곡(안축) | 강원도 순찰사로 갔다 돌아오는 길에 관동의 절경을 노래함. 전 8연 |
| 죽계별곡(안축) | 고향인 풍기 땅 순흥의 경치를 노래함. 전 5연 |
| 상대별곡(권근) | • 조선 문물제도의 왕성함을 칭송. 전 5장<br>• 궁중연락(宮中宴樂)으로 사용됨 |
| 독락팔곡(권호문) | • 자연에서 노닐며 도학을 닦는 자세를 노래<br>• 경기체가의 마지막 작품 |

③ 시조

㉠ 시조의 개념

- 신라의 향가와 고려 속요의 영향을 받아 고려 중기에 발생해 고려 말에 완성된 정형 시가로, 조선 시대를 거쳐 지금까지 전승되고 있는 정형시
- 고려 중엽 이후 신흥 사대부들의 유교적 이념을 표출하고 정서를 담을 수 있는 장르를 찾는 과정에서 창안되었으며, 기원은 10구체 향가의 3단 구성과 「만전춘별사」와 같은 속요의 분장 과정에서 형성되었다고 보는 것이 일반적

㉡ 시조의 갈래

| 구분 | | 내용 |
|---|---|---|
| 형식상 갈래 | 평시조(단형시조) | 3장 6구의 기본 형식을 갖춘 시조 |
| | 엇시조(중형시조) | 종장 첫 구를 제외하고 어느 한 구절이 평시조보다 긴 시조 |
| | 사설시조(장형시조) | 종장 첫 구를 제외하고 두 구절 이상이 평시조보다 긴 시조로, 정철의 '장진주사'가 효시 |
| | 연시조 | 2수 이상의 평시조가 모여서 된 시조(3장 한 수만으로 된 시조는 단시조) |
| 배행상 갈래 | 장별 배행 시조 | 초장, 중장, 종장이 각 한 행으로 되어, 3행으로 한 수(首)가 이루어진 시조 |
| | 구별 배행 시조 | 장(章)을 한 행으로 하지 않고, 구(句)를 한 행으로 하여 6행으로 한 수가 이루어진 시조 |

㉢ 대표적인 시조

- 다정가(이조년) : 봄밤의 애상적인 정서가 유려하게 표현

SEMI-NOTE

**경기체가의 창작 연대**

- **고려 고종** : 「한림별곡」
- **고려 충숙왕** : 「관동별곡」, 「죽계별곡」
- **조선 세종** : 「상대별곡」, 「화산별곡」
- **조선 성종** : 「불우헌곡」
- **조선 중종** : 「화전별곡」, 「도동곡」
- **조선 선조** : 「독락팔곡」

**시조의 역사**

- **고려 말~조선 초** : 역사적 전환기에 처한 고뇌를 반영하는 회고가(回顧歌) 등이 주로 만들어짐
- **조선 전기** : 유교 이념과 규범, 충의(忠義)의 내용이 주류를 이루다 점차 도학, 애정 등의 내용으로 확대됨
- **조선 후기** : 관념적 내용에서 탈피해 다양한 삶의 현실을 반영하는 내용으로 변모

**시조의 형식**

- 3·4 또는 4·4조의 4음보 율격에 3장 6구 45자 내외로 구성
- 각 장은 2구, 4음보, 15자 내외로 구성
- 각 음보는 3·4조 또는 4·4조의 기본 음수율
- 종장의 첫 구 3자는 고정(조선 후기의 사설시조에서도 지켜짐)

**시조 명칭의 변천**

단가(短歌), 시여(時餘), 영언(永言), 신조(新調) 등으로 불리다, 영조 때 가객 이세춘이 당대 유행하는 곡조라는 의미로 '시절가조(時節歌調)'라 명명한데서 '시조'라는 명칭이 탄생되었음

SEMI-NOTE

• 하여가(이방원) : 정적에 대한 우회적, 간접적인 회유를 표현
• 단심가(정몽주) : 고려 왕조에 대한 강한 충성심을 노래한 작품. 이방원의 「하여가」에 대한 화답가
• 탄로가(우탁) : 늙음을 한탄하지만, 인생을 달관한 여유가 돋보이는 작품

④ 서사 문학 : 구비로 전승되던 것을 문자로 기록한 설화와 고려 시대에 와서 창작된 패관 문학이나 가전체 문학으로 나눌 수 있음

㉠ 패관 문학
• 민간의 가담(街談)과 항설(巷說) 등을 토대로 한 문학
• 채록자인 패관이 수집한 설화에 자기 취향에 따라 윤색함

㉡ 대표적인 패관 문학

| 작품명(작자) | 내용 |
|---|---|
| 수이전(박인량) | 최초의 순수 설화집이나 오늘날 전하지 않으며, 그 중 9편만이 『해동고승전』, 『삼국유사』, 『대동운부군옥』 등에 전함 |
| 파한집(이인로) | 최초의 시화집으로 시화, 문담, 기사, 자작, 고사, 풍물 등을 기록 |
| 역옹패설(이제현) | 『익재난고』의 권말에 수록. 이문(異問), 기사(奇事), 시문, 서화, 인물에 관한 이야기 수록 |
| 용재총화(성현) | 『대동야승』에 수록. 풍속, 지리, 역사, 문물, 음악, 예술, 인물, 설화 등 각 방면에 대하여 유려한 산문으로 생생하게 묘사한 글 |

패관 문학의 연대
• 고려 문종 : 「수이전」
• 고려 고종 : 「백운소설」, 「파한집」, 「보한집」
• 고려 충혜왕 : 「역옹패설」
• 조선 연산군 : 「용재총화」

기타 패관 문학 작품
• 백운소설(이규보) : 삼국 시대부터 고려 문종 때까지의 시인과 시에 대한 논평과 잡기 등이 수록된 시화집
• 보한집(최자) : 파한집의 자매편. 거리에 떠도는 이야기나 흥미 있는 사실 등을 기록

㉢ 가전체 문학
• 사물을 의인화하여 전기적 형식으로 기록한 글
• 계세징인(戒世懲人)을 목적으로 하는 의인(擬人)전기체로 물건을 의인화함
• 순수한 개인의 창작물로 소설의 발생에 한 발짝 접근한 형태

㉣ 대표적인 가전체 문학

| 작품명(작자) | 내용 |
|---|---|
| 국순전(임춘) | 술을 의인화하여 술이 사람에게 미치는 영향을 말함 |
| 공방전(임춘) | 돈을 의인화하여 재물을 탐하는 것을 경계함 |
| 국선생전(이규보) | 술과 누룩을 의인화. 군자의 처신을 경계함 |
| 청강사자현부전(이규보) | 거북을 의인화하여 어진 사람의 행적을 기림 |
| 죽부인전(이곡) | 대나무를 의인화하여 절개를 나타냄 |
| 저생전(이첨) | 종이를 의인화 |

가전체 문학의 창작 연대
• 서하선생집 : 「국순전」, 「공방전」
• 동국이상국집 : 「국선생전」, 「청강사자현부전」
• 가정집 : 「죽부인전」
• 동문선 : 「저생전」, 「정시자전」, 「국순전」, 「공방전」, 「국선생전」, 「청강사자현부전」

⑤ 한문학
㉠ 과거 제도의 실시, 국자감의 설치, 불교의 발달 등으로 한문학 융성
㉡ 대표적 작가로는 최승로, 박인량, 김부식, 정지상, 이인로, 이규보, 이제현, 임춘 등이 있음
㉢ 한문학 작품 및 작품집

| 작품명(작자) | 내용 |
|---|---|
| 송인(정지상) | 이별의 정서를 표현한 칠언절구(七言絶句)의 노래 |

한문학의 특징
• 당대(唐代)에 완성된 형식인 근체시(近體詩)는 매우 복잡한 규칙을 가지고 있음
• 어수(語數), 압운(押韻), 평측(平仄)의 안배, 대구(對句)에 따라 엄격하게 전개되며 배열에 따라 각각 5언과 7언으로 나뉨
• 창작 상 채용한 형식으로는 근체시가 가장 많으며, 그 다음으로는 고시(古詩)로 나타남

| 부벽루(이색) | 고려에 대한 회고와 국운 회복의 소망을 표현한 오언(五言) 율시 |
|---|---|
| 삼국사기(김부식) | 삼국의 정사의 성격을 띠고 있음 |
| 삼국유사(일연) | 건국 이래 삼국 시대까지의 이면사를 다룸 |
| 동명왕편(이규보) | 동명왕의 영웅적 행위를 노래한 서사시 |
| 해동고승전(각훈) | 고구려, 신라 시대의 고승의 전기 |
| 제왕운기(이승휴) | 중국 역대 사적과 우리의 사적을 노래한 서사시 |

## 3. 조선 전기 문학

### (1) 조선 전기 문학사 개관

① **조선 전기 문학의 개념** : 조선 건국으로부터 임진왜란까지의 약 200년간의 문학

② **조선 전기 문학의 특징**

㉠ 훈민정음 창제는 진정한 의미에서의 국문학의 출발을 가져왔으며, 문자 생활의 일대 변혁을 가져왔고, 기존의 구비 문학이 기록 문학으로 정착되어 각종 언해 작업이 진행되었음

㉡ 형식면에서는 운문 문학이 주류를 이루어 시조, 악장, 경기체가, 가사 등이 지어졌고, 내용 면에서는 유교적인 이념과 상류 사회의 생활이 중심이 되었음

㉢ 문화의 향유 계급은 주로 상류층인 귀족 양반들이었으며, 평민의 참여는 거의 없었음

㉣ 시조가 확고한 문학 양식으로 자리 잡았고, 선초 건국을 정당화하는 악장이 발생하였다 곧 소멸하고 뒤이어 운문과 산문의 중간 형태인 가사가 출현

### (2) 조선 전기 문학의 갈래

① 악장(樂章)

㉠ 악장의 개념

- 조선의 창업과 번영을 정당화하고 송축하기 위한 조선 초기의 송축가
- 작자층이 주로 개국 공신인 유학자들이었으므로 일반 백성들과는 동떨어진 문학

㉡ 대표적인 악장(樂章)

| 작품명(작자) | 내용 |
|---|---|
| 용비어천가<br>(정인지, 권제, 안지 등) | • 조선 육조의 위업을 찬양하고 번영을 송축하며, 후대의 왕에게 권계의 뜻을 일깨움<br>• 한글로 기록된 최초의 작품(서사시)<br>• 제2장 '뿌리 깊은 나무…'는 한자어가 없는 순우리말로 높은 평가를 받음 |
| 월인천강지곡<br>(세종) | • 『석보상절』을 보고 세종이 악장 형식으로 고쳐 쓴 석가모니 찬송가<br>• 석가의 인격과 권능을 신화적으로 미화하여 전형적인 서사시의 구조를 지님<br>• 형식이 『월인석보』로 이어졌을 가능성이 있음 |

SEMI-NOTE

**기타 조선 전기 문학의 특징**

- 설화 문학의 발전과 중국 소설의 영향으로 소설 발생, 산문 문학과 자연 문학이 태동
- 성리학이 발달하였으며, 문학 작품에 있어서도 유교적이며 철학적인 사상의 형상화

**악장의 문학성**

새 왕조에 대한 송축과 과장, 아유(阿諛)가 심하여 문학성이 떨어졌고, 세종 때 유행하다 15세기 중엽 이후에 소멸

**기타 악장 작품**

- 조선 태조의 공덕을 찬양한 작품
  - 정도전 : 「납씨가」, 「문덕곡」, 「정동방곡」, 「궁수분곡」, 「신도가」
  - 하륜 : 「근천정」
- 조선의 개국을 찬양한 작품
  - 윤회 : 「봉황음」, 「유림가」
  - 권근 : 「상대별곡」
  - 변계량 : 「화산별곡」

SEMI-NOTE

**가사의 발생 견해**

경기체가가 붕괴되면서 악장이라는 과도기적 형태를 거쳐 형성되었다는 견해와, 교술 민요가 기록 문학으로 전환되면서 형성되었다는 견해가 있음

**기타 가사 작품**

- 강촌별곡(차천로) : 벼슬을 버리고 자연에 묻혀 생활하는 정경을 노래
- 일동장유가(김인겸) : 일본에 가는 사신의 일행이 되어 다녀온 체험을 노래한 장편 기행 가사

**시조의 발달 양상**

- 평시조를 여러 수로 묶어 한 주제를 나타내는 연시조도 창작됨
- 16세기에 들어 송순, 황진이 등에 의하여 문학성이 심화됨

**주요 한시 작품**

- 봄비(허난설헌) : 고독한 정서를 나타냄
- 습수요(이달) : 수탈에 시달리는 농촌의 모습을 노래함

② 가사(歌辭)

㉠ 가사의 개념 : 연속체 장가(長歌) 형태의 교술 시가로, 조선 초 정극인의 「상춘곡」을 가사 문학의 효시로 봄

㉡ 내용 : 유교적 이념, 연군, 자연 예찬, 강호한정, 음풍농월, 기행(紀行) 등

㉢ 형식 : 3 · 4조, 4 · 4조의 음수율과 4음보격을 취하는 운문

㉣ 가사의 특징

- 운문과 산문의 중간적, 과도기적 형태로, 운문의 형식과 산문적 내용으로 이루어졌으며 서정성과 서사성, 교술성 등 다양한 특성이 혼재
- 시조와 함께 조선 전기를 대표하는 갈래이며, 시조와 상보적 관계를 이루며 발전

㉤ 대표적인 가사(歌辭)

| 작품명(작자) | 내용 |
|---|---|
| 상춘곡(정극인) | 태인에 은거하면서 봄 경치를 노래. 가사의 효시 |
| 면앙정가(송순) | 담양에 면앙정을 짓고 주위의 아름다움과 정취를 노래한 작품으로, 「상춘곡」이 「성산별곡」으로 넘어가는 교량적 역할을 한 작품 |
| 관동별곡(정철) | 관동의 산수미에 감회를 섞은 기행 가사. 홍만종이 『순오지』에서 '악보의 절조'라 이른 작품 |
| 사미인곡(정철) | 임금을 그리는 정을 비유적으로 노래한 연가(충신연주지사). 홍만종이 『순오지』에서 초의 「백설곡」에 비유한 작품 |
| 속미인곡(정철) | • 김만중이 최고의 수작으로 평가한 작품으로, 송강 가사의 백미로 손꼽힘<br>• 두 여인의 문답으로 된 연군가로, 「사미인곡」의 속편 |
| 규원가(허난설헌) | 가정에 묻혀 있으면서 남편을 기다리는 여인의 애원을 노래한 내방 가사로, '원부가(怨婦歌)'라고도 함 |
| 농가월령가(정학유) | 농촌에서 다달이 해야 할 연중행사와 풍경을 월령체로 노래한 최대 규모의 월령체 가요 |

③ 시조

㉠ 고려 말에 완성된 시조는 조선 시대에 들어와 유학자들의 검소하고 담백한 정서 표현에 알맞아 크게 발전

㉡ 건국 초에는 왕조 교체에 따른 지식인의 고뇌와 유교적 충의와 절의를 표현한 노래, 회고가(懷古歌) 등이 만들어졌고, 왕조의 안정 후에는 자연 예찬, 애정, 도학 등에 대한 노래가 다수 만들어짐

④ 한시(漢詩)

㉠ 감성과 서정, 당과 송의 시풍을 중시한 사장파(詞章派)와 이성적이며 실천적인 도의 추구와 경학을 강조한 도학파(道學派)로 나뉨

㉡ 사장파는 서거정, 성렬, 남곤, 도학파는 길재, 김종직, 조광조 등에 의해 주도됨

㉢ 선조 무렵에 송시풍(宋詩風)에서 당시풍(唐詩風)으로 전환됨

### (3) 서사 문학

① 고대 소설

㉠ 고대 소설의 개념과 대표 작품

- 고대 소설은 설화를 바탕으로 형성된 서사 문학으로, 설화적인 단순성을 지양하고 소설의 조건인 허구성을 갖춤
- 조선 전기의 한문 소설은 고려의 패관 문학과 가전체 문학, 중국의 전기 소설의 영향으로 전기적(傳奇的) 요소를 지님

㉡ 대표 작품 : 최초의 고대 소설인 김시습의 「금오신화」, 몽유록계 소설인 임제의 「원생몽유록」, 「수성지(愁城志)」, 「화사(花史)」, 심의의 「대관재몽유록」 등

② 고대 수필

㉠ 고대 수필의 개념 : 고려의 수필부터 갑오개혁 이전까지 창작된 수필을 지칭하며, 한문 수필과 한글 수필로 구분됨

㉡ 고대 수필의 구분

- 한문 수필 : 고려와 조선 전기의 패관 문학 작품, 조선 후기의 대부분의 문집이 여기에 속하며, 독창적, 개성적 성격보다 보편적, 객관적 성격
- 한글 수필 : 조선 후기 산문정신의 영향으로 한글로 창작된 일기나 서간, 기행, 잡기류 등이 여기에 속하며, 관념성, 규범성을 벗어나 일상 체험과 느낌을 진솔하게 표현

㉢ 고대 수필과 평론

- 고대 수필과 평론은 장르 의식에 따른 격식이 제대로 갖춰지지 않음
- 설화, 전기, 야담(野談), 시화(詩話), 견문, 기행, 일기, 신변잡기(身邊雜記) 등 다양한 내용을 서술
- 패관 문학집, 시화집, 개인 문집에 수록되어 전함
- 고려 시대부터 출발한 비평 문학은 문학을 인간의 성정(性情)을 교화하는 계몽적 성격으로 파악

## 4. 조선 후기 문학

### (1) 조선 후기 문학사 개관

① 조선 후기 문학의 개념 : 임진왜란(1592) 이후부터 갑오경장(1894)에 이르는 약 300년간의 문학

② 조선 후기 문학의 특징

㉠ 현실에 대한 비판과 평민 의식을 구가하는 새로운 내용이 작품 속에 투영

㉡ 현실적이고 구체적인 삶의 의미를 추구하는 실학 문학으로 발전

㉢ 운문 중심에서 산문 중심의 문학으로 이행과 평민 의식 소설, 사설시조의 발달, 여성 문학의 등장

### (2) 조선 후기 문학의 갈래

① 소설

㉠ 소설 시대의 형성

- 평민 의식의 자각, 산문 정신, 실학사상 등이 소설 발생의 배경
- 조선 후기에는 한문 소설 외에도 한글 소설이 다양하게 창작

SEMI-NOTE

**고대 소설, 금오신화의 구성**

- **만복사저포기(萬福寺樗蒲記)** : 양생과 여귀(女鬼)와의 교환
- **이생규장전(李生窺牆傳)** : 최랑이 이생과 부부로 살다 죽은 후, 여귀로 화하여 다시 교환
- **취유부벽정기(醉遊浮碧亭記)** : 홍생이 하늘의 선녀와 교환
- **남염부주지(南炎浮洲志)** : 박생의 염왕과의 대담
- **용궁부연록(龍宮赴宴錄)** : 한생의 수부 용왕과의 교환

**고대 수필 및 비평집**

- **필원잡기(서거정)** : 서거정이 일화 등을 엮은 수필 문학집
- **동문선(서거정)** : 신라부터 조선 초까지의 시문을 정리
- **촌담해이(강희맹)** : 음담패설과 설화를 엮은 기담집
- **용재총화(성현)** : 문물, 풍속, 지리, 역사, 음악, 설화, 인물평 등을 수록한 수필집
- **패관잡기(어숙권)** : 설화와 시화에 해설을 붙임

**기타 조선 후기 문학의 특징**

비현실적, 소극적인 유교 문학에서 현실적이고 구체적인 삶의 의미를 추구하는 실학 문학으로 발전

SEMI-NOTE

**소설 시대의 특징**
- 일대기적, 행복한 결말, 순차적 구성
- 사건의 비현실적, 우연성
- 운문체, 문어체, 만연체
- 유교, 도교, 불교, 무속 사상
- 전형적, 평면적 인물이며 작가가 직접 제시하는 방법을 사용
- 대부분이 권선징악(勸善懲惡), 인과응보(因果應報)의 주제를 담음
- 중국(명)을 배경으로 한 것이 많음

**조선 후기 소설의 대표작**
- **군담 소설**
  - 역사 군담 소설 : 「임진록」, 「임경업전」, 「박씨전」 등
  - 창작 군담 소설 : 「유충렬전」 등
- **가정 소설** : 「장화홍련전」, 「사씨남정기」, 「콩쥐팥쥐전」 등
- **대하 소설** : 「완월회맹연」, 「임화정연」 등
- **애정 소설** : 「운영전」, 「영영전」, 「춘향전」, 「숙향전」, 「숙영낭자전」, 「채봉감별곡」, 「구운몽」 등
- **풍자 소설** : 「배비장전」, 「양반전」, 「호질」, 「삼선기」 등
- **사회 소설** : 「홍길동전」, 「전우치전」 등
- **몽자류 소설** : 「구운몽」, 「옥루몽」, 「옥련몽」 등
- **의인화 소설** : 「수성지」, 「토끼전」, 「장끼전」, 「두껍전」, 「호질」 등
- **판소리계 소설** : 「춘향전」, 「흥부전」, 「심청전」, 「토끼전」, 「배비장전」, 「옹고집전」, 「장끼전」, 「숙영낭자전」

**윤선도의 주요 작품**
- 오우가 : 다섯 가지 자연의 대상을 노래
- 어부사시사 : 어부의 흥취를 계절마다 10수씩 노래, 모두 40수로 구성된 연시조

- 최초의 국문 소설인 「홍길동전」의 출현과, 평민 문학이 본격화되기 시작

㉡ 대표적인 소설

| 분류 | 내용 |
|---|---|
| 군담 소설 | 주인공이 전쟁에서 영웅적 활약을 전개하는 소설 |
| 가정 소설 | 가정 내의 문제를 주요 내용으로 하는 소설 |
| 대하 소설 | 흔히 여러 편이 연작 형태를 띠고 있으며 고소설의 모든 유형이 융합되어 복합적인 구성을 보임 |
| 애정 소설 | 남녀 간의 사랑 이야기를 다룬 소설 |
| 풍자 소설 | 동물을 의인화한다든지 하는 수법을 사용하여 당시의 시대상을 풍자한 소설 |
| 사회 소설 | 사회 모순에 대한 저항과 개혁 의식을 담은 소설 |
| 몽자류 소설(몽유록) | 꿈과 현실의 이중 구조로 된 소설 |
| 의인화 소설 | 꿈과 현실의 이중 구조로 된 소설 |
| 판소리계 소설 | 판소리와 밀접하게 관련을 맺고 있는 소설을 통칭하는 것으로 현실적인 경험을 생동감있게 표현 |

㉢ 박지원의 한문 소설

| 작품명 | 출전 | 내용 및 특성 |
|---|---|---|
| 허생전 | 열하일기 | 선비 '허생'의 상행위를 통해 양반 사대부의 무능과 당시의 경제체제의 취약점을 비판, 이용후생의 실학정신 반영 |
| 호질 | 열하일기 | 도학자들의 위선과 '정절부인'의 가식적 행위를 폭로 |
| 양반전 | 방경각외전 | 양반 사회의 허위와 부패, 무능, 특권의식을 폭로하고 풍자 |
| 광문자전 | 방경각외전 | 거지인 '광문'을 통해 교만에 찬 양반생활과 부패를 풍자하고 신분에 귀천이 없음을 표현 |
| 예덕선생전 | 방경각외전 | 인분을 나르는 '예덕선생(엄 행수)'을 통해 양반의 위선을 비판하고 직업 차별의 타파를 표현 |
| 열녀함양박씨전 | 방경각외전 | '박 씨 부인'의 불운한 삶을 통해 개가(改嫁) 금지 등 당대 사회의 모순을 비판 |

② 시조

㉠ 조선 후기 시조의 특징
- 조선 후기에는 산문 의식, 평민 의식의 성장 등으로 엇시조, 사설시조와 같은 장형(長型) 형태의 증가 및 유교적, 관념적 내용에서 탈피
- 평민 작자층의 등장과 평민 중심의 가단 형성, 시조집의 편찬, 시조창(時調唱)과 전문 가객의 등장 등 시조의 대중화가 이루어짐

㉡ 시조 문학의 대표 작가, 윤선도
- 『고산유고』에 시조 35수, 「어부사시사(漁父四時詞)」를 남김
- 윤선도는 자연 속에서의 풍류와 물아일체의 경지를 아름다운 우리말로 표

현하였고, 수사법과 문학적 기교가 뛰어나 시조 문학의 수준을 높임
- 조선 전기 사대부들이 이룩한 강호가도(江湖歌道)의 성과를 한층 더 끌어올리는데 기여함

㉢ 대표적인 연시조

| 작품명(작자) | 내용 및 특징 |
|---|---|
| 강호사시사(맹사성) | • 강호에서 자연을 즐기고 사계절을 노래하며 임금에 대한 충정을 표현<br>• 최초의 연시조로서, 총 4수로 구성 |
| 어부사(이현보) | 늙은 어부의 즐거움을 노래한 것으로, 윤선도의 「어부사시사」에 영향을 미침 |
| 도산십이곡(이황) | 전 6곡은 '언지(言志)'를, 후 6곡은 '언학(言學)'을 노래한 12수의 연시조 |
| 고산구곡가(이이) | 주자의 「무이구곡가」를 본 따 학문 정진을 노래한 10수의 연시조 |

③ 사설시조

㉠ 사설시조의 등장
- 17세기에 등장해 18세기에 유행하였으며, 전 3장 중 2장 이상이 평시조보다 길어 시조의 산문화 경향을 반영함
- 서민들의 생활 감정과 일상의 모습, 사회 모순에 대한 비판 등을 표현
- 가사투와 민요풍의 혼합, 반어와 풍자, 해학미 등도 두드러짐

㉡ 대표 시조집
- 『청구영언』 : 영조 때 김천택이 지은 최초의 시조집, 곡조별로 998수를 분류
- 『해동가요』 : 영조 때 김수장이 지은 것으로, 작가별로 883수를 분류
- 『병와가곡집(악학습령)』 : 정조 때 이형상이 지어 곡조별로 1,100여 수를 분류
- 『가곡원류』 : 고종 때 박효관과 안민영이 지어 곡조별로 800수를 분류

④ 가사 문학

㉠ 가사의 변모
- 작자층이 다양화되면서 작품 계열도 여러 방향으로 분화
- 현실적인 문제에 많은 관심을 갖기 시작했으며 여성 및 평민 작자층의 성장

㉡ 주요 작품
- 허전, 이원익의 가사 : 「고공가」는 허전이 국정을 개탄하고 근면을 권하는 내용의 가사이며, 이원익의 「고공답주인가」는 이에 대한 화답의 가사임
- 박인로의 가사 : 중후한 문체로 「선상탄」, 「누항사」, 「태평사」 등의 작품을 통해 현실의 문제를 인식하는 길을 개척
- 내방 가사 : 주로 영남 지방의 부녀자들에 의해서 지어진 규방 가사
- 유배 가사 : 안조환 「만언사」, 김진형 「북천가」 등

⑤ 잡가

㉠ 잡가의 개념 : 조선 후기 하층계급의 전문 소리꾼(사계춘)이나 기생들이 부르던 긴 노래를 말하며, 양반 가사에 대비하여 '잡가(雜歌)'라 칭함

㉡ 내용 : 자연의 아름다움과 풍류, 삶의 애환, 남녀 간의 애정, 해학과 익살 등

SEMI-NOTE

**기타 연시조 작품**
- **훈민가(정철)** : 유교적 이념을 토대로 하여 백성을 교화하는 연시조로, 총 16수가 전함
- **매화사(안민영)** : 스승인 박효관의 매화를 보고 지은 8수의 연시조

**대표적인 가단(歌壇)**

영조 때 김천택, 김수장이 결성한 '경정산가단'과 고종 때 박효관, 안민영 등이 중심이 된 '승평계'가 대표적

**기타 시조집**
- **고금가곡** : 영조 때 송계 연월옹이 지은 것으로, 주제별로 313수를 분류
- **남훈태평가** : 철종 때 순 한글로 표기된 시조집으로, 음악적 의도에서 종장, 종구를 생략함

**조선 후기 가사의 특징**
- 조선 후기의 가사는 작자층이 평민층과 부녀자층으로 다양화되었고, 작품 계열도 여러 감정으로 분화됨
- 현실적인 문제에 관심을 갖기 시작했으며, 일상적인 체험과 감정을 사실적으로 표현함

**휘몰이 잡가와 십이장가**
- **휘몰이 잡가** : 맹꽁이 타령, 바위 타령
- **십이장가** : 유산가, 적벽가, 선유가, 소춘향가, 평양가, 십장가, 형장가, 제비가, 월령가, 방물가, 출인가 등

SEMI-NOTE

**남도 잡가**

전라도에서 유행한 것으로 전라도 지방의 억양을 느낄 수 있음

**기타 한문학 작품**

- **시화총림(홍만종)** : 역옹패설, 어우야담, 이봉유설에서 시화만을 뽑아 기록한 시화집
- **순오지(홍만종)** : 정철, 송순 등의 시가에 대한 평론을 수록한 평론집
- **북학의(박제가)** : 청나라를 시찰하고 돌아와서 우리 사회 개혁의 필요성을 적은 책
- **연려실기술(이긍익)** : 조선의 야사(野史)를 기록한 문집

**기타 수필 작품**

- **인현왕후전(궁녀)** : 인현왕후의 폐비 사건과 숙종과 장희빈과의 관계를 그린 글
- **을병연행록(홍대용)** : 계부 홍억의 군관으로 연경에 가서 쓴 기행문. 국문 연행록 중 최장편
- **무오연행록(서유문)** : 중국에 서장관으로 갔다 보고 들은 것을 기록한 글
- **제문(숙종)** : 숙종이 막내아들 연령군의 죽음에 대하여 그 애통한 심정을 기록한 글
- **어우야담(유몽인)** : 민간의 야담과 설화를 모아 엮은 설화적인 창작 수필

㉢ 형식 : 4 · 4조 4음보 가사의 율격을 기본으로 하나 파격이 심함

㉣ 특징

- 기본적으로 세속적, 유흥적, 쾌락적 성격을 지님
- 상층 문화에 대한 모방심리로 현학적 한자 어구와 중국 고사 등이 나열되는 것이 많음

㉤ 잡가의 종류

- 경기 잡가 : 서울, 경기도 지방에서 유행한 것으로 맑고 깨끗한 느낌을 줌
- 서도 잡가 : 평안도, 황해도 지방에서 유행한 것으로 애절한 느낌을 줌

⑥ 한문학

㉠ 한문학의 특징

- 전기의 사장파(詞章派) 문학을 계승하고 경전에 따른 관념적 문학을 추구
- 현실적 실리 추구, 평이하고 사실적인 표현, 고문체의 배격 등을 특징으로 하는 실학파 문학이 대두

㉡ 대표적인 한문학 작품

| 작품명(작자) | 내용 |
|---|---|
| 서포만필(김만중) | 신라 이후의 시에 대한 평론이 실린 평론집 |
| 반계수록(유형원) | 여러 제도에 대한 고증을 적고, 개혁의 경위를 기록한 책 |
| 성호사설(이익) | 평소에 기록해 둔 글과 제자들의 질문에 답한 내용을 집안 조카들이 정리한 것. 주제에 따라 다섯 부분으로 나누어짐 |
| 열하일기(박지원) | 열하의 문인들과 사귀고 연경 문물제도를 견문한 것을 적은 책 |
| 목민심서(정약용) | 지방 장관의 치민에 관한 도리를 논한 책 |

⑦ 수필

㉠ 국문 수필 : 주로 여인들에 의해 쓰인 수필로, 주로 기행문이나 일기 형식으로 쓰임

㉡ 궁정 수필 : 궁중에서 생활하던 여인들에 의해 쓰인 수필로 분량이 가장 많음

㉢ 대표적인 수필

| 분류 | 작품명(작자) | 내용 및 특징 |
|---|---|---|
| 궁정 | 한중록(혜경궁 홍씨) | 남편인 사도세자의 비극과 궁중의 음모, 당쟁과 더불어 자신의 기구한 생애를 회고 |
| 일기 | 의유당일기(의유당) | 순조 29년 함흥 판관으로 부임한 남편 이희찬을 따라가 부근의 명승 고적을 찾아다닌 감흥을 적은 글 |
| 제문 | 윤씨 행장(김만중) | 모친인 윤 씨 부인을 추모하여 생전의 행장을 적은 추도문 |
|  | 조침문(유씨 부인) | 자식 없는 미망인이 바느질로 생계를 유지하다가 바늘이 부러지자 그 섭섭한 감회를 적은 글 |
| 기담 | 요로원야화기(박두세) | 선비들의 병폐를 대화체로 파헤친 풍자 문학 |
|  | 규중칠우쟁론기(미상) | 부인들이 쓰는 바늘, 자, 가위, 인두, 다리미, 실, 고무 등의 쟁공(爭功)을 의인화하여 쓴 글 |

### (3) 판소리와 민속극, 민요의 성장

① 판소리

㉠ 판소리의 개념

- 직업적 소리꾼인 광대가 고수(鼓手)의 북 장단에 맞추어 창(唱)과 아니리, 발림으로 연행하는 구비 서사시
- '창(唱)과 아니리, 발림'의 요소로 이루어진다는 점에서, 노래와 문학, 연극적 요소가 결합되어 형성된 종합 예술 양식이라 할 수 있음

㉡ 형성 및 발전과정

- 형성 : 17세기 말에서 18세기 초반 무렵에 설화나 소설을 창으로 만들어 생계를 삼은 광대들에 의해 새로운 양식으로 형성
- 18세기 : 판소리가 지방의 민속 예술에서 벗어나 중앙 무대에 진출하고, 중, 상류층까지 향유층이 확대
- 19세기 : 본격적인 대중 예술의 성격을 갖게 되면서 급격히 발전
- 20세기 : 창극(唱劇)으로의 변신을 모색하고 극장 체제를 갖추었으나, 점차 쇠퇴

㉢ 판소리의 특징

- 서사성 : 서민들의 현실적 생활을 이야기 구조로 표현
- 극성 : 음악적 요소와 연극적 요소가 강한 종합예술의 성격을 지님
- 율문성 : 노래 형식의 가창
- 전문성 : 전문 가객인 광대가 연행
- 풍자 및 해학성 : 당대 사회에 대한 풍자와 해학을 표현
- 다양성 : 표현과 수식, 율격, 구성 원리 등이 다른 구비 문학보다 다양
- 구전성과 공유성 : 연행 방식이 구전되었으며, 서민층에서 양반층까지 폭넓게 향유
- 부분의 독자성 : 정해진 대본이 있는 것이 아니라 전승되는 이야기를 근간으로 흥미로운 부분을 확장, 부연하는 방식으로 발전
- 문체의 이중성 : 양반과 평민들의 언어가 함께 공존
- 주제의 양면성 : 유교 이념에 따른 표면적 주제와 서민의 비판 정신에 기반한 이면적 주제가 공존

② 민속극

㉠ 민속극의 개념 : 일정한 역할로 가장한 배우가 대화와 몸짓으로 사건을 표현하는 전승형태를 말하며, '전통극'이라고도 함

㉡ 민속극의 특징

- 서민 정신과 풍자와 해학이 있음
- 춤, 대사, 음악으로 인물, 관객이 어우러지는 축제성을 지님

㉢ 유형

- 무극(巫劇) : 굿에서 연행되는 굿놀이
- 가면극 : 탈춤, 산대놀이, 오광대놀이, 야유 등으로 불림
- 인형극 : 배우 대신 인형을 쓰는 극. 꼭두각시놀음은 우리나라 유일의 인형극

SEMI-NOTE

**주요 단어 풀이**

- **창** : 판소리 또는 잡가 따위를 가락에 맞춰 높은 소리로 부름
- **아니리** : 창을 하는 중간마다 가락을 붙이지 않고 이야기하듯 엮는 사설
- **발림** : 소리의 극적 전개를 돕기 위해 몸짓, 손짓으로 하는 동작

**판소리 열두 마당과 여섯 마당**

- **열두 마당** : 춘향가, 심청가, 흥부가, 수궁가, 적벽가, 변강쇠타령, 배비장타령, 강릉매화전, 옹고집, 장끼타령, 무숙이타령, 가짜신선타령
- **여섯 마당** : 춘향가, 심청가, 흥보가(박타령), 적벽가, 수궁가(토끼 타령), 변강쇠타령(현재 변강쇠타령을 제외한 다섯 마당이 전함)

**대표 무극**

- **제주도** : 입춘굿, 세경놀이, 영감놀이
- **경기도** : 소놀이굿
- **평안도** : 재수굿 방아놀이

**대표 가면극**

- **서울, 경기도** : 송파 산대놀이, 양주 별산대놀이, 퇴계원 산대놀이
- **황해도** : 봉산 탈춤, 강령 탈춤, 은율 탈춤
- **경남** : 수영 야류, 동래 야류, 통영 오광대, 고성 오광대, 진주 오광대

SEMI-NOTE

• 창극 : 여러 가객들이 무대에서 연기하며 판소리조로 연행하는 극

③ 민요

㉠ 민요의 개념 : 민중 속에서 자연스럽게 구전되어 온 노래로, 민족성과 국민성을 나타내기도 하며 민중의 보편적 정서가 담겨 있고, 입에서 입으로 전해지기 때문에 가사와 곡조가 시대에 따라 변하기도 함

㉡ 민요의 특징

• 구전성, 서민성, 향토성이 특징
• 민중의 정서를 직접 표출하여 서정성을 지님
• 누구나 부를 수 있어 비전문성을 지니며, 창자(唱子)와 청자(聽子)가 일치
• 두 연이 대칭구조를 이루고, 3 · 4조, 4 · 4조의 율격을 가짐

㉢ 대표적인 민요(民謠)

| 분류 | | 내용 |
|---|---|---|
| 기능요 | 노동요 | 농업, 어업, 벌채, 길쌈, 제분, 잡역 노동요 등(예 논매기 노래, 타작 노래, 해녀 노래) |
| | 의식요 | 세시, 장례, 신앙 의식요 등(예 지신밟기 노래, 상여 노래, 달구질 노래) |
| | 유희요 | 놀이에 박자를 맞추면서 부르는 노래(예 강강술래, 줄다리기 노래, 널뛰기 노래, 놋다리 노래) |
| 비기능요 | | 특정한 행동에 관련 없이 언제든 흥이 나면 부르는 노래이며, 내용 및 형태상의 제약이 크게 없음(예 아리랑, 강원도 아리랑, 정선 아리랑, 밀양 아리랑) |

**민요의 내용상 특징**

• 부녀자들의 애환을 표현한 부요(婦謠)가 많음
• 생활고와 삶의 어려움이 폭넓게 드러남
• 농업을 기반으로 하는 농가(農歌)가 많으며, 여기에 남녀의 애정을 함께 담아냄
• 현실의 문제를 우회적으로 표현하여 해학성이 풍부

**기타 민요의 특징**

• 관용구, 애용구가 빈번히 사용되고, 음의 반복이 많음
• 민속, 음악, 문학의 복합체
• 민요의 가창 방식은 선후창, 교환창, 독창, 합창으로 구분

## 02절 현대 문학의 흐름

### 1. 개화기 문학

#### (1) 개화기 문학사 개관

① 개화기 문학의 시대 배경 : 갑오개혁에서 삼일절에 이르는 시기의 문학, 이 시기의 문학은 새로운 서구의 문화와 독립 의식을 강조

② 개화기 문학의 특징

㉠ 문어체 문장에서 구어체에 가까운 문장으로 변화하였고, 국한문 혼용체와 국문체 등 새로운 문체가 확립됨

㉡ 자주 정신의 각성으로 계몽적 이념을 강조하는 내용이 주를 이룸

㉢ 전통적 문학 형식을 기반으로 개화 가사, 창가, 신체시, 신소설 등 새로운 장르가 모색됨

㉣ 신교육의 영향으로 국문 문학이 확대되었고, 신문의 보급과 인쇄술 발달 등의 영향으로 문학의 대중화가 진행됨

**언문일치**

글로 쓰는 문장이 말하는 언어와 일치하는 현상으로 중국에 대한 대타의식 및 자국 의식의 강화와 국문의 지위 향상과 맞물려 있음

서유견문

조선후기 정치가 유길준이 저술한 서양 기행문으로 환경 및 인종과 정치 체계 등을 서술하고 있음

### (2) 대표 개화기 문학의 갈래 및 작품

① 개화 가사

㉠ 개화 가사의 개념 : 가사의 운율 형식을 계승하고 개화기 계몽사상을 담아 노래한 가사를 말함

㉡ 개화 가사의 특징 : 가사의 율격인 4 · 4조 4음보의 율격을 토대로 하여 분절체, 후렴구 등의 민요적 요소를 가미하였고, 자주 독립정신과 신교육 강조, 외세에 대한 비판 등의 내용을 주로 표현

② 창가(唱歌)

㉠ 창가의 개념 : 전통적 가사체에 개화사상을 담은 시가와, 찬송가 및 서양음악 등의 영향으로 형성된 새로운 시가로, 개화 가사가 변모되는 과정에서 만들어져 신체시 발생의 모태가 됨

㉡ 창가의 특징

- 문명개화의 시대적 필연성, 신교육 예찬, 새 시대의 의욕 고취, 청년들의 진취적 기상 등 계몽적 내용을 주로 담음
- 초기에는 3 · 4조, 4 · 4조 율격으로 짧았다가 후기로 가면서 7 · 5조, 8 · 5조 등으로 길어지고 다양화됨

③ 신체시

㉠ 신체시의 개념 : 개화 가사, 창가의 단계를 거쳐 종래의 정형시 형식을 탈피하여 자유로운 율조로 새로운 사상을 담으려 했던 실험적이고 과도기적인 시

㉡ 신체시의 특징

- 이전의 형식을 깨뜨리고 부분적인 7 · 5조, 3 · 4 · 5조의 새로운 형태를 취하고 있으며 정형시와 자유시 사이의 과도기적 형식
- 『소년(少年)』의 창간호에 실린 최남선의 「해에게서 소년에게」(1908)가 효시

④ 신소설

㉠ 신소설의 개념 : 1900년대 중반부터 1917년 이광수의 「무정」이 발표되기까지 당대의 시대적 문제와 사회의식을 반영했던 과도기적 소설의 형태. 계몽사상의 구체적인 실천에 대한 이야기를 다루고 있지만, 현실에 대한 깊은 인식의 결여로, 낙관적인 개화의 꿈에 그쳤다는 평가를 받음

㉡ 신소설의 특징

- 주제 : 개화와 계몽사상의 고취(자주독립사상, 자유연애, 인습과 미신 타파, 신교육 장려, 유교적 가치관과 질서 비판 등)를 주로 표현
- 구성 : 평면적 구성을 탈피해 역전적 구성을 시도 주로 시간적 역행, 사건과 장면의 뒤바꿈 등이 있음
- 문체 : 언문일치 문체에 근접, 전기체 형식에서 벗어나 묘사체로 전환

㉢ 신소설의 의의

- 고대 소설과 현대 소설의 과도기적 역할을 수행
- 비현실적 내용에서 현실적 사건 중심의 내용으로 전환

SEMI-NOTE

**개화 가사의 출현**

최초의 작품으로 평가받는 최제우의 「용담유사」를 비롯하여 19세기 후반 다수의 애국 가사들이 「독립신문」, 「대한매일신보」 등에 발표됨

**창가의 출현**

초창기 창가로 최병헌의 「독립가」, 이용우의 「애국가」, 이중원의 「동심가」, 김교익의 「신문가」 등이 있으며, 최남선의 창가로 「경부철도가」, 「한양가」, 「세계일주가」가 있음

**주요 신체시 작품**

최남선 「해에게서 소년에게」를 시작으로 「구작 3편」, 「꽃두고」, 이광수 「우리 영웅」 등이 있음

**이해조의 개작 신소설**

| 근원 설화 | 판소리계 소설 | 개작 소설 |
|---|---|---|
| 열녀 설화 | 춘향전 | 옥중화(獄中花) |
| 연권녀 설화 | 심청전 | 강상련(江上蓮) |
| 방이 설화 | 흥부전 | 연(燕)의 각(脚) |
| 구토 설화 | 별주부전 | 토(兎)의 간(肝) |

SEMI-NOTE

**기타 신소설 작품**

- **은세계(이인직)** : 원각사에서 공연된 최초의 신극 대본, 정치 소설의 성격
- **모란봉(이인직)** : 이인직「혈의 누」의 속편으로, 애정 소설
- **추월색(최찬식)** : 남녀 간의 애정 문제와 외국 유학을 통해, 새로운 혼인관과 교육관 제시

**근대 잡지의 출현**

- 민족의식 재고와 외국 문학을 통한 계몽의식 고취를 위한 잡지가 주류
- 이 시기의 잡지로 『소년』, 『청춘』, 『학지광』, 『태서문예신보』 등이 있고, 대표 작품으로는 김억 「봄은 간다」, 주요한 「불놀이」, 황석우 「벽모의 묘」 등이 있음

㉣ 대표적인 신소설

| 작품 | 작가 | 특징 및 내용 |
|---|---|---|
| 혈의 누 | 이인직 | 최초의 신소설로, 자유결혼과 신문명 수용 및 신교육 사상의 고취 |
| 귀의 성 | 이인직 | 양반층의 부패, 신구의 대립을 폭로하고, 처첩 간의 갈등과 가정의 비극 등을 드러냄 |
| 자유종 | 이해조 | 축첩으로 인한 폐단과 패가망신하는 가정을 묘사 |
| 금수회의록 | 안국선 | 8가지 동물들의 토의를 통해 인간세태와 사회부패를 풍자 |

⑤ 번안 신소설

㉠ **번안 신소설의 개념** : 외국 소설의 내용을 원작대로 유지하면서 배경이나 인물 등을 자기 것으로 고쳐서 번역한 소설

㉡ 주요 작품

- 박은식 「서사건국지」 : 스위스의 건국 영웅 '빌헬름 텔'의 이야기를 번안
- 장지연 「애국 부인전」 : 프랑스의 '잔 다르크'의 이야기를 번안
- 이해조 「철세계」 : 줄 베르너의 「철세계」를 번안
- 구연학 「설중매」 : 일본 소설 「설중매」를 번안한 것으로, 이인직이 각색하여 원각사에서 공연
- 조중환 「장한몽」 : 일본 소설 「금색야차」를 번안한 애정 소설
- 이상협 「해왕성」 : 뒤마의 「몽테크리스토 백작」을 번안한 소설
- 민태원 「애사(哀史)」 : 위고의 「레미제라블」을 번안한 소설

## 2. 1910년대 문학

### (1) 1910년대 문학사 개관

① **1910년대 문학의 배경** : 1910년대에는 일제의 식민 통치가 본격화되어, 서양 문학의 영향을 받아 우리나라 현대 문학사의 근간을 이루게 됨

② 1910년대 문학의 특징

㉠ 계몽주의적 경향으로 최남선, 이광수 2인 문단 시대가 도래

㉡ 서구 문예 사조의 유입으로 서구 문학의 개념을 따른 문학의 출현

㉢ 개인의 내면과 개성의 자각으로 시대적 문제를 작품에 투영

### (2) 1910년대 문학의 갈래

① 자유시

㉠ **자유시의 형성 배경** : 근대적 잡지의 간행, 서구 근대 문학의 영향

㉡ 자유시의 특징

- 계몽의식으로부터의 탈피
- 운율에 대한 새로운 모색과 실험 정신 추구
- 관습적 형태에서 벗어나 미의식의 표현에 집착
- 서구의 상징주의 시와 시론 소개를 통해 개성적 내면 탐구와 사물에 대한

감각적 조응의 시적 태도를 지니게 됨

② 근대 소설

㉠ 근대 소설의 형성 배경 : 출판업이 활발해지며 신소설과 근대소설이 쏟아졌으며 고전소설에 익숙하던 독자를 대상으로 개작한 작품과 외국 문학을 수입하여 번안한 작품이 주를 이루었음

㉡ 근대 소설의 특징

- 현실적 소재를 바탕으로 한 작품의 등장
- 사실적 문체를 바탕으로 시대정신을 반영
- 서술과 묘사를 통한 이야기 전개로 이야기의 전개를 구체화
- 플롯의 다양성으로 고전문학에서는 한정되었던 이야기의 범위를 확장

③ 희곡

㉠ 희곡의 형성 배경 : 판소리, 산대놀이, 탈춤으로 대표되는 고전희곡은 민중에 의한 자연발생적인 갈래였기 때문에 서양처럼 일정한 작가가 없는 것이 특징이었고, 근대에 들어서 서양 희곡을 수용한 신극이 등장하였음

㉡ 새로운 희곡의 출현

- 창작극 : 1912년 조중환이 우리나라 최초의 창작 희곡인 「병자삼인」을 발표, 윤백남의 「운명」, 이광수의 「규한」 등이 함께 등장
- 번역극 : 신극 운동의 전개와 함께 서양과 일본의 희곡이 번역됨
- 신파극 : 1910년대 유행하기 시작해 1930년대까지 대중적으로 이어진 연극으로, 흥미 위주의 통속적, 상업적 성격이 강함, 임성구의 '혁신단'을 통해 본격적으로 출발

## 3. 1920년대 문학

### (1) 1920년대 문학의 갈래

① 1920년대 문학의 배경 : 3 · 1운동의 실패로 좌절감과 패배 의식이 증가하였고, 일제의 수탈 등으로 큰 위기를 맞았지만 국내외의 독립운동이 활성화되는 한편, 각종 신문과 동인지가 등장

② 시

㉠ 1920년대 시의 특징

- 낭만적, 퇴폐적 상징시의 유행
- 경향시의 등장과 사회의식의 대두
- 전통 계승의 시와 시조 부흥 운동의 전개를 통해 전통 지향의 흐름 형성

㉡ 낭만주의 시의 등장 배경 : 3 · 1운동의 실패, 서구 상징주의 시의 영향으로 퇴폐주의의 만연

③ 경향파 시

㉠ 경향파 시의 등장 배경 : 지식인들의 일본 유학을 통해 사회주의 사상을 유입, 일제 식민 통치에 대응하려는 사회단체 결성, 계급주의 문학 단체인 카프(KAPF)의 결성과 본격적인 사회주의 문학 이론의 도입

SEMI-NOTE

**주요 신문 및 잡지**

- 신문 : 『대한매일신보』를 일제가 강제 매수하여 발행한 『매일신보』
- 잡지
  - 『붉은저고리』, 『새별』, 『아이들보이』 : 최남선이 주재한 어린이 계몽 잡지
  - 『청춘』 : 최남선 주재의 월간 종합지
  - 『학지광』 : 최팔용, 현상윤 등이 주관한 동경 유학생회 기관지
  - 『유심』 : 한용운이 주재하여 불교 계몽과 근대적 교리 해석을 목적으로 한 잡지
  - 『태서문예신보』 : 순 국문 문예 주간지로 김억, 장두철 등이 서구 문단의 동향과 시론 도입 및 번역시 소개

**1920년대 대표 시인과 대표작**

- 이상화 : 「나의 침실로」, 「빼앗긴 들에도 봄은 오는가」
- 박영희 : 「월광으로 짠 병실」
- 홍사용 : 「나는 왕이로소이다」

**낭만주의 시의 경향**

퇴폐적, 유미적, 허무적, 감상적 경향을 전제로, 산문투의 서술적인 문체와 자연으로의 도피 및 동양적 체념과 무상감을 표출

**경향파 시의 대표 시인과 작품**

- 임화 : 「우리 오빠와 화로」
- 김기진 : 「한 개의 불빛」

SEMI-NOTE

**1920년대의 시조**
- 민족 정서의 회복을 위한 시어를 사용
- 연시조, 양장시조 등 현대 시조로서의 형태 혁신
- 님에 대한 그리움, 국토 예찬, 조국의 역사 회고 등의 주제 형상화

**전통적, 민요적 서정시의 대표 시인**
김동환, 주요한, 김소월, 한용운 등

**1920년대 소설의 경향**
- 식민지 궁핍 체험의 소설화
- 계급 대립의 구도와 노동 소설의 등장
- 살인과 방화 등 극단적인 결말 처리
- 자아의 각성을 통한 사회와 현실의 재인식

**기타 대표 소설가와 특징**
- **전영택** : 사실주의 경향의 작가로, 인간애와 인도주의정신에 기초한 작품을 남겼으며 대표작으로 「화수분」, 「흰 닭」, 「생명의 봄」이 있음
- **나도향** : 낭만적 감상주의 경향, 어두운 농촌 현실을 묘사했으며 대표작으로 「물레방아」, 「벙어리 삼룡이」, 「뽕」이 있음

ⓛ **경향파 시의 특징**
- 막연한 울분으로부터 당대의 현실에 대한 인식과 저항 의식으로 확대
- 무산 계급(노동자, 농민)의 현실을 부각시키는 소재를 선택
- 사회주의 사상의 주입과 선전을 목적으로 한 선전, 선동적인 구호나 개념서술의 표현
- 산문투의 문체 및 인물과 사건 전개의 요소를 도입하여 서사적인 양식 개발

④ **민족주의 시**

㉠ **민족주의 시의 등장 배경** : 1920년대 중반 최남선, 주요한, 이은상 등을 중심으로 한 '국민문학파'가 대두되어 전통적 문화유산의 계승과 역사를 연구함

ⓛ **민족주의 시의 특징**
- 창작에 있어서 민족주의 이념의 구현
- 모국어에 대한 애정과 찬양의 태도
- 문화, 학술적 연대에 의한 문예 부흥 운동
- 민족적 개성 및 향토성의 옹호

㉢ **전통적, 민요적 서정시**
- 민중적 정서와 향토적 정조의 표현
- 일상적이고 평이한 우리말 구사
- 민족 현실에 대한 자각을 전통적인 시(詩)정신에 입각하여 형상화하려는 태도를 지님

## (2) 1920년대 소설과 기타 갈래

① **1920년대 소설의 배경** : 단편소설의 등장으로 새로운 서사양식을 확립하여 다양한 소설적 경향을 보여줌. 서사 주체의 내면 분석이 가능해지면서 일인칭 소설이 등장하게 됨

② **1920년대 소설의 특징**

㉠ **근대적 소설 문체의 발전** : 문장 어미의 시제 표현, 3인칭 단수인 '그'의 사용

ⓛ **사실주의적 소설 인식** : 개화기의 계몽주의 문학관을 버리고, 문학의 자율성을 인정하는 한편 인생과 사회의 모습을 있는 그대로 그리려는 사실주의 및 자연주의 문학관을 수용

㉢ **소설 기법의 발전** : 어휘의 신중한 선택, 치밀한 구성과 객관적 묘사, 인상적인 결말 처리 방법 등 기법상의 두드러진 변화를 가져옴

㉣ **사회 비판 의식의 소설화** : 1925년 카프 결성을 계기로 사회적 비판과 투쟁 의식을 강조하는 경향 소설 등장

③ **1920년대 소설가의 특징 및 대표작**

| 작가 | 특징 | 대표작 |
|---|---|---|
| 김동인 | 현대 단편소설 확립, 순수문학 주장 | 「감자」, 「배따라기」, 「운현궁의 봄」 |
| 염상섭 | 식민지적 암울한 현실에서 지식인의 고뇌, 도시 중산층의 일상적인 삶을 다룸 | 「표본실의 청개구리」, 「만세전」, 「두 파산」, 「삼대」 |
| 현진건 | 치밀한 구성과 객관적 묘사로 사실주의적 단편소설을 씀 | 「빈처」, 「운수좋은 날」, 「불」 |

| 최서해 | 체험을 바탕으로 한 하층민의 가난을 주요문제로 삼음 | 「탈출기」, 「홍염」 |
|---|---|---|
| 주요섭 | 신경향파 문학에서 출발하여 서정적이고 휴머니즘적인 소설을 씀 | 「사랑손님과 어머니」, 「인력거꾼」 |

④ 수필

㉠ 수필의 등장 배경 : 수필의 체계가 정립되며 기행수필과 수상수필이 병립됨

㉡ 특징

- 현대 수필의 초창기로서 수필의 형태가 아직 정립되지 못함
- 우리 국토에 대한 애정을 담은 기행 수필이 많음

⑤ 희곡

㉠ 신극 단체가 결성되고 근대 희곡이 창작됨

㉡ '극예술 협회'와 '토월회' 등의 연극 단체 결성, 영화의 분립과 시나리오가 창작됨

⑥ 주요 민족 신문과 동인

| 구분 | 특징 | 동인 |
|---|---|---|
| 창조(1919) | 최초의 순문예 동인지 | 김동인, 주요한, 전영택 |
| 폐허(1920) | 퇴폐주의적 성향의 동인지 | 염상섭, 오상순, 황석우, 김억 |
| 개벽(1920) | 천도교 기관지, 카프의 기관지화됨 | 박영희, 김기진 |
| 백조(1922) | 낭만주의적 경향의 문예지 | 현진건, 나도향, 이상화, 박종화 |
| 조선문단(1924) | 카프에 대항한 민족주의의 문예지 | 이광수, 방인근 |
| 해외문학(1927) | 외국 문학 소개에 치중함 | 김진섭, 김광섭, 정인섭, 이하윤 |
| 문예공론(1929) | 민족주의와 사회주의의 절충 | 양주동 |

## 4. 1930년대 문학

### (1) 1930년대 문학의 갈래

① 1930년대 문학의 등장 배경 : 일제의 탄압이 더욱 심해진 시기로, 특히 사상 통제가 심화되었으며, 국제적으로는 중일 전쟁, 만주 사변 등이 발생하였음

② 시문학파 시

㉠ 배경

- 1920년대 중반 이후 프로 문학과 민족주의 문학의 대립으로 인한 이념적 문학 풍토에 반발
- 박용철, 김영랑의 주도로 『시문학』, 『문예월간』, 『문학』 등의 순수시 잡지가 간행되고, 구인회 및 해외문학파와 같은 순수 문학 동인을 결성

㉡ 특징

- 시어의 조탁과 시의 음악성 중시

SEMI-NOTE

**수필의 대표 작가와 작품**

민태욱의 「청춘예찬」, 방정환의 「어린이 찬미」, 최남선의 「심춘순례」, 「백두산 근참기」, 이병기의 「낙화암을 찾는 길에」 등

**기타 민족 신문과 동인**

- **장미촌(1921)** : 최초의 시 전문 동인지로, 박종화, 변영로, 황석우, 노자영 등이 활동
- **금성(1923)** : 낭만주의적 경향의 시 중심 동인지로, 양주동, 이장희, 유엽, 백기만 등이 활동
- **영대(1924)** : 창조의 후신으로 평양에서 창간된 순 문예 동인지로, 주요한, 김소월, 김억, 김동인, 이광수 등이 활동

**1930년대 시의 경향**

- **순수시** : 순수 서정시의 등장
- **주지시** : 모더니즘 시의 등장
- **저항시, 참회시** : 화자 내면의 저항과 참회의 관점으로 노래함
- **청록파의 등장** : 자연과의 친화를 노래
- **생명파의 등장** : 반주지적 관점으로 생명성의 탐구

SEMI-NOTE

**시문학파 시인의 대표작**

- 김영랑 : 「모란이 피기까지는」, 「오월」
- 정지용 : 「떠나가는 배」, 「싸늘한 이마」
- 박용철 : 「유리창」, 「향수」, 「바다」
- 이하윤 : 「들국화」, 「물레방아」

**모더니즘 시의 경향**

서구의 신고전주의 철학 및 초현실주의, 다다이즘, 입체파, 미래파, 이미지즘 등 현대적 문예 사조의 이념을 본격적으로 수용

**모더니즘 시인의 대표작**

- 김기림 : 「바다와 나비」
- 이상 : 「오감도」, 「거울」
- 김광균 : 「와사등」, 「외인촌」, 「추일서정」, 「설야」, 「뎃상」
- 장만영 : 「달 포도 잎사귀」

**전원파 시인의 대표작**

- 신석정 : 「슬픈 구도」, 「그 먼 나라를 알으십니까」
- 김동명 : 「파초」, 「내 마음은」, 「진주만」
- 김상용 : 「남으로 창을 내겠소」, 「마음의 조각」

**생명파 시의 경향**

- 1930년대 후반 시문학 전반의 침체 현상에 대한 타개 노력

- 시적 변용에 의거하는 순수 서정시의 창작 과정 강조
- 자율적인 존재로서 시의 본질 탐구

㉢ 대표 시인 및 문학적인 경향

| 시인 | 경향 |
|---|---|
| 김영랑 | 투명한 감성의 세계를 운율감 있는 고운 시어로 표현 |
| 정지용 | 감각적 인상을 세련된 시어와 향토적 정취로 표현 |
| 박용철 | 감상적인 가락으로 삶에 대한 회의 노래 |

③ 모더니즘 시

㉠ 배경 : 1920년대 감상적 낭만주의와 같은 전근대적인 요소를 배격하고 현대적인 시의 면모를 확립하고자 하는 의도

㉡ 특징

- 구체적 이미지에 의한 즉물적(卽物的)이고 지성적인 시 강조
- 현대 도시 문명에 대한 상황적 인식과 비판적 감수성 표출
- 객관적이고 과학적인 시학에 의거한 의도적인 시의 창작
- 전통에 대한 거부와 언어에 대한 실험 의식 및 내면 심리 탐구

㉢ 대표 시인 및 문학적인 경향

| 시인 | 경향 |
|---|---|
| 김기림 | 현대 문명을 현상적으로 관찰하였으며, 해학과 기지를 동반한 감각적 시어 사용 |
| 이상 | 전통적 관습에서 벗어난 초현실주의적 언어 실험의 난해시 창작 |
| 김광균 | 회화적 이미지의 구사로 도시적 서정과 소시민 의식을 표현 |
| 장만영 | 농촌과 자연을 소재로 감성과 시각을 기교적으로 표현 |

④ 전원파 시

㉠ 배경 : 1930년대 후반 극심한 일제의 탄압으로 현실 도피 의식의 반영

㉡ 특징

- 이상향으로서의 전원생활에 대한 동경과 안빈낙도의 세계관
- 서경적 묘사를 토대로 한 자족적 정서, 자연 친화적이며 관조적인 태도

㉢ 대표 시인 및 문학적인 경향

| 시인 | 경향 |
|---|---|
| 신석정 | 자연 친화의 목가적 시풍으로 이상향에 대한 동경의 노래 |
| 김동명 | 낭만적인 어조로 전원적 정서와 민족적 비애를 노래 |
| 김상용 | 농촌 귀의의 자연 친화적 태도가 두드러지며, 동양적인 관조의 세계 노래 |

⑤ 생명파 시

㉠ 배경

- 모더니즘 시의 서구 지향적 태도와 기교 위주의 시 창작에 대한 반발
- 『시인부락』, 『자오선』, 『생리』지를 중심으로 한 시인들의 부각

ⓛ 특징
- 삶의 깊은 고뇌와 본원적 생명력의 탐구 정신 강조
- 토속적인 소재와 전통적인 가치 의식 추구
- 철학적 사색으로 시의 내부 공간 확대

ⓒ 대표 시인 및 문학적인 경향

| 시인 | 경향 |
|---|---|
| 서정주 | 원시적 생명의식과 전통적 정서에 의거한 인생의 성찰 |
| 유치환 | 삶의 허무와 본원적 생명에 대한 형이상학적, 사변적 탐구 |

⑥ 청록파 시

㉠ 배경
- 일제 말 군국주의 통치에 따른 문학적 탄압에 대한 소극적 대응
- 『문장』을 통해 순수 서정을 지향하는 시인들의 등단

ⓛ 특징
- 자연을 소재로 한 자연 친화적인 태도 표출
- 향토적 정조와 전통 회귀 정신의 강조, 해방 후 전통적 서정시의 흐름 주도

ⓒ 대표 시인 및 문학적인 경향

| 시인 | 경향 |
|---|---|
| 박목월 | 민요적 율조에 의한 향토적 정서의 표현 |
| 박두진 | 이상향으로서 자연에 대한 신앙과 생명력 넘치는 교감의 표현 |
| 조지훈 | 고전적 감상을 바탕으로 옛것에 대한 향수와 선적 관조를 노래함 |

⑦ 저항시

㉠ 배경
- 일제에 대한 저항 의지를 승화한 시
- 현실에 대한 철저한 내면적 인식을 바탕

ⓛ 특징
- 식민지 현실에 대한 비판적인 인식을 구현, 민족적 자기 정체성을 시로 형상화
- 끝까지 포기하지 않는 저항 의지를 구체화

ⓒ 대표 시인 및 문학적인 경향

| 시인 | 경향 |
|---|---|
| 이육사 | 고도의 상징성 및 절제된 언어, 남성적 어조로 불굴의 지사적 기개와 강인한 대결 정신을 노래함 |
| 윤동주 | 자기 반성적 사색, 양심적인 삶에 대한 의지와 순교자적 정신을 노래함 |
| 심훈 | 격정적 언어와 예언자적 어조를 통해 해방의 열망을 노래함 |

⑧ 전통적 현실주의

㉠ 배경
- 1930년대 중반 카프의 해산으로 이념 지향적인 시가 퇴조

SEMI-NOTE

**생명파 시인의 대표작**
- 서정주 : 「화사」, 「자화상」, 「귀촉도」
- 유치환 : 「깃발」, 「울릉도」, 「일월」, 「생명의 서」, 「바위」

**청록파 시의 경향과 작가**
- 물질문명에 대한 거부로서 은둔과 관조의 태도 형성
- 모더니즘 시의 퇴조 이후, 김상용, 김동명, 신석정 등의 목가풍 전원시 창작

**청록파 시인의 대표작**
- 박목월 : 「나그네」, 「이별가」
- 박두진 : 「도봉」, 「향현」, 「해」
- 조지훈 : 「승무」, 「봉황수」, 「민들레꽃」

**저항시의 경향**

미래에 대한 전망을 구도자 내지 예언자적인 자세로 표현

**저항시 시인의 대표작**
- 이육사 : 「광야」, 「절정」, 「청포도」, 「교목」
- 윤동주 : 「서시」, 「자화상」, 「참회록」, 「또 다른 고향」, 「쉽게 씌어진 시」
- 심훈 : 「그 날이 오면」

SEMI-NOTE

**전통적 현실주의 시인의 대표작**

- **백석** : 「산중음」, 「남신의주 유동 박시봉방」, 「여우난 곬족」, 「여승」, 「고향」
- **이용악** : 「낡은 집」, 「오랑캐꽃」, 「분수령」

**농촌을 제재로 한 소설**

- **농촌 계몽을 목적으로 한 작품** : 이광수 「흙」, 심훈 「상록수」
- **농촌의 소박한 삶을 다룬 작품** : 김유정 「동백꽃」
- **농민의 고통스러운 생활상을 다룬 작품** : 김유정 「만무방」, 박영준 「모범 경작생」
- **사실주의 경향에서 농촌 현실을 다룬 작품** : 이상 「날개」, 채만식 「레디메이드 인생」, 유진오 「김강사와 T교수」 등

**기타 1930년대의 잡지**

- **삼사문학(1934)** : 의식의 흐름에 따른 초현실주의적 기법. 신백수, 이시우 주관
- **인문평론(1939)** : 월간 문예지. 작품 발표와 비평 활동에 주력함. 최재서 주관

- 전통적인 민중들의 삶을 소재로 민중적 정서를 그려냄

ⓛ 대표 시인 및 문학적인 경향

| 시인 | 경향 |
|---|---|
| 백석 | 민속적 소재와 서사적 이야기 시의 구조로 향토적 정서와 공동체 의식을 추구함 |
| 이용악 | 일제 치하 만주 유민의 생활 현실과 감정을 사실적으로 표현하여 민중시적 전통을 확립함 |

⑨ 소설

㉠ 특징

- 장편소설의 활발한 창작과 농촌을 제재로 한 소설의 확산
- 일제하 지식인 문제와 역사 소설의 유행
- 현대 문명과 세태에 대한 비판 및 인간의 근원적 문제에 대한 탐구

ⓛ 대표 소설가 및 대표작

| 소설가 | 경향 | 대표작 |
|---|---|---|
| 채만식 | 일제하 사회 현실을 풍자적으로 그림 | 「태평천하」, 「탁류」, 「치숙」 |
| 심훈 | 민족주의와 사실주의적 경향의 농촌 계몽 소설 | 「상록수」, 「직녀성」 |
| 김유정 | 농촌의 현실을 해학적으로 그림 | 「동백꽃」, 「봄봄」, 「만무방」 |
| 이상 | 심리주의적 내면 묘사 기법인 의식의 흐름을 추구 | 「날개」, 「종생기」 |
| 김동리 | 토속적, 신비주의적, 사실주의적 경향과 무속 | 「무녀도」, 「황토기」, 「바위」, 「역마」 |
| 황순원 | 범생명적 휴머니즘 추구 | 「카인의 후예」, 「독 짓는 늙은이」 |

## (2) 기타 문단의 동향

① 극문학

㉠ 본격적 근대극과 시나리오의 창작(극예술 연구회를 중심으로 사실주의적인 희곡 창작)

ⓛ 대표작으로는 유치진의 「토막」, 「소」, 채만식의 「제향날」 등

② 수필

㉠ 근대적 수필의 본격화(해외문학파를 중심으로 서구의 근대 수필 이론 도입)

ⓛ 잡지 『동광』, 『조광』 등을 통해 다수 작품이 발표되었고, 김진섭, 이양하 등 전문적 수필가가 등장

㉢ 대표작으로는 이양하의 「신록 예찬」, 「나무」, 김진섭의 「생활인의 철학」, 「매화찬」, 이희승의 「청추 수제」 등

③ 1930년대 주요 잡지

| 잡지명(연도) | 특징 | 발행인, 주관 |
|---|---|---|
| 시문학(1930) | 언어의 기교, 순수한 정서를 중시하는 순수시 지향 | 박용철 주관 |

| 시인부락(1936) | 시 전문지, 창작시 및 외국의 시와 시론 소개 | 서정주 발행 |
|---|---|---|
| 자오선(1937) | 시 전문지, 모든 경향과 유파를 초월함 | 민태규 발행 |
| 문장(1939) | 월간 종합 문예지, 고전 발굴에 주력, 신인 추천제 | 김연만 발행 |

## 5. 해방 이후 문학

### (1) 해방 공간의 문학

① 해방 공간의 시

㉠ 배경 : 8 · 15 해방의 감격과 역사적 의미에 대한 시적 인식의 보편화 및 이념적 갈등의 반영

㉡ 특징

- 해방의 현실에 대한 시대적 소명 의식을 예언자적 목소리로 표출
- 직접적 체험에 의한 열정적 정서 표출과 급박한 호흡의 언어 구사
- 해방 전사를 추모하는 헌사(獻詞)나 찬가(讚歌)의 성격을 띤 대중적인 시
- 인생에 대한 관조와 전통 정서의 추구

㉢ 작품 경향

| 좌익 진영의 시 | 우익 진영의 시 |
|---|---|
| • 인민 민주주의 노선에 의거하여 강렬한 투쟁의식과 선전, 선동의 정치성 짙은 이념적 작품<br>• 문학의 적극적 현실 참여를 강조하려는 목적 아래, 혁명적 낭만주의를 계기로 한 진보적 리얼리즘 문학 노선을 따름 | • 이념적, 정치적 색채를 동반하지 않은 순수 서정시 계열의 작품 및 민족의 전통적 문화유산과 가치관을 옹호하려는 입장<br>• 인생에 대한 관조와 전통 정서의 탐구로 집약되는 순수 서정시의 성격은 분단 이후 시단의 주도적 흐름을 형성함 |

② 해방 공간의 소설

㉠ 특징

- 식민지적 삶의 극복 : 일제 시대를 반성하고 그 체험을 승화시켜 해방의 의미를 되새기고자 함
- 귀향 의식과 현실적 삶의 인식 : 해방 직후의 삶에 대한 인식을 바탕으로 지식인 문제와 귀향 의식을 묘사함
- 분단 의식 : 분단의 문제 및 미국과 소련 양측의 진주와 군정을 그림
- 순수 소설 : 순수 문학적 입장에서 보편적 삶을 다룬 소설이 부각됨
- 역사 소설 : 민족의식을 고취하기 위한 역사 소설이 창작됨

### (2) 전후 문학(1950년대 문학)

① 전후 시

㉠ 특징

- 전쟁 체험과 전후의 사회 인식을 바탕으로 한 시적 소재의 영역 확산
- 현실 참여적인 주지시와 전통 지향적인 순수시의 대립

SEMI-NOTE

**해방 이후 문학의 배경**

- 광복은 우리 민족 문학의 역사적 전환점이 되었음
- 이데올로기의 갈등으로 문단이 좌익과 우익으로 양분되어 대립이 심화되어 문학 발전이 저해되는 데에 영향을 줌

**해방 직후의 시집 분류**

- **민족 정서의 표현** : 정인보 『담원 시조』, 김상옥 『초적』, 박종화 『청자부』
- **생명파** : 신석초 『석초 시집』, 유치환 『생명의 서』, 서정주 『귀촉도』
- **청록파(자연파)** : 청록파 공동시집 『청록집』
- **유고 시집** : 이육사 『육사 시집』, 윤동주 『하늘과 바람과 별과 시』

**해방 공간 문학의 대표 작품**

- **식민지적 삶의 극복** : 채만식 「논 이야기」, 김동인 「반역자」, 계용묵 「바람은 그냥 불고」
- **분단 의식** : 염상섭 「삼팔선」, 「이합」, 채만식 「역로」, 계용묵 「별을 헨다」
- **순수 소설** : 염상섭 「임종」, 김동리 「역마」, 황순원 「독 짓는 늙은이」

**전후 시의 대표작**

- **전쟁 체험의 형상화** : 신석정 「산의 서곡」, 유치환 「보병과 더불어」, 구상 「초토의 시」
- **후기 모더니즘 시**
  - 문명 비판 : 박인환 「목마와 숙녀」, 조향 「바다의 층계」
  - 내면적 의지 표현 : 김춘수 「꽃을 위한 서시」, 송욱 「하여지향」
- **전통적 서정시**
  - 휴머니즘 지향 : 정한모 「가을에」, 박남수 「새」
  - 고전주의 지향 : 박재삼 「울음이 타는 가을 강」, 이동주 「강강술래」

SEMI-NOTE

- 실존주의의 영향에 따른 존재에 대한 형이상학적 통찰 및 휴머니즘의 회복 강조
- 풍자와 역설의 기법과 현실에 대한 지적 인식을 통한 비판 정신의 첨예화

ⓛ 작품 경향

| 전쟁 체험을 형상화한 시 | 후기 모더니즘 시 | 전통적 서정시 |
|---|---|---|
| • 시대에 대한 적극적인 대응 방식을 모색<br>• 절망적 인식을 민족적 차원으로 끌어올려 시적 보편성 획득 | • 문명 비판<br>• 내면적 의지를 표현 | • 휴머니즘 지향<br>• 고전주의 지향 |

② 전후 소설

㉠ 인간 문제를 다룬 작품의 특징

- 인간의 삶의 문제를 서정적 필치로 다룬 순수 소설의 대두(㉹ 오영수 「갯마을」, 강신재 「절벽」, 전광용 「흑산도」)
- 인간의 본질 문제, 인간 존재의 해명 등을 다룬 서구 실존주의 문학 작품들이 등장(㉹ 김성한 「오분간」, 장용학 「요한시집」)

ⓛ 전쟁 체험을 다룬 작품의 특징

- 전쟁 체험의 작품화 및 현실 참여 의식(㉹ 오상원 「유예」, 안수길 「제3인간형」, 김성한 「바비도」, 선우휘 「불꽃」)
- 전쟁의 상처와 고통의 극복과 전후 사회의 고발(㉹ 하근찬 「수난 이대」, 황순원 「학」, 이범선 「오발탄」, 손창섭 「비오는 날」, 「잉여 인간」)

③ 기타 갈래의 동향

㉠ 희곡 : 전후 문학의 성격을 띤 것과 현실 참여적인 성격의 희곡이 중심이고, 기타 개인과 사회의 갈등, 문명 비판을 다룸(㉹ 이근삼 「원고지」)

ⓛ 시나리오 : 전쟁극이 주류를 이루었으며, 오영진은 전통적 삶을 해학적으로 표현(㉹ 이범선 「오발탄」)

ⓒ 수필 : 예술적 향기가 짙은 작품들이 다수 등장(㉹ 조지훈 「지조론」)

**기타 전후 문학의 대표작**

- **희곡** : 유치진 「나도 인간이 되련다」, 「왜 싸워」, 차범석 「불모지」, 하유상 「젊은 세대의 백서」
- **수필** : 노천명 「나의 생활 백서」, 마해송 「사회와 인생」, 이희승 「벙어리 냉가슴」, 계용묵 「상아탑」

## (3) 1960년대 문학

① 시

㉠ 현실 참여의 시

- 시민 의식의 각성과 사회 현실의 모순 비판(㉹ 박두진 「우리는 아직 깃발을 내린 것이 아니다」, 김수영 「푸른 하늘은」, 「폭포」)
- 분단의 비극과 민중적 역사의식의 형상화(㉹ 신동엽 「껍데기는 가라」, 「금강」, 박봉우 「휴전선」)

ⓛ 순수 서정시

- 휴머니즘적 서정시(㉹ 정한모 「가을에」, 조병화 「의자」)
- 전원적 서정시(㉹ 이동주 「혼야」, 「강강술래」, 박재삼 「춘향이 마음」)

② 현대 시조의 활성화

**1960~1970년대 문학의 시대적 배경**

- 산업화와 근대화 등으로 인해 인간 소외, 빈부 격차의 문제 등 사회적 문제가 심화되는 시기
- 현실 참여적인 성격이 강화되면서 사실주의 문학이 주류를 이루었고, 민족의 분단에 대한 인식이 심화됨

㉠ 주제가 다양하고 여러 수가 이어지는 연시조가 많음

㉡ 고향에 대한 그리움과 어린 시절의 추억 및 마을의 정경을 표현(예) 김상옥 「사향」, 「봉선화」, 이호우 「살구꽃 피는 마을」)

㉢ 분단된 조국의 현실과 생명의 경이로움을 표현(예) 정완영 「조국」, 이호우 「개화」)

## (4) 1970년대 문학

① 시

㉠ 민중시

- 민중의 현실적 삶과 정서의 형상화(예) 조태일 「국토」, 신경림 「농무」)
- 정치, 사회적 현실 비판(예) 김지하 「타는 목마름으로」, 「오적」)
- 소외된 사람들에 대한 관심(예) 정호승 「맹인 부부 가수」, 김창완 「인동 일기」)

㉡ 모더니즘 시

- 지성과 서정의 조화(예) 황동규 「기항지」, 오세영 「그릇」)
- 현대적 언어 탐구(예) 김영태 「첼로」, 이승훈 「어휘」)
- 자유로운 상상력의 확장(예) 정현종 「사물의 꿈」)

② 소설

㉠ 농촌 공동체 파괴의 현실 고발(예) 이문구 「관촌수필」)

㉡ 산업화와 노동자의 삶의 조건 반성(예) 황석영 「삼포 가는 길」, 조세희 「난장이가 쏘아올린 작은 공」)

㉢ 일상적 삶의 모럴과 휴머니즘 탐구(예) 박완서 「지렁이 울음소리」, 최인호 「별들의 고향」)

㉣ 분단 현실의 조망(예) 박완서 「나목」, 윤흥길 「장마」)

㉤ 민족사의 재인식(예) 박경리 「토지」)

SEMI-NOTE

**1960년대 기타 문학의 동향**

- **희곡** : 사실주의를 토대로 현실을 객관적으로 투영(예) 차범석 「산불」, 천승세 「만선」)
- **수필** : 다양한 삶의 의미와 모습을 표현한 작품이 다수 창작 (예) 윤오영 「마고자」, 「방망이 깎던 노인」)

**1970년대 기타 소설 작품**

- **농촌 공동체 파괴의 현실 고발** : 송기숙 「자랏골의 비가」
- **산업화와 노동자의 삶의 조건 반성** : 황석영 「객지」
- **일상적 삶의 모럴과 휴머니즘 탐구** : 최일남 「노란 봉투」
- **분단 현실의 조망** : 박완서 「엄마의 말뚝」
- **민족사의 재인식** : 황석영 「장길산」

9급공무원

# 국어

나두공

나두공

# 04장 현대 문법

# 현대 문법

SEMI-NOTE

## 01절 언어와 국어

### 1. 언어와 국어의 본질

#### (1) 언어의 이해

① **언어의 정의 :** 언어는 음성과 문자를 형식으로 하여 일정한 뜻을 나타내는 사회적 성격을 띤 자의적 기호 체계이며, 창조력이 있는 무한한 개방적 기호 체계

② **언어의 구조 :** 음운 → 형태소 → 단어 → 어절 → 문장 → 이야기의 단위들이 체계적으로 모여 이루어진 구조

③ **언어의 특성** 빈출개념

| 특성 | 내용 |
|---|---|
| 자의성 | • 형식인 음성과 내용인 의미의 결합은 자의적, 임의적 결합관계<br>• 지시되는 사물과 지시하는 기호 사이의 관계에 아무런 필연적 인과관계가 없음(예 동음이의어, 이음동의어, 음성상징어(의성어, 의태어), 시간에 따른 언어 변화(역사성) 등) |
| 사회성<br>(불가역성) | 언어는 사회적 약속이므로 임의로 바꾸거나 변화시켜 사용할 수 없음(예 표준어의 지정) |
| 기호성 | 의미를 내용으로 하고, 음성을 형식으로 하는 하나의 기호 |
| 창조성<br>(개방성) | 언어를 통해 상상의 사물이나 관념적이고 추상적인 개념까지도 무한하게 창조적으로 표현(예 연속체인 계절의 개념을 '봄 – 여름 – 가을 – 겨울' 등으로 경계 지음) |
| 분절성 | 연속되어 존재하는 사물을 불연속적인 것으로 인식하고 표현하는 것 → 언어의 불연속성 |
| 역사성<br>(가역성) | 언어는 시간의 흐름, '신생 → 성장 → 사멸'에 따라 변화함(예 컴퓨터(생겨난 말), 어리다 : 어리석다 → 나이가 어리다(의미의 변화), 온 : 百(사라져 버린 말)) |
| 추상성 | 언어는 구체적인 낱낱의 대상에서 공통적 속성만을 뽑아내는 추상화 과정을 통해서 개념을 형성함. 즉, 개념은 언어에 의해서 분절이 이루어져 형성된 한 덩어리의 생각을 말함(예 장미, 수선화, 벚꽃, 진달래, 국화 → 꽃) |

**언어의 일반적 요소**
- **주체** : 언어의 주체는 인간
- **형식** : 언어의 형식은 음성 기호
- **내용** : 언어의 내용은 의미(사상과 감정)

**언어의 주요 기능**
- **정보 전달 및 보존 기능** : 말하는 이가 듣는 이에게 정보 전달 기능 및 지식을 보존, 축적하는 기능
- **표출적 기능** : 표현 의도나 전달 의도 없이 거의 본능적으로 사용하는 기능
- **감화적(지령적) 기능** : 듣는 사람으로 하여금 특정 행동을 하도록 하는 기능
- **미학적 기능** : 언어를 예술적 재료로 삼는 문학에서 주로 사용되는 기능으로 음성이 주는 효과를 중시
- **표현적 기능** : 화자의 심리(감정이나 태도)를 표현하는 기능
- **친교적 기능** : 말하는 이와 듣는 이의 친교를 돕는 기능
- **관어적 기능** : 언어 수행에 필요한 매체로서 언어가 관계하는 기능

#### (2) 국어의 이해

① **국어의 분류**

㉠ **계통상 분류 :** 우랄 알타이어족(만주어, 몽고어, 터키어, 한국어, 일본어 등)에 속함

㉡ **형태상 분류 :** 첨가어(교착어, 부착어)에 속함

㉢ **문자상 분류 :** 표음 문자, 단음 문자

**국어의 개념**
- 언어는 일반성과 함께 특수성을 가진 개별적이고 구체적 언어로서 국가를 배경으로 함
- 한 나라의 국민들이 공동으로 쓰는 말로서, 정치상 공식어이자 교육상 표준어를 의미
- 원칙적으로 한 국가 안에서는 하나의 국어가 사용되지만, 경우에 따라 둘 이상이 사용되기도 함

② 국어의 종류

| | | | |
|---|---|---|---|
| 어원에 따라 | 고유어 | | 우리 민족이 옛날부터 사용해 오던 토박이 말(예 생각, 고뿔, 고주망태, 후미지다) |
| | 외래어 | 귀화어 | 차용된 후에 거의 우리말처럼 되어 버린 말 |
| | | 차용어 | 우리말로 되지 않고 외국어 의식이 조금 남아 있는 외래어(예 타이어, 빵, 오뎅) |
| 사회성에 따라 | 표준어 | | 한 나라의 기본, 표준이 되는 말(예 교양 있는 사람들이 두루 쓰는 현대 서울말) |
| | 방언 | | 지역에 따라 각기 특이한 언어적 특징을 가진 말 |
| | 은어 | | 어떤 특수한 집단에서 비밀을 유지하기 위해 사용하는 말(예 심마니, 히데기(雪), 왕초, 똘마니) |
| | 속어 | | 통속적이고 저속한 말(예 큰집(교도소), 동그라미(돈), 짝퉁(가짜)) |
| | 비어 | | 점잖지 못하고 천한 말(예 촌놈, 주둥아리, 죽여준다) |

③ 국어의 특질

| 구분 | 내용 |
|---|---|
| 음운상 특질 | • 두음법칙, 구개음화, 음절의 끝소리 규칙, 모음조화, 자음동화, 동화작용, 활음조, 연음현상 등<br>• 파열음과 파찰음은 예사소리, 된소리, 거센소리의 삼지적 상관속을 이룸<br>• 음의 장단이나 음상의 차이로 뜻이나 어감이 달라지며, 의미 분화가 일어남<br>• 외래어 중 한자어가 많음 |
| 어휘상 특질 | • 높임말 발달<br>• 감각어, 의성어, 의태어 등 상징어 발달<br>• 친족관계를 표현하는 어휘 발달<br>• 문법적 관계를 나타내는 조사와 어미 발달<br>• 수식어는 피수식어 앞에 위치<br>• 서술어가 문장 맨 끝에 위치 |
| 문법상 특질 | • 문장 요소를 생략하는 일이 많음<br>• 단어에 성과 수의 구별이 없음<br>• 관계대명사, 관사, 접속사 등이 없음<br>• 문장 구성 요소의 자리 이동이 비교적 자유로움<br>• 높임법 발달 |

### (3) 국어의 순화

① 국어 순화의 의미 : 외래어(외국어)나 비속어를 순 우리말 등을 활용하여 다듬는 것

② 국어 순화의 대상 ★ 빈출개념

| 한자어 | 순화어 | 한자어 | 순화어 |
|---|---|---|---|
| 가면무도회 | 탈놀이 | 가부동수 | 찬반 같음 |

SEMI-NOTE

**국어가 된 귀화어의 종류**
- **한자어** : 종이, 글자, 점심, 채소, 어차피, 당연, 을씨년스럽다, 익숙하다
- **만주, 여진어** : 호미, 수수, 메주, 가위
- **몽골어** : 매, 말, 송골, 수라
- **일본어** : 냄비, 고구마, 구두
- **서구어** : 가방, 깡통, 고무, 담배, 빵, 망토
- **범어(산스크리트어)** : 절, 불타, 만다라, 중, 달마, 부처, 석가, 열반, 찰나 등

**언어의 유형**
- **교착어(첨가어)** : 뜻을 나타내는 실질 형태소를 붙임으로써 문법적 관계를 나타내는 언어(한국어, 몽골어, 일본어, 터키어)
- **굴절어** : 실질형태소와 형식형태소의 구별이 뚜렷하지 않고, 어형의 변화로 어법 관계를 나타내는 언어(영어, 불어, 독일어, 산스크리트어)
- **고립어** : 형식형태소가 없이 오직 개념을 나타내는 말의 위치(어순)가 문법적 관계를 나타내는 언어(중국어, 태국어, 티베트어)
- **포합어** : 한 말(단어)로써 한 문장과 같은 형태를 가지는 언어(이누이트어, 아메리카 인디언어)
- **집합어** : 포합어보다 더 많은 성분이 한데 뭉쳐 한 문장처럼 쓰이는 말(아메리카 인디언어, 이누이트어)

SEMI-NOTE

### 일본식 단어의 순화

| 일본어 | 순화어 |
|---|---|
| 공구리 | 콘크리트 |
| 노가다 | 노동자 |
| 구루마 | 수레 |
| 명찰 | 이름표 |
| 야끼만두 | 군만두 |
| 오봉 | 쟁반 |
| 찌라시 | 선전물 |
| 고참 | 선임자 |
| 기라성 | 빛나는 별 |
| 백묵 | 분필 |
| 사라 | 접시 |
| 시다 | 보조원 |
| 오뎅 | 어묵 |
| 가라오케 | 노래방 |
| 덴푸라 | 튀김 |
| 추리닝 | 운동복 |
| 화이바 | 안전모 |

### 기타 일본식 한자어의 순화

| 일본식 한자어 | 순화어 |
|---|---|
| 고지(告知) | 알림 |
| 구좌(口座) | 계좌 |
| 가필(加筆) | 고쳐 씀 |
| 고사(固辭) | 끝내 사양함 |
| 공람(供覽) | 돌려봄 |
| 급사(給仕) | 사환, 사동 |
| 매점(買占) | 사재기 |
| 부락(部落) | 마을 |
| 견본(見本) | 본(보기) |
| 과년도(過年度) | 지난해 |
| 담수어(淡水魚) | 민물고기 |
| 시말서(始末書) | 경위서 |
| 투기(投棄)하다 | 버리다 |
| 취사(炊事) | 밥 짓기 |
| 예인(曳引)하다 | 끌다 |
| 할증료(割增料) | 웃돈, 추가금 |

| 가전(加錢) | 웃돈 | 각선미 | 다리맵시 |
|---|---|---|---|
| 각반병 | 모무늬병 | 간석지 | 개펄 |
| 간선도로 | 중심도로, 큰 도로 | 간언(間言) | 이간질 |
| 검인(檢印) | 확인도장 | 게기하다 | 붙이거나 걸어서 보게 하다 |
| 견적하다 | 어림셈하다 | 공탁하다 | 맡기다 |
| 구랍(舊臘) | 지난해 섣달 | 근속하다 | 계속 근무하다 |
| 기부채납 | 기부 받음, 기부받기 | 기장하다 | 장부에 적다 |
| 내사하다 | 은밀히 조사하다 | 법에 저촉(抵觸)되다 | 법에 걸리다 |
| 보결 | 채움 | 비산(飛散)먼지주의 | 날림 먼지 주의 |
| 병역을 필하다 | 병역을 마치다 | 사고 다발 지역 | 사고 잦은 곳 |
| 사실을 지득한 경우 | 사실을 안 경우 | 선하차 후승차 | 내린 다음 타기 |
| 순치(馴致) | 길들이기 | 식별이 용이하다 | 알아보기 쉽다 |
| 약을 복용하다 | 약을 먹다 | 장물을 은닉하다 | 장물을 숨기다 |
| 적색등이 점등되다 | 빨간 등이 켜지다 | 전력을 경주하다 | 온 힘을 기울이다 |
| 지난(至難)한 일 | 매우 어려운 일 | 초도순시 | 처음 방문, 첫 방문 |
| 촉수를 엄금하시오 | 손대지마시오 | 총기 수입(手入) | 총기손질 |
| 콘크리트 양생중 | 콘크리트 굳히는 중 | 품행이 방정함 | 행실이 바름 |
| 화재를 진압하다 | 불을 끄다 | 화훼 단지 | 꽃 재배지 |

③ 주요 일본식 한자어의 순화

| 일본식 한자어 | 순화어 | 일본식 한자어 | 순화어 |
|---|---|---|---|
| 견습(見習) | 수습(收拾) | 담합(談合) | 짬짜미 |
| 도료(塗料) | 칠 | 보정(補正)하다 | 바로잡다 |
| 선택사양 | 선택사항 | 게양(揭揚)하다 | 달다, 걸다 |
| 노임(勞賃) | 품삯 | 독거노인 | 홀로 사는 노인 |
| 고수부지(高水敷地) | 둔치(마당) | 간극(間隙) | 틈 |
| 대하(大蝦) | 큰새우, 왕새우 | 망년회(忘年會) | 송년회, 송년모임 |
| 오지(奧地) | 두메(산골) | 수취(受取) | 수령, 받음 |
| 취조(取調) | 문초 | 택배(宅配) | 집 배달, 문 앞 배달 |
| 혹성(惑星) | 행성 | 십장(什長) | 반장, 작업반장 |

④ 서구어의 순화

| 서구어 | 순화어 | 서구어 | 순화어 |
|---|---|---|---|
| 그린벨트 | 개발제한구역, 녹지대 | 데코레이션 | 장식(품) |
| 러시아워 | 혼잡 시간 | 리사이클링 | 재활용 |
| 마타도어 | 흑색선전, 모략 선전 | 모니터링 | 감시, 검색 |

| 바캉스 | 여름 휴가, 휴가 | 백미러 | 뒷거울 |
|---|---|---|---|
| 부킹 | 예약 | 브랜드 | 상표 |
| 비하인드 스토리 | 뒷이야기 | 스타트 | 출발 |
| 스폰서 | 후원자, 광고 의뢰자 | 스프레이 | 분무(기) |
| 써클 | 동아리 | 시드 | 우선권 |
| 아웃사이더 | 문외한, 국외자 | 에러 | 실수 |
| 엠티(M.T) | 수련 모임 | 오리엔테이션 | 예비교육, 안내(교육) |
| 워밍업 | 준비(운동), 몸 풀기 | 이미테이션 | 모조, 모방, 흉내 |
| 인테리어 | 실내 장식 | 카운터 | 계산대, 계산기 |
| 카탈로그 | 목록, 일람표 | 캐주얼 | 평상(복) |
| 커트라인 | 한계선, 합격선 | 티타임 | 휴식 시간 |
| 파트타임 | 시간제 근무 | 펀드 | 기금 |
| 프러포즈 | 제안, 청혼 | 프리미엄 | 웃돈 |
| 하모니 | 조화 | 헤게모니 | 주도권 |
| 헤드라인 | 머리기사 | 호치키스 | 박음쇠 |
| 홈시어터 | 안방극장 | 히든카드 | 숨긴 패, 비책 |

## 02절 문법의 체계

### 1. 음운론

#### (1) 음운의 종류

① 분절음운과 비분절 음운

㉠ 분절 음운 : 자음, 모음과 같이 분절되는 음운(음소)

㉡ 비분절 음운 : 소리의 장단과 높낮이, 세기 등으로 말의 뜻을 분화시킴

② 자음 : 발음기관의 장애를 받고 나는 소리(19개)

| 조음방법 \ 조음위치 | | 입술소리(순음) | 혀끝소리(설단음) | 구개음 | 연구개음 | 목청소리(후음) |
|---|---|---|---|---|---|---|
| 안울림 소리(무성음) | 파열음 | ㅂ, ㅃ, ㅍ | ㄷ, ㄸ, ㅌ | | ㄱ, ㄲ, ㅋ | |
| | 파찰음 | | | ㅈ, ㅉ, ㅊ | | |
| | 마찰음 | | ㅅ, ㅆ | | | ㅎ |
| 울림 소리(유성음) | 비음 | ㅁ | ㄴ | | ㅇ | |
| | 유음 | | ㄹ | | | |

SEMI-NOTE

**음운의 개념**

말의 뜻을 구별해 주는 최소의 소리 단위로 자음과 모음의 변화를 통해 단어의 의미가 달라짐

**비분절 음운의 종류**

| 짧은소리 | 긴소리 |
|---|---|
| 말[馬, 斗] | 말:[言] |
| 눈[眼] | 눈:[雪] |
| 밤[夜] | 밤:[栗] |
| 성인[成人] | 성:인[聖人] |
| 가정[家庭] | 가:정[假定] |

SEMI-NOTE

**모음**

발음기관의 장애를 받지 않고 순조롭게 나오는 소리(21개)

**이중모음**

- 상향 이중모음 : 이중모음에서 활음(滑音 : 국어에서 반모음 따위)이 단모음 앞에 오는 모음
- 하향 이중모음 : 활음이 단모음 뒤에 오는 이중 모음

**대표적인 자음동화 현상**

- 비슷한 자음으로 바뀌는 경우 : 국물[궁물], 정릉[정능]
- 같은 소리로 바뀌는 경우 : 신라[실라], 칼날[칼랄], 광한루[광할루]
- 두 소리 모두 변하는 현상 : 백로[뱅노], 십리[심니], 독립[동닙]

**대표적인 동화의 예**

- 구개음화 : 해돋이[해도지], 같이[가티 → 가치]
- 모음동화 : 아비[애비], 어미[에미], 고기[괴기]
- 모음조화 : 알록달록/얼룩덜룩, 촐랑촐랑/출렁출렁
- 전설모음화 : 즛>짓, 거츨다>거칠다
- 연구개음화 : 옷감>옥깜, 한강>항강
- 양순음화 : 신문>심문, 꽃바구니>꼽빠구니

③ **단모음** : 발음할 때 입술이나 혀가 고정되어 움직이지 않는 모음(10개)

| 구분 | 전설모음 | | 후설모음 | |
|---|---|---|---|---|
| | 평순 | 원순 | 평순 | 원순 |
| 고모음 | ㅣ | ㅟ | ㅡ | ㅜ |
| 중모음 | ㅔ | ㅚ | ㅓ | ㅗ |
| 저모음 | ㅐ | | ㅏ | |

④ **이중모음** : 발음할 때 입술 모양이나 혀의 위치가 처음과 나중이 달라지는 모음(11개)

| 상향 이중모음 | 'ㅣ'계 상향 이중 모음 | ㅑ, ㅒ, ㅕ, ㅖ, ㅛ, ㅠ |
|---|---|---|
| | 'ㅜ'계 상향 이중 모음 | ㅘ, ㅙ, ㅝ, ㅞ |
| 하향 이중모음 | ㅢ | |

## (2) 음운의 변동

① 교체

㉠ **음절의 끝소리 규칙** : 음절의 끝소리가 'ㄱ, ㄴ, ㄷ, ㄹ, ㅁ, ㅂ, ㅇ' 중 하나로 바뀌어 발음되는 현상

㉡ 7가지 이외의 자음이 끝소리 자리에 오면, 7가지 중 하나로 바뀌어 발음됨(예 낮[낟], 앞[압])

㉢ 끝소리에 두 개의 자음이 올 때, 둘 중 하나로 소리 남(예 넋[넉], 값[갑])

② 동화

㉠ **자음동화** : 음절의 끝 자음이 그 뒤에 오는 자음과 만날 때 서로 같아지거나 비슷하게 바뀌는 현상

㉡ **구개음화** : 끝소리가 'ㄷ, ㅌ'인 음운이 'ㅣ'모음을 만나 센 입천장 소리 'ㅈ, ㅊ'으로 바뀌어 발음되는 현상

㉢ **모음동화** : 'ㅏ, ㅓ, ㅗ, ㅜ' 뒤 음절에 전설모음 'ㅣ'가 오면 'ㅐ, ㅔ, ㅚ, ㅟ'로 변하는 현상

㉣ **모음조화** : 양성모음(ㅗ, ㅏ)은 양성모음끼리, 음성모음(ㅓ, ㅜ, ㅡ)은 음성모음끼리 어울리는 현상으로 의성어와 의태어에서 뚜렷이 나타남

㉤ **원순모음화** : 순음 'ㅁ, ㅂ, ㅍ'의 영향을 받아서 평순모음인 'ㅡ'가 원순모음인 'ㅜ'로 바뀌는 현상

㉥ **전설모음화** : 치음인 'ㅅ, ㅈ, ㅊ'의 바로 밑에 있는 'ㅡ(후설모음)'가 치음의 영향으로 'ㅣ(전설모음)'로 변하는 현상

㉦ **연구개음화** : 'ㄴ, ㄷ, ㅁ, ㅂ'이 연구개음인 'ㄱ, ㅇ, ㅋ, ㄲ'을 만나 연구개음으로 잘못 발음하는 현상

㉧ **양순음화** : 'ㄴ, ㄷ'이 양순음인 'ㅂ, ㅃ, ㅍ, ㅁ'를 만나 양순음으로 잘못 발음하는 현상

③ 축약과 탈락

㉠ 축약 : 두 음운이 합쳐져서 하나의 음운이 되는 현상

- 자음축약 : 'ㄱ, ㄷ, ㅂ, ㅈ'이 'ㅎ'과 만나 거센소리 'ㅋ, ㅌ, ㅍ, ㅊ'으로 발음되는 현상
- 모음축약 : 'ㅣ'나 'ㅗ, ㅜ'가 다른 모음과 결합해 이중모음이 되는 현상

㉡ 탈락 : 두 형태소가 만나면서 한 음운이 아예 발음되지 않는 현상

| 종류 | 조건 | 예시 |
|---|---|---|
| 모음탈락 | • 'ㅐ, ㅔ'가 'ㅏ, ㅓ'와 결합할 때<br>• 같은 모음이 연속할 때(동음탈락) | 가- + -아서 → 가서 |
| | | 따르- + -아 → 따라 |
| 'ㅡ' 탈락 | 'ㅡ'가 모음으로 시작하는 어미를 만날 때 | 쓰- + -어 → 써 |
| 자음탈락 | • 앞 자음이 탈락할 때<br>• 뒤 자음이 탈락할 때 | 울- + -는 → 우는 |
| | | 딸 + 님 → 따님 |
| 'ㄹ' 탈락 | • 파생어나 합성어가 될 때<br>• 어간 받침 'ㄹ'이 탈락할 때 | 불나비 → 부나비 |
| | | 가을내 → 가으내 |
| 'ㅎ' 탈락 | 'ㅎ'뒤에 모음으로 시작하는 어미와 결합 때 | 좋은[조은] |
| | | 낳은[나은] |

④ 된소리와 사잇소리 현상

㉠ 된소리되기(경음화)

- 받침 'ㄱ(ㄲ, ㅋ, ㄳ, ㄺ), ㄷ(ㅅ, ㅆ, ㅈ, ㅊ, ㅌ), ㅂ(ㅍ, ㄼ, ㄿ, ㅄ)' 뒤에 연결되는 예사소리는 된소리로 발음
- 'ㄹ'로 발음되는 어간 받침 'ㄼ, ㄾ'이나 관형사형 '-ㄹ' 뒤에 연결되는 예사소리는 된소리로 발음
- 끝소리가 'ㄴ, ㅁ'인 용언 어간에 예사소리로 시작되는 활용어미가 이어지면 그 소리는 된소리로 발음

㉡ 사잇소리 현상

- 두 개의 형태소 또는 단어가 합쳐져서 합성 명사를 이룰 때, 앞말의 끝소리가 울림소리이고 뒷말의 첫소리가 안울림 예사소리이면 뒤의 예사소리가 된소리로 변하는 현상
- 합성어에서, 뒤에 결합하는 형태소의 첫소리로 'ㅣ, ㅑ, ㅕ, ㅛ, ㅠ' 등의 소리가 올 때 'ㄴ'이 첨가되는 현상이나, 앞말이 모음으로 끝나 있고, 뒷말이 'ㄴ, ㅁ'으로 시작되면 'ㄴ' 소리가 덧나는 현상

⑤ 두음법칙과 활음조 현상

㉠ 두음법칙 : 첫음절 첫소리에 오는 자음이 본래의 음가를 잃고 다른 음으로 발음되는 현상

SEMI-NOTE

**음운 축약의 예**

- **자음축약** : 좋고[조코], 많다[만타], 잡히다[자피다]
- **모음축약** : 뜨 + 이다 → 띄다, 되 + 어 → 돼, 오 + 아서 → 와서

**음운 변동 핵심요약**

- 교체 : 어떤 음운이 형태소의 끝에서 다른 음운으로 바뀌는 현상
- 동화 : 한 쪽의 음운이 다른 쪽 음운의 성질을 닮아 가는 현상
- 축약 : 두 음운이 하나의 음운으로 줄어드는 현상
- 탈락 : 두 음운 중 어느 하나가 없어지는 현상
- 첨가 : 형태소가 합성될 때 그 사이에 음운이 덧붙는 현상

**된소리되기(경음화)의 예**

- **받침 'ㄱ, ㄷ, ㅂ' 뒤에 연결되는 예사소리** : 국밥[국빱], 옷고름[옫꼬름], 낯설다[낟썰다], 넓죽하다[넙쭈카다], 값지다[갑찌다], 입고[입꼬]
- **'ㄹ'로 발음되는 어간받침과 관형사형 '-ㄹ' 뒤에 연결되는 예사소리** : 넓게[널께], 핥다[할따]
- **끝소리가 'ㄴ, ㅁ'인 용언 어간에 예사소리 활용어미가 이어짐** : 넘고[넘꼬], 더듬지[더듬찌], 넘더라[넘떠라]

**사잇소리 현상의 예**

- **울림소리인 끝소리 뒤에 안울림 예사소리일 경우** : 문-고리[문꼬리], 눈-동자[눈똥자], 손-재주[손째주], 그믐-달[그믐딸], 초-불[초뿔], 강-줄기[강쭐기], 강-가[강까], 밤-길[밤낄]
- **'ㄴ' 첨가 현상 또는 뒷말이 'ㄴ, ㅁ'일 경우** : 꽃 + 잎[꼰닙], 집 + 일[짐닐], 물 + 약[물략], 코 + 날[콘날], 이 + 몸[인몸]

SEMI-NOTE

| 종류 | 예시 |
|---|---|
| 'ㄹ'이 'ㄴ'으로 발음 | 락원(樂園) → 낙원, 래일(來日) → 내일, 로인(老人) → 노인 |
| ㅣ' 모음이나 'ㅣ' 선행 모음에서 'ㄹ'과 'ㄴ'이 탈락 | • 'ㄹ' 탈락 : 리발(理髮) → 이발, 력사(歷史) → 역사<br>• 'ㄴ' 탈락 : 녀자(女子) → 여자, 닉사(溺死) → 익사 |
| 예외로, 'ㄴ'이나 '모음' 다음에 오는 '렬'과 '률'은 '열'과 '율'로 발음 | 나렬(羅列) → 나열, 환률(換率) → 환율 |

㉡ 활음조 현상 : 듣기 좋고 말하기 부드러운 소리로 변화하는 현상

| 종류 | 예시 |
|---|---|
| 'ㄴ'이 'ㄹ'로 변화 | 한아버지 → 할아버지, 한나산(漢拏山) → 한라산, 희노(喜怒)[희로] |
| 'ㄴ' 첨가 | 그양 → 그냥, 마양 → 마냥 |
| 'ㄹ' 첨가 | 지이산(智異山) → 지리산, 폐염(肺炎) → 폐렴 |

## 2. 형태론

### (1) 형태소

① 형태소 : 뜻을 가진 가장 작은 말의 단위로 자립성의 여부와 실질적 의미의 여부에 따라 그 종류가 나뉨

② 자립성 여부

| 종류 | 의미 | 문법요소 | 예시 |
|---|---|---|---|
| 자립형태소 | 홀로 쓰일 수 있는 형태소 | 명사, 대명사, 수사, 관형사, 부사, 감탄사 | 꽃, 나비 |
| 의존형태소 | 자립형태소에 붙어서 쓰이는 형태소 | 조사, 접사, 용언의 어간/어미 | –의, –는, 먹–, –다, –이 |

③ 의미 여부

| 종류 | 의미 | 문법요소 | 예시 |
|---|---|---|---|
| 실질형태소 | 구체적 대상이나 상태를 나타내는 실질적 의미를 지닌 형태소 | 자립형태소 모두, 용언의 어간 | 강, 낮– |
| 형식형태소 | 문법적 관계나 의미만을 더해주는 형태소 | 조사, 접사, 용언의 어미 | –가, –았–, –다 |

### (2) 단어의 형성

① 단일어 : 하나의 어근으로 된 단어로 더 이상 나눌 수 없음

② 파생어 : 어근의 앞이나 뒤에 파생접사가 붙어서 만들어진 단어

**문법 단위**

- 문장 : 이야기의 기본 단위(예 동생이 빠르게 걷고 있다.)
- 어절 : 문장을 구성하고 있는 마디(예 동생이/빠르게/걷고/있다.)
- 단어 : 일정한 뜻을 가지는 말의 최소 단위(예 동생/이/빠르게/걷고/있다.)
- 형태소 : 뜻을 가진 가장 작은 말의 단위(예 동생/이/빠르/게/걷/고/있/다.)

단어
자립할 수 있거나, 자립형태소에 붙어서 쉽게 분리되는 말

**파생어 형성의 예**

- 접두사에 의한 파생어 : 군말, 짓밟다, 헛고생, 풋사랑, 엿듣다, 샛노랗다
- 접미사에 의한 파생어
  - 어근의 뜻을 제한하는 경우 : 구경꾼, 살림꾼, 풋내기, 시골내기, 사람들, 밀치다
  - 품사를 바꾸는 경우 : 가르침, 걸음, 물음, 슬픔, 말하기, 읽기, 크기, 공부하다, 구경하다, 이용되다, 가난하다, 값지다, 어른답다, 많이, 없이, 끝내

③ 합성어

㉠ 합성어 형성법(합성법의 유형에 따른 분류)

| 유형 | 설명 | 예시 |
|---|---|---|
| 통사적 합성어 | 우리말의 문장이나 구절의 배열 구조, 즉 통사적 구성과 일치하는 합성어 | 밤낮, 새해, 젊은이, 큰집, 작은아버지, 장가들다, 애쓰다, 돌아가다, 앞서다, 힘쓰다, 돌다리, 곧잘 |
| 비통사적 합성어 | 우리말의 문장이나 단어의 배열 구조, 즉 통사적 구성과 일치하지 않는 합성어 | 높푸르다, 늦잠, 부슬비, 굳세다, 검푸르다, 굶주리다, 산들바람 |

㉡ 합성어의 종류(합성법의 의미에 따른 분류)

| 유형 | 설명 | 예시 |
|---|---|---|
| 병렬 합성어<br>(대등 합성어) | 단어나 어근이 원래의 뜻을 유지하면서 대등하게 연결된 말 | 마소(馬牛) |
| 유속 합성어<br>(종속 합성어) | 단어나 어근이 서로 주종 관계(수식 관계)로 연결되어 '의'를 넣을 수 있는 말 | 밤나무, 소금물, 싸움터 |
| 융합 합성어 | 단어와 어근이 본래의 의미를 상실하고, 새로운 제3의 뜻으로 바뀐 말 | 春秋(나이), 돌아가다(죽다), 밤낮 |

④ 통사적 합성어와 비통사적 합성어의 유형

㉠ 통사적 합성어

- 명사 + 명사(예 논밭, 눈물)
- 관형어 + 체언 : 첫사랑, 새해, 군밤, 어린이
- 조사가 생략된 유형 : 본받다, 힘들다, 애쓰다, 꿈같다
- 연결어미로 이어진 경우 : 어간 + 연결어미 + 어간(예 뛰어가다, 돌아가다, 찾아보다)

㉡ 비통사적 합성어

- 관형사형 어미가 생략된 경우(어근 + 명사) : 검버섯(검은 + 버섯)
- 용언의 연결어미(아, 어, 게, 지, 고)가 생략된 경우 : 굳세다(굳고 + 세다)

## (3) 품사

① 품사의 개념 : 문법적 성질이 공통된 것끼리 모아 놓은 단어의 갈래

② 품사의 분류

| 형태적 | 통사적 | 의미적 | 기능적 |
|---|---|---|---|
| 불변어 | 체언 | 명사, 대명사, 수사 | 주어, 목적어, 보어 |
| | 수식언 | 관형사, 부사 | 수식어 |
| | 독립언 | 감탄사 | 독립어 |
| | 관계언 | 조사 | 성분 간의 관계 표시 |
| 가변어 | 용언 | 동사, 형용사 | 주로 서술어 |

SEMI-NOTE

**기타 통사적, 비통사적 합성어의 유형**

- 통사적 합성어
  - 부사 + 부사(예 곧잘, 더욱더, 이리저리)
  - 부사 + 용언(예 앞서다, 잘나다, 못나다, 그만두다)
- 부사가 직접 명사를 수식하는 경우 : 부사 + 명사의 결합(예 부슬비, 산들바람, 척척박사)

SEMI-NOTE

**명사, 대명사의 개념**

- 명사 : 구체적인 대상이나 사물의 명칭을 표시하는 단어
- 대명사 : 사람의 이름, 장소, 사건 등을 대신하여 가리키는 단위

**인칭대명사(미지칭, 부정칭)**

- 미지칭 대명사 (예 어느, 누구)
- 부정칭 대명사 (예 아무, 누구, 어느)

**조사의 개념**

- 격조사 : 체언 뒤에서 선행하는 체언에 문법적 기능을 부여하는 조사
- 보조사 : 체언 뒤에서 선행하는 체언에 특정한 의미를 부여하는 조사
- 접속조사 : 단어나 문장을 대등하게 연결하는 조사

**보조사의 분류**

- –은/–는 : '대조' 또는 '주체'를 나타냄
- –도 : '동일', '첨가'를 나타냄
- –만/–뿐 : '단독', '한정'을 나타냄
- –까지/–마저/–조차 : '미침', '추종', '극단(한계)' 또는 '종결'을 나타냄
- –부터 : '시작', '출발점'을 나타냄
- –마다 : '균일'을 나타냄
- –(이)야 : '필연', '당위'를 나타냄
- –야(말로) : '한정'을 나타냄
- –커녕/–(이)나 : '불만'을 나타냄(예 사람은커녕 개미 한 마리도 없더라.
- 밖에 : '더 없음'을 나타냄(예 믿을 사람이라고는 너밖에 없다.)
- –(이)나 : '최후 선택'을 나타냄
- –든지 : '수의적 선택'을 나타냄

**접속조사의 종류**

와/과, –하고, –에(다), –(이)며, –(이)랑, –(이)나

③ 명사, 대명사

| | | | |
|---|---|---|---|
| 명사 | 쓰이는 범위 | 보통명사 | 같은 종류의 사물에 두루 쓰이는 명사 |
| | | 고유명사 | 특정한 사람이나 물건에 붙는 명사 |
| | 자립성 유무 | 자립명사 | 다른 말의 도움을 받지 않고 여러 성분으로 쓰이는 명사 |
| | | 의존명사 | 의미가 형식적이어서 다른 말 아래에 쓰이는 명사 |
| 대명사 | 인칭대명사 | 1인칭 | 말하는 이를 가리킴(예 나, 우리, 저, 저희) |
| | | 2인칭 | 듣는 이를 가리킴(예 너, 자네, 그대, 당신) |
| | | 3인칭 | 다른 사람을 가리킴(예 저이, 그이, 그분, 이분, 이이) |
| | 지시대명사 | 사물대명사 | 사물을 대신하여 가리킴(예 이것, 무엇, 아무것) |
| | | 처소대명사 | 처소나 방향을 가리킴(예 거기, 어디) |

④ 조사 빈출개념

| | | |
|---|---|---|
| 격조사 | 주격조사 | 선행하는 체언에 주어의 자격을 부여하는 조사로, '–이/–가, –은/–는, –께서, –이서, –에서, –서'가 있음(예 친구가 한 명 있었다. 그 친구는 친구였다. 둘이서 자주 놀았다. 친구가 오면 어머니께서 용돈을 주셨고, 동네가게에서 과자를 사먹었다.) |
| | 서술격조사 | '체언 + –(이)다'의 형태로 사용되는 격조사로, 활용을 하는 특성을 지님(예 나는 학생이다.) |
| | 목적격조사 | 체언이 타동사의 목적어가 되게 하는 격조사로 '–을/–를'이 있음(예 그는 수영을 잘한다.) |
| | 보격조사 | 체언에 보어의 자격을 부여하는 격조사로, 이/가가 있으며 '되다', '아니다' 앞에 위치함(예 그녀는 교사가 되었다. 학생들은 실험 대상이 아니다.) |
| | 부사격조사 | • 선행하는 체언에 부사의 자격을 부여하는 동사<br>• –에게(에), –에서, –한데 : '처소', '소유', '때'를 나타냄(예 집에서 공부한다. 너한테 주었다.)<br>• –에(게), –(으)로, –한테 : '지향', '방향', '낙착'을 나타냄(예 집에 돌아왔다. 학교로 갔다.)<br>• –에(게)서, –한테서 : '출발'을 나타냄(예 집에서 왔다. 영희한테 그 말을 들었다.)<br>• –에, –으로 : '원인', '이유'를 나타냄(예 기침 소리에 잠을 깼다. 병으로 앓아 누었다.)<br>• –으로(써) : '재료(원료)', '도구(방법)', '경로'를 나타냄<br>• –으로(서) : '자격(지위, 신분)'을 나타냄<br>• –(으)로 : '변화(변화 방향)'를 나타냄(예 물이 얼음으로 되었다.)<br>• –와/–과, –하고 : '동반'을 나타냄(예 그는 그 노인과 같이 갔다.)<br>• –와/–과, –보다, –처럼, –만큼 : '비교'를 나타냄(예 그는 나와 동갑이다. 배보다 배꼽이 크다.) |
| | 호격조사 | 부름의 자리에 놓여 독립어의 자격을 부여하는 격조사(예 님이여. 동수야.) |

⑤ 동사와 형용사

㉠ 동사 : 문장의 주체가 되는 사람의 동작이나 자연의 작용을 표시

㉡ 형용사 : 사물의 속성이나 상태를 표시

㉢ 동사 및 형용사의 구별

- 동작을 의미하는 어미와 결합하면 동사, 결합할 수 없으면 형용사
- 명령형, 청유형 어미와 결합하면 동사, 그렇지 않으면 형용사
- 동작의 양상과 결합하면 동사, 그렇지 않으면 형용사
- '없다, 계시다, 아니다'는 형용사, '있다'는 동사, 형용사로 통용

⑥ 용언의 활용 ★빈출개념

㉠ 형태가 바뀌지 않는 규칙 활용 : 먹다 → 먹어, 먹어라

㉡ 형태가 바뀌는 규칙 활용

- 'ㄹ' 탈락 : 어간의 끝이 'ㄹ'인 용언 다음에 'ㄴ, ㄹ/-ㄹ수록, ㅂ, ㅅ, -(으)ㄹ, (으)오' 등이 오는 경우 용언의 'ㄹ'이 탈락함(예 밀다 → 미시오/밉시다, 살다 → 사네/사세/살수록(살 + ㄹ수록 → 살수록))
- 'ㅡ' 탈락 : 어간의 끝이 'ㅡ'인 용언 다음에 'ㅏ', 'ㅓ' 어미가 올 때(예 잠그다 → 잠가, 담그다 → 담가, 들르다 → 들러)

㉢ 용언의 어간이 바뀌는 불규칙 활용

- 'ㅅ' 불규칙 : 어간의 끝소리 'ㅅ'이 모음 앞에서 탈락함
- 'ㄷ' 불규칙 : 어간의 끝소리 'ㄷ'이 모음 앞에서 'ㄹ'로 바뀜
- 'ㅂ' 불규칙 : 어간의 끝소리 'ㅂ'이 모음 앞에서 '오/우'로 바뀜
- '르' 불규칙 : 어간의 끝소리 'ㅡ'가 탈락하고 'ㄹ'이 덧 생김
- '우' 불규칙 : 어간의 끝소리 '우'가 사라짐

㉣ 용언의 어미가 바뀌는 불규칙 활용

- '여' 불규칙 : 어미의 첫소리 '아/어'가 '여'로 바뀜
- '러' 불규칙 : 어미의 첫소리 '어'가 '러'로 바뀜
- '너라' 불규칙 : 명령형 어미 '아라/어라'가 '너라'로 바뀜

㉤ 용언의 어간, 어미가 모두 바뀌는 불규칙 활용

- 'ㅎ' 불규칙 : 어간의 'ㅎ'이 탈락하고 어미의 '아/어'가 '애/에'로 바뀜

⑦ 관형사 : 내용을 자세하게 꾸며 주는 말로 조사가 붙지 않고, 어미가 붙어 활용하지 않음

㉠ 성상관형사 : 체언이 가리키는 사물의 성질이나 상태를 '어떠한'의 방식으로 꾸며 줌

㉡ 지시관형사 : 지시성을 띄는 관형사

㉢ 수관형사 : 뒤에 오는 명사의 수량을 표시함

⑧ 부사

㉠ 개념 : 오는 용언이나 다른 말을 꾸며 그 의미를 분명히 함

㉡ 부사의 종류

| 성분부사 | 성상(性狀)부사 | '어떻게'의 방식으로 꾸며 주는 부사 |
|---|---|---|
| | 지시부사 | 방향, 거리, 시간, 처소 등을 지시하는 부사 |
| | 부정부사 | 용언의 의미를 부정하는 부사 |

SEMI-NOTE

**규칙 활용**
문법적 관계를 표시하기 위해 용언의 어간 또는 어미를 다른 형태로 바꾸는 것

**불규칙 활용의 예**
- 'ㅅ' 불규칙 : 붓다 → 부어, 잇다 → 이어, 짓다 → 지어
- 'ㄷ' 불규칙 : 걷다 → 걸어, 묻다 → 물어, 싣다 → 실어
- 'ㅂ' 불규칙 : 곱다 → 고와, 눕다 → 누워, 돕다 → 도와, 줍다 → 주워
- '르' 불규칙 : 가르다 → 갈라, 누리다 → 눌러, 부르다 → 불러, 오르다 → 올라, 흐르다 → 흘러
- '우' 불규칙 : 푸다 → 퍼(하나뿐임)
- '여' 불규칙 : -하다 → -하여
- '러' 불규칙 : 이르다(到, 도달하다) → 이르러, 푸르다 → 푸르러
- '너라' 불규칙 : 명령형 어미 '아라/어라'가 '너라'로 바뀜
- 'ㅎ' 불규칙 : 어간의 'ㅎ'이 탈락하고 어미의 '아/어'가 '애/에'로 바뀜

**자주 사용하는 부사**
- 성상(性狀)부사 : 너무, 자주, 매우, 몹시, 아주
- 지시부사 : 이리, 내일, 그리
- 부정부사 : 못, 안, 잘못
- 양태부사 : 과연, 다행히, 제발
- 접속부사 : 그리고, 즉, 및, 또는
- 파생부사 : 깨끗 + 이

SEMI-NOTE

| 문장부사 | 양태부사 | 말하는 이의 마음이나 태도를 표시하는 부사 |
|---|---|---|
| | 접속부사 | 앞뒤 문장을 이어주면서 뒷말을 꾸며주는 부사 |
| 파생부사 | | 부사가 아닌 것에 부사 파생 접미사를 붙여만든 부사 |

⑨ 접속어

㉠ 개념 : 단어와 단어, 구절과 구절 또는 문장과 문장을 잇는 문장성분

㉡ 접속어의 종류 빈출개념

| 접속 관계 | | 접속어 |
|---|---|---|
| 순접 | 원인 | 왜냐하면 |
| | 결과 | 그러므로, 따라서, 그러니까, 그런즉 |
| | 해설 | 그래서, 그러면, 요컨대, 이른바 |
| 역접 | | 그러나, 그래도, 그렇지만, 하지만 |
| 병렬 | | 그리고, 또한(또), 한편, 또는, 및 |
| 첨가 | | 또, 더욱, 특히, 더욱이 |
| 전환 | | 그런데, 아무튼, 하여튼 |

⑩ 수사

㉠ 수사의 개념 : 명사의 수량이나 순서를 가리키는 단위

㉡ 수사의 종류

- 양수사 : 수량을 가리키는 단어(예 하나, 열, 일, 이, 백)
- 서수사 : 순서를 가리키는 수사(예 첫째, 둘째, 제일, 제이)

## 3. 통사론

### (1) 문장의 성분

① 문장 성분의 개념 : 어느 어절에 다른 어절이나 단어에 대해 갖는 관계, 즉 한 문장을 구성하는 요소들

② 문장 성분의 재료

㉠ 단어 : 자립할 수 있는 말

㉡ 구(句) : 중심이 되는 말과 그것에 부속되는 말들을 한데 묶은 것

㉢ 절(節) : 하나의 온전한 문장으로 한 문장의 재료가 되는 것

③ 문장 성분의 갈래

| 주성분 | 주어 | 문장의 주체가 되는 문장 성분, 즉 '무엇이'에 해당하는 말 |
|---|---|---|
| | 서술어 | 주어를 풀이하는 기능을 수행하는 문장 성분, 즉 '어찌한다, 어떠하다, 무엇이다'에 해당하는 말 |
| | 목적어 | 서술어(행위, 상태)의 대상이 되는 문장 성분, 즉 '무엇을, 누구를'에 해당하는 말 |
| | 보어 | '되다', '아니다'와 같은 서술어를 꼭 필요로 하는 문장 성분 |

감탄사의 개념과 특징

- 감탄사의 개념 : 말하는 이의 본능적 놀람이나 느낌, 부름과 대답, 입버릇으로 내는 단어들을 말함
- 감탄사의 특징
  - 활용(용언의 어간이나 서술격 조사에 붙어 문장의 성격을 바꾸는 것) 하지 않음
  - 위치가 아주 자유로워서 문장의 아무데나 놓을 수 있음
  - 조사가 붙지 않고 언제나 독립어로만 쓰임

수사의 수식

| 구분 | 관형사 | 형용사 |
|---|---|---|
| 명사 | 받음 | 받음 |
| 대명사 | 받지 못함 | 받음 |
| 수사 | 받지 못함 | 받지 못함 |

구와 절의 종류

- 구(句) : 명사구, 동사구, 형용사구, 관형사구, 부사구, 독립어구
- 절(節) : 명사절, 서술절, 관형절, 부사절, 인용절

문장 성분의 품사 및 구조

- 주성분
  - 주어 : '체언 + 주격 조사', '체언 + 보조사'
  - 서술어 : 동사, 형용사, '체언 + 서술격 조사'
  - 목적어 : '체언 + 목적격 조사', '체언 + 보조사'
  - 보어 : '체언 + 보격 조사(이/가) + 되다/아니다'

| 주성분 | 관형어 | 체언을 수식하는 문장 성분('어떠한, 무엇이'에 해당하는 말) |
|---|---|---|
| | 부사어 | 용언이나 부사어 등을 수식하는 문장 성분('어떻게, 어찌' 등에 해당하는 말) |
| 독립성분 | 독립어 | 문장의 어느 성분과도 직접적인 관계가 없는 말(감탄, 부름, 응답) |

④ **부속성분** 빈출개념

㉠ **관형어** : 관형사, 체언 + 관형격 조사(의), 용언 어간 + 관형사형 어미

㉡ **부사어** : 부사, '체언 + 부사격 조사', 부사 + 보조사

㉢ **독립어** : 감탄사, '체언 + 호격 조사', 제시어(표제어), 문장 접속 부사('및, 또는'은 제외)

## (2) 문장의 짜임새

① **홑문장** : 주어와 서술어가 각각 하나씩 있는 문장

② **겹문장** : 한 개의 홑문장이 한 성분으로 안겨 들어가서 이루어지거나, 홑문장 여러 개가 이어져서 여러 겹으로 된 문장

| 분류 | 형태 | 예문 |
|---|---|---|
| 안은 문장 | 명사절을 안은문장 | • 목적어 : 나는 그가 승리했음을 안다.<br>• 목적어 : 나는 그가 승리했다는 것을 안다.<br>• 부사어 : 아직은 승리를 확신하기에 이르다.<br>• 주어 : 그가 승리했음이 밝혀졌다. |
| | 서술절을 안은문장 | • 나는 키가 크다.<br>• 선생님께서는 정이 많으시다.<br>• 그녀는 얼굴이 예쁘다. |
| | 관형절을 안은문장 | • 이 책은 선생님께서 주신 책이다.<br>• 나는 그가 좋은 교사라는 생각이 들었다.<br>• 도서관은 공부를 하는 학생들로 가득했다. |
| | 부사절을 안은문장 | • 비가 소리도 없이 내린다.<br>• 철수는 발에 땀이 나도록 뛰었다. |
| | 인용절을 안은문장 | • 선생님은 당황하여 "무슨 일이지?"라고 물으셨다.<br>• 그 사람은 자기가 학생이라고 주장하였다. |
| 이어진문장 | 대등하게 이어진문장 | • 낮말은 새가 듣고 밤 말은 쥐가 듣는다.<br>• 나는 파란색을 좋아하지만 그녀는 노란색을 좋아한다.<br>• 여름이라 아이스크림이라든지 팥빙수라든지 잘 팔린다.<br>• 지금은 고통스러울지 모르지만 먼 미래에 반드시 성공할 것이다. |
| | 종속적으로 이어진문장 | • 비가 와서 경기가 연기되었다.<br>• 당신이 오지 못하면 내가 직접 가겠다.<br>• 아버지가 출장길에서 돌아오시거든 꼭 안부 여쭤 보거라.<br>• 푹 자고 일어나니까 공부가 더 잘 되는 것 같다. |

SEMI-NOTE

**안은문장과 안긴문장의 개념**
- 안은문장 : 속에 다른 문장을 안고 있는 겉의 전체 문장
- 안긴문장 : 절의 형태로 바뀌어서 전체 문장 속에 안긴문장

**안은문장의 형태와 개념**
- **명사절을 안은문장** : 문장 속에서 주어, 목적어, 부사어 등의 역할을 하며, '-ㅁ, -기, ㄴ + 것'의 형태가 됨
- **서술절을 안은문장** : 서술어 부분이 절로 이루어진 형태
- **관형절을 안은문장** : 절이 관형사형으로 활용하거나, 용언에 관형사형 어미가 붙은 형태
- **부사절을 안은문장** : 절이 부사어 구실을 하여 서술어를 수식하며, '-없이, -달리, -도록' 등의 형태를 취함
- **인용절을 안은문장** : 남의 말을 인용한 부분을 말하며, '-고, -라고, -하고' 등의 형태를 취함

**이어진문장의 형태와 개념**
- **대등하게 이어진문장** : 대등적 연결어미, 즉 나열(-고, -며, -아서), 대조(-나, -지만 -아도/어도), 선택(-거나, -든지)의 연결어미를 사용하여 대등한 관계로 결합된 문장
- **종속적으로 이어진문장** : 종속적 연결어미, 즉 이유(-므로, -니까, -아서), 조건(-면, -거든, -라면), 의도(-려고, -고자)의 연결어미를 통해 문장을 연결하여 종속적인 관계를 표시한 문장

### (3) 문법의 기능

① 사동과 피동 빈출개념

㉠ 사동사 : 남으로 하여금 어떤 동작을 하도록 하는 것

㉡ 피동사 : 남의 행동을 입어서 행해지는 동작을 나타냄

② 잘못된 사동 표현

㉠ '-시키다'는 표현을 '-하다'로 할 수 있는 경우 그렇게 고침

- 내가 소개시켜 줄게 → 내가 소개해 줄게
- 근무환경을 개선시켜 나가야 한다. → 근무환경을 개선해 나가야 한다.

㉡ 의미상 불필요한 사동 표현은 사용하지 않음

- 그녀를 보면 가슴이 설레인다. → 그녀를 보면 가슴이 설렌다.
- 다른 차선에 함부로 끼여들면 안 된다. → 다른 차선에 함부로 끼어들면 안 된다.

③ 잘못된 피동 표현(이중 피동 표현)

㉠ '이, 히, 리, 기' 다음에 '-어지다'의 표현을 붙이는 것은 이중 피동 표현에 해당

- 개선될 것으로 보여집니다. → 개선될 것으로 보입니다.
- 열려져 있는 대문 → 열려 있는 대문
- 게임 중독의 한 유형으로 꼽혀지고 있다. → 게임 중독의 한 유형으로 꼽히고 있다.

㉡ '-되어지다', '-지게 되다'는 이중 피동 표현에 해당

- 잘 해결될 것이라 생각되어진다. → 잘 해결될 것이라 생각된다.
- 합격이 예상되어집니다. → 합격이 예상됩니다.
- '갈리우다', '불리우다', '잘리우다', '팔리우다' 등은 피동사(갈리다, 불리다, 잘리다, 팔리다)에 다시 접사가 붙은 형태이므로 잘못된 표현임

④ 부정문

㉠ '안' 부정문의 예

- 긴 부정문 : 그는 오늘 밀린 일을 해결하느라 점심을 먹지 않았다.
- 짧은 부정문 : 오늘은 겨울인데도 안 춥다.
- 중의성 : '점심시간에 예약한 손님이 다 오지 않았다. → 점심시간에 온 손님이 한명도 없음, 손님이 오긴 왔지만 모두 온 것이 아님'으로 해석될 수 있음

㉡ '못' 부정문의 예

- 긴 부정문 : 철수는 제 시간에 일을 처리하지 못해 퇴근하지 못했다.
- 짧은 부정문 : 철수는 당직으로 새벽까지 일해 그날 집에 못 갔다.
- 중의성 : 내가 간이침대에 누워있는 철수를 보지 못했다. → '철수를 보지 못한 것은 나, 내가 보지 못한 것은 철수, 내가 철수를 보지만 못했을 뿐'으로 해석될 수 있음

SEMI-NOTE

**사동문과 피동문의 형성**

- 사동문
  - 자동사 어근 + 접사(이, 히, 리, 기, 우, 구, 추)
  - 타동사 어근 + 접사
  - 형용사 어근접사
  - 어근 + '-게'(보조적 연결어미) + '하다'(보조동사)
  - 일부 용언은 사동 접미사 두 개를 겹쳐 씀(예 자다 → 자이우다 → 재우다)
- 피동문
  - 타동사 어근 + 접사(이, 히, 리, 기)
  - 모든 용언의 어간 + '-아/-어'(보조적 연결어미) + '지다'(보조동사)

**부정문의 개념과 형식**

- '안' 부정문 : 주체의 의지에 의한 행동의 부정을 나타냄
  - 긴 부정문 : '용언의 어간 + -지 + 않다(아니하다)'로 쓰임
  - 짧은 부정문 : '안(아니) + 동사, 형용사'로 쓰임
  - 중의성 : 어떤 대상에 부정을 수식하는지, 전체 또는 부분적으로 부정을 수식하는 지에 따라 문장의 의미가 달라짐
- '못' 부정문 : 주체의 의지가 아닌, 그의 능력상 불가능하거나 또는 외부의 어떤 원인 때문에 그 행위가 일어나지 못하는 것을 표현
  - 긴 부정문 : '동사의 어간 + -지 + 못하다'로 쓰임
  - 짧은 부정문 : 못 + 동사(서술어)로 쓰임
  - 중의성 : '안' 부정문의 중의성 구조와 같음

### (4) 높임과 낮춤

① 높임법

㉠ **주체높임법** : 서술어의 주체를 높이는 방법으로, 높임 선어말 어미 '–(으)시–'를 붙이고 주어에는 주격 조사 '께서'나 접사 '–님' 등을 붙여 높이며, '계시다', '잡수시다' 등의 일부 특수 어휘를 사용하여 높이기도 함

㉡ **객체높임법** : 동작의 대상인 서술의 객체를 높이는 방법으로, 통상 부사격 조사 '께'를 사용해 높이며, '드리다', '뵈다', '여쭙다', '모시다'와 같은 특수 어휘를 사용하기도 함(예 나는 선생님께 책을 드렸다.)

㉢ **상대 높임법** : 화자가 청자에 대하여 높이거나 낮추어 말하는 방법으로, 일정한 종결어미를 사용하여 듣는 상대방을 높이거나 낮춤

| | | |
|---|---|---|
| 격식체 | 해라체(아주 낮춤) | –다, –냐, –자, –어라, –거라, –라 |
| | 하게체(보통 낮춤) | –게, –이, –나 |
| | 하오체(보통 높임) | –오, –(으)ㅂ시다 |
| | 합쇼체(아주 높임) | –습니다/–ㅂ니다, –습니까/–ㅂ니까, –으십시오/–ㅂ시오 |
| 비격식체 | 해체(두루 낮춤) | –아/–어, –지, –을까 (해라체 + 하게체) |
| | 해요체(두루 높임) | –아/어요, –지요, –을까요 (하오체 + 합쇼체) |

② 기타 높임법의 사용

㉠ **해라체와 하라체** : 문어체로 쓰일 때 '해라' 대신 높임과 낮춤이 중화된 '하라'를 쓰기도 함. '해라'의 변형인 '하라'는 격식체나 비격식체가 간접 인용문으로 바뀔 때도 쓰임

㉡ **말씀의 쓰임** : '말씀'은 높임말도 되고 낮춤말도 됨

㉢ **계시다와 있으시다** : '계시다, 안 계시다'는 직접 높임에 사용하고, '있으시다, 없으시다'는 간접 높임에 사용함

## 4. 의미론

### (1) 의미

① **의미의 개념** : 언어가 가지는 용법, 기능, 내용 등을 이르지만 '의미'를 정의하기는 매우 어려운 일이며 지시설, 개념설, 반응설, 용법설 등을 들어 정의하기도 함

② 의미의 종류

| | |
|---|---|
| 중심적 의미 | 가장 기본적이고 핵심적인 의미(기본적 의미) |
| 주변적 의미 | 문맥이나 상황에 따라 그 의미가 확장되어 다르게 쓰이는 의미(문맥적 의미, 전의적 의미) |
| 사전적 의미 | 가장 기본적, 객관적인 의미로 정보 전달이 중심이 되는 설명문 같은 경우에 사용(개념적, 외연적, 인지적 의미) |
| 함축적 의미 | 사전적 의미에 덧붙여 연상이나 관습 등에 의해 형성되는 개인적, 정서적인 의미로, 시 등의 문예문에 사용(연상적, 내포적 의미) |

SEMI-NOTE

**주체높임법의 조건**
- 문장의 주어가 말하는 이도, 말 듣는 이도 아닌 제삼자인 경우
- 듣는 이가 동시에 문장의 주어가 되는 경우
- 주체가 말하는 이보다 높아서 높임의 대상이 된다하더라도, 듣는 이가 주체보다 높은 경우에는 '-시-'를 쓰지 않음(압존법)

**높임말과 낮춤말**
- **직접 높임** : 아버님, 선생님, 주무시다, 계시다, 잡수시다
- **간접 높임** : 진지, 댁(집), 따님(딸), 치아(이), 약주(술), 말씀(말)
- **직접 낮춤** : 저(나), 어미(어머니)
- **간접 낮춤** : 졸고(원고), 말씀(말)

**언어의 개념**
언어는 말소리와 의미로 이루어진 것으로 말소리는 언어의 형식, 의미는 언어의 내용이 되며 말소리가 있어도 의미가 없으면 언어가 될 수 없음

**단어들의 의미 관계**
- **동의 관계** : 두 개 이상의 단어가 서로 소리는 다르나 의미가 같은 경우 → 이음동의어
- **이의 관계** : 두 개 이상의 단어가 소리는 같으나 의미는 다른 경우 → 동음이의어

| 사회적 의미 | 사용하는 사람의 사회적 환경과 관련되는 의미를 전달할 때 사회적 의미라 하며, 선택된 단어의 종류나 말투, 글의 문체 등에 의해 전달 |
|---|---|
| 정서적 의미 | 말하는 사람의 태도나 감정을 드러내는 의미 |
| 주제적 의미 | 특별히 드러나는 의미. 이는 흔히 어순을 바꾸거나 특정 부분을 강조하여 발음함으로써 드러남 |
| 반사적 의미 | 어떤 말을 사용할 때 그 말의 원래 의미와는 아무런 관계없이 특정한 반응을 불러일으키게 되는 경우를 말함 |

③ 의미의 사용

㉠ 중의적 표현 ★빈출개념

- 어휘적 중의성 : 그것이 정말 사과냐? → 과일인 '사과(沙果)'인지, 용서를 비는 '사과(謝過)'인지 불분명함
- 구조적 중의성 : 철수는 아내보다 딸을 더 사랑한다. → 철수가 아내보다 딸을 더 사랑하는지, 철수가 딸을 더 사랑하는지, 아내보다 딸을 더 사랑하는지 불분명함
- 은유적 중의성 : 김 선생님은 호랑이다. → 김 선생님이 호랑이처럼 무섭다는 것인지, (연극에서) 호랑이 역할을 맡았다는 것인지 불분명함

㉡ **간접적 표현** : 에어컨 좀 꺼 줄래요? → 에어컨을 끄는 것은 표면적인 의미이지만 화자의 상황에 따라 몸이 춥거나, 에어컨에서 나는 소리 등이 원인이 되어 청자에게 명령 또는 요청하는 표현

㉢ **잉여적 표현** : 역전 앞, 빈 공간, 참고 인내하다 → 각각 의미가 중복된 표현

㉣ **관용적 표현** : 마른벼락을 맞다 → 문자 그대로 마른벼락을 맞은 것이 아니라 '갑자기 뜻밖의 재난을 당함'이라는 특별한 의미를 담고 있음

## (2) 의미의 변화

① 의미 변화의 원인

㉠ **언어적 원인** : 하나의 단어가 다른 단어와 자주 인접하여 나타남으로써 그 의미까지 변화된 경우

㉡ **역사적 원인** : 단어가 가리키는 대상은 변모하였음에도 불구하고 단어는 그대로 남아 있는 경우

㉢ **사회적 원인** : 일반적 단어가 특수 사회 집단에서 사용되거나, 특수 집단에서 사용 되던 단어가 일반 사회에서 사용됨으로써 의미에 변화가 일어나는 경우

㉣ **심리적 원인** : 비유적 용법이나 완곡어 등에 자주 사용되는 동안 해당 단어의 의미에 대한 인식이 변화하면서 단어의 의미까지 변화된 경우

② 의미 변화의 유형 ★빈출개념

㉠ **의미의 확장(확대)** : 단어의 의미 영역이 넓어진 것

- 의미가 확장된 경우 : 온(백(百) → 모든), 겨레(종친 → 동포, 민족), 왕초(거지 두목 → 두목, 직장상사 등), 세수(손을 씻다 → 손과 얼굴을 씻다)

㉡ **의미의 축소** : 단어의 외연적 의미가 좁아진 것

- 의미가 축소된 경우 : 중생(모든 생물체 → 인간), 얼굴(형체 → 안면), 계집

SEMI-NOTE

**중의적 표현의 개념**

- 어휘적 중의성 : 한 단어가 둘 이상의 의미를 지님
- 구조적 중의성 : 수식 구조나 문법적 성질로 인해 둘 이상의 의미로 해석되는 경우
- 은유적 중의성 : 둘 이상의 의미로 해석되는 은유적 표현

**간접, 잉여, 관용적 표현의 개념**

- **간접적 표현** : 문장의 표면적 의미와 속뜻이 다른 표현
- **잉여적 표현** : 의미상 불필요한 단어가 사용된 표현으로, 의미의 중복(중첩)이라 함
- **관용적 표현** : 두 개 이상의 단어로 이루어져 있으면서 그 단어들의 의미만으로 전체적 의미를 알 수 없는 특별한 의미를 담고 있는 표현

**의미 변화의 원인과 사례**

- **언어적 원인** : 생략이나 전염에 의해 발생(예 아침밥 → 아침, 아파트먼트 → 아파트, 콧물이 흐른다 → 코가 흐른다, 머리털을 깎다 → 머리를 깎다)
- 역사적 원인(예 감옥소〉형무소〉교도소, 돛단배〉증기선〉잠수함)
- 사회적 원인(예 복음 : 기쁜 소식〉그리스도의 가르침, 왕 : 왕정의 최고 권력자〉1인자, 최대, 최고)
- **심리적 원인**
  - 다른 분야의 어휘가 관심 있는 쪽의 어휘로 견인된 경우(예 바가지 → 철모, 갈매기 → 하사관)
  - 금기(Taboo)에 의한 변화(예 산신령 → 호랑이, 손님 → 홍역)

(여성의 일반적 지칭어 → 여성의 낮춤말), 미인(남녀에게 사용 → 여성에게만 사용)

㉢ 의미의 이동 : 가치관의 변화, 심리적 연상으로 의미가 달라진 것

- 의미가 이동된 경우 : 어리다(어리석다 → 나이가 적다), 수작(술잔을 주고받음 → 말을 주고받음), 젊다(나이가 어리다 → 혈기가 한창 왕성하다)

## 03절 국어 생활과 규범

## 1. 한국어 어문 규범

### (1) 한글 맞춤법

① 총칙

제1항 한글 맞춤법은 표준어를 소리대로 적되, 어법에 맞도록 함을 원칙으로 한다.
제2항 문장의 각 단어는 띄어 씀을 원칙으로 한다.
제3항 외래어는 '외래어 표기법'에 따라 적는다.

② 자모

제4항 한글 자모의 수는 스물넉 자로 하고, 그 순서와 이름은 다음과 같이 정한다.

| ㄱ(기역) | ㄴ(니은) | ㄷ(디귿) | ㄹ(리을) | ㅁ(미음) | ㅂ(비읍) | ㅅ(시옷) |
|---|---|---|---|---|---|---|
| ㅇ(이응) | ㅈ(지읒) | ㅊ(치읓) | ㅋ(키읔) | ㅌ(티읕) | ㅍ(피읖) | ㅎ(히읗) |
| ㅏ(아) | ㅑ(야) | ㅓ(어) | ㅕ(여) | ㅗ(오) | ㅛ(요) | ㅜ(우) |
| ㅡ(으) | ㅣ(이) | | | | | |

③ 소리에 관한 것

㉠ 된소리

제5항 한 단어 안에서 뚜렷한 까닭 없이 나는 된소리는 다음 음절의 첫소리를 된소리로 적는다.

- 두 모음 사이에서 나는 된소리(예 소쩍새, 어깨, 오빠, 으뜸, 아끼다, 깨끗하다, 가끔, 거꾸로 등)
- 'ㄴ, ㄹ, ㅁ, ㅇ' 받침 뒤에서 나는 된소리(예 산뜻하다, 잔뜩, 훨씬, 담뿍, 움찔, 몽땅 등)

다만, 'ㄱ, ㅂ' 받침 뒤에서 나는 된소리는, 같은 음절이나 비슷한 음절이 겹

SEMI-NOTE

**소리대로 적기와 어법대로 적기**

- **소리대로 적기** : 한국어를 적는데 소리를 충실하게 표기하는 방식을 말함(예 백분율, 비율, 실패율, 스포츠난, 드러나다, 쓰러지다, 어우러지다, 가까워, 괴로워, 그어, 무덤, 미덥다, 너비)
- **어법대로 적기** : 소리보다는 뜻을 쉽게 파악할 수 있도록 단어나 형태소의 모양을 한 가지로 고정시키는 방식을 말함(예 합격률, 등록률, 성공률, 넘어지다, 떨어지다, 지껄이다, 가깝다, 괴롭다, 긋다)

**한글 맞춤법 제7항**

'ㄷ' 소리로 나는 받침 중에서 'ㄷ'으로 적을 근거가 없는 것은 'ㅅ'으로 적는다(예 덧저고리, 돗자리, 엇셈, 웃어른, 핫옷, 무릇, 사뭇, 얼핏, 자칫하면, 뭇[衆], 옛, 첫, 헛).

SEMI-NOTE

**모음**

- **한글 맞춤법 제8항** : '계, 례, 몌, 폐, 혜'의 'ㅖ'는 'ㅔ'로 소리나는 경우가 있더라도 'ㅖ'로 적는다(예 계수, 혜택, 사례, 계집, 연몌, 핑계, 폐품, 계시다). 다만, 게송(偈頌), 게시판(揭示板), 휴게실(休憩室) 등의 말은 본음대로 적는다.
- **한글 맞춤법 제9항** : '의'나, 자음을 첫소리로 가지고 있는 음절의 'ㅢ'는 'ㅣ'로 소리 나는 경우가 있더라도 'ㅢ'로 적는다(예 의의, 본의, 무늬, 보늬, 오늬, 하늬바람, 늴리리, 닁큼, 띄어쓰기).

**한글 맞춤법 제11항 [붙임 4, 5]**

- [붙임 4] : 접두사처럼 쓰이는 한자가 붙어서 된 말이나, 합성어에서 뒷말의 첫소리가 'ㄴ' 또는 'ㄹ' 소리로 나더라도 두음법칙에 따라 적는다(예 역이용(逆利用), 연이율(年利率), 열역학(熱力學), 해외여행(海外旅行)).
- [붙임 5] : 둘 이상의 단어로 이루어진 고유명사를 붙여 쓰는 경우나 십진법에 따라 쓰는 수(數)도 [붙임 4]에 준하여 적는다(예 서울여관, 신흥이발관, 육천육백육십육(六千六百六十六)).

쳐 나는 경우가 아니면 된소리로 적지 아니한다(예 국수, 깍두기, 딱지, 색시, 법석, 갑자기, 몹시).

ⓛ 구개음화

> 제6항 'ㄷ, ㅌ' 받침 뒤에 종속적 관계를 가진 '-이(-)'나 '-히-'가 올 적에는, 그 'ㄷ, ㅌ'이 'ㅈ, ㅊ'으로 소리 나더라도 'ㄷ, ㅌ'으로 적는다(예 마지 → 맏이, 해도지 → 해돋이, 가치 → 같이, 다치다 → 닫히다, 무치다 → 묻히다).

ⓒ 두음법칙 ★빈출개념

> 제10항 한자음 '녀, 뇨, 뉴, 니'가 단어 첫머리에 올 적에는, 두음법칙에 따라 '여, 요, 유, 이'로 적는다(예 녀자 → 여자(女子), 년세 → 연세(年歲), 뇨소 → 요소(尿素), 닉명 → 익명(匿名)).

다만, 냥(兩), 냥쭝(兩重), 년(年)(몇 년) 같은 의존명사에서는 '냐, 녀' 음을 인정한다.

[붙임 1] 단어의 첫머리 이외의 경우에는 본음대로 적는다(예 남녀(男女), 당뇨(糖尿), 결뉴(結紐), 은닉(隱匿)).

[붙임 2] 접두사처럼 쓰이는 한자가 붙어서 된 말이나 합성어에서, 뒷말의 첫소리가 'ㄴ' 소리로 나더라도 두음법칙에 따라 적는다(예 신여성(新女性), 공염불(空念佛), 남존여비(男尊女卑)).

[붙임 3] 둘 이상의 단어로 이루어진 고유명사를 붙여 쓰는 경우에도 [붙임 2]에 준하여 적는다(예 한국여자대학, 대한요소비료회사).

> 제11항 한자음 '랴, 려, 례, 료, 류, 리'가 단어의 첫머리에 올 적에는, 두음 법칙에 따라 '야, 여, 예, 요, 유, 이'로 적는다(예 양심(良心), 용궁(龍宮), 역사(歷史)). 다만, 다음과 같은 의존명사는 본음대로 적는다.(예 리(里) : 몇 리냐?, 리(理) : 그럴 리가 없다.)

[붙임 1] 단어의 첫머리 이외의 경우에는 본음대로 적는다(예 개량(改良), 선량(善良), 수력(水力), 협력(協力), 사례(謝禮), 혼례(婚禮), 와룡(臥龍), 쌍룡(雙龍), 하류(下流)).

다만, 모음이나 'ㄴ' 받침 뒤에 이어지는 '렬, 률'은 '열, 율'로 적는다(예 나열(羅列), 분열(分裂), 치열(齒列), 선열(先烈), 비열(卑劣), 진열(陳列), 규율(規律), 선율(旋律), 비율(比率)).

[붙임 2] 외자로 된 이름을 성에 붙여 쓸 경우에도 본음대로 적을 수 있다(예 신립(申砬), 최린(崔麟), 채륜(蔡倫), 하륜(河崙)).

[붙임 3] 준말에서 본음으로 소리 나는 것은 본음대로 적는다(예 국련(국제연합), 대한교련(대한교육연합회)).

> 제12항 한자음 '라, 래, 로, 뢰, 루, 르'가 단어의 첫머리에 올 적에는, 두음법칙에 따라 '나, 내, 노, 뇌, 누, 느'로 적는다(예 낙원(樂園), 내일(來日), 노인(老人)).

[붙임 1] 단어의 첫머리 이외의 경우에는 본음대로 적는다(예 쾌락(快樂), 극락(極樂), 거래(去來), 왕래(往來), 부로(父老), 연로(年老), 지뢰(地雷), 낙뢰(落雷), 고루(高樓), 광한루(廣寒樓), 동구릉(東九陵)).

[붙임 2] 접두사처럼 쓰이는 한자가 붙어서 된 단어는 뒷말을 두음법칙에 따라 적는다(예 내내월(來來月), 상노인(上老人), 중노동(重勞動), 비논리적(非論理的)).

④ 형태에 관한 것

㉠ 체언과 조사

> 제14항 체언은 조사와 구별하여 적는다(예 떡이, 떡을, 떡에, 떡도, 떡만/손이, 손을, 손에, 손도, 손만).

㉡ 어간과 어미

> 제15항 용언의 어간과 어미는 구별하여 적는다(예 먹다, 먹고, 먹어, 먹으니/신다, 신고, 신어, 신으니).

[붙임 1] 두 개의 용언이 어울려 한 개의 용언이 될 적에, 앞말의 본뜻이 유지되고 있는 것은 그 원형을 밝히어 적고, 그 본뜻에서 멀어진 것은 밝히어 적지 아니한다.

- 앞말의 본뜻이 유지되고 있는 것(예 넘어지다, 늘어나다, 늘어지다, 돌아가다, 되짚어가다, 들어가다, 떨어지다, 벌어지다, 엎어지다, 접어들다, 틀어지다, 흩어지다)
- 본뜻에서 멀어진 것(예 드러나다, 사라지다, 쓰러지다)

[붙임 2] 종결형에서 사용되는 어미 '-오'는 '요'로 소리 나는 경우가 있더라도 그 원형을 밝혀 '오'로 적는다(예 이것은 책이오, 이리로 오시오, 이것은 책이 아니오).

[붙임 3] 연결형에서 사용되는 '이요'는 '이요'로 적는다.(예 이것은 책이요, 저것은 붓이요, 또 저것은 먹이다.)

㉢ 접미사가 붙어서 된 말 ★빈출개념

> 제19항 어간에 '-이'나 '-음/-ㅁ'이 붙어서 명사로 된 것과 '-이'나 '-히'가 붙어서 부사로 된 것은 그 어간의 원형을 밝히어 적는다.

- '-이'가 붙어서 명사로 된 것(예 길이, 깊이, 높이, 다듬이, 땀받이, 달맞이, 먹이, 미닫이, 벌이, 벼훑이, 살림살이, 쇠붙이, 넓이)

SEMI-NOTE

**겹쳐 나는 소리**

- **한글 맞춤법 제13항** : 한 단어 안에서 같은 음절이나 비슷한 음절이 겹쳐 나는 부분은 같은 글자로 적는다.
- **용례**
  - 씩식 → 씩씩
  - 똑닥똑닥 → 똑딱똑딱
  - 유류상종 → 유유상종
  - 꼿곳하다 → 꼿꼿하다
  - 눙눅하다 → 눅눅하다
  - 민밋하다 → 밋밋하다
  - 싹삭하다 → 싹싹하다
  - 씁슬하다 → 씁쓸하다
  - 짭잘하다 → 짭짤하다



**형태에 관한 것**

- **한글 맞춤법 제16항** : 어간의 끝음절 모음이 'ㅏ, ㅗ'일 때에는 어미를 '-아'로 적고, 그 밖의 모음일 때에는 '-어'로 적는다.
  - '-아'로 적는 경우 : 나아 - 나아도 - 나아서, 막아 - 막아도 - 막아서, 얇아 - 얇아도 - 얇아서, 돌아 - 돌아도 - 돌아서, 보아 - 보아도 - 보아서
  - '-어'로 적는 경우 : 개어- 개어도 - 개어서, 겪어 - 겪어도 - 겪어서, 되어 - 되어도 - 되어서, 베어 - 베어도 - 베어서, 쉬어 - 쉬어도 - 쉬어서, 저어 - 저어도 - 저어서, 주어 - 주어도 - 주어서
- **한글 맞춤법 제17항** : 어미 뒤에 덧붙는 조사 '-요'는 '-요'로 적는다(예 읽어 - 읽어요, 참으리 - 참으리요, 좋지 - 좋지요).

SEMI-NOTE

**접미사가 붙어서 된 말**

- **한글 맞춤법 제22항** : 용언의 어간에 다음과 같은 접미사들이 붙어서 이루어진 말들은 그 어간을 밝히어 적는다.
  - '-기-, -리-, -이-, -히-, -구-, -우-, -추-, -으키-, 이키-, -애-'가 붙는 것 : 맡기다, 옮기다, 웃기다, 쫓기다, 뚫리다
  다만, '-이-, -히-, -우-'가 붙어서 된 말이라도 본뜻에서 멀어진 것은 소리대로 적는다(예 도리다(칼로 -), 드리다(용돈을 -), 고치다, 미루다, 이루다).
  - '-치-, -뜨리-, -트리-'가 붙는 것 : 놓치다, 덮치다, 떠받치다, 받치다, 밭치다, 부딪치다, 뻗치다, 엎치다, 부딪뜨리다/부딪트리다
  [붙임] '-업-, -읍-, -브-'가 붙어서 된 말은 소리대로 적는다(예 미덥다, 우습다, 미쁘다).
- **한글 맞춤법 제24항** : '-거리다'가 붙을 수 있는 시늉말 어근에 '-이다'가 붙어서 된 용언은 그 어근을 밝히어 적는다.(예 끄더기다 → 끄덕이다, 지꺼리다 → 지껄이다, 퍼더기다 → 퍼덕이다, 망서리다 → 망설이다)
- **한글 맞춤법 제26항** : '-하다'나 '-없다'가 붙어서 된 용언은 그 '-하다'나 '-없다'를 밝히어 적는다.
  '-하다'가 붙어서 용언이 된 것(예 딱하다, 숱하다, 착하다, 텁텁하다, 푹하다)
  '-없다'가 붙어서 용언이 된 것(예 부질없다, 상없다, 시름없다, 열없다, 하염없다)

- '-음/-ㅁ'이 붙어서 명사로 된 것(예 걸음, 묶음, 믿음, 얼음, 엮음, 울음, 웃음, 졸음, 죽음, 앎, 만듦, 삶)
- '-이'가 붙어서 부사로 된 것(예 같이, 굳이, 길이, 높이, 많이, 실없이, 좋이, 짓궂이, 깊이, 깨끗이)
- '-히'가 붙어서 부사로 된 것(예 밝히, 익히, 작히, 부지런히)

다만, 어간에 '-이'나 '-음'이 붙어서 명사로 바뀐 것이라도 그 어간의 뜻과 멀어진 것은 원형을 밝히어 적지 아니한다(예 굽도리, 다리[髢], 목거리(목병), 무녀리, 코끼리, 거름(비료), 고름[膿]).

[붙임] 어간에 '-이'나 '-음' 이외의 모음으로 시작된 접미사가 붙어서 다른 품사로 바뀐 것은 그 어간의 원형을 밝히어 적지 아니한다.

> 제20항 명사 뒤에 '-이'가 붙어서 된 말은 그 명사의 원형을 밝히어 적는다.

- 부사로 된 것(예 곳곳이, 낱낱이, 몫몫이, 샅샅이, 앞앞이, 집집이)
- 명사로 된 것(예 곰배팔이, 바둑이, 삼발이, 애꾸눈이, 육손이, 절뚝발이/절름발이)

[붙임] '-이' 이외의 모음으로 시작된 접미사가 붙어서 된 말은 그 명사의 원형을 밝히어 적지 아니한다(예 꼬락서니, 끄트머리, 모가치, 바가지, 바깥, 사타구니, 싸라기, 이파리, 지붕, 지푸라기, 짜개).

> 제21항 명사나 혹은 용언의 어간 뒤에 자음으로 시작된 접미사가 붙어서 된 말은 그 명사나 어간의 원형을 밝히어 적는다.

- 명사 뒤에 자음으로 시작된 접미사가 붙어서 된 것(예 값지다, 홑지다, 넋두리, 빛깔, 옆댕이, 잎사귀)
- 어간 뒤에 자음으로 시작된 접미사가 붙어서 된 것(예 낚시, 늙정이, 덮개, 뜯게질, 굵다랗다)

다만, 다음과 같은 말은 소리대로 적는다.

- 겹받침의 끝소리가 드러나지 아니하는 것(예 할짝거리다, 널따랗다, 널찍하다, 말끔하다, 말쑥하다)
- 어원이 분명하지 아니하거나 본뜻에서 멀어진 것(예 넙치, 올무, 골막하다, 납작하다)

> 제23항 '-하다'나 '-거리다'가 붙는 어근에 '-이'가 붙어서 명사가 된 것은 그 원형을 밝히어 적는다(예 살살이 → 살살이, 오뚜기 → 오뚝이, 홀쭈기 → 홀쭉이, 배불뚜기 → 배불뚝이).

[붙임] '-하다'나 '-거리다'가 붙을 수 없는 어근에 '-이'나 또는 다른 모음으로 시작되는 접미사가 붙어서 명사가 된 것은 그 원형을 밝히어 적지 아니한다(예 개구리, 귀뚜라미, 기러기, 깍두기, 꽹과리).

제25항 '-하다'가 붙는 어근에 '-히'나 '-이'가 붙어서 부사가 되거나, 부사에 '-이'가 붙어서 뜻을 더하는 경우에는 그 어근이나 부사의 원형을 밝히어 적는다.

- '-하다'가 붙는 어근에 '-히'나 '-이'가 붙는 경우(예 급히, 꾸준히, 도저히, 딱히, 어렴풋이, 깨끗이)

[붙임] '-하다'가 붙지 않는 경우에는 소리대로 적는다(예 갑자기, 반드시(꼭), 슬며시).

- 부사에 '-이'가 붙어서 역시 부사가 되는 경우(예 곰곰이, 더욱이, 생긋이, 오뚝이, 일찍이, 해죽이)

㉣ 합성어 및 접두사가 붙는 말 빈출개념

제27항 둘 이상의 단어가 어울리거나 접두사가 붙어서 이루어진 말은 각각 그 원형을 밝히어 적는다(예 국말이, 꽃잎, 끝장, 물난리, 젖몸살, 첫아들, 칼날, 팥알, 헛웃음, 샛노랗다).

[붙임 1] 어원은 분명하나 소리만 특이하게 변한 것은 변한 대로 적는다(예 할아버지, 할아범).

[붙임 2] 어원이 분명하지 아니한 것은 원형을 밝히어 적지 아니한다(예 골병, 골탕, 끌탕, 며칠).

[붙임 3] '이[齒, 虱]'가 합성어나 이에 준하는 말에서 '니' 또는 '리'로 소리날 때에는 '니'로 적는다(예 송곳니, 앞니, 어금니, 윗니, 젖니, 톱니, 틀니, 가랑니, 머릿니).

제30항 사이시옷은 다음과 같은 경우에 받치어 적는다.

- 순우리말로 된 합성어로서 앞말이 모음으로 끝난 경우

| | |
|---|---|
| 뒷말의 첫소리가 된소리로 나는 것 | 고랫재, 귓밥, 나룻배, 나뭇가지, 냇가, 댓가지, 뒷갈망, 맷돌, 핏대 |
| 뒷말의 첫소리 'ㄴ, ㅁ' 앞에서 'ㄴ' 소리가 덧나는 것 | 멧나물, 아랫니, 텃마당, 아랫마을, 뒷머리, 잇몸, 깻묵, 냇물, 빗물 |
| 뒷말의 첫소리 모음 앞에서 'ㄴㄴ' 소리가 덧나는 것 | 도리깻열, 뒷윷, 두렛일, 뒷일, 뒷입맛, 베갯잇, 욧잇, 깻잎, 나뭇잎 |

- 순우리말과 한자어로 된 합성어로서 앞말이 모음으로 끝난 경우

| | |
|---|---|
| 뒷말의 첫소리가 된소리로 나는 것 | 귓병, 머릿방, 뱃병, 봇둑, 사잣밥, 샛강, 아랫방 |
| 뒷말의 첫소리 'ㄴ, ㅁ' 앞에서 'ㄴ' 소리가 덧나는 것 | 곗날, 제삿날, 훗날, 툇마루, 양칫물 |
| 뒷말의 첫소리 모음 앞에서 'ㄴㄴ' 소리가 덧나는 것 | 가욋일, 사삿일, 예삿일, 훗일 |

SEMI-NOTE

**합성어 및 접두사가 붙는 말**

- **한글 맞춤법 제28항** : 끝소리가 'ㄹ'인 말과 딴 말이 어울릴 적에 'ㄹ' 소리가 나지 아니하는 것은 아니 나는 대로 적는다(예 다달이(달-달-이), 따님(딸-님), 마되(말-되), 마소(말-소)).
- **한글 맞춤법 제29항** : 끝소리가 'ㄹ'인 말과 딴 말이 어울릴 적에 'ㄹ' 소리가 'ㄷ' 소리로 나는 것은 'ㄷ'으로 적는다(예 반짇고리(바느질~), 사흗날(사흘~), 삼짇날(삼질~), 숟가락(술~), 이튿날(이틀~)).
- **한글 맞춤법 제31항** : 두 말이 어울릴 적에 'ㅂ' 소리나 'ㅎ' 소리가 덧나는 것은 소리대로 적는다.
  - 'ㅂ' 소리가 덧나는 것 : 멥쌀(메ㅂ쌀), 볍씨(벼ㅂ씨), 입때(이ㅂ때)
  - 'ㅎ' 소리가 덧나는 것 : 머리카락(머리ㅎ가락), 안팎(안ㅎ밖), 암탉(암ㅎ닭)

SEMI-NOTE

**준말**

- **한글 맞춤법 제38항** : 'ㅏ, ㅗ, ㅜ, ㅡ' 뒤에 '-이어'가 어울려 줄어질 적에는 준 대로 적는다(예 싸이어 : 쌔어/싸여, 보이어 : 뵈어/보여, 쓰이어 : 씌어/쓰여, 트이어 : 틔어/트여).
- **한글 맞춤법 제39항** : 어미 '-지' 뒤에 '않-'이 어울려 '-잖-'이 될 적과 '-하지' 뒤에 '않-'이 어울려 '-찮-'이 될 적에는 준 대로 적는다(예 적지않은(본말) → 적잖은(준말), 변변하지 않다(본말) → 변변찮다(준말)).

**띄어쓰기**

- **한글 맞춤법 제43항** : 단위를 나타내는 명사는 띄어 쓴다(예 한 개, 차 한 대, 금 서 돈, 소 한 마리, 열 살, 연필 한 자루, 조기 한 손).
- **한글 맞춤법 제44항** : 수를 적을 적에는 '만(萬)'단위로 띄어 쓴다(예 십이억 삼천사백오십육만 칠천팔백구십팔, 12억 3456만 7898).
- **한글 맞춤법 제46항** : 단음절로 된 단어는 연이어 나타날 적에는 붙여 쓸 수 있다(예 그때 그곳, 좀더 큰것, 이말 저말, 한잎 두잎).

- 두 음절로 된 다음 한자어 : 곳간(庫間), 셋방(貰房), 숫자(數字), 찻간(茶間), 툇간(退間), 횟수(回數)

ⓜ 준말 ★빈출개념

> 제35항 모음 'ㅗ, ㅜ'로 끝난 어간에 '-아/-어, -았-/-었-'이 어울려 'ㅘ/ㅝ, 왔/웠'으로 될 적에는 준 대로 적는다(예 보아(본말) → 봐(준말), 두었다(본말) → 뒀다(준말), 쑤었다(본말) → 쒔다(준말)).

[붙임 1] '놓아'가 '놔'로 줄 적에는 준 대로 적는다.
[붙임 2] 'ㅚ' 뒤에 '-어, -었-'이 어울려 'ㅙ, ㅙㅆ'으로 될 적에도 준 대로 적는다(예 쇠었다(본말) → 쇘다(준말), 되었다(본말) → 됐다(준말)).

> 제40항 어간의 끝 음절 '하'의 'ㅏ'가 줄고 'ㅎ'이 다음 음절의 첫소리와 어울려 거센소리로 될 적에는 거센소리로 적는다(예 간편하게(본말) → 간편케(준말), 흔하다(본말) → 흔타(준말)).

[붙임 1] 'ㅎ'이 어간의 끝소리로 굳어진 것은 받침으로 적는다(예 아무렇지, 어떻든지, 이렇고).
[붙임 2] 어간의 끝음절 '하'가 아주 줄 적에는 준 대로 적는다(예 생각하건대 → 생각건대, 넉넉하지 않다 → 넉넉지 않다, 익숙하지 않다 → 익숙지 않다).
[붙임 3] 다음과 같은 부사는 소리대로 적는다(예 결단코, 결코, 아무튼, 요컨대, 하마터면, 하여튼).

⑤ 띄어쓰기

ⓐ 조사

> 제41항 조사는 그 앞말에 붙여 쓴다(예 꽃이, 꽃마저, 꽃밖에, 꽃입니다, 어디까지나, 거기도, 멀리는, 웃고만).

ⓑ 의존명사, 단위를 나타내는 명사 및 열거하는 말 등

> 제42항 의존명사는 띄어 쓴다(예 아는 것이 힘이다, 나도 할 수 있다, 먹을 만큼 먹어라, 그가 떠난 지가 오래다).

> 제45항 두 말을 이어 주거나 열거할 적에 쓰이는 말들은 띄어 쓴다(예 국장 겸 과장, 열 내지 스물, 청군 대 백군, 이사장 및 이사들, 사과, 귤 등등).

ⓒ 보조용언 ★빈출개념

> 제47항 보조용언은 띄어 씀을 원칙으로 하되, 경우에 따라 붙여 씀도 허용한다.

| 원칙 | 허용 |
|---|---|
| 불이 꺼져 간다. | 불이 꺼져간다. |
| 어머니를 도와 드린다. | 어머니를 도와드린다. |
| 그릇을 깨뜨려 버렸다. | 그릇을 깨뜨려버렸다. |
| 비가 올 듯하다. | 비가 올듯하다. |
| 그 일은 할 만하다. | 그 일은 할만하다. |

다만, 앞말에 조사가 붙거나 앞말이 합성동사인 경우, 그리고 중간에 조사가 들어갈 적에는 그 뒤에 오는 보조용언은 띄어 쓴다.

| 잘도 놀아만 나는구나! | 책을 읽어도 보고 | 네가 덤벼들어 보아라. |
|---|---|---|
| 강물에 떠내려가 버렸다. | 그가 올 듯도 하다. | 잘난 체를 한다. |

㉣ 고유명사 및 전문 용어 빈출개념

제48항 성과 이름, 성과 호 등은 붙여 쓰고, 이에 덧붙는 호칭어, 관직명 등은 띄어 쓴다(예 김양수(金良洙), 서화담(徐花潭), 채영신 씨, 최치원 선생, 박동식 박사).

다만, 성과 이름, 성과 호를 분명히 구분할 필요가 있을 경우에는 띄어 쓸 수 있다(예 남궁억/남궁 억, 독고준/독고 준, 황보지봉(皇甫芝峰)/황보 지봉).

⑥ 그 밖의 것 빈출개념

제51항 부사의 끝음절이 분명히 '이'로만 나는 것은 '-이'로 적고, '히'로만 나거나 '이'나 '히'로 나는 것은 '-히'로 적는다.

- '이'로만 나는 것 : 깨끗이, 산뜻이, 겹겹이, 반듯이, 틈틈이, 버젓이, 번번이, 따뜻이, 가까이, 고이, 번거로이, 헛되이, 일일이
- '히'로만 나는 것 : 딱히, 극히, 정확히, 족히, 엄격히, 속히, 급히
- '이, 히'로 나는 것 : 솔직히, 가만히, 꼼꼼히, 상당히, 능히, 분명히, 도저히, 각별히, 소홀히, 쓸쓸히, 열심히, 답답히, 섭섭히, 공평히, 조용히, 고요히

제53항 다음과 같은 어미는 예사소리로 적는다(예 -(으)ㄹ꺼나 → -(으)ㄹ거나, -(으)ㄹ껄 → -(으)ㄹ걸, -(으)ㄹ께 → -(으)ㄹ게, -(으)ㄹ찌언정 → -(으)ㄹ지언정).

다만, 의문을 나타내는 다음 어미들은 된소리로 적는다(예 -(으)ㄹ까?, -(으)ㄹ꼬?, -(으)리까?, -(으)ㄹ쏘냐?).

SEMI-NOTE

**고유명사 및 전문 용어**

- **한글 맞춤법 제49항** : 성명 이외의 고유명사는 단어별로 띄어 씀을 원칙으로 하되, 단위별로 띄어 쓸 수 있다(예 한국 대학교 사범 대학(원칙)/한국대학교 사범대학(허용)).
- **한글 맞춤법 제50항** : 전문 용어는 단어별로 띄어 씀을 원칙으로 하되, 붙여 쓸 수 있다(예 골수성 백혈병(원칙)/만성골수성백혈병(허용), 중거리 탄도 유도탄(원칙)/중거리탄도유도탄(허용)).

**그 밖의 것**

- **한글 맞춤법 제54항** : 다음과 같은 접미사는 된소리로 적는다(예 심부름꾼 → 심부름꾼, 귓대기 → 귀때기, 익살군 → 익살꾼, 볼대기 → 볼때기, 일군 → 일꾼, 뒷굼치 → 뒤꿈치).
- **한글 맞춤법 제56항** : '-더라, -던'과 '-든지'는 다음과 같이 적는다.
  - 지난 일을 나타내는 어미는 '-더라, -던'으로 적는다.(예 지난겨울은 몹시 춥드라. → 지난겨울은 몹시 춥더라./그렇게 좋든가? → 그렇게 좋던가?)
  - 물건이나 일의 내용을 가리지 아니하는 뜻을 나타내는 조사와 어미는 '-든지'로 적는다.(예 배던지 사과던지 마음대로 먹어라. → 배든지 사과든지 마음대로 먹어라.)

04장 현대 문법

SEMI-NOTE

**기타 구별하여 적는 말**

- **안치다** : 밥을 안친다.
- **앉히다** : 윗자리에 앉힌다.
- **어름** : 두 물건의 어름에서 일어난 현상
- **얼음** : 얼음이 얼었다.
- **거치다** : 영월을 거쳐 왔다.
- **걷히다** : 외상값이 잘 걷힌다.
- **다리다** : 옷을 다린다.
- **달이다** : 약을 달인다.
- **–느니보다(어미)** : 나를 찾아오느니보다 집에 있거라.
- **–는 이보다(의존명사)** : 오는 이가 가는 이보다 많다.
- **–(으)러(목적)** : 공부하러 간다.
- **–(으)려(의도)** : 서울 가려 한다.

제57항 다음 말들은 각각 구별하여 적는다.

| | |
|---|---|
| 가름 : 둘로 가름 | 갈음 : 새 책상으로 갈음하였다. |
| 거름 : 풀을 썩인 거름 | 걸음 : 빠른 걸음 |
| 걷잡다 : 걷잡을 수 없는 상태 | 겉잡다 : 겉잡아서 이틀 걸릴 일 |
| 그러므로(그러니까) : 그는 부지런하다. 그러므로 잘 산다. | 그럼으로(써)(그렇게 하는 것으로) : 그는 열심히 공부한다. 그럼으로(써) 은혜에 보답한다. |
| 노름 : 노름판이 벌어졌다. | 놀음(놀이) : 즐거운 놀음 |
| 느리다 : 진도가 너무 느리다. | • 늘이다 : 고무줄을 늘인다.<br>• 늘리다 : 수출량을 더 늘린다. |
| 다치다 : 부주의로 손을 다쳤다. | • 닫히다 : 문이 저절로 닫혔다.<br>• 닫치다 : 문을 힘껏 닫쳤다. |
| 마치다 : 벌써 일을 마쳤다. | 맞히다 : 여러 문제를 더 맞혔다. |
| 목거리 : 목거리가 덧났다. | 목걸이 : 금 목걸이, 은 목걸이 |
| 바치다 : 나라를 위해 목숨을 바쳤다. | • 받치다 : 우산을 받치고 간다.<br>• 받히다 : 쇠뿔에 받혔다.<br>• 밭치다 : 술을 체에 밭친다. |
| 반드시 : 약속은 반드시 지켜라. | 반듯이 : 고개를 반듯이 들어라. |
| 부딪치다 : 차와 차가 마주 부딪쳤다. | 부딪히다 : 마차가 화물차에 부딪혔다. |
| 부치다 : 힘이 부치는 일이다. | 붙이다 : 우표를 붙인다. |
| 시키다 : 일을 시킨다. | 식히다 : 끓인 물을 식힌다. |
| 아름 : 세 아름 되는 둘레 | • 알음 : 전부터 알음이 있는 사이<br>• 앎 : 앎이 힘이다. |
| 이따가 : 이따가 오너라. | 있다가 : 돈은 있다가도 없다. |
| 저리다 : 다친 다리가 저린다. | 절이다 : 김장 배추를 절인다. |
| 조리다 : 생선을 조리다. | 졸이다 : 마음을 졸인다. |
| 주리다 : 여러 날을 주렸다. | 줄이다 : 비용을 줄인다. |
| –노라고 : 하노라고 한 것이 이 모양이다. | –느라고 : 공부하느라고 밤을 새웠다. |
| –(으)리만큼(어미) : 나를 미워하리만큼 그에게 잘못한 일이 없다. | –(으)ㄹ 이만큼(의존명사) : 찬성할 이도 반대할 이만큼이나 많을 것이다. |
| (으)로서(자격) : 사람으로서 그럴 수는 없다. | (으)로써(수단) : 닭으로써 꿩을 대신했다. |
| –(으)므로(어미) : 그가 나를 믿으므로 나도 그를 믿는다. | (–ㅁ, –음)으로(써)(조사) : 그는 믿음으로(써) 산 보람을 느꼈다. |

## (2) 표준어 규정

① 표준어 사정 원칙 – 총칙

제1항 표준어는 교양 있는 사람들이 두루 쓰는 현대 서울말로 정함을 원칙으로 한다.
제2항 외래어는 따로 사정한다.

② 발음 변화에 따른 표준어 규정

㉠ 자음

제5항 어원에서 멀어진 형태로 굳어져서 널리 쓰이는 것은, 그것을 표준어로 삼는다(예 강남콩 → 강낭콩, 삭월세 → 사글세).

다만, 어원적으로 원형에 더 가까운 형태가 아직 쓰이고 있는 경우에는, 그것을 표준어로 삼는다(예 저으기 → 적이, 구젓 → 굴젓).

제7항 수컷을 이르는 접두사는 '수-'로 통일한다(예 숫놈 → 수놈, 숫소 → 수소, 수꿩, 수퀑 → 수꿩).

다만 1. 다음 단어에서는 접두사 다음에서 나는 거센소리를 인정한다. 접두사 '암-'이 결합되는 경우에도 이에 준한다(예 숫-강아지 → 수캉아지, 숫-개 → 수캐, 숫-닭 → 수탉, 숫-당나귀 → 수탕나귀, 숫-돼지 → 수퇘지, 숫-병아리 → 수평아리).
다만 2. 다음 단어의 접두사는 '숫-'으로 한다(예 숫양, 숫염소, 숫쥐).

㉡ 모음

제8항 양성모음이 음성모음으로 바뀌어 굳어진 다음 단어는 음성모음 형태를 표준어로 삼는다(예 깡총깡총 → 깡충깡충, 오똑이 → 오뚝이, 바람동이 → 바람둥이, 발가송이 → 발가숭이, 봉족 → 봉죽, 뻗장다리 → 뻗정다리, 주초 → 주추(주춧돌)).

다만, 어원 의식이 강하게 작용하는 다음 단어에서는 양성모음 형태를 그대로 표준어로 삼는다(예 부주금 → 부조금(扶助金), 사둔 → 사돈(査頓), 삼춘 → 삼촌(三寸)).

제9항 'ㅣ' 역행동화 현상에 의한 발음은 원칙적으로 표준 발음으로 인정하지 아니하되, 다만 다음 단어들은 그러한 동화가 적용된 형태를 표준어로 삼는다(예 풋나기 → 풋내기, 남비 → 냄비, 동당이치다 → 동댕이치다).

[붙임 1] 다음 단어는 'ㅣ' 역행동화가 일어나지 아니한 형태를 표준어로 삼는다(예 아지랭이 → 아지랑이).

SEMI-NOTE

**표준어 규정(자음)**

- **표준어 규정 제3항** : 다음 단어들은 거센소리를 가진 형태를 표준어로 삼는다(예 끄나풀 → 끄나풀, 새벽녘 → 새벽녘, 부억 → 부엌, 간 → 칸).
  단, 초가삼간, 윗간의 경우에는 '간'이 표준어
- **표준어 규정 제4항** : 다음 단어들은 거센소리로 나지 않는 형태를 표준어로 삼는다(예 가을카리 → 가을갈이, 거시키 → 거시기, 푼침 → 분침).
- **표준어 규정 제6항** : 다음 단어들은 의미를 구별함이 없이, 한 가지 형태만을 표준어로 삼는다(예 돐 → 돌, 두째 → 둘째, 세째 → 셋째, 네째 → 넷째, 빌다 → 빌리다).
  다만, '둘째'는 십 단위 이상의 서수사에 쓰일 때에 '두째'로 한다(예 열둘째 → 열두째).

**표준어 규정(모음)**

- **표준어 규정 제10항** : 다음 단어는 모음이 단순화한 형태를 표준어로 삼는다(예 괴퍅하다 → 괴팍하다, 으례 → 으레, 켸켸묵다 → 케케묵다, 미류나무 → 미루나무, 미력 → 미륵, 허위대 → 허우대, 허위적거리다 → 허우적거리다).
- **표준어 규정 제11항** : 다음 단어에서는 모음의 발음 변화를 인정하여, 발음이 바뀌어 굳어진 형태를 표준어로 삼는다(예 -구료 → -구려, 나무래다 → 나무라다, 상치 → 상추, 깍정이 → 깍쟁이, 바래다 → 바라다, 허드래 → 허드레, 주착 → 주책, 실업의아들 → 시러베아들, → 지리하다 → 지루하다, 호루루기 → 호루라기).

04장 현대 문법

SEMI-NOTE

[붙임 2] 기술자에게는 '-장이', 그 외에는 '-쟁이'가 붙는 형태를 표준어로 삼는다(예 미쟁이 → 미장이, 유기쟁이 → 유기장이, 멋장이 → 멋쟁이, 골목장이 → 골목쟁이, 소금장이 → 소금쟁이, 담장이 덩굴 → 담쟁이 덩굴).

제12항 '웃-' 및 '윗-'은 명사 '위'에 맞추어 '윗-'으로 통일한다(예 웃니 → 윗니, 웃도리 → 윗도리, 웃목 → 윗목, 웃몸 → 윗몸).

다만 1. 된소리나 거센소리 앞에서는 '위-'로 한다(예 웃쪽 → 위쪽, 웃층 → 위층).

다만 2. '아래, 위'의 대립이 없는 단어는 '웃-'으로 발음되는 형태를 표준어로 삼는다(예 윗어른 → 웃어른, 윗옷 → 웃옷, 윗돈 → 웃돈, 윗국 → 웃국, 윗비 → 웃비).

제13항 한자 '구(句)'가 붙어서 이루어진 단어는 '귀'로 읽는 것을 인정하지 아니하고, '구'로 통일한다(예 귀절 → 구절(句節), 경귀 → 경구(警句), 대귀 → 대구(對句), 문귀 → 문구(文句), 성귀 → 성구(成句), 시귀 → 시구(詩句), 어귀 → 어구(語句)).

다만, 다음 단어는 '귀'로 발음되는 형태를 표준어로 삼는다(예 구글 → 귀글, 글구 → 글귀).

**표준어 규정(준말)**

- **표준어 규정 제14항** : 준말이 널리 쓰이고 본말이 잘 쓰이지 않는 경우에는, 준말만을 표준어로 삼는다(예 귀치않다 → 귀찮다, 또아리 → 똬리, 무우 → 무, 설비음 → 설빔, 새앙쥐 → 생쥐, 소리개 → 솔개, 장사아치 → 장사치).
- **표준어 규정 제15항** : 준말이 쓰이고 있더라도, 본말이 널리 쓰이고 있으면 본말을 표준어로 삼는다(예 경없다 → 경황없다, 귀개 → 귀이개, 낌 → 낌새, 돗 → 돗자리, 막잡이 → 마구잡이, 뒝박 → 뒤웅박, 부럼 → 부스럼, 암 → 암죽, 죽살 → 죽살이).

ⓒ 준말

제16항 준말과 본말이 다 같이 널리 쓰이면서 준말의 효용이 뚜렷이 인정되는 것은 두 가지를 다 표준어로 삼는다.

| 거짓-부리/거짓-불 | 노을/놀 |
|---|---|
| 막대기/막대 | 망태기/망태 |
| 머무르다/머물다 | 서두르다/서둘다 |
| 서투르다/서툴다 | 석새-삼베/석새-베 |
| 시-누이/시-뉘, 시-누 | 오-누이/오-뉘, 오-누 |
| 외우다/외다 | 이기죽-거리다/이죽-거리다 |

③ 어휘 선택의 변화에 따른 표준어 규정

㉠ 고어

제20항 사어(死語)가 되어 쓰이지 않게 된 단어는 고어로 처리하고, 현재 널리 사용되는 단어를 표준어로 삼는다. ( )안은 쓰이지 않는 말이다(예 난봉(봉), 낭떠러지(낭), 설거지-하다(설겆다), 애달프다(애닯다), 오동-나무(머귀나무), 자두(오얏)).

### ㉡ 복수 표준어

제26항 한 가지 의미를 나타내는 형태 몇 가지가 널리 쓰이며 표준어 규정에 맞으면, 그 모두를 표준어로 삼는다.

| | |
|---|---|
| 가는-허리/잔-허리 | 가락-엿/가래-엿 |
| 가뭄/가물 | 가엾다/가엽다 |
| 감감-무소식/감감-소식 | 개수-통/설거지-통 |
| 게을러-빠지다/게을러-터지다 | 고깃-간/푸줏-간 |
| 곰곰/곰곰-이 | 관계-없다/상관-없다 |
| 극성-떨다/극성-부리다 | 기세-부리다/기세-피우다 |
| 기승-떨다/기승-부리다 | 넝쿨/덩굴 |
| 녘/쪽 | 다달-이/매-달 |
| -다마다/-고말고 | 다박-나룻/다박-수염 |
| 덧-창/겉-창 | 돼지-감자/뚱딴지 |
| 들락-날락/들랑-날랑 | 딴-전/딴-청 |
| -뜨리다/-트리다 | 마-파람/앞-바람 |
| 만큼/만치 | 멀찌감치/멀찌가니/멀찍이 |
| 모-내다/모-심다 | 모쪼록/아무쪼록 |
| 물-봉숭아/물-봉선화 | 민둥-산/벌거숭이-산 |
| 밑-층/아래-층 | 변덕-스럽다/변덕-맞다 |
| 보-조개/볼-우물 | 보통-내기/여간-내기/예사-내기 |
| 서럽다/섧다 | 성글다/성기다 |
| -(으)세요/-(으)셔요 | 송이/송이-버섯 |
| 아무튼/어떻든/어쨌든/하여튼/여하튼 | 알은-척/알은-체 |
| 어이-없다/어처구니-없다 | 어저께/어제 |
| 여쭈다/여쭙다 | 여태-껏/이제-껏/입때-껏 |
| 옥수수/강냉이 | 욕심-꾸러기/욕심-쟁이 |
| 우레/천둥 | 을러-대다/을러-메다 |
| 의심-스럽다/의심-쩍다 | -이에요/-이어요 |
| 자물-쇠/자물-통 | 재롱-떨다/재롱-부리다 |
| 제-가끔/제-각기 | 좀-처럼/좀-체 |
| 차차/차츰 | 척/체 |
| 천연덕-스럽다/천연-스럽다 | 철-따구니/철-딱서니/철-딱지 |
| 한턱-내다/한턱-하다 | 혼자-되다/홀로-되다 |
| 흠-가다/흠-나다/흠-지다 | |

SEMI-NOTE

**표준어 규정(복수 표준어)**

- **표준어 규정 제18항** : 다음 언어는 전자를 원칙으로 하고, 후자도 허용한다(㉮ 쇠-/소-, 괴다/고이다, 꾀다/꼬이다, 쐬다/쏘이다, 죄다/조이다).
- **표준어 규정 제19항** : 어감의 차이를 나타내는 단어 또는 발음이 비슷한 단어들이 다 같이 널리 쓰이는 경우에는 그 모두를 표준어로 삼는다(㉮ 거슴츠레-하다/게슴츠레-하다, 고까/꼬까, 고린-내/코린-내, 구린-내/쿠린-내, 꺼림-하다/께름-하다, 나부랭이/너부렁이).

**표준어 규정(한자어)**

- **표준어 규정 제21항** : 고유어 계열의 단어가 널리 쓰이고 그에 대응되는 한자어 계열의 단어가 용도를 잃게 된 것은, 고유어 계열의 단어만을 표준어로 삼는다(㉮ 말약 → 가루약, 방돌 → 구들장, 보행삯 → 길품삯, 맹눈 → 까막눈, 노닥다리 → 늙다리, 병암죽 → 떡암죽, 건빨래 → 마른빨래, 배달나무 → 박달나무, 답/전 → 논/밭, 화곽 → 성냥, 벽지다 → 외지다, 솟을문 → 솟을무늬, 피죽 → 죽데기, 분전 → 푼돈).
- **표준어 규정 제22항** : 고유어 계열의 단어가 생명력을 잃고 그에 대응되는 한자어 계열의 단어가 널리 쓰이면, 한자어 계열의 단어를 표준어로 삼는다(㉮ 개다리 밥상 → 개다리 소반, 맞상 → 겸상, 높은 밥 → 고봉밥, 마바리집 → 마방집, 민주스럽다 → 민망스럽다, 구들고래 → 방고래, 뜸단지 → 부항단지, 둥근 파 → 양파, 군달 → 윤달, 알무 → 총각무, 잇솔 → 칫솔).

SEMI-NOTE

**표준 발음법 제 5항(다만 2.)**

다만 2. '예, 례' 이외의 'ㅖ'는 [ㅔ]로도 발음한다(예 계집[계:집/게:집], 계시다[계:시다/게:시다], 시계[시계/시게], 개폐[개폐/개페](開閉), 혜택[혜:택/헤:택], 지혜[지혜/지헤](智慧)).

**주요 고유어의 장단음 구분**

- 굴[먹는 것] – 굴:[窟]
- 눈[신체의 눈] – 눈:[雪]
- 말[馬] – 말:[言語]
- 말다[감다] – 말:다[그만두다]
- 묻다[매장] – 묻:다[질문하다]
- 발[신체] – 발:[가늘게 쪼갠 대나 갈대 같은 것을 실로 엮어서 만든 가리개]
- 밤[夜] – 밤:[栗]
- 벌[罰] – 벌:[곤충]
- 새집[새로 지은 집] – 새:집[새의 집]
- 섬[수량단위] – 섬:[島]
- 종[鐘] – 종:[비복, 노비]
- 적다[필기하다] – 적:다[少]
- 줄[끈] – 줄:[쇠를 자르는 연장]

## (3) 표준 발음법

### ① 자음과 모음의 발음

> 제4항 'ㅏ, ㅐ, ㅓ, ㅔ, ㅗ, ㅚ, ㅜ, ㅟ, ㅡ, ㅣ'는 단모음(單母音)으로 발음한다.

[붙임] 'ㅚ, ㅟ'는 이중 모음으로 발음할 수 있다.

> 제5항 'ㅑ, ㅒ, ㅕ, ㅖ, ㅘ, ㅙ, ㅛ, ㅝ, ㅞ, ㅠ, ㅢ'는 이중 모음으로 발음한다.

다만 1. 용언의 활용형에 나타나는 '져, 쪄, 쳐'는 [저, 쩌, 처]로 발음한다(예 가지어 → 가져[가저], 찌어 → 쪄[쩌], 다치어 → 다쳐[다처]).

다만 3. 자음을 첫소리로 가지고 있는 음절의 'ㅢ'는 [ㅣ]로 발음한다(예 늴리리, 닁큼, 무늬, 띄어쓰기, 씌어, 틔어, 희어, 희떱다, 희망, 유희).

다만 4. 단어의 첫음절 이외의 '의'는 [ㅣ]로, 조사 '의'는 [ㅔ]로 발음함도 허용한다(예 주의[주의/주이], 협의[혀븨/혀비], 우리의[우리의/우리에], 강의의[강:의의/강:이에]).

### ② 음의 길이

> 제6항 모음의 장단을 구별하여 발음하되, 단어의 첫음절에서만 긴소리가 나타나는 것을 원칙으로 한다(예 눈보라[눈:보라], 말씨[말:씨], 밤나무[밤:나무], 많다[만:타], 멀리[멀:리], 벌리다[벌:리다]).

다만, 합성어의 경우에는 둘째 음절 이하에서도 분명한 긴소리를 인정한다(예 반신반의[반:신바:늬/반:신바:니], 재삼재사[재:삼재:사]).

[붙임] 용언의 단음절 어간에 어미 '–아/–어'가 결합되어 한 음절로 축약되는 경우에도 긴소리로 발음한다(예 보아 → 봐[봐:], 기어 → 겨[겨:], 되어 → 돼[돼:], 두어 → 둬[둬:], 하여 → 해[해:]).

다만, '오아 → 와, 지어 → 져, 찌어 → 쪄, 치어 → 쳐' 등은 긴소리로 발음하지 않는다.

> 제7항 긴소리를 가진 음절이라도, 다음과 같은 경우에는 짧게 발음한다.

- 단음절인 용언 어간에 모음으로 시작된 어미가 결합되는 경우(예 감다[감:따] – 감으니[가므니], 밟다[밥:따] – 밟으면[발브면])
  다만, 다음과 같은 경우에는 예외적이다(예 끌다[끌:다] – 끌어[끄:러], 떫다[떨:따] – 떫은[떨:븐], 벌다[벌:다] – 벌어[버:러], 썰다[썰:다] – 썰어[써:러]).
- 용언 어간에 피동, 사동의 접미사가 결합되는 경우(예 감다[감:따] – 감기다[감기다], 꼬다[꼬:다] – 꼬이다[꼬이다], 밟다[밥:따] – 밟히다[발피다])
  다만, 다음과 같은 경우에는 예외적이다(예 끌리다[끌:리다], 벌리다[벌:리다], 없애다[업:쌔다]).

[붙임] 다음과 같은 복합어에서는 본디의 길이에 관계없이 짧게 발음한다(예 밀-물, 썰-물, 쏜-살-같이, 작은-아버지).

③ 받침의 발음

> 제10항 겹받침 'ㄳ', 'ㄵ', 'ㄼ, ㄽ, ㄾ', 'ㅄ'은 어말 또는 자음 앞에서 각각 [ㄱ, ㄴ, ㄹ, ㅂ]으로 발음한다(예 넋[넉], 넋과[넉꽈], 앉다[안따], 여덟[여덜], 넓다[널따], 외곬[외골], 핥다[할따], 값[갑]).

다만, '밟-'은 자음 앞에서 [밥]으로 발음하고, '넓-'은 다음과 같은 경우에 [넙]으로 발음한다(예 밟다[밥:따], 밟소[밥:쏘], 밟지[밥:찌], 밟는[밥:는 → 밤:는], 밟게[밥:께], 밟고[밥:꼬], 넓-죽하다[넙쭈카다], 넓-둥글다[넙뚱글다]).

> 제12항 받침 'ㅎ'의 발음은 다음과 같다.

- 'ㅎ(ㄶ, ㅀ)' 뒤에 'ㄱ, ㄷ, ㅈ'이 결합되는 경우에는, 뒤 음절 첫소리와 합쳐서 [ㅋ, ㅌ, ㅊ]으로 발음한다(예 놓고[노코], 좋던[조:턴], 쌓지[싸치], 많고[만:코], 않던[안턴], 닳지[달치]).

  [붙임 1] 받침 'ㄱ(ㄺ), ㄷ, ㅂ(ㄼ), ㅈ(ㄵ)'이 뒤 음절 첫소리 'ㅎ'과 결합되는 경우에도, 역시 두 음을 합쳐서 [ㅋ, ㅌ, ㅍ, ㅊ]으로 발음한다(예 각하[가카], 먹히다[머키다], 밝히다[발키다], 맏형[마텽], 좁히다[조피다], 넓히다[널피다], 꽂히다[꼬치다], 앉히다[안치다]).

  [붙임 2] 규정에 따라 'ㄷ'으로 발음되는 'ㅅ, ㅈ, ㅊ, ㅌ'의 경우에도 이에 준한다(예 옷 한 벌[오탄벌], 낮 한때[나탄때], 꽃 한 송이[꼬탄송이], 숱하다[수타다]).
- 'ㅎ(ㄶ, ㅀ)' 뒤에 'ㅅ'이 결합되는 경우에는, 'ㅅ'을 [ㅆ]으로 발음한다(예 닿소[다:쏘], 많소[만:쏘], 싫소[실쏘]).
- 'ㅎ' 뒤에 'ㄴ'이 결합되는 경우에는, [ㄴ]으로 발음한다(예 놓는[논는], 쌓네[싼네]).

  [붙임] 'ㄶ, ㅀ' 뒤에 'ㄴ'이 결합되는 경우에는, 'ㅎ'을 발음하지 않는다(예 않네[안네], 않는[안는], 뚫네[뚤네 → 뚤레], 뚫는[뚤는 → 뚤른]).
- 'ㅎ(ㄶ, ㅀ)' 뒤에 모음으로 시작된 어미나 접미사가 결합되는 경우에는, 'ㅎ'을 발음하지 않는다(예 낳은[나은], 놓아[노아], 쌓이다[싸이다], 많아[마:나], 않은[아는], 닳아[다라], 싫어도[시러도]).

> 제15항 받침 뒤에 모음 'ㅏ, ㅓ, ㅗ, ㅜ, ㅟ'들로 시작되는 실질형태소가 연결되는 경우에는, 대표음으로 바꾸어서 뒤 음절 첫소리로 옮겨 발음한다(예 밭 아래[바다래], 늪 앞[느밥], 젖어미[저더미], 겉옷[거돋], 꽃 위[꼬뒤]).

다만, '맛있다, 멋있다'는 [마싣따], [머싣따]로도 발음할 수 있다.
[붙임] 겹받침의 경우에는, 그 중 하나만을 옮겨 발음한다(예 넋 없다[너겁따], 닭 앞에[다가페], 값어치[가버치], 값있는[가빈는]).

SEMI-NOTE

**표준 발음법(받침의 발음)**

- **표준 발음법 제9항** : 받침 'ㄲ, ㅋ', 'ㅅ, ㅆ, ㅈ, ㅊ, ㅌ', 'ㅍ'은 어말 또는 자음 앞에서 각각 대표음[ㄱ, ㄷ, ㅂ]으로 발음한다(예 닦다[닥따], 키읔[키윽], 키읔과[키윽꽈], 옷[옫], 웃다[욷:따], 있다[읻따], 젖[젇]).
- **표준 발음법 제11항** : 겹받침 'ㄺ, ㄻ, ㄿ'은 어말 또는 자음 앞에서 각각 [ㄱ, ㅁ, ㅂ]으로 발음한다(예 닭[닥], 흙과[흑꽈], 맑다[막따], 늙지[늑찌], 삶[삼:], 젊다[점:따], 읊고[읍꼬], 읊다[읍따]). 다만, 용언의 어간 말음 'ㄺ'은 'ㄱ' 앞에서 [ㄹ]로 발음한다(예 맑게[말께], 묽고[물꼬], 얽거나[얼꺼나]).
- **표준 발음법 제14항** : 겹받침이 모음으로 시작된 조사나 어미, 접미사와 결합되는 경우에는, 뒤엣것만을 뒤 음절 첫소리로 옮겨 발음한다. 이 경우, 'ㅅ'은 된소리로 발음한다(예 넋이[넉씨], 앉아[안자], 닭을[달글], 젊어[절머], 곬이[골씨], 핥아[할타], 읊어[을퍼], 값을[갑쓸], 없어[업:써]).

SEMI-NOTE

**표준 발음법(음의 동화)**

- **표준 발음법 제19항** : 받침 'ㅁ, ㅇ' 뒤에 연결되는 'ㄹ'은 [ㄴ]으로 발음한다(예 담력[담:녁], 침략[침:냑], 강릉[강능], 항로[항:노], 대통령[대:통녕]).
- **표준 발음법 제20항** : 'ㄴ'은 'ㄹ'의 앞이나 뒤에서 [ㄹ]로 발음한다.
  - 난로[날:로], 신라[실라], 천리[철리], 광한루[광:할루], 대관령[대:괄령]
  - 칼날[칼랄], 물난리[물랄리], 줄넘기[줄럼끼], 할는지[할른지]
    [붙임] 첫소리 'ㄴ'이 'ㅀ', 'ㄾ' 뒤에 연결되는 경우에도 이에 준한다(예 닳는[달른], 뚫는[뚤른], 핥네[할레]).

**표준 발음법(된소리되기)**

- **표준 발음법 제23항** : 받침 'ㄱ(ㄲ, ㅋ, ㄳ, ㄺ), ㄷ(ㅅ, ㅆ, ㅈ, ㅊ, ㅌ), ㅂ(ㅍ, ㄼ, ㄿ, ㅄ)' 뒤에 연결되는 'ㄱ, ㄷ, ㅂ, ㅅ, ㅈ'은 된소리로 발음한다(예 국밥[국빱], 깎다[깍따], 넋받이[넉빠지], 삯돈[삭똔], 닭장[닥짱], 칡범[칙뻠], 뻗대다[뻗때다], 옷고름[옫꼬름], 꽃다발[꼳따발], 낯설다[낟썰다], 밭갈이[받까리], 곱돌[곱똘], 덮개[덥깨], 옆집[엽찝], 넓죽하다[넙쭈카다], 읊조리다[읍쪼리다]).
- **표준 발음법 제28항** : 표기상으로는 사이시옷이 없더라도, 관형격 기능을 지니는 사이시옷이 있어야 할(휴지가 성립되는) 합성어의 경우에는, 뒤 단어의 첫소리 'ㄱ, ㄷ, ㅂ, ㅅ, ㅈ'을 된소리로 발음한다(예 산-새[산쌔], 굴-속[굴:쏙], 손-재주[손째주], 그믐-달[그믐딸]).

④ 음의 동화

> 제17항 받침 'ㄷ, ㅌ(ㄾ)'이 조사나 접미사의 모음 'ㅣ'와 결합되는 경우에는, [ㅈ, ㅊ]으로 바꾸어서 뒤 음절 첫소리로 옮겨 발음한다(예 곧이듣다[고지듣따], 굳이[구지], 미닫이[미:다지], 땀받이[땀바지], 밭이[바치]).

[붙임] 'ㄷ' 뒤에 접미사 '히'가 결합되어 '티'를 이루는 것은 [치]로 발음한다(예 굳히다[구치다], 닫히다[다치다], 묻히다[무치다]).

> 제18항 받침 'ㄱ(ㄲ, ㅋ, ㄳ, ㄺ), ㄷ(ㅅ, ㅆ, ㅈ, ㅊ, ㅌ, ㅎ), ㅂ(ㅍ, ㄼ, ㄿ, ㅄ)'은 'ㄴ, ㅁ' 앞에서 [ㅇ, ㄴ, ㅁ]으로 발음한다(예 먹는[멍는], 국물[궁물], 깎는[깡는], 키읔만[키응만], 몫몫이[몽목씨], 긁는[긍는], 흙만[흥만]).

[붙임] 두 단어를 이어서 한 마디로 발음하는 경우에도 이와 같다(예 책 넣는다[챙넌는다], 흙 말리다[흥말리다], 옷 맞추다[온맏추다], 밥 먹는다[밤멍는다]).

> 제21항 위에서 지적한 이외의 자음 동화는 인정하지 않는다(예 감기[감:기](×[강:기]), 옷감[옫깜](×[옥깜]), 있고[읻꼬](×[익꼬]), 꽃길[꼳낄](×[꼭낄]), 젖먹이[전머기](×[점머기]), 문법[문뻡](×[뭄뻡])).

⑤ 된소리되기(경음화) ★ 빈출개념

> 제24항 어간 받침 'ㄴ(ㄵ), ㅁ(ㄻ)' 뒤에 결합되는 어미의 첫소리 'ㄱ, ㄷ, ㅅ, ㅈ'은 된소리로 발음한다(예 신고[신:꼬], 껴안다[껴안따], 앉고[안꼬], 더듬지[더듬찌], 닮고[담:꼬], 젊지[점:찌]).

다만, 피동, 사동의 접미사 '-기-'는 된소리로 발음하지 않는다(예 안기다, 감기다, 굶기다, 옮기다).

> 제25항 어간 받침 'ㄼ, ㄾ' 뒤에 결합되는 어미의 첫소리 'ㄱ, ㄷ, ㅅ, ㅈ'은 된소리로 발음한다(예 넓게[널께], 핥다[할따], 훑소[훌쏘], 떫지[떨:찌]).

> 제26항 한자어에서, 'ㄹ' 받침 뒤에 연결되는 'ㄷ, ㅅ, ㅈ'은 된소리로 발음한다(예 갈등[갈뜽], 발전[발쩐], 갈증[갈쯩]).

다만, 같은 한자가 겹쳐진 단어의 경우에는 된소리로 발음하지 않는다(예 허허실실(虛虛實實)[허허실실], 절절하다(切切-)[절절하다]).

> 제27항 관형사형 '-(으)ㄹ' 뒤에 연결되는 'ㄱ, ㄷ, ㅂ, ㅅ, ㅈ'은 된소리로 발음한다(예 바를[할빠를], 할 도리[할또리], 할 적에[할쩌게]).

다만, 끊어서 말할 적에는 예사소리로 발음한다.

[붙임] '-(으)ㄹ'로 시작되는 어미의 경우에도 이에 준한다(예 할걸[할껄], 할밖에[할빠께], 할세라[할쎄라], 할수록[할쑤록], 할지라도[할찌라도]).

⑥ 음의 첨가

> 제29항 합성어 및 파생어에서, 앞 단어나 접두사의 끝이 자음이고 뒤 단어나 접미사의 첫음절이 '이, 야, 여, 요, 유'인 경우에는, 'ㄴ' 음을 첨가하여 [니, 냐, 녀, 뇨, 뉴]로 발음한다(예 솜-이불[솜:니불], 홑-이불[혼니불], 삯-일[상닐], 맨-입[맨닙], 내복-약[내:봉냑], 한-여름[한녀름], 남존-여비[남존녀비], 색-연필[생년필], 직행-열차[지캥녈차], 늑막-염[능망념], 콩-엿[콩녇], 눈-요기[눈뇨기], 식용-유[시굥뉴], 밤-윷[밤:뉻]).

다만, 다음과 같은 말들은 'ㄴ'음을 첨가하여 발음하되, 표기대로 발음할 수 있다(예 이죽-이죽[이중니죽/이주기죽], 야금-야금[야금냐금/야그먀금], 검열[검:녈/거:멸], 욜랑-욜랑[욜랑뇰랑/욜랑욜랑], 금융[금늉/그뮹]).

[붙임 1] 'ㄹ' 받침 뒤에 첨가되는 'ㄴ' 음은 [ㄹ]로 발음한다(예 들-일[들:릴], 솔-잎[솔립], 설-익다[설릭따], 물-약[물략], 서울-역[서울력], 물-엿[물렫], 유들-유들[유들류들]).

[붙임 2] 두 단어를 이어서 한 마디로 발음하는 경우에도 이에 준한다(예 한 일[한닐], 옷 입다[온닙따], 서른여섯[서른녀섣], 3연대[삼년대], 1연대[일련대], 할 일[할릴], 잘 입다[잘립따], 스물여섯[스물려섣], 먹을 엿[머글렫]).

다만, 다음과 같은 단어에서는 'ㄴ(ㄹ)' 음을 첨가하여 발음하지 않는다(예 6 · 25[유기오], 3 · 1절[사밀쩔], 송별-연[송:벼련], 등-용문[등용문]).

> 제30항 사이시옷이 붙은 단어는 다음과 같이 발음한다.

- 'ㄱ, ㄷ, ㅂ, ㅅ, ㅈ'으로 시작하는 단어 앞에 사이시옷이 올 때는 이들 자음만을 된소리로 발음하는 것을 원칙으로 하되, 사이시옷을 [ㄷ]으로 발음하는 것도 허용한다(예 냇가[내:까/낻:까], 샛길[새:낄/샏:낄], 콧등[코뜽/콛뜽], 깃발[기빨/긷빨]).
- 사이시옷 뒤에 'ㄴ, ㅁ'이 결합되는 경우에는 [ㄴ]으로 발음한다(예 콧날[콛날 → 콘날], 아랫니[아랟니 → 아랜니], 툇마루[퇻:마루 → 퇸:마루]).
- 사이시옷 뒤에 '이' 음이 결합되는 경우에는 [ㄴㄴ]으로 발음한다(예 베갯잇[베갣닏 → 베갠닏], 깻잎[깯닙 → 깬닙], 나뭇잎[나묻닙 → 나문닙]).

### (4) 외래어 표기법

① 본문

> 제1항 외래어는 국어의 현용 24자모만으로 적는다.
> 제2항 외래어의 1음운은 원칙적으로 1기호로 적는다.

SEMI-NOTE

**표준 발음법('ㄴ'음의 첨가 조건)**

- '영업용'과 같이 접미사 '-용'이 결합된 경우에도 'ㄴ'이 첨가되지만 이때의 '-용'은 어휘적인 의미를 강하게 지님
- 소리적인 측면에서 앞말은 자음으로 끝나고 뒷말은 단모음 '이' 또는 이중모음 '야, 여, 요, 유'로 시작해야 하므로, 이때 첨가되는 'ㄴ'은 뒷말의 첫소리에 놓임

**표준 발음법(사이시옷 표기)**

- 다음 단어들은 사잇소리현상은 있으되 한자와 한자 사이에 사이시옷 표기를 하지 않는다는 규정을 따른다(예 소주잔(燒酒盞)[-짠], 맥주잔(麥酒盞)[-쭈짠]).
- 한자와 고유어로 이루어진 다음의 단어들은 사이시옷 표기를 한다(예 소줏집, 맥줏집, 전셋집).

SEMI-NOTE

**꼭 알아 두어야 할 외래어 표기 규정**

- **7종성 받침만 쓰는 규정(ㄱ, ㄴ, ㄹ, ㅁ, ㅂ, ㅅ, ㅇ)** : 케잌(×) → 케이크(○), 커피숖(×) → 커피숍(○), 맑스(×) → 마르크스, 테잎(×) → 테이프(○), 디스켙(×) → 디스켓(○)
- **장모음 금지 규정** : 보오트(×) → 보트(○), 처칠(×) → 처칠(○), 티임(×) → 팀(○)
- **'ㅈ'계 후행 모음의 단모음 표기 규정(복모음 금지)** : 비젼(×) → 비전(○), 쥬스(×) → 주스(○), 스케쥴(×) → 스케줄(○), 레져(×) → 레저(○), 챠트(×) → 차트(○)
- **파열음 표기에서의 된소리 금지 규정** : 까스(×) → 가스(○), 써비스(×) → 서비스(○), 도꾜(×) → 도쿄(○), 꽁트(×) → 콩트(○), 빠리(×) → 파리(○)
- **한 음운을 한 기호로 표기('f'는 'ㅍ'로 적음)** : 후라이(×) → 프라이(○), 플렛홈(platform)(×) → 플랫폼(○), 화이팅(×) → 파이팅(○)
- **어말의 [ʃ]는 '시'로, 자음 앞의 [ʃ]는 '슈'로, 모음 앞의 [ʃ]는 뒤에 오는 모음 따라 표기** : flash[플래시], shrub[슈러브], fashion[패션], supermarket[슈퍼마켓]
- **어중의 [l]이 모음 앞에 오거나 모음이 따르지 않는 비음 [m], [n] 앞에 올 때는 'ㄹㄹ'로 표기 하는데 비해, 비음 [m], [n] 뒤의 [l]은 모음이 뒤에 오는 경우 'ㄹ'로 표기** : slide[슬라이드], film[필름], Hamlet[햄릿]

제3항 받침에는 'ㄱ, ㄴ, ㄹ, ㅁ, ㅂ, ㅅ, ㅇ'만을 쓴다(7종성법 적용, 'ㄷ'은 제외됨).
제4항 파열음 표기에는 된소리를 쓰지 않는 것을 원칙으로 한다.
제5항 이미 굳어진 외래어는 관용을 존중하되, 그 범위와 용례는 따로 정한다.

② 제 2장 표기 일람표(표1 국제 음성 기호와 한글 대조표)

| 자음 | | | 반모음 | | 모음 | |
|---|---|---|---|---|---|---|
| 국제 음성 기호 | 한글 | | 국제 음성 기호 | 한글 | 국제 음성 기호 | 한글 |
| | 모음 앞 | 자음 앞 | | | | |
| p | ㅍ | ㅂ, 프 | j | 이 | i | 이 |
| b | ㅂ | 브 | ɥ | 위 | y | 위 |
| t | ㅌ | ㅅ, 트 | w | 오, 우 | e | 에 |
| d | ㄷ | 드 | | | ɸ | 외 |
| k | ㅋ | ㄱ, 크 | | | ɛ | 에 |
| g | ㄱ | 그 | | | ɛ̃ | 앵 |
| f | ㅍ | 프 | | | œ | 외 |
| v | ㅂ | 브 | | | œ̃ | 욍 |
| θ | ㅅ | 스 | | | æ | 애 |
| ð | ㄷ | 드 | | | a | 아 |
| s | ㅅ | 스 | | | ɑ | 아 |
| z | ㅈ | 즈 | | | ɑ̃ | 앙 |
| ʃ | 시 | 슈, 시 | | | ʌ | 어 |
| ʒ | ㅈ | 지 | | | ɔ | 오 |
| ts | ㅊ | 츠 | | | ɔ̃ | 옹 |
| dz | ㅈ | 즈 | | | o | 오 |
| ʧ | ㅊ | 치 | | | u | 우 |
| ʤ | ㅈ | 지 | | | ə | 어 |
| m | ㅁ | ㅁ | | | ɚ | 어 |
| n | ㄴ | ㄴ | | | | |
| ɲ | 니 | 뉴 | | | | |
| ŋ | ㅇ | ㅇ | | | | |
| l | ㄹ,ㄹㄹ | ㄹ | | | | |
| r | ㄹ | 르 | | | | |
| h | ㅎ | 흐 | | | | |
| ç | ㅎ | 히 | | | | |
| x | ㅎ | 흐 | | | | |

### ③ 외래어 표기법 제3장 제1절 영어의 표기 빈출개념

제1항 무성 파열음([p], [t], [k])
- 짧은 모음 다음의 어말 무성 파열음([p], [t], [k])은 받침으로 적는다(예 gap[gæp] 갭, cat[kæt] 캣, book[buk] 북).
- 짧은 모음과 유음, 비음([l], [r], [m], [n]) 이외의 자음 사이에 오는 무성 파열음([p], [t], [k])은 받침으로 적는다(예 apt[æpt] 앱트, setback[setbæk] 셋백, act[ækt] 액트).
- 위 경우 이외의 어말과 자음 앞의 [p], [t], [k]는 '으'를 붙여 적는다(예 stamp[stæmp] 스탬프, cape[keip] 케이프, part[pa:t] 파트, desk[desk] 데스크, make[meik] 메이크, apple[æpl] 애플, mattress[mætris] 매트리스, sickness[siknis] 시크니스).

제3항 마찰음([s], [z], [f], [v], [θ], [ð], [ʃ], [ʒ])
- 어말 또는 자음 앞의 [s], [z], [f], [v], [θ], [ð]는 '으'를 붙여 적는다(예 mask[ma:sk] 마스크, jazz[dʒæz] 재즈, graph[græf] 그래프, olive[ɔliv] 올리브, thrill[θril]스릴, bathe[beið] 베이드).
- 어말의 [ʃ]는 '시'로 적고, 자음 앞의 [ʃ]는 '슈'로, 모음 앞의 [ʃ]는 뒤따르는 모음에 따라 '샤', '섀', '셔', '셰', '쇼', '슈', '시'로 적는다(예 flash[flæʃ] 플래시, shrub[ʃrʌb] 슈러브, shark[ʃa:k] 샤크, shank[ʃæŋk] 섕크, fashion[fæʃən] 패션, sheriff[ʃerif] 셰리프, shopping[ʃɔpiŋ] 쇼핑, shoe[ʃu:] 슈).
- 어말 또는 자음 앞의 [ʒ]는 '지'로 적고, 모음 앞의 [ʒ]는 'ㅈ'으로 적는다(예 mirage[mira:ʒ] 미라지, vision[viʒən] 비전).

제6항 유음([l])
- 어말 또는 자음 앞의 [l]은 받침으로 적는다(예 hotel[houtel] 호텔, pulp[pʌlp] 펄프).
- 어중의 [l]이 모음 앞에 오거나, 모음이 따르지 않는 비음([m], [n]) 앞에 올 때에는 'ㄹㄹ'로 적는다. 다만, 비음([m], [n]) 뒤의 [l]은 모음 앞에 오더라도 'ㄹ'로 적는다(예 slide[slaid] 슬라이드, film[film] 필름, helm[helm] 헬름, swoln[swouln] 스월른, Hamlet[hæmlit] 햄릿, Henley[henli] 헨리).

제9항 반모음([w], [j])
- [w]는 뒤따르는 모음에 따라 [wə], [wɔ], [wou]는 '워', [wa]는 '와', [wæ]는 '왜', [we]는 '웨', [wi]는 '위', [wu]는 '우'로 적는다(예 word[wə:d] 워드, want[wɔnt] 원트, woe[wou] 워, wander[wandə] 완더, wag[wæg] 왜그, west[west] 웨스트, witch[witʃ] 위치, wool[wul] 울).
- 자음 뒤에 [w]가 올 때에는 두 음절로 갈라 적되, [gw], [hw], [kw]는 한 음절로 붙여 적는다(예 swing[swiŋ] 스윙, twist[twist] 트위스트, penguin[peŋgwin] 펭귄, whistle[hwisl] 휘슬, quarter[kwɔ:tə]쿼터).

SEMI-NOTE

**외래어 표기법 제3장**
- **2항 유성 파열음([b], [d], [g])** : 어말과 모든 자음 앞에 오는 유성 파열음은 '으'를 붙여 적는다(예 bulb[bʌlb] 벌브, land[lænd] 랜드, zigzag[zigzæg] 지그재그, lobster[lɔbstə] 로브스터, kidnap[kidnæp] 키드냅, signal[signəl] 시그널).
- **제4항 파찰음([ts], [dz], [tʃ], [dʒ])**
  - 어말 또는 자음 앞의 [ts], [dz]는 'ㅊ', 'ㅈ'로 적고, ʃ[t], [dʒ]는 '치', '지'로 적는다(예 keats[ki:ts] 키츠, odds[ɔdz] 오즈, switch[switʃ] 스위치, bridge[bridʒ] 브리지, hitchhike[hitʃhaik] 히치하이크).
  - 모음 앞의 [tʃ], [dʒ]는 'ㅊ', 'ㅈ'으로 적는다(예 chart[tʃa:t] 차트, virgin[və:dʒin] 버진).
- **제5항 비음([m], [n], [ŋ])**
  - 어말 또는 자음 앞의 비음은 모두 받침으로 적는다(예 steam[sti:m] 스팀, corn[kɔ:n] 콘, ring[riŋ] 링, lamp[læmp] 램프, hint[hint] 힌트, ink[iŋk] 잉크).
  - 모음과 모음 사이의 [ŋ]은 앞 음절의 받침 'ㅇ'으로 적는다(예 hanging [hæŋiŋ] 행잉, longing[lɔŋiŋ] 롱잉).
- **제7항 장모음** : 장모음의 장음은 따로 표기하지 않는다(예 team[ti:m] 팀, route[ru:t] 루트).
- **제8항 중모음([ai], [au], [ei], [ɔi], [ou], [auə])** : 중모음은 각 단모음의 음가를 살려서 적되, [ou]는 '오'로, [auə]는 '아워'로 적는다(예 time[taim] 타임, house[haus] 하우스, skate[skeit] 스케이트, oil[ɔil] 오일, boat[bout] 보트, tower[tauə]타워).

SEMI-NOTE

• 반모음 [j]는 뒤따르는 모음과 합쳐 '야', '얘', '여', '예', '요', '유', '이'로 적는다. 다만, [d], [l], [n] 다음에 [jə]가 올 때에는 각각 '디어', '리어', '니어'로 적는다(예 yard[ja:d] 야드, yearn[jə:n] 연, yellow[jelou] 옐로, yawn[jɔ:n] 욘, you[ju:] 유, year[jiə] 이어, Indian[indiən] 인디언, union[ju:njən] 유니언).

제10항 복합어

• 따로 설 수 있는 말의 합성으로 이루어진 복합어는 그것을 구성하고 있는 말이 단독으로 쓰일 때의 표기대로 적는다(예 cuplike[kʌplaik] 컵라이크, bookend[bukend] 북엔드, headlight[hedlait] 헤드라이트, touchwood[tʌtʃwud] 터치우드, sit-in[sitin] 싯인, bookmaker[bukmeikə] 북메이커, flashgun[flæʃgʌn] 플래시건).

• 원어에서 띄어 쓴 말은 띄어 쓴 대로 한글 표기를 하되, 붙여 쓸 수도 있다(예 Los Alamos[lɔs æləmous] 로스 앨러모스/로스앨러모스, top class[tɔpklæs] 톱 클래스/톱클래스).

주의해야 할 기타 외래어 표기법

| 단어 | 표기 |
|---|---|
| handling | 핸들링 |
| chocolate | 초콜릿 |
| jacket | 재킷 |
| ambulance | 앰뷸런스 |
| juice | 주스 |
| balance | 밸런스 |
| montage | 몽타주 |
| business | 비즈니스 |
| original | 오리지널 |
| cake | 케이크 |
| finale | 피날레 |
| champion | 챔피언 |
| calendar | 캘린더 |
| sunglass | 선글라스 |
| symbol | 심벌 |

④ 주의해야 할 외래어 표기법

| 단어 | 표기 | 단어 | 표기 | 단어 | 표기 |
|---|---|---|---|---|---|
| accelerator | 액셀러레이터 | carpet | 카펫 | accessory | 액세서리 |
| adapter | 어댑터 | catalog | 카탈로그 | imperial | 임피리얼 |
| christian | 크리스천 | climax | 클라이맥스 | coffee shop | 커피숍 |
| badge | 배지 | conte | 콩트 | margarine | 마가린 |
| barbecue | 바비큐 | counselor | 카운슬러 | massage | 마사지 |
| battery | 배터리 | cunning | 커닝 | mass-game | 매스게임 |
| biscuit | 비스킷 | curtain | 커튼 | message | 메시지 |
| boat | 보트 | cut | 컷 | milkshake | 밀크셰이크 |
| body | 보디 | data | 데이터 | dessin | 데생 |
| Burberry | 바바리 | dynamic | 다이내믹 | narration | 내레이션 |
| endorphin | 엔도르핀 | enquete | 앙케트 | eye-shadow | 아이섀도 |
| offset | 오프셋 | centimeter | 센티미터 | pamphlet | 팸플릿 |
| chandelier | 샹들리에 | frontier | 프런티어 | pierrot | 피에로 |
| chassis | 섀시 | caramel | 캐러멜 | shadow | 섀도 |
| sponge | 스펀지 | royalty | 로열티 | trot | 트로트 |
| washer | 와셔 | sandal | 샌들 | tumbling | 텀블링 |
| sash | 새시 | ValentineDay | 밸런타인데이 | sausage | 소시지 |
| symposium | 심포지엄 | windows | 윈도 | workshop | 워크숍 |
| saxophone | 색소폰 | talent | 탤런트 | yellow-card | 옐로카드 |
| scarf | 스카프 | target | 타깃 | schedule | 스케줄 |
| teamwork | 팀워크 | leadership | 리더십 | buffet | 뷔페 |

## (5) 국어의 로마자 표기법

① 제 1장 표기의 기본 원칙

> 제1항 국어의 로마자 표기는 국어의 표준 발음법에 따라 적는 것을 원칙으로 한다.
> 제2항 로마자 이외의 부호는 되도록 사용하지 않는다.

② 제2장 표기 일람

> 제1항 모음은 다음 각호와 같이 적는다.

| 단모음 | ㅏ | ㅓ | ㅗ | ㅜ | ㅡ | ㅣ | ㅐ | ㅔ | ㅚ | ㅟ | |
|---|---|---|---|---|---|---|---|---|---|---|---|
| | a | eo | o | u | eu | i | ae | e | oe | wi | |
| 이중 모음 | ㅑ | ㅕ | ㅛ | ㅠ | ㅒ | ㅖ | ㅘ | ㅙ | ㅝ | ㅞ | ㅢ |
| | ya | yeo | yo | yu | yae | ye | wa | wae | wo | we | ui |

> 제2항 자음은 다음 각호와 같이 적는다.

| 파열음 | | | | 파찰음 | | 마찰음 | | 비음 | | 유음 | |
|---|---|---|---|---|---|---|---|---|---|---|---|
| ㄱ | g, k | ㄲ | kk | ㅈ | j | ㅅ | s | ㄴ | n | ㄹ | r, l |
| ㅋ | k | ㄷ | d, t | ㅉ | jj | ㅆ | ss | ㅁ | m | | |
| ㄸ | tt | ㅌ | t | ㅊ | ch | ㅎ | h | ㅇ | ng | | |
| ㅂ | b, p | ㅃ | pp | | | | | | | | |

③ 제3장 표기상의 유의점

> 제1항 음운 변화가 일어날 때에는 변화의 결과에 따라 다음 각호와 같이 적는다.

- 자음 사이에서 동화 작용이 일어나는 경우(예 백마[뱅마] Baengma, 신문로[신문노] Sinmunno, 종로[종노] Jongno, 왕십리[왕심니] Wangsimni)
- 'ㄴ, ㄹ'이 덧나는 경우(예 학여울[항녀울] Hangnyeoul)
- 구개음화가 되는 경우(예 해돋이[해도지] haedoji, 같이[가치] gachi)
- 'ㄱ, ㄷ, ㅂ, ㅈ'이 'ㅎ'과 합하여 거센소리로 소리 나는 경우(예 좋고[조코] joko, 놓다[노타] nota)

다만, 체언에서 'ㄱ, ㄷ, ㅂ' 뒤에 'ㅎ'이 따를 때에는 'ㅎ'을 밝혀 적는다(예 집현전(Jiphyeonjeon)).

[붙임] 된소리되기는 표기에 반영하지 않는다(예 압구정(Apgujeong), 낙성대(Nakseongdae)).

SEMI-NOTE

**제2장 표기 일람**

- 제1항 붙임
  - [붙임 1] : 'ㅢ'는 'ㅣ'로 소리 나더라도 ui로 적는다(예 광희문 Gwanghuimun).
  - [붙임 2] : 장모음의 표기는 따로 하지 않는다.
- 제2항 붙임
  - [붙임 1] : 'ㄱ, ㄷ, ㅂ'은 모음 앞에서는 'g, d, b'로, 자음 앞이나 어말에서는 'k, t, p'로 적는다(예 구미 Gumi, 영동 Yeongdong).
  - [붙임 2] : 'ㄹ'은 모음 앞에서는 'r'로, 자음 앞이나 어말에서는 'l'로 적는다. 단, 'ㄹㄹ'은 'll'로 적는다(예 옥천 Okcheon, 태백 Taebaek).

**제 3장 표기상의 유의점**

- 제2항 : 발음상 혼동의 우려가 있을 때에는 음절 사이에 붙임표(-)를 쓸 수 있다(예 중앙(Jung-ang), 해운대(Hae-undae)).
- 제3항 : 고유 명사는 첫 글자를 대문자로 적는다(예 부산(Busan), 세종(Sejong)).
- 제5항 : '도, 시, 군, 구, 읍, 면, 리, 동'의 행정 구역 단위와 '가'는 각각 'do, si, gun, gu, eup, myeon, ri, dong, ga'로 적고, 그 앞에는 붙임표(-)를 넣는다. 붙임표(-) 앞뒤에서 일어나는 음운 변화는 표기에 반영하지 않는다(예 충청북도(Chungcheongbuk-do), 제주도(Jeju-do)).
  [붙임] '시, 군, 읍'의 행정 구역 단위는 생략할 수 있다.
- 제7항 : 인명, 회사명, 단체명 등은 그 동안 써 온 표기를 쓸 수 있다.

SEMI-NOTE

제4항 인명은 성과 이름의 순서로 띄어 쓴다. 이름은 붙여 쓰는 것을 원칙으로 하되 음절 사이에 붙임표(-)를 쓰는 것을 허용한다(예 민용하 Min Yongha (Min Yong-ha), 송나리 Song Nari (Song Na-ri)).

- 이름에서 일어나는 음운 변화는 표기에 반영하지 않는다.
- 성의 표기는 따로 정한다.

제6항 자연 지물명, 문화재명, 인공 축조물명은 붙임표(-) 없이 붙여 쓴다(예 남산(Namsan), 속리산(Songnisan), 경복궁(Gyeongbokgung)).

나두공

# 05장 논리적인 말과 글

# 논리적인 말과 글

SEMI-NOTE

**주제의 개념과 기능**

- 주제의 개념 : 글을 통해서 나타내고자 하는 글쓴이의 중심 생각
- 주제의 기능
  - 글의 내용에 통일성 부여
  - 소재 선택의 기준이 됨
  - 글쓴이의 생각과 의도를 명확하게 만들어 줌

**구성, 개요의 개념**

- 구성의 개념 : 수집, 정리한 제재에 질서에 알맞게 배열하는 것으로 글의 짜임 또는 글의 뼈대가 되는 설계도
- 개요의 개념 : 주제와 목적에 맞게 글감을 효과적으로 배치하는 글의 설계도

**주제문의 위치에 따른 구성**

| | |
|---|---|
| 두괄식 | 주제문 + 뒷받침 문장 → 연역적 구성 |
| 미괄식 | 뒷받침 문장 + 주제문 → 귀납적 구성 |
| 양괄식 | 주제문 + 뒷받침 문장 + 주제문 |
| 중괄식 | 뒷받침 문장 + 주제문 + 뒷받침 문장 |

**잘못된 단어의 선택**

- 강추위 : 눈도 오지 않고 바람도 불지 않으면서 몹시 추운 추위
- 값과 삯
  - 값 : 물건에 일정하게 매긴 액수
  - 삯 : 어떤 물건이나 시설을 이용하고 주는 대가
- 굉장하다 : 규모가 아주 크고 훌륭함

## 01절 쓰기 및 말하기, 듣기의 본질

### 1. 쓰기 및 말하기와 듣기

#### (1) 쓰기

① 쓰기의 개념 : 글 쓰는 사람의 생각이나 느낌을 글로 정확하게 표현하는 일

② 쓰기의 과정 : 주제 설정 → 재료의 수집 및 선택 → 구성 및 개요 작성 → 집필 → 퇴고

③ 구성 및 개요 작성

| | | |
|---|---|---|
| 전개식 구성<br>(자연적 구성) | 시간적 구성 | 사건의 시간적 순서에 따라 전개되는 구성(기행문, 일기, 전기문, 기사문 등) |
| | 공간적 구성 | 사물의 위치, 공간의 변화에 따라 전개되는 구성 |
| 종합적 구성<br>(논리적 구성) | 단계식 구성 | 구성 단계에 따라 전개되는 구성(3단, 4단, 5단 구성) |
| | 포괄식 구성 | 중심 문장과 뒷받침 문장을 효과적으로 배열하는 방식(두괄식, 미괄식, 양괄식, 중괄식) |
| | 열거식 구성<br>(병렬식 구성) | 글의 중심 내용이 여러 곳에 산재해 있는 방식(대등한 문단들이 병렬적으로 배열되는 구성)열거식 구성(병렬식 구성) |
| | 점층식 구성 | 중요성이 작은 것에서 큰 것으로 전개(↔ 점강식 구성) |
| | 인과식 구성 | 원인 + 결과, 결과 + 원인 |

④ 집필

- 집필의 개념 : 조직된 내용을 목적과 절차에 따라 글로 표현하는 것(구상의 구체화)
- 집필의 순서 : 제목 정하기 → 서두 쓰기 → 본문 쓰기 → 결말 쓰기

⑤ 퇴고(고쳐 쓰기)

- 퇴고의 개념 : 글을 쓰고 나서 내용, 맞춤법이나 띄어쓰기 등을 검토하여 바르게 고치는 것으로 글 전체를 다듬는 마지막 과정

⑥ 글 다듬기 ✪ 빈출개념

㉠ 잘못된 단어의 선택

- 어젯밤에는 눈이 많이 내리더니 밤에는 강추위까지 겹쳤다. → 어젯밤에는 눈이 많이 내리더니 밤에는 추위까지 겹쳤다.
- 서울에서 대구까지 비행기 값이 얼마냐? → 서울에서 대구까지 비행기 삯이 얼마냐?
- 나는 굉장히 작은 찻잔을 보았다. → 나는 무척 작은 찻잔을 보았다.

ⓛ 잘못된 시제의 사용
- 영화를 보고 나니 열두 시가 넘겠다. → 영화를 보고 나니 열두 시가 넘었다.
- 많은 관심 부탁드리겠습니다. → 많은 관심 부탁드립니다.
- 내가 일본에 2년 전에 갔을 때보다 지금이 훨씬 좋았다. → 내가 일본에 2년 전에 갔었을 때보다 지금이 훨씬 좋았다.

ⓒ 잘못된 높임의 사용
- 철우야, 너 선생님이 빨리 오래. → 철우야, 너 선생님께서 빨리 오라셔.
- 총장님의 말씀이 계시겠습니다. → 총장님의 말씀이 있으시겠습니다.
- 우리 아버지께서는 눈이 참 밝아요. → 우리 아버지께서는 눈이 참 밝으세요.

ⓔ 필수 성분의 생략
- 본격적인 도로 복구공사가 언제 시작되고, 언제 개통될지 모르는 상황이다. → 본격적인 도로 복구공사가 언제 시작되고, (도로가) 언제 개통될지 모르는 상황이다.
- 인간은 자연을 정복하기도 하고, 때로는 순응하기도 하면서 살아간다. → 인간은 자연을 정복하기도 하고, 때로는 (자연에) 순응하기도 하면서 살아간다.
- 이 차에는 짐이나 사람을 더 태울 수 있는 자리가 남아 있다. → '이나'는 둘 이상의 사물을 같은 자격으로 이어 주는 접속 조사고, 이에 의해 구문을 잇는 과정에서는 공통된 요소만 생략할 수 있다.

ⓜ 불필요한 성분
- 방학 기간 동안 잠을 실컷 잤다.
- 돌이켜 회고해 보건대 나는 파란만장한 삶을 살았다.
- 순간 그녀의 머릿속에는 뇌리를 스치는 기억이 있었다.

### (2) 말하기, 듣기의 정의와 유형

① 말하기, 듣기의 정의 : 자신의 생각과 감정을 말로써 표현하고, 상대방의 생각과 감정을 말로써 이해하는 것

② 말하기의 유형
- ㉠ 설명 : 정보 전달을 통해 상대를 이해시키는 것을 목적으로 하는 말하기 유형
- ㉡ 설득 : 주장 입증을 통해 상대를 설득하는 것을 목적으로 하는 말하기 유형
- ㉢ 대화 : 대표적 유형으로 토의와 토론이 있음
- ㉣ 대담(對談) : 마주 대하고 말함. 또는 그런 말
- ㉤ 좌담(座談) : 여러 사람이 한자리에 모여 앉아서 어떤 문제에 대하여 의견이나 견문을 나누는 일이나 그런 이야기
- ㉥ 정담(鼎談) : 세 사람이 솥발처럼 벌려 마주 앉아서 하는 이야기

SEMI-NOTE

**잘못된 시제의 사용**
- **넘겠다** : '-겠-'은 미래의 일이나 추측을 나타내는 어미로 현재 또는 과거에 있었던 일에 쓰지 않음
- **갔을** : 과거를 나타내지만 현재와 비교하여 단절된 과거에 있었던 일에 쓰지 않음

**필수 성분의 생략**
- **도로가** : '도로 복구공사'가 개통되는 것이 아니므로 주어인 '도로가'를 보충
- **자연에** : '순응하다'에 호응하는 부사어가 빠져있으므로 '자연에'를 보충

**불필요한 성분**
- **기간** : '방학'에 '기간'의 의미가 포함
- **회고해** : '돌이켜'와 '회고해'의 의미가 중복
- **뇌리** : '머릿속'과 '뇌리'가 중복

**말하기, 듣기의 특성**
- 내용을 주고받는 언어 행위
- 음성 언어로 이루어지는 언어 행위
- 문제 해결 과정
- 말하는 이와 듣는 이 간의 협동이 있어야 가능

SEMI-NOTE

## 2. 토의와 토론

### (1) 토의 빈출개념

① 토의의 개념과 목적

㉠ 토의의 개념 : 두 사람 이상이 모여 집단 사고의 과정을 거쳐 어떤 문제의 해결을 시도하는 논의의 형태

㉡ 토의의 목적 : 집단 사고를 통한 최선의 문제 해결방안 모색

② 토의의 절차 : 문제에 대한 의미 확정 → 문제의 분석과 음미 → 가능한 모든 해결안 제시와 검토 → 최선의 해결안 선택 → 해결안 시행 방안 모색

③ 토의의 종류

| 구분 | 특징 |
|---|---|
| 심포지엄 | • 공통 주제에 대한 전문가의 다양하고 권위적, 체계적인 설명이 이루어짐(강연과 유사한 형태로 진행되며, 전문성이 강조됨)<br>• 사회자는 청중이 토의 문제와 주제를 잘 파악할 수 있게 하고, 토의의 요점을 간략히 정리해 이해를 도움 |
| 포럼 | • 청중이 처음부터 참여하여 주도하는 형태로, 간략한 주제 발표 외에 강연이나 연설은 없음(공청회와 유사한 형태로, 공공성이 강조됨)<br>• 사회자는 질문 시간을 조정하고 산회(散會) 시간을 결정(사회자의 비중이 큰 토의 유형) |
| 패널 | • 시사적, 전문적 문제해결 수단으로 적합하며, 이견 조정 수단으로 의회나 일반 회의에서 자주 사용됨(대표성이 강조되는 토의 형태)<br>• 배심원의 토의 후 청중과의 질의응답을 수행함 |
| 원탁 토의 | • 주제의 범위가 넓고 개방적이며, 사회자 없이 자유롭게 이야기하는 형태(평등성이 강조됨)<br>• 사회자가 없는 것이 일반적이나, 진행을 위한 의장을 따로 두기도 함<br>• 참가자가 토의에 익숙하지 않은 경우 산만할 수 있고, 시간낭비를 초래할 수 있다는 단점이 있음 |

**각 토의의 의의**

- **심포지엄의 의의** : 어떤 논제를 가지고 그 분야의 전문가 및 권위자(3~6명)가 사회자의 진행 아래 강연식으로 발표하고, 다수의 청중과 질의 응답하는 형식
- **포럼의 의의** : 개방된 장소에서 공공 문제에 대해 청중과 질의 응답하는 공개 토의
- **패널의 의의** : 배심 토의라고도 하며 특정 문제에 관심과 경험이 있는 배심원(4~8명)들을 뽑아 청중 앞에서 각자의 지식, 견문, 정보를 발표하고 여러 가지 의견을 제시하는 공동 토의
- **원탁 토의의 의의** : 10명 내외의 소규모 집단이 평등한 입장에서 자유롭게 의견을 나누는 비공식적인 토의

### (2) 토론

① 토론의 개념 및 목적

㉠ 개념 : 어떤 의견이나 제안에 대해 찬성과 반대의 뚜렷한 의견 대립을 가지는 사람들이 논리적으로 상대방을 설득하는 형태

㉡ 목적 : 논리적 설득을 통해 상대의 주장을 논파하고 자기주장의 정당성을 인정하게 함으로써, 궁극적으로 집단의 의견 일치를 구하는 것

② 토론의 절차 : 자기주장의 제시 → 상대 논거의 확인 → 자기주장의 근거 제시 → 상대 주장에 대한 논파 → 자기주장의 요점 반복(상대의 행동화 촉구)

③ 토론의 종류

| 구분 | 특징 |
|---|---|
| 2인 토론 | 2인의 토론자와 사회자가 토론을 진행하는 형태로, 단시간에 논리적인 주장을 선택하는 것이 목적 |

**토론 시작 시, 사회자의 역할**

- 장소와 참가자 자리 선정
- 지나친 대립 상황의 조정
- 논점 환기, 발언 내용 요약
- 보다 유연한 토론 진행
- 가능한 한 사회자 자신의 발언은 억제함

**토론의 논제**

- 논제는 원칙적으로 '~해야 한다.' 또는 '~인가?'의 형식으로 표현되어야 함
- 명백한 긍정, 부정의 양측에 설 수 있는 형식이어야 함
- 내용이 분명해야 하고, 하나의 명백한 주장에 한정되어야 함

| 직파 토론 | 2~3인이 짝을 이루어 함께 대항하는 토론 형태로, 한정된 시간에 논의의 핵심을 파악해 논점에 집중하기 위한 형태 |
|---|---|
| 반대 신문식 토론 | 토론의 형식에 법정의 반대 신문을 도입한 형태로 유능하고 성숙한 토론자에게 적합하며, 청중의 관심을 유도하는 것이 목적 |

실력up 토론과 토의의 비교

| 구분 | 토론 | 토의 |
|---|---|---|
| 목적 | 자기주장의 관철 및 집단의 의견 일치 | 최선의 문제 해결안 모색 및 선택 |
| 참가자 | 찬성, 반대의 의견 대립자 | 특정 문제에 대한 공통 인식의 이해자 |
| 태도 | 상대방 주장의 모순, 취약점 등을 지적하는 비판적인 태도 | 다른 사람의 제안이나 의견을 모두 검토, 수용하려는 협력적인 태도 |
| 문제 해결 방법 | 자기주장의 근거, 증거 제시 → 정당성의 입증과 상대방 주장의 모순을 논박 | 전원 협력하여 최대한 공동 이익을 반영할 수 있는 최선의 해결안 선택 |

## 02절 논리적 전개와 독해

### 1. 글의 진술 방식과 논리적 전개

#### (1) 설명의 정의와 방법

① 설명의 정의 : 어떤 '말'이 가지고 있는 '뜻'을 설명하는 것, 즉 어떤 대상이나 용어의 의미, 법칙 등을 명백히 밝혀 진술하는 방식

② 설명의 방법(글의 전개 방식) 빈출개념

㉠ 비교와 대조

- 비교 : 둘 이상의 사물이나 현상 등을 견주어 공통점이나 유사점을 설명하는 방법
- 대조 : 둘 이상의 사물이나 현상 등을 견주어 상대되는 성질이나 차이점을 설명하는 방법

㉡ 분류와 구분

- 분류 : 작은 것(부분, 하위 항목 또는 범주, 종개념)을 일정한 기준에 따라 큰 것(전체, 상위 항목 또는 범주, 유개념)으로 묶어 가면서 전개하는 방식 (예 시는 내용상 서정시, 서사시, 극시로 나누어진다.)
- 구분 : 큰 항목을 일정한 기준에 따라 작은 항목으로 나누어 설명하는 방법 (예 시, 소설, 희곡, 수필은 모두 문학에 속한다.)

㉢ 예시 : 일반적, 추상적, 관념적인 것 또는 알기 어려운 것을 이해하기 쉽게 예를 들어 설명하는 방법

SEMI-NOTE

**토론과 토의의 공통점과 의의**

- 공통점
  - 집단 사고를 통한 문제 해결
  - 해결안 모색
  - 둘 이상의 참가자
- 의의
  - 토론 : 대립적 주장을 통한 바람직한 의견 일치
  - 토의 : 집단적이고 협력적인 사고 과정

**설명의 개념과 목적**

- **설명의 개념** : 청자가 잘 모르고 있는 사실, 사물, 현상, 사건 등을 알기 쉽게 풀어서 말하는 것
- **설명의 목적** : 객관적인 정보나 사실을 전달하여 독자를 이해시키는 것으로, 주로 설명문에 사용됨

**분류의 조건**

- 분류는 반드시 일정한 기준이 있어야 함
- 분류된 하위 개념은 모두 대등함

**기타 설명의 방법**

- **지정** : '그는 누구인가?', '그것은 무엇인가?'와 같은 질문에 대답하는 것으로 설명 방법 중 가장 단순함
- **인과(因果)** : 어떤 결과를 가져오게 한 원인 또는 그 원인에 의해 결과적으로 초래된 현상에 초점을 두고 글을 전개하는 방식

SEMI-NOTE

ⓔ 유추 : 생소하고 복잡한 개념이나 현상을 친숙하고 단순한 것과 비교하여 설명하는 것

ⓜ 과정(過程) : 어떤 특정한 목표나 결말을 가져오게 하는 일련의 행동, 변화, 기능, 단계, 작용 등에 초점을 두고 글을 전개하는 방식으로, '어떻게'와 관련된 사항이 주가 됨

### (2) 논증의 개념과 종류

① 논증의 개념

㉠ 아직 밝혀지지 않은 사실이나 문제에 대하여 자신의 의견을 밝히고 진실 여부를 증명하여, 그에 따라 행동하도록 하는 진술 방식

㉡ 여러 가지 명제를 근거로 하여 어느 하나의 결론이 참이라는 사실을 증명하는 것으로, 주로 논설문에 사용됨

② 논증의 분류와 종류 및 유형

㉠ 명제의 분류

| 구분 | 내용 |
|---|---|
| 사실 명제 | 진실성과 신빙성에 근거하여 존재의 진위를 판별할 수 있는 명제 |
| 정책 명제 | 타당성에 근거하여 어떤 대상에 대한 의견을 내세운 명제 |
| 가치 명제 | 공정성에 근거하여 주관적 가치 판단을 내린 명제 |

㉡ 논거의 종류

| 구분 | 내용 |
|---|---|
| 사실 논거 | 누구나 객관적으로 의심 없이 인정할 수 있는 확실한 사실로 자연 법칙, 역사적 사실, 상식, 실험적 사실 등을 들 수 있음. 그러나 사람에 따라 다르게 판단할 수 있는 것은 사실 논거로 볼 수 없음 |
| 소견 논거 | 그 방면의 권위자, 전문가, 목격자, 경험자의 의견으로 확실성이 있다고 인정되는 것 |

㉢ 묘사의 유형

| 구분 | 내용 |
|---|---|
| 객관적(과학적, 설명적) 묘사 | 대상의 세부적 사실을 객관적으로 표현하는 진술 방식으로, 정확하고 사실적인 정보 전달이 목적 |
| 주관적(인상적, 문학적) 묘사 | 대상에 대한 글쓴이의 주관적인 인상이나 느낌을 그려내는 것으로, 상징적인 언어를 사용하며 주로 문학 작품에 많이 쓰임 |

㉣ 서사

- 행동, 상태가 진행되어 가는 움직임 또는 사건의 전개 양상을 시간의 경과에 따라 진술하는 방식
- '사건', 즉 '무엇이 발생하였는가?'에 관한 답과 관련된 것으로, 사건에 대한 기본적인 이해와 충분한 검토를 전제로 함

③ 일반적 진술과 구체적 진술

㉠ 일반적 진술

- 구체적 사실을 포괄하여 일반적으로 진술하는 방법을 말하며, 추상적 진술이라고도 함
- 문단의 중심적 화제와 그 속성을 포괄적으로 담고 있는 중심 문장에 해당됨

**다양한 논증의 개념**

- **명제의 개념** : 사고 내용 및 판단을 단적으로 진술한 주제문, 완결된 평서형 문장 형식으로 표현
- **논거의 개념** : 명제를 뒷받침하는 논리적 근거로, 주장의 타당함을 밝히기 위해 선택된 자료
- **묘사의 개념** : 대상을 그림 그리듯이 글로써 생생하게 표현해 내는 진술 방식으로, 독자에게 현장감과 생동감을 전달하는 것을 목적으로 함

**진술(전개) 방식의 범주**

- **정태적 진술 방식(시간성 고려하지 않음)** : 분석, 분류, 예시, 비교, 대조, 정의, 유추, 묘사
- **동태적 진술 방식(시간성 고려)** : 서사, 과정, 인과

서사의 3요소
행동(움직임), 시간, 의미

ⓒ 구체적 진술

- 중심 문장을 구체적으로 뒷받침하는 내용을 표현하는 진술 방법을 말함
- 뒷받침 문장에 해당하며, 구체적 진술 방법으로는 상세화(상술)와 예시, 비유, 인용, 이유 제시 등이 있음

### (3) 논리적 전개와 사고

① 문단의 개념과 요건

㉠ 문단의 개념 : 문단이란 생각의 완결 단위로서, 진술의 완결 단위인 문장으로 구성됨

㉡ 문단의 요건

- 통일성 : 문단 또는 단락의 내용이 하나의 주제나 중심 생각으로 통일
- 완결성 : 주제문이나 소주제문과 이를 뒷받침하는 문장(구체적 진술)들이 함께 제시되어야 함
- 일관성 : 문단이나 단락을 구성하는 문장들이 논리적이며, 긴밀하게 연결되어야 함(글의 배열하는 방식과 관련된 요건)

② 문단의 유형

㉠ 주지 문단(중심 문단) : 필자가 말하고자 하는 중심 내용이 담긴 문단으로, 일반적 진술로 이루어짐

㉡ 보조 문단(뒷받침 문단)

- 도입 문단 : 시작 부분에 위치하여 글의 동기나 방향, 새로운 논제를 제시
- 전제 문단 : 주장이나 결론을 이끌어 내는 데 필요한 근거나 이유를 제시하는 문단
- 예증, 예시 문단 : 중심 문단의 내용을 예를 통해 뒷받침하는 문단
- 부연, 상술 문단 : 중심 문단에서 다룬 내용에 덧붙이거나 좀 더 상세하게 설명하는 문단
- 전환 문단 : 다음에 나올 논의의 방향을 전환하는 문단

㉢ 문단의 관계

- 문제 제기와 해결 방안 : 문제 제기 → 문제 규명 → 해결 방안 제시
- 주장과 근거 : 주장 제시 → 이유, 근거 제시
- 인과 관계 : 원인 → 결과 제시, 원인 규명
- 추론 관계 : 전제 제시 → 결론 유도(사례 제시 → 일반적 진술 유도)
- 부연 관계 : 주지 → 보충적 내용
- 상세화 관계 : 주지 → 구체적 설명(비교, 대조, 유추, 분류, 분석, 인용, 예시, 비유 등)
- 비판 관계 : 일반적 견해 → 긍정(부연, 첨가, 심화), 부정(반론, 논박)
- 열거 관계 : 주장에 부합되는 두 개 이상의 사례 연결
- 대조 관계 : 주장에 상반되는 사례를 연결(주로 역접의 접속어로 연결)
- 전환 관계 : 앞의 내용(문장)과 다른 내용(문장)을 제시

SEMI-NOTE

**구체적 진술 방식**

- **상세화(상술)** : 구체적 사례를 들거나 자세히 풀어서 명확히 밝히는 방식
- **예시(例示)** : 구체적인 사례를 직접 제시하는 방식
- **비유** : 보조 관념에 비유하여 쉽고 구체적으로 표현하는 방식
- **인용** : 특정 권위자의 말이나 글 등을 자신의 말과 글 속에 끌어들여 표현하는 방식

**문단의 구성**

하나의 문단은 주제문(일반적 진술)과 뒷받침 문장(구체적 진술)로 구성됨

**보조 문단**

중심 문단의 내용을 뒷받침해 주는 문단

**기타 보조 문단**

- **첨가, 보충 문단** : 중심 문단에서 빠뜨린 내용을 덧붙여 설명하는 문단
- **발전 문단** : 제기된 문제를 구체적으로 논의하는 문단

**문단 간의 관계**

문단과 문단 간의 관계는 대등한 경우도 있고, 원인과 결과, 주지와 부연, 주장과 논거, 문제 제기와 문제 해결 등과 같이 다양하게 존재할 수 있음

SEMI-NOTE

**추론의 세부적 종류**
- 연역추론 : 삼단논법(대전제 → 소전제 → 결론)으로 정언삼단논법, 가언삼단논법, 선언삼단논법으로 구성됨
- 귀납추론 : 일반화(추상화)로 통계적 귀납추론, 인과적 귀납추론, 유추적 귀납추론(유비추론)으로 구성됨

**기타 심리적 오류**
- **정황에 호소하는 오류** : 개인적 주변 정황을 이유로 비판하는 오류
- **위력(공포)에 호소하는 오류** : 공포나 위협 등의 감정을 이용하여 어떤 결론을 받아들이게 하는 오류

③ 추론의 종류

| 구분 | 추론의 방식 | 추론의 단점 |
|---|---|---|
| 연역추론 | 일반적인 주장으로부터 구체적이고 특수한 주장으로 나아가는 방식 | 완전한 새로운 지식이 성립되지 못함 |
| 귀납추론 | 구체적이고 특수한 근거로부터 일반적인 결론으로 나아가는 방식 | 모든 표본을 관찰한 결과가 아니므로 반론을 제기할 수 있는 사례가 없을 것이라고 확신할 수 없음 |
| 변증법 | 정(正)과 반(反)을 대립시키고 정과 반의 합(合), 즉 새로운 주장을 제시하는 방식 | 회피적 결과나 오류가 생길 수 있음 |

④ 추론의 오류(비형식적 오류)

㉠ 오류의 개념
- 언어적 오류 : 언어를 잘못 사용하거나 이해하는 데서 발생하는 오류
- 심리적 오류 : 어떤 주장에 대해 논리적으로 타당한 근거를 제시하지 않고, 심리적인 면에 기대어 상대방을 설득하려고 할 때 발생하는 오류
- 자료적 오류 : 주장의 전제 또는 논거가 되는 자료를 잘못 해석하거나 판단하여 결론을 이끌어 내거나 원래 적합하지 못한 것임을 알면서도 의도적으로 논거를 삼음으로써 범하게 되는 오류

㉡ 언어적 오류
- 애매어(문)의 오류(은밀한 재정의의 오류) : 둘 이상의 의미를 가진 단어나 문장을 달리 해석해서 생기는 오류
- 강조의 오류 : 일부 단어만 강조해서 생기는 오류
- 범주의 오류 : 단어의 범주를 잘못 인식해서 생기는 오류

㉢ 심리적 오류
- 인신공격의 오류 : 타인의 단점을 잡아 비판하는 오류
- 대중에 호소하는 오류 : 다수의 의견에 호소하여 그것이 옳다고 주장하는 오류
- 연민에 호소하는 오류 : 논점에 관계없이 동정이나 연민 등의 감정을 이용하는 오류
- 권위에 호소하는 오류 : 인용을 들어 주장을 정당화하려는 오류
- 원천 봉쇄의 오류 : 반론의 가능성을 원천적으로 봉쇄하여 자신의 주장을 옹호하는 오류
- 역공격(피장파장)의 오류 : 상대에게도 같은 잘못을 지적하여 그 상황을 피하는 오류

㉣ 자료적 오류
- 성급한 일반화의 오류 : 부분으로 전체를 말해서 생기는 오류
- 논점 일탈(무관한 결론)의 오류 : 논점과 관계없는 것을 제시하여 생기는 오류
- 우연의 오류 : 일반적인 것으로 특수한 것을 말해서 생기는 오류

- 잘못된 인과 관계의 오류 : 인과 관계를 혼동하여 생기는 오류
- 의도 확대의 오류 : 의도하지 않은 것에 대해 의도가 성립했다고 보는 오류
- 순환 논증의 오류 : 전제와 결론의 내용을 비슷하게 제시하는 오류
- 흑백 사고의 오류 : 논의의 대상을 두 가지로만 구분하는 오류
- 발생학적 오류 : 발생 기원이 갖는 성격을 어떤 사실도 갖는다고 생각하는 오류

## 2. 독해

### (1) 독해와 배경지식

① **독해의 개념** : 글을 읽어 뜻을 이해하는 것으로 단어와 문장이 의미하는 것만 이해하는 것뿐만 아니라 독해 자료의 각 부분에 있는 유기적인 관계를 결합하여 만든 의미를 이해하는 것도 포함됨

② **배경지식의 정의** : 직접, 간접 경험을 통해 독자의 머릿속에 구조화, 조직화되어 저장되어 있는 경험의 총체로 사전 지식 혹은 스키마(schema)라고도 함

③ **배경지식의 이해**

| 구분 | | 내용 |
|---|---|---|
| 사실적 이해 | 내용의 사실적 이해 | 주어진 내용의 정보와 그 관계를 정확하게 이해하고 표현하는 능력 |
| | 구조의 사실적 이해 | 글 전체의 구조나 문장 또는 단락 간의 관계를 파악하는 능력 |
| 추리 상상적 이해 | 내용의 추리 상상적 이해 | 글에 제시된 정보나 사실을 바탕으로 드러나 있지 않은 내용을 논리적 추리나 상상력을 통해 미루어 짐작하는 사고능력 |
| | 과정의 추리 상상적 이해 | 글의 바탕에 놓여 있는 필자나 작중 인물의 입장, 태도 또는 필자의 집필 동기나 의도 등을 추리해 내는 사고 능력 |
| | 구조의 추리 상상적 이해 | 글의 구성상 특징이나 논리적 전개 방식 등을 통해 필자의 의도, 글의 특징적인 표현 효과와 작품의 분위기 등을 추리해 내는 사고 능력 |
| 비판적 이해 | 내적 준거에 의한 비판 | 글의 표현이나 내용에 대하여 글의 부분들과 전체의 관계를 중심으로 비판하는 것 |
| | 외적 준거에 의한 비판 | 사회와 시대적 상황, 독자의 배경지식과 관련하여 글의 가치를 평가하는 것 |

### (2) 논설문 ★빈출개념

① 논설문의 정의와 짜임

㉠ **논설문의 정의** : 독자를 설득하거나 이해시키기 위하여 자신의 주장을 논리적으로 쓴 글

㉡ **논설문의 짜임**

- 대체로 '서론 → 본론 → 결론'의 3단 구성을 취함
- 서론 : 중심 논제 제시, 집필 동기, 서술 방법, 용어의 개념 등을 씀

SEMI-NOTE

**기타 자료적 오류**
- **잘못된 유추의 오류** : 부당하게 적용된 비유가 결론을 이끌어 내는 오류
- **무지에 호소하는 오류** : 증명(입증, 증거)하지 못하는 사실로 결론을 내는 오류
- **분할 또는 합성의 오류** : 나누거나 합쳤을 때 그 의미가 옳다고 생각하는 오류
- **복합 질문의 오류** : '예, 아니오'로 답하기 곤란한 것을 질문함으로서 수긍하게 하는 오류

**배경지식의 특징**
- 경험의 소산으로 사람마다 다르므로 글에 대한 해석과 반응도 달라짐
- 유기적으로 구조화된 배경지식은 상호 위계적인 관계를 지님
- 독서 과정 중에 동원된 내용을 추론, 예견하며 정보를 선별
- 배경지식과 독해 능력의 관계는 서로 상보적 관계를 지님

**논설문의 특징**
- 독자를 설득하거나 이해시키기 위하여 자신의 주장을 논리적으로 쓴 글
- 주장에는 근거가 제시되어 있음
- 간결하고 명료한 문장으로 구성
- 독창적인 내용, 일관적인 논지, 통일된 구성을 유지
- 논증문 – 건조체, 설득문 – 강건체

SEMI-NOTE

**논설문 형식을 사용하는 유형**
- **논증적 논설문** : 학술적 논문, 평론
- **설득적 논설문** : 사설, 칼럼, 연설문

**논설문의 논증**
논증이란 아직 명백하지 않은 사실이나 문제에 대해 타당한 이유와 자료를 근거로 그 진실 여부를 증명하고, 독자를 설득하는 진술 방식을 말함

**논설문의 요건**
- 명제의 공정성
- 명제의 명료성
- 논거의 적합성
- 추론의 논리성
- 용어의 정확성

**설명문의 특징**
- **객관성** : 사전적 의미의 언어를 사용하며 객관적으로 사실을 과장 없이 설명하고 주관적인 의견이나 느낌은 배제함
- **평이성** : 간단하고 분명한 문장으로 독자들이 이해하기 쉽게 써야 함
- **정확성** : 뜻이 정확하게 전달되도록 문장을 분명히 씀
- **사실성** : 정확한 지식이나 정보를 사실에 근거하여 전달
- **체계성** : 내용을 짜임새 있게 구성

- 본론 : 글의 중심 부분으로, 논제에 대한 자신의 의견과 주장을 제시하고, 이를 입증하기 위한 과제 해명과 논거의 제시, 논리적 반박, 해결 방안 등을 씀
- 결론 : 글을 끝맺는 부분으로 논지(주장)의 요약 또는 정리, 행동의 촉구, 앞으로의 전망, 새로운 과제의 제시 등을 내용으로 함

ⓒ 논설문의 갈래
- 논증적 논설문 : 어떤 일이나 문제에 대해 객관적인 증거를 제시하여 그 일이나 문제의 옳고 그름을 분명하게 드러내는 글로, 객관적 논거와 언어를 통해 독자의 지적, 논리적 측면에 호소함
- 설득적 논설문 : 의견을 논리적으로 전개하여 독자로 하여금 글쓴이의 의견에 찬동하여 따르게 하는 글로, 독자의 지적이면서 감성적인 측면에 호소함

② 논증의 3요소

㉠ 명제
- 사실 명제 : 어떤 사실에 대한 진위 판단으로 '이다'의 형태로 진술
- 정책 명제 : 어떤 문제에 대한 해결책이나 바람직한 행동에 대한 판단
- 가치 명제 : 인간, 사상, 윤리, 예술 등에 대한 판단으로 '하다'의 꼴로 진술

㉡ 증명(논거)
- 논증법 : 아직 명백하지 않은 사실이나 문제에 대하여 그 진술 여부를 증명하여 독자로 하여금 그에 따라 행동하게 하는 진술 방법
- 예증법 : 예를 들어 밝히는 방법
- 비유법 : 비유를 들어 밝히는 방법
- 인용법 : 유명한 사람의 주장이나 권위 있는 연구 결과를 끌어다 밝히는 방법

㉢ 추론 : 논거를 근거로 어떤 문제나 사실에 대해 주관적 판단을 유도하는 것

## (3) 설명문 ★빈출개념

① 설명문의 정의와 짜임

㉠ 설명문의 정의 : 어떤 지식이나 정보를 알기 쉽게 풀이하여, 독자들이 그 대상을 쉽고 정확하게 이해할 수 있도록 쓴 글

㉡ 설명문의 짜임(구성)
- 머리말 : 설명할 대상이나 집필 동기, 용어 정의 등을 제시하는 부분
- 본문 : 설명할 대상을 구체적으로 설명해 가는 부분
- 맺음말 : 본문에서 설명한 내용을 정리, 마무리하는 부분

② 설명문의 기술 방법

㉠ 추상적 진술 : 의견이나 주장 또는 일반적 사실을 말하는 부분으로, 구체적 진술 부분과 어울려 완전한 내용이 될 수 있으며, 주요 문단이 됨

㉡ 구체적 진술 : 추상적(일반적) 진술에서 언급된 내용에 대해 구체적이고 특수한 사실을 들어 진술하는 부분으로 상세화, 예시, 인용, 이유 제시 등의 방법이 쓰임

**실력up 설명문의 독해 요령**

추상적 진술과 구체적 진술을 구분해 가면서 주요 단락과 보조 단락을 나누고, 배경지식을 적극적으로 활용하며, 단락의 통일성과 일관성을 확인한다. 또 글의 설명 방법과 전개 순서를 파악하며 읽어야 한다.

### (4) 기행문

① 기행문의 정의와 요소

㉠ **기행문의 정의** : 여행하는 도중에 보고, 듣고, 느낀 바를 거쳐 온 경로에 따라 적은 글

㉡ **기행문의 요소**

- 여정(旅程) : 언제, 어디를 거쳐 여행했다는 내용 → 여행의 기록
- 견문(見聞) : 여행지에서 보고, 듣고, 경험한 내용 → 다양하고 흥미 있는 글
- 감상(感想) : 보고, 듣고, 경험한 사실에 대한 글쓴이의 생각과 느낌 → 개성적인 글

② 기행문의 형식상 갈래

㉠ **수필체 기행문** : 산문의 문장으로 수필처럼 쓴 기행문

㉡ **일기체 기행문** : 긴 여행을 하는 경우, 일기처럼 하루를 단위로 날짜를 밝혀 쓴 기행문

㉢ **서간체 기행문** : 편지처럼 누군가에게 보내는 형식으로 쓴 기행문

㉣ **보고문체 기행문** : 견학 여행을 할 경우, 보고문 형식으로 쓴 기행문

### (5) 기사문

① **기사문의 정의** : 생활 주변에서 일어난 사건을 신속하고 정확하게 전달하기 위해 육하원칙에 의해 객관적으로 적은 글

② 기사문의 특징

㉠ **객관성** : 사실을 객관적으로 쓰고, 가급적 주관적인 요소는 피함

㉡ **정확성** : 결과를 거짓 없이 써야 하며, 될 수 있는 대로 추측은 하지 않도록 함

㉢ **시의성** : 지금의 상황에 적절한 대상(사건)을 선별해서 다루어야 함

㉣ **보도성** : 보도할 만한 가치가 있는 대상을 다루어야 함

㉤ **흥미성, 저명성** : 대상이 독자들에게 잘 알려진 것이거나 흥미 있는 것이어야 함

㉥ 그밖에 근접성, 신속성, 공정성, 간결성, 평이성 등을 특징으로 한다.

SEMI-NOTE

**기행문의 특징**

- 여행의 체험을 기본 조건으로 함
- 보통 여행의 경로에 따라 적음
- 보고 들은 바가 사실대로 드러나 있음
- 구성 형식에 일정한 틀이 없음

**기행문의 내용상 갈래**

- 견문 중심의 기행문
- 감상 중심의 기행문
- 감상 중심의 기행문

**기사문의 형식**

- '표제 → 부제 → 전문 → 본문 → 해설'의 역피라미드형 형식을 취함
- **표제** : 내용의 전모를 간결하게 나타낸 것으로 제목이라고도 함
- **부제** : 표제를 뒷받침하며, 내용을 좀 더 구체적으로 표시
- **전문** : 기사의 핵심 내용을 육하원칙에 따라 요약
- **본문** : 기사 내용을 구체적으로 자세히 서술하는 부분
- **해설** : 본문 뒤에 덧붙여 사건의 전망, 분석, 평가 등을 다루는 부분으로, 필자의 주관성이 드러날 수 있음

9급공무원

# 국어

나두공

# 06장 어휘력

# 06장 어휘력

SEMI-NOTE

**한자의 3요소**

- **모양(形)** : 시각적으로 구분되는 요소로 한자가 지니고 있는 자체의 글자 형태
- **소리(音)** : 1자 1음이 원칙이나, 1자 2음 또는 1자 3음의 예도 있음
- **뜻(義)** : 한자의 뜻을 우리말로 새긴 것을 훈(訓)이라고 함

**육서를 기반으로 한 대표 한자**

- **상형(象形)** : 日, 月, 山, 川, 人, 水, 雨, 手, 足, 目
- **지사(指事)** : 一, 二, 三, 四, 七, 八, 上, 中, 下, 本, 末, 寸, 丹
- **회의(會議)** : 日(날일) + 月(달월) → 明(밝을 명)
- **형성(形聲)** : 門(문 문 : 음) + 口(입 구 : 뜻) → 問 (물을 문)
- **전주(轉注)**
  - 惡(악할 악) : 惡習(악습), 惡鬼(악귀)
  - 惡(미워할 오) : 憎惡(증오), 惡寒(오한)
  - 惡(부끄러워할 오) : 羞惡之心(수오지심)

## 01절 한자

### 1. 한자의 이해

#### (1) 한자의 구성 및 한자어

① 한자의 형성 원리와 육서

㉠ 한자의 형성 원리 : 기본적으로 한자는 사물의 모양을 본떠서 만든 글자이기 때문에 각 글자마다 특정한 뜻을 내포하고 있는 표의문자(表意文字)에 해당

㉡ **육서(六書)** : 한자의 구조 및 사용에 관한 여섯 가지의 명칭으로, 상형(象形), 지사(指事), 회의(會意), 형성(形聲), 전주(轉注), 가차(假借)가 있음

② 한자의 육서

㉠ 글자의 창조 원리

- 상형(象形) : 구체적인 사물의 모양을 본떠서 만든 문자(예 月, 山, 川)
- 지사(指事) : 추상적인 뜻을 점이나 선으로 표시한 문자(예 上, 中, 下)

㉡ 글자의 결합 원리

- 회의(會議) : 두 개 이상의 글자를 그 뜻으로 합쳐 새로운 뜻으로 만든 글자(예 木(나무 목) → 林(수풀 림), 火(불 화) → 炎(불탈 염))
- 형성(形聲) : 뜻 부분과 음 부분의 결합으로 만든 문자로 한자의 대부분을 차지함(예 鷺(해오라기 로) → 路(길 로 : 음만 사용함) + 鳥(새 조 : 뜻만 사용함))

㉢ 글자의 운용 원리

- 전주(轉注) : 이미 있는 한자의 뜻을 확대 또는 발전시켜 다른 뜻으로 사용하는 방법(예 樂(즐거울 락) → 본디 악기를 의미하였으나 노래, 즐기다, 좋아하다 등으로 뜻이 확장됨)
- 가차(假借) : 어떤 뜻을 나타낼 한자가 없을 때, 뜻은 다르지만 음이 같으면 빌려 쓰는 방법(예 來(올 래) → 본디 보리를 뜻하는 '來'라는 한자를 '오다'라는 의미를 나타내기 위해 빌림)

③ 부수의 개념과 자전 찾기

㉠ **부수(部首)의 개념** : 부수란 옥편이나 자전에서 한자를 찾는 데 필요한 길잡이가 되는 글자로서, 소리글자인 한글의 자모나 영어의 알파벳에 해당됨

㉡ **자전 찾기** : 자전은 부수에 따라 배열된 것으로, 부수의 획수가 적은 것부터 차례대로 수록되어 있다. 자전을 찾을 때는 부수색인, 자음 색인, 총획색인을 활용함

④ 익혀두어야 할 한자어

㉠ 'ㄱ'으로 시작하는 한자어

- 가식(假飾) : 말이나 행동 따위를 거짓으로 꾸밈

- 각축(角逐) : 서로 이기려고 다투며 덤벼듦
- 간과(看過) : 큰 관심 없이 대강 보아 넘김
- 간주(看做) : 상태, 모양, 성질 따위가 그와 같다고 봄. 또는 그렇다고 여김
- 간헐(間歇) : 얼마 동안의 시간 간격을 두고 되풀이하여 일어났다 쉬었다 함
- 객수(客愁) : 객지에서 느끼는 쓸쓸함이나 시름
- 게시(揭示) : 여러 사람들에게 알리기 위하여 내붙이거나 내걸어 두루 보게 함
- 경시(輕視) : 대수롭지 않게 보거나 업신여김
- 경질(硬質) : 단단하고 굳은 성질
- 계륵(鷄肋) : '닭의 갈비'라는 뜻으로 그다지 소용은 없으나 버리기에는 아까운 것을 이르는 말
- 고루(固陋) : 낡은 관념이나 습관에 젖어 고집이 세고 새로운 것을 잘 받아들이지 아니함
- 고배(苦杯) : 쓰라린 경험을 비유적으로 이르는 말
- 고역(苦役) : 몹시 힘들고 고되어 견디기 어려운 일
- 고혹(蠱惑) : 아름다움이나 매력 같은 것에 홀려서 정신을 못 차림
- 골계(滑稽) : 익살을 부리는 가운데 어떤 교훈을 주는 일
- 골자(骨子) : 말이나 일의 내용에서 중심이 되는 줄기를 이루는 것
- 공모(公募) : 일반에게 널리 공개하여 모집함
- 공약(公約) : 정부, 정당, 입후보자 등이 어떤 일에 대하여 국민에게 실행할 것을 약속함
- 공황(恐慌) : 근거 없는 두려움이나 공포로 갑자기 생기는 심리적 불안 상태
- 관건(關鍵) : 어떤 사물이나 문제 해결의 가장 중요한 부분
- 광음(光陰) : 빛과 그늘, 즉 낮과 밤이라는 뜻으로 시간이나 세월을 이름
- 괴리(乖離) : 서로 어그러져 동떨어짐
- 괴멸(壞滅) : 조직이나 체계 따위가 모조리 파괴되어 멸망함
- 괴벽(怪癖) : 괴이한 버릇
- 교란(攪亂) : 마음이나 상황 따위를 뒤흔들어서 어지럽고 혼란하게 함
- 구황(救荒) : 흉년 따위로 기근이 심할 때 빈민들을 굶주림에서 벗어나도록 도움
- 구휼(救恤) : 사회적 또는 국가적 차원에서 재난을 당한 사람이나 빈민에게 금품을 주어 구제함
- 구가(謳歌) : 행복한 처지나 기쁜 마음 따위를 거리낌 없이 나타냄. 또는 그런 소리
- 권면(勸勉) : 알아듣도록 권하고 격려하여 힘쓰게 함
- 궤변(詭辯) : 상대편을 이론으로 이기기 위하여 상대편의 사고(思考)를 혼란시키거나 감정을 격앙시켜 거짓을 참인 것처럼 꾸며 대는 논법
- 귀감(龜鑑) : 거울로 삼아 본받을 만한 모범
- 귀추(歸趨) : 일이 되어 가는 형편
- 규탄(糾彈) : 잘못이나 옳지 못한 일을 잡아내어 따지고 나무람

SEMI-NOTE

**여러 의미를 지닌 한자어(ㄱ)**

- **각성(覺醒)**
  - 깨어 정신을 차림
  - 깨달아 앎
- **견문(見聞)**
  - 보고 들음
  - 보거나 듣거나 하여 깨달아 얻은 지식
- **경색(梗塞)**
  - 소통되지 못하고 막힘
  - 혈액 속에 떠다니는 혈전(血栓) 따위의 물질이 혈관을 막는 일
- **경원(敬遠)**
  - 공경하되 가까이하지는 않음 – 겉으로는 공경하는 체하면서 실제로는 꺼리어 멀리함
- **계시(啓示)**
  - 깨우쳐 보여 줌
  - 사람의 지혜로서는 알 수 없는 진리를 신(神)이 가르쳐 알게 함
- **고갈(枯渴)**
  - 물이 말라서 없어짐
  - 어떤 일의 바탕이 되는 돈이나 물자, 소재, 인력 따위가 다하여 없어짐
  - 느낌이나 생각 따위가 다 없어짐
- **균열(龜裂)**
  - 거북의 등에 있는 무늬처럼 갈라져 터짐
  - 친하게 지내는 사이에 틈이 남
- **기치(旗幟)**
  - 예전에 군에서 쓰던 깃발
  - 일정한 목적을 위하여 내세우는 태도나 주장

SEMI-NOTE

**여러 의미를 지닌 한자어(ㄴ)**

- 나락(奈落)
  - 불교에서 말하는 지옥
  - 벗어나기 어려운 절망적인 상황을 비유적으로 이르는 말
- 낙오(落伍)
  - 무리에서 쳐져 뒤떨어짐
  - 사회나 시대의 진보에 뒤떨어짐
- 낙인(烙印)
  - 쇠붙이로 만들어 불에 달구어 찍는 도장
  - 다시 씻기 어려운 불명예스럽고 욕된 판정이나 평판을 이르는 말
- 난항(難航)
  - 폭풍우와 같은 나쁜 조건으로 배나 항공기가 몹시 어렵게 항행함
  - 여러 가지 장애 때문에 일이 순조롭게 진행되지 않음을 비유적으로 이르는 말
- 내력(來歷)
  - 지금까지 지내온 경로나 경력
  - 부모나 조상으로부터 내려오는 유전적인 특성
- 농성(籠城)
  - 적에게 둘러싸여 성문을 굳게 닫고 성을 지킴
  - 어떤 목적을 이루기 위하여 한자리를 떠나지 않고 시위함
- 농후(濃厚)
  - 맛, 빛깔, 성분 따위가 매우 짙음
  - 어떤 경향이나 기색 따위가 뚜렷함

**여러 의미를 지닌 한자어(ㅁ)**

- 묘연(杳然)
  - 그윽하고 멀어서 눈에 아물아물함
  - 소식이나 행방 따위를 알 길이 없음
- 문외한(門外漢)
  - 어떤 일에 직접 관계가 없는 사람
  - 어떤 일에 전문적인 지식이 없는 사람
- 미궁(迷宮)
  - 들어가면 나올 길을 찾을 수 없게 되어 있는 곳
  - 사건, 문제 따위가 얽혀서 쉽게 해결하지 못하게 된 상태

- 근황(近況) : 요즈음의 상황
- 기린아(麒麟兒) : 지혜와 재주가 썩 뛰어난 사람
- 기아(飢餓) : 굶주림
- 기우(杞憂) : 앞일에 대해 쓸데없는 걱정을 함 또는 그 걱정
- 기지(機智) : 경우에 따라 재치 있게 대응하는 지혜
- 금자탑(金字塔) : 길이 후세에 남을 뛰어난 업적을 비유적으로 이르는 말

ⓛ 'ㄴ'으로 시작하는 한자어

- 난만(爛漫) : 꽃이 활짝 많이 피어 화려함
- 날인(捺印) : 도장을 찍음
- 날조(捏造) : 사실이 아닌 것을 사실인 것처럼 거짓으로 꾸밈
- 남상(濫觴) : 사물의 처음이나 기원을 이르는 말
- 노정(路程) : 목적지까지의 거리. 또는 목적지까지 걸리는 시간
- 뇌쇄(惱殺) : 애가 타도록 몹시 괴로워함 또는 그렇게 괴롭힘
- 누항(陋巷) : 좁고 지저분하며 더러운 거리
- 눌변(訥辯) : 더듬거리는 서툰 말솜씨
- 능욕(陵辱) : 남을 업신여겨 욕보임

ⓒ 'ㄷ'으로 시작하는 한자어

- 다담(茶啖) : 손님을 대접하기 위하여 내놓은 다과(茶菓) 따위
- 단말마(斷末魔 · 斷末摩) : 숨이 끊어질 때의 모진 고통
- 담수(淡水) : 짠맛이 없는 맑은 물
- 담합(談合) : 경쟁 입찰을 할 때에 입찰 참가자가 서로 의논하여 미리 입찰 가격이나 낙찰자 따위를 정하는 일
- 당면(當面) : 바로 눈앞에 당함
- 도야(陶冶) : 훌륭한 사람이 되도록 몸과 마음을 닦아 기름을 비유적으로 이르는 말
- 도원경(桃源境) : 이 세상이 아닌 무릉도원처럼 아름다운 경지
- 도외시(度外視) : 상관하지 아니하거나 무시함
- 동요(動搖) : 생각이나 처지 또는 어떤 체제나 상황 따위가 확고하지 못하고 흔들림
- 등용문(登龍門) : 어려운 관문을 통과하여 크게 출세하게 됨 또는 그 관문을 이르는 말

ⓔ 'ㅁ'으로 시작하는 한자어

- 마모(磨耗) : 마찰 부분이 닳아서 없어짐
- 망중한(忙中閑) : 바쁜 가운데 잠깐 얻어 낸 틈
- 매몰(埋沒) : 보이지 않게 파묻히거나 파묻음
- 매진(邁進) : 어떤 일을 전심전력을 다하여 해 나감
- 맹아(萌芽) : 사물의 시초가 되는 것
- 모순(矛盾) : 앞뒤가 맞지 않음. 혹은 그런 말
- 몽상(夢想) : 실현성이 없는 헛된 생각을 함

- 몽진(蒙塵) : 먼지를 뒤집어쓴다는 뜻으로, 임금이 난리를 피하여 안전한 곳으로 떠남
- 묘령(妙齡) : 스무 살 안팎의 여자 나이
- 무단(無斷) : 사전에 허락이 없음 또는 아무 사유가 없음
- 무산(霧散) : 안개가 걷히듯 흩어져 없어짐 또는 그렇게 흐지부지 취소됨
- 묵인(默認) : 모르는 체하고 하려는 대로 내버려 둠으로써 슬며시 인정함
- 미연(未然) : 어떤 일이 아직 그렇게 되지 않은 때
- 미증유(未曾有) : 지금까지 한 번도 있어 본 적이 없음
- 미흡(未洽) : 아직 흡족하지 못하거나 만족스럽지 않음

ⓜ 'ㅂ'으로 시작하는 한자어

- 박빙(薄氷) : 근소한 차이를 비유적으로 이르는 말
- 박탈(剝奪) : 남의 재물이나 권리, 자격 등을 빼앗음
- 반박(反駁) : 어떤 의견, 주장, 논설 따위에 반대하여 말함
- 발췌(拔萃) : 책, 글 따위에서 필요하거나 중요한 부분을 가려 뽑아냄
- 발탁(拔擢) : 여러 사람 가운데서 쓸 사람을 뽑음
- 방기(放棄) : 내버리고 아예 돌아보지 아니함
- 백미(白眉) : '흰 눈썹'이란 뜻으로, 여럿 가운데서 가장 뛰어난 사람이나 훌륭한 물건을 비유적으로 이르는 말
- 백안시(白眼視) : 남을 업신여기거나 무시하는 태도로 흘겨봄
- 병치(倂置) : 두 가지 이상의 것을 한곳에 나란히 두거나 설치함
- 보전(保全) : 온전하게 보호하여 유지함
- 부고(訃告) : 사람의 죽음을 알림. 또는 그런 글
- 부득이(不得已) : 마지못하여 하는 수 없이
- 부상(扶桑) : 해가 뜨는 동쪽 바다
- 불후(不朽) : 썩지 아니함이라는 뜻으로, 영원토록 변하거나 없어지지 아니함을 비유적으로 이르는 말
- 비견(比肩) : 앞서거나 뒤서지 않고 어깨를 나란히 한다는 뜻으로, 낫고 못할 것이 정도가 서로 비슷하게 함을 이르는 말
- 비단(非但) : 부정하는 말 앞에서 '다만', '오직'의 뜻으로 쓰이는 말
- 비유(比喩) : 어떤 현상이나 사물을 직접 설명하지 아니하고 다른 비슷한 현상이나 사물에 빗대어서 설명하는 일
- 비호(庇護) : 편들어서 감싸 주고 보호함

ⓑ 'ㅅ'으로 시작하는 한자어

- 상쇄(相殺) : 상반되는 것이 서로 영향을 주어 효과가 없어지는 일
- 서거(逝去) : 죽어서 세상을 떠남을 높이는 말
- 서한(書翰) : 편지
- 선망(羨望) : 부러워하여 바람
- 섭렵(涉獵) : 물을 건너 찾아다닌다는 뜻으로, 많은 책을 널리 읽거나 여기저기 찾아다니며 경험함을 이르는 말

SEMI-NOTE

**여러 의미를 지닌 한자어(ㅂ)**

- 반추(反芻)
  - 한번 삼킨 먹이를 다시 게워 내어 씹음
  - 어떤 일을 되풀이하여 음미하거나 생각함
- 변별(辨別)
  - 사물의 옳고 그름이나 좋고 나쁨을 가림
  - 세상에 대한 경험이나 식견에서 나오는 생각이나 판단
- 보수(保守)
  - 보전하여 지킴
  - 새로운 것이나 변화를 반대하고 전통적인 것을 옹호하며 유지하려 함
- 부상(浮上)
  - 물 위로 떠오름
  - 어떤 현상이 관심의 대상이 되거나 어떤 사람이 훨씬 좋은 위치로 올라섬
- 부유(浮游)
  - 물 위나 물속, 또는 공기 중에 떠다님
  - 행선지를 정하지 아니하고 이리저리 떠돌아다님
- 빙자(憑藉)
  - 남의 힘을 빌려서 의지함
  - 말막음을 위하여 핑계로 내세움

**여러 의미를 지닌 한자어(ㅅ)**

- 선회(旋回)
  - 둘레를 빙글빙글 돎
  - 항공기가 곡선을 그리듯 진로를 바꿈
- 소강(小康)
  - 병이 조금 나아진 기색이 있음
  - 소란이나 분란, 혼란 따위가 그치고 조금 잠잠함

SEMI-NOTE

- 소급(遡及) : 과거에까지 거슬러 올라가서 미치게 함
- 쇄도(殺到) : 전화, 주문 따위가 한꺼번에 세차게 몰려듦
- 쇄신(刷新) : 나쁜 폐단이나 묵은 것을 버리고 새롭게 함
- 수긍(首肯) : 옳다고 인정함
- 수렴(收斂) : 의견이나 사상 따위가 여럿으로 나뉘어 있는 것을 하나로 모아 정리함
- 수심(愁心) : 매우 근심함 또는 그런 마음
- 수작(酬酌) : 남의 말이나 행동, 계획을 낮잡아 이르는 말
- 숙맥(菽麥) : 사리 분별을 못하고 세상 물정을 잘 모르는 사람
- 슬하(膝下) : 무릎의 아래라는 뜻으로, 어버이나 조부모의 보살핌 아래
- 시사(示唆) : 어떤 것을 미리 간접적으로 표현해 줌
- 시의적절(時宜適切) : 그 당시의 사정이나 요구에 아주 알맞음
- 시정(市政) : 인가가 모인 곳
- 신예(新銳) : 새롭고 기세나 힘이 뛰어남 또는 그런 사람
- 심안(心眼) : 사물을 살펴 분별하는 능력

ⓢ 'ㅇ'으로 시작하는 한자어

- 아성(牙城) : 아주 중요한 근거지를 비유적으로 이르는 말
- 아집(我執) : 자기중심의 좁은 생각에 집착하여 다른 사람의 의견이나 입장을 고려하지 아니하고 자기만을 내세우는 것
- 알력(軋轢) : 수레바퀴가 삐걱거린다는 뜻으로, 서로 의견이 맞지 아니하여 사이가 안 좋거나 충돌하는 것을 이르는 말
- 알선(斡旋) : 남의 일이 잘되도록 주선하는 일
- 압권(壓卷) : 여럿 가운데 가장 뛰어난 것
- 야합(野合) : 좋지 못한 목적 밑에 서로 어울림
- 억측(臆測) : 이유와 근거가 없이 짐작함. 또는 그런 짐작
- 여론(輿論) : 사회 대중의 공통된 의견
- 여반장(如反掌) : 손바닥을 뒤집는 것 같다는 뜻으로, 일이 매우 쉬움
- 역량(力量) : 어떤 일을 해낼 수 있는 힘
- 열반(涅槃) : 모든 번뇌의 얽매임에서 벗어나고 진리를 깨달아 불생불멸의 법을 체득한 경지
- 염세(厭世) : 세상을 괴롭고 귀찮은 것으로 여겨 비관함
- 엽기(獵奇) : 비정상적이고 괴이한 일이나 사물에 흥미를 느끼고 찾아다님
- 영전(榮轉) : 전보다 더 좋은 자리나 직위로 옮김
- 오열(嗚咽) : 목메어 욺. 또는 그런 울음
- 오인(誤認) : 잘못 보거나 잘못 생각함
- 와전(訛傳) : 사실과 다르게 전함
- 왜곡(歪曲) : 사실과 다르게 해석하거나 그릇되게 함
- 왜소(矮小) : 몸뚱이가 작고 초라함
- 우려(憂慮) : 근심하거나 걱정함 또는 그 근심과 걱정

여러 의미를 지닌 한자어(ㅇ)

- 어폐(語弊)
  - 적절하지 아니하게 사용하여 일어나는 말의 폐단이나 결점
  - 남의 오해를 받기 쉬운 말
- 여과(濾過)
  - 거름종이나 여과기를 써서 액체 속에 들어 있는 침전물이나 입자를 걸러 내는 일
  - 주로 부정적인 요소를 걸러 내는 과정을 비유적으로 이르는 말
- 여파(餘波)
  - 큰 물결이 지나간 뒤에 일어나는 잔물결
  - 어떤 일이 끝난 뒤에 남아 미치는 영향
- 운운(云云)
  - 글이나 말을 인용하거나 생략할 때에, 이러이러하다고 말함의 뜻으로 쓰는 말
  - 여러 가지의 말
- 이완(弛緩)
  - 바짝 조였던 정신이 풀려 늦추어짐
  - 잘 조성된 분위기 따위가 흐트러져 느슨해짐
  - 굳어서 뻣뻣하게 된 근육 따위가 원래의 상태로 풀어짐

- 위계(位階) : 지위나 계층 따위의 등급
- 위항(委巷) : 좁고 지저분한 거리
- 위해(危害) : 위험한 재해를 아울러 이르는 말
- 유예(猶豫) : 일을 결행하는 데 날짜나 시간을 미룸
- 유착(癒着) : 사물들이 서로 깊은 관계를 가지고 결합하여 있음
- 응대(應待) : 부름이나 물음 또는 요구 따위에 응하여 상대함
- 이반(離反) : 인심이 떠나서 배신함
- 익명(匿名) : 이름을 숨김. 또는 숨긴 이름이나 그 대신 쓰는 이름
- 인멸(湮滅) : 자취도 없이 모두 없어짐. 또는 그렇게 없앰
- 인습(因習) : 이전부터 전하여 내려오는 습관
- 일체(一切) : 모든 것
- 일탈(逸脫) : 사회적인 규범으로부터 벗어나는 일
- 잉여(剩餘) : 쓰고 난 후 남은 것

ⓞ 'ㅈ'으로 시작하는 한자어

- 자문(諮問) : 어떤 일을 좀 더 효율적이고 바르게 처리하려고 그 방면의 전문가나, 전문가들로 이루어진 기구에 의견을 물음
- 재고(再考) : 어떤 일이나 문제 따위에 대해 다시 생각함
- 재고(在庫) : 창고 따위에 쌓여 있음
- 전말(顚末) : 처음부터 끝까지 일이 진행되어 온 경과
- 전철(前轍) : 앞에 지나간 수레바퀴 자국이라는 뜻으로, 이전 사람의 그릇된 일이나 행동의 자취
- 조예(造詣) : 학문이나 예술, 기술 따위의 분야에 대한 지식이나 경험이 깊은 경지에 이른 정도
- 종언(終焉) : 계속하던 일이 끝장이 남
- 주도(主導) : 주동적인 처지가 되어 이끎
- 지략(智略) : 어떤 일이나 문제든지 명철하게 포착하고 분석 또는 평가하여 해결대책을 능숙하게 세우는 뛰어난 슬기와 계략
- 지척(咫尺) : 아주 가까운 거리

ⓩ 'ㅊ, ㅌ'으로 시작하는 한자어

- 찰나(刹那) : 어떤 일이나 사물 현상이 일어나는 바로 그때
- 창궐(猖獗) : 못된 세력이나 전염병 따위가 세차게 일어나 걷잡을 수 없이 퍼짐
- 척결(剔抉) : 나쁜 부분이나 요소들을 깨끗이 없애 버림
- 천거(薦擧) : 어떤 일을 맡아 할 수 있는 사람을 그 자리에 쓰도록 소개하거나 추천함
- 천명(闡明) : 진리나 사실, 입장 따위를 드러내어 밝힘
- 천추(千秋) : 오래고 긴 세월. 또는 먼 미래
- 초야(草野) : '풀이 난 들'이라는 뜻으로, 궁벽한 시골을 이르는 말
- 추앙(推仰) : 높이 받들어 우러러 봄

SEMI-NOTE

**여러 의미를 지닌 한자어(ㅈ)**

- 잔재(殘滓)
  - 쓰고 남은 찌꺼기
  - 과거의 낡은 사고방식이나 생활양식의 찌꺼기
- 전복(顚覆)
  - 차나 배 따위가 뒤집힘
  - 사회 체제가 무너지거나 정권 따위를 뒤집어엎음
- 질곡(桎梏)
  - 옛 형구인 차꼬(죄수를 가두어 둘 때 쓰던 형구(刑具))와 수갑을 아울러 이르는 말
  - 몹시 속박하여 자유를 가질 수 없는 고통의 상태를 비유적으로 이르는 말

**여러 의미를 지닌 한자어(ㅊ~ㅌ)**

- 천착(穿鑿)
  - 어떤 원인이나 내용 따위를 따지고 파고들어 알려고 하거나 연구함
  - 억지로 이치에 닿지 아니한 말을 함
- 투영(投影)
  - 물체의 그림자를 어떤 물체 위에 비추는 일
  - 어떤 일을 다른 일에 반영하여 나타냄을 비유적으로 이르는 말

SEMI-NOTE

- 추이(推移) : 일이나 형편이 시간의 경과에 따라 변하여 나감 또는 그런 경향
- 추호(秋毫) : 매우 적거나 조금인 것을 비유적으로 이르는 말
- 치적(治績) : 잘 다스린 공적. 또는 정치상의 업적
- 칩거(蟄居) : 나가서 활동하지 아니하고 집 안에만 틀어박혀 있음
- 타산(打算) : 자신에게 도움이 되는지를 따져 헤아림
- 퇴고(推敲) : 글을 지을 때 여러 번 생각하여 고치고 다듬음. 또는 그런 일

ⓩ 'ㅍ'으로 시작하는 한자어

- 파락호(擺落戶) : 재산이나 세력이 있는 집안의 재산을 몽땅 털어먹는 난봉꾼을 이르는 말
- 파천황(破天荒) : 이전에 아무도 하지 못한 일을 처음으로 해냄
- 판별(判別) : 옳고 그름이나 좋고 나쁨을 판단하여 구별함
- 판촉(販促) : 여러 가지 방법을 써서 수요를 불러일으키고 자극하여 판매가 늘도록 유도하는 일
- 폄하(貶下) : 가치를 깎아내림
- 포폄(褒貶) : 옳고 그름이나 선하고 악함을 판단하여 결정함
- 폭주(暴注) : 어떤 일이 처리하기 힘들 정도로 한꺼번에 몰림
- 풍문(風聞) : 바람처럼 떠도는 소문
- 풍자(諷刺) : 문학 작품 따위에서, 현실의 부정적 현상이나 모순 따위를 빗대어 비웃으면서 씀
- 피상적(皮相的) : 본질적인 현상은 추구하지 아니하고 겉으로 드러나 보이는 현상에만 관계하는 것
- 피폐(疲弊) : 지치고 쇠약하여짐
- 필경(畢竟) : 끝장에 가서는
- 핍박(逼迫) : 바싹 죄어서 몹시 괴롭게 굶

ⓚ 'ㅎ'으로 시작하는 한자어

- 할거(割據) : 땅을 나누어 차지하고 굳게 지킴
- 함구(緘口) : 입을 다문다는 뜻으로, 말하지 아니함을 이르는 말
- 함양(涵養) : 능력이나 품성을 기르고 닦음
- 해이(解弛) : 긴장이나 규율 따위가 풀려 마음이 느슨함
- 향수(鄕愁) : 고향을 그리워하는 마음이나 시름
- 혈안(血眼) : 기를 쓰고 달려들어 독이 오른 눈
- 홀대(忽待) : 소홀히 대접함. 탐탁하지 않은 대접
- 홀연(忽然) : 뜻하지 아니하게 갑자기
- 확정(確定) : 일을 확실하게 정함
- 환기(喚起) : 주의나 여론, 생각 따위를 불러일으킴
- 환대(歡待) : 반갑게 맞아 정성껏 후하게 대접함
- 회동(會同) : 일정한 목적으로 여러 사람이 한데 모임
- 회자(膾炙) : 회와 구운 고기라는 뜻으로, 칭찬을 받으며 사람의 입에 자주 오르내림을 이르는 말

**여러 의미를 지닌 한자어(ㅍ)**

- **패권(覇權)**
  - 어떤 분야에서 우두머리나 으뜸의 자리를 차지하여 누리는 공인된 권리와 힘
  - 국제 정치에서, 어떤 국가가 경제력이나 무력으로 다른 나라를 압박하여 자기의 세력을 넓히려는 권력
- **편협(偏狹)**
  - 한쪽으로 치우쳐 도량이 좁고 너그럽지 못함
  - 땅 따위가 좁음

**잘못 읽기 쉬운 한자어**

- **可矜** : 가긍(○) 가금(×)
- **戡定** : 감정(○) 심정(×)
- **醵出** : 갹출(○) 거출(×)
- **陶冶** : 도야(○) 도치(×)
- **明澄** : 명징(○) 명증(×)
- **撲滅** : 박멸(○) 복멸(×)
- **水洗** : 수세(○) 수선(×)
- **凝結** : 응결(○) 의결(×)
- **憎惡** : 증오(○) 증악(×)
- **褒賞** : 포상(○) 보상(×)

- 효시(嚆矢) : 어떤 사물이나 현상이 시작되어 나온 맨 처음을 비유적으로 이르는 말
- 휘하(麾下) : 장군의 지휘 아래. 또는 그 지휘 아래에 딸린 군사
- 흡사(恰似) : 거의 같을 정도로 비슷한 모양
- 힐난(詰難) : 트집을 잡아 거북할 만큼 따지고 듦
- 힐책(詰責) : 잘못된 점을 따져 나무람

ⓔ 나이를 나타내는 한자어

- 15세 : 지학(志學), 『논어』 위정(爲政)편에서 공자가 열다섯에 학문에 뜻을 두었다고 한 데서 유래함
- 20세 : 약관(弱冠), 『논어』 위정(爲政)편에서 공자가 스무 살에 관례를 한다고 한 데서 유래함
- 30세 : 이립(而立), 『논어』 위정(爲政)편에서 공자가 서른 살에 자립했다고 한데서 유래함.
- 40세 : 불혹(不惑), 『논어』 위정(爲政)편에서 공자가 마흔 살부터 세상일에 미혹되지 않았다고 한 데서 유래함
- 48세 : 상년(桑年), '桑'의 속자를 분해하여 보면 '十'자가 넷이고 '八'자가 하나인 데서 유래함
- 50세 : 지천명(知天命), 『논어』 위정(爲政)편에서 공자가 쉰 살에 하늘의 뜻을 알았다고 한 데서 유래함
- 60세 : 이순(耳順), 『논어』 위정(爲政)편에서 공자가 예순 살부터 생각하는 것이 원만하여 어떤 일을 들으면 곧 이해가 된다고 한 데서 유래함
- 61세 : 환갑(還甲), 회갑(回甲), 육십갑자의 '갑(甲)'으로 되돌아온다는 뜻
- 62세 : 진갑(進甲), 환갑이 지나 새로운 '갑(甲)'으로 나아간다는 뜻
- 70세 : 종심(從心), 『논어』의 위정(爲政)편에서 공자가 칠십이 되면 욕망하는 대로 해도 도리에 어긋남이 없다고 한 데서 유래함
- 71세 : 망팔(望八), '여든'을 바라본다는 뜻
- 77세 : 희수(喜壽), '喜'를 초서(草書)로 쓸 때 '七十七'처럼 쓰는 데서 유래함
- 81세 : 망구(望九), 사람의 나이가 아흔을 바라본다는 뜻
- 88세 : 미수(米壽), '米'자를 풀어 쓰면 '八十八'이 되는 데서 유래함
- 91세 : 망백(望百), 사람의 나이가 백세를 바라본다는 뜻
- 99세 : 백수(白壽), '百'에서 '一'을 빼면 99가 되고, '白'자가 되는 데서 유래함

## (2) 한자 성어 ★ 빈출개념

① 주요 한자 성어

㉠ 'ㄱ'으로 시작하는 한자성어

- 가렴주구(苛斂誅求) : 세금을 가혹하게 거두어들이고, 무리하게 재물을 빼앗음
- 각고면려(刻苦勉勵) : 어떤 일에 고생을 무릅쓰고 몸과 마음을 다하여, 무척 애를 쓰면서 부지런히 노력함

SEMI-NOTE

**우리말로 알고 있는 한자어(명사)**

- 방금(方今)
- 별안간(瞥眼間)
- 산적(蒜炙)
- 어중간(於中間)
- 잠시(暫時)
- 조심(操心)
- 졸지(猝地)
- 창피(猖披)

**우리말로 알고 있는 한자어(형용사)**

- 기특하다(奇特—)
- 여간하다(如干—)

**우리말로 알고 있는 한자어(부사)**

- 도대체(都大體)
- 도저히(到底-)
- 무려(無慮)
- 부득이(不得已)
- 심지어(甚至於)
- 악착같이(齷齪—)
- 어차피(於此彼)
- 역시(亦是)
- 하여간(何如間)
- 하필(何必)

**70세를 나타내는 또 다른 한자, 고희(古稀)**

두보(杜甫)의 「곡강시(曲江詩)」에서 70세를 사는 것은 예부터 드물었다고 한 데서 유래함

06장 어휘력

SEMI-NOTE

**기타 한자성어(가~갑)**

- 가급인족(家給人足) : 집집마다 먹고 사는 것에 부족함이 없이 넉넉함
- 가정맹어호(苛政猛於虎) : 가혹한 정치는 호랑이보다 무섭다는 뜻으로, 혹독한 정치의 폐가 큼을 이르는 말
- 가인박명(佳人薄命) : 미인은 불행하거나 병약하여 요절하는 일이 많음
- 간난신고(艱難辛苦) : 몹시 힘들고 어려우며 고생스러움
- 갑론을박(甲論乙駁) : 여러 사람이 서로 자신의 주장을 내세우며 상대편의 주장을 반박함

**기타 한자성어(격~경)**

- 격물치지(格物致知) : 실제 사물의 이치를 연구하여 지식을 완전하게 함
- 견리망의(見利忘義) : 눈앞의 이익을 보면 의리를 잊음
- 견리사의(見利思義) : 눈앞의 이익을 보면 의리를 먼저 생각함
- 견마지로(犬馬之勞) : 개나 말 정도의 하찮은 힘이라는 뜻으로, 윗사람에게 충성을 나하는 자신의 노력을 낮추어 이르는 말
- 계명구도(鷄鳴狗盜) : 비굴하게 남을 속이는 하찮은 재주 또는 그런 재주를 가진 사람을 이르는 말
- 경거망동(輕擧妄動) : 경솔하여 생각 없이 망령되게 행동함

- 각골난망(刻骨難忘) : 남에게 입은 은혜가 뼈에 새길 만큼 커서 잊히지 아니함
- 각자도생(各自圖生) : 제각기 살아 나갈 방법을 꾀함
- 각자무치(角者無齒) : 뿔이 있는 짐승은 이가 없다는 뜻으로, 한 사람이 여러 가지 재주나 복을 다 가질 수 없다는 말
- 각주구검(刻舟求劍) : 융통성 없이 현실에 맞지 않는 낡은 생각을 고집하는 어리석음을 이르는 말
- 간담상조(肝膽相照) : 서로 속마음을 털어놓고 친하게 사귐
- 감언이설(甘言利說) : 귀가 솔깃하도록 남의 비위를 맞추거나 이로운 조건을 내세워 꾀는 말
- 감탄고토(甘呑苦吐) : 달면 삼키고 쓰면 뱉는다는 뜻으로, 자신의 비위에 따라서 사리의 옳고 그름을 판단함을 이르는 말
- 개과천선(改過遷善) : 지난날의 잘못이나 허물을 고쳐 올바르고 착하게 됨
- 거두절미(去頭截尾) : 머리와 꼬리를 잘라 버린다는 말로 어떤 일의 요점만 간단히 말함
- 건곤일척(乾坤一擲) : 주사위를 던져 승패를 건다는 뜻으로, 운명을 걸고 단판걸이로 승부를 겨룸을 이르는 말
- 격화소양(隔靴搔癢) : 신을 신고 발바닥을 긁는다는 뜻으로, 성에 차지 않거나 철저하지 못한 안타까움을 이르는 말
- 견강부회(牽强附會) : 이치에 맞지 않는 말을 억지로 끌어 붙여 자기에게 유리하게 함
- 견문발검(見蚊拔劍) : 모기를 보고 칼을 뺀다는 뜻으로, 사소한 일에 크게 성내어 덤빔을 이르는 말
- 견물생심(見物生心) : 어떠한 실물을 보게 되면 그것을 가지고 싶은 욕심이 생김
- 결자해지(結者解之) : 맺은 사람이 풀어야 한다는 뜻으로, 자기가 저지른 일은 자기가 해결해야 함을 이르는 말
- 결초보은(結草報恩) : 풀을 맺어 은혜를 갚는다는 뜻으로 죽은 뒤에라도 은혜를 잊지 않고 갚음을 이르는 말
- 계구우후(鷄口牛後) : 닭의 주둥이와 소의 꼬리라는 뜻으로, 큰 단체의 꼴찌보다는 작은 단체의 우두머리가 되는 것이 오히려 나음을 이르는 말
- 계란유골(鷄卵有骨) : 달걀에도 뼈가 있다는 뜻으로, 운수가 나쁜 사람은 모처럼 좋은 기회를 만나도 역시 일이 잘 안됨을 이르는 말
- 고군분투(孤軍奮鬪) : 도움을 받지 못하게 된 군사가 많은 수의 적군과 잘 싸움을 뜻하는 말로 남의 도움을 받지 않고 일을 잘해 나가는 것을 비유적으로 이르는 말
- 고립무원(孤立無援) : 고립되어 구원을 받을 데가 없음
- 고식지계(姑息之計) : 우선 당장 편한 것만을 택하는 꾀나 방법. 한때의 안정을 얻기위하여 임시로 둘러맞추어 처리하거나 이리저리 주선하여 꾸며

내는 계책을 이르는 말

- 고육지책(苦肉之策) : 자기 몸을 상해 가면서까지 꾸며 내는 계책이라는 뜻으로, 어려운 상태를 벗어나기 위해 어쩔 수 없이 꾸며 내는 계책을 이르는 말
- 고장난명(孤掌難鳴) : 외손뼉만으로는 소리가 울리지 아니한다는 뜻으로, 혼자의 힘만으로 어떤 일을 이루기 어려움을 이르는 말
- 곡학아세(曲學阿世) : 바른 길에서 벗어난 학문으로 세상 사람에게 아첨함
- 과유불급(過猶不及) : 정도를 지나침은 미치지 못함과 같음을 이르는 말
- 관포지교(管鮑之交) : 관중과 포숙의 사귐이란 뜻으로, 우정이 아주 돈독한 친구 관계를 이르는 말
- 괄목상대(刮目相對) : 눈을 비비고 상대편을 본다는 뜻으로, 남의 학식이나 재주가 놀랄 만큼 부쩍 늚을 이르는 말
- 교각살우(矯角殺牛) : 소의 뿔을 바로잡으려다가 소를 죽인다는 뜻으로, 잘못된 점을 고치려다가 그 방법이나 정도가 지나쳐 오히려 일을 그르침을 이르는 말
- 교언영색(巧言令色) : 아첨하는 말과 알랑거리는 태도
- 구사일생(九死一生) : 아홉 번 죽을 뻔하다 한 번 살아난다는 뜻으로, 죽을 고비를 여러 차례 넘기고 겨우 살아남음을 이르는 말
- 구우일모(九牛一毛) : 아홉 마리의 소 가운데 박힌 하나의 털이란 뜻으로, 매우 많은 것 가운데 극히 적은 수를 이르는 말
- 구절양장(九折羊腸) : 아홉 번 꼬부라진 양의 창자라는 뜻으로, 꼬불꼬불하며 험한 산길을 이르는 말
- 궁여지책(窮餘之策) : 궁한 나머지 생각다 못하여 짜낸 계책
- 권모술수(權謀術數) : 목적 달성을 위하여 수단과 방법을 가리지 아니하는 온갖 모략이나 술책
- 권불십년(權不十年) : 권세는 십 년을 가지 못한다는 뜻으로, 아무리 높은 권세라도 오래가지 못함을 이르는 말
- 권토중래(捲土重來) : 한 번 실패하였으나 힘을 회복하여 다시 쳐들어옴을 이르는 말
- 귤화위지(橘化爲枳) : 회남의 귤을 회북에 옮겨 심으면 탱자가 된다는 뜻으로, 환경에 따라 사람이나 사물의 성질이 변함을 이르는 말
- 근묵자흑(近墨者黑) : 먹을 가까이하는 사람은 검어진다는 뜻으로, 나쁜 사람과 가까이 지내면 나쁜 버릇에 물들기 쉬움을 비유적으로 이르는 말
- 금상첨화(錦上添花) : 비단 위에 꽃을 더한다는 뜻으로, 좋은 일 위에 또 좋은 일이 더하여짐을 비유적으로 이르는 말
- 금의야행(錦衣夜行) : 비단옷을 입고 밤길을 다닌다는 뜻으로, 자랑삼아 하지 않으면 생색이 나지 않음을 이르는 말
- 금의환향(錦衣還鄕) : 비단옷을 입고 고향에 돌아온다는 뜻으로, 출세를 하여 고향에 돌아가거나 돌아옴을 비유적으로 이르는 말

SEMI-NOTE

**기타 한자성어(고~교)**

- **고두사죄(叩頭謝罪)** : 머리를 조아리며 잘못을 빎
- **고량진미(膏粱珍味)** : 기름진 고기와 좋은 곡식으로 만든 맛있는 음식
- **고성낙일(孤城落日)** : '외딴 성과 서산에 지는 해'라는 뜻으로, 세력이 다하고 남의 도움이 없는 매우 외로운 처지를 이르는 말
- **골육지정(骨肉之情)** : 가까운 혈족 사이의 의로운 정
- **교왕과직(矯枉過直)** : 굽은 것을 바로잡으려다가 정도에 지나치게 곧게 한다는 뜻으로, 잘못된 것을 바로잡으려다가 너무 지나쳐서 오히려 나쁘게 됨을 이르는 말
- **교토삼굴(狡兎三窟)** : 교활한 토끼는 세 개의 숨을 굴을 파 놓는다는 뜻으로, 사람이 교묘하게 잘 숨어 재난을 피함을 이르는 말

**기타 한자성어(구~금)**

- **구세제민(救世濟民)** : 어지러운 세상을 구원하고 고통받는 백성을 구제함
- **군맹무상(群盲撫象)** : 사물을 좁은 소견과 주관으로 잘못 판단함을 이르는 말
- **군웅할거(群雄割據)** : 여러 영웅이 각기 한 지방씩 차지하고 위세를 부리는 상황을 이르는 말
- **금과옥조(金科玉條)** : 금이나 옥처럼 귀중히 여겨 꼭 지켜야 할 법칙이나 규정
- **금석지감(今昔之感)** : 지금과 옛날의 차이가 너무 심하여 생기는 느낌

SEMI-NOTE

기타 한자성어(낙~능)

- **낙담상혼(落膽喪魂)** : 몹시 놀라거나 마음이 상해서 넋을 잃음
- **노승발검(怒蠅拔劍)** : 성가시게 구는 파리를 보고 화가 나서 칼을 뺀다는 뜻으로, 사소한 일에 화를 내거나 또는 작은 일에 큰 대책을 세움을 비유적으로 이르는 말
- **논공행상(論功行賞)** : 공적의 크고 작음 따위를 논의하여 그에 알맞은 상을 줌
- **능소능대(能小能大)** : 모든 일에 두루 능함

기타 한자성어(다~대)

- **다다익선(多多益善)** : 많으면 많을수록 더욱 좋음
- **다사다난(多事多難)** : 여러 가지 일도 많고 어려움이나 탈도 많음
- **대동소이(大同小異)** : 큰 차이 없이 거의 같음

기타 한자성어(등~동)

- **등고자비(登高自卑)** : 높은 곳에 오르려면 낮은 곳에서부터 오른다는 뜻으로, 일을 순서대로 해야 함을 이르는 말
- **동상이몽(同床異夢)** : 같은 자리에 자면서 다른 꿈을 꾼다는 뜻으로, 겉으로는 같이 행동하면서도 속으로는 각각 딴생각을 하고 있음을 이르는 말

ⓛ 'ㄴ'으로 시작하는 한자성어

- 낙양지가(洛陽紙價) : 훌륭한 글을 서로 필사하느라고 낙양 땅의 종이 값이 치솟는다는 말로 훌륭한 문장이나 글을 칭송하여 이르는 말
- 난공불락(難攻不落) : 공격하기가 어려워 쉽사리 함락되지 아니함
- 난형난제(難兄難弟) : 누구를 형이라 하고 누구를 아우라 하기 어렵다는 뜻으로, 두 사물이 비슷하여 낫고 못함을 정하기 어려움을 이르는 말
- 남선북마(南船北馬) : 중국의 남쪽은 강이 많아서 배를 이용하고 북쪽은 산과 사막이 많아서 말을 이용한다는 뜻으로, 늘 쉬지 않고 여기저기 여행을 하거나 돌아다님을 이르는 말
- 낭중지추(囊中之錐) : 주머니 속의 송곳이라는 뜻으로, 재능이 뛰어난 사람은 숨어있어도 저절로 사람들에게 알려짐을 이르는 말
- 내우외환(內憂外患) : 나라 안팎의 여러 가지 어려움
- 노심초사(勞心焦思) : 몹시 마음을 쓰며 애를 태움

ⓒ 'ㄷ'으로 시작하는 한자성어

- 다기망양(多岐亡羊) : 갈림길이 많아 잃어버린 양을 찾지 못한다는 뜻으로, 두루 섭렵하기만 하고 전공하는 바가 없어 끝내 성취하지 못함을 이르는 말
- 단금지계(斷金之契) : 쇠도 자를 만큼의 굳은 약속이라는 뜻으로, 매우 두터운 우정을 이르는 말
- 단기지계(斷機之戒) : 학문을 중도에서 그만두면 짜던 베의 날을 끊는 것처럼 아무쓸모 없음을 경계한 말
- 당구풍월(堂狗風月) : 서당에서 기르는 개가 풍월을 읊는다는 뜻으로, 그 분야에 대하여 경험과 지식이 전혀 없는 사람이라도 오래 있으면 얼마간의 경험과 지식을 가짐을 이르는 말
- 당랑거철(螳螂拒轍) : 제 역량을 생각하지 않고, 강한 상대나 되지 않을 일에 덤벼드는 무모한 행동거지를 비유적으로 이르는 말
- 대기만성(大器晩成) : 큰 그릇을 만드는 데는 시간이 오래 걸린다는 뜻으로, 크게 될 사람은 늦게 이루어짐을 이르는 말
- 도청도설(道聽塗說) : 길에서 듣고 길에서 말한다는 뜻으로, 길거리에 퍼져 돌아다니는 뜬소문을 이르는 말
- 동가홍상(同價紅裳) : 같은 값이면 다홍치마라는 뜻으로, 같은 값이면 좋은 물건을 가짐을 이르는 말
- 동고동락(同苦同樂) : 괴로움도 즐거움도 함께함
- 동병상련(同病相憐) : 같은 병을 앓는 사람끼리 서로 가엾게 여긴다는 뜻으로, 어려운 처지에 있는 사람끼리 서로 가엾게 여김을 이르는 말
- 동분서주(東奔西走) : 동쪽으로 뛰고 서쪽으로 뛴다는 뜻으로, 사방으로 이리저리 몹시 바쁘게 돌아다님을 이르는 말
- 등하불명(燈下不明) : '등잔 밑이 어둡다'라는 뜻으로, 가까이에 있는 물건이나 사람을 잘 찾지 못함을 이르는 말

㉣ 'ㅁ'으로 시작하는 한자성어

- 마부위침(磨斧爲針) : 도끼를 갈아 바늘을 만든다는 뜻으로 아무리 힘든 일이라도 끝까지 열심히 하다보면 결실을 맺을 수 있음을 이르는 말
- 마이동풍(馬耳東風) : 동풍이 말의 귀를 스쳐간다는 뜻으로, 남의 말을 귀담아듣지 아니하고 지나쳐 흘려버림을 이르는 말
- 만사휴의(萬事休矣) : 모든 것이 헛수고로 돌아감을 이르는 말
- 망양보뢰(亡羊補牢) : 양을 잃고 우리를 고친다는 뜻으로, 이미 어떤 일을 실패한 뒤에 뉘우쳐도 아무 소용이 없음을 이르는 말
- 망양지탄(亡羊之歎) : 갈림길이 매우 많아 잃어버린 양을 찾을 길이 없음을 탄식한다는 뜻으로, 학문의 길이 여러 갈래여서 한 갈래의 진리도 얻기 어려움을 이르는 말
- 맥수지탄(麥秀之嘆) : 고국의 멸망을 한탄함을 이르는 말
- 명불허전(名不虛傳) : 명성이나 명예가 헛되이 퍼진 것이 아니라는 뜻으로, 이름날만한 까닭이 있음을 이르는 말
- 명약관화(明若觀火) : 불을 보듯 분명하고 뻔 함
- 목불식정(目不識丁) : 아주 간단한 글자인 '丁'자를 보고도 그것이 '고무래'인 줄을 알지 못한다는 뜻으로, 아주 까막눈임을 이르는 말
- 목불인견(目不忍見) : 눈앞에 벌어진 상황 따위를 눈 뜨고는 차마 볼 수 없음
- 무지몽매(無知蒙昧) : 아는 것이 없고 사리에 어두움
- 문일지십(聞一知十) : 하나를 듣고 열 가지를 미루어 안다는 뜻으로, 지극히 총명함을 이르는 말
- 문전성시(門前成市) : 찾아오는 사람이 많아 집 문 앞이 시장을 이루다시피 함을 이르는 말
- 물아일체(物我一體) : 외물(外物)과 자아, 객관과 주관, 또는 물질계와 정신계가 어울려 하나가 됨

㉤ 'ㅂ'으로 시작하는 한자성어

- 반면교사(反面敎師) : 사람이나 사물 따위의 부정적인 면에서 얻는 깨달음이나 가르침을 주는 대상을 이르는 말
- 발본색원(拔本塞源) : 좋지 않은 일의 근본 원인이 되는 요소를 완전히 없애 버려서 다시는 그러한 일이 생길 수 없도록 함
- 방약무인(傍若無人) : 곁에 사람이 없는 것처럼 아무 거리낌 없이 함부로 말하고 행동하는 태도가 있음
- 백골난망(白骨難忘) : 죽어서 백골이 되어도 잊을 수 없다는 뜻으로, 남에게 큰 은덕을 입었을 때 고마움의 뜻으로 이르는 말
- 백절불굴(百折不屈) : 어떠한 난관에도 결코 굽히지 않음
- 백중지세(伯仲之勢) : 서로 우열을 가리기 힘든 형세
- 부화뇌동(附和雷同) : 줏대 없이 남의 의견에 따라 움직임
- 분골쇄신(粉骨碎身) : 뼈를 가루로 만들고 몸을 부순다는 뜻으로, 정성으로 노력함을 이르는 말

SEMI-NOTE

**기타 한자성어(만)**

- **만경창파(萬頃蒼波)** : 만 이랑의 푸른 물결이라는 뜻으로, 한없이 넓고 넓은 바다를 이르는 말
- **만면수색(滿面愁色)** : 얼굴에 가득 찬 근심의 빛
- **만시지탄(晩時之歎)** : 시기에 늦어 기회를 놓쳤음을 안타까워하는 탄식

**기타 한자성어(면~무)**

- **면목가증(面目可憎)** : 얼굴 생김생김이 남에게 미움을 살 만한 데가 있음
- **멸사봉공(滅私奉公)** : 사욕을 버리고 공익을 위하여 힘씀
- **무념무상(無念無想)** : 무아의 경지에 이르러 일체의 상념을 떠남
- **무위도식(無爲徒食)** : 하는 일 없이 놀고먹음
- **무주공산(無主空山)** : 임자 없는 빈산

**기타 한자성어(박~백)**

- **박람강기(博覽强記)** : 여러 가지의 책을 널리 많이 읽고 기억을 잘함
- **백면서생(白面書生)** : 한갓 글만 읽고 세상일에는 전혀 경험이 없는 사람
- **백아절현(伯牙絕絃)** : 자기를 알아주는 참다운 벗의 죽음을 슬퍼함

**기타 한자성어(변~불)**

- **변화무쌍(變化無雙)** : 비할 데 없이 변화가 심함
- **별유건곤(別有乾坤)** : 좀처럼 볼 수 없는 아주 좋은 세상. 또는 딴 세상
- **불문곡직(不問曲直)** : 옳고 그름을 따지지 아니함

SEMI-NOTE

- 불가항력(不可抗力) : 사람의 힘으로는 저항할 수 없는 힘
- 불언가지(不言可知) : 아무 말을 하지 않아도 능히 알 수가 있음
- 불요불굴(不撓不屈) : 한번 먹은 마음이 흔들리거나 굽힘이 없음
- 불철주야(不撤晝夜) : 어떤 일에 몰두하여 조금도 쉴 사이 없이 밤낮을 가리지 아니함
- 불치하문(不恥下問) : 손아랫사람이나 지위나 학식이 자기만 못한 사람에게 모르는 것을 묻는 일을 부끄러워하지 아니함
- 비일비재(非一非再) : 같은 현상이나 일이 한두 번이나 한둘이 아니고 많음
- 빈천지교(貧賤之交) : 가난하고 천할 때 사귄 사이. 또는 그런 벗

ⓗ 'ㅅ'으로 시작하는 한자성어

- 사고무친(四顧無親) : 의지할 만한 사람이 아무도 없음
- 사분오열(四分五裂) : 여러 갈래로 갈기갈기 찢어짐
- 사상누각(砂上樓閣) : 모래 위에 세운 누각이라는 뜻으로, 기초가 튼튼하지 못하여 오래 견디지 못할 일이나 물건을 이르는 말
- 산계야목(山鷄野鶩) : 산 꿩과 들오리라는 뜻으로, 성질이 사납고 거칠어서 제 마음대로만 하며 다잡을 수 없는 사람을 비유적으로 이르는 말
- 산해진미(山海珍味) : 산과 바다에서 나는 온갖 진귀한 물건으로 차린 맛이 좋은 음식
- 살신성인(殺身成仁) : 자기의 몸을 희생하여 인(仁)을 이룸
- 삼고초려(三顧草廬) : 인재를 맞아들이기 위하여 참을성 있게 노력함
- 삼수갑산(三水甲山) : 우리나라에서 가장 험한 산골이라 이르던 삼수와 갑산
- 삼인성호(三人成虎) : 세 사람이 짜면 거리에 범을 만든다는 뜻으로, 근거 없는 말이라도 여러 사람이 말하면 곧이듣게 됨을 이르는 말
- 상전벽해(桑田碧海) : 뽕나무밭이 변하여 푸른 바다가 된다는 뜻으로, 세상일의 변천이 심함을 비유적으로 이르는 말
- 선공후사(先公後私) : 공적인 일을 먼저 하고 사사로운 일은 뒤로 미룸
- 설상가상(雪上加霜) : 눈 위에 서리가 덮인다는 뜻으로, 난처한 일이나 불행한 일이 잇따라 일어남을 이르는 말
- 설왕설래(說往說來) : 서로 변론을 주고받으며 옥신각신함. 또는 말이 오고 감
- 소탐대실(小貪大失) : 작은 것을 탐하다가 큰 것을 잃음
- 속수무책(束手無策) : 손을 묶은 것처럼 어찌할 도리가 없어 꼼짝 못함
- 솔선수범(率先垂範) : 남보다 앞장서서 행동해서 몸소 다른 사람의 본보기가 됨
- 수구초심(首丘初心) : 여우가 죽을 때에 머리를 자기가 살던 굴 쪽으로 둔다는 뜻으로, 고향을 그리워하는 마음
- 수서양단(首鼠兩端) : 구멍에서 머리를 내밀고 나갈까 말까 망설이는 쥐라는 뜻으로, 머뭇거리며 진퇴나 거취를 정하지 못하는 상태를 이르는 말
- 수원수구(誰怨誰咎) : 누구를 원망하고 누구를 탓하겠냐는 뜻으로, 남을 원망하거나 탓할 것이 없음을 이르는 말

**기타 한자성어(사~삼)**

- 사생취의(捨生取義) : 목숨을 버리고 의를 좇는다는 뜻으로, 목숨을 버릴지언정 옳은 일을 함을 이르는 말
- 사필귀정(事必歸正) : 모든 일은 반드시 바른길로 돌아감
- 삼삼오오(三三五五) : 서너 사람 또는 대여섯 사람이 떼를 지어 다니거나 무슨 일을 함. 또는 그런 모양

**기타 한자성어(새~송)**

- 새옹지마(塞翁之馬) : 인생의 길흉화복은 변화가 많아서 예측하기가 어렵다는 말
- 생면부지(生面不知) : 서로 한 번도 만난 적이 없어서 전혀 알지 못하는 사람. 또는 그런 관계
- 선견지명(先見之明) : 어떤 일이 일어나기 전에 미리 앞을 내다보고 아는 지혜
- 송구영신(送舊迎新) : 묵은해를 보내고 새해를 맞음

**기타 한자성어(시~십)**

- 시시비비(是是非非) : 옳고 그름을 따지며 다툼
- 식자우환(識字憂患) : 학식이 있는 것이 오히려 근심을 사게 됨
- 심기일전(心機一轉) : 어떤 동기가 있어 이제까지 가졌던 마음가짐을 버리고 완전히 달라짐
- 십시일반(十匙一飯) : 밥 열 술이 한 그릇이 된다는 뜻으로, 여러 사람이 조금씩 힘을 합하면 한 사람을 돕기 쉬움을 이르는 말

- 순망치한(脣亡齒寒) : 입술이 없으면 이가 시리다는 뜻으로, 서로 이해관계가 밀접한 사이에 어느 한쪽이 망하면 다른 한쪽도 그 영향을 받아 온전하기 어려움을 이르는 말
- 시종여일(始終如一) : 처음부터 끝까지 변함없이 한결같음
- 신상필벌(信賞必罰) : 공이 있는 자에게는 반드시 상을 주고, 죄가 있는 사람에게는 반드시 벌을 준다는 뜻으로, 상과 벌을 공정하고 엄중하게 하는 일을 이르는 말
- 십벌지목(十伐之木) : 열 번 찍어 베는 나무라는 뜻으로, 열 번 찍어 안 넘어가는 나무가 없음을 이르는 말

ⓐ 'ㅇ'으로 시작하는 한자성어

- 아비규환(阿鼻叫喚) : 아비지옥과 규환지옥을 아울러 이르는 말로 비참한 지경에 빠져 울부짖는 참상을 비유적으로 이르는 말
- 악전고투(惡戰苦鬪) : 매우 어려운 조건을 무릅쓰고 힘을 다하여 고생스럽게 싸움
- 안하무인(眼下無人) : 눈 아래에 사람이 없다는 뜻으로, 방자하고 교만하여 다른 사람을 업신여김을 이르는 말
- 오리무중(五里霧中) : 오 리(理)나 되는 짙은 안개 속에 있다는 뜻으로, 무슨 일에 대하여 방향이나 갈피를 잡을 수 없음을 이르는 말
- 오매불망(寤寐不忘) : 자나 깨나 잊지 못함
- 오월동주(吳越同舟) : 서로 적의를 품은 사람들이 한자리에 있게 된 경우나 서로 협력하여야 하는 상황을 비유적으로 이르는 말
- 외유내강(外柔內剛) : 겉으로는 부드럽고 순하게 보이나 속은 곧고 굳셈
- 요산요수(樂山樂水) : 산수(山水)의 자연을 즐기고 좋아함
- 용두사미(龍頭蛇尾) : 용의 머리와 뱀의 꼬리라는 뜻으로, 처음은 왕성하나 끝이 부진한 현상을 이르는 말
- 용호상박(龍虎相搏) : 용과 범이 서로 싸운다는 뜻으로, 강자끼리 서로 싸움을 이르는 말
- 우공이산(愚公移山) : 우공이 산을 옮긴다는 뜻으로, 어떤 일이든 끊임없이 노력하면 반드시 이루어짐을 이르는 말
- 우후죽순(雨後竹筍) : 비가 온 뒤에 여기저기 솟는 죽순이라는 뜻으로, 어떤 일이 한때에 많이 생겨남을 비유적으로 이르는 말
- 원화소복(遠禍召福) : 화를 물리치고 복을 불러들임
- 유구무언(有口無言) : 입은 있어도 말은 없다는 뜻으로, 변명할 말이 없거나 변명을 못함을 이르는 말
- 음풍농월(吟風弄月) : 맑은 바람과 밝은 달을 대상으로 시를 짓고 흥취를 자아내어 즐겁게 놂
- 이여반장(易如反掌) : 손바닥을 뒤집는 것과 같이 쉬움
- 인면수심(人面獸心) : 사람의 얼굴을 하고 있으나 마음은 짐승과 같다는 뜻으로, 마음이나 행동이 몹시 흉악함을 이르는 말
- 인산인해(人山人海) : 사람이 산을 이루고 바다를 이루었다는 뜻으로, 사람

SEMI-NOTE

**기타 한자성어(어~역)**

- **어불성설(語不成說)** : 말이 조금도 사리에 맞지 아니함
- **언어도단(言語道斷)** : 말할 길이 끊어졌다는 뜻으로, 어이가 없어서 말하려 해도 말할 수 없음을 이르는 말
- **역지사지(易地思之)** : 처지를 바꾸어서 생각하여 봄

**기타 한자성어(오~우)**

- **오합지졸(烏合之卒)** : 임시로 모여들어서 규율이 없고 무질서한 병졸 또는 군중을 이르는 말
- **온고지신(溫故知新)** : 옛것을 익히고 그것을 미루어서 새것을 앎
- **우여곡절(迂餘曲折)** : 뒤얽혀 복잡하여진 사정

**기타 한자성어(유~읍)**

- **유명무실(有名無實)** : 이름만 그럴듯하고 실속은 없음
- **은인자중(隱忍自重)** : 마음속에 감추어 참고 견디면서 몸가짐을 신중하게 행동함
- **읍참마속(泣斬馬謖)** : 큰 목적을 위하여 자기가 아끼는 사람을 버림을 이르는 말

**기타 한자성어(인~입)**

- **인지상정(人之常情)** : 사람이면 누구나 가지는 보통의 마음
- **일거양득(一擧兩得)** : 한 가지 일을 하여 두 가지 이익을 얻음
- **일언지하(一言之下)** : 한 마디로 잘라 말함. 또는 두말할 나위 없음
- **입화습률(入火拾栗)** : 불 속에 들어가서 밤을 줍는다는 뜻으로, 사소한 이익을 얻기 위하여 큰 모험을 하는 어리석음을 이르는 말

SEMI-NOTE

**기타 한자성어(자~전)**

- **자수성가(自手成家)** : 물려받은 재산이 없이 자기 혼자의 힘으로 집안을 일으키고 재산을 모음
- **자중지란(自中之亂)** : 같은 편끼리 하는 싸움
- **전대미문(前代未聞)** : 이제까지 들어 본 적이 없음

**기타 한자성어(제~종)**

- **제행무상(諸行無常)** : 우주의 모든 사물은 늘 돌고 변하여 한 모양으로 머물러있지 아니함
- **조변석개(朝變夕改)** : 아침저녁으로 뜯어고친다는 뜻으로, 계획이나 결정 따위를 일관성이 없이 자주 고침을 이르는 말
- **조족지혈(鳥足之血)** : 새 발의 피라는 뜻으로, 매우 적은 분량을 비유적으로 이르는 말
- **종횡무진(縱橫無盡)** : 자유자재로 행동하여 거침이 없는 상태

**기타 한자성어(중~지)**

- **중인환시(衆人環視)** : 여러 사람이 둘러싸고 지켜봄
- **지기지우(知己之友)** : 자기의 속마음을 참되게 알아주는 친구
- **지리멸렬(支離滅裂)** : 이리저리 흩어지고 찢기어 갈피를 잡을 수 없음

이 수없이 많이 모인 상태를 이르는 말

- 인자무적(仁者無敵) : 어진 사람은 모든 사람이 사랑하므로 세상에 적이 없음
- 일도양단(一刀兩斷) : 칼로 무엇을 대번에 쳐서 두 도막을 낸다는 뜻으로 어떤 일을 머뭇거리지 않고 선뜻 결정함을 비유적으로 이르는 말
- 일모도원(日暮途遠) : 날은 저물고 갈 길은 멀다는 뜻으로, 늙고 쇠약한데 앞으로 해야 할 일은 많음을 이르는 말
- 일희일비(一喜一悲) : 한편으로는 기뻐하고 한편으로는 슬퍼함
- 임기응변(臨機應變) : 그때그때 처한 사태에 맞추어 즉각 그 자리에서 결정하거나 처리함

ⓞ 'ㅈ'으로 시작하는 한자성어

- 자가당착(自家撞着) : 같은 사람의 말이나 행동이 앞뒤가 서로 맞지 아니하고 모순됨
- 자승자박(自繩自縛) : 자기의 줄로 자기 몸을 옭아 묶는다는 뜻으로, 자기가 한 말과 행동에 자기 자신이 옭혀 곤란하게 됨을 비유적으로 이르는 말
- 자포자기(自暴自棄) : 절망에 빠져 자신을 스스로 포기하고 돌아보지 아니함
- 적반하장(賊反荷杖) : 도둑이 도리어 매를 든다는 뜻으로, 잘못한 사람이 아무 잘못도 없는 사람을 나무람을 이르는 말
- 적수공권(赤手空拳) : 맨손과 맨주먹이라는 뜻으로, 아무것도 가진 것이 없음을 이르는 말
- 전전긍긍(戰戰兢兢) : 몹시 두려워서 벌벌 떨며 조심함
- 절치부심(切齒腐心) : 몹시 분하여 이를 갈며 속을 썩임
- 점입가경(漸入佳境) : 들어갈수록 점점 재미가 있음. 또는 시간이 지날수록 더욱 꼴불견임을 비유적으로 이르는 말
- 조령모개(朝令暮改) : 아침에 명령을 내렸다가 저녁에 다시 고친다는 뜻으로, 법령을 자꾸 고쳐서 갈피를 잡기가 어려움을 이르는 말
- 종두득두(種豆得豆) : 콩을 심으면 반드시 콩이 나온다는 뜻으로, 원인에 따라 결과가 생김을 이르는 말
- 좌고우면(左顧右眄) : 이쪽저쪽을 돌아본다는 뜻으로, 앞뒤를 재고 망설임을 이르는 말
- 좌불안석(坐不安席) : 앉아도 자리가 편안하지 않다는 뜻으로, 마음이 불안하거나 걱정스러워서 한군데에 가만히 앉아 있지 못하고 안절부절못하는 모양을 이르는 말
- 주마가편(走馬加鞭) : 달리는 말에 채찍질한다는 뜻으로, 잘하는 사람을 더욱 장려함을 이르는 말
- 주마간산(走馬看山) : 말을 타고 달리며 산천을 구경한다는 뜻으로, 자세히 살피지 아니하고 대충대충 보고 지나감을 이르는 말
- 중과부적(衆寡不敵) : 적은 수효로 많은 수효를 대적하지 못함
- 중구난방(衆口難防) : 뭇사람의 말을 막기가 어렵다는 뜻으로, 막기 어려울 정도로 여럿이 마구 지껄임을 이르는 말

- 중언부언(重言復言) : 이미 한 말을 자꾸 되풀이함. 또는 그런 말
- 지란지교(芝蘭之交) : 지초(芝草)와 난초(蘭草)의 교제라는 뜻으로, 벗 사이의 맑고도 고귀한 사귐을 이르는 말
- 지록위마(指鹿爲馬) : 사슴을 가리켜 말이라고 한 데서 유래한 말로 윗사람을 농락하여 권세를 마음대로 함을 이르는 말

㉾ 'ㅊ~ㅋ'으로 시작하는 한자성어

- 천고마비(天高馬肥) : 하늘이 높고 말이 살찐다는 뜻으로, 하늘이 맑아 높푸르게 보이고 온갖 곡식이 익는 가을철을 이르는 말
- 천려일실(千慮一失) : 천 번 생각에 한 번 실수라는 뜻으로, 슬기로운 사람이라도 여러 가지 생각 가운데에는 잘못된 것이 있을 수 있음을 이르는 말
- 천신만고(千辛萬苦) : 천 가지 매운 것과 만 가지 쓴 것이라는 뜻으로, 온갖 어려운 고비를 다 겪으며 심하게 고생함을 이르는 말
- 천인공노(天人共怒) : 하늘과 사람이 함께 노한다는 뜻으로, 누구나 분노할 만큼 증오스럽거나 도저히 용납할 수 없음을 이르는 말
- 천태만상(千態萬象) : 천 가지 모습과 만 가지 형상이라는 뜻으로, 세상 사물이 한결같지 아니하고 각각 모습과 모양이 다름을 이르는 말
- 천편일률(千篇一律) : 여럿이 개별적 특성이 없이 모두 엇비슷한 현상을 비유적으로 이르는 말
- 촌철살인(寸鐵殺人) : 한 치의 쇠붙이로도 사람을 죽일 수 있다는 뜻으로, 간단한 말로도 남을 감동하게 하거나 남의 약점을 찌를 수 있음을 이르는 말
- 쾌도난마(快刀亂麻) : 잘 드는 칼로 마구 헝클어진 삼 가닥을 자른다는 뜻으로, 어지럽게 뒤얽힌 사물을 강력한 힘으로 명쾌하게 처리함을 이르는 말

㉾ 'ㅌ~ㅍ'으로 시작하는 한자성어

- 타산지석(他山之石) : 본이 되지 않는 남의 말이나 행동도 자신의 지식과 인격을 수양하는 데에 도움이 될 수 있음을 비유적으로 이르는 말
- 토사구팽(兎死狗烹) : 필요할 때는 쓰고 필요 없을 때는 야박하게 버리는 경우를 이르는 말
- 파죽지세(破竹之勢) : 대를 쪼개는 기세라는 뜻으로, 적을 거침없이 물리치고 쳐들어가는 기세를 이르는 말
- 평지풍파(平地風波) : 평온한 자리에서 일어나는 풍파라는 뜻으로, 뜻밖에 분쟁이 일어남을 비유적으로 이르는 말

㉿ 'ㅎ'으로 시작하는 한자성어

- 하석상대(下石上臺) : 아랫돌 빼서 윗돌 괴고 윗돌 빼서 아랫돌 괸다는 뜻으로, 임시변통으로 이리저리 둘러맞춤을 이르는 말
- 함구무언(緘口無言) : 입을 다물고 아무 말도 하지 아니함
- 허송세월(虛送歲月) : 하는 일 없이 세월만 헛되이 보냄
- 허심탄회(虛心坦懷) : 품은 생각을 터놓고 말할 만큼 아무 거리낌이 없고 솔직함
- 혈혈단신(孑孑單身) : 의지할 곳이 없는 외로운 홀몸

SEMI-NOTE

**기타 한자성어(천~청)**

- **천양지차(天壤之差)** : 하늘과 땅 사이와 같이 엄청난 차이
- **천우신조(天佑神助)** : 하늘이 돕고 신령이 도움. 또는 그런 일
- **천재일우(千載一遇)** : 천 년 동안 단 한 번 만난다는 뜻으로, 좀처럼 만나기 어려운 좋은 기회를 이르는 말
- **청출어람(靑出於藍)** : 쪽에서 뽑아낸 푸른 물감이 쪽보다 더 푸르다는 뜻으로, 제자나 후배가 스승이나 선배보다 나음을 비유적으로 이르는 말

**기타 한자성어(탁~필)**

- **탁상공론(卓上空論)** : 현실성이 없는 허황한 이론이나 논의
- **파안대소(破顔大笑)** : 매우 즐거운 표정으로 활짝 웃음
- **필마단기(匹馬單騎)** : 혼자 한 필의 말을 탐. 또는 그렇게 하는 사람

**기타 한자성어(학~허)**

- **학수고대(鶴首苦待)** : 학의 목처럼 목을 길게 빼고 간절히 기다림
- **함흥차사(咸興差使)** : 심부름을 가서 오지 아니하거나 늦게 온 사람을 이르는 말
- **허장성세(虛張聲勢)** : 실속은 없으면서 큰소리치거나 허세를 부림

SEMI-NOTE

**기타 한자성어(호)**

- **호사다마(好事多魔)** : 좋은 일에는 흔히 방해되는 일이 많음. 또는 그런 일이 많이 생김
- **호시탐탐(虎視眈眈)** : 남의 것을 빼앗기 위하여 형세를 살피며 가만히 기회를 엿봄. 또는 그런 모양
- **호언장담(豪言壯談)** : 호기롭고 자신있게 말함. 또는 그 말

**기타 한자성어(회 ~ 흥)**

- **회자정리(會者定離)** : 만난 자는 반드시 헤어짐
- **흥진비래(興盡悲來)** : 즐거운 일이 다하면 슬픈 일이 닥쳐온다는 뜻으로, 세상일은 순환되는 것임을 이르는 말

- 호가호위(狐假虎威) : 남의 권세를 빌려 위세를 부림
- 호각지세(互角之勢) : 역량이 서로 비슷비슷한 위세
- 호사유피(虎死留皮) : 호랑이는 죽어서 가죽을 남긴다는 뜻으로, 사람은 죽어서 명예를 남김을 이르는 말
- 혹세무민(惑世誣民) : 세상을 어지럽히고 백성을 미혹하게 하여 속임
- 혼정신성(昏定晨省) : 밤에는 부모의 잠자리를 보아 드리고 이른 아침에는 부모의 밤새 안부를 묻는다는 뜻으로, 부모를 잘 섬기고 효성을 다함
- 화룡점정(畵龍點睛) : 무슨 일을 하는 데에 가장 중요한 부분을 완성함을 비유적으로 이르는 말
- 화사첨족(畵蛇添足) : 뱀을 다 그리고 나서 있지도 아니한 발을 덧붙여 그려 넣는다는 뜻으로, 쓸데없는 군짓을 하여 도리어 잘못되게 함을 이르는 말
- 화이부동(和而不同) : 남과 사이좋게 지내기는 하나 무턱대고 어울리지는 아니함
- 환골탈태(換骨奪胎) : 뼈대를 바꾸어 끼고 태를 바꾸어 쓴다는 뜻으로, 고인의 시문의 형식을 바꾸어서 그 짜임새와 수법이 먼저 것보다 잘되게 함을 이르는 말
- 후생가외(後生可畏) : 젊은 후학들을 두려워할 만하다는 뜻으로, 후진들이 선배들보다 젊고 기력이 좋아, 학문을 닦음에 따라 큰 인물이 될 수 있으므로 가히 두렵다는 말

## 02절 여러 의미를 나타내는 어휘

### 1. 속담과 관용어

#### (1) 속담의 의미와 주요 속담

① 속담의 의미 : 예로부터 민간에서 전해 내려오는 격언이나 잠언(箴言)으로, 교훈 또는 풍자를 위해 어떤 사실을 비유를 사용하여 나타냄

② 주요 속담

㉠ 'ㄱ'으로 시작하는 속담

- 가게 기둥에 입춘 : 추하고 보잘것없는 가겟집 기둥에 '입춘대길'이라 써 붙인다는 뜻으로, 제격에 맞지 않음을 비유적으로 이르는 말
- 가난이 소 아들이라 : 소처럼 죽도록 일해도 가난에서 벗어날 수 없음을 이르는 말
- 가난한 집 제사 돌아오듯 : 가난한 집에 제삿날이 자꾸 돌아와서 그것을 치르느라 매우 어려움을 겪는다는 뜻으로, 힘든 일이 자주 닥침을 뜻함
- 가난할수록 기와집 짓는다 : 실상은 가난한 사람이 남에게 업신여김을 당하기 싫어서 허세를 부리려는 심리를 비유적으로 이르는 말
- 가는 말에 채찍질 : 열심히 하는데도 더 빨리 하라고 독촉함을 비유적으로

이르는 말

- 가랑비에 옷 젖는 줄 모른다 : 아무리 사소한 것이라도 그것이 거듭되면 무시하지 못할 정도로 크게 됨을 비유적으로 이르는 말
- 가물에 콩 나듯 : 어떤 일이나 물건이 어쩌다 하나씩 드문드문 있는 경우를 비유적으로 이르는 말
- 가재는 게 편 : 모양이나 형편이 서로 비슷하고 인연이 있는 것끼리 서로 잘 어울리고, 사정을 보아주며 감싸 주기 쉬움을 비유적으로 이르는 말
- 간에 붙었다 쓸개에 붙었다 한다 : 자기에게 조금이라도 이익이 되면 지조 없이 이편에 붙었다 저편에 붙었다 함을 비유적으로 이르는 말
- 강원도 포수냐 : 한 번 간 후 다시 돌아오지 않거나, 매우 늦게야 돌아오는 사람을 비유적으로 이르는 말
- 개 발에 주석 편자 : 옷차림이나 지닌 물건 따위가 제격에 맞지 아니하여 어울리지 않음을 비유적으로 이르는 말
- 개똥도 약에 쓰려면 없다 : 평소에 흔하던 것도 막상 긴하게 쓰려고 구하면 없다는 말
- 구슬이 서 말이라도 꿰어야 보배라 : 아무리 훌륭하고 좋은 것이라도 다듬고 정리하여 쓸모 있게 만들어 놓아야 값어치가 있음을 비유적으로 이르는 말

ⓛ 'ㄴ'으로 시작하는 속담

- 낙숫물이 댓돌을 뚫는다 : 작은 힘이라도 꾸준히 계속하면 큰일을 이룰 수 있음을 비유적으로 이르는 말
- 남의 집 제사에 절하기 : 상관없는 남의 일에 참여하여 헛수고만 함을 비유적으로 이르는 말
- 낫 놓고 기역 자도 모른다 : 기역 자 모양으로 생긴 낫을 보면서도 기역 자를 모른다는 뜻으로, 아주 무식함을 비유적으로 이르는 말
- 낮말은 새가 듣고 밤말은 쥐가 듣는다 : 아무도 안 듣는 데서라도 말조심해야 한다는 말
- 내 코가 석 자 : 내 사정이 급하고 어려워서 남을 돌볼 여유가 없음을 비유적으로 이르는 말
- 누울 자리 봐 가며 발을 뻗어라 : 어떤 일을 할 때 그 결과가 어떻게 되리라는 것을 생각하여 미리 살피고 일을 시작하라는 말
- 눈 뜨고 도둑맞는다 : 번번이 알면서도 속거나 손해를 본다는 말

ⓒ 'ㄷ'으로 시작하는 속담

- 달리는 말에 채찍질 : 기세가 한창 좋을 때 더 힘을 가함
- 달면 삼키고 쓰면 뱉는다 : 옳고 그름이나 신의를 돌보지 않고 자기의 이익만 꾀함
- 닭 소 보듯, 소 닭 보듯 : 서로 아무런 관심도 두지 않고 있는 사이임을 비유적으로 이르는 말
- 닭 쫓던 개 지붕 쳐다보듯 : 애써 하던 일이 실패로 돌아가거나 남보다 뒤떨어져 어찌할 도리가 없이 됨

SEMI-NOTE

**기타 속담(ㄱ)**

- **가난도 비단 가난** : 아무리 가난하여도 몸을 함부로 가지지 않고, 본래의 지체와 체통을 더럽히지 않는다는 말
- **가난한 양반 씻나락 주무르듯** : 어떤 일에 닥쳐 우물쭈물하기만 하면서 선뜻 결정을 내리지 못하고 있는 모양을 이르는 말
- **갈수록 태산이라** : 갈수록 더욱 어려운 지경에 처하게 되는 경우를 비유적으로 이르는 말
- **같은 값이면 다홍치마** : 값이 같거나 같은 노력을 한다면 품질이 좋은 것을 택한다는 말
- **개밥에 도토리** : 따돌림을 받아서 여럿의 축에 끼지 못하는 사람을 비유적으로 이르는 말
- **겨 묻은 개가 똥 묻은 개를 나무란다** : 결점이 있기는 마찬가지이면서, 조금 덜한 사람이 더한 사람을 흉볼 때를 지적하는 말

**기타 속담(ㄴ)**

- **나무도 쓸 만한 것이 먼저 베인다**
  - 능력 있는 사람이 먼저 뽑혀 쓰임을 비유적으로 이르는 말
  - 능력 있는 사람이 일찍 죽음을 비유적으로 이르는 말
- **누워서 침 뱉기** : 남을 해치려고 하다가 도리어 자기가 해를 입게 된다는 것을 비유적으로 이르는 말
- **눈 가리고 아웅**
  - 얕은 수로 남을 속이려 한다는 말
  - 실제로 보람도 없을 일을 공연히 형식적으로 하는 체하며 부질없는 짓을 함을 비유적으로 이르는 말

**기타 속담(ㄷ)**

- **뒤웅박 팔자** : 신세를 망치면 거기서 헤어 나오기가 어려움을 비유적으로 이르는 말
- **등잔 밑이 어둡다** : 대상에서 가까이 있는 사람이 도리어 대상에 대하여 잘 알기 어렵다는 말
- **떡 줄 사람은 꿈도 안 꾸는데 김칫국부터 마신다** : 해 줄 사람은 생각지도 않는데 미리부터 다 된 일로 알고 행동한다는 말

SEMI-NOTE

- 도둑이 제 발 저리다 : 지은 죄가 있으면 자연히 마음이 조마조마하여짐을 비유적으로 이르는 말
- 도토리 키 재기 : 정도가 고만고만한 사람끼리 서로 다툼을 이르는 말
- 돼지에 진주 목걸이 : 값어치를 모르는 사람에게는 보물도 아무 소용없음을 비유적으로 이르는 말
- 두 손뼉이 맞아야 소리가 난다 : 무슨 일이든지 두 편에서 서로 뜻이 맞아야 이루어질 수 있다는 말

㉣ 'ㅁ'으로 시작하는 속담

- 마른논에 물 대기 : 일이 매우 힘들거나 힘들여 해 놓아도 성과가 없는 경우를 이르는 말
- 맑은 물에 고기 안 논다 : 물이 너무 맑으면 고기가 모이지 않는다는 뜻으로 사람이 너무 강직하여 융통성이 없으면 다른 사람들과 어울리기 어려움을 이르는 말
- 모로 가도 서울만 가면 된다 : 옆으로 가도 서울에만 가면 그만이라는 뜻으로 과정이야 어떠하든 결과만 좋으면 됨을 이르는 말
- 모르면 약이요 아는 게 병 : 아무것도 모르면 차라리 마음이 편하여 좋으나, 무엇이나 좀 알고 있으면 걱정거리가 많아 도리어 해롭다는 말
- 물에 빠지면 지푸라기라도 움켜쥔다 : 위급한 때를 당하면 무엇이나 닥치는 대로 잡고 늘어지게 됨을 이르는 말
- 물은 건너 보아야 알고 사람은 지내보아야 안다 : 사람은 겉만 보고는 알 수 없으며, 서로 오래 겪어 보아야 알 수 있음을 이르는 말
- 밑돌 빼서 윗돌 고인다 : 일한 보람이 없이 어리석은 짓을 하는 경우를 비유적으로 이르는 말
- 밑 빠진 독에 물 붓기 : 아무리 힘이나 밑천을 들여도 보람 없이 헛된 일이 되는 상태를 비유적으로 이르는 말

**기타 속담(ㅁ)**

- **말이 씨가 된다** : 늘 말하던 것이 마침내 사실대로 되었을 때를 이르는 말
- **말 한마디에 천 냥 빚도 갚는다** : 말만 잘하면 어려운 일이나 불가능해 보이는 일도 해결할 수 있다는 말
- **목마른 놈이 우물 판다** : 제일 급하고 일이 필요한 사람이 그 일을 서둘러 하게 되어 있다는 말
- **물 밖에 난 고기**
  - 제 능력을 발휘할 수 없는 처지에 몰린 사람을 이르는 말
  - 운명이 이미 결정 나 벗어날 수 없음을 비유적으로 이르는 말

㉤ 'ㅂ'으로 시작하는 속담

- 바늘 가는 데 실 간다 : 바늘이 가는 데 실이 항상 뒤따른다는 뜻으로, 사람의 긴밀한 관계를 비유적으로 이르는 말
- 배 주고 속 빌어먹는다 : 자기의 배를 남에게 주고 다 먹고 난 그 속을 얻어먹는다는 뜻으로, 자기의 큰 이익은 남에게 주고 거기서 조그만 이익만을 얻음을 비유적으로 이르는 말
- 번갯불에 콩 볶아 먹겠다 : 번쩍하는 번갯불에 콩을 볶아서 먹을 만하다는 뜻으로, 행동이 매우 민첩함을 이르는 말
- 벙어리 냉가슴 앓듯 : 답답한 사정이 있어도 남에게 말하지 못하고 혼자만 괴로워하며 걱정하는 경우를 비유적으로 이르는 말
- 뿌리 없는 나무가 없다 : 모든 나무가 다 뿌리가 있듯이 무엇이나 그 근본이 있음을 비유적으로 이르는 말

**기타 속담(ㅂ)**

- **바늘 도둑이 소도둑 된다** : 작은 나쁜 짓도 자꾸 하게 되면 큰 죄를 저지르게 됨을 비유적으로 이르는 말
- **배 먹고 이 닦기** : 한 가지 일에 두 가지 이로움이 있음을 비유적으로 이르는 말
- **백지장도 맞들면 낫다** : 쉬운 일이라도 협력하여 하면 훨씬 쉽다는 말
- **뱁새가 황새를 따라가면 다리가 찢어진다** : 힘에 겨운 일을 억지로 하면 도리어 해만 입는다는 말

㉥ 'ㅅ'으로 시작하는 속담

- 사공이 많으면 배가 산으로 간다 : 주관하는 사람 없이 여러 사람이 자기주

장만 내세우면 일이 제대로 되기 어려움을 비유적으로 이르는 말

- 사람은 죽으면 이름을 남기고 범은 죽으면 가죽을 남긴다 : 인생에서 가장 중요한 것은 생전에 보람 있는 일을 해놓아 후세에 명예를 떨치는 것임을 비유적으로 이르는 말
- 산 입에 거미줄 치랴 : 아무리 살림이 어려워 식량이 떨어져도 사람은 그럭저럭 죽지 않고 먹고 살아가기 마련임을 비유적으로 이르는 말
- 선무당이 사람 잡는다 : 능력이 없어서 제구실을 못하면서 함부로 하다가 큰일을 저지르게 됨을 비유적으로 이르는 말
- 소경이 코끼리 만지고 말하듯 : 객관적 현실을 잘 모르면서 일면만 보고 해석하는 경우를 비유적으로 이르는 말
- 소 잃고 외양간 고친다 : 소를 도둑맞은 다음에서야 빈 외양간의 허물어진 데를 고치느라 수선을 떤다는 뜻으로, 일이 이미 잘못된 뒤에는 손을 써도 소용이 없음을 비꼬는 말
- 손톱 밑의 가시 : 손톱 밑에 가시가 들면 매우 고통스럽고 성가시다는 뜻으로, 늘 마음에 꺼림칙하게 걸리는 일을 이르는 말
- 송충이가 갈잎을 먹으면 죽는다 : 솔잎만 먹고 사는 송충이가 갈잎을 먹게 되면 땅에 떨어져 죽게 된다는 뜻으로, 자기 분수에 맞지 않는 짓을 하다가는 낭패를 봄
- 쇠뿔도 단김에 빼랬다 : 든든히 박힌 소의 뿔을 뽑으려면 불로 달구어 놓은 김에 해치워야 한다는 뜻으로, 어떤 일이든지 하려고 생각했으면 한창 열이 올랐을 때 망설이지 말고 곧 행동으로 옮겨야 함을 비유적으로 이르는 말

ⓗ 'ㅇ'으로 시작하는 속담

- 아닌 밤중에 홍두깨 : 별안간 엉뚱한 말이나 행동을 함을 비유적으로 이르는 말
- 얌전한 고양이가 부뚜막에 먼저 올라간다 : 겉으로는 얌전하고 아무것도 못할 것처럼 보이는 사람이 딴짓을 하거나 자기 실속을 다 차리는 경우를 비유적으로 이르는 말
- 어물전 망신은 꼴뚜기가 시킨다 : 지지리 못난 사람일수록 같이 있는 동료를 망신시킨다는 말
- 언 발에 오줌 누기 : 언 발을 녹이려고 오줌을 누어 봤자 효력이 별로 없다는 뜻으로, 임시변통은 될지 모르나 그 효력이 오래가지 못할 뿐만 아니라 결국에는 사태가 더 나빠짐을 비유적으로 이르는 말
- 여럿의 말이 쇠도 녹인다 : 여러 사람이 함께 모여 의견을 합치면 쇠도 녹일 만큼 무서운 힘을 낼 수 있음을 비유적으로 이르는 말
- 오 리를 보고 십 리를 간다 : 사소한 일도 유익하기만 하면 수고를 아끼지 아니한다는 말
- 입은 비뚤어져도 말은 바로 해라 : 상황이 어떻든지 말은 언제나 바르게 하여야 함을 이르는 말

SEMI-NOTE

**기타 속담(ㅅ)**

- **사모에 갓끈 영자** : 끈이 필요 없는 사모에 갓끈이나 영자를 달았다는 뜻으로, 차림새가 제격에 어울리지 아니함을 비유적으로 이르는 말
- **소도 언덕이 있어야 비빈다** : 누구나 의지할 곳이 있어야 무슨 일이든 시작하거나 이룰 수가 있음을 비유적으로 이르는 말
- **소문난 잔치에 먹을 것 없다** : 떠들썩한 소문이나 큰 기대에 비하여 실속이 없거나 소문이 실제와 일치하지 아니하는 경우를 비유적으로 이르는 말
- **술에 술 탄 듯 물에 물 탄 듯** : 주견이나 주책이 없이 말이나 행동이 분명하지 않음을 비유적으로 이르는 말

**기타 속담(ㅇ)**

- **아니 땐 굴뚝에 연기 날까**
  - 원인이 없으면 결과가 있을 수 없음을 비유적으로 이르는 말
  - 실제 어떤 일이 있기 때문에 말이 남을 비유적으로 이르는 말
- **엎드려 절 받기** : 상대편은 마음에 없는데 자기 스스로 요구하여 대접을 받는 경우를 비유적으로 이르는 말
- **원숭이 이 잡아먹듯**
  - 샅샅이 뒤지는 모양을 비유적으로 이르는 말
  - 사람이 무슨 일을 하는체하면서 실제로는 아무것도 하지 않는 경우를 비유적으로 이르는 말

SEMI-NOTE

**기타 속담(ㅈ)**

- **잘 자랄 나무는 떡잎부터 안다** : 잘될 사람은 어려서부터 남달리 장래성이 엿보인다는 말
- **종로에서 뺨 맞고 한강에서 눈 흘긴다** : 욕을 당한 자리에서는 아무 말도 못 하고 뒤에 가서 불평함을 비유적으로 이르는 말

**기타 속담(ㅎ)**

- **하늘 보고 손가락질 한다** : 보잘것없는 사람이 상대가 되지도 아니하는 대상에게 무모하게 시비를 걸며 욕함을 비유적으로 이르는 말
- **하룻강아지 범 무서운 줄 모른다** : 철없이 함부로 덤비는 경우를 비유적으로 이르는 말

ⓢ 'ㅈ, ㅊ'으로 시작하는 속담

- 자라 보고 놀란 가슴 솥뚜껑 보고 놀란다 : 어떤 사물에 몹시 놀란 사람은 비슷한 사물만 보아도 겁을 냄을 이르는 말
- 자빠져도 코가 깨진다 : 일이 안되려면 하는 모든 일이 잘 안 풀리고 뜻밖의 큰 불행도 생긴다는 말
- 찬물도 위아래가 있다 : 무엇에나 순서가 있으니, 그 차례를 따라 하여야 한다는 말
- 천 리 길도 한 걸음부터 : 무슨 일이나 그 일의 시작이 중요하다는 말
- 치마가 열두 폭인가 : 남의 일에 쓸데없이 간섭하고 참견함을 비꼬는 말

ⓞ 'ㅋ, ㅌ, ㅍ'으로 시작하는 속담

- 콩 심은 데 콩 나고 팥 심은 데 팥 난다 : 모든 일은 근본에 따라 거기에 걸맞은 결과가 나타나는 것임을 비유적으로 이르는 말
- 티끌 모아 태산 : 아무리 작은 것이라도 모이고 모이면 나중에 큰 덩어리가 됨을 비유적으로 이르는 말

ⓩ 'ㅎ'으로 시작하는 속담

- 하루가 여삼추라 : 하루가 삼 년과 같다는 뜻으로, 짧은 시간이 매우 길게 느껴짐을 비유적으로 이르는 말
- 호랑이도 제 말 하면 온다 : 깊은 산에 있는 호랑이조차도 저에 대하여 이야기하면 찾아온다는 뜻으로, 어느 곳에서나 그 자리에 없다고 남을 흉보아서는 안 된다는 말
- 혹 떼러 갔다 혹 붙여 온다 : 자기의 부담을 덜려고 하다가 다른 일까지도 맡게 된 경우를 비유적으로 이르는 말
- 황소 뒷걸음치다가 쥐 잡는다 : 어쩌다 우연히 이루거나 알아맞힘을 비유적으로 이르는 말

## (2) 관용어의 의미와 주요 관용어

① 관용어의 의미 : 두 개 이상의 단어로 이루어져 있으면서 그 단어의 의미만으로는 전체의 의미를 알 수 없는 특수한 의미를 나타내는 어구(語句)

② 주요 관용어 ★ 빈출개념

ⓐ 'ㄱ'으로 시작하는 관용어

- 가닥이 잡히다 : 분위기, 상황, 생각 따위를 이치나 논리에 따라 바로 잡게 함
- 가려운 곳을 긁어 주듯 : 남에게 꼭 필요한 것을 잘 알아서 그 욕구를 시원스럽게 만족시켜 줌을 비유적으로 이르는 말
- 가재(를) 치다 : 가재가 뒷걸음질을 잘 친다는 뜻으로, 샀던 물건을 도로 무르는 것을 비유적으로 이르는 말
- 감투(를) 쓰다 : 벼슬자리나 높은 지위에 오름을 속되게 이르는 말
- 개 발에 땀 나다 : 땀이 잘 나지 아니하는 개 발에 땀이 나듯이, 해내기 어려운 일을 이루기 위하여 부지런히 움직임을 이르는 말
- 경종을 울리다 : 잘못이나 위험을 미리 경계하여 주의를 환기시킴
- 고배를 들다 : 패배, 실패 따위의 쓰라린 일을 당함

- 고삐를 늦추다 : 경계심이나 긴장을 누그러뜨림
- 골(을) 박다 : 제한된 범위 밖을 나가지 못하게 함
- 굴레(를) 쓰다 : 일이나 구속에 얽매여 벗어나지 못하게 됨
- 귀가 열리다 : 세상 물정을 알게 됨
- 귀를 씻다 : 세속의 더러운 이야기를 들은 귀를 씻는다는 뜻으로, 세상의 명리를 떠나 깨끗한 삶을 비유적으로 이르는 말
- 귓등으로 듣다 : 듣고도 들은 체 만 체 함
- 기지개를 켜다 : 서서히 활동하는 상태에 듦

ⓒ 'ㄴ'으로 시작하는 관용어

- 낙동강 오리알 : 무리에서 떨어져 나오거나 홀로 소외되어 처량하게 된 신세를 비유적으로 이르는 말
- 너울을 쓰다 : 속이나 진짜 내용은 그렇지 않으면서 그럴듯하게 좋은 명색을 내걸음
- 난장을 치다 : 함부로 마구 떠듦
- 눈에 밟히다 : 잊히지 않고 자꾸 눈에 떠오름
- 눈 위에 혹 : 몹시 미워 눈에 거슬리는 사람을 비유적으로 이르는 말

ⓒ 'ㄷ'으로 시작하는 관용어

- 닭 물 먹듯 : 무슨 일이든 그 내용도 모르고 건성으로 넘기는 모양을 비유적으로 이르는 말
- 도마 위에 오르다 : 어떤 사물이 비판의 대상이 됨
- 돌(을) 던지다 : 남의 잘못을 비난함
- 된서리를 맞다 : 모진 재앙이나 억압을 당함
- 뒤(가) 나다 : 자기의 잘못이나 약점으로 뒤에 가서 좋지 않은 일이 생길 것 같아 마음이 놓이지 않음
- 뒤가 든든하다 : 뒤에서 받쳐 주는 세력이나 사람이 있음
- 뒷손(을) 쓰다 : 은밀히 대책을 강구하거나 뒷수습을 함
- 뜸(을) 들이다 : 일이나 말을 할 때에, 쉬거나 여유를 갖기 위해 서둘지 않고 한동안 가만히 있는 경우를 비유적으로 이르는 말

ⓔ 'ㅁ'으로 시작하는 관용어

- 마각을 드러내다 : 말의 다리로 분장한 사람이 자기 모습을 드러낸다는 뜻으로, 숨기고 있던 일이나 정체를 드러냄을 이르는 말
- 마른벼락을 맞다 : 갑자기 뜻밖의 재난을 당함
- 말허리를 자르다 : 상대방이 말하는 도중에 말을 중지시킴
- 맥(도) 모르다 : 내막이나 까닭 따위를 알지도 못함
- 멍석을 깔다 : 하고 싶은 대로 할 기회를 주거나 마련함
- 무릎(을) 치다 : 갑자기 어떤 놀라운 사실을 알게 되었거나 희미한 기억이 되살아날 때, 또는 몹시 기쁠 때 무릎을 탁 침을 이르는 말

ⓜ 'ㅂ'으로 시작하는 관용어

- 발(이) 묶이다 : 몸을 움직일 수 없거나 활동할 수 없는 형편이 됨

SEMI-NOTE

**기타 관용어(ㄱ)**

- **간도 모르다** : 일의 내막을 짐작도 하지 못함을 이르는 말
- **감정(을) 사다** : 남의 감정을 언짢게 만듦
- **격(을) 두다** : 사람과 사람 사이에 일정한 간격을 둠
- **곁눈(을) 주다** : 남이 모르도록 곁눈질로 상대편에게 어떤 뜻을 알림
- **구미가 당기다** : 욕심이나 관심이 생김
- **구색(을) 맞추다** : 여러 가지가 고루 갖추어지게 함

**기타 관용어(ㄴ)**

- **눈독(을) 들이다** : 욕심을 내어 눈여겨 봄
- **눈 밖에 나다** : 신임을 잃고 미움을 받게 됨

**기타 관용어(ㄷ)**

- **덜미가 잡히다** : 죄가 드러남
- **된서리를 맞다**
  - 되게 내리는 서리를 맞음
  - 모진 재앙이나 억압을 당함
- **등(을) 돌리다** : 뜻을 같이하던 사람이나 단체와 관계를 끊고 배척함
- **등을 떠밀다** : 일을 억지로 시키거나 부추김

**기타 관용어(ㅁ)**

- **말뚝(을) 박다** : 어떤 지위에 오랫동안 머무름
- **문턱을 낮추다** : 쉽고 편하게 접할 수 있게 만듦

SEMI-NOTE

**기타 관용어(ㅂ)**

- **바닥(을) 긁다** : 생계가 곤란함
- **바람을 일으키다**
  - 사회적으로 많은 사람에게 영향을 미침
  - 사회적 문제를 만들거나 소란을 일으킴
- **발(을) 끊다** : 오가지 않거나 관계를 끊음
- **발(이) 넓다** : 사귀어 아는 사람이 많아 활동하는 범위가 넓음
- **벌집을 건드리다** : 건드려서는 안 될 것을 공연히 건드려 큰 화근을 만듦

**기타 관용어(ㅅ)**

- **사족(을) 못 쓰다** : 무슨 일에 반하거나 혹하여 꼼짝 못함
- **사타구니를 긁다** : 알랑거리며 남에게 아첨함
- **살얼음을 밟다** : 위태위태하여 마음이 몹시 불안함
- **손바닥(을) 뒤집듯** : 태도를 갑자기 또는 노골적으로 바꾸기를 아주 쉽게
- **식은 죽 먹듯** : 거리낌 없이 아주 쉽게 예사로 하는 모양을 이르는 말

**기타 관용어(ㅇ)**

- **어깨를 나란히 하다**
  - 나란히 서거나 나란히 서서 걸음
  - 서로 비슷한 지위나 힘을 가짐
  - 같은 목적으로 함께 일함
- **의가 나다** : 사이가 나빠짐
- **이 잡듯이** : 샅샅이 뒤지어 찾는 모양을 비유적으로 이르는 말
- **임자(를) 만나다** : 어떤 사물이나 사람이 적임자와 연결되어 능력이나 기능을 제대로 발휘할 수 있게 됨

- 발등을 밟히다 : 자기가 하려는 일을 남이 앞질러서 먼저 함
- 발목(을) 잡히다 남에게 어떤 약점이나 단서(端緖)를 잡힘
- 발 벗고 나서다 : 적극적으로 나섬
- 배(를) 내밀다 : 남의 요구에 응하지 아니하고 버팀
- 백지 한 장의 차이 : 아주 근소한 차이를 비유적으로 이르는 말
- 뱃가죽이 두껍다 : 염치가 없어 뻔뻔스럽거나 배짱이 셈
- 보따리(를) 풀다 : 숨은 사실을 폭로함
- 붓을 꺾다 : 문필 활동을 그만둠
- 빙산의 일각(一角) : 대부분이 숨겨져 있고 외부로 나타나 있는 것은 극히 일부분에 지나지 아니함을 비유적으로 이르는 말

ⓑ 'ㅅ'으로 시작하는 관용어

- 사시나무 떨듯 : 몸을 몹시 떠는 모양을 비유적으로 이르는 말
- 사이(가) 뜨다 : 사람 사이의 관계가 친밀하지 않거나 벌어짐
- 산통(을) 깨다 : 다 잘되어 가던 일을 이루지 못하게 뒤틀음
- 삿갓(을) 씌우다 : 손해를 입히거나 책임을 지움
- 색안경을 끼고 보다 : 주관이나 선입견에 얽매여 좋지 아니하게 봄
- 성미(가) 마르다 : 도량이 좁고 성질이 급함
- 손(을) 끊다 : 교제나 거래 따위를 중단함
- 손(을) 거치다 : 어떤 사람을 경유함
- 손(을) 떼다 : 하던 일을 그만두고 다시 손대지 않음
- 손(을) 씻다 : 부정적인 일이나 찜찜한 일에 대하여 관계를 청산함
- 손사래(를) 치다 : 거절이나 부인을 하며 손을 펴서 마구 휘저음
- 쓸개(가) 빠지다 : 하는 짓이 사리에 맞지 아니하고 줏대가 없음
- 씨가 마르다 : 어떤 종류의 것이 모조리 없어짐

ⓢ 'ㅇ'으로 시작하는 관용어

- 아귀(가) 맞다 : 앞뒤가 빈틈없이 들어맞음
- 아닌 밤중에 : 뜻밖의 때에
- 안고 돌아가다 : 맡은 일을 제대로 하지 못하고 질질 끎
- 앞 짧은 소리 : 앞일을 짧게 내다보고 하는 소리라는 뜻으로, 앞일을 제대로 내다보지 못하고 하는 말을 뜻함
- 어안이 벙벙하다 : 뜻밖에 놀랍거나 기막힌 일을 당하여 어리둥절함
- 언질(을) 주다 : 어떤 일이나 현상 따위의 결과를 예측할 수 있는 단서를 제공함
- 염불 외듯 : 알아듣지 못할 소리로 중얼거리는 경우를 비유적으로 이르는 말
- 오금(을) 박다 : 큰소리치며 장담하던 사람이 그와 반대되는 말이나 행동을 할 때에, 장담하던 말을 빌미로 삼아 몹시 논박함
- 온실 속의 화초 : 어려움이나 고난을 겪지 아니하고 그저 곱게만 자란 사람을 비유적으로 이르는 말
- 우레(와) 같은 박수 : 많은 사람이 치는 매우 큰 소리의 박수를 비유적으로

이르는 말
- 이(가) 빠지다 : 갖추어져야 할 것 가운데서 어떤 부분이 빠져서 온전하지 못함
- 입방아(를) 찧다 : 말을 방정맞게 자꾸 함
- 입에 거미줄 치다 : 가난하여 먹지 못하고 오랫동안 굶음

ⓞ 'ㅈ'으로 시작하는 관용어
- 젖비린내가 나다 : 정신적으로나 육체적으로 성숙하지 못한 태도나 기색이 보임을 이르는 말
- 좀이 쑤시다 : 마음이 들뜨거나 초조하여 가만히 있지 못함
- 직성(이) 풀리다 : 제 성미대로 되어 마음이 흡족함
- 진(을) 치다 : 자리를 차지함

ⓩ 'ㅊ~ㅋ'으로 시작하는 관용어
- 채(를) 잡다 : 주도적인 역할을 하거나 주도권을 잡고 조종함
- 책상머리나 지키다 : 현실과 부딪치며 책임감을 가지고 일하지 아니하고 사무실에서만 맴돌거나 문서만 보고 세월을 보냄
- 첫 삽을 들다 : 건설 사업이나 그 밖에 어떤 일을 처음으로 시작함
- 촉각을 곤두세우다 : 정신을 집중하고 신경을 곤두세워 즉각 대응할 태세를 취함
- 출사표를 던지다 : 경기, 경쟁 따위에 참가 의사를 밝힘
- 코(가) 빠지다 : 근심에 싸여 기가 죽고 맥이 빠짐
- 코에 걸다 : 무엇을 자랑삼아 내세움

ⓩ 'ㅌ~ㅍ'으로 시작하는 관용어
- 토(를) 달다 : 어떤 말끝에 그 말에 대하여 덧붙여 말함
- 퇴박(을) 놓다 : 마음에 들지 아니하여 물리치거나 거절함
- 파리 목숨 : 남에게 손쉽게 죽음을 당할 만큼 보잘것없는 목숨을 이르는 말
- 판에 박은 듯하다 : 사물의 모양이 같거나 똑같은 일이 되풀이됨
- 피도 눈물도 없다 : 조금도 인정이 없음
- 피를 말리다 : 몹시 괴롭히거나 애가 타게 만듦
- 핏대(를) 세우다 : 목의 핏대에 피가 몰려 얼굴이 붉어지도록 화를 내거나 흥분함

ⓚ 'ㅎ'으로 시작하는 관용어
- 학을 떼다 : 괴롭거나 어려운 상황을 벗어나느라고 진땀을 빼거나, 그것에 거의 질려 버림
- 한술 더 뜨다 : 이미 어느 정도 잘못되어 있는 일에 대하여 한 단계 더 나아가 엉뚱한 짓을 함
- 허두를 떼다 : 글이나 말의 첫머리를 시작함
- 혀(가) 굳다 : 놀라거나 당황하여 말을 잘하지 못함
- 화촉을 밝히다 : 혼례식을 올림
- 회가 동하다 : 구미가 당기거나 무엇을 하고 싶은 마음이 생김

SEMI-NOTE

**기타 관용어(ㅈ)**
- **재를 뿌리다** : 일, 분위기 따위를 망치거나 훼방을 놓음
- **쥐 잡듯** : 꼼짝 못하게 하여 놓고 잡는 모양을 비유적으로 이르는 말

**기타 관용어(ㅊ~ㅋ)**
- **찬물을 끼얹다** : 잘되어 가고 있는 일에 뛰어들어 분위기를 흐리거나 공연히 트집을 잡아 헤살을 놓음
- **철퇴를 가하다** : 호되게 처벌하거나 큰 타격을 줌
- **첫 단추를 잘못 끼우다** : 시작을 잘못함
- **코가 납작해지다** : 몹시 무안을 당하거나 기가 죽어 위신이 뚝 떨어짐

**기타 관용어(ㅌ~ㅍ)**
- **트집(을) 잡다** : 조그만 흠집을 들추어 내거나 없는 흠집을 만듦
- **파김치(가) 되다** : 몹시 지쳐서 기운이 아주 느른하게 됨
- **피를 빨다** : 재산이나 노동력 따위를 착취함

**기타 관용어(ㅎ)**
- **한 우물(을) 파다** : 한 가지 일에 몰두하여 끝까지 함
- **허울 좋다** : 실속은 없으면서 겉으로는 번지르르함
- **혀를 내두르다** : 몹시 놀라거나 어이없어서 말을 못함
- **활개(를) 치다** : 의기양양하게 행동함. 또는 제 세상인 듯 함부로 거들먹거리며 행동함

SEMI-NOTE

**다의어의 개념**

다의어에는 기본적이며 핵심적인 중심의미와 문맥에 따라 중심의미가 확장되어 쓰이는 의미를 주변의미가 있음

**위치, 장소와 관련된 다의어**

- 길
  - 지나갈 수 있게 땅 위에 낸 일정한 너비의 공간
  - 걷거나 탈것을 타고 어느 곳으로 가는 노정
  - 어떤 자격이나 신분으로서 '주어진 일의 분야나 방면', '도리', '임무
  - 지향하는 방향이나 지침, 목적, 분야
- 앞
  - 장차 다가 올 시간, 이 시간 이후
  - 나아가는 방향이나 장소
  - (방향이 있는 사물에서) 정면을 향하는 부분
  - 먼저 지나간 시간이나 차례
  - '어떤 사람이 떠맡은 몫' 또는 '차례에 따라 돌아오는(받는) 몫'

**행동과 관련된 다의어**

- 받다
  - (떨어지거나 던지는 물건 등을) 손으로 잡음
  - (다른 사람에게 받은 돈이나 물건 등을) 응하여 자기의 것으로 가짐
  - 어떤 행동이나 심리적 작용 등을 당하거나 입음
- 사다
  - (물건이나 권리 등을) 대가나 값을 치르고 자기 것으로 만듦
  - (다른 사람에게 음식 등을) 함께 먹기 위해 값을 치름
  - 대가를 치르고 사람을 부림
  - (다른 사람에게 호감 또는 원한, 비난, 의심 등의) 감정을 가지게 함

## 2. 다의어, 동음이의어와 고유어 빈출개념

### (1) 다의어의 의미와 여러 종류의 다의어

① 다의어의 의미 : 하나의 낱말에 두 가지 이상의 뜻을 가진 단어

② 신체와 관련된 다의어

㉠ 눈
- 시력, 물체를 볼 수 있는 능력
- 사람의 시선, 눈길
- 사물을 보고 판단하는 힘, 식견, 안목
- 사물을 보는 관점이나 생각
- 어떤 것을 보는 '표정'이나 '태도', '모양'

㉡ 손
- 어떤 사람의 '영향력'이나 '권력과 권한이 미치는 범위', '손아귀'
- 육체적 노동을 하기 위한 '일손이나 노동력', '품'
- 어떤 일을 처리하거나 해결할 수 있는 '힘이나 능력', '솜씨', '재주
- 어떤 것을 마음대로 다루는 사람의 '수완이나 꾀', '농간', '속임수

㉢ 다리
- 사람이나 동물의 몸통 아래 붙어 있는 신체의 부분
- 물체의 아래쪽에 붙어, 그 물체를 받치거나 직접 땅에 닿지 아니하게 하거나 높이 있도록 버티어 놓은 부분
- 오징어나 문어 따위의 동물의 머리에 여러 개 달려 있어, 헤엄을 치거나 먹이를 잡거나 촉각을 가지는 기관
- 안경의 테에 붙어서 귀에 걸게 된 부분

③ 동작, 감각, 상태와 관련된 다의어

㉠ 가볍다
- 무게가 적음
- (실수나 죄, 질병 등의) 정도가 심하지 않음
- (중요성이나 가치 등이) 대수롭지 않고 예사로움
- (동작이) 재빠르고 경쾌함
- 움직임에 힘들임이 별로 없음
- (옷차림이나 마음 등이) 가뿐하고 경쾌함
- (생각이나 언행 등이) 침착하지 못하고 경솔함

㉡ 무겁다
- (물건 등의) 무게가 많음
- 책임이나 부담이 큼
- 기운이나 힘이 빠져서 움직이기 힘듦
- 언행이 신중하고 조심스러움
- 분위기나 기분 등이 진지하고 심각함

㉢ 보다

- 만남, 얼굴을 마주 대함
- (책, 신문 등을) 읽거나 구독함
- (아이, 집 등을) 맡아서 보살핌
- (공연, 예술품 등을) 관람, 감상함
- 전망하다, 앞날을 헤아려 내다봄

### (2) 동음이의어의 의미와 주요 동음이의어

① 동음이의어의 의미 : 낱말의 소리는 같으나 의미가 다른 단어

② 주요 동음이의어

㉠ 배

- 배나무의 열매
- 사람이나 동물의 몸에서 위장, 창자, 콩팥 따위의 내장이 들어 있는 곳으로 가슴과 엉덩이 사이의 부위
- 일정한 수나 양이 그 수만큼 거듭됨을 이르는 말

㉡ 발

- 사람이나 동물의 다리 맨 끝부분
- 가늘고 긴 대를 줄로 엮거나, 줄 따위를 여러 개 나란히 늘어뜨려 무엇을 가리는 데 쓰는 물건
- 두 팔을 양옆으로 펴서 벌렸을 때 한쪽 손끝에서 다른 쪽 손끝까지의 길이를 한 발이라 함

㉢ 타다

- 탈것이나 짐승의 등에 몸을 얹음
- 불씨나 높은 열로 불이 붙어 번지거나 일어남
- 돈이나 물건 따위를 몫으로 받음
- 다량의 액체에 소량의 액체나 가루 따위를 넣어 섞음
- 먼지나 때 따위가 쉽게 달라붙는 성질을 가짐

㉣ 쓰다

- 붓, 펜, 연필과 같은 도구로 획을 그어 일정한 글자의 모양이 이루어짐
- 모자 따위를 머리에 얹어 덮거나 어떤 물건을 얼굴에 덮어 씀
- 일을 하는 데에 재료나 도구, 수단을 이용함
- 혀로 느끼는 맛이 한약이나 소태, 씀바귀의 맛

### (3) 고유어의 개념과 어휘 ★빈출개념

① 고유어의 개념 : '토박이말'이라고도 하며 한 나라에서 본래부터 쓰이던 어휘를 의미

② 고유어 어휘(명사)

㉠ 신체 및 생리현상과 관련된 어휘

- 가는귀 : 작은 소리까지 듣는 귀 또는 그런 귀의 능력
- 거스러미 : 손발톱 뒤의 살 껍질이나 나무의 결 따위가 가시처럼 얇게 터져 일어나는 부분

SEMI-NOTE

**기타 동음이의어**

- 미치다
  - (분량, 수치) 닿거나 이름
  - (정신) 정신에 이상이 생겨 말, 행동이 보통 사람과 다르게 됨
- 싸다
  - 물건 값이나 사람, 물건을 쓰는 데 드는 비용이 보통보다 낮음
  - 물건을 안에 넣고 보이지 않게 씌워 가림
  - 들은 말 따위를 여러 곳에 잘 떠벌림
- 이르다
  - 어떤 곳이나 시간에 닿음
  - 대중 또는 기준을 잡은 때보다 앞서거나 빠름
  - 무엇이라 말함
- 잡다
  - 손으로 움켜 놓지 않음
  - 어림하여 셈함
  - 동물 따위를 죽임
  - 의복에 주름을 냄

**기타 고유어 어휘(신체)**

- 가르마 : 이마에서 정수리까지의 머리카락을 양쪽으로 갈랐을 때 생기는 금
- 구레나룻 : 귀밑에서 턱까지 잇따라 난 수염
- 활개
  - 사람의 어깨에서 팔까지 또는 궁둥이에서 다리까지의 양쪽 부분
  - 새의 활짝 편 두 날개

SEMI-NOTE

- 고리눈 : 주로 동물의 눈동자 주위에 흰 테가 둘린 눈
- 귓불 : 귓바퀴의 아래쪽에 붙어 있는 살
- 눈시울 : 눈언저리의 속눈썹이 난 곳
- 모두숨 : 한 번에 크게 몰아쉬는 숨
- 허울 : 실속이 없는 겉모양

ⓛ 행위나 행동과 관련된 어휘

- 갈무리 : 일을 처리하여 마무리함
- 꼼수 : 쩨쩨한 수단이나 방법
- 내친걸음 : 이왕에 시작한 일
- 너스레 : 수다스럽게 떠벌려 늘어놓는 말이나 짓
- 덤터기 : 남에게 넘겨씌우거나 남에게서 넘겨받은 허물이나 걱정거리
- 마수걸이 : 맨 처음으로 물건을 파는 일 또는 맨 처음으로 부딪는 일
- 말미 : 일정한 직업이나 일 따위에 매인 사람이 다른 일로 말미암아 얻는 겨를
- 몽짜 : 음흉하고 심술궂게 욕심을 부리는 짓. 또는 그런 사람
- 선걸음 : 이미 내디뎌 걷고 있는 그대로의 걸음
- 소걸음 : 소처럼 느릿느릿 걷는 걸음
- 아람치 : 개인이 사사로이 차지하는 몫
- 어둑서니 : 어두운 밤에 아무것도 없는데, 있는 것처럼 잘못 보이는 것
- 옴니암니 : 다 같은 이인데 자질구레하게 어금니 앞니 따진다는 뜻으로, 아주 자질구레한 것을 이르는 말
- 짜깁기 : 기존의 글이나 영화 따위를 편집하여 하나의 완성품으로 만드는 일
- 주전부리 : 때를 가리지 아니하고 군음식을 자꾸 먹음. 또는 그런 입버릇

기타 고유어 어휘(행위)

- 가탈
  - 일이 순조롭게 나아가는 것을 방해하는 조건
  - 이리저리 트집을 잡아 까다롭게 구는 일
- **떠세** : 재물이나 힘 따위를 내세워 젠체하고 억지를 씀 또는 그런 짓
- **뒷배** : 겉으로 나서지 않고 뒤에서 보살펴 주는 일
- **소드락질** : 남의 재물 따위를 빼앗는 짓
- **옴살** : 매우 친밀하고 가까운 사이
- **해찰** : 마음에 썩 내키지 아니하여 물건을 부질없이 이것저것 집적거려 해침 또는 그런 행동

ⓒ 성격, 심리, 관계 등과 관련된 어휘

- 가달 : 몹시 사나운 사람을 이르는 말
- 가르친사위 : 창조성이 없이 무엇이든지 남이 가르치는 대로만 하는 사람을 낮잡아 이르는 말
- 가시버시 : '부부'를 낮잡아 이르는 말
- 깜냥 : 스스로 일을 헤아림. 또는 헤아릴 수 있는 능력
- 달랑쇠 : 침착하지 못하고 몹시 담방거리는 사람
- 뜨내기 : 일정한 거처가 없이 떠돌아다니는 사람
- 몽니 : 정당한 대우를 받지 못할 때 권리를 주장하기 위하여 심술을 부리는 성질
- 모도리 : 조금도 빈틈없이 아주 여무진 사람
- 우렁잇속 : 품은 생각을 모두 털어놓지 아니하는 의뭉스러운 속마음을 비유적으로 이르는 말
- 지체 : 어떤 집안이나 개인이 사회에서 차지하고 있는 신분이나 지위

기타 고유어 어휘(성격, 심리, 관계)

- 꼭두각시
  - 꼭두각시놀음에 나오는 여러 가지 인형
  - 남의 조종에 따라 움직이는 사람이나 조직을 비유적으로 이르는 말
- 만무방
  - 염치가 없이 막된 사람
  - 아무렇게나 생긴 사람
- **쭉정이** : 쓸모없게 되어 사람 구실을 제대로 하지 못하는 사람을 비유적으로 이르는 말

ⓔ 동식물과 관련된 어휘

- 가라말 : 털빛이 온통 검은 말

• 귀다래기 : 귀가 작은 소
• 까막까치 : 까마귀와 까치를 아울러 이르는 말
• 먹부리 : 턱 밑에 털이 많은 닭
• 불강아지 : 몸이 바싹 여윈 강아지
• 영각 : 소가 길게 우는 소리
• 자귀 : 짐승의 발자국
• 푸새 : 산과 들에 저절로 나서 자라는 풀을 통틀어 이르는 말

ⓜ 구체적 사물과 관련된 어휘

• 검부러기 : 검불의 부스러기
• 골갱이 : 식물이나 동물의 고기 따위의 속에 있는 단단하거나 질긴 부분
• 꿰미 : 물건을 꿰는 데 쓰는 끈이나 꼬챙이 따위. 또는 거기에 무엇을 꿴 것
• 바자 : 대, 갈대, 수수깡, 싸리 따위로 발처럼 엮거나 결어서 만든 물건
• 베잠방이 : 베로 지은 짧은 남자용 홑바지
• 살피 : 땅과 땅 사이의 경계선을 간단히 나타낸 표
• 세간 : 집안 살림에 쓰는 온갖 물건

ⓑ 공간 및 장소와 관련된 어휘

• 가풀막 : 몹시 가파르게 비탈진 곳
• 노루막이 : 산의 막다른 꼭대기
• 두메 : 도회에서 멀리 떨어져 사람이 많이 살지 않는 변두리나 깊은 곳
• 둔치 : 강, 호수 따위의 물이 있는 곳의 가장자리
• 멧부리 : 산등성이나 산봉우리의 가장 높은 꼭대기
• 기스락 : 기슭의 가장자리
• 산기슭 : 산의 비탈이 끝나는 아랫부분
• 서덜 : 냇가와 강가의 돌이 많은 곳

③ 고유어 어휘(동사)

㉠ 'ㄱ'으로 시작하는 어휘

• 가루다 : 자리 따위를 함께 나란히 함
• 가물다 : 땅의 물기가 바싹 마를 정도로 오랫동안 계속하여 비가 오지 않음
• 갈마들다 : 서로 번갈아듦
• 궁굴리다 : 이리저리 돌려서 너그럽게 생각함
• 꾀다 : 그럴듯한 말이나 행동으로 남을 속이거나 부추겨서 자기 생각대로 이끎

㉡ 'ㄴ, ㄷ'으로 시작하는 어휘

• 뇌까리다 : 아무렇게나 되는대로 마구 지껄임
• 닦아세우다 : 꼼짝 못하게 휘몰아 나무람
• 더위잡다 : 높은 곳에 오르려고 무엇을 끌어 잡음
• 되바라지다 : 사람됨이 남을 너그럽게 감싸주지 않고 적대적으로 대함
• 듣보다 : 듣기도 하고 보기도 하며 알아보거나 살핌
• 소쿠라지다 : 급히 흐르는 물이 굽이쳐 용솟음침

SEMI-NOTE

**기타 고유어 어휘(동식물)**

• **남새** : 채소
• **멧나물** : 산나물
• **워낭** : 마소의 귀에서 턱 밑으로 늘여 단 방울 또는 마소의 턱 아래에 늘어뜨린 쇠고리
• **하릅강아지** : 나이가 한 살 된 강아지
• **푸성귀** : 사람이 가꾼 채소나 저절로 난 나물 따위를 통틀어 이르는 말

**기타 고유어 어휘(사물)**

• **깁** : 명주실로 바탕을 조금 거칠게 짠 비단
• **마고자** : 저고리 위에 덧입는 웃옷
• **삯** : 일한 데 대한 품값으로 주는 돈이나 물건

**기타 고유어 어휘(공간, 장소)**

• **갈피**
  – 겹치거나 포갠 물건의 하나하나의 사이 또는 그 틈
  – 일이나 사물의 갈래가 구별되는 어름
• **언저리**
  – 둘레의 가 부분
  – 어떤 나이나 시간의 전후
  – 어떤 수준이나 정도의 위아래

**기타 고유어 어휘(동사)**

• **가위눌리다** : 자다가 무서운 꿈에 질려 몸을 마음대로 움직이지 못하고 답답함을 느낌
• **바루다** : 비뚤어지거나 구부러지지 않도록 바르게 함
• **버금가다** : 으뜸의 바로 아래가 됨
• **얼넘기다** : 일을 대충 얼버무려서 넘김
• **켕기다**
  – 단단하고 팽팽하게 되다
  – 마음속으로 겁이 나고 탈이 날까 불안해함

SEMI-NOTE

**기타 고유어 어휘(성격, 태도)**

- **곰살맞다** : 몹시 부드럽고 친절함
- **괄괄스럽다** : 보기에 성질이 세고 급한 데가 있음
- **옹골지다** : 실속이 있게 속이 꽉 차 있음
- **의뭉하다** : 겉으로 보기에는 어리석어 보이나 속으로는 엉큼함

**기타 고유어 어휘(심리)**

- **같잖다**
  - 하는 짓이나 꼴이 제격에 맞지 않고 눈꼴사나움
  - 말하거나 생각할 거리도 못 됨
- **계면쩍다** : 쑥스럽거나 미안하여 어색함
- **멋쩍다** : 어색하고 쑥스러움
- **애꿎다** : 아무런 잘못 없이 억울함

**기타 고유어 어휘(상황, 상태)**

- **간데없다** : 갑자기 자취를 감추어 사라지거나 어디로 갔는지 알 수가 없음
- **난데없다** : 갑자기 불쑥 나타나 어디서 왔는지 알 수 없음
- **메케하다** : 연기나 곰팡이 따위의 냄새가 맵고 싸함
- **스산스럽다** : 어수선하고 쓸쓸한 분위기가 있음
- **추레하다** : 겉모양이 깨끗하지 못하고 생기가 없음
- **케케묵다** : 물건 따위가 아주 오래되어 낡음

- 움키다 : 손가락을 우그리어 물건 따위를 놓치지 않도록 힘 있게 잡음
- 티격나다 : 서로 뜻이 맞지 아니하여 사이가 벌어짐

④ 고유어 어휘(형용사)

㉠ 성격, 태도와 관련된 어휘

- 가즈럽다 : 가진 것도 없으면서 가진 체하며 뻐기는 티가 있음
- 간살맞다 : 매우 간사스럽게 아양을 떠는 태도가 있음
- 다부지다 : 벅찬 일을 견디어 낼 만큼 굳세고 야무짐
- 모나다 : 말이나 짓 따위가 둥글지 못하고 까다로움
- 머줍다 : 동작이 느리고 굼뜨다
- 바지런스럽다 : 놀지 아니하고 하는 일에 꾸준한 데가 있음
- 습습하다 : 마음이나 하는 짓이 활발하고 너그러움
- 암상궂다 : 몹시 남을 시기하고 샘을 잘 내는 마음이나 태도가 있음
- 암팡스럽다 : 몸은 작아도 야무지고 다부진 면이 있음
- 야멸치다 : 남의 사정은 돌보지 아니하고 자기만 생각함

㉡ 심리와 관련된 어휘

- 거추장스럽다 : 일 따위가 성가시고 귀찮음
- 고깝다 : 섭섭하고 야속하여 마음이 언짢음
- 기껍다 : 마음속으로 은근히 기쁨
- 눈꼴사납다 : 보기에 아니꼬워 비위에 거슬리게 미움
- 뜨악하다 : 마음이 선뜻 내키지 않아 꺼림칙하고 싫음
- 맥쩍다 : 심심하고 재미가 없음
- 버겁다 : 물건이나 세력 따위가 다루기에 힘에 겹거나 거북함
- 삼삼하다 : 잊히지 않고 눈에 보이는 듯 또렷함
- 시름없다 : 근심과 걱정으로 맥이 없음
- 알싸하다 : 어떤 냄새의 자극으로 조금 알알한 느낌이 있음
- 헛헛하다 : 채워지지 아니한 허전한 느낌이 있음

㉢ 상황 또는 상태, 외양과 관련된 어휘

- 가년스럽다 : 보기에 가난하고 어려운 데가 있음
- 가멸다 : 재산이나 자원 따위가 넉넉하고 많음
- 녹녹하다 : 촉촉한 기운이 약간 있음
- 도담하다 : 탐스럽고 아담함
- 마뜩잖다 : 마음에 들 만하지 아니함
- 몽실하다 : 통통하게 살이 쪄서 보드랍고 야들야들한 느낌이 있음
- 부산스럽다 : 보기에 급하게 서두르거나 시끄럽게 떠들어 어수선한 데가 있음
- 새살궂다 : 성질이 차분하지 못하고 가벼워 말이나 행동이 실없고 부산함
- 옴팡지다 : 보기에 가운데가 좀 오목하게 쏙 들어가 있음
- 텁텁하다 : 입안이 시원하거나 깨끗지 못함

⑤ 고유어 어휘(부사)

㉠ 주요 부사어

- 거슴츠레 : 졸리거나 술에 취하여서 눈이 정기가 풀리고 흐리멍덩하며 거의 감길 듯한 모양
- 미주알고주알 : 아주 사소한 일까지 속속들이
- 사부자기 : 별로 힘들이지 않고 가볍게
- 아슴푸레 : 빛이 약하거나 멀어서 조금 어둑하고 희미한 모양
- 어슴푸레 : 빛이 약하거나 멀어서 어둑하고 희미한 모양
- 오목조목 : 자그마한 것이 모여서 야무진 느낌을 주는 모양
- 함초롬 : 젖거나 서려 있는 모습이 가지런하고 차분한 모양

㉡ 첩어(疊語)

- 가들막가들막 : 신이 나서 잘난 체하며 얄미울 정도로 자꾸 버릇없이 행동하는 모양
- 가랑가랑 : 액체가 많이 담기거나 괴어서 가장자리까지 찰 듯한 모양
- 간들간들 : 바람이 가볍고 부드럽게 살랑살랑 부는 모양
- 감실감실 : 사람이나 물체, 빛 따위가 먼 곳에서 자꾸 아렴풋이 움직이는 모양
- 나긋나긋 : 사람을 대하는 태도가 매우 상냥하고 부드러운 모양
- 남실남실 : 물결 따위가 보드랍게 자꾸 굽이쳐 움직이는 모양
- 다문다문 : 시간적으로 잦지 아니하고 좀 드문 모양
- 몰큰몰큰 : 냄새 따위가 자꾸 풍기는 듯한 모양
- 뭉긋뭉긋 : 나아가는 시늉만 하면서 앉은 자리에서 자꾸 머뭇거리는 모양
- 실쭉샐쭉 : 마음에 차지 아니하여서 좀 고까워하는 태도를 자꾸 나타내는 모양

SEMI-NOTE

**기타 고유어 어휘(부사어)**

- **모로** : 바로 서거나 앉지 않고 약간 옆으로 비스듬히
- **애오라지**
  - '겨우'를 강조하여 이르는 말
  - '오로지'를 강조하여 이르는 말
- **티격태격** : 서로 뜻이 맞지 아니하여 이러니저러니 시비를 따지며 가리는 모양

**기타 고유어 어휘(첩어)**

- **가리가리** : 여러 가닥으로 갈라지거나 찢어진 모양
- **가붓가붓** : 여럿이 다 조금 가벼운 듯한 느낌
- **거치적거치적** : 거추장스럽게 여기저기 자꾸 걸리거나 닿는 모양
- **고분고분** : 말이나 행동이 공손하고 부드러운 모양
- **산들산들** : 사늘한 바람이 가볍고 보드랍게 자꾸 부는 모양
- **싱숭생숭** : 마음이 들떠서 어수선하고 갈팡질팡하는 모양

시스컴
SISCOM

시스컴
SISCOM